伟大卫国战争期间斯大林与罗斯福和丘吉尔往来书信

——文献研究（上卷）

Переписка Сталина с Рузвельтом и Черчиллем в годы Великой Отечественной войны. Документальное исследование

〔俄罗斯〕弗·奥·佩恰特诺夫
〔俄罗斯〕伊·爱·马加杰耶夫 / 著
于淑杰　隋　涛　赵春雷 / 等译

世界知识出版社

图字：01-2016-6208

书名原文：Переписка Сталина с Рузвельтом и Черчиллем в годы Великой Отечественной войны.Документальное исследование
俄罗斯“奥尔马梅地亚集团”出版社于2015年首次出版俄文版

图书在版编目（CIP）数据
伟大卫国战争期间斯大林与罗斯福和丘吉尔往来书信：文献研究 /（俄罗斯）弗拉基米尔·奥列戈维奇·佩恰特诺夫，（俄罗斯）伊斯坎德尔·爱德华多维奇·马加杰耶夫著；于淑杰等译. —北京：世界知识出版社，2017. 10
书名原文：Stalin's Correspondence with Roosevelt and Churchill during the Great Patriotic War
ISBN 978-7-5012-5592-4

Ⅰ. ①卫… Ⅱ. ①弗… ②伊… ③于… Ⅲ. ①斯大林著作—书信集—研究 ②罗斯福（Roosevelt Franklin Delano 1882-1945）—书信集 ③丘吉尔（Churchill, Winston Leonard Spencer 1874-1965）—书信集 Ⅳ. ①A831.3 ②K837.127=5 ③K835.167=5

中国版本图书馆CIP数据核字（2017）第249827号

责任编辑 袁路明
责任出版 赵 玥
责任校对 陈可望
封面设计 田 林

书 名 伟大卫国战争期间斯大林与罗斯福和丘吉尔往来书信——文献研究（上卷）
Weida Weiguo Zhanzheng Qijian Sidalin Yu Luosifu He Qiujier Wanglai Shuxin — Wenxian Yanjiu

作 者 〔俄罗斯〕弗·奥·佩恰特诺夫 伊·爱·马加杰耶夫
译 者 于淑杰 隋 涛 赵春雷 等

出版发行 世界知识出版社
地址邮编 北京市东城区干面胡同51号（100010）
网 址 www.ishizhi.cn
电 话 010-65265923（发行） 010-85119023（邮购）
经 销 新华书店
印 刷 河北新华第一印刷有限责任公司
开本印张 710×1000毫米 1/16 37印张
字 数 612千字 63幅图
版次印次 2017年11月第一版 2017年11月第一次印刷
标准书号 ISBN 978-7-5012-5592-4
定 价 198.00元（上下卷）

译校者名单

（按姓氏笔画排序）

翻译：于淑杰　王继昌　王银赛　孙　瑜
　　　安宝龙　张　晶　罗　徽　赵春雷
　　　高　云　韩　喆　隋　涛　谭丽华

校对：于淑杰　赵春雷　隋　涛

统校：于淑杰　赵春雷

审读：安宝龙　袁　杨

序　一

亲爱的朋友们：

在此，向你们推荐一本独特的学术出版物，即关于二战期间苏、美、英领导人往来书信的最新研究成果。

2015年，我们庆祝了对包括建立联合国在内的现代国际体系具有关键意义的伟大胜利70周年。

战争年代的联盟关系这一主题不仅持续引发历史学家们的关注，也令广大读者兴趣不减。有关残酷年代那些鲜为人知的事件的最新研究成果层出不穷。俄联邦外交部对此也作出了自己的贡献。

诚然，早在20世纪50年代就萌发了出版联盟国家领导人往来书信的想法，并在7年后首次付诸实现，之后又多次在苏联国内外再版。但2015年出版的这两卷本著作是俄外交部所属莫斯科国立国际关系学院的专家们集体创作的结晶。学者们对已经众所周知的事件做了大量的补充说明，补充的内容包括之前未解密的俄罗斯和外国军事外交档案材料，总计5000余份，并附有说明。这可以使我们更好地了解和理解苏、美、英领导人在二战背景下的行为动机。

公开的文献再次证明，建立反希特勒联盟是国际关系史上的一次重大事件。当然，每位领导人都首先要捍卫本国的利益，同时，尽管有激烈的争吵，但为了共同的目标——早日取得胜利，他们还是能够超越私念、克服意识形态上的分歧。

我相信，在世界面临空前的国际恐怖主义、极端主义新挑战的今天，研究“三巨头”的合作经验具有特殊意义。二战的教训鲜活地证明，主要国际“玩家”为了寻找共同应对现代威胁的答案，必须开展集体外交工作，必须依靠国际法、平等和不可分割的安全原则以及联合国的核心协调作用。

俄罗斯与中国在战争年代曾是盟友，承受了侵略国的主要打击，蒙受了最惨重的损失。我们一致认为，必须与歪曲历史、企图让纳粹主义和军国主义死灰复燃的现象作斗争。我们共同努力维护那些历史事件的真相，将有助于进一步巩固当前处于史上最好时期的双边关系。俄中伙伴关系在国际舞台上具有战略意义，是维护全球和地区稳定的重要因素，也有助于形成世界秩序的多中心框架。

我希望此书能引起中国读者的兴趣。

〔俄罗斯〕C.B.拉夫罗夫*

2016年9月

* C.B.拉夫罗夫，现任俄罗斯联邦外交部部长。

序　二

《伟大卫国战争期间斯大林与罗斯福和丘吉尔往来书信——文献研究》在中国翻译出版可喜可贺。该书作者是俄罗斯史学大家之一弗拉基米尔·佩恰特诺夫与其年轻的合作者伊斯坎德尔·马加杰耶夫。

1957年，"三巨头"的往来书信首次在苏联出版。此后，研究者们又接触到大量档案文件，发表了内容广泛的历史著作。这使得B.O.佩恰特诺夫和И.Э.马加杰耶夫能够在世界史的专著中，在汲取俄、英、美外交和军事档案丰富文献的基础上，对往来书信进行独到的研究。该著作使用了5000多份解密文件，其中有许多是首次引入学界。

作者借此做到了以下几点：第一，披露了书信的完成过程，评述了苏、美、英领导人对书信的个人贡献，而这项工作本身就使该著作充满了新意；第二，作者将书信的内容与信中所提到的现代史上世人皆知的事件和问题真相进行了比较；第三，作者将官方的往来书信与各方的真实动机和情绪进行了比较。这最后一点是研究政治史时（更遑论政治学了）非常重要的一点。

不能不指出的是，在英国提供的档案中，详细描述了丘吉尔及其身边人开诚布公的内部对话，在这方面，它们具有特别鲜明的代表性。最后，往来书信被放在了全球战争广阔的政治军事和军事战略背景之下。很显然，往来书信对解决下列具体问题作出了最直观、最直接的贡献，如按租赁法案提供援助物资、波兰问题、盟国在巴尔干问题上的协作、双边关系、与第三国的关系以及联盟会议和高层会晤的筹备等。引入新的档案文献对往来书信进行详细分析，使我们能够加深对"三巨头"之间人际关系的理解，人际关系在政治乃至国际关系中一直发挥着巨大的作用。

"伟大的联盟"，正如温斯顿·丘吉尔所称的那样，是世界政治历史上独一无二的现象。就本质而言，三国领导人对共同进行战争的所有主要问题和战后安排都进行过长期的谈判，谈判大约持续了将近五年。作者从内部再现了联盟面对随时可导致其瓦解的沟沟坎坎和危机时所表现出来的实际应变能力。每一次“三巨头”都能找到摆脱困境的办法，就主要问题达成一致。尽管以苏联为一方，以盎格鲁-萨克逊为另一方的大国之间意识形态矛盾尖锐，尽管双方政体迥异，但“三巨头”之间的密切协作进展顺利。

在书信往来过程中不止一次地出现过紧张时刻。例如1941年夏秋之际，即对苏联来说最困难的时期，苏联红军遭受了来自纳粹军队的一系列最惨重的打击。斯大林在1941年9月3日致丘吉尔的信中被迫写道，苏联被置于“致命的威胁之下”。

值得一提的是，截至1941年6月，德国军队几乎是世界历史上最强大的、最有经验的军事机器。纳粹德国的武装力量拥有1939年对波兰作战和1940年对法国及其西方战场盟友作战大获全胜的经验，拥有高水平的军事技术装备、战役和战术理论。在这些战役中，德国军队成功地实现了“闪击战”战略。“闪击战”是当时那个历史时期的一场“军事革命”，但波兰、法国、英国和苏联都没有认识到。

苏联红军对打败德国军队作出了突出贡献，在东方战场粉碎了德军优秀的兵团和军团。但通往胜利之路是漫长的和艰难的。为了取得胜利，苏联付出了巨大的牺牲和努力。

盎格鲁-萨克逊盟友对苏联的援助早在1941年就开始了，但规模不大。1941年12月，苏联红军在莫斯科城下取得的巨大胜利几乎完全依靠的是自身的人力物力。美英根据租赁法案提供的援助物资直至很晚才开始发挥作用。本书指出，总的来说，这些援助得到了苏联领导人的高度赞赏。

俄罗斯清楚地记得并高度评价中国、中国人民在第二次世界大战中对战胜德国纳粹和日本军国主义所作出的贡献。中国人民特别是中国军队英勇顽强地抗击日本侵略者和占领者，是日本没有于1941年和1942年在远东和后贝加尔地区对苏联开展大规模战斗行动的重要因素。

В.О.佩恰特诺夫和И.Э.马加杰耶夫对往来书信进行的深入分析，立场鲜明地肯定了苏联在粉碎德国法西斯中的巨大作用和苏联在世界上享有的崇高威望，它不得不让我们的敌人和我们的盟友——首先是罗斯福和丘吉尔心生敬佩。俄罗斯历史学者的新作不仅将引起中国学者的兴趣，还将使广大的中国读者对苏、美、英在1941—1945年间的政治、军事和外交关系的各个层面都有一个更深入的认识。

本书是用生动的文学语言完成的，对战争年代的伟人、军人和外交家做了令人印象深刻的刻画。希望该书在翻译成中文时能完整地保留这种语言风格。

〔俄罗斯〕A.A.科科申*

* A.A.科科申，曾任俄罗斯联邦安全会议秘书、俄罗斯联邦国防部第一副部长；现任俄罗斯科学院院士、俄罗斯科学院社会科学部院士秘书，莫斯科罗蒙诺索夫国立大学世界政治系主任。

序　三

第二次世界大战是迄今人类历史上最大的一场战争，反法西斯同盟国的战略协作和战争指导水平远胜于德、意、日轴心国。这主要归功于斯大林、罗斯福、丘吉尔“三巨头”的运筹帷幄，善于发挥幕僚和参谋机构的作用，指挥各自的军队进行战略协同作战，最终赢得反法西斯战争的伟大胜利。《伟大卫国战争期间斯大林与罗斯福和丘吉尔往来书信——文献研究》，充分反映了他们的战略思维、决策能力、性格特点和为战争胜利所作出的非凡贡献。他们是拼着一生的经验、才智与精力领导这场战争。他们是战争中的盟友，也是国家利益的竞争对手。其中相互的战略博弈、冲突与妥协，合作与猜疑，都表现得淋漓尽致，不仅构成生动的大历史画卷，而且为后人提供反法西斯同盟国之间复杂的政治军事外交关系最高层和最原始的素材，成为留给后世的极其珍贵的历史文化遗产。在汗牛充栋的二战史研究著作中，这本书无疑具有独特的地位。

第二次世界大战反法西斯阵营的战略联盟对战争的胜利起了决定性的作用，因为没有任何一个国家能单独战胜德意日法西斯。同盟国军队之间由于保密的缘故，各国参谋部不能建立固定的横向联系，其战略协同、支援与配合，主要靠最高领导人互通情报，反复磋商，协调行动，包括英美舰船穿越北海航线支援苏联作战问题，主要作战方向问题，开辟第二战场问题，对波兰本土卢布林政府与驻英流亡政府的态度问题，意大利投降军舰分配问题，特别是确定德意日无条件投降的具体条款等大事，都是书信文电的重要内容。

各国在战争中的作用及其变化决定在联盟中的主导地位。英国最早抗击德国法西斯军队进攻。美国始终在东方和西方两个战场作战，并以强大的战争物资支援盟国。苏德战场是欧洲的主战场，苏联军民牺牲达2700万，损失最惨重，战果也最多，歼灭敌军人数占敌军损失总数的78%，对战争胜利贡献最大。斯大林格勒战役苏军大反攻和美英联军发起诺曼底登陆战役，是同盟国合作最顺利、最紧密的时期，“三巨头”书信中出现“美好祝愿”和热情洋溢话语最多。

历史证明，国际同盟向来是盟而不同。在“三巨头”往来文电中，反映了各自强烈的国家利益观念。他们既为反法西斯共同目标苦心谋划，又为各自国家的利益而进行政治、外交和战略博弈。丘吉尔的战略企图始终围绕它原来的势力范围——非洲、地中海、希腊、巴尔干、罗马尼亚等，进行“小打小闹的战争”，“真正的、残酷的决战由俄国主导”（美国陆军部长史汀生评语）。斯大林实行的是传统地缘战略，沿周边扩展最大的战略纵深，即使在战争初期节节败退的情况下，也强调战后苏联边界西扩到波兰的“寇松线”。罗斯福关注的是战后由美国掌控的世界，通过布雷顿森林会议、建立联合国组织等，营造战后美国主导的国际秩序、意识形态和美元在金融商贸中的支配地位。越是接近胜利，三方的矛盾越是尖锐化，被掩盖的意识形态和社会制度的差异逐渐显现。围绕波兰建立新政权问题，苏联支持卢布林政府，英国支持流亡政府。美国单独在伯尔尼与德国代表接触，引起苏联极大的不满，甚至到了出言不逊的程度，被罗斯福称之为“极尽污辱的信函”。关于对日作战问题，美国不允许苏联进占北海道；苏联不让美国占领千岛群岛。丘吉尔甚至命令军方拟制对苏战争计划，遭到军方的反对而作罢。当然这些负面的作为，对于“三巨头”来说，应该用“不以一眚掩大德”的态度对待。他们忠实维护本国的利益，同时也无法避免各自的历史局限。他们在世界最大的战争考场上做出战略思维与战略决策的答卷，交由历史评判。

领袖人物个人的历练、性格、素养和思维特点在书信文电中跃然纸上。丘吉尔善弄文墨，讲求外交礼仪，带有贵族式的幽默和狡黠，并且成功地运用夫人外交。罗斯福宽容大度，善于协调国际关系，经营战后格局。雅尔塔会议，他以重病之躯，万里远行，移樽就教，两个月后辞世，可谓鞠躬尽瘁。斯大林坚毅深沉，不苟言笑，不玩客套，涉及苏联利益则锱铢必较、寸步不让，有时甚至表现粗鲁。由于苏德战场是欧洲主战场，苏军顽强抗击德军的大部分兵力的进攻，对欧洲战局具有举足轻重的作用，所以斯大林有底气对待盟国。三次重要会议，即德黑兰会议、雅尔塔会议、波茨坦会议，都是按斯大林的意愿在苏联占领区召开的。因斯大林不同意中国领导人参加，而不得不另行召开美英中“开罗会议”。所有公告内容也最大限度满足苏联的要求。

智者千虑总有一失。战略思维必须周延，不能留有空隙。1944年，敦巴顿橡树园四大国会议，讨论联合国组织构成，苏联提出它的16个加盟共和国都作为一方加入，以便多占席位（后来减为3个）。理由是“各加盟共和国都有自己的外交部，有脱离联盟的权利”。这是留有后患空子的战略决策。当中央集权强有力的时候，加盟共和国可以独立的条款没有实质意义；当中央集权衰弱的时候，便赋予分裂以合法性。假如斯大林在他极盛时期改变加盟共和国体制，变为行政州，至少可以消除日后各加盟共和国独立、导致苏联解体的法理依据，或为未来留下可以操作的空间。

唯物主义的历史观，不讲求春秋笔法，所谓“为尊者讳、为贤者讳、为亲者讳”的戒律。战争是残酷而复杂的，特别是当国家利益与历史积怨、民族纠纷交织在一起的时候，性质会发生扭曲。“卡廷事件”就是这样。战争初期斯大林下令在卡廷森林和其他三处枪决近2.2万名波兰战俘和公务员、知识分子。这个惨案明显严重违背1929年日内瓦公约第二条款，是同盟国正义战争中唯一不具备正义性质的大事件。不管苏联与波兰之间有多少历史积怨和现实矛盾等客观因素，都无法为之辩解。但是在当时对敌斗争十分尖锐激烈的情况下，苏联只能予以坚决否认。美英两国也许心知肚明，为了反法西斯战争大局，不得不保持沉默，甚至帮助苏联压制波兰流亡政府的指控。但历史无情，几十年后“苏东波”和华沙条约组织的解散正是从波兰开始的，苏联的解体也是从苏联在二战之初占领的波罗的海三个小国（立陶宛、拉脱维亚、爱沙尼亚）开头的。二战中令人遗憾的事件还不止此，如英国在中国抗战最困难的时候却配合日本军队封锁滇缅公路，断绝中国外援通道。苏联与日本签订《日苏中立条约》，罔顾中国主权，承认伪满洲国和外蒙古独立。美军为求政治影响而不顾战役协同，放弃配合英军围歼德国重兵集团，单独抢先占领罗马。英国派兵镇压已经解放雅典的希腊民族解放军，扶持国王乔治二世复辟君主制。凡此种种，都在历史上留下负面的影响。

历史研究方法与叙述方法不同。历史著作的真正成果，都是深刻的哲学世界观和丰富的历史知识阐明的经验总结。历史是反思，哲学是反思的反思。事物的因果性与必然性相联系，就是“一个运动是另一个运动的原因”。罗斯福在书信中曾留下警告：“时代教会我们，任何一群人无论何时都不可能强大到可以控制整个世界。”但“三巨头”的几代继任者都没有遵守这条戒律。从战争是政治的继续这个角度审视二战的后续效应，就是建构了战后世界美苏争霸的新格局和冷战的开启。不论当初他们有意还是无意，都避免不了这个历史运动的命定规律。二战后中国革命的胜利和亚非拉民族解放运动的兴起，持续不断的局部战争和武装冲突，新技术革命和经济全球化，都受之于二战的历史遗产。

毫无疑问，在战争中领导人的智慧、谋略、胆识和威望起着重大作用，但整体才是力量。领袖们战略博弈的底气和根据，完全来自于他们背后军民的英勇奋斗、流血牺牲。伟人史观、英雄史观，都必须让位于人民群众史观。没有他们便没有历史、没有自然界之外的一切。

在70年前的反法西斯战争中，中国军民以巨大的牺牲和社会经济发展滞后几十年的代价，在悲愤与血泪中认识到国家安全和领土完整的重要性。我们回顾历史，无限缅怀为人类正义、人民福祉与世界和平而英勇奋战的各国反法西斯英烈们，同时，更要审视当今世界之风云变幻和周边威胁，警惕霸权主义势力和东方老战争策源地的新动向。世界各国无一不是拜谒英雄纪念碑，惟独日本政界要人却参拜战争罪犯灵牌。《开罗宣言》所确定的应该归还中国的领土中，至今钓鱼岛仍然被日本控制。就这个意义讲，维护二战胜利成果，反对日本军国主义余孽的斗争还在继续。

李际均*

2016年3月12日

---

* 李际均，1934年出生，1950年入伍，曾任军事科学院学术调研处处长、中国人民解放军第24军71师师长、第38集团军军长、中央军委办公厅主任、军事科学院副院长，中将军衔。国防大学客座教授、北京大学客座教授、中国国际战略学会高级顾问、中国政策研究会国家安全政策委员会高级顾问，著有《中国军事战略思维》(2014年版)，主编《中国军事通史》、《第二次世界大战史》等。

序　四

第二次世界大战期间反法西斯联盟主要国家领导人——“三巨头”的往来书信的确独树一帜：就其意义、模式、规模以及通信人的历史作用而言，在整个外交史上似乎无出其右者。书信是他们最主要的联络渠道，确保了他们在世界命运面临最危急的战争时期保持最直接的私人接触。在通信过程中，领导人不仅互通情报，而且就打击不共戴天之敌的立场和全局战略进行协调，甚至为了捍卫本国利益而进行激烈的争论。

众所周知，我国率先出版了著名的书信集。第一版书信集早在1957年就问世了。其中发生的奇特而非同寻常的故事鲜为人知。俄罗斯档案文件显示，1951年夏季到来之前，经И. В.斯大林本人同意、由В. М.莫洛托夫（Молотов В.М.）挂帅的外交部下属工作组起草的这个版本将付梓。工作进行得一丝不苟和尽心尽力，有几个事例可以佐证。第一，在战争年代，F.罗斯福和W.丘吉尔信函的所有文本都是在收到信后立即翻译出来的，在编纂过程中又重新对照英文原件进行了修订，新的译本由斯大林亲自过目，斯大林时而还在修辞上做些改动。第二，编者指出了斯大林信函中所谓的不妥之处，在冷战形势下，其可能会引起不同的解读。但在定稿时，所有这些地方最后都原封不动地保留了下来。斯大林的信函也对照密码电报发送的原件进行了校对。此外，信函还修正了一些细小的语法疏忽，并征得了作者本人的同意。

这一版本原计划于1951年底印刷20万册，并计划将其译成8种文字，包括汉语。[1]一切迹象表明，克里姆林宫要展开一场大张旗鼓的宣传战，以对抗西方对第二次世界大战历史的阐释，对这段历史的不同解读在当时出版的英美活动家的回忆录中已初显端倪。由此看来，斯大林欲把信函视为自己巨大的政治资产，并试图将其作为与《历史的篡改者》进行斗争的武器，这场斗争以1948年发表的著名《历史参考资料》为发端，《历史篡改者》与《历史参考资料》为同一书名［《Фольсификатор истории（Историческая

справка）》]。1951年秋，外交部所属内部印刷厂甚至印制了这个版本的试行
数量。但不知何故，这个版本被推迟发行，可以推测出是斯大林本人的决定，
因为在10月份，莫洛托夫通知外交部档案馆：“有指示，暂推迟。”[2] 1955年3
6 月，官复外交部长一职的莫洛托夫建议出版已完成的样本，理由是，“信函可
以还原我们在战时与盟国关系的真相”。另一个理由是，西方发表了新版美
英活动家回忆录，以及雅尔塔会议（Ялтинская конференция）的相关文件。
这一次，外交部建议缩减出版规模，印刷10万册，并译成英、法、德3种文
字。但是，苏共中央委员会主席团决定推迟审议该问题，可能是因为当时美
国出版的雅尔塔会议文件更加真实全面，要想与其开展针锋相对的斗争非常
困难。[3]两年后，新任外交部长A.A.葛罗米柯（Громыко А.А.）又试图让尘
封的版本重见天日，这次准备系列出版，并为此专门成立了外交文件出版委
员会，隶属葛罗米科掌印的外交部。[4]这个倡议得到了中央委员会的支持，[5]如
果不考虑文集名称中的领导人著作权，则这本历经磨难的著作终于以该委员
会的名义于1957年秋首次问世。但国际版的“规模”被压缩，只译成了英文
一种文字。[6]即便如此，该书出版后仍在国内外引起巨大反响，连续再版，并
成为世界范围内第二次世界大战史的重要文选来源，是“三巨头”往来书信
的唯一全本。难怪冷战年代权威的西方评论家在看到首版之后也承认其翔实
可信，同时又不无遗憾地说，它是在苏联出版的，而不是在美国或者英国。[7]
7 美国国务院甚至对照本国原始档案特地审查了该书，但也不得不沮丧地承认，
书中没有故意的歪曲或丑化。

然而，这些书信的学术研究价值和使用价值远未穷尽。首先，在过去这段时间里，研究这一专题的文件保障条件发生了根本的变化。美国和英国解密了一大批战时档案文件，这使得能够依据第一手资料对第二次世界大战期间的军事外交史进行仔细研究。海德公园的罗斯福图书馆［主要藏品为机要室卷宗、总统秘书处及其助理H.霍普金斯（Гопкинс Г.）的文稿］、独立城（密苏里）的H.杜鲁门（Трумэн Г.）图书馆、英国外交部（Форин Офис）和政府档案馆提供的文件资料以及位于剑桥的丘吉尔个人档案为开展这项工作提供了特别有益的帮助。这些文件被各国的历史学家积极使用，但迄今为止，无论在西方史学界，还是在俄罗斯史学界，尚无专门研究“三巨头”书信这一专题的成果。在直接与书信相关的文件发表方面，早在1980年代中期，美国著名历史学家W.金伯尔（Кимбэлл.У）就发表过基础性的三卷本罗斯福与丘吉尔往来书信，还附加了详细的学术注释。[8]不久前，美国发表了罗斯福与斯大林的往来书信，以及丘吉尔与杜鲁门的往来书信，还插入了一些浅白的

说明。[9]在声名显赫的丘吉尔传记作者M.吉尔伯特（Гилберт M.）的组织下，丘吉尔1942年（含1942年）之前的完整书稿基础出版工作至今仍在进行。[10]

迄今为止，对斯大林“这一角”的书信研究最为欠缺，尽管我国有很多与书信往来相关的档案文件也已解密。俄罗斯国家社会政治史档案馆（РГАСПИ）收藏的斯大林手稿和其他工作资料，展现了斯大林和莫洛托夫在给盟国领导人写信时的相互协作，该馆收藏的有关莫洛托夫的资料也揭开了首版书信集准备过程的真相。近30多年来，我国发表了多个系列关于苏美关系史和苏英关系史的文件，以及战争年代苏联对外政策史文件，这些文 8
件大大拓展了第二次世界大战期间外交史的资料来源，并被积极用于研究工作。[11]除此之外，在俄罗斯外交部领导的支持下，特地为该课题解密了大批外交政策档案，这些新解密文件主要内容是苏联驻伦敦和华盛顿大使对于往来信函的相关报告。俄联邦总统档案馆提供了一系列关于战争时期联盟关系史的有价值的新文件。作者历尽波折从俄罗斯、英国和美国的档案馆中收集了约5000份文件，其中许多是首次在学术界披露。这使得可以从三方不同的角度展现“三巨头”书信往来的历史背景，重塑独特而真实的历史场景。尽管本书有意识地将重点放在了第一手资料上，但在筹备工作中，广泛采用了国内外有关第二次世界大战日渐丰富的历史研究文献，以及当时的国际关系史文献。如果说早期的版本以简单的参考性注释为主，那么对新文件和历史资料的分析，则可以为书信提供更为详细的学术注脚，使得若干重要历史研究课题可以迎刃而解。

最直接的研究课题之一就是追踪考证信函出炉的过程，这个过程在莫斯科、华盛顿和伦敦不尽相同。斯大林主要依靠自己的第一助手、外交人民委员会人民委员莫洛托夫执笔。多年以后，在回忆起斯大林与“三巨头”中的另外两位通信时的情形时，莫洛托夫说：“有些书信有很多有趣的故事。很多书信是我们共同起草的。但所有信函必须经过我的手，没有之一。”[12]共同“起草”的过程也采用过各种形式。人民委员有时会把自己的助手A.Я.维辛斯基（Вышинский А.Я.）和B.Г.杰卡诺佐夫（Деканозов В.Г.）召来参与这项绝密工作。他们二位负责就一些次要问题起草书信。在某些重要情况下，莫洛托夫明显收到过“当家人”的口头指示，他会煞有介事地把事先写好的文本呈给“当家人”批复。无论哪种情况，人民委员签名的所有草稿都要“呈斯大林同志审批”，批语多为“同意”或“修改后同意”。斯大林有时会整段地补充，偶尔会亲笔书写全文。通过与斯大林多年的密切接触，这位《真理报》 9
主编出身的莫洛托夫凭借丰富的经验，已经娴熟地掌握了斯大林的思维方式和修辞习惯，即便如此，莫洛托夫起草的书信有时也逃不过严苛的“苏联国家总编辑”的认真修改，后者改过的地方在著作中总能显示出深思熟虑和一丝不苟。

同是在这方面，罗斯福和丘吉尔的助手要多得多，他们自己，特别是罗斯福，极少参与文本的起草。总的来说，斯大林本人对“三巨头”往来书信的参与度比罗斯福要高，亲手执笔比丘吉尔要多。丘吉尔要依赖外交部和参谋长委员会提供的草稿，以及内阁的指南。战争临近结束时，“三巨头”中丘吉尔信函的主要起草者之一、他的私人秘书J.科维尔（Колвилл Дж.）写道：“在浏览首相签名的书信时，我常想，未来的历史学家要有火眼金睛才能区分丘吉尔的‘真迹’和他‘写作班子’的信函，我们都成了丘吉尔个人风格最好的模仿者，尽管他的发言和他的绝大部分书面指示一样，都出自其本人之手，然而，他的大部分信函却并非如此。”[13]尽管根据保留的档案厘清信函的真正作者尚存诸多困难，但除了进行纯技术性的档案考察外，还要辨别主人公的心理活动和思维方式。有趣的是分析领导人在助手们起草的信函上所作的修改，因为修改之处最能反映每位领导人的个性。丘吉尔的手迹明显有形象的文学风格，思想自由飞翔，这是大文豪和未来的诺贝尔文学奖得主所与生俱来的。罗斯福的信函则带有官方色彩和平淡无奇，而他的个人介入部分由于不同部门的参与起草，时而会冒出一些美国式的外交辞令或纯军事色彩的语言。斯大林的语言枯燥，表达特别具体和准确，总是直抵所讨论问题的本质。与惯于使用民主句式的西方伙伴不同，斯大林擅长使用意识形态用语，而且极少使用夸夸其谈的表达。

对于他们三位来说，往来书信首先是讨论具体的现实问题的工具，同时也是对历史的回顾。罗斯福身边的工作人员证实，罗斯福曾打算卸任后写回忆录。[14]丘吉尔凭借其对历史文学的酷爱，早在战争时期就计划把这些往来信件写进自己未来的回忆录。在1944年1月未发出的致斯大林的信函中，他建议保留自己与克里姆林宫领袖之间的分歧，待由历史评说，但同时也不忘提醒，他“打算亲笔书写历史”。[15]事实也正是如此，在他的鸿篇巨制《第二次世界大战》中，与斯大林的往来书信成为该书的中心内容。斯大林不想写回
10 忆录，但又不愿忽略自己的历史地位，包括自己与伟大的西方民主领导人之间的关系。早在1944年12月，在与C.戴高乐（Голл Ш.де）会谈时，他就提到过将来可以发表他与丘吉尔的往来书信一事。[16]这一情况迫使“三巨头”在对待自己的信函时格外认真。

就书信的保密性和个性特点来说，苏联方面首屈一指。苏联信函的内容

完全由斯大林和莫洛托夫联袂决定，然后还要交由政治局元老和外交人民委员会领导传阅。而最公开、最专业的做法当属基于内阁掌权体制的英国。对于罗斯福和斯大林发来的信函，尤其是斯大林的信函，要定期在内阁会议上讨论，然后再委托外交部、参谋长委员会或丘吉尔本人就某项内容予以回复。丘吉尔主动起草的信函，也要交给内阁审议。其中很多信函都经过多道编辑程序。所有信函定期寄给国王和内阁主要成员。实际上，围绕丘吉尔给斯大林和罗斯福的往来书信在白厅要进行广泛的跨部门传抄，好似首席提琴的“乐队伴奏”。如此说来，“三巨头”往来书信的英国“一角”，作为档案文件保管得最为完整，也就不足为奇了。美国的程序略欠规范，与苏联相似，区别仅在于参与起草的人员更多，其中的主角不是外交官，而是军方和总统的私人助理，主要操刀者当属霍普金斯和W.莱希（Леги У.）。这反映出罗斯福与官僚机构的关系、特别是与国务院的关系欠佳。虽然有三部门参与起草信函，但最终通常以密电的形式发往本国使馆，由其将母语原件转交给收信 11
人，偶尔随信还会附上本国使馆的翻译文本。如果说斯大林和丘吉尔习惯使用外交密码，则罗斯福更倾向于通过军用通讯渠道发送自己的信函，依然绕过国务院。

本版书信集的第二项研究课题是，不仅要追溯这些信函是如何出炉的，而且还要展现收信人收件时的表现。在这方面，见证人功不可没，大使或其他受托转交书信的中间人以及在场的助手们的证言尤显重要。他们可以帮助还原收信人的真实反应，进而给不能谋面的书信体交流增添鲜活的色彩。其次，外交官们传回的消息可以帮助发信人判断和了解收信人对信的反应，然后可能在下一封信中加以注意。最后，通过比较三方相互沟通的这些信息，我们可以得到关于所发生事件相当全面和鲜活的画面。我们收集到的新档案文件使那些从事战时联盟外交工作的大使们的角色再次灵动起来。И.М.迈斯基（Майский И.М.）、S.克利普斯（Криппс С.）、A.克尔（Керр А.）、A.哈里曼（Гарриман А.），这些得力的大使不仅仅是领导人往来书信的使者，更是以自己的分析和建议影响往来书信的军师。

出版本书信集还有一个在学术方面来说可能是最重要的目的，即把往来书信与战争年代的联盟外交背景结合起来。信函本身只是一个“穹顶”，穹顶下面隐藏的是恢宏的联盟外交和大国的军事协作；几乎每封信的背后都有自己独特的、有时是不寻常的和有教益的故事；许多话都有隐藏着表面不为人所知的特殊含义。为了破解这些潜台词，不仅要考察每封信的独有故事，而且要将其置于当时的联盟关系大背景下。因此，在本书中，作者努力把对每封信进行的“显微镜式的”分析都与对其在联盟关系中所发挥的作用和所拥有的地位结合起来。

这些新文件使得将三方正式书信与其背后的实际动机和倾向进行对比分
12 析成为可能。例如，如果将1945年春丘吉尔与身在美国的艾登之间的秘密信函和给斯大林的信函相比较，前者可以昭示出那几个月丘吉尔强硬反苏立场的真实动机。同一时期斯大林与莫洛托夫之间的秘密信函亦是如此，同样反映出斯大林对西方盟友的真实态度。而且，如果说不善外交辞令、有时略显粗鲁而直率的斯大林的真实思想与语言表达上存在一定差异的话，那么彬彬有礼、能言善辩的罗斯福和丘吉尔则表现得口是心非。因此，在英美人的语言表达中，分辨真实想法和表面文字好比分辨良莠一样，是一项艰巨的任务，比辨识斯大林还要复杂。

最后，借助新档案资料详细分析书信，能够加深我们对“三巨头”内部人际关系的理解。尽管关于斯大林、罗斯福（杜鲁门）、丘吉尔之间关系的文献浩如烟海，正如最新研究成果所证明的那样，对这些关系进行历史的、心理的分析还远未穷尽。[17]此外，迄今为止，对三位领导人相互关系的研究仍停留在对其书信背景缺少系统研究的情况下进行，而通过后者恰恰可以窥见到这三位风格迥异的伟人之间心理上的细微差别。正如多边军事外交一样，细微差别在复杂的事务中更具有特殊意义。在第二次世界大战的条件下，当权力高度集中在最高政治领导人手中时，职业外交和传统对外政策部门的作用被空间压缩，并让位于“三巨头”领导人的私人外交。他们之间理顺关系（或者不能理顺关系）决定着千百万人的命运。分别代表不同政治制度的、个性迥异的活动家之间的合作并非坚不可摧。就政治制度和侵略本性而言，“轴心”国有更多共同之处，但在军事战略和外交协作水平上远逊于“三巨头”。三大国领导人对组织这种联盟协作做出了巨大贡献，尽管有时也有尖锐分歧，但仍能顾全大局——粉碎共同之敌。在大规模世界战争的最危急年代，三驾马车确实主宰了世界的命运。

13 在有通信往来之前，鲜有文件能够证明斯大林与西方伙伴的关系，这一点也引起了研究者的兴趣。总的来说，书信集中收录的新文件可以证明他对罗斯福的态度比较平和与尊重，与之相比，与丘吉尔的关系就比较复杂和紧张。首先引人注意的是，伟大的独裁者在与自己的两个重要收信人打交道时的细微差别。而莫洛托夫的草稿通常没有区别，但斯大林修改时经常会对罗斯福更热情和尊重一些，相反，对丘吉尔比较严苛。这个区别当然并非偶然，它反映了斯大林对英美世界两位领导人的不同态度。

斯大林对罗斯福的态度取决于复杂的相互交织在一起的主客观因素：美国占据军事经济实力优势；与沙皇俄国和苏俄的老对手英国相比形象更加正面；美苏关系与英苏关系相比潜在冲突的可能性较小；罗斯福在苏联享有很高的声誉，因为他是对苏联予以外交承认并通过租借法案（Линд-лиз）为苏联提供援助的倡议者，与那位强烈反苏、在国内战争期间鼓动协约国讨伐苏联的丘吉尔形成鲜明反差。个人品质的作用也不可小觑，罗斯福民主式的礼貌和英国首相的趾高气扬，无论在“三巨头”的通信中还是在个人交往中，都形成鲜明对比。按罗斯福和斯大林联系的桥梁、美国驻莫斯科大使哈里曼的话说，在德黑兰和雅尔塔谈判过程中，斯大林“对待总统就像对待一位长者”，[18]他对待罗斯福要比对待丘吉尔更加谨小慎微，更经常地赞同他的意见，如果反对的话，也表达得很克制，从未对这位美国人说讽刺挖苦的话或开粗鲁的玩笑。看来，在苏联情报侦察报告中给两位领导人选择的绰号并非偶然：称罗斯福为“船长”，称丘吉尔为“公猪”。情报侦察员们准确地表达了自己和情报主要收阅人的共同喜好。

连自己都不信任的斯大林，习惯于把盟友视为敌人，当然，他不会完全信任罗斯福，更何况他借助可靠的情报认清了罗斯福的两面派把戏，即秘密 14
地研制原子武器和拖延开辟第二战场。但对于斯大林来说，罗斯福仍然是实现自己大战略的最重要工具，其主要目的是粉碎共同之敌并巩固胜利战果，即在欧洲和远东建立新的更广泛的苏联势力范围。在后一件事上，罗斯福比丘吉尔表现得更为宽容，这主要是因为美国距离欧洲路途遥远，美苏各自势力范围也互不交叉。众所周知，罗斯福没有特别反对把远东的新领土和控制权交给苏联，在德黑兰时就使斯大林相信，美国不会过分阻止苏联恢复对波罗的海沿岸的控制权，但条件是最起码表面上要遵从民主选举模式，并且，在苏联不能完全掌控东欧的情况下，美国也会承认苏联在该地区的主导权。[19]

在斯大林看来，美国总统的另一个价值是可以对丘吉尔形成一定的抗衡，它可以使克里姆林宫的独裁者有机会巧妙利用英美矛盾。[20]然而，斯大林在处理与英美人的通信细节时非常清楚罗斯福和丘吉尔之间特殊关系的亲密性质，因此避免当着一个人说不想让另外一个人知道的话。

对于罗斯福来说，在实现对苏关系的两大超级战略目标上，斯大林本人有着举足轻重的作用。这两大目标是，确保苏联在与“轴心”国的武装斗争中尽可能作出最大的贡献，以及战后与苏联进行合作。总统清楚地知道，没有与苏联的合作，就不会达成永久的和平。

罗斯福对苏战略尽管有多重考虑和各种备选措施，但主要考虑还是寄希望于苏联逐渐融入由大国组成的“大家庭”（总统在德黑兰亲口这么说），但首要前提是承认苏联合法的安全利益，之后随着加入“大家庭”，斯大林体制要逐渐实现自由化。[21] 1943年秋，总统对红衣主教F.斯佩尔曼（Спеллман Ф.）说过，再过10—20年，“可以把俄国改造得不那么野蛮”，还“可以从被动的友谊中收获地久天长的友谊”。[22]总统以其实用主义和幼稚的理想主义态度认
15 真地研究了苏联的经验，甚至设想了相互融合的可能性，即：使美国资本主义社会主义化，使苏联社会主义自由主义化，进而随着时间的推移消除把世界分裂为两个敌对阵营的隐患。[23]所有这一切更加坚定了他的大战略想法，即通过个人对斯大林的影响达到“改造”苏联的目的。

该“驯化战略”的关键环节是斯大林本人，他作为独裁者完全可以左右这个国家。正因为如此，罗斯福才痴迷于与斯大林建立和保持个人关系，他希望争取克里姆林宫独裁者的好感，以影响其政策走向。罗斯福以克里姆林宫对英国外交部门的极度不信任为借口，拒绝了丘吉尔充当莫斯科和华盛顿之间调停人的角色。1942年春，罗斯福给丘吉尔写信说：“斯大林厌恶英国政府的自作聪明。他对我的印象更好，所以我希望他保持这种看法。”[24] 1943年夏，总统甚至试图安排一次与斯大林的单独会晤，并在与丘吉尔的沟通中称这是斯大林的主意，他解释说，在首相缺席的情况下，斯大林会“更加坦率”。[25]从罗斯福给丘吉尔的信中可以看出，罗斯福极力想平息首相的愤怒和冲动，呼吁其在与“约瑟夫大叔”打交道时更加隐忍和礼貌。由于了解斯大林的多疑天性，总统尽量避免留下多余的把柄，防止造成“英美勾结”对付斯大林的印象。例如，众所周知的德黑兰会议前夕和会议期间，他多次拒绝与丘吉尔进行两方会谈。罗斯福不顾自己的健康状况，同意长途跋涉远赴德黑兰和雅尔塔参加会晤，这恰恰说明其对苏联盟友的极大尊重。

斯大林与英国首相的关系之所以耐人寻味，是因为这是两种典型的不同个性造成的二人冲突。由于善于察言观色的迈斯基（Майский И.М.）有与丘吉尔近距离接触的机会，并将情况随时通报，使得冷静的心理学大师斯大林完全能够洞察首相的性情，并学会挑动他的神经，时而使其咬牙切齿、暴跳如雷，时而使其感激涕零、言听计从。如果我们从丘吉尔回忆录及身边人的回忆中已经了解他的第一种反应的话，那么他的第二种反应直到现在世人才得以知晓，在这方面迈斯基的加急电报和工作日记功不可没。

16 丘吉尔像古老的东方占卜士，视俄国为有先天性缺陷的半亚洲国家的观念根深蒂固，尽管他具有极端的反布尔什维克和排俄倾向，但为捍卫大英帝国的利益，在推行对外政策方面，他又是个十足的现实主义者。这种现实主

义使他率先将纳粹视为不共戴天的敌人，而把苏联视为共同对付这个敌人的潜在盟友。E.艾登（Иден Е.）的助手O.哈维（Харви O.）在日记中描述苏联人对丘吉尔的极端不信任时写道:“他们（俄国人——作者注）是对的，因为他仇视俄国，也仇视俄国的一切主张。尽管如此，他仍尽一切努力在战争中帮助俄国。”[26]这种做法与罗斯福如出一辙，丘吉尔也同样希望苏联在粉碎德军的战争中冲锋陷阵，从而保存自己的实力。同罗斯福一样，他还把赌注押在了培养与斯大林的私人关系上，因为他们认为斯大林才是苏联的决策者。但与美国总统自由主义和乐观主义倾向的区别之处在于，这位真正的托利党人对苏联体制的自由化和在战后与俄国保持联盟关系不抱幻想，他认为布尔什维克是俄帝国主义的又一副新面具，是大英帝国永远的对手。大英帝国的战略利益与美国也有所不同，其目的是保持英国与欧洲、地中海和近东地区国家的联盟体系，将他们作为自己的势力范围。因此，对于苏联在这些地区影响力增强的前景，丘吉尔及其英国领导集团比罗斯福更加忧心忡忡。首相本人的性格特点起到了推波助澜的作用，与罗斯福的自我控制能力和心平气和的脾气截然不同，首相的情绪更加喜怒无常，这也影响到了对斯大林和苏联的态度。丘吉尔的外交干将艾登在某种程度上对他的偏激起到了平衡作用，但是到战争临近结束时，艾登本人也主张对苏联推行强硬路线，而当时丘吉尔仍竭力希望自己与斯大林的私人接触能够拯救局面。总之，如果说在战争年代斯大林和丘吉尔尚可摈弃意识形态偏见，在诸多方面展开合作的话，那么在战争即将结束时，二人则倒退到了原点。

这种三角形书信模式的特点还表现为非“等边”，因为罗斯福和丘吉尔之间的关系远比与斯大林的关系密切得多。他们双方的通信是与苏联领导人通 17
信的两倍多，他们在战争时期经常会面，并一直保持电话联系，更不要说在联盟外交中的绝大多数问题上表现出来的英美团结了。“三巨头”成员之间在通报伙伴行动方面也不对等：如果说罗斯福和丘吉尔在给斯大林写信的内容上保持私下沟通、在与斯大林的关系上保持协调行动的话，那么，关于他们二者之间通信的内容，斯大林则只能猜测，或依赖情报侦察进行判断。这种不对称使得斯大林与自己的两个伙伴相比，经常处于不利境地。

在第二次世界大战的条件下，三位领导人及其所领导的各国面临的客观形势也不尽相同。斯大林领导的是遭到强敌主力兵力疯狂入侵的国家，敌人占领了她的大部国土。在战争出现根本转折之前，一直是以国家和人民的生存为赌注。若想在与当时最强大的战争机器面对面的交锋中不倒下，只能倾其所有、投入全部人力物力。斯大林别无选择，其余的一切自然要服从于完成这一艰巨任务。而对于丘吉尔和英国来说，纳粹入侵的现实危险因苏德战争的爆发而得以幸免，他只需考虑英国在反对共同敌人的斗争中所要付出的代价。罗斯福似乎更轻松一些。美国是不易受到外敌入侵的国家，且拥有庞大的经济基础和强大的工业生产潜能，更有充裕的时间不断增强自己的实力，这一切可以使美国从容不迫地进行战争动员。鉴于各国的各自成本和优势不同，因此让三国领导人设身处地地为对方着想并非易事。斯大林难以理解盟友在向苏联提供军事援助方面为何拖沓和犹豫不决。罗斯福和丘吉尔，特别是后者对苏联局势的危急性明显估计不足，并指责斯大林忽视英美在其他战区与德日作战的复杂性。相比之下，罗斯福更加理解苏联领导人最为艰难的处境，表现出对盟友的知心和尊重。他在1942年7月致信丘吉尔时写道："与斯大林打交道必须全神贯注。我们需要时刻牢记我们盟友的存在，以及他所
18 面临的困难和危险。不能奢望国家遭受强敌入侵的人以宽容的眼光看待战争。"[27]即便如此，他偶尔也会失去对斯大林应有的同情。

"三巨头"的所作所为面临的内部压力强度也有天壤之别。尽管战时权力高度集中，罗斯福和丘吉尔仍不得不考虑立法机关、社会舆论和新闻媒体，以及大选前的蛊惑。斯大林则没有这方面的束缚，这是他的西方伙伴们由衷羡慕他的地方。在与英国特派外交官的一次会谈时，罗斯福半开玩笑地说，"他是个十足的独裁制度拥护者，假如把全世界的事务都交给他，由首相和约瑟夫大叔共同管理，而不受国会和议会的困扰，则所有人都会感到轻松得多。"[28]政治制度上的这种差别同样影响了相互之间的理解：斯大林从不相信英国人和美国人所谓本国阻力的借口，而罗斯福和丘吉尔对克里姆林宫的决策机制也不甚了解。

"三巨头"的往来书信还可以被理解为两种截然不同的社会文化传统和英美与苏俄之间的跨文化对话。他们之间的相互认知无不带有这种文化色彩，偶尔会对相互之间的理解造成全面的影响。英美人的排他性和优越感、操英语民族对于自己之外的世界，包括对"半野蛮的"俄国所自负的文明使命感将罗斯福和丘吉尔联合在一起。他们认为，斯大林尽管是位杰出的领导人，但仍未脱离野蛮，一些英国活动家暗地里称其为"阿提拉"（古代欧亚大陆匈人领袖和皇帝，史学家称之为'上帝之鞭'——译者注）。他们对苏联及其领导人的友好态度在很大程度上是出于其阴暗的目的，即出于一己私利，把苏联用作粉碎纳粹德国的"攻城利器"加以利用。这种险恶用心隐藏在外表的彬彬有礼和维持联盟利益的外衣之下，但这并不妨碍斯大林看穿西方伙伴阴暗的企图和动机，甚至有时斯大林把他们想得比实际上更糟。例如，在拖延

开辟第二战场的问题上，斯大林认为不仅是盟国出于保存实力的私心（保存
自己的实力）所致，而是有意识地要苏联流尽最后一滴血。这种想法的出现 19
不仅是缘于斯大林受到了布尔什维克阶级理论的影响和喜欢过度猜疑，还缘于俄国传统上认为“西方人更加阴险”。经历过第一次世界大战的斯大林预测，这一次西方盟友也会极力借用各种地缘政治承诺把俄国当成“炮灰”，然后再以各种冠冕堂皇的理由拒不兑现。莫洛托夫回忆说：“斯大林不止一次地说过，俄国善于赢得战争，但不善于享受胜利的果实。俄国人骁勇善战，但不擅长签订和平协议，他们常被绕过，不被充分给予。”[29]在战争年代与外国人会谈时，斯大林不止一次地重申过这一思想。他对哈里曼说：“所有人都认为俄国人是雇农。俄国人应该解放波兰，而波兰人却想得到利沃夫。所有人都认为俄国人是傻瓜。”[30]莫洛托夫证实说，这一次斯大林决心不让别人把自己当成傻瓜。

跨文化对话还和语言问题有关。语言风格也使通信变得复杂。斯大林–莫洛托夫风格充满了布尔什维克的率直，这话会让惯于圆滑而礼貌表述的、有教养的英美人感到刺耳。特别是心胸狭窄和感情脆弱的丘吉尔经常受到伤害，正如英国外交部所说的那样，丘吉尔感到很遗憾，斯大林和莫洛托夫“没有受过伊顿和哈罗公学的贵族教育”。[31]克里姆林宫认为非常委婉的表述，在唐宁街那里却被理解为侮辱性的粗话。而苏联领袖也会把盎格鲁–萨克逊的彬彬有礼和喋喋不休视为“资产阶级的伪善”，以掩盖其背后真实的倾向和意图。另外还有翻译问题，不仅影响面对面交流，而且对书信交流也造成了困难。

总之，本书信集的作者希望，上述问题的解决使得可以从全新的视角来审视战争时期的联盟关系，将三大国当时的所思所想、所作所为还原成更加立体和客观的历史画面，摆脱冷战时期那样的单边解读。

就本书结构而言，书信集由信函文本和对文本的研究性解读以及参考性注释、插图、人物和事件附录、目录组成。研究性解读以素材为主，同时引
用了大量文献，其中最引人入胜的是引号内的全部引文和部分引文。参考性 20
注释与过去的版本相比有所更新。考虑到资料量过大，书信集的正文按专题—年代结构分为几个章节，即按战争期间联盟关系发展的特定阶段划分。每章开篇都有简短的导语，作为对该阶段简要的概述及其与“三巨头”来往书信的关联。同时阐述了三位领导人在战争年代私人会晤的作用，以及这些会晤对书信的影响。

与早期的几个版本不同，在本书信集中，斯大林与罗斯福和丘吉尔的书

信集按统一的时间顺序编排，因为有很多书信是斯大林同时发给两位收信人的，又同时收到两位收信人的回函，他们之间有密切的联系，放在同一语境中更便于理解。书信集依然分为上下两卷，但这次只是因为篇幅的缘故。信函本身的文本，包括西方领导人信函的翻译文本，则按过去的版本编辑，尽管这些翻译，如前所述，与战争年代放在斯大林和莫洛托夫案头的相比稍有修正。所有方案个别地方有明显出入的在注释中作了说明。如果领导人有实质性的修改，那么修改的地方同样在解读中作了分析。

与过去苏联出版的版本相比，信函日期有一定的修订，因为之前版本的日期只是按照斯大林信函的发出日期和在莫斯科或古比雪夫收到西方领导人信函的日期确定的。换而言之，日期是以“斯大林—时间中线”设定的。发信日期和收信日期通常是不相吻合的，因为三个首都之间存在时差，而且信件传送也需时间，所以我们认为，比较准确的日期应该是每个发信人写信的时间和发信的时间，这也符合大部分此类学术著作的惯例：发信日期而不是收信日期，被作为编年顺序的依据。根据档案文件对三国首都收发信函时间的核实，在某些情况下导致同一天所收发信函的排序发生改变，这会出现与早期版本不同的情况。因此，罗斯福和丘吉尔给斯大林的信件保持了在莫斯
21 科收信的时间，这在苏联档案中有登记，因为英美中在很多情况下无法确定收到斯大林信件的准确时间。发信日期写在文件文本的左侧，收信日期写在右侧。两个日期有助于鉴别国内外文献中的信函，国外文献中丘吉尔和罗斯福的信函按发信日期编排，而斯大林的信函则按“苏联”日期编排。信函按统一的时间顺序编号（贯穿两卷），与收信人和发信人无关。文件的标题同《书信集》一样，按照原件保留，如果原件没有标题，则援引《书信集》编辑部当时加的标题。

本书能够顺利出版得益于国际学术合作和俄罗斯及国外组织机构的支持。首先要鸣谢“俄罗斯世界”基金会、英国剑桥大学丘吉尔学院的解囊相助。俄罗斯联邦档案署［А.Н.阿尔基佐夫（Артизов А.Н.）］、俄罗斯社会政治史国家档案馆［О.В.瑙莫夫（Наумов О.В.）、А.К.索罗金（Сорокин А.К.）、В.Н.舍佩列夫（Шепелев В.Н.）］，俄外交部历史文件处和对外政策档案馆［А.И.库兹涅佐夫（Кузнецов А.И.）、К.К.普罗瓦洛夫（Провалов К.К.）、И.В.费基索夫（Фетисов И.В.）］，位于海德公园的罗斯福图书馆（首席研究员D.乌尔讷（Вулнер Д.）、档案管理员R.克拉克（Кларл Р.），位于独立城的杜鲁门图书馆［档案管理员R.索埃尔（Соуэлл Р.）］，位于剑桥大学的丘吉尔档案馆［馆长A.贝克伍德（Пэквуд А.）对查阅档案文件给予了大力

协助。俄罗斯外交部下属国立莫斯科国际关系学院和位于莫斯科的德国历史研究所〔N.科茨讷（Концнер Н.）、C.B.库德利亚绍夫（Кудряшов С.В.）〕为作者团队的工作创造了便利条件，并提供了物质和组织技术支持。俄罗斯外交部对外政策档案馆和俄罗斯国家影像图片档案馆盛情提供了本馆资料作插图。在筹备出版过程中还收到了俄罗斯科学院院士 Г.Н.谢沃斯基亚诺夫（Севостьянов Г.Н.）、俄联邦功勋科学活动家 О.А.勒热舍夫斯基（Ршевский О.А.）教授、В.Л.马利科夫（Мальков В.Л.）教授、英国学院 D.莱诺利茨（Д. Рейнольдс）教授（剑桥大学）和 W.金伯尔（У. Кимбэлл）教授（美国）提出的宝贵意见和建议。

〔俄罗斯〕弗·奥·佩恰特诺夫

注释 22

1. Записка В. Молотова и А. Вышинского на имя И. Сталина с приложениями. 23.IX. 1951 // Архив Президента Российской Федерации (далее – АП РФ). Ф. 3. Оп. 34. Д. 63. Л. 140-149.

2. Архив внешней политики Российской Федерации (далее – АВП РФ). Ф. 06. Оп. 24. П. 2.Д. 14. Л. 41.

3. Записка В. Молотова в ЦК КПСС. 19.III. 1955; Выписка из протокола № 113 заседания Президиума ЦК КПСС от 24.III.1955 //АП РФ. Ф. 3. Оп. 34. Д. 63. Л. 153-154.

4. Записка А. Громыко в ЦК КПСС с приложениями. 22.V. 1957 //АПРФ.Ф. 3. Оп 34. Д. 64. Л. 18-20.

5. Постановление Президиума ЦК КПСС. 31.V.1957 // Там же. Л. 15-17.

6. Подробнее об истории подготовки этого издания см.: Pechatnov V. How Soviet Cold Warriors Viewed World War II: The Inside Story of the 1957 Edition of the Big Three Correspondence // Cold War History. 2014. Vol. 14. №. 1.

7. Feis H. The Three Who Ted // Foreign Affairs. 1959. Vol. 37. №. 2.

8. Churchill & Roosevelt. The Complete Correspondence (далее – Churchill & Roosevelt) / Ed. by W. Kimball. Princeton. 1984. Vol. 1-3.

9. Butler S. My Dear Mr. Stalin: The Complete Correspondence Between

Franklin D. Roosevelt and Joseph V. Stalin. New Haven, 2005; Defending the West. The Truman–Churchill Correspondence, 1945–1960 / Ed. by G.W. Sand. Westport, 2004.

10. Gilbert M. The Churchill War Papers. Vol. III. The Ever Widening War, 1941. London, 2000; The Churchill Documents / Ed. By M. Gilbert. Vol. 17. Testing Times, 1942. Hillsdale, 2014.

11. Советский Союз на международных конференциях периода Великой Оте¬чественной войны 1941–1945 гг. Т 1-5. М., 1979; Советско-английские отно¬шения во время Великой Отечественной войны, 1941–1945. Т. 1-2, М., 1983; Советско-американские отношения во время Великой Отечественной вой¬ны, 1941–1945: Документы и материалы. Т 1-2. М., 1984; Советско-амери¬канские отношения. 1939–1945 / Подред. Г.Н. Севостьянова; сост. Б.И. Жи- ляев, В.И. Савченко. М., 2004; Советско-французские отношения во время Великой Отечественной войны, 1941–1945. Т. 1-2, М., 1983; Документы внешней политики. Т XXIV. М., 2000; Документы внешней политики СССР. Т. XXV. Кн. 1-2. Тула, 2010; Ржешевский О.А. Сталин и Черчилль. Встречи. Беседы. Дискуссии: Документы, комментарии, 1941–1945. М., 2004.

12. Чуев Ф.И. Сто сорок бесед с Молотовым. М., 1991. С. 83.

13. Colville J. The Fringes of Power. Downing Street Diaries 1939–1955. Rev. ed. London, 2004. p. 524.

14. Rosenman S. Working with Roosevelt. N.Y., 1952. p. 193.

15. Prime Minister to Stalin, 31.1.44 // The National Archives, Kew, Richmond, Public Records Office (далее – TNA), Prime Minister's Office (далее – PREM) 3/396/11.

16. Советско-французские отношения во время Великой Отечественной
23 вой¬ны, 1941–1945 (далее – СФО). Т. 2. С. 200.

17. См., например: Costigliola F. Roosevelt's Lost Alliances. How Personal Politics Helped Start The Cold War. Princeton, 2012.

18. Staff Meeting, Dec. 8, 1943 // Library of Congress (далее – LC), W. A. Harriman Papers (далее – WAHP), Chronological File (далее – CF), Cont. 171.

19. Messer R. The End of an Alliance. James Byrnes, Roosevelt, Truman, and the Origins of the Cold War. Chapel Hill, 1982. P. 42; Notes on the Conversations with the President // LC, WAHP, CF, Cont. 175.

20. Подробнее см.: Печатное В.О. Сталин и Рузвельт (заметки историка) // Война и общество, 1941–1945 / Отв. ред. Г.Н. Севостьянов. Кн. 1. М., 2004. С. 402-403.

21. Подробнее об этой стратегии Рузвельта см.: Gaddis J. The Strategies of Containment. N. Y., 1982. p. 9-13; Kimball W. The Juggler. Franklin D. Roosevelt as Wartime Statesman. Princeton, 1991. Ch. 5.

22. Gannon R. The Cardinal Spellman Story. Garden City; N.Y., 1962. p. 222-224.

23. Welles S. Where Are We Heading? N. Y., 1946. P. 37; Dunn D. Caught Between Stalin and Roosevelt: America's Ambassadors to Moscow. Lexington, 1998. p. 5.

24. Churchill & Roosevelt. Vol. 1. p. 421.

25. Ibid. Vol. 2. p. 283.

26. The War Diaries of Oliver Harvey / Ed. by J. Harvey. London, 1978. p. 173.

27. Churchill & Roosevelt. Vol. 1. p. 545.

28. Conversation between Mr. Law and President Roosevelt // TNA, Foreign Office (далее – FO) 371/44595.

29. Чуев Ф.И. Молотов: Полудержавный властелин. М., 2002. С. 102.

30. Запись беседы тов. И. В. Сталина с послом CHIAA. Гарриманом, 3. III. 1944// Российский государственный архив социально-политической истории (далее – РГАСПИ). Ф. 558. Оп. 11. Д. 377. Л. 46.

31. Цит. по: Folly M.H. Churchill, Whitehall and the Soviet Union, 1940–1945. London, 2000. p. 97.

总目录

上　卷

下 卷

目 录

上 卷

第1章 24

从"巴巴罗萨"到珍珠港

苏联、美国和大不列颠之间的相互关系面临重重问题，他们是背负着这一沉重包袱走向第二次世界大战的。意识形态的对立、政治体制和安全利益理念的深刻差异，使国家间关系正常化的基础变得极不牢固。苏联直到1933年才与美国建立外交关系，与大不列颠尽管早在1924年建交，但1927年曾一度中断，德国纳粹（Нацизм）和日本军国主义的出现成为全球共同的威胁，从而在客观上催生了新的利益共同点，促使苏联的政策向寻求有西方民主国家参与的集体安全方向倾斜。但是，双方的互不信任程度以及把这一威胁转嫁给他人的想法愈加强烈。1938年签署的《慕尼黑协定》的目的就是孤立苏联，旨在使苏联单枪匹马面对A.希特勒（Гитлер А.）德国，英法竭力将纳粹侵略东引，这反而促使斯大林在寻找集体安全时选择了与希特勒媾和。一贯主张与西方民主国家进行合作的M.M.利特维诺夫（Литвинов М.М.）时任外交人民委员会人民委员一职，其后被忠于斯大林的B.M.莫洛托夫所取代，之后的10年间，莫洛托夫一直是领袖对外政策的左膀右臂。

斯大林从希特勒那里得到了比民主西方更多的承诺：尽管只是暂时降低德国的威胁、缓解苏日矛盾、在苏联西部边境建立宽阔的缓冲区彻底缓解该地区的压力。最主要的成就就是赢得了战略空间，用莫洛托夫的话说便是，可以"让德军远离"苏联边境。[1] 同时，还出现了将德国侵略西引的希望，以此对《慕尼黑协定》以牙还牙。斯大林希望希特勒深陷西线战场，苏联便可以赢得足够的时间进行战争准备。

1939年签订的《苏德互不侵犯条约》及随后爆发的苏芬"冬季战争"使
莫斯科与伦敦和华盛顿的关系急剧恶化。英法军界甚至制定了进攻苏联的战 25
争计划，包括轰炸巴库炼油厂。但是，即使在这个时期，F.罗斯福和1940年5月刚刚上台的丘吉尔也没有自毁连接斯大林的桥梁。丘吉尔深谙斯大林在1939—1940年间的所作所为是迫于地缘政治原因，并认为在遏制纳粹进一步扩张方面具有潜在的益处。他委任工党左派党员S.克利普斯（Криппс С.）为新任驻莫斯科大使，希望藉此赢得斯大林的好感。克利普斯向斯大林转交了丘吉尔1940年7月1日写给斯大林的第一封信函。在信中，英国首相对纳粹德国迅速击溃法国感受记忆犹新，因此建议斯大林摒弃前嫌，就防止“德国肆虐”欧洲而采取协同动作进行谈判，包括采用在巴尔干划分责任区的方法解决问题。斯大林怀疑伦敦再次企图让苏联与德国发生正面交锋，因此回避了伦敦的对话建议，并向柏林通报了英国的试探。丘吉尔的信函没有得到回复，而远在莫斯科的克利普斯被迫与克里姆林宫保持距离，尽管他对苏联存有好感。丘吉尔于1941年4月19日发出的第二封信函同样未得到回复，在这封信中，丘吉尔简明扼要地告诫苏联，德国的装甲坦克师已从罗马尼亚投送到了波兰。苏联情报部门也多次预警德国正在准备进攻一事，斯大林都不予采信，他仍然认为这种警告是虚假情报，旨在挑起苏德冲突。毫无疑问，英美提供的这些严词警告确有自私的成分：华盛顿和伦敦与其说关心苏联的安全，毋宁说关心的是“鼓动俄国人奋起反抗”，正如艾登在致丘吉尔的信函中所言。[2] 苏联如果做好了反击敌人进攻的准备，自然可以对德国军队实施较长期的抵抗，从而给西线留有喘息之机。斯大林的疑心因P.盖斯（Гесс П.）（1941年5月）的使命问题而进一步加重，克里姆林宫认为这是英德联合反苏的阴谋企图。

罗斯福也不急于断绝与莫斯科的关系，因为他从中看到了对德日构成的潜在平衡。他只限于因苏芬战争而对苏联实施“道义制裁”，并指示第一副国务卿S.韦尔斯（Уэллес С.）与苏联大使K.A.乌曼斯基（Уманский К.А.）进行秘密接触。而1941年3月通过的租借法案也明确规定，该法案适用于包括苏联在内的其他国家。华盛顿通过驻苏大使L.施泰因哈特（Штейнгард Л.）不止一次地向莫斯科转交了关于德国准备进攻苏联的情报。尽管斯大林从自己的角度出发始终把与华盛顿对话的大门半敞半闭，但他极不相信这一情报，并怀疑美国的总体意图，他担心柏林会做出负面反应，也担心把苏联拖入美国的对日战争。

“巴巴罗萨”（Барбаросса）行动的开始使整个局势急转直下。在此之前，罗斯福和丘吉尔就商定在未来冲突中支持苏联。6月22日，丘吉尔首次公开自己的立场，华盛顿在24—25日也发表了类似声明，只是反应比较谨慎。但是，问题在于这种援助的性质和规模。美国和英国情报机构共同预言苏联在2—3月内会迅速溃败，这自然不会促成对其提供大规模的军事援助。另一方面，延长苏联的抵抗时间非常重要，因为在客观上可使英美盟友赢得主动军事行动的准备时间。丘吉尔7月初在写给海军部的信函中称:“如果俄国能够撑到冬季来临并继续进行战争，那么我们得到的益处将是不可估量的。……只要他们打仗，战线在哪儿都无关紧要。这些人已经证明，他们值得我们提供支援，我们应该做出牺牲，甚至做出于己不利的冒险，目的是保持他们的斗志。”[3]

罗斯福没有受到本国军人悲观主义情绪的影响，他不排除苏德战场是“最能够牵制”德国军队之地，并随着时间的推移，会逐渐“把欧洲从德国的统治下解放出来”。[4] 1941年7月30—31日，H.霍普金斯（Гопкинс Г.）的莫斯科之行进一步加深了他对斯大林坚决果敢的印象。

罗斯福和丘吉尔倡议召开的、有三国代表参加的莫斯科会议开启了为苏联提供军事技术装备和物资的序幕，1941年10月，在苏联生效的租借法案使该项援助有了永久的法律依据，为此专门组建了从事这项工作的团体和组织。霍普金斯和罗斯福派驻伦敦的租借法案特使哈里曼以及英国军需大臣 27
W.比弗布鲁克（Бивербрук У.）男爵开始在这方面发挥特殊作用。

着手建立反希特勒联盟以及三国之间的交往日渐频繁也体现在领导人的相互关系上。很快书信成为他们之间联系的主要渠道，而且是西方领导人发出的这个倡议，因为他们之间已经尝试过这种体裁。对于斯大林来说，与著名的“资产阶级活动家”定期进行信函交流尚属首次，这让他感到并不轻松，还时常出现一些纰漏。不过，他很快就掌握了扮演这个新角色的技巧，并在莫洛托夫的协助下，形成了与盟友进行书信体交流的独特风格——平和、坚定、克制、温文尔雅。丘吉尔写给斯大林的第一封信函标志着书信交往的开始。继而在斯大林的施压下，这封信函对开启英国援助、苏英着手建立政治联盟关系起到了积极的促进作用（第1、2号文件）。对于“斯大林—丘吉尔”通信模式正常运转发挥重要作用的是两国大使，区别仅在于斯大林更愿意倾听驻英大使И.М.迈斯基（Майский И.М.）的意见，而丘吉尔则不情愿听取亲苏的克利普斯的建议。斯大林与罗斯福的书信关系建立得比较缓慢，书信往来非常少，开始阶段的进展几乎完全没有考虑到斯大林已经在跟丘吉尔通信这一事实。

在与另外二人通信时，斯大林的立场取决于苏德战场局势是否吃紧。为应对迫在眉睫的灾难，他请求伙伴国提供紧急援助，即请求英国人在欧洲组织开辟第二战场（Второй Фронт），并向苏德战场派遣英美军队（第3、13号文件）。特别具有戏剧性的是斯大林9月3日向丘吉尔发出的请求信（第11号文件），这封请求信是斯大林按照迈斯基的建议亲笔写就的。斯大林在多大程度上相信其可行性尚不得而知，但无论如何，他都在玩一种并非一定会输的游戏，他成功地利用这些请求和本国在道义上的制高点，即苏联承担着主要的战争负担，以此作为在其他问题上对英美人施压的杠杆，首先是扩大援助
28 的问题。利用英美对苏联崩溃或苏联与希特勒单方面媾和而退出战争的担心，斯大林从弱者的角度出发，巧妙地把这一弱势变成了自己的武器。

对于罗斯福和丘吉尔，特别是对于首先收到直接军事援助请求的丘吉尔来说，明显感到不可能满足他们的要求。美国尚未参战，英国的主要资源用于保卫大不列颠群岛及其帝国，确保自己在与“轴心国（Страны Оси）”的斗争中生存下来。英国的年轻一代曾倒在了第一次世界大战的战壕里，这种惨痛的教训同时也证明：在地面阵地战中，进行正面抵抗需要巨额开支。[5] 正如有的文献所指出的那样，“经历过第一次世界大战、被死亡和帕斯尚尔会战[6]中无谓的进攻吓破胆的丘吉尔更愿意选择等待，直至德国衰弱，然后再兵发西欧。”雾之阿尔比恩（英国的古称——译者注）在第二次世界大战中的战略核心思想就是借用红军的力量拖垮敌人，外加封锁、轰炸、破坏和从外围突击。向苏德战场派遣部分英国部队（2—3个师）对他们来说是力所能及的事情，而且不仅仅具有重要的象征意义。联盟外交最新研究成果显示，如果那样的话，“战争史及战后几十年的历史将会重写”。[7] 但丘吉尔及其军方司令部一直担心受到不可避免的损失和存在被卷入大规模战役的危险。盟国对苏联盟友的初期物资援助是美国按照租借法案分配给英国的份额的一部分，首先应满足英国自身的需求，而且由于担心苏联是否能够挺住，援助规模相当有限。因此，回应斯大林来信的秘诀就是采取“最低程度的行动和最大程度的鼓励”。

斯大林和迈斯基很快识破了这一策略，并提出了自己的与其抗衡的战术——通过不断地向丘吉尔和英国社会舆论施压，迫使英国人在提供援助问题上“振作起来”，并强制其对亲密盟友苏联承担起更多的义务。为此，斯大林巧妙地利用了给丘吉尔洗“冷水浴”的办法使其清醒，因为他本人给斯大林的愤怒制造了很多的借口。这些办法与英美人担心斯大林可能再次与希特
29 勒单方媾和相配合，促使丘吉尔和艾登采取迎合莫斯科的步骤，因此铺就了艾登访问莫斯科之路，从而在建立英苏联盟的历史上书写了新的篇章。

斯大林与罗斯福在开始阶段的书信往来，与斯大林和英国首相的书信相比，显得更加平稳和具有策略性。这反映了两国领导人因个人性格和客观条件所形成的相互关系的特点。对于斯大林来说，罗斯福是“轴心国”最强大的经济对手的首脑，在全球性的“发动机大战”中，力量对比在很大程度上

取决于罗斯福的取向。他为提高“阶级敌人”苏联的军力而提供迅速而高效的支援这一事实本身对苏联领导层、包括斯大林本人在内都产生了巨大的心理影响。克里姆林宫非常清楚这一援助的自私动机，但援助本身也并不具备强制性质，而且可以采取更为简单的方式替代。在华盛顿不乏有人希望让两个与美国为敌的独裁制度相互残杀，而他们可以隔岸观火，这非常符合阶级分析观点和布尔什维克思想逻辑。莫斯科非常清楚，美国政策中开明的“自私”已经超越了狭隘的自私自利，这其中罗斯福个人功不可没。惊喜和感激交织在一起的声音在战争接近尾声时也不绝于耳，斯大林在雅尔塔会议期间举杯祝愿罗斯福安康时这样说道，罗斯福是这样的一个人，“他的国家没有受到入侵的威胁、但他对国家利益却有更远大的目光，他的国家没有遭受直接侵略，但他却是动员全世界奋起反抗希特勒的主要倡议者。”[8] 另有一个细节也不容忽视，斯大林在华盛顿没有像迈斯基这样消息灵通且积极有为的顾问，因此主要靠自己的嗅觉。关于罗斯福的个性，他知之甚少，罗斯福没有明显的可以利用的弱点，致使斯大林在与美国总统打交道时谨小慎微和讲究策略。因此，尽管珍珠港事件后斯大林对美国不履行对苏援助义务的意见越来越大，但他克制自己没有对总统提出尖锐批评。

罗斯福对自己非同一般的苏联伙伴比丘吉尔表现得更有耐心与平等，更 30
能体谅斯大林的危急处境。罗斯福基本的对苏路线较有连贯性和长期性。这种远见卓识使他在对待斯大林的态度上一直保持平和的语气。难怪罗斯福对给苏联领导人书信底稿的修改通常都倾向于热情和信任，抹去助手们尖厉的棱角和生硬的措词。因此，从“三巨头（Большая тройка）”开始通信之刻起，就形成了“斯大林—丘吉尔”和“斯大林—罗斯福”两个渠道不同的鲜明特点，而且之后愈加明显。

* * *

1941年7月到来之前，苏英关系处于从疏离向合作方向的过渡阶段。这一转变的基调在丘吉尔6月22日的著名演说中便已确定下来。在这次演说中，首相热情洋溢地号召共同反抗纳粹，并承诺“给俄国和俄国人民提供尽可能的帮助”。为了讨论援助问题，由军情局局长F.N.麦克法兰（Макфарлейн Ф.Н.）中将率领的英国军事代表团很快抵达莫斯科，随即由红军副总参谋长Ф.И.戈利科夫（Голиков Ф.И.）中将率领的苏联军事代表团也回访了伦敦。然而，英方暂时并未采取实际步骤。英国军事指挥部因深信苏联不堪一击，所以并不急于给其提供援助，仅把本国代表团的任务限定在从莫斯科收集情报。通过迈斯基和戈利科夫转达的苏联请求被束之高阁。英方唯一的具体建议就是，一旦德国军队入侵外高加索，将协助摧毁巴库炼油厂。英国大使克利普斯早就呼吁加快联合反抗德国的斗争，他在6月底建议丘吉尔给斯大林写一封亲笔信，展望建立英苏联盟的前景和应履行的义务。但首相并未利用克利普斯返回莫斯科的机会让其将信函转交给斯大林，[9] 而是推迟几天才将信函发出。丘吉尔在自己的回忆录中写道，他决定不等斯大林对他6月22日的演说做出回应就抢先给斯大林写信，以便“破冰”。但是，在书中他也承认，
31 由于缺乏具体措施，想“用客套填补空洞”。[10] 事实上也的确如此，在信函中激情多于具体的措施和义务，援助的规模受到时间、地理和资源等因素的限制。丘吉尔最后的修改（用斜体标出——作者注）将重点放在了英国微不足道的努力和对苏联的恭维上。[11]

1. 丘吉尔致斯大林的私人信函

1941年7月7日发　　　　　　　　　　　　　　　　　　1941年7月8日收

此时我们大家很高兴地看到，俄国军队英勇顽强地抵御纳粹德国的不宣而战和残酷入侵。***苏联士兵和人民的英勇顽强让所有人惊叹不已***。我们将尽一切努力帮助贵方，只要天时地利和我们战争资源的增长允许我们这样做。战争持续得越久，我们提供的帮助就会越多。英国空军日夜不停地空袭作战半径内所有被德国占领的领土和德国本土。昨天约有400架飞机跨海实施了昼间空袭。周六傍晚有200余架重型轰炸机完成了对德国城市的空袭。有些城市遭到了3吨炸弹的轰炸，昨天夜间约有250架重型轰炸机参加了作战行动。***今后还会一如既往***。我们希望通过这种方式迫使希特勒让其部分空军西撤，***以此逐渐减轻贵国的负担***。此外，根据我的意愿，海军部已经做好了近期在北极实施重大作战行动的准备，之后我希望在英国和俄国海军之间建立联系。***与此同时，在挪威海岸的作战中，我们还拦截了驶往北方用来对付贵国的各种货船***。

欢迎俄国军事代表团来访，并协调未来计划。

我们将继续尽一切努力打击恶棍们的嚣张气焰。

7月8日，克利普斯把这封信函呈交给了斯大林，并称这封信函的重点是

海军部的北极计划，其他无惊人之处。斯大林在与大使会晤时抱怨说，两国 32
之间缺乏合作的动力，英方不愿意“用某种协议把自己和苏联捆绑在一起”，同时，“克利普斯所谈的合作，如果没有协议，将毫无意义”。斯大林说，“需要建立联盟”与希特勒的联盟相“抗衡”：“丘吉尔6月22日演说中提到的合作当然是件好事，但是，这种合作将是随意的和暂时的性质。如果双方有互助条约，那么合作肯定将是长久的，且不是随意而为。”在回答克利普斯的问题时，斯大林解释说，类似的协议应该包括两个基本要点——双方在对抗德国的斗争中相互提供武装支援的义务和绝不签订秘密和约。[12]

斯大林坚持把与英国的合作作为谈判的基础是可以理解的，尽管传统上苏联一直不相信与“资本家”能签订什么协议，而且与希特勒签订条约的痛苦经历记忆犹新。显然，斯大林懂得，与希特勒不同，西方民主国家更能受到所承担的条约义务的约束。接下来，在与霍普金斯会晤时，斯大林开始反复强调，希特勒与“爱好自由的国家”是有本质区别的，希特勒背信弃义（他没有“道德底线”和“起码的绅士风度”），这本身已使法西斯制度摆脱了法律的监督。[13]尽管把伙伴国拖入条约关系也不能确保其履行联盟义务，但起码可以巩固合作关系，并对伦敦形成新的压力杠杆。

克利普斯在报告自己同斯大林的会晤时建议，“立即抓住这个机会，以便把俄国拴住，让其继续抵抗”。大使建议此举要采取签订条约的形式而不是简单的互换照会。[14]因此，英国人竭力鼓励俄国人抵抗德国军队，而俄国人则极力让英国人给抵抗斗争提供实际帮助；此时，双方都不愿与敌人进行秘密谈判。丘吉尔按照克利普斯的建议，立即草拟了给斯大林的回信提纲，并将其交给艾登，告诉他，自己准备就此问题召开内阁会议。对首相擅自干涉自己
管辖内的事务而极为恼火的艾登回答道：“感谢您下达的包含对斯大林回信主 33
要内容的批示。我们正在起草这份文件，并将于晚上6时30分之前完成。至于形式，我认为，如果您同意的话，让我通过克利普斯来完成，比您直接与斯大林打交道更为得体。我认为，后一种方式应该用于特别重要的时刻，因此，我不希望您在外交方面每天事必躬亲。至于文件的文本，经常要修改措词，这项工作有损首相的尊严。”[15]丘吉尔继续固执己见，于是内阁批准了他写给斯大林的信函，略去了结尾部分（用斜体标出——作者注）。文本在7月10日凌晨[16]不顾艾登的反对，以加急电报的形式发给了克利普斯。艾登的私人秘书哈维在日记中写道，“艾登被首相左一个政治企图、右一个政治企图搞得不胜其烦”，甚至可能提出辞职。[17]况且，丘吉尔之前与罗斯福的私信中只讨论对美国来说最重要的问题，而现在和伦敦的第二个重要盟友打交道的时

候，他渐渐进入了状态。丘吉尔修改的信函（删节部分用括号标出，补充内容用斜体标出——作者注）表明，他企图把未来的协议变得对英国没有太多的义务约束，只赋予其声明的形式而不是条约的形式，尽管英国外交部也建议审议条约条款。[18]“这是我们最拿手的敷衍术”。艾登的首席助理A.贾德干（Кадоган А.）爵士在自己的日记中对丘吉尔建议如此戏谑。[19]

2. 丘吉尔致斯大林的私人秘密信函

1941年7月10日发　　　　　　1941年7月10日收

我刚收到斯塔弗德·克利普斯先生发回的与您会晤的消息，以及关于英苏发表***联合声明（协议）的建议***，其中包含两项内容：

1）互助关系不注明规模或性质；

2）各方承诺不签订秘密和约。

34 收到此报告后，我立即召开了英国战时内阁会议，正在伦敦访问的新西兰自治领主席弗莱泽（Фрезер）先生也参加了会议。正如您所知，我们必须征求各自治领——加拿大、澳大利亚和南非的意见。但与此同时，我想请您相信，我们坚决支持您提出的关于发表英苏联合声明（协议）的建议。我们认为，声明签署仪式最好在收到各自治领政府的回复后立即举行，并随后立即公布。（***当然，细节可以通过进一步讨论确定。***

您当然明白，首先，英国肯定率先参加胜利的和平大会，领土边界将根据居住在那里的人民的意愿和民族路线来划定，其次，这些新成立的国体应该拥有选择治理形式和生活方式的自由，条件是不能损害邻国人民的同样权利）。

7月10日当天，克利普斯把这封信函交给了斯大林，莫洛托夫即刻表示同意。斯大林坚持要求文件采用条约的形式，或至少采用协议的形式，而不是声明的形式，并细化了第一章的军援内容。他特别注意到所拟定协议的有效期问题。对此克利普斯声称，有效期“取决于对德战争的持续时间。战争一结束，条约自动失效。缔约双方同意签订和平条约时，方认为战争结束”。斯大林用开玩笑的口吻说（之后的内容只有苏方有记载）：“那英国会不会担心，俄国人独自战胜德国后对英国说，譬如，我们不想跟你们有任何瓜葛。”克利普斯同样笑着回答说，这不可能，因为不允许缔约双方采取这样的行为。[20]经过一番辩论之后，达成了一项折衷决议：文件暂定名为《关于苏联政府和英国政府在对德战争中联合行动的协议》，而第一章的内容就是关于“各种形式的援助和支持”。7月12日，内阁批准该协议，随即莫洛托夫和克利普斯在莫斯科受各自政府委托签署了协议。

协议的签署被苏联媒体热炒为“苏联和英国两个伟大民族建立了真正的 35
强大联盟”。[21] 莫洛托夫的助手С.А.罗佐夫斯基（Лозовский С.А.）在接受外国记者采访时，甚至将其定性为“见证妄想统治欧洲和全世界的德国法西斯必将全面、彻底被粉碎的文件”。[22] 丘吉尔本人7月15日在议会发表演说时，宣称该协议是“联盟协议”，称苏联人民为“我们的盟友”。[23] 然而，英国政府的实际立场是相当矛盾的。丘吉尔的话与其说反映了他的真情实感，毋宁说是为了反驳民众对政府不作为的指责。艾登也和首相提起为新盟友提供更加积极的军事援助的必要性。例如，7月8日，大臣与迈斯基例行会晤之后，马上给丘吉尔写报告说：

“在当今战争中，很难准确预测未来，但完全能够预测的是，再过1个月，俄国人仍将坚持战斗，尽管他们处境非常艰难。我担心，如果我们到那时还不能通过进行某种地面战为俄国减压的话，这种局势对我们的国际地位将产生不良影响。全世界都知道，我们拥有训练有素的军队和制海权。人们还会认为，德军总参谋部将被迫把大部分装甲坦克部队、高射炮兵和空军精锐部队调往俄国。如果1个月后我们还不采取行动，那么我们的解释无论如何也不会让世界舆论相信我们没有坐失良机。”[24]

然而，依然坚信苏联很快会被消灭的英军司令部态度仍旧十分消极。驻莫斯科的军事联络处主任麦克法兰同意克利普斯的看法，批评参谋长委员会（КНШ）对苏援助不力，他因过于热衷援助之事而受到伦敦的斥责，参谋长委员会在批示中说道：俄国人“应该像我们在英伦保卫战中那样自救”。[25] 迈斯基和戈利科夫就尽快向苏联提供军事援助（首先是飞机）所做的一切努力没有取得明显效果。驻伦敦的苏联军事联络处与英国军方会晤时的气氛也能
说明问题。7月9日，戈利科夫在日记中写道：“国防大臣摩根索（Моргенсон） 36
对代表团全体成员的接见是‘站着’进行的。”军事联络处的另一位成员Н.М.哈尔拉莫夫（Харламов Н.М.）少将也回忆说：“摩根索没有和我们握手。没有请我们坐下……听我们讲话……心不在焉。而当他自己开始讲话时，我们明白了，我们在和一位脾气暴躁的对手进行合作……他完全没有认识到英苏军事联盟的意义。”7月12日，戈利科夫被召回莫斯科（7月15日抵达）。[26]

与此同时，苏德战场上的形势因德军在7月中旬发动的新一轮猛烈进攻

而急剧恶化。7月9日，德国军队占领了维捷布斯克（Витебск），并继续向东挺进，楔入西部方面军第20和第22集团军的结合部。7月15日，敌人在斯摩棱斯克（Смоленск）城外的雅尔采沃（Ярцево）地区截断了通往莫斯科的铁路和公路，7月16日，德国第29摩托化师占领了斯摩棱斯克。正如研究者所指出的那样，“斯大林得知通向莫斯科的公路枢纽城市沦陷之后暴跳如雷”。同一天，在维捷布斯克附近，他的长子Я.И.朱加什维利（Джугашвили Я.И.）被俘。与此形成对照的是，在德军大本营却弥漫着一派欢乐的气氛：对进攻进程心满意足的元首在与日本驻柏林大使会晤时称，自己的军事将领是“历史性的人物”，而军官团也是“绝无仅有的”。[27]

在这种情况下，斯大林决定向丘吉尔提出新的具体建议。依据签署的苏英协议和首相关于与苏联“结盟”的声明，斯大林首次提出了开辟打击希特勒的第二战场问题，尽管这里没有使用“第二”这个词。为了督促首相在这方面迈出第一步，他甚至把7月12日签订协议的主要作用都归功给丘吉尔（尽管这个作用很快又被自己收回了），他发出呼吁，既然苏联和英国现在已经成为盟友，那么就应该迈出符合逻辑的下一步。

3. 斯大林致丘吉尔的私人信函

1941年7月18日发

感谢您的两封亲笔信。

正是因为您的来函促成了两国政府签署协议。恰如您所言，有充分的理
37 由认为，现在苏联和英国已成为共同反抗希特勒德国的战斗盟友。尽管困难重重，但我们两国将能够找到足够的力量消灭我们的共同敌人，对此我毫不怀疑。

可能向您通报下面的消息并非多余。苏军在战场上面临的态势依然严峻。希特勒出乎意料地撕毁互不侵犯条约和突然进攻苏联，为德国军队营造了有利态势，与苏联军队的境遇形成了对比。可以设想，假如苏联军队不是在基希讷乌（Кишинев）、利沃夫（Львов）、布列斯特（Брест）、别洛斯托克（Белосток）、考那斯（Каунас）和维博格（Выборг）地区，而是在奥德萨（Одесса）、卡缅涅茨（Каменец）、明斯克（Минск）和列宁格勒（Ленинград）城堡地区遭到德军的攻击，德国军队的处境就更不知好上多少倍了。

我认为，接下来，如果在西方（法国北部）和北方（北极）同时开辟反

击希特勒的战场，苏联的军事态势和英国一样，将会大大好转。

法国北部战场不仅可以牵制东线（Восточный фронт）的希特勒军队，而且可以使希特勒无法进攻英国。开辟这样的战场，无论是英国军队，还是英国南部的所有居民，都会广泛地支持。建立这种战场的难度可想而知，但我认为，尽管有困难，它的开辟无论是对我们的共同事业，还是对英国的自身利益，都是值得的。目前，在希特勒力量被东线牵制、且未站稳脚跟之际，是开辟这种战场的最佳时机。

在北方开辟战场更加容易一些。这里只需要英国海空军的行动，既不用步兵登陆，也不用炮兵登陆。苏联陆海空军都可参加这场战役。假如英国可以把1个轻型师或更多的挪威志愿者投送至挪威北部，让其组织反抗德国人的起义，我们将持非常欢迎的态度。

收到斯大林的这封信函后，出于保密考虑，迈斯基亲自翻译成了英文、用打字机打印出来，并亲自前往丘吉尔位于郊区的契克斯（Чекерс）官邸。他不得不与女主人及其儿媳一同等候，一直等到主人和自己“年轻漂亮的女儿”下完跳棋。迈斯基的日记比他当天发往莫斯科的电报更生动地记录了丘 38
吉尔的反应。[28]“显然，他很满意收到‘亲笔信’这个事实，而且对此不加掩饰。”大使写道。丘吉尔非常欣赏斯大林关于1939—1940年苏军率先越境向西推进的理由：“完全正确！我一直了解和见证了斯大林近两年来推行的‘有限扩张’政策。”首相对斯大林提出的关于开辟第二战场的建议保持了谨慎的反应。他马上否定了进攻法国的想法，只对在北部实施可能的战役感兴趣。参谋长委员会秘书兼首相助理（国防大臣）H.伊斯梅（Исмэй Г.）将军完全支持首相的意见。“……为了缓解因拒绝造成的尴尬气氛，首相开始谈论从西部空袭德国，”并答应“向德国空投炸弹”。最后，丘吉尔对迈斯基说，等与军方开会之后，他会通过克利普斯尽快给斯大林答复，并将回信副本转交迈斯基。第二天，大使从D.庞德（Д.Паунд）将军手中拿到了这份文件。迈斯基在日记中写道：“我在那封信里找到了所有昨天听他亲口说的一切。总的来说，没有什么令人快慰的话语。现在不会在法国开辟第二战场了。我们不得不把与德国战争机器作战的全部重任扛在自己肩上。然而，我现在至少清楚了首相的立场。这很重要。不要抱有幻想！ Wishful thingking（把愿望当成现实——作者注）是最糟糕的。”[29]的确，信中用很大篇幅谈到不可能在法国开辟第二战场和对北极的军事行动只能采取一些小规模的措施。

4. 丘吉尔致斯大林私人秘密信函的全文

1941年7月20日发　　　　　　　　　　　　1941年7月21日收

很高兴收到您的来函。我从多个消息来源了解到贵军英勇斗争和实施多次有力反击的消息，藉此俄国的军事力量得以捍卫自己的故土。我完全了解您最近取得的军事优势，即迫使敌人分散兵力，使其被迫在西线突出部投入
39 战斗，从而部分削弱了敌人的首批突击力量。

为了帮助您，我们所能做的合理而有效的一切都将得到落实。但是，我请求您注意我们的资源和地理位置对我们的限制。从德国进攻俄国的第一天起，我们就研究了向被占领的法国和荷兰发起进攻的可能性。总参谋部的长官们认为，这种规模的行动不能为您带来哪怕微小的益处。仅在法国，德国人就拥有大约40个师，整个沿岸仅凭德国的力量就扼守了一年多，还竖起了火炮、铁丝网、加固火力点，近岸水域水雷密布。凭借歼击机提供掩护，我们能够夺取短暂空中优势的唯一地段，就是从敦刻尔克（Дюнкерк）到布洛涅（Булоня）这一段。这里有密集的筑垒工事网，而且有数十门重型火炮控制着海上通道，其中大部分火炮射程覆盖海峡彼岸。黑天不到5个小时，而且即使在这段时间里，整个地段都有探照灯照射。派大量兵力登陆意味着流血牺牲，而小规模的袭扰只能招致失败，给双方带来的弊大于利。最终的结果就是，他们还未来得及从苏方战线调遣一支军队，一切都已结束，或者他们在决定调遣军队之前，一切都提前结束了。

您应该注意到，我们单枪匹马地斗争了一年多，尽管我们的物力在增长且今后还将增长，但我们的力量无论是在宗主国还是在中东，无论是在陆地还是在空中，都极度紧张，还有，由于争夺生死攸关的大西洋的战斗以及需要护送运输船队，他们正在被潜艇和"兀鹰"飞机追杀，我们的海军尽管很强大，但使用也到了极限。

然而，说到我们可以迅速提供的援助，可以把目光投向北方。海军参谋部在过去的3个星期里一直在准备由航母舰载机实施的行动，主要目标是德国在挪威和芬兰北部的船只，希望借此使敌人丧失从海上投送部队袭击贵方
40 北极侧翼的能力。首先，我们请求贵方总参谋部通知俄方舰船在7月28日—8月2日期间不要在上述地区航行，届时我们将在该区域实施攻击行动。其次，我们现在马上向斯匹次卑尔根（Шпицберген）群岛派遣几艘巡洋舰和驱逐舰，

它们可以从那里会同贵方海军一起袭击敌方货船。再次，我们派遣潜艇沿北极海岸线拦截德国的运输船，尽管在昼间这种行动很危险。最后，我们可以向阿尔汉格尔斯克（Архангельск）派出携载各种货物的布雷舰。目前我们只能做到这些了。我希望能做的更多一些。恳请您对此多加保密，直到我们通知您公开此消息不会带来任何损失为止。

挪威的轻型师一事不用考虑，昼间，如果歼击机不能提前提供足够的掩护，就不可能将部队投送到德国人占领的土地上去，不论是英国军队还是俄国军队皆是如此。尽管我们体会到了去年在纳姆索斯（Намсос）、今年在克里特（Крит）遭受失利的痛苦，但我们仍试图实施此类行动*。

我们还研究把英国若干歼击机航空中队派驻到摩尔曼斯克（Мурманск）的可行性，以备实施下一步的行动。为此，除了地勤和设备，在初期还需要一批高射炮，然后派飞机过来，而且其中一些飞机可以从航母上起飞，另一些飞机分散装箱运输，他们驻扎下来以后，我们的飞行中队就可以从斯匹次卑尔根群岛飞往摩尔曼斯克了。我们相信，只要知道我们的海军在北方，德国人肯定会立即采取行动。我们都了解，他们的一贯做法是，使用由强大的俯冲轰炸机组成的武装力量对付我们，因此必须采取循序渐进的行动，但这需要几周的时间。

请您毫不犹豫地提出自己的建议和想法。我们也将仔细探索打击我们共同敌人的其他办法。

为解释这封信函，迈斯基在自己7月20日的电报中重点强调了英国北极 41
计划的积极方面，并试图淡化丘吉尔一口回绝斯大林建议挪威师登陆带来的消极影响。他认为，丘吉尔做出这种反应，很可能是因为他将此理解为“迅速让该师登陆到挪威海岸”。如果这里指的是较为遥远的未来，目前还可以做些准备的话，那么“丘吉尔当然会同意这样的理解”。[30] 但是，斯大林就此没有再提此事，或曰没有再和丘吉尔争论有关整个第二战场的问题，显然他明白，借助迈斯基也不可能立即使首相的强硬立场有所松动。当克利普斯将这封信函交给斯大林时，斯大林根据莫洛托夫发给迈斯基的通报内容“说道，他完全理解南方战役的问题（即进攻法国——作者注），他认为，丘吉尔有理

---

* 1940年4月初，英法、挪威军队登陆挪威城市纳姆索斯的行动在德军的猛烈夹击下，以英军撤退告终。1940年11月，英军在希腊克里特岛的登陆行动同样未能阻止德军在1941年5月末占领该岛。

由不急于开始这场战役。克利普斯问斯大林同志对丘吉尔此信是否有问题或意见，斯大林同志回答说，信里讲得很清楚了，所以既没有问题也没有对丘吉尔的责怪”。[31] 斯大林首次有关第二战场之议就这样结束了，但“问题和责怪”并未就此罢休。

丘吉尔致斯大林的下面这封信是有关为苏联提供军事技术装备和物资援助的问题。内阁决定按租借法案中英方应承担的份额向阿尔汉格尔斯克派遣200架美国“战斧”式战斗机，皇家空军司令部不情愿这样做，理由是俄国人“技术落后”。英国空军上将A.哈里斯（Гаррис А.）给美国同行H.阿诺德（Арнольд Г.）写信称：“俄国的机械师连他们熟悉的技术装备都不会有效使用和修理。”[32] 但是，美国人在检查组装首批“战斧”式飞机时惊奇地发现，在3个半星期的时间里，50名技术人员组装了47架飞机，“在瓢泼大雨中，他们每天工作24小时，既不用制式工具，也不用技术手册”。美国军事代表团的专家们在报告的结尾处写道：“苏联方面可以非常有效地使用和修理美国的飞
42 行装备。”[33] 美国人没有料到，根据斯大林的特别指示，为了组装首批“战斧”式飞机，从航空企业向阿尔汉格尔斯克紧急抽调了最优秀的专家。他们最终胜任了这项繁复的工作，并没有依赖丘吉尔认为必不可少的美国帮助。

5. 丘吉尔致斯大林的私人信函

1941年7月25日发　　　　1941年7月26日收

我非常高兴地通知您，战时内阁一致决定在尽可能短的时间内向俄国派出200架“战斧”式战斗机，尽管这将削弱我们战斗机的资源。其中，140架飞机将从这里直飞阿尔汉格尔斯克，其他60架来自我们从美国订购的飞机。就备件保障和美方飞机组装技师相关的细节，还要与美国政府协商。

我们还准备给贵方提供200万—300万双皮靴。此外，在今年还将给你们提供大量的橡胶、锡、皮毛、毛衣、黄麻、铅和虫胶。您对原料方面的所有其他需求都会得到认真审议。如果我们没有储备，或者我们这里的储备有限，我们会与美国讨论这一问题。现在，细节问题将通过正常的官方机构向您通报。

我们怀着喜悦和激动的心情关注着贵国军队的所有出色的战斗。我们掌握的一切情报表明，敌人损失惨重，并开始惊慌失措。我们对德国的空袭将会越来越猛烈。

丘吉尔的这封信函是由克利普斯于第二天，即7月26日交给斯大林的。根据克利普斯的报告，斯大林“请他向首相转达由衷的感谢”，感谢他承诺提供各种援助，同时，斯大林强调了苏联对橡胶的迫切需求，请求紧急提供1万—1.2万吨此类物资。克利普斯建议对这一请求给予“极大关注”。[34] 在下面这封信中，丘吉尔对这一请求做出了回应。但是，更引人注目的是对霍普金斯的评价，因为他即将出访莫斯科（关于霍普金斯代表团的情况见下一封信 43
函——作者注）。在与罗斯福保持一致的同时，首相明显想提高他私人代表在斯大林眼中的威信。而且，丘吉尔本人当时对霍普金斯也很尊重和充满了好感。霍普金斯具有迅速抓住问题本质的能力，难怪丘吉尔称其为“问题本质先生”。

6. 丘吉尔致斯大林的私人信函

1941年7月28日发　　　　1941年7月28日收

关于您提出的希望提供橡胶的请求，我们将以最快捷的方式从我们这里或从美国发货。请准确告知需要哪种橡胶和贵方希望通过哪种途径接收货物。我预先已经下达了指示。

哈里·霍普金斯先生这些天一直与我在一起。上周，他请总统批准他出访莫斯科。我可以向您这样说，此人对民主狂热地忠诚，并怀着战胜希特勒的强烈愿望。不久前，我向他请求提供25万支步枪，现在步枪已到港。他是总统最亲近的私人代表。现在总统授予了他全权指令，今天，他离开我家后就出发前去拜访您。您将通过指定的渠道获悉他的到访。您可以完全信任他：他是您和我们的朋友。他将帮助您取得未来的胜利，并安排给俄国提供长期保障。您还可以与他自由地谈论政治、战略和日本问题。

俄国军队在保卫祖国的战斗中出色的抵抗将我们大家团结在了一起。在即将到来的冬季，德国不得不体验可怕的轰炸滋味。还没有人体验过他们将面临的一切。

在发给您的上一封电报中提到的海上战役，马上就要打响了。

衷心感谢您对我们的理解。您全身心地投入到伟大的战斗中，同时还能理解我们所面临的困难，这些困难妨碍了我们发挥出更大的能力。不过我们仍将竭尽全力。

44 丘吉尔7月31日的信函关乎向苏联提供橡胶一事。向苏联提供这种具有战略意义的原材料，对盟国没有任何损失，尽管丘吉尔在致斯大林的信函中将这种行为描述成对“为数不多的”英国储备构成“风险”。事实上，正如军需部给首相的说明信上所言，英国殖民地国家每月收获的天然橡胶多达10万—12.5万吨，而英国工业每月的需求量只有1.2万—1.4万吨，因此文件作者认为，苏联的需求是“完全合理的”。军需部力争满足这一申请，因为橡胶是“俄国所需要的主要战略物资，我们有能力提供”。[35] 从马六甲海峡到符拉迪沃斯托克鱼贯而行的装载橡胶的船只早在1941年8月就成为了英国向苏联提供实际援助的体现。[36]

7. 丘吉尔致斯大林的私人信函

1941年7月31日发　　　　1941年8月1日收

在我个人的干预下，从我们这里向贵国某一北方港口发出1万吨橡胶的一切必要准备已经就绪。由于您提出的要求过于紧急，我们面临着宗主国储备数量锐减的风险，因为储量不大，补充储备需要时间。

运载这批橡胶及其他物资的英国货船将在一周之内或最多10天内装载完毕，只要海军部编成护航运输队，便可即刻启航前往贵国的某一北方港口。

这1万吨新增加的橡胶是作为马来亚发出的那1万吨橡胶的增补。后1万吨中的2651吨已于7月20日由“伏尔加”号货轮从苏艾捷艾姆港（Порт-Суэттенэм）运往符拉迪沃斯托克。“北极”号货轮也是从马来亚启航的，船上载有2500吨橡胶。“马克西姆·高尔基”号货轮于7月25日从上海出发，“红色游击队”号货轮定于8月1日从香港出发，这些货轮都将在8月初抵达马来亚，装载增补部分的橡胶，与前两艘轮船上的橡胶加在一起，总计1万吨，作为我第一段中提到的那1万吨的增补。

45 斯大林与罗斯福的通信关系没有马上理顺。罗斯福率先启动了通信渠道。他致斯大林的第一封信函与霍普金斯代表团1941年夏对莫斯科的访问有关。此行的想法是霍普金斯本人提出来的，但他的想法受到了迈斯基的影响，7月25日他与迈斯基在伦敦会晤，并与丘吉尔及其内阁成员进行了会谈。他们讨论了供给问题，但据迈斯基证实，霍普金斯关心的主要问题是，如何“使互不相识的罗斯福和斯大林的关系更加密切”。双方都一致认为，舍此，两国的合作就会非常困难。大使历数了三种可行的“相识”办法：私人会晤、交换私人信函和互派代表。霍普金斯答应考虑这一想法。[37] 事实上他没有考虑多久，因为当天就请示总统同意他去苏联首都访问，他在电报上说：“我认为必须尽一切可能让俄国人坚持长期作战，哪怕他们在现在的战斗中失利。如果在这个关键时刻能对斯大林施加某种影响，那么就需要您委派特使与其直接打交道。我认为，赌注很大，值得一搏。届时，斯大林将准确知道，我们非常愿意以供给的形式提供长期援助。”[38] 罗斯福完全赞同alter ego（挚友——译者注）的建议，于是第二天就把致斯大林的信函交给了霍普金斯。信函是由第一副国务卿韦尔斯协助起草的。[39]

在信函中，他表达了自己对“俄国人民”与希特勒德国进行斗争的赞赏，美国愿意以提供军事物资的方式为苏联提供帮助。为了强调自己的想法的严肃性，他同意在7月10日[40] 接见苏联驻美大使乌曼斯基，并表示准备与正在华盛顿访问的戈利科夫代表团讨论供给的细节（罗斯福与乌曼斯基和戈利科夫的私人会晤于7月31日举行[41]）。在信函中，罗斯福还请求斯大林“与霍普金斯交谈时予以他充分的信任，就如同您与我直接交谈时应有的那种信任一样”。霍普金斯于7月27日夜间离开伦敦时十分仓促，以至于迈斯基不得不在护照上亲手签名，以代替正规的签证。迈斯基在7月29日的日记中写道：“霍普金斯已抵达莫斯科！他是以罗斯福特使身份到苏联拜访斯大林的。斯大林 46
同志当然会用相应的规格接见他。”[42]

事实也是如此，苏联领导人对特使的来访予以极大的重视。苏联领导人与霍普金斯7月30—31日[43] 的会晤是在坦诚、信任的气氛中进行的，这在建立苏美合作方面发挥了巨大作用。斯大林给霍普金斯留下了深刻的印象：“谁也不能忘记俄国独裁者的形象——严肃、阴沉、果断，脚上穿着铮亮如镜的皮靴，腿上穿着结实、宽松、肥大的裤子，紧绷的肌肉……他的嗓音低沉，但是他一直控制得很好。他的重音和语调也能表达思想。”[44]

霍普金斯向罗斯福报告说，在私人会晤时，斯大林“向总统表达了深深的谢意，感谢总统对他们反希特勒斗争的关注……他说，开始时想给总统写信，但后来觉得让我传口信更好”。这个设计非常正确，可以让罗斯福比信任斯大林更信任自己委派的密使。斯大林请霍普金斯传话的实质简明扼要：美国是世界上所有反希特勒力量的“中流砥柱”，它的参战将决定战争的走向，美国人迟早“不得不和德国人在战场上相遇”，因此，他“欢迎美国军队完全由美国指挥，无论美军在俄国战线的哪个地段作战”。最后的邀请令霍普金斯感觉有些异想天开，但他答应如实向总统转达。霍普金斯非常清楚口述这个呼吁如同玩火，他给罗斯福转交了这次会谈的唯一一份谈话纪要，并请总统不要在国务院（Госдепартамент）出示。[45] 斯大林就这样首次提到盟国军队在苏德战场作战之事，过了很久，直到9月中旬他才向丘吉尔正式提出类似请求。他自己也未必相信尚未参战的美国会立即加入苏联战场作战。这也许是一种绝望的呼喊，或者试图强迫美国人思考与德军正面交战的不可避免性？但这个问题的答案仍然不得而知。

以斯大林名义发给白宫（Белый Дом）的第一封信函是8月4日通过苏联驻美使馆发出的。他的手写稿是莫洛托夫“以斯大林同志称呼罗斯福的口吻”写就的，且未经任何改动就发给了乌曼斯基。“您必须立即请求罗斯
47 福接见，并通知他上述内容。会晤结果请立即报告。”人民委员生硬地命令道。[46] 在那些日子里，罗斯福为了筹备与丘吉尔在阿真舍峡谷（Арджентия）（纽芬兰岛 остров Ньюфаундленд）的首次会晤，一直在秘密旅行。乌曼斯基8月5日向莫洛托夫报告说：“因为不可能进行私人会晤，为了不耽误执行您的命令，我给罗斯福写了亲笔信，信中逐字逐句复述了斯大林同志的信函内容，并请罗斯福对此信函做出书面回复。我将密封的打印件绕过国务院转交给了白宫办公厅负责人，他答应我在8月7日前送达罗斯福，当天正赶上信使飞机编队发班。”[47] 乌曼斯基的译文准确，并送达收信人，但罗斯福对这封信并没有马上做出“书面回复”。这并不奇怪。无任何情况说明，信中也无对总统的呼语，开场就是建议美国政府向芬兰施压，以防止芬兰站在德国一边加入战争。苏联当然不希望看到上述情况发生，甚至不惜对芬兰做出领土让步，很明显，寄希望于美国做调停人，这分明不是因为心血来潮。但美国对这次外交行动尚未做好应有的准备。

8. 斯大林致罗斯福的信函

1941年8月4日发

苏联认为芬兰保持中立并疏离德国的问题具有重要意义。英国已经开始付诸行动断绝与芬兰的关系，并对芬兰实施封锁，这引起了芬兰统治集团内部爆发了激烈的冲突。让芬兰保持中立，并使其与苏联和解的呼声愈发高涨。

假如美国政府认为有必要以关系破裂来威胁芬兰，那么芬兰政府就会在疏离德国的问题上变得更加坚定。在这种情况下，苏联政府可以向芬兰做出

领土让步，以安抚芬兰，并与其签订新的和平条约。

这种近乎命令式的拙劣请求方式自然引起了白宫的不解。白宫认为不予 48
直接回复更好。但是，两周后，韦尔斯通知乌曼斯基，为了满足苏联的愿望，国务院通过芬兰公使J.普洛科比（Прокопе Я.）警告芬兰停止与苏联作战。[48]韦尔斯在与公使会晤时强调，尽管苏联政府愿意向芬兰做出某些让步以防止芬兰加入战争，但这并不意味着苏联示弱，因为“苏联政府不仅出色地抵御了德国的入侵，而且还准备与德国长期作战”。[49] 同样的指示也下达给美国驻赫尔辛基大使。英国外交部门本不愿损害同芬兰的关系，因此努力通过美国人之手阻止芬兰向苏联领土推进。据苏联驻伦敦谍报机构透露，英国驻美大使E.哈利法克斯（Галифакс Э.）勋爵在9月中旬接到指示，要求呼吁国务院领导人积极发挥自己在莫斯科和赫尔辛基之间的调停人作用。“美国政府显然不明白，”在这份行动指示中写道，“现在用尽一切可能的办法给列宁格勒减压是多么重要。”大使受命“让（国务卿）赫尔（Хэлл）明白，英国政府对美国不愿就斯大林致罗斯福信函回复苏联政府感到震惊，使英国丧失了向苏联传达英国向芬兰施压条件的机会。为了不把英国人置于尴尬境地，美国人应该自己通知苏联”。[50]

然而，华盛顿非常不情愿地将自己与芬兰政府的接触通知了苏联，莫斯科很清楚此次接触没有取得成果。10月初，美国驻苏大使L.施泰因哈特通知维辛斯基，“美国已经向芬兰施压，以试图迫其退出战争”。A.Я.维辛斯基指出，“芬兰好像不会听从美国的劝说”。L.施泰因哈特也承认这是事实，但正因如此，美国才向瑞典施压，以便瑞典中止向芬兰提供食品。[51]

罗斯福和丘吉尔致斯大林的第一封联名信是于8月14日在纽芬兰岛共同
与会期间起草的，霍普金斯也出席了会议。会上首先讨论了向苏联提供援助 49
的问题。美国驻莫斯科大使接到指示，会同英国同仁以两国政府的名义共同呈交斯大林。

9. 罗斯福和丘吉尔致斯大林的信函

1941年8月14日发　　　　1941年8月15日收

我们借哈里·霍普金斯先生从莫斯科返回汇报工作之机，一起讨论了我们两国如何以最好的方式给贵国提供援助的问题，以支持贵国抗击纳粹侵略的伟大斗争。现在我们正在共同研究最大程度地为贵国提供紧急物资的问题。许多载有货物的船只已经离岸，另一些船只不久也会离港。

现在的重点是，研究制定政策应着眼于较长时期，因为为了取得全面胜利，我们还有很长、很艰苦的路要走，否则我们的努力和牺牲就会付诸东流。

战争在多条战线上进行，在战争结束之前，还会出现新的战线。我们的资源尽管很丰富，但也是有限的，因此，应该考虑何时何地以最好的方式使用这些资源，这才有利于最大程度上促进我们的共同努力。无论是对待军用物资，还是对待原材料，皆应如此。

贵军和我军的需求只有在完全了解事实的情况下才能确定，而且这些事实应该在我们做决定时予以考虑。目的是使我们能够就资源分配问题快速做出决策，我们建议在莫斯科筹备一次会议，我们会派高级代表参加。他们可以与您直接讨论这些问题。如果关于这次会议的建议能够得到您的首肯，我们想告知您，在这次会议做出决定之前，我们仍会尽快持续向您发送装备和物资。

我们完全清楚，苏联英勇顽强的抵抗对于消灭希特勒主义有多么重要，
50 因此，我们认为，在制定未来共同资源分配计划一事上，无论如何我们都应该采取刻不容缓的行动。

弗兰克林·D.罗斯福

温斯顿·S.丘吉尔

8月15日，施泰因哈特和克利普斯将这封信函交给了斯大林，斯大林请他们向罗斯福和丘吉尔转达，“对他们准备帮助苏联抗击希特勒德国进行解放战争表示衷心的感谢”。阅信后，斯大林指出，“他接受罗斯福和丘吉尔的建议，苏方不反对在莫斯科召开有三国代表参加的原料和装备分配会议”。他还补充道：“准备采取一切措施尽快召开这次会议。”[52]

在这次会晤上，根据美方建议，决定于8月16日莫斯科早9点，[53] 在莫斯科、伦敦和华盛顿同时公开发表克里姆林宫接见大使的消息及罗斯福和丘吉尔信件的全文。刊发时，英国和美国使馆在仓促中把信函的段落顺序搞颠倒了，莫斯科和华盛顿在信件发表后才发现此事。莫洛托夫命令乌曼斯基会同国务院查清这个问题，[54] 8月20日，施泰因哈特给莫洛托夫转发了“确认后的终稿”。[55]

各种迹象表明，斯大林对所获得的消息很满意：盟国在为苏联提供帮助

方面迈出了协调一致的第一步，而且他们建议将来在莫斯科召开相关会议，并邀请他本人出席，再次证明盟国的态度是认真的。

在下面这封信函中，丘吉尔继续讨论向苏联提供军事物资的话题，还提
到加速移交早前承诺的“战斧”式飞机和派遣两个“飓风”战斗机飞行中队。
给苏联运送这些装备并不容易，英国皇家参谋部（实际上是陆军参谋部——
作者注）8月28日呈送给丘吉尔的备忘录中有详述。[56] 值得一提的是，“飓 51
风”战斗机在此之前已经提供给苏联，即“托钵僧”行动，也就是日后熟知
的PQ-0运输队，航行时间为8月21—31日，这是该机型首次运抵苏联。[57]

为了完成丘吉尔信中提到的派空军支援苏联的任务，空军从驻扎在英国的两个飞行联队中抽调了一些力量。为了解决运输问题，动用了已经老旧的建于1918年的“百眼巨人”号航母。舰上容不下所有的“飓风”战斗机，于是39架中的15架被拆解运输。丘吉尔没有搞错运抵苏联的日期：它们抵达苏联的时间是9月7日，被部署在瓦耶加（Ваенга）村〔1951年起更名为北莫尔斯克（Североморск）〕附近的机场。几天后，英国飞行员开始执行战斗任务。整个10月份，向苏联空军移交飞机的工作一直持续进行。[58]

丘吉尔8月28日来函的另一个内容是对苏英在伊朗的联合行动做简短总
结。1941年夏末，当地的形势非常严峻。苏英两国通过情报渠道获悉：德黑
兰正在酝酿政变，目的是将伊朗拖向德国一边参加对苏作战。苏联和英国政
府呼吁阿里·曼苏尔（Али Мансур）政府采取反制措施，以挫败筹划中的
政变。但是，伊朗政权以自己奉行中立政策为由，予以拒绝。7月19日，英
国政府为了阻挠德国不断对伊朗施加影响，同时另外开辟一条向苏联提供物
资的通道，建议苏联政府联手出兵伊朗。7月22日，驻伊朗英军司令E.昆兰
（Куинан Э.）中将接到命令，做好夺取阿巴丹（Абадан）和纳特沙河（Нафт-
шах）油田以及本德沙赫普尔（Бендер-Шахпур）和霍拉姆沙赫尔（Хорремшехр）
港的准备。时间因素也发挥了关键作用。德国军方计划8月22日发动政变，
直到最后一刻改至8月27日。8月25日，苏联和英国抢在德国之前，照会德
黑兰政府，同时出兵伊朗。在苏联的照会中说道，苏联被迫“根据1921年条
约第21条采取必要措施，苏联立即行使所拥有的出于自卫目的的临时驻军权
利”。[59] 在未遇到严重抵抗的情况下，苏联军队向伊朗的北方省推进，而英国 52
的陆海军占领了伊朗的西南部地区和波斯湾港口。

阿里·福鲁吉（Али Форуги）新政府下令停止抵抗，该命令于8月28日得到伊朗议会批准。9月8日，伊朗、苏联和英国三方就苏英在伊朗驻军协议进行了谈判。议会9月9日批准协议；礼萨沙赫（Реза-Шах）9月16日退位；

苏军和英军9月17—18日进驻德黑兰。经历了摩尔曼斯克军援、伊朗联合行动之后，从北方到南方的苏英两国军人，正如丘吉尔所言，真的可以“握手言和”了。

在接下来的信函说明中我们将看到，把伊朗变成向苏联运送物资的运输走廊远非易事。但是，如果从最终结果来看，这条按租借法案运送物资的通道发挥了重要作用。1941—1945年，途经伊朗运送了415.9万吨的货物——占苏联根据租借法案得到的总援助物资（约1750万吨）的23.8%。在关键的1942年和1943年，通过这条通道分别运送了160多万吨和170多万吨货物。[60]

10. 丘吉尔致斯大林的私人信函

1941年8月29日发　　　　1941年8月30日收

我在努力寻找一条为贵国提供援助的途径，帮助贵国英勇抗击敌人，直到形成常态，就这些措施我们与美国进行了会谈，它也将成为莫斯科会议的议题。迈斯基先生声明，由于损失惨重而急需歼击机。我们将尽快发送200架“战斧”式飞机，我在最后一封电文中提到过此事。我们的2个飞行编队共有40架“飓风”战斗机，它们将于9月6日左右抵达摩尔曼斯克。我相信，您知道战斗机是宗主国防卫的基础。此外，我们还在努力夺取利比亚的制空
53 权，以及为土耳其提供装备，以便把土耳其拉到我们一边。尽管如此，我还是可以再派出200架“飓风”战斗机，从而使战斗机的总数达到440架，假如贵国飞行员可以有效使用这些飞机的话。我指的是装备有8—12挺机枪的“飓风”战斗机。我们发现，这些飞机表现英勇。我们现在可以向阿尔汉格尔斯克发100件，随后再发两批，每批50件，同时配备机械师、教官以及备件和设备。与此同时，还可以采取措施，让贵国飞行员和机械师熟悉新机型，条件是您要派他们加入到我们在摩尔曼斯克的飞行编队中。如果您认为这样更有利，那么可以就此下达相应指示。有关技术问题的详细说明将以电报的形式通过我方空军联络处转发予您。

波斯人决定停止抵抗是个好消息。除了保卫油田，我们进入波斯湾还有个重要的目的就是努力再开辟一条与贵方连接的畅通通道。为此，我们从印度运来需要增加的铁路设备，改造从波斯湾到里海的铁路，以确保其能够不间断运营。外交大臣向迈斯基先生转交了我们与伊朗政府可能签订协议的大致条件，请其呈递给您，我们的目的是与人为善，而不是非得浪费几个师来

保卫铁路不可。食品是从印度运来的，如果波斯人臣服，我们就恢复支付目前应缴纳给沙赫的石油款项。我们命令先遣队向前推进，以便我军与贵军在司令官指定的哈马丹（Хамадан）和卡兹维诺（Казвино）之间的某地会师。最好让全世界都知道，英军和苏军真的握手言和了。我们认为，最好的情况是，无论是我们还是你们，现在都不要进入德黑兰，因为我们只需要一个通道。我们正在巴士拉建设一个大型的总仓库，并希望把那里建成一个基础设施完备的不冻港，以接收美国物资，这些物资可以保障里海和伏尔加河地区的需要。

我不得不说，英国人民赞叹俄国军民为抗击纳粹罪犯而进行的杰出斗争。麦克法兰将军在前线的所见所闻给他留下了极其深刻的印象。我们未来 54
的日子将很艰难，但希特勒在我们越来越猛烈的空袭下也不会度过一个轻松的冬季。您针对运抵符拉迪沃斯托克*的物资问题而对日本所做的强硬警告令我感到欣慰。罗斯福总统在同我会晤时似乎有意表明，如果今后日本采取侵略行动，无论是在太平洋南部还是在太平洋西北部，都要采取强硬立场，而我立即声明，如果爆发战争，他可以期望我们的援助。我非常想给蒋介石将军更多的援助，比迄今为止力所能及的更多。我们不想与日本开战，因此我相信，可以通过如下方法防止战争，将来我们把不同政见和极不自信的人联合成一个最强大的联盟。

1941年8月26日，迈斯基与艾登进行了一次务实的会谈，他开诚布公地、有理有据地讲述了苏联政府和人民对英国的立场“费解和失望”，为何拒绝开辟第二战场，而只给予有限的武备援助，并且缺乏清晰的对德斗争总战略。艾登辩解称，英国轰炸了德国本土、制定了在利比亚的军事行动计划等，迈斯基反驳道：“只咬猛兽的尾巴还不够，应该用棒子击打它的头。”[61] 8月30日，斯大林极为罕见地用私人电报回复了迈斯基关于这次会谈的报告（其全文首次披露）：

“您与艾登关于英国战略的谈论完全反映了苏联人民的情绪。我很高兴您如此准确地捕捉到了这种情绪。实际上，英国政府以自己的消极观望政策帮助了希特勒分子。希特勒分子希望各个击破自己的对手，今天打俄国人，明天打英国人。英国的被动态度就是对希特勒分子的帮助。英国为我们喝

---

* 8月26日苏联驻日本大使马利克在回应日本政府对从美国向远东港运送货物一事感到不安时声明，苏联政府认为将把任何妨碍苏美之间贸易的行为视为对苏联的不友好行为。

彩、用最难听的语言谩骂德国人的做法丝毫改变不了现实。英国人明白这一
55 点吗？我想他们是明白的。他们究竟想要什么呢？我认为，他们想要我们衰弱。如果这个判断正确，我们就要谨慎地对待英国人了。

最近我们在乌克兰和列宁格勒前线的形势每况愈下。问题是，德国人从西部向我们的前线投送了最后的30个师。这恶化了我们的处境。更不必说还有20个芬兰师和22个罗马尼亚师也加入了对付我们的战斗。现在，在前线与我们作战的有300个师。请注意，德国人完全不在乎英国在西线造成的威胁，认为它是虚张声势。因此才会从容地从西线撤走几乎所有精锐师。德国人缘何对英国人的消极态度如此放心呢？

如果长此以往，如果英国人依然不积极行动起来，那么我们的处境就会命悬一线。英国人因此而能成为赢家吗？我认为他们会输。

只是我们俩说，我应该坦诚地告诉您，如果在未来三四周内英国人不在欧洲开辟第二战场，那么，我们和我们的盟国有可能输掉这场战争。这尽管有些悲观，但这可能会变成事实。”[62]

斯大林这份罕见的文件贯穿着两个主题：一是对英国人深度怀疑，甚至怀疑他们可能跟德国人私下媾和；二是悲观地预感到如果没有盟友的帮助就会失败。也许，“最高统帅”的真实情绪是“忧郁的”，迈斯基自己记录道，因为他在与“自己人”的公开谈话中未必会故意渲染忧郁的色彩。当然，也不排除他想以此“激励”迈斯基，因为从伦敦的角度看，对苏德战场的局势并不感到悲观。尽管斯大林早在7月就首次在丘吉尔面前提出过第二战场的问题，但前线局势的急剧恶化使这一方案具有了急迫性。

迈斯基不能对这个重要的消息置之不理，不得不立即答复。在同一天，他将给斯大林本人的电报发回莫斯科，其中这样说道：

“如果处境如此严峻，您是否认为有必要再尝试一下迫使英国人开辟第二战场？我不想让您产生没有根据的幻想。在现在这个时刻，您应该了解事实
56 真相。因此，我认为必须预先告知您，因为我熟悉这边的氛围，目前政府圈子（而非公众）的状态对开辟第二战场不太有利……我认为，英国政府的这种态度包含很多因素，其中主要有：

（1）受德国陆军不可战胜神话的蛊惑。

（2）自我安慰，按照他们的话说，因为事实上俄国人打得很好，我们没有必要特别着急，我们应该观望，并按部就班地实现自己的计划——准备1942年或1943年的总攻。

（3）希望削弱我们——这种想法毫无疑问地存在于保守党有影响力的圈

子中。

（4）英国人对大规模登陆战役准备不足。

（5）害怕再来一次‘敦刻尔克’大撤退，从而动摇英国政府在国内的地位，并在美国人面前颜面尽失。”

在上述条件下，大使认为，更现实的做法是“增加供给飞机、武器和其他物资”，但不排除就第二战场问题施加“新的压力”：“最终，他们（指英国人——作者注）不可能不明白，假如苏联退出游戏，大英帝国就得崩溃。因此，假如我们的尝试最终失败了，我们至少在自己的人民和历史面前可以证明，为了预防最坏的事情发生，我们曾尽了自己最大的努力让英国人认清事实。”与此同时，经验丰富的外交官还注意到了与此类外交行动相关的风险：“假如英国政府最终还是决定拒绝现在开辟第二战场，那么关于我方情况危急的说法会对军用物资和武器的供应产生不利影响。请权衡利弊，再做决断：支持还是反对，该怎么办。”如果回答是肯定的，大使建议或通过他本人，或通过斯大林直接给丘吉尔写信的方式实施此次外交行动，“对此现在正巧有一个很好的借口——您该回复丘吉尔昨天致您的私信了”。[63] 后一种形式他认为更为有效。

斯大林完全按照大使的建议去做了。他9月3日致丘吉尔信函的全文是由A.H.波斯克列贝舍夫（Поскребышев А.Н.）在他的口述下完成的，写在便签纸上。在交付加密时，斯大林随手用蓝色铅笔又作了如下的补充：“致苏联驻伦敦大使迈斯基。现将我个人致丘吉尔书信的全文发送给您。请翻译并转交丘吉尔。您的密电我已收悉，并决定采用您建议的两种方案——通过我的私人信函和您的口头解释双管齐下施加影响。”[64] 显然，斯大林不仅认可迈斯基是该主意的原创身份，而且还因了解他的能力，事实上委托他通过口头对“丘吉尔施加影响”来强化自己信函的声音。就内容来说，信函本身与他8月30日发给迈斯基的电报内容非常接近。在附有信函的报文结尾处，斯大林又亲笔补写了一段话：“收到后请确认，并将罗斯福与丘吉尔的会谈情况立即上报。”[65] 根据文件上的标记，信函是重新打印过的，加密非常仓促，不到1个半小时，并于9月3日22时“加塞儿”发出。“我的建议被采纳了，”迈斯基在日记中得意地写道，“今天上午我收到了斯大林致首相的亲笔信全文。语言硬朗清晰、毫不留情。没有任何幻想，没有任何玫瑰香水的味道。事实是客观存在的，危险也正是我们所面临的。” 57

11. 斯大林致丘吉尔的私人信函

1941年9月3日发

感谢您除了早先承诺的200架歼击机，又承诺再向苏联出售200架歼击机。我不怀疑苏联飞行员可以掌握它们并正常使用。

但是，应该说，这些飞机显然无法立即全部同时投入使用，只能分批分期列装，因此也不会给东线战场带来实质性的变化。它们无助于扭转局势，不仅是由于战争规模之大而需不断补充飞机，更重要的原因是近3个星期苏军在乌克兰和列宁格勒等重要地区的处境严重恶化。

58 问题是，在3周之前争取到的相对稳定的战线，在最近几周几近崩溃，原因是德国向东线投送了30—34个步兵师和大量的飞机坦克增援以及20个芬兰师和26个罗马尼亚师。德国人认为，西部的危险是虚张声势，因此肆无忌惮地把自己的全部主力从西线调往东线，他们确信，西方现在不会、将来也不会开辟第二战场。德国人认为，完全可以将敌人各个击破：先是俄国人，后是英国人。

结果，我们丢掉了大半个乌克兰，而且，敌人已兵临列宁格勒城下。

这些情况导致我们损失了克里沃罗格（Криво-Рога）铁矿区和一些位于乌克兰的冶金厂，我们撤移了1个位于第涅伯河流域的铝厂和另1个位于季赫温（Тихвин）的铝厂、位于乌克兰的1个发动机制造厂和2个飞机制造厂、位于列宁格勒的2个发动机制造厂和2个飞机制造厂，而且这些工厂要在新的地方重新投入使用至少需要7—8个月。

这一切都导致了我们的国防能力受到削弱，将苏联置于致命的威胁之下。

在此我不禁要问：怎样才能摆脱这种不利的局面？

我想，摆脱这种局面的出路只有一条（在初稿上写的是"拯救我们的共同事业"——作者注）：今年就在巴尔干或法国开辟第二战场，从而牵制东线30—40个德国师，同时确保在今年10月之前给苏联提供3万吨铝锭，以及每月（斯大林强调的——作者注）至少援助400架飞机和500辆（轻型或中型）坦克。

缺少这两种形式的援助，苏联非败即衰，以致在反对希特勒主义的斗争前线，长期丧失积极行动的能力，无法以此帮助自己的盟友。

我明白，这封信会使阁下大人伤心。但怎么办？阅历教会我直面现实，

> 无论它多么令人不快；而且不怕说出真相，无论它多么不遂人愿。
>
> 伊朗的情况的确还不算坏。英军和苏军的联合行动起到了扭转乾坤的作用。以后将继续保持这种局面，因为我们的军队将并肩作战。然而，伊朗只 59
> 是一个插曲。战争的命运当然不是由伊朗决定的。
>
> 苏联同英国一样，也不愿对日本开战。苏联不可能撕毁条约，包括与日本签订的中立条约。但是，如果日本撕毁了该条约，并向苏联发动进攻，它必将受到苏军的应有还击。
>
> 最后，请允许我感谢您对苏军所表达的赞美，他们正在为了我们共同的解放事业而与希特勒匪帮浴血奋战。

9月4日，维辛斯基将信函交给了克利普斯。维辛斯基向迈斯基通报说，克利普斯看过文件后决定立即启程返回英国，“以便利用自己的影响力，确保落实斯大林同志在信中提到的措施”。[67] 在携带信函返回伦敦的过程中，他呼吁英国政府“极其严肃地”对待这封信，并给苏联提供“最大的刻不容缓的帮助”。[68] 在伦敦，斯大林的信函由迈斯基在9月4日深夜，即大使与丘吉尔和艾登紧急会晤时转交。“俄国人处于非常困难的境地，无论是在前线还是在补给方面，”丘吉尔的私人秘书科维尔在日记中写道。“斯大林提到的都是根本性的问题，直抵要害。”[69] 艾登在回忆录中给该文件起名为“求救的呐喊”，[70] 事实也是如此，这大概是苏联领导人在战争紧急关头向自己的主要盟友发出的最公开、最惶恐的呼吁了。

由于非常清楚这个“决定性的历史时刻”[71] 所包含的意义，迈斯基用尽了一切溢美之词和无限热情说服谈话对象相信给苏联提供急援的必要性。特别是，他列举了历史上萨姆索诺夫将军的队伍在东普鲁士立功建勋的先例，这支军队在1914年不畏牺牲拯救巴黎。艾登在英方谈话记录中这样描述，大使“非常有说服力地强调了局势的危急性……他接着说道（指迈斯基——作者注），如果苏俄被打败，那么我们还能寄希望于打赢这场战争吗？”[72] 但丘吉尔立即向迈斯基表明，在1941年年底前，既不可以开辟第二战场，也不可以提供实质性的武器装备援助。“在未来的6—7个星期内，”根据迈斯基的记 60
录，“他半嘲讽地说，只有上帝可以帮助你们，可你们自己都不相信上帝。”[73] 夜半时分，在迈斯基离开之后，皇家总参谋长J.迪尔（Дилл Дж.）将军找到丘吉尔和艾登，他也坚决反对在欧洲登陆的想法。“我们的所有将军，”首相在次日给克利普斯写信，“都坚信，该行动唯一的结局就是让我们的军队血染大海，最好的情况下，也是用几天的时间后撤几个小登陆场……我非常能体会您的感受，眼看着俄国大难临头，但无论是同情还是其他感情都不能代替我们所面临的事实。”[74] 丘吉尔强调，把这个电文发给克利普斯“只是为您自己了解情况”，同时把自己的回复发给斯大林。稍晚些时候，大使接到命令继续待在莫斯科。

9月5日的大部分时间，丘吉尔都在忙于准备这封回信，为此取消了之前计划好的全国巡游。对伟大事业的激情使他备受鼓舞。“我重新感受到世界的脉搏在跳动。”他与自己的助手分享道。[75] 上午，艾登主持召开了参谋长委员会会议，根据丘吉尔的建议，还邀请了迈斯基以及苏联驻英国军事联络处主任（戈利科夫不在位时由哈尔拉莫夫海军少将代职）[76] 参加会议，目的是让他们相信英国的立场在战略上是有根据的。英国的军事长官长篇阐述了反对在欧洲实施牵制性登陆的论据。“……感觉参谋长们简直被德国军事机构的威力所慑服，完全丧失了主动精神和勇敢精神。”迈斯基在日记中写道。[77]

与此同时，丘吉尔起草好了给斯大林的回信，并将草案提交内阁审议。他对同僚们说，斯大林“有资格知道真相，他善于正视现实”，而克利普斯在自己热情洋溢的加急电报中却忽略了这些细节。[78] 内阁大臣们立即就排除了在欧洲牵制性登陆的可能，只讨论给苏联提供物资援助问题。回避了供应问题的首相回信草案被认为过于消极。[79] 就此问题艾登和军需大臣比弗布鲁克以及参谋长委员会向丘吉尔提交了详细的总结报告，并在序言中写道：

61 “已经有不祥的迹象表明俄国会崩溃。这是一份历史性的电报，有可能还是您发给外国首脑的电报中最重要的一封。内阁大臣们和参谋长委员会认为，在战争的危急时刻，这封电报的基调应弘扬友谊精神以鼓舞斗志、愿意共同分担责任和提升士气；应尽可能地避免颓丧和伪善的消息。”

即使为了防止俄国人与希特勒私下媾和，也必须鼓舞俄国人的士气，在内阁会议以及9月5日丘吉尔致罗斯福的信函中都表示过这种担忧。[80] 为了“振作克里姆林宫的精神”，建议将首相一些悲观的表述做些修改，并补充了以下几条：（1）“我们已经不止一周讨论为俄国提供援助的可行方法，并准备做出更大的牺牲，如果借此可以分散俄国前线（Русский фронт）的德国军队（Вермахт）”；（2）就供应问题应当强调，“我们了解俄国人的需求，并准备为了帮助他们做出更大的牺牲”，而且增补了400个车皮发往俄国；（3）在回复苏联关于采取联合行动的建议时，“应表述更加积极”，强调英国人准备“制订联合计划”，并向北极地区行动提供军事援助，“虽然不是现在”。[81] 丘吉尔在给斯大林回信的终稿中借鉴了所有上述建议。首相对白厅“俄国日”的结果非常满意。“温斯顿坚持在酒店共进晚餐以示庆祝，并邀请迈克（比弗布鲁克——作者注）和我一同到‘丽思（Ritz）’饭店，”艾登在日记中写道，“非常丰盛的晚餐，有牡蛎、野味、其他美食和友好的谈话。温斯顿情绪非常好。”[82]

12. 丘吉尔致斯大林的信函

1941年9月5日发　　　　1941年9月6日收

1. 我先回复您的来函。尽管我们没有放弃任何努力，但目前英国没有在西部行动的可能性（空中行动除外），以使在冬季到来之前将德军从东线吸引过来。也无法在缺少土耳其帮助的情况下开辟巴尔干第二战场。如果阁下希 62
望那样的结果，我想向您阐述一下参谋长们得出这一结论的所有根据。这些理由今天已在特别会议上与贵国大使进行了讨论，我和参谋长们都参加了这次会议。有可能导致代价高昂的失败，无论其动机多么值得称道，可能只会有利于希特勒。

2. 我所掌握的情报给我形成的印象是，德国的进攻已经过了巅峰，因为冬季将给贵国英勇的军队提供喘息之机（但这是我个人的意见）。

3. 关于保障问题。我们非常了解俄国工业所遭受的严重损失，因此我们将尽一切努力帮助您。我给罗斯福总统发电文的目的是为了让哈里曼率代表团尽快访问伦敦，我们打算在莫斯科会议之前就通知您飞机和坦克的数量，我们共同向您承诺，它们每月同橡胶、铝锭、呢绒等一起发货。我方准备把英国飞机和坦克的月产量的一半提供给您，这也是您要求的数量。我们希望美国能满足您需求的1/2。我们将尽一切努力立即给您发出货物。

4. 我们已经给波斯湾铁路下达了配备机动员工的命令，目的是将其当前的通行能力从每昼夜单向两列提高至满负荷通行，即每昼夜单向发12列火车，将在1942年之前达到此目标，在此之前使运力逐步提高。从英国发出的蒸汽火车头和车皮在加装石油燃料后从好望角附近港口启航。铁路沿线将改善供水系统。第一批48列火车头和400节车皮应该马上就会发出。

5. 我们准备与您制订联合计划。英国军队是否强大到足以在1942年进攻欧洲大陆，取决于难以预见的事态。有可能在北极出现极夜时，在那里给贵方提供协助。我们希望把我们的军队运送到中东，使之在今年年底前达到75
万人，然后到1942年夏季到来之前达到100万人。一旦利比亚的德国和意大 63
利军队被消灭，我们的部队就可以立即投入到贵方南翼战场，并按预期的那样对土耳其施加影响，至少可以监督土耳其诚实地恪守中立立场。与此同时，我们还将继续对德国实施越来越猛烈的空袭，还将保持海洋通道畅通，并为自己的生存而斗争。

6. 在您来信的第一段中，您使用了“出售”这个词。我们不会从这个角度看问题，也永远不会考虑付钱的事。如果我们给贵方提供的一切帮助都是建立在美国租借法案所倡导的友谊基础上，即无需任何形式的货币结算，那将是最好不过的了。我们非常愿意尽我们的最大力量给芬兰施加一切压力，包括立即由官方通知芬兰，如果芬兰越过自己的旧边界，我们将对芬兰宣战。我们还请求美国采取一切可能的措施影响芬兰。

在丘吉尔致斯大林的回信发出之时，迈斯基通过电报报告说：“……他（丘吉尔——作者注）没有提到在法国或巴尔干开辟第二战场的问题，但是对供应问题则比较积极。”[83] 9月7日，即收到丘吉尔回函的第二天，斯大林接见了克利普斯，后者认为有必要了解克里姆林宫的主人对这封信的看法。斯大林知道克利普斯计划返回伦敦，所以决定接见他，以便同步做说服工作。“我见到的斯大林非常压抑和疲惫，”大使在加急电报中报告说，“他重新回到了从前的多疑和对人不信任的状态，而这种状态最近已经不多见了。”（斯大林好像依然希望得到丘吉尔更加积极的回应）。克利普斯试图查明斯大林9月3日信函中所说的“苏联失败论”背后到底隐藏了什么，难道是与德国媾和？“不是。”斯大林坚定地回答道，他首次如实地解释了哪些因素综合才能导致这样的失败。“如果被逼失守顿涅茨克（Донецк）煤田和金属矿区、丢掉莫斯科和列宁格勒及其机械制造业，按他的话说，‘不排除’发生上述情况，那么就意味着，损失了2/3用于保障前线的生产力。如果不依靠机械制造业，军队就不可能长期打仗。德国有克虏伯（Круппа）、斯柯达（Шкода）和克鲁佐（Крезо）工厂，如果希特勒失去这些工厂，他也得完蛋。‘我们也可能发生这种情况’。所有这些地区必须坚守。没有了它们，俄国就不得不退出主动的战
64 斗行动，转入防御，有可能退守到伏尔加河以外。”[84] 显然斯大林继续坚持坦率和信任的态度，寄希望于“感动”英国人。

与此同时，前线事态正在按照这种最坏的脚本发展。9月7日，H.古德里安（Гудериан Г.）中将指挥的第2坦克集群突破了布良斯克（Брянск）地区的战线。9月8—9日，德国人向列宁格勒再次发起进攻，为了挽救局面，Г.К.朱可夫（Жуков Г.К.）被紧急调往前线。几天过后，С.М.布琼尼（Буденный С.М.）的军队被包围在基辅城下，9月18日基辅沦陷。在南翼，敖德萨（Одесса）

和克里米亚（Крым）面临着被包围的威胁。在这种严峻的形势下，斯大林再次向丘吉尔紧急求助，这一次他请求给苏德战场提供直接的军事援助。

13. 斯大林致丘吉尔的私人信函

1941年9月13日发

我在上一封信函中阐述了苏联政府关于开辟第二战场的意见，认为它是促进我们共同事业的主要手段。对于您的来信，即您再次强调目前不可能开辟第二战场的那封信，我只能重申，不开辟第二战场，就会助长我们共同敌人的气焰。

我不怀疑，英国政府期望苏联取得胜利，并正在寻求达成目的的途径。如果英国政府认为目前在西方开辟第二战场是不可能的，那么是否还能找到其他的办法从军事上积极帮助苏联抗击共同的敌人呢？我感觉，英国可以不冒风险地向阿尔汉格尔斯克投送25—30个师，或者经伊朗将其投送至苏联南部地区，使其在苏联境内与苏军协同作战，就像上一场战争中跟法国合作那样。这是最大的帮助。我感觉，这种帮助将是对希特勒入侵的沉重打击。

感谢英国政府承诺每月提供铝锭、飞机和坦克。

我非常欢迎英国政府考虑提供飞机、铝锭和坦克等援助时不按照贸易程序，而是本着友好合作的方式进行。

我希望会有很多实例让英国政府相信，苏联政府会以应有的方式珍惜盟 65
国的帮助。

简单说说英国驻莫斯科大使克利普斯先生于1941年9月12日转给B.M.莫洛托夫的便函。信中说：“如果苏联政府为了防止列宁格勒的海军舰船落入敌手而将其销毁，国王陛下政府将认可苏联政府提出的、战后由国王陛下政府参与补偿被毁舰船的要求。”

苏联政府深知并珍惜英国政府愿意部分补偿苏联销毁位于列宁格勒的苏联舰船所受损失的做法。毋庸置疑，如有必要苏联人必会销毁位于列宁格勒的苏联舰船。但是，承担这一损失责任的不应是英国，而是德国。因此我认为，损失应该在战后由德国赔偿。

9月15日，迈斯基将斯大林的这封信函交给了丘吉尔本人。当天，他就把此次会晤的情况向莫斯科做了详细的报告。他写道：“丘吉尔原则上同意向苏联派出武装力量，让其与我军并肩作战，打击共同之敌。他认为这对英国来说是一种殊荣。”但首相借口说要与军方商量，一直没有给出最终答复。他重点强调两个因素：一是英国缺乏能够实施此项行动的兵员，二是缺乏运输工具。然后，丘吉尔开始阐述可供选择的方案：英国进攻利比亚，可以将土耳其拉入战争并同苏联在挪威实施联合作战。迈斯基将所有这一切都视为首相不愿意直面苏联的请求，但仍没有放弃让英国人哪怕部分满足苏联请求的希望。“从今天丘吉尔的阐述中，”他总结道，“我不怀疑现在还不是谈论25—30师的时候。但重要的是，要让英国人在初期就开始实施此类战役，而
66 不一定要投入大量兵力。继而他们将被越来越深地卷入其中。”大使提醒，就像在第一次世界大战时，英国不断给法国军队提供援助那样。从丘吉尔对斯大林信函的反应中，迈斯基也察觉到了一点点积极的信号。他就此写道：“丘吉尔特别注意到斯大林同志信中的一句话，‘我不怀疑，英国期望苏联取得胜利’，等等。因此，他补充说：‘我很高兴，斯大林先生终于相信了这一点。是的，我再重复一遍：我们希望贵国获胜，因为这也将是我们的胜利。在这个困难的时刻我愿意尽我一切所能帮助贵国，但您明白，我并不是无所不能’。”[85]

实际上，丘吉尔的真实立场比迈斯基想象的还要强硬。首相自言自语地称斯大林的请求“荒谬”，并认为“与脱离现实的人争吵毫无益处”。[86]但是，斯大林援引第一次世界大战的先例，显然触动了丘吉尔的痛处，他在9月19日的内阁会议上还是隔空与通信人展开了论战。斯大林的论据站不住脚，他声称，因为当时“俄国没有武器，但派出许多士兵支援我军和法军。现在，一切都反过来了，俄国不缺人手”，只向它提供武器即可。[87]丘吉尔与参谋长委员会和外交部协调过的回复“明显没有实质内容”，以色列历史学家G.格洛捷茨基（Городецкий Г.）写道，[88]他事实上回避了英国给苏德战场提供援助的问题，将话题转到土耳其和三国代表即将召开的莫斯科会议（Московския конференция）上。

14. 丘吉尔致斯大林的私人信函

1941年9月18日发　　1941年9月19日收

1. 非常感谢您的来函。哈里曼率领的代表团全员抵达，并夜以继日地和比弗布鲁克男爵及其同事们一起工作。他们在研究资源分配问题，目的是可

以与您一同制订一个通过现有渠道按月供应的具体计划，从而尽可能给您提供帮助，以弥补贵国军事工业因遭受损失而造成的缺口。按照罗斯福总统的想法，首期计划应该涵盖6月底前的这段时期，但是我们给贵国的帮助当然要一直持续到获得胜利为止。我希望本月25日能在莫斯科召开会议，但在所 67
有与会者顺利抵达指定地点前请勿声张此事。关于行程路线和交通工具，稍后通知。

2. 我认为开辟从波斯湾到里海的铁路和公路通道具有重大意义，我们希望吸引美国人以其高昂的热情和组织能力参与铁路和公路建设。比弗布鲁克男爵可以讲解全部保障和运输计划：他与哈里曼先生有着非常友好的关系。

3. 我们可以同贵国进行军事合作的可能战区都是总参谋部讨论的范畴。毫无疑问，南北两翼拥有最有利的条件。假如我们在挪威的行动能够获得成功，那么它可以对瑞典的立场产生强烈影响，但目前我们还没有实现这一方案的军事力量和足够的舰船吨位。至于南方，土耳其的意义非常重大：如果可以提前得到土耳其的帮助，那么我们将拥有强大的援军。土耳其想加入我们的阵营，但有所顾忌，也是有原因的。如果承诺提供大量的英国武装力量和提供土耳其缺乏的技术手段，可以对其产生决定性的影响。我可以与您共同探讨任何形式的有效援助，因为唯一的目的就是要把尽可能多的力量投入到对共同敌人的作战中。

4. 我完全同意，给俄国舰队的赔偿首先应该算在德国头上。胜利，毫无疑问，会把大量的德意舰船划归我们管辖，因此，我们认为，这些舰船最适于用来赔偿俄国舰队的损失。

这封信函于9月18日发往莫斯科，而在伦敦，艾登向迈斯基宣读了这封信。“读罢这封回信，我向艾登声明，他让我非常失望，”迈斯基向莫斯科报告了自己的第一印象，“关于主要问题，即向苏联派遣大批英国兵力，回信中只字未提，除了模糊地暗示准备同我们‘研究’‘各种形式的有益帮助’（第三条结尾处）之外。我不怀疑类似的回信对莫斯科也不会产生好印象。艾登 68
感到非常不安，并答应就此问题跟首相再谈一次。”[89] 与丘吉尔沟通之后，艾登强调说，迈斯基把丘吉尔的回复理解为拒绝满足苏联的请求。艾登还讲述了自己试图缓和大使的过激反应，并保证，英国人准备研究在南翼给俄国人提供其他形式的援助。“可以讨论任何计划，”丘吉尔就此回答他说，“但是，我们不应支持俄国人认为英国可派大量军队去俄国作战的幻想。”[90] 认真研究丘吉尔的回函后，迈斯基再次拜访了艾登，以便就实质性问题进行详谈。交谈结果写在了发给莫斯科的例行电报上。迈斯基有理有据地向大臣解释了苏联立场的逻辑：斯大林的最后两封信函都表达了同一个目的："从我们肩上卸下这30—40个德国师"，他们正是德国人的优势所在，他们有能力持续进攻。他提到了英国人的承诺，试图得到对问题的明确答复："丘吉尔对斯大林同志最后一封信函中展开阐述的具体计划到底有什么想法？"艾登被逼到了墙角，不得不承认：他暂时还不能正式宣布，英国政府现在正在讨论这个建议。英国人的理由是：英国的军援无法在冬季到来之前抵达苏联，迈斯基反驳说："如果我们能够确信英国援助的具体期限和数量，则我们现在就可更灵活地动用预备队。"由于承认这个论据有道理，艾登在会谈结束时问道："这样的话，问题是否可以归结为，您想准确地知道，我们可以给贵方增援多少部队和什么时候提供增援？"[91]"正是如此，"迈斯基确认。但是，莫斯科最终没有等到明确的答复。

丘吉尔把致斯大林的下面这封信交给了比弗布鲁克男爵，他将去莫斯科参加三国代表会议，讨论向苏联提供援助的问题。尽管丘吉尔在信函中大谈英国人的慷慨解囊甚至自我牺牲，但在给比弗布鲁克的指令中还是做出了非常严格的限定：根据美国租借法案从英国应得到的份额中划拨给苏联的部分
69 不应超过最早的计划，而且优先满足英国在中东和保卫英伦群岛方面的战略需求。"我们能够提供的一切，对他们来说只是杯水车薪，尽管对我们来说是很大的付出。"首相在9月19日的内阁会议上就此问题说道，"……美国才是俄国军队的兵工厂，而我们不是。"然而，即使丘吉尔如此吝啬，在英军指挥部看来也还是过于慷慨。首相不得不让军方相信"对俄国援助的重要政治意义和战略意义，提醒他们说，关于俄国将在德国的打击下迅速崩溃的预言并没有变成现实。比弗布鲁克接到指令，不要透露盟国军工增产计划，也不要对分给苏联的那部分具体份额越俎代庖。但利用俄国人对未来援助谨慎乐观的憧憬，从而鼓励俄国长期抵抗，这方面比弗布鲁克可以自由发挥"。[92]这些密令的内容被苏联驻伦敦谍报机构截获，并在会议开始前夕报告给了斯大林。[93]

深知在战争的关键时刻英美对苏援助实在杯水车薪，丘吉尔在信中强调，未来存在扩大援助的前景。他通过对利比亚和土耳其的评论，实际上在暗示英国给苏联提供军事援助的问题。丘吉尔只是顺便提到了派伊斯梅率英国军事代表团访问莫斯科，是为了讨论军事合作事宜。而事实上，英军司令部坚决反对共同讨论军事计划，担心苏联会向英国提出新的具体军事援助要求。[94]比弗布鲁克和哈里曼也在回避这样的讨论，他们不愿意从提供援助问题

上岔开话题。伊斯梅与斯大林及苏联军方并没有就此问题认真严肃地谈判是自然而然的事了。后来克利普斯天真地将此视为“悲剧性的错误”，而丘吉尔本人在回忆录中也抱怨，伊斯梅错过了向俄国人做解释工作的机会：“他可以用事实和数据说话，向俄国前线派遣‘25或30个师’是多么愚蠢的想法，并且绝无可能。”[95] 比弗布鲁克于9月29日，在斯大林第二次与英美代表团会晤时，转交了此信。当时，斯大林在见面寒暄后故意冷落他们。哈里曼证实，克里姆林宫主人打开信封，“往信封里瞟了一眼，就把信放在了桌子上，在整 70
个谈话过程中一直再未翻看”。[96]

15. 丘吉尔致斯大林的信函

1941年9月21日发　　1941年9月29日收

尊敬的斯大林主席：

英美代表团已经出发，这封信将由比弗布鲁克男爵呈交予您。比弗布鲁克男爵受到内阁的充分信任，是我的一位老朋友和好朋友。他与哈里曼先生建立了最亲密的关系，哈里曼是一位出色的美国人，全身心地投入到共同的事业中。他们将把我们英美两国经过认真协商得出的一切结果向您阐述。

罗斯福总统决定，我们建议首先应该涉及到每月提供物资援助的份额，我们将在1941年10月—1942年6月（含）的9个月间发货给贵方。您有权准确知道，我们月复一月所能提供的援助，以便您能够最合理地配置资源。

美国建议暂时将期限截至1942年6月底，而我不怀疑，最后我们两国可能会提供更多的数量，因此您可以相信，我们将尽一切努力，尽可能地补偿贵国军事工业因纳粹入侵所遭受的严重损失。我不想预测比弗布鲁克男爵就这一问题将同您所谈的内容。

您将看到，1942年6月底之前的物资援助将完全依靠英国的产品，或是我们从美国采购的产品以及根据租借法案供给我们的产品。美国决心向我们提供其一切出口剩余产品，因此，对于他们来说，在整个这段时期，确保有效的供应源也是不易的。我希望美国的生产能获得进一步的巨大动力，并在1943年前，美国的强大工业完全能够根据战争需要来扩展。至于我们参与的 71
部分，我们不仅要大大提高自己现有的和计划中的新品投入，而且还要尝试从我们的人民那里获得更多的力量来满足我们共同的需求。但是，您会同意，我们的军队和我们计划的补给只有贵国军队或德国军队的1/5或1/6。我们的首要责任和需求是保持公海畅通，我们的第二项责任是获得决定性的空中优势。这是对大不列颠岛屿上440万人力资源提出的基本要求。我们从来不可能期望拥有像陆地军事大国那样的陆军或军事工业。尽管如此，我们仍将尽一切可能帮助您。

伊斯梅将军是我在参谋长委员会的私人代表，他完全熟悉我国全局军事策略，他有权与贵军指挥员共同研究有关开展实际合作的计划和设想。

如果我们能够把利比亚的西翼之敌肃清，那么我们就将拥有众多的空中和陆上力量在俄国战场南翼实施联合作战。

我感觉，假如能够唤醒土耳其，使其拒绝德军的过境要求，或者在更好的情况下，站在我们一边参战，那么这将是对我们的最快捷、最有效的帮助。我相信，您能对此予以应有的重视。

我一直赞赏您对中国人民抱有的同情，他们为保卫国土而奋起反抗日本侵略。当然，我们不想把日本加入到我们的对手之列，但是，在我同罗斯福总统会晤之后，美国所表明的立场已经使日本政府产生警觉。我冒昧地代表国王陛下宣布，如果美国卷入与日本的战争，英国将立即站在美国一边。我想，我们三国都应给中国提供尽可能大的援助，但援助规模又不能导致日本对我们宣战。

毫无疑问，我们的人民面临着长期的斗争与苦难，但我对美国作为交战
72 方参战依然满怀希望，如果真的如此，我们应该相信：坚持到底就能胜利。

我希望在战争过程中，占人类人口2/3的大英帝国、苏联、美国和中国的广大民众都会奋起反抗自己的敌人，我相信，他们正在走向通往胜利之路。

最真诚地祝愿俄国军队获胜和纳粹暴君灭亡。

请相信我。

您诚挚的
温斯顿·丘吉尔
1941年9月21日

罗斯福9月17日致斯大林的第二封私人信函本应由率团参加莫斯科三方会议的哈里曼转交。但是，从霍普金斯9月26日在联络官日志上的记录可以看出，此信因恶劣天气被耽搁，哈里曼从伦敦启程前往莫斯科之前没有来得及收到这封信。“信被烧掉了，因为除了哈里曼先生，任何人都无权看信”。[97] 抵达莫斯科后，哈里曼向罗斯福请求给他发一封致苏联领袖的“私人信函”，他强调了这一做法的重要性，因为英国代表比弗布鲁克男爵给斯大林带来了

丘吉尔的私人信函。[98] 总统委托霍普金斯模仿在伦敦烧掉的那封致莫斯科的信稿，霍普金斯照办了。[99] 9月30日，信函转交给了斯大林。但霉运并没有到此结束：通过国务院用普通密码转发的信函被德国情报机关截获，并被破译。“除了哈里曼任何人都不能看到的文件”，就这样被纳粹宣传机构作为罗斯福与共产党“勾结”的证据在全世界广为传播，为此纳粹还“强化了”总统对斯大林像“密友”一样的温和语气。[100]《纽约时报》断言，将信函公开的责任在苏联司令部，他们好像用电台向苏联军队广播了信函的全文，以“鼓舞军队士气，但被德国人通过电波截获了”。[101] 10月11日，罗斯福在记者招待会上对这一消息表示怀疑，但翌日，塔斯社经斯大林同意采纳了维辛斯基的建议，让这一消息作为“彻头彻尾的阴谋”而加以否认。此时，“最高统帅”加重了维辛斯基的语气，在“苏联最高统帅部没有在电台广播罗斯福先 73
生致斯大林同志的信函”的话后面，又补充了一句他特有的句子“也不可能广播”。[102]

这是第一次，但远不是最后一次“三巨头”秘密书信泄露事件。在重要环节上，白宫为绕开国务院一直使用军用通信信道：通常使用海军部信道发送罗斯福的信函，而接收信函时，则使用战争部信道。

罗斯福本人很清楚通过国务院转发信函并不可靠，因此更加青睐苏联的编码系统。例如，1942年4月11日，在会见苏联驻美临时代办A.A.葛罗米柯（Громыко A.A.）时，他“指出，他认为最好使用我们的密码发信，他认为这样做更加可靠”。[103] 1942年2月25日丘吉尔写给罗斯福的、在外交实践中极为罕见的信函证明了国务院通信渠道的脆弱性。在信中，英国首相呼吁两国在编码领域展开合作，并承认，英国专家曾经有能力破译美国的外交密码。[104]

16. 罗斯福致斯大林的信函

1941年9月29日发　　　　1941年9月30日收

尊敬的斯大林先生：

这封信函将通过我的朋友艾夫里尔·哈里曼呈交予您，我请他担任出访莫斯科的我方代表团团长。

哈里曼先生非常了解贵国战场的战略意义，我相信，他会尽一切努力使莫斯科会谈获得成功。

哈里·霍普金斯向我详细通报了他与您充满希望和令人欣慰的会晤。对苏军英勇防御作战的赞赏，我无以言表。

我相信，分配给所有反希特勒战场的急需物资及其补给途径都将落实，包括贵国在内。

借此机会，我想特别表达我的坚定信心，相信贵军最终能够战胜希特勒，
74 并请您相信，我们一定给予尽可能的物资援助。

您诚挚的

富兰克林·D.罗斯福

丘吉尔的下面这封信是关于伊朗局势的。利萨·沙赫国王退位，其21岁的儿子穆哈默德·礼萨（Мохаммед Реза）登基之后，伊朗的政治局势发生了急剧的变化。集权式的政权体制和独裁制度的衰弱导致形形色色的政治力量——从部族首领到社会党人和共产党人异常活跃。[105] 社会党和共产党于1941年9月29日创立了伊朗人民党（Туде），成为伊朗共产党（Иранская компартия）事实上的继承人。具有重要战略意义地区的政治形势复杂化，包括左翼势力的活跃，明显让丘吉尔坐卧不安。在号召与伊朗合作的时候，英国首相显然希望莫斯科能够利用自己在该地区的影响杠杆，控制局势，防止其内部政治事件干扰盟国的军事计划。丘吉尔深知这其中意味。苏联军人和在伊朗的情报人员都支持与伊朗人民党保持密切接触。该国内部也在按照共产国际（Коминтерн）路线进行积极的工作。在这种情况下，莫斯科极力避免英国人对伊朗苏维埃化的担忧。在12月9日致斯大林的信函中，季米特罗夫（Димитров）提出反对恢复伊朗共产党，因为这有可能引起伊朗资产阶级和英国的不必要恐慌，并呼吁利用伊朗人民党来推行苏联政策。斯大林赞成季米特洛夫的建议。[106] 但是，正如后来发生的事件所证明的那样，就伊朗形势方面要消除相互不信任并非易事。

17.丘吉尔致斯大林的私人信函

1941年10月1日发　　　　1941年10月1日收

我很想与波斯彻底结盟，并与贵国驻波斯的武装力量达成紧密而高效的
75 切实合作。在波斯出现的各种征兆表明，部族之间存在严重冲突和政权威信严重下降。这种冲突的蔓延意味着我们不得不把军队浪费在镇压这些人身上，同时也意味着运送部队和补给品的公路和铁路交通负荷增加，因此我们必须

减轻这条通道的负担，并尽可能地加以改善，以确保补给运抵贵国。我们应努力迫使波斯人在我们忙于进行战争之际维护自己的秩序。您下达的坚决指示，从这个意义上来说，将加速我们的事业在这个次要战场上得到顺利发展。

尽管斯大林与罗斯福的直接书信往来尚未真正启动，但想法一直未散，因此哈里曼在莫斯科会议期间与斯大林会谈时，可能不乏总统本人的暗示，建议斯大林与罗斯福建立直接接触。据R.舍尔伍德（Шервуд P.）证实，斯大林也有准备地响应了该建议，因为“以前他认为不应该直接麻烦总统”。[107] 莫洛托夫起草的、于10月3日发给罗斯福的下面这封信函，他还是交给了哈里曼。这一次写给总统本人的信函，表达了他对美国和英国所提供援助的诚挚谢意，并且未要求回函。在写信的前一天，即10月2日，在克里姆林宫举行的有美英使馆人员出席的午宴上，斯大林举杯答谢罗斯福。他强调了总统在向遭受德国侵略的国家提供援助方面的作用，并祝他在这方面取得成功。[108]

18. 斯大林致罗斯福的信函

1941年10月3日发

尊敬的罗斯福先生：

您的来函已由哈里曼先生转交予我。

借此机会，我代表苏联政府对您委任哈里曼先生这样的权威人士作为美 76
国代表团团长深表谢意。因他的参与，三国莫斯科会议的工作效率极高。

我不怀疑您将尽一切所能确保快速、圆满地落实莫斯科会议决议，特别是因为希特勒分子极想利用冬季之前的几个月加强对苏联战场的各种压力。

跟您一样，我不怀疑，我们将取得对希特勒的最终胜利，因为现在我们已将力量凝聚在一起，合力消灭嗜血的希特勒主义，苏联为此正承受着巨大而沉重的牺牲。

此致

真诚的敬礼

И.斯大林

1941年10月3日

总统决定与霍普金斯进行讨论，对该信函如何反应。“你认为是否需要回复？”他在文件的译稿上写道，“当哈里曼对他说我非常高兴与他直接交往的时候，斯大林表现出很满意，是否要突出这一因素？”[109] 应该说，霍普金斯完全支持回信，几天之后，他在自己的备忘录中写道：“在俄国会晤之后，我有了这样一种印象，总统应该与斯大林直接接触。显而易见，斯大林对我们的大使和使馆所有人员没有任何不信任感。我感觉，他对国务院也会持同样的态度，假如问他的话。”[110]

霍普金斯是对的。他很可能已经得知，斯大林在莫斯科与哈里曼会谈时说起过施泰因哈特。斯大林把美国大使比喻成失败主义者，在德国进攻苏联之后的头几个星期，美国不止一次地惊慌失措。[111] 霍普金斯本人没有隐瞒自己对国务院在对苏关系问题上工作效率的怀疑。1941年7月11日，在会见乌曼斯基时，他“公开承认，美国政府机构（暗指国务院）有不少人‘在执行国家元首和武装力量总司令的命令时对苏联的政治偏见多于信任’”。[112] 还有
77 一个特点，罗斯福称国务院工作人员为“冥顽不化的官僚”。

完全有可能，正是霍普金斯从莫斯科返回以后第一个向罗斯福提出了直接与斯大林接触的想法。为了保持不间断对话，罗斯福最终决定回信，尽管他的这封信函没有寄出。[113] 1941年11月，外交信使错将信函发到了德黑兰。这封信函直到1942年3月15日才送达位于古比雪夫的美国使馆，并于次日呈交给苏方。[114]

莫斯科会议是建立反希特勒联盟过程中的一个重要里程碑。会议上签署了著名的《第一议定书》，即从1941年10月1日至1942年7月1日英美向苏联提供援助的第一份纲领性协议。尽管盟国的援助规模还不是很大，但开始汇集三大国资源打击共同之敌的事实本身已具有重大战略意义：在战争中形成了新的力量对比，这在很大程度上预示了战争的结局。“……为了从地球上铲除纳粹这颗毒瘤，最终建立了反希特勒国家联合体，他们终将找到对付纳粹的途径和手段。”莫洛托夫在会议闭幕式上这样说道。[115] 斯大林用大致同样的话作为致丘吉尔信函的结尾，而且使用的是莫洛托夫的草稿，只是在修辞上稍加改动，最后补充道：“此致 真诚的敬礼 斯大林。”与此同时，他没有放过提醒盟友，他们提供的物资援助远远不够，苏联期待他们扩大援助。信函交给了比弗布鲁克，并让他转交给丘吉尔。

19. 斯大林致丘吉尔的信函

1941年10月3日发

尊敬的丘吉尔首相：

英美代表团抵达莫斯科，特别是比弗布鲁克男爵和哈里曼先生亲自率团使此行更具积极意义。比弗布鲁克男爵切实尽了一切努力，使莫斯科三国会 78
议上讨论的紧迫问题的审议以及可能形成的决议过程快速高效。哈里曼先生亦是如此。为此，我代表苏联政府真诚感谢您和罗斯福先生派如此高威望的代表来莫斯科。

我不想对您隐瞒，因战场局势于我有诸多不利，又一批企业被迫撤离，所以莫斯科会议达成的决议远未满足我们今天的武备需求，更何况还有一系列问题亟待伦敦和华盛顿最后定夺，但莫斯科会议仍做了大量工作，且意义重大。我希望，英美政府能尽一切可能在将来提高月供配额，而现在，哪怕有最小的可能性，也要加速计划中的物资供应，特别是因为希特勒分子极想利用冬季之前的几个月加强对苏联战场的各种压力。

我同意您对土耳其和中国问题的看法。我希望英国政府在这两个方向积极行动，特别是当前尤其重要，因为苏联目前的能力相对有限。

我们将捣毁盘踞在欧洲中心的希特勒匪帮老巢，这是我们共同奋斗的目标，我坚信，尽管困难重重，但我们一定能够完成我们的事业——为了我们热爱自由的人民粉碎希特勒。

此致

真诚的敬礼

И. 斯大林

1941年10月3日

参加莫斯科会议的英国代表比弗布鲁克和伊斯梅在给内阁和丘吉尔的报告中强调，会议激发了苏联“巨大的热情”和对盟国的“极大信任”，因此伤害这种关系是十分危险的。[116] 由于认识到其中责任重大，丘吉尔就提供援助问题紧急召开内阁会议，会上制定了莫斯科会议确定的首批援助的组织措施。10月6日，内阁批准了该计划，同时批准了首相致斯大林的有关开始援助的电文。[117]

79 20. 丘吉尔致斯大林的私人信函

1941年10月6日发　　1941年10月7日收

我高兴地从比弗布鲁克男爵处获悉，莫斯科三方会议取得了成功。“Bis dat qui cito dat”。*我们计划保证护航运输队的不间断发运，发运间隔为10天。以下物资已在途中，拟于10月12日抵达阿尔汉格尔斯克：20辆重型坦克，193架歼击机（10月前的配额）。下一批货物10月12日发出，并将于29日送达：140辆重型坦克，100架“飓风”战斗机，200辆“布莱恩”火炮牵引车，200支配备弹药的反坦克枪，50门42毫米配备弹药的火炮。再下批货物将于22号发出：200架歼击机，120辆重型坦克。总之，所有10月份的飞机配额和280辆坦克将于11月6日前运抵俄国。10月份的“布莱恩”榴弹炮、反坦克枪和42毫米坦克炮的配额将于10月运抵。途经波斯湾运输的20辆坦克装载完毕，15辆坦克立即从加拿大发往符拉迪沃斯托克。

这样，发出坦克的总数将达到315辆，即比我们承担的全部配额少19件。不足部分我们将在11月份补齐。上边提到的计划不包括从美国发出的补给。

在安排不间断护航运输队的发船周期时，我们希望阿尔汉格尔斯克承接主要援助货物。我猜想，这部分工作已经在做了。

1941年10月6日

在下面这封致斯大林的信函中，丘吉尔再次尝试用其他援助形式替代向苏联派遣英国军队的做法，目前具体建议就是用英国军队替换若干驻伊朗的苏军师，以“轮替”与德军作战的首批部队。尽管丘吉尔信誓旦旦地保证，英国人不会利用苏联从伊朗撤军一事做文章，斯大林显然不可能冒险削弱自己在这一国家的地位：他甚至没有理睬丘吉尔的这一建议。

---

* 拉丁谚语，意为“先下手为强”。

21. 丘吉尔致斯大林的私人信函 80

1941年10月12日发　　　　1941年10月13日收

感谢您10月3日的来函。

我一直在督办加快向阿尔汉格尔斯克运送货物之事，此事我在10月6日的电报中已向您作了通报。您关于3000辆卡车的申请，将动用军队储备即刻满足，但是，提供这批卡车不应妨碍坦克和飞机的输送。我们请哈里曼先生关注一下更大规模的从美国发货的长期计划。

关于波斯湾问题。我们在那里的利益仅仅在于：第一，为德国向东方渗透设置屏障；第二，建立通往里海海域的供货通道。如果您愿意召回驻扎在那里的5个师或6个师，将其用于战场，我们将承担维持秩序、保证补给通道的运行和维护的责任。我以大不列颠的名义承诺，我们不会利用战时和战后俄国的合法利益中饱私囊。任何情况下，三方签署条约都可以防止内部冲突，避免出现补给线运输中断的危险。韦维尔（Уэйвелл）将军将于10月16日抵达梯弗里斯（Тифлис），并与您授权的将军们讨论解决所有问题。

我们对贵军恢宏而英勇斗争的敬佩之情无以言表。希望能用行动证明我们的钦佩。

1941年10月12日

22. 罗斯福致斯大林的信函

1941年10月25日发　　　　1942年3月16日收

尊敬的斯大林阁下：

哈里曼先生将您1941年10月3日的热忱来信呈交予我。我非常珍视您的来信。

我们已给您发去电文，通知您我们的租借法案也适用于苏联。

借此机会，我想再次请您相信，我们将尽一切努力把这些物资送到前线。 81

贵国军队和人民打败希特勒主义的决心使全世界热爱自由的人民深受鼓舞。

您诚挚的

富兰克林·D.罗斯福

尽管供给之事进展顺利，英国方面对向苏德战场派遣英国军队的问题仍保持缄默。斯大林为避免吃闭门羹，与丘吉尔通信时也未再提此事，而是将其委托给了自己的外交官们。10月16日，苏德战场形势变得十分危急，莫斯科命悬一线，迈斯基提醒艾登让英国出兵苏联。大臣回答说，最好情况下也只能让英国向高加索象征性地派遣小分队。迈斯基建议自己的上级利用这一机会，但是莫洛托夫在10月22日与克利普斯会谈时宣称，“高加索不需要保卫，因为那里没有战线”。迈斯基试图证明，“尽可能让英国军队走得更远”的结果就是保持英国政府“在苏联的军事存在”，而将其牢牢“拴住”，这符合他关于未来不可避免地将英国人“拖入”军事行动的逻辑。[118] 但是，英国人却希望向没有德国人的地方出兵，而断然拒绝向前线出兵的想法只能加重克里姆林宫的怀疑。在向伦敦报告时，克利普斯强调，“在这种惊恐不安的心理氛围下，这个问题无疑对于我们能否共同抗击得成功至关重要”。他请求哪怕往苏联派遣1—2个英国满编师，并一针见血地指出，当前，在该战场面临最危急的时刻，仅“宣布派兵这件事本身就能产生巨大的效应”。[119] 丘吉尔在私人电报中呵斥大使：即使派遣1—2个师也要占用对苏援助的运力，并需要至少2—3个月的准备时间，总之，无论如何都是“杯水车薪”。当然，首相也清楚，有可能因向苏联战场派遣象征性的兵力而被“卷入”这场战争所带来的危险。

82 然而，克利普斯依然固执己见。“在亟须动力的时候，即使是桶里的或者杯子里的一两滴水也能起到四两拨千斤的效果，”他在致首相的电报中回答说，“……他们（俄国人——作者注）现在的看法就是要坐视俄国人战斗到流尽最后一滴血（德国的宣传机构也是这样描述的），并认为我们的做法只能有一种解释：他们在厮杀的时候，我们却在享受。”[120] 持此看法的不仅是克利普斯一人。在内阁成员中，比弗布鲁克也积极支持这一观点，他威胁首相说，如果拒绝他的要求，他将高调请辞；艾登对此也有同感。国内的社会团体对开辟第二战场的呼声达到了前所未有的程度，甚至参谋长委员会都开始研究从中东向高加索投送两个英国师的问题。为了防止对这一问题的分歧继续升级，丘吉尔在10月27日的内阁会议上宣读了克利普斯的最后几封电文，并再次列举一切理由反对采纳他的建议。经过长时间的辩论，内阁终于站到了首相一边，同意只研究向苏德战场派两个英国空军编队的问题。[121] 次日，稍微振作一些的丘吉尔推心置腹地再次劝慰克利普斯说，他下不了决心跟斯大林说此事。“他们（俄国人——作者注）没有任何权利指责我们。他们自己引火烧身，他们通过和里宾特洛甫（Риббентроп）签订条约使希特勒有机会进攻波兰，从而开启了战端。”丘吉尔继续道，在英国孤军同德国作战了一年多的时候，苏联没有给英国提供过任何帮助。相反，英国现在却在尽一切可能地帮助莫斯科，“英国人绝对是问心无愧的。”斯大林有足够的士兵，他需要盟国提供的是现代化武器。“我们今后将继续尽我们力所能及，但向俄国腹地派2—3个英国师或英印师做出象征性的牺牲是愚蠢的，这些师只能被包围或被撕成碎片。”“我们当然不能期待历经考验和英勇战斗的人们的感激，”首相最后说道，“但是我们也不能因此而遭到指责。您没有必要往俄国的伤口上撒盐，但我希望，您能尽一切可能说服俄国人相信英国民族的诚信、诚实和勇敢。”[122]

克利普斯被赋予了一项不可能完成的任务。“您的理由，”克利普斯10月30日回复丘吉尔说，“对我回答莫洛托夫的问题帮助不大（参见我的第14号电报），更无法帮助我说服俄国人相信我们有不出兵的正当理由……”不幸的 83
根源在于“我们不信任苏联政府，我们居高临下，并没有把他们看作是忠实的盟友。从他们革命之后，我们就表现出这种态度，这才引起了苏联的极大愤慨……”为了缓和气氛，大使建议不仅要提供军事援助，还要就制定反希特勒战争的共同战略，开始与莫斯科进行高层平等对话。[123]

在这种背景下，丘吉尔致斯大林的下一封信函出炉。此信函在11月3日的内阁会议上讨论通过，并于次日从伦敦发往古比雪夫。[124] 首相建议派几名显赫的英国将军访问莫斯科，借此实现“一箭双雕”——既重视克利普斯和其他与克里姆林宫对话支持者的建议，也利用这次访问让苏联领导人相信，大不列颠不可能提供直接军事干预。首相在会议上说道：驻印英军总司令韦维尔将军和即将上任的远东军司令的B.佩吉特（Пейджет Б.）将军“可以向斯大林先生解释，英国向俄国派兵的能力是多么的有限”。[125] 此外，象征性的友好姿态应该淡化对克里姆林宫来说不好的消息，即伦敦不愿意接受先前苏联提出的关于向德国盟友——芬兰、罗马尼亚和匈牙利宣战的请求。

丘吉尔强调要加强英国在远东的存在，这种表态应该为拒绝向苏联提供直接军事援助的苦药加了点糖。在两次大战的间歇期间，对日本的惯用威慑战略就是保持英帝国在该地区的实力存在，但这一次则表现为向新加坡派出新式“威尔士亲王”号战列舰、“反击”（Рипалс）号战列巡洋舰以及4艘驱逐舰，行动代号为“Force Z”。早在11月2日，丘吉尔就将此事写信告诉了罗斯福，总统曾于1941年8月在芬兰普拉森夏湾（Арджентия）亲自登临过的“威尔士亲王”号战列舰，丘吉尔将其比喻为“可以超越和消灭一切的战舰”。

[126] 首相在致斯大林的信函中也不无骄傲地重复着此类炫耀。遗憾的是，对于大不列颠来说，现实并非如想象的那样美好。在12月2日抵达新加坡和12月
84 7日袭击珍珠港事件发生之后不久，12月10日，“威尔士亲王”号和“反击”号就被日本帝国海军的轰炸机击沉。[127]

由于不满意斯大林对其上两封信保持缄默，丘吉尔这一次明白无误地告诉对方，他希望尽快收到回音（第25号文件），而且他真的收到了。

罗斯福10月30日致斯大林的信函到达收信人那里的过程也非同寻常。施泰因哈特和维辛斯基11月2日在古比雪夫会晤期间，苏联副外交人民委员想得到大使手中信函的全文。但大使宣布，“他不能这么做，因为会发生令人不快的误解，甚至可谓龃龉，因为信函是通过密码发给他的，而要转交解码的信函必须获得华盛顿的特批”。[128] 为了避免出现“误解”，他只能口头转述信函内容，但并非全文。当天，在这次谈话之后，在维辛斯基的坚持下，大使才给了他一份含有书信内容的备忘录，这便是后来发表在“往来书信”中的内容。与保存在罗斯福档案馆的信函原件核对后表明，这份备忘录除了以第三人称替换第一人称外，准确地再现了原件的内容。[129] 紧随这封信函之后，次日通过施泰因哈特向维辛斯基转交了一份经罗斯福批准的冗长的供货清单，作为对《第一议定书》已确定的货物数量的增补。[130] 而且，大使请求把这张清单连同信函都仔细看一看，“因为有关电文不是从赫尔那里得到的，而是从罗斯福手里拿到的”。[131]

在将包含罗斯福10月30日信函内容的备忘录转交给维辛斯基时，施泰因哈特特别提出两点：总统赞成莫斯科会议的所有决议；向苏联提供无息公债以支付依据租借法案提供的物资款项。他又补充说，后一点意味着，“从现在起，无论如何苏联政府都不用担心货款问题了，直到公债全部用完”。[132] 与此同时，未必需要大使的解释，斯大林也能立即估算出罗斯福建议带来的好处。在此之前，克里姆林宫仍在筹集货款，之前已用专用舰船向大洋彼
85 岸运送了价值3000万美元的10吨黄金作为抵押，以从美国获得支付货物的贷款。[133] 现在对此的确可以不用担心了，而总统增拨的物资只能凸显华盛顿对己方所承担义务的诚信。

施泰因哈特也强调：“信函不是政府文件，是总统的私人信函。”[134] 的确，罗斯福的信函实际上是对与斯大林建立直接的私人接触的一个邀请，这使斯大林喜出望外。

23.1941年11月2日美国大使施泰因哈特先生致A.Я.维辛斯基的备忘录

1941年10月30日发　　　　　　　　　　　　1941年11月2日收

在致斯大林先生的私人信函中，罗斯福总统声明：

（1）他已经通阅三国莫斯科会议备忘录，并与美国代表团成员讨论了其中的内容；

（2）他同意武器装备的所有清单，并下达指令，根据现有能力尽可能迅速提供原材料；

（3）他下达指令，立即开始提供物资，并按最大规模持续生产；

（4）为了避免财政困难，他下达指令，立即采取措施，以保证根据租借法案、以租借方式提供价值10亿美元的武器供应；

（5）他建议，如果苏联政府同意，美国将不再追缴苏联政府的债务利息和物资供应所产生的利息，这些债务可以在战争结束5年之后开始偿还，并在上述5年之后的10年逐步还清；

（6）总统希望苏联政府能够尽一定的努力，把苏联掌控的美国所需商品和原料出售给美国，这样的话，出售给美国货物资金计入苏联政府账户。

（7）总统借此机会表达对苏联政府的谢意，感谢斯大林先生及其同事高 86
效举办莫斯科三国会议，总统让斯大林相信，此次会议的决议将得到最大限度的执行。

（8）总统希望斯大林先生尽快与他建立直接接触，如果情况需要的话。

发往古比雪夫，1941年11月2日

罗斯福署名的英文原件上的最后一句话结尾显然更充满善意：“……您愿意的时候不要犹豫，直接给我写信。”[135] 美国人把句子改动以后，最后就变成了这样，斯大林也是照此理解的，但这并不影响斯大林做出反应，他由衷表达了特别的谢意和恭敬。

24. 斯大林致罗斯福的信函

1941年11月4日发

总统先生：

尽管您的信函的全文我尚未收悉，但美国大使施泰因哈特先生通过维辛斯基先生于今年11月2日将转述您给我之信函内容的备忘录已转交予我。

因此，首先请允许我表示完全同意您对莫斯科三国会议工作的评价，这其中哈里曼先生和比弗布鲁克先生功不可没，他们为尽快顺利举办会议工作尽了最大努力。苏联政府对您表示最大程度执行会议决议深表谢意。

总统阁下，对于您有关向苏联提供10亿美元无息贷款用以支付武器和原材料供应的决定，苏联政府不胜感激，并将其视为您在与共同敌人、血腥的希特勒主义进行艰苦卓绝的斗争中对苏联的最大支持。

87 受苏联政府委托，我对您所述的向苏联提供此种债务的条件完全赞同，即这些债务应在战争结束5年之后开始偿还，并在这5年期结束后的10年逐步还清。

苏联政府准备尽一切必要的努力，向美国提供苏联所掌控的美国所需的商品和原料。

总统先生，关于您表达的愿望，即希望在您与我之间立即建立直接的私人联络，如果情况需要的话，我很愿意遂您所愿，并尽我方之力实现之。

此致

真诚的敬礼

И.斯大林

11月6日夜间1时，斯大林的这封信函及其英文副本由维辛斯基交给了施泰因哈特。大使称斯大林的信函是“对罗斯福来函的最高规格回复和出色的文件”。维辛斯基向施泰因哈特转达了斯大林和莫洛托夫关于在苏联媒体发表最后一封信函的愿望。谨慎的大使怀疑绕过美国国会宣布提供10亿贷款的实情不符合国情。[136] 他推辞说，“罗斯福曾对英国也做出过相同决定，这一决定是在之后几个月、美国舆论对这些措施有思想准备的情况下才公布的”。[137] 11月 6日当天，华盛顿就获悉了斯大林信函的内容。晚上，霍普金斯给苏联驻美临时代办葛罗米柯打电话。他通报说，“不会有比这个更好的莫斯科回信了”。[138]

1941年11月7日，罗斯福召见葛罗米柯的时候，后者亲自转交了斯大林的信函。在此之前，总统已经知道了信函的内容，并大加赞赏。正如葛罗米柯所指出的那样，“感觉他对斯大林的回信非常满意”。[139]

施泰因哈特对发表罗斯福和斯大林信函的担心没有得到白宫的支持。罗斯福同意发表，但要以改写后的形式发表。在与葛罗米柯会晤时，他强调， 88
“他认为，发表原文是危险的。德国人可以借此破译我们的密码，这很冒险。保护密码的最好办法是，改动文件的句子，只保证转达其内容”。[140] 最终，11月8日，罗斯福的致信和斯大林的回信全文的转述由美国国务院对外公布，次日在苏联《消息报》上发表。为了强调信函交往的建设性精神正在转向实际轨道，在斯大林回信全文之后，附上了塔斯社11月8日的一条消息，消息称，“罗斯福建议负责武器租借法案的全权代表斯特蒂纽斯（Стеттиниус）（原文如此，实际是哈里曼——译者注）紧急着手落实对苏联的援助”。[141]

25.丘吉尔致斯大林的私人信函

1941年11月4日发 　　　　1941年11月7日收

为了澄清问题并制订未来计划，我准备派驻印度、波斯湾和伊拉克的英军总司令韦维尔将军去莫斯科、古比雪夫、梯弗利斯或其他任何您所在的地方与您会晤。此外，佩吉特将军，我们新任命的远东军总司令将与韦维尔将军同行。佩吉特将军曾主管过这里的事务，他了解我们总司令部的最新和最权威的看法。这两位军官可以向您准确地描述我们的处境、我们的能力以及我们认为有益的一切。他们可能大约两周后抵达您那里。您是否希望与他们会晤？

在9月6日的信函中，向您通报了我们准备向芬兰宣战一事。请您发表一下看法，大不列颠此刻向芬兰、匈牙利和罗马尼亚宣战是否真的妥当？这只是个形式，因为我们对他们已经形成了大面积的封锁。我的直觉告诉我不应这样做，因为第一，芬兰有许多朋友在美国，考虑到这一事实才是稳妥的做法。第二，至于罗马尼亚和匈牙利，我们在这两个国家的朋友更多；希特勒压 89
迫他们，并把他们作为听话的工具。但是，如果这个亡命徒不走运的话，两国会轻易地重新回到我们一边。英国向他们宣战会将其推远，并形成这样的印象，似乎希特勒才是欧洲大联盟的领导人，他们团结一致对抗我们。请不要认为，我们因为缺乏激情或关系不佳而怀疑这一举措的益处。我们的自治领，除了澳大利亚，都反对此事。尽管如此，假如您认为此举对您的确有帮助和有意义，那么我会重新把这个问题提交内阁讨论。

我希望，我们的物资在阿尔汉格尔斯克快速吞吐。小批量物流现在也开始从波斯启运了。我们将通过两条通道运输供给，我们会尽己所能。请您确保坦克和飞机的随行技术员能够在最好的条件下把这些武器移交给贵方。当前，我们在古比雪夫的联络处已经不再干涉此事。他们只想提供帮助。我们是冒着风险发出这批武器的，因此，我们希望它们能以最好的方式得到利用。也许必须有您的指令才行。

关于我们最近的军事计划，我没有做到像您那样经常通报。但请您相信，我们不会不作为。

为了遏制日本，我们向印度洋派出了自己最新的“威尔士亲王”号战列舰，它可以超越和消灭任何日本舰艇，我们还组建了强大的战列舰编队。我坚决请求罗斯福总统向日本人施压，使他们感到畏惧，防止他们封锁符拉迪沃斯托克航线。

我不会多费口舌赞美，因为您已经从比弗布鲁克男爵和哈里曼先生那里获悉，我们一直在关注贵国的英勇战斗。请相信我们不遗余力的支持。

我很高兴能直接从您那里获悉您收到这封电文的回执。

罗斯福1941年11月6日发出的信函也保持了建设性的精神，继续执行向苏联提供各种援助包括慈善援助的路线。在信中，美国总统援引了莫斯科
90 会议的工作总结。会议结果包括一项关于苏联要求提供医疗药械的申请表。1941年10月1日形成的《苏联、美国和大不列颠代表参加的莫斯科会议秘密备忘录》指出，“医疗药械申请将在伦敦和华盛顿进行讨论。美国红十字会（Красный Крест）已经同意提供一些物资”。[142] 这项申请在莫斯科议定书附录2的文献中可以查到。[143] 它包括“83项科目，共计1130万件（套）医疗器具，560多吨药品和几十万套橡胶制品等”。这些货物应由美国和大不列颠红十字会团体以及租借管理局提供。

从11月6日的信函中也可以看出罗斯福对红十字会的活动特别重视，他不仅要求美国红十字会应向美国国会报告其开支情况，而且罗斯福本人还担任这一团体的名誉主席。

26. 罗斯福致斯大林的信函

1941年11月6日发　　　　1941年11月11日收

我荣幸地通知您，医疗物资只要采购和收货完毕，就将按医疗保障委员会在三国会议上拟制的清单提供，其中有一部分只能由英国类似产品替代。美国供应和生产的条件不可能确保立即购买到大量的所需物品，但清单总量的25%可在30—60天内提供，剩余部分将在未来8个月内提供。

美国红十字会准备提供总清单上的约1/3物资，共计约500万美元，以此作为美国人民馈赠的礼物。按照我的指示，美国红十字会通过国会授权由我管理的基金会、美国民间援苏慈善基金会得到这些物资。因为美国红十字会 91
应向国会和捐赠人报告这些基金和物资的使用情况，美国红十字会代表团团长沃德韦尔（Уордуэлл А.）在致苏联红十字会代表科列斯尼科夫（Колесников С.А.）先生的信中，大致阐述了两国红十字会之间所希望的组织合作形式。今天，红十字会也向科列斯尼科夫先生转交了信函，信函中强调了美国红十字会代表将对苏联红十字会分配物资进行监督的重要性，当然，要考虑相应的战争情形。假如贵国政府能向我保证，愿意接受此种组织形式，我不胜感激。我冒昧地提一句，美国红十字会建议的程序与其向英国和其他国家提供援助时所遵循的程序一样。

基于此，美国红十字会将准备根据需求和申请，审议进一步向苏联提供实质性援助的问题。

1941年11月6日

1941年10—11月，美苏红十字会联合制定了关于合作的组织形式协议。该协议通过罗斯福信函中提到的美国红十字会代表（A.沃德韦尔）和苏联红十字会代表（C.A.科列斯尼科夫）之间的书信交流确定下来。施泰因哈特指出，信函只有经过他们审查和苏联外交人民委员会的首肯之后方可签署。美国大使在1941年11月6日会见莫洛托夫时亲自提出了这个问题。莫洛托夫强调，“他没看过这些信函，但是，如果这些信函简单，其审阅将不是问题”。[144] 但是，维辛斯基于1941年11月10日在古比雪夫与美国红十字会副主席D.尼克尔森（Никольсон Д.）会晤时，为了感谢“美国红十字会以自己的方式协助我们斗争”，他强调说，“美国代表团在10月谈判过程中提出的签署协议或用书信交流一事，苏联政府认为，就目前来说还不是紧迫的问题”。[145] 在陷入重
92 重包围的莫斯科，显然还顾不上这样的形式主义。尼克尔森由于对苏联政府的这种立场不满，故将此事报告给了华盛顿。1941年11月11日，斯大林收到之前所述的罗斯福的那封信函，次日华盛顿又发来了美国红十字会主席N.戴维斯（Дэвис Н.）的电文。显然，华盛顿的外交行动产生了应有的效果，这有助于缓和苏联的立场。

斯大林稍微修改了莫洛托夫的草稿之后，立即回复了罗斯福1941年11月6日的来函。[146] 他在信中强调，苏方不反对在美苏红十字会之间确立的合作组织形式。斯大林11月14日的来函（第28号文件）是通过美国驻古比雪夫使馆转交的，而11月21日，这封信的全文由苏联临时代办葛罗米柯正式交给了韦尔斯。[147] 在韦尔斯将斯大林来函面呈总统时，留下了自己手写的附言："是否需要斯大林先生回复？”指示为："不需要。”[148]

苏联政府在与美国红十字会合作问题上立场的软化，马上就反映到了在古比雪夫与尼克尔森的谈判中。他以往的失望完全被欣慰所取代。在11月22日与维辛斯基的会谈中，尼克尔森“宣布，他接到指示，要尽快返回华盛顿，所以前来告别，并对我在谈判中给予的协助表示感谢，谈判结果令美国红十字会满意（下划线为莫洛托夫强调的内容——作者注）”。[149]

11月5日，艾登给迈斯基看了丘吉尔11月4日的信。迈斯基表示，不理解内阁在对德仆从国宣战问题上的立场，以及艾登所说美国和宗主国对该问题持怀疑态度的借口。大使很满意自己抓住了丘吉尔给斯大林提出的拙劣问题，即斯大林是否真的认为有必要向德国的盟友宣战。“对此应该怎么理解？
93 难道艾登不记得我代表苏联政府提出的向上述国家宣战的问题吗？难道丘吉尔不知道‘斯大林先生’是苏联政府首脑和政府要员，没有他的同意我可能接到关于对上述国家宣战的外交行动指示吗？首相这封信函的目的是什么？只是为了再次拖延吗？”“艾登感到自己很窘迫，”事后迈斯基在自己的加急电报中报告说，“这不奇怪，因为他本人是主战派，而且在此前与我的交谈中，对这一话题也很投入。”因此，大使总结后继续道："为了照顾可能参战也可能不参战（这个问题很复杂）的美国，英国政府不太顾忌苏联的想法，而苏联正处在战争状态，他们肩负战争的重担，况且还是英国所谓的盟友。从中可以得出什么结论呢？英国政府在向芬兰和其他国家宣战问题上的所作所为，难道不是全局策略的一种病态表现吗？”迈斯基继续说，从这个角度来看，派韦维尔和佩吉特去莫斯科的出发点就值得怀疑：如果英国政府迄今为

止在向苏联派兵这一主要问题上仍举棋不定的话，那访问又有何意义呢？从艾登那里得知将军们在这个问题上拥有全权授权之后，迈斯基建议上级依然同意他们来访，以便“更好地让他们嗅到英国人的真实意图”，并尝试施加压力，让他们哪怕最低限度地参与苏德战场的战斗，而且最近一段时间这种可能性也有所增大。他强调说，这个决定还可以让“英国政府失去对责怪他们不作为而辩解的理由，比如英国政府建议苏联政府组织两军参谋部会晤，但苏联政府拒绝了”。作为一个真正的外交家，迈斯基极力想让莫斯科相信继续与英国人对话是理智的，他强调，英国人的犹豫不决不仅秉承“借他人之手进行战争的世纪传统”，而且在“德国的军事机器面前”吓破了胆，“异想天开地希望‘灾难可能会绕过我们’”。大使还提议在对芬兰宣战问题上向丘吉尔施压，因为届时“英国政府不得不这样做”。[150]

然而，这一次斯大林只听从了迈斯基的第二个建议。由于向英国媒体泄露了政府拒绝苏联要求的消息，伦敦向德国的盟友宣战问题一直在拖延，使苏联对丘吉尔的解释诚意产生了怀疑。授权不明的英国将军进行访问很像 94
1939年进行的毫无结果的三方谈判，并被斯大林略带挖苦地否决了。显然，他认为继续以那样的方式与狡猾的英国人对话毫无意义，他决定将谈话转入另一个更有原则和约束性质的层面——建立苏英联盟，并明确战争目的。他首次提出联盟问题还是在9月30日与比弗布鲁克会谈时，[151] 但比弗布鲁克没有将此信息转达给丘吉尔。结果，艾登在与迈斯基会谈时只顺口提了一句，说伦敦正在考虑类似的问题。[152] 如今，斯大林决定利用丘吉尔上封信函中提到的必须“使问题得以明确”为由头，直接与首相交锋。对首相就阿尔汉格尔斯克接收英国货物效率不高而居高临下地指责苏联，斯大林也反唇相讥，指责英国人提供的货物配套不全。在这份文件的机打版本上有莫洛托夫写的“斯大林同志同意”的签注，显然草案是莫洛托夫根据斯大林的授意起草的。

27.斯大林致丘吉尔的私人信函

1941年11月8日发

我于11月7日收到您的来函。

1.我同意您的意见，尚有问题需要明确，从而弥补苏联和英国现有相互关系的不足。关系不明确缘于两种情况：一是两国之间没有关于战争目的，以及战后世界事务问题的组织计划协议；二是苏联和大不列颠之间没有关于在欧洲反对希特勒的军事互助条约。如果对这两个主要问题不达成协议，英苏之间的相互关系就不可能明晰，另外，坦诚地说，互信也没有得到保障。当然，现有的向苏联提供军事保障的协议具有重要的积极意义，但这还不能解决问题，它远未穷尽两国之间的相互关系实质。

如果您信函中提到的韦维尔将军和佩吉特将军能够来莫斯科就上述基本
95 问题签署协议，那么，当然，我愿意与他们会晤，并讨论这些问题。如果上述两位将军的任务仅限于互通情报和讨论次要问题，那么我认为没有必要让将军们放下自己手中的事务，我自己也不可能拨冗进行这样的会谈。

2. 关于大不列颠方面向芬兰、匈牙利和罗马尼亚宣战一事，我认为，目前的局面已经无法容忍。苏联政府以秘密外交的方式向大不列颠政府提出了这个问题。但你们却把整个问题透露给了媒体，无论在友好媒体上，还是在敌对媒体上，关于苏联政府向大不列颠政府发函，并和美国政府讨论这一问题，已经闹得沸沸扬扬，这对苏联来说颇感意外。在这一切之后，大不列颠政府又宣布对我们的建议持否定态度。为什么这么做？难道是为了展示苏联和大不列颠之间的裂痕吗？

3. 您无需怀疑，我们采取的一切措施都是为了使从英国运往阿尔汉格尔斯克的武器能够及时送抵指定地点。对伊朗方面运来的物资也是如此。但是，不得不指出的是，尽管这只是一桩小事，但坦克、火炮和飞机运来时都包装缺损，火炮的个别组件还分装在了不同的船只上，而飞机的包装则更糟，收到时已破烂不堪。

11月11日，迈斯基将这封信函交给了丘吉尔。读罢信后，首相闷不作声地从椅子上猛站起来，踱来踱去。“他脸色苍白，喘着粗气。看来，他被激怒了。”迈斯基在日记里写道。最令首相窘迫的是，斯大林冷嘲热讽地拒绝接见英国的军事长官。“哼！”丘吉尔狂吼了一声，“我向他派了两位主官，看到了吧，他却抽不出时间，如果他们没有被授全权签订这些条约……”稍微冷静后，他补充道：“我现在不想回复斯大林的任何话……情急之下我可能会对他说出一些过分的话……我跟我们的人民商量一下，平静下来以后再给他写信。”“看来，我们在盟国关系方面首次出现了危机！”迈斯基在日记中担忧地总结道。[153]

96 当天，丘吉尔与被其称为“人民”的内阁进行了磋商，向内阁通报了斯大林信函的内容。“我们最终清楚地了解到了斯大林元帅致首相信函的尖刻语气，”艾登后来回忆道，“但第一次发生这样的事给内阁留下了非常沉重的印象。”内阁开始了辩论。比弗布鲁克承认斯大林对英国货物投诉的正当性，并建议采取措施改变现状，以便理顺形势（遂决定稍后对这一问题进行专门调查，而且丘吉尔命令“严厉处罚”渎职者）。艾登预测，在斯大林的建议和严厉的语气背后，一是掩藏着斯大林对英美将苏联排挤出参与战后问题决策的担忧；二是掩藏着对英国在德国仆从国问题上所持立场的动机的怀疑：“他们（指俄国人——作者注）认为，我们不愿意向这些国家宣战，说明我们对他们怀有好感，我们热衷于在媒体上公开这个问题。”大臣建议向芬兰宣战，以“结束我们同俄国关系的现状”。丘吉尔反对他所说的这种“无法回头的”解决办法，不希望彻底与芬兰政府断绝关系。内阁既支持首相的这一意见，也支持拖延给斯大林答复。[156]

艾登在通知克利普斯这一决定时写道，内阁“对克里姆林宫的信函感到‘震惊和不安’，”“尽管尽一切努力改善斯大林的情绪非常重要”。[157] 克利普斯回答说，做到这一点的唯一办法是，“明确答复”斯大林关于联盟条约和战后调解的两个建议。为此，大使建议艾登本人带领军事司令部的代表一道前往莫斯科。[158] 翌日，即11月12日，艾登将迈斯基邀请到自己的住处，向他表达了自己的不满，并试图打探掩藏在斯大林最后一封信函中过于强硬语气背后的含义，因为这最后一封信函与之前的信函，按他的话说，有明显的“反差”。迈斯基努力给艾登一些安慰，理由是因英国人就主要问题不给出明确答复而激怒了“最高统帅”，因为在国家面临战争最危急的日子里，他作为总司令的“压力很大”。尽管信函措辞强硬，他说道，但斯大林的建议本身是完全符合规律的，值得认真审议。具有敏锐洞察力的艾登感到，大使本人对信中 97
程式化的句子也感到“非常不高兴”，并极力缓和其产生的效果。[159]

与此同时，英国内阁内部就斯大林的新建议展开了热烈讨论，克利普斯有关需要倾听对方意见的激情迸发的电报更是火上浇油。“……国王陛下政府直至现在对斯大林所提问题的重要性仍估计不足，这些问题被斯大林视为检验我们之间是否真诚合作的试金石……”大使写道，“举棋不定的时间越久，斯大林就越相信我们不准备答应俄国的合作条件，而使其相信我们只想让俄国尽可能长期地抗击德国人。”克利普斯还指出，他本人没有对“斯大林因通过BBC在芬兰泄露机密情报的愤怒”感到震惊，莫斯科认为BBC是政府官方机构。同迈斯基一样，克利普斯呼吁不要介意斯大林的“开诚布公和直截了当”，斯大林不了解“西方的做派和外交周旋”。[160] 按照哈维（Харви）的说法，克利普斯的论据“一环紧扣一环”，给外交部的高层留下了印象，外交部已经开始谈论签署《伏尔加宪章》的可行性，即英苏关于战争目的的文件，以作为《大西洋宪章》的补充。[161] 但是，丘吉尔坚决反对任何形式的对战后格局问题的讨论。作为妥协，内阁通过了艾登发给克利普斯的电文，电文中表达了伦敦愿意进行战后合作的愿望，但是强调在战争初期就将其具体化未免为时过早。

所有这些幕后的盘算没有逃过迈斯基敏锐的目光。他从个人的角度试图改变斯大林的态度，并使斯大林与丘吉尔之间的通信往来回到原有的轨道上。得益于与艾登和比弗布鲁克的私下接触，他了解到内阁态度发生了令人欣慰的松动。两位英国人暗示他，为了保持这种松动，必须适当安慰受到伤害的丘吉尔。听取了英国人的劝告，迈斯基于11月15日向莫斯科发回报告，“……假如斯大林同志能够做出某种解释，不一定他本人亲自解释，哪怕是通过我，但要证明，在信函中他没有指责丘吉尔的本意，只是产生了误解，等等，那么，这次事件就会画上句号，而且两位掌门人之间
98 的良好关系就可以得到恢复”。为保险起见，大使另外说明：“我当然没有受任何委托，我的意思是，在斯大林同志的信函中，我看不到伤害丘吉尔的言语。”[162]

11月16日，在与迈斯基的例行会晤上，艾登建议大使代表莫洛托夫做出和解姿态，从而让大臣“重新搭建起桥梁。大使说，将尽力做到这一点”。迈斯基履行了自己的诺言。11月19日，他给莫斯科发去电报：“斯大林同志的信函震动了英国政府。”他引用“完全可靠的消息来源”报告说，内阁真的准备向苏联前线派3—4个英国师，之后还会“陆续增派”，并着手就战争目的和战后世界事务的组织问题进行谈判，谈判将委托艾登主持。斯大林在“可靠消息来源”和3—4个师这些令人鼓舞的句子下面画了横线。大使在加急电报的结尾处委婉地建议：“目前，英国政府决定等待我方的某种‘和解姿态’，哪怕是我以斯大林同志或莫洛托夫同志的名义传达，据说，丘吉尔误解或曲解了斯大林同志的来信，是个‘误会’，等等。在这种‘姿态’之后再采取正式的外交行动。”[163]

迈斯基的情报是准确的。11月19日前，克利普斯从艾登处获悉，如果从克里姆林宫那里得到相应的解释，首相将准备前往莫斯科讨论斯大林提出的问题。[164] 艾登满意地抓住了这一想法，将其视为可以在丘吉尔一手遮天的苏联事务上突出自己的作用。“此次访问的目的是，”他向克利普斯通报说，“尽自己的最大努力让斯大林相信，我们的合作无论是现在还是战后，都是平等和真诚的。”[165] 换而言之，英国方面示好的外交行动已经准备就绪，问题真的

只剩下斯大林的“解释”了。

莫斯科于11月20日清晨收到了迈斯基的加急电报，但早在前一天晚上斯大林就做出了大使建议他的那个最重要的姿态。一切迹象表明，他自己也决定降低调门，以防止把事情搞砸。丘吉尔也是这样理解他的，丘吉尔在自己的回忆录中指出：“斯大林显然感觉到，自己在上一封信中走得太远了，因此我没有回复他。”[166] 11月19日20点15分，迈斯基收到一份指令，与大使发出 99
而尚未收到的建议完全一致：

“我给丘吉尔的信函完全是事务性的，没有侮辱英国政府任何成员个人的意愿，更不可能侮辱丘吉尔首相。我被前线的事务严重拖累，没有时间处理私事。我感到奇怪的是，我信函中提到的关于军事协定和战后世界事务的组织等重要的事务性问题，却被理解成个人问题。如果说有人对业已形成的局面感到委屈的话，那就是我的祖国，因为我们政府通过秘密外交渠道提出的芬兰问题被透露给了媒体并公开发表，英国将关于向芬兰宣战的建议推诿给了苏联。这把我的祖国置于沮丧和屈辱的境地，这难道还不好理解吗？尽管如此，我还是没有忌恨，我只是想达成一个目的，签订欧洲反希特勒互助协议和战后世界事务安排条约。这就是我给艾登和比弗布鲁克诉求的答复。”[167]

在斯大林档案中没有发现这份文件的手写底稿，但其中明显能够感受到斯大林本人的风格。被伤害的民族自尊心加之准备为了共同的事业而忘却祖国受到的屈辱，对于“不习惯于外交周旋的”、“由钢铁制成的人”来说，这则消息是一束“橄榄枝”，正如哈维所形容的那样。丘吉尔也是这样理解他的，11月20日，艾登向丘吉尔及时报告了当天从迈斯基那里收到的“斯大林的道歉信”。英国军队在利比亚长期进攻取得的初步胜利让首相感觉轻松下来。伦敦的“官方外交行动”，正如迈斯基所预言的那样，很快奏效。11月21日，从伦敦发来了丘吉尔、C.艾德礼（К.Эттли）和比弗布鲁克起草的和解电文。[170] 该电文的最初草稿是在艾登指导下起草的。建议艾登访问莫斯科本身就说明同意进行包括战后合作的谈判，向苏德战场派遣英国军队的问题被改述为在军队和物资之间选择其一，而向芬兰宣战问题，则认为是苏方就此提出的新请求。总之，这些都是迎合斯大林建议的明显举措。

100
28. 斯大林致罗斯福的私人信函

1941年11月14日发

您告知美国红十字会医疗物资供应问题得到顺利解决的来函，我于11月11日收悉。

关于我们两国红十字会之间合作的组织形式的确立问题，苏联政府无反对意见，只是提请注意，此项合作应以换文的形式确定，换文内容已在11月初由两国红十字会代表在古比雪夫达成一致。

斯大林

29. 丘吉尔致斯大林的信函

1941年11月21日发　　　　1941年11月22日收

非常感谢刚刚收到的您的来信。从战争一开始，我与罗斯福总统便开始私人书信往来，这使我们之间建立了完全的相互谅解，这有助于我们迅速解决经常遇到的问题。我唯一的愿望就是与您以这样的形式在友好信任的基础上进行合作。

关于芬兰：我在11月5日给您发电时就已做好充分准备，建议内阁讨论向芬兰宣战的问题。根据后来获取的情报，我认为，可以给俄国和共同的事业提供更多帮助的最好方式就是迫使芬兰停止军事行动，并让他们驻留原地或打发他们各自回家，这种方式要优于我们在形式上向其宣战，因为宣战会迫使他们战斗到底，而最终把他们与“轴心国”的罪犯们一起推上审判台。但是，如果他们在未来15天内仍不停火，而且您继续希望我们宣战，那么我们一定会做到。我同意您的意见，公开这个问题是完全错误的。但在本质上不是我们的错误。

如果我们在利比亚的进攻如我们所希望的那样能够使德意军队灭亡，那
101 么可以广泛讨论战争问题，以国王陛下政府前所未有的更大自由度来讨论。

出于此目的，我们打算近期派您已相识的外交大臣艾登出差。派他经地中海前往莫斯科或其他地点与您会晤。陪同他访问的将有高级军事专家和其他专家，他可以讨论任何与战争有关的问题，包括向高加索和贵军南方前线

派兵的问题。无论我们的海运资源还是我们的交通线，都限制了我们投入太多的兵力，即便如此，您也可以选择经波斯投送兵力或者货物。

我发现，您还希望讨论战后世界事务的组织问题。我们的想法是，无论战争持续多久，我们都以联盟形式参战，并在我们兵力最吃紧的时候与您保持不间断的磋商。我坚信，当我们赢得战争以后，我们希望苏俄、大不列颠和美国作为三个主要参战国和亲手消灭纳粹的参与者在胜利大会上会师。当然，届时的首要任务是防止德国特别是普鲁士第三次向我们发起进攻。俄国是共产主义国家，英国和美国不是也不打算成为之，这一事实不会成为我们制定良好的相互安全和合法利益保障计划的障碍。外交大臣会与您讨论所有这些问题。

完全有可能的是，莫斯科和列宁格勒保卫战就像整个俄国战线上对侵略者的出色抵抗一样，将给纳粹制度的内部结构造成致命的创伤。但是，我们不应该寄希望于幸运的眷顾，而应继续竭尽全力打击纳粹。

一切迹象表明，丘吉尔的这封信让斯大林喜出望外。他所选择的策略被证明是正确的，利用这种策略，他终于“搬动”了英国人，并把自己的时间表强加给了英国人。艾登的即将到访给有关缔结联盟、战后世界安排和向苏德战场派遣英国军队的重大谈判带来了一线希望。丘吉尔在信中建议与艾登讨论最后一点，由此证明迈斯基的情报是准确的，于是，斯大林立即抓住了
这个机会，马上把达成具体协议的问题摆上了桌面。首相所持立场上出现的 102
新“音符”，即承认苏联在战后调解中的作用，使斯大林颇感欣慰，尽管“三大国”内部的社会政治体制存在差异，但防止德国发动新的侵略是战后调解的主要任务。莫斯科城下的局势也略有好转迹象，德国的进攻开始平息。正因如此，回信迅速而善意。

30.斯大林致丘吉尔的信函

1941年11月23日发

感谢您的来函。

您的信中所表达的在友好和信任的基础上、通过私人书信方式与我合作的愿望，我由衷地欢迎，并希望它在很多方面有助于我们共同的事业取得成功。

至于芬兰，苏联最初希望其停止军事行动和事实上退出战争，除此之外没有任何其他建议。如果芬兰不能在您指定的短时间内做到这一点，我认为大不列颠有理由、也有必要向芬兰宣战。否则，可能形成一种印象，在反希特勒及其仆从国的战争问题上，我们没有团结一致，希特勒侵略行径的追随者可以不受惩罚地胡作非为。至于匈牙利和罗马尼亚，看来可能要静观其变。

您关于在近期派外交大臣艾登先生前往苏联的建议，我完全支持。与其讨论苏英军队在我方战场采取联合行动的问题并达成协议，且尽快付诸实施将具有重要的积极意义。讨论和组织战后世界事务的做法非常正确，目的是阻止德国首先是普鲁士再次破坏和平、重新把民族推进血腥的大屠杀。

我同意您的意见，苏联与英美在国家制度上的差别不应该、也不可能妨
103 碍我们顺利解决相互安全与合法利益的根本问题。我希望，如果在这方面有什么难言之处和质疑，通过与艾登先生的谈判都可以化解。

值此大不列颠军队在利比亚成功开始进攻之际，请接受我的祝贺。

苏联军队与希特勒军队的斗争依旧在紧张地进行。但是，尽管困难重重，我军的抵抗仍将不断增强。我们战胜敌人的意志不可动摇。

斯大林的信函受到了白厅的欢迎，令其感到满意，但其中有一点引起了内阁的关注：克里姆林宫企图尽快签订英国向苏联出兵的协定。在与幕僚谈到向顿河派遣3个师的计划时，丘吉尔指出，由于英国在利比亚的战役已经展开，以及红军夺取了顿河畔罗斯托夫，形势有所改变，现在需要重新审视这个计划。但总的来说，首相补充道，他永远认为，向俄国派遣英国军队“就如同向纽卡斯尔（英国产煤区——作者注）运煤一样”。支持他的军人代表有A.布鲁克（Брук А.）将军（自1941年12月起任皇家总参谋长）和巴温特（Паунд）海军上将，他认为利比亚之战等于帮助俄国人开辟了“第二战场”。空军大臣E.辛克勒（Синклер Э.）提出这样的问题：“如果（俄国人的——作者注）事情进展顺利，且不再提他们要退出战争问题，为什么我们还要用自己的国家冒险？”但是，如果立即将这些问题在信函中表现出来，而“斯大林又对这种合作充满期待”，那么内阁成员认为目前的紧要任务归结起来就是：“如何才能更好地摆脱我们今天陷入的窘境”。艾登建议在他抵达莫斯科之前就直接向斯大林说出真相，以免让斯大林失望：看来，他不想把这个不愉快的解释的责任揽在自己身上。然而，按照丘吉尔的建议，内阁只同意论证该问题未来发展的大致路线，以避免破坏对苏关系中刚刚出现的良好气氛。[171] 很明显，斯大林也秉持着同样的想法，他认为可以对英国媒体泄露

的他与丘吉尔争论的书信“视而不见”：11月26日，《泰晤士》报刊登了准确阐述丘吉尔11月21日和斯大林11月24日信函的要点。[172]

苏英关系变暖的一个新证据是，斯大林11月30日在亲笔信中率先祝贺丘 104
吉尔的生日。对于不经常与“资产阶级领袖”接触的人来说，这一举动应该是对新型联盟关系友好性质的一种渲染。两位领导人互致祝贺很快成为他们书信交往中的传统，但正是斯大林首创了这一传统。

31. 斯大林致丘吉尔的信函

1941年11月30日发

衷心祝贺您生日快乐。由衷地祝愿您获得力量和健康，以战胜人类的敌人——希特勒主义。向您致以我最美好的祝愿。

斯大林

1941年11月30日

12月3日，艾登向迈斯基转交了丘吉尔对贺信的回复，并请求苏联政府允许在两国媒体上刊登这两封信，这一想法完全出自首相本人。[173] 12月6日，两封信刊登在了《真理报》上。

32. 丘吉尔致斯大林的信函

1941年12月5日收

衷心感谢您在我生日之际发来的最盛情而友好的贺电。借此机会，请允许我向您转达大不列颠人民对英勇的苏联军队在列宁格勒和莫斯科保卫战中表现的坚强的由衷赞赏，我们为贵军在顿河畔罗斯托夫取得的辉煌胜利而欢欣鼓舞。

在艾登出访前夕，英国外交部门还答应了苏联的另一个要求——向芬兰、罗马尼亚和匈牙利宣战。芬兰是英国的一块心病。对于白厅来说，做出这一决定并非易事，因为丘吉尔极不愿意与该国关系破裂，就在不到两年之前，

105 英国的政治家们还准备为保护该国与苏联开战。由于艾登的坚持及其内阁的支持，英国政府决定通知赫尔辛基，如果在12月3日之前芬兰军队不停止针对苏联的军事行动，并止步于1939年的边界，大不列颠就将对芬兰宣战。芬兰政府婉拒了英国的最后通牒。但是，那时丘吉尔并未放弃尝试避免向芬兰宣战。他坚持延长最后通牒的期限至12月5日（“从我给斯大林发电报算起两周时间，”他在11月28日给艾登的信中写道），[174] 以便亲自劝说芬兰军队总司令C. G. 曼纳海姆（Маннергейм К.Г.）命令军队停止进攻，当时他的军队已经在列宁格勒北部形成了半个包围圈。由于担心这种呼吁最终会被克里姆林宫知晓，艾登将这一想法告知了迈斯基。迈斯基没有反对，其条件是要求丘吉尔的呼吁要保持同英国政府最后通牒一样的强硬性质。[175] 然而，丘吉尔11月28日发出的、通过美国信使转交到赫尔辛基的、致曼纳海姆充满同情的信件与强硬二字谬之千里。他回忆了过去岁月“愉快的会谈和书信往来”，提到了迫于对“俄国盟友的感情”不得不怀着“深深的歉疚”采取这一决定，建议仅限于停止军事行动而不必发表任何公开声明，只以未来会粉碎其主要盟友证明对曼纳海姆的恐吓：“如果芬兰和被粉碎的罪恶纳粹一同被推上被告席，我相信，芬兰的英国朋友们会非常痛心，我比1917年或1918年更相信这一点。”[176] 与此同时，首相试图拖延这一决定，建议再次咨询斯大林到底有没有这样的必要。此时艾登坐不住了。“这会给斯大林留下被愚弄的印象，”他向丘吉尔回答道，“如果莫斯科保卫战正酣之际，他收到您的信函，您在信中再次询问他说的话是否当真。”大臣在最后写道：“我不能想象，我的莫斯科之行是否有机会获得成功，如果不解决这个问题就启程前往的话。”[177] 艾登还得到了大不列颠自治领高层的支持，他们强调说，对于向芬兰发出的最后通牒做任何拖延“都将被视为软弱，只能增加俄国人的疑心，同时自治领也不会予
106 以理解”。[178] 12月4日曼纳海姆给予答复，他感谢首相的私人来函，但是婉言拒绝了他的要求，他说，如果丘吉尔不得不采取这样的决定，“他将会感到很心痛”。[179] 首相不得不做出让步：“历史性的错误正在发生。我对此承担全部责任。”他非常气恼地把这句话写在了艾登的报告上。[180]

12月6日，大不列颠向芬兰、罗马尼亚和匈牙利宣战。宣战前夕，苏军在莫斯科城下发起了反攻，为艾登12月的访问营造了有利的氛围，艾登的此次访问将成为苏英联盟史上重要的里程碑。两国及两国领导人之间关系的首次危机得以化解，但是前方还有更多的危机等候着他们。

注释

1. Чуев Ф.И. Сто сорок бесед с Молотовым. С. 20.

2. Eden for Prime Minister, 9th June 1941 // TNA, PREM 3/395/16.

3. Gilbert M. The Churchill War Papers. Vol. III. The Ever–Widening War 1941. London, 2000. P. 921.

4. Leahy W. I Was There. N. Y., 1950. P. 37-38.

5. 著名的第三次伊普尔会战也是如此，此次交战从1917年7月持续到11月，战后成为英国人伤亡人数和非人作战条件的代名词。

6. Wieviorka O. Normandy: From the Landings to the Liberation of Paris. Cambridge (Mass.), 2008. P. 14.

7. Costigliola F. Roosevelt's Lost Alliances. P. 140.

8. Цит. по: Шервуд Р. Рузвельт и Еопкинс глазами очевидца. Пер. с англ. М., 1958. Т. 2. С. 587.

9. Gorodetsky G. Stafford Cripps' Mission to Moscow, 1940–1942. Cambridge, 1984. P. 184.

10. Churchill W. The Second World War. Vol. III. The Grand Alliance. London, 1950. P. 340, 345.

11. Prime Minister to Sir Stafford Cripps, Moscow, July 8, 1941 // TNA, PREM 3/403/6.

12. Советско–английские отношения во время Великой Отечественной войны, 1941–1945 (далее–САНО). Т 1. М., 1983. С. 69-71.

13. Советско–американские отношения во время Великой Отечественной войны, 1941–1945 (далее–САМО). Т. 1. М., 1984. С. 81.

14. From Moscow to Foreign Office, July 8, 1941 // TNA, PREM 3/403/6.

15. Foreign Secretary to Prime Minister. July 9, 1941 // Ibid.

16. Цит. no: Gilbert M. Winston S. Churchill. Vol. VI. Finest Hour. 1939–1941. London, 1983. P. 1134.

17. The War Diaries of Oliver Harvey. P. 18; TNA, PREM 3/403/6.

18. Prime Minister to Mr. Stalin, 9/7/41 // TNA, PREM 3/403/6; Tab A, Foreign Office, July 9, 1941 //TNA, PREM 3/403/6.

19. The Diaries of Sir Alexander Cadogan, 1938–1945 / Ed. By D. Dilks.

London, 1971. P. 392.

20. САНО. Т. l.С. 77-81.

21. Правда. 14.VII.1941.

22. Цит. по: Великая Отечественная война 1941–1945 годов. Т. 2. Происхождение и начало войны / Ред. комиссия: О.А. Ржешевский, ЕА. Куманев, Ю.А. Поляков и др. М., 2012. С. 863.

23. Parliamentary Debates. House of Commons. Ser. 5. Vol. 373. Col. 463.

24. Prime Minister, 8th July 1941 // TNA, PREM 3/395/17.

25. Gorodetsky G. Op. cit. P. 194.

26. Записная книжка маршала Ф.И. Еоликова. Советская военная миссия в Англии и США в 1941 году. // Новая и новейшая история (далее–ННИ). 2004. № 2. С. 92-93.

108 27. Зюзин Е.И. Смоленское сражение // Великая Отечественная война. 1941–1945. Военно-исторические очерки. Кн.1. Суровые испытания. М., 1998. С. 171-174.

28. Текст этой депеши см. в: САНО. Т. 1. С. 85-88.

29. Майский ИМ. Дневник дипломата. Лондон, 1934–1943: в 2 кн. Кн.2. Ч. 2: 22 июня 1941–1943 г. (далее–Дневник дипломата) / Сост. Ю.А. Никифоров, Л.В. Поздеева, О.А. Ржешевский; отв. ред. АО. Чубарьян. М., 2009. С. 14-17.

30. Из Лондона, 20.VII.1941 //АВП РФ. Ф. 059. Оп. 1. П. 365. Д. 2486. Л. 22-24.

31. Лондон, Майскому, 25 VII. 1941 //Там же. Д. 2487. Л. 110-111.

32. A. Harris to H. Arnold, 2nd Aug. 1941 // National Archives and Records Administration, College Park, Maryland (далее–NARA), Record Group (да¬лее – RG) 218, Central Decimal Files, 1942–1945, Foreign Files, Russia 400–B.

33. Notes on Soviet Aircraft Production, Maintenance and Operation (Col. A. Tyon to Brig Gen. O. Echols, Oct. 17, 1941) // Ibid.

34. Moscowto Foreign Office, July 26, 1941 // TNA, PREM 3/401/1.

35. For Prime Minister, 28th Aug. 1941 // TNA, PREM 3/401/9.

36. Комаров М. Поставки по ленд–лизу для ВМФ // Морской сборник. 2002. №3. С. 76.

37. Майский ИМ. Дневник дипломата. С. 18-20.

38. Hopkins to Roosevelt, July 25, 1941 //Franklin D. Roosevelt Library, Hyde

Park, N.Y. (далее – FDRL), President's Secretary's File (далее – PSF), SAFE File, Hopkins, Harry, Box 3. Впервые опубликовано в: Шервуд Р. Указ. соч. Т. 1. С. 512.

39. Roosevelt to Hopkins, July 26, 1941 // Ibid. Опубликованный текст послания см. в: Шервуд Р. Указ. соч. Т. 1. С. 517-518; Butler S. Op. cit. P. 36.

40. САМО. Т 1. С. 58-63.

41. См. о ней: Golikov F.I. On a Military Mission to Great Britain and the U.S.A. Moscow, 1987.

42. Майский ИМ. Дневник дипломата. С. 20.

43. См.: Foreign Relations of the United States. Diplomatic Papers (далее – FRUS). 1941. Vol. I. Washington, 1958. P. 802-814; САМО. Т. 1. С. 80-89.

44. Цит. no: Butler S. Op. cit. P. 35-36.

45. For the President Only. Conference held on July 31,1941, between Mr. Stalin, Mr. Hopkins and the Interpreter, Mr. Litvinov at the Kremlin in Moscow 6.30 PM to 9.30 PM. Enclosed in: Hopkins to Roosevelt, Aug. 20, 1941 // FDRL, PSF, SAFE File, Russia, Roosevelt – Stalin Messages, 1941 – 1942. См. также: FRUS. 1941. Vol. 1. P. 813-814; Шервуд Р. Указ. соч. Т. 1. С. 546.

46. АВП РФ. Ф. 059. Оп. 1. П. 365. Д. 2485. Л. 61-63.

47. АВП РФ. Ф. 059. Оп. 1. П. 365. Д. 2484. Л. 46. 尽管该文件的起草人显而易见，但在苏联外交部公文资料中，提到首版《书信集》时却这样写道，在外交部档案馆几经查阅，仍未能确定“该文件来源”（РГАСПИ. Ф. 82. Оп. 2. Д. 1091. Л. 102）。

48. САМО. Т 1. С. 106.

49. FRUS. 1941. Vol. I. P. 56.

50. Агрессия. Рассекреченные документы службы внешней разведки 109
Российской Федерации 1939–1941 (далее – Агрессия. Рассекреченные документы СВР) / Сост. Л.Ф. Соцков. М., 2011. С. 520-521.

51. Запись беседы А.Я. Вышинского с Л. Штейнгардтом, 10.X.1941 // АП РФ. Ф. 3. Оп. 66. Д. 364. Л. 39.

52. Документы внешней политики (далее – ДВП). Т. XXIV. М., 2000. С. 238. См. также: FRUS. 1941. Vol. I. P. 819-822.

53. Прием тов. Сталиным американского посла Штейнгардта и английского посла Криппса, 15.VIII.1941 г. // РГАСПИ. Ф. 558. Оп. 11. Д. 363.

Л. 3.

54. АВП РФ. Ф. 059. Оп. 1. П. 346. Д. 2364. Л. 364-365.

55. Штейнгардт – Молотову 20.VIII.1941 // РГАСПИ. Ф. 558. Оп. 11. Д. 363. Л. 4-5.

56. Jablonsky D. Churchill, the Great Game and Total War. London, 1991. P. 114.

57. Комаров М. Указ. соч. С. 76.

58. Gilbert M. Winston Churchill. Vol. VI. P. 1208; Bishop E. Hurricane. Washington, 1990. P. 76; Dunn W.S. Jr. The Soviet Economy and the Red Army, 1930–1945. Westport, 1995. P. 69; Мягков М.Ю. Военные ведомства СССР и Англии в 1941–1945 годах: союз и противоборство // ННИ. 2004. № 2. С. 73.

59. ДВП. Т. XXIV. С. 256–260. Текст советско-иранского договора 1921 г. см. в: ДВП. Т. III. 1 июля 1920 г. - 18 марта 1921 г. М., 1960. С. 536-544.

60. The Cambridge History of Iran. Vol. VII. From Nadir Shah to the Islamic Republic / Ed. by P. Avery, G. Hambly, C. Melville. Cambridge, 1991. P. 242; Jackson A. The British Empire and the Second World War. N. Y., 2006. P. 157-159; Мирошников Л.И., Орлов Е.А. Иран: от полуколониальной зависимости к шахскому авторитаризму //История Востока. Т. 5. Восток в новейшее время: 1914–1945 гг. М., 2006. С. 287-288; Пузырев В.П. Иранский коридор ленд-лиза // Ленд-лиз и Россия. Архангельск, 2006. С. 171-183.

61. САЛО. Т. 1. С. 106.

62. АВП РФ. Ф. 059. Оп. 1. П. 365. Д. 2488. Л. 45-46. Частично опубликовано в: САНО. Т. 1. С. 109; изложение см. в: Майский ИМ. Дневник дипломата. С. 37-38.

63. АВП РФ. Ф. 059. Оп. 1. П. 365. Д. 2486. Л. 146-148. Изложение этой телеграммы см. в: Майский ИМ. Дневник дипломата. С. 38-39.

64. РГАСПИ. Ф. 558. Оп. 11. Д. 255. Л. 77.

65. Там же. Л. 76-78.

66. Майский ИМ. Дневник дипломата. С. 40.

67. АВП РФ. Ф. 059. Оп. 1. П. 365. Д. 2488. Л. 54.

68. TNA, FO 371/29490.

69. Colville J. Op. cit. P. 381.

70. The Memoirs of Anthony Eden. The Reckoning (далее – The Reckoning).

Boston, 1965. P. 318.

71. Майский ИМ. Дневник дипломата. С. 40.

72. TNA, PREM 3/403/6.

73. Майский ИМ. Дневник дипломата. С. 43.

74. TNA, PREM 3/403/6. 丘吉尔在回忆录中引用了这份电报的简要内容: Churchill W. The Second World War. Vol. III. P. 409-410.

75. Gilbert M. The Churchill War Papers. Vol. III. P. 1169. 110

76. О составе миссии и ее работе см.: Сигачев Ю.Б. Новое об англо-советском сотрудничестве в годы Великой Отечественной войны // ННИ. 2000. № 2. С. 28-35.

77. Майский ИМ. Дневник дипломата. С. 45-46.

78. W.M (41) 90th Conclusions, Min. 1, 5th Sept., 1941 // TNA, Cabinet Office (да¬лее - CAB) 65/23/14.

79. The Diaries of Sir Alexander Cadogan. P. 405.

80. Churchill & Roosevelt. Vol. 1. P. 238.

81. TNA, PREM 3/403/6.

82. The Reckoning. P. 320.

83. АВП РФ. Ф. 059. Оп. 1. П. 365. Д. 2486. Л. 158.

84. TNA, PREM 3/403/6.

85. САНО. Т 1. С. 119-122.

86. Churchill W. The Second World War. Vol. III. P. 411.

87. TNA, CAB 120/36.

88. Gorodetsky G. Op. cit. P. 229.

89. РЕАСПИ. Ф. 558. On. 11. Д. 255. Л. 97.

90. TNA, PREM 3/403/6.

91. САНО. Т. l.С. 123-126.

92. TNA, CAB 69/3.

93. Агрессия. Рассекреченные документы СВР. С. 525–531.

94. COS (41) 314, 8th Sept. 1941 // TNA, CAB 79/14.

95. TNA, CAB 66/19/45; Churchill W. The Second World War. Vol. III. P. 465.

96. Harriman W. A. with Abel E. Special Envoy to Churchill and Stalin. N. Y., 1975. P. 89.

97. Memorandum by Harry Hopkins, Sept. 26, 1941 // FDRL, Harry L.

Hopkins Papers, Sherwood Collection, Box 306, Book 4.

98. FDRL, PSF, Diplomatic Correspondence, Russia 1941, Box 49.

99. FRUS. 1941. Vol. I. P.836.

100. FDRL, PSF, Diplomatic Correspondence, Russia 1941, Box 49.

101. The New York Times. 10.X.1941.

102. ТОВ. Сталину, 11.X.1941 // РГАСПИ. Ф. 558. Оп. 11. Д. 363. Л. 15-16.

103. CAMO. T. l.C. 158.

104. Churchill & Roosevelt. Vol. 1. P. 371. До отправки послания Черчилль уточнил детали вопроса у главы МИ-6 С. Мензиса. См.: The Churchill Documents / Ed. by M. Gilbert. Vol. 17. Testing Times, 1942. Hillsdale, 2014. P. 231.

105. The Cambridge History of Iran. Vol. VII. P. 457ff.

106. Chaqueri C. Did the Soviets Play a Role in Founding the Tudeh Party in Iran? // Cahiers du monde russe. 1999. Vol. 40. №. 3. P. 497-528. См. также: The Diary of Georgi Dimitrov, 1933–1949 / Ed. by I. Banac. New Haven, 2003. P. 205-206.

107. Шервуд Р. Указ. соч. Т. 1. С. 610.

108. FRUS. 1941. Vol. I. P. 840.

111 109. F. Roosevelt to H. Hopkins, Oct. 25, 1941 // FDRL, PSF, Diplomatic Correspondence, Russia 1941, Box 45.

110. Memorandum of Oct. 30, 1941 // FDRL, Harry Hopkins Papers, Sherwood Collection, Box 309.

111. Butler S. Op. cit. P. 18.

112. CAMO. T. l.C. 64.

113. 应当指出，本著作中没有收录罗斯福在10月13日写给斯大林的信（信函见 в: Butler S. Op. cit. P. 46）。正如1957年版《书信集》前言所言，“R.舍伍德提到的F.罗斯福抄送给W.丘吉尔备阅的那封信是在1941年10月13日写给斯大林的，而英国大臣比弗布鲁克男爵将其转交给苏联驻伦敦大使；档案资料中也未发现任何证据证明由美国代表直接交给苏联代表”。（Переписка Председателя Совета Министров СССР с президентом США и премьер-министрами Великобритании во время Великой Отечественной войны, 1941–1945 гг. (далее – Переписка). Т 1. М., 1957. С. 4）.

114. Переписка. Т. 2. С. 282.

115. Правда. 3.X.1941.

116. Churchill Archive Centre, Churchill College, Cambridge University, Chartwell Papers (далее–CHAR), 20/43; TNA, CAB 66/19/11.

117. TNA, CAB 65/19.

118. САНО. Т l.С. 156-157.

119. TNA, CAB 66/19/45.

120. TNA, PREM 3/395/6.

121. TNA, CAB 65/23/26. 这个计划最后成为一纸空文，丘吉尔为此惋惜，他认为在战争初期给苏联军事援助是“最严重的错误”：“他们（英国飞行员——原书编辑注）本可以击落更多的德军飞机，以此为自己争得荣耀，并提升前线官兵士气。” (WSC to C.O.S. 24th Oct. 1941 // CHAR 20/36).

122. TNA, PREM 3/395/6.

123. Ibid.

124. Gilbert M. Winston Churchill. Vol. VI. P. 1229. 确定这封信的收信日期有些难度。最有可能的情况是，丘吉尔这封信在古比雪夫转交时出了点差错，该信是11月5日由克利普斯交给维辛斯基的（见维辛斯基日记, 5.XI.1941 г. // РГАСПИ. Ф. 558. Оп. 11. Д. 255. Л. 131）。11月6日，克利普斯看到了信件全文，日期同样标注为当天，有斯大林的批注（同见日记. Л. 136-138）。为什么斯大林后称11月7日收到此信，至今仍是未解之谜。

125. TNA, CAB 65/24/1.

126. Churchill & Roosevelt. Vol. 1. P. 265.

127. См. подробнее: Middlebrook M., Mahoney P. Battleship: the Sinking of the Prince of Wales and the Repulse. N. Y., 1979.

128. Советско–американские отношения. 1939–1945 / Подред. Г. Н. 112
Севостьянова; сост. Б. И. Жиляев, В. И. Савченко. М., 2004. С. 163.

129. To: Stalin Oct. 30, 1941 // FDRL, PSF, SAFE File, Russia.

130. Steinhardt to Vyshinsky, Nov. 5, 1941 // РГАСПИ. Ф 558. Оп.11. Д. 363. Л. 44-48. Опубликованный текст см. в: Butler S. Op. cit. P. 49-51.

131. Прием американского посла Штейнгардта, 6.XI.1941 // РГАСПИ. Ф. 558. Оп. 11. Д. 363. Л. 50.

132. Прием американского посла Штейнгардта, 2.XI.1941 //Тамже. Л. 23.

133. Борисов А.Ю. СССР и США: союзники в годы войны, 1941–1945. М., 1983. С. 59; Микоян – Сталину, 13.VIII.1941 //АП РФ. Ф. 3. Оп. 66. Д. 295. Л. 9-10.

134. Советско-американские отношения. 1939–1945. С. 163.

135. РГАСПИ. Ф. 558. Оп. 11. Д. 363.

136. Прием американского посла Штейнгардта, 6.XI.1941 // РГАСПИ. Ф. 558. Оп. 11. Д. 363. Л. 49-50.

137. Советско-американские отношения. 1939–1945. С. 167-168 (Курсив наш – Авт.).

138. САМО. Т. 1.С. 138.

139. Там же. С. 139.

140. Там же. С. 138.

141. Известия. 9.XI.1941.

142. ДВП. Т XXIV. С. 347.

143. Тудоряну Н.Л. Американский Красный Крест в СССР в годы Великой Отечественной войны. По архивным материалам // ННИ. 2000. № 2. С. 40.

144. Советско-американские отношения. 1939–1945. С. 158.

145. Там же, С. 169-170.

146. РГАСПИ. Ф. 558. Оп. 11. Д. 363. Л. 63.

147. АВП РФ. Ф. 059. Оп. 1. И. 346. Д. 2366. Л. 26; Butler S. Op. cit. P. 54.

148. S. Welles to the President, Nov. 21, 1941 // FDRT, PSF, Diplomatic Correspondence, Russia: 1941, Box 49.

149. Советско-американские отношения. 1939–1945. С. 177.

150. АВП РФ. Ф. 059. Оп. 1. П. 365. Д. 2468. Л. 250-258.

151. САЛО. Т. 1. С. 138.

152. ДВП. Т XXIV. С. 374.

153. Майский ИМ. Дневник дипломата. С. 78-80.

154. The Reckoning. P. 325.

155. Prime Minister, 4th Dec. 1941 // TNA, PREM 3/401/4.

156. TNA, CAB 65/24/3.

157. TNA, CAB 66/19/45.

158. TNA, PREM 3/395/6.

159. TNA, PREM 3/395/17.

160. TNA, PREM 3/395/6.

161. The War Diaries of Oliver Harvey. P. 59, 63.

162. Майский – в НКИД, 15.XI.1941 //АВП РФ. Ф. 059. Оп. 1. П. 365. Д.

2486. Л. 288-290.

163. Там же. Л. 296-298. 113

164. From Kuibyshev to Foreign Office, Nov. 20, 1941 // TNA, PREM 3/395/17.

165. From Foreign Office to Kuibyshev, Nov. 17, 1943 // TNA, CAB 65/24/5.

166. Churchill W. The Second World War. Vol. III. P. 470.

167. РГАСПИ. Ф. 558. Оп. 11. Д. 255. Л. 144-145.

168. The War Diaries of Oliver Harvey. P. 65.

169. Churchill W. The Second World War. Vol. III. P. 470-471.

170. The Diaries of Sir Alexander Cadogan. P. 413; The Reckoning. P. 327; Gilbert M. Winston Churchill. Vol. VI. P. 1231n2.

171. TNA, PREM 3/395/3.

172. Churchill and Stalin Make it Up //The Times. 26.XI.1941.

173. АВП РФ. Ф. 059. Оп. 1. П. 352. Д. 2406. Л. 238.

174. Foreign Secretary, 28th Nov. 1941 // TNA, PREM 3/170/1.

175. Note, 27th Nov. 1941 // Ibid.

176. The Prime Minister to Field Marshal Mannerheim, 28 Nov. 1941 // TNA, PREM 3/170/1.

177. Prime Minister, 29th Nov. 1941 // Ibid.

178. Bobbety (Lord Cranborne) to Eden, 2nd Dec., 1941 // Ibid.

179. Mannergeimto Churchill, 4th Dec. 1941 // Gilbert M. The Churchill War Papers. Vol. III. P. 1557.

180. Prime Minister, 29th Nov. 1941 // TNA, PREM 3/170/1. Подробнее о позиции Черчилля в отношении Финляндии в 1941–1945 гг. см.: Ruotsila M. Churchill and Finland: a Study in Anticommunism and Geopolitics. London, 2006. P. 103-143.

英国首相丘吉尔。

斯大林写给丘吉尔的第1封信，上有斯大林修改手迹，1941年7月8日。

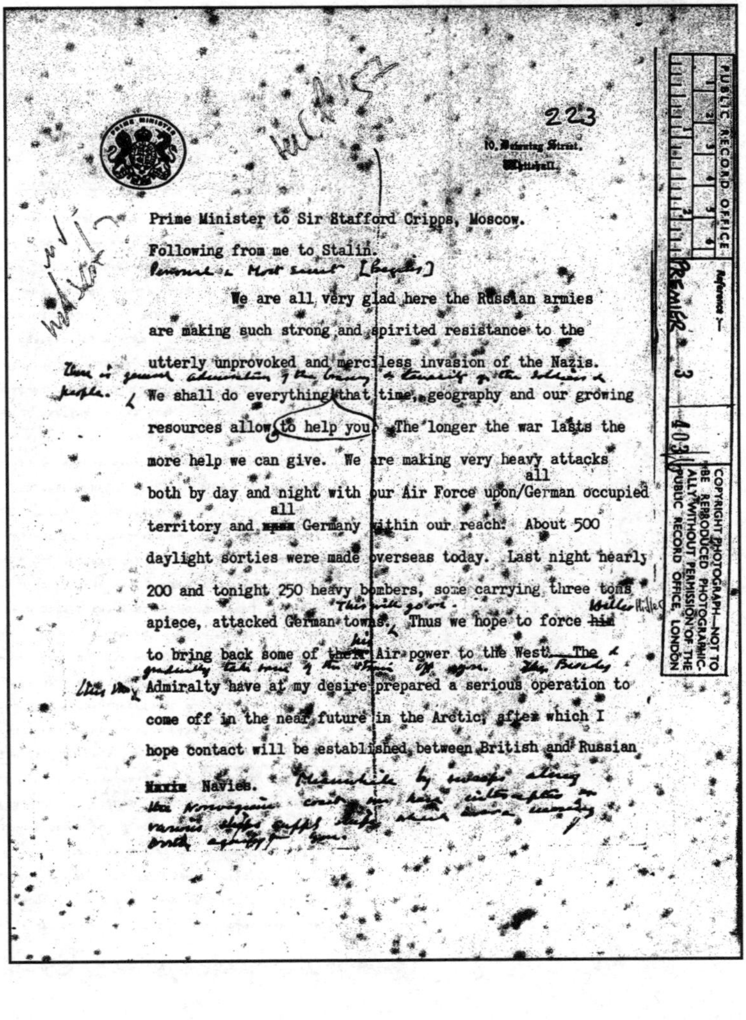

223

10, Downing Street,
Whitehall.

Prime Minister to Sir Stafford Cripps, Moscow.

Following from me to Stalin.

We are all very glad here the Russian armies are making such strong and spirited resistance to the utterly unprovoked and merciless invasion of the Nazis. We shall do everything that time, geography and our growing resources allow to help you. The longer the war lasts the more help we can give. We are making very heavy attacks both by day and night with our Air Force upon all German occupied territory and all Germany within our reach. About 500 daylight sorties were made overseas today. Last night nearly 200 and tonight 250 heavy bombers, some carrying three tons apiece, attacked German towns. Thus we hope to force ~~him~~ to bring back some of ~~their~~ Air power to the West. The Admiralty have at my desire prepared a serious operation to come off in the near future in the Arctic, after which I hope contact will be established between British and Russian ~~Nazis~~ Navies.

英国外交大臣艾登。

斯大林于1941年8月30日收到的丘吉尔来信的翻译件，页边有斯大林做的标记。第1页。

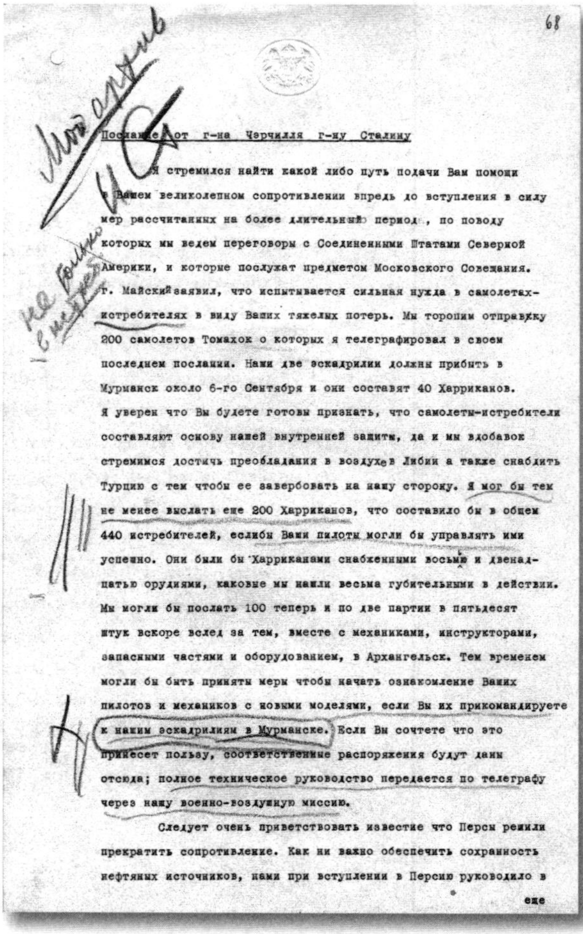

68

Послание от г-на Чэрчилля г-ну Сталину

Я стремился найти какой либо путь подачи Вам помощи в Вашем великолепном сопротивлении впредь до вступления в силу мер рассчитанных на более длительный период, по поводу которых мы ведем переговоры с Соединенными Штатами Северной Америки, и которые послужат предметом Московского Совещания. г. Майский заявил, что испытывается сильная нужда в самолетах-истребителях в виду Ваших тяжелых потерь. Мы торопим отправку 200 самолетов Томахок о которых я телеграфировал в своем последнем послании. Наши две эскадрилии должны прибыть в Мурманск около 6-го Сентября и они составят 40 Харриканов. Я уверен что Вы будете готовы признать, что самолеты-истребители составляют основу нашей внутренней защиты, да и мы вдобавок стремимся достичь преобладания в воздухе в Либии а также снабдить Турцию с тем чтобы ее завербовать на нашу сторону. Я мог бы тем не менее выслать еще 200 Харриканов, что составило бы в общем 440 истребителей, еслибы Ваши пилоты могли бы управлять ими успешно. Они были бы Харриканами снабженными восьмью и двенадцатью орудиями, каковые мы нашли весьма губительными в действии. Мы могли бы послать 100 теперь и по две партии в пятьдесят штук вскоре вслед за тем, вместе с механиками, инструкторами, запасными частями и оборудованием, в Архангельск. Тем временем могли бы быть приняты меры чтобы начать ознакомление Ваших пилотов и механиков с новыми моделями, если Вы их прикомандируете к нашим эскадрилиям в Мурманске. Если Вы сочтете что это принесет пользу, соответственные распоряжения будут даны отсюда; полное техническое руководство передается по телеграфу через нашу военно-воздушную миссию.

Следует очень приветствовать известие что Персы решили прекратить сопротивление. Как ни важно обеспечить сохранность нефтяных источников, нами при вступлении в Персию руководило в

еще

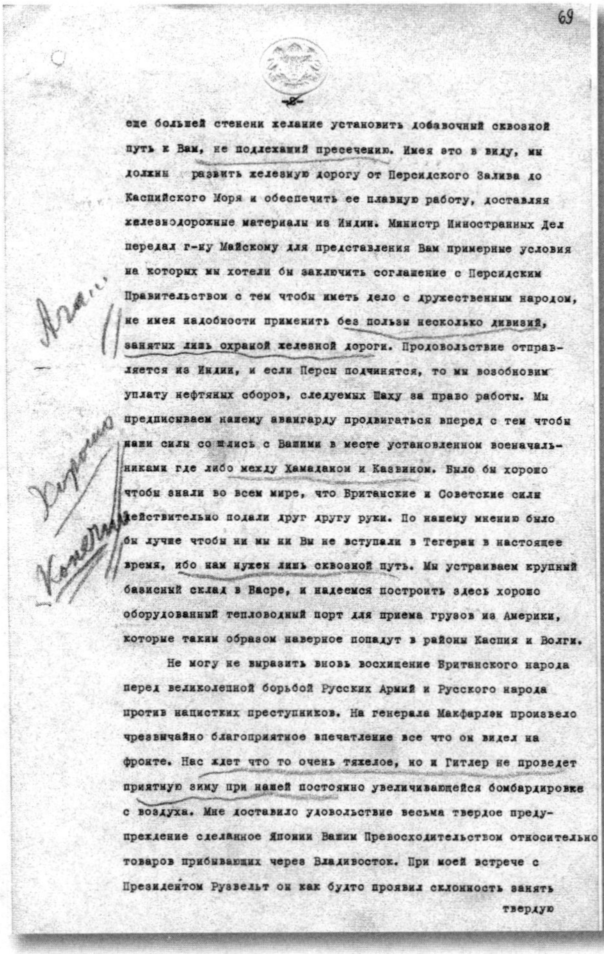

69

-2-

еще большей степени желание установить добавочный сквозной путь к Вам, не подлежащий пресечению. Имея это в виду, мы должны развить железную дорогу от Персидского Залива до Каспийского Моря и обеспечить ее плавную работу, доставляя железнодорожные материалы из Индии. Министр Иностранных Дел передал г-ну Майскому для представления Вам примерные условия на которых мы хотели бы заключить соглашение с Персидским Правительством с тем чтобы иметь дело с дружественным народом, не имея надобности применить без пользы несколько дивизий, занятых лишь охраной железной дороги. Продовольствие отправляется из Индии, и если Персы подчинятся, то мы возобновим уплату нефтяных сборов, следуемых Шаху за право работы. Мы предписываем нашему авангарду продвигаться вперед с тем чтобы наши силы сошлись с Вашими в месте установленном военачальниками где либо между Хамаданом и Казвином. Было бы хорошо чтобы знали во всем мире, что Британские и Советские силы действительно подали друг другу руки. По нашему мнению было бы лучше чтобы ни мы ни Вы не вступали в Тегеран в настоящее время, ибо нам нужен лишь сквозной путь. Мы устраиваем крупный базисный склад в Басре, и надеемся построить здесь хорошо оборудованный тепловодный порт для приема грузов из Америки, которые таким образом наверное попадут в районы Каспия и Волги.

Не могу не выразить вновь восхищение Британского народа перед великолепной борьбой Русских Армий и Русского народа против нацистких преступников. На генерала Макфарлэн произвело чрезвычайно благоприятное впечатление все что он видел на фронте. Нас ждет что то очень тяжелое, но и Гитлер не проведет приятную зиму при нашей постоянно увеличивающейся бомбардировке с воздуха. Мне доставило удовольствие весьма твердое предупреждение сделанное Японии Вашим Превосходительством относительно товаров прибывающих через Владивосток. При моей встрече с Президентом Рузвельт он как будто проявил склонность занять

твердую

斯大林于1941年8月30日收到的丘吉尔来信的翻译件，页边有斯大林做的标记。第2页。

英国驻苏联大使克利普斯。

斯大林与来访的霍普金斯合影留念。1941年8月31日。

英国驻苏联大使克尔。

斯大林写给丘吉尔的信函手稿，
1941年9月3日。第1页。

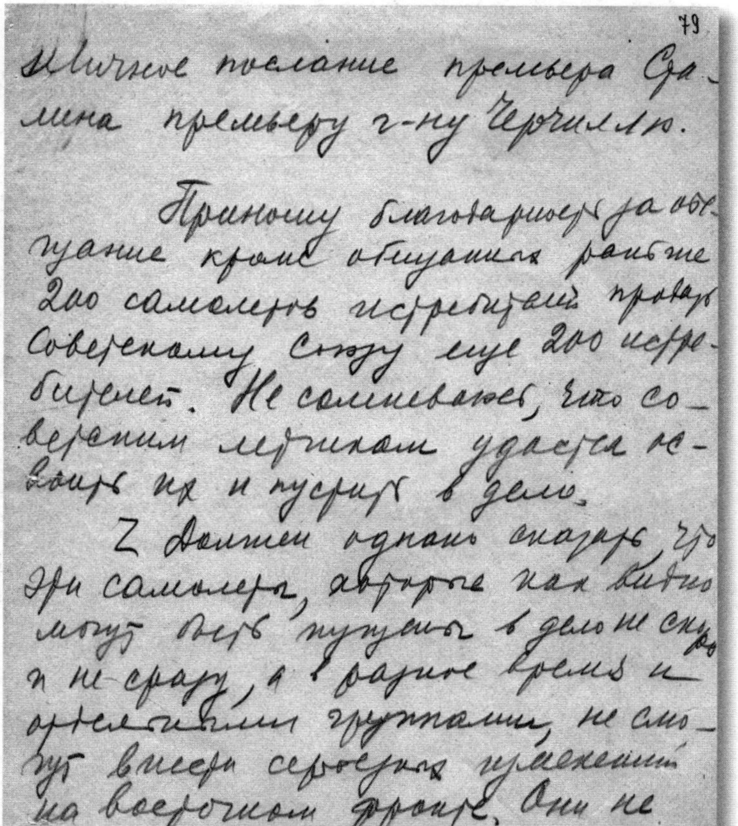

79

Личное послание премьера Сталина премьеру г-ну Черчиллю.

Приношу благодарность за обещание кроме обещанных раньше 200 самолетов истребителей продать Советскому Союзу еще 200 истребителей. Не сомневаюсь, что советским летчикам удастся освоить их и пустить в дело.

Я должен однако сказать, что эти самолеты, которые как видно могут быть пущены в дело не скоро и не сразу, а в разное время и отдельными группами, не смогут внести серьезных изменений на восточном фронте. Они не смогут внести серьезных изменений

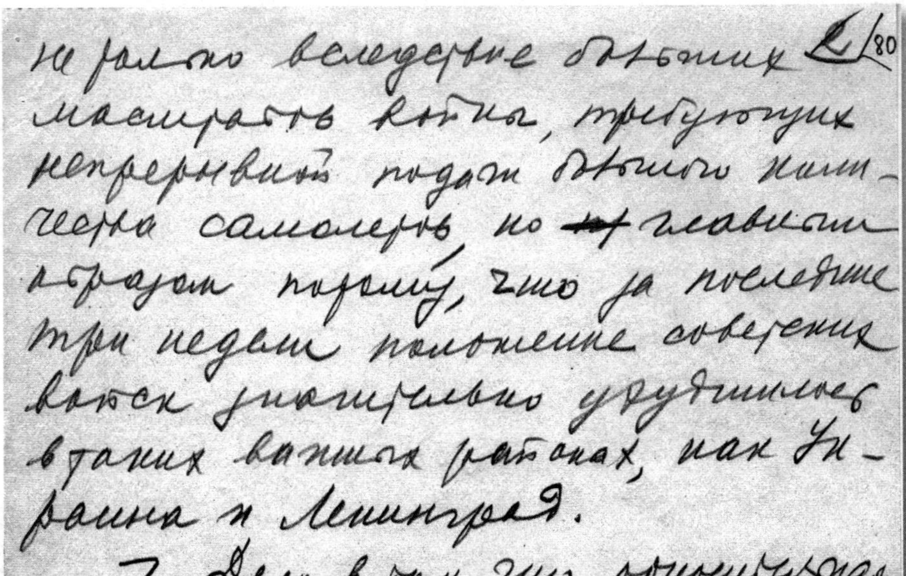

2 | 80

не только вследствие больших
масштабов войны, требующих
непрерывной подачи большого коли-
чества самолетов, но ~~и~~ главным
образом потому, что за последние
три недели положение советских
войск значительно ухудшилось
в таких важных районах, как Ук-
раина и Ленинград.

Дело в том, что относительная
стабилизация на фронте, кото-
рой удалось добиться недели три
назад, в последние недели потер-
пела крушение, вследствие пе-
реброски на Восточный фронт
свежих 30–34 немецких пехот-
ных дивизий и громадного коли-
чества танков и самолетов, ~~а так~~

斯大林写给丘吉尔的信函手稿，1941年9月3日。第2页。

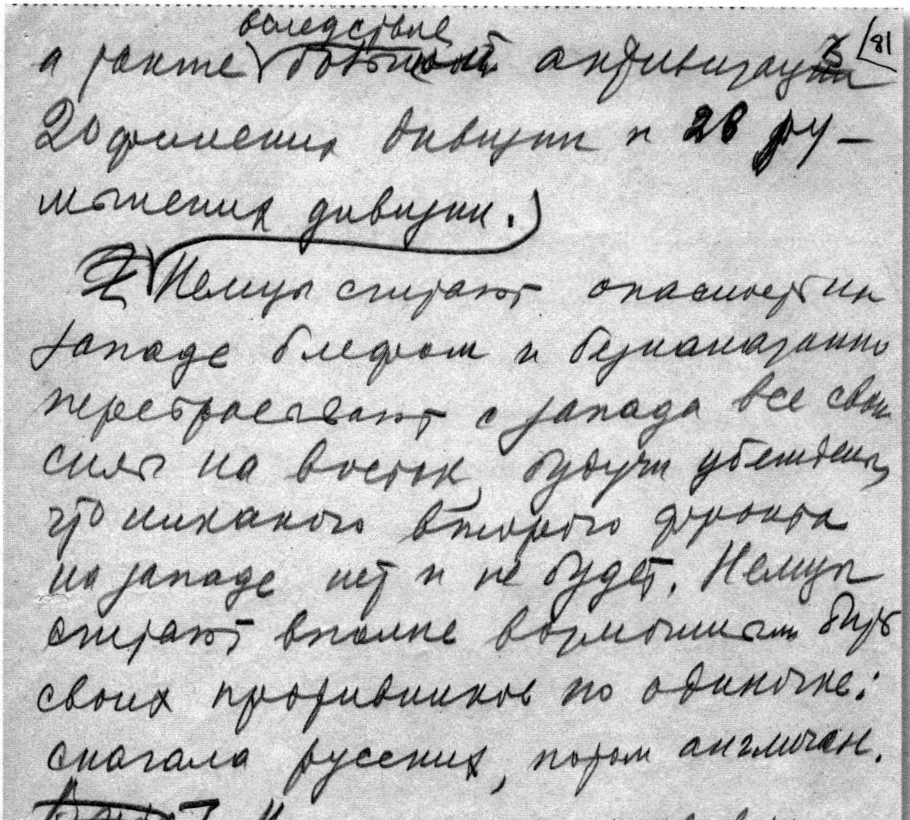
81

а также вследствие активизации 20 финских дивизий и 26 румынских дивизий.)

Немцы считают опасность на западе блефом и безнаказанно перебрасывают с запада все свои силы на восток, будучи убеждены, что никакого второго фронта на западе нет и не будет. Немцы считают вполне возможным бить своих противников поодиночке: сначала русских, потом англичан.

В итоге мы потеряли больше половины Украины и, кроме того, враг оказался у ворот Ленинграда.

斯大林写给丘吉尔的信函手稿，1941年9月3日。第3页。

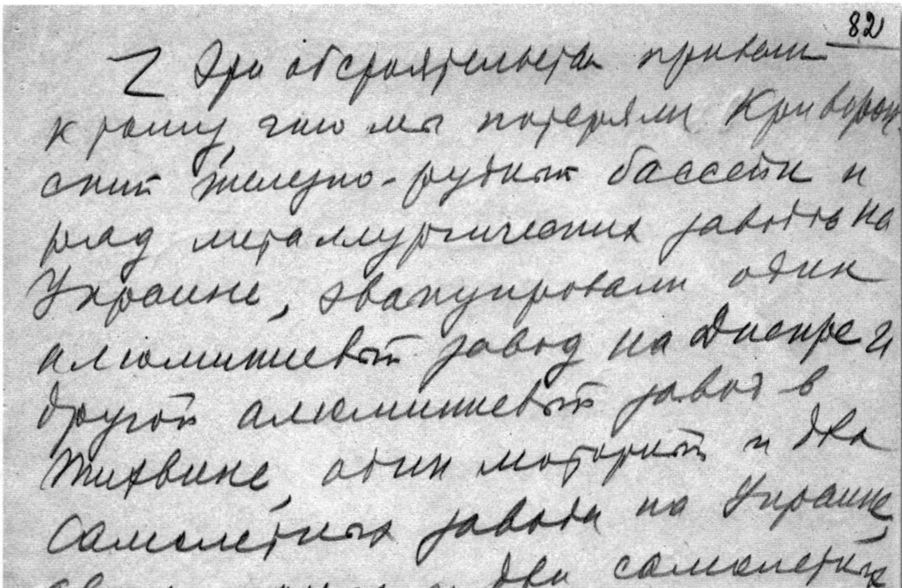
82
Это обстоятельство привело
к тому, что мы потеряли Криворож-
ский железно-рудный бассейн и
ряд металлургических заводов на
Украине, эвакуировали один
алюминиевый завод на Днепре и
другой алюминиевый завод в
Тихвине, один моторный и два
самолетных завода на Украине,
два моторных и два самолетных
завода в Ленинграде, причем
эти заводы могут быть приведены
в действие на новых местах не ранее
как через семь-восемь месяцев.
Все это привело к ослаблению
нашей обороноспособности и постави-
ло Советский Союз перед смертельной
угрозой.
Здесь уместен вопрос - ка-

斯大林写给丘吉尔的信函手稿，1941年9月3日。第4页。

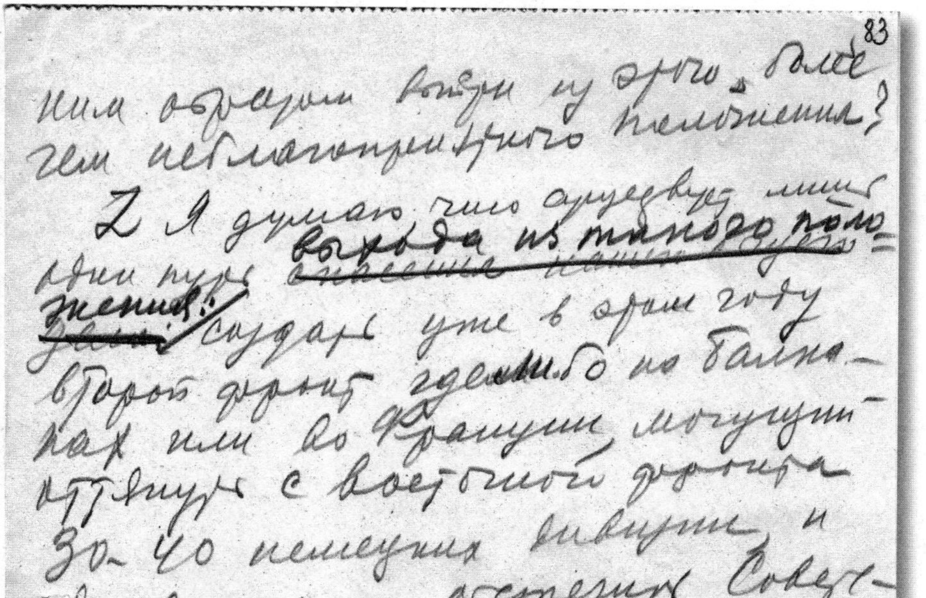

83

или образом выйти из этого более чем неблагоприятного положения?

Я думаю, что существует лишь один путь выхода из такого положения: создать уже в этом году второй фронт где-либо на Балканах или во Франции, могущий оттянуть с восточного фронта 30–40 немецких дивизий, и одновременно обеспечить Советскому Союзу 30 тысяч тонн алюминия к началу октября с.г. и ежемесячную минимальную помощь в количестве 400 самолетов и 500 танков (малых или средних).

Без этих двух видов помощи Советский Союз либо потерпит

斯大林写给丘吉尔的信函手稿，1941年9月3日。第5页。

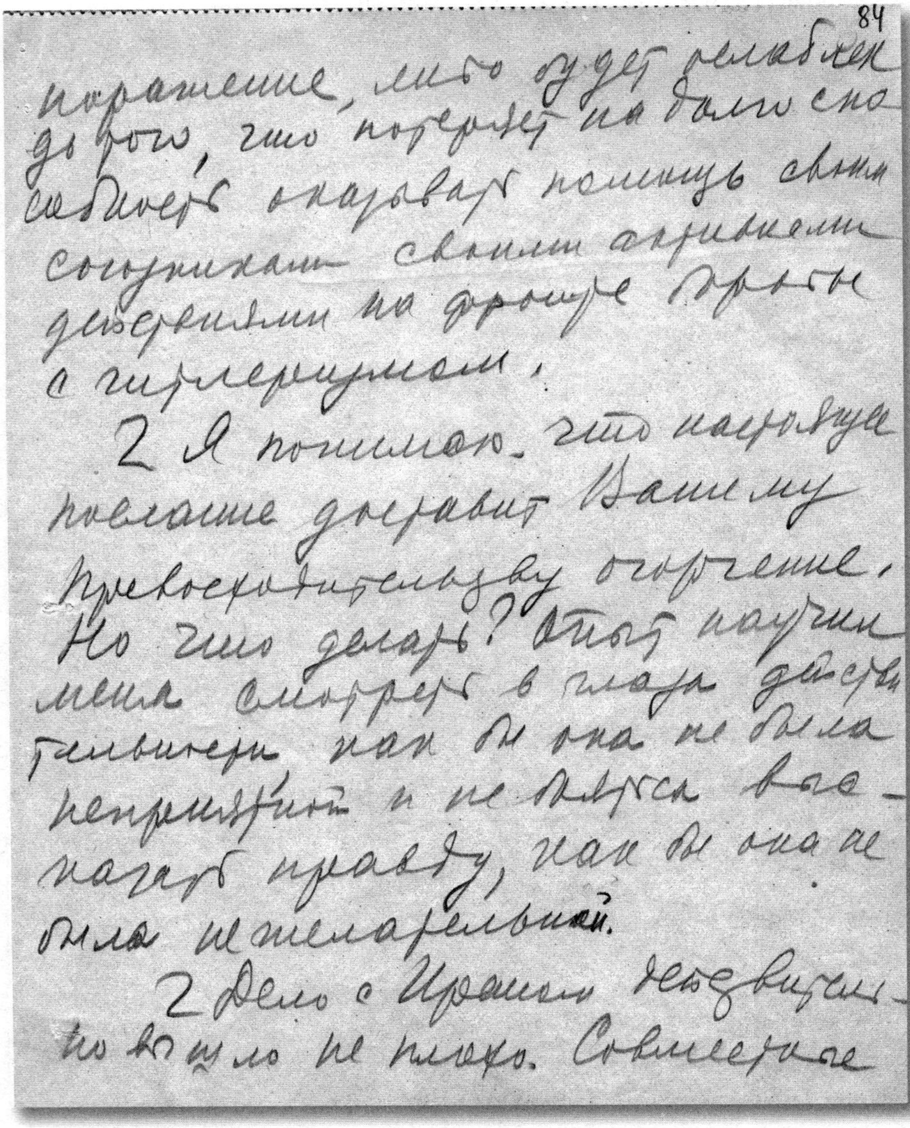
84

поражение, либо будет ослаблен до того, что потеряет надолго способность оказывать помощь своим союзникам своими активными действиями на фронте борьбы с гитлеризмом.

2 Я понимаю, что настоящее послание доставит Вашему Превосходительству огорчение. Но что делать? Опыт научил меня смотреть в глаза действительности, как бы она не была неприятной, и не бояться высказать правду, как бы она не была нежелательной.

2 Дело с Ираном действительно вышло не плохо. Совместные

斯大林写给丘吉尔的信函手稿，1941年9月3日。第6页。

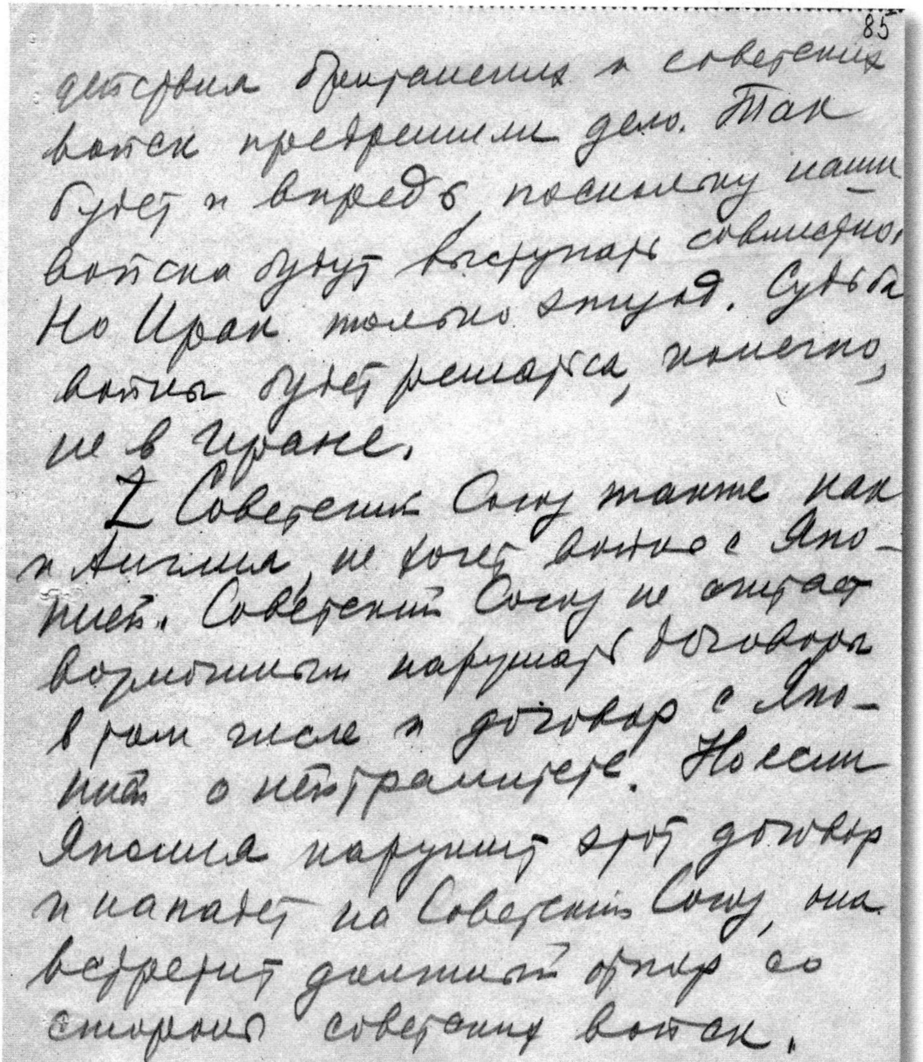
85
действия британских и советских
войск превратили в дело. Так
будет и впредь, поскольку наши
войска будут выступать совместно.
Но Иран только эпизод. Судьба
войны будет решаться, конечно,
не в Иране.
2. Советский Союз также как
и Англия не хочет войны с Япо-
нией. Советский Союз не считает
возможным нарушать договоры,
в том числе и договор с Япо-
нией о нейтралитете. Но если
Япония нарушит этот договор
и нападет на Советский Союз, она
встретит должный отпор со
стороны советских войск.

斯大林写给丘吉尔的信函手稿，1941年9月3日。第7页。

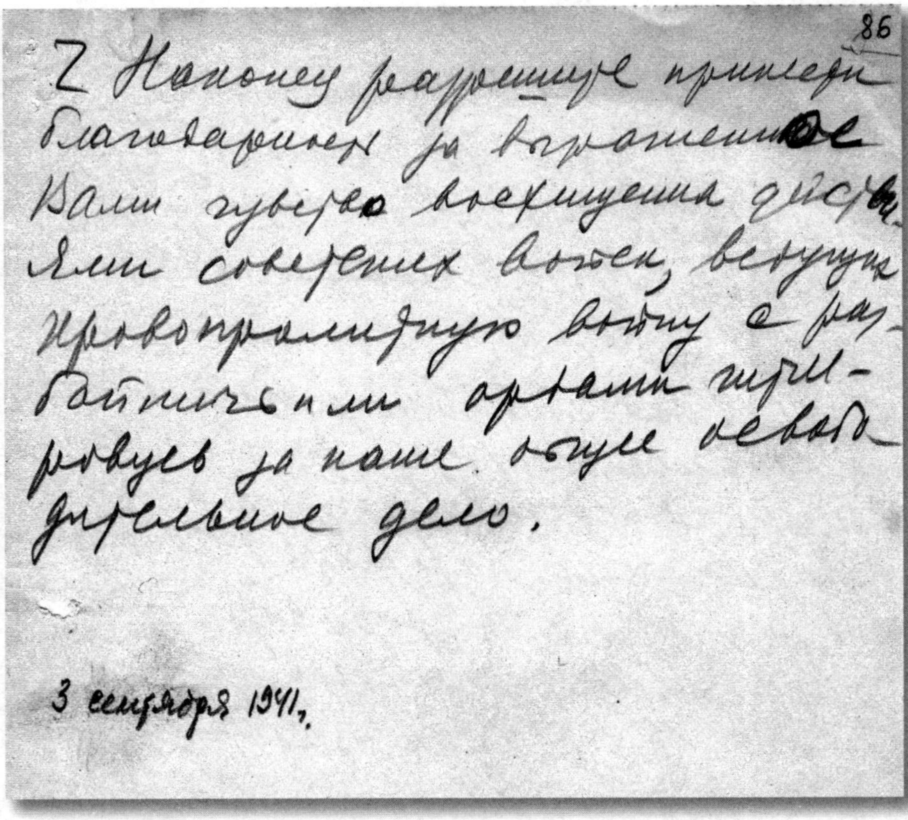

86

7. Наконец, разрешите принести благодарность за выраженное Вами чувство восхищения действиями советских войск, ведущих кровопролитную войну с разбойничьими ордами гитлеровцев за наше общее освободительное дело.

3 сентября 1941 г.

斯大林写给丘吉尔的信函手稿，1941年9月3日。第8页。

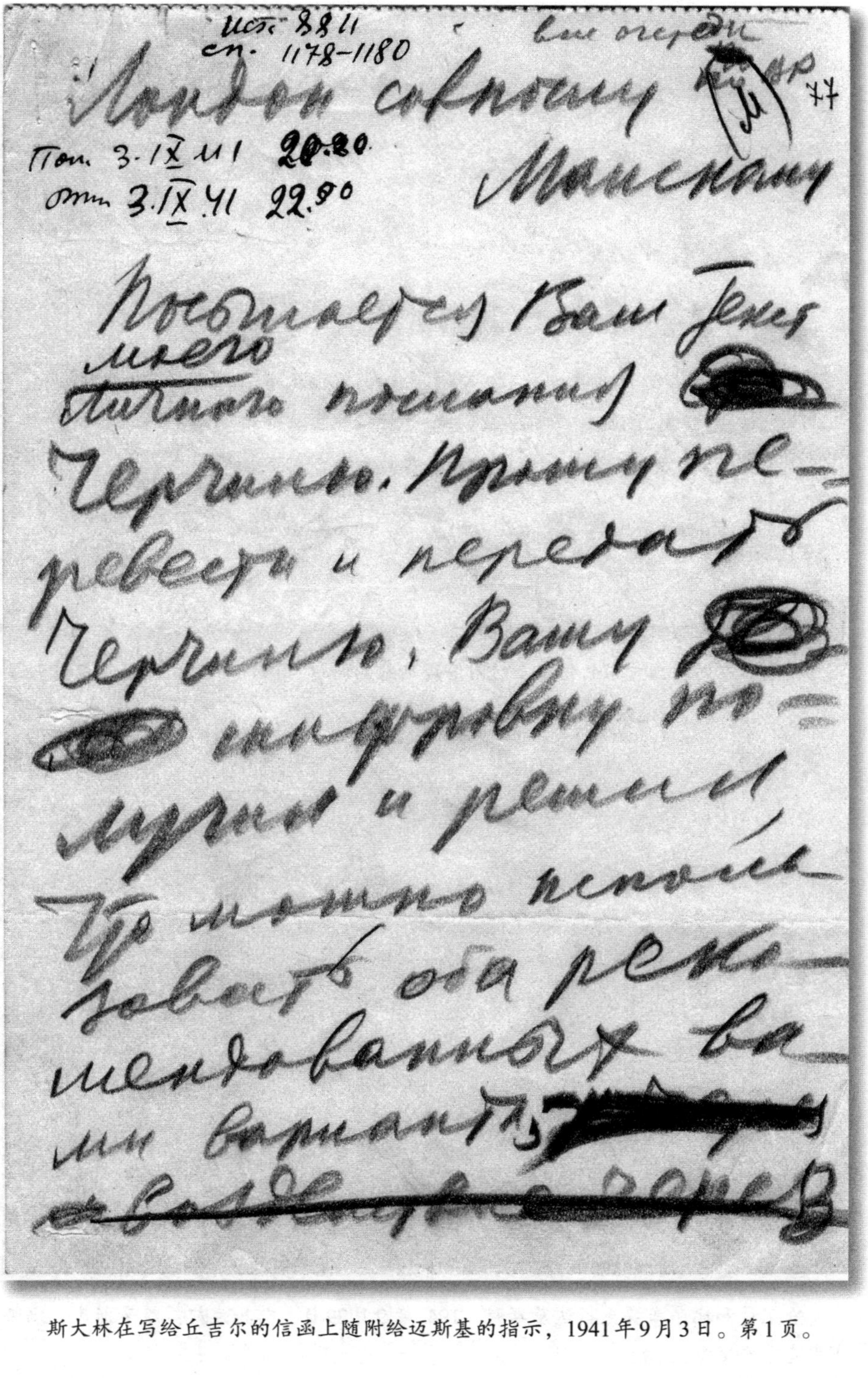
Исх. 8811
сп. 1178-1180

вне очереди

Лондон совпослу Майскому

Пол. 3.IX.41 20.20
отп. 3.IX.41 22.30

Посылается Вам текст моего личного послания Черчиллю. Прошу перевести и передать Черчиллю. Вашу информацию получил и решил, что можно использовать оба рекомендованных Вами варианта

斯大林在写给丘吉尔的信函上随附给迈斯基的指示，1941年9月3日。第1页。

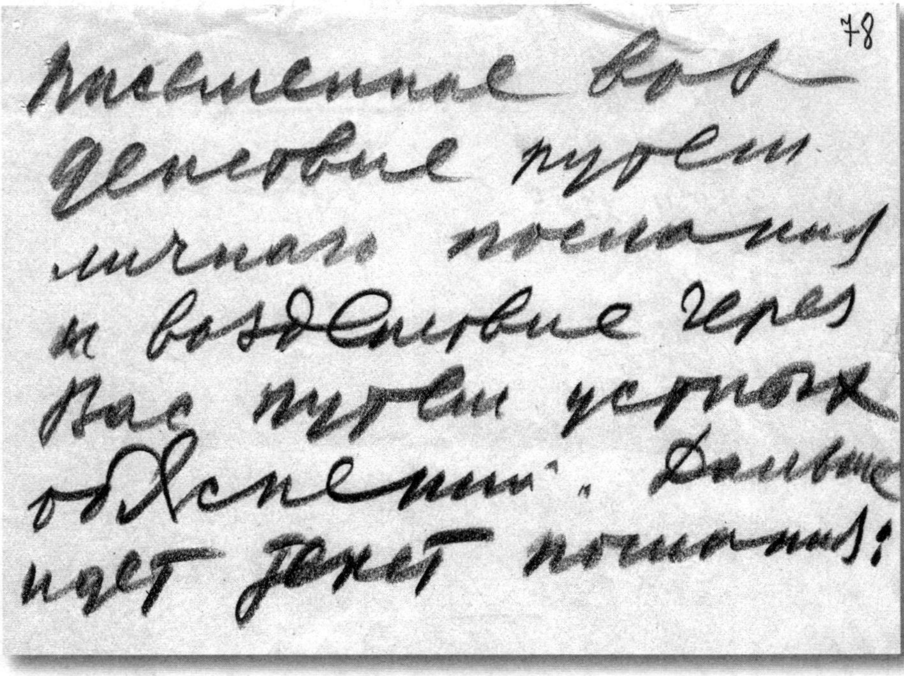
78

斯大林在写给丘吉尔的信函上随附给迈斯基的指示，1941年9月3日。第2页。

哈里曼和比弗布鲁克抵达莫斯科。1941年9月29日。前排左起：维辛斯基、比弗布鲁克、哈里曼。

1941年12月艾登抵达莫斯科当天。M.B.莫洛托夫、艾登、迈斯基、巴甫洛夫、莫斯科卫戍司令西尼罗夫、捷卡诺佐夫等。

芬兰军队总司令曼纳海姆元帅。

第2章 114

从艾登访问到斯大林格勒
——……我们被盟友抛弃，只能听天由命

从珍珠港事件爆发至斯大林格勒会战（Сталинградская битва）开始，这个时期的盟国关系错综复杂且矛盾重重。一方面，正是在此期间奠定了反希特勒联盟的基础：通过了《联合国家宣言》，签订了《苏英同盟合作互助条约》，以及美苏《关于在进行反侵略战争中相互援助所适用原则》的协定。在英美“阿卡迪亚”会议上（1941年12月22日至1942年1月14日）成立了联合参谋长委员会（Combinet Chiefs of Staff），它以所有英美指挥机关为依托，弹药与武器分配委员会作为主要机构而成立。会议期间，盟国确立了新的作战方针，把打败德国作为战争最终胜利的先决条件。从此，英美联合反对共同敌人的联盟战争便拉开了序幕，开启了在全局战略规划、联合人力与物力资源、侦察和秘密研制核武器等领域的合作。具有重要意义的是，英国的“超级（Ультра）”和美国的“魔术（Мэджик）”译码系统使德、日军用密码均被破译，从而建立了情报互相交流机制。英美与苏联的合作明显滞后于英美之间的协同动作，且主要局限在租借法案所规定的物资供给领域，而实际供给量远低于所规定的水平。6月签署的向苏联提供物资的《第二议定书》规定，在1943年6月30日前，向苏联提供800万吨物资（但实际供应量却大打折扣）。

另一方面，全球战争的各战场态势对盟国不利。在苏德主战场，红军于莫斯科城下反攻奏效后，德国军队于1942年5月又重新夺回了战场主动权：敌人占领了刻赤和哈尔科夫，在战线南翼全面转入进攻，南方的主要油田及粮食产区直接受到被切断的威胁。在太平洋战区，日军消灭了美英海军的大 115
批兵力，占领了马来亚、新加坡、菲律宾及其他领土，直接威胁锡兰和印度。在北非，英军于1941年底的进攻战果辉煌，但隆美尔（Роммель Е.）元帅率领的德军再次击退了英军，并直逼苏伊士运河。在浩瀚的大西洋上，德

军潜艇部队占据绝对优势，活动范围已达美国近海。总之，在1942年夏季到来之前，“轴心国”已控制了全球1/3的人口和资源。以上这些情况对莫斯科、伦敦和华盛顿之间的相互关系产生了一定的影响。

艾登对莫斯科的访问（1941年12月15—22日）具有重大意义。谈判的主要议题是英苏联盟协定的签署，然而，斯大林突然把战后欧洲格局问题提上了议事议程，让英国人顿感突兀。谈判首先涉及恢复与承认苏联1941年时的战前边界，及苏联在罗马尼亚和保加利亚军事基地的使用权，英国以此换取莫斯科对其在西欧安全利益问题上的认可。从本质上说，这是克里姆林宫战后调解纲领的第一套预案，后续还将步步紧逼。虽然艾登的访问没有取得立竿见影的丰硕成果，但在莫斯科谈判过程中，双方外交协作得到了加强，并制定了尔后数月的工作日程：向苏联提供援助、开辟第二战场、签署联盟协定及确定战后边界。

在三国领袖间的往来信函中，物资援助和开辟第二战场的问题始终占据了主要地位。美国参战以后，战争需求急剧增加，致使按租借法案向苏联提供货物的运力不足问题日渐突出，这直接导致美国中断履行援助苏联《第一议定书》规定的义务。1942年夏，因遭德国海军重创，盟国损失了大量货船，几乎停止了向阿尔汗格尔斯克以及摩尔曼斯克主要方向派遣“北线护航运输队（Северные конвои）”，从而使盟国与莫斯科之间的关系迅速降温（第84号文件）。在此之前，盟国关系的焦点是开辟第二战场问题，各方所持立场存在严重分歧。

美军司令部的主要军事构想是对德军主力实施“迎头痛击”，他们认为这
116 才是击溃德国的最有效方法。1942年3月，时任美军集团军参谋长的D.艾森豪威尔（Эйзенхауэр Д.）将军组织制定了“围猎（Раундап）”行动计划，即在1943年春天，动用48个师的兵力横渡英吉利海峡，向法国北部发动密集攻势。如果1942年夏秋之际苏联出现崩溃的危险，或一旦德国遭到“极度削弱”，则制定了相应的“微型战役”计划，代号为“重锤（Следжхаммер）”，即只动用上述兵力中的6—8个师。

伦敦坚持奉行“周边战略”，将赌注押在红军最终拖垮德军上，再以军事封锁、轰炸以及突袭作战相配合争取获胜。

坚守地中海（“软腹”）可保卫大英帝国的海上重要交通线，防止德国人向英国传统势力范围苏伊士运河和中东渗透。1941年7月末，皇家总参谋部拟定的“全局战略”中这样形容：“德国军队足够强大，即使俄国能扼守东线，德军也同样有力量在西线迎击我们，凭借他们现有的战斗力和士气，我

们难有胜算。我们首先应该摧毁支撑战争机器运转的基础——经济输血功能、精神动力、补给供应和对胜利的期待。只有这样，我们才能重返欧洲大陆，占领并控制敌国本土，使其听命于我们。”[1] 美国军人非常了解英军战略的实质。“对敌实行困扰、封锁、包围、消耗其精神及物质资源，而不实施决战性的进攻战役的策略，是有史以来英国军事战略的核心。”参谋长委员会的一份计划报告中写道，“这种策略的另一特点就是，借他国的人力物力资源来保障自身的优势。”[2]

苏联在与法西斯军队一对一的正面厮杀中蒙受了巨大的损失，为了国家和人民的生存一直在坚持顽强的斗争，由于尽快开辟第二战场作为主攻方向的问题与其息息相关，斯大林多次坚定地向盟国发出呼吁。

罗斯福最初支持美国军方的战略。在1942年4月在伦敦举行的美英司 117
令部磋商中，英国人起初同意了华盛顿的建议，但之后又游说总统和将军们，试图用“体操运动员（Гимнаста）”替代“重锤”行动，在北非实施登陆，丘吉尔将其视为所谓的“第二战场”。参谋长委员会将该计划与“大头针（Буловочный укол）”行动进行了比较，认为后者将“分散盟军兵力，搁置占领欧洲大陆的做法更不会对苏联产生有效的帮助”。[3]在形势仍不明朗的情况下，莫洛托夫秘密访问了伦敦和华盛顿（1942年5月22 日至1942年6月11日），此行目的是为了开辟第二战场及同英国签订联盟条约。

在伦敦，莫洛托夫未能从丘吉尔那里获得在欧洲开辟第二战场的任何保证。与罗斯福就这一问题的谈判同样步履维艰。克里姆林宫的连环动作结果是盟国承诺在1942年开辟第二战场，但实际上仍是一张空头支票。鉴于英军对美英联合军事行动中的贡献，以及英军司令部善于维护自己的战略路线，因此在制定盟国军事战略的过程中，伦敦具有更多的话语权。7月，丘吉尔与军方一起未费太大周折便成功说服罗斯福实施“体操运动员”行动，后更名为“火炬（Торч）”行动，登陆北非，放弃进攻欧洲大陆。陆军参谋长G.马歇尔（Маршалл Дж.）将军提醒白宫，在欧洲开辟第二战场最快也要等到1943年，甚至可能等到1944年。同时，美国军人在给总统的报告中承认：“在冬季到来之前，事实上，俄国仍将独自面对德国纳粹的全部战争实力。在此期间，其他盟国的命运主要取决于俄国军队的顽强和战斗力。”[4] “换言之，”迈斯基在日记中对所发生事件的本质做了总结，“在我们最危急的关头，我们被盟友抛弃，只能听天由命。”[5]

在北非实施登陆作战的决定在很大程度上明确了西方盟国在战争中的下一步战略决策，并且是在没有与苏联领导层进行任何协调的情况下通过的。

正如事后迈斯基写给斯大林的信中所说的那样："英美沆瀣一气，做出了这一决策（'火炬'行动——作者注）。我们不但没有参与讨论和制定这一决策，
118 而且直至木已成舟我们才被告知。"[6] 该决议直接导致向苏联的供给再次被缩减，使供给的主要方向转为满足"火炬"之需。"既不开辟第二战场，又不增加供给"的状况使斯大林在7月23日致丘吉尔的信函中暴跳如雷，这几乎将联盟关系推向了崩溃的边缘，直到1942年8月丘吉尔对莫斯科进行访问，才最终挽回了局面。

战后边界及签署英苏联盟条约的问题在"三巨头"的往来信函中鲜有提及（第50、51号文件），但这并不影响其对盟国关系所具有的重大意义。12月在与艾登会谈时，斯大林突然向西方伙伴提出：承认苏联战后扩大边界的诉求，其主要原因不仅是因为希望明确战争的地缘政治目标，而且因为在莫斯科保卫战中成功击退德军，使克里姆林宫产生了短暂的乐观情绪，斯大林认为此役是德国加速灭亡的序曲。"最高统帅"于1942年1月下达了在本年速战速决的任务，而外交人民委员会已着手组建第一个和平条约与战后委员会。

然而，苏联外交部门欲将边界问题同英苏条约捆绑的意图招致了华盛顿的坚决反对，伦敦的反对程度次之，据英国相关文件显示：伦敦愿意与斯大林就边界问题友好协商。莫洛托夫在伦敦的谈判陷入僵局，然而，斯大林又突然同意删除协定中具有争议的领土问题，局面才得以缓和。在此之前，他刚刚收到哈尔科夫一役惨遭失败的消息，斯大林想必已经明白：战争具有持久性，"熊没打死就分皮"，未免为时过早。目前回避此类问题也可使斯大林在战后调解中放开手脚。苏联立场的迅速转向再次直观地证明了斯大林在确立苏联对外政策方针方面的核心作用。

在1942年一年间，斯大林的主要通信对象仍是丘吉尔，他自愿扮演了西方与克里姆林宫关系的调停人角色。罗斯福已开始对此感到苦恼，他希望加强同斯大林的个人接触。4月，罗斯福首先和斯大林谈起了单独会面的事，而
119 且建议不但对丘吉尔保密，甚至包括美国国务院（第55号文件）。

* * *

在罗斯福与斯大林的下一封信函之前，战争形势陡然发生了变化。12月8日，日军偷袭珍珠港后，美国对日宣战，12月11日，德国和意大利对美宣战。中国于12月9日对轴心国宣战。在这种情形下，白宫决定采取紧急措施，呼吁盟友在亚洲对日本进行集体还击。12月8日，罗斯福在与苏联新任驻美

大使利特维诺夫交谈时，“显得异常疲惫且忧心忡忡”，他问大使，苏联是否认为日本会向其宣战，大使“表示怀疑，因为从日本自身的利益出发，现在卷入同我们的战争未必划算”。[7] 在12月11日的会晤中，利特维诺夫告知罗斯福：苏联现在不会对日作战。总统请大使向外交人民委员会转达自己的请求，“请我们不要公开我们的中立立场，而做出还没有拿定主意的样子，这样在我方战场便可拖住更多的日本兵力，不然，他们就会腾出手来对付英国和美国”。[8] 12月14日，罗斯福紧急召见利特维诺夫，并请他转交就此问题写给斯大林的信函。

33. 罗斯福致斯大林的信函

1941年12月14日发　　　　1941年12月16日收

我认为，当前至关重要的是采取紧急措施，为最近几周以及为最终击溃希特勒主义创造协同行动的条件。我很想与您面谈，但目前还不可行，代之我采取三个预备步骤，希望它们能为我们制定更长远的协同计划打好基础。

1. 我建议蒋介石大元帅在重庆立即召开由中国、苏联、英国、荷兰及美国代表出席的会议。与会人员不应晚于12月17日到会，并且于周六即12月20日之前以保密形式向各自政府汇报会议结果。这将使我们从重庆的角度对所面临的共同问题有一个初步的认识。

2. 我请英国人在新加坡召集海军工作会议，最好也于周六即12月20日之 120
前提交报告，主要是以南部战役为出发点。

3. 如果您能在莫斯科亲自与美国、英国和中国大使会谈，并把就所有问题的建议在周六即20日之前告知于我，我将不胜荣幸。

4. 本周，我将和驻本地的英国联络处讨论上述问题，并把我们对形势的看法告知您。我和利特维诺夫进行了成功会谈，我完全理解您所面临的紧迫任务。我想重申，美国人民备受贵军在保卫伟大国家的斗争中所取得的成就所鼓舞。我希望，拟于本周召开的预备会使我们的计划工作更加常态化。霍普金斯和我向您致以由衷的问候。

珍珠港事件后，丘吉尔立刻建议罗斯福举行个人紧急会晤，根据新的形势修正战争计划。对首相来说，最重要的是防止美国的关注重点从德国转向日本。罗斯福同意丘吉尔来访。1941年12月12日，英国代表团乘坐“约克公爵（Герцог Йорский）”号战列舰驶向美国，参加代号为“阿卡迪亚（Аркадия）”的华盛顿会议，此次会议将通过关于建立美英联合指挥部及制定军事计划的重要决议。在舰上，丘吉尔将此事写信告知了斯大林，但首相所允诺的告知会议决议的“所有消息”只停留在纸面上。12月16日，此信由正在莫斯科进行正式访问的艾登亲呈斯大林。如艾登向丘吉尔汇报时所说，苏联领袖“对您的信函非常满意”。[9]

34. 丘吉尔致斯大林的信函

1941年12月15日发　　　　1941年12月16日收

我现在正在赴会罗斯福总统的途中，准备讨论我们的共同计划。我将在
121 华盛顿通过电报将事情进展告知您。我会与利特维诺夫建立联系，我想您也
希望如此。

当我每天都收到来自俄国前线的捷报时，那种轻松的感觉无以言表。从战争爆发开始，我还从未感到过如此自信。

12月14日，利特维诺夫向斯大林转述罗斯福信函的内容时，如此形容总统的动机：“我认为，罗斯福是在讨好舆论，舆论曾要求盟国采取联合行动，并指责总统之前没有把我们纳入太平洋问题会议成员名单。”“有可能，”他补充道，“罗斯福只是想让我们哪怕间接或者口头上站在日本的对立面，这是他这么做的唯一目的。”尽管大使怀疑罗斯福的动机，但他还是建议接受罗斯福的提议，派苏联代表以观察员的身份出席会议，这就可以“公开表明我们没有参战，并突出我们的特殊地位，即使中国人声张出去，也不会由此而招致日本的抗议”。[10]

然而，斯大林早就担心苏联被美国过早地拖入对日作战，因此他决定比利特维诺夫要更加小心行事：他抓住这个机会，彬彬有礼地请求罗斯福阐释其召集会议的目的。他的极度谨慎还表现在对珍珠港事件的简单表态上——他甚至连侵略者国家的名称都省略了。

35. 斯大林致罗斯福的信函

1941年12月17日发

您的来函于12月16日收悉。鉴于您在信中未明示重庆和莫斯科会议的目的，且距离会议开幕只剩下一天，我希望尽可能地了解会议的目的，艾登先生已经抵达莫斯科，我因与其会晤，故耽误出席会议。然而，据我所知，艾登先生同样未收到有关此问题的任何消息。鉴于此，我非常希望从您那里得到必要的阐释，以保证苏联代表参加会议取得如愿成果。

请允许我向您对苏联军队所获成就的赞赏表示感谢。 122

祝您取得太平洋反侵略斗争的成功。

向您和霍普金斯致以我亲切的问候。

利特维诺夫于12月19日把信亲自交给了罗斯福。总统在答复斯大林的问题时的反应，与大使之前的对其描绘如出一辙，"双手一摊，又开始重复那些含混不清的解释，对此我已经耳熟能详了"。接下来，罗斯福开始论述美国有可能对日本和德国做出的反击——从中国南方起飞轰炸日本，反击德国对北非的进攻。"我认为，所有这些谈话都是惘然若失、软弱无力的表现，"利特维诺夫声色俱厉地总结道，"荷兰印度以及新加坡的地区形势不妙，太平洋战场上的阵地都有可能丢失。罗斯福想通过加强积极外交活动、召开任何形式的会议来制造表象，因为社会舆论要求泛结盟国家集体行动、统一计划纲领。"[11] 莫斯科的观望战术此时被证明是正确的。从此，罗斯福再也没向斯大林提起这个问题，然而，1941年12月22日，罗斯福向利特维诺夫声称，他打算讨论建立由美国、英国、苏联和荷兰代表组成的太平洋最高军事委员会。就该问题，莫洛托夫于12月24日电复利特维诺夫："……我们感谢罗斯福邀请我们参加最高军事委员会，但很遗憾，目前我们不能与会……因为我们不是远东战争的参战方。"[12] 就在同一天，美英参谋长联合委员会例会就如何加强苏联对日作战这一问题展开了讨论，得出的结论是："对俄国而言，在其自我感觉不能够有效行动时，最好不要采取任何措施，因此，此时向俄政府施压乃非明智之举。"[13]

成立于1942年初、由美国、大不列颠和中国参加的太平洋军事委员会成效甚微。对苏联的缺席，美国不无察觉。1942年4月，利特维诺夫在给莫洛

123 托夫的电报中指出:“在这里成立的太平洋委员会因忽略苏联而招致某些人士的责难，因社会舆论并不知晓，是我们自己拒绝参加。”[14]

为了巩固自己同苏联领导人的关系，及感谢斯大林对自己生日的祝贺，当自己的通信对象过生日之际，丘吉尔决定还以同样的祝福。斯大林非常谦恭地回应了丘吉尔的祝贺，他首先祝贺首相，祝贺英国军队在利比亚取得的胜利。“十字军（Крестоносец）”战役（1941年11—12月）不仅从纯军事的角度意义重大——主要战役成果是解除了德意军队对具有战略重要性的图卜鲁格（Тобрук）港的封锁，而且从精神心理角度来看——这是英国人自二战开始以来首次对德军的胜利。但事实上，“十字军”战役的战果并未如1941年12月给人的印象那么辉煌，“交战持续了太久并耗尽了物资给养，”研究人员指出，“攻克昔兰尼加（Киренаика）以后，英国军队已疲惫不堪，无力达成最终战役目的——夺取的黎波里和占领利比亚与突尼斯边界地带。”[15]况且，英国人在海上境遇也不尽人意：意大利海军成功地保障了隆美尔军队的给养供应。在英国人实施“十字军”战役时，隆美尔却得到了“前所未有的150389吨物资及86031吨汽油”。[16]“轴心国”的这些不太显著的战绩为英军在北非制造了新的难题。

根据文件页边注判断，莫洛托夫建议将斯大林与丘吉尔的互贺信公开刊登在苏联刊物上，但斯大林划掉了自己副手的批语，看得出，他并不想把与丘吉尔的信函来往一事公之于众。

36. 丘吉尔致斯大林的信函

1941年12月21日发　　1941年12月21日收

值此您生日到来之际，我谨向您致以衷心的祝贺，并祝愿您在未来的日子里，这场暴风骤雨过后，带给俄国胜利、和平与安全。

124 37. 斯大林致丘吉尔的信函

1941年12月27日发

非常感谢您对我生日的祝愿。借此机会，我对您和友好的英国友军在利比亚取得的新胜利致以衷心的祝贺。

身处华盛顿的丘吉尔发现，美国媒体及外交报告对《真理报》于12月30日（而非丘吉尔所写的31日）所发表的Д.扎斯拉夫斯基（Заславский Д.）题为《菲律宾的贝当范式》一文予以了负面评论。作者以尖刻、讥讽的形式指责美国人拱手让出菲律宾，并将其比作“仰面朝天，蜷曲蹄脚，向自己的敌人祈求怜悯”的“上帝小驼鹿”。在文章中，将此种贝当范式形成对比的是列宁格勒和伦敦的英勇抵抗。英国外交部不无幸灾乐祸地评论道：文章作者“实际上是责怪美国人的胆怯，并将其与坚强地承受德机轰炸的伦敦和莫斯科居民相对比”。[18] 这篇文章正中要害，由于没有接受珍珠港的教训，D.麦克阿瑟（Макартур Д.）将军率领的部队同样放松了警惕，遭日军突袭并仓促撤离菲律宾，这使得华盛顿苦不堪言。但美国某些历史学家指出：“很多美国人认为，麦克阿瑟的行动是十分出色的，新加坡、仰光与爪哇沦陷后，美国和菲律宾军队仍在继续抗击……罗斯福、马歇尔和美国海军却因此事倍受指责，后者是因为未能给麦克阿瑟将军运送华盛顿应允的弹药补给。”[19] 由于舆论的推动，马歇尔不但没有批评麦克阿瑟，反而在1942年3月授予他荣誉勋章——美国最高军事奖章。与此同时，是年4—5月，美国在菲律宾最大岛屿吕宋岛的最后堡垒沦陷。《真理报》对麦克阿瑟行动轻蔑的评论与当时美国的社会舆论可谓大相径庭。

作为斯大林的主要通信人，丘吉尔决定就发表此类文章的弊端给斯大林
以友好的提醒。斯大林则巧妙地做了回复，既否认了文章的官方性质，又未 125
对作者予以指责。

38. 丘吉尔致斯大林的信函

1942年1月3日发　　1942年1月5日收

读罢美国媒体所刊载的《真理报》12月31日的文章，我深感忧虑，此类文章的发表应事先获得俄国政府的准许。我想您会允许我说：继续发表此类批判文章会在美国引起轩然大波。从纳粹侵略贵国的第一天起，我就在为苏俄争取美国可能提供的援助，因此，我情愿向您提出这个完全私人性质的友好意见。

39. 斯大林致丘吉尔的信函

1942年1月8日发

对您的来函和致力于发展苏美友好关系而操劳致以诚挚的谢意。您所提及的《真理报》文章不具有任何官方性质，当然，除了我们反对侵略的共同利益，也没有任何其他目的。苏联政府方面会尽一切可能、也将尽一切可能继续维护苏美关系。

丘吉尔经常对红军战绩表达祝贺，有其真实的依据。始于1941年5—6月的莫斯科反攻促成了一连串新的胜利：12月16日收复了加里宁（Калинин）（现称特维尔（Тверь）），12月20日收复沃洛科拉姆斯克（Волоколамск），12月29—30日收复费奥多西亚（Феодосия）、卡卢加（Калуга）和刻赤（Керчь）。收复费奥多西亚的行动可圈可点：在舰炮火力掩护下，登陆部队抢滩成功，击溃了德国卫戍部队近乎绝望的抵抗。之后又击溃前来增援的罗
126 马尼亚兵团。战役的成功效应并未停留在费奥多西亚：在其声势威慑下，德国第42军司令官主动将部队撤离刻赤，他因此被立即撤职。“非常沉重的一天！”德军陆军总参谋长F.哈尔德（Гальдер Ф.）上将1941年末不止一次地在日记中这样写道。[20]

与此同时，最高统帅部大本营也在酝酿下一阶段战争的军事战略。1942年1月5日，斯大林在大本营会议上，据朱可夫回忆，阐述了自己对下一阶段军事行动的看法：“德国人因莫斯科会战的失败而手忙脚乱，对冬季的到来准备不足。现在是转入总攻的最佳时机……我们的任务是，”他一边思索一边习惯性地沿着办公室踱来踱去，“把他们不停地向西驱赶，迫使他们耗尽春季之前的储备……”朱可夫和苏联国家计划委员会主席H.A.沃兹涅先斯基（Вознесенский Н.А.）所表达的忧虑（所有战线如此大规模作战所必需的物资不足）没有发挥作用。“最高统帅”未与大本营成员协商，便对大家宣布决议通过。[21]

结果，红军总攻定于1月7日开始。在1月10日大本营下达的战斗号令中，总攻的任务是：保证在“1942年彻底摧毁希特勒军队”。[22] 这次总攻效果距离目标相差甚远。

丘吉尔并不知晓苏联战争计划的骤然改变。在他给斯大林的信中表达了

自己对红军战绩的祝贺，并将其“载入”为“共同事业”而奋斗的史册，他指的这个共同事业就是英军在利比亚的军事行动和脚踏实地履行为苏联提供供给的计划。

斯大林在信中指出，莫斯科保卫战的胜利和英军在北非的胜利在时间上大致吻合。他们之间还有另外一个共性：就是苏军和英军自与法西斯军队开展斗争以来第一次取得真正意义上的胜利。俄罗斯军事历史学家指出：“1941/42年冬季德军对自己的实力开始丧失信心，反观苏联指战员，战胜敌人的决心日益坚定。”[23] 尽管图卜鲁格战役从精神层面上和莫斯科保卫战相比具有相同效果，但战役规模差之甚远。如果说，“十字军”战役双方投入23.7万兵力，德意军队伤亡2.83万（英军 1.77万），[24] 那么莫斯科保卫战类比数字 127
要高出数十倍之多：鏖战双方的兵力投入总计达700万，德军伤亡61.5万人，红军伤亡95.8万人。[25]

40. 丘吉尔致斯大林的信函

1942年1月11日发　　　　1942年1月15日收

我非常高兴收到您的亲切来电。电文是1月9日经利特维诺夫先生转至我处的。这里的报纸对俄国军队钦佩不已。请允许我也表达一下我本人对伟大胜利的敬佩，这个胜利是对武装力量及其指挥员所表现出的忠诚的褒奖。我在本国讲话中一直强调：对于俄国，我应全部履行所商定的供给，这是极为重要的。

我向您致以新年最美好的祝愿。

41. 斯大林致丘吉尔的信函

1942年1月16日发

对您就新年以及红军取得的成就发来的贺电表示由衷的感谢。恭贺您及大不列颠军队在北非取得重大胜利。

42. 丘吉尔致斯大林的信函

1942年2月8日发　　　　1942年2月11日收

贵军在反击德国侵略者的斗争中不断取得的辉煌成就，我们感同身受，我们对这种行为的赞赏无以言表。对于俄国为我们的共同事业所做出的贡献，我不能不对您道谢和祝贺。

关于开辟第二战场和派遣美国军队到苏德战场（Советско-германский фронт）的问题，在斯大林与罗斯福往来信件当中暂时消失了。1942年1月底，利特维诺夫建议苏联领导层就美英参加在欧洲开辟第二战场的问题重新向华
128 盛顿施压。“我们当然乐见盟军在欧洲开辟第二战场，”莫洛托夫回复道，“但您知道，就开辟第二战场一事，我们已经三次遭拒，再不想遭到第四次拒绝了。所以，您不应在罗斯福面前重提开辟第二战场的问题。等待时机，有可能盟国自己会主动向我们提起。”[26]

下封信是罗斯福1942年2月9日写给斯大林的，主要讲的是供给问题，从字面上看属于情况通报。总统知道，由于对日战争以及运力紧张，还有华盛顿官僚作风作祟，导致承诺的供应中断。美国国防部关于向苏联提供物资的情况报告中指出：前3个月（1941年10—12月），所有已经装运的物资（包括在途中的）全部计算在内，坦克实发298辆，应发750辆；歼击机实供780架，应供900架；轻型轰炸机实供747架，应供828架。罗斯福下令从1942年1月1日起恢复供应装备，按每月计划指标足额提供，至4月1日以前将所有未完成部分补齐发运。[27] 总统非常清楚莫斯科对停止物资补给会相当不满，此前已发生过多次苏联驻华盛顿代表对此抱怨的情况。马歇尔将军在1942年1月26日的参谋长联合委员会会议上说，“近期我们收到了俄国人的强烈抗议，他们认为我们违背了莫斯科协议所规定的供给义务”。[28] 下封信旨在通过采取补救措施缓解莫斯科的不满。

43.罗斯福致斯大林的私人秘密信函

1942年2月9日发　　　　1942年2月11日收

1—2月份，我们装运或将装运449辆轻型坦克、408辆中型坦克、244架歼击机、24架B–25和233架A–209。

我深知尽快将武器全部交付贵方的重要性，现正全力以赴，以将其发运贵国。

根据我们这里目前掌握的材料，贵方正在成功地驱逐纳粹。

尽管我们目前在远东经受着困难的考验，但我希望我们在不久的将来能
在这一地区站稳脚跟并能让日本人止步。同时，我们对未来可能的失利做好 129
了准备。

罗斯福显然对这封信的枯燥行文不太满意，随即决定采用新的更加热情和积极的内容予以补充。根据总统的这一愿望，韦尔斯在2月10日给罗斯福的报告中准备了新的信函方案，以备“如果您想补写一封更具个人色彩的信”时之用。[29]此时重新写信的理由非常充分——向苏联推荐新大使W.斯坦德利(Стэндли У.)，而且总统决定向苏联提供新的用于支付租借法案物资的大额贷款。早在9月份，斯大林与哈里曼和比弗布鲁克会谈时就尖锐地批评施泰因哈特是一位“失败主义谣言的散布者”、“对俄国政府欠尊重”以及“对胜利没有信心”。[30]哈里曼对乌曼斯基的评价同样欠佳，由此，美俄双方很快就互派了新任大使(苏联同意斯坦德利新任美国驻苏大使的通知于2月7日收到)。罗斯福删除了韦尔斯方案中的最后一段，这段话中提到斯大林与哈里曼的往来信件，涉及租借法案物资运输问题，并表示“我们有信心彻底解决这些问题”。显然，总统了解情况的复杂性，不想给出坚实的承诺。

44.罗斯福致斯大林的信函

1942年2月12日发　　　　1942年2月14日收

贵国政府同意接受我忠实的老朋友斯坦德利将军任美国驻苏大使，我感到非常满意。多年以来，我们一直是亲密的同事，且我对他完全信赖。我推

荐他，不仅因为他忠诚、能干，而且因为他高度赞赏苏联成就、并为之惊叹。您大概还记得，他去年和哈里曼一道访问过苏联。斯坦德利将军从莫斯科回国后，为加深美国对苏联形势的了解付出了很多努力。我相信，凭借他的丰富经验以及对我们两国所面临问题的了解，在与贵方的合作中，他的努力会使我们两国的关系更加密切并获得成功。

130 现有一事值得关注，苏联政府于我国订购的物资和武器金额已超出10亿美元，这笔款项是去年秋天依照武器交付租借法案以及根据我们之间的往来信件交予苏联政府支配的。鉴于此，我建议，继续依照此法律，第二个10亿美元与第一个10亿美元采用同样的借款条件，同样由贵国政府支配使用。如果您对第二个10亿美元借款条件有何其他想法，请您放心，我们会认真、友善地审议。可能，晚些时候，鉴于形势的变化，我们都希望修订我们现在签署的款项协定。

在回复丘吉尔对红军胜利的例行贺信时，斯大林也决定在自己的电文中添加坚信盟国必胜的表述。电文的第二句话完全由斯大林亲笔完成。他所言苏德战场出现的困局这句话不是空穴来风。斯大林于1月5日在最高统帅部大本营会议上提出了以发动大规模进攻彻底击溃敌人的想法，这实际上是无法实现的。担任包围并歼灭"中央集团军群（Группа армий Центр）"任务的加里宁方面军（Калининский фронт）（司令员И.С.科涅夫（Конев И.С.）上将）和西部方面军（司令员Г.К.朱可夫大将）在勒热夫–维亚泽姆斯基战役（Ржевско-Вяземская операция）中（1月8日—3月31日）遇到了严重问题。除军事指挥失误外，还体现了斯大林的思想特点，他坚持自己的计划，对困难和损失视而不见。甚至在1942年2月初，被德国人反击成功之后，М.Г.耶夫列莫夫（Евремов М.Г.）中将指挥下的第33集团军被德军包围，此时，最高统帅部大本营仍"错误地认为还有希望击溃'中央'集团军……此时的斯大林对莫斯科以西战局的继续发展仍持乐观态度"，—— М.Ю.米亚赫科夫（Мягкова М.Ю.）在其专著中指出。[31]

131 45. 斯大林致丘吉尔的信函

1942年2月14日发

感谢您对红军战绩的祝贺。尽管苏德战场和其他战场一样困难重重，但我一分钟也没有怀疑过苏联、英国和美国这一强大的联盟定将击垮敌人并取得最终胜利。

斯大林给罗斯福的两封回信几乎是同时发出的，如果说斯大林在回复2月9日的第一封回信中还形式枯燥的话，那么第二封信却发自内心地感谢美国提供的新贷款。两个文本都是莫洛托夫拟定的，斯大林未做任何改动便批准了。很典型的是，斯大林纵有千百个理由，他总是能克制自己不针对物资供给问题直接批评对方政府。由对外贸易人民委员А.И.米高扬（Микоян А.И.）为斯大林和莫洛托夫准备的关于头3个月的第一议定书总结报告中指出："英国履行其义务还算认真和守时，美国方面的供应则完全另样。""美国政府代表，"文件结尾处写道，"允诺的时候十分慷慨，履行义务时随心所欲。"[32] 斯大林克制的原因不仅是不希望触犯总统，他更清楚罗斯福和霍普金斯为改变现状已尽其所能，那时美国军方及其他部门经常对总统的命令虚与委蛇。[33]

46. 斯大林致罗斯福的信函

1942年2月18日发

您的来函以及美国1—2月份武器例行供给通知均已收悉。我想说的是，此时正值苏联军民全力反攻、驱除希特勒军队之际，美方履行供给协议，提供坦克和飞机之举，对于我们的共同事业乃至将来的胜利具有重要意义。

47. 斯大林致罗斯福的信函 132

1942年2月18日发

您于今年2月13日的来函收悉，我首先想说的是，我同意您的说法，美国新任驻苏大使斯坦德利将军受到您如此赞赏和评价，我相信通过他的努力，将使我们两国之间的关系更加密切，也一定会取得显著成绩。

总统阁下，您决定按照租借法案为苏联政府提供第二笔10亿美元贷款用于武器租赁，且借贷条件与第一笔10亿美元相同，苏联政府予以接受并表示衷心的感谢。就您提出的问题，我应当说，目前，鉴于在与共同敌人的斗争中苏联的资源几近枯竭，为了不再拖延实施，苏联政府就第二笔与第一笔贷款条件不予变更一事没有异议。同时，我完全同意您的建议，并希望于晚些时候，待双方都希望重审现有贷款协议时，综合上述情况，再行复议。

借此机会，我想请您予以关注的是：苏联相应机构在落实美国援苏贷款时遇到了相当大的困难，特别是将在美采购的武器和物资运抵苏联港口的运输问题。我们认为，在目前条件下，采用英国的运输方法运送美国的武器是妥当的，英国方面是将武器从英国运送至阿尔汉格尔斯克，且取得了良好效果。但是美国方面还未采用此种方式。这种运输方式的特点是，英国负责武器和物资供应的军方自行选择货轮、自行负责装运，并为货轮提供护航至到达港。如果美国政府采取这种武器运输方式且护航至苏联港口，那么，苏联政府将感激不尽。

此致

衷心的敬意

И.斯大林

133 斯大林提出借鉴英国方式集中管理美国供给的建议在白宫引起热议。“我认为这很重要，我们应该这样做，”总统在信函译稿上给霍普金斯写道，“请以我的名义起草回信。”[34] 回信由利特维诺夫发出。

48. 罗斯福致斯大林的信函

1942年2月23日发 1942年2月24日收

在此确认您2月24日的来函收悉。

我想通知您，在适当时机，我们愿意与您重议武器租赁款项协定。而目前最重要的任务是，解决装备交付问题。

我已下令研究您关于供俄武器集中管理的建议。

关于贵军获胜的新消息使我们深受鼓舞。

值此红军建军24周年之际，谨向您致以我个人的热烈祝贺。

丘吉尔同样决定首次向斯大林祝贺红军建军节，并称其为国防委员会（ГКО）主席。贺信通过电报总局用明码发出。

丘吉尔在信函中表达了对红军的赞扬和谢意，但这并不意味伦敦彻底摒弃了对红军的轻蔑，如1941年夏季的有关言论。当时，联合侦察委员会认为红军对德国人的抵抗“尽全力也只能坚持几个月”，就连亲苏的克里普斯也认为红军将于3—4周后败北。[35] 尽管苏联武装力量在1941—1942年冬季的战役胜利驳斥了此类观点，但尚未使其心服口服。所有迹象表明，认同捷克斯洛伐克驻苏联军事联络处主任G. 皮克（Пик Г.）上校所做报告的结论在伦敦大有人在，艾登于2月24日将该报告分发给了内阁大臣们。[36] 捷克斯洛伐克军官认为勿仓促定论：待“对俄国人最为有利的冬季”结束，同时也必须指出，“德 134
国人可能会及时开进大批重型装备”。美国驻古比雪夫代表也持相似意见。“俄国漫长而寒冷的冬天即将结束，可以预料德军将对苏联发动春季进攻”，临时代办W.桑顿（Торнстон У.）于3月20日向华盛顿报告说。[37]

2月下旬，丘吉尔对苏德战场的关注已经让位于新加坡。2月15日，英国重要的海外军事基地的沦陷极大地震撼了丘吉尔，对他来说，这不仅是军事上的失利，而且使其心理上几近崩溃：被俘英军在人数上超过了日本部队的数量。“父亲很沮丧。他不但身体不适，而且一直被事件所造成的毁灭性打击折磨着”，[38] 丘吉尔的女儿玛丽在2月28日的日记中写道。在伦敦甚至有关于他下台的传闻，说克里普斯将取而代之。[39]

丘吉尔于2月27日向斯大林写了一封翔实的有关英国军事问题的信函，其中写道：“日本在侵犯马来亚、缅甸及荷兰西印度所展现的强大进攻实力，使我们的境遇严重恶化。”该文件显示，丘吉尔准备收回向苏德战场南部地区派遣空军的建议。但是，谨慎的参谋长委员会说服首相不要向莫斯科发送如此悲观的信函。[40]

49. 丘吉尔致斯大林的信函

1942年2月23日发　　　　1942年2月24日收

今天是红军建军24周年庆祝日，经过8个月的艰苦奋战，从指挥员到列兵赢得了至高荣誉，他们的业绩将永载史册。

值此庄严之际，我谨向您——苏维埃社会主义共和国联盟国防委员会主席以及苏联武装力量全体官兵转达英国人民对你们伟大壮举的钦佩和感谢。我们坚信，我们共御顽敌的斗争必将以我们的胜利而告终。 135

2月末至3月初，丘吉尔决定就北线护航运输队问题再次致信斯大林。A.贾德干（Кадоган А.）形容此做法“相当愚蠢”，于是他征得艾登的同意，对其做了彻底修改，此举招致了丘吉尔的不满。[41] 之后在外交部对方案重新研讨，几易其稿，最终夭折。

丘吉尔于3月9日所写的下一封信中的第一点值得关注，其重点是有关承认苏联1941年6月22日西部边界状态的英苏谈判问题。斯大林非常重视国际上承认边界的合法性，早在苏联参战之前，苏联外交部就力图让华盛顿和伦敦对此承认，但无功而返。首轮关于西部边界的正式谈判始于1941年12月艾登访苏期间，当时，斯大林要求将其作为苏英联盟条约（Советстко-британский договор союза）的组成部分，而苏波边界作为单独议题讨论。在接到内阁和丘吉尔本人的指示后，艾登对此要求未予表态，致使访问期间条约磋商中断。大臣这样解释了自己的立场——所有领土问题须在战后世界和会讨论。他借口需要与美国及英国自治领磋商，使莫斯科产生了通过外交渠道使英国人就范的想法。[42] 迈斯基一直在敦促艾登，最后艾登在2月初绕过丘吉尔将此问题提交到内阁讨论。据贾德干回忆，首相“对俄国人的动机不甚了解。如果战争取得了胜利，他们会攫取波罗的海沿岸国家，英国也不会为此而发动战争”。[43] 艾登本人赞成满足苏联的要求，他认为必须保持联盟的团结，并考虑到苏联的安全构想。[44] 他还得到了比弗布鲁克的支持：“如果我们
136 想与俄国结盟，就应摒弃前嫌。承认俄国被侵略之前的边界是建立互信合作的基础，恰恰是德国的侵略把俄国变成了我们的盟友。波罗的海沿岸国家是俄国的爱尔兰。莫斯科对它们的战略控制对俄国人来说非常重要，如我们拥有爱尔兰的基地一般。”[45]

然而，多数内阁大臣，包括首相在内表示需要延期解决该问题，并且必须与华盛顿进行沟通。[46] 哈利法克斯得到指示，试探罗斯福对此事的看法，但罗斯福未予直接答复，称他将通过利特维诺夫同斯大林解决这个问题。白宫干涉英苏双边谈判的做法使伦敦不悦：“总统（我认为是错误的）多次与我们步调不一致，而这是众多事例中的首次。他自认为直接与斯大林交涉会获得更多……”艾登在自传中写道。[47] 他成功说服丘吉尔，让他请求总统不要阻挠满足苏联条件的条约签署。3月7日，首相致信罗斯福，其中写道：“战争具有令人警醒的意义，它使我认识到，大西洋宪章的原则不应妨碍承认俄国被侵犯之前的边界……我希望您能够赋予我们签约的自由，因为斯大林想这样做。”[48] 这封信正是丘吉尔致斯大林的电报中所提及的那一封。丘吉尔保证向苏联的补给不会中断，目的是打消苏联方面的担忧，因为对苏援助的积极拥

护者比弗布鲁克男爵于2月中旬辞职：军需大臣比弗布鲁克与劳工大臣E·贝文（Бевин Э.）因前者越权问题而产生矛盾，丘吉尔站到了工党一边，因为获得工党的支持对战争极为重要。本月底，迈斯基提示艾登，建议首相给斯大林专门写信，就此问题予以安抚，但丘吉尔未听从谏言。[49] 丘吉尔同时告知斯大林，伦敦打算加强对德空袭。这不只是空话。2月14日，空军部向轰炸航空兵司令部下达战斗号令：扩大夜间空袭区，包括德国城市住宅区。3月28 137
日—29日夜间对吕贝克（Любек）的空袭展示了英国的坚定决心：300人丧生，800人受伤，近60%的居民楼被毁——这就是空袭的结果。[50] 总之，在法西斯军队向红军展开春季攻势之前，丘吉尔竭力缓和与斯大林的关系。"他认为与斯大林的关系必须有所进展，且乐此不疲，甚至考虑亲自赴约与斯大林会面，比如在德黑兰（Тегеран）或阿斯特拉罕（Астрахань），并和比弗布鲁克一同前往……"哈维在3月6日的日记中写道。[51]

50. 丘吉尔致斯大林的信函

1942年3月9日发　　　　1942年3月12日收

1. 我已致函罗斯福总统，力争其同意签署有关战后俄国边界的协定。

2. 我已特地下达指令——我们允诺的供给不能中断，且不能延迟。

3. 现在，待天气转好时，我们将恢复对德国实施猛烈的昼夜空袭。我们将继续研究其他措施，以部分减轻贵国负担。

4. 俄国军队的继续推进与已知的敌人的巨大损失是艰难时期精神力量的源泉。

在向丘吉尔发出下面这封信的前夕，斯大林已经得到有关利特维诺夫的消息，获悉他于3月12日和罗斯福进行了会谈。总统准备参与英苏谈判，并邀请苏联大使就苏联西部边界事宜单独交谈。总统对利特维诺夫表示，他理解苏联诉求的理由，并未看到会"因我们所希望的战后边界"而产生任何分歧。与此同时，总统反对战争期间为此签订秘密协定，应考虑到大西洋宪章以及国内外反对声音的危害性。"罗斯福，"利特维诺夫指出，"明显的用意就是这种协议应该是口头的，而非书面的。"[52] 莫斯科和伦敦同样反对美国人参 138
与英苏谈判，担心它会使本来就艰难的外交谈判变得更加复杂。"我们不希望美国人此时就参与此事，"莫洛托夫3月3日致电利特维诺夫，"我们更乐于此时只同一个伙伴打交道，那就是英国。”[53] 罗斯福所持立场证实了这种担心，克里姆林宫将此理解为白宫有意回避对边界问题进行严肃的讨论。苏联对罗斯福声明的答复由利特维诺夫转交，只作为“情况通报”对待，下一步的努力方向是：继续与伦敦开展边界谈判。英国大使哈利法克斯早在2月20日就曾预测美国会采取此种外交举措：“……总统建议的这种方法将会把您（指艾登——作者注）置于窘地。只同我们，而不和……（原文为空白——作者注）斯大林渴望签署条约……”[54]

斯大林在给丘吉尔回信时，实际上表明了双方继续交换意见的必要性。他对英国的感谢不只是出于礼貌：两周过后，在与英国新任大使克尔首次会面时，斯大林首先感谢英国人履行自己向苏联供给的义务，并由此话题转入双边会谈，甚至承认，与美国人相比，英国人这种尽义务的方式让他感到惊喜。[55] 谈及1942年作为战争进程的转折点，必然使人想起在欧洲开辟第二战场一事。

51. 斯大林致丘吉尔的信函

1942年3月14日发

非常感谢3月12日从古比雪夫转来的您的来信。

139 关于贵国采取措施以保障对苏供给以及加强对德国空袭的消息均已收悉，借此谨向您表达苏联政府的感激之情。

我坚信，通过我们两国军队的共同努力，虽然会历经挫折，但我们共同的敌人终将被消灭，1942年将成为同希特勒主义斗争战线的转折年。

关于您信中提及的第一点——苏联边界问题，我认为，如果双方同意签署条约，那么还需对条约的条款继续交换意见。

这封信是迈斯基于3月16日在城外的切克斯官邸亲自交给丘吉尔的。大使在日记中写道：“看得出首相很满意。”然而，当迈斯基问他如何看待斯大林认为1942年将是战争决定性的一年时，“丘吉尔的脸立刻阴沉下来。耸耸肩，有点儿激动地随口说道：看不出来，1942年怎么能成为决定性的一年呢。”迈斯基坚持道：这种转折是可能的，如果盟军“把自己的全部力量和资源都投入战斗，不管准备状态如何”。大使提醒说，如果不这样做，法西斯军队就会在苏德战场发动新的、大规模的攻势，迫使红军后撤，以致德国人到达高加索乃至南方，从而导致对大英帝国产生灾难性的后果。“可能您是对的，”丘吉尔想了想回答说，“我所掌握的全部情报显示，德国人正在准备东线攻势……是的，你们要经受得住春季的猛烈攻势。我们应该全力以赴、力尽所能地帮助你们。”至于苏联边界问题，丘吉尔和艾登还向迈斯基转述了罗斯福3月12日与利特维诺夫会谈后的反应。艾登指出，美国人的立场可能使苏英条约签署复杂化。丘吉尔承认“从一开始我就不想承认1941年的边界，但因斯大林坚持，我最后还是同意了承认边界……”迈斯基建议对方尽量少看“美国大叔”的脸色，并可以向美国人做如下声明：“我们曾向贵方通报过我们有意承认苏联1941年的边界，而你们对此不喜欢，但我方认为，这一步符合我们战胜共同敌人的利益。我们这样做是寄希望于你们今后更好地理解和评估我们路线的正确性。”[56] 不管英国人是否倾听了这个建议，但迈斯基已准确地猜测出英国立场的后续演进。

比弗布鲁克男爵辞职以前，曾在内阁会议上就尽快承认苏联1941年边界问题发言。3月中旬，他带着丘吉尔的愿望决定亲自前往华盛顿，去说服罗斯 140
福同意他的观点。3月19日，比弗布鲁克通过迈斯基向斯大林发过个人电报，阐明了自己的计划以及请求将该计划通知利特维诺夫。斯大林通过利特维诺夫非常谨慎地回复了他：他未提到边界问题。显然，不是很相信比弗布鲁克此行会取得成果，然而却表示：希望他的旅行有助于加快美国对苏联的补给。[57] 丘吉尔在信中向斯大林通报了有关比弗布鲁克前往华盛顿一事。

关于德军威胁使用毒气以及对其预防的问题，由于完全存在现实的可能性，[58] 丘吉尔再一次利用此事展示了和苏联的团结精神，伦敦准备运用一切手段支援苏联，包括军事反击。但即使在这个问题上也不是痛痛快快，仍然含糊其辞。

一方面，苏英对德国可能使用化武进行战争的行为非常担心。从1942年初开始，苏联的欧洲谍报员就向莫斯科发回了关于德国化工厂正在加紧制造毒气的情报。对外情报总局局长A.H.潘菲洛夫（Панфилов А.Н.）少将根据这些情报写出总结报告，并把报告呈交给斯大林以及苏联政府要员，报告中所做出的结论引起了高层的警惕：“对外情报总局根据1942年所获情报证实：敌人正在继续加速准备使用化学武器对抗红军（2月22日通报）；”“敌人继续加速准备化学攻击（3月11日）。”[59] 英国对这一问题极度重视，因此把潜在的化武战争议题列为最高机密等级，[60] 并且已经着手准备居民防化设施的状况报告。皇家总参谋长布鲁克将军在3月23日的内阁会议上声称：“参谋长们正在讨论我方的毒气储备是否能够应对局面。我们应该学会开始使用这种武器、继续使用这种武器、最大限度地使用这种武器。”[61]

与此同时，各部门就这一问题也存在一定的分歧。其中，莫斯科所谓的
141 德国人准备使用化武的情报不够充分。比如，伦敦认为被苏联空军击落的“容克–88”轰炸机上的专用舱不是苏方认为的用于投掷有毒物质的储藏柜，而是副油箱。[62] 由于众所周知的原因，莫斯科不会泄露有关德国化武战争准备的情报源。

致信的同时，丘吉尔借机向斯大林介绍了英国新任驻莫斯科大使阿奇博尔德·K.克尔，从上任之始直到战争结束，他在对苏关系发展方面发挥的作用有目共睹。

52. 丘吉尔致斯大林的信函

1942年3月20日发　　　　1942年3月21日收

保密，亲启

1. 非常感谢您对我最后一封电报的答复。比弗布鲁克男爵启程前往华盛顿，他将和总统会谈，帮助调解条约方面的问题，协调我们之间、我们政府之间的沟通。

2. 迈斯基大使上周曾与我共进早餐，他提到了德国人企图在春季攻势使用毒气的征兆。在和同事及参谋长们沟通之后，我向您保证：为战胜俄国而将毒气作为武器使用的一切行为，英王陛下政府都将视其为对我本国的侵犯。我方有大量的航空毒气炸弹储备，当贵国军民受到此类武器攻击时，我方将立刻向德国西部所有相关目标空投这些炸弹。

3. 是否应该适时公布我们的警告决定，这个问题的必要性需要讨论。这个警告可以阻止德国为已经恐惧的世界增添新的恐惧，他们已经作恶多端。请您告知您就此问题的想法，以及德国人准备发动化武战争的征兆是否已经验证，以确保我们发出警告的准确性。

142 4. 此问题的处理不应操之过急。我如果采取这一措施，我国公民将遭受同样的侵害，当然，我应该有足够的支配时间将我们的防化措施调整到完全战备状态。

5. 我希望您能允许英国新任大使把这封信亲手交与您，他希望能与您面谈。如您所知，他是从蒋介石将军那里卸任归来，在最近四年，他们保持了亲密的个人关系。我认为，将军对他相当器重及信任。我希望并相信，他同样会获得您的信任。他是我多年的至交。

斯大林于3月29日接见了克尔，与他在克里姆林宫防空洞里会谈了两个半小时，直到空袭结束。大使请领袖品尝了精选的英国烟丝，将丘吉尔的这封信转交给了斯大林，并表示以后继续充当“邮递员”。[63] 据克尔报告说，会谈非常“愉快”。斯大林向英方提出了很多具体问题：关于法西斯军队在法国、中欧和巴尔干的数量、希特勒东线司令部的具体位置、瑞典及土耳其的立场。[64] 除会谈正式内容外，如克尔致外交部私人信函中所显示的那样，还谈到了民主、女人、中国以及蒋介石的个人习惯。“我喜欢上了斯大林，”大使在报告中承认，“如果我同他的关系能像和蒋介石一样密切，那肯定会大有裨益。”[65] 从第一次见面开始，克尔就力求和斯大林建立一种特殊的和信任的关系。据苏联会谈记录，斯大林说“岁月告诉我，做人要坦诚”。大使同样表示，他“可以全心全意促进关系改善，并会为之努力，这在政治中是不常有的”。斯大林回答道：“政治中不用心也是不可以的。”但是，克尔在与斯大林会谈中的言论未必都符合伦敦的意愿。比如，他的战争年分法“可以把战争划分为3个时期：1940年以前，那时是英国海空军拯救了世界，1941年期间是苏联挽救了世界，1942年则是通过共同努力拯救世界”。[66] 这个理论完全与 143
丘吉尔对1942年的意义评价唱反调。与斯大林会谈的内容，克尔通报了美国驻莫斯科的同事斯坦德利。[67]

此次交谈奠定了斯大林与克尔个人关系的基础，这种关系一直延续到1946年。诸多研究专家认为，英国大使力求在克里姆林宫领导人之间展开“社交”活动，甚至经常参加克里姆林宫的晚宴，非常成功地履行了自己的“使命”。[68] 在复信中，斯大林很情愿地接受了丘吉尔的建议，决定针对德国毒气战威胁采取联合行动，甚至提议对芬兰也照此办理，但此建议并未引起丘吉尔的特别认同，但最后丘吉尔还是做出了让步。[69] 斯大林认为此建议也适用于苏英两国军人在防化方面的直接合作，丘吉尔回复表示同意。

53. 斯大林致丘吉尔的信函

1942年3月29日发

保密，亲启

感谢您的来函，克尔先生近日把信转交予我。我与克尔先生进行了交谈，我确信，我们共同的工作会在完全互信的氛围中进行。

大不列颠政府认为，德国人使用毒气对付苏联的行为，会被认同为对大不列颠使用同种武器，英国空军会立即将大量的化武炸弹储备投掷到德国的相应目标，苏联政府对此不胜感激。

据我方情报显示，不只是德国人，还有芬兰人也可能对苏联使用毒气攻击。我希望您针对德国欲采取的报复性措施也同样适用于芬兰，如果芬兰也向苏联发动毒气攻击的话。

144 我认为，英国政府如果近期发出公开警告，如果德国或芬兰发动对苏联毒气攻击，英国将视此为攻击英国，并以同样的毒气予以还击，这样的警告是完全适宜的。

同样，如果英国政府愿意，苏联政府也会对德国发出同样的警告，这里是指德国向英国可能进行毒气攻击时。

苏联政府认为英国政府最好将上述对德警告不晚于4月末或5月初公布。

如果英国政府能帮助苏联在英国获得国内短缺的防化器材，以及用于反击德国的化武器材（因为德国用化武攻击苏联的可能性依然存在），苏联政府将不胜感谢。如果贵方不反对，我将于近期派专员来洽谈此事。

54. 丘吉尔致斯大林的信函

1942年4月9日发　　　　1942年4月10日收

保密，亲启

兹回复您3月29日的来信 。

1. 在5月初，我将做出关于德国若向贵国发动化武战争，我国将以同等方式予以回击的声明，以此来警告纳粹分子。同样，芬兰也将得到同样级别的警告，芬兰会被直接点名，尽管我不知晓如何对芬兰给予还击。

2. 请派遣贵国防化专家及反攻击专家到我国，以了解苏联政府需要从英国获得哪些必备材料。我们将全力配合，以满足要求。

3. 当然，若需要，我们在收到这位专家的报告之前，可以先向贵国提供最近的一班轮船，至少可以装载1000吨芥子气以及1000吨氯气。在开放的战场喷洒芥子气对军人的危险性远大于城市居民。

罗斯福于4月11日给斯大林的信函不同寻常地准备了很久，几乎用了两
145 周时间。此时，华盛顿正在严肃地探讨有关军事战略问题。美军司令部同时

得出结论：没有盟军对欧洲大陆的进攻，彻底击溃德军是不可思议的，而从不列颠岛至法国北部经英吉利海峡将是距离最短、效果最佳的主攻方向。3月底之前，军事部门的作战处在艾森豪威尔将军的领导下制定了代号为“围猎”的行动计划，动用48个步兵及坦克装甲师集中在法国勒阿弗尔（Гавр）与滨海布洛涅（Булонье）之间的沿岸地区实施密集登陆。战役预计于1943年4月1日开始。这便是未来著名的“霸王”战役的序曲。原本在它之前应实施“波莱罗（Балеро）”*战役——在不列颠岛集结进攻所需的必要力量。同时还制定了另一作战计划——“重锤”，其意图在于：如果苏德战场形势危急，则派遣6—8个师于1942年9月登陆法国，以便吸引部分德军兵力。

这些计划都经过陆军参谋长马歇尔将军及罗斯福本人批准，1942年4月初，罗斯福曾派霍普金斯和马歇尔到伦敦与英国人协调这些计划。总统希望，这之后盟军会最终制定出能与莫斯科进行实质性谈判、切合实际的计划。这使得他要和苏联领袖进行亲自会晤的想法更加强烈。过于自恃的罗斯福相信，他能“比您的外交部或我的国务院更善于同斯大林打交道，”如他于1942年3月写给丘吉尔的那样，“斯大林厌恶英国政府的自作聪明。他对我的印象要更好，所以我希望他保持这种看法。”[70]总统在致信当中的改动说明，罗斯福很想使他与斯大林见面的提议充满具体、诱人和单独会谈的意味。[71]一反常规的是，总统向丘吉尔隐瞒了这项提议，决定先听听斯大林对提议的反应。然而，与他单独会晤还未成行，罗斯福便邀请了莫洛托夫来华盛顿磋商。信函的隐瞒针对的不只是丘吉尔，还包括国务院。4月1日晨，罗斯福将信函亲自交给了葛罗米柯，并请他通过更可靠的苏联使馆电码发出。[72]

55. 罗斯福致斯大林的信函 146

1942年4月11日发　　　　1942年4月12日收

很不幸，空间距离使我们目前的会面实际上不太可行。这种单独会谈对于进行反希特勒主义的战争是十分有益的。如果事件像我们所希望的那样进展顺利，我们就可以于明年夏天、在我们两国交界线附近的阿拉斯加会面，并交谈几（小时）天。但目前无论是从军事还是其他角度来看，我认为最重要的是要有意见交换的最佳切入点。

---

* 拉威尔的一首舞曲。

我指的是非常重要的军事建议，即通过使用我们的武装力量来减缓贵国西部战线的危机状况。我认为达到此目的的意义是重大的。

所以，我希望您能考虑关于在最近一段时间派莫洛托夫先生和您信赖的将军来华盛顿洽谈这一问题。对于我们要予以的实质性援助来说时间也具有重大意义。我方可以提供性能优良的运输机供其使用，他们可在两周内实现往返飞行。提此建议的同时，我的确不想绕过我的朋友利特维诺夫，他对此是应予理解的，但我所提议的访问有助于我们赢得时间。

我如此建议不仅是出于保密的需要，更主要的原因是，在我们对协同军事行动的战略方向做出最终选择之前，我需要倾听您的意见。

我已派霍普金斯就该建议相关事宜前往伦敦。

美国人民因贵国武装力量的卓越斗争而感到欢欣鼓舞，为消灭希特勒军队及其物质基础，我们愿意提供帮助。

谨向您致以衷心的问候。

斯大林对罗斯福的建议，特别是对和莫洛托夫就军事战略问题进行沟通
147 的想法感到非常满意，他由此看出盟国就实质性探讨开辟第二战场的问题终于趋向成熟。还记得，早在1942年2月，莫洛托夫在回复利特维诺夫的建议时就说过："等待时机，有可能盟国会主动向我们提出这一问题。"[73] 这个机会终于来了。然而，在最终确认莫洛托夫启程去华盛顿之前，利特维诺夫受命向罗斯福核实在会谈期间将涉及哪些议题。[74] 大使在关于罗斯福4月14日会谈的报告中确认，谈判的内容将涉及登陆法国问题。[75] 斯大林答复罗斯福时就给谈判内容起了"近期组织欧洲第二战场"的名字，可见其用意，总统在4月22日给丘吉尔的信函中将该倡议称之为"关于组织第二战场的建议"。同时，斯大林力求将谈判预案定位在苏方认为最重要的问题上。罗斯福的邀请正逢其时，与此同时，克里姆林宫决定委派莫洛托夫去伦敦完成英苏条约的谈判，此时，出现了"一石二鸟"的可能性。除此之外，斯大林比罗斯福更加清楚开辟第二战场必须经过三方会谈。

56. 斯大林致罗斯福的信函

1942年4月20日发

请允许我对您的来函表示感谢，我于近日在莫斯科收悉。

苏联政府同意，必须举行您与莫洛托夫的会晤，以讨论近期在欧洲组织第二战场的问题，并进行相关意见的交流。莫洛托夫去华盛顿的日期将不晚于5月10—15日，相关军方代表随行。

同时，莫洛托夫还将在伦敦逗留，并与英国政府交换意见。

我毫不怀疑，我们之间的个人会晤一定会实现，我认为这次会晤将具有重大意义，特别是鉴于我们面前还有诸多有关战胜希特勒主义的重大组织问题亟待解决。

请接受我衷心的问候，并祝愿你们在与美利坚合众国敌人的斗争中取得成功。

利特维诺夫于4月21日将此信交给罗斯福，罗斯福告诉他，霍普金斯与马歇尔伦敦之行的成果令人不甚满意。 148
按照总统的话说，英国内阁及丘吉尔本人赞同美国人的计划，但总参谋部反对。总统承诺继续打压英国人，并请莫洛托夫由华盛顿返程时在伦敦停留，再“以他的名义说服伦敦以对英国人形成双重压力”。[76]

斯大林于4月9日给丘吉尔的回信是经与防化专家协商后形成的，专家建议更换英国人愿意提供的化学制剂，取而代之的是提供苏联比较奇缺的制剂，“消毒剂是我国稀缺的”。[77] 但信函的主要内容是协调英苏政治条约。当时协调工作已接近尾声。3月末，英国政府终于鼓足勇气向“美国大叔”阐明再也不可拖延签约时间。和迈斯基不久以前建议的一样，艾登在请哈利法克斯转发给美国政府的电报中写道：“如果总统不认可我方所建议的行动计划，我们期望他至少对我们的论据予以关注，并摒弃我们之间的前嫌。”[78] 伦敦就边界问题做出让步的主要原因在于：担心在苏联与法西斯军队拼杀的关键时刻，若不签约，则可能导致苏联盟友疏远。“苏联政府承担着交战的主要负担，与此同时，英国却没有能力向苏联军队提供直接支援，以使其在乌克兰击溃即将来临的德国攻势。除军事物资供给之外，”艾登在给哈利法克斯的指示中着重指出，“在这种可能导致出现整个战争危机的不利条件下，我们更不能对苏联政府现在欲求的政治让步予以拒绝。”[79]

总统和国务院勉强同意了这种立场，但仍保留原来的意见，不情愿签署这样的协议。迫使白宫妥协之后，英国外交部门又准备了新的条约方案，交由4月5日举行的内阁会议审议。[80] 方案中有几处改动，其目的在于安抚波兰、土耳其和罗马尼亚，同样，对于被划入苏联领土的侨民，要保障其权 149
利。4月8日，艾登将此事简要地通报了迈斯基。同时，大臣请求苏方通报己方对协定的修改意见，并转达了英国政府希望莫洛托夫来伦敦签署条约的愿望，以此作为艾登12月访问莫斯科的回访。[81] 新修改的条款在莫斯科引起了一片质疑声，正由于此而促成了莫洛托夫的英国首都之行，以调解出现的分歧。

57. 斯大林致丘吉尔的信函

1942年4月22日发

保密，亲启

1. 您表示，假如德国和芬兰在战争中对苏联使用毒气，贵方准备在5月初向德国和芬兰发出有关英国准备使用同样武器的警告。在此，我们谨向您表示感谢。

您准备提供1000吨芥子气和1000吨氯，对此再次不胜感激。但鉴于苏联目前更需要其他化学产品，所以苏联政府期待以1000吨次氯化钙以及1000吨氯胺取而代之，或者，若无法供应这些产品，则提供2000吨罐装液化氯亦可。苏联政府拟派遣化学工业人民委员会副委员安德烈·格奥尔吉耶维奇·卡萨特金（Андрей Георгиевич Касаткин）作为我的防化及反攻击问题代表赴伦敦洽谈此事。

2. 近日，苏联政府收到了艾登先生的两份苏英条约文本，条约内容有几点与艾登先生来莫斯科时所列存在较大出入。鉴于此种情形可能导致新的分歧，且不便以书信往来形式予以处理，苏联政府决定，尽管困难重重，依然准备派遣莫洛托夫前往伦敦亲自面谈，以解决所有未决问题。这是非常必要的，美国罗斯福总统先生在给我的最后一封信中提及了关于在欧洲开辟第二
150 战场的问题，并且邀请了莫洛托夫前往华盛顿洽谈此事，这便要求我们的政府代表就该问题做好事先的意见沟通。

请您接受我的问候，并祝愿贵国在与英国敌人的斗争中获得成功。

丘吉尔在下两封回信中响应了斯大林提出的两个建议。

58. 丘吉尔致斯大林的信函

1942年4月24日发　　　　1942年4月25日收

非常感谢您4月23日的来函。我们当然欢迎莫洛托夫先生的来访。我相信，与他一起可以做很多有益的工作。我很高兴您能促成此次访问，我相信它的意义是非常重要的。

59. 丘吉尔致斯大林的信函

1942年4月26日发　　　　1942年4月27日收

保密，亲启

非常感谢您4月22日的来函。国王陛下政府当然很高兴接待卡萨特金先生并予以全力配合，以满足贵方的需求。

1942年4月，沿北方航线向苏联提供物资的行动频频出现中断。盟国将其解释为护送货船的军舰不足，遭受德国海军的威胁日益加重。最终，在冰岛，因等待军舰护航，满载租借物资的货船出现严重堵塞。这引起了莫斯科的不满，因他们正在准备反击法西斯军队新一轮的大规模进攻。迈斯基和利特维诺夫收到指示，设法加快发船速度。"英国人和美国人担心德国人的进攻会加强，"莫洛托夫于4月25日给利特维诺夫发电报说，"事实上，第13商船队18艘船中确有5艘被击沉，第14商船24艘中有1艘被击沉，有16艘因天气 151
原因返回冰岛。第14商船队到达延误。第15商船队也到达延误。结果，已到达摩尔曼斯克的船不是29艘，而是7艘，这7艘还是3月份抵达的。"[82]

罗斯福于4月25日准备对此予以回信解释，但总统未采用霍普金斯副手、负责对苏租借法案事务的J.伯恩斯（Борнс Дж.）将军起草的文本，而直接提出，必须缩减今后北方航线的装运。[83] 罗斯福不想第一个通知斯大林这条不好的消息，同时，他还寄希望于把这种缩减降到最低限度。霍普金斯受总统委托向丘吉尔施加压力，请他采取一切措施，克服海军部的怠慢并疏通冰岛货船的阻塞。[84]首相回复的托词使罗斯福十分不安。"看到了您给霍普金斯关于向俄国提供物资的电报，"他4月26日给丘吉尔写信时说，"这使我感到非常不安，我不仅担心这会给俄国带来政治后果，而且担心我们的物资也不能按时送达。”[85] 因此，罗斯福写给斯大林的信函内容简短，且对此事的“复杂性”含糊其辞。

总统对斯大林于4月23日接见新任大使斯坦德利，并与他就当前局势进行分析表达了谢意。大使早在4月13日会见莫洛托夫时就已表明，想“与斯大林同志见面并转交罗斯福写给他的几封信”。[86] 这个见面的机会很快就到来了。大使受罗斯福委托，建议罗斯福与斯大林的会晤将在“阿拉斯加或西伯利亚水域的某个地方举行”，斯大林的回答含糊其辞。交谈双方还讨论了美国人没有完成第一议定书的问题，以及组织阿拉斯加至西伯利亚空中航线的可能性。[87]

斯坦德利对与斯大林会谈的印象是正面的。尽管一些美国学者力求证明相反的结果，但苦于拿不出实证。[88]“最高统帅”不仅允许大使以后继续拜会他，而且在整个谈话过程中都充满“喜悦”之情。然而，斯坦德利也同样承认斯大林“显得十分紧张并且异常疲惫”。[89] 看来，显露出了他自1941年6月
152 以来所承受的压力以及等待即将来临的考验的心情。早在1942年4月5日，希特勒就签署了第41号令，它反映了德军的自信：“只要天气条件以及当地状况允许”，德国人就会重新夺回主动权并且实施反攻。此次进攻的目的在于摧毁苏联的军事实力以及其他关键的军事经济力量的源头。[90]

向莫洛托夫提供美国飞机及其到达美国后下榻在白宫的建议是罗斯福本人提出来的，总统力求为斯大林的特使提供最优越的条件。罗斯福致莫斯科的信函交给了利特维诺夫，信上附有总统的亲笔提示：“亲爱的利特维诺夫先生，劳驾您将此信转交给斯大林先生。谢谢。罗斯福”。[91] 相较美国，总统更相信苏联的密电码。

60. 罗斯福致斯大林的信函

1942年5月4日发

1942年5月6日收

保密，亲启

我们北方航线的护航遇到阻力，其复杂性已通报利特维诺夫。但是，请您放心，我们定会努力，争取发运更多船只。我听说了您热情接见斯坦德利将军一事，对此向您致谢。

我期待与莫洛托夫的会面，确定航线后，我们会立刻提供运输机。我希

望，莫洛托夫抵达华盛顿后就住在我的白宫，如他需要，也可安排其住在白宫附近的私宅。

春分时节，苏联和德国都准备发动下一轮会战。正如莫洛托夫4月25日对斯坦德利所说："现在，我们经受的是硝烟即起，蓄势待发的阶段。"[92]通过北方航线对苏联的武器供应此时意义非同小可：在战场相对平静的时期可以储备必要的物资，待到战事再起就可以给予宝贵的援助。

1942年5月初，北极地带的护航运输情况日益复杂。海军人民委员 153
H.K.库兹涅佐夫（Кузнецов Н.К.）后来回忆道："在战争开始后的第一个冬季极夜期，护航损失暂且不大。但是，春天来临了，白昼变得漫长起来。法西斯统帅部在评估苏联对外交通的意义后，开始大量派遣海空军。驶向我方的运输船只损失不低于10%，包括护航舰艇在内。"[93]

确实，1942年春夏之交，德军将军K.邓尼茨（Дёниц К.）向北部航线调遣了大量潜艇。结果，美国东海岸的吨数损失减少了，但这样一来，护航运输队的航路却更加艰险。[94] 难以预测的是天气因素：冰岛以北的扬马延（Ян-Майен）岛附近有厚冰，而护航运输队正好经过，结果PQ14护航运输队24艘船中的16艘返回了雷克雅未克。通往摩尔曼斯克航路的天气正好相反，有利于护航运输队的行进：雾和雪干扰了德国空军（Люфтваффе）重创剩余的7艘货轮，它们于4月19日抵达目的地。然而，由于护航运输队的大部分船只返回了冰岛，运抵的物资数量与计划相差甚远。PQ15护航运输队基本完好（共23艘船，到了20艘），于5月5日抵达了摩尔曼斯克，但这还是不能完全弥补已出现的差额。[95] 所有上述情况促使斯大林力求滞留在冰岛的船只尽快发向苏联。

61. 斯大林致丘吉尔的信函

1942年5月6日发

保密

我对您有个请求。目前在冰岛和美国至冰岛的途中积存了90艘载有运往苏联重要军用物资的船只。据我所知，这些船只的发运将耽搁很长一段时期，原因是英国海军组织的护航运输队遇阻。

我理解此事的实际难度，知道英国为此所付出的牺牲。 154

然而，我认为可以请求您采取一切可能的措施，以确保这些运往苏联的物资于5月抵达，它们对此时的战场需求尤为重要。

请接受我对您的衷心问候，并祝愿成功。

护送北方运输队的行动确实是充满了艰难险阻。伦敦认为，莫斯科没有完全意识到英国人在此问题上遇到的难题。丘吉尔在4月12日的内阁会议上强调了必须向苏联政府展示“我们所冒风险的程度以及我们为此所付出的努力”，同时宣布，要把这个想法写成信告知斯大林。[96]

英军司令部经常抱怨苏联北方舰队（Северный Флот）对于北极地带的运输队保护不力，按1941年秋季的协定，苏联北方舰队首先应负责东经18°以东、然后东经20°以东［挪威特罗姆瑟（Тромсе）］航行区域的防务。位于极地和阿尔汉格尔斯克的皇家海军联络处与北方舰队司令部联络组负责协调协同动作。“英军联络处在极地和阿尔汉格尔斯克有无线电台，可以和英国海军部、冰岛基地、海上舰船取得联系，”库兹涅佐夫将军回忆道，“护航运输队从英国出发之前，联络处会通知北方舰队司令部有关船队编成、出发时间及航期、航程和其他相关信息。同样，舰队司令部也会将保障护航及引导进港所采取的措施通知联络处。”[97]

然而，德国潜艇、军舰及飞机在东经20°以东的活动相当频繁。当第13号商船队航行时，它遭到敌军3艘驱逐舰和8艘潜水艇的攻击：损失了2艘运输船，英国巡洋舰和驱逐舰均遭到毁伤。德国人的1艘潜艇被击沉，1艘驱逐舰受损。苏联别–2轰炸机飞行员因天气条件不佳未能找到运输队，便返回机
155 场（选自库兹涅佐夫向人民委员会副主席米高扬的工作报告）。[98] PQ14护航运输队航行时，情况有所好转：4月17日，它的护航队适时地增加了2艘苏联驱逐舰，但是，如果不是天公作美，突然下雾导致德军飞机无从下手，有可能会是另一种结局。[99]

北极护航运输队航行区域主要是受到了“提尔皮茨”号战列舰的干扰，为此丘吉尔在致斯大林的信中开门见山地提到了此事。威力强大的战列舰不仅名声如雷贯耳，而且柏林视其为制胜法宝，对运输队造成了极大的干扰。如果击沉“提尔皮茨”号，现实意义和宣传效应将是极其巨大的；英国海军司令J.托维（Тоуви Дж.）上将曾经指出，击沉“提尔皮茨”号“对于战争的意义比任何护航运输队的安全重要得多”。[100] 1942年3月，英国鱼雷轰炸机几乎击中了德国战列舰，希特勒为此下令加强德国空军部署。1942年2月，在挪威和芬兰的北方机场共有135架飞机，到10月份增加到了545架。这种形

势对于盟军是十分不利的。[101]

鉴于此种情形，北方舰队司令部曾不止一次地向国防委员会提出关于加强海军航空兵以及舰艇力量的请求。但是，尽管采取了一定的措施，大本营所能调配的资源是有限的。根据国防人民委员会1942年3月1日令，向北方舰队航空兵移交了第95歼击航空团，该团是1941年8—9月第一批装备别-3战斗机的部队。[102] 就在本月底，向北方舰队移交了太平洋舰队的部分航空兵部队。库兹涅佐夫后来承认："盟国的供给被赋予特殊意义，最高统帅部大本营对护航运输队的可靠保护予以长期关注，但并非一帆风顺。"[103] 丘吉尔在给斯大林的例行致信中提及了这一问题。信函的草案是由皇家海军参谋部拟定、外交部定稿的。艾登弱化了英军参谋部对北方舰队的批评。[104]

1942年3—5月间，2艘巡洋舰［"特立尼达（Тринидад）"号是其中的1艘，因鱼雷发射管出现故障而自毁］在护航时退出战斗序列，这使英国将军们感到懊恼，甚至欲将北方航线的补给全部停运。托维将军同意了S.波纳姆－ 156
卡特（Бонэм-Картер）少将的观点（他是护航编队的司令，而"特立尼达"号是旗舰）："我依然认为，护航运输队将停运，直到挪威北部机场完全瘫痪，并出现哪怕几个小时的黑夜为止。如因政治原因必须坚持下去，那等待我们的将是巨大而沉重的损失，因为德军的进攻力量不减反增。"[105] 在此种情况下，斯大林关于苏联武装力量准备对护航运输队的航行采取增援措施的保证是完全必要的。

丘吉尔在5月9日致斯大林的信中预先告知了他关于英国就化学战问题而准备的不列颠声明（同见第52号文件）事宜。英国首相于5月10日的广播讲话在柏林听得非常清楚。纳粹政权决定查明德国是否具备"两线"化武作战的能力。1942年7月24日纳粹武器和军事工业部部长A.希佩尔（Шпеер А.）关于德国化学武器生产可行性的报告令希特勒感到沮丧：他把可能使用有毒物质的日期延长到了1943年4月。[106]

62. 丘吉尔致斯大林的信函

1942年5月9日发　　　　1942年5月11日收

您于5月6日的电报收悉。感谢您的致信及问候。我们决定打通道路，以使军用物资最大限度地运往贵国。由于"提尔皮茨"号以及其他水面舰艇在特隆赫姆（Тронхейм）的活动，护航运输队的每次通过都将是一场残酷的海战。我方将全力以赴。

毋庸置疑，您的海军参谋已经向您说明了所面临的危险，护航运输队必经路线受到敌军水面、水下以及敌方占领的各机场空中攻击的威胁。

157 目前，由于天气条件不佳，德军有能力实施的大规模攻击明显小于我们预测的规模。

我们调动了一切能用的资源来解决这一难题。为了达到上述目的，我们在大西洋冒着很大风险减少了护航力量，您一定知晓，我们这样做的结果导致在海上承受了巨大的损失。

我相信，您不会介意我的率直，请您特别关注加强苏联海空军支援，以保障护航运输队安全航行。

为使贵方获得更多的联合王国与美国的装运物资，苏联海空军必须明白：只要抵达的或返回的船队位于摩尔曼斯克沿岸能见度范围以外、东经28度以东的水域，他们就应该为护航运输队的安全负责，这一点尤为重要。

苏联武装力量应为下列行动继续提供帮助：

a）苏联水面舰艇应加强支援力度，并起到中坚作用；

b）提供配备轰炸机，其作战半径应覆盖护航运输队通过的挪威北角，可以通过猛烈轰炸对德国人所使用的机场实施压制；

c）分配远程歼击机在近海掩护船队；

d）加强飞机与舰艇的反潜力度。

明天晚上（星期天），我将发表广播讲话，警告德国人：如果他们对俄国军队发动化武战，那么我们将以牙还牙。

63. 斯大林致丘吉尔的信函

1942年5月12日发

您5月11日的来函收悉。对您准备采取措施保证最大程度地向苏联运送
158 军用物资的承诺表示感谢。我们完全理解，为完成此项重大任务，英国需要克服巨大的困难和承受海上沉重的损失。

关于就苏联海空军为保护您所指区域船只安全而需采取重大措施的建议，请您放心，我方会尽一切可能，立即采取措施。与此同时，您也知晓，我方海军力量十分有限，而空军力量大部作战于前线。请接受我诚挚的致意。

斯大林没有理睬罗斯福关于使用美国飞机接送莫洛托夫的建议，并下达指示，制定苏联远程航空兵飞越大西洋的航线。为此，准备了2架4引擎的TB–7轰炸机，后来改称为别–8，由С.А.阿夏莫夫（Асямов С.А.）和Э.К.普谢普（Пусеп Э.К.）任机长。他们4月末试飞大不列颠虽说顺利，但乘有阿夏莫夫和苏联空军武官的英国飞机在为TB–7领航时却坠毁在伦敦附近。普谢普的飞机在返回莫斯科的途中被德国歼击机击中，飞机虽然受损，但仍飞抵莫斯科。[108]迈斯基5月1日同艾登会谈时还不清楚，对莫洛托夫的计划会有何影响。尽管风险重重，莫斯科还是决定用自己的飞机。在斯大林批准的信函草案上写有莫洛托夫的亲笔批示："临行前（1小时）发。"[109] 老一代布尔什维克倾向于行动缜密。

64. 斯大林致罗斯福的信函

1942年5月15日发

感谢您通过利特维诺夫转交的来函。鉴于送往苏联的物资和船队护航遇阻，我已给丘吉尔首相写信，并请他协助尽快解决这些问题。由于5月的美英物资供给对我方来讲刻不容缓，所以，同样也向您致信请求协助。

莫洛托夫的美英之行鉴于天气变化需延缓几日。现已决定，此次英美之行可能使用苏联飞机。对此，需要补充的是：苏联政府认为，此次莫洛托夫出访在其返回莫斯科之前无需新闻宣传，如同艾登先生去年12月访问莫斯科一样。 159

关于莫洛托夫在华盛顿的下榻地点，我和莫洛托夫对您所提建议表示由衷的感谢。

收到斯大林来函后，罗斯福请霍普金斯准备回复，但后者给总统写道："我认为无必要。利特维诺夫已打电话，并告知莫洛托夫接受了您的邀请"（住在白宫——作者注）。罗斯福将斯大林的信函转给了赫尔，并指示通过新闻审查对莫洛托夫的到访予以保密，因为"他（莫洛托夫——作者注）进出美国很难不被发现"。[110] 为保密起见，莫洛托夫化名为"布劳恩先生"。

例行的第16批护航运输队启运的问题成为斯大林与丘吉尔之间以及英国首相和军方之间激烈争论的焦点。参谋长们对护航运输队仅持怀疑态度已经是最好的情况了，在此背景下丘吉尔于5月17日向参谋长委员会致便函并坚称："不只是斯大林主席，而且罗斯福总统，都将反对停运我们护航运输队。俄国人正在鏖战，他们期待我们顶住风险、付出代价，为战争作出自己的贡献……如果不想尝试，我们在两个盟友之间的影响力将会降低。天气和成功同样难以预测，我们总会有机可乘。我对你们的担忧感同身受，但我认为，这是我们的义务。"首席海军大臣庞德仍持反对意见，并欲拉拢华盛顿同事
160 E.金（Кинг Э.）入营，金不赞成北极航运，而坚持太平洋战区优先。庞德坚持认为，护航运输队的发运是最不理智的行为，尽管理论上认同"现在必须支援俄国人"。[111] 情报环节出现的新问题又加深了大臣对护航运输队的抵触情绪。德国人1942年1月启用"特里顿（Тритон）"密码，使得当年12月以前的情报无法破译。[112] 结果，春季到来时，英国人无法准确了解德军舰队的集结情况，首先是"提尔皮茨"号的行踪，因此不想贸然行动。

最终，PQ16终于从冰岛出发，真实日期不是丘吉尔所写的18日，而是5月21日。它由35艘船只组成——"绝对是最大数量，这是在获取下一轮敌人进攻规模情报之前所能进行的最大冒险"，首相提醒罗斯福说。[113] 与此同时，丘吉尔认为，只有PQ16成功之后，才可以继续发运下一批护航运输队，这当然不能使莫斯科满意。

65. 丘吉尔致斯大林的信函

1942年5月19日发　　　　1942年5月20日收

由35艘舰船组成的护航运输队已于昨日出发，并命令其自行开辟前往贵国的航路。德国人已在附近部署了近百架轰炸机以待消灭这些货船以及护卫船只。我们的顾问认为，若天公不作美、不能阻止德军空中力量作战，那么，等待我们的将是大部分船只和军用物资毁于一旦。

正如我5月9日的电报所言，这在很大程度上取决于贵方的远程轰炸机能否在5月22日—5月29日之间轰炸敌方的机场，包括位于巴杜弗斯（Бардуфосс）的机场。我知道，您会尽全力支援。

如果幸运不眷顾我们，护航运输队将遭受重大损失，那么我们唯一能做的就是，搁置下一批护航运输队的发运，直至浮冰在7月向北退去、我们能够夺取大部分水域制海权。

161 5月21—26日莫洛托夫在伦敦围绕两个主题——开辟第二战场和苏英政

治条约——的谈判进行得非常艰难。[114] 人民委员对第一点的强烈要求遭遇了英国军方和丘吉尔的婉拒，而英国对条约的修正又使苏方感到不满。首相所谓“不列颠民族和军队的真切愿望就是如何尽快地与敌人斗争，并以此支援俄国军队和人民的英勇斗争”的言论可能给莫洛托夫留下了相反的印象。他在5月23日致电斯大林时对谈判做了初步的总结：“1. 最近的所有谈判使我产生这样的印象，就是丘吉尔在观望我方战场态势变化，而不急于和我们签约。2. 从美国访问之后再次途经英国，我认为是不明智的。3.看得出，此次美国之行也不会达到好的效果，但已应约，不得不去。”[115] 英国外交部门预感到政治文件的谈判有可能陷入僵局，早在莫洛托夫到来之前，就准备好了备用方案，即条约新文本，如同艾登向内阁同僚解释的那样：“用战后反德国侵略联盟的建议代替边界诉求。”大臣继续道，这个方案可以避免触及敏感问题，“化解谈判僵局”。随机应变是不会失分的，即使遭到苏方反对，“此建议本身也会增加我方谈判的砝码”，艾登总结说。[116] 5月23日，他把新条约文本交给了莫洛托夫。人民委员对该文件的第一印象很疑惑：当天莫洛托夫发电报给斯大林，艾登“已经做好了中断两个协议谈判的准备，用一个空洞的条约文本来做幌子”。[117] 莫洛托夫和迈斯基把新文件的内容发回莫斯科，向斯大林汇报了总的想法：“我们认为此条约不可接受，其只不过是一则空洞的声明而已，苏联不需要它。”[118] 然而，莫洛托夫答应英国人对其所建议的方案进行研究，这又给英国人留下了最终成功的希望。因此丘吉尔给斯大林的下一封信中沾沾自喜，他请斯大林让莫洛托夫从美国返回途中，再次在伦敦逗留，以结束已经开始的谈判。显而易见，伦敦并未指望条约会在近期 162
签署。

66. 丘吉尔致斯大林的信函

1942年5月23日发　　　　1942年5月24日收

莫洛托夫先生的伦敦之行使我们感到非常愉快，我们和他充分探讨了有关军事和政治问题。我们向他完整准确地说明了我们的计划以及所拥有的资源。关于条约，莫洛托夫先生会向您解释我方所处的境况：主要是我们不能违反之前已向波兰做出的义务承诺，还要顾及我国和美国的社会舆论之倾向。

我相信，如果莫洛托夫先生从美国返回时在英国逗留，这对于我们共同的事业将是大有裨益的。届时，我们可以继续谈判，我希望它能促进我们三国密切的军事合作。同时，我还可以向他汇总关于我们最新的军事计划详情。

而且，我希望，政治谈判能取得持续的进展。总之，我寄希望于您同意莫洛托夫先生回国途中再次到访我国。

斯大林非常重视PQ16护航运输队，从其采取的护卫措施上可见一斑。最高统帅部大本营于5月21日下达战斗号令："5月25日—29日对敌军位于巴杜弗斯、斯瓦尔特涅斯（Свартнесс）、特罗姆瑟·哈默费斯特（Гаммерфест）的机场实施全面打击。"[119]

远程航空兵司令戈洛瓦诺夫中将奉命转场20架伊尔–4飞机至北极圈内地区。同时命令北方舰队航空兵、卡累利阿军区空军、摩尔曼斯克防空部队对位于希尔克内斯（Кинернес）、瓦德姆（Вадм）、萨尔米亚弗里（Салмияври）及其他机场实施系统性摧毁。苏联方面力求认真履行自己的责任。

下一封信是斯大林于5月23日致电伦敦并委托莫洛托夫转给丘吉尔的。

163

67. 斯林致丘吉尔的信函

1942年5月24日发

您的来函于5月20日在古比雪夫转交予我。您在信中提及现有35艘载有运往苏联军用物资的船只正在赶赴苏联港口，感谢您的通知以及贵方在发运船只方面所采取的措施。在您今年5月9日的来函中标定的区域内，我海空军会尽其所能为护航运输队提供保护。

收悉丘吉尔5月23日的来函后，斯大林于次日电告莫洛托夫："今天我收到了丘吉尔刚发来的信函，他认为你有必要从美国返回途中再次在伦敦逗留，以继续同丘吉尔和艾登会谈。我以你上级的名义写通知给你，务必在回国途中造访伦敦。请向丘吉尔转达我的下列回复……"（接下来便是信的内容——作者注）[120]

68. 斯大林致丘吉尔的信函

1942年5月24日发

您的最近一封来信于5月24日收悉。维切斯拉夫·莫洛托夫和我一致认为：从美国返程途中有必要停经伦敦，以便就我们双方感兴趣的问题与英国政府代表进行谈判。

丘吉尔于5月25日收到此信。“丘吉尔和艾登感到非常满意，首相甚至表示很想与斯大林同志会晤，”迈斯基在此次会谈的记录中写道，“莫洛托夫支持首相的想法并表示，毫无疑问会晤会非常有益和有趣，斯大林同志会非常高兴见到丘吉尔。丘吉尔顿时兴奋起来，惊呼道：‘马上肃清挪威北部，我们要在占领地举行会晤，也可以三人会面，罗斯福总统也参加’[121]。”此为首次提到丘吉尔与斯大林会晤一事，事实上的会晤是在1942年8月举行的。

斯大林坚决不同意助手们对英国倡议的新联盟条约所持的轻蔑态度。他 164
没过多久便做出决定：莫洛托夫和迈斯基于5月23日发出的电报在莫斯科时间24日晨就收到了，当天17点之前“上级”便已做出答复，上级的名义是以备重大事件所需：“艾登转交给你（莫洛托夫——作者注）的条约文本收到了。我们不认为它是空洞的声明，我们承认它是重要的文件。这里没有关于边界安全的问题，然而这不是坏事，这样我们可以放开双手。关于边界问题，或者我国某地区边界安全保障问题，我们将通过武力解决。”斯大林建议“撇开条约旧文本的修订部分，将艾登方案作为基础”。他建议主动修改无关紧要的两处内容，并责令莫洛托夫“赶快签署，飞美国”。英国人迷惑不解，不知所措，俄国人“那么久，那么执着地为最低条件斗争之后，又突然全盘接受，艾登觉得不可理喻”。[123] 然而面对斯大林的指示，莫洛托夫对此种转变的动机是充分理解的。看得出，斯大林已经意识到与盟国就西部边界承认的问题浪费口舌是徒劳的，甚至认为该问题挣脱“枷锁”会成就优势——在未来确定边界问题时放开手脚，边界问题都是要通过武力解决的，谈判桌只是个确认的形式。但目前的重要任务是强迫英国履行盟友义务，这是斯大林1941年秋力争来的成果，即敦促盟国尽快在欧洲开辟第二战场，因为目前军事形势日趋恶化。红军在刻赤半岛的失利以及哈尔科夫进攻作战的失败导致苏德战场南翼面临崩溃的危险。

莫洛托夫立即报告斯大林，表示接受上级指示，承认对条约的积极作用“认识不足”。对其他部分的不同解读很快达成一致，并在5月26日双方正式签署《苏英反希特勒战争联盟及战后互助协作关系条约》。条约有效期
165 为20年。英国人将其视为巨大成果。“我们回避了谈判期间一直困扰我们的难题，”艾登在内阁会议上报告说，“而且，美国会非常满意这种局势变化。我们现在同苏联的关系完全建立在全新的互信基础之上。”“最近两三天，所有形势翻天覆地。”丘吉尔附和道，并建议政府嘉奖外交大臣。伦敦非常清楚，苏联立场突如其来的灵活性是谁的功劳，丘吉尔致斯大林的例行信函中表露无遗。与此同时，他还高度评价了莫洛托夫本人的工作，在致电罗斯福时称莫洛托夫为“国务活动家”，称其为“具有自主行动权，完全有别于我和您所见到的利特维诺夫”。[125] 莫洛托夫回到莫斯科后，这封丘吉尔的信函以及斯大林的回信刊登在了苏联报纸上，刊发时省略了有关护航运输队的那一段内容。[126]

69. 丘吉尔致斯大林的信函

1942年5月27日发　　　　1942年5月28日收

在我们签约遇到困境之时，是您予以及时配合，对此我向您表示由衷的感谢。我相信美国方面也会对此表示赞赏。自此，不管别人如何期待，我们三个大国只有团结向前。

我很满意和莫洛托夫的会面，我们扫除了我们两国之间的障碍。我非常高兴，他在返程途中会按原路返回，要知道，等待我们的还有更好的工作，需要我们共同完成。

护航运输队进展顺利，但目前正处在最危险的航路阶段。对您为协助船队顺利抵达而采取的措施感激不尽。

由于我们相互保证作20年的盟国和朋友，特借此机会，向您致以衷心、美好的祝愿，我相信胜利必将属于我们。

斯大林的回信同样充满了积极、友好的精神。

70. 斯大林致丘吉尔的信函 166

1942年5月28日发

您对我们新条约的签署表达了友好的感情和美好的祝愿，为此谨向您表示衷心的感谢。

我相信，该条约对于继续加强苏维埃联盟与大不列颠王国、我们两国与合众国之间的友好关系具有重大意义，乃至战争胜利结束后，它都将是我们国家间的密切合作的保障。

同样，我也希望莫洛托夫从美国返回时继续与您会晤，以完成未尽的工作。

关于护航措施，请您不必担心，无论是现在，还是将来，我们都会尽我所能，全力以赴。

请您接受我们由衷的美好祝愿，并坚信我们将完胜。

莫洛托夫于5月29日—6月5日在华盛顿谈判的主要议题是第二战场问题。人民委员非常专业地进行了外交会谈。他对苏德战场未加任何粉饰，而是直截了当地宣称它的南翼有可能崩溃，进而德国人将抢占巴库油田。如果此种情况出现，莫洛托夫指出，战胜希特勒将变得愈加艰难，因为他强大的对手红军已不复存在，而且他将获得巨大的战略资源："所以，拖延至1943年再开辟第二战场，不仅对苏联而且对美国和英国来说，都会面临极大危险。"罗斯福深受丘吉尔的影响，他亦开始怀疑能否在1942年实现盟军在法国的大规模登陆，他对莫洛托夫只提到了"重锤"行动。莫洛托夫称此作战方案起不到决定性作用，坚持要从东线战场牵制至少40个德国师的兵力，"英美人只考虑自己的利益，只是想随便用一次登陆行动来应付，"他向"当家的"汇报道。总统在6月1日交谈时建议大量减少对苏供给的数量，"以尽快开辟第二战场"。莫洛托夫对此持怀疑态度，他担心第二战场与计划供给鸡飞蛋打。然而，这一次斯大林又纠正了自己的副手，向他下达了指示，同意缩减苏联供给："显而易见，美国和英国降低物资吨位以运送部队前往西欧开辟第二战场 167
是必要的。"[127] 斯大林虽疑心重重，但仿佛已做好了心理准备，相信盟国的承诺，但他要求莫洛托夫将此承诺落实到书面上。经过与美方周旋，它终于写入了1942年的苏美联合公报中，尽管马歇尔坚决反对将承诺具体化。罗斯福还是同意了莫洛托夫的文案，据国务院资深职员Ch.波伦描述，“甚至基于谎言的精神鼓励也能增强俄国人对抗敌人的意志”。[128] 罗斯福本人在给丘吉尔的信中解释了自己的动机：“我特别想使莫洛托夫回国时满载而归，以向斯大林做个皆大欢喜的汇报。我认为，俄国人现在的斗志有些衰落。”[129] 总统认为，他和莫洛托夫已经建立了“坦诚的私人关系”，苏联客人“变得和蔼了许多，超出我的想象”。[130] 莫洛托夫为罗斯福的盛情款待专门写信致以谢意，使罗斯福更加认为自己的感觉是正确的。[131] 总之，双方各得其所，对访问结果表示满意。6月13日（莫洛托夫回到莫斯科以后）双方的相互致信被刊登在苏联报纸上以激励苏联人民，震慑敌人。

71. 罗斯福致斯大林的信函

1942年6月6日发　　　　1942年6月8日收

非常感谢您委派莫洛托夫先生前来与我会谈，我期待他顺利返回苏联的消息。访问非常成功。

72. 斯大林致罗斯福的信函

1942年6月12日发

总统阁下，苏联政府与您一样，认为莫洛托夫对美国的访问是十分成功的。

168 借此机会，我以苏联政府的名义，为总统阁下在莫洛托夫及其随行人员在美期间给予的盛情款待表示衷心的感谢。

莫洛托夫于今日顺利抵达莫斯科。

鉴于苏德战场形势的复杂性，莫斯科力争与日本的关系不出现波折。东京在某种意义上也持类似立场。1942年春开始，在日本军部甚至出现了苏德单独媾和以集中纳粹德国力量在战争中反对英美的构想。1942年5月，欲通过大岛浩（Х.Осиму）大使说服德外长冯·里宾特洛甫（фон Риббентроп）的尝试以失败告终：德国人对其夏季攻势充满期待。[132] 更何况，德外交部于1942年7月试图让日本攻打苏联。东京为该问题甚至组织了德日特别谈判，但无果而终。华盛顿得知此事之后，通过斯坦德利通报了斯大林。[133] 东京的谨慎是可想而知的：日本海军在中途岛（Мидуэй）环礁会战（1942年6月4—6日）惨败后，当务之急是考虑在太平洋所面临的更加严酷的战斗，而非制定对苏联的冒险进攻计划。

美国人掌握的有关日本可能进攻北滨海地区的情报，罗斯福于6月17日给斯大林的信中有所交代，因为日本于6月7日占领了阿留申群岛（Алеутские острова）的基斯卡岛（Киска）和阿图岛（Атту）。人员不多的卫戍部队无法进行大规模的抵抗。美国领导层就日本此次作战的动机众说纷纭。一些军人，其中包括北太平洋舰队司令P.A.西奥博尔德（Теобальд P.A.）将军认为：日本人力求巩固自己的侧翼阵地以备与苏联发生战争。[134] 然而，现代相关研究专家指出：日军司令部另有他图——吸引美国中途岛的兵力，双方曾为争夺此岛进行过殊死拼杀，同时为防止美国在此建立基地，而对千岛群岛发起进攻。[135]

莫斯科对美国任何可能使苏日关系紧张的军事行动都警觉万分。例如， 169
1942年4月，美国轰炸机因燃油耗尽而迫降符拉迪沃斯托克，就引起了苏联的不安。尽管斯大林与斯坦德利谈及此事时极具礼节，并立即澄清“美国飞行员状况良好，行动自由”，[136] 莫洛托夫却很尖锐，他于4月25日向大使声明：“不希望”类似事件再度发生。斯坦德利同时还收到苏联政府关于防止此类事件重演的请求。[137]

这种担心也反映在开辟阿拉斯加—西伯利亚航线问题上，设立这条航线的目的是向苏联提供美国飞机。1942年4月，斯坦德利谈到了这条航线可以在供给方面发挥优势，现在的航路是经巴士拉，路途较长。然而，斯大林对这些优势不是很相信。他指出“经西伯利亚的航线耗时太久”，而且气候变化无常，但没有拒绝以后继续讨论这个问题。[138] 无论苏联，还是美国都心照不宣地对政治潜台词避而不谈：华盛顿希望利用西伯利亚的空军基地轰炸日本，[139] 但莫斯科又不想得罪东京。然而，鉴于苏德战场形势日趋恶化，苏美于6月11日签署了《关于在进行反侵略战争中相互援助所适用原则》，[140] 苏联还是同意开辟这条航线。罗斯福很欣慰，并呼吁以最快的速度组织实施，以及为此抓紧试航（参见第77号文件）。但就细节问题，又久拖不决。

罗斯福6月17日的信函内容由斯坦德利于6月23日转述给了莫洛托夫，因“斯大林同志有恙”。全文于当天晚上送达克里姆林宫。[141]

73. 丘吉尔致斯大林的信函

1942年6月16日发　　1942年6月17日收

我已向您通报，种种迹象表明，德国人正在加强芬兰和挪威北方的防御，并向那里派遣舰船以备侵袭之用。

170 在北极圈内部署大型水面舰艇预示着将对摩尔曼斯克发动进攻，以及切断我们的补给线。请您告知关于在上述地区开展联合行动的想法，特别是是否需要6个皇家空军中队，就此事我曾在给莫洛托夫的便函中提到过。

74. 罗斯福致斯大林的信函

1942年6月17日发　　1942年6月26日收

北太平洋和阿拉斯加地区的形势表明：日本政府可能准备发动对苏联滨海地区的进攻。若果真发生，美国可向苏联提供空军支援，苏联则需在西伯利亚地区提供适宜的起降平台。诚然，为使此次行动尽快得以落实，苏美双方必须努力精心协调。

利特维诺夫大使通知我有关您同意美国飞机经阿拉斯加和北西伯利亚转场到西方战场，得知这一消息我非常高兴。我认为，为了我们共同的利益，必须立即着手陆、海、空军代表之间的详细情报交换，以便迎接太平洋这一新的安全挑战。

我认为，事出紧急，现在完全有理由赋予美苏代表以全权授权，立刻开展行动并制定相应计划。鉴于此，我提议您和我任命双方代表以便他们尽早来莫斯科和华盛顿商议此事。

丘吉尔的下一封来函说的是英国首相力求达到“一石多鸟”的效果。从1942年春季开始，丘吉尔对挪威登陆计划的兴趣日渐增加，其目的是从德国人手中夺回挪威，这是其“外围”作战思想的代表作。5月1日，他在参谋长委员会例会记录中引用了德国在挪威北部兵力部署情况（70架轰炸机，1万—
171 1.2万人），这些兵力用于袭扰护航运输队，然后便展开想象：如果消灭他们“不仅能打开由挪威通向俄国的航道，而且还能小规模地开辟第二战场，敌人很难从这里将我们赶走。如果一切顺利，我们便可以逐渐向南方渗透，将纳粹的版图从最上面卷起”。[142] 看来，丘吉尔还想达到第三个目的——安抚他的将军们。托维将军，和其他同事一样，认为向德国兵力优势地区发运护航运输队是不理智的。同时他强调，以自己的观点看，苏联武装力量无力提供空中掩护。所以，将军赞成向北方派遣英国空军。[143] 可能丘吉尔也考虑到了这一点。

5月28日，英国首相将自己的计划通知了罗斯福，他已不再提用“朱庇特（Юпитер）”计划替代“第二战场”了：[144] 要知道，华盛顿此时已赞成加快“朱庇特”计划的组织实施。丘吉尔声称，这次战役的主要目的是为了保障下一年度对苏联的物资供给：“我对莫洛托夫说了，等他从美国返回，我们就准备讨论这一问题。”[145] 6月9日，丘吉尔也确实提到了这个问题：他表示可以向摩尔曼斯克派遣6个航空中队，同样也可在“海上实施援助，同时还可能利用其他的方式”，莫洛托夫如实向莫斯科汇报。英国关于6月10日的谈话备忘录中有这样一段记录：“英国航空中队大约于7月末抵达摩尔曼斯克。”[146]

需要指出的是，丘吉尔在信中所通知的信息不完全准确。从1941—1942年冬季开始，德国人就已经积极地加强了在挪威的武装存在，他们的兵力在不同时期保持在25万—45万人之间。但是，柏林的目的不是想占领摩尔曼斯克，虽然此类计划在卫国战争以前曾经有过，而现在的目的是要打击北极护航运输队。同时，担忧英国可能在挪威登陆也起到了一定的作用。[147]

伦敦军界对丘吉尔的想法持怀疑态度。6月8日的参谋长委员会会议总结报告指出：作为“第二战场”，挪威的作用是“有限”的，理由是这个战役未包含“德国人的核心目标”，而脆弱的交通网又会降低大规模南下的机会。气急败坏的丘吉尔决定教训自己的下属，他指出，他们只需要制定克服困难
的计划，而“不是指手画脚，一味评估，是否需要实施这场战役要由上级来 172
决定”。[148]

英国军界反对“朱庇特”行动的论据之一是苏联未必同意与英军合作，包括海军中将L.蒙巴顿（Маунтбэттен Л.）也持此种观点。然而，斯大林的回信表明：苏方可以在某种程度上与英国进行合作。诸如以往，斯大林想更详细地了解作战计划，以便自己对伦敦计划的可行性做出判断。

75. 斯大林致丘吉尔的信函

1942年6月20日发

您提醒德国人企图从挪威和芬兰北部组织进攻的来函收悉。

我完全赞同您关于我们在这一地区组织联合行动的意见，但我很想了解英国海军和陆军是否都要参战，以及参战人员的数量。

非常感谢您承诺向摩尔曼斯克派遣6个航空中队。我能否了解一下，他们何时到达？

关于这个问题，斯大林最终未得到答复。英军参谋长委员会通报首相说：“现在我们无法提供具体计划，但可以向斯大林通报一些实际情况，这可能也是非常有益的。”由于7月份出发的护航运输队甚至没有航空中队伴随，以后派遣情况也不明朗，伊斯梅建议丘吉尔“在电报里不要向斯大林提及此事”。[149] 丘吉尔决定不予采纳，并将军方提供的致信方案扔进纸篓。

回国途中在伦敦逗留的莫洛托夫迫使英国人接受了关于1942年开辟第二战场的公报。“没有和我们商量表述方式，我们是不会同意的，”艾登事后抱怨说，“……但由于我们不想让敌人因我们之间的分歧看笑话，所以我们确认了。与此同时，艾登直接向莫洛托夫指出在1942年强渡海峡所面临的所有困
173 难。”[150] 丘吉尔把谈判记录交给了莫洛托夫，其中提到，是否在“1942年8月或9月”实施登陆战役（“重锤”行动）将取决于它暂未明确的“合理性”和“充分论证”。难怪莫洛托夫不无原因地对斯大林报告说：“英国政府不承担今年开辟第二战场的义务，而只是声明。且预先约定，它准备进行实验性登陆。”[151] 莫洛托夫离开后，丘吉尔急赴华盛顿，在与罗斯福和美国军事指挥官参加的“海上探险家”会议期间，“重锤”计划彻底流产，取而代之的是北非登陆——“体操运动员”行动，尔后又将其命名为“火炬”计划。该决议暂时对莫斯科保密，但丘吉尔还是继续以友好的态度鼓励斯大林，此时恰逢希特勒德国进攻苏联一周年。信是在丘吉尔离开美国前夕发出去的。首相从一开始便将其定位于“做做样子”。克尔在将信转发给莫洛托夫时就通知说：该信将刊登在英国报纸上，请苏联报纸也予以同步刊登。[152] 6月23日，苏联报纸刊载。

76. 丘吉尔致斯大林的信函

1942年6月20日发　　　　1942年6月21日收

苏联已经进入战争的第二年头，我的国家再过几个月即将进入战争的第四个年头，作为英国首相，我向您——伟大的苏维埃人民联盟领导人、贵国的武装力量、游击队员和劳动者在过去一年里进行的卓越防御再次致以钦佩和赞赏，我们坚信，在胜利后的未来几个月里将取得更大的胜利。我们两国以及我们盟国的战斗联盟，加上拥有丰富资源的美利坚合众国，一定会让我们的敌人屈服。您可以寄希望于我们，我们会尽自己所能、全力以赴地支援你们。

过去的一年，从希特勒贸然进攻贵国开始，我们两国和人民之间的友好 174
关系日新月异。我们考虑的不只是现在，而且还有将来。不久之前，在莫洛托夫访问期间，我们共同签署的联盟互助条约受到不列颠人民的衷心欢迎，据我所知，它也同样获得了苏联人民的欢迎。此条约是我们消灭敌人并在战后为一切自由的人民建立持久和平的保证。

77. 罗斯福致斯大林的信函

1942年6月23日发　　　　1942年6月26日收

关于我6月17日发给您的信函，我想强调，如果可以从美国经阿拉斯加至西伯利亚向苏联提供飞机，则可以替代现行的途经非洲的航线，那会节省很多时间。另外，经西伯利亚转场可使作战半径较小的飞机自行到达，可替代现行海运机制。

如果能在西伯利亚地区建设起降平台，并安装气象和导航装置，把它们和美国航线联通，那我可以下令给美国从事转场的人员，令其在贝加尔湖交付飞机。很容易将这条航线与通往符拉迪沃斯托克地区航路上的起降平台连接起来。若日本进攻苏联滨海地区，这条西伯利亚航线可使美国以最快速度将美国航线与上述地区连接起来，以便向苏联提供援助。

我方对西伯利亚—贝加尔湖航线相关问题进行的考察表明：需要利用流向北冰洋的河流，以向东西伯利亚运送辎重，比如起降平台所需的设施和燃料、车辆。在收到您对6月17日去函回复之前，我又给您写了一封信，是因为需要立即采取行动，这些物资必须在河水结冰前几周运送到位。

如果您认为开通这条航线是紧迫和重要的，那么为加速建设，请您允许美国飞机进行选线，从阿拉斯加沿所述路线试航，以此来确定建设起降平台以及导航勤务而必需的设备和材料。执行此次飞行的机组最好着便装，假扮商业飞行。然后，最好采取一切必要措施，避免发生把机组与美国军事机构混淆的情况。当然，美国飞机可以在诺姆（阿拉斯加）搭载1—2名苏联军官或官员。

此次飞行不影响由美苏陆海空军代表组成的联合委员会的谈判，如我在6月17日给您的致信中所建议的那样。实施这次飞行的唯一目的就是为上述代表提供谈判依据，使代表们掌握上述问题的更加精确和详实的数据，这应该是最好的办法。

斯大林7月1日的回函是对罗斯福前两封来信的答复——6月17日和26日。它的草案是由莫洛托夫作为“有待讨论的草稿”准备的，正如人民委员谦虚地写给斯大林的那样。该草稿未经大的修改便被批准了。7月2日，回函经斯坦德利转交给了华盛顿。[153] 就在转交回函之前，斯坦德利于7月2日亲自拜访了斯大林。他指出“斯大林回复罗斯福时答非所问”。[154] 分歧在于：罗斯福想让美国飞行员驾驶飞机到贝加尔湖，而斯大林则想让苏联飞行员从诺姆地区将它们运至苏联。要求身着便装、执行商业飞行的美国机组在苏联领空飞行的背后，想必其中隐含着斯大林的担心，他不想因此举可能导致苏日关
176 系复杂化。第二个差异之处，斯坦德利认为，是苏美军方代表谈判的组织问题，议题就是沿预计的航线向苏联运送飞机。罗斯福建议分别在莫斯科和华盛顿进行谈判的建议实际上招致斯大林的否决。斯大林坚持在莫斯科进行谈判，理由是“我们的战线很长，正在进行浴血奋战，我们不希望他们离开工作岗位”。会面结果使斯坦德利得出结论：“大规模军事使团是不受欢迎的。”大使同时建议尽快报知莫斯科经阿拉斯加—西伯利亚航线可能运送飞机的准确数量。[155]

78. 斯大林致罗斯福的信函

1942年7月1日发

关于您最近的来函，我认为必须通知您：我完全同意您的合理想法，即

让飞机从美国阿拉斯加经西伯利亚转场至西部战线。鉴此，苏联政府已下达命令：在最短期限内完成在西伯利亚接收飞机的准备工作，即为机场配置设备并调试到位。至于由谁从阿拉斯加运回飞机，我觉得可以听从国务院的建议，交给苏联飞行员去完成，他们可以在约定的时间到达诺姆或其他指定的地方。同样，您建议的选线飞行也可以交由这些飞行员和机组完成。为全面保障这些飞机的接收工作，我方需了解美方沿此航线转场西部战线的飞机数量。

您关于美苏陆海军代表会晤并进行情报交换的建议，鉴于其必要性，苏联政府同意建立这种交流机制，但会议举行的地点最好选在莫斯科。

1942年7月1日，C.奥金莱克（Окинлек К.）将军指挥的英军第8集团军与隆美尔（Роммель）指挥的“非洲”坦克兵团在阿拉曼（Эль-Аламейн）附近展开了“第一次会战”。7月2日，丘吉尔致信罗斯福指出：“全球大战和供给需求又开始矛盾起来。此次问题出现在向俄国供给的飞机上，英国人在北非急需飞机。”7月4日，丘吉尔便直接向罗斯福提出请求，请他询问斯大林可否向英国转让40架“波士顿”飞机，它们也被称作A–20轰炸机。首相指出：“鉴于俄国会战正酣，这将是一个艰难的申请，如果您认为提这个问题不可行，我表示理解。”[156] 但罗斯福同意了丘吉尔的请求，并于7月5日向斯大林致信询问相关问题。信函通过海军部渠道发出。斯坦德利大使也将其内容进行了通报。[157] 177

79. 罗斯福致斯大林的信函

1942年7月5日发 1942年7月6日收

埃及危机直接影响到对苏维埃社会主义共和国联盟的供给途径问题，丘吉尔首相向我紧急咨询，问能否向埃及战场转让40架A–20轰炸机，这些飞机目前在伊拉克，在前往苏维埃社会主义共和国联盟的途中。鉴于我们掌握的情报不足，我无法就此事做出判断。因此，我认为，考虑到联盟国家全局军事利益，最好请您定夺。

在尚未收到斯大林有关40架A–20轰炸机的回复之前，罗斯福继续就组织美苏军事代表商讨阿拉斯加—西伯利亚航线问题进行沟通。斯坦德利在7月4

日的电报中曾建议任命级别更高的、了解有关问题全部细节的军官出任空军
178 代表。[158] 根据罗斯福信函的原文可以得出结论——信首为主要内容，然后在专门留出的地方打上了第三位美国参加莫斯科谈判的代表，他与已经位于苏联首都的陆海军武官并列，这位就是F.布莱德利（Брэдли Ф.）少将。[159]

罗斯福同意了斯大林的要求，由苏联飞行员而非美国飞行员将飞机从诺姆转场，以及选线飞行至贝加尔湖的建议，与此同时，总统又想让美国飞行员参与此次飞行。斯大林在7月2日会见斯坦德利时同意了罗斯福的想法。[160]

罗斯福的信函对美苏军事代表开始谈判起了推动作用。根据信函内容，斯坦德利于7月10日请维辛斯基“加快任命苏联代表以便召开会议”。维辛斯基允诺将此请求转达给苏联政府。[161]

80. 罗斯福致斯大林的信函

1942年7月6日发　　　　1942年7月9日收

在我7月17日给您的电报中，提到了将在莫斯科召开的会议。我任命福莱特·布莱德利少将、海军武官邓肯（Данкен）上校和陆军武官米盖尔（Микел）上校作为美军代表出席莫斯科会议。布莱德利将军是唯一一位从美国本土派往莫斯科的代表。他有备而来，并被授予全权探讨与会议有关的所有计划。

近期，我们准备在诺姆配备美制4引擎飞机开展选线飞行，3—4名苏联军官将伴随飞行。另外，如果美国军官能与苏联飞机同行，我们将非常高兴。

7月7日，斯大林收到罗斯福于7月5日发来的信，他同意向英军转让位于巴士拉的供给苏联的40架A–20轰炸机。金伯尔认为，这一步可解释为斯大林担心盟军失去对苏伊士运河的控制，以及隆美尔的军队会占领两岸地
179 区。[162] 就在同一天，7月7日，斯坦德利向华盛顿汇报了斯大林肯定的答复。详情已于13点15分传达至霍普金斯，[163] 而18点30分，罗斯福已电告丘吉尔：“刚刚收到斯大林的通知，他不反对从巴士拉向埃及运送40架A–20轰炸机。”[164]

81. 斯大林致罗斯福的信函

1942年7月7日发

鉴于盟军在埃及境遇，我不反对把40架位于伊拉克供给苏联的A-20轰炸机转让埃及战场。

罗斯福充满谢意地接受了斯大林的答复。同意向苏联追加转让150辆中型坦克作为对斯大林的补偿。

82. 罗斯福致斯大林的信函

1942年7月9日发　　1942年7月10日收

我对您允许向埃及转让40架轰炸机的电报深表谢意。我已下令立即向你们发送配齐弹药及备件的150辆中型坦克，它们是7月议定书坦克总数以外追加的数量。

收到罗斯福7月7日的来函后，丘吉尔为斯大林同意转让40架轰炸机而向他表达了自己的谢忱。斯大林按常规通道收到了英国首相的来函：7月10日它被送到英国位于古比雪夫的大使馆，然后由克尔交给维辛斯基，维辛斯基又于同一天将信转发身在莫斯科的莫洛托夫。[165]

83. 丘吉尔致斯大林的信函

1942年7月9日发　　1942年7月11日收

我刚从罗斯福总统处获悉，您已同意将已抵达巴士拉的、应该发往贵国的40架“波士顿”轰炸机转让给我驻埃及武装力量。

目前形势下，明知不宜向您提出这种请求，但我为您迅速而豁达的回复 180
而感到负疚。飞机将直赴战场重创敌军。

1942年7月初，伦敦和华盛顿开始收到关于PQ17护航运输队令人不安的消息，它是6月27日离开冰岛海岸前往苏联的，途中遭遇德国海空军的猛烈攻击。[166] 7月9日，迈斯基在伦敦与艾登会面时提起关于护航运输队命运的问题。苏联大使希望先不要急于统计船队受损的数量，并说道：PQ17的命运恰恰说明继续沿北方航线向苏联提供供给的重要性。[167] 7月14日，苏联大使与丘吉尔和海军大臣庞德将军会面。大使再次强烈反对停止发运供给船队。次日，在与美国驻英大使J.怀南特（Вайнант Дж.）交谈时，迈斯基强调，PQ17武装护航不够，并形容庞德将军好似一位"爱挑事的海军军官"。[168]

丘吉尔向斯大林就PQ17的情况做了总结，描述了其对下一阶段供给造成的影响，信函文稿于7月14日准备就绪。同一天，信函被传送到罗斯福那里以供审阅。[169] 为能理解这封信函背后的玄机，需参照一些情况。第一，英国领导层就继续向苏联发运护航运输队的问题观点不一。英国议会国防委员会在1942年7月10日召开的会议上支持继续供给，会上强调："我们不能允许自己在俄国战场鏖战正酣的时候拒绝向他们发运下一批护航运输队。"[170] 对丘吉尔极具影响力的南非总理、陆军元帅J.史末资（Смэтс Я.）在给其致信时阐明了另一种观点。他建议停止沿北方航线继续向苏联发运护航运输队，而转向巩固英国在地中海的地位。史末资告诫"不要把所有的鸡蛋放在一个篮子里"，并强调应将更多的注意力着眼于大英帝国的"切身利益"。[171] 后来，丘吉尔采纳了折中立场：他决定延期发运PQ18护航运输队，但并未排除继续发
181 运的可能。史末资的观点所提到的第二种情况影响了丘吉尔，就是苏联与马耳他运输船队之间的"打架"。早在7月，英国军方就开始为"支柱"行动做准备——通过向马耳他发运护航运输队以满足岛上的必需品供给，以使其继续抵抗德军的围攻。[172] 丘吉尔在7月16日给庞德的信中写道："赌博的滋味不好受。"[173] 首相在7月15日发给罗斯福的信函中指出：如果护航运输队在驶往马耳他途中"未遭受严重损失"，那么9月份可组织向苏联发运增加护航运输船队。[174] 迈斯基非常了解马耳他与苏联对于护航运输队的竞争。[175] 影响丘吉尔回复斯大林的第三种情况是，缺少准确的关于PQ17护航运输队实际损失的数据。首相一贯认为，只要船队中一半船只到达，那么就可以认为计划是成功的。[176] 他在7月14日的信函草稿上写道：PQ17船队，最好的情况是1/4到达，最坏的情况是1/8。后来，他承认，正是这种过分悲观的评估才是7月延期发运护航运输队的缘由。[177]

丘吉尔7月14日信函草稿的主要内容得到了罗斯福的首肯。然而，在7月16日致总统的信函中，丘吉尔明确写道：他拖延一天发信是为了对其加以

完善。[178] 英国内阁非常清楚致信的意义，所以讨论进行得相当紧张，但外交部未能说服丘吉尔对信函内容做更大的修改。[179]

丘吉尔较7月14日原稿主要修改的是信函中提及的PQ17护航运输队遭受损失的部分，他将最好情况能够到达的船只数量增加至1/3。丘吉尔同样删除了重点强调的英国人在北非抵抗德军部队进攻中的地位，去掉了他信中原来认为应有的称呼“我的同志和朋友”，最后，增加了罗斯福已经看过电报稿的句子。[180] 最终方案保留了7月护航运输队延期发运，增加了“1943年确实可能开辟强大的第二战场”的字眼儿。此乃首次暗示1942年开辟第二战场的计划可能延期，对此莫斯科不可能视而不见。

除PQ18护航运输队之外，丘吉尔在自己的信函中还提及了一些其他问题。他声明目前无法实现挪威北部行动计划。实际上，丘吉尔以此答复了斯大林6月20日的来信。外交部对信函内容予以了特殊关注。由艾登、外交大 182
臣助理O.萨金特（Сарджент О.）和C.沃纳（Уорнер К.）、外交部北部司司长制定的内容草案经过略微改动后被列入了信函的主干部分。[181] 英国军界继续对挪威北部行动的计划持怀疑态度。曾有过行动构想，但由于丘吉尔惯用的外围作战战略代价高昂，稍晚时候他最终还是回到了“朱庇特”计划上来。值得一提的是，针对1942年夏季挪威北部作战行动，不但英国军队，就连苏联武装力量也未准备到位。莫洛托夫在7月15日发给迈斯基的电报中写道：“请艾登就北方作战一事转告丘吉尔：鉴于苏德战场的严峻形势，我方军队暂无法积极实施摩尔曼斯克与希尔克内斯地区的作战行动。”[182]“这使我们如释重负！”贾德干在日记中得意地写道。[183] 丘吉尔在信函中提到了另外一种对苏联进行直接军事援助的方案：在苏德战场南翼部署英国空军兵力。关于此方案的讨论在接下来的往来信函中还有表述。

丘吉尔在回信中还提及了一个问题——向巴勒斯坦派遣波兰军队。斯大林与W.安德斯（Андерс В.）将军于1942年3月18日签署的关于缩减苏联境内波兰军事人员至4.4万人，并逐步将多余人员撤至伊朗的协定成为波兰军团成军的里程碑，波兰军团是在苏联领土上于1941年8—9月组建的。同意向英国移交3个波兰师是莫洛托夫与克尔在1942年6月30日会晤时确定的。[184] 英方感谢对其加强北非力量给予的支持，但丘吉尔对随行的1.5万—1.6万平民和军人家眷感到不满。“成堆的妇女和儿童。而我们需要的是男人。”他在德黑兰关于波兰家眷抵达状况的报告批示中给艾登写道。[185] 外交部解释说，通过波兰政权劝阻平民从苏联撤离的尝试都是枉然的，最好是供养他们，“若把他们的家眷留在苏联，军队的士气就会低落。”[186] 首相同意了。“如果在阿拉 183

曼近郊获胜，可以有能力供给军队和这些累赘，”他于7月5日给艾登写道，“反之，所有方案都形同虚设。”与莫洛托夫谈判的相关指示随后发给了克尔。[187]

丘吉尔的回信由英国使馆一秘D.朗伯（Ламберт Д.）于7月18日交给了位于古比雪夫的维辛斯基办公室，并在同一天发往莫斯科。显然，信函在传递时出现了一些失误，没能立即按原文送达。俄罗斯国家社会政治史档案馆收藏的译稿上写有“修正译文”字样，另有莫洛托夫批示：“标出电报中缺损的地方。”[188] 最终，信函还是全文送达莫斯科。

84. 丘吉尔致斯大林的信函

1942年7月17日发　　　　　　　　　　　　1942年7月18日收

我们于1941年8月开始向俄国北方发运规模不大的护航运输队，直至12月份德国人都没有对他们采取任何袭扰措施。从1942年2月起，随着护航运输队的规模扩大，德国人开始向挪威北部调遣大量的潜艇和飞机，用以打击护航运输队。为此船队配置了防卫能力更强的驱逐舰以及其他反潜舰艇，尽管如此，护航运输队还是会遭受各种程度、但尚可承受的损失。由于德国人对单一使用飞机和潜艇打击船队的结果不满足，于是又开始动用水面舰艇攻击船队。万幸的是，起初他们在熊岛以西使用大型水面舰艇，熊岛以东使用的是潜艇。

因此，宗主国的海军能够抵御敌人水面力量的侵袭。在5月份发运护航运输队之前，海军部曾警告过我们，如果德国人在熊岛以东使用水面舰艇，事实也确实如此，那么，我们会遭受重大损失。但我们还是决定发运护航运输队。虽然水面舰艇没有发动攻击，护航运输队也通过了危险区域，但船队
184 还是损失了总船数的1/6，其主要原因是它们遭到了空袭。然而，德国人对最后一批编号为PQ17的护航运输队终于使用了我们一直担心的攻击战术。他们在熊岛以西集结了自己的潜艇，而水面舰艇则潜伏在熊岛以东作预备队。PQ17的命运至今还无从知晓。目前，只有4艘船只抵达了阿尔汉格尔斯克，而另外6艘还位于新地岛港湾。后者有可能部分遭受到了敌人的空中打击。所以，最佳的结果是保全1/3船只。

我应该及时说明，当敌人飞行中队驻扎在北极的基地向我进攻，护航运输队将面临多么严峻的危险和困难。我们认为，宗主国海军在熊岛以东的冒

险是错误的，同时，在其他地区遭受德国陆基飞机攻击的冒险也是错误的。假若我们为数不多的大型舰艇中有1—2艘被击沉或受到重创，而此时诸如“提尔皮茨”号及其伴随舰只以及“沙恩霍斯特”号都保持战斗力，那我们在大西洋所拥有的制海权便会丧失殆尽。除此之外，它还会影响到我们赖以生计的粮食供给，从而导致战况恶化，首先受到影响的将是跨海运送美国军人的护航船队，这将使得每月近8万人的运输计划遇阻，进而无法实现在1943年开辟强大的第二战场。

我的海军参事们告诉我，在当前形势之下，如果他们站在德国的角度，拥有德国一样的水面、水下和空中力量，那么他们会把任何开往俄国北部的护航运输队彻底歼灭。直到现在，我们的军事专家对在白昼条件下的护航不抱有任何希望，下一批的护航作业不会比PQ17更走运。鉴此，我们非常遗憾地得出下列结论：PQ18护航运输队的发运不但不会使贵国受益，反而会对我们共同的事业造成不可估量的损失。我向您保证，我们一旦找到可确保大部船只顺利安全抵达贵国的措施，一定会立即恢复发运船队。与此同时，必须给巴伦支海的德国军舰也造成威胁，正如德国人给我们造成的险境那样。这 185
就要求我们必须通过共同努力达成目的。我想在近期派遣高级军官前往俄国北部，以便于他们和贵国军人共同制订作战计划。

同时，我们准备马上向波斯湾发送几艘原属于PQ的供给船。最好能与苏联代表在伦敦一起对船只进行选择，以便和他们一同确定货物发运的次序。如果你们更希望得到歼击机（如“飓风”及“眼镜蛇”），那么，你们能够在南方战场对它们进行使用和保养吗？我们可以在巴士拉对它们进行组装。我们希望增加泛伊朗干线的运输能力，争取到10月份之前每月达到7.5万吨，我们还会继续采取措施以增加今后的运力。我们会请美国政府尽快为我们调配机动人员和载重卡车。如果您同意使用美国拨给苏联的载重卡车，用于从波斯湾到里海的货物的公路运输，那么，所增加的运输量便可立即得到消化，目前卡车正在波斯湾沿岸进行组装。为保障运输能力得以最大利用，我们同意增加9月份的货物供应量，从9.5万吨增加到10月份的10万吨，公路和航空运量不包括在内。

您在6月20日发给我的电报中提及关于北方协同作战事宜，目前，护航运输队的路径险象环生，无法向挪威派遣陆空力量展开作战。然而，我们的军官应该对10月或10月以后可能采取的联合作战行动立即进行研究，因为那时的天色将变得愈发黑暗。如果您能向我方派遣贵国军官商议此事，那将再好不过。如果不便，则我方可派人前往贵国。

除了北方联合作战之外，我们还将考虑如何支援贵方南翼作战。如果我们能够击退隆美尔，那么，我们就可在秋季派遣强大的空军支援俄国战线的左翼。当然，假若不缩减给贵国的物资供给，那么，泛伊朗路线为这些军队
186 运送供给将成为巨大困难。我希望近期能向您提供详细的解决方案。总之，我们首先应该打败隆美尔，战斗进行得异常激烈。

请允许我再次为您同意拨给我们40架“波士顿”战机而表示谢意。目前，敌人正在向非洲调遣更多的部队和飞机，然而我方大量援兵也正在向奥金莱克将军那里集结，英美重型轰炸机联合编队也会前来支援。这样，地中海东部的安全就可得到保障，隆美尔的给养港口就会被封锁——图卜鲁格（Тобрук）和班加西（Бенгази）。

斯大林主席，我相信，如果您建议划拨给我们的3个波兰师能与他们的同胞在巴勒斯坦会合，我们将提供满编装备。这是符合我们共同利益的。他们将在未来的战斗中发挥举足轻重的作用，土耳其人也会因南方力量的增强而保持高昂的斗志。我希望，我们的建议不会因波兰人准备将大量的妇女、儿童和军队一起发运而落空，要知道，他们都需要给养，其饮食问题将成为我们巨大的负担。但是，我们认为，我们承受得起这个负担，因为这样做有利于波兰军团的组建，他们能为我们的共同事业作出应有的贡献。目前，我们自己在中东遭遇了粮食的严重不足，但印度粮食却是充足的，要是能把那里的粮食运到中东就再好不过了。

假如波兰人不能协助作战，那么，我们将动用大批正在训练的英美军队替代，这些军队是为进攻欧洲大陆而进行训练的。我们进行的准备工作迫使德国人从俄国南方向法国调离了两个重型轰炸机编队。请相信我，我们和美国人一定会援助贵国的伟大斗争，它比什么都重要。我和总统会再想办法克服地理条件、海洋、敌人的空中力量所造成的巨大困难。

此电总统已阅。

莫洛托夫为斯大林7月18日给罗斯福的回信准备了两套方案：一个是作为罗斯福7月9日和10日来函的统一回复，另一个只回复第一封来函。斯大
187 林选择了第一个方案。回函包括两层含义。首先，他通报了已收到任命布莱德利的通知，并出示了苏联参加谈判的军事代表名单，对美国追加供应坦克表示了谢意，再次谈论了有关组织沿克拉斯诺亚尔斯克—诺姆选线飞行的问题。[189] 其次，同时指出了新出现的问题——苏联军人对美国坦克不满，他们遭反坦克武器攻击时易燃烧，这是斯大林在回函的草稿上亲手补充上的。根

据军事专家的意见，他把这种现象归咎于美国坦克所使用的高辛烷汽油所致。且与美国驻莫斯科物资租借办事处主任F.费蒙维尔（Фэймонвилл Ф.）于1942年11月23日提交的报告的结论相同。美国将军的报告支持苏联军方的论据，并建议向苏联提供柴油机坦克，以替代汽油发动机。[190] 但五角大楼对费蒙维尔的报告持怀疑态度。在陆军参谋部于11月27日为总统呈递的备忘录中指出：坦克易燃的原因可能不在于汽油，而是穿甲弹引爆弹药仓所致。为消除这一缺陷，建议在薄弱部位加装防护装甲。同时，备忘录还指出，关于汽油发动机坦克易燃现象还没有在其他战区遇到过。同时，报告强调指出：尽管目前美国缺少柴油发动机，但它会尽量满足苏联的大部分需求。[191]

华盛顿于7月19日收到了斯大林的回函，信函中有一些不太明显的拼写错误。[192]

85. 斯大林致罗斯福的信函

1942年7月18日发

您关于任命布莱德利少将、邓肯上校和米盖尔上校作为参加莫斯科会议的美国代表的来函已收悉。我们将给予美国代表一切必要的协助，以便他们完成所肩负的使命。

苏联方面将参加会议的有斯捷尔利戈夫（Стерликов）少将、卡巴诺夫 188
（Кабанов）上校和列万多维奇（Левандович）上校。

关于选线飞行，近期可从克拉斯诺亚尔斯克向诺姆派遣一架飞机（指的是美制双引擎飞机），从诺姆返航时美国军官可随行。

借此机会，对您向苏联追加150辆坦克的通知表示感谢。

我认为在此有责任提醒：据我方前线专家确认，美国坦克的后面或侧面受反坦克武器攻击时易燃烧。其主要原因是，美国坦克所使用的高标号汽油在坦克内部形成油气层而易于起火。德国坦克也使用汽油，但标号低，不会产生大量油气，所以坦克不易燃烧。我方专家认为柴油机坦克更适合我们。

罗斯福在收到斯大林上述回信之前已经开始准备下一封回信。7月18日韦尔斯主动为回信拟稿，就是罗斯福向斯大林介绍即将启程前往莫斯科的布莱德利将军的那一封。在美国代表团访问苏联时，罗斯福写给斯大林的信函中常见这种介绍信。在罗斯福签字的另一封起草于7月20日的回信草稿中，除向斯大林介绍了布莱德利外，另外还对不能与苏联领导人举行个人会晤表示遗憾，以及为向苏联提供飞机而开辟阿拉斯加—西伯利亚航线的关切。[193] 此草稿关于美国坦克和组织选线飞行只字未提。显然，斯大林的回函使罗斯福对其草稿内容进行了实质性的改动。除了7月22日的日期落款相同，[194] 回函与草稿已无任何共同之处，其中省略了不能与斯大林亲自见面的遗憾、关于阿拉斯加—西伯利亚航线的思考以及对布莱德利的介绍。回函采用了最大限度的公函形式，并对7月18日的斯大林来函所提及的问题基本给予了答复。

189

86. 罗斯福致斯大林的信函

1942年7月22日发　　　　1942年7月23日收

我收到了您关于阿拉斯加选线飞行和莫斯科会议的来信。参与选线飞行的人员将在阿拉斯加等候，并准备在8月1日之前成行。鉴此，在诺姆配备了4引擎轰炸机，以备不时之需。

我非常重视您关于使用美国坦克时所造成的困难，此消息有利于我专家排除此型坦克的缺陷。

以后提供给贵国的坦克将降低易燃风险，它们将采用低辛烷汽油。

190

注释

1. General Strategy. Review by the British Chiefs of Staff. July 31, 1941. // LC, H. Arnold Papers, Military Subjects, Box 202; см. также: ДанчевА. Стратегия не¬прямых действий // Союзники в войне. 1941–1945 / Отв. ред. А.О. Чубарьян, У.Ф. Кимболл, Д. Рейнолдс. М., 1995. С. 36-59.

2. US – British Strategy (n.d.) // NARA, RG 165, OPD Exec. File 10, Item 69.

3. Memorandum for the President (n.d.) // NARA, RG 165, ABC 381 (9 – 25 – 41), Sec. VII; Notes on the Letter of the Prime Minister to the President of June 20, 1942//Ibid.

4. Memorandum for the President, July 28, 1942 // NARA, RG 165, Top Secret General Correspondence (Entry 15).

5. Майский ИМ. Дневник дипломата. С. 164.

6. Майский – Сталину, 24.X.1942 // Великая Победа: многотомное продолжающееся издание / Под общ. ред. С.Е. Нарышкина и акад. А.В. Торкунова. Т. 9. Сталин в годы войны. М., 2013. С. 381–382.

7. САМО. Т. 1. С. 143. См. также: FRUS. 1941. Vol. I. P. 662-663.

8. САМО. Т. 1. С. 145.

9. FromMoscowto Foreign Office, 17th Dec., 1941 //CHAR, 20/47.

10. Из Вашингтона. Сталину. 14.ХП.1941 // РГАСПИ. Ф. 558. Оп. 11. Д. 363. Л. 72,74.

11. Из Вашингтона. Сталину. 19.XII.1941 //АВП РФ. Ф. 059. Оп. 1. И. 346. Д. 2366. Л. 179-181.

12. РГАСПИ. Ф. 82. Оп. 2. Д. 1091. Л. 104.

13. Meeting of U.S. and British Chiefs of Staff and Their Advisers, 24th Dec. 1941 // NARA, RG 218, CCS 334 (12 – 24 – 41).

14. САМО. Т l.С. 163.

15. Germany and the Second World War. Vol. IX/I: German Wartime Society 1939–1945: Politicization, Disintegration, and the Struggle for Survival. Oxford, 2008. P. 751.

16. Joseph F. Mussolini’s War: Fascist Italy’s Military Struggles from Africa and Western Europe to the Mediterranean and Soviet Union, 1935–1945. Solihul, 2010. P. 150.

17. На послании Сталина, хранящемся в архиве премьер–министра Велико¬британии (T1075A// TNA, PREM 3/402 print), дата получения отсутствует.

18. TNA, FO 371/32874.

19. Anderson D. Douglas MacArthur and the Fall of the Philippines, 1941–1942 // MacArthur and the American Century: a Reader / Ed. by W.M. Leary. Lincoln, 2001. P. 84.

20. Гальдер Ф. Военный дневник. Ежедневные записи начальника Генерального штаба Сухопутных войск 1939–1942 гг. Т. III. М., 1971. С. 151-155.

21. Жуков Г.К Воспоминания и размышления. Т. 2. М., 2002. С. 42-44.

22. Volkogonov Papers 11 LC, Manuscript Division (далее – MD), Reel 4.

23. Кульков Е., Мягков М., Ржешевский О. Война 1941–1945: Факты и

докумен¬ты / Под ред. О.А. Ржешевского. М., 2011. С. 91.

191 24. Germany and the Second World War. Vol. Ill: The Mediterranean, South-east Europe, and North Africa, 1939–1941. Oxford, 1995. P. 751.

25. Московская битва в хронике фактов и событий / Гл. ред. А.С. Лукичева. М., 2004. С. 468.

26. CAMO. T 1. C. 150-151.

27. Secretary of War to the President, Dec. 30, 1941// NARA, RG 218, Geographic File, 1942–1945, CCS 400.3295 USSR (2-27-42), Sec.l, Pt.l; Report on War Aid furnished by the United States to the USSR // Harry S. Truman Tibrary (далее – HSTT), PSF, Subject File (далее – SF), Russia – Fend-Fease.

28. NARA, RG 218, CCS 334 (1-23-42).

29. For the President, Feb. 10, 1942 // FDRF, PSF, Diplomatic File: Russia, Roosevelt–Stalin Messages 1941–1945.

30. Beaverbrook's Notes on the 3rd Meeting, Sept. 30, 1941 // FC, WAHP, CF, Cont.160.

31. Мягков М.Ю. Вермахт у ворот Москвы, 1941–1942. М., 1999. С. 152.

32. Советско-американские отношения. 1939–1945. С. 192, 196.

33. Там же. С. 216.

34. Memorandum for Hon. Harry F. Hopkins, Feb. 23, 1941 // FDRF, PSF, Diplomatic File: Russia, Roosevelt–Stalin Messages 1941–1945.

35. Ziemke E.F. The Red Army 1918–1941: From Vanguard of Revolution to US Ally. N.Y.,2004. P.277.

36. W.P. (42) 98, Feb. 24, 1942 // TNA, CAB, 66/22/28.

37. FRUS. 1942. Vol. III. Washington, 1961. P. 430.

38. The Churchill Documents. Vol. 17. P. 321.

39. The War Diaries of Oliver Harvey. P. 102–103.

40. The Churchill Documents. Vol. 17. P. 323–324.

41. The Diaries of Sir Alexander Cadogan. P. 438.

42. Ржешевский О.А. Война и дипломатия: Документы, комментарии (1941–1942). М., 1997. С. 11-41.

43. The Diaries of Sir Alexander Cadogan. P. 440.

44. W.P. (42) 48, Jan. 28, 1942 //TNA, CAB 66/21/28.

45. W.P. (42) 71, Feb. 7, 1942 // Ibid. 66/22/1.

46. W.M. (42) 17th Conclusions, Conf. Annex, 6th Feb., 1942// Ibid. 65/29/11. Опубликовано в: The Churchill Documents. Vol. 17. P. 220-221.

47. The Reckoning. P. 323.

48. Churchill & Roosevelt. Vol. 1. P. 394.

49. Prime Minister, Feb. 26, 1942 // TNA, PREM 3/403/8.

50. Germany and the Second World War. Vol. IX/I. P. 168.

51. The War Diaries of Oliver Harvey. P. 105-106.

52. ДВП. 1942. Т. XXV. Кн. 1. Тула, 2010. С. 190-191.

53. АВП РФ. Ф. 43 Оп. 10. П. 71. Д. 10. Л. 55.

54. Halifax to Eden. No. 1013, Feb. 20, 1942 // TNA, CAB/66/22/26 (Annex No. 5).

55. РГАСПИ. Ф. 558. Оп. 11. Д. 284. Л. 5; From Moscow to Foreign Office, March 29, 1942//TNA, PREM 3/395/18.

56. Майский И.М. Дневник дипломата. С. 108-111.

57. Личное послание Бивербрука товарищу Сталину, 19ЛПЛ942 // 192
РГАСПИ. Ф. 558. Оп.11. Д. 256. Л. 41; Ответ тов. Сталина от 26/Ш на послание Бивер¬брука //Тамже. Л. 46.

58. См., к примеру: Germany and the Second World War. Vol.V/II: Organization and Mobilization of the German Sphere of Power: Wartime Administration, Economy, and Manpower Resources 1942–1944/5. Oxford, 2003. P. 763.

59. Лота В. Как были сорваны «отравляющие» планы Гитлера [Электронный ресурс] //Официальный сайт Министерства обороны РФ. URL: http:// encyclopedia.mil.ru/encyclopedia/history/more.htm?id=10980202@cmsArticle (дата обращения – 18.VII.2013).

60 该问题是内阁3月23日会议的要点，密级为“绝密”(«Most Secret»)，一反常规的是并没有分发文件 («No Circulation»)。

61. W.M. (42) 36th Conclusions, March 23, 1942 // TNA, CAB/65/25/36.

62. Knell H. To Destroy a City: Strategic Bombing and Its Human Consequences in World War II. Cambridge, 2003. P. 290.

63. РГАСПИ. Ф. 558. Оп. 11. Д. 284. Л. 1.

64. From Moscow to Foreign Office, March 29, 1942 //TNA, PREM 3/395/18.

65. Kerr to Warner [1942] // TNA, FO 800.

66. РГАСПИ. Ф. 558. Оп. 11. Д. 284. Л. 1-9.

67. FRUS. 1942. Vol. III. P. 437-438.

68. Costigliola F. Archibald Clark Kerr, Averell Harriman and the Fate of the Wartime Alliance //Journal of Transatlantic Studies. 2011. Vol. 9. No. 2. P. 83-97.

69. 某些芬兰研究人员认为，此举是丘吉尔以牺牲芬兰为代价对莫斯科做出的又一次让步，这种观点具有代表性。 См.: Ruotsila M. Op. cit. P. 124.

70. Churchill & Roosevelt. Vol. 1. P. 421.

71. Roosevelt to Stalin, March 31, 1942 // FDRL, PSF, SAFE File, Russia, Roosevelt–Stalin Messages, 1941–1942.

72. САМО. Т 1. С. 158-159.

73. ДВП. 1942. Т. XXV. Кн. 1. С. 137.

74. Там же. С. 275.

75. САМО. Т 1. С. 162-163.

76. Там же. С. 164-165.

77. Первухин – Товарищу Молотову В.М., 18.1V1942 // РГАСПИ. Ф. 558. Оп. 11. Д. 256. Л. 58.

78. From Foreign Office to Washington, March 27, 1942 // TNA, FO 371/32878.

79. From Foreign Office to Washington, March 26, 1942 // Ibid.

80. Proposed Anglo-Soviet Treaty, April 5, 1942 //TNA, CAB 66/23/24.

81. САНО. Т. l.С. 217-218.

82. САМО. Т l.С. 172.

83. Draft of Proposed Dispatch from the President to Mr. Stalin, April 25, 1942 // FDRL, PSF, SAFE File, Russia, Roosevelt–Stalin Messages, 1941–1942.

84. For the Prime Minister from Hopkins, 25.4.42 // TNA, FO 954/3.

85. Churchill and Roosevelt. Vol. 1. P. 473.

193 86. Советско-американские отношения. 1939–1945. С. 218.

87. САМО. Т 1. С. 166-172.

88. См., к примеру: Dunn D.J. Caught Between Roosevelt & Stalin: America's Ambassadors to Moscow. Lexington, 1998.

89. FRUS. 1942. Vol. III. R 545-548.

90. Текст директивы см. в кн.: Вторая мировая война: Два взгляда. М., 1995.

91. President Roosevelt to Mr. Stalin, May4, 1942 //FDRL, PSF, SAFE File,

Russia, Roosevelt–Stalin Messages, 1941–1942.

92. Советско-американские отношения. 1939–1945. С. 221.

93. Кузнецов Н.Г. Курсом к победе. М., 2003. С. 212.

94. Bradham R. Hitler's U-boat Fortresses. Westport, 2003. P. 46.

95. Evans M.L. Great World War II battles in the Arctic. Westport, 1999. P. 66-68.

96. The Churchill Documents. Vol. 17. P. 527.

97. Кузнецов Н.Г. Указ. соч. С. 211–212. См. также: Иноземцев И. Защита с воз¬духа северных морских коммуникаций // Военно-исторический журнал (Да¬лее – ВИЖ). 1982. № 8. С. 14-15.

98. Краснов В.Н., Краснов И. В. Ленд-лиз для СССР. М., 2008. С. 167-168.

99. The Royal Navy and the Arctic Convoys: A Naval Staff History. London, 2007. P. 34-36.

100. Levy J. The Needs of Political Policy versus the Reality of Military Operations: Royal Navy Opposition to the Arctic Convoys // Journal of Strategic Studies. 2003. Vol. 26. No. 1. P. 48.

101. Evans M.L. Op. cit. P. 66.

102 Авиация и время. 1995. № 4. mКузнецов Н.L. Указ. соч. С. 212.

104. Chief of the Naval Staff for the Secretary of State for Foreign Affairs, May 7, 1942//TNA, FO 954/3.

105. Цит. no: Evans M.L. Op. cit. P. 70.

106. Germany and the Second World War, Vol. VII. P. 763.

107. A. Eden. 1 May, 1942 // TNA, FO 954/3. тРжешевский О.А. Война и дипломатия. С. 153-154.

108. Ржевский О.А. Война и дипломатия С.153-154.

109. РГАСПИ. Ф. 558. Оп. 11. Д. 364. Л. 10.

110. Memorandum for the Secretary of State, May 20,1942 //FDRL, PSF, Diplomatic File: Russia, Box 49.

111. Levy J. Op. cit. P. 46.

112. Deutsch H.C. The Historical Impact of Revealing the Ultra Secret // Parameters. 1977. Vol. 7. No. 3. P. 22.

113. Churchill & Roosevelt. Vol. 1. P. 474.

114. См. новейший обзор визита Молотова в: Великая Отечественная

война 1941–1945 годов. Т 8. Внешняя политика и дипломатия Советского Союза в годы войны / Ред. комиссия: В.Г. Титов, А.В. Торкунов, А.О. Чубарьян др. М., 2014. С. 166-178.

115. Молотов – Сталину, 23.V.1942 // Ржешевский О.А. Война и дипломатия. С. 102.

116 W.P. (42) 198, 18thMay, 1942//TNA, CAB 66/24/28.

194 117. Молотов – Сталину, 23.V.1942 // Ржешевский О.А. Война и дипломатия. С. 115.

118. Там же. С. 117.

119. Иноземцев И. Указ. соч. С. 15-16.

120. Ржешевский О.А. Война и дипломатия. С. 131.

121. Там же. С. 141.

122. Там же. С. 118.

123. The Reckoning. P. 329-330.

124. W.M. (42) 68th Conclusions, Conf. Annex, 26th May, 1942// TNA, CAB 65/30/16.

125. Churchill & Roosevelt. Vol. 1. P. 490.

126. Правда. 12. VI. 1942.

127. Ржешевский О.А. Война и дипломатия. С. 174, 204-205, 207.

128. Bohlen Ch. Witness to History: 1929–1969. N.Y., 1973. P. 128.

129. Churchill & Roosevelt. Vol. 1. P. 504.

130. Ibid. P. 508.

131. Текст см. в: Butler S. Op. cit. P. 70.

132. Germany and the Second World War. Vol. VII: The Strategic Air War in Europe and the War in the West and East Asia 1943–1944/5. Oxford, 2006. P. 739-740.

133. CAMO. T l.C. 211.

134. Perras G.R. Stepping Stones to Nowhere: the Aleutian Islands, Alaska, and American Military Strategy, 1867–1945. Vancouver, 2003. P. 88.

135. Raunch S.J. Aleutian Islands Campaign (1942–1943) //World War II at Sea: An Encyclopedia / Ed. by S.C. Tucker. Vol. 1. Santa Barbara, 2012. P. 27.

136. CAMO. T l.C. 171.

137. Советско-американские отношения. 1939–1945. С. 220.

138. CAMO. T 1.C. 167-168.

139. Beard B. The Bradley Mission: The Evolution of the Alaska–Siberia Route // Alaska at War, 1941–1945: The Forgotten War Remembered / Ed. by F. Chandonnet. Fairbanks, 2008. P. 336.

140. CAMO. T l.C. 198-202.

141. Советско-американские отношения. 1939–1945. С. 250.

142. The Churchill Documents. Vol. 17. P. 782. См. также: Mann C. British Policy and Strategy Towards Norway, 1941–1945. Basingstoke, 2012. P. 76.

143. The Royal Navy and the Arctic Convoys. P. 47n3.

144. 诺曼底登陆行动计划以此命名。

145. Churchill & Roosevelt. Vol. 1. P. 494.

146. CAHO. T. 1.C. 246, 248.

147. Riste O. The German Occupation of Norway in World War II // Armies of Occupation / Ed. by R.A. Prete, A.H. Ion. Waterloo, 1984. P. 149-150.

148. Mann C. Op. cit. P. 76-77.

149. Secretary of State for Foreign Affairs, July 10, 1942 // TNA, FO 954/23.

150. The Reckoning. P. 330.

151. Ржешевский О.А. Война и дипломатия. С. 259.

152. Керр - Молотову, 21.VI.1942 // РГАСПИ. Ф. 558. Оп.11. Д. 256. Л. 104. 195

153. Paraphrase of Telegram № 227 July 2, 3 pm from Ambassador Standley at Moscow // FDRL, Map Room Papers (далее – MR), Box 8.

154. CAMO. T. 1. C. 211-213; Telegram No. 231, July 2, 1942 from Ambassador Standley at Moscow // FDRT, MR, Box 8; FRUS. 1942. Vol. III. P. 604-606.

155. From Standley for the President and the Secretary of States, July 4, 1942 // FDRT, MR, Box 8.

156. Churchill & Roosevelt. Vol. 1. P. 518.

157. From the President to Stalin [OpNav to ATUSNA Moscow], 5 July, 1942 // FDRT, MR, Box 8.

158. From Standley for the President and the Secretary of States, July 4, 1942 // Ibid.

159. To Stalin from the President, July 6, 1942 // Ibid.

160. CAMO. T. l.C. 212.

161. Советско-американские отношения. 1939–1945. С. 258-260.

162. Churchill & Roosevelt. Vol. 1. P. 519.

163. From ATUSNA Moscow to OpNav, 7th July 1942 // FDRT, MR, Box 8.

164. Churchill & Roosevelt. Vol. 1. P. 519.

165. РГАСПИ. Ф. 558. On. 11. Д. 256. Л. 108-113.

166. Подробнее о судьбе конвоя см.: Ирвинг Д. Разгром конвоя P.Q. 17. М., 1971.

167. Eden to Kerr, 9th July, 1942 //TNA, PREM 3/393/14.

168. FRUS. 1942. Vol. III. P. 714. 苏联大使1942年7月28日的日记就是庞德和迈斯基关系的有力证明。 (см.: Майский И. М. Дневник дипломата. С. 168-171).

169. Churchill & Roosevelt. Vol. 1. P. 529-532. См. также: The Churchill Documents. Vol. 17. P. 956-959.

170. Defence Committee, Convoys to Russia, 10th July, 1942 // TNA, PREM 3/393/14.

171. Smuts to Churchill, 14th 1942 // Ibid.

172. Подробнее см.: Смит П. Ч. Пьедестал. М., 2005.

173. The Churchill Documents. Vol. 17. P. 798.

174. Churchill & Roosevelt. Vol. 1. P. 535.

175. Майский ИМ. Дневник дипломата. С. 166.

176. Churchill to Ismay for C.O.S. Committee, 17th May, 1942 // TNA, PREM 3/393/2; Churchill & Roosevelt. Vol. 1. P. 528.

177. Churchill to Ismay for C.O.S. Committee, July 1942 // TNA, PREM 3/393/3; Churchill & Roosevelt. Vol. 1. P. 530.

178. Churchill & Roosevelt. Vol. 1. P. 536.

179. C. Warner Minute, 16th July, 1942 // TNA, FO 954/3A. 英国外交部工作人员纠正了 «Новая Земля» 的书写错误，之前为 «Novaya Zemblya»。正是这个错误的写法收录到了罗斯福和丘吉尔的书信集中 (Churchill & Roosevelt. Vol. 1. P. 530)。

180 From PM to Premier Stalin, 17 July, 1942 // TNA, PREM 3/393/3.

181. C. Warner Minute, 16th July, 1942 // TNA, FO 954/3A; Eden to Churchill, 16th July, 1942 // Ibid.

196 182. Т XXV. К н. 2. С. 54.

183. iaries of Sir Alexander Cadogan. P. 463.

184. ДВП. Т. XXV. Кн. 1. С. 505. Подробнее об истории армии Андерса см.: Русский архив: Великая Отечественная. Т 14 (3–1). СССР и Польша. М., 1994.

185. From Teheran to Foreign Office, 31st March, 1942 // TNA, PREM 3/354/1.

186. Foreign Office to Prime Minister, 4th April, 1942 // Ibid.

187. WSC to Foreign Secretary, 5th July, 1942 //TNA, PREM 3/354/7.

188. РГАСПИ. Ф. 558. On. 11. Д. 256. Л. 114.

189. 早在7月2日斯大林接见斯坦德利时就说，他认为阿拉斯加—西伯利亚航线就是诺姆—谢姆齐昂—雅库茨克—基连斯克—克拉斯诺亚尔斯克(Telegram № 231, July 2, 1942 from Ambassador Standley at Moscow // FDRL, MR, Box 8).

190. To Stettinius from Faymonville, 23rd Nov., 1942 // FDRL, Naval Aide's Files: A/l 6-General Correspondence.

191. Office of the Chief of Staff, Memorandum for the President, Nov. 27, 1942 // Ibid.

192. Советский представитель генерал-майор Стерлигов был назван в нем Стерлинг (Sterling). См: From ALUSNA Moscow to OpNav, 19th July 1942 // FDRL, MR, Box 8.

193. FDRL, PSF, Diplomatic Correspondence, Russia: July 1942–1943, Box 49.

194. From the President to Stalin [OpNav to ALUSNA Moscow], July 22, 1942 // FDRL, MR, Box 8.

197 # 第3章

战争初期结束

1942年下半年，盟国之间的关系主要取决于全球大战中各战场的局势，且在激化与缓和之间呈现出阶段性的跌宕起伏。信函往来主要在斯大林和丘吉尔之间进行，丘吉尔继续扮演着西方盟国代表的角色。1942年8月12日—16日，丘吉尔率团到访莫斯科，有意化解由于推迟开辟欧洲第二战场和暂停北极护航运输队所引起的盟国关系现实危机。两位领袖的首次会晤对苏英关系和两人之后的通信具有重要影响。

首先，这次面对面的直接交流使两人隔空的想象有机会得到验证，而且对通信对象的强项和弱点有了更直观的印象。斯大林能够亲身体会到英国人的急躁情绪和丰富情感，一方面让他产生了某种敬意（“……我欣赏您的斗志”，他在回应丘吉尔慷慨激昂的发言时说），而另一方面也证实了他选择以“软硬兼施”的策略处理与首相关系的正确性。会面之后，特别是在斯大林府邸举行的晚宴之后，这位独裁者的战略才华和个人魅力给丘吉尔留下了难以忘怀的印象。粗犷的独裁者以意想不到的盛情彻底征服了丘吉尔，施展了魔法般地使其相信，他终于认识了“真正的斯大林”“窥视到了他的内心”。会面的次日早晨，他在与克尔和私人医生C.莫兰（Моран Ч.）谈话时不停地说，能够与斯大林这样的“伟大人物”共事，他很幸运。[1] 他给罗斯福写信时称，斯大林对盟友的尖锐指责都是迫于站在他身后的“人民委员会”的压力。[2] 丘吉尔开始对斯大林形成了一种奇怪而固执的印象，他是温和而睿智的活动家，却一直遭到苏联高层“黑暗势力”的绑架。这次直接见面未必会真正改变斯大林对丘吉尔的看法，但“首相的斗志和活力给他留下了印象”，在
198 克里姆林宫会面几天后，莫洛托夫对克尔如是说。人民委员认为，即使“不讲情面”也有好处，因为这种“直白来自于坦率和真诚这两种品质，而它们构成了相互理解的必要基础”。大使和人民委员一致认为，“如今，经过两人会面和直截了当的交谈，双方都将更加重视和容易理解对方的信函”。[3] 然而，

更好的相互理解从来就不是改善关系的保障，这一点很快得到了证实。

到了9月底至10月初，8月份的火热关系重新落入冰点。这种关系的冷热更迭是因为苏德战场南翼斯大林格勒周边态势的急剧恶化，这次会战被证明决定了战争的走向。这使克里姆林宫十分紧张，更为雪上加霜的是，盟国关于暂停北极护航运输队的决定（这一次是由于“火炬”行动的需要），大量用于斯大林格勒战场的“眼镜蛇”战机被移交给了美国人，再加上关于赫斯丑闻，让克里姆林宫再次怀疑英德在私下勾结。莫斯科把主要过错归咎于英国人，而斯大林和丘吉尔的通信变得更加简短、稀少和冷淡。伦敦不能理解苏联领导人面临的严峻形势，曲解了斯大林缺乏礼貌的言辞。特别是对斯大林10月13日的信函（第120号文件）做出的过激反应正说明了这一点。

莫斯科夸大了英国人试图有意颠覆苏联的图谋。正在流血牺牲的国家很难理解的是，为何盟国在战争危急时刻不愿为了与共同敌人的斗争做出人员牺牲。美军司令部，特别是英军司令部漠然地看待苏德战场局势，他们认为苏联可以坚持住，甚至在最糟糕的情况下也一样能继续作战，拖住德军主力。例如，“德国无法在年内用军事行动使俄国退出战争，”1942年9月18日英国联合情报委员会的总结报告中写道。“……在与美国和英国广泛合作的情况下，俄国很可能将继续战斗。即使俄国再次撤至德维纳–伏尔加（Двина-Волга）一线，它还可控制约45%的军工和其他资源，足够以1941年一半左右 199
的水平维持其武装力量。即使俄国失去了泛高加索地区，其石油资源和储备也足以支撑战争，且至少能撑到1943年秋季。”[4] 英美两国领导人都赞同这一看法。总统在10月份发给首相的信函中写道：“我坚信，俄国将撑过这个冬天。”[5] 迈斯基向斯大林报告说，丘吉尔对莫斯科的访问更加坚定了首相的信心，即：“即使在最糟糕的条件下，苏联也能以某种方式‘忍受’，苏联的腰杆很硬。”[6] 难怪迈斯基将首相的这种信念称之为其政策的“根本”。10月丘吉尔得出结论，“1942年的俄国战局会让希特勒大失所望”，[7] 11月份英军总参谋部推测“俄国可能退出战争”[8] 的说法使丘吉尔产生了疑问。这种矛盾的出现一点也不奇怪，因为西方盟国一向认为，自身蒙受巨大损失的风险要比苏德战场假定的失败更严峻。

斯大林与罗斯福之间为数不多的信函仍波澜不惊，即便如此，其间也因美国执意向远东渗透而产生过直接交锋。莫斯科认为，美国试图将苏联卷入对日作战（第164、167号文件）。盟国试图通过其他渠道增加补给的方式来缓和关系，为此建议派遣英美空军到高加索［“天鹅绒（Вельвет）”行动］和在挪威北部实施英苏联合作战（“朱庇特”），但都收效甚微。10月初，斯大林在回答美联社记者C.卡西迪（Кэссиди К.）提问时公开指责盟国未充分援助苏联，并提醒盟国违背了开辟第二战场的承诺。

到了11月形势才开始好转，斯大林格勒的态势开始稳定下来，隆美尔率领的军队在阿拉曼遭遇失利，盟军在北非成功登陆，斯大林起初并不相信这样的结果，但他的公开言辞开始发生变化：11月6日，斯大林在十月革命周年纪念的例行讲话中对盟国的援助大加赞赏，而11月4日，即“火炬”行动开始后，还是在回答卡西迪的问题时他说，盟国对军事行动的贡献正在增
200 长。与西方领导人通信中的语气也明显好转，特别是在成功发起“天王星（Уран）”战役之后，以及在斯大林格勒城下包围了德军之后（第142、143号文件）。斯大林和丘吉尔仍旧相互祝贺生日，而作为苏维埃制度死敌的英国首相甚至向斯大林祝贺了十月革命周年纪念。11月27日，斯大林给丘吉尔的信函引起了人们的关注，这封信讲的是关于美国人和“维希”军队总司令J.达尔朗（Дарлан Ж.）海军上将之间的“肮脏交易”，这封信函极有说服力地证明了克里姆林宫信函的生成过程以及斯大林在确定苏联立场时的决定性作用（第140号文件）。罗斯福没有效仿丘吉尔向斯大林祝贺生日，但是他对克里姆林宫主人的兴趣和面见斯大林的想法日趋强烈。11月他派遣特使赫尔利将军到莫斯科，12月2日首次正式邀请斯大林参加卡萨布兰卡的“三巨头”会晤，丘吉尔也迅速表示支持（第145、146号文件）。众所周知，斯大林婉拒了此次邀请，错失了影响联盟战略的机会。[9] 罗斯福和丘吉尔只得在主要盟友缺席的情况下会面，而这位主要盟友对日后的战争进程产生着决定性的影响。

* * *

1942年7月中下旬，苏德战场的形势变得异常严峻。这里集结了大部德军主力部队和德国的主要战争资源：截至7月1日，东线德军已占希特勒德国陆军总数的3/4强。[10] 按照希特勒的命令，“A”集团军群应占领顿河畔罗斯托夫（Ростов-на-Дону），强渡顿河下游，向高加索方向挺进。“B”集团军群则受命前出至顿河河畔。德军在兵员、火炮、飞机、坦克方面占据明显优势。[11] 7月23—24日，德国人占领了高加索的门户顿河畔罗斯托夫，在此之前塞瓦斯托波尔（Севастополь）也在被包围4个月后沦陷。7月28日，颁布了著名的斯大林第227号命令——“不准后退一步！”

这一时期苏英关系的情况也很复杂。盟友之间的互信降到了最低点。7月
201 16日，甚至连对英国人持宽容态度的迈斯基也给外交人民委员会写道，英美

对苏联态度的背后隐藏的是“希望看到德国和苏联互相残杀”及“英美高层畏惧德国陆军实力，特别是海军实力”。[12]

在这种危急形势下，苏方将7月17日收到的丘吉尔信函看作是双重拒绝——拒绝从北方航线为苏联提供军事物资、拒绝在1942年开辟第二战场。这也证实了迈斯基在同英国高层会谈后得出的结论，即“1942年不会开辟第二战场”。“换言之，”他在7月19日的日记中总结了目前所发生事件的实质，“在我们最危急的时刻，我们被盟友抛弃，只能听天由命。”[13] 大使建议斯大林“向丘吉尔严正提出护航运输队和第二战场问题，强调我国人民无法理解英国在我们如此危急的关头所表现出来的消沉状态，如果1942年不开辟第二战场，那么可能会输掉这场战争，或者至少苏联实力将受到大大削弱，之后也无法积极地进行斗争”。[14] 迈斯基还建议丘吉尔在收到斯大林的来函后发表讲话，告诉英国议员和记者们形势的极端严酷性和复杂性。他希望通过上述两个举措即使不能推动第二战场的问题有所松动，至少也使护航运输队和其他“次级”措施得到改善。大使的建议被完全采纳，虽然迈斯基还是认为斯大林的回信“比我建议的要温和，但已足够坚决和强硬了”。[15]

斯大林在信中坚称，盟国把拒绝在1942年开辟第二战场看作是铁定事实，虽然该问题的最终决定仅仅是在不久前的7月22—23日，即罗斯福与参加英国谈判的马歇尔和霍普金斯通信时做出的。斯大林未必能够通过情报得到这一消息。最可能的情况是，盟友的消极举动和含糊其辞使他渐渐意识到“这个问题已经得不到严肃对待”，而丘吉尔7月17日来函中关于1943年开辟第二战场的那句话最终成了愤怒的爆发点。

斯大林的立场是，苏联在对德战争中正经历严重的困难，并且已经承担 202
了对德斗争的主要负担。在指责英国政府拒绝开辟第二战场的同时，他援引了1942年6月12日英苏公报的内容，[16] 尽管苏联政府是否真的相信这份文件的内容还有待商榷。7月3日艾登在电报中向克尔表达了忧虑，原因是莫洛托夫对他在伦敦期间的允诺产生了怀疑。大臣委托大使与莫洛托夫会面并查明状况。[17] 次日，克尔提醒人民委员，6月10日丘吉尔曾交给莫洛托夫的是关于第二战场的备忘录。关于1942年8月或9月可能实施的登陆行动，备忘录中写道：“现在预测的是战役实施时刻的形势，以及届时是否具有实施战役的条件。”[18] 莫洛托夫在评论克尔的声明时说：“在伦敦和华盛顿的谈判以及丘吉尔交给他的文件都证明，他得到的有关第二战场的消息比公报更为具体。这些情况我都如实地向苏联政府做了汇报，所说的丘吉尔备忘录白纸黑字还在苏联政府手中。”莫洛托夫的话很明显是指丘吉尔的备忘录比公报更权威。克尔在汇报本次谈话时记下了人民委员的话，即“国王陛下政府的态度曾在伦敦以口头和书面形式阐述过”。[20]

斯大林关于不计伤亡都要继续护航运输队的争论，是苏联和英国政界领导的根本矛盾之一，这在战争时期众所周知。矛盾焦点就是在评价某次行动是否成功时对于伤亡的不同态度。丘吉尔多次强调，他认为，理性的军事行动是以有限的伤亡换取更大的胜利。但英国和苏联对“有限”伤亡的评价尺度从来就没有统一过。

然而，7月底两国在护航运输队问题上的立场稍微有些接近。伦敦开始披露更加准确的PQ17护航运输队的损失情况：有1/3的舰船驶抵苏联，这要高
203 于大部分伦敦人的初始估计。丘吉尔在给总参谋部的指示中强调了迁就苏联的必要性，特别是考虑到苏德战场上的严峻形势。[21] 而在7月中旬他还表示不排除将在9月份恢复派遣护航运输队，但要看“支柱”行动的效果。[22] 但形势很快发生了变化。丘吉尔事实上曾准备恢复护航运输队，且无论马耳他的行动结果如何。[23] 然而，在7月29日写给罗斯福的信中，他提出了另一个条件：苏联空军为护航运输队提供空中掩护保证。[24]

斯大林7月23日的信函在当天就由迈斯基转交给了住在唐宁街的丘吉尔。首相因收到了埃及方面的坏消息而感到沮丧。“很明显，丘吉尔因为悲伤喝了点威士忌，”迈斯基随笔写道，“这可以从他的面颊、眼睛和举止上看出来。”[25] 看罢来函，首相对大使说，他收取这种腔调的来函，只是出于对红军英雄主义的应有尊敬，他们在与德国法西斯进行斗争。“首相的自尊心受到了伤害（特别是斯大林指责其未履行承担的义务）。”迈斯基在日记中写道。“两个巨人碰撞，”第二天艾登对大使说，“因而发生了争执……我和您应促成他们和好……主要是他们还未曾谋面，这有点棘手。”[26] 艾登的助手哈维在日记中写道：“尽管可以理解斯大林在这种艰难时刻的感受，但来函还是不能令人愉快。向其证明我们的观点是徒劳的。我们无法说服他。”[27]

7月24日的内阁会议决定不予回信，只对迈斯基和海军武官解释英国政府的立场。丘吉尔对幕僚们说，可以找到反驳斯大林的理由，但“重要的是不要争吵，争吵没有赢家”。[28] 但大使相信自己的判断是正确的，他联想到1941年秋天发生的类似危机：“首相容易发火，但从不记仇。在最初的冲动过后，他会像国务活动家一样，或者说更像议员一样，开始思考和筹划。最后会得出应有的结论。”[29] 事实也是这样演进的。

87. 斯大林致丘吉尔的信函 204

1942年7月23日收

您7月18日的来函收悉。

从来函中获悉，一是英国政府拒绝继续从北极航线向苏联提供军用物资；二是尽管有众所周知的关于采取紧急措施于1942年开辟第二战场的英苏公报，但英国政府还是把这件事推迟到了1943年。

第一个问题，我们的海军专家认为，英国海军专家出具的向苏联北部港口停运军需的理由没有说服力。他们相信，如果愿意和准备履行自己的义务，航运可以定期进行，并能给德国人造成较大的损失。英国海军部给第17护航运输队下达停止前进、立即返航的命令，货船被迫解散，在没有护航的情况下有些零星的船到达了苏联北方港口，我们专家认为这种做法不可理喻，也无法解释。当然，我并不认为定期向苏联港口运送物资不存在风险和损失。但是，在战争形势下，没有一件壮举的完成能够完全避免风险和损失。您当然清楚，苏联所承受的严重损失不计其数。正当苏德前线危急之际，苏联非常需要军用物资的时候，无论如何，我都无法想象英国政府恰在此时拒绝向苏联运送军需物资。很明显，通过波斯湾港口运送物资无论如何都无法弥补拒绝从北极航道运送所造成的损失。

第二个问题，即关于在欧洲开辟第二战场的问题，我所担心的是，这个问题不再受到重视。鉴于当前苏德战场的形势，我必须严辞声明，苏联政府不能容忍把在欧洲开辟第二战场推迟到1943年。

我希望坦率、真诚地道出我自己和我们集体对您信函中所涉及问题的意见，这是十分必要的，希望您莫要见怪。

斯大林这封信函的内容还发给了身在华盛顿的利特维诺夫。大使在给莫 205
洛托夫的回复电报中建议把这封信函也交给罗斯福，以警告两位盟友："我感觉，不暗示威胁难以触动丘吉尔和军方。美国人和英国人认为理想的状态是，德国人能痛击并击溃我们，无论战场在哪里都不重要，即使是在西西伯利亚，只要我们能够拖住德军，1—2年之后，当他们能够成就巨大的空中优势，德国人再也无力发动攻势。而我们则要被削弱，直至在签署和平协议时我们都不能大声说话。因此，我下一步就是以此作为英美战略的后果来威胁他们，并让他们自己为自己造成的后果负责。”[30]

毋庸赘言，苏联外交战线的老战士抓住了盟国战略的中心思想，核心就是苏德在哪里作战并不重要，重要的是他们一直作战。这一评语明显已经比以威胁口吻警告伦敦和华盛顿走得更远。而现在，只要等待结果，这位前人民委员想以什么样的后果威胁盟国，难道他会对华盛顿的交谈者说苏联战败？[31] 很奇怪的是，就在那几天（7月22日），正在伦敦陪同马歇尔讨论英美战略的霍普金斯在与迈斯基谈话时也提出了类似的建议。苏联大使这样描述道：“霍普金斯在‘自由发言’环节提出这样一个问题：‘就在现在，伦敦会议期间，斯大林是否有必要给罗斯福写一封严肃的私人信函，阐明当前形势的危险性并强调立即开辟第二战场的重要性’。然而，当我直接问霍普金斯，是否可以理解为他希望发这样的信函时，霍普金斯双手一摊回答道：‘我也不知
206 道。’尽管是戏言，很显然，霍普金斯显然希望发这样的信函。”[32] 很有可能的情况是，霍普金斯借斯大林之力触动举棋不定的上司积极支持“重锤”行动。就在7月22日，由于英军拒绝该行动，伦敦的英美军事谈判陷入僵局。但斯大林没有采纳利特维诺夫和霍普金斯的建议，而直接把责任归咎于丘吉尔一人，他不无理由地看清了拖延第二战场的始作俑者。

收到斯大林严厉的回函后，盟友们开始思考对策。丘吉尔在给罗斯福的电报中建议以5月份交给莫洛托夫的备忘录作为依据，并阐释1942年开辟第二战场的相对可能性。罗斯福则认为这还不够。“……给斯大林的回信要仔细权衡，”他给首相写信时说，“我们应该考虑到这位盟友的个性和他所处的危难处境。不能指望一个祖国遭受侵略的人还能用普世观点看待战争。我认为，我们应该尽量换位思考。”[33] 总统建议将与“火炬”行动有关的1942年的战略计划告知斯大林，以加强信任。

同时，还有其他一些因素让伦敦从斯大林的这封信函中清醒过来。对斯大林与丘吉尔之间关系转冷而寝食不安的克尔大使正极力促成两人尽快会晤，以协调有关第二战场的问题。他提出了支持会晤的两点理由——有必要向斯大林解释英美的立场（“没有人比首相更有说服力了”）和有必要在此紧急关头向苏联人民和红军提供道义上的支持：“不可否认，当前的军事形势十分危急，有可能再次见证希特勒政策——各个击破敌人——的成功。如果形势继续恶化，俄国人的斗志将屈服于压力，那么这次访问可能是扭转倾斜天平的唯一希望。因此，我觉得，有必要建议访问。目前我认为俄国人的精神还能撑得住，但是应当承认，这只是一种猜想……”[34]

207 “我们对此考虑得比谁都多，包括首相本人。”贾德干对艾登这样解释克

尔的电报。贾德干承认这次会晤有“重大意义”，但并不清楚如何利用好这次会晤，是“向俄国人摊牌”还是简单的“安抚”。他写道，前者潜伏着巨大的风险，而后者注定让首相莫斯科之行不快。[35] 艾登给丘吉尔看了克尔的电报，并且支持举行私人会晤的主意，况且莫斯科之行可以与计划好的近东之行一揽子执行。首相一直认为私人外交十分重要，用艾登的话说，这个主意“正中下怀”。[36] 丘吉尔在其回忆录中写道，7月28—29日夜间的内阁会议决定，首相首先启程前往开罗，同时向斯大林建议私人会晤，以沟通推迟1942年在欧洲开辟第二战场的问题。[37] 丘吉尔对身边的人表示过，不排除推迟一年以上的情况：“英美陆军还需要几年才能在战场上势均力敌的战斗中击败德军。”7月29日丘吉尔对副首相艾德礼说。[38] 艾德礼和其他几名内阁成员，出于对丘吉尔健康的担心，曾尝试过劝他取消行程，但无功而返。[39]

7月30—31日夜间，丘吉尔邀请迈斯基到唐宁街。迈斯基不知道这么晚召见自己的原因，一时摸不着头脑。根据迈斯基的记录，丘吉尔坐在英国政府会议桌后：

“首相好像沉浸在某种情绪当中，当他的睿智闪耀出善意讽刺的光芒时，他变得魅力四射。

“‘你看看这个有什么用处吗？’丘吉尔窃笑着递给我一张纸。

“这是他刚刚写就的致斯大林的信函。我迅速地扫过递过来的文件。

“‘当然有用，有大用处！’我读完信回答道。

“况且，丘吉尔和斯大林的会晤将有重大影响。我将全力支持首相的想法。”

“我的想法完全是对的，丘吉尔对7月23日斯大林信函的愤怒烟消云散。” 208
迈斯基在日记中写道，“首相‘走出来了’。现在他满心憧憬着苏联之行和与斯大林的会晤。这样最好。”[40] 当天，苏联大使就把信函发往了莫斯科。按照迈斯基的说法，尽管他也同意飞往莫斯科，但他“魂牵梦绕”的是与斯大林在心爱的高加索的第比利斯会晤。[41]

88. 丘吉尔致斯大林的信函

1942年7月31日发　　　　1942年7月31日收

机密

1. 我们正在采取预备措施（见我的下一封信），以向阿尔汉格尔斯克派遣大型护航运输队，它将于9月第1周启航。

2. 我希望您能够邀请我在阿斯特拉罕、高加索或其他合适的地方举行私人会晤。我们可以共同讨论战争的相关问题，并且在友好的接触中做出联合决议。我可以向您通报已与罗斯福总统协调过的1942年进攻行动计划。随我前往的还有皇家总参谋长。

3. 我将立即飞往开罗。您很清楚，我在那里有要务。如果您愿意，我可以从那里通知您我们会晤的适宜日期，当然，如果一切顺利，会晤可以在8月10—13日之间进行。

4. 战时内阁也赞同我的建议。

89. 丘吉尔致斯大林的信函

1942年7月31日发　　　　1942年7月31日收

秘密，亲启

这是对上一封信的补充。我们正在采取预备措施在9月第1周派遣一个由
209 40艘船编成的护航运输队。但是，我要坦率地说，如果在巴伦支海不对德军水面舰艇构成威胁的话，他们就会攻击护航运输队，我们将没有太多的机会，那么根据第17号护航运输队的经验，1/3船只抵达已是万幸。当然，如您所知，这一情况已经和迈斯基讨论过，按照我的理解，后者已经通知您，哪怕最低程度的空中掩护也是必要的。

斯大林在收到信函的当天便立即给丘吉尔回信。看来，他对首相准备在私人会晤时讨论迫在眉睫的问题感到十分欣慰。他邀请英国首相到莫斯科，并让客人选择抵达的具体日期。斯大林还心存感激地接受了丘吉尔关于在9月恢复护航的承诺。信函于7月31日通过电报发给了迈斯基，以转交给艾登。[42]

90. 斯大林致丘吉尔的信函

1942年7月31日发

机密

您7月31日的两封来函收悉。

在此我谨以苏联政府的名义正式邀请您到苏联与政府成员会晤。

如果您能够来苏联共同商讨反希特勒战争的紧迫问题，我将不胜感激，目前希特勒对英国、美国和苏联的威胁到了前所未有的程度。

我认为，我们会晤的最佳地点是莫斯科，我、政府成员和总参谋部的首长在当前对德作战的关键时刻不能离开岗位。

联合王国总参谋长的到来十分必要。

我想请您自己确定适宜的会晤日期，根据您在开罗事务的完成情况，请您提前告知，我方对于日期不会有异议。

感谢您同意9月初再次派遣护航运输队为苏联运送军事补给。我们将克服一切困难从战场上抽调空军，采取所有可能的措施加强对运输船和护航舰 210
艇的空中掩护。

迈斯基没有收到陪同丘吉尔访问莫斯科的指示，他通过密电向领袖表达了自己的想法和建议。他写道，首相的主要目的是说服“斯大林同志相信，他不可能也不愿意在1942年开辟欧洲第二战场”，主要是因为他“不相信英国军队能够有效地对抗德军”。“但我希望，”大使总结道，“您能够成功地找到理由说服丘吉尔改变立场，并采取措施在1942年开辟第二战场。”[43]

丘吉尔在8月1—5日期间从开罗发信的过程有段插曲。其他信函都是由克尔转交给维辛斯基的，是用打字机打出来的英文版本，再由巴甫洛夫翻译，而开罗的信函则由英国大使亲笔誊写，并且转交给苏联方面的是俄语版本。[44]克尔有为数不多的几处标点疏漏，在《往来书信》出版时，信件内容已做了纠正。

91. 丘吉尔致斯大林的信函

1942年8月1日发　　　　1942年8月1日收

当然，我会前往莫斯科，并从开罗告知我到达的日期。

8月2日，斯大林回复罗斯福7月22日的来函时，明确了计划从阿拉斯加出发进行选线飞行的细节问题。信函中斯大林的用词值得注意——“我们的B–25飞机”，而它实际上是通过租借法案提供给苏联的美国轰炸机。

92. 斯大林致罗斯福的信函

1942年8月2日发

您上一封关于从阿拉斯加出发进行选线飞行的信函收悉。我们的B–25飞
211 机预计将于8月8—10日抵达诺姆，在进行拟定的选线飞行时，飞机上将有3名美国乘员。

身在埃及的丘吉尔初步计划对莫斯科的访问大约在8月10—13日，和他在7月30日的信函中所写的一样。但是，当丘吉尔8月4日给斯大林写信时，情况变得不是很明朗。因此首相没有注明访问莫斯科的准确日期。他的行程路线还是程式化的——第一站在德黑兰降落。尽管丘吉尔计划“近日”从埃及飞往苏联，但他却不得不耽搁在了那里。原因是W.戈特（Готт У.）中将的意外阵亡，他的飞机在8月7日飞往埃及途中被德国歼击机击落，因此要尽快找到接替他的人担任第8集团军司令，这个人便是B.蒙哥马利（Монтгомери Б.）中将。

与丘吉尔其他关于“开罗”的信函一样，这封信函的内容也被英国大使馆译成俄文，并于8月5日交给了维辛斯基。

93. 丘吉尔致斯大林的信函

1942年8月4日发　　　　1942年8月5日收

我们计划于近日出发。在德黑兰短暂逗留后前往莫斯科。

有些具体措施由我空军驻德黑兰机关与贵方协调。我希望您指示后者给予我方全力协助。

暂时我还不能在这封给您的信函中确定具体日期。

收到前往莫斯科的邀请后，丘吉尔希望，有关无法在1942年开辟第二战场的声明最好不要被看作是英国人出的主意。他需要美国的外交支持，如果美国总统特使哈里曼在莫斯科出席与斯大林的会晤，这就是最明显的支持。
212 丘吉尔在8月4日的信函中对罗斯福提出了这一请求。[45]（哈里曼证实，总统担

心，这会造成他与斯大林单独会晤时有旁人在场的先例）[46]之后，罗斯福同意了首相的建议，委派哈里曼前往莫斯科。总统的信函标注日期为8月5日，于华盛顿时间9时50分发出。[47]

94. 罗斯福致斯大林的信函

1942年8月5日发　　1942年8月6日收

我已请哈里曼先生前往莫斯科，听候您及您的客人调遣，以提供力所能及的帮助。

8月5日当天，华盛顿时间18时03分，罗斯福又向莫斯科发出了一封信。信中再次提到苏日关系问题，此问题之前给斯大林的信函中已多次提及。与1942年6月17日不同的是，罗斯福没有再提日本对苏联构成的侵略威胁，而是认为威胁程度在降低。罗斯福8月5日的两封信函由斯坦德利大使在8月6日交给莫洛托夫。在两人会面时，人民委员指出，1942年夏季，华盛顿给莫斯科提供的关于日本对苏联威胁的情报自相矛盾："莫洛托夫同志提意见说，他无法完全理解总统的第二封信。因为一周前利特维诺夫曾报告，罗斯福表达的是另外一种观点。当时总统说，据他得到的情报，日本将在8月上旬对苏联发起进攻。莫洛托夫补充说，显然总统在近几日得到了新的情报。"[48]总统在8月7日给斯坦德利的电报中证实，8月5日信函中的消息确实是基于华盛顿刚刚获得的情报。而这份稍晚获得的情报只是让美国政府增强了对情报可靠性的信心。[49]罗斯福所提到的这份情报是马歇尔在1942年8月提供给他的。美国陆军参谋长认为它有重要意义，并说服罗斯福将其转给斯大林。马歇尔发来的情报来自于高度保密的密码系统"魔术"，它破译了日本密码。[50]

95. 罗斯福致斯大林的信函 213

1942年8月5日发　　1942年8月6日收

我得到十分可靠的情报，日本政府决定目前不采取针对苏联的军事行动。我认为，这意味着对西伯利亚的进攻会推迟到明年春季。烦请向您的客人转达这一消息。

从斯大林给丘吉尔8月4日信函的回信原文中可以看出，是莫洛托夫执笔。[51] 8月6日信函交给了克尔。信中介绍了丘吉尔和英国军方代表飞往德黑兰的准备情况。丘吉尔自8月2日从伦敦出发的这次长途旅行充满了风险，因此需要缜密的准备。“路途遥远且不安全，中途降落直布罗陀（Гибралтар）、开罗、德黑兰和古比雪夫，”勒热舍夫斯基说，“路线、飞机和机长［美国空军上尉范德克洛特（Вандерклот）驾驶‘解放者（Либерейтор）’轰炸机］都是经过长时间讨论后选拔出来的。行动代号为‘手镯（Браслет）’。”[52]

96. 斯大林致丘吉尔的信函

1942年8月6日发

您8月5日的信函收悉。按照您的意愿向驻德黑兰的苏联空军代表下达了所有必要的指示。

尽管8月6日莫洛托夫在与斯坦德利见面时提出了批评性意见，但斯大林还是用极其礼貌的口吻给罗斯福写了回信，并感谢总统派哈里曼到莫斯科，以及通报日本的情况。特别是考虑到美国人愿意分享军事情报，斯大林的这一举动也有其道理。

214

97. 斯大林致罗斯福的信函

1942年8月7日发

我已收到您8月5日的来函。对您通知哈里曼先生即将到访莫斯科，表示感谢。至于您提供的日本情报，我饶有兴趣地了解过了，当然，我也会将其转告给客人。

罗斯福经常以私人信函的方式提前向斯大林介绍某位即将访苏的美国代表，包括介绍访问目的、成员身份和政治立场。W.威尔基（Уилки У.）——1940年大选共和党候选人——是罗斯福在美国国内的重要支持者。威尔基和罗斯福的对外政治立场在很大程度上是一致的：两人都认为美国不能再回到孤立主义，要警惕出现殖民主义倾向。罗斯福希望威尔基领会他拉近苏联和美国关系的意图，并帮助其在美国宣传这种思想。[53]

罗斯福亲自对信函草稿进行了修改。他补充了一句话，威尔基“完全赞同政府反法西斯的外交政策路线”，不仅在口头上，而且“在行动上与贵国政府友好相处”。[54] 在信函正文后面还附上了附信，附信上写道：“如果斯坦德利在莫斯科，则由斯坦德利交给斯大林；否则直接交给斯大林，并通知斯坦德利。”8月9日这封信函到达了莫斯科。

98. 罗斯福致斯大林的信函

1942年8月8日发　　　　1942年8月9日收

十分感谢您对于下一个计划所发表的坦诚意见，我认为这个计划好处多多。

向伊朗、伊拉克、土耳其、叙利亚、沙特阿拉伯和埃及政府解释清楚，如果德国赢得战争他们即将面临何种危险，他们对未来最大的希望就是粉碎 215
法西斯对近东和中东地区的统治，我已命令温德尔·威尔基先生出访上述国家。

出于完全不同的目的，温德尔·威尔基先生特别希望访问苏联。除了想亲眼目睹为反抗侵略者而舍生忘死和团结一心的人民所遭受的巨大牺牲外，他还想更多地了解俄国人民所取得的非凡进步。

您知道，威尔基先生在1940年大选时曾是我的竞争对手，现在他领导着少数党。他完全赞同我的政府反抗法西斯和与您的政府诚心结交的外交政策路线，在战事方面他给了我很大的帮助。立足于现实和未来，我个人认为，威尔基先生访问苏联是一件好事。威尔基先生将于9月中上旬飞往苏联。

如果您能私下如实地通知我是否欢迎他这次短暂的访问，我将不胜感激。

斯大林对罗斯福的建议十分满意。在莫斯科，人们都知道威尔基先生是总统外交政策的积极支持者。在罗斯福来信的俄文译稿上，他写道：“莫洛托夫同志，请为我拟制积极口吻的回信，并给我过目。”[55] 带着“这种积极的口吻”，人民委员助理们显然下了很大功夫。对于A.A.索博列夫（Соболев A.A.）所写的热情洋溢的回信草稿，莫洛托夫给了讽刺性的批示：“不是那样的。还差一句‘我们要相互拥抱’！”[56] 看来，这些复活节颂歌中的歌词让具有钢铁般意志的人民委员想起了遥远的童年，他曾在教堂唱诗班唱过这些歌曲。信函内容做了压缩和精简。

99. 斯大林致罗斯福的信函

1942年8月12日发

您8月9日的来函收悉。我想通报您，苏联政府欢迎温德尔·威尔基先生到访，他将受到最真诚的款待。

216 8月12日，丘吉尔抵达莫斯科。他的飞机降落在了中心机场。丘吉尔见到了莫洛托夫、红军总参谋长Б.А.沙波什尼科夫（Шапошников Б.А.），以及其他官员、外交部代表和记者。仪仗队列队迎接，奏英国、美国和苏联国歌。英国军方代表和常务外交次官贾德干的飞机由于事故原因要返回德黑兰，因此他们于一天后才飞抵莫斯科。8月12日举行了丘吉尔和斯大林的首次会晤。[57] 丘吉尔用了两个小时讲述盟国关于在1942年开辟欧洲第二战场问题的立场，用他自己的话说，这两个小时是“压抑和苦闷的”，[58] 但谈话接近尾声时，开始讨论“火炬”行动，语气变得乐观起来。斯大林精准地明确了这次行动的4个主要战略优势，这令丘吉尔颇感惊讶和高兴。

在《往来书信》一书中收录的丘吉尔8月13日写给斯大林的信函之前，还有一份英国首相签字的文件，并未收录在本书中。在这份文件里，丘吉尔向斯大林介绍英国军事代表——联合王国总参谋长布鲁克、印度英军总司令韦维尔将军，A.特德（Теддер）空军元帅，并提到了安排英国首相与苏联政府首脑的私人会晤，由贾德干陪同并列席一事。[59]

丘吉尔8月13日的信函涉及到了其与斯大林通信中的传统话题之一，即通报二战各战场的战况。信的开头内容是丘吉尔在8月13日与莫洛托夫见面时以口头方式向莫洛托夫通报过的情况。向人民委员莫洛托夫通报后，首相又请“莫洛托夫同志把英国空军行动和地中海战况以书面形式转告斯大林同志”。[60] 显然，见面后才形成了英文文本，经丘吉尔签字后，再交由巴甫洛夫翻译成俄文。[61]

苏联方面特别关注的是有关护航运输队在马耳他遭受损失的情况。上文
217 提到，“支柱”行动的命运对1942年9月恢复北极护航的前景有影响。丘吉尔
通报的并不是英国护航运输队在马耳他损失的最终情况。最终情况是首相在8

月14日的信函中亲自确认的。

丘吉尔信函的第2部分是关于英国飞机对德国城市和军事目标的空袭。首相有意强调的是，英国也在与德国的斗争中作出了自己的贡献。这也是对迈斯基于7月23日与丘吉尔见面时针对英国政策批评的一种回应，当时苏联大使提出了一个问题，即：英国方面的对德空袭几乎停止了。[62] 与其他话题截然不同，给德国造成尽可能大的损失这一任务顿时缩短了斯大林和丘吉尔之间的距离。哈里曼在描述英苏两国首脑1942年8月在莫斯科会晤的情景时说，“紧张关系在对最终目标达成共识的背景下开始缓和。很快斯大林和与丘吉尔的谈话导致了德国的大部分工业中心被毁”。[63]

100. 丘吉尔呈斯大林的情况通报

1942年8月13日发　　　　1942年8月13日收

驶往马耳他的护航运输队

1. 最新情报显示，我们蒙受了下列损失：

a）被击沉的有：

“鹰”号航空母舰1艘，

运输船5艘；

b）触雷或被鱼雷击中但状况不明的有：

巡洋舰3艘：“尼日利亚”号、“肯尼亚”号和“开罗”号；

c）受损：

“不屈号”航空母舰1艘——受到空中攻击，

“福赛思”号驱逐舰1艘——被鱼雷击中。

2. 据已获情报显示，敌方损失如下：

潜艇被撞沉没2艘，1艘潜艇受到空中攻击而沉没（8月3日在大西洋和8月10日在地中海还分别有1艘潜艇被击沉）。 218

3. 敌人集结了大量空军，有理由认为，我们依托航空母舰的歼击机很好地完成了任务，并取得了重大胜利。

4. 今天早晨（星期四）有可能与敌巡洋舰交战。敌人还在公海部署了1艘战列舰。

5. 我们认为，这次派往地中海重要前沿阵地的护航运输队边航行边战斗，压制了敌人十分强烈的抵抗，最终会有多少船只到达目的地，暂不明。

航空兵空袭

8月11—12日，我们共派出了427架轰炸机；220架轰炸机前往美因茨（Майнц），发现那里早已一片火海。154架飞往勒阿弗尔（Гавр）。其余飞机则在海上布雷，等等。

损失16架轰炸机，另有3架轰炸机在返回途中被击落。

就丘吉尔和哈里曼会谈的初步结果，斯大林建议英国首相形成问题讨论备忘录。他的语气也完全不同于8月12日的争论。在私人会晤期间，斯大林听取了丘吉尔关于无法在1942年登陆欧洲的理由后指出，“如果英国人不能登陆，他也不会坚持要求。然而，他无法接受丘吉尔列举的理由”。[64] 在8月13日形成的备忘录实际上又回到了7月23日给首相那封愤怒回信的情绪中。依据英苏公报的内容，斯大林认为，公报已经表达了商定于1942年在欧洲开辟第二战场的构想。斯大林还发表了严肃声明，苏联司令部将基于即将出现的欧洲第二战场制订自己的1942年夏秋军事计划。关于这份声明理由的真伪，只有在分析尚未解密的苏军计划文件后才能知晓。

219 但是，1942年夏，苏联军政领导人真的相信很快就能开辟第二战场吗？这个问题的最终答案仍是个未知数。一方面，苏联外交官和情报侦察员对此并未抱太大希望。除了7月4日莫洛托夫在与克尔会面时的声明外，还可以援引迈斯基7月16日电报中的话：“1. 今年的战局我们只能指望自己。2. 1942年将不会有实际的第二战场，除非希特勒在近几个月彻底溃败，且柏林被迅速拿下，但目前说这些还为时尚早。”在可以期待的盟国行动中，迈斯基突出强调了欧洲大陆的登陆行动，“莫洛托夫同志在这里的时候曾说过这个行动，虽然无法保证实现”。[65] 7月30日，与罗斯福会面之后，利特维诺夫也记录了对于第二战场的悲观心态。通过分析英美在这一问题上的矛盾，大使得出结论：“所有这些让我坚信，第二战场问题不可能有进展。”[66] 7月31日“苏联内务人民委员会驻外谍报员”发回情报：“英国军事委员会在7月25日的会议上通过了今年不开辟第二战场的决议。”[67] 另外，莫洛托夫本人在其口述的回忆中也确信，无论是他还是斯大林都不相信这种可能性存在，在这一问题上向英美施压只是为了获得道义上的优势，迫使他们在其他问题上做出让步。[68]

另一方面，在1942年5—6月莫洛托夫访问华盛顿期间，斯大林曾吩咐其同意罗斯福减少美国给苏联供给的建议，以备开辟第二战场之需，尽管人民委员曾提醒斯大林，这样做可能会导致既没有第二战场也没有供给的结局。[69] 假如“最高统帅”不相信罗斯福的诺言，他未必会同意做出如此牺牲。另一个例子是，陪同丘吉尔来莫斯科的驻伦敦使馆参赞K.Б.诺维科夫（Новиков К.Б.）向斯大林报告，首相之行是为了告知盟国拒绝在1942年开辟第二战场，斯大林随即做出了激烈反应。斯大林对此说道：“盟国不可能拒绝在今年开辟第二战场。”[70] 也许，斯大林在向丘吉尔表达强烈不满的同时，按迈斯基的话说，仍希望强迫首相“改变立场”，尽管作为军人他应该明白，筹 220
备如此规模的行动需要好几个月的时间。无论如何，斯大林表现自己的愤怒不会有任何损失，即便不能让丘吉尔回心转意，也可至少让他感到羞愧，他不得不为自己辩解。

随着莫斯科八月会议上对一些概念的理解产生分歧，形势变得愈加复杂。斯大林认为，第二战场是指“大量军队攻入欧洲”，而并非用6—8个师登陆法国（“重锤”行动），而是以约100万人的军队进攻（“围猎”行动），而丘吉尔在6月10日的备忘录中并未将行动计划列入1942年，而是列入到了1943年。[71] 8月12日斯大林向丘吉尔提的这个问题也证实了这一点：“……他是否可以这样理解，就是今年不会开辟第二战场，英国政府也放弃了今年在法国海岸登陆6—8个师的行动”。[72] 在8月13日的信函中，他还指出第二战场是指100万军队的进攻，当时丘吉尔正在回避明确解释第二战场的概念。无论何时，苏联的立场本质上都是公平的——要求盟国在苏德战场最危急的时刻提供援助。

101. 斯大林致丘吉尔的备忘录

1942年8月13日发　　1942年8月13日收

通过今年8月12日在莫斯科的意见交流，我已断定，丘吉尔先生认为1942年不可能在欧洲开辟第二战场。

众所周知，1942年在欧洲开辟第二战场是早在莫洛托夫访问伦敦时就已确定下来的，并且在今年6月12日公布的经过协商的英苏公报中有所反映。

同样，在欧洲开辟第二战场的目的，是让德军由东向西调遣兵力，盟军在西线建立反德国法西斯军队的牢固根据地，可以缓解1942年苏德战场上苏 221
军的处境。

当然，苏军统帅部还根据1942年在欧洲建立第二战场的情况制订了夏季和秋季作战计划。

英国政府拒绝于1942年在欧洲开辟第二战场将会给期待建立第二战场的苏联人民以精神上的打击，也会让红军在战场上的形势变得更加严峻，并打乱苏联统帅部的计划，这并不难理解。

毋庸赘言，拒绝在1942年开辟第二战场，会加剧红军面临的困境，无疑，这也将使英国和其他盟国的军事形势恶化。

我和我的同仁们都认为，1942年是开辟欧洲第二战场的最佳时机，因为几乎所有德军，包括精锐部队都已调至东线，欧洲只剩下了少量军队，而且是战斗力较弱的军队。不知道到了1943年是否还会有像1942年这样开辟第二战场的好时机。因此，我们认为只有在1942年才有可能，而且应该开辟欧洲第二战场。但遗憾的是，我未能说服英国首相先生相信这一点，而在莫斯科会谈时美国总统代表哈里曼先生也完全支持首相先生。

次日，丘吉尔在8月14日的备忘录中对斯大林信函中的要点给予了答复。他继续讨论始于8月12日会谈的第二战场问题。同时，似乎丘吉尔完全没有察觉到斯大林所指出的“第二战场”与“登陆行动”两个概念的区别，而且首相想用“火炬”行动[73]（盟军在北非登陆）代替第二战场，这也与斯大林的想法相左。然而，丘吉尔在同总参谋部的通信中曾公开承认，“火炬”行动根本无法替代“围猎”行动。[74]

丘吉尔的解释有一定的根据。的确，在6月10日给莫洛托夫的备忘录中，
222 并没有对1942年无条件进攻法国做出官方保证。另一个论据也站得住脚，即一旦宣布停止实施“重锤”行动，所有盟国都会蒙受损失。丘吉尔理由的要害之处在于措辞含糊且隐瞒了放弃1942年登陆法国的真正原因。与贾德干出于同样的担心，首相没有完全向斯大林摊牌。苏联领导人要求在1942年开辟第二战场的原因是鉴于苏联当时所面临的严峻军事形势。然而，丘吉尔的逻辑实际上恰好相反。罗斯福认为，“重锤”行动是在德国发生内乱或苏联军事形势承压情况下采取的行动，[75] 丘吉尔却与之相反，他曾经写道，“重锤”行动是否实施“与俄国溃败无关，只有在俄军取胜，并由此导致西线德军意志瓦解的情况下方可实施”。[76] 换言之，首相认为，在欧洲开辟第二战场应充分利用苏联取得的军事胜利，而非旨在援助苏联。有一种印象支撑丘吉尔的这种想法，即“俄国人在高加索地区至少能坚持到春季，巴库今年不会失陷”。[77] 在8月14日的备忘录中，丘吉尔试图用战术和战役方面的理论来证明

自己的立场。实际上，在这些理由的背后，他有着自己的战略和政治考量，而这恰恰与苏联政府的立场背道而驰。

102. 丘吉尔致斯大林的备忘录

1942年8月14日发　　　　　　　　　　　　　　　　1942年8月14日收

机密

兹答复斯大林主席8月13日的备忘录，英国首相声明：

1.“火炬”行动是1942年第二战场的最合理形式，也是来自大西洋可以实施的最大规模行动。如果能在10月付诸实施，将比其他计划更能驰援俄国。同时也做好了在1943年实施该行动的准备，斯大林主席在8月12日的会谈中总结了4个方面的优势。英国与美国政府已做出了相关决定，而且所有准备 223
工作都在加速进行。

2. 与“火炬”行动相比，6或8个英美师进攻瑟堡（Шербур）半岛和海峡群岛是冒险的和徒劳的行动。德国人在西线部署了足够数量的军队，能够凭借坚固的防御阵线在这一狭窄半岛封锁我们，他们还在该地区集结了西线的所有空军。英国的海陆空机关都认为，行动只会以灾难性的后果告终。即使成功建立了滩头阵地，也不会从俄国抽调过来1个师。这还会使我们的伤亡远高于敌方，过多且毫无意义地消耗1943年行动所需的经验丰富的骨干和登陆器材。这就是我们的最终意见。联合王国总参谋长将同俄国将领进行任意级别的细节讨论。

3. 无论是英国还是美国都没有违背任何诺言。我注意到本人在1942年6月10日给莫洛托夫的备忘录中的第5条，其中清楚地写道：“因此我们无法给出任何承诺。”这份备忘录是长时间谈判的成果，它已经清楚地表明，采纳类似计划的可能性非常小。展开讨论的谈话内容是记录在案的。

4. 尽管如此，所有关于英美今年进攻法国的话题同样迷惑了敌人，使其将大量空军和陆军牵制在了海峡的法国一侧。如果出现某种公开争论，而此时英国政府不得不向人民解释残酷的理由，比如英国政府反对实施“重锤”行动，那么我们的共同利益，首当其冲是俄国的利益将受到严重损害。对此抱有希望的俄国军队的意志就会颓丧，敌人就能够随心所欲地从西线进一步调兵。最明智的方法就是利用“重锤”作为“火炬”的掩护，并在“火炬” 224

开始时宣布其为第二战场。这就是我们的打算。

5. 我们不能同意这样的说法，即与莫洛托夫先生关于第二战场的谈判打乱了俄最高统帅部制订战略计划，因为谈判在口头和书面上都有约定。

6. 我们重申，决心尽一切可能为俄国盟友提供援助。

您真诚的

温斯顿·丘吉尔

除了备忘录，丘吉尔还在8月14日给斯大林发了一封信。此时，丘吉尔已经得到了开往马耳他护航运输队受损的确切消息。在晚些时候的8月15日私人会晤时，[78] 丘吉尔向斯大林通报了护航运输队的消息。丘吉尔的这封信函与7月18日的信函都说明了首相对损失情况的关心。从战术角度来看，PQ17护航运输队和前往马耳他护航运输队的命运是相似的：这两次敌人都以最小的代价给船队造成了最大的损失。但对于英国军方来说，马耳他的战略意义无疑要高于发往苏联的北极护航运输队，对两次护航所遭受损失的不同态度也说明了这一点。“为延长马耳他的生存付出重大代价是值得的。”丘吉尔在8月15日给庞德写信时称。[79] 很能说明问题的是，就在一天前，即8月14日，参联会在华盛顿分配吨位时给北极护航队分配了最低的优先等级。[80]

103. 丘吉尔致斯大林的信函

1942年8月14日发　　　　1942年8月14日收

尊敬的斯大林主席

1. 以下是马耳他护航运输队的情况通报。14艘商船中只有3艘抵达马耳他。可能还有2艘拖驳至目的地。在那里的3艘船运送了2—3个月的物资。
225 如此一来，对整个地中海局势具有重要意义的要塞，就可以支撑到在埃及西部沙漠不可避免的交战和“火炬”行动之前。

2. 为此我们付出了高昂的代价。1艘“鹰”号航空母舰被击沉，1艘“不屈”号航空母舰被3枚炸弹和3次近距离爆炸损毁。2艘先进的巡洋舰被击沉，其中1艘受损，另1艘情况不明。1艘驱逐舰连同9艘也可能是11艘快艇沉没，因此只有少数保全下来。1艘“罗德尼”号也因一次近距离炸弹爆炸而轻微受损。

3. 我坚持认为，付出这种代价是值得的。而对我们极为不利的情况是，我们的战舰在行动过程中，遭遇到敌方陆基飞机的袭击。我们击沉了3艘潜艇，并且显然也重创了来犯的空军。意大利巡洋舰和战列舰进入马耳他防空区时，没有冒险进攻护航运输队的剩余部队。敌人无疑会将此说成是海上的重大胜利，假如不是马耳他从未来计划的角度看具有战略意义，那胜利果真就是他们的了。

您诚挚的

温斯顿·丘吉尔

在丘吉尔访问莫斯科期间，斯大林和丘吉尔的关系发展得好像正弦曲线一样——从波谷到波峰，紧接着又是波谷到波峰。重要的是，在丘吉尔离开莫斯科时他们的关系将停留在哪一点上。丘吉尔在确定离开日期时也经过了奇怪的调整。他在8月13日同莫洛托夫会晤时说，计划“在周六（8月15日）晚或周日早乘飞机返回”。[81] 而当天晚上在与斯大林会谈结束时，对谈话结果不满的丘吉尔又说计划“在周六拂晓离开，这样可以在天黑前飞越黑海”。[82]

8月14日情况依然没有好转。正如布鲁克在日记中所写的那样，丘吉尔的头很痛，而且他对与斯大林会晤的结果和马耳他护航运输队的消息很不开心。[83] 克里姆林宫的晚宴在郁闷的气氛中进行，首相埋头吃盘中的食物，显然是不想与斯大林交谈。正像他第二天向克尔承认的那样，“他几乎是强迫自己把手伸给他的（斯大林——作者注）。‘他是否清楚在和谁谈话？是曾经作为最强大的日不落帝国的代表’，——这位被‘农民’的粗鲁言行深深伤害的英国贵族十分恼怒。”[84] 午餐后丘吉尔来到昆采沃（Кунцево），那是他在莫斯科逗留时的别墅所在。翌晨克尔正碰到他准备离开。大使让丘吉尔消消气，并说服首相推迟离开日期。据丘吉尔的私人医生莫兰男爵证实，在整个行程中陪同首相的克尔认为这是“自己最大的外交胜利”。8月15日首相的情绪非常差。在给罗斯福的信函中他写到了近期与斯大林的会晤：“之后我们争吵了2个小时，其间他说了很多难听的话，特别是说我们太害怕德国人。”[86] 令丘吉尔气愤不已的不仅是斯大林的举止，还有翻译质量。他仍旧对巴甫洛夫不满，按他的话说，巴甫洛夫“翻译的英语很生硬”，而且“比迈斯基差远了”，丘吉尔对自己的随行翻译C.邓洛普（Дэнлоп Ч.）也不满意。[87] 丘吉尔和艾登很想让迈斯基参加会谈，并将他的缺席解释为克里姆林宫对他不赏识。大使感到沮丧的是，与去年艾登访问时不同，自己没有被邀请去莫斯科参加与丘吉 226

尔的重要会谈，而这次行程在很大程度上是由他推动的。然而，出于谨慎，他请求英国同行在任何情况下都不要在斯大林面前提起此事。[88]

斯大林在与丘吉尔交谈时显然运用了“鞭子加蜜糖饼”的策略。在一些会谈中，他表示理解英国的立场，不说粗话，而在另一些会谈的场合，在丘吉尔看来，则对交谈者表现得十分粗鲁和无礼。丘吉尔对斯大林谈话中的态度变化作出了自己的解释。他认为，斯大林在会谈中持强硬立场时，表达的并非他个人的观点，他本人对丘吉尔还是比较温和，他仅是站在人民委员会的立场上说话。“他们（人民委员们），”丘吉尔给罗斯福写信时称，“拥有的权力可能比我们预想的要大，而具备的知识比我们预想的要少。”[89] 哈里曼也
227 对“两个斯大林”理论有着自己的看法。他认为，斯大林的强硬立场是在表达联共（布）中央政治局的观点。斯坦德利则不同意哈里曼的说法，他认为斯大林在谈判中改变立场是一种迫使交谈者让步的策略。[90]

丘吉尔同意再次与斯大林会谈，为此稍微推迟了离开时间，并于8月15日晚在位于克里姆林宫的人民委员会主席住所与斯大林会晤。这次为丘吉尔翻译的不是邓洛普，而是A.比尔斯（Бирс）少校，“一位出色的翻译”。[91] 除了讨论军事问题，丘吉尔还询问了关于苏联农业集体化的问题，并被斯大林的回答深深触动。[92] 英国首相得出了以下看法：“也许斯大林是对的：百万民众是在以暂时的困难为代价换取未来更长久的美好生活。”总的来看，这次谈话给丘吉尔留下了难忘的印象：“所有的正式会议、记录、专家，等等，都是不值一提的，”他后来告诉迈斯基，“重要的是了解一同工作的人的灵魂。在那个夜晚或者更准确地说是深夜，我看到了斯大林的灵魂。”[93] 这次谈话后，丘吉尔终于相信，他已经建立了与斯大林的“私交”。在向自治领的领导人作本次行程总结时他写道：“我对本次访问莫斯科总体上感到非常满意。没有任何迹象表明俄国人将停止抵抗，并且我认为，斯大林本人仍对胜利充满信心。我相信，我从私人会晤带回的那些令人沮丧的消息是能够接受的，并不会导致严重的分裂。我有义务亲自前往他们那里。现在他们已经知道了最坏的情况，并态度友好地表示反对。尽管他们正经历着最紧张和最痛苦的时期。”[94]

8月16日首相从莫斯科出发，经德黑兰飞往开罗。抵达伊朗首都后，他给斯大林发了一封信。全篇都是对最后一次谈话的印象和对建立与苏联领袖信任关系的信心。这封信是与克尔8月17日写给莫洛托夫的信一道转发的。[95]

104. 丘吉尔致斯大林的信函 228

1942年8月16日发　　　　　　　　　　　　1942年8月17日收

在便捷顺利地飞抵德黑兰后，我借此机会对您友好相见和热情款待表示感谢。我对莫斯科之行甚感满意，第一是因为表达观点是我的责任，第二是因为我相信我们的会晤将有利于我们的事业。请转达我对莫洛托夫先生的问候。

罗斯福对于未能参加斯大林与丘吉尔的莫斯科会谈感到非常遗憾。在8月14日的宴会上，他的私人代表哈里曼对斯大林说，罗斯福希望与他会晤。斯大林回答道，他认为会晤具有“重大意义”，并且表示希望能在冬季举行会晤，“也许12月在冰岛。”[96] 这明显是推辞。在各国首脑的三角关系中，罗斯福不情愿让斯大林和丘吉尔过分接近，以致妨碍他与苏联领导人的私交。他认为，鉴于1942年5月26日的英苏条约，英苏关系比美苏关系显然更为密切。1943年3月，罗斯福曾对艾登表示，“英苏关系比美苏关系要紧密和友好得多，并将艾登视为‘俄国事务专家’，向他详细打探有关情况，他认为自己（罗斯福）应致力于改善美苏关系”。[97] 罗斯福希望在发展与斯大林的关系方面不输于丘吉尔。

在8月15日罗斯福发信之际，太平洋战区发生了重大变化。1942年8月7日，美国海军陆战队在所罗门群岛（瓜达尔卡纳尔岛、图拉吉、佛罗里达岛）登陆。此时开始的肃清日军的顽强战斗一直持续到1943年2月。战役初期的胜利被美国海军在8月8—9日萨沃岛（Саво）海战中的失利所冲淡，美国人损失了4艘重型巡洋舰。[98]

尽管在太平洋取得了有限的胜利，但罗斯福仍相信战争的主要敌人是
德国，而苏联承受了与之作战的主要压力。他在信中承诺8月将向苏联发出 229
1000辆坦克。这一承诺来得正是时候，因为苏联领导人认为，与英国相比，美国没有认真履行供给义务。米高扬在9月9日给斯大林和莫洛托夫的报告中写道：“如果评价英国和美国履行议定书中规定的义务，应该说，英国按时履行了义务，而且比美国认真。”[99] 之前，在10月初，米高扬在与费蒙维尔的私人谈话中表达了对供给的不满。[100]

罗斯福对草稿的修改表明了他希望使内容显得更加热情，更像是一封私

人信函。[101] 这封信函8月18日从华盛顿发出，莫斯科在第二天收到。

105. 罗斯福致斯大林的信函

1942年8月18日发 1942年8月19日收

我对于不久前未能参加您与丘吉尔先生在莫斯科的会谈感到十分遗憾。我已经了解到当前的军事形势急需物资补给，特别是在苏德战场。

我认为，日本人很难把我们从太平洋西南地区夺取的有利位置赶走。尽管我们在这一地区已损失大量海军，但相对于我们取得的成功，付出代价是值得的，并且我向您保证，我们将坚决地扩大胜利战果。另一方面，我十分明白，我们两国的真正敌人是德国，我们必须尽快用实力和军力对抗希特勒。您可以相信，只要人力资源允许，我们就会着手准备运输工具。

另外，8月份美国将向苏联运送超过1000辆坦克，同时还有包括飞机在内的其他战略物资。

苏联在1942年承受着战争的主要压力并蒙受了最大的损失，美国十分清
230 楚这一事实，我要说，我们非常赞赏贵国出色的反抗。只要我们能够做到，我们将向您尽快和尽可能多地提供援助，我还希望，您能相信我以上所说的话。

在给罗斯福回信时，斯大林也表达了对总统未能参加莫斯科会谈的遗憾，并对美国向苏联提供卡车表示关注。斯大林在8月16日晚与丘吉尔会晤时强调，“如果英国能够为我们提供20000—25000辆卡车，甚至不惜减少坦克数量，我将不胜感激”。[102] 根据1941年10月1日莫斯科的记录，只有美国提供过卡车。英国人履行义务的情况还有待改善。截至1942年7月1日（议定书有效期截止日），在承诺的85000件装备中，只提供了16502件（19.4%），还有17555（20.6%）件在运输途中。[103]

106. 斯大林致罗斯福的信函

1942年8月22日发

您8月19日的信函收悉。我对您未能参加不久前我与丘吉尔先生的会谈同样表示遗憾。

关于您提到的在8月份从美国运送坦克和军用物资，我想强调我们非常关心在这一时期接收来自美国的飞机和其他种类的武器，以及尽可能多的卡车。同时，我还希望能够采取一切措施保障物资迅速运抵苏联，特别是通过北极航道。

8月30日夜，隆美尔的军队开始进攻阿拉曼南部，自此，所谓的阿拉姆哈勒法（Алам-Хальфа）之战开始。[104] 对于德国人来说，这是在盟国援军到来之前击败英第8集团军的最后机会。丘吉尔很快就把交战开始的消息告诉了斯大林。这封信因与8月31日克尔给莫洛托夫的信一同转交，莫洛托夫秘书 231
处在向人民委员提交签字以确认收到克尔来信时，发生了搭错车现象。在英国大使来信原件上有莫洛托夫对秘书长С.П.科济列夫（Козырев С.П.）的批评：“难道你猜不到哪些信函才需要确认签收吗？”[105] 给克尔的确认信在当天即8月31日发出。丘吉尔还把关于隆美尔开始进攻的消息发给了罗斯福。[106]

107. 丘吉尔致斯大林的信函

1942年8月31日发　　　　1942年8月31日收

隆美尔开始进攻，我们已对此做好了准备。现在可能会有一场恶战。

从理论上说，1942年7月罗斯福和丘吉尔都没有排除在9月恢复为苏联提供护航运输队的可能性。[107]“支柱”行动在8月份结束，这使得英国海军可重新部署，以确保新的护航运输队PQ18实施强有力的护航。丘吉尔在9月6日写给斯大林的信中特别强调正在积极准备实施护航。计划有77艘军舰参与护航，这将是历史上最大的一支护航运输队。[108]

丘吉尔在信中通报了埃及的情况。9月初隆美尔在阿拉姆哈勒法的进攻已被击退。9月2日德军元帅下令陆续撤退。丘吉尔相信，英第8集团军可以在9月发起进攻，他在给斯大林的信函中是这样写的。然而，不久前任命的英军近东部队总司令H.亚历山大（Александер Г.）和蒙哥马利将军却有不同的看法，他们将预定的进攻推迟至10月，因为蒙哥马利认为准备在9月进攻是“没有头脑”。[109]后来，丘吉尔描述1942年9月和10月是他在战争中最不安宁的两个月。[110]

丘吉尔在9月6日信函中的消息显然是想安慰斯大林。除了派遣护航运输

232 队和英军在埃及获胜的消息外，他又转而谈到了向苏德战场南翼派遣英美空军的问题。丘吉尔在8月12日与斯大林进行莫斯科会谈时就提过这个问题，“事关英国空军支援俄国战线南翼以保卫高加索和黑海。然而，当前他还不能确切地说明能够向苏联提供15个或更多的航空中队，因为英国人首先要看埃及行动的进展情况”。[111] 在哈里曼的报告中，丘吉尔的话略有不同：“丘吉尔说，在北非消灭隆美尔之后，可能很快就会向那里（苏德战场南部）派出约20个航空中队，如果有美国帮助的话，甚至是30—40个。这次谈话结束时，我说，总统对这件事很感兴趣。斯大林怎么想呢？斯大林回答道，这是帮了大忙。我问他，他更喜欢哪个方案，航空兵部队还是只喜欢飞机？斯大林仍保持着买家的自尊，回答道，这并不重要。我相信，斯大林非常关心他的战场上或者获得（英国或美国的）航空中队，或者获得飞机。”[112] 从莫斯科返回之后，丘吉尔决定在与罗斯福的通信中更加详细地讨论这一问题。他在8月31日写给罗斯福的信中评价这一计划是“我们与俄国合作并保卫波斯湾油田的长期政策”。显然，丘吉尔的计划与其说是为了援助苏联，毋宁说是为了维护大英帝国的战略利益。在7月23日给参谋长们的报告中，丘吉尔强调希望把英军部署在苏德战场，以“保卫黑海和高加索山脉，并且支持土耳其保持中立”。[113]

事实上，在伦敦有很多人对北高加索战场（Северо-Кавказкий фронт）的状况表示担忧。在访问莫斯科期间，布鲁克多次向K.E.伏罗希洛夫（Ворошилов К.Е.）元帅打探穿越高加索山脉走廊的设防程度，他并不相信元帅坚称已经完全准备就绪的说法。细心的布鲁克在飞往莫斯科的途中，从较低高度亲自观察了里海西岸。我国的研究人员承认，“在7月份北高加索军事
233 行动期间，高加索北部的防御基本是空白。只有第44集团军部队在若干地段实施防御。从马哈奇卡拉（Махачкала）到厄尔布鲁士（Эльбрус）一线都没有守军”。[114] 不排除这是个错误，也许是故意为之。在与艾德礼谈到和斯大林的莫斯科会谈时，丘吉尔说，他“告诉我说他的自信（高加索能够守住）自有原因，包括（计划内的）大规模反攻，但是他请我保守秘密……”[115] 不过，在丘吉尔看来，关注北高加索战线设防情况，以己之力应对最坏情况发生，并非多此一举。

经美国同意，丘吉尔认为英美派往高加索的部队编成应该包括：9个歼击机中队、5个轰炸机中队、3个美国战机编队（轰炸机、侦察机、运输机）。[116] 8月30日罗斯福收到丘吉尔来信时，华盛顿已经开始分析行动计划，将行动命名为“天鹅绒”。在8月28日呈递给总统的备忘录中，马歇尔对该行动的可行性持怀疑态度。他强调，在高加索部署空军将会使北非和太平洋的空军力

量分散，而当时这两地也急需空军。这位陆军参谋长写道，“天鹅绒”行动将直接导致按租借法案提供给苏联的补给减少。无论何时，马歇尔都不认为美国能在1943年1—2月之前派出3个歼击机编队和3个轰炸机编队，也不建议在1942年派遣任何航空联队。[117] 因此，在9月6日丘吉尔给斯大林发信时，关于派遣英美航空中队到高加索的问题还处于讨论阶段。

还有一个让斯大林高兴的消息就是9月8日丘吉尔在下议院专门为莫斯科之行所做的讲话。在这次讲话中，首相生动地描述了此次行程，毫不吝啬地给予斯大林很高的评价，并称“这位坚毅的军事领导人拯救了苦难的俄国”。[118]

美中不足的是关于推迟“火炬”行动的消息。关于行动预计开始时间，
丘吉尔在莫斯科是这样说的：“总统定于10月30日为发起该行动的最迟日 234
期。但是我们……正在努力在10月初开始实施行动。[119]”“火炬”开始的日期多次变更。在一封8月7日罗斯福未发出的信函中写明，行动于11月7日开始，这封信是由马歇尔和金将军起草的。罗斯福催促军方，认为“火炬”应提前3个星期开始，以在国会选举中争取有利态势。在丘吉尔和罗斯福讨论美军登陆细节和英美军协同行动后，行动开始日期又推迟了。9月中旬丘吉尔认为“火炬”可能于11月4日开始。最终，他在9月22日的信函中明确了日期，这也是最终的“火炬”开始日期——11月8日。[120]

这封信函的一个有趣之处是它以这样一句话结束：“上帝保佑我们，行动一切顺利。”看来，这是引用了斯大林自己在8月12日莫斯科会谈时说过的一句话，他在讨论“火炬”之后说道：“上帝保佑，行动顺利。”[121]

鉴于信函涉及军事话题，故此信由英国参谋长委员会起草。信中的第1点进行了修改，明确了用于担任护航任务的空军编成，以及建议就高加索地区部署英美航空联队这一问题进行磋商。[122] 这些修改内容都收入了信函的最终文本。

9月7日信函送至莫斯科，但第3条的意思被曲解了。第二天克尔补寄了一封修改过的信函，他还修改了第1条中的几处细节：将“19架轰炸机，包括鱼雷机”改为“19架轰炸机和鱼雷机”。[123]

108. 丘吉尔致斯大林的信函

1942年9月6日发　　　　　　　　　　　　　　　　1942年9月7日收

1. 由40艘舰船组成的PQ18护航运输队已经启航。因为我们无法向敌岸

235 基空军覆盖区派遣重型舰艇，我们派出了火力强大的驱逐舰，以对付敌人的水面舰艇，以防止其在熊岛以东对我实施攻击。我们还将一艘刚下水的辅助航空母舰编入护航运输队，用于防空。未来我们将用潜艇在护航运输队和德军基地之间建立严密的屏障。然而，德军水面舰艇的进攻威胁仍同过去一样严峻。只能在巴伦支海部署相当力量的突击航空兵才能抵御这种风险，以使德国大型水面舰艇冒的风险要大于我们的风险。我们部署了8架“卡塔琳娜”水上飞机和3个“喷火”空中侦察机组实施侦察，它们将在俄国北部行动。为了扩大空中进攻的规模，我们派出了32架鱼雷飞机，它们在路途中有战损，不过我们希望至少有24架能够参战。上述飞机和贵方提供的19架轰炸机和鱼雷机、42架近程歼击机和43架远程歼击机，还不足以对敌产生决定性的遏制作用，就此我还想重复一次。我们也还需要大量的远程轰炸机。我完全理解，您在主战场上正承受着巨大的压力，这让俄国提供远程轰炸机变得很困难。但是我要强调的是，此次护航意义重大，有77艘军舰参与护航，在行动中它们要消耗15000吨燃料。如果可能的话，请您暂时向北部调遣更多的远程轰炸机。这对我们的共同利益十分必要。

2. 隆美尔在埃及的进攻遭到了有力回击，我们能够在这个月取得一个好的结局，我对此抱有很大希望。

3. 虽然我已向您说过，“火炬”行动较最初日期推迟了3个星期，但仍在全力以赴地筹备。

4. 我曾向总统建议在冬季动用一定数量的英美空军在苏联南翼采取行动，
236 现在正等待他的答复。他原则上同意，我还在等他的具体计划。我会随后再给您发封电报。同时我希望制订关于机场和交通线的计划能够得到您的批准，继而与您的军官协商，就像我在莫斯科时那样。为此，我希望先派遣几名参谋军官由埃及赶往莫斯科，只要您做好准备，我们就可以开始行动。

5. 我们十分欣赏俄国军队坚持不懈的、出色的抵抗。德国的损失当然很大，并且冬季临近了。星期二我在下议院以贵方可以接受的方式做了莫斯科之行的总结，此行给我留下了美好的回忆。

6. 请向莫洛托夫先生转达我美好的祝愿，感谢他对我顺利返航的祝贺。上帝保佑我们，行动一切顺利。

斯大林第二天亲笔给丘吉尔写了回信。他对派遣PQ18护航运输队深感满意，并对其顺利抵达苏联的重要性评价很高。尽管苏德战场形势严峻，但他同意调遣苏军远程轰炸机援助护航。正如一名老兵回忆的那样，特别是“为了执行这项命令，1942年9月12日，第48远程航空兵师的2个团转场至极地。从1942年9月14日开始针对芬兰境内的德军机场展开战斗行动”。[124] 在信的结尾，斯大林祝愿“火炬”行动取得成功。这封信函是与9月8日莫洛托夫写给克尔的信一同转交的。[125]

109. 斯大林致丘吉尔的信函

1942年9月8日发

您的来函于9月7日收悉。我知道PQ18护航运输队顺利抵达苏联的重要
性和采取措施对其进行保护的必要性。只要当前我们能够派出额外数量的远 237
程轰炸机，我们就决定这样做。今天已经按您说的目标下达了增派远程轰炸
机的命令。

祝愿您在埃及对抗隆美尔的行动顺利，并祝愿“火炬”行动获得圆满成功。

丘吉尔在9月12日的回信中感谢斯大林为保护PQ18护航运输队调遣了更多的苏联空军。在信函的第二部分，他简要地介绍了英国空军对敌轰炸的投弹吨数。斯大林是此类消息的最佳收信人。他认为轰炸德国有重要作用。在1942年9月23日与威尔基会晤时，他说，“轰炸德国在动摇德国民众的心理方面具有十分重要的作用。这些轰炸会损害希特勒的威信和对他的信任”。[126] 现在的研究者并不认同斯大林和丘吉尔热心于为动摇德国民众的精神心理而滥用轰炸。[127]

110. 丘吉尔致斯大林的信函

1942年9月12日发　　　　1942年9月13日收

1. 我十分感谢您为援助PQ18派遣了48架远程轰炸机、10架鱼雷飞机和包括47架远程歼击机在内的200架歼击机。

2. 我想您可能希望了解从今年7月1日起皇家空军向德国投放的炸弹重量。7月1日—9月6日共计11500吨。投向重要目标的吨位数为：杜伊斯堡（Дуйсбург）——2500吨，杜塞尔多夫（Дюссельдорф）——1250吨，萨尔布吕肯（Саарбрюккен）——1150吨，不来梅（Бремен）和汉堡（Гамбург）——

各1000吨，奥斯纳布吕克（Оснабрюк）——700吨，卡塞尔（Кассель）、威廉港（Вильгельмсгафен）、美因茨和法兰克福（Франкфурт）——共约500吨；
238 纽伦堡（Нюрнберг）有300吨，许多其他目标的数量较少。轰炸中使用了6枚8000磅重的炸弹，1400枚4000磅重的炸弹。我们发现，使用这些瞬发引信炸弹十分有效，因此不需要减速伞。

在丘吉尔发出下面这封信的时候，英苏关系又发生了急剧的变化。丘吉尔访问莫斯科和派遣PQ18护航运输队之后的略微“回暖”又走到了尽头。9月15日莫斯科给迈斯基发来电报：“9月13日（英国）陆军部通知商务代表处，他们要卸载第19批船队的150架‘空中眼镜蛇’战机，取而代之的是装载280辆卡车。并且英国人说，好像此次替换已经与苏军统帅部协商过了。”[128] 迈斯基受命立即与艾登会晤，为了戳穿陆军部的谎言，并表示坚决反对卸载飞机，要求重新把飞机装载到船上。9月16日苏联大使致电艾登并与其通话，[129] 9月17日与其见面。艾登对这件事做出了如下解释：根据华盛顿9月12日的命令，这些飞机被艾森豪威尔调用，用于准备“火炬”行动。经丘吉尔同意，租借法案中属于英国份额的154架“空中眼镜蛇”转交给了美国人。迈斯基希望，“这次的损失以派出第20批护航运输队的形式予以补偿”。[130] 9月23日，苏联大使在与比弗布鲁克和克里普斯见面时继续就这一问题施压。[131] 9月28日，大使与艾登再次举行会谈。英国人一方面通过向苏联增补主要用于运输用途的“艾伯麻尔”飞机，[132] 以使“空中眼镜蛇”被截走的“苦水”变得甜一点，另一方面强调护航运输队和“火炬”计划同时实施的困难。[133] 在给丘吉尔的报告中，艾登直言不讳地写道：“这次不幸的护航运输队事件对他们‘苏联代表’是一次真正的打击。他们对海上问题知之甚少，我认为他们到现在还没有明白，即使我们
239 真的想做，也无法同时兼顾‘火炬’与护航这两项行动。”[134] 这个理由完全符合丘吉尔9月8日在下议院讲到的一句话，向“‘陆上动物俄国人’解释‘海洋动物英国人’在与共同敌人斗争中所作贡献无异于对牛弹琴”。[135]

艾登试图将苏联的反应解释为缺乏理解，这是站不住脚的。大臣很清楚，英国的行为很可能会导致英苏关系再次失去互信。英国的消息给莫斯科留下了“最差的印象。”克尔写道。[136] 情况也的确如此。9月20日斯大林在给迈斯基的电报中写道：“我认为英国人在‘空中眼镜蛇’问题上的言行简直是厚颜无耻。英国人没有任何权力未经我们同意就擅自把我们的货物转交给别人。英国人借口说转交飞机是美国的命令，是虚伪的。不难想象，是英国人请求美国人这么做的。”[137] 斯大林在9月23日与威尔基见面时展开阐释了这一思

想。他当时说，“英国截走了本来要给苏联的补给，转送给了美国。最近英国人把我们在冰岛已经进舱的154架‘空中眼镜蛇’拿走了，还托词说是美国总统的命令。他不太相信，总统会有这样的命令。这应该是英国人请求这么做的”。[138] 根据上述情况判断，斯大林也不相信英国人的说法，但后来证明英国人没有撒谎。

斯大林的愤怒完全是可以理解的。苏联迫切需要歼击机，特别是在斯大林格勒前线，德军在那里拥有明显的空中优势。此外，不久前在类似的情况下斯大林曾帮助过盟友，在7月向他们转让了40架“波士顿”飞机。最终，“最高领袖”不相信“火炬”行动能够成功，因为由于这一行动苏联已经失去了承诺的飞机。“我不太相信‘火炬’行动，”他在10月底给迈斯基发电报时说，“如果行动意外获得成功，那么从我们手里夺走飞机也算可以接受。”[139]

这件事的始作俑者美国对此也做出了自己的结论。陆军航空兵司令阿诺德收到了对苏议定书执行委员会主席的含蓄警告，要求将军“考虑到俄国人 240
的情绪和他们所处的境遇”“尽量减少抽调给俄国的装备”。[140]

丘吉尔在9月下旬非常想和斯大林摊牌，直接写信告诉他今年不会再有北极护航运输队了（9月22日给罗斯福的信中如是说）。[141] 马歇尔和金将军支持丘吉尔，他们起草过一份未发出的写给罗斯福的回信，信中说有必要向斯大林挑明暂停护航和在高加索部署英美航空联队有困难的原委。[142] 罗斯福和霍普金斯则坚持另一种观点。在收到丘吉尔的信后，霍普金斯给总统写信说，考虑到暂停派遣护航运输队，确保今冬向苏德战场派遣美英空军就显得十分重要。[143] 霍普金斯请丘吉尔“在得到总统的消息前”不要急于给斯大林回信，“有一点我很清楚，我们现在对斯大林所说的，以及我们准备承担的明确责任，完全可能成为战争的转折点”。[144] 鉴于意见存在分歧，丘吉尔决定推迟发出关于暂停护航运输队的信函，而是另外发一封包含关于德国正在生产飞机的侦察情报的信函。这些情报是英国军情局通过破译德国密码而得到的情报。[145]

111. 丘吉尔致斯大林的信函

1942年9月22日发　　　　1942年9月23日收

我们对德国战机生产做出如下评估，据空军部称，评估是值得信赖的。您可能会对这个评估感兴趣，如果您认为可以告诉我，我也想知道它是否与贵方的评估相吻合。

评估数据如下。

241-243 德国飞机（战机）生产（截至1942年9月1日）

型号	装配工厂	月平均生产量
远程轰炸机		
“容克-88”	A.T.G.，莱比锡	30
“容克-88”	阿拉多，勃兰登堡，诺伊恩多夫	30
“容克-88”	阿拉多，拉杰霍夫	25？
“容克-88”	亨克尔，奥尔腾堡	15
“容克-88”	亨舍尔，舍恩菲尔德	35
“容克-88”	容克（德绍和贝恩堡）	75
“容克-88”	济贝尔，哈雷	25
“容克-88”	情况不明	15
	“容克-88”共计	250
“亨克尔-111”	亨克尔（罗斯托克和奥拉宁堡）	100
DO-217	道尼尔，阿尔曼斯韦勒	30
DO-217	道尼尔，奥伯法芬霍芬	30
DO-217	道尼尔，维斯马	25
	DO-217共计	85
FE-177	亨克尔（罗斯托克和奥拉宁堡）	15
FW-200	福克-沃尔夫，不来梅	5？
远程轰炸机共计455架		
俯冲轰炸机		
“容克-87”	威逊，不来梅和莱姆韦德	80
HS-129	亨舍尔，石勒苏益格—荷尔斯泰因	20
俯冲轰炸机共计100架		
单引擎歼击机		
ME-109	阿戈，奥谢尔斯雷本	55
ME-109	厄拉，莱比锡	85

型号	装配工厂	月平均生产量
ME-109	菲泽勒，卡塞尔（情报显示已经转产FW-190）	40
ME-109	梅塞施米特，雷根斯堡	45
ME-109	维也纳新城飞机厂，维也纳新城	85
	ME-190共计	310
FW-190	福克-沃尔夫，不来梅	50
FW-190	阿拉多，瓦尔纳明德	40？
FW-190	菲泽勒，卡塞尔	10？
	FW-190共计	100
单发歼击机共计410架		
双发歼击机		
ME-110和210	哥达飞机厂，哥达	10
ME-110和210	梅塞施米特，奥格斯堡	80
ME-110和210	米亚格，布伦斯威克（布伦瑞克）	25
双发歼击机共计115架		
军用侦察机		
HS-126	亨舍尔，舍恩菲尔德	40
FW-189	福克-沃尔夫，不来梅	15
BV-141	布洛姆-福斯，汉堡	10
“容克-86”（P1和P2）	容克飞机厂，德绍	5
军用侦察机共计70架		
水上飞机		
AR-196	阿拉多，瓦尔讷明德	15
BV-138	布洛姆-福斯，汉堡	20
DO-24	道尼尔，曼泽尔	5
DO-24	艾威尔兰达，帕彭德雷赫特	5
	DO-24共计	10
水上飞机共计45架		
其他种类和生产情况不明的飞机		55
战机共计1250架		

与此同时，罗斯福和丘吉尔继续讨论关于告知斯大林PQ19护航运输队命运的问题。美国总统希望不要急于告诉斯大林不会再有护航运输队的消息。9月26日他给丘吉尔写信称："PQ19在10天之内根本无法起航，我坚信，不到最后明确护航运输队停止发运，我们不要把这一消息告诉俄国人。"[146] 丘吉尔在9月30日给斯大林写信时考虑到了罗斯福的这一建议，而霍普金斯则认为，有必要派遣英美航空联队到高加索地区，以缓和断然拒绝带来的尴尬。在此之前，首相还发现了假装准备发运护航运输队所带来的好处。"试想，我们能够利用PQ19的舰船迫使敌人相信，我们正在计划实施护航运输，"9月28日他对海军司令部说道，"如果能够迫使德国人在北部的潜艇、舰船和飞机滞留在该地区而无所事事，因为护航运输队将取消，这将对我们有利并且对'火炬'行动有所帮助。"[147] 10月7日，丘吉尔等到了罗斯福对于"天鹅绒"行动的最终答复，[148] 他给斯大林写信时也提到了此事。为了突出信中建议的重要意义，丘吉尔还借用了关于德军正在里海准备实施海军战役行动的侦察
244 情报。然而，总体上看，丘吉尔在写信时对苏德战场的局势太过乐观。"在我和联合王国总参谋长访问莫斯科之后的6个星期内，高加索的情况已明显好转，"他给军方写信时说，"斯大林主席曾对我说必须坚持60天，现在已经过去了40天。俄国的抵抗仍然顽强。"[149] 几天后他在给韦维尔信中写道："看样子，希特勒对1942年俄国战局会大失所望。"[150]

英国首相还向斯大林通报了"空中眼镜蛇"事件，实际上还是把转交飞机给美国人的决定与实施"火炬"行动联系起来。这显然无法得到苏联活动家们的理解。特别是，迈斯基曾在9月17日写道："自那次事件（即卸载'空中眼镜蛇'事件）发生后，我就开始担心，这次行动不仅不会给我们带来任何好处（哪怕是间接的），甚至还将产生不良影响，我们失去了苏联和美国政府所签订议定书中应得到的装备。"[151] 美军司令部内部评估也承认，"火炬"行动没有使德国从东线撤走一兵一卒。[152]

112. 丘吉尔致斯大林的信函

1942年9月30日发　　　　1942年10月1日收

1. 一年半以前，我曾提醒您，俄国马上要遭到进攻，正是从那个情报来源我得到了下面的消息。我认为这一情报来源是绝对可靠的。请看，这是专

为您提供的情报。

开始：

“德国人已经任命海军上将在里海实施海上行动。他们选择马哈奇卡拉作为母港。包括意大利潜艇、鱼雷艇和扫雷舰在内的约20艘舰船，路线一经确定，就会通过铁路从马里乌波尔（Мариуполь）运至里海。由于亚速海结冰，潜艇将在铁路线通车后装载。” 245

结束。

2. 毫无疑问，您已经对此类进攻做好了准备。我认为，我对你说过的我们和美国在里海和高加索战区增援贵方空军20个英美航空联队的计划有了更重要的意义。自从我们会晤之后，我一直在为此做工作，我也希望大约一星期后能够得到总统的最终同意，能够给您一个明确的方案。

3. 关于从PQ19上卸载的154架“空中眼镜蛇”，是我应美军总司令马歇尔将军的请求亲手经办的。这些是美国给我们使用、而我们又应交给贵方使用的美式装备。美国人的要求十分迫切和明确，而且与“火炬”行动相关。马歇尔将军保证将迅速经阿拉斯加航线用其他飞机补偿。

我将于10日内通过电报向您通报进一步的情况。

斯大林10月3日的回信以描述斯大林格勒前线战况开头。1942年9月这里的战斗进行得十分激烈。正如A.M.萨姆索诺夫（Самсонов А.М.）所说：“斯大林格勒地区的军事形势很危急。在9月上旬，按照指挥部的命令，第62集团军撤退至城市的西部和北部边缘地带，而第64集团军撤至南部。这些集团军的兵团和部队在通往城市的要冲战斗中遭受了重大损失，在编人数严重不足。”[153] 同时，城内正在组织居民疏散。俄罗斯历史学家认为，“斯大林格勒城防委员会下达命令，在8月24日将妇孺老幼疏散至伏尔加河左岸。从8月29日起，城内开始大规模疏散，包括企业和工人”。[154]“斯大林格勒局势正在恶化，”斯大林在9月3日给朱可夫打电话说，“敌人在距斯大林格勒3俄里处，如果北部军队集群不立即增援，斯大林格勒可能在今天或明天就会失守。”第二天，“最高统帅”命令朱可夫“死守斯大林格勒”。[155] 时任大本营斯大林格勒方面军代表A.M.华西列夫斯基（Василевский А.М.）上将收到的指示中也 246
体现了全力抵抗的坚定路线：“我们有足以消灭来犯之敌的能力……最重要的是不要惊慌，不要畏惧肆无忌惮的敌人，要对胜利充满自信。”[156]

9月12日晚，战线推移至距斯大林格勒城郊2—10千米处。截至9月13日凌晨，敌人在主战装备方面占据明显优势，坦克比约为1000:700，火炮为

10000∶7000。斯大林在10月3日的信函中提到敌拥有2倍的空中优势，事实上比2倍更严峻——1000∶389。[157]因此，斯大林在信函中强调，必须要向苏联提供英美歼击机。斯大林还在9月23日与威尔基会晤时提到了苏联在歼击机方面的迫切需求，他强调，“我们近期在南方的失利可以解释为我们缺乏具有决定性作用的歼击机”。[158]

斯大林还谈到了PQ18护航运输队的完成情况，护航运输队中大部分船只在9月21日抵达阿尔汉格尔斯克。运输队（共42艘船只）总体损失为13艘船，其总吨位为5.64万吨，货物价值6220万美元。同时，外贸人民委员米高扬向斯大林和莫洛托夫报告，“在沉没的13艘船中，有12艘位于英军保护区内”。[159]斯大林在信的结尾表达了对英国关于德国生产战机这一侦察情报的看法。斯大林认为，丘吉尔提供的数据偏低，并且估算德国飞机产量为2500架。很有意思的是，丘吉尔自己在5月25日与莫洛托夫谈话时也提到了相同的数字。[160]

斯大林在信函草稿上补充了一句“我们急需‘喷火’战斗机和‘空中眼镜蛇’战斗机。”[161]这说明斯大林对这两种歼击机给予很高的评价。[162]斯大林的信函于10月3日由莫洛托夫发给迈斯基，以转交丘吉尔。信函副本也寄给了克尔。[163]

113. 斯大林致丘吉尔的信函

1942年10月3日发

1. 兹向您通报，我们在斯大林格勒地区的形势从9月上旬起急剧恶化。
247 德军动用了大量的空军预备队，集结在斯大林格勒地区，并取得了2倍于我的空中优势。我们的歼击机不足以掩护地面部队。即使是最勇敢的军队在没有空中掩护的情况下也会感到无助。我们非常需要“喷火”和“空中眼镜蛇”。关于这一点我已经与威尔基先生详谈过。

2. 武器已运抵阿尔汉格尔斯克并卸载。这可谓雪中送炭。然而，由于运力限制，我们可以暂时不需要某些种类的援助，节省出的运力用来加强歼击航空兵方面的援助。如果英美能够每月共向我们提供800架歼击机，其中英国约300架、美国约500架，我们可以暂时放弃申请对坦克和火炮的援助。援助飞机会更加有效，并会缓解战场形势。

3. 贵方关于德国每月生产不超过1300架战机的侦察情报与我们掌握的数

据不符。我们认为，德国飞机制造厂连同在被占领国的飞机零件生产工厂每月生产不少于2500架战机。

尽管与斯大林的通信中断了很长时间——从8月底到10月初，罗斯福并没有退出“三巨头”的协同行动。首先，他积极参与讨论丘吉尔给斯大林的信。其次，1942年6—8月罗斯福与斯大林在通信中的讨论议题已经启动，并静观其发展。7月26日，布莱德利将军率领的代表团从华盛顿飞往莫斯科参加组织阿拉斯加—西伯利亚航线的谈判，进展并不顺利，谈判曾经几次到了破裂的边缘。[164] 这条航线的意义在“空中眼镜蛇”被剥夺的情况下变得更加重要了。马歇尔通知丘吉尔，美国人将通过阿拉斯加提供其他种类的飞机来补偿“空中眼镜蛇”。组织阿拉斯加—西伯利亚航线的谈判进展缓慢，威胁到了这一承诺的实现。[165] 特别是在9月初，苏联驻美采购委员会主席А.И.别利亚耶夫（Беляев А.И.）将军得到指示，“告诉美国人，我们认为通过阿拉斯加运送飞机不妥”。就像后来莫洛托夫和米高扬给利特维诺夫的电报中所说的那 248
样，这项指示的出台，是因为“某些美国人无视我与日本关系的复杂性而恶意夸大此条线路的作用”。[166] 然而，在10月6日布莱德利与斯大林会晤以及10月8日战争部与苏联军事联络处代表在华盛顿谈判后，情况开始出现转机。结果，截至1942年10月底，航线已经可以试航。[167] 阿拉斯加—西伯利亚航线在向苏联提供飞机援助方面发挥了重要作用。美国飞机有50%以上、8000多架是途经此航线向苏联运送的。[168]

同时，罗斯福决定派H.胡佛（Гувер Г.）内阁时的战争部长赫尔利将军作为新任特使访问莫斯科。被任命为新西兰公使后，他准备从华盛顿启程。他一路途经许多国家，包括苏联。虽然罗斯福在给斯大林的信中证实，赫尔利的使命是向澳大利亚和新西兰说明主要敌人是德国，而不是日本，但实际上他并不在意这些二流盟友的立场（赫尔利就没到过新西兰）。“赫尔利的任务与其前几任特使一样，”金伯尔指出，“是感受斯大林的政治脉搏，并让苏联领袖相信美国的支持态度未曾改变。”[169] 此外，罗斯福希望在赫尔利的帮助下得到关于苏德战场的第一手情况，而之前华盛顿只能从其他渠道得知有关情况。

10月3日午餐时，罗斯福与韦尔斯谈到了给斯大林的这封信函。当天副国务卿拟定了这封信函的初稿。10月5日罗斯福签发了这封信函的正本。[170] 11月14日，赫尔利在与斯大林私人会晤时把这封信交给了斯大林。利特维诺夫希望在信函交给斯大林之前了解这封信的内容。10月8日，他在华盛顿与赫尔利会面时请求出示信件，但遭到赫尔利的婉拒。[171] 如果认为赫尔利的信函是在11月14日才交给斯大林的，有些不能让人理解，10月6日斯大林会见布莱德利将军和斯坦德利大使时谈到的究竟是哪一封信。当时斯坦德利说，“布
249 莱德利有一封总统给斯大林的信要转交。布莱德利把信交给了斯大林。斯大林表示感谢。”[172] 虽然理论上说这里可能指的是10月5日的那封信，但是一直以来人们都认为这封信的转交日期是11月14日。

114. 致苏联人民委员会主席约瑟夫·斯大林阁下

1942年10月5日发　　1942年11月14日收

莫斯科，1942年10月5日

尊敬的斯大林先生，

我将这封给您的推荐信委托给了帕特里克·J. 赫尔利将军，他曾任战争部长，现任美国驻新西兰公使。

赫尔利将军即将回到新西兰上任，我认为，他在返回之前也能有机会访问莫斯科，并亲自调研我们的当今世界战略哪些最重要的方面有可能变成现实。我希望他能凭借自己的经验说服新西兰政府和澳大利亚政府，英勇的俄国军队出色地抵抗着希特勒军队的凶猛进攻，给他们提供一切可能的帮助是联合国家能够共同击败希特勒的最有效方法。

我还请赫尔利将军访问埃及、伊朗和伊拉克，目的是让他能直观地了解中东的这一部分，并亲眼观察这一地区的军事行动进程。

诚如您所知，澳大利亚政府和新西兰政府更倾向于认为：联合国家对日本立即进行总攻是十分必要的。我希望赫尔利将军在访问苏联之后能对这两个国家的政府说，联合国家应首先团结起来确保战胜希特勒，这才是最佳的和最可靠的确保打败日本的方法。

250 为苏联军队所取得的伟大胜利，谨向您致以最诚挚的祝贺，并祝愿您一切顺利。

请相信我

您忠实的

富兰克林·D. 罗斯福

威尔基访问期间，斯坦德利大使甚至不知道威尔基与斯大林会谈的内容，[173] 这让美国大使对自己的地位更加不满。费蒙维尔的行为让他特别气愤，

费蒙维尔虽然不是他的下属，但执行了在他看来错误的政策——全面答应苏联的要求，且几乎不要求任何条件。结果，不满的大使决定亲自飞回华盛顿，向罗斯福告状。他在10月3日与副外交人民委员罗佐夫斯基谈话和10月5日与莫洛托夫会面时都谈到了这次行程。[174]

罗斯福的确很不安。他担心，斯坦德利带回的斯大林的绝密信函可能会提到：如果盟国不加强援助则苏联可能与德国媾和。罗斯福在10月5日的信函中把斯坦德利带给他的这种担忧告诉了丘吉尔。丘吉尔对这种看法持怀疑态度，他回答说，“虽然他们（俄国人——作者注）对我们很生气，但他们的境况完全没有到绝望的程度”。[175] 的确，10月20日斯坦德利飞抵华盛顿，但并没有带回什么秘密消息。大使的主要目的是希望亲自向总统阐述关于美国对苏联政策的看法。[176]

10月6日斯大林在与斯坦德利私人会晤时提前告诉大使，有信件需要转交给罗斯福。[177] 斯大林在信中所强调的看法，他曾在8月22日给罗斯福的信函和10月3日给丘吉尔的信函中都提到过，在9月23日与威尔基的谈话中也谈过。他表示，苏联希望得到当时急迫需要的几类军事物资，其中包括歼击机、卡车和铝锭等。斯大林与威尔基已经讨论过供应的数量。当时，根据苏联方面的谈话记录，“威尔基记下了斯大林提出的所有需求，承诺将亲自向罗斯福报告此事，并表示希望能满足这些需求”。[178] 斯大林在10月6日把同样的 251
数字告诉了斯坦德利。[179] 斯大林10月7日给罗斯福信函的第三段与10月3日给丘吉尔写信的第一段字面上非常相近。斯大林信中的最新建议就是用苏联商船代替美国商船通过弗拉迪沃斯托克运送物资。军用物资无法用美国人自己的船只运抵弗拉迪沃斯托克，因为美国和日本正处于战争状态。

罗斯福在斯坦德利到达之前就已得知斯大林10月7日信函的内容。10月8日，莫洛托夫通过苏联大使馆转发电报时加上了如下的附言：“因为斯坦德利可能于一周后才返回华盛顿，所以您应直接面见罗斯福，并把斯大林同志的信函转交给他，向其解释说，是由于信函中涉及紧迫问题不得已这样做。”[180] 10月11日，信函文本由霍普金斯转交给总统机要室（Штабная комната）。[181]

115. 斯大林致罗斯福的信函

1942年10月7日发

借给您写信的机会感谢斯坦德利先生给予的友好帮助，他正在起身返回华盛顿，我想就美国向苏联提供军事供给谈几点看法。

据得到的消息说，供给困难首先来自运力不足。为了减轻和改善运力压力问题，苏联政府可以同意美国适当减少向苏联提供武器的项目。我们已经准备暂时完全放弃坦克、火炮、弹药、手枪等供应。但与此同时，我们非常需要增加供应新型的现代歼击机（例如“空中眼镜蛇”），以及必需的其他物资保障。应当指出的是，“小鹰”飞机目前不能胜任与德国歼击机的战斗。

非常希望美国能够保证以下供应（每月）：歼击机500架，卡车8000—
252 10000辆，铝锭5000吨，炸药4000—5000吨。另外，在12个月内保证供应200万吨粮食（小麦）也很重要，以及可能数量的油脂、压缩食品、肉罐头。我们可以用苏联船队通过弗拉迪沃斯托克运送大部分的粮食，如果美国同意增补哪怕是二三十艘船只加入苏联船队也好。关于这件事我已经与威尔基先生谈过，相信他会向您提起此事。

关于战场局势，您当然知道，近几个月我们在南方，特别是在斯大林格勒地区的局势由于飞机主要是歼击机不足而恶化。德国有大量的空军预备队。他们在南部至少有2倍于我的空中优势，让我们无法掩护自己的部队。战争实践表明，如果缺少空中掩护，最英勇的军队也会束手无策。

丘吉尔和罗斯福与斯大林分享侦察情报所冒的风险之一是，他们必须一直核实，而且有时自我否认。类似的多变性正是这些情报的特点。然而，对通报的不同解读可能会招致接收信息方的不满。丘吉尔10月8日的第一封来信成为了当日第二封信的导言，这封信中丘吉尔通报了关于德国暂停向里海派遣船只的情报，他在9月30日曾提到过此事。

116. 丘吉尔致斯大林的私人机密信函

1942年10月8日发　　1942年10月9日收

作为9月30日信函第一段的补充，兹通报，我最近获得的情报显示，德军暂停实施通过铁路向里海派遣船只的计划。

10月8日从伦敦还发来了丘吉尔的另外一封信。其中最主要的一个坏消息是，至1943年1月暂停派遣北极护航运输队。在斯大林格勒决战之际做出
253 如此决定的严重性，迈斯基在9月27日就警告过艾登。[182] 10月5日丘吉尔给

罗斯福写信，“我们不应该告诉斯大林不再派护航运输队的事”。在那封信函中，总统建议每24小时或48小时向苏联派遣2—3艘货船，由2—3艘军舰护航。[183] 9月27日迈斯基与艾登会晤时也赞同减少派遣护航舰艇。[184] 在讨论给罗斯福的回信时，庞德将军指出，实际上只有每2艘船随行1艘潜艇的做法是可行的。但他又警告说，如果潜艇被敌机发现，它只能坐底，因此只能将航速降至3节。如果货船被击沉，船员被救上潜艇的几率微乎其微。[185] 风险高和获救希望低导致征召货轮船员困难。船员明白，“一旦船被击沉，他们必死无疑”。10月9日艾登对迈斯基表达了上述担忧。[186] 苏联方面的主要理由是，事实上10—12月北极是极夜期，此时运输船很难被飞机发现，而敌方诸如“提尔皮茨”号之类的大型水面舰艇由于害怕遭鱼雷攻击而避免暴露于公海。[187] 10月是最佳月份，因为除了黑暗之外，阿尔汉格尔斯克港还在开放。[188] 苏联代表迈斯基和海军武官哈尔拉莫夫少将认为，在10—12月派遣零散货船有很大的成功几率。艾登在与丘吉尔通信时承认暗夜的作用，他显然是想起了1941年12月的苏联北方之行。[189]

丘吉尔自己也并非从原则上反对恢复护航运输队。1942年8月，丘吉尔给庞德写信称：“的确，没有人能够说清，事情一旦开始，到底会出现什么情况，比如‘火炬’行动。况且，如果在10月底或11月初恢复PQ护航运输队，我们现在就要有所准备。”[190] 10月27日基于同样的想法，他强调，“‘提尔皮茨’已向南开往特隆赫姆，现在可以重新研究在‘火炬’第一阶段结束后恢复护航运输队，但护航仍是个大问题”。[191] 尽管有可能恢复护航运输队，丘吉尔认为这种可能性取决于“火炬”行动的进展。斯大林在收到简短声明后，意识到取消护航运输队的后果，于是在10月8日的信函中提出了妥协方 254
案：化整为零，分期分批派遣。10月9日迈斯基与艾登会晤时讨论了这个办法。苏联大使指出，他同意减少向苏联的供应，并呼吁英国政府再次考虑派遣护航运输队的整体方案，以“最大程度地增加派遣到我方港口的零散船只的数量”。艾登承诺在尝试派遣第一批10艘船只之后会再次研究这一问题。[192] 10月7日，利特维诺夫与罗斯福谈话时表示，反对英国人派遣没有护航队的零散船只。[193]

丘吉尔努力通过发起一系列其他旨在援助苏联的倡议来消除因停止供给造成的影响。但他首先还是强调“火炬”行动的意义。虽然此行动的实施日期比他在莫斯科对斯大林承诺的推迟，但首相在信函中只特别强调行动规模有所扩大。8月他告诉斯大林，有25万人参与此项行动。[194] 而在丘吉尔提交给内阁讨论的回信方案中，有一句话提到，参加第一阶段“火炬”行动的有

25万人。但是讨论的结果却是参与行动的军人数量增加至50万。[195] 丘吉尔10月7日写给罗斯福的手写信中出现的正是这一数字。[196] 当天，总统会见利特维诺夫时，告诉了他有关丘吉尔手写信函的主要内容。[197] 另一个令人欣慰的“奖励”是，在高加索部署英美军队的建议已经成型。在丘吉尔10月8日写给斯大林的信中，这支军队的编成与首相8月30日写给罗斯福的信函中表述一致。此时，丘吉尔已经收到了罗斯福关于美国准备向高加索派遣轰炸机和运输机编队的来信。[198] 关于英美航空联队的内容，内阁讨论后句子有所改动：11月份开始派遣飞机，“如果事件进展顺利”这句话被删掉了。

苏联关于增拨“喷火”歼击机的要求得到了部分满足。如果只算飞机数量的话，则英国人把要求减了1/2；如果把“备件等同于50架飞机”，[199] 则减
255 少到了2/3。然而，丘吉尔将此次转交150架歼击机视为一次性援助，而并非作为斯大林请求的月供应量的开始。迈斯基对此提出了批评，他认为这一举措不能满足苏联申请的“定期逐渐增加歼击机”的需求。[200]

为消除苏联对于停止护航运输队的负面反应，丘吉尔的最后一个倡议是他热衷的在挪威北部的“朱庇特”行动。9月首相再次打消军方的疑虑，认为“朱庇特”完全是有前途的建议。丘吉尔做出这样判断的背景有以下几种。第一，如前所述，“朱庇特”行动符合他的非直接战略，他在1915年任海军大臣时就尝试过该战略［达达尼尔（Дарданелль）战役］。第二，8月13日和8月15日夜间斯大林与丘吉尔会谈时，斯大林对挪威北部行动的反应积极，他表示准备抽调2—3个师参与该行动。[201] 第三，丘吉尔认为，“朱庇特”可以作为派遣护航运输队的一个更廉价的替代品。“当我们正在讨论2个月派3次护航运输队的预期损失以及声明不再派遣护航运输队的严重后果时，完全可以认为，‘朱庇特’从成本和风险的角度来看，不仅是必需的，而且从长期来看也是最廉价的手段。”他对军方指出。[202] 最终，“朱庇特”和“火炬”可能会在1943年替代第二战场（“围猎”行动）。正如丘吉尔所写的那样，“如果‘朱庇特’和‘火炬’付诸实施，那么‘围猎’将不会在1944年之前实施”。[203]

10月8日晚，克尔在莫斯科收到了丘吉尔10月8日的两封来函。10月9日转交给了莫洛托夫。[204]

117. 丘吉尔致斯大林的私人机密信函

1942年10月8日发　　　　1942年10月9日收

1. 我们将于本月底在埃及发起进攻，“火炬”将于11月初开始。这些行动将会，或者： 256

（1）迫使德国投入更多的空军和陆军抵抗我们的进攻，或者

（2）使他们被迫接受我们胜利后的新态势，继而西西里和南欧会受到进攻威胁，这样可以引开他们的兵力。

2. 我们在埃及的进攻将会有更多的军队参与。“火炬”将是一次大规模行动，除了美国海军，还将有240艘英国军舰和超过50万人参加。所有这些都在不可逆转地向前推进。

3. 总统和我希望向贵方南翼派遣英美军队，它们将在苏联最高统帅部的战略监督下行动。这支军队包括以下编成：英军——9个歼击机中队、5个轰炸机航空中队；美军——1个重型轰炸机编队和1个运输机编队。我们已下令组建和部署这支军队，使它们能够在新年年初做好投入战斗的准备。我们认为在埃及的战斗将会很顺利，这支力量的大部分将来自埃及，只要能从那里的战斗中抽出身来。

4. 在迈斯基先生10月5日转交给我的信函中，您请求从英国和美国方面大量增加给俄国的歼击机供应。我们近期将尽可能沿波斯湾派出150架“喷火”战斗机，并且额外发送等效于50架飞机的备件。我们一得到这些飞机就立即发送，它们是作为特别援助，我们无法重复提供飞机。这次增派的援助是北线供给议定书之外的项目，北线还将继续使用。罗斯福总统将会特地发报通知美国的相对份额。

5. 上批护航运输队有一大部分顺利抵达阿尔汉格尔斯克让我顿感轻松。这次成功只能归功于参加行动的77艘军舰。在完成我们当前的行动之前不可能再提供海上护航了。当“火炬”行动所必需的护航船只空闲之后，它们将重新用于北方海域。 257

6. 与此同时，我们计划尽可能为贵方派遣分散船只代替护航运输队沿北极航线运输供给。我们将采取措施在10月28日—11月8日之间没有月光期间从冰岛派出船只。我们准备了10艘船只作为对美国船只的补充。这些船只将独立行驶，间距约200英里，在某些情况下间距可能会更大，并通过海上机

动和分散航行。

7. 我们希望从1943年1月起重新恢复派送有强力护航的不间断运输队。

8. 当然，如果德国人无法使用挪威北部机场，这对我们和您都大有裨益。如果您的参谋部能够制订一个好的计划，那么总统和我将立即研究尽我们所能参与该计划的可能性。

迈斯基对莫斯科解释丘吉尔的这封信函时说："看来，英国人仍然只忠于自己：做了'半点'让步。特别是关于'喷火'战斗机，几乎是在重复去年提供'飓风'战斗机时所说的话。现在只能想方设法给英国政府施压以尽快协调歼击机和护航运输队的问题……"[205]

丘吉尔还把10月8日信函的副本发给了罗斯福。[206] 罗斯福和首相都感到有必要给斯大林提供一些帮助以弥补护航运输队，罗斯福在当天的信函中承诺加速派遣英美航空联队到高加索，并且满足斯大林在10月7日信函中提出的其他需求。特别值得一提的是，罗斯福提到美国力图增加从南线通过伊朗给苏联提供租借法案中规定的军事物资。1942年7—8月在丘吉尔与罗斯福的通信中就讨论过把跨伊朗铁路的英国段交给美国使用的问题。[207] 9月17日，艾登将此事的最终决定告知迈斯基。[208] 英国人无法增加跨伊朗线路的计划内的运输量。原计划在1942年夏季之前达到10万吨运量，但是正如艾登在11月的备忘录中所写的那样，可以期望在1943年2月即"美国军队接管"之后才能满足这一要求。[209]

258 罗斯福在10月8日的信函中表达了对苏军在斯大林格勒取得胜利的信心。罗斯福的乐观并不能解决"火炬"行动与苏联要求开辟第二战场之间的矛盾。10月7日利特维诺夫与总统会谈时提醒过这一点，总统的回答是，"好像大家都认为欧洲登陆是不可能的"。"我问，"利特维诺夫在报告中继续写道，"总统您是否认为登陆根本不可能。他回答说，敌人力量被削弱后登陆是有可能的。我指出，如果在东线战事平息的情况下希特勒掉头向西，那时登陆的可能性比现在更小。总统转而言他曰，让希特勒感到侧翼受到进攻威胁是完全可能的。"[210]

118. 罗斯福致斯大林的信函

1942年10月8日发　　　　1942年10月9日收

我收到了首相给您信函的副本。我们准备尽快采取行动向您提供空军，他们将在您的战略指挥下在高加索开展行动。我现在正试图迅速找到给您的额外数量的飞机，并尽快告知您结果。我还正在想办法采取措施将一些数量的货船转交给您指挥，目的是加大经太平洋向苏联供应的物流。我之前已下令向您提供汽车轮胎生产设备。我们大量增派了力量到波斯湾，以增加此路线的装备供应量，我相信这一点能够做到。我们派遣大量蒸汽机车和其他设备，以及人员。我相信，我们拟定的行动将会顺利实施。

斯大林格勒的英勇防御深深地打动了所有美国人，我们相信会取得胜利。

罗斯福不仅了解1942年10月苏德战场的严峻形势，还明白必须就向苏提
供援助问题给斯大林以明确答复。斯大林不需要空洞的承诺，他想得到带有 259
具体数字和期限的军事援助消息，首先是关于歼击机的消息。丘吉尔在10月
8日信函中同意派遣《第二议定书》(10月6日签署)之外的一定数量的飞机，
这件事对美国人也有催促作用。10月10日霍普金斯给马歇尔写信说，“考虑
到战略形势，总统认为积极答复斯大林十分必要”。斯大林10月7日信函中提
到的500架飞机这一数量被认为是不现实的，然而，额外提供300架飞机，平
均每月100架，这是可以办到的。除了歼击机，还有“B–25”轰炸机和运输
机。罗斯福准备从美国岸防部队配置中抽调这些额外的歼击机。[211] 10月11日
信函的内容已经拟定。罗斯福几易其稿，希望最大程度地向斯大林表达为苏
联提供援助的诚意，并解释说这一过程中的困难并非是缺乏决心，而是有技
术和生产方面的原因。总统写道，所有“空中眼镜蛇”将立即投入战场，但
这是指“火炬”行动；最后，他补充道，将尽可能早地派遣航空联队到高加
索。通过对比罗斯福的信函和霍普金斯10月10日写给马歇尔的信可以发现，
总统的信函强调在未来1个月内将派遣尽可能多的飞机——并不是每月100
架，而是仅10月就已经有276架。显然，与丘吉尔(10月8日的信)不同的
是，罗斯福并没有提及向高加索派遣航空联队要取决于埃及行动是否成功。

10月11日的这封信函共有两个版本。其中第一版在华盛顿时间17时05分从机要室发出，它与罗斯福的草稿是相同的。霍普金斯把这封信函的副本

交给了利特维诺夫。[212]

为保密起见，这封信函的内容在发往莫斯科之前进行了改写。改写之后的信函于18时45分从机要室发出。[213] 因此其内容与《往来书信》中发表的有出入。所发表的内容第三段在原件中放在了结尾。斯大林于10月12日收到了这封信函。

260

119. 罗斯福致斯大林的信函

1942年10月11日发　　　　1942年10月12日收

我研究了给苏联增加歼击机数量的所有可能。情况是，现在所有生产的“空中眼镜蛇”都已开赴前线。尽管目前为贵方增加“空中眼镜蛇”数量的军事需求紧迫，然而，为了给您提供更多的飞机，我希望通过其他方式增加该机型的产出。准确地说，如果您所知道的我们当前的行动进展如预期的一样顺利，那么届时我们将开始抽调歼击机。

我们的重型轰炸机编队已经接到了立即准备赴贵国南翼行动的命令。实施这一行动将不取决于其他的任何行动或任务，这些飞机以及足够数量的卡车将于近期发往高加索。

一两天后我将向您通报关于炸药、铝锭和卡车的情况。

现向贵方提供20艘商船用于太平洋海运。

10月我们将向贵方派遣276架战机，并会尽快让这些飞机供应到位。

如果把斯大林—丘吉尔—罗斯福通信文本的篇幅和由此引起的争论程度相比较，斯大林10月13日给丘吉尔的信函绝对占据首位。他寥寥数语便可以让英国内阁惶惶不安。

10月13日的信函由莫洛托夫从莫斯科发给迈斯基。当天苏联大使就用电报的形式把这封致丘吉尔的信函发给了艾登。[214]

尽管这封信函总共只有两个短句，但它让英国政治家无法理解。第一句话是“您10月9日的来函收悉”。10月14日艾登困惑地给克尔写道：“实际上10月9日首相并没有给斯大林写信，但是10月8日有两封信，分别在我的第
261 268号和第269号电报里。您能否尽快认真核实一下，斯大林的来函回复的是哪封信。”[215] 10月16日克尔查明了状况，10月8日的两封信函是10月9日交给莫洛托夫的。[216] 这样斯大林的日期就可以理解了。然而，他没有指明其所

指的是哪一封信，这也令人疑惑。丘吉尔10月8日的两封信函应被看作是两封信而不是一封。莫洛托夫10月9日给克尔的信函也证实了这一点，信中写道："现确认收到了您今年10月9日的信函以及两封首相致斯大林的私人机密信函，我会按照吩咐转交。"[217]

第二句话是"谢谢"。这句话引发了特别的争论，甚至到了10月底丘吉尔也不明白，这句话是对何而言。他认为回信可能是针对10月8日的那封长信，但也没有把握。[218] 这个莫名其妙的"Thank you"背后的动机更令人费解。丘吉尔不解而且气愤。在10月24日给罗斯福信函的草稿中，他写道："我在想，那个苏联动物是不是内部出了问题，导致斯大林不能给出一个完整的回复。"萨金特和艾登劝丘吉尔删除这个句子。[219] 但首相固执己见，还是把这句话保留在了给罗斯福的信里。丘吉尔认为，斯大林的回信可能是因为苏联军人的作用在增强。[220] 克尔试图通过莫洛托夫的秘书处查清斯大林回信的含义和他指的是哪一封信，也无功而返。大使在致艾登的电报中给出了自己的解释："我担心，我们应该假定斯大林给首相的回信是针对那封长信，因为我很怀疑，斯大林的教养和当时的情绪不足以让他对短信表示感谢。长信中的某些部分可能会让他很失望或生气，而他简短的回信可能就是为了表达他的失望和气恼，并以这种无礼的方式来强调。"[221] 对斯大林的回信，萨金特也有自己的看法。他认为，斯大林的回信可能在表达苏联政治家和军人对英美航空联队派至高加索方案的不满。军方的不满持续了很久。苏联军事首长A.A.格列奇科 262
（Гречко A.A.）在战后写道，"天鹅绒"行动实际上是对高加索的占领。[222]

丘吉尔不仅仅对斯大林的回信的形式气恼无比。在长信中，他提出了一系列倡议，期望得到积极而具体的答复。首先是关于在高加索部署英美航空联队的方案，这需要与苏联代表就具体措施进行磋商，其次是派遣零散船只到摩尔曼斯克和阿尔汉格尔斯克，这需要英军与苏联海空军协同行动。[223] 英国内阁在揣摩斯大林的意图后，决定暂缓回复克里姆林宫主人的神秘来信。[224]

那么10月13日斯大林简短回信的背后到底有怎样的初衷呢？斯大林档案文件显示，他认真地阅读了丘吉尔10月8日的长信，准确无误地标出了来信中的要点以及巴甫洛夫的翻译错误——diversion（引开）一词被翻译成了奇怪的"捣乱"[225]（在《往来书信》一书中这一错误被纠正）。因此，他十分了解信函的内容，然而却因不能，或是不想亲自回复，就把这件事交给了莫洛托夫。根据没有书面指示这一点来判断，这件事是口头吩咐的。他实际上也应该在回信的开头关注减少飞机供应这个坏消息，但是后来决定仅使用惯用的语句，此时又忽略了需回复的丘吉尔信函的数量。[226]

在丘吉尔的两封信上都未发现斯大林的常规批示。从目前情况看，说明两位作者很急迫，并忙于更加紧急的事情，英国活动家努力揣摩其中深层次的政治意图。同时，这封吝啬的回信看来还是与丘吉尔的信函内容有关。斯大林在这个时候最关心的是得到尽可能大量快速的援助以用于对德斗争。截至10月13日，他的诸如1942年开辟第二战场和派遣真正意义的北极护航运输队的请求都被拒绝了。也许，斯大林当时还不反对派遣英美航空联队到高加索或者在挪威北部采取行动这样的援助形式。但是这种形式需要协调、谈
263 判，更需要准备与实施的时间。斯大林表达的想法是，他需要的是行动而不是言语，他也不想在给丘吉尔回信上浪费时间，看来，他认为简短的说明比卷入与首相的辩论更切合实际。

造成秋季苏英关系复杂的原因是与第二战场和北极护航运输队问题有关的战略和政治因素。正如萨金特在分析1942年10月下旬艾登与迈斯基的谈话时所写的那样，“斯大林现在情绪糟糕和行为粗鲁的原因就在于对第二战场问题的不满”。[227] 因此，缺乏彼此谅解，相互置气，对解决政治问题的不同方法加深了原有的矛盾，从而使问题的解决更为复杂。

120. 斯大林给丘吉尔的回信

1942年10月13日发

您10月9日来函收悉。谢谢。

在收到斯大林回信前，罗斯福一直在履行自己10月11日信函中的承诺，10月14日他向斯大林通报了向苏联提供炸药、铝锭和卡车的情况。他对草稿进行了一些修改。一开始在清单中所列的铝锭是每月3000长吨。但罗斯福为了突出这一点，特地加了一句，关于供应铝锭的问题尚在研究中。应该说，在1942年，铝对于“三大国”而言都是紧俏物资，每个国家都希望能得到尽可能多的铝锭。特别是斯大林在8月16日夜与丘吉尔会晤时“请帮助我们提供铝锭，我们在明年之前将面临铝锭供应不足的问题”。[228] 罗斯福从信函草稿中还删去了由于供应路线的通行能力限制而造成供应困难这句话。[229]

264 由于美国大使不在莫斯科，信函通过美苏两国负责接收和译码的军方代表转交。双方决定，信函将一直采取加密的方式传递，没有特别指示将不再转发至位于古比雪夫的美国临时代办处。[230] 这一决定完全符合罗斯福保证通

信最高机密和绕开国务院的想法。

121. 罗斯福致斯大林的信函

1942年10月14日发　　　　1942年10月16日收

作为对您请求的回复，我荣幸地告知您，可以划拨供应下面提到的相关物资，具体分配如下：

小麦	在议定书规定年份剩余时间内每月平均供应大约200万美吨
卡车	每月8000—10000辆
炸药	11月4000美吨，之后几个月每月5000吨
肉	每月15000吨
肉罐头	每月10000吨
猪油	每月12000吨
皂坯	每月5000吨
植物油	每月10000吨

近期我将向您通报铝锭的供应情况，我对此还在进行研究。

我已下令不惜一切努力完全保障船舶和货物畅通，并按照您的愿望遵守我们承诺的优先供应义务。

斯大林10月给丘吉尔和罗斯福的所有信函都很简短。如果说他10月9日 265
给丘吉尔的信引起了英国内阁讨论风波和不解的话，那么美国总统对斯大林简短来信的反应则相当淡定。10月27日罗斯福给首相写信说："至于莫斯科回信还是不回信，我都不太担心。"他很清楚交往过程中文化背景的差异，他认为苏联代表"使用语言的目的性与我们迥异"。[231] 实际上，在受过严格教育的盎格鲁-撒克逊人看来，斯大林与莫洛托夫总是太直接、太写实。的确，与给丘吉尔的回信不同，斯大林10月15日给罗斯福的回信能够让人明白，信中所说的感谢是针对哪一封信和哪些消息。

10月中旬苏德战场的局势和苏军在斯大林格勒面临的局面都十分严峻。德军在斯大林格勒工业区集结了8个师之后，于10月14日转入进攻。"敌军主力扑向了拖拉机厂，企图分割第62集团军并将其歼灭。战斗空前激烈。他们经常演变成赤手空拳的肉搏，昼夜战斗不息。10月15日，敌人占领了拖拉机厂并向伏尔加河突破。在工厂北侧行动的我方兵团与第62集团军主力之间的联系被切断”。[232] 在接近极限的军事压力下，斯大林信函文字简练完全可以理解。另外，苏联政治领导人在供应问题上对罗斯福的私人信任要完全胜于丘吉尔。10月13日利特维诺夫从华盛顿发报称：“在供应问题上我的印象是，总统希望最大限度地满足我们的要求，以此在未建立第二战场的问题上补偿我们。但是他在这里完全受制于将军们，他们一再要求先满足美军自己的需求。”[233]

10月15日斯大林的信函与利特维诺夫给霍普金斯的信函一同发出，[234] 他们的信函于10月16日与霍普金斯的备忘录一并交给了罗斯福。[235]

266 122. 斯大林对罗斯福来信的回复

1942年10月15日发

您10月12日的来函收悉。感谢您通报情况。

И.斯大林

斯大林在收到信3天后给罗斯福回信。他解释说因前线事务繁忙耽误了回信，这样说是合情合理的。之后，10月15日斯大林格勒城下的第62集团军部分兵团被切断了联系，需要驰援。为此第138师编入集团军序列。为了分散敌军力量，第64集团军和顿河方面军（Донский Фронт）准备发起进攻战役。战役在10月22日打响，虽然没有夺占领土，但还是使德军远离了第62集团军，而且在主攻方向上没有给敌人机会进行整编。[236] 甚至从莫洛托夫起草信函都是十分匆忙的，这从他的信函手稿中可以看出。[237]

123. 斯大林致罗斯福的信函

1942年10月19日发

您10月16日的来函收悉。我耽误了给您回信，因为前线事务繁忙我无法抽身。现在的情况是，您承诺的货物在预定期限内抵达了苏联。

收到斯大林10月13日来函后，英国内阁选择观望策略，但不久缺乏耐心的丘吉尔就决定“打探一下消息”，他新写了一封信，并非是回复10月13日的来函，而是继续较早时候即10月8日信函所谈的话题。克尔在向莫洛托夫转交丘吉尔10月19日的来函时强调：“在我10月9日的信里包含了一封首相致斯大林的信，现在转给您另一封信，是关于前一封信的同一个问题，感谢 267
您代为转交。”[238]

除了写信本身可能包含一定的潜台词外，这封信函从内容上看也十分重要。9月23日斯大林和威尔基谈话时称，“我们没有接到来自英国的‘喷火’战斗机”。[239] 在此有必要说明英国歼击机的一些详细信息。丘吉尔所说的发运的“喷火”战斗机是指该机型的改型。“喷火”MK.VB是英国皇家空军1941—1942年期间的主战歼击机机型，装备有2门20毫米机炮和4挺7.7毫米机枪。[240]

丘吉尔10月8日信函中承诺的150架“喷火”战斗机所发生的事件也说明，在高层作出决定到实际落实需要较长时间。10月23日迈斯基在与艾登会面时试图查明，承诺的飞机是否已经发往苏联。当时艾登“还不能说清楚，但表示要尽快查清问题并派遣飞机”。[241] 10月27日再次会晤时艾登说，飞机“将于近日沿非洲航线飞往巴士拉”。[242] 可是在1942年11月，在艾登提交内阁的备忘录中写道，月末才有望派遣飞机。[243]

124. 丘吉尔致斯大林的私人机密信函

1942年10月18日发　　1942年10月19日收

兹向您补充说明，150架“喷火”战斗机中的每架飞机都装备有2门机炮和4挺机枪。

罗斯福考虑在10月22日给斯大林写下一封信，便交代霍普金斯草拟回信初稿。[244] 在此之前，罗斯福已经收到斯大林委托美国大使转交的信函副本。斯坦德利于10月20日凌晨飞抵华盛顿。10月21日，他与赫尔进行了简短交谈，第二天大使被罗斯福召见。总统期待着斯大林的来函。他迫不及待地打 268
开了信封，并通读了斯坦德利转交的信函。“没什么新内容！我们已经从威尔基处得知此消息，斯大林早前来信也有提及。”总统沮丧地说。[245]

罗斯福在给斯大林的回信中显然没有提到斯坦德利带回的所有情况。斯坦德利大使与总统谈话的主要目的是“老大，不要再当圣诞老人了”。隐晦地对大规模援助苏联的政策提出批评，并要求将费蒙维尔置于斯坦德利的监督之下，强迫苏联方面与美国共享秘密情报，并保障美国军人可以更接近苏德战场。[246] 罗斯福和霍普金斯并没有对大使的立场表示支持。显然，总统不会在给斯大林的信里说这些事，他不愿破坏友好的气氛。也许，利特维诺夫对斯坦德利的到访有错误的印象。他在与韦尔斯谈话时说，“斯坦德利将军戴着有色眼镜看问题”。韦尔斯答应，如果从大使那里得到消息的情况下，会与利特维诺夫核实，以确定真相。[247]

125. 罗斯福致斯大林的信函

1942年10月24日发　　　　1942年10月26日收

我刚刚从斯坦德利将军处收到您的私人信函，之前您已经把副本传给了我。大使向我十分全面地描述了他对苏联国内形势的看法。他见证了我们早前得到的有关苏军战斗素质及实力的说法，并传达了您提出的迫切需求的消息。我完全认同这些需求。

斯大林给罗斯福的回信依然那么简短。主要原因显然还是前线形势。此时斯大林格勒正在顽强地战斗。截至11月1日，第64集团军的进攻仍在继续，这迫使敌军部分兵力放弃向城市厂区推进。[248] 10月30日，一封莫洛托夫的信函送达美国大使馆，其中包括转交给华盛顿的斯大林10月28日的回信。[249] 看
269 来，即使是这样一封极其简洁的回信斯大林本人也没有时间写，而是托付给了莫洛托夫。[250]

126. 斯大林致罗斯福的信函

1942年10月28日发

您10月24日的来函收悉。感谢您通报情况。

丘吉尔在其10月19日的信之后，与斯大林的通信长时间中断。这段时间苏英关系的发展呈现出双重特点：一方面英国与苏联的不信任加深，另一方

面英国和苏联在世界大战的不同战线同时节节获胜，尽管胜利有所不同。10月19日斯大林给迈斯基发电报，其中有以下几点结论：“我们在莫斯科的所有人都在形成这样的印象，丘吉尔希望苏联战败，目的是以我们国家为筹码与希特勒或布吕宁（Брюнинг）谈判。”[251] 迈斯基斗胆没有同意领袖的意见，他在10月22日回复的一封长篇电报中对英国政策的动机进行了十分精辟和有质量的分析。“苏联战败，”大使写道，“不可避免地意味着大不列颠帝国的终结。”所以英国和希特勒或魏玛共和国前总理H.布吕宁之间串通，除非德国强加于英国不可接受的条约。这样的串通，英国社会不能接受，带有“狂热的反德情绪的”丘吉尔也不能接受。加急电报中做出了这样的结论：“因此，丘吉尔是否希望苏联战败，进而拿我们作为与希特勒或布吕宁谈判的筹码呢？我认为丘吉尔不会有意识地给自己设定这样的目标。”[252] 迈斯基10月24日的下一封电报思考了战争前景，以及在盟国协作背景下苏联应有的最佳战略。他赞成让苏联参加盟国的协同行动，以制定针对德国的“统一战略”，包括在挪威北部开展苏英联合行动。[253] 斯大林破天荒地部分同意了迈斯基的分析，虽然仍保留了认为英国领导人虚伪的看法：

“我依然认为，作为主张轻松战争的丘吉尔，太容易受到那些希望苏联战 270
败的人的影响，因为我们国家战败并且拿苏联与德国作妥协是英国与德国最轻松的战争方式。

当然，英国人之后就会明白，在法国退出的情况下，如果欧洲大陆没有俄国战场，他们英国人注定会灭亡。然而他们什么时候才能明白这个道理？

我们走着瞧吧。

我不太相信英国人会支持北方行动。他们只是讲大话做样子。

丘吉尔在莫斯科对我说，在43年春季开始前约有100万英美军队在欧洲开辟第二战场。但是看来丘吉尔是听命于那些活动家的，他们轻易承诺也轻易忘记诺言，甚至粗暴地违背诺言。

他还曾在莫斯科信誓旦旦地承诺在9—10月间猛烈轰炸柏林。然而，他没有兑现诺言，甚至也不想对莫斯科解释没兑现的理由。

以后我们就知道了，我们在和什么样的盟友打交道。”[254]

尽管“当家人”性情严厉，迈斯基在10月31日的电报中还是坚持缓和苏英关系的方针。他向斯大林建议以下行动计划：“就10月9日丘吉尔的来函给予回复。我认为，在这封回函中应该首先同意北方行动，并询问制定具体方案的大致期限，由此可以轻易地查明英国政府意图的严肃性。其次，同意向苏联战场派遣20个英美航空联队（如果我们可以接受的话），并再次请求确认其抵达时间。最后，同意接收丘吉尔信函中提到的200架‘喷火’战斗机，同时提醒他，在您10月3日的信函中提出过把每月供应量增至300架歼击机的问题，您正在等待他对这一问题的答复。最后，我认为，不妨提出轰炸柏林的问题。”[255]

克里姆林宫对迈斯基这些建议的反应很冷淡。莫洛托夫在11月3日给他
271 发电报称，没有任何关于派遣英美航空联队的具体动作，这一问题还仅限于建议。与迈斯基不同，莫洛托夫还对斯大林10月13日的信函进行了评价：“你也知道，斯大林同志在10月14日信函中表达了对丘吉尔这封信函的感谢，[256]看来，人民委员认为10月13日斯大林的回信已经足够了。”

1942年10月苏英关系紧张再次让斯大林产生了对英国背着苏联与德国媾和的担心。赫斯的出现就是这种串通的标志，他曾于1941年5月在英国跳伞。苏联驻德英谍报部门对赫斯的使命进行了认真调查：突出特点是他与希特勒亲近，对希特勒忠心耿耿，他飞往英国绝不是心血来潮，而是有计划、有预谋的行动。[257]据内务人民委员会驻伦敦谍报站消息：“在未来战争进程中，赫斯可能成为签署阴谋和约的核心人物，这将对英国的主和派和希特勒有利。”[258]赫斯对英国人有潜在的利用价值，似乎是最让多疑的斯大林担心的，否则为什么英国人一直庇护他呢？“看来丘吉尔是把赫斯当作备用方案储备的”。斯大林已经在10月19日给迈斯基的电报中提到了这一点。[259]当天，在《真理报》上出现了一篇题为《罪恶的希特勒集团党羽罪责难逃》的文章，文中称，“臭名昭著的罪犯赫斯只要穿上希特勒的飞行员制服飞往英国，好像就认为能够逃过国际法庭的审判、洗尽自己罄竹难书的罪行，并以此将英国变为暴徒的避难所”。[260]

10月16日，苏联政府《关于希特勒侵略者及其帮凶在欧洲被占国家所犯罪行责任的声明》促成了《真理报》这篇文章的出炉。这份声明是为了回应英国关于惩罚军事罪犯问题的立场，英国在10月7日和美国及其他西方盟国就这一问题进行了磋商，但是未与莫斯科进行任何协商。这一无礼举动使苏
272 联领导人恼羞成怒。在以莫洛托夫名义发表的声明中称，“苏联政府认为，与希特勒德国做斗争的国家政权必须立即将手中掌握的所有法西斯阵营首领交给国际特别法庭，必须使用最严格的刑法惩罚这些罪犯”。[261]赫斯也在其列。

苏联方面要求立即对他审判。从英国报纸对苏联政府声明的反应来看，在英国远不是所有人都同意类似建议。《真理报》文章的论调引起了英国政府的愤怒，他们不明白，为什么莫斯科会采取这样公开的侮辱性举措，而不是通过个人渠道表达自己的担心。“英苏关系糟得不能再糟了，”哈维在日记中写

道，“……现在怨恨的根源是赫斯来过我们这儿，尽管他是在俄国卷入战争之前来过这里，而且之后他就杳无音讯了。难道俄国人真的以为，我们收留他就是为了反苏吗？赫斯是个精神病，毫无用处。”[262] 10月23日艾登与迈斯基会晤，据大使说，他“十分激动和不安，脸色一会儿红一会儿白，几次扯高调门”。[263] 克尔得到严格的指示，亲自向斯大林表示抗议。同时，艾登不排除“苏联的行为可能完全是发泄他们对第二战场问题的不满，以及长期以来一直在怀疑我们试图让他们和德国人两败俱伤，而我们和美国人袖手旁观”。[264] 10月26日的内阁辩论会对苏联立场的突然强硬做出了其他猜测，即突出军队的作用，克里姆林宫力求把战场损失严重的责任归咎为盟国的不作为上。[265]

丘吉尔对苏联的指责恼羞成怒，但他认为出路不在与莫斯科对骂，而在英国的军事胜利。“我相信，在俄国人处于当前情绪的情况下去巴结他们是个很大的错误……”他在10月27日给艾登的电报中写道，“请您相信，唯一的办法就是顽强作战并取得胜利。现在正在进行大规模战斗，我们还面临着更多的交战。如果我们的努力以成功而告结束，您将会看到我们将进入一种截然不同的状态。届时我将冷淡地对待俄国人，不会因他们的谎言而惶恐不安，而是继续完成我们的任务。您应该记住，布尔什维克用谎言和虚假宣传动摇 273
了许多强国的基础。也许，他想用这种方法给我们留下一些印象”。[266] 只有英国在各战场的胜利才能让其与苏联关系好转，并促使斯大林给出可以让人接受的回复，首相在内阁会议上也提出了这个观点。[267] 但参谋长委员会和丘吉尔本人都清楚，苏联仍在对德战争中发挥着决定性的作用。“目前，”10月30日的一份参谋长委员会报告指出，“俄军是唯一一支能够战胜或至少能够抵抗住德军的力量。”“我希望斯大林不会看到这（份文件——作者注）”，首相报告的页边上写道。[268] 不过，参谋长委员会的计划仍像过去一样采取疲劳战略。这份报告明确指出：

“尽管大规模进攻欧洲是对俄国的最大帮助，但我们只能得出结论，我们的唯一方案就是在进攻之前通过破坏德国的工业和经济，削弱德国的军事实力。达成这一目标的主要手段，除了俄国陆军外，还有重型轰炸机配合严密的封锁和尽量拉长敌军战线的行动。”[269]

艾登向丘吉尔建议给斯大林再写一封信，以影响苏联领袖在例行的十月革命周年纪念日所发表重要讲话的腔调，但丘吉尔决定再等几天。[270]

到了11月初，丘吉尔手里有了要寻找的军事胜利这张王牌。在10月23—24日的夜里，英军的进攻标志着所谓的阿拉曼第二阶段战斗的开始。11月2日，隆美尔告诉希特勒，他的军队没有燃料了，正处于被歼灭的边缘：这一消息被英国情报部门截获。尽管希特勒最初的命令是继续抵抗，但11月4日他不得不批准撤退。隆美尔军队的残余开始经利比亚撤退。[271]

274 丘吉尔在11月5日能够发信除了军事上的胜利之外，还要归功于外交战线上的胜利。10月底—11月初，外交部和内阁关于英国政府在赫斯事件上应持何种立场的问题上进行了大讨论。[272] 11月2日原驻苏大使、时任掌玺大臣的克里普斯草拟了一份备忘录，其中记述了内阁关于赫斯的信息和他飞到英国的原因。[273] 关于这一问题的简短信息在11月4日发给了克尔，并以备忘录的形式转交给了苏方。审问过赫斯的高层人物（汉密尔顿公爵、外交部职员柯克帕特里克、西蒙子爵和比弗布鲁克男爵）达成的共识以电报形式发给了克尔：

“a）赫斯是自己要来的；

b）他认为他的使命很有成功的机会；

c）他想在英国找到积极反战的党派；

d）从赫斯的证词来看，他提出的‘条件’（协议——作者注）是照抄了希特勒思想；

e）法国沦陷后赫斯就开始思考自己的使命；

从一开始赫斯就被告知，谁也不可能与希特勒及其政府进行任何讨论或谈判。”

传达这些消息时，艾登还吩咐大使告知苏联领导人，在这一问题上“国王陛下政府没有什么好隐瞒的”。[274] 11月5日克尔与斯大林和莫洛托夫会晤时传达了这一消息，[275] 斯大林未必会相信，按领袖的说法，该消息对他“没有什么新意”。他还否定了大使说《真理报》文章包含“对英国政府尖锐抨击”的说法。“希特勒匪首的命运，”斯大林强调说，“不应由某一国来决定，而应由所有盟国来决定，就像曾经决定拿破仑的命运一样。”克尔表示，这也是英国政府的立场。[276]

苏联领导人继续坚持自己的立场，但这仍好于对棘手问题完全避而不谈。下一步，讨论惩罚战争罪犯的问题将通过外交渠道来进行。1942年11
275 月10日，政治局决定批准外交人民委员会给英国政府备忘录的回复。[277] 截至1943年1月底，将对这一问题达成妥协协议：英国人建议组建联合国（OOH）下辖委员会，研究防止战争和惩罚战争罪犯的问题，而苏联方面同意参加该委员会并将其工作延长至战争结束以后。[278] 迈斯基也尽力减轻斯大林对赫斯问题的担心。在莫斯科10月23日收到的电报中，他特别解释说：“为什么丘吉尔现在不想谈赫斯呢？这可以理解：他担心德国人为了报复将大规模镇压英国战俘。”[279]这样，在11月初，即丘吉尔与斯大林恢复通信前，苏英关系缓和应归功于第二次世界大战各战场上的胜利，包括斯大林格勒局势渐趋稳定，也要归功于外交战线上的努力。

丘吉尔在11月5日的信函中向斯大林通报了英军在埃及的胜利和“火炬”行动即将开始。在谈到斯大林提出的与行动有关的政治难题时，英国首相联想到斯大林在8月12日会谈期间说过的话，“这次行动政治上准备不足。他感兴趣的问题是，在英美针对北非行动开始时是否要发表宣言。斯大林认为，这次行动有戴高乐或来自法国的某位将军参与比较好”。[280] 丘吉尔所谓的解决这些困难，多半是指10月23日美国代表M.克拉克将军和外交官R.墨菲（Мэрфи Р.）与另一方——A.吉罗（Жиро А.）将军的代表C.马斯塔（Маста Ш.）在舍尔沙勒（Шершель）（阿尔及利亚）谈判达成的协议。根据吉罗–墨菲协议，美国承认法国领土完整和法兰西帝国，吉罗还得到承诺，在美军登陆后他将担任法军在北非的总司令。[281]

丘吉尔在给斯大林的信函中继续建议就派遣英美航空联队到高加索的问题进行谈判。关系升温的标志是丘吉尔祝贺即将到来的十月革命周年纪念日——这是首次来自布尔什维主义顽固反对者的祝贺。

127. 丘吉尔致斯大林的私人秘密信函 276

1942年11月5日发　　　　1942年11月5日收

1. 我曾许诺我军在埃及取得对隆美尔的决定性胜利时向您通报。目前，亚历山大将军报告，敌军前沿已被突破，敌人向西仓皇撤退。除了主要战区的军队外，在我沿海岸进攻方向的南部沙漠地带还残留6个意大利师和2个德国师。这2支兵团有大量的装甲运输工具和补给，在最近几天敌人很可能将遭受十分严重的损失。另外，隆美尔的唯一退路是一条滨海道路，现在这条路上满是军队和运输车辆，并且受到我方占据明显优势的空军的持续打击。

2. 机密。仅限您个人阅。“火炬”行动将于近期大规模展开。我认为，您曾担心的政治困难已获得圆满解决。行动的军事方面正严格按计划进行。

3. 我很希望尽快着手向贵国南翼派遣20个英美航空联队。罗斯福总统完全同意这样做，因为现在埃及局势已经稳定。但是在此之前，我军和贵军军官必须详细商议起降场等问题。请尽快告知，您希望如何组织这些会议。关于计划派遣航空联队的数量，在我10月9日的信函中已通报过，在与您商定之前，我们已经在做一些预先准备。

4. 请允许我向您，斯大林主席，还有莫洛托夫先生，就斯大林格勒保卫战这一传世之作取得的胜利以及彻底挫败希特勒对俄国发动的第二战局表示祝贺。我很高兴从您那里获悉高加索战事的进展。

5. 借贵国节日，致以一切美好的祝愿。

277

丘吉尔在收到斯大林回信之前就写好了接下来的两封信。其中第一封日期为11月6日，继续讲述首相在上一封信函中提过的战胜隆美尔的话题。丘吉尔引用了英国第8集团军在阿拉曼之战和隆美尔撤退时俘获的战俘和战利品数据。他提供的消息是11月6日亚历山大将军打电报发给丘吉尔的。[282] 之后将军又报告称，亚历山大港的德军战俘数量已增至2.5万人。后来这一数字还在增加。[283]

128. 丘吉尔致斯大林的信函

1942年11月6日发　　　　1942年11月8日收

我刚刚从亚历山大将军那里得到如下报告：

目前确定的俘虏数量是2万人；缴获坦克350辆；火炮400门；装甲运输工具几千件。我们的机动尖兵部队已经到达马沙马特鲁以南。第8集团军随之推进。

11月7日丘吉尔又给斯大林写了一封信。其中谈到的是首相很久以前关心的话题，即巴库的命运，英军司令部很清楚这座城市的战略意义。丘吉尔在回忆录中对苏联能够坚守巴库及其石油产区信心满满，而实际上他曾有过动摇，1941年11月他曾在参谋长委员会上说过："我不相信德国人占领不了巴库油田。"[284] 1942年秋季，丘吉尔尽管内心有些担忧，但还是希望红军能够挺住："……俄国人只要能守住高加索山脉至春季，年内巴库就不会失守。"他在9月底写道。[285] 信的最后一句话与往常一样，在莫斯科翻译得不完全准确：在英语中只是礼貌用语，而非"请您相信"之本意。

丘吉尔11月6日、7日的两封信是和克尔给维辛斯基的信一同在11月8日转交的。

278

129. 丘吉尔致斯大林的信函

1942年11月7日发　　　　　　　　　　　　　　　　1942年11月8日收

无疑您已经知道，希特勒正在失去占领巴库的希望，他将尝试以空袭的方式将其摧毁。

请您相信我的消息。

斯大林11月8日给丘吉尔的信函再次证实“最高统帅”在确定苏联立场上的决定性作用。11月3日莫洛托夫给迈斯基写信称：“哈里曼的声明不可理喻，好像苏联政府不同意英国人和美国人向苏联战场派遣20个航空联队的建议。我们几乎不知道这个建议……您向哈里曼确认说苏联政府没有回复这一离奇建议时，您就犯了错误。”[286] 莫洛托夫除了区分“建议”和“预计”两个概念的区别外，人民委员脑海中的“从未提过20个航空联队”的想法根深蒂固，这使他对这件事的反应不同寻常。莫洛托夫的这句话与丘吉尔、斯大林和哈里曼8月12日谈话记录的不同理解有关。在哈里曼的记录中写道：“丘吉尔说，在北非歼灭隆美尔之后，可能很快就将向那里（苏德战场南段）派遣约20个航空联队，甚至是30—40个航空联队，如果有美国人帮助的话。”[287] 在苏联的谈话记录也表明，存在关于向苏联提供“15个或更多英国航空联队”的信息。[288]

斯大林搁置了莫洛托夫的问题，在11月8日的信函中，他实际上承认了向苏联派遣20个英美航空联队的建议是存在的。他祝贺英国军队在阿拉曼会战中获胜，并表示希望“火炬”行动取得成功，这也是苏英关系转暖的标志。斯大林发信的时间是11月8日8时15分，[289] 实际上与11月8日夜发起北非登陆行动的时间是一致的。

斯大林在信中还回答了丘吉尔关于通报高加索局势的请求。外高加索方面军（Закавказкий фронт）北部集群部署地区的形势严峻。“在北部集群行 279
动地带敌人试图占领奥尔忠尼启则（Орджоникидзе）市，”《伟大卫国战争简史》写道，“10月25日敌方有200辆坦克投入战斗，突破了第37集团军的防御并占领了纳尔奇克（Нальчик）。敌军继续扩大战果，一周后占领了吉泽利（Гизель）村并前出至奥尔忠尼启则附近（城市以西8公里）。但11月6日赶来增援的北部集群预备队向法西斯集团发起反突击，并经过6天的战斗将其歼灭。”[290] 斯大林还将近期的战斗写信告诉了丘吉尔。这封信有一个有趣的特点是斯大林使用了“弗拉季高加索（Вдаликавказ）”这个称谓，而并不是1931年以来的官方称谓“奥尔忠尼启则”。完全有可能，这样做是为了让对十月革命前的称谓更熟悉的丘吉尔更容易明白所谈的是哪座城市。斯大林信函的结束语仍让人有些看不懂。丘吉尔向他祝贺的是十月革命周年纪念日（11月7日），而斯大林在回信中却提到了苏联成立纪念日（12月30日）。

130. 斯大林致丘吉尔的私人秘密信函

1942年11月8日发

您11月5日的来函收悉。

祝贺您在埃及的军事行动取得了进展，我相信您一定能够彻底消灭隆美尔集团及其意大利帮凶。

我们所有人都在这里希望您成功实施“火炬”行动。

感谢告知您和罗斯福总统决定近期向我们南翼派遣20个英美航空联队。20个航空联队的迅速到来将是难能可贵的援助。为此需要英国、美国和我国的空军代表举行会议和研究具体措施，相关的会面最好先在莫斯科举行，之后，如有必要，再直接在高加索举行。我已获悉，为此美国方面将派遣E.E. 艾德勒（Эдлер E.E.）将军。我正等待英国方面任命的人选。

280 我们高加索战场的形势与10月份相比有些恶化。德国人成功占领了纳尔奇克市，并逼近弗拉季高加索，现在那里正在进行激烈的战斗。我们的弱势是缺少歼击航空兵。

感谢您祝贺苏联周年纪念日。

收到斯大林信函在伦敦已经不再是恼人的事情，不仅仅是因为他们在北非的胜利，英国国内将其称为伟大的胜利。外交部注意到11月初在莫斯科发表的两次讲话：11月4日共产国际执行委员会书记Д.З. 马努伊尔斯基（Д.З.Мануильский）的广播讲话和11月6日斯大林在莫斯科劳动人民苏维埃庆祝大会上的报告。丘吉尔尤其喜欢后一个演讲。[291] 他们的这两个演讲都强调了反希特勒联盟在未来战胜德国中的作用，英国外交部门得出了自己的结论。他们认为，莫斯科制定了新的“党的路线”，并且苏联随之软化了在“第二战场”问题上的立场。[292] 根据丘吉尔的“两个斯大林”理论，英国人从苏联的内政情况中寻找其对外方针的解释。

斯大林11月8日的信函由莫洛托夫发给迈斯基以便让其转交给丘吉尔。当天信函的副本交给了克尔。[293] 苏联大使把斯大林10月9日的信函转交给丘吉尔后报告了会晤情况："我发现丘吉尔的状态由于非洲的胜利而十分兴奋。他侧眼看着我递过去的信封，有些迟疑地问：'希望这次不会让我失望吧？'我简短地回答道：'请阅。'当丘吉尔读罢信函，他的脸上泛出了笑容，并激动地说：'这就好了。我希望同斯大林能像同志一样地共事。此话从何说起呢？是因为，要不就是很长时间不回复我，要不就是'感谢您'，真拿他没有办法'。"[294] 之后丘吉尔兴致勃勃地描述了自己对英美军队在"火炬"行动之后下一步行动的看法——占领西西里（Сицилия）和撒丁（Сардиния），迫使意大利退出战争，把土耳其拉拢到盟国一边，巴尔干战役将被称为"1943年的第二战场"。迈斯基问起丘吉尔所承诺的进入法国北部，并强调"意大利—巴 281
尔干计划是这个问题（打败希特勒）的外围事务"。这给丘吉尔的热情泼了一盆冷水。丘吉尔没有直接回答，对大使总结道："'您暂时不要告诉斯大林，这只是初步纲领。我自己会写信给他，让他从我自己的叙述中了解我的意思吧。'我说了句笑话，不置可否。"迈斯基把丘吉尔的这些话汇报给莫斯科后又补充道："还是不要透露我的作用，要不丘吉尔就不会这么夸夸其谈了。"[295] 可是，丘吉尔并没有急于把自己的战略计划告诉斯大林，虽然在给英军司令部的命令中已经提出了下一步进攻敌人位于地中海的"软腹"的方针。[296]

斯大林收到了丘吉尔11月6日和7日的信函时，他11月8日的信函已经发出去了，并且掌握了"火炬"开始的消息。他在11月9日的信函中预祝丘吉尔在北非的行动获得成功，并感谢首相告知巴库的情况。

11月10日迈斯基把斯大林的信函交给艾登以便其转交给丘吉尔。当天大使向莫斯科报告："艾登对信的内容表示高兴，同时还补充说，丘吉尔对斯大林同志11月8日的来函非常满意，并且昨天把这一精神传达给了内阁。"[297]

131. 斯大林致丘吉尔的私人信函

1942年11月9日发

您在利比亚的胜利和"火炬"行动的顺利实施让我们异常高兴。希望能够取得圆满成功。

感谢您提醒我巴库的情况。我们将采取反击措施。

11月8日丘吉尔与迈斯基谈话时说要给斯大林写一封信，详细介绍自己的计划。信函在11月13日就写好了。丘吉尔把这封信连同之前的两封信都发给了罗斯福过目。[298]

丘吉尔在信函中提到了准备“天鹅绒”行动的下一步工作。丘吉尔和罗
282 斯福有意实施在高加索部署英美航空联队的方案。派遣高级军官英国空军元帅R.德拉蒙德（Дрэммонд P.）和美国准将艾德勒赴莫斯科谈判，证明了他们是严肃对待该计划的。他们应该在11月16日从开罗起飞，但是由于天气欠佳延误了。结果，这些军人11月21日才抵达莫斯科。他们与苏联代表的谈判很快就遇到了严重的障碍：苏方坚持要得到飞机，但不要英美机组人员。他们还从军事角度提出了自己的论据，即在其他战场非常需要空军的时候，在高加索集结空军是不合理的行为，使用外国飞机在保持机动性方面也颇为不便。同时，英国人和美国人已接到指示，坚持希望派遣自己的航空部队到他们关注的地区。英国人和美国人坚决要求向高加索派遣自己的专家以准备行动，而苏方要首先解决“主要问题”——派遣没有机组的飞机。关于谈判进展的报告定期提交给斯大林和莫洛托夫。[299] 12月初谈判陷入僵局。[300]

但是，11月中旬，丘吉尔那边情况的进展见到了曙光。盟国在北非的胜利直接鼓舞了首相。11月8日，他“面带欣喜”对迈斯基讲述了此事。[301] 英国首相在给斯大林的信函中继续讲述这一话题，告知了最新的消息。特别是丘吉尔在信函中写到的图卜鲁格，就是在发信当天即11月13日被英军攻克的。11月15日，英国全境回荡着教堂的钟声，以庆祝英国军队的首次重大胜利。

丘吉尔在信函中描述事件时比与迈斯基谈话时要更克制一些。与大使会晤时，他提出过这一思想：“美国的（但不是丘吉尔的）担心没有成真，西班牙保持中立且不介入‘火炬’行动。”[302] 写给斯大林的话更准确地反映了所发生事件的本质。丘吉尔和美国人一样担心西班牙可能会采取针对直布罗陀的行动。9月16日他给艾登和各位参谋长写信称：“我们应该认真地关注西班牙对‘火炬’筹备行动的反应，他们在监视直布罗陀的过程中会察觉到我们的
283 筹备行动……如果‘火炬’行动开始前两周，德国人对西班牙人施压并希望从西班牙得到我们行动准备的消息，他们或是要求西班牙人占领直布罗陀附近的中立区*，或是决定在巴伦西亚（Валенсия）部署德军飞机，那会发生什么情况呢？西班牙人会对这种压力做何反应？他们的立场又会是怎样的呢？

* 这片区域没有正式纳入英国的直布罗陀殖民地，在二次大战期间英国在此建设了战地机场。

我们可能会因此与佛朗哥（Франко）在不合时宜的时候发生冲突。我想，我们应该制订自己的计划。”[303]

在11月13日的信函中，丘吉尔首次谈到了过去在与斯大林通信中从未提及的话题——达尔朗海军上将以及他与盟国的关系。11月10日，美国将军克拉克与海军上将签署协议，根据该协议，维希政府军总司令达尔朗下令停火，并不再抵抗美军，与美军交战时他们损失了2500名法国人。11月13日，艾森豪威尔宣布由达尔朗担任北非最高长官。

正如在外交通信中经常使用的伎俩，重要的不仅仅是政治家说了什么，还要看他们没说什么。在11月13日的信函中，丘吉尔对恢复护航运输队这一令苏方焦躁不安的事只字未提。迈斯基在11月8日与首相谈话时提到了这个问题，甚至还得到了艾登的支持，他在10月底就曾承认利用一年中的极夜时期这个理由很有说服力。丘吉尔“同意重新考虑这个问题，但是这并不能让我有特别乐观的感觉。”迈斯基写道。[304] 此时，即使是支持迈斯基的艾登也对沿北极航线派遣零散船只这个结果表示失望。他在11月13日的备忘录中指出，以这种方式派出的13艘船中只有3艘到达了目的地。其余船只的情况是：5艘可能沉没，2艘返航，3艘在途中。艾登写道，他认为，“鉴于结果不尽如人意，海军部和军事运输部认为不值得重复实验”。[305]

284

132. 丘吉尔致斯大林的私人秘密信函

1942年11月13日发　　　　1942年11月14日收

1. 您11月8日和10日的来函收悉，非常感谢。

2. 我任命空军元帅德拉蒙德为英方代表，前去参加苏美英三国代表参加的、关于在贵国南部战线部署20个英美航空联队的前期措施的参谋部谈判。空军元帅德拉蒙德已受命率领一个参谋军官小组立即从开罗前往莫斯科。

3. 我们在埃及和法属北非的行动以大获全胜告终。我们已经深入至昔兰尼加。刚刚攻克图卜鲁格。德国所谓的装甲坦克集团军现在已经威风全无，被压缩到了勉强仅剩20辆坦克的小规模战斗群，我们现在正在全力追击。我几乎可以肯定，将很快攻占领班加西（Бенгази），敌人试图撤退至的黎波里塔尼亚，并在欧盖莱一线防守。敌人已经从班加西撤出了储备物品，并试图在苏尔特（Сирт）湾建立新的小型临时基地。

4.“火炬”行动正如火如荼地进行，艾森豪威尔将军和我们的指挥官们强烈希望能够争取完全控制法属北非地区，在突尼斯突出部形成空中优势。至此，大批运载军队的运输队从英国出发已经顺利跨海，这项工作还在进行。我们希望在北非建立一支由吉罗将军指挥的法军，参加对德作战。

5. 西班牙和葡萄牙的政治反应在很大程度上是令人满意的，直布罗陀港和机场无法使用的危险暂不存在。我们和您在谈判时已经预料到德国会进入维希法国，这是好事。维希政权对法兰西民族的毒害作用正在减弱，所有人
285 民很快都会像占领区的人们一样学会憎恨德国人。土伦舰队的未来还不明朗。德国人感觉自己还没有强大到如此程度，以至于能迫使舰队投降，据悉，他们不准备占领土伦。受我们控制的达尔朗海军上将命令舰队开赴西非港口。但是还不清楚，这一命令是否会被执行。

6. 整个非洲沿岸的形势发生了急剧的变化，我们可以利用这个机会。如果我们能够打通途经地中海的军事运输通道，我们的航运问题将得到极大缓解，我们能够与土耳其建立比之前更紧密的联系。罗斯福总统对美国人的胜利十分高兴，我一直与他保持着联系。几天后需要重新审视整个局势，以采取下一步的强力行动。我相信，您一定清楚，我们多么希望能够部分减轻贵方在艰难的几个月中承担的重负。同时根据我的预测，您一直保持着自信，在冬季几个月敌人不可能跨过高加索山脉。

斯大林第二天就给丘吉尔写了回信。斯大林继续祝贺盟国在北非的胜利，同时，还向首相通报了关于苏德战场的情况。战况仍旧是犬牙交错。如果11月11日是德军吉泽利集群在弗拉季高加索的战败日，那么这一天也是德军在斯大林格勒最后取得的为数不多的胜利日之一：敌人在街垒地区成功突破至伏尔加河，并切断了第138师与主力部队的联系。

当时斯大林把主要精力放在了准备斯大林格勒的反攻上，他在1942年9月与朱可夫、总参谋长华西列夫斯基上将交换意见后就做出了这项决定。在11月13日的联共（布）中央政治局和最高统帅部大本营会议上，朱可夫和华西列夫斯基提交了详细计划，西南方向和顿河方向的进攻计划于11月19日开始实施，斯大林格勒方向于11月20日实施。[306] 在苏德战场上终于出现了根本
286 性的转折点。

133. 斯大林致丘吉尔的私人秘密信函

1942年11月14日发

感谢您11月13日的来函。我们在此都为您在利比亚的胜利和英美军队在法属非洲的胜利而感到高兴。请允许我向您的胜利表示衷心的祝贺，并祝愿您取得进一步的胜利。

近几日我们成功阻止了德国人在弗拉季高加索的推进，并且稳住了局势。弗拉季高加索在我们的手中，并且我认为会一直属于我们。我们正采取一切可能的措施巩固我们在北高加索的阵地。

最近一段时间我们正在考虑发起冬季战役。何时能够发起这场战役取决于天气，而天气不受我们控制。关于行动进展，我将定期通报。

11月14日斯大林还给罗斯福写了一封信函。信函的第二段和第三段内容与给丘吉尔的信函相似：其中斯大林通报了苏德战场冬季战役的准备情况，并表达了对“火炬”取得成功的祝愿。致罗斯福信函的特殊之处是有关斯大林与赫尔利于11月14日举行会谈的信息。“我不想接见赫尔利，我在前线，很忙。”他在美国大使馆例行咨询会上给莫洛托夫写道。[307] 也不排除罗斯福频繁派遣特使让斯大林有些不快。“……罗斯福派到苏联的所有人都被任命为总统特使。他，斯大林同志，认为，这是不对的……丘吉尔在这方面就很严肃”。斯大林1943年2月曾对克尔说过这样的话，[308] 多少有些奉承英国人的意味。但最终他还是对美国总统的请求给予了尊重。在与将军会晤时，斯大林强调了首先战胜德国的意义，并表示怀疑日本是否有可能在近期能有效利用其所占领土的资源。[309] 赫尔利后来证实，他是让斯大林和苏联总参谋部吐露战略意图的第一个美国人。[310] 看来，赫尔利在与斯大林会晤时还没有这么自信。11月15日，赫尔利向华盛顿报告说：“这时，斯大林打断了我的话，他问我是否已经清楚了他的立场，因为我提了很多问题。我做了肯定的回答，但我指出，他没有就俄国战略给我一个清晰的表述，比如我本想了解的是，在敌人和油田之间有多少俄国军队，俄国还需要多少军事物资才能开始进攻行动。那样的话，我想我会被赶出克里姆林宫。”[311] 287

尽管赫尔利很担心，但斯大林对他非常客气，特别能证明这一点的是，他被允许参观斯大林格勒地区西南前线地段，并与方面军司令Н.Ф.瓦图京

（Ватутин Н.Ф.）上将会面，还去了高加索地区南翼前线。虽然苏联当局不太愿意让外国人参观前线，但给赫尔利展示的要比之前威尔基能看到的多得多，更不用说职业军人要比政治家对战场情况要懂得多了。根据苏联陪同人员的汇报，赫尔利与瓦图京谈话后说："您的出色计划总是能被勇敢的士兵出色地完成。这是我的印象，我将转达给罗斯福和斯大林同志。"[312] 后来赫尔利对苏联人说，"苏联之行和亲临东线的印象非常好"。他还说，"驻苏联人员经常给总统捎去有关苏联战场的好消息"。按他的话说，总统对他的消息和他的苏联之行成果很满意。[313] 确实，赫尔利乐观的报告对罗斯福而言是在整个战争的紧要关头对苏德战场上斯大林格勒局势的第一份直观证明。难怪在特使回国后，总统通过驻莫斯科大使馆把写给赫尔利的一句话摘抄给斯大林："您关于俄国军队实施的宏大战役及其高昂的精神状态的报告让我心旷神怡。"[314]

288

134. 斯大林致罗斯福的信函

1942年11月14日发

尊敬的总统阁下：

非常感谢今天由赫尔利将军转交的您的来函。我和赫尔利将军就战略问题进行了长时间的交谈。我认为，他理解了我的话，并且相信当前盟国所执行的战略是正确的。他请求参观我们的一条战线，特别是高加索战线。我们将保证他可以做到这一点。

上周，苏德战场没有发生明显变化。近期我们考虑发起冬季战役。目前正在准备。我将向您通报战役进展情况。

我们这里所有人都为美英两军在北非的出色战绩而感到高兴。请允许我向您取得的胜利表示祝贺。真心祝愿您取得进一步的胜利。

此致

真诚的敬意

斯大林

赫尔利的访问与太平洋战争中一场重要的海上会战——争夺瓜达尔卡纳尔岛的两次交战，在时间上是一致的。尽管日军顽强地试图从美国人手里夺回该岛屿，但后者对机场的控制形成了巨大优势。夜间护航运输队送来了日军的增援，即所谓的"东京特快"。11月由日本军舰组成的强大集群开赴瓜达尔卡纳尔岛，目的是向岛上投送新的军队和物资以实施决定性进攻。美国军舰发现了日本海军。11月12—15日发生了2次海战。日本军舰无法向瓜达尔卡纳尔岛上投送必要的增援，结果在1942年12月东京决定撤出该岛。[315]

苏联代表从自己的利益角度来看待瓜达尔卡纳尔岛之战。1942年12月，利特维诺夫与哈里曼讨论恢复赴苏护航运输队问题时，向莫斯科报告："他承认，许多运力和物资都被用到瓜达尔卡纳尔岛的行动中了。他不知道这样做是否正确，但是既然已经这样做了，政府从对内政策考虑，有义务向那里进 289
一步派出增援和供给。哈里曼认为战争将持续很长时间。"[316]

罗斯福在11月19日的信中感谢斯大林对赫尔利的友好态度，并谈到了美国陆海军在太平洋上的战斗。信函的主要内容是总统建议有必要就下一步军事计划与斯大林和苏军统帅部进行磋商。1942年11月英美两国领导人还没有就放弃于1943年在欧洲开辟第二战场（"围猎"行动）问题做出最终决定。

丘吉尔偶尔安慰罗斯福，"火炬""实际上就是1942年的第二战场"，[317]他在11月18日提醒军方说：

"……'火炬'——这只是13个师，当时我们准备在1943年投入48个师抗敌……我们已经让斯大林明白，1943年将有大规模的陆上进攻战役，而我们现在计划使用的兵力比4-7月拟定的兵力数量少35个师，或曰1/4强。不能对此视而不见，或认为区别不大……我要重申，'火炬'并不是'围猎'的替代品。我要提醒的是，我们建议在准备'围猎'的同时继续近东战役，目前在全歼隆美尔军队的情况下，我们的困难减轻了。我们实际上削减了正在准备的行动规模，我无法想象，当俄国人知道时，他们会说什么或者会做什么。我个人的立场是，目标是'围猎'，但推迟至8月。"[318]

135. 罗斯福致斯大林的信函

1942年11月19日发　　　　　　　　1942年11月21日收

我很高兴您对赫尔利的态度如此友好。您一定很清楚，我正面临着说服澳大利亚和新西兰人民相信，只有先消灭纳粹分子才能最有效地消除来自日本的威胁。掌握大量一手资料的赫尔利将军能够告诉他们，您、丘吉尔和我在这一问题上的看法完全一致。

我们不久前在西南太平洋进行的战斗，巩固了我们在那里的阵地，尽管 290
我们还没有打消日本人从南面展开进攻的企图。

现在美英参谋部正在研究下一步的计划，以待我们在从直布罗陀到叙利亚的整个地中海南岸站稳脚跟之后行动。在采取任何下一步行动之前，丘吉尔和我都想征求您及贵方参谋部的意见，因为我们将在地中海采取的所有行动都对您的庞大战局和今年冬季实施的行动有一定影响。

我本不需要对您说，您要继续努力工作，因为您正在这样做，而我真心地认为，各处的情况看起来都在向好的方向发展。

11月20日，即赫赫有名的“喀秋莎”在西南方面军和顿河方面军的进攻地域实施首次齐射后的第二天，斯大林格勒方面军开始向前推进：第64和第57集团军在右翼，第51集团军在左翼。斯大林决定立即通知盟友进攻开始。他在11月20日中午给丘吉尔和罗斯福发去了同样的信（给丘吉尔的信发于15时20分）。向他们通报了关于战役第一阶段的目标和总体战况。

莫洛托夫指示必须紧急交到收信人手里，他给迈斯基发信的时候写道：“请将斯大林同志下面的这封信立即转交丘吉尔。”[319]

136. 斯大林致丘吉尔的私人秘密信函

1942年11月20日发

斯大林格勒地区的进攻战役已经在南部和西北部打响。进攻战役第一阶段的目标是占领斯大林格勒—利哈亚铁路线并瘫痪斯大林格勒德军集群的交
291 通线。突破德军西北部22千米的战线，在南部突破德军12千米的战线。战役进展基本顺利。

137. 斯大林致罗斯福的私人秘密信函

1942年11月20日发

斯大林格勒地区的进攻战役已经在南部和西北部打响。进攻战役第一阶段的目标是占领斯大林格勒—利哈亚铁路线并瘫痪斯大林格勒德军集群的交通线。突破德军西北部22千米的战线，在南部突破德军12千米的战线。战役进展基本顺利。

在苏联和英国取得军事胜利的背景下，斯大林和丘吉尔之间的通信措辞明显变得温和起来。丘吉尔重新与斯大林分享秘密侦察情报就是一个证明。在11月22日的信函草稿中，英国首相计划分享其获取的有关斯大林格勒城下苏军部队进攻战果的侦察情报。根据这些情报，德国第6集团军F.保卢斯（Паулюс Ф. фон）中将（后被晋升为陆军元帅）接到转入防御并巩固其西翼的命令。[320] 但英军总参谋部建议丘吉尔考虑前线事态的进一步发展，同时也由于"您极力保护的（很明显，这里涉及的是'超级'破译系统截获了德军无线电通信）"情报来源的特殊保密要求，应将该情况作为失去时效性的信息而删除。该信函最终没有发出。[321]

1942年底，护航运输队问题依然是苏联和英国之间关系重要的一个方面。11月21日，莫洛托夫和米高扬发给迈斯基和利特维诺夫的电报中提到过类似的内容。电报中提到，"由于从12月15日至2月将在巴伦支海和挪威海出现极夜现象，该现象形成的全天夜暗环境为向苏联北部港口输送物资的船队行动创造了极为有利的条件"。[322] 伦敦方面对此通知作了回应。直接结果是代号为"JW 51A"的首批护航运输队于12月15日出发。丘吉尔在11月24日发 292
给斯大林的信函中提到，代号为"JW 51B"的第二批护航运输队将在之前承诺的12月22日从苏格兰启航。丘吉尔在信函中还表达了海军部的明确观点，他们对QP 15护航运输队（代号为PQ护航运输队）的行动表示满意，该护航运输队已从苏联启航返回英国。QP 15护航队的28艘舰船11月12日从阿尔汉格尔斯克出发，其中的26艘于11月30日—12月3日之间抵达苏格兰。[323]

1942年11月，丘吉尔尤为关心土耳其问题。在11月9日与迈斯基会面时，丘吉尔讨论了"火炬"行动后的下一步军事计划。在丘吉尔看来，对意大利的轰炸是第一步。"接下来的战线将涉及到土耳其和巴尔干地区，"大使如此汇报关于谈话的情况，"丘吉尔给自己定下的任务是将土耳其拉到同盟国的阵营中来。他认为，可以利用冬季这段时间做相关工作，以期到第二年春季或夏季时，土耳其将公开宣布反抗德国和意大利。"[324] 丘吉尔不打算仅仅采取外交手段和向土耳其提供武器来拉拢土耳其。正如英国历史学家N.托金（Тамкин Н.）在不久前的研究中所提到的那样，1941—1942年期间，如果德国军队突破高加索或者小亚细亚，则英国军方应该考虑在土耳其南部构建"北方战线"[325] 丘吉尔关于在叙利亚派驻英国部队的言论被认为是对该计划的一种回应。

丘吉尔信函中关于土耳其的内容遭到艾登的反对。艾登反对丘吉尔的想法，他反对美国参与已有的英苏对土耳其领土完整的担保。大臣担心，这样的提议会给苏联人留下这样的印象，即土耳其人认为苏联人的保证没有意义，好像只有得到美方支持才有分量。艾登表示，应改变有关英军相信土耳其将在战争中站在盟国一边的腔调。在艾登看来，事实并非完全如此。[326] 但是，丘吉尔并不这么认为，并坚持在其信中使用最初的措辞。

在丘吉尔的信中，他也多次像英国政治家那样尝试向苏联领导人（“陆上强国”）解释英国（“海上强国”）行动的合理性。他提醒斯大林重视海上交通线的作用和现有运力的有限性。

293 丘吉尔信中的其他重要内容还涉及达尔朗和北非的局势。维希政府的法国海军上将加入盟军一事在11月24日之前很不明朗。驻伦敦和华盛顿的苏联大使对事态的发展表示担忧。11月14日，利特维诺夫在给莫洛托夫的信中提到：“由于与达尔朗这样的存在变数的法国反动海军上将做交易，而且肖当（Шотан）这样的政客极力想混入其中，我是否应当提醒美国国务院注意这些交易，因为对战后的军事政治形势都会产生影响。”[327] 11月18日，迈斯基从伦敦发电报称：“艾登要求我向苏联政府转达，如果苏联政府能找到某种方式通过利特维诺夫暗示美国政府及其总统，苏联反对与达尔朗之流达成某种长期协议，他（艾登）将不胜感激。我答应转达，但无论如何不会在华盛顿以苏联政府的名义参与此事。”[328] 英国人对达尔朗不友好有自己的理由，因为他作为仇英分子，有可能成为美国人在地中海的玩偶，而地中海对于大不列颠王国来说至关重要。与达尔朗的交易同样引起英美社会的强烈不满，称其为“肮脏的交易”。11月17日，罗斯福对北非局势发表声明。在声明中罗斯福强调，出于军事需要，与达尔朗的协议具有临时性质。很明显，罗斯福的声明稍微安抚了苏联政府。在11月20日与美国事务临时代办L.亨德森（Гендерсон Л.）会面期间，莫洛托夫表示，“苏联政府认为在北方的行动进展顺利。至于达尔朗与美国海军上将之间的协议，在罗斯福发表声明后，形势变得更加明朗”。[329] 克尔记录下了莫洛托夫有关与达尔朗协议的一些其他看法。11月24日，莫洛托夫在与大使交谈时指出，“因为与达尔朗的协议，政治关系的未来发展形势还不完全明朗。苏联政府希望，如果出现在北非组建法国政府的问题，能够获得及时的
294 通告，因为苏联政府也非常关注此事”。[330] 根据与外交人民委员的交谈，克尔得出下面的印象：“我发现，在他头脑中有明显不安的迹象，我们应当尽快消除他的这种想法，因为如果达尔朗变成第二个赫斯就太糟糕了。”[331]

在丘吉尔的信件中，他也试图消除斯大林的不安，称他对法国海军上将（首相在其中加入“骗子”的绰号）持否定态度，并将重点放在盟国在北非军事行动的战绩上。丘吉尔简短而略带隐晦地提到有关正在准备第二战场和轰

炸德国的问题。在最后的问题中，轰炸柏林的问题引起了苏方的强烈反应。10月，苏英关系趋于复杂，这是斯大林在10月17日发给迈斯基的电报中对丘吉尔政策强烈批评的几个要点之一。[332] 当时迈斯基试图让斯大林相信，丘吉尔不会轰炸柏林，因为“他不想遭到德国报复性的轰炸伦敦”。[333]

英国首相还同意罗斯福关于在莫斯科举行三大国1943年计划制定的军方代表会议。但他本人并不对罗斯福的倡议感到特别高兴，正如他在12月份的内阁会议上所说，他希望“总统不要再返回到这个问题上”，因为“在与俄国讨论我们的建议之前，与美国达成协议很重要”。[334]

在11月24日信函的结尾，丘吉尔祝贺苏军发起进攻并祝愿苏军成功。11月24日深夜，克尔在莫斯科收到信函。次日他在给莫洛托夫的信函中转交了这封信，之后再转交斯大林。

138. 丘吉尔致斯大林的私人机密信函

1942年11月24日发　　1942年11月25日收

1. 收到您热烈而真挚的祝贺让我感到非常高兴。我认为，我们充满诚意的个人关系对履行我们的责任非常重要，我们要为大众履行与其生死攸关的义务。

2. 总统未能调拨给我所申请的12艘美国驱逐舰，虽有些遗憾，但我现在 295
已经采取措施，将在12月22日派遣由30多艘船只组成的护航运输队，它们从冰岛出发。海军部一如既往地与贵国军官协调行动。“火炬”行动之后，德军将空军主力从挪威北部部署至南欧。另一方面，在挪威的德国陆军仍保持着整装待战状态。

海军部对QP护航运输队的行进情况满意，坏天气帮了大忙，另外，还有我们派去会合的巡洋舰提供掩护。

3. 我已告知罗斯福总统对土耳其事态的预测，并发现他虽未与我沟通，但却看法相同。我认为，我们应当积极努力迫使土耳其在春季加入战争，并站在我们一边。为此，我希望美国支持英苏对土耳其领土完整和国际地位的保证*。这就能让我们三股力量紧密地团结在一起，而土耳其人是十分看重美国人的。其次，我们已经向土耳其发送了大量武器，包括从中东调遣200辆

* 1941年8月10日苏联和英国政府通过驻安卡拉的大使宣布尊重土耳其的领土完整和准备在土耳其遭到来自某些欧洲强国的进攻时向其提供援助。

坦克。冬季我将继续从陆路或沿近东沿岸的海路向土耳其提供武器，如果允许的话，还有穿便衣的专业人员，用于提供培训和服务。再次，我希望初春在叙利亚集结大量军队，包括我们的第8、第9、第10集团军，目的是在土耳其受到威胁或准备加入我们时能够对其予以支援。显然，我们在高加索或其北麓的行动也可能产生重大影响。如果我们能够让土耳其卷入战争，那么我们不仅可以着手实施打通贵方黑海左翼陆路的行动，而且还能从土耳其的基地有力地轰炸罗马尼亚油田。您成功地守住了高加索的主要石油资源，这些
296 油田对轴心国具有至关重要的意义。进入土耳其的好处主要体现在陆地行动的便利上，同时也有利于加强我方海空军在地中海中部的进攻行动。

4. 我同意罗斯福总统的建议，如果您能够接受的话，我们将在不久之后派2名英国高级军官和2名美国人到莫斯科制订1943年的计划。请告知我您是否同意。

5. 我希望斯大林主席明白，运力是我们的短板。为实施“火炬”行动，我们不得不大幅减少跨大西洋护航，11月上旬的情况是到目前为止最为糟糕的月份。我们和美国人曾经预计，一方面，每月会有70万吨货物损失，另一方面，运力会逐渐趋于平衡。我们在年内的平均损失没有超过这一数字，但在11月的前2周情况太差。对拥有辽阔陆地的贵国来说，可能无法想象，海上交通制约着我们的生存和斗争。

6. 请不要担心骗子达尔朗。我们向法属北非投送了大量的英美军队，并牢牢控制了这一地区。法军不仅放弃了抵抗，还不断地支援我们，我们的步伐可能比原计划快15天。近期占领突尼斯突出部和比塞大（Бизерта）海军基地非常重要。我方第1集团军的先头部队可能立即发起进攻。只要我们利用空中优势在那里站稳脚跟，我们就能把战火烧到墨索里尼及其法西斯集团那里，比现在更为猛烈。

7. 同时，为了组建强大的英美陆军和空军力量，在我国东南海岸和南海岸正在进行准备工作，我们将把德国人牵制在加来（Па-де-Кале）海峡等地区以等待时机，而我们的轰炸机将以越来越强的火力摧毁德国。这样，绳子会紧束在注定失败的罪犯脖子上。

297 8. 我们得到了贵方进攻的好消息。我们将屏息关注进攻。谨向您致以最美好的祝福。

在致斯大林的信函于11月19日发出后，罗斯福继续得到了关于瓜达尔卡纳尔岛海战的战果情况。双方都希望获得战斗的胜利。尽管日本海军击沉的

舰艇比损失的舰艇多，但总体上美国海军在战略上是胜利的，没有让日本援军到达瓜岛。日本海军的惨重损失是“雾岛（Кирисимо）”号战列舰沉没。然而，罗斯福明白，海军在太平洋战区的形势仍很复杂。特别是他对日本航母的担忧十分明显，在给斯大林的信函中这样写道：现在美国在太平洋只有1艘航母“企业（Энтерпрайз）”号。

罗斯福在11月26日的信函中表达了尽快把德国人赶出非洲的希望。这一时期“火炬”行动进展顺利，超出了英美司令部的预期。但是，在华盛顿并非所有人都沉醉在胜利的喜悦中。比如，哈里曼在11月14日与利特维诺夫谈话时就没有夸大“北非胜利的意义，因为几乎没有遭到抵抗”。[336] 关于总统相信意大利人无法承受盟军空袭的说法，总统显然夸大了轰炸在击溃敌人心理方面的作用，他在华盛顿与盟国代表谈话时曾多次表达过这一想法。[337] 在信函的结尾，罗斯福对成功发起斯大林格勒进攻战役表示祝贺。

139. 罗斯福致斯大林的信函

1942年11月25日发　　1942年11月27日收

我想告知您，我们在所罗门群岛地区对日军实施了有力突击。我们有可能摧毁了他们海军的主力战舰，这令我感到欣慰，尽管他们还有太多的航母，但我们可能会很快再消灭其中的一些。 298

我们在太平洋西南部署了十分强大的陆、海、空军，并且我们不准备再等待了。我们准备发挥我们的优势。

我相信，我们能击沉更多的日本军舰，并消灭比日本人能够制造的更多的日本飞机。

我希望我们能很快将德国人赶出非洲，届时我们就能尝试对意大利人进行真正的轰炸了，我完全有信心，他们绝不可能承受住这种压力。

来自斯大林格勒的消息是让人充满希望，在此谨向您致以热烈的祝贺。

通过分析斯大林11月27日的回函拟定过程，可以更深入地观察苏联领导人的决策过程和斯大林在决策中的作用。信函的主要议题之一是，阐释苏联对于“骗子达尔朗”问题的立场。给丘吉尔回信的草稿是莫洛托夫拟定的，斯大林在信函中决定坚决抨击出卖灵魂的法国人：“关于达尔朗，我认为怀疑他是完全合理的。无论解决北非事务拖延多久，都不应依靠达尔朗之流，而要依靠毫不妥协地与希特勒暴政做斗争的忠实盟友，我相信您也会同意这一点。”不止莫洛托夫一个人这样认为，根据记载表明，苏联外交界掌握着对北非“肮脏交易”不满的有力证据，这个交易是在完全没有征求莫斯科意见的情况下与“法国叛徒”达成的，它会为未来避开苏联决定类似问题开创危险的先河。然而，这些担心和道义层面的问题似乎并没有让斯大林感到不安，他看到的是根源：这个交易对盟国取得军事胜利有何实际益处呢？所以他强调，莫洛托夫愤怒的言辞在他看来是不得当的洁癖，并将其替换为更有表现力的话语写入信函的终稿。

在这种情况下，斯大林不仅完全是真诚的，而且按自己的方式作出了正
299 确的选择，因为与达尔朗的无耻交易确实在很大程度上促成了“火炬”行动的军事胜利，美国外交家们“私底下”也承认这一点。“尽管与达尔朗交易会引起公众的不解和道义上的谴责，但毫无疑问，这一举措带来了实质性的好处，”驻阿尔及尔的美国联络处代表D. 马修斯（Мэтьюс）给原美国驻维希政府大使莱希海军上将写信时说：“只有达尔朗能够下令在北非实现停火；只有达尔朗持有贝当的密信，能够在一周内让北非的法军由我们的敌人变为盟友，也只有达尔朗能保证民政当局和社会服务正常运转并与我们合作，这在最初的几天是十分重要的。”[338] 史末资与丘吉尔本人的内部通信也承认了与达尔朗交易的好处。[339]

斯大林对莫洛托夫的草稿作了几处很有特点的修改。作为一个推崇准确措辞的人，他加入了一句话，以此回复对丘吉尔在加来海峡地区“正在进行的准备工作”和新一轮对德轰炸这一含混提法：“我希望，这并不意味着您放弃在莫斯科许下的1943年春在西欧开辟第二战场的承诺。”正如我们所见，斯大林不会放过提醒盟国履行开辟第二战场承诺的机会。丘吉尔批评参谋长委员会在制订明年行动计划上的消极状态，他让军事指挥部注意斯大林信函中的这个地方，这是莫斯科对盟国计划的极大期望，而这些期望有被辜负的危险。另外，他还补充道，斯大林格勒会战的转折让开辟西部战场有了新的机
300 遇：“我坚持认为，我们应研究进攻法国沿岸的计划，或是在海峡地区，或是在比斯开湾，大致的日期应该是1943年7月。从俄国战场上的形势来看，希特勒未必会由东向西调动大量军队。现在他不得不将注意力转移到法国南海岸。俄国战场上的战事已经极大地影响了整个局势，并且可能从根本上扭转局势。”[340] 战争转折点给盟国带来了新问题：如金伯尔所说，“苏联在没有英美援助的情况下取得胜利的前景令人不安”（斜体为作者所加——作者注）以及胜利带来的深远影响已经显现。[341] 各盟国势必会积极行动，争取在全面胜

利中作出有价值的贡献。

莫洛托夫草稿的最后一段原本表达了对丘吉尔祝贺斯大林格勒进攻的感谢，斯大林将其替换为关于斯大林格勒战役和苏联指挥部其他计划更为详细的展开信息。特别是，他提到了降雪和大雾对苏军的有利作用，“它们影响了德国空军的展开”。然而，实际上，天气条件的作用并不是单方面的。11月19日在斯大林格勒方向上，空军优势是在苏军一边，而非德军——1350∶1216。[342] 华西列夫斯基写道，“大雾和降雪使战斗机，特别是强击机不能在火力准备和进攻中发挥效用，并且严重降低了炮兵的火力效率。”[343] 斯大林还提到了“火星（Марс）”计划，又称为1942年11月25日—12月20日实施的第二次热勒夫—瑟乔夫卡进攻战役，由西方面军和加里宁方面军实施。行动目的是使德军司令部无法由西向南调遣部队。[344] 谈到中央方面军（Центральный фронт）时，斯大林可能指的是进攻方向，因为中央方面军作为作战军团当时还不存在：它曾于1941年8月被撤销，并在1943年2月恢复。信中比较重要的一个部分就是斯大林爽快地同意了苏联、美国和英国的军事代表就1943年计划制定进行协商。这种协商能够摸清盟国关于明年第二战场和联合行动的想法。

11月27日，斯大林的信函由莫洛托夫通过电报发给了迈斯基。[345] 迈斯基收到信后准备在11月28日亲自转交给丘吉尔。当天适逢周六，经常在城外契克斯官邸度假的丘吉尔不在伦敦。迈斯基把信留给了首相的首席秘书。[346]

斯大林说“为达成军事目的，不仅要利用达尔朗，还要利用小鬼和太太”，* 这句话给丘吉尔和艾登留下了深刻的印象。艾登与迈斯基谈话时说：“俄语太生动了。”艾登还很喜欢“军事外交”这个术语：“……很出色的定义”，他感叹道，而且几次重复这句话。善于观察的大使注意到了这一切，“看来，尽管欣赏‘小鬼和太太’，但艾登对达尔朗事件还是忐忑不安，这种不安源自担心，因为美国人不是自己在玩火，这也不完全符合英国的利益”。[347] 而且迈斯基自己也不相信，他是否正确地理解了斯大林的生动语言，他也很努力地想把这句话与“肮脏的交易”结合在一起。在11月28日的电报中，他问：“我这样理解斯大林同志信函中关于达尔朗的内容：达尔朗及其之流可以为了达到军事目的而加以利用，但是只要军事需求一结束（当前情况是，只要突尼斯、阿尔及利亚和摩洛哥完全由盟国接手），所有那些小鬼都应该赶回到太太那里。我理解的对吗？请确认。这一点对我很重要，这样我在这里相机行事 301

* 安徒生童话《小鬼和太太》中的人物。——译者注

时才不会犯错误。”[348]

把达尔朗比作小鬼的人不止斯大林一个。罗斯福曾在一次关于美国在北非政策的新闻发布会上援引过一句巴尔干谚语：“我的孩子们，在极度危险的时候过桥，即使是魔鬼的手，你们也要牵。”[349] 他在华盛顿与戴高乐的代表谈话时复述了这一思想：“如果需要我在北非拉着魔鬼的手过桥，我会这么做的。”[350] 莫洛托夫在和英国外交官们的谈话中又一次“得意”地重复了斯大林关于达尔朗的这句话，但他迅速地改变了在这个问题上的看法。[351] 与“两个斯大林”理论不同的是，关于达尔朗评论的分析让英国外交官们得出了正确的结论。与美国同行亨德森交换意见之后，英国驻苏联临时代办L.巴加雷（Баггалей Л.）给艾登写信称：“他（亨德森）在一个月前从多名同仁那里听说，
302 苏联基层领导人对美国利用达尔朗海军上将的做法非常反感。通过这件事以及莫洛托夫和迈斯基从一开始就表现出来的怀疑态度，可以说明，赞成美国政策的决定是斯大林先生本人做出的。”[352] 尽管这件事得到圆满解决，但英国外交官们没有指望未来苏联对其他问题不会有类似立场。克尔从莫斯科写信说，与达尔朗的交易树立了美国未与莫斯科协商就在被解放地区组建新政权机关的危险先例。“俄国人证实，”他继续写道，“政治管理问题会随着时间的推移在每个国家出现，我们和美国人遇到的此类问题不比他们少……他们并不想容忍自己被排除在外。”[353]

无论如何，不时发生的苏英关系危机在很大程度上都是靠双方外交家的努力化解的。11月27日艾登与苏联大使谈话后告诉克尔，迈斯基说，“我相信，英苏关系的最差时期已经过去了。我回答说，我同时也希望相信这一点。这段时期对我们所有人都不轻松，我希望，如果我们什么时候再遇到坏天气，过去几周的经验能够帮上我们”。[354] 天气恶化确实比艾登希望的要早。

140. 斯大林致丘吉尔的私人秘密信函

1942年11月27日发

11月25日收到您的来函，十分感谢。我完全同意您重视发展我们私人关系的看法。

我要对您向阿尔汉格尔斯格派遣新一轮大规模护航运输队的措施表示感谢。我明白，这在当前对于您来说十分困难，特别是考虑到英国海军在地中海实施的大规模海上行动。

我同意您和罗斯福总统关于必须尽一切努力让土耳其加入我们一方参战的观点。当然，这对加速消灭希特勒及其同伙也有重要意义。 303

关于达尔朗，我认为，美国人能够利用他使占领北非和西非变得更容易。为达成军事目的，在军事外交上不仅要利用达尔朗，还要利用小鬼和太太。

贵国与美国为把德国人牵制在加来海峡而没有放松在英国东南沿岸和南部沿岸的准备工作，并且您已准备好利用一切有利时机，这些消息我都十分认真地拜读了。我希望，这并不意味着您放弃在莫斯科许下的1943年春在西欧开辟第二战场的诺言。

罗斯福总统建议，同时您也希望，在莫斯科举行三方参谋部代表会议以制订1943年的相关战争计划，我对此表示同意。只要您愿意，我们已经准备好迎接贵国和美国的代表。

在斯大林格勒战役中我们取得了暂时的胜利，原因是降雪和大雾帮了我们的忙，它们影响了德国空军的展开。

我们预计于近日让中央方面军发起积极行动，以将敌军牵制在这里，不给他们向南方调遣部分兵力的机会。

11月21日，斯大林收到罗斯福11月19日的来函。作为回应，斯大林表达了对罗斯福认为“新西兰和澳大利亚在应对德国威胁上具有重要意义”这一观点的支持，并对北非战场取得的胜利和与法国海军上将达尔朗的协议表示满意。在11月27日斯大林发给丘吉尔的信函中，斯大林也赞同举行俄、英、美三方军事代表会谈，商讨1943年德黑兰宣言相关计划。

141. 斯大林致罗斯福的私人秘密信函

1942年11月27日发

11月21日收到您的来函，十分感谢。我充分理解您要理顺日趋复杂的澳大利亚和新西兰局势的愿望，以及您对太平洋西南海域军事行动的关切。有关地中海军事行动，我认为彻底改变欧洲战局是非常重要的，因此我赞同您的观点——美、英、俄三方越来越需要就相关问题进行磋商。 304

在此谨向您表达我最诚挚的问候和美好的祝愿，祝您在下一步的进攻行动中取得新的胜利。

1942年11月末，从斯大林给丘吉尔和罗斯福的信函中可以发现有很多类似的信函，尤其是在11月20日斯大林发出的信函中有相似内容。在11月28日斯大林给罗斯福的信中，有两段只是对两天前给丘吉尔信函中的两段略做改动。斯大林再次祝愿美方在各大战场军事行动取得成功，并同意罗斯福关于轰炸意大利具有重要意义的观点：轰炸预计于12月4日开始。

142. 斯大林致罗斯福的私人秘密信函

1942年11月28日发

11月27日收到您的来函，十分感谢。我非常高兴看到贵国在所罗门群岛地区取得的胜利，以及贵国在太平洋西南地区军事实力的增长。

请您相信，德国军队将很快被赶出北非，并且我希望，这会促进盟国在欧洲进攻行动的开展。您之前提过的对意大利进行密集轰炸当然具有重要意义。

在斯大林格勒战役中，我们取得了辉煌的胜利，降雪和大雾帮了我们不少忙，妨碍了德国空军的展开。

我们决定让中央方面军也开展军事行动，迟滞和干扰敌人将兵力投送至南部。

请接受我对您的真心问候和美好祝愿。

305 11月末，两国关系迎来了1942年下半年的“蜜月期”。第二战场问题没有对两国关系造成伤害，恢复派遣护航运输队的决定得以通过，盟国在战场上节节胜利。英国外交部门在内部通信中对伦敦与莫斯科关系转好表示祝贺。[355] 在这种情况下，斯大林决定在与丘吉尔的通信中突出私人性质，就像1941年11月末时一样，斯大林在下面这封信中再次祝贺了丘吉尔的生日。他对莫洛托夫手写草稿的修改让内容看上去好看一些。丘吉尔也在其简短回信中高度评价了斯大林的热情。

143. 致温斯顿·丘吉尔先生

1942年11月29日发

值您生日之际，谨向您表达我最美好的祝愿，祝您身体健康，为了我们共同的事业，在军事行动上取得更大胜利。

И.斯大林

144. 致苏联人民委员会主席斯大林

1942年12月1日收

莫斯科　克里姆林宫

在我生日之际，十分感谢您热情洋溢的贺信。这封信是我收到的第一封贺信，让我感到莫大的满足。

温斯顿·丘吉尔

盟国协调长远计划问题提上了议事日程，成为二战时期盟国关系重要的转折点。这次，在斯大林格勒形势发生转折后，苏联参与讨论同盟战略就显得理由充分甚至必要。丘吉尔实际上并不接受罗斯福提出的三方参谋部会谈 306
的提议，他向罗斯福证明，苏联军事代表不具备必要的授权，且这些代表们的观点局限于众所周知的要求开辟第二战场。11月底，丘吉尔给罗斯福写信称："我可以预测俄方将会持什么立场，他们肯定会问我们：'在1943年夏季能牵制德军几个师？你们在1942年又牵制了多少个师？'他们肯定会要求集结大量部队从西、南或两个方向同时进攻大陆以实现在1943年建立稳固的第二战场。"丘吉尔还建议，为什么不利用斯大林曾在8月莫斯科会晤时同意在冰岛举行"三巨头"会晤的机会呢？[356] 其实，罗斯福对丘吉尔和斯大林的私下来往持有嫉妒心理，他同意进行准备。但他婉拒了丘吉尔的另一个想法——在与斯大林会面之前先举行双边会谈以确定英美的共同立场。"我不希望给斯大林留下我们在与他会晤前就已经把所有问题都商量好的印象。"他给首相回复道。并且，罗斯福还不无嘲弄地补充道："我们相互如此理解，根本不需要提前会晤。"[357] 三方会晤的地点选在北非。两位领导人在最近的信函中向斯大林提出了这一建议，并且从信函的内容看，这一想法是由罗斯福提出来的。

145. 罗斯福致斯大林的信函

1942年12月2日发　　　　1942年12月5日收

我对我们的总体军事形势和近期有必要做出战略决策思考越多，就越是笃信：您、丘吉尔首相，还有我应在近期会晤。

我认为，我们的军官们仅举行一次会议是不够的，原因在于，第一，没有我们的同意，这些军官无法达成最终决议；第二，我觉得，我们应当就德国战败后应采取的行动达成某种初步协议。

307 我最迫切的理由就是强烈希望能跟您谈一谈。我建议在非洲某个安全的、对我们三个人都合适的地方举行秘密会谈，时间大概在1月15—20日。

我将率领由我方陆、海、空军高级指挥官组成的规模很小的谈判队伍。

我希望您能够仔细考虑这一建议，因为除此之外，我找不到能够达成重要战略决议的其他途径，而该决议应在不久的未来由我们共同制定。如果能够做出正确的决议，那么我认为我们就可以比预期更早地击败德军。

我已准备好出发，不过我觉得，关于冰岛和阿拉斯加的问题不应该在一年中的这个时候讨论。我认为会谈的地点可以在阿尔及利亚南部、喀土穆或者喀土穆周边，应该是参观者和新闻记者不易到达的地方。关于会谈日期，只是有一个初步方案，您认为1月15日左右举行会谈是否可行。

146. 丘吉尔致斯大林的私人机密信函

1942年12月3日发　　　　1942年12月4日收

罗斯福总统通知我，建议我们三方1月在北非某地举行会晤。

这比我们在莫斯科达成的冰岛协议要好得多。您能够在3天内到达任何地点，我可以在2天内到达，而罗斯福总统与您的时间接近。我非常希望您能够同意。我们应该在近期解决1943年运用所有力量在欧洲进攻的最佳方法问题。而这个问题只能由政府和国家首脑和他们手下的高级专业权威人士共同解决。只有通过类似会晤，才能根据能力和现有军力分配所有的战争负担。

斯大林除了特别提醒丘吉尔回复11月27日关于第二战场的问题，而给丘吉尔和罗斯福的回信内容仍然非常一致。斯大林为何拒绝与西方伙伴国的会 308
谈，按照金伯尔所说，[358]由此放弃了对他所批评的政策施加影响的机会？他的理由是前线战事繁忙，尽管这可能不是唯一的原因，但足够有说服力。同时不排除下列因素：斯大林对远行特别是飞行一直没有好感，不想在自己不能控制的他国与西方国家领导人会面，希望在最终讨论大战略之前坚持自己的军事战略立场。无论如何，斯大林的拒绝都十分委婉和礼貌。

147. 斯大林致罗斯福的私人秘密信函

1942年12月6日发

您的来函已于12月5日收悉。我欢迎为制定共同的军事战略路线举行三国政府领导会晤的意见。但十分遗憾的是，我无法离开苏联。应该说，目前是战事最繁忙的时候，我甚至一天也不能离开。现在适逢我们开展冬季战局军事行动的重要时刻，即使到了1月也丝毫不会轻松。很有可能会更加紧张。

在斯大林格勒、在中央方面军，战斗都在持续扩大。我们将大量德军包围在斯大林格勒，希望能够最终将其歼灭。

148. 斯大林致丘吉尔的私人秘密信函

1942年12月6日发

您的来函已于12月4日收悉。我欢迎为制定共同的军事战略路线举行三国政府领导会晤的意见。但十分遗憾的是，我无法离开苏联。应该说，目前是战事最繁忙的时候，我甚至一天也不能离开。现在适逢我们开展冬季战局军事行动的重要时刻，即使到了1月也丝毫不会轻松。很有可能会更加紧张。

我在等待您对我上一封信的回复，特别是有关1943年春在西欧开辟第二 309
战场的问题。

在斯大林格勒、在中央方面军，战斗都在持续发展。我们将大量德军包围在斯大林格勒，希望能够最终将其歼灭。

对斯大林格勒战事有了新想法的丘吉尔在12月2日给军事指挥部的特别

备忘录中详细评估了东线形势及其对盟国计划的影响：“最近有很重要的事情发生了变化并且还在持续变化，与我们大西洋两岸原本所设想的情况已大相径庭。俄国人在1942年的战役中没有被击败或削弱。相反，希特勒和德军却遭遇了失败，蒙受了重大损失……这场在斯大林格勒持续的伟大交战的命运还没有最终确定，但完全有可能的是，俄国的进攻将对德军实力造成长远影响。如果围困在斯大林格勒的德第6集团军被歼，俄国人在南翼的进攻就能达成目标——解放顿河畔罗斯托夫。在这种情况下，被俄国人牵制在北高加索的3个德国集团军所面临的形势就会严重恶化，甚至无法挽救，这将产生无法估量的影响。俄国人在中部的进攻和全线反攻可能会使德国人撤回到冬天的阵地。冬季给本已被削弱的德军带来了新的负担和损失，尽管现在他们掌握着比过去更好的铁路系统。截至1942年底，我能够得出一个完全确定的结论——1943年不会出现由东向西大量调遣德军的情况。这就是最重要的事实。”[359]

斯大林拒绝前往卡萨布兰卡让罗斯福感到大失所望，然而他又不想屈服于斯大林。难怪他在回信中不仅用可能在会晤时讨论的基本战略问题作为诱饵，还建议将会晤推迟到3月份。丘吉尔从迈斯基那里得到斯大林的信函之
310 后说，“他理解所言理由的重要性”，但很遗憾不能举行会晤，按照他的话说，会晤时他想不顾美国人的反对而支持在1943年尽快开辟第二战场。“……我有这样一种印象，”迈斯基向莫斯科报告说，“美国人和英国人把在西欧开辟第二战场问题变成了皮球：当罗斯福坚持在1942年开辟第二战场时，丘吉尔反对，而如今丘吉尔支持在1943年开辟第二战场，罗斯福又反对。实际上支配双方的都是同一个想法——对己方有利的‘轻松战争’。”[360] 丘吉尔回避正面回答斯大林关于第二战场的提醒，他借口必须与罗斯福共同解决这一问题。

149. 罗斯福致斯大林的信函

1942年12月8日发　　　　1942年12月10日收

对于您认为无法在1月赴会，我感到十分失望。有许多非常重要的问题应该由我们讨论。这些问题不仅涉及到很重要的战略决策，还有我们应事先讨论的一些行动，我们应该提前研究这些行动以备发生意外情况，并在德国国内条件允许时采取行动。

这些问题还涉及未来在北非和远东的政策等其他方面，我们的军方部下无法讨论这些问题。

我完全理解当前和近期您所承受的巨大压力，也理解您必须留守在战线附近。因此我想建议，我们将在北非会晤的初步日期定在3月1日左右。

150. 丘吉尔致斯大林的私人机密信函

1942年12月12日发　　　　1942年12月13日收

在您11月27日的信函中第5段最后一句话以及12月6日的信函中，您特 311
别问到了1943年第二战场的问题。我只能与美国总统共同回答这个问题。正因如此，我才这样强烈地希望我们三人能够会晤。我们二位都了解，正在采取大规模行动的您目前无法离开俄国的重要军事原因。我会一直保持与总统的联系，以了解能够采取哪些措施。

在给罗斯福回信时，斯大林婉拒了延期到3月份的建议，并提出了借助书信商讨紧迫问题的想法，再看看都有哪些共同关心的问题需要在会议上讨论。这一次，他没有放过提醒罗斯福关于承诺1943年在欧洲开辟第二战场的机会，并决定用奉承美国人明智地利用达尔朗来平衡这一不大受欢迎的提醒。

151. 斯大林致罗斯福的信函

1942年12月14日发

无论是近期，还是在3月初，我都无法离开苏联，对此深表遗憾。因为战事无论如何都不允许我离开，相反，它要求我一直与我们的军队待在一起。

我暂时还不知道，总统先生和丘吉尔先生准备在我们的会议上讨论哪些问题。在无法举行会晤的情况下，这些问题是否能通过我们之间的通信来探讨呢？我认为我这里不会有任何问题。

请允许我相信，时光不会白流，总统先生和丘吉尔先生关于1942年并且已经推迟到1943年春开辟欧洲第二战场的承诺将会兑现，英国和美国明年春季确实将联手在欧洲开辟第二战场。

关于苏联对利用达尔朗及与其类似的活动家的各种传言，我认为有必要
向您做一说明。我和我的同仁们都认为，艾森豪威尔对达尔朗、布瓦松和吉 312
罗等人的政策是完全正确的。我认为您能让达尔朗等人转向盟国反对希特勒

是一个巨大的成功。我会在适当的时候向丘吉尔先生提及这件事。

因斯大林的固执、盘问和提醒而恼怒的罗斯福，并没有直接回复信函中提出的问题。取而代之的是，他提醒自己向高加索派遣英美航空联队。事实上，他对莱希海军上将起草的态度冷淡的信函草案进行了一些温和的修改。[361]

152. 罗斯福致斯大林的信函

1942年12月16日发　　　　1942年12月17日收

我不清楚，我们关于美国空军在高加索实施援助的建议发生了什么变化。我已经完全准备好派遣美国飞行员和机组。我认为，他们应当在己方长官的指挥下按兵团内编制采取行动，但就战术目标来说，每个小组当然都要服从于俄国的统一指挥。

请尽快告知您的要求，因为我诚心希望尽我所能提供一切援助。

歼击机计划并不在我所说的范围内。我的意思是，这次主要考虑的是能够正常调往高加索的轰炸机。

斯大林在回信中耐心地向总统解释称，向高加索派遣这种支援已经“失去意义”，因为主要的战斗已经在别的地方打响。考虑到战场形势好转，身边如果再安排美国指挥的美国空军分队，与其说是支援，毋宁说是累赘。在苏联统帅部与德拉蒙德—艾德勒代表团谈判时明确规定，根据盟国的要求，“天鹅绒”行动需要向高加索调遣2.2万人并提供3万吨辎重，从而影响从跨伊朗线路向苏联提供补给，这一运输量相当于这条运输线的月运输量。谈判中，苏方建议仅向南方调遣飞机，不需要机组人员和保障人员，但遭到盟国代表
313 的反对，并借口说是参联会的意见，谈判由此陷入僵局。12月15日，莫洛托夫将情况通报给迈斯基，并强调，苏联彻底否决英美的建议。[362] 罗斯福似乎仍不甘心。斯大林在回信中十分得体地拒绝了向苏联派遣美国飞行员的主意，并对此做了说明，美国自己也需要这些飞行员，而且“我们的飞行员已经绰绰有余了”。总统在12月21日以简要确认收到斯大林信函的方式对此做了回复。

153. 斯大林致罗斯福的私人秘密信函

1942年12月18日发

我非常感谢您为帮助我们所做的准备工作。关于包括飞行员在内的英美航空中队，当前将他们派往外高加索已经失去意义。现在主要的战斗发生和即将发生在中部战线和沃罗涅日地区。如果您能迅速派遣飞机特别是歼击机至上述地区，我将感激不尽，但是不需要飞行员，您现在也急需他们。

苏联空军的情况是，飞行员有余，但飞机不足。

丘吉尔清楚地记得斯大林在上封信中发来了生日祝贺，因此他也立即以同样的方式向通信人发去祝贺，因为当时苏联伙伴的生日快到了。斯大林第二天客气地回信，信中语句最初是出自莫洛托夫之手。[363]

154. 丘吉尔致斯大林的私人信函

1942年12月20日发　　1942年12月20日收

在您生日到来之际，请接受我个人最美好的祝福和最热烈的祝贺。我们关注着红军开展的波澜壮阔的进攻行动，并为此赞叹不已。

314

155. 斯大林致丘吉尔的私人信函

1942年12月21日发

衷心感谢您的祝贺和美好祝愿。

156. 罗斯福致斯大林的信函

1942年12月21日发　　1942年12月23日收

会议不能举行让我感到非常遗憾，但我完全能够理解您的处境。现已确认您关于英美航空中队的信函已经收悉。我们将尽快提供飞机。我已采取措施，在1月为贵国提供10架运输机。

今后我将写信向您说明关于某些战后措施的情况。

12月16日在本届美国国会最后一次会议上通过了M.肯尼迪提交的向盟军祝贺节日的决议。该决议授权总统将其内容告知各盟国领导人，罗斯福在下一封信中就把这件事告诉了斯大林。斯大林在1月1日回信时，罕见地使用了维辛斯基的信函草案。

157. 罗斯福致斯大林的信函

1942年12月28日收

为了团结一致地与强大的敌人做斗争，千百万不分民族的士兵为了保卫自由、正义和人权走到了一起，他们远离家乡，跨洋过海，在沙砾和冻雪覆盖的原野上，在荆棘中，在森林里，在军舰和货船上，在从冰岛至所罗门群岛上的碉堡中，在旧世界和新世界，共同迎接新年的到来。

他们正付出所有的力量，忘却时间，忘却岁月，遏制敌人的进攻并将其
315 击退。他们打击敌人，也受到敌人的反击。他们为胜利而战，而胜利将为世界人民带来和平、自由和福祉。

怀着深切而终生难忘的感激之情，美国国会在联合决议中请我代表美国人民向盟国的陆海空武装力量和后勤部队，向他们本人及其家属转达最美好的祝福和节日的祝贺，热切期望大获全胜，期望持久和平早日到来，为胜利与和平祈祷。

如果您能以美国国会的名义、以我个人的名义以及以美国人民的名义向贵国武装力量和后勤部队转达国会联合决议中那些诚挚的祝福、问候、希望和祈祷，我将不胜感激。

丘吉尔12月29日的信函提到了3个问题："火炬"行动的进展、派遣例行的北极护航运输队和他即将与罗斯福的会晤。在北非轻松取得最初的几次胜利后，盟国遭遇了得到增援的隆美尔军队和维希残余部队日益增强的抵抗，他们将盟军阻击在了突尼斯。英美在圣诞节前取胜的愿望化为泡影，丘吉尔必须要向斯大林解释这一点。12月15日、23日和28日的内阁会议讨论了在1

月向苏联派遣护航运输队的问题。内阁同意派遣，但护航运输队是一次性全部派出还是分两批派出的问题还没有最终确定。[364] 丘吉尔还写信告诉斯大林卡萨布兰卡会议的准备情况。丘吉尔和罗斯福在这座摩洛哥城市会晤的决定是在12月21日做出的。丘吉尔接受了准备会议的建议，并立即提出了一个会议代号——“标志”。“如果卡萨布兰卡目标太大的话”，丘吉尔认为马拉喀什（Маракеш）可以作为会晤的备选地点。[365] 选好会议地点后，英国人开始对卡萨布兰卡予以特别关注。例如，在1月4日的内阁会议上提到了敌机轰炸该市的情况，这架飞机被认为是从西班牙起飞的。[366] 总之，丘吉尔在信函中告诉斯大林即将举行的会议时，努力不招致他的愤怒，并且表达了尽可能完整地向盟友告知“三巨头”框架内英美关系的愿望。首相安抚他在克里姆林 316
宫的通信人，令其相信他将竭尽所能让盟国加入对敌战斗。斯大林此时已经从迈斯基那里获悉会议的准备情况，艾登“以十分私人的方式”告诉了他。在将此事报告莫斯科时，迈斯基总结道：“因此，我们再次面临了英美军事会议，此次会议应当聚焦1943年的盟国战略方针。我认为，这一次必须采取措施，我们不应远离即将举行的会议，也不能再出现我们缺席的情况下做出决议了。在这种情况下，我建议第一步是委任我先‘以十分私人的方式’向艾登表明我们参加英美会议的必要性，并考虑到斯大林同志无法参会而寻找最合适的解决方式。”[367]

莫斯科没有听取大使的建议。在1月5日给丘吉尔的信函（第163号文件）中，斯大林仅仅表示正在准备回复盟国关于卡萨布兰卡会晤的消息。

158. 丘吉尔致斯大林的私人机密信函

1942年12月29日发　　　　1942年12月30日收

1. 我们十分赞赏您在南方不断扩大胜利战果。它证实了您在莫斯科对我说过的话是正确的。这些成果确实能够产生深远影响。

2. 在突尼斯突出部，轴心国守住了自己的桥头堡，我们在第一次猛攻时几乎就要拿下它了。照目前的情况看，这里的战斗将持续到1月或2月。我希望亚历山大将军率领的军队能在2月初占领的黎波里。很可能，隆美尔与他的部队将在突尼斯突出部方向撤退，他的军队有将近7万名德军和同等数量 317
的意军。2/3的军队是行政勤务部队。非洲沿岸的战争让敌人付出了高昂代价，因为他们无论在强渡过程中还是在港口内都遭受了严重损失。我们将竭尽所能尽快结束这次行动。

3. 12月的PQ护航运输队出乎意料的顺利。我现在已采取措施，在1月派遣由30艘或更多船只组成的整编护航运输队，尽管海军部还没有决定将这些船只组成1个护航运输队还是分为2个护航运输队派遣。

4. 谨向您通报，我很快将与罗斯福总统会面，以调整我们在1943年的计划。我的最主要目的是，让英国人和美国人出动最大数量的船吨位在最短的时间内加入对敌战斗。吨位不足的问题十分突出。我将向您通报事情的后续进展情况。

下一封罗斯福致斯大林的情况通报信函是关于海战的悲剧性事件——10月11日苏联潜艇“L–16”号在圣弗朗西斯科海域被击沉。总统引用由美国海军情报机构拦截并验证的日本无线电电报内容，证明日本潜艇用鱼雷击沉敌不明潜艇。验证确认，这次事件发生的坐标为北纬46°41′，西经138°56′，在两艘苏联潜艇从阔加卡（阿拉斯加）开往圣弗朗西斯科维修基地的航线上。幸存的苏联潜艇艇长也证实了这一坐标。为了撇清干系，驻守该防区的美军舰队司令部在报告中强调：“曾位于‘C–16’附近海域的我方唯一一艘潜艇，不久前已返回荷兰湾（Датч-Харбор）并报告沿航线未遇敌人进攻。”根据美国海军司令部提交给白宫的报告，估计同一艘日本潜艇在此前5天曾在该海域东南击沉过1艘美国商船，当时它正在美国海岸与日本之间航行。[368] 虽然根据苏日中立条约，日本很少妨碍苏联船只在美国和远东之间行驶游弋，但类
318 似事件还是发生了。罗斯福决定表达对苏方的同情，再一次提醒存在日本威胁，并顺便消除苏联潜艇是被美国人误击的嫌疑，不过这在太平洋上偶尔也会发生。这种嫌疑确实存在。10月18日利特维诺夫大使向莫斯科转发了一份苏联代表从圣弗朗西斯科发来的电报：

“10月16日L–15号潜艇顺利抵达距圣弗朗西斯科42英里的麦尔岛（Mare Island）维修基地。船员状况良好。据L–15号潜艇艇长科马罗夫报告，L–16号潜艇于莫斯科时间10月11日22时14分在北纬46°41′、西经138°56′区域遭到不明潜艇攻击，4次爆炸后于22时15分沉没，艇上乘员共55人。攻击来自逆光方向，左翼。L–15号在L–16号后方4链处行驶。L–16号艇长向右转向，并对进攻潜艇露出的潜望镜实施了几次火炮射击，然后实施机动曲折航行。潜艇沿125航线行驶。航线由美方部门制定并与斯克里亚金（海军少校斯克里亚金——苏联驻美国大使馆代理海军武官——作者注）协商过。在L–16号上有1名美国初级通信军官，俄裔，米哈伊洛夫。L–15号潜艇艇长认为，美国

潜艇实施了攻击。”[369]

斯大林读罢这封电报，在上面签了字，并且没有对罗斯福的信息作答复。看来，他也怀疑美国对这件事的说法。

159. 罗斯福致斯大林的信函

1942年12月30日发　　　　　　　　　　　　　　　1942年12月31日收

我注意到来自东京的一份无线电电报，说10月12日1艘日本潜艇在太平洋击沉了1艘盟国潜艇。

也许，这则消息是关于贵国的L-16号潜艇，10月11日它在从阿拉斯加到美国的途中被敌击沉，对于所损失的舰艇及其英勇的艇员，我深表同情，同时我还要高度评价贵国英勇的海军为盟国事业所作出的贡献，它为贵军的英 319
勇胜利添上了浓墨重彩的一笔。

过了一天，斯大林又收到了罗斯福的一封来信。在莫斯科拒绝“天鹅绒”行动后，总统再次提出向苏联派遣美国航空兵团的问题，这一次是向远东派遣，以支援未来苏联对日战争。美国军事指挥部催促他，希望在远东设立空军基地以用于对日作战。关于这一问题的参联会备忘录由陆军参谋部制定，并由马歇尔签署，其中说到“俄国政府现在不同意与美国政府商讨关于联合对日行动”，并且“斯大林不同意在西伯利亚建设任何美军基地，反对在苏联提前部署美国军队以开始对日作战”。然而考虑到现有信息不足，为了论证提前部署美国空军的必要性，五角大楼的规划者们坚持要尽快勘察西伯利亚东南部，以考证“那里是否具备条件，以及可能部署的空军数量和是否会影响他们的战斗潜能发挥”。他们认为，将在远东部署3个航空联队105架轰炸机。备忘录中还包括向斯大林建议往远东派遣由布莱德利将军率领的考察团的方案。[370]因此，这封信完全忽略了斯大林在12月14日信函中关于第二战场的提醒。信函终稿由莱希海军上将与美国陆军航空兵司令部共同拟定，并在同一天未经任何修改就由总统签署了。[371]

160. 罗斯福致斯大林的信函

1942年12月30日发　　　　　　　　　　　　　　　　1943年1月1日收

在日本进攻俄国远东的情况下，我准备对贵国实施援助，一旦发生这种
320 情况，战区会有约140架轰炸机组成的美国空军力量，条件是苏联政权要提供某些种类的供给和装备，并且提前准备相关的作战条件。

我们兵团的供给应完全靠空运。苏联政府应提供炸弹、燃料、润滑剂、运输工具、住房、生活燃料和其他各种更具体的东西，清单还要进一步明确。

虽然我们没有掌握任何能够证实日本将进攻俄国的准确消息，但这种进攻归根结底是有可能的。所以，为了让我们对此做好充分的准备，我建议，现在可以落实您在10月6日允许布莱德利将军参观远东空军设施的计划，并且，经过您同意的、始于11月11日的布莱德利将军与科罗连科将军的谈判继续进行。

我打算任命我完全信任的布莱德利将军继续代表美方进行谈判，如果您也同意的话。我们将授权他作为美国代表研究远东战区各个阶段的俄美联合行动，如果必要的话，还将以此为基础就我方援助苏联的空军的编成和数量提出建议。

他还将确定预先准备的程度，这些准备工作对保证我们的兵团在军事行动开始后立即积极投入其中是可行且必要的。他的小组不超过20人，将乘两架“道格拉斯DS-3”型飞机前往俄国。

如果您同意，我建议他们从阿拉斯加出发并在中途转机至西伯利亚，从那里在俄国人的陪同下前往远东苏联红军参谋部，然后再从那里去俄国的其他地方，勘察这些地区是非常必要的，他们可以在那里专心地勘察并讨论作战计划。

如果能够选派1名会说英语的俄国军官作为陪同，可作为布莱德利将军的副官或联络官，比如弗拉基米尔·奥夫诺温（Владимир Овновин）大尉（华盛顿）或斯莫利亚洛夫（Смоляров）大尉（莫斯科），则更好。

借此机会，我要对伟大俄国军队的无畏、坚忍和军人的英勇表示赞赏，
321 布莱德利将军和我说起过，这一切都体现在上个月贵国的伟大胜利中。

161. 致富兰克林·D.罗斯福先生

1943年1月1日发

美国人民向苏联武装力量致以诚挚的问候和美好的祝福，请总统阁下接受我的谢意并向美国国会转达。

И.斯大林

总统12月30日的信函应该是引起了斯大林的警觉，重新唤起了他由来已久的担心，即美国想过早地把苏联拉入对日战争。美国在远东部署航空部队是对苏日中立条约的严重违背。参观苏联在远东的军事目标这一建议也是出于美方从事情报侦察的企图。难怪斯大林读罗斯福的信函时标出了几个相关的地方，其中也包括罗斯福建议的说俄语军官的名字。巴甫洛夫翻译的不准确也产生了影响，其中比较中性的词“survey”变成了带有刺激作用的“检查”（在官方出版的《往来书信》中，这个词被改成了“勘察”，但是1942年在斯大林面前的是巴甫洛夫的译文）。[372] 然而，他选择不去注意信函的这部分主要内容，而是关注罗斯福建议向远东派遣美国轰炸航空兵部队。斯大林明智地建议将这些轰炸机派至正在交战的苏德战场，且不需要飞行员。

162. 斯大林致罗斯福的私人秘密信函

1943年1月5日发

您关于远东的信函已收悉。我对您准备向苏联远东派遣100架轰炸机表 322
示感谢。但是，应该说，当前我们在远东并不需要飞机，苏联在那里没有战事，而在对德前线，即苏德战场上却进行着最激烈的战争。让这些飞机来到西南方面军或中央方面军，会在我们与希特勒战斗的最重要地段发挥重要作用。

关于我们各个战场上的战事进展情况，总体上看我们的进攻发展情况暂时令人满意。

163. 斯大林致丘吉尔的私人秘密信函

1943年1月5日发

您的两封信函已收悉。感谢您告知与总统即将举行会谈。如果您能告知你们的会谈成果，我将不胜感激。

然而，罗斯福态度很坚决，继续受其军方的左右。他承认，对日联合行动计划有些超前，但他还是继续坚持让布莱德利成行。另外还补充了一条建议，派马歇尔将军到莫斯科讨论远东形势并将盟国下一步的计划告知苏联领导人。这个想法是典型的罗斯福式的即兴之作，令马歇尔本人也大为吃惊。当1月7日总统在与参联会首长举行的会议上向将军提出建议时，他不解地询问关于此行的目的。马歇尔很清楚，他实际上没有什么要对斯大林说的，因为当时即便是参联会和白宫也还远没有明确下一步的行动计划，更不用说与英国人协商过了。罗斯福回答道，马歇尔的出访将有助于稳定俄国人的心理，因为斯大林在未能参加“三巨头”会晤之后“可能会感觉自己从弹夹上掉下来了”并“感到孤独”。[373] 尽管马歇尔觉得有些莫名其妙，罗斯福还是将这则建议放到了给斯大林的信函中，还亲笔在信函中补充了对将军使命的描述，
323 同时还把副本发给了马歇尔。[374] 也许，总统的意思是，马歇尔将在英美卡萨布兰卡会晤后飞往莫斯科，并亲自告诉斯大林会议上达成的决议，目的是消除他的被隔离感。无论如何，如果罗斯福想以这种方式提升斯大林的情绪，那多半会适得其反，即使是他在下一封短信中承诺为苏联派出200架运输机。

164. 罗斯福致斯大林的信函

1943年1月8日发 1943年1月10日收

读罢您关于远东问题电报的回信，我想我没有完全表达清楚我的想法。就像我之前说明南高加索问题时一样，向俄国派遣重型轰炸机只能以现有的航空部队建制进行。我们关于100架飞机的建议是为了应对万一日本与俄国事实上开始军事行动后的局势。

在这种情况下，我们认为，在东西伯利亚成建制地集结100架飞机是我

们的空军部队在太平洋战区变更部署的一种方式，因为他们的行动，以及贵方在这一地区的行动可以适当缩减太平洋战区的其他空军部队。

我在电报中的想法仅仅是为防止可能的进攻而制订预想的防御计划。

我建议应立即采取的措施是布莱德利将军与苏联代表联合勘察和谈判。

只有通过类似的预先勘察和提前制订计划才可能在西伯利亚出现军事行动时提供足够迅速的支援。我想于近期命令马歇尔将军访问莫斯科，如果能够安排的话，我希望您能够在他到那里时与他讨论这个问题。

他会向您通报当前的非洲形势和计划，以及今年所有战区实施的行动。 324
我认为，这样做是有益的，他会掌握最新的消息。

同时，我将十分感谢，如果您迅速回复我12月30日提出的建议，即布莱德利将军及其小组立即前往远东进行勘察和与参谋部谈判的建议。

我高度赞赏贵国军队连续不断的进攻行动。逐步消耗敌人有生力量的方法在各战线开始显现出威力。

165. 罗斯福致斯大林的信函

1943年1月9日发　　1943年1月10日收

我已采取措施，从1943年1月起为贵国抽调200架“C–47”运输机。

贵国在这里的联络处将被告知每月供应飞机的日期。

我打算尽可能地向贵国再提供100架飞机，您一定能等到上文提及的200架飞机。

丘吉尔在1月10日的信中告诉斯大林，1942年12月的北极护航运输队派遣计划有变。1943年1月，英国的军事家和政治家在伦敦担心目前运力不足，无法兼顾完成军事任务和保证英国进口原材料和粮食的需求。参谋长委员会在1月5日的会议上得出了一个悲观的结论：1943年可以用于登陆的船只数量“还不足以实施一次海上登陆行动”，这与丘吉尔在不同战区组织一系列行动的野心勃勃的计划大相径庭。[375] 结果，海军部决定压缩承诺的派往苏联的护航运输队计划，理由是护送运输队的舰艇数量不足。在承诺2月和3月派遣整编护航运输队的情况下，1月份开往苏联的护航运输队减少到19艘船，而后来这一承诺也没有兑现。这个消息对斯大林来说并不意外。苏联驻伦敦使馆则保持警惕。“俄国人通过某种渠道听说了护航运输队派遣有变。”丘吉尔的 325

秘书在接完艾登的电话后向丘吉尔报告说。[376] 1月9日，迈斯基向莫斯科报告了护航运输队被压缩和自己在反对这项决议时所做的努力。借口丘吉尔在12月30日给斯大林信函中许下的承诺，大使要求艾登和海军部履行该项义务。[377]“要核实一下这个承诺，”大臣对这一要求如此批复。丘吉尔勃然大怒：“迈斯基先生所说的不是实情，经过证实，我曾对斯大林许诺1月份派出由30艘船只组成的护航运输队，”丘吉尔为自己12月29日的信函辩解，给大臣们写道，“……要告诉他，我已经受够了俄国人喋喋不休的抱怨，想栽赃于我，休想。”[378] 但是圆滑的艾登没有斥责迈斯基，并在1月11日与他谈话时承认，“首相许下如此明确的承诺是错误的。”[379] 大臣还说，首相将亲自向斯大林解释目前形成的局面。考虑到莫斯科已经得知这一坏消息，丘吉尔实际上也别无他法。斯大林在1月16日给首相的回信中对这一消息的反应暂时还算平静。

166. 丘吉尔致斯大林的私人机密信函

1943年1月10日发　　　　1943年1月12日收

1. 12月的护航运输队已经在战斗中成功完成任务，您可能得到了关于我方小股力量在与敌优势兵力交战中获胜的详情。

2. 海军部计划1月派遣两批护航运输队，每批15艘船，第1批护航运输队在1月17日左右起航，第2批则在本月晚些时候。因为从前一批护航运输队的经验可以看出，敌人在努力使用水面力量干扰远程护航运输队的航行，必须立即最大程度地增强最初预计在1月启航的护送船队。由于白天时间变长，必须大幅增强以后的护航。

326 3. 因此我们应重新审视我们的措施。我们将于1月17日派遣1月护航运输队共19艘船（包括2艘油轮），而不是最初计划的派遣2个批次各15艘船。之后，在2月11日左右将派出由28—30艘船只组成的整编护航运输队。随后我们将尽一切努力，在3月10日左右派出由30艘船只组成的护航运输队。但这将取决于美国人支援我们护航兵力的情况。如果他们不能提供这项援助，那么这批护航运输队可能在3月19日之后才能启航。

看来，罗斯福1月9日的信函让斯大林无法容忍。白宫坚持要求进驻远东这一没有任何军事行动的地区，并且在斯大林生疑的情况下还明确表示不愿将这些飞机派到有现实需求的苏德战场，这就只能解释为企图让苏联卷人“自己的战争”，而置苏德战争于不顾。另外，斯大林也许会接待威信很高的马歇尔，但是鉴于当时的背景且有远东问题纠缠，他不希望安排这次访问：难怪他强调“这个问题”几个字，就是意指马歇尔的出访目的。在巴甫洛夫的译文中再次出现了把“检查”一词滥用的情况，斯大林用铅笔将其标粗，这一次这个不准确的翻译不知为何竟在《往来书信》中保留了下来。斯大林还顺便把错翻为“蚕食”敌军的“attrition”一词标了出来；在《往来书信》中它被替换为更为准确的“拖垮”。[380] 结果“当家的”放弃了往常与罗斯福通信中礼貌客气的口吻，并给总统发去了第一封措辞严厉的信函。他在回信中经常使用“考察”一词，并且不仅严词拒绝了总统的两个建议，还提到了盟国在北非的失利，触到了英国人和美国人的痛处。虽然信函手稿是莫洛托夫负责的，但在如此重要的情况下，人民委员当然会按“当家的”指示办事，不过，他也赞同斯大林的愤怒。“罗斯福可能会感到委屈，”得知信函内容的迈斯基在日记中写道，“没有办法！要教训一下美国人。他们确实总是以精英民族和世界导师自居。”[381]

327

167. 斯大林致罗斯福的私人秘密信函

1943年1月13日发

感谢您做出向苏联提供200架运输机的决定。

至于在远东部署轰炸航空兵部队的建议，之前的信中我已经解释清楚，我们需要的不是航空兵部队，而是不包括飞行员的飞机，这是因为我们自有足够数量的飞行员。这是其一。其二，我们需要贵方援助飞机并非用于苏联的远东地区，这里没有战事，而是要用于苏德战场，那里对空中支援的要求尤为迫切。

关于您提出的布莱德利将军考察俄罗斯在远东及其他地区军事设施的建议，令人费解。众所周知，能够考察俄国军事设施的只能是俄国的监察机关，就如同美国的军事设施只能由美国监察机关考察一样。对于这一点不应该有任何异议。

关于马歇尔将军对苏联的访问，应当说我对马歇尔将军的使命并不完全清楚。请您说明此行的目的和任务，以便我能深思熟虑地对待这个问题并给出答复。

我的同僚们对北非战局的胶着状态感到不安，毕竟这种胶着状态已不是一两天了，而是很长时间了。请您能否就此作出解释。

罗斯福忍住了作出那种解释的冲动，对斯大林这封语气冰冷的信函没有作出任何回应。但习惯了克里姆林宫通信人礼貌的口气后，罗斯福内心被其对待自己的这种不同寻常的态度激怒了。丘吉尔在同迈斯基谈到在卡萨布兰卡同罗斯福总统会见时说：“罗斯福相当震怒，想进行激烈回应，但在我的说服下他改变了主意。我对罗斯福说，‘实际上现在谁在战斗？只有斯大林……在这种情况下我们不能对他求全责备’。罗斯福同意我的观点，并决定不再指责斯大林。”罗斯福不明白斯大林拒绝同自己和丘吉尔会面的原因，对此丘吉
328 尔在同迈斯基的谈话中指出：“斯大林是个现实主义者。不要指望能用语言打动他。如果他来了，那么他向你我提出的第一个问题就是：‘1942年你们消灭了多少德国人？1943年你们预计能消灭多少德国人？’对此你我该如何作答呢？我们自己也不知道。斯大林从一开始对此就很清楚——他来参加会谈意义何在？何况，他还有很多大事要做。”[382]

168. 斯大林致丘吉尔的私人秘密信函

1943年1月16日发

您今年1月11日的信函收悉。感谢通报。

我军在苏德战场上发起的对德国人的战役进展顺利。目前正在着手消灭斯大林格勒外围的德军集群。

在连续两封信中，丘吉尔都向斯大林通报了皇家空军夜间轰炸柏林的情况。显然，他想借此以某种方式回应斯大林上一封信中关于肃清德军驻斯大林格勒集群最后阶段的简短信息。在斯大林这则通报中，斯大林平静的语气背后却是第二次世界大战中最大规模的一次战役——包围22个德国师。而与之形成对比的是盟友在北非乏善可陈。丘吉尔好像是要以自己的信件提醒斯大林，我们也在战斗。在发出第一封信函后，丘吉尔马上指示艾登和空军大臣辛克莱尔（Синклер）尽快向他汇报夜间轰炸柏林的情况，着手准备给斯大林写下一封信，要准确提供“总投弹量”。[383]艾登兴奋地通过专线电话向迈斯基预先通报了这一情况，他强调，伦敦已直面苏联方面的要求：“您的愿望实现了。今天夜间380架战机空袭柏林，那里一片废墟和火海，战绩显赫。庆

幸的是，我们只损失了1架飞机。”[384] 斯大林在回信中毫不吝惜溢美之词向丘吉尔表示祝贺，并祝愿轰炸柏林取得新的进展，正如他所指出的那样，这具 329
有重大意义。这是英美卡萨布兰卡会议前“三巨头”最后的往来信件。

169. 丘吉尔致斯大林的私人秘密信函

1943年1月17日发　　1943年1月17日收

昨天夜间我们向柏林投下了142吨爆破弹和218吨燃烧弹。

170. 丘吉尔致斯大林的私人秘密信函

1943年1月18日发　　1943年1月19日收

在昨天夜间对柏林的空袭中，我们共投下了117吨爆破弹和211吨燃烧弹。

171. 斯大林致丘吉尔的私人秘密信函

1943年1月19日发

感谢您通报1月17日夜间成功轰炸柏林的消息。希望英国空军取得更骄人的战绩，特别是在轰炸柏林方面。

注释 330

1. Moran Ch.Winston Churchill: The Struggle for Survival, 1940–1965. London, 1966. P. 82; Kerr to Warner, 17th Aug., 1942 // TNA, FO 800.

2. Churchill & Roosevelt. Vol. 1. P. 566.

3. PREM3/76a/10.

4. Basic Strategic Policy. Joint Intelligence Subcommittee, 18th Sept. 1942// TNA, CAB 81/110.

5. Churchill & Roosevelt. Vol. 1. P. 643.

6. Майский – Сталину, 22.X. 1942 // Великая Победа. Т. 9. С. 397-398.

7. Churchill to Wavell, 7th Oct., 1942 // CHAR 20/81. Опубликовано в: The Churchill Documents. Vol. 17. P. 1255.

8. Notes by the Prime Minister on C.O.S. (42) 345 (0) (Final) // TNA, PREM 3/499/6.

9. См. об этом: Kimball WF Stalingrad: A Chance for Choices // The Journal of Military History (далее – JMH). 1996. Vol. 60. No. 1. P. 89-114.

10. Исраэлян В.Л. Дипломатия в годы войны (1941–1945). М., 1985. С. 98.

11. История Второй мировой войны 1939–1945. Т 5. М., 1975. С. 155, 158.

12. ДВП. Т. XXV. Кн. 2. С. 59.

13. Майский И.М. Дневник дипломата. С. 164.

14. ДВП. Т. XXV. Кн. 2. С. 58-59.

15. Майский И.М. Дневник дипломата. С. 165.

16. САНО. Т. 1.С. 249-250.

17. Eden to Kerr, 3rd July, 1942 //TNA, FO 181/968/19.

18. Текст документа см. в: ДВП. Т. XXV. Кн. 1. С. 465-466.

19. ДВП. Т. XXV. Кн. 2. С. 33; Kerr to Eden, July 5, 1942 //TNA, FO 181/968/19.

20. From Moscow to Foreign Office, 5th July, 1942 //TNA, PREM 3/76a/l.

21. Churchill to Ismay for C.O.S. Committee, July 1942 // TNA, PREM 3/393/3.

22. Churchill & Roosevelt. Vol. 1. P. 535.

23. Churchill to Ismay for C.O.S. Committee, July 1942 // TNA, PREM 3/393/3.

24. Churchill & Roosevelt. Vol. 1. P. 545.

25. Майский И.М. Дневник дипломата. С. 165.

26. Там же. С. 167.

27. The War Diaries of Oliver Harvey. P. 142-143.

28. W.M. (42) 95th Conclusions, Min. 2 Conf. Annex, 24th July, 1942 // TNA, PREM 3/393/3.

29. Майский И.М. Дневник дипломата. С. 167.

30. Литвинов - Молотову, 23.VII.1942 //АВПРФ. Ф. 059. Оп. 1. П. 368. Д.

2568. Л. 110.

31. См.: Печатное В.О. Сталин, Рузвельт, Трумэн. СССР и США в 1940-х годах. М., 2006. С. 68-69. 利特维诺夫的话引起了英国驻华盛顿军事联络处主任J.迪尔元帅的注意，后者将此事报告给伦敦。(см.: The Churchill Documents. Vol. 17. P. 1018).

32. ДВП. Т.XXV. Кн. 2. С. 75.

33. Churchill & Roosevelt. Vol. 1. P. 545. 331

34. From Kuibyshev to Foreign Office, 28th July 1942 // TNA, PREM 3/76a/l.

35. For Secretary of State, 29th July 1942 // Ibid.

36. The Reckoning. P. 338.

37. Churchill W. The Second World War. Vol. IV. P. 409. См. также: The Churchill Documents. Vol. 17. P. 1020.

38. Цит. no: Reynolds D. From World War to Cold War. Churchill, Roosevelt, and International History of 1940s. Oxford, 2007. P. 117.

39. The Diaries of Sir Alexander Cadogan. P. 464-465.

40. Майский И.М. Дневник дипломата. С. 173-174.

41. Майский–Сталину, 31.VII.1942 // РГАСПИ. Ф. 558. Оп. 11. Д. 256. Л. 140; Майский И.М. Дневник дипломата. С. 174.

42. Молотов–Майскому, 31.VII. 1942//РГАСПИ. Ф. 558. Оп. 11. Д. 256. Л. 141.

43. АВП РФ. Ф. 059а. Оп. 7. П. 13. Д. 5. Л. 142-151.

44. РГАСПИ. Ф. 558. Оп. 11. Д. 257. Л. 1-4.

45. Churchill & Roosevelt. Vol. 1. P. 553.

46. Abramson R. Spanning the Century: The Fife ofW. Averell Harriman, 1891–1986. N. Y., 1992. P. 332.

47. From the President to Stalin [OpNav to ATUSNA Moscow], Aug. 5, 1942 // FDRT, MR, Box 8.

48. Советско–американские отношения. 1939–1945. С. 268-269; FRUS. 1942. Vol. III. P. 616-617; Standley to Hull, Aug. 6, 1942 // FDRT, MR, Box 8.

49. Roosevet to Standley, Aug. 7, 1942 // FDRT, MR, Box 8.

50. Подробнее см.: Kahn D. Roosevelt, Magic and Ultra 11 Historians and Archi- vists / Ed. by George O. Kent. Fairfax, 1991.

51. РГАСПИ. Ф. 558. Оп. 1. Д. 257. Л. 5-6.

52. Ржешевский О.А. Сталин и Черчилль. С. 348.

53. Подробнее о визите Уилки в СССР см.: Печатное В.О. Визит У. Уилки в СССР (по новым документам) // США. Канада: экономика, политика, куль¬тура. 1999. №7. С. 73-90.

54. Butler S. Op. cit. P. 82; Roosevelt to Standley, Aug. 8, 1942 // FDRT, MR, Box 8.

55. РГАСПИ. Ф. 558. On. 11. Д. 364. Л. 54.

56. Там же. Л. 58.

57. Запись беседы см. в: САНО. Т 1. С. 265-271; ДВП. Т XXV. Кн. 2. С. 106-111.

58. Churchill & Roosevelt. Vol. 1. P. 560.

59. РГАСПИ. Ф. 558. Оп. 11. Д. 257. Л. 7-8.

60. ДВП. T.XXV. Кн. 2. С. 116.

61. РГАСПИ. Ф. 558. Оп. 11. Д. 257. Л. 9-12.

62. W.M. (42) 95th Conclusions, Min. 2 Conf. Annex, 24th July, 1942 // PREM 3/393/3.

63. Harriman W.A., AbelE. Op. cit. P. 153.

64. САНО. Т. 1. С. 269.

65. ДВП. Т. XXV. Кн. 2. С. 58.

66. САМО. Т l.C. 221.

67. Органы государственной безопасности в Великой Отечественной
332 войне (далее – ОГБ). Т. 3. Кн. 2. М., 2003. С. 84.

68. Чуев Ф.И. Молотов: Полудержавный властелин. С. 81.

69. См.: Ржешевский О.А. Сталин и Черчилль. С. 258, 268.

70. Там же. С. 380-381.

71. ДВП. Т. XXV. Кн. 1. С. 466.

72. САНО. Т 1.С. 268.

73. 认同丘吉尔的历史学家至今仍持此观点，例如: Bilks D. Churchill and Company: Allies and Rivals in War and Peace. London, 2012. P. 166.

74. Churchill to Hollis for C.O.S. Committee, 16th Sept. 1942 // CHAR/20/67.

75. Churchill & Roosevelt. Vol. 1. P. 523.

76. Churchill to Ismay for C.O.S. Committee, 8th June, 1942 // CHAR 20/67.

77. Churchill to Ismay for C.O.S. Committee, 28th Sept., 1942 // Ibid.

78. САНО. Т. 1. С. 281-282.

79. The Churchill Documents. Vol. 17. P. 1087.

80. Churchill & Roosevelt. Vol. 1. P. 601.

81. ДВП. Т. XXV. Кн. 2. С. 119.

82. САНО. Т l.С. 276.

83. Gilbert M. Winston S. Churchill. Vol. VII. Road to Victory. Boston, 1986. P. 190.

84. Moran Ch. Op. cit. P. 80.

85. Ibid. P. 83.

86. Churchill & Roosevelt. Vol. 1. P. 564. По поводу упреков Сталина об излиш¬нем страхе англичан см. также: САНО. Т. 1. С. 268-269.

87. ДВП. Т. XXV. Кн. 2. С. 158-159; Churchill & Roosevelt. Vol. 1. P. 569-570. 在丘吉尔的莫斯科之行启程之前，艾登非常希望迈斯基担任与斯大林的谈判翻译:“如果您帮忙当翻译，那就再好不过了!应该不仅仅会翻译词汇，还要翻译谈话的精髓!您能做到！首相曾说，在和莫洛托夫会谈时，您的翻译给他留下了这样的感觉，就是他和莫洛托夫之间完全不存在语言障碍”。См.: Майский И. М. Дневник дипломата. С. 178-179.

88. Foreign Secretary to Cadogan, 4th Aug., 1942 // TNA, PREM 3/76a/4.

89. Churchill & Roosevelt. Vol.1. P. 566.

90. Dunn C. Op. cit. P. 169.

91. Churchill & Roosevelt. Vol. 1. P. 571.

92. См.: ДВП. Т XXV. Кн. 2. С. 144-145. Перевод английской записи беседы см. в: Ржешевский О.А. Сталин и Черчилль. С. 369-372.

93. ДВП. Т. XXV. Кн. 2. С. 158.

94. Draft telegram to the U.K. High Commissioners in Ottawa and Canberra // TNA, PREM 3/76a/7. 丘吉尔将访问结果以相同的口吻通知内阁和罗斯福。См.: The Churchill Documents. Vol. 17. P. 1087-1088.

95. Керр–Молотову, 17.VIII.1942 // РГАСПИ. Ф. 558. Оп. 11. Д. 257. Л. 24.

96. Butler S. Op. cit. P. 84.

97. САНО. Т. 1. С. 369.

98. Холмс У. Победа под водой. Смоленск, 1999. С. 154.

99. ДВП. Т. XXV. Кн. 2. С. 184.

100. FRUS. 1942. Vol. III. P. 726-727.

101. FDRL, PSF, SAFE File, Russia, Roosevelt – Stalin Messages, 1941–1945.

102. ДВП. Т XXV. Кн. 2. С. 144.

103. Там же. С. 175.

104. См.: Монтгомери Б. Мемуары фельдмаршала. М., 2006. Гл. 8; Kitchen M. Rommel's Desert War: Waging World War II in North Africa, 1941–1943. Cambridge, 2009. P. 299ff.

105. Керр–Молотову, 31.VIII.1942 // РГАСПИ. Ф. 558. Оп. 11. Д. 257. Л. 26.

106. Churchill & Roosevelt. Vol. 1. P. 585.

107. Ibid. P. 535; САМО. Т 1. С. 221.

108. Подробнее об истории конвоя см.: Смит П. Ч. Два конвоя: PQ-17 и PQ-18. М., 2004.

109. Монтгомери Б. Указ. соч. С. 125-126.

110. Latimer J. Alamein. Cambridge (Mass.), 2002. P. 120.

111. САНО. Т l.С. 271.

112. Мировые войны XX века. Кн. 4. Вторая мировая война. Документы и материалы. М., 2002. С. 379.

113. The Churchill Documents. Vol. 17. P. 988. См. также: Tamkin N. Britain, the Middle East, and the 'Northern Front', 1941–1942 //War in History. 2008. Vol. 15. No. 3. P. 333.

114. Великая Отечественная война 1941–1945 годов. Т. 3. Битвы и сражения, изменившие ход войны / Ред. комиссия: В.П. Баранов, В.В. Круглов, А.М. Соколов и др. М., 2012. С. 305.

115. The Churchill Documents. Vol. 17. P. 1080.

116. Churchill & Roosevelt. Vol. 1. P. 580-581.

117. Memorandum for the President, Merits and possibilities of placing an American Air Force on the Caucasian Front, Aug. 28, 1942 // FDRL, Russia, American Air Force.

118. Parliamentary Debates. House of Commons. Ser. 5. Vol. 383. Col. 95.

119. САНО. Т l.С. 269-270.

120. Churchill & Roosevelt. Vol. 1. P. 555-556, 595, 605.

121. САНО. Т l.С. 270.

122. Draft telegram from Premier Minister to Premier Stalin, Record of

amendments scrambled to Chequers by Colonel Jacob, 5 Sept., 1942 //TNA, PREM 3/393/4.

123. РГАСПИ. Ф. 558. Оп. 11. Д. 257. Л. 29-43.

124. Устинов П. Письма с прошедшей войны // Диалог–ОД. 2002. № 2. С. 81.

125. Керр–Молотову, 9.IX.1942 // РГАСПИ. Ф. 558. Оп. 11. Д. 257. Л. 47.

126. ДВП. Т XXV. Кн. 2. С. 214.

127. См.: Konvitz /. Representations urbaines et bombardements strategiques, 1914–1945 //Annales. Economies, Societes, Civilizations. 1989. Vol. 44. No. 4. P. 823-847; Gray C. Modem Strategy. Oxford, 1999. P. 230ff; Ross S.H. Strategic Bombing by the United States in World War II: the Myths and the Facts. Jefferson, 2003.

128. САНО. Т. 1. С. 286.

129. Eden to Kerr, 16th Sept., 1942 // TNA, FO 954/3A. 334

130. Maisky to Eden, 16th Sept., 1942 // TNA, PREM 3/401/21; Eden to Kerr, 17th Sept. 1942//TNA, FO 954/3A; ДВП. Т. XXV. КН. 2. С. 190-192.

131. САНО. Т. 1. С. 287-288.

132. Eden to Prime Minister, 23rd Sept., 1942 // TNA, FO 954/3A

133. Eden to Kerr, 28th Sept., 1942 // Ibid.

134. Eden to Premier Minister, 25th Sept., 1942 // Ibid.

135. Parliamentary Debates, House of Commons. Ser. 5. Vol. 383. Col. 95.

136. Kerr to Eden, 2nd Oct., 1942 // TNA, FO 954/3A.

137. САНО. Т. 1.С. 286.

138. САМО. Т. 1. С. 233; ДВП. Т. XXV. КН. 2. С. 229.

139. Сталин – Майскому, 28.X.1942 // Ржешевский О.А. Сталин и Черчилль. С. 378.

140. J. Bums to H. Arnold, Oct. 31, 1942 // NARA, RG 18, Central Decimal Files Oct.1942–1944, Foreign Files, Russia 452.1 B.

141. Churchill & Roosevelt. Vol. 1. P. 602.

142. Ibid. P. 609-610.

143. Hopkins to President, Sept. 22, 1942 // FDRL, Russia, American Air Force.

144. Hopkins to Churchill, Sept. 23, 1942 // CHAR 28/80.

145. GilbertM. Winston S. Churchill. Vol. VII. P. 235-236.

146. Churchill & Roosevelt. Vol. 1. P. 612.

147. First Ford, First Sea Ford, 28th Sept., 1942 // TNA, PREM 3/393/4. (Опубли-ковано в: The Churchill Documents. Vol. 17. P. 1239).

148. Churchill to Ismay for C.O.S. Committee, 28 Sept., 1942 // CHAR 20/67. (Опубликовано в: The Churchill Documents. Vol. 17. P. 1237-1238).

149. Ibid.

150. Churchill to Wavell, 7th Oct., 1942 // CHAR 20/81.

151. ДВП. T XXV. KH. 2. C. 191.

152. Печатнов В.О. Сталин, Рузвельт, Трумэн. С. 60.

153. Самсонов А.М. Сталинградская битва. 4-е изд. М., 1989. С. 176.

154. Великая Отечественная война 1941–1945 годов. Т. 3. С. 262.

155. Volkogonov Papers // EC, MD, Reel 4.

156. Цит. по: Великая Отечественная война 1941–1945 годов. Т. 3. С. 270.

157. Самсонов А.М. Указ. соч. С. 178.

158. САМО. Т. 1.С. 233.

159. Микоян – Сталину, Молотову, 20.IX.1942 //АП РФ. Ф. 3. Оп. 63. Д. 220. Л. 101.

160. САНО. Т. 1.С. 236.

161. РГАСПИ. Ф. 558. Оп. 11. Д. 257. Л. 74.

162. Оценку «Спитфайеров» см. в: САНО. Т 1. С. 134; «Аэрокобр»: САМО. Т 1. С. 234.

163. РГАСПИ. Ф. 558. Оп. 11. Д. 257. Л. 77.

164. Подробнее см.: Негенбря И.Е. Аляска–Сибирь. Трасса мужества. Якутск, 2000; Книга Памяти. Чукотка в годы Великой Отечественной войны 1941–1945 гг.: историко-документальные очерки / Гл. ред. А.А. Носков. М.,
335 2004. С. 66сл.; Beard B. Op. cit. P. 311–318.

165. Harrimanto Eden, 9th Oct., 1942 // TNA, FO 954/3A.

166. ДВП. T XXV. KH. 2. C. 235.

167. САМО. Т. 1. С. 244-249; Beard B. Op. cit. P. 316-317.

168. Мировые войны XX века. Кн. 3. Вторая мировая война. Исторический очерк. М., 2002. С. 249.

169. Kimball W. Stalingrad: A Chance for Choices. P. 105.

170. FDRL, PSF, Diplomatic Correspondence, Russia: July 1942–1943.

171. FRUS. 1942. Vol. III. P. 654.

172. CAMO. T. l.C. 244.

173. 10月6日他被迫在斯大林面前承认这件事. См.: CAMO. T. 1.C. 248.

174. Советско-американские отношения. 1939–1945. С. 299-300; CAMO. T. 1. C. 240-243; FRUS. 1942. Vol. III. P. 651-653.

175. Churchill & Roosevelt. Vol. 1. P. 617, 621.

176. Dunn C. Op. cit. P. 140ff.

177. CAMO. T. l.C. 249.

178. Там же. С. 235.

179. Там же. С. 248.

180. Вашингтон – совпосол. 8.X.1942 //АВП РФ. Ф. 059. Оп. 1. П. 369. Д. 2512. Л. 131.

181. FDRF, MR, Box 8.

182. Eden to Kerr, 28th Sept., 1942 // TNA, FO 954/3A.

183. Churchill & Roosevelt. Vol. 1. P. 617.

184. Eden to Kerr, 28th Sept., 1942 // TNA, FO 954/3A.

185. W.M. (42) 135th Conclusions, Min. 1, 7th Oct., 1942 // TNA, CAB 65/32/2.

186. Майский – Молотову, 9.X. 1942 // АВП РФ. Ф. 059. Оп. 8. П. 2. Д. 7. Л. 323-324.

187. Eden to Kerr, 23rd Oct., 1942 // TNA, FO 954/3A.

188. Eden to Kerr, 28th Sept., 1942 // Ibid.

189. Eden to Prime Minister, 23rd Oct., 1942 // Ibid.

190. Premier Minister to First Sea Ford, 26th Aug. 1942 // TNA, PREM 3/393/5. Опубликовано в: The Churchill Documents. Vol. 17. P. 1120.

191. Churchill to Eden, 27th Oct., 1942 // CHAR 20/67.

192. Майский–Молотову, 9.X.1942 //АВП РФ. Ф. 059. Оп. 8. П. 2. Д. 7. Л. 323.

193. АВП РФ. Ф. 059. Оп. 1. П. 369. Д. 2509. Л. 39.

194. САЛО. Т. 1.С. 269.

195. From Prime Minister to President, 7th Oct., 1942 // TNA, PREM 3/393/6.

196. Churchill & Roosevelt. Vol. 1. P. 623.

197. АВП РФ. Ф. 059. Оп. 1. П. 369. Д. 2509. Л. 38-40.

198. Churchill & Roosevelt. Vol. 1. P. 620.

199. 很明显，迈斯基稍后所说的200架“喷火”战斗机包括零配件相同的50架。См.: ДВП. Т. XXV. Кн. 2. С. 292.

200. Майский–Молотову, 9.X.1942 //АВП РФ. Ф. 059. Оп. 8. П. 2. Д. 7. Л. 326.

336 201. ДВП. Т XXV. Кн. 2. С. 144. См. также: САНО. Т 1. С. 274.

202. Churchill to Hollis for C.O.S. Committee, 16th Sept., 1942 // CHAR 20/67. Опубликовано в: The Churchill Documents. Vol. 17. P. 1205-1207.

203. Ibid.

204. Kerr to Eden, 16th Oct., 1942 // TNA, FO 954/3A.

205. Майский – Молотову, 9.X.1942 // АВП РФ. Ф. 059. Оп. 8. П. 2. Д. 7. Л. 322-323.

206. Churchill & Roosevelt. Vol. 1. P. 623-624.

207. Ibid. P. 533, 572-574.

208. ДВП. Т. XXV. Кн. 2. С. 192.

209. W.P. (42) 525, Nov. 13, 1942//TNA, CAB 66/31/5.

210. АВП РФ. Ф. 059. Оп. 1. П. 369. Д. 2509. Л. 39.

211. Hopkins to Marshall, Oct. 10, 1942 // FDRT, Hopkins Papers, Russia, Aircraft (NARA, RG 18, Central Decimal Files Oct. 1942–1944, Foreign Files, Russia, 400 B).

212. РГАСПИ. Ф. 558. Оп. 11. Д. 364. Л. 85.

213. From the President to Stalin [OpNav to AFUSNA Moscow], Oct. 11, 1942 // FDRF, MR, Box 8.

214. Молотов–Майскому, 9.X.1942 // РГАСПИ. Ф. 558. Оп. 11. Д. 257. Л. 92; Maisky to Eden, 13th Oct., 1942 // TNA, FO 954/3A.

215. Eden to Kerr, 14th Oct., 1942 // TNA, FO 954/3A.

216. Kerr to Eden, 16th Oct., 1942 // Ibid.; Керр – Молотову, 9.X.1942 // РГАСПИ. Ф. 558.0п. 11. Д. 257. Л. 81.

217. Молотов - Керру, 9.X.1942 // РГАСПИ. Ф. 558. Оп. 11. Д. 257. Л. 91.

218. W.M. (42) 145th Conclusions, Min. 2 Conf. Annex, 26th Oct., 1942 // TNA, CAB 65/32/4; Churchill to Eden, 27th Oct., 1942 //CHAR20/67; Churchill to Eden, 29th Oct., 1942 // TNA, FO 954/3A.

219. Sargent's Minute, 28th Oct., 1942 // TNA, FO 954/3A.

220. Churchill & Roosevelt. Vol. 1. P. 637.

221. Kerr to Eden, 16th Oct., 1942 // TNA, FO 954/3A.

222. Гречко А.А. Битва за Кавказ. М., 1967. С. 89.

223. W.M. (42) 145th Conclusions, Min. 2 Conf. Annex, 26th Oct., 1942 // TNA, CAB 65/32/4; Churchill to Eden, 29th Oct., 1942 // TNA, FO 954/3A.

224. Eden to Kerr, 17th Oct., 1942 // Ibid.

225. РГАСПИ. Ф. 558. Оп. 11. Д. 257. Л. 82-84.

226. Там же. Л. 93.

227. Sargent's Minute, 28th Oct., 1942 // TNA, FO 954/3A.

228. ДВП. Т. XXV. КН. 2. С. 144.

229. Proposed Reply by the President to the recent message of Mr. Stalin in which he asks for additional quantities of certain materials on a modified priority basis, Oct. [14], 1942 // FDRF, MR Box 8.

230. Allen (Moscow) to OpNav, 14 Oct., 1942; OpNav to AFUSNA Moscow, Oct. 14, 1942 //Ibid.

231. Churchill & Roosevelt. Vol. 1. P. 643.

232. Великая Отечественная война Советского Союза 1941–1945: Краткая история. М., 1965. С. 177. 337

233. САМО. Т 1. С. 252-253.

234. Litvinov to Hopkins, Oct. 15, 1942 // FDRL, Russia, Hopkins Papers.

235. Memorandum for the President, Oct. 16, 1942 // FDRL, MR, Box 8.

236. Самсонов А.М. Указ. соч. С. 226-227.

237. РГАСПИ. Ф. 558. Оп. 11. Д. 364. Л. 95.

238. Керр–Молотову, 19.Х.1942 // РГАСПИ. Ф. 558. Оп. 11. Д. 257. Л. 95.

239. САМО. Т 1. С. 235.

240. The Encyclopedia of Weapons of World War II / Ed. by C. Bishop. N. Y., 2002. P. 282.

241. ДВП. Т XXV. КН. 2. С. 292.

242. Там же. С. 304.

243. W.P. (42) 525, Nov. 13, 1942//TNA, CAB 66/31/5.

244. Memorandum for Hopkins, Oct. 22, 1942 // FDRL, PSF, Diplomatic Correspondence, Russia: July 1942–1943, Box 49.

245. Standley W.H., Ageton A.A. Admiral Ambassador to Russia. Chicago, 1955. P. 306-307.

246. Ibid. P. 308ff; Dunn C. Op. cit. P. 148.

247. FRUS. 1942. Vol. III. P. 470.

248. Самсонов А.М. Указ. соч. С. 237.

249. Moscow to OpNav, 30 Oct., 1942 // FDRL, MR, Box 8.

250. РГАСПИ. Ф. 558. Оп. 11. Д. 364. Л. 96.

251. САНО. Т. 1. С. 294.

252. ДВП. Т XXV. КН. 2. С. 293.

253. Майский – Сталину, 24.X.1942 // Великая Победа. Т. 9. С. 375-385.

254. Ржешевский О.А. Сталин и Черчилль. С. 378.

255. ДВП. Т XXV. Кн. 2. С. 323.

256. Там же. С. 328-329.

257. ОГБ. Т 3. Кн. 2. С. 407-408.

258. Агрессия. Рассекреченные документы СВР. С. 380.

259. САНО. Т. 1. С. 294.

260. Правда. 19.X.1942.

261. Внешняя политика Советского Союза в период Отечественной войны. Т. 1.М., 1946. С. 318.

262. The War Diaries of Oliver Harvey. P. 172.

263. ДВП. Т XXV. КН. 2. С. 290-293. Иден датирует встречу 22 октября. См.: Eden to Kerr, 25th Oct., 1942 // TNA, FO 371/33036.

264. Eden to Kerr, 30th Oct., 1942 //TNA, FO 181/969/12.

265. W.M. (42) 145th Conclusions, Min. 2 Conf. Annex, 26th Oct., 1942 // TNA, CAB 65/32/4.

266. Churchill to Eden, 27th Oct., 1942 // CHAR 20/67.

267. W.M. (42) 145th Conclusions, Min. 2 Conf. Annex, 26th Oct., 1942 // TNA, CAB 65/32/4.

268. American–British Strategy, 30 Oct., 1942//TNA, PREM 3/499/6.

269. Ibid.

338 270. For Prime Minister, 27th Oct., 1942 // TNA, PREM 3/219/6.

271. The Oxford Companion to World War II / Ed. by I.C.B. Dear, M.R.D. Foot. Oxford, 2001. P. 254-255.

272. Kerr to Eden, 25th Oct., 1942 // TNA, FO 371/33036; Eden to Kerr, 30th Oct., 1942//Ibid.

273. W.P. (42) 502, Nov. 2, 1942//TNA, CAB 66/30/32.

274. Eden to Kerr, 3rdNov., 1942; Eden to Kerr, 4th Nov., 1942 //TNA, FO 181/969/12.

275. Kerr to Eden, 6th Nov., 1942 // Ibid.

276. Запись беседы тов. И. В. Сталина с английским послом Керром, 5.XI.1942 // РЕАСПИ. Ф. 558. Оп. 11. Д. 284. Л. 16-19.

277. РЕАСПИ. Ф. 17. Оп. 162. Д. 37. Л. 62-65.

278. САНО. Т. 1. С. 328-329.

279. ДВП. Т XXV. Кн. 2. С. 299.

280. САНО. Т. 1.С. 270.

281. Подробнее см.: FunkA.L. The Politics of TORCH. Lawrence, 1974.

282. Gilbert M. Winston S. Churchill. Vol. VII. P. 250.

283. 牛津大学关于第二次世界大战的史料中引录了3万人这个数字。См.: The Oxford Companion to World War II. P. 255.

284. Цит. no: Reynolds D. In Command of History: Churchill Fighting and Writing the Second World War. N. Y., 2005. P. 255.

285. Churchill to Ismay for C.O.S. Committee, 28th Sept., 1942 // CHAR 20/67. Опубликовано в: The Churchill Documents. Vol. 17. P. 1237-1238.

286. ДВП. Т XXV. КН. 2. С. 328.

287. Мировые войны XX века. Кн. 4. Вторая мировая война. Документы и ма¬териалы. М., 2002. С. 379.

288. САНО. Т. 1.С. 271.

289. РГАСПИ. Ф. 558. Оп. 11.Д. 257. Л. 106.

290. Великая Отечественная война Советского Союза 1941–1945: Краткая история. С. 169.

291. САНО. Т. 1. С. 308.

292. Dew's Minute, 11 Nov., 1942 // TNA, FO 371/32918.

293. Молотов–Керру, 8.XI.1942 // РЕАСПИ. Ф. 558. Оп. 11. Д. 257. Л. 108-109.

294. САНО. Т. 1. С. 303.

295. Там же. С. 307.

296. Policy for the Conduct of the War. Oct. 24, 1942 // TNA, PREM 3/499/4.

297. Майский–НКИД, 10.XI.1942 //АВП РФ. Ф. 059. Оп. 1. П. 372. Д. 2532. Л. 192.

298. Churchill & Roosevelt. Vol. 1. P. 671-673.

299. Товарищу Сталину И. В., Товарищу Молотову В.М. (от Фалалеева и Ники¬тина), 26.XI, 3 и 13.XП.1942 //АП РФ. Ф. 3. Оп. 50. Д. 420. Л. 21-26.

300. Lukas R.C. Eagles East: the Army Air Forces and the Soviet Union, 1941–1945. Tallahassee, 1970. P. 153-158.

301. САНО. Т. 1. С. 303.

302. Там же. С. 304.

303. Churchill to Eden, Hollis for C.O.S. Committee, 16th Sept., 1942 //
339 CHAR 20/67.

304. САНО. Т. 1. С. 307.

305. W.P. (42) 525, Nov. 13, 1942//TNA, CAB 66/31/5.

306. Великая Отечественная война 1941–1945: военно-исторические очерки. Кн. 2. М., 1998. С. 50; Великая Отечественная война 1941–1945 годов. Т. 3. С. 372сл.

307. АП РФ. Ф. 45. Оп. 1. Д. 374. Л. 15.

308. Запись беседы тов. И. В. Сталина с английским послом Керром, 24.11.1943 // РГАСПИ. Ф. 558. Оп. 11. Д. 284. Л. 49.

309. FRUS. 1942. Vol. III. P. 655-659.

310. Dictionary of Contemporary Chinese Military History / Ed. by L.M. Wortzel, R. Higham. Westport, 1999. P. 118.

311. FRUS. 1942. Vol. III. P. 658; Butler S. Op. cit. P. 96-97.

312. Народному комиссару обороны Союза С.С.Р тов. И. В. Сталину, 10.XП.1942 (от Евстигнеева, начальника отдела внешних сношений НКО) // АП РФ. Ф. 3. Оп. 50. Д. 416. Л. 72-73.

313. Громыко–Молотову, 1.X.1943 // АВП РФ. Ф. 059. Оп. 10. П. 3. Д. 27. Л. 20-22.

314. Гендерсон–Молотову, 14.XIL1942 // РГАСПИ. Ф. 558. Оп. 11. Д. 364. Л. 141.

315. Подробнее см.: Hammel E.M. Guadalcanal: Decision at Sea. N. Y., 1988; O'Hara V. TheU.S. Navy against the Axis: Surface Combat, 1941–1945. Annapolis,

2007. Ch. 5.

316. САМО. Т. l.С. 260.

317. Churchill & Roosevelt. Vol. 1. P. 520.

318. Churchill to Ismay for C.O.S. Committee, 18th Nov., 1942 // CHAR 20/67. Опубликовано в: The Churchill Documents. Vol. 17. P. 1419-1421.

319. Молотов–Майскому, 20.XI.1942 //РГАСПИ. Ф. 558. Оп. 11. Д. 257. Л. 136.

320. Prime Minister to Premier Stalin, 22ndNov., 1942 //TNA, PREM 3/393/7.

321. CIGS for Prime Minister, 23rd Nov., 1942 // Ibid.

322. САНО. Т. 1. С. 310; САМО. Т 1. С. 261.

323. Evans M.L. Op. cit. P. 67.

324. САНО. Т. l.С. 305.

325. Tamkin N. Britain, the Middle East. P. 314-336; idem. Britain, Turkey and the Soviet Union, 1940–1945. Strategy, Diplomacy and Intelligence in the East Mediterranean. Basingstoke, 2009.

326. Eden to Churchill, 17th Nov., 1942 //TNA, PREM 3/393/7.

327. ДВП. Т XXV. Кн. 2. С. 357.

328. Там же. С. 363.

329. Советско-американские отношения. 1939–1945. С. 321.

330. САНО. Т. 1.С. 314.

331. Kerr to Eden, 25th Nov., 1942 // TNA, FO 181/969/6.

332. САНО. Т. l.С. 304.

333. ДВП. Т XXV. Кн. 2. С. 299.

334. War Cabinet, COS Committee, Minutes of Staff Conference, 16th Dec. 1942 // TNA, PREM 3/499/7. 340

335. Керр–Молотову, 25.XI.1942 // РГАСПИ. Ф. 558. Оп. 11. Д. 257. Л. 138.

336. САМО. Т 1. С. 260.

337. Там же. С. 58, 63.

338. D. Mathews to W. Leahy, Dec. 10, 1942 // FDRL, W. Leahy Diaries, Reel 3.

339. Smuts to Prime Minister, 19th Nov. 1942; Prime Minister to Eden, 18th Nov. 1942 // TNA, PREM 3/442/9.

340. General Ismay for C.O.S. Committee, 29th Nov., 1942 // TNA, PREM

3/499/7. Опубликовано в: The Churchill Documents. Vol. 17. P. 1459.

341. Kimball W. Forged in War. Roosevelt, Churchill and the Second World War. Chicago, 1997. P. 166.

342. История Второй мировой войны, 1939–1945. Т 6. М., 1976. С. 35. 此前的史料中苏联空军的数量被低估，并认为德国军队具有更大优势。См.: Великая Отечественная война Советского Союза 1941–1945: краткая история. С. 210.

343. Василевский А.М. Дело всей жизни. Изд. 2-е, доп. М., 1975. С. 250.

344. 此次行动的结果在历史学界引起了较大争论。См.: Орлов А.С. Операция «Марс»: различные трактовки // Мир истории. 2000. № 4.

345. Молотов–Майскому, 27.XI.1942 // РГАСПИ. Ф. 558. Оп. 11. Д. 257. Л. 149-151.

346. Майский–НКИД, 28.XI.1942 //АВП РФ. Ф. 059. Оп. 1. П. 372. Д. 2533. Л. 152.

347. Майский–НКИД, 3.XIL1942 // Там же. Л. 205.

348. Майский–НКИД, 28.XI.1942 // Там же. Л. 152.

349. Casey S. Cautious Crusade: Franklin D. Roosevelt, American Public Opinion, and the War against Nazi Germany. Oxford, 2001. P. 112-118.

350. ДВП. Т. XXV. КН. 2. С. 392.

351. Baggallay to Eden, 18th Dec., 1942 // TNA, FO 181/969/6.

352. Baggallay to Eden, 27th Dec., 1942 // Ibid.

353. Kerr to Foreign Office, 10th Dec., 1942 // TNA, FO 954/16.

354 Mr. Eden to Sir A. Clark Kerr, 27th Nov., 1942 // TNA, FO 181/969/6.

355. From Moscow to Foreign Office, 14th Nov., 1942 //TNA, FO 371/32916.

356. Churchill & Roosevelt. Vol. 2. P. 43.

357. Ibid. P. 53-54.

358. Kimball W. Forged in War. P. 185.

359. Note by the Minister of Defence, Dec. 2, 1942 //TNA, PREM 3/499/7.

360. САНО. Т. 1. С. 321.

361. FDRL, MR, Box 8.

362. ДВП. Т. XXV. КН. 2. С. 418-420.

363. РГАСПИ. Ф. 558. Оп. 11. Д. 258. Л. 24.

364. TNA, CAB 65/32/7, CAB 65/32/9, CAB 65/32/10.

365. Churchill & Roosevelt. Vol. 2. P. 85-86, 113.

366. W.C. Conclusions, Jan. 4, 1943 //TNA, CAB/65/33.

367. ДВП. T XXV. KH. 2. C. 446-447.

368. Memorandum for the President, Oct. 19,1942; Memorandum for Capt. McCrea, n.d. // FDRL, MR, Box 8. 341

369. Из Вашингтона, 18.X.1942 // РГАСПИ. Ф. 558. Оп. 11. Д. 385. Л. 119.

370. Memorandum for the Joint Chiefs of Staff, Dec. 26, 1942 // NARA, RG 218, Geographic File, 1942–1945, CCS 373 USSR (7-2-42).

371. Memorandum for the President, Dec. 30, 1942 // FDRL, MR, Box 8.

372. РГАСПИ. Ф. 558. Оп. 11. Д. 365. Л. 2.

373. FRUS: Diplomatic Papers, Conferences at Washington, 1941–1942, and Casablanca, 1943. Washington, 1968. P. 506-507.

374. Memorandum for General Marshall, Jan. 8, 1943 // FDRL, MR, Box 8.

375. Gilbert M. Winston S. Churchill. Vol. VII. P. 285.

376. For Prime Minister, n.d. // TNA, PREM 3/393/8.

377. САНО. Т. 1. С. 326-327.

378. To Foreign Secretary, First Ixird, Sea Lord, 9th Jan., 1943 // TNA, FO 954/3.

379. Майский ИМ. Дневник дипломата. С. 190.

380. РГАСПИ. Ф. 558. Оп. 22. Д. 365. Л. 12-13.

381. Майский ИМ. Дневник дипломата. С. 194.

382. Из Лондона, 9.II.1943 //АВП РФ. Ф. 059. Оп. 7. И. 13. Д. 6. Л. 221-222.

383. Prime Minister to Foreign Secretary and Secretary of State for Air, 18th Jan., 1943//CHAR 20/105.

384. Майский ИМ. Дневник дипломата. С. 193.

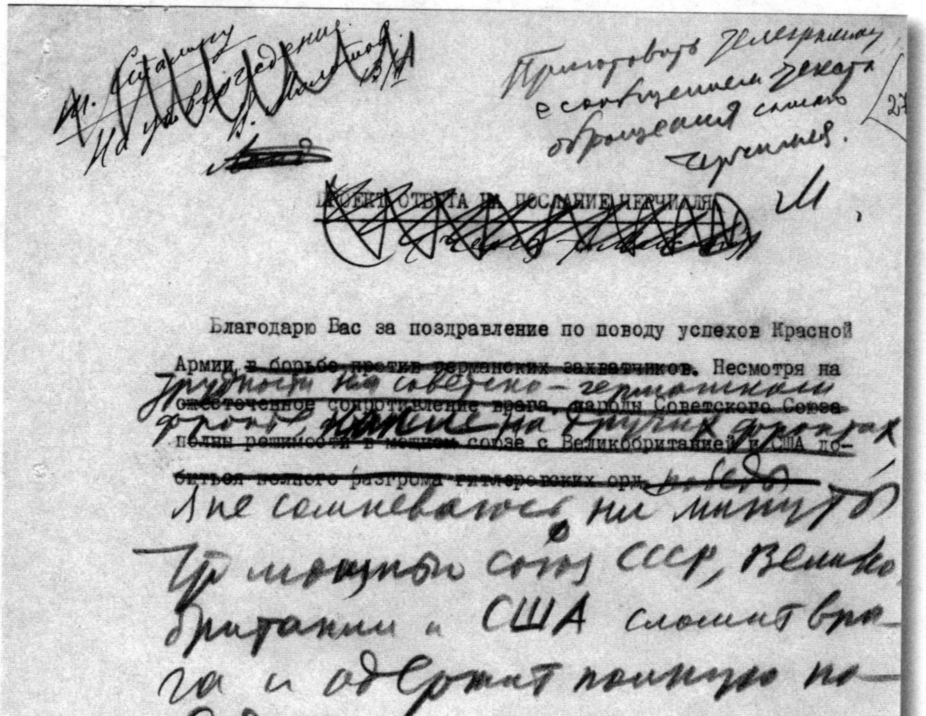

ПРОЕКТ ОТВЕТА НА ПОСЛАНИЕ ЧЕРЧИЛЛЯ

Благодарю Вас за поздравление по поводу успехов Красной Армии в борьбе против германских захватчиков. Несмотря на ожесточенное сопротивление врага, народы Советского Союза полны решимости в могучем союзе с Великобританией и США добиться полного разгрома гитлеровских орд.

Я не сомневаюсь ни минуты, что могучий союз СССР, Великобритании и США сломит врага и одержит полную победу.

斯大林写给丘吉尔的信函草稿，上有斯大林修改手迹，1942年2月14日。

英方代表在机场迎接M.B.莫洛托夫，1942年5月。

为M.B.莫洛托夫送行。华盛顿，1942年6月4日。左二：利特维诺夫，左三：M.B.莫洛托夫，左四：赫尔。

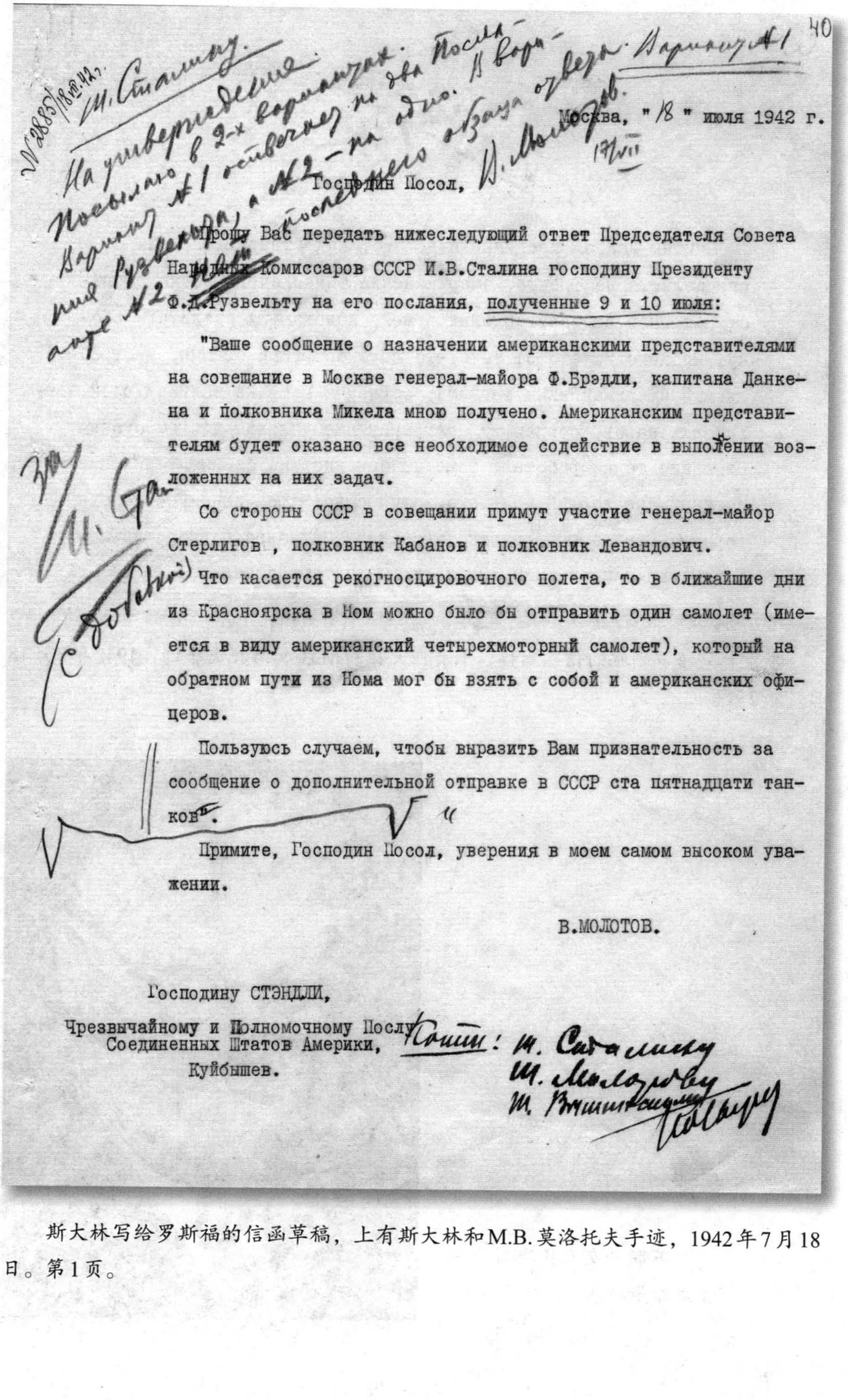

Москва, "18" июля 1942 г.

Господин Посол,

Прошу Вас передать нижеследующий ответ Председателя Совета Народных Комиссаров СССР И.В.Сталина господину Президенту Ф.Д.Рузвельту на его послания, полученные 9 и 10 июля:

"Ваше сообщение о назначении американскими представителями на совещание в Москве генерал-майора Ф.Брэдли, капитана Данкена и полковника Микела мною получено. Американским представителям будет оказано все необходимое содействие в выполнении возложенных на них задач.

Со стороны СССР в совещании примут участие генерал-майор Стерлигов , полковник Кабанов и полковник Левандович.

Что касается рекогносцировочного полета, то в ближайшие дни из Красноярска в Ном можно было бы отправить один самолет (имеется в виду американский четырехмоторный самолет), который на обратном пути из Нома мог бы взять с собой и американских офицеров.

Пользуюсь случаем, чтобы выразить Вам признательность за сообщение о дополнительной отправке в СССР ста пятнадцати танков".

Примите, Господин Посол, уверения в моем самом высоком уважении.

В.МОЛОТОВ.

Господину СТЭНДЛИ,

Чрезвычайному и Полномочному Послу
Соединенных Штатов Америки,
Куйбышев.

斯大林写给罗斯福的信函草稿，上有斯大林和M.B.莫洛托夫手迹，1942年7月18日。第1页。

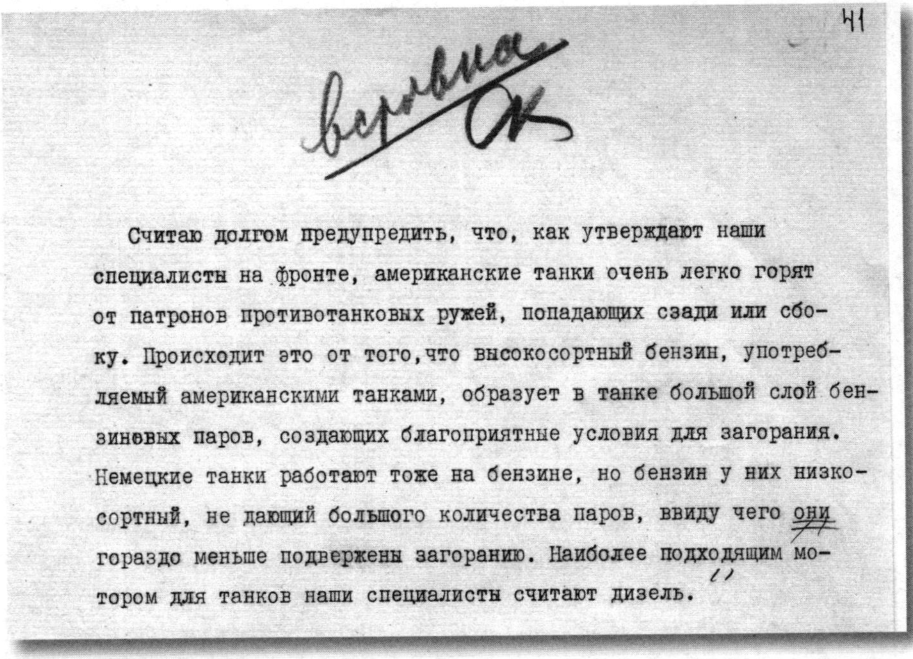

41

Считаю долгом предупредить, что, как утверждают наши специалисты на фронте, американские танки очень легко горят от патронов противотанковых ружей, попадающих сзади или сбоку. Происходит это от того,что высокосортный бензин, употребляемый американскими танками, образует в танке большой слой бензиновых паров, создающих благоприятные условия для загорания. Немецкие танки работают тоже на бензине, но бензин у них низкосортный, не дающий большого количества паров, ввиду чего они гораздо меньше подвержены загоранию. Наиболее подходящим мотором для танков наши специалисты считают дизель.

斯大林写给罗斯福的信函草稿，上有斯大林和M.B.莫洛托夫手迹，1942年7月18日。第2页。

苏联外交人民委员会副主席维辛斯基。

伦敦居民在战争时期的日常生活写照：市民在地铁里躲避德军轰炸。

M.B.莫洛托夫访问英国留影。左起：迈斯基、M.B.莫洛托夫、艾德礼、利特尔顿、丘吉尔、艾登。伦敦，1942年。

丘吉尔抵达莫斯科中心机场后发表简短讲话，1942年8月。

丘吉尔与斯大林在克里姆林宫进行“手镯”会谈。1942年8月。

租借法案之路：发往苏联的盟国护航运输队。

北方护航运输队充满危险的航程。

美国参谋长联席会议成员的工作早餐，1942年10月。左起：E.金、G.马歇尔、W.莱希、H.阿诺德。

战斗友谊：苏联和美国飞行员在阿拉斯加P-63战斗机前合影留念。

航行中的德国“沙恩霍斯特”号战列舰。

美国士兵在“火炬”行动中登陆，1942年11月。

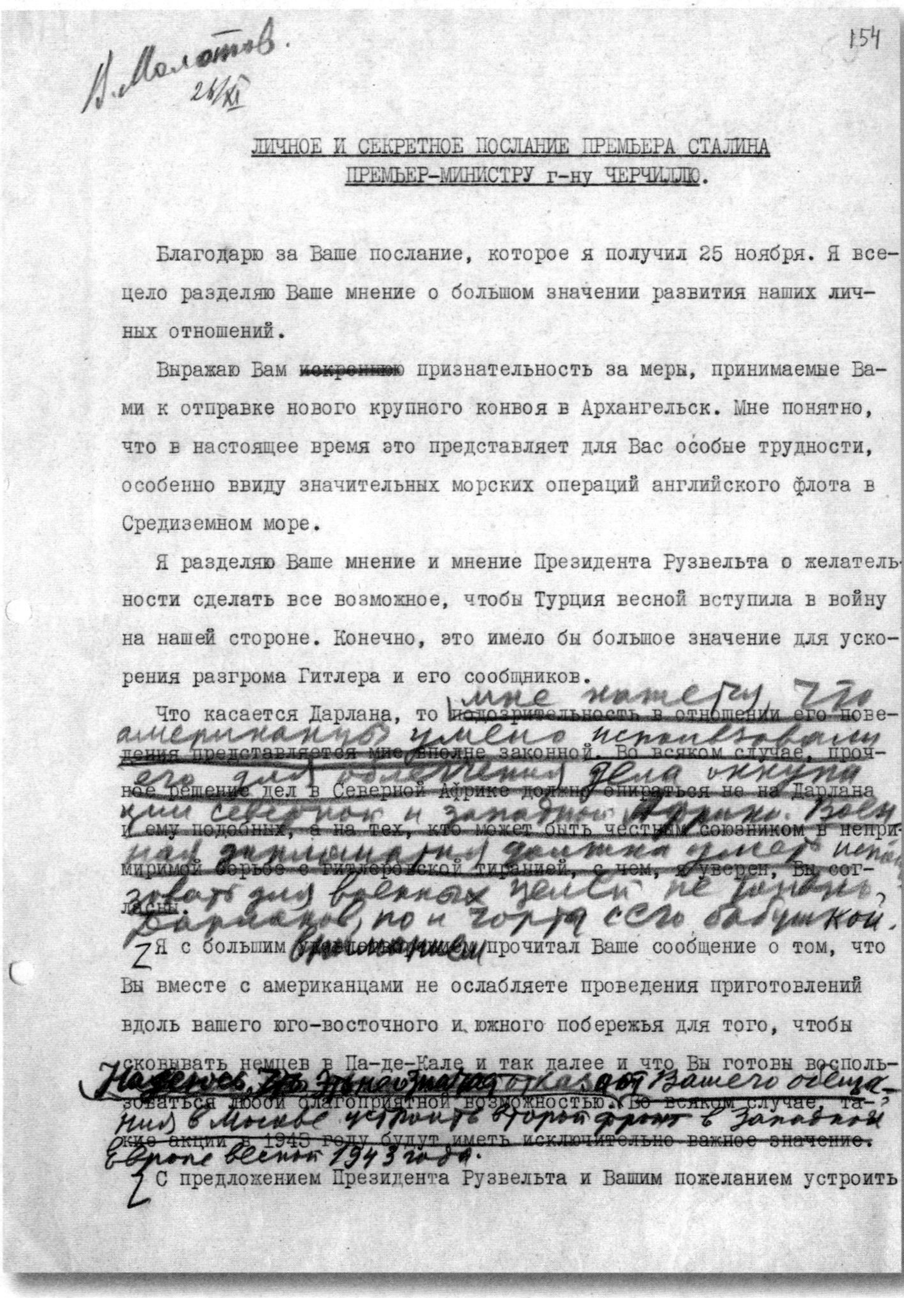

В. Молотов. 26/XI

154

ЛИЧНОЕ И СЕКРЕТНОЕ ПОСЛАНИЕ ПРЕМЬЕРА СТАЛИНА
ПРЕМЬЕР-МИНИСТРУ г-ну ЧЕРЧИЛЛЮ.

Благодарю за Ваше послание, которое я получил 25 ноября. Я всецело разделяю Ваше мнение о большом значении развития наших личных отношений.

Выражаю Вам ~~искреннюю~~ признательность за меры, принимаемые Вами к отправке нового крупного конвоя в Архангельск. Мне понятно, что в настоящее время это представляет для Вас особые трудности, особенно ввиду значительных морских операций английского флота в Средиземном море.

Я разделяю Ваше мнение и мнение Президента Рузвельта о желательности сделать все возможное, чтобы Турция весной вступила в войну на нашей стороне. Конечно, это имело бы большое значение для ускорения разгрома Гитлера и его сообщников.

Что касается Дарлана, то ~~подозрительность в отношении его поведения представляется мне вполне законной. Во всяком случае, прочное решение дел в Северной Африке должно опираться не на Дарлана и ему подобных, а на тех, кто может быть честным союзником в непримиримой борьбе с гитлеровской тиранией, с чем, я уверен, Вы согласны.~~ мне кажется, что американцы умело использовали его для облегчения дела оккупации северной и западной Африки. Военная дипломатия должна уметь использовать для военных целей не только Дарланов, но и черта с его бабушкой.

Я с большим ~~удовлетворением~~ вниманием прочитал Ваше сообщение о том, что Вы вместе с американцами не ослабляете проведения приготовлений вдоль вашего юго-восточного и южного побережья для того, чтобы сковывать немцев в Па-де-Кале и так далее и что Вы готовы воспользоваться любой благоприятной возможностью. ~~Во всяком случае, такие акции в 1943 году будут иметь исключительно важное значение.~~ Надеюсь, что это не означает отказа от Вашего обещания в Москве устроить второй фронт в Западной Европе весной 1943 года.

С предложением Президента Рузвельта и Вашим пожеланием устроить

斯大林写给丘吉尔的信函草稿，上有斯大林修改手迹，1942年11月27日。片段。

父子兵：罗斯福与儿子艾略特及霍普金斯在卡萨布兰卡，1943年1月。

丘吉尔和罗斯福在卡萨布兰卡大会上，1943年1月。

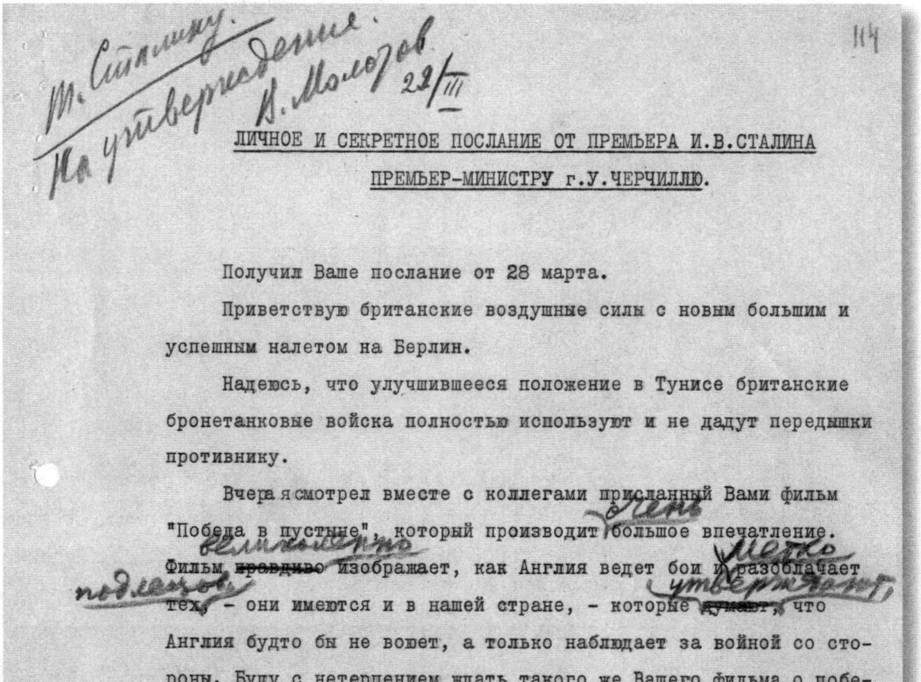

Т. Сталину. На утверждение. В. Молотов 29/III

114

ЛИЧНОЕ И СЕКРЕТНОЕ ПОСЛАНИЕ ОТ ПРЕМЬЕРА И.В.СТАЛИНА ПРЕМЬЕР-МИНИСТРУ г.У.ЧЕРЧИЛЛЮ.

Получил Ваше послание от 28 марта.

Приветствую британские воздушные силы с новым большим и успешным налетом на Берлин.

Надеюсь, что улучшившееся положение в Тунисе британские бронетанковые войска полностью используют и не дадут передышки противнику.

Вчера я смотрел вместе с коллегами присланный Вами фильм "Победа в пустыне", который производит очень большое впечатление. Фильм ~~правдиво~~ великолепно изображает, как Англия ведет бои и метко разоблачает тех подлецов, - они имеются и в нашей стране, - которые ~~думают~~ утверждают, что Англия будто бы не воюет, а только наблюдает за войной со стороны. Буду с нетерпением ждать такого же Вашего фильма о победе в Тунисе.

Фильм "Победа в пустыне" будет широко распространен по всем нашим армиям на фронте и среди широких слоев населения страны.

29 марта 1943 года.

斯大林写给丘吉尔的信函原件，上有斯大林的修改手迹，1943年3月29日。

美国驻苏联大使施泰因哈特。

美国驻苏联大使斯坦德利。

美国驻苏联大使哈里曼在美国大使馆招待会上，1945年。

苏联驻美国大使乌曼斯基。

第4章 342

伟大的转折之年（1）：从卡萨布兰卡到“三叉戟”

1943年是第二次世界大战进程和盟国关系真正的转折之年。苏联红军继在斯大林格勒取得巨大胜利后，又取得了库尔斯克会战的胜利，从而摧毁了法西斯德国军队的主要突击力量，德军从此彻底丧失了战略主动权。同东线战场规模相比，盟军在北非的战绩略显逊色，但也肃清了法西斯在该地区的威胁，为解放地中海和迫使意大利投降铺平了道路。1943年夏，大西洋海战开始向有利于盟军的方向发展。在太平洋战区，美军在西北方向不断“由岛向岛”推进的同时，开始收复被日本夺占的领土。总体力量对比已发生有利于反法西斯联盟的转变，当年年底战争结局已趋于明朗。

军事上的胜利不仅改善了盟国关系的氛围，也为推动英美同苏联的合作提供了助力。用丘吉尔的比喻便是：对德国人“紧缩包围圈”，这要求更加紧密地协调军事行动和外交努力，结束战争并为战后和平做好准备。“三巨头”之间的关系有了新的起色。苏联已作为军事大国崛起，美国巨大的经济和军事资源全面动员，苏美“核心”不断加强，英国地位相对减弱。难怪丘吉尔悲叹，在德黑兰他感觉自己这头“可怜的英国小毛驴”被夹在中间，一边是“巨大的俄国熊”，另一边是“强大的美洲野牛”。[1]

所有这些变化都不可避免地反映在三位领导人的相互关系和书信往来中。而且面临的事态和问题同这种长远趋势一起继续对三国关系产生着影
响。在合作程度不断加强的同时，国家之间的关系依然忽冷忽热，其原因既 343
有战略上的分歧，也有战术上的差异，抑或只是纯粹个人认识上的不同。

当年，在大部分时间里，主要的绊脚石就是第二战场的问题。尽管美国人加强了抵制丘吉尔“外围”战略的力度，但之前已采纳决议的惯性及后果，导致盟军深入法国北部的方案不断延宕。英美卡萨布兰卡会议决议回答了迈

斯基1942年10月思考的问题。迈斯基在其给斯大林的加急电报中写道："'火炬'行动结束后，盟军准备做什么？他们将攻向何方：法国，意大利，还是巴尔干？"[2]

如果卡萨布兰卡会议只是引起了莫斯科关注的话，那么英美在华盛顿的第二次会议［即1943年5月12—25日召开的"三叉戟（Трайдент）"会议］则引发了英美同苏联关系的尖锐危机。会后，斯大林严厉批评了英美背信弃义，尤其是在给丘吉尔个人的信函中更是明确地表达了这种愤慨（第249、257号文件）。感觉受到侮辱的丘吉尔正如在文件中所表现的那样，甚至准备以中止同斯大林通信来要挟，但在迈斯基和英国外交官的说服下还是没有迈出这一步。特地为本书信集解密的迈斯基的加急电报文集清楚地再现了英国首相复杂的情绪和心态——首相尽管对克里姆林宫的主人愤怒之至，但还是非常担心与克里姆林宫主人的关系跨过红线。

显而易见，1943年夏召回迈斯基和利特维诺夫这两位受西方欢迎的外交官的时间与第二战场问题有密切的联系。接替他们的是"莫洛托夫招募"的顺从的年轻外交官Ф.Т.古谢夫（Гусев Ф.Т.）和А.А.葛罗米柯（Громыко А.А.）。苏联驻华盛顿，特别是驻伦敦大使实力的减弱也在往来书信中反映出来：斯大林的信函已不是由大使送达，从而使克里姆林宫失去了独立评估收件人反应并影响信函往来进程的敏锐观察家和老道谏言人。由于美国以威望更高的哈里曼替换了斯坦德利，英国大使克尔继续留任，因此对于罗斯福和丘吉尔来说，他们依旧可以从莫斯科方面得到及时、完整的反馈信息，甚至较之以前更有改善。

盟国的北方护航运输队在3月份时断时续，这也成为导致苏英关系恶化的主因，但让经验丰富的迈斯基感到惊叹的是，由于斯大林的执着态度很快
344 使紧张局面得到了化解，反而促使罗斯福和丘吉尔采取补救措施，继续为苏联提供援助（第213、214号文件）。

这一时期波兰问题开始在盟国关系中凸显。卡廷惨案公之于众导致苏波关系破裂，反希特勒联盟的牢固程度受到了严峻考验。最终，为了团结一致对付共同敌人、不因次要盟友的问题而与主要盟友争执的实用主义考量在伦敦和华盛顿占了上风。而斯大林在同罗斯福和丘吉尔的信件往来过程中，采取了灵活策略，迫使盟友接受改组波兰流亡政府的方针，从而化解了危机（第234号文件）。1943年夏之前，波兰问题退居次要位置，但又很快成为引爆莫斯科和西方关系的主要导火索之一。

随着苏联在战争中作用的增强，其在战后调解中的作用也不可小觑，这

使得罗斯福谋求同斯大林建立更紧密的联系。5月，罗斯福总统派自己信赖的特使J.戴维斯（Дэвис Дж.）带着秘密信函去莫斯科，商讨绕开丘吉尔同苏联领导人面对面会晤的问题。当首相得知此事之后，罗斯福推诿说这是斯大林的主意。在这种情况下，斯大林表现得更为大度：不拒绝和罗斯福总统会面，但建议邀请丘吉尔参加（第244号文件）。对外政策档案中新解密的文件证明，罗斯福寻求同斯大林单独会见的意愿坚决；外交档案编纂人员发现了历史学家至今未注意到的罗斯福给斯大林的“非官方”信函，该信函1943年8月25日由葛罗米柯转交。罗斯福的这种秘密外交很自然地削弱了丘吉尔作为克里姆林宫同白宫调停人的作用，从而使其与丘吉尔关系变得复杂起来。

在与盟友的信件往来过程中，斯大林—莫洛托夫组合在达成既定目标方面又一次表现出非凡的外交才能。除了巧妙迂回解决了苏波危机外，斯大林还实现了建立有苏联参加的意大利军事政治委员会的目标，在组织召开莫斯科三大国外长会议问题上发挥了决定性作用，按照自己的意愿选择时间和地 345
点召开了德黑兰峰会。在信件往来过程中，斯大林继续采取因人而异的处事态度：对丘吉尔在不断“泼冷水”的同时，间或以适当恭维，而对罗斯福则保持更为平等和尊重的态度。

* * *

1943年1月12—24日在卡萨布兰卡召开的英美会议上英国方面占尽优势，与美国人不同，英国人有明确的纲领，为了达到自己的目的按部就班地行动。会议决议体现的是英国战略的优先方向，即：支持继续在地中海作战，增加在不列颠群岛的兵力集结，以伺机反攻欧洲大陆，加强对德国本土的轰炸，欧洲战场相较于太平洋战场具有优先重要的意义。虽然1943年开辟第二战场的计划没有明确放弃，但正如英美两国军事参谋计划人员所理解的那样，地中海战略自然无法与法国北部大规模进攻战略相提并论，因为“哈斯基（Хаски）”行动［占领西西里岛的“爱斯基摩（Эскимо）”行动］占用了“围猎”行动的兵力。受其他大型进攻战役延宕的影响，“火炬”计划被推迟，这使得情况变得更为复杂，丘吉尔挚友史末资元帅在卡萨布兰卡会议前夕给丘吉尔写信称：“我们将浪费一年的时间，对俄国而言，这一年存在新的失败的风险。这已是覆水难收。”[3] 丘吉尔则以来自斯大林格勒的最新消息回答道：“从俄国传来的最新消息出乎我们所料，但在同我的其他朋友商议之前，我无法就‘波莱罗’行动或‘重锤’行动给约瑟夫任何答复。”[4]

用迈斯基的比喻，所有这些意味着盟军将继续揪着纳粹这只“野兽的尾巴”，而不是“敲打它的脑袋”。在会议上，丘吉尔不止一次地竭力说明，下一步在西欧的行动不会像“围猎”行动这样，而某种程度上更像“重锤”计划。“重锤”行动规模相对较小，因此作为在德国崩溃的情况下的备选方案，
346 其目的并不是为了把德国军队从东线引向西线。[5] 美国战略计划组组长A.魏德曼（Ведемейер А.）将军在总结此次会见成果时指出：“‘波莱罗’行动和‘重锤’行动的翅膀已经被‘火炬’的火焰点燃，当卡萨布兰卡还在决定继续地中海行动的时候，我就已经知道，在1943年强渡海峡给德国决定性打击……已无可能。”[6]

虽然罗斯福和丘吉尔在往来信函中还未承认放弃1943年开辟第二战场的计划，但他们很清楚，斯大林未必会喜欢卡萨布兰卡的结果。魏德曼就此写道：“我们所有人都知道，围绕地中海岛屿的任何一场战役都不会为俄国人开辟第二战场，不会从东线吸引‘轴心国’的兵力。”[7] 因此，他们决定特地给斯大林写联名信通报会议情况，信函由霍普金斯和哈里曼草拟，经参谋长联席会议（ОКНШ）1月22日会议同意。1月23日，罗斯福和丘吉尔在卡萨布兰卡会晤时又进行了讨论，之后由于丘吉尔极力邀请罗斯福总统“看阿特拉斯山脉（Атласские горы）雪峰的落日”，[8] 又于1月24日深夜直至25日凌晨在马拉喀什继续讨论。联名信函最终标注日期为1月25日。[9] 对于向国际社会舆论展示反希特勒联盟的团结而言，向莫斯科通报卡萨布兰卡会议决议是必要的。在会议公报中出现（根据丘吉尔的建议）“已向斯大林主席全面通报了有关战争方面的决议”的语句，[10]也是刻意为之。罗斯福和丘吉尔很小心地核准会议公报的内容，罗斯福总统甚至亲手删除了关于诚挚邀请斯大林参会这样一句话，因为斯大林只同意“会议在更东面一点儿的地点举行才会参加”。显然，罗斯福从这句话中感受到了指责的意味并立即将其勾除。[11] 罗斯福还建议从信函中删去关于为进攻欧洲大陆而投送到不列颠群岛的美国师的计划内容。

因此，所谓向斯大林“全面通报”是夸大其词，因为信函文字定位在一种故意的含糊其辞的基调之上。但西方领导人对克里姆林宫的反应并不迷惑。在丘吉尔给艾登和内阁的信中写道：“对于斯大林而言，在这个世界上，
347 除了让50—60个师在这个春季登陆法国以外，其他都是不可接受的，我认为，他将对联名信函感到失望甚至会被激怒。因此，我个人认为，最聪明的办法是我们同美国人并肩站在一起，因为我们的肩膀够宽。”[12] 斯坦德利和巴加雷都接到指示在一同会见斯大林时亲手转交。[13] 最终在1月26日夜间到27日凌晨的会面中成功转交。[14]

丘吉尔1月27日和29日的两封短信与其即将出访土耳其有关。此次出访在英国内阁内部引发了不小的风波。艾登和艾德礼都劝阻丘吉尔，他们认为没有足够的证据表明土耳其将放弃中立政策，首相出访的时机并不成熟。但丘吉尔根据驻安卡拉大使H.纳奇布·侯格赛（Натчбулл-Хьюгессен）的情报和军方的意见，认为借助于苏军在东线的胜利和盟军在地中海的成功，可以促使土耳其参战。[15] 早在1942年9月，首相就坚持要求英国军方从英国的物资储备中抽调安卡拉方面需要的军事装备，包括坦克。[16] 总的来看，丘吉尔希望说服土耳其领导人对德展开行动，并将此消息通知了斯大林，试图造成此行目的地为莫斯科的传言以掩盖真实目的。

尽管丘吉尔是“三巨头”中最为习惯旅行的一位，但也承认其中的风险，在回忆中“所有这些空中飞行都应被看作危险的旅行”。[17]

172. 罗斯福和丘吉尔致斯大林的信函

1943年1月26日发　　1943年1月27日收

1. 我们同军方参谋进行了协商，制定了战役决心，英国和美国军队应当在1943年的前9个月采取行动。我们希望立即向您通报我们的打算。我们认为，这场战役加上你们有力的进攻配合，可能会使德国在1943年臣服。为了 348
达到这个目标，应该近一切努力。

2. 我们毫不怀疑，对于我们来说，正确的战略是集中力量摧毁德国，以使欧洲战场能够尽快获得决定性的胜利。同时，我们应对日本保持足够的压力，保持在太平洋和远东的主动权，支持中国，阻止日本人将其侵略扩大至其他战场，例如贵国的沿海地区。

3. 我们的主要意图是，将大量德国陆军和空军兵力从俄国战场吸引过来，最大限度地向俄国输送补给物资。我们愿付出任何努力，在任何情况下，以一切可能的方式向俄国提供物资援助。

4. 我们的近期意图是，消灭北非的轴心国兵力并建立海军和空军基地，其目的是：

（1）打通地中海军事运输通道；

（2）对轴心国在欧洲南部的重要目标开始实施密集轰炸。

5. 我们决心，近期把握机会在地中海发动大规模陆海联合行动。目前这些行动正在准备过程中，主要是在埃及和北非各港口集结大批兵力，包括登陆舰艇和器材。此外，我们计划在联合王国境内集结大批美国陆军和空军兵力。这些兵力将同联合王国的英军一道准备反攻欧洲大陆，这一行动很快将付诸实施。这些集结不可能瞒过我们的敌人，但他们永远不会知道我们计划何时何地以何种兵力实施突击。因此他们将不得不把陆军和空军的兵力分散配置于法国海岸、荷兰、科西嘉岛、撒丁岛、西西里、地中海、意大利、南斯拉夫、希腊、克里特岛和多德卡尼斯群岛。

349 6. 在欧洲，我们将快速加大驻联合王国盟军对德国的轰炸，到仲夏前，执行进攻任务的兵力应是现在的2倍。目前我们所取得的经验表明，日间轰炸能够歼灭和毁伤大量的德国歼击机。我们认为，增大日间和夜间突袭的数量与投弹量，能够给德国造成大量的物资损失和精神打击，也能够快速消灭德国的歼击航空兵。正如您所知道的，我们已经在西欧和地中海牵制了一半以上的德国空中力量。我们相信，我们强大而机动性强的轰炸机进攻将同我们实施的其他行动一起，进一步将德国的空中力量和其他兵力从俄国战场上吸引过来。

7. 我们在太平洋的打算是，在近几个月将日本人驱离腊包尔，尔后向日本本土发展胜利。我们还打算增大在缅甸的行动规模，重新打通这条对中国的物资援助通道。但我们绝不允许我们对日本的进攻对我们1943年对德国的决定性打击能力产生消极影响。

8. 我们的主要目的是，动用大量军队在陆地、海上和空中猛攻德国和意大利。

173. 丘吉尔致斯大林的私人机密信函

1943年1月27日发　　　　1943年1月28日收

我和罗斯福总统约定，由我提议土耳其总统同我会面，以采取措施更好更快地武装土耳其军队，以应对未来可能发生的情况。土耳其总统回应，他衷心欢迎这个增强土耳其“整体国防能力”的计划，如果我愿意，他准备在会见后的合适时间公开我们的会面。

350 您已经从我们的来往电文中获悉我在这一问题上的观点，您可以确信，我将快速且毫不拖延地向您通报情况。

请再次接受我对苏联军队继续取得的激动人心的成就的钦佩。

174. 丘吉尔致斯大林的机密信函

1943年1月29日发　　　　1943年1月30日收

您可能也听到传言，说我将再次出访莫斯科，希望您不要否认任何传言，对此我将不胜感激。重要的是，如我之前向您通报的那样，我这几天的实际行程仍然是保密的。

谨致以最诚挚的祝愿。

克里姆林宫对罗斯福和丘吉尔1月25日发出的联名信函十分重视。莫洛托夫显然是根据斯大林的指示，甚至安排人重新核对了巴甫洛夫的译稿，在对比英国使馆的译稿后，人民委员会高级顾问科济列夫向A.H.波斯科列贝舍夫（Поскребышев А.Н.）报告：“……未发现内容上有出入，两篇译文的区别在于巴甫洛夫同志的译稿更为准确，尤其从俄语的角度（措词和风格）来看更加地道。”[18] 实际上，巴甫洛夫的译稿十分准确，只进行了很小的修改便收录到《往来书信》。正如巴加雷向伦敦汇报的那样，斯大林对信件的反应，表现为有克制的冷淡。读罢信后，斯大林只是简短地说“没问题”。克里姆林宫的主人克制住了自己的情绪，没有责备盟国“在之前的会见中表现出对德国人的恐惧”。双方外交官在交谈中都认为，信函中关于下一步战役的信息“不完整”和“不确定”。斯坦德利认为，这是有意为之，目的是教训拒不参加卡萨布兰卡会议的斯大林。但巴加雷的结论是，“显然，斯大林期待的是更为明确的东西”。[19] 实际上，苏联领导人在给罗、丘两位领导人的回信中，询问了计划战役更为详细的情况。他暂时不作具体评价，只是希望（或者只是做出 351
这一姿态）盟国能够继续履行1943年开辟第二战场的承诺。盟国努力“从俄国战场吸引大量德国陆军和空军兵力”的保证与实际行动并不一致，而德军司令部则抓紧利用盟军拖延开辟第二战场而产生的时间间隙。1月22日，情报总局根据可靠消息来源报告，德军总司令部认为，“……如果英国人不确信苏德战场的德军主力会被消灭，他们就不会在欧洲发动进攻。因此，德军司令部已下定决心，最大限度地动用德国本土及被占领国家的战略预备队，以加强苏德战场，防止灾难发生。”[20]

莫洛托夫草拟了回信，斯大林没有修改便立即发出。1月31日给丘吉尔的简短信函亦是如此处理。

175. 斯大林致丘吉尔和罗斯福的私人秘密信函

1943年1月30日发

二位友好的联名来函已于1月27日收悉。感谢通报卡萨布兰卡会议决议，特别是关于美英武装力量将于1943年头9个月发起战役的决定。我认为二位就德国问题做出的决定，可当作在1943年开辟欧洲第二战场来战胜德国的任务来完成，如能得知所计划具体战役和计划实施时间我将感激不尽。

至于苏联，我可以向你们保证，苏联军队正在苏德战场上竭尽全力地继
352 续进攻德国及其仆从国。如果情况允许，我们考虑于今年2月上旬结束我们的冬季战局。我们的部队很疲劳，需要休整，在这一时间段内继续进攻已十分勉强。

176. 斯大林致丘吉尔的私人秘密信函

1943年1月31日发

已收到您关于即将同土耳其总统会面的信函。如能告知会晤成果将十分感谢，我也知晓其重要意义。

您提出的，对于您行程的传言不进行辟谣的意见将会得到执行。

丘吉尔的土耳其之行及其1月30—31日同土耳其领导人在阿达纳（Адана）省的会晤并未如首相所愿使土耳其政策明显转向盟国一方。安卡拉在同意从大英帝国获得武器援助并组建专门负责此事的双边委员会后，避而不谈参加对德战争的问题。但丘吉尔并未放弃自己内心深处将土耳其纳入对轴心国作战的想法，这一点对于证明其地中海战略的正确性而言是重中之重，他想借此实现两个目的：迫使意大利退出战争和土耳其参战。艾登向迈斯基出示了丘吉尔同土耳其人会谈的加急电报，迈斯基向莫斯科报告了英国人此时的心情：“情绪高涨、高兴、快乐、几近幼稚。此时此刻难以想象，发这封电报的是处于世界大战最紧张时刻的大英帝国的首相，而不是刚从枯燥的学校跑出来的满脸绯红的小学生。”[21]

丘吉尔在向斯大林通报此次会谈时，以主观意愿代替了客观事实，明显

夸大了安卡拉准备参与对德行动的决心。尽管阻碍土耳其参战的原因之一是土方对苏联地位上升的担忧，但丘吉尔还是致力于减轻土耳其方面的担忧。丘吉尔对此事的做法也极为与众不同。1943年初，丘吉尔认为，战后有可能在10年的时间内，苏联的主要任务将是恢复国民经济，而不是在对外政策舞台上积极行动。[22] 但在1月30日同土耳其领导人会晤时，丘吉尔却说道，“战 353
后俄国有可能表现得更加帝国主义化”，但丘吉尔还是使对方相信战后将成立新的国际组织，俄国没有什么好怕的。[23] 有可能是英国军方在此问题上对丘吉尔产生了影响，他们认为，英国应当在土耳其对苏联态度上起“助推”作用，以将土耳其“拉到”盟国一边。[24] 总体上，英国首相想打两张牌推动土耳其参战：一张是苏联的军事胜利和德国的衰败，另一张是土耳其对苏联的担忧，借此说服土耳其的政客们将自己的命运同英国和美国联系在一起，以此换取战后两国对土耳其的支持。

丘吉尔还在信函中回答了斯大林询问的盟军推迟在北非进攻的问题，他将此归咎于糟糕的天气、漫长的交通线和敌人防御阵地的兵力。尽管蒙哥马利的第8集团军比预计的日期提前夺占了的黎波里，即1月23日，而非丘吉尔给罗斯福的信中所说的“2月初”，[25] 但的黎波里的港口已被德国人破坏，重建需要时间。实际上盟军的情况并不容乐观，隆美尔还能够依靠所谓的马雷斯（Марет）防线，这是地中海和达哈尔（Дахар）高原间50千米的堡垒地带，最初由法国人于1936年建成，有时也被称为“非洲马奇诺（Мажино）防线”。[26] 深谙蒙哥马利战术的隆美尔知道，小心谨慎的英国将军不会从行进间发起突击，而是要等待增援和军需补给以扩大自身对敌优势之后才会实施。[27]

1月28日，德军最高统帅部命令隆美尔尽可能久地扼守防线。[28] 正如德国元帅A.凯塞林（Кессельринг A.）后来回忆的那样：“（盟军）再成功的正面冲击也不会有战略意义，因为从马雷斯防线的进攻最终会止步杰里德盐湖（Шотт-Эль-Джерид）一带。即便是考虑到马雷斯防线前出防御体系的弱点，防线依然足以能够把敌人从滩头阵地击退，英国人已经吃过一次苦头。”[29]

与之前一样，丘吉尔在2月1日的信函中向斯大林通报了北非德意军队人 354
数的秘密情报。现代历史学家研究表明，总体上来说，英国首相的数据是相当准确的。[30] 这并非偶然，因为丘吉尔的数据基于截获并破译的德国驻突尼斯司令部的通信而得。[31] 尽管丘吉尔关于英美军队推迟进攻的理由有足够的根据，但斯大林认为没有说服力。英国首相所说的交战与苏德战场规模相比相形见绌，因此很难说服斯大林相信，斯大林指挥的是百万大军参战军事行动，他们在斯大林格勒城下摧毁德军，任何困难都未能阻挡。

1月31日，保卢斯在斯大林格勒中央大学地下室被俘，两天后德国北方集群全部投降，丘吉尔的祝贺演变成对苏联军事胜利的赞扬。得知这一消息后，丘吉尔于2月1日飞赴开罗。在当天举行的记者招待会上，丘吉尔宣布了德国第6集团军在斯大林格勒投降的消息，他称这一胜利为“在斯大林主席这位伟大的军人统一指挥和领导下，我们的俄国盟友取得的光辉战绩”。[32] 如后世研究人员所指出的，在2月2日之前，除了歼灭斯大林格勒之敌战役取得胜利，“其他所有斯大林格勒方向的反攻战役取得了辉煌的胜利。在斯大林格勒反攻过程中，敌人从伏尔加河和顿河一线被击退数百千米。期间，除了2个德国集团军被消灭外，还摧毁了2个罗马尼亚集团军和1个意大利集团军。敌人损失了32个整师又2个旅……”[33]

177. 丘吉尔致斯大林的私人机密信函

1943年2月1日发　　　　1943年2月2日收

1. 感谢您关于土耳其的电报。我于1月30日在阿达纳省会见了土耳其所
355 有领导人，同他们进行了长时间的友好会谈。毫无疑问，他们正在走向我们这边，他们从德国方面获得的消息也使他们确信站在德国一边情况会很糟。首要任务是，向他们提供现代化武器，而我们暂时能拨付的数量很少。我准备尽一切可能通过托罗斯（Тавр）铁路这条唯一通道运送这些武器，并且允许土耳其租借一些货轮从埃及转运更大数量的补给。我将把在沙漠中缴获的一定数量的德制武器装备拨给他们。我们将在安卡拉建立英土联合军事委员会，专门负责改善军用物资交通运输情况。如果他们遭受德国或保加利亚方面的进攻，我们将编制联合援助计划。

2. 我未要求土耳其承担某种明确的政治义务，或者要求其许诺加入我方作战，但我认为，他们今年将作出最终决定。可能在此之前，可以赋予中立更广义的解释，类似于美国参战前的做法，允许我们使用机场为飞机加油，以使英国和美国飞机可以空袭普洛耶什蒂（Плоешти）油田，这个油田对于德国有至关重要的意义，尤其是现在，贵军已收复迈科普（Майкоп）的情况下。需要重申的是，我没有要求土耳其，也没有收到土方的要求而承担任何明确的政治义务，并且我已告知，他们也可以这么宣称。然而，他们同我的会晤、他们总的立场和联合公报（其文本我将通过电报发给您）将促使他们比以前更加大胆地加入反法西斯阵营，而这也将为全世界所理解。

3. 鉴于苏联势力不断壮大，他们自然也担心战后的地位。我告诉他们说，根据我的经验，苏维埃社会主义共和国联盟永远也不会无视承诺，也不会违反条约，现在签约对他们更加有利，对土耳其来说，在和平会议的谈判桌旁，坐在参战胜利方一边是最为安全的位置。我所说的一切都是出于我们的共同利益、符合联盟章程，我希望您赞同这一点。我确信，他们会回应来自苏维埃社会主义共和国联盟的任何友好表示。我将很高兴收到您对该问题的任何 356
真诚意见。我已经同土耳其领导人，特别是伊诺努（Иненю）总统建立了非常紧密的热线联系。

4. 在不久前您发给罗斯福总统的电文中，问及盟军在北非战役相对迟缓的问题。英国第8集团军已占领的黎波里和兹瓦尔（Зуар），我们希望能尽快将大量兵力投送到突尼斯，将敌人从马雷斯和加贝斯（Габес）的阵地上赶走。目前正在全力清理和恢复的黎波里港口。但我们的交通线延伸至班加西，部分甚至延伸到了开罗，总长度达1600英里。我们的第1集团军，在得到美军大量军队增援的同时，正在部署后勤，一旦准备就绪即可与第8集团军联合进攻。多雨的天气以及铁路和公路运输交通线的不足，且漫延500英里，都是困难因素。但我希望敌人将在4月底前被全歼或被赶出非洲海岸，或者更早一些。我有足够的情报可帮助我作出判断，驻突尼斯的德国第5坦克集团军有8万人，还有领取给养的2.5万—3万意大利人。隆美尔手下有15万德国人和意大利人领取给养，但其中作战部队可能只有4万，装备较差。我们最直接的任务便是消灭这些兵力。

5. 稍后我将回答您向罗斯福总统提出的关于卡萨布兰卡会议讨论具体战役情况的问题，这些问题完全是合情合理的。

6. 请接受我对于保卢斯元帅投降和德国第6集团军覆灭之事的祝贺。这的确是了不起的胜利。

丘吉尔在2月1日的信函中附上了1月30—31日阿达纳省会议公报的英国新闻稿。丘吉尔想在正式刊发前呈送斯大林，但由于信函转交莫斯科时出现延误导致它到的比较晚。[34] 这些失误重新燃起了莫斯科的不满和怀疑，莫斯科认为英国人没有以应有的形式向盟友通报消息。而很可能丘吉尔还不知道传递公报出现的技术性延误。丘吉尔在2月2日的信函中仍然继续着同样的话题，即在公众面前展示苏联和英国的互信和相互通报机制的高效运行。莫斯 357
科2月3日收到的信函，如许多其他情况一样，巴甫洛夫对其翻译初稿进行了一些修正后编入《往来书信》。[35]

178. 丘吉尔致斯大林的私人机密信函

1943年2月2日发　　　　　　　　　　　　　　　　1943年2月3日收

他们要我告诉他们，您是否已提前知道了英国和土耳其会晤一事。我认为我可以回答：“是的，已向斯大林主席全面通报。”最好您能在莫斯科发表声明，而无需征求我的意见，因为我确信您所说的一切都是有意义的。

苏联军队的冬季攻势和德军在斯大林格勒的最终覆灭在从巴尔干到智利的全世界范围内引起了强烈反响：巴尔干反对轴心国的斗争如火如荼，智利政府同第三帝国绝交。[36]《纽约时报》2月4日的社论指出：“斯大林格勒是这场战争中流血最多、战斗最为顽强的地方。此次会战，双方都战斗到最后一刻，可以列入战争决战之列。”[37] 在美国还设立了专门的“斯大林格勒周”，会战结束后美国记者很快访问了斯大林格勒，他们的报道不仅写到了斯大林格勒会战所具有的世界性的历史意义，还写到了重建中普通人的劳动。[38] 丘吉尔2月11日在众议院发言时宣布，斯大林格勒会战是德国军队“在其整个军事史上最大的失败”。[39] 2月21日，英国君主乔治六世给苏联名义上的国家元首——最高苏维埃主席团主席M.И.加里宁（Калинин М.И.）发去电报：“斯大林格勒不屈不挠的抗争扭转了事件的进程，是一系列毁灭性打击的序曲，引发了文明和自由之敌的慌乱。”[40] 国王还下令专门铸造荣誉宝剑，上面用两种文字题
358 记：“英国国王乔治六世赠钢铁般坚强的斯大林格勒人民以表英国人民的崇高敬意”。他委托丘吉尔转交参加1943年11月德黑兰会议的苏联代表团。之后，1944年5月，罗斯福给苏联发文，表彰“英勇的斯大林格勒保卫者”，他们的“勇敢、意志和自我牺牲精神”“将永远鼓舞所有自由人民的心，他们的光辉胜利制止了侵略浪潮，成为盟军反侵略战争的转折点”。[41]

苏联军队具有重大意义的胜利不可能不对“三巨头”通信产生影响。对盟友的祝贺，特别是罗斯福兴奋的祝贺在某种程度上突出了斯大林在这一世纪会战中的个人地位。卡萨布兰卡会议后，丘吉尔在给其顾问的信中写道：“斯大林将被公认为胜利之师的统帅，这将使其洋洋自得，然而他并不是桑赫斯特军事学院或参谋军官学院（这两所都是英国著名的军事院校——作者注）的毕业生。”作为桑赫斯特军事学院的毕业生，丘吉尔请同僚们注意：斯大林经常公开自称最高统帅。[42] 由此，罗斯福在以公开电报（明码通信）发给莫斯

科的信函中对斯大林采用了新的称呼。并且，罗斯福没有忘记以同样的方式提及自己的身份。根据白宫的指示，信函全文于2月4日晚交美国媒体，发表在2月5日的报纸上。很难说斯大林对自己的这一新称呼有多洋洋自得，但也不是全不在意。第二天，2月6日，这篇贺词和贺信刊发在苏联报刊上。斯大林回复罗斯福的语气如同“最高”统帅和另一个最高统帅的对话。之后，对这一称呼，罗斯福只是在极个别情况下使用，而斯大林再也没有使用过。

179. 致苏维埃社会主义共和国联盟武装力量最高统帅约瑟夫·B.斯大林阁下

1943年2月4日发　　　　1943年2月5日收

我作为美利坚合众国武装力量总司令，谨祝贺贵国军队在您的统帅下在斯大林格勒取得的辉煌胜利。保卫城市的162天史诗般的斗争史册将永远镌刻着您的名字，美国人民今天正在庆祝这场斗争取得的决定性战果，这一切都将成为联合国家人民反抗纳粹及其仆从国战争最华丽的篇章之一。前线的苏军指战员、工厂和田间的妇女以辛勤的工作支援前线，他们不仅造就了本国军队的光荣，而且以自己的榜样唤起了所有联合国家动员一切力量去争取最终摧毁共同敌人、促其无条件投降的决心。 359

弗兰克林·D.罗斯福

180. 致美利坚合众国武装力量总司令弗兰克林·D.罗斯福先生

1943年2月6日发

华盛顿，白宫

感谢您对苏联军队在斯大林格勒胜利的祝贺。

我相信，美、英、苏武装力量的联合作战行动将很快赢得对我们共同敌人的胜利。

И.斯大林

斯大林在回复丘吉尔同土耳其人谈判的信函时，持审慎怀疑态度。苏联领导人绝不认同丘吉尔的乐观，但也没有关闭同土耳其谈判的大门，前提是土耳其人要表现出足够的诚意。信函中，斯大林对土耳其的政策和两面外交进行了总体评价。早在1942年8月土耳其外交部长S.萨拉吉奥卢（Салачоглу Ш.）就向德国驻土大使F.冯·巴宾表示，土耳其高度评价德国的军事力量和
360 资源，土领导人没有认为苏联将迅速崩溃，因此土将继续奉行“同英结盟，同德友好”的有利政策。[43] 土耳其除政治上试图“脚踩两只船”外，经济上也采取类似举措。土耳其积极发展同德国的贸易（已占土耳其出口的约1/4和进口的近1/3），向德国提供重要的战略资源——铬，保持同德国紧密的商业往来，伊斯坦布尔是“德意志银行”包括黄金交易在内的金融活动的便捷平台。[44] 苏土关系还受到冯·巴宾“和平阴谋”的严重拖累，即在反苏的基础上同美英达成一致。早在1941年底，巴宾就“越来越倾向于这一观点：第三帝国只有这样一个机会分裂反法西斯联盟、单独同美英媾和”。1943年初，美国驻安卡拉海军副武官J.埃尔成为实现这一目标的关键人物。德国大使试图通过埃尔劝说罗斯福在西线实现和平，以使德军所有部队都能调往东线。巴宾首次“尝试”的失败，迫使他不得不期望罗斯福在1944年的总统大选中失败，同时希望其接任者是个容易说服的人。[45]

斯大林早已获知美英情报部门在土耳其的活动行踪，他们的目的是增加西方在巴尔干影响力，斯大林对丘吉尔提供的情报也没有信以为真。从1942年5月起，巴宾的人提出的“和平倡议”的情报就传到了莫斯科，他不仅动员了在伦敦和安卡拉的线人进行政治活动，还与能够向所有交战国提出和平建议的梵蒂冈建立了联系。[46] 正如斯大林后来告诉克尔的那样，“斯大林同志十分了解巴宾的身份和特点，以及他的履历。巴宾是个非常温和的人，经验丰富。他能够欺骗那些缺乏经验的政治家”。[47] 而在信函中斯大林直接暗示丘吉尔，他提供的信息不够完整，这绝非偶然。苏联领导人对英国能够说服土耳其参加对德战争一事持怀疑态度得到了验证。根据美国驻安卡拉使馆的报告，
361 丘吉尔的访问只是强化了土耳其政府保持中立，继续脚踩两只船的决心。[48]

181. 斯大林致丘吉尔的私人信函

1943年2月6日发

我2月2日和3日分别收到您关于土耳其问题的来函。对您告知同土耳其领导人在阿达纳谈判的消息表示感谢。

1. 关于您提出的，土耳其人会对苏方的一切友好姿态做出回应，我认为

可以适当提醒一句，在苏德战争开始前几个月，以及战争开始之后，我方都向土耳其发出了一系列声明，我们的友好态度相信英国政府也是知晓的。土耳其人并没有对这些举措做出回应，显然，他们是担心激怒德国人。可以预测，您所说的土耳其人的和解姿态与之前的做派如出一辙。

土耳其所处的国际地位相当微妙。一方面，土耳其同苏联签订了友好和中立条约，同英国签订了抵抗侵略的互助条约，另一方面，土又同德国在其入侵苏联前3天签订了友好条约。我不知道在现时条件下，土耳其想如何把履行对苏和对英的义务同履行对德的义务结合起来。其实，如果土耳其人想和苏联建立友好和亲密的关系，只要发表声明即可。苏联对土耳其人的大门始终是敞开的。

2. 当然，从我的角度来说，虽然我认为您关于英土会见的消息并不全面，但我并不反对您提出的声明。

3. 祝愿英国第1和第8集团军以及美军在北非即将发起的进攻获得胜利，能尽快将德意军队从非洲海岸赶出去。

4. 感谢您对于保卢斯元帅失败和成功肃清围困斯大林格勒之敌军部队的友好祝贺。

根据迈斯基反馈的消息，虽然“斯大林同志提出丘吉尔对阿达纳谈判的情况通报不全面这一意见几次刺激”了丘吉尔，但丘吉尔和艾登对斯大林的 362
回复“还算满意”。在回忆录中，丘吉尔描述这封信“特别冷淡”，他说：“胜利没有让苏维埃变得更加友善。”[49] 他还将此信转发给罗斯福。[50] 丘吉尔很快指示艾登拟定致土耳其总统伊诺努的信函，告诉他斯大林的答复，并建议土耳其主动恢复土苏关系正常化。[51]

盟国承诺对卡萨布兰卡会议决议做出最详尽的解释，为此在伦敦做了非常细致的准备。丘吉尔就回信内容与罗斯福进行了沟通。罗斯福删除了其中重要的两段：一是盟军登陆意大利的计划，二是计划中对法国的进攻所动用的兵力，即准备动用17—20个师的兵力，每个师编制将近5万人，其中有1/4为美国师。[52] 丘吉尔参考了罗斯福的修改意见，将致斯大林信函的终稿副本又发给罗斯福。[53] 皇家总参谋部同意罗斯福总统的意见，而且强烈建议首相从信函中删除其他与1943年8—9月之前强渡英吉利海峡的计划相关的内容。军方写道：“我们不应被过于具体的许诺束缚手脚。”[54] 但丘吉尔并未考虑这一建议，显然，他担心斯大林对这种明显回避早先承诺的做法做出强烈反应。

就这样，再次出现了关于第二战场的例行承诺，而这正是之前的讨论者所期待的。

还在收到丘吉尔这封信函之前，迈斯基大使已经向斯大林通报了信函内容。迈斯基是在2月8日晚上晚些时候向丘吉尔转交斯大林2月6日来函时，同丘吉尔会面的。会面地点是首相私人官邸。在日记中，迈斯基写道："壁炉烧着火，桌上摆着一杯威士忌和苏打水。"尽管"看上去他刚刚起床"，但丘吉尔很快振作精神，谈话持续到深夜。[55] 首相和往常一样决定借谈话之机使斯
363 大林肯定自己的答复，他同苏联大使交流了他的主要想法。第二天一早，迈斯基将从首相口中套出的关于盟军第二战场计划细节又写了一封信，这些消息未包含在丘吉尔正式发送的信中，然后将两封信一同发回莫斯科。按计划，8月，登陆法国的兵力是17—20个师，其中只有4个美国师。这一计划就规模而言，远比不上之前讨论的"波莱罗"行动和"围猎"行动，因为后者曾经计划在1943年4月之前在英国群岛集结30个美国师，其中有6个装甲师，在当年春天登陆法国北部的行动初期动用英美联军45个步兵师和3个装甲师。[56] 这时，丘吉尔对此次行动的态度表现得比美国人还要积极，用他的话讲，美国人在不列颠群岛暂时只有1个整编师。[57] 在这份给全体政治局成员传阅的加急电报中，迈斯基极为生动、详细地再现了丘吉尔的真实情感，而这作为历史只保存在这位苏联大使的记述中："丘吉尔非常担心斯大林同志和罗斯福之间发生争执。丘吉尔说道，'与其说这样对战争时期无益，毋宁说是对战后时期更加有害。当和平到来之时，形势将举步维艰。当然，于我个人已经关系不大。我老了，快70岁了，在世的日子所剩无几（这时，丘吉尔的眼眶突然湿润了），但国土尚在，人民永存。他们应该和平共处。对于全人类来说，只要苏联、美国和英国紧密合作，就不会面临危险。这是完全可能的，但道路并不平坦：美国奉行保守主义，而且越来越右倾，而苏联是共产主义，战后如何使这种关系得以融洽？我不知道。英国应当成为联系二者的桥梁……俄国和英国在欧洲和亚洲的联系密不可分。我们互相需要。我们缺一不可。因此，我们最后总能达成一致。美国呢？……它与你我远隔重洋。它认为它不需要你们，也不需要我们……这是极端错误的。毕竟，美国人在许多方面都是缺乏经验和天真幼稚的……无论如何，斯大林和罗斯福总统之间的隔阂让我很伤心。必须消除这种隔阂。我总在想，如何才能为他们安排一次会晤呢？'"

364 "丘吉尔对于苏联红军极度狂热而且为之感动。当他谈及红军时，眼中闪着泪花。丘吉尔还将过去战争中的俄国和现今战争中的俄国（即苏联）进行

了比较，他说：‘综合各方面因素，我认为，新俄国要比老俄国强5倍。’我以稍带戏谑的口吻问丘吉尔：‘那您如何解释这一现象呢？’丘吉尔以同样的口吻回答道：‘如果你们的制度能给人民带来幸福，我就支持你们的制度。并且，我也不关心战后会怎样……是共产主义，社会主义，还是全球大灾难……只要打败匈人即可’”。[58]

丘吉尔在声泪俱下的独白中，不仅全面表达了英国自一战以来外交政策的一条重要原则——运用英国人的外交经验和远见“差遣”幼稚的美国人，[59]而且强调了他所认为的国家元首亲自会面的意义，在丘吉尔看来，这是以通信方式所无法替代的交流。在其北非和近东的行程中，他在给艾德礼和艾登写信时写道：“在不能直接相互交流时，所有事情都变得复杂起来。”[60]

在丘吉尔此次公开发言中，能够感受到首相对苏联红军的钦佩。两天后在议会发言中，他提到了“俄国人强大的攻势……摧古拉朽，势不可挡”，斯大林是“他们的主要领导者”。[61]

这一心情的余波清晰地反映在丘吉尔2月14日的贺信中。南部方面军右翼向罗斯托夫方向的进攻行动成功打乱了德军司令部的计划，他们试图保障其第1和第4坦克集团军通过该市撤离。通过将预备队第7和第11坦克师投入战斗，德“南方”集团军群司令E.曼施泰因（Манштейн Э.）元帅1月中旬成功将战线稳定在顿河和马内奇河一线。但到1月底，在游击队的支援下，苏军成功突进至城市接近地。2月14日罗斯托夫最终获得解放。[62]

由于克尔乘坐的飞往莫斯科的飞机延误，莫斯科直到12日才收到丘吉尔2月9日的信函。最终，这封信函通过巴加雷转交的时间与迈斯基从伦敦发来的附件几乎同时到达。迈斯基大使满意地总结道：“可以看到，信函内容同我2月8日晚从丘吉尔那里听到的相当接近。”[63]该信函由M.B.别列日科夫（Бережков M.B.）翻译，由巴甫洛夫校对，之后在编辑《往来书信》时再次修正。[64] 365

182. 丘吉尔致斯大林的私人机密信函

1943年2月9日发　　　　1943年2月12日收

兹回复您1月30日的来函。我同罗斯福总统进行了商议，并将问题转给大洋两岸的参谋部。我被授权统一答复：

a）在突尼斯东部有德意军队25万人。我们希望在4月或更早时间将其消灭或驱逐。

b）达成上述目标后，如果可能，我们计划7月或更早一些占领西西里岛，以便更好地控制地中海，加速意大利的溃败并以此影响希腊和南斯拉夫，耗尽德国的空军力量。之后应开始东地中海行动，目标可能为多德卡尼斯（Додеканезские острова）群岛。

c）此次行动需要动员我们能够在地中海集结的所有运力和登陆器材，以及我们此前为登陆行动准备的所有部队，行动规模将达到30万—40万人。只要登陆兵力能够在港口和登陆基地展开，我们将不丧失任何机会最大程度地扩大战果。

d）我们还将在我们资源允许的范围内积极筹备8月强渡海峡行动，英美军队将参加此次行动。能够参与进攻行动的运力和登陆器材在此仍是限制性因素。如果行动由于天气或其他原因被推迟，那么行动将继续准备至9月，届时会有更强大的兵力参加。此次进攻的时间当然还要取决于当时海峡对面德国人防御能力。

366 e）两次行动都将在美英最强大空军的支援下进行，并且强渡海峡行动还将有英国皇家空军所有兵力的参加。所有这些行动都需要最大限度地集中英美两国的航运资源。

f）总统和我已指示我们的联合参谋部以最快速度实施，竭尽人力物力资源增强突击力量。

183.丘吉尔致斯大林的私人秘密信函

1943年2月14日发　　　　1943年2月16日收

我今天夜间得知，顿河畔罗斯托夫已经解放，以及由此取得的一系列非凡胜利使我对俄国军队的赞叹和谢意无以言表。我最真挚的愿望是尽可能地帮助您。

由此，在照例向盟友施加压力后，斯大林得到了1943年8—9月在法国开辟第二战场最为明确的承诺。但这种对卡萨布兰卡会议决议的随意解释并不能令他满意，因为盟国逃避了之前承诺的责任。情况还因突尼斯战局的暂时沉寂而更为复杂，因为这给德国军队以喘息之机，使其增强了苏德战场的军事行动。此外，德意联军利用英国第8集团军在南部的不作为和美军过长的交通线，在西迪·布塞（Сиди Бузид）地区（从2月14日开始）和卡塞林山口（Кассеринский перевал）（从2月19日开始）发起了一系列成功的进攻。尽管最终他们被盟军击退，但其行动再次拖延了突尼斯行动（Тунисская операция）的进程。[65] 英美军队在突尼斯的失利同苏联军队新的胜利形成鲜明对比。斯大林在信函中通报了由于“星”计划的顺利实施，哈尔科夫获得解放，该计划早在1月23日就已获批准。[66] 根据沃罗涅日方面军司令部2月16日的报告，“在持续了5天的激烈战斗后，击溃了党卫军的精锐部队，当天上午 367
我军从西面、东面和东南面实施突击，夺取了哈尔科夫市”。[67] 哈尔科夫的解放对苏联和德国领导层产生了极大震动。据曼施泰因回忆，防守城市的H.兰茨（Ланц Х.）集群“接到希特勒的命令：无论如何都要守住哈尔科夫，否则德国威信扫地，正如又一个斯大林格勒”。[68]

斯大林在回信中非常委婉、但又坚决地提出加速进攻法国和在突尼斯对“轴心国”施加新的压力的问题。其立论是建立在考虑到盟国在地中海和北非利益的基础上的。信函同时发给丘吉尔和罗斯福，两者文字差异微乎其微。莫洛托夫在委托利特维诺夫将信函转交白宫时强调，盟国的承诺还伴有各种附加条件，“没有直接回答在欧洲开辟第二战场的问题……”[69] 显然，莫斯科对西方伙伴的最新表态仍心存疑虑。

184. 斯大林致丘吉尔的私人机密信函

1943年2月16日发

我于2月12日收到您关于下一步英美联合军事行动的信函。

1. 感谢您对卡萨布兰卡会议决议的补充说明。同时我对您信函中提出的理由不能不表达一些看法，据您所说，此信函也代表总统的意见，是您和总统的共同答复。

从您的意见中可以看到，先前计划2月份结束突尼斯的军事行动，现在已推迟到4月。毋需赘言，对德意军队行动的这一延宕是我们不希望看到的。与此同时，苏军仍在坚持大规模进攻，非常需要英美军队在北非的积极配合。从我方战场和贵方的突尼斯战场同时压迫希特勒对我们共同的事业具 368
有积极的意义，能够给希特勒和墨索里尼造成极为严峻的困难。您计划的西西里和东地中海战役也会随之加快。

至于在欧洲开辟第二战场的问题，特别是在法国，从您的来信中可以看出，只有等到8—9月份。但我认为，目前的形势要求尽可能最大限度地缩短这一期限，使开辟西线第二战场比预定日期提前。为不给敌人时间恢复元气，我认为，最重要的是，从西线的突击不迟于下半年实施，最好是春季或夏初。

根据可靠情报，自12月末以来，英美军队在突尼斯莫名暂停了行动，而德国人在此期间从法国、比利时、荷兰和德国本土向苏德战场投送了27个师，其中包括5个坦克师。因此，停止从苏德战场吸引德军兵力以帮助苏联的行为使希特勒顿感轻松，由于英美军队在突尼斯的行动减缓，希特勒则获得机会抽调更多的兵力对付俄国人。

所有这些都表明，我们联合起来尽早利用希特勒阵营在战场上的困境，我们就能够更早摧毁希特勒。如果忽略这一点而坐失良机，则有损于我们的共同利益，德国人就能获得喘息之机，重整旗鼓。我们都很清楚，不应允许犯这样的错误。

2. 我认为有必要把这封回信同时发给罗斯福先生。

3. 感谢您对解放罗斯托夫的热情祝贺。我军今日收复了哈尔科夫。

185. 斯大林致罗斯福的私人机密信函

1943年2月16日发

369 2月12日我收到丘吉尔先生的来函，对您和丘吉尔先生在卡萨布兰卡作出的决议进行了补充说明。丘吉尔先生来信说，信函也代表您的意见，视为共同回复，我不得不表述我自己的看法，同时我也将此通报了丘吉尔先生。

从那封信中可以看出，早先计划在2月份结束突尼斯的军事行动，现在已推迟至4月份。毋需赘言，对德意军队行动的这一延宕是我们不希望看到的。与此同时，苏军仍在坚持大规模进攻，非常需要英美军队在北非的积极配合。从我方战场和贵方的突尼斯战场同时压迫希特勒对我们共同的事业具有积极的意义，能够给希特勒和墨索里尼造成极为严峻的困难。您计划的西西里和东地中海战役计划也会随之加快。

至于在欧洲开辟第二战场的问题，特别是在法国，从你们的来信中可以看出，只有等到8—9月份。但我认为，目前的形势要求尽可能最大限度地缩短这一期限，使开辟西线第二战场比预定日期提前。为不给敌人时间恢复元气，我认为，最重要地是，从西边的突击不迟于下半年实施，最好是春季或夏初。

根据可靠情报，自12月末以来，英美军队在突尼斯莫名暂停了行动，而德国人在此期间从法国、比利时、荷兰和德国本土向苏德战场投送了27个师，其中包括5个坦克师。因此，停止从苏德战场吸引德军兵力以帮助苏联的行为使希特勒顿感轻松，由于英美军队在突尼斯的行动减缓，希特勒则获得机会抽调更多的兵力对付俄国人。

所有这些都表明，我们联合起来尽早利用希特勒阵营在战场上的困境，我们就能够更早摧毁希特勒。如果忽略这一点而坐失良机，则有损于我们的共同利益，德国人就能获得喘息之机，重整旗鼓。我们都很清楚，不应允许犯这样的错误。

370

在收到这封信函后，迈斯基登门拜访丘吉尔，以便亲自将信交给首相。但丘吉尔正因感冒高烧躺在床上，丘吉尔因1—2月初的北非和近东之行患上肺炎，[70] 而当时在场的艾登接待了大使。艾登将文件交给丘吉尔，丘吉尔通过艾登转达说，“他认为斯大林的回复完全在意料之中”。康复之后立即回信。[71] 丘吉尔实际上口授了回信，并交给艾登和参谋长委员会，但之后未能善始善终。迈斯基利用同艾登会面的机会品着大臣的威士忌与其讨论了盟国战略。此次会谈笔录由于其重要性甚至转交给病榻上的丘吉尔，丘吉尔吩咐参谋长委员会长官阅读。迈斯基建议根据苏德战场的形势变化重新审视卡萨布兰卡会议决议。大使证明说，通过进攻法国，“从西线组织足够强大的突击”以增援苏德战场，那德国就可能于1943年战败。“如果开辟第二战场的期望能够成真，可以暂时搁置西西里岛、意大利问题……地中海的问题也会迎刃而解”。斯大林将大使报告中的这些话着重勾画出来。根据迈斯基的说法，艾登“对我的观点是认同的”，这并不奇怪，因为“艾登对‘俄国问题’总是走在丘吉尔前面”。[72]

英国首相认为迈斯基的外交行为是莫斯科授意的，为了引起英国人足够的重视。[73] 在俄国外交部外交档案中并未发现类似的指示，因为总的看来，大使的行动是个人行为。但英国人并不了解这一点，根据丘吉尔的指示，迈斯基的建议由艾登和参谋长委员会审议，后者重申卡萨布兰卡会议决议是正确的，而迈斯基的建议“不切实际”。而大使在日记中概括道：“气氛似乎不太妙。突尼斯战役由于美国人最近的一系列失利陷入僵局。恐怕战事4月前不会结束。这意味着，地中海行动将不会在6月到7月前开始。此役不会轻松。有可能仍会拖延，应该意识到，即使开始了，也不会太顺利。英国人的注意力将集中到向西西里岛或多德卡尼斯等地的增援上。运输舰将满载给养 371

驶往英国数千英里以外。跨越英吉利海峡的行动将被推迟，再三权衡，被搁置……第二战场的结果会是什么呢？”[74]

迈斯基在积极而灵活地就第二战场问题向英国人施加压力的同时，在自己的日记中也“从长远目标”思考问题，苏联红军以一己之力将欧洲从法西斯统治下解放出来可以增强苏联的战后地位，要比在盟国参与下达成这一目标更加有利。因此，大使有理由怀疑，对苏联来说没有第二战场将是“彻头彻尾的悲剧”[75]的观点是否正确。但这一疑虑大使不得不深藏于心。

丘吉尔在2月17日的信函中，向斯大林通报了土耳其政府对土苏关系正常化建议的积极反应，丘吉尔在同伊诺努总统会谈时建议后者与莫斯科展开谈判，以实现与苏联的关系正常化。首相对成功充当莫斯科和安卡拉之间调停人的角色显然很满意。2月9日丘吉尔写信给伊诺努总统，表示希望“恢复俄土之间在穆斯塔法·凯末尔（Мустафа Кемаль）时期缔结的传统友谊”，虽然这个观点与其一贯的立场相悖，在1943年英国外交部也采用了这个说法，认为苏土矛盾是“可以克服的”，一改1941年6月的“不言自明”的说法。[76]在伦敦很多人都认为，丘吉尔同伊诺努总统阿达纳会谈后土耳其很快将参战，而其加入国际反法西斯联盟将打消土耳其对苏联威胁的担心。德国大使冯·巴宾并不认同这些看法，他冷静地分析了丘吉尔的访问，认为土耳其在任何情况下都不会对德宣战。[77]

186. 丘吉尔致斯大林的私人机密信函

1943年2月17日发　　　　1943年2月18日收

1. 我向土耳其人通报了您的友好的愿望。土耳其政府现在委托我告知予
372 您，他们非常愿意通过各自大使同您交换意见。我认为，土耳其人与贵国驻安卡拉大使有正常联系。

2. 土耳其外长向我国大使通报，他认为交换意见应尽快开始，最好能在莫斯科进行。他建议以阿达纳会议为基础，讨论包括我提出的为空袭普罗耶什蒂油田提供空军基地等问题，如有可能，计划在合适的时间发表联合公报。

3. 克拉克·克尔先生为您带去关于阿达纳谈判更为详细的消息。遗憾的是，由于恶劣的天气他耽搁了一周的时间。

4. 请告诉我您还有什么问题，我可以以我的名义向他们提出，而不是以您的名义。

卡萨布兰卡之行影响了罗斯福的健康。2月份罗斯福患了流感，[78] 据认为是在冈比亚（Гамбия）停留时染上的。英国统治下的当地人民的劳动条件激怒了罗斯福（“这是我一生中所看到的最悲惨的情景”），并激起了他对殖民主义的憎恶：“英国人在那里已经200年，每个投到冈比亚的美元都翻了10倍。这是对当地人赤裸裸的剥削。”[79] 尽管身体微恙，罗斯福仍给斯大林回了封信。信函初稿先由马歇尔将军及其英国同行J.迪尔（Дилл Дж.）元帅于2月19日起草，内容极为翔实，包括对第二战场问题的具体答复：“至于在欧洲开辟第二战场，我们在夏季结束之前无法有所作为。纯粹是因为运力和护航船只不足。”在初稿中还谈到了“准备登陆欧洲大陆”[80] 的问题。但在明显精简的最终文本中，由于日期过于具体而有约束性，以及登陆问题都被略去。最终，信中只解释了盟军在突尼斯进展缓慢的原因，以及笼统地谈到美军将在欧洲继续努力，而无任何具体期限。不知出于什么原因，罗斯福不仅一反常 373
态地未与丘吉尔沟通，甚至也没有通知首相写信之事。

当天罗斯福还发给斯大林另一封信——祝贺苏联红军建军25周年，信函由霍普金斯的助手、对苏议定书执行委员会副主任J.伯恩斯（Бернс Дж.）将军草拟，他是热衷于对苏合作的人士。[81] 因此，罗斯福一改惯用的书写风格，他审读信件时只改了一个词，即最后一句中的“感谢”替换成了“赞叹”。[82] 2月23日，信函全文根据白宫新闻办公室的安排刊发于美国报刊。英国也在广泛庆贺红军建军节：在皇家阿尔伯特音乐大厅举行了有内阁成员参加的盛大聚会，聚会背景是带斧头和镰刀的巨大红星。“时代不同了！”迈斯基在日记中写道，他回忆起国内战争时期的丘吉尔，正是他“牵头发起的十字军东征，讨伐布尔什维克”。[83] 斯大林对罗斯福的祝贺表示感谢，但并不急于对盟军军事计划做出答复，显然，他还在等待丘吉尔对其2月16日信函的反应。

187. 罗斯福致斯大林的信函

1943年2月22日发 1943年2月23日收

秘密，亲启

兹回复您2月16日的来函，信中讲述了您回复丘吉尔先生2月12日致信中的观点，我想表达与您同样的惋惜，盟军在北非已无法按计划继续进攻。突如其来的强降雨使进攻行动中断，同时给从港口向前线补充给养和部队的运输造成极大困难。雨水造成田野和山地难以通行。

我完全理解这一延宕对盟军整体行动造成的后果，我将采取一切可能措
374 施，尽快在非洲开展对轴心国武装力量的进攻行动，以达成全歼的目标。

您非常了解目前美国运输工具强大的投送能力，请您相信，我们正竭尽全力继续壮大我们的运输资源。

我理解，尽快适时在欧洲大陆实施军事行动的重要意义，以此可以削弱轴心国对贵国英勇军队的抵抗。您完全可以相信，一旦北非行动获胜、我们的运输能力能够保证我们采取最大规模的行动，美国军事力量将遍及欧洲大陆。

祝您英勇的军队取得更大的胜利，这种胜利在激励着我们。

188. 罗斯福致斯大林的信函

1943年2月22日发　　　　1943年2月23日收

值红军建军25周年之际，我谨以美利坚合众国人民的名义向取得史无前例的辉煌胜利的红军表达我们由衷的赞叹。许多个月以来，尽管蒙受了物资和交通工具的损失，大片国土沦陷，但红军没有让最强大的敌人获胜。在列宁格勒、莫斯科、沃罗涅日和高加索，红军阻止了敌人前进的脚步，最终，在不朽的斯大林格勒会战中，红军不仅击败了敌人，而且从波罗的海到黑海的整个战线上转入了全面反攻。敌人在付出昂贵的人力物力和地域代价后被迫退却，其士气遭到了重创。只有拥有英明指挥、严密组织、训练有素、特别是不畏牺牲、有决心战胜敌人的军队才能赢得这一成就。同时，我也想给予俄国人民以应有的评价，红军来自于人民，从人民中获得人力和补给。俄
375 国人民将所有的力量都投入了战争，付出了伟大的牺牲。红军和俄国人民一定会把希特勒军队送上最终失败之路，他们已赢得美国人民永远的感激。

189. 致美利坚合众国总统富兰克林·D.罗斯福

1943年2月23日发　　　　华盛顿

请接受我衷心的感谢，感谢您对红军建军25周年的友好祝贺，以及对红军战斗功勋的高度评价。

我和您一样坚信，这些胜利将为我们共同敌人的最终溃败铺平道路，我们各国和所有热爱自由的民族凝聚在一起必将战胜我们共同的敌人。

И.斯大林

尽管丘吉尔在2月25日前有恙，但他并未停止同斯大林的联系。莫斯科给他发来了俘虏保卢斯元帅的纪录片，据他自己的回忆录记述，2月24日他躺在病床上观看了这部纪录片。[84] 在2月24日的信中，丘吉尔告知斯大林他延误了对其2月16日来信中有关第二战场问题的回复，并承诺稍晚一定答复。他简短地描述了英美军队在突尼斯的胜利。虽然斯大林认为以天气作为理由并不可信，但在当时天气确实起到了决定性的作用。2月22日，突尼斯天气终于转晴，盟军得以利用其空中优势转入反攻。除英美军队在人数和装备方面占据绝对优势外，轴心国军队的问题也日益严重，隆美尔和第5坦克集团军司令A.冯·阿尔尼姆（Арним А. фон）之间的个人矛盾也逐渐激化［1943年3月后者接替隆美尔充任非洲军团（Африка）司令］。尽管意志消沉且精神处于崩溃边缘的“沙漠之狐”2月23日获得了对突尼斯境内所有兵力的指挥权，但为时已晚。4天后盟军占领了卡塞林隘口。隆美尔在北非最后的攻势走到了尽头。[85]

190. 丘吉尔致斯大林的私人机密信函 376

1943年2月24日发　　1943年2月25日收

很抱歉我不能马上答复您的最后一封电报。回电稿已草拟完毕，但我高烧不退，我想最好是稍后再做答复。我希望几天之后就全局形势为您做补充说明。同时，您所做的一切无需以语言描述。突尼斯会战进展顺利。敌人已精疲力竭，现在他们正处于我们的钳形攻势下。

顺致一切美好的祝愿！

丘吉尔3月2日的信函讲述了英国皇家空军十分引人注目的奔袭柏林的行动，而这只是1940年8月开始以来的第三次奔袭。此次行动基本摧毁了城市的西南部。在这次空袭行动中首次使用了英国新的军事技术装备——安装在轰炸机群引导机上的H2S型雷达。尽管该雷达在建筑稠密地区效能受到限制，但它还是保证了轰炸机的精度。丘吉尔自1942年春季起就对这一新装备寄予厚望。[86] 1943年1—3月英国空军空袭柏林的行动代价总体较低，轰炸机战损率只有4%—6%。[87]

191. 丘吉尔致斯大林的私人机密信函

1943年3月2日发　　1943年3月2日收

昨天夜间皇家空军向柏林投掷了700多吨炸弹。空袭很成功。参战的302架四引擎轰炸机损失19架。

终于抵达莫斯科的克尔遭到了冷遇。伦敦指示他打探苏联战后对德关系
377 的打算，并向苏联通报英国政府关于占领德国、建立管制机制和希望对战后欧洲采取统一政策的想法。最终克尔分别同莫洛托夫（2月20日）和斯大林（2月24日）进行了会谈，但并未获得对这些问题的具体答复。[88]

大使从伦敦随身带来3份大篇幅文件在会见时转交给了斯大林。其中两份是继续向苏联领导人通报阿达纳会议英国和土耳其之间达成的协议。丘吉尔极力促成的苏联和土耳其改善关系的谈判也终于“启动”。土耳其外长2月13日向苏联驻安卡拉大使递交的声明成为谈判的起点。之后的谈判都在莫斯科举行。在莫洛托夫同土耳其大使的会谈中苏方了解到，土耳其政府所理解的改善双边关系只是发表联合声明，和丘吉尔同伊诺努总统在阿达纳会谈后发布的声明雷同。根据俄罗斯国家档案馆的莫洛托夫文件显示，莫斯科方面的态度更为坚定，苏联甚至已经拟订了一份为期15年的苏土互助条约文本，其日期标注为1943年3月23日。[89] 莫洛托夫认为土耳其的建议“不够彻底”也并非没有道理，双边谈判因此中断了一段时间。[90]

克尔转交的第三份文件也同丘吉尔的土耳其之行有关。这份关于战后安全方面的备忘录是丘吉尔在前往阿达纳谈判的专列上，于1月31日清晨写就的，这就是之后著名的《清晨的感悟》。其目的是说服土耳其加入盟军一方作战，同时包含了丘吉尔对战后调解问题更为宽泛的思考。[91] 早在2月2日丘吉尔就把它转给了罗斯福，英国驻华盛顿大使在转交时还特别强调，这份陈述书是丘吉尔的个人观点，尚未征得英国内阁的同意。[92]

在第二天给丘吉尔的信函中，斯大林向英国空军3月1日对柏林的空袭表
378 示敬意。尽管其文本由莫洛托夫草拟，[93] 在很大程度上有些例行公事的意味，但仍能看出，斯大林的确高度评价了轰炸的作用，并认为此举间接支援了苏

联东线战场的对德斗争。正如斯大林1942年9月对威尔基所说，“对德国的轰炸直接影响到前线德军士兵的士气。我们首次轰炸哥尼斯堡（Кенигсберг加里宁格勒）和但泽后得知，德军士兵要求军官派人回德国探望，因为他们担心自己家人的命运。关于这些轰炸对德国居民的影响在德军家属写给他们的信中可见一斑。在这些家书中，妻子们告诉她们的丈夫，他们很可能再也无法相见了”。[94]

192. 斯大林致丘吉尔的私人秘密信函

1943年3月2日发

您2月17日来函收悉，此信事关土耳其政府希望同苏联政府进行沟通的问题。2月24日还收到由克尔转交的3份文件：1. 首相在阿达纳会议上向土耳其总统伊诺努和土耳其代表团发表的声明提纲；2. 1943年1月30—31日英土阿达纳会谈的最终成果；3. 关于战后安全的阐释。

感谢您提供这些消息。

我认为有必要告知您，2月13日土耳其外长召见苏联驻安卡拉大使，表达了土耳其政府同苏联就改善苏土关系开始谈判的意愿。苏联政府通过苏联大使回答说，欢迎土耳其政府改善苏土关系的意愿并准备开始谈判。目前正在等待土耳其大使返回莫斯科，商议开始谈判事宜。

在此衷心祝愿早日康复。

193. 斯大林致丘吉尔的私人秘密信函 379

1943年3月3日发

向英国空军昨天成功轰炸柏林致敬。遗憾的是，苏联空军正全力投入与德军的正面作战，暂时不能参加轰炸柏林的行动。

在下一封信函中，丘吉尔继续讨论轰炸德国的话题。3月3日夜到4日，40多架英国空军飞机对汉堡实施空袭。尽管丘吉尔对此次轰炸予以高度评价，但之后发现，大部分炸弹都没有投在汉堡（Гамбург），而是扔在毗邻城市维杰尔（Ветель）。其原因可能是由于雷达的数据分析出错。[95]

丘吉尔在其信函第二段祝贺斯大林3月3日解放勒热夫（Ржев）。显然，丘吉尔清楚地记得1942年8月在莫斯科谈判时斯大林所说的话，当时斯大林说："作为'对抗德国对斯大林格勒'进攻的对策，我们已经着手勒热夫和维亚济马（Вязьма）方向的破坏行动。一切进行得很顺利。这一行动的目的是迫使敌人重新部署兵力。"[96]丘吉尔判断得很正确，他准确地描述了勒热夫对斯大林的意义。极少离开克里姆林宫的苏军最高统帅于8月4—5日视察前线期间来到位于勒热夫附近霍罗舍沃（Хорошево）村的加里宁方面军司令部，并察看了被损毁的城市。

丘吉尔在信函的第三段谈到了同罗斯福商议共同答复斯大林的问题。在将这封信发给罗斯福之后，3月4日丘吉尔与总统进行过沟通。丘吉尔还不知道罗斯福已经寄出了自己的回信，后者已经单独回复了斯大林写给他们两人几乎相同的信函，而丘吉尔仍在期待一道回复，"在这种情况下重要的是保持一致"。[97]英国首相相信，罗斯福在给莫斯科发信时，一定会提到共同商议回
380 复斯大林3月4日来函一事。这种情况在"三巨头"往来信函中也是极其罕见的现象：斯大林对罗斯福意图的把握甚至先于丘吉尔。"书信三角"关系的内在变化虽然短暂，但却改变了本来的面貌。

194. 丘吉尔致斯大林的私人机密信函

1943年3月4日发　　　　1943年3月5日收

1. 尽管由于天气条件无法实施对柏林的空袭，但我们昨天夜间向汉堡投掷了800吨炸弹，取得了较好的战果。如果考虑到较短的投弹时间，空袭程度还是相当猛烈的。在今后的几个月，我们将果断增加投弹量和空袭频率，我希望以此使纳粹感受到我们的坚决态度，降低他们之前对战争的狂热度。除了给他们的生产制造困难外，我们还将迫使他们把越来越多的资源投向高射炮连和其他防御措施。

2. 请接受我对解放勒热夫最热烈的祝贺。通过我们8月份的交谈得知，您认为解放这座城市的意义重大。

3. 我和罗斯福总统正在商议答复您16日的电报，我希望很快将有共同答复。

斯大林并不知道丘吉尔和罗斯福的行动出现了脱节，他不认为总统2月22日给莫斯科的来函未与英国首相沟通。因此，他相信了丘吉尔的话，期待

着英美方面的共同答复。在照例表达对轰炸德国的敬意后，斯大林继续与他们分享苏联军队获得军事胜利的消息。在勒热夫—维亚济马进攻战役中，苏联军队3月6日解放了格扎茨克（Гжатск），3月8日解放了乔夫卡（Сычевка），最终3月12日解放维亚济马。1941年秋因溃败而放弃的城市，现在成为了红军胜利的象征。

195. 斯大林致丘吉尔的私人机密信函 381

1943年3月6日发

您成功轰炸汉堡的来信已收悉。对英国空军和您打算加大对德轰炸的想法表示欢迎。

感谢您对我军收复维亚济马的祝贺。今日我军成功光复格扎茨克。

期待您和罗斯福先生对我2月16日信函的共同答复。

丘吉尔3月6日信函所说的轰炸埃森（Эссен）并不是一个寻常事件。它是持续到1943年7月31日鲁尔（Рур）空战的开始。英国航空兵442架飞机利用良好的气象条件，使用新型轰炸机技术器材——所谓的“Oboe”*系统，成功实施了奔袭，给主要目标之一克虏伯（Крупп）工厂[98]造成了巨大损失。虽然不是所有炸弹都命中目标，但战后英国轰炸航空兵司令A.哈利斯（Харрис А.）元帅高度评价了埃森轰炸，而丘吉尔也在自己的回忆录中写道：“整个战争期间埃森首次遭受重创。”[99]

196. 丘吉尔致斯大林的信函

1943年3月6日发　　　　1943年3月7日收

昨天夜间，在良好的气象条件下，在较短的时间内，向2平方英里的面积至少投掷了468吨爆破弹和518吨燃烧弹（共计986吨）。

---

* 英文Observed bombing of enemy的缩写，意为轰炸机目标指示雷达装置。埃森轰炸时使用的这套装备的技术原理是，由多用途“蚊式”飞机投放目标指示器，之后重型轰炸机强力轰炸照射目标为主力机群实施空袭做好准备。

382 丘吉尔给斯大林的下一封信函是对2月16日克里姆林宫来函的延后答复，该信函出台历尽曲折。丘吉尔先是准备在收到斯大林来函后迅速做出答复。2月18日晨他还口述了信函要点，并将之转给了艾登和伊斯梅。后者也提出了自己的相应建议，但信函文本的后续工作由于丘吉尔生病而中止，重新开始这一工作已是3月初。3月3日总参谋部向丘吉尔提交了更新后的文本草案，这是在丘吉尔口述文本的基础上拟制的。在呈送丘吉尔时，伊斯梅建议在文本中加入要求苏联统帅部提供1943年具体计划的内容，他自己对这一要求的现实性也不自信："从军事观点来看，这种情报具有极高价值，但难以相信您和罗斯福总统准备将这一问题写入电报，而斯大林未必会就此做出答复。"[100] 丘吉尔从他在郊区的契克斯公寓打电话给伊斯梅，回答已经很明确："我很清楚英国和美国军队所做的可怜贡献，今年大半年我们只牵制了大约一打德国师，而与斯大林对抗的是185个德国师。因此，我不会因为询问军事计划而引来申斥。"[101]

185个德国师这个数字一直萦绕在丘吉尔的脑海中。他承认第二次世界大战战场上"俄国人的成功……造就了全新的态势"，并且对东线会战规模的印象不能泯灭。在2月13日写给霍普金斯的信中，他对由于准备"哈斯基（Хаски）"行动（进攻西西里岛）而不得不在4—6月暂停对德意军队的主动军事行动表示了抱怨，"此时俄国人面对的是185个师"。[102] 4月份，当艾森豪威尔喋喋不休地解释英美军队在"哈斯基"行动中面对的各种困难时，丘吉尔给参谋长委员会写信称："我们告诉俄国人，由于'哈斯基'行动，他们将不能从北方航线得到任何补给，而现在因为2个德国师（具体兵力不详）驻在附近就取消'哈斯基'行动，我不能想象面对185个师的斯大林知道后会作何想。"[103]

383 给斯大林回信的第一稿3月4日完成，但在3月4—5日丘吉尔同罗斯福书信交流时得知，罗斯福在没有知会伦敦的情况下已经答复了斯大林。这使得英国人义愤填膺，甚至于艾登在3月9日会见迈斯基时都不能掩饰这一点。[104] 因自己的疏忽致歉后，罗斯福单独给丘吉尔写信，他支持丘吉尔的回信，唯一的条件就是请求不要将此作为共同答复，因为"我已经回复斯大林"。[105] 回信经内阁同意后，丘吉尔和艾登又于3月10日在契克斯举行的晚间酒会上进行了最后修改。

丘吉尔亲自对信函第4段进行了修饰，以突出英美军队计划中的进攻行动，并再一次说明了土耳其的潜在益处。因为很了解斯大林对盟军计划的不满和怀疑，丘吉尔决定以透露盟军所掌握的、包括强渡英吉利海峡的各种资源的具体数字来打动他。为此丘吉尔首次在信函上运用数据，来说明英国司令部在各个战区的部队部署和员额情况，以及为进攻欧洲大陆而集结在不列颠群岛上的美军部队情况，而之前，在给斯大林通报卡萨布兰卡会议总结时，罗斯福正是把这些内容从信中删除了。这些消息在丘吉尔3月4日发给罗斯福过目的致斯大林的信函草稿中也没有出现。[106] 丘吉尔详细解释了盟军在北非失利的原因，主要是补给困难和天气条件不佳。他还简要地提到了德意军队3月6日在梅德宁（Меденин）郊区对英国第8集团军发起的短暂攻势“卡普里（Капри）”行动，该行动已被击溃。在信函第7段中，他反驳了斯大林关于希特勒利用盟军在突尼斯的不作为将新的部队投入苏德战场的说法。英军总参谋部根据侦察情报为丘吉尔提供了佐证，认为这只是东欧和西欧德军部队的正常轮换。[107] 该信新的内容便是进攻法国的时间的不确定性在增加，原因是 384
受资源所限，对进攻时刻敌军情况掌握不足所致。实际上丘吉尔认为，如果在夏季前德国没有被严重削弱，第二战场的开辟就有可能推迟，并且可能是无限期推迟。

在将信函发送斯大林后，丘吉尔决定不将信函终稿抄送罗斯福，因为信函上还增加了美军部队的情报，而且，显然这也是对之前白宫隐瞒行为的报复，罗斯福直至3月5日才将其2月22日发送给斯大林的信转给丘吉尔。[108] 为防止华盛顿要求了解信函文本，丘吉尔还指示外交部，在这种情况下删掉第8、9、10三段，这“不是写给美国人看的”。“我不相信，”他补充说，“泄漏了他们真实的计划而不会引起他们震怒。”[109] 当时正在华盛顿访问的艾登也深以为然，他发电报说：“我认为唯一可能的难题是斯大林狡辩，这样的话您不得不向总统出示来往电报。但不到这一步，我们则应按兵不动。”[110]

在下一封3月11日的信函中，丘吉尔阐释了上一封信中提到的战役行动的各种假想情况。英国首相细致斟酌了各种行动代号，他解释说，“这个会让许多人丧命的战役行动容不得半点‘言过其实’或‘轻浮马虎’”，“不能让某位遗孀或母亲说，她的儿子在‘拥抱兔子’或‘胡言’行动中阵亡”。[111]

当天，丘吉尔还向斯大林讲述了观看斯大林格勒会战纪录片后的感想，并许诺把英国军人在北非行动的类似纪录片寄给斯大林观看。在回忆录中，丘吉尔称苏联影片“再现至高无上的尊严”，“真实展示了残酷的战斗”。[112] 在此之后，他请著名的美国演员B.唐莱维（Донлеви Б.）配音，并以“希特勒的终结者——英雄的斯大林格勒”为名在美国和英国展播。

在3月13日的信函中，为保险起见，丘吉尔请斯大林对自己3月11日信

函中第8—10点的内容只限于“你我之间”——这在三巨头的往来信函中极
385 为罕见，他想请他的苏联信友对罗斯福隐瞒此事。在谈到轰炸德国时，丘吉尔提到了3月12日对埃森的轰炸，其飞机数量同现在记载的数目出现较大偏差。[113] 总体上英国轰炸航空兵获得了巨大成功，尽管是地理位置特点（相对靠近不列颠群岛）和克虏伯工厂位于市中心这一事实对取得战果产生了本质影响。[114] 丘吉尔还是和往常一样向苏联祝贺军事胜利，虽然之后的事件进展没有辜负他的祝贺，但这次没有具体所指。

197. 丘吉尔致斯大林的私人机密信函

1943年3月11日发　　　　1943年3月12日收

1. 罗斯福先生将回复您2月16日信函的副本转发给我。我现在状态很好，可以亲自回信。

2. 我们的首要任务是通过一系列战役肃清北非的轴心国部队，这些战役的行动代号我很快将在之后的信函中通报。我们希望4月底之前实施，但在此之前我们要同近25万轴心国军队鏖战。

3. 同时需要精心筹备完成6月份代号为“爱斯基摩”行动（具体情况我很快在之后的信函中说明），这比我们在卡萨布兰卡的计划要提前1个月。

4. 还正在研究在东地中海行动计划，如：

a）夺占克里特岛，或多德卡尼斯群岛，或一并占领；

b）在希腊登陆。

这些行动日期的选择在很大程度上由“爱斯基摩”行动的结果和现有的运力及登陆器材数量决定。当然，土耳其的支持及其机场的利用都具有重大意义。在适宜的时间我会要求其提供这些帮助。

386 5. 英美联军决定暂时放弃在12月份夺取突尼斯和比塞大（Бизерта），原因是敌人兵力过于强大、即将到来的雨季、已经变得潮湿的气候以及从阿尔及尔（Алжир）算起长达500英里、从博纳（Бон）算起长160英里的交通线，而且路况极差，只有法国建的单线铁路，运输周期长达一周。由于敌人空中和潜艇袭扰猖獗，只能从海路为军队补给，且运量受限。这样一来，就无法在靠近战线的地区储备燃料和给养。实际上已经运到那里的给养只能够维持供应现有驻军。而由于临时机场成为泽国，空运给养亦然。在我们停止进攻时，如不算意大利人和隆美尔军团，突尼斯仍有4万德军，全部驻守在的黎波里。目前，突尼斯北部的德军兵力已2倍于此数字，他们仍在通过运输机和驱逐舰尽可能进行增援。上月末，局部地区战斗严重失利，但目前局势已恢复稳定。我们希望蒙哥马利的军队能够提前展开攻势，以弥补战事延误造成的损失，蒙哥马利集团军有6个师（近20万人），齐装满员，他们将在3月底之前从的黎波里对马雷斯开始行动。3月6日，蒙哥马利集团军击退了隆美尔先发制人的进攻，使之遭受重大损失。英国军队和美国军队将在突尼斯北部与蒙哥马利协同行动。

6. 我认为您愿意了解这些细节，尽管这些行动就规模而言同您所领导的宏大战役无法相比。

7. 英军参谋部认为，去年11月从法国、卢森堡、比利时和荷兰调往苏德战场的德军师至少大半都已经轮换，轮换的部队来自德国和俄国，有一些师是在法国刚刚组建的。英军参谋部判断，目前在法国、卢森堡、比利时和荷兰有30个德军师。

8. 我非常希望您能准确知晓我们准备从地中海或英吉利海峡进攻欧洲集 387
结的军事力量，对您而言也同属机密情报。英国军队绝大部分部署在北非、近东和印度，事实上无法通过海路调回不列颠群岛。4月底之前，我们在突尼斯将有5个师，近20万人，此外，除了蒙哥马利将军的集团军的6个师，我们还从伊朗调来2个经过特殊训练的英国师，又另派出1个师增援“爱斯基摩”行动，以增强现有兵力，使此次行动兵员达到14个师。在近东我们有4个英国机步师，2个波兰师，1个法国混编师和1个希腊师。在直布罗陀、马耳他、塞浦路斯部署有相当于4个普通步兵师的兵力。不计驻屯军和边防部队，印度组建了并正在组建10—12个师，准备雨季后收复缅甸和恢复同中国的联系（此次行动代号见随之到来的下封信）。因此，隶属英军司令部指挥的有38个师，他们展开至从直布罗陀到加尔各答（Калькутта）长达6300英里的战线上，包括坦克兵团和大量航空兵部队。所有这些兵力都已受领1943年的明确任务，以主动出击为主。

9. 英国师包括军和集团军的师以及后勤部队总员额约4万人。联合王国国内还有约19个整编师，4个警卫师和4个预备师；这些部队中的16个师在准备参加8月强渡海峡的行动。您也知道，英国总人口不过4600万，主要集中于海军和商船队，没有这些我们就失去赖以生存的基础。我们最庞大的空军力量达120万人，以及需要从事武器装备生产、农业生产和国土防空的人员。因此，在某个时期，我国所有的男人和女人都已经派上用场并且仍在全力以赴。

388 10. 美国计划去年7月派往联合王国进攻法国的有27个师，每个师员额在4—5万人。之后，他们派出8个师执行“火炬”行动，还准备再增派3个师。目前英国境内只有1个美国师，至少在2个月内不用期望再增加。在8月份之前，除了大量的航空兵部队外，他们希望能拥有4个师。这不是美国人懈怠。去年的愿望没有实现的原因不是因为没有部队，而是因为我们没有足够的运力和护航舰队。实际上，除了上述部队外，没有任何希望在指定期限内将任何部队运送至联合王国。

11. 从联合王国起飞的轰炸进攻已经加强，并将继续加强。2月份共向德国及被德国占领的领土投掷了1万吨以上的炸弹，3月初投掷到德国的炸弹约4000吨。我空军参谋部认为，目前德军4500架一线战斗机中有1780架在俄国战场作战，其余的都集结在德国、西线和地中海战场用于对付我们。除此之外，意大利空军有1385架一线战机，绝大多数用于对付我们。

12. 在进攻海峡彼岸问题上，我和总统迫切希望我们的军队能够参加欧洲大会战，表现出像您指挥的会战那样的勇敢卓绝。但是，为了支持北非、太平洋和印度战场，为了给俄国提供补给，向联合王国的运兵计划已经压缩至极限，我们已经消耗并正在消耗我们的有限资源。但是，如果敌人被大幅削弱，我们准备在8月份之前出击，为此每周我们都在修订作战计划。如果敌人仍然强大，那么仓促地提前进攻以及兵力不足的结果只能是无谓的流血牺牲，当地居民如果起义，则会招致纳粹的报复，结果只能是对敌人有利。真
389 实态势只能在行动之前进行评估，而且，我在此向您通报我们的打算，请勿认为我是在阻挠决策。

198. 丘吉尔致斯大林的私人机密信函

1943年3月11日发　　　　1943年3月12日收

前信续：

（1）信中第2点提到的战役行动代号为“火山（Вулкан）”。

（2）信中第3点提到的行动针对西西里。

（3）第8点提到的战役行动代号为“亚纳金人（Анаким）”。

199. 丘吉尔致斯大林的私人信函

1943年3月11日发　　　　1943年3月13日收

我刚刚观看了反映红军在斯大林格勒取得的胜利和俘获保卢斯的出色纪录片，我非常振奋。我们第8集团军的战地摄影师也拍了部他们在沙漠取得胜利的电影。我吩咐他们将解说词翻译成俄语，现在把这部电影拷贝寄给您，希望您抽空观看。

我相信，如果第8集团军的官兵得知，他们的胜利画面将在盟军和苏联人民面前展示，他们将十分自豪。

200. 丘吉尔致斯大林的私人机密信函

1943年3月13日发　　　　1943年3月14日收

1. 关于我的最后一封信函，我非常希望其中的第8、9、10点作为军事行动问题单独交流，仅发给您——元帅和最高统帅。这几点内容仅限于你知 390
我知。

2. 昨夜我们又动用400架飞机的兵力再次对埃森进行了空袭，损失23架飞机。但据情报显示，战果辉煌。此次空袭的顺序是斯图加特（Штутгарт）、慕尼黑、纽伦堡（Нюрнберг）和埃森。无疑，频率越来越快、力量越来越强的空袭对德国人的心理造成了极大压力，我预计，希特勒会下令进行他所能做到的最疯狂的报复。他在西线沿岸地区部署了大量轰炸航空兵，以防我们登陆。我们的主要目的之一，就是迫使其将这些兵力用于针对英国的行动中，我们将给予热情招待，以便为未来行动扫清障碍。

3. 衷心祝贺您收复维亚济马，由衷希望在哈尔科夫的最终胜利。

丘吉尔3月11日的长信引起了克里姆林宫的警觉。由于德国人的顽强抵抗和苏军指挥部的失误，此前的战场态势再趋复杂。2月17日，西南方面军司令瓦图京大将错误地认为，德军主力将从顿巴斯（Донбасс）撤至第聂伯河对岸，为此，瓦图京下定决心继续全线进攻，以期尽早将敌驱逐至第聂伯河一线、第聂伯彼得罗夫斯克（Днепропетровск）和扎波罗热（Запорожье）附近。最高统帅部大本营签署了该命令。2月19日，曼施泰因在重新调整兵力部署之后，增强了主要反攻方向的坦克力量，德军部队对西南方面军右翼实施猛烈的突击。而西南方面军司令部由于认为敌军的目的是掩护主力撤退而一错再错地继续进攻。尽管3月11日苏军大本营下达了斯大林签发的训令，指出德军部队有从哈尔科夫向北推进的危险，并将预备队分配给方面军，但一切为时已晚。帕夫洛格拉德（Павлоград）、红军城（Красноармейск）、克拉马托尔斯克（Краматорск）相继失守，3月15日，经过残酷的战斗德军重新夺取哈尔科夫。[115]

在此背景下，盟军拖延开辟第二战场就变得特别令人不能接受。迈斯基
391 在不知丘吉尔信函内容的情况下，通知莫斯科做好迎接坏消息的准备，他说，
“一系列迹象表明”，不应对其报“太大希望”。[116] 但是丘吉尔的信函比迈斯基的悲观预测有过之而无不及，因为这封信比与罗斯福的讨论走得更远，再次证实盟国正公开逃避应尽的义务。斯大林和往常一样，手握铅笔仔细审阅信函，准确无误地勾出最关心的地方——实施战役期限的条件以及保留自由裁量权的内容。[117] 莫洛托夫在将“当家人”的回信发给迈斯基时，着重在电报中强调了这些要点。[118]

与2月16日一信两发情况相同，斯大林决定分别答复自己的伙伴们，但实际表述内容无二。信函草稿由莫洛托夫草拟，但斯大林的修改使之更为准确和有理有据。

3月15日，斯大林还给丘吉尔发了一封信函，信中建议美国充当苏联与芬兰和平谈判调停人。芬兰1943年2月总统大选［现任总统R. 吕蒂（Рюти Р.）胜出］后组建了新政府。H. 拉姆塞（Рамсей Х.）接替了亲德的R. 威蒂格（Виттиг Р.）出任芬兰外长，而新任外长同伦敦和华盛顿都有着良好的人脉关系。美国视这一人事变动为芬兰政策可能发生变化的信号，并可能在芬兰和苏联谈判中主动充当调停人。[119] 3月12日在同莫洛托夫会谈时，斯坦德利表示，美国“政府准备评估芬兰新内阁的政策主张，包括研究使芬兰退出战争的问题”，他还想了解苏联对此持何态度。莫洛托夫对促成此事表示怀疑，并希望了解“是否有成功的把握”。[120]

斯大林向丘吉尔通报了美国在芬兰问题上的建议，显然是想强调，苏联有别于盟国在开辟第二战场上的敷衍，而是脚踏实地地在履行自身的盟友义
392 务，因为依据苏英1942年条约，禁止缔约国单独同德国及其盟国进行和平谈
判。莫斯科是想展示不准备背着英国同芬兰进行和平谈判，迈斯基早在3月8日就向艾登表明了态度。[121] 伦敦同样报之以李，将与罗马尼亚和匈牙利政界

人士在1943年3月的谈判情况通报给莫斯科。[122] 然而，这并不是简单的礼尚往来：莫洛托夫3月19日发电报提醒迈斯基，克里姆林宫确实对丘吉尔在该问题上的做法很感兴趣，有可能是想验证美国人关于芬兰人愿意和谈的消息，而苏联方面对芬兰人持怀疑态度。[123] 此外，向丘吉尔通报这一机密情报也可视作遵循对等原则，以此报答首相关于美国向不列颠群岛投送兵力计划的通报。斯大林对莫洛托夫草案的修改很明显看出对芬兰的怀疑不断加深。[124] 斯大林给丘吉尔的第3封信标注的日期为3月15日，可认为是回复首相当月11日和13日的所有来信。斯大林的修改（增加部分用斜体标出，删节部分见括号内）不仅语气诚恳，而且开诚布公（哈尔科夫失守）。领袖还添加了一句话，即给丘吉尔本人寄送他喜欢的《斯大林格勒》纪录片。这部影片是苏联战地摄影师在斯大林格勒会战期间全程拍摄，由Л.В.瓦尔拉莫夫（Варламов Л.В.）执导，В.С.格罗斯曼（Гроссман В.С.）撰稿，并由Ю.В.列维坦（Левитан Ю.В.）配音。

201. 斯大林致丘吉尔的私人秘密信函

1943年3月15日发

3月12日，美国大使斯坦德利先生向莫洛托夫转达了美国政府的担保责任。

美国政府建议，其可以作为苏联和芬兰的谈判调停人，以查明双方和谈的可能性。莫洛托夫提问说，美国政府是否知晓芬兰的和平愿望，以及芬兰在此问题上的真实立场，斯坦德利先生说他无可奉告。 393

众所周知，1942年5月26日签署的英苏条约规定，我们两国不得同德国及其盟国进行单独媾和谈判。我将此视为铁律。

因此，我认为我有义务：首先向您通报美国的建议，其次征求您对该问题的意见。

我认为，芬兰真正想要和谈的看法是没有根据的，因为它没有决定与德国断交，也未出具可以接受的谈判条件。即使芬兰希望挣脱希特勒的魔爪，但它还没有做到。芬兰现今的统治者曾同苏联签订过和平条约，但很快将其撕毁，并同德国结盟一道进攻苏联，现在他们未必能同希特勒一刀两断。

即便如此，我认为有义务向您通报美国政府的建议。

202. 斯大林致丘吉尔的私人秘密信函

1943年3月15日发

您3月6日和13日的信函收悉，您在信中通报了成功轰炸埃森、斯图加特、慕尼黑、纽伦堡的消息。对强力轰炸德国工业中心的英国航空兵致以诚挚的敬意。

您希望将3月11日信中的第8、9、10点内容作为特殊的军事情报，此意愿将被满足。

感谢您对收复维亚济马的祝贺。***遗憾的是，今天我们被迫撤离哈尔科夫***（不应对哈尔科夫城下的胜利过于自信）。

您3月11日信函中提到的关于第8集团军的影片我刚刚收到，我定会观看，并提供机会让军人和平民都能够观看到这部影片。我认为，这对于我们的战斗合作弥足珍贵。***请允许我将苏联影片《斯大林格勒》寄送给您本人***。

394 203. 斯大林致丘吉尔的私人秘密信函

1943年3月15日发

您回复我2月16日致信的来函收悉。

从您的来函中可以看出，英美的北非战役不仅没有提前，反而推迟到了4月底。而最终日期仍具有不确定性。因此，在2—3月期间、在对抗希特勒军队战斗最紧张的时刻，英美军队在北非的进攻不仅没有加速，而是毫不作为，您原计划的期限又再次延迟。而与此同时，德国从容地从西部调来36个师抗击苏联军队，其中还有6个坦克师。不难想象，这样的结果给苏联军队造成的困难极大地缓解了德国人在苏德战场的境遇。

就重要性而言，“爱斯基摩”行动当然不能代替进攻法国开辟第二战场，但我想无论如何还是请您加快这一战役行动。

我认为，首要的还是在法国开辟第二战场。您应该记得，您允诺在1942年就开辟第二战场，在任何情况下都不会迟于今年春季。已有足够充分的理由开始这一行动。因此在上一封信中，我强调不迟于今年春季或夏季开始前从西部发起攻击的必要性。

苏联军队整个冬季都在进行激烈的战斗，现在还在继续战斗，而此时希特勒正在采取新的大规模措施重整和壮大自己的军队，以准备对苏联发动春季和夏季攻势，对我们而言，不再拖延西线的攻势尤为重要，而且攻势应在春季或夏季到来时展开。

我研究了您信函中第8、9、10点的内容，它说明了英美军队在欧洲面临的困难。我承认存在困难。况且，从我们的共同事业的利益出发，我认为非常有必要提醒，继续拖延在法国开辟第二战场蕴藏着巨大的危险。因此，您对英美军队进攻海峡彼岸的计划所表现出的不确定性令我警觉，对此我无法保持沉默。

204. 斯大林致罗斯福的私人机密信函 395

1943年3月16日发

现在我收到了丘吉尔先生对我2月16日致信的答复，我认为有责任回答您2月22日信函中提出的问题，而那封信是您对我2月16日信函的回信。

从丘吉尔来信中我了解到，英美的北非战役不仅没有提前，反而推迟到了4月底。而最终日期仍具有不确定性。因此，在2—3月期间，在对抗希特勒军队战斗最紧张的时刻，英美军队在北非的进攻不仅没有加速，而是毫不作为，您原计划的期限又再次延迟。而在同时，德国从容地从西部调来36个师抗击苏联军队，其中还有6个坦克师。不难想象，这样的结果给苏联军队造成的困难极大地缓解了德国人在苏德战场的境遇。

丘吉尔先生还告诉我，英美军队登陆西西里岛的战役计划在6月。此次战役就重要性而言，不能代替在法国开辟第二战场，但我想无论如何还是要加快这一战役行动。

同时我认为自己有责任提醒，主要问题还是在法国开辟第二战场。您应该记得，您允诺在1942年就开辟第二战场，在任何情况下都不会迟于今年春季。已有足够充分的理由开始这一行动。因此在上一封信中，我强调不迟于今年春季或夏季开始前从西线发起攻击的必要性。

苏联军队整个冬季都在进行激烈的战斗，现在还在继续战斗，而此时希特勒正在采取新的大规模措施重整和壮大自己的军队，以准备对苏联发动春季和夏季攻势，对我们而言，不再拖延西线的攻势尤为重要，而且攻势应在春季或夏季到来时展开。

我承认由于运输工具不足导致了不小的困难，对此您已经在自己的信函
396 中做了说明。况且，从我们的共同事业的利益出发，我认为非常有必要提醒，继续拖延在法国开辟第二战场蕴藏着巨大的危险。因此，您对英美军队进攻海峡彼岸的计划所表现出的不确定性令我警觉，对此我无法保持沉默。

白宫和唐宁街对斯大林语气严厉的答复都已有所准备。艾登3月16日从华盛顿报告："总统收到了斯大林的信函，同您收到的一样刺耳。估计他也早有预料。"[125] 丘吉尔给艾登转发了斯大林的电报以便其转呈罗斯福，并附上自己3月11日给斯大林的回信，他要求艾登不要给美国人出示第8到10点。他还概括转述了斯大林3月15日的第2封信，称之为"友好的"，"显然是用来缓和正式信函中的刺耳内容"。[126] 丘吉尔很难理解这两封信之间的巨大反差：具有情感丰富且容易投入的特质，又轻易被某种情绪感染的丘吉尔无法想象冷漠的斯大林的心理魔法，他善于模拟最复杂的情感，时而热情，时而尖刻。丘吉尔又从"两个斯大林"的理论中找到了最具说服力的解释。"斯大林15号的两封电报，"他在3月18日致电艾登说，"证实了我一直的感觉，在俄国我们要考虑两种势力：一是真心待我的斯大林本人；二是斯大林及其身后阴险的同志们，后者是斯大林和我们都不得不畏惧的。"[127] 当天在内阁会议上，首相提请内阁成员们注意斯大林信函的不同腔调：第1封是"同某些官方机构协商后"的信函，第2封是"非常希望同我们保持良好关系的斯大林的私人信函"。[128] 丘吉尔毫不怀疑，在信函拟制过程中唯一同斯大林商议的"官方机构"就是斯大林的第一副手。

最终，丘吉尔和罗斯福都选择了直接回避斯大林的这封信，显然，最简单的原因就是他们也没什么好的建议来平息斯大林的焦虑。

397 3月17日，迈斯基向丘吉尔呈递了斯大林3月15日的来信，内容是关于美国毛遂自荐担当苏芬和谈调停人一事，此事是斯坦德利大使在3月12日同莫洛托夫会谈时提起的。[129] 仿佛受到了斯大林直率的刺激，首相也直言不讳地发表了自己的意见。大使关于会谈的总结报告抄送给政治局全体委员传阅：

"……丘吉尔声称，他第一次听说美国人会采取这样的外交举措。丘吉尔对信函的反应归结如下：'这完全是你们自己的私事。芬兰没有侵略我们，也没有侵略美国。它侵略的是你们。何时以何种方式与芬兰缔结和约是你们的权利。我不想就此对你们施加任何影响，即使是间接的影响。当然，既然美国人提出了建议，就应该认真对待。因为美国人是睚眦必报的。但在任何情

况下我都丝毫不想在这一问题上限制你们的自由。’丘吉尔又补充说，近日将书面回复斯大林同志，但事先还要同外交部商议。丘吉尔个人并不相信，在战争现阶段芬兰人有机会挣脱希特勒的魔爪，特别是对近期能够与芬兰单独缔结和约的可能性持怀疑态度。丘吉尔最后总结道：‘在任何情况下，我都不明白，为什么你们要为同芬兰实现和平支付如此高昂的代价。目前的军事态势不是你们应该去讨好芬兰，应该让他们来讨好你们。如果芬兰想要和平，就让他们自己来找你们。’丘吉尔从芬兰问题谈到了美国在波罗的海沿岸利益的问题。他眼睛一亮，说道：‘如果你们的军队能占领波罗的海沿岸，那所有问题将迎刃而解。

如果你们愿意的话，我倒是有个建议：如果有人愿意离开波罗的海沿岸，你们可以在一定时间内把他们迁出。对我而言，这是无所谓的事，而美国人的心灵将会得到抚慰。可以相信，这点小事定有回报。’

我报告的是丘吉尔对苏联彻底解决波罗的海问题的看法。会谈涉及的其他问题我将再做专门汇报。”[130]

丘吉尔给斯大林的正式答复有别于自己口头的开诚布公，全文由艾登主管的外交部修改润色。迈斯基收到信后，随即转发给莫斯科，他同时指出： 398
“按道理信函内容应该是丘吉尔3月16日对我口述的内容，但信函明显感到被贾德干和萨金特们编辑改动过了，您也知道，丘吉尔发信之前会和这些人商量。”[131] 3月16日萨金特向丘吉尔呈递联合侦察委员会对该问题的结论和建议时，首相的确与他磋商过。其建议的实质是：（1）由于不能确信苏联能否最终获胜，以及对德国的经济依赖，芬兰人不准备接受苏联提出的和平条件，包括归还柴摩（Петсамо）和汉科（Ханко），莫斯科肯定会提出这样的要求；（2）美国的倡议“显然是超前的，很可能会引起苏联方面的反感”；（3）俄国方面能迫使芬兰退出战争的军事优势“并不像初看上去的那么大”。萨金特总结道：“如果造成一种印象，即为了与芬兰缔结和约，我们对俄国人施压，则对我们不会有任何益处，反而会引起俄国人的强烈反感。”因此，最好的答复是：“根据我们的侦察情报，芬兰人完全没有意识到斯大林主席所说的迫使芬兰退出战争的军事优势，他们还未做好谈判准备。”[132] 而丘吉尔照做了。

205. 丘吉尔致斯大林的私人秘密信函

1943年3月20日发　　　　1943年3月21日收

1. 感谢您3月15日的电报，此信事关美国人就芬兰问题的态度一事。

2. 您本人可以做出最好的判断，芬兰退出战争对贵国对德作战有何重要的军事意义。我猜测，这样做的结果是可以抽出比德国人更多的苏联师参与其他地区作战。此外，芬兰脱离轴心国能够极大地影响希特勒的其他仆从国。

3. 芬兰新政府将最明显亲德的部长驱逐出政府应认为是对社会舆论的妥
399 协，似乎在表明摆脱德国控制的意愿。因此，有可能是为芬兰政策的转向作铺垫，而且他们将适时公开宣布。尽管我获得的情报并不全面，但已经可以说明芬兰人还未做好谈判的准备，我还是认为，贵国战场上近几个月的战事将推动他们解决这一问题。我认为，他们正在等待德国兑现从现在到5月之间供应粮食的承诺。在收到这些货物后，芬兰才有可能在德国断供的情况下撑到年底。

4. 总而言之，我认为，只要芬兰人一旦确信德国必败，他们就会表现出退出战争的强烈意愿。倘若如此，我感觉，您可以询问美国政府，它是否知晓或者是否能够查明芬兰能够接受的条件，而不提及您本人，这么做正逢其时。不过，您自己能够更好地对正确的策略作出判断。

尽管斯大林没有对丘吉尔的建议做出直接回应，但克里姆林宫对首相在该问题上的立场还算满意。就在此事前后几天，伦敦通过克尔通知苏联政府，英国方面拒绝了芬兰社会民主党人、财政部长V.丹尼尔（Таннер В.）的试探，芬兰企图和英国单方面进行和谈。斯大林格勒会战后，丹尼尔和总统吕蒂以及总理J.兰格尔（Рангелл Ю.）一样，积极主张在保持同苏联1939年边界的条件下，通过与德国签署条约的方式使芬兰尽快退出战争。[133] 丹尼尔的信函由芬兰驻伦敦代办转交，而艾登3月20日将其以电报形式发给克尔。3月21日英国大使转交的信函就内容而言与电报并无二致。[134] 莫洛托夫回复克尔："苏联政府早有所料。"[135]

尽管苏联与美国就芬兰问题仍在继续谈判，但策略上并没有听从丘吉尔的建议。莫洛托夫在3月27日会见斯坦德利时，并没有尝试通过美国询问芬
400 兰可能提出的和谈条件，而是提出了自己的最低条件清单：芬兰同德国断交、

退出德国发动的战争、恢复1940年边界、解散芬兰军队、赔偿部分战争损失。[136] 华盛顿客观评估了形势，并决定不向赫尔辛基通报这一消息，因为芬兰政府同意这些条款的可能性微乎其微。1943年3月，许多芬兰人还是认为德国足够强大，战争还会持续很久。[137] 此外，拉姆塞3月25日对柏林的访问结果表明，德国领导人并不准备考虑让芬兰退出战争的可能性。里宾特洛甫要求拉姆塞拒绝美国人的调停建议，并让芬兰做出书面保证不会单独媾和。[138] 最终，莫洛托夫和斯坦德利于1943年3—4月在莫斯科的谈判由于双边很难达成共识，仅以美国发表措辞含糊的打算“中止同芬兰外交关系”的声明不了了之。[139] 但事实上，美国同芬兰的外交关系一直维持到1944年6月30日。

丘吉尔继续向斯大林透露英国军队在战场集结的情报，内容涉及突尼斯沙漠到鲁尔上空。3月17日英美军队开始在突尼斯发动攻势，J.巴顿（Паттон Дж.）中将指挥的第2军在加夫萨（Гафса）地区发起进攻，3月20日第8集团军向马雷斯防线发起冲击以策应主攻。蒙哥马利对集团军发表讲话称：“正在开始的行动标志着北非战局的结束……相信上帝，相信我们正义的事业，我们就会走向胜利。向突尼斯前进！把敌人赶下大海！”[140] 在奔袭埃森后，鲁尔空战由于天气原因进入一个相对沉寂期：英国航空兵已基本掌握了沿岸地区制海权。

206. 丘吉尔致斯大林的私人秘密作战信函

1943年3月23日发　　　　1943年3月24日收

1. 目前我们在突尼斯的主要会战如火如荼。3月17日美国人从西部发动
进攻。3月20日夜第8集团军向马雷斯防线发起冲击，目前已突破防线并向西 401
北方向扩大攻势。同时，新西兰步兵军在坦克部队的增援下迂回150多英里突入敌后方阵地，向西至加贝斯港（Габес）只剩下30英里距离。该军报告称正在向加贝斯狭地方向推进。约7万德国人和5万意大利人将被包围，但作出定论为时尚早。您可参照地图判断其是否有这样的机会。我将随时向您通报。

2. 英国机场10天大雾阻碍了我们的空中进攻。只待天气好转，进攻将更加猛烈。我给您寄去几张照片以使破坏程度更加直观，特别是埃森。我认为，您会和我一样欣赏这些照片。

斯大林在次日收到丘吉尔的信函。当天早些时候，莫洛托夫收到了发给

斯大林的有关第8集团军实施北非战役的影片，丘吉尔在3月11日来信中曾经提到过。很明显，这是在莫斯科城唯一的一份拷贝，因为克尔向斯大林发出请求："如有可能，在您看过后有劳借给我两天，我和我的同事非常想看。"[141] 斯大林3月24日回信的草稿由莫洛托夫起草。斯大林过目后未予改动。[142]

207. 斯大林致丘吉尔的私人秘密信函

1943年3月27日发

您关于突尼斯正在进行大会战的消息已收悉。祝愿英美军队能很快大获全胜。希望此次您能够战胜并摧毁敌人，并最终将其驱离出突尼斯。

我还希望对德国的空中进攻不断增强。感谢您送给我的埃森受损情况的照片。

402 丘吉尔下一封信的内容是关于轮换英国驻莫斯科军事联络处的主任一事。J.迈尔斯（Майлс Д.）海军少将是麦克法兰于1942年5月卸任后接任英国军事联络处主任职务的，他和其他驻莫斯科武官都遇到了相同的难题——收集情报受限。在多次向伦敦抱怨后，他建议英军指挥部减少同苏联驻伦敦联络处的合作，而英国政府则计划采取外交举措向苏联"施压"。不同于其前任麦克法兰，迈尔斯未同苏联军方建立良好的个人关系。最后，当新任军事联络处主任G.le.Q马特尔（Мартель Г.ле.К）中将于1943年3月22日飞抵莫斯科时，苏军总参谋部未派一人接机。[143]

早在20世纪20年代马特尔就是"坦克战"[144] 的狂热支持者。信函中也提到，1936年他曾访问并观摩了红军在明斯克的坦克机动演习，因此，到明斯克访问也顺理成章，他对红军的军事学说和坦克装备表现出浓厚的兴趣。当时的访问给马特尔留下了深刻的印象，他评价苏军参谋部是"出色的"。1943年马特尔的莫斯科之行得到了高层的推荐，这就是丘吉尔写给斯大林的信和布鲁克写给华西列夫斯基的信，信中都对马特尔给予高度评价。[145] 信函由马特尔在4月12日参加克里姆林宫会见时亲自转呈斯大林，当时莫洛托夫和克尔都在场。将军称，"英国人学会了如何在沙漠中打击德国人，但只有俄国人知道德国人如何在欧洲战区作战，也只有俄国人知道该如何对付他们……英国人需要从俄国人这里好好学习"。斯大林豁达地说："我们应该相互学习。"[146]

208. 致人民国防委员会、人民委员会主席И.В.斯大林元帅

1943年3月27日发　　　　1943年4月12日收

尊敬的斯大林元帅：

我任命三级巴斯勋章、战斗勋章、军功十字勋章获得者马特尔中将为英国驻苏联军事联络处主任。

马特尔将军是英军高级衔将领，在英国军队中任要职，敦刻尔克撤退之 403
前曾任驻法师长，不久前任皇家装甲兵司令。我特意挑选其担任这一职位，因为我认为，他拥有您和苏联军方接受的军事和个人素质，能够保障其顺利履行职责。之所以向苏联派出功勋卓著的资深军官，是因为我认为我们两国的合作极其重要，我向您那里派出了我最好的军官之一，您可以对其完全信任。1936年他有幸观摩过红军的机动演习，现在他希望在严酷的战争考验下再次了解红军。我希望您能下达必要的指示，使他能拥有达成这一目标的一切条件。

您忠实的

温斯顿·丘吉尔

丘吉尔在向斯大林通报英军空袭德国最新战况时，经常描述它们是成功的。但后续的评估证明，英国首相的话并不完全可信。3月28日他在信函中提到的空袭柏林有些不同寻常。一方面，大部分炸弹都偏离预定目标7—17英里，但另一方面，英军航空兵在无意中炸毁了德国空军隐藏在泰尔托（Тельтов）森林中的雷达设备仓库。德国人认为这个仓库是英军空袭的目标，并惊叹于英国飞行员的准确性。[147] 丘吉尔在3月29日会见迈斯基时告诉大使这一消息。首相向大使保证，当天将再次轰炸柏林，之后迈斯基在电报中报告说：“丘吉尔突然用拳头砸了一下桌子，他吼道：‘我要把德国炸成碎片。我要让德国消失在尘埃里。’这不是做样子。丘吉尔经常会有同样的情绪爆发。但它们很快就平息了，因为这种狂态很可能做出不理智的结论。”[148]

同时，英美军队在突尼斯的处境持续好转。德国人在3月22日实施了规模不大的反突击，但未能阻止蒙哥马利第8集团军的进攻。蒙哥马利最后回忆道，“3月28日9点前我们已完全控制了著名的马雷斯防线……右翼在被迫 404

撤退之后很快稳住了局势，此时我们利用‘左勾拳’击倒了敌人”。[149] 3月28日当天，蒙哥马利向丘吉尔发出了胜利的战情通报。兴奋的首相回复：“太棒了！我早就相信会有这种结果。”[150]

209. 丘吉尔致斯大林的私人秘密信函

1943年3月28日发　　　　1943年3月29日收

1. 昨天夜间395架重型轰炸机50分钟内向柏林投掷了1050吨炸弹。目标上空如同白昼，空袭大获成功。我方只损失9架飞机。

2. 突尼斯战役在短暂停顿后出现了有利的转折，我刚得到消息，我方装甲部队在完成包围后，所处位置距哈马（Эль-Гамма）2英里。

3. 昨天晚上我观看了影片《斯大林格勒》。这部影片规模恢宏，必将引发我国人民最激荡的情感。

由苏联最好的纪录片专家制作的《斯大林格勒》的确引发了包括丘吉尔在内的所有人的强烈情感。影片在英国公映之后，吸引了成千上万的英国人向英雄城市捐款。同年，影片的作者们还获得“纪实影视作品”类一级斯大林奖。

作为回报，斯大林热烈祝贺了丘吉尔在北非的新胜利，并讲述了观看首相的礼物——讲述英国军队同隆美尔作战的影片《沙漠中的胜利》的感受。英国大使馆也得到了片源：克尔写信给斯大林，说新的拷贝已送达莫斯科，他不再担心这个问题了。[151] 斯大林对莫洛托夫拟制的草稿修改很小，但意味深长，特别是增加的极为犀利的词“卑鄙之徒”。罗斯福也很喜欢《沙漠中的胜利》这部影片，在给丘吉尔的电报中他称这部电影“是对战争双方描述最好的一部影片”。[152]

405 ## 210. 斯大林致丘吉尔的私人秘密信函

1943年3月29日发

您3月28日的来函收悉。向英国空军致敬，祝轰炸柏林取得新的更大的战果。

我希望英军坦克部队能充分利用突尼斯的有利形势，不给敌人以喘息之机。

昨天我与同事们一道观看了您寄来的影片《沙漠中的胜利》，它给我们留下了非常深刻的印象。影片不但出色地记述了英国是如何战斗的，而且准确地戳穿了卑鄙之徒的谎言，在我国也不乏这种卑鄙之徒，他们一直声称，英国人不是在战斗，而是在袖手旁观。我急切地期待关于突尼斯胜利的类似影片。

影片《沙漠中的胜利》将在我们前线的军队和各阶层人民中播映。

综合判断，这部影片确实给斯大林以强烈印象，特别是英国军队在夜间进攻的表现，关于进攻的组织方法问题，他4月12日专门咨询了马特尔将军。此次会见中，克尔提出如何改变战斗的英国在苏联的形象问题，与给丘吉尔的回信相比，斯大林更为详细地阐述了自己的观点：“《沙漠中的胜利》在这方面贡献最大，我们打算为居民和红军公映这部影片。斯大林同志严肃地说，无论在军队还是在后方，都有一些不懂战争的人，他们认为可以很快轻易开辟第二战场。还有一些人认为，英国没有参加战斗，而是袖手旁观。但这不代表苏联政府和红军高级指挥员的意见。政府中没有持类似观点的人。我们国内还有隐藏很深的反对英苏联盟的人，是他们在说英国没有战斗。但这些人数量并不多，我们会惩罚他们。当时我们拘捕这些人时英国人还为此斥责我们，但现在看来，这是有必要的。”[153]

斯大林在此将反对与英国结盟的人称为“与人民为敌”，听完这段令人震 406
惊的独白，克尔回答称，“伦敦对斯大林的此番声明会非常满意”。“满意”这个词太过于谨慎了！迈斯基在3月31日转交该信时，收信人的直接反应都记录在了大使的日记里：

“我仔细观察了丘吉尔的面部表情。当他读到‘卑鄙之徒’一句时，他表现得有些奇怪。首相脸上的肌肉快速抽搐，他瞬间闭上眼睛，然后迅速睁开，此时他已热泪盈眶。丘吉尔十分激动，他甚至不能就座。首相从椅子上再次跳起来，走到壁炉旁，情不自禁地叫道：

——‘感谢斯大林！……您还从来未给我带来过这么好的消息。’

所有这些是否出自真诚呢？抑或是故作姿态？我认为，丘吉尔的表现或兼而有之。毫无疑问的是，‘卑鄙之徒’这一说法应该是深深触动了首相。从中可以看到他希望3年来的苦战被人认可的强烈愿望。被谁认可呢？……被斯大林认可！这可以、也一定能使丘吉尔十分激动，以至热泪盈眶。首相具有感情丰富的艺术家气质。他经常会出现如诗人获得灵感般的突然的感情迸发。在这些时刻，丘吉尔会有些失去自控能力，会许下很多诺言，而在正常的清醒状态下又会反悔。但同时，丘吉尔也是演员。在未上台之前，他对着家里的镜子练习自己在议会的讲演。这就是为什么丘吉尔在特定的时刻，像一名出色的演员，他的意志会屈从于情感，他不会克制让真诚的泪水夺眶而出。”[154]

心理见证人的细腻描述已经无以复加。浪漫王子的后代一生都在梦想伟大统帅的荣光，他的内心暗中嫉妒红军在斯大林的指挥下取得的辉煌胜利，他也不能忘怀去年8月正是斯大林给了自己当头一棒："只需要不再害怕德国人！”因此，乏于恭维的人、现已荣升为战斗盟友的第一次褒奖对他来说弥
407 足珍贵。还有一个问题，这份褒奖到底包含了多少真诚，而丘吉尔却能坦然接受，斯大林在这句水分很大的句子中用了“卑鄙之徒”到底是何用意？关于这个问题的准确答案我们永远不得而知，但不妨听听时任英国外交部北方局局长沃纳的猜测，他在斯大林的这句恭维话中听出了“嘲讽”，他在给克尔的私信里也如实道来。[155] 事实上，斯大林本人难道就不是一直认为“英国没有作战，只是袖手旁观战争”的众人之一吗？

如果斯大林本没有期待这封信的如此效果，那么日后迈斯基在电报中对丘吉尔的情感波动的详细描述使他洞察到了一切。[156] 斯大林以后自然也会考虑到英国信友的这些心理特点。

丘吉尔对斯大林3月29日来信激动不已还有另外一个原因，他本来已经做好准备等待克里姆林宫以另一种强硬的腔调回复，因为丘吉尔在3月29日拟就的信函中提到，西方盟友将再次取消发往苏联的北方护航运输队。

上述决定酝酿了很久，原因是准备“哈斯基”行动和向苏联的计划供给平行进行，从而造成运力和护航兵力捉襟见肘。历史再次重演：和1942年一样，护航运输队当时成为了英美“软腹”行动的牺牲品，此次区别在于，护航运输队的损失大大减小，做出这样的决定意义已经不同以前。参谋长委员会早在3月初就提出了这个问题，丘吉尔起初试图阻止军方，哪怕是保持夏季护航运输队。“我完全不相信，5月份以后因为‘哈斯基’行动就不能够发送护航运输队，”他在3月13日给参谋长委员会领导人写道，“这是件非同寻常的严肃事情，海军部应尽一切努力，以解决现有的运力不足和困难。”[157] 但是，军方的理由占了上风，3月18日内阁通过决议停发8月份之前的护航运输队，理由是考虑到“‘哈斯基’行动海军兵力的需求”。丘吉尔告知同僚们将会把此事知会斯大林，但同时建议暂延迟2—3天，直到收到“北非前线的好

消息”：首相明显希望用好消息来冲淡给斯大林的坏消息。内阁同意了首相的建议。[158] 同在3月18日，丘吉尔将此决定知会罗斯福，特别强调德军水面 408
舰艇和潜艇正集结在挪威近海，并随信附上了海军部就此问题的特别说明。[159] 艾登从华盛顿报告说，总统起初只同意取消3月份的护航运输队，寄希望于波罗的海的德国海军减少，以恢复5月份的运输队。因此，总统在3月20日致丘吉尔的信中建议暂缓将此坏消息通知斯大林，因为这对他无异于“雪上加霜”。[160] 但是，丘吉尔终未等到突尼斯的好消息，不再同意继续拖延。他在3月25日给艾登的电报中写道：

“我的直觉告诉我，应将真相对其（斯大林——作者注）和盘托出……外交部也列举了一下理由支持我的论据：

a）如果将消息再扣留3—4周，会打乱俄国人对护航运输队运送物资的使用计划，比立即告知造成更大的损失。因此，拖延只能招致斯大林更多的不满。

b）如果到最后一刻都不能预见到会因为‘哈斯基’行动而暂停护航运输队，我们会被认为非常无能……

c）在中止护航运输队问题上，不能指望斯大林以后会比现在的态度要好。尽快而且坦诚地宣布我方能力不足无疑对他是晴天霹雳，但欲语还休和无限拖延会使其怀疑我们的意图和诚意。”[161]

丘吉尔坚持尽快通知斯大林暂停护航运输队的消息还有一个理由，他在3月22日给参谋长委员会的指示书中写道：“我认为，迈斯基大使很快就会得知所发生的事情，并知悉护航兵力被挪用。”[162] 为了不使莫斯科过早明白，停运的不仅仅是3月护航运输队，他建议继续装载预计5月份启运的船只。[163] 首相在给罗斯福的电报中附上了给斯大林的回信，以期得到总统的支持。由于得到了霍普金斯的支持，艾登同意丘吉尔的意见，承诺与总统会商回信方案。[164]
会商一直未能进行，3月29日首相给艾登发去急电：“我希望今天得到给约瑟 409
夫的回信文稿。60条船滞留。而且，护航运输队应在25日启航，迈斯基目不转睛地跟踪船舶装运和航行的所有环节，俄国人会明白，在我做出解释之前，已经有情况发生。”[165] 最终，罗斯福同意丘吉尔将这个坏消息通报给斯大林，但是对信函草案做了两处修改：删除了所有涉及在1943年9月之前有可能恢复护航运输队的语句，添加了扩大经符拉迪沃斯托克提供补给的句子。[166] 丘吉尔给斯大林的信发出之后，他又请求总统给莫斯科写信，以表明对英国首相所宣称立场的支持。但是罗斯福逃避了这个令人不快的解释工作。[167]

内阁在3月29日的会议上讨论了首相的回信方案。首席海军大臣宣称，首相的首稿就“不符合实际”，因为根据海军部的情报，这一条提到的多数德军舰艇已经离开纳尔维克（Нарвик），并不知去向，2—3天之后可以查明真相。海军大臣很自信地预测，可能的去向就是阿尔塔峡湾（Алтен-фьорд）。内阁批准了回信方案，但保留根据德军舰队的集结情报随时修改信函的权利。[168] 德国舰队离开纳尔维克之后，确实航行至阿尔塔峡湾，但丘吉尔没有等到最新情报的到来，这些情报本可以推翻他把德军威胁作为取消运输队的主要原因的说法。同时，在信函中对取消运输队的真实原因只字未提，即必须要保障“哈斯基”行动需要。第二天，信函发出。

首相当天通报了空袭柏林的消息，这或多或少会缓和克里姆林宫对中止北方护航运输队的愤怒。

211. 丘吉尔致斯大林的私人秘密信函

1943年3月30日发　　　　1943年3月30日收

1. 德国人在纳尔维克集结了强大的战列舰队，其编成包括1艘“提尔皮
410 茨”号、1艘“沙恩霍斯特”号、1艘“吕佐夫”号战列舰、1艘6英寸主炮的巡洋舰和8艘驱逐舰。如此一来，去年7月17日我在信中讲述了援俄护航运输队面临的危险，现在加剧为更加严峻的威胁。当时我对您说，我们认为我们的舰队在巴伦支海（Баренцевое море）冒险是错误的，他们可能受到德军岸基飞机和潜艇的攻击，因为我们没有足够的防空反潜手段，并且我解释说，如果我们的1艘或者2艘最现代化战列舰遭到击沉或重创，而德国的“提尔皮茨”号或其他大型战列舰尚有作战能力，那么我们在大西洋的制海权就会受到威胁，这会对我们共同的事业造成严重的后果。

2. 因此，罗斯福总统和我非常不情愿得出这样的结论，即无法为下一批援俄的护航运输队提供相应的防护，而且没有相应的防护就无法使其中某些舰船抵达俄国，因为德国人随时准备消灭之。因此，下令推迟3月份的护航运输队。

3. 罗斯福总统和我对于必须停运3月份护航运输队一事深感遗憾。若非德军兵力集结，我们已定于3月份派出护航运输队前往贵国，5月初再派出下一批，每批由30艘舰船组成。同时，我们认为有必要尽早通知您，5月初以后将无法继续沿北线派出护航运输队，因为从那时起，每艘护航舰艇都要前往地中海支援我们的进攻战役，这样做的结果就造成只有最少数量的兵力保

护我们大西洋生命线的畅通。过去3周我们在大西洋遭受了沉重的前所未有的损失。预计，如果“爱斯基摩”进展顺利，我们准备在9月份恢复护航运输队，这同时要视德国主力舰艇的集结情况而定，以及北大西洋的态势能够保证必要的护航舰艇和掩护兵力。

4. 我们将尽一切可能增加南线的供给数量。在今后6个月内，月供应量至少要翻一番。我们有理由相信，增量将逐渐扩大，到8月份将达到24万吨。如果达到这一目标，月供给量将在12个月增长到现在的8倍。而且，美国将通过弗拉基沃斯托克增大供给量。这将在很大程度上缓和由于停运北线护航运输队给你我带来的懊恼情绪。 411

丘吉尔在给斯大林3月30日的信函中又写到了对柏林的例行轰炸，结果还是不如他描述的那么理想。恶劣的天气条件和错误的风向预报导致大量炸弹落在距柏林东南方向6英里处。[169]

212. 丘吉尔致斯大林的私人秘密信函

1943年3月30日发　　　　1943年3月30日收

昨夜我们又投入370架飞机向柏林投弹700吨。据最新战报，战果卓著。

迈斯基在3月30日从贾德干处收到丘吉尔关于护航运输队的信函后，第2天同首相进行了会晤，以表达自己的愤怒。尽管大使还没有得到莫斯科的指示，也不知道“最高统帅”会如何作答，但他仍决定“以个人名义”表达意见。迈斯基建议首相站在苏联人民的立场来思考：“面对英国人和美国人时，他们是否有权力问：在共同的事业中，你们对我们的援助体现在何处？没有第二战场，也没有援助……您认为，这算是哪样的盟友？我们的军队和人民这种情绪的日益严重，谁又会成为赢家？丘吉尔明显被我的话打动了，”迈斯基继续道，“他站起身，走到壁炉边，停在那里，并用沙哑的声音说道：‘是，是，我明白，这是沉重的打击。这太可怕了……我也担心，这会对我们两国关系产生深刻的影响……’丘吉尔眼中又泛起了泪花。他继续说：‘但我又能 412
怎么办呢？我也没有其他出路。’尔后，丘吉尔开始详细解释3月30日给斯大林同志的信函……显然，丘吉尔打定主意必须要取消北方护航运输队，结果已无法改变。”

"'在这种条件下，'丘吉尔又说道，'我决定直接向斯大林表明真相。永远也不应欺骗盟友。我们都是军人。我们应善于勇敢面对最坏的消息。'然后，丘吉尔盯着我的眼睛，用完全不同的腔调问我：'请您告诉我，您个人是怎么想的？这是否会导致我和斯大林关系破裂？会吗？'我回答他，我不能代替斯大林同志表态。他都会告诉您。但有一点我毫不怀疑，停止护航运输会引起斯大林同志的强烈反感。丘吉尔继续道：'这些都无所谓，但就是不要决裂。我不想决裂。我还想和您一直工作。我相信我能同斯大林一道工作。我也毫不怀疑，只要我一息尚存，我就会在协调贵国同美国关系方面作出贡献。我们三大国无论如何都应该保证战后的友好合作……真的很遗憾，我应该在斯大林发这封信的同时，把我昨天的电报发出去。'丘吉尔点了一下桌上斯大林同志的信函，这是此前半个钟头收到的。丘吉尔又开始念叨：'我们三大国应该站在同一阵线。这是一切的基础。'"[170]

对于历史学家来说，丘吉尔的这段肺腑之言只留在了迈斯基的谈话记录中，他谈到了各个方面，甚至不顾自己的"情感丰富的艺术家气质"。很难预料，斯大林在回复丘吉尔的时候，读到迈斯基的这份报告，心里会做何感想。显然，他也明白，改变首相的立场谈何容易，试图改变盟友做出的决定更是徒劳。考虑到丘吉尔迷茫的状态，借助他未履行对盟友义务的内疚感获得道德制高点，在其他问题上获得实质性进展才是有利的出路。迈斯基已经
413 这么做了，他和丘吉尔谈到了对苏联北方航线供给不足的补偿。虽然这次斯大林和迈斯基的行为没有预先沟通，但他们保持了步调一致：大使的话让丘吉尔紧张，用苏方可能的反应警示首相，而斯大林克制而坚定的回信触及了首相的灵魂深处，终使他退让。

213. 斯大林致丘吉尔的私人秘密信函

1943年4月2日发

您3月30日的来函收悉，信中说，需求的变化迫使您和罗斯福先生不得不取消9月份之前发往苏联的护航运输队。我将这一突然行为理解为英美对苏联军工原料和武器供应的灾难性削减，因为通过太平洋的航线运力有限且不可靠，而南线通行能力有限，这两条线路都无法弥补停运北线造成的损失。自然而然，这种情况不可能不影响到苏联军队的处境。

虽然斯大林也未料到自己非对称回答的效果，但考虑到始料不及这一因素，回信产生了强烈的效果。迈斯基在收到莫斯科发给丘吉尔的信后，自己也暗叹领袖的外交艺术。他在自己的日记中写道：“从全局出发，我认为斯大林的回复极有可能不会太尖锐，但收到信时，实际上比我预想的还要温和。斯大林的做法非常睿智：不表现出任何愤怒，也不表现出任何激动。他只是反对罗斯福和丘吉尔停止护航运输的决定，并表示这一决定肯定会影响到苏军即将发起的夏季攻势。丘吉尔有些动摇。他见到我的时候非常阴沉和紧张。感觉得到，他期待的又是尖刻和粗鲁的指责。他戴上眼镜，不情愿地慢慢打开信，他肯定是想拖延吞下苦果这一时刻的到来。但结局却大出所料！”[171]

当天，大使向莫斯科报告：

“显然，回信内容对他产生了强烈印象。丘吉尔坐立不安，在办公室来回 414
踱步，尔后说：‘请转告斯大林，我认为，他的回信是宽容而大度的。这样的说法我接受。他这样答复，我觉得自己有责任尽我的能力，找到办法补偿苏联因停运北方护航运输队而带来的损失。我要为此孜孜以求。’然后，丘吉尔在办公室转了两圈后补充说：‘这一回复表明了斯大林的伟大英明。我愿意同他打交道。我将同他一道工作。战争结束后，我要尽一切力量帮他重建俄国。’略微停顿之后，丘吉尔突然说：‘我们将面向新的时代，这将是俄国世纪。’最后的一句话当然是打算……（原文空白——作者注），令人好奇的是，丘吉尔认为这样做是必要的：我与他相识8年来，他从未表达过这样的想法。”[172]

迈斯基的说法也被事件其他见证人所证明。细心的贾德干在日记中写道：“首相发出惊叹，可能，他是对的。”在内阁4月5日的会议上，丘吉尔称斯大林的回答是“勇敢的”，并向内阁成员报告说，正在采取措施开发备选航线运送原本由北线运送的物资。[173] 在将信函转发给罗斯福时，英国首相称之为“非常自然而坚定的回答”，这“更加增强了我动用所有可能手段来帮助他的决心”。[174] 克尔大使从莫斯科发回自己的建议：“我认为，如果首相能给斯大林写信，对此举给苏军造成更为艰难的处境和痛苦表示理解，并表达会想尽办法支持斯大林的决心，无疑会减轻这一事件造成的沉重冲击。”[175]“请告知，您对约瑟夫关于护航运输队问题的回信的想法，”丘吉尔在4月4日给克尔发电报，“我感觉他在此问题上的态度像个男人。”[176]“我已做好准备面对令人难堪的答复，但约瑟夫的克制让我震惊，”大使回答道，“我理解您的感受，但应记住，斯大林相信您的善良正直，他宁愿接受您而不是别人对他的打击。我认为，他能够保持克制应该受到赞扬，我已经建议您给他发一 415
封信。”[177]

丘吉尔听从了大使的建议，第2天给斯大林发了两封信，通报了轰炸柏林的最新战况和突尼斯的军事行动。第1封信混合着赞扬、同情和准备援助盟友的决心，这是克尔建议首相这样做的。在正式发行的《往来书信》中几次发现同巴甫洛夫原始翻译相比不准确的地方，这是个很奇特的现象：之后的编辑还不如初始的翻译。巴甫洛夫翻译信函的第一句说："我承认在您的电报中所说的关于停运护航运输队造成的后果，"[178] 而最终的翻译是丘吉尔完全接受斯大林的批评意见。首相还通报了突尼斯的最新消息。德意军队的情况越来越糟糕。尽管柏林命令坚持到底，但实际上做到这一点十分困难。3—4月间，从欧洲发出的40%以上的补给船都被盟军击沉，德军司令部内部争论不断：驻地中海和意大利德军总司令凯塞林坚持进行反攻；而冯·阿尔尼姆因亲眼看到德军在突尼斯的悲惨境地而要求增援。丘吉尔所提到的某些增援的确到达了，[179] 几乎所有人都明白，在突尼斯的失败命运已经不可避免。4月3—5日，英国航空兵继续远程奔袭埃森和基尔（Киль），因为天气原因，空袭后者时轰炸的精确度未能如愿。[180]

214. 丘吉尔致斯大林的私人机密信函

1943年4月6日发　　　　1943年4月6日收

1. 我承认您电报中所说护航运输的问题。我也请您相信，我将尽我所能
416 采取一切措施改善这一境况。我深深理解俄国军队所承受的巨大负担，也理解其对我们共同事业作出的不可逾越的贡献。

2. 周六我们派出348架重型轰炸机轰炸埃森，共投弹900吨，继续扩大对克虏伯工厂的毁伤范围，对之前轰炸过的工厂继续实施有效打击，对前几次奔袭造成损失较少的城市西南部实施轰炸。昨夜出动507架飞机，其中除了166架其他机型，其余皆为重型轰炸机，向基尔投弹1400吨。这是我们实施猛烈轰炸以来最大投弹量之一。云层厚度超出我们想象，但我们认为空袭是成功的。美军飞行堡垒的日间空袭是最为有效的。昨天他们对巴黎附近的雷诺工厂实施了突击，这个工厂还面临着再次遭受空袭。除了昼间精度较高的高空轰炸外，他们还挑动敌歼击机参与空战，而其中大量敌歼击机被空中堡垒重武器击落。在这3次行动中，损失了4架美国轰炸机和33架英国轰炸机。现在我要强调的是，我们月复一月都将加强对德轰炸，我们能够找到精确度更高的目标。

3. 本周将开始突尼斯决战。英国第8和第1集团军，以及美国和法国军队都将按计划投入战斗。敌人已准备退回最后的桥头堡。他们已经在制造破坏和撤出斯法克斯（Сфакс）的岸防炮。敌人在面临着新的压力下，显然准备加速撤退至昂菲达维尔（Энфидавилл）—哈马马特湾（Хаммамет）一线固守。这一新阵地向西就是主战场，这是他们在突尼斯依然控制的战线，而战线北翼濒临地中海，从比塞大到海边约30英里。我们准备对北翼发起突击。我将向您通报进展情况，以及我们能否在敌人撤退至最后的桥头堡之前将所谓的“隆美尔军团”的大部拦腰截断。

4. 希特勒仍然十分偏执地向突尼斯派来了“赫尔曼·格林”师和第99师，这两个师将动用100架大型运输机运送。这两个师的先头部队已抵达。因此， 417
我们将面临突尼斯突出部的坚固防御，敌方兵力即便是扣除途中战损也有近25万人。我方在数量和装备上都占有绝对优势。我们消灭了敌军大量运送燃料、弹药的船只和交通工具。一旦我们夺占南部机场，我们便可对港口进行大规模不间断的空袭，我们已做好一切准备避免重蹈敦刻尔克覆辙。对“爱斯基摩”行动来说，这至关重要。在控制了比塞大省和突尼斯全境后，我们希望能开辟地中海航线，从而缩短通向埃及和波斯湾的路程。

蒙哥马利的第8集团军继续向前推进。意军第20军试图坚守瓦迪—阿卡利特（Вади-Акарит）一线，顽抗英军。但4月6日防线被突破，近7000意军被俘。[181] 4月7—8日，第8集团军在加夫萨以东同美军会师，德意军队被合围。4月13日，凯塞林向阿尔尼姆传达了希特勒和墨索里尼的命令，要求坚守到最后一刻，但将军并未予以理会。[182] 斯大林在4月7日的信函中向丘吉尔表示了感谢，但并未掩饰其对盟军北非战役久拖不决的不耐烦。尽管斯大林对主要情况都很熟悉，但他并不知道隆美尔已经离开突尼斯近1个月：3月9日生病的隆美尔在极为秘密的情况下将指挥权交给冯·阿尔尼姆，自己返回了欧洲。英国人由于截获了德军的密码电报，[183] 3月18日就已经知晓此事。

215. 丘吉尔致斯大林的私人秘密信函

1943年4月6日发　　　　1943年4月7日收

北非最高司令部刚刚向我报告，蒙哥马利集团军已突破阿卡利特防线， 418
出其不意地夺占和压制了敌人，目前这一线所有制高点都由我方占领。现在蒙哥马利将军的坦克部队正在通过突破口进入防线后方的开阔地带。在6个小时的战斗中捕获敌军2000人，俘虏人数还在增加。残酷的战斗还在继续，我之前信函中向您提到的向凯鲁万省（Кайруан）方向的进攻进展顺利。

我知道您会非常高兴听到这一消息的。我会继续通报最新情况。

216. 丘吉尔致斯大林的私人秘密信函

1943年4月7日发　　　　1943年4月7日收

敌人在向北逃窜，蒙哥马利的坦克部队穷追不舍。目前已俘敌6000。

217. 斯大林致丘吉尔的私人秘密信函

1943年4月7日发

您4月6日两封来函和今天关于贵军在突尼斯重要推进的信函均已收悉。祝贺贵军取得的辉煌成就。我希望此次英美军队能彻底击溃并肢解隆美尔，以及突尼斯境内的其他希特勒匪帮。这将对我们共同为之奋斗的事业具有重大意义。

向对埃森、柏林、基尔等德国工业中心不断扩大的空袭表示敬意。贵国空军对德国生命中心的每一次突击都会在我国数百万人民心中留下深刻印象。

丘吉尔4月10日的信函阐释了英国政府采取的措施，以补偿通过北线向
419 苏联供应飞机数量上的不足。首相展示出非凡的坚定和精力，以多少缓和因取消护航运输造成的后果。4月6日，他向各位大臣下达紧急命令，要求“尽一切可能运送本应3月和5月由护航运输队运送的飞机，沿非洲航线送到俄国”。“非常重要的是”，他总结道，“我能够答复斯大林说，我们正在以最短的路线在最短的时间内把这些飞机运到。这一问题应当是最重要最紧迫的，因为我想明天或者最晚周四给斯大林写信。”[184] 大臣们紧急研究了这个问题并向首相提出了相关建议，首相在给斯大林的信函中提到了这些建议，包括增供60架“飓风”战机用于攻击坦克，如果相信信函所言，这个想法应该是丘吉尔的即兴之作。该系列战机效能最高的是“飓风”ⅡD型，该型机1942年6月起用于非洲战场，是许多德军士兵心中的噩梦。[185] 在承认该计划可实现的

同时，空军大臣也预见到了这一任务的复杂性和紧迫性——如果考虑到海上运力不足和备件不齐的问题，飞机至少要在9—10月份才能到位。空军大臣由此建议在给斯大林的电文中提出“时间因素”，“以避免将来失望”。[186] 但丘吉尔没有在其信函中涉及这个问题，以免败坏兴致。

218. 丘吉尔致斯大林的私人机密信函

1943年4月10日发　　　　1943年4月11日收

1. 已取消的JW54和JW55两批护航运输队应运送375架“飓风”、285架“空中眼镜蛇”和“小鹰”。最后2项是美国提供的份额。我们正在夜以继日地工作，以制定通过其他路线尽可能快地向您运送这些飞机的计划。

2.“空中眼镜蛇”和“小鹰”能够通过直布罗陀和北非到达阿巴丹（Абадан）。“飓风”式战机没有足够的活动半径飞到直布罗陀，因此，它们不得不通过海运到塔科拉迪（Такоради）或卡萨布兰卡，就地组装，加装热带设备，并自行飞往德黑兰，然后在当地卸装热带设备。另一种备选方案是， 420
如果很快攻克突尼斯，我们就能以海运方式经地中海将一些“飓风”式战机运到埃及或巴士拉（Басра）省。这两条备选路线有各自的困难。而大量飞机备件的运输也是个大问题。即便如此，我们将克服这些困难。

3. 我有个想法，您可能希望得到几架我们装配40毫米机炮的“飓风”战机，用于在俄国战场上打击德军装甲部队。前不久在突尼斯的战斗中，这些飞机对付隆美尔的坦克非常有效。一个航空联队的16架飞机4天内消灭了19辆坦克。飞机型号是“飓风ⅡD”型，装配2门载弹16发的40毫米机炮，还有2具口径0.303英寸、载弹303发的机枪。除了重出430磅、速度慢将近20英里/小时外，该型飞机与“飓风ⅡC”型在其他方面相差无几。我可以为您提供至少60架该型飞机。请告知您是否愿意。它们可能只能通过塔科拉迪运送，可以包含在护航运输队的“飓风”、“空中眼镜蛇”和“小鹰”的供应计划中。

4. 经总统同意，哈里曼先生同我们合作编制了这一计划。下周我希望向您通报我们的具体建议。我下定决心，一旦有能力为您提供，我们将让您尽快得到这些飞机。

第二天，丘吉尔又给斯大林写了封信，通报突尼斯战况和对德空袭情况。在密集空中突击后，英军第8集团军继续向突尼斯北部推进，4月10日与美军第1集团军在凯鲁万以南20英里处会师；两天后攻占该市。在盟军阵营中所有人都感受到胜利即将到来：亚历山大已经准备好发动总攻的命令，蒙哥马利要求尽快拿定主意，“让哪个集团军来执行突尼斯军事行动的收官一
421 战”，他推荐让美国人担此殊荣。[187] 德国领空的鲁尔空战仍在继续。对杜伊斯堡（Дуйсбург）和法兰克福（Франкфурт）的空袭并不成功，尽管丘吉尔在信函中说英国空军对敌实施“沉重打击”，但官方战史对空袭成果更为残酷——“完全失败”。由于大雾，飞机几乎根本未飞到法兰克福。[188] 在信中，英国首相还强调了英国红十字会秋季建立的援俄基金对供给的贡献，而领导英国红十字会的正是其夫人克莱门汀·丘吉尔（Клепментина Черчилль）。斯大林毫不耽搁地回信，热情洋溢地向丘吉尔夫人表示了感谢。在信中，斯大林还告诉英国首相，苏联空军也没有“游手好闲”：正如历史学家指出的，“远程航空兵主力根据最高统帅部大本营的命令对哥尼斯堡、但泽、提尔西特（Тильзит）、因斯特堡（Инстербург）的军事工业目标实施了打击。仅1943年4月就完成了1927个飞行架次，共投弹78.9万枚”。[189] 对英国做出的友好姿态还包括斯大林4月12日接见了新任英国军事联络处主任马特尔，而此次会晤得到了苏联媒体的关注。[190] 尽管后来马特尔过分夸大了自己在这一岗位上取得的成绩，但在任职初期的成绩还是有目共睹的：同斯大林会晤后，很快又和总参谋长华西列夫斯基（2月份已升任元帅）一道前往奥廖尔和库尔斯克（Курск）前线考察，而这一殊荣苏联军方很少会提供给外国军人。[191]

219. 丘吉尔致斯大林的私人秘密信函

1943年4月11日发　　　　1943年4月12日收

1. 我向您通报过所有法西斯纳粹的部队都撤至昂菲达维尔一线。我们的装甲部队已从西面向凯鲁万突破。第8集团军正在向北推进，我们的第1集团军正在准备实施猛烈突击。我们正在付出巨大努力，以期重创通过海路逃遁
422 的敌人。我希望能很快为您带来非洲的好消息。包围圈内还有包括伤兵在内的共20多万敌军，除去被击毙的敌军，目前我们已俘获2.5万人，歼灭敌军0.5—1万人。

2. 空中：我们派出378架飞机轰炸杜伊斯堡，第二天夜间又派出100架飞机再次轰炸。昨夜502架飞机空袭法兰克福。我们对这两个城市实施了沉

重打击，但强雾干扰了我们。我希望您已经收到了关于轰炸效果的短片和照片。我将定期给您寄送这些影片，因为他们能为贵国亲眼目睹俄国城市被毁景象的士兵带去满足。

一旦地中海畅通，我将努力采取措施，使用高速货轮向波斯湾运送您急需的物资。这些物资包括由我夫人基金会采购的一些精选药物和医疗设备，基金会基金很快就会募集到300万英镑，自愿捐赠的不仅有富人，还有很多穷人。该基金会是英国人民对俄国人民温暖情谊的明证。

220. 斯大林致丘吉尔的私人秘密信函

1943年4月12日发

您4月10日和11日的两封来函收悉。

英国和美国军队在突尼斯攻势的迅猛进展是对希特勒和墨索里尼战争的重要胜利。希望您彻底歼灭敌人，抓获更多俘虏，缴获更多战利品。

很高兴您没有给希特勒以喘息之机。在贵军对德国城市实施猛烈而有效的轰炸的同时，我们也在对东普鲁士德国的工业中心实施空袭。感谢您送我的展现埃森被炸的影片。这部影片和您答应寄送的其他影片都将在我国军队和人民中展播。

您计划继续提供因取消护航运输队而卸载下来的歼击机，这对我们来说弥足珍贵。十分感激您向我们提供60架装配2门40毫米机炮的“飓风ⅡD”型战机的建议。我们急需该型飞机，特别是其能够打击重型坦克。希望您和 423
哈里曼先生编制计划和保证向苏联运送飞机的努力圆满成功。

我国人民非常珍视英国人民的友好情感和善意，您所提到的向苏联提供医疗援助的基金会就是最好的体现。请向积极投身于该领域的基金会领导者、您的夫人表示感谢。

今天我接见了马特尔中将，他向我转交了您的来信。我们将给马特尔将军一切协助，以使其了解红军及红军的战斗经验。

4月14日，迈斯基向丘吉尔呈递了这一信函。他“很满足，甚至是充满感激，”大使向莫斯科报告说，“特别是赞扬丘吉尔女士的段落使他印象深刻。这是因为丘吉尔夫人对丈夫有极大影响。丘吉尔同夫人交流所有消息，逢事便与夫人商量。战前我不止一次察觉到这一点，而这也一直延续至今。”[192] 的确，首相从心底里依赖夫人，并十分珍视斯大林对夫人的关注。这在其4月15日给罗斯福的电报中有所表现，在电报中他提到自己“与约瑟夫愉快的信件往来”。[193]

在给斯大林的下一封信函中，丘吉尔继续1943年以来的老话题。英国空军空袭“斯科达（Шкода）”兵工厂的消息应该能给斯大林留下好的印象：他已不止一次强调该兵工厂在希特勒军用物资和装备生产中的作用。但晚一些收到的更准确的空袭报告却未必能让他满意：英国飞机混淆了工厂建筑和临近的德国国立精神病院，并将后者炸毁（约200人死亡）。[194] 历史学家A.莱文（Левин А.）指出，“对斯科达兵工厂的两次突击……都遭到严重失败。‘探路者（Патфайндеры）’*一般都找不到路”。[195] 从突尼斯传来的消息也有杂音：
424 蒙哥马利准备每一次进攻的谨慎小心无法获得所有人的赞同。1943年4月接替巴顿出任美军驻突尼斯第2军司令的O.布莱德利（Брэдли О.）将军后来写道：“总体上，蒙哥马利在追击隆美尔时使用的兵力和想象力很欠缺；他的行动更像是在打堑壕战，完全不像在和德国闪电战的快速机动作战，而隆美尔正是这一思想的化身……英国将军动作太迟缓，太过于小心谨慎了。”[196]

221. 丘吉尔致斯大林的私人秘密信函

1943年4月18日发　　　　1943年4月18日收

1. 您在前不久给我的电报中说：“向对埃森、柏林、基尔等德国工业中心不断扩大的空袭表示敬意。贵国空军对德国生命中心的每一次突击都会在我国数百万人民心中留下深刻印象。”我们的轰炸航空兵司令非常想将这一消息传达到每个联队，他们得知这一评价定会心满意足。您是否同意这样做？这可能会惊动媒体。我个人觉得这样做只有益处，而无不妥之处。您意下如何？

2. 本周我们实施了3次成功的突击，分别是对拉斯佩其亚（Специя）、斯图加特以及昨夜对皮尔森（Пильзен）的斯科达兵工厂，以及曼海姆（Маннгейм）的轰炸。第一次空袭中，174架飞机投弹460吨，但由于大雾和浓烟影响，对拉斯佩其亚的城市的破坏程度要大于驻港的舰艇。第二次空袭

---

* 英国引导飞机，通过雷达发现目标，投掷各种发烟装置做标记，以便减轻后续轰炸难度，提高轰炸精确度。从1943年1月起，英国皇家空军“探路者”正式装备第8航空队。

目标是斯图加特，获得辉煌胜利。此次空袭共有462架轰炸机参加，投弹750吨。昨夜，我们派出598架飞机轰炸了2个上述目标，共投弹850吨。斯科达兵工厂受损情况报告暂未收到，虽然照片尚未送来，据说效果良好。空袭斯科达兵工厂特别重要，因为埃森被炸，克虏伯兵工厂将工人和重要的订单都转到了斯科达。在这3次空袭中，我们共损失81架轰炸机，其中重型轰炸机64架，还有近500名训练有素的空军官兵。我重申我的保证，空袭将持续整 425
个夏季，规模将越来越大。我们非常高兴贵军也对纳粹军工厂实施了打击。

3. 目前，突尼斯必须有个短期的休整，利用这一时机，亚历山大将军可适时重新部署北方的兵力，蒙哥马利将军将调集会战所必需数量的火炮。当今大战中的最大会战之一将很快开始，而行动一旦开始，就将持续到彻底消灭非洲的轴心国部队为止。

驻中立国西班牙的英国情报机构传回伦敦的情报称，德军有可能在东线战场使用毒气。丘吉尔在4月19日的信函中向斯大林通报了这一消息。在参谋长委员会的报告中指出，德国进行毒气战的可能性“尽管在增加，但真正实施的可能性还是很小”。然而，英国军方预计：“在面临溃败时，希特勒有可能下达开始毒气战的命令。”[197] 美国战略服务局（УСС）谍报处也通报了德国准备毒气战一事，为此德国空军装备了重型毒气弹、修缮防化掩体、向国民发放防毒面具。[198] 正如1942年3月，英国首相曾表示，如果德国进行毒气战，英国准备对德国本土发动同样的毒气回击。斯大林曾回信支持丘吉尔的建议。

222. 丘吉尔致斯大林的私人机密信函

1943年4月19日发　　1943年4月19日收

从西班牙传来消息，德国人打算在俄国战场使用毒气，我猜测，您也得到了某些类似的消息。去年这个时候也发生过同样的事情。请告知，您是否希望我再次发表去年的声明，即对贵国的任何化武攻击，我们将立即从空中 426
对德国发动最大规模的化武回击。我们完全有能力将我们宣称的威胁变为现实。

223. 斯大林致丘吉尔的私人秘密信函

1943年4月19日发

您的来函收悉，向轰炸埃森、柏林等德国工业中心的所有英国轰炸机联队转达我的敬意，您就此事征询我的意见。当然，我不会反对您的想法，请您酌情处理。我很高兴您打算继续以更猛烈的攻势对德国城市发动空袭。

很显然，突尼斯战事进展顺利。希望您大获全胜。

您关于德国人准备在我国战场使用毒气的情报已得到我方情报证实。当然，我完全支持您的建议，希望您警告希特勒及其盟友，若他们发动毒气攻击，您将以更加猛烈的化武进攻回击。苏联军队自己也将为反击做好准备。

迈斯基4月21日在议会大厦将此信转交给丘吉尔，当时内阁正在开会。首相为接见苏联大使而离开了会场。根据迈斯基的报告，读罢来信，丘吉尔“激动地惊呼道：‘我要警告希特勒。我马上就办。’我提醒丘吉尔，在他去年就该问题的讲话中，他使用的是‘在不首先使用毒气的情况下’，而‘不首先使用’的说法让莫斯科很不愉快，实际上丘吉尔是认为苏联有可能首先使用毒气的。因此，我请求丘吉尔在这次警告中考虑到这一点。丘吉尔答应纠正，并说：‘现在我和你们比一年前要亲近得多了。’”[199] 迈斯基关注这一点并不意外。如许多历史学家所指出的，丘吉尔及其空军参谋长C.波特尔（Портал
427 Ч.）元帅一直担心苏联实际上是想把英国拖进对德国的毒气战中。[200] 首相还是兑现了诺言：第二天英国政府便发表了声明，表明英国准备在德国对苏联使用毒气的情况下，也会使用毒气对德国实施攻击。为了增加英国声明的分量，声明还强调，英国在毒气战方面“近年来取得长足进展”。1943年6月8日，罗斯福也发表类似声明。柏林对英国政府声明的官方回应仍重复了1942年5月的回应，强调如果英国使用毒气将会遭到比德国更为严重的损失。同时，据《泰晤士报》报道，不愿透露姓名的英国军人透露，如果德国确定使用毒气能够起到立竿见影的作用，就可能会发动毒气战，英国军方为此已经提高了警惕。否则，德国将面临盟军的报复。[201] 随着英美空中优势逐步扩大，这一报复在1943年变得越来越令人恐惧。

丘吉尔继续频繁地向斯大林通报突尼斯战事。德意军队败局已定已是事实，他们不仅地面部队伤亡惨重，还无法获得必要的空投补给。4月5日英国和美国空军的强大兵力发起代号为“亚麻（Flax）”的战役行动，消灭了敌方40多架运输机。4月18日进行了一场空中对决：又击落了40多架德意飞机。所有这些使德国运抵突尼斯的物资量直线下降：从3月份的4.3万吨降至4月份的3万吨。[202]

224. 丘吉尔致斯大林的私人机密信函

1943年4月20日发　　　　1943年4月20日收

突尼斯会战开始了。亚历山大将军告诉我说，第8集团军今夜（19日晚— 428
20日晨）转入进攻，其他集团军也按照总攻计划依次投入战斗。将有大量兵力参加这次行动，包括英军第1、第8集团军，以及少量的美军部队。所有这些兵力都跨洋投送和补给。我们打算不断施加压力直至最后胜利。

在突尼斯突出部和西西里岛之间爆发了大规模空战，德军运输机部队受到重创。

莫斯科和伦敦4月的蜜月关系并不长久。而此次破坏这一关系的导火索是1943年以来逐步发酵的苏波关系危机。苏波关于边界问题的分歧、滞留在西乌克兰和西白俄罗斯的波兰公民被剥夺波兰国籍的问题、波兰慈善组织在苏联境内活动受限问题、在苏联的波兰人出境问题、近东地区波兰军队中反苏情绪不断增强的问题使莫斯科和W.西科尔斯基（Сикорский В.）政府矛盾激化。2月底3月初，苏波两国政府就苏波边界问题的口水战升级，波兰方面拒绝承认西乌克兰和西白俄罗斯加入苏联。在莫斯科成立了以W.瓦西列夫斯卡娅（Василевская В）为首的亲苏波兰爱国者联盟（СПП），该联盟通过其喉舌《自由波兰报（Свобода Польши）》猛烈抨击“伦敦波兰人”。西科尔斯基政府的大使T.罗默试图在国籍问题、波兰人离开苏联和波兰慈善组织在苏联境内活动问题上实现让步，但无果而终。

4月13日，纳粹宣传机构宣布在卡廷找到了被苏联当局枪决的波兰军官遗骸，西科尔斯基政府对此的激烈反应导致各种矛盾累积爆发。流亡伦敦的波兰政府的国防部长和外交部长4月17日向国际红十字会提出申请，请求对事件进行独立调查，波兰流亡报刊也纷纷鼓噪。柏林方面也表明了同样的态 429
度，支持邀请国际调查人员到卡廷。这引发了斯大林异常强烈的反应，他担心这一罪行的真相公之于众；苏联报刊随即指责这是德国人所为，并将进行国际调查的建议斥为“盖世太保的臆想”。显然，“伦敦人”的激进行动超越了斯大林忍耐的底线，而斯大林本人早就对西科尔斯基政府的反苏路线积怨已深。综合判断，在此之前，他已经决定断绝同波兰流亡政府的外交关系，莫洛托夫4月22日给驻盟国流亡政府大使A.E.博戈莫洛夫（A.E.Богомолов）下达指示，要求其中断与西科尔斯基政府大使的关系及双方外交关系“但不正式中断同波兰人的联系”[203]的指示也证明了这一点。但斯大林还是想以提前通知盟友的方式来对待这一问题。他给丘吉尔和罗斯福发出了同样的信函。

225. 斯大林致罗斯福的私人秘密信函

1943年4月21日发

苏联政府认为，波兰政府最近针对苏联的行为十分反常，它破坏了两个联盟国家间相互关系的原则和准则。

德国法西斯在被其占领的斯摩棱斯克（Смоленск）地区杀害了波兰军官，他们借此发起敌视诽谤苏联的行动，而西科尔斯基政府抓住了这个机会大肆在波兰官方媒体上渲染。西科尔斯基政府不仅没有反击法西斯诬陷苏联的卑鄙谣言，甚至认为不必同苏联政府就这一问题进行沟通或解释。

希特勒当局在犯下对波兰军官令人发指的罪行后，还挑起了调查闹剧，他们利用从波兰被占领土上挑选的一些波兰亲法西斯分子自编自演，波兰被占领土都处于希特勒的掌控之下，诚实的波兰人不可能公开发声。

430 无论是西科尔斯基政府，还是希特勒政府，都拉来国际红十字会做“调查”，而国际红十字会面对着绞刑架和大量枪杀平民的恐怖环境，被迫参与希特勒导演的这一调查闹剧。同样，背着苏联政府进行的“调查”不能让任何诚实的人信服。

德国和波兰媒体同时开始针对苏联的敌对行动，其实施也是按同一计划，这种情况不能不使人怀疑西科尔斯基政府同盟国的敌人——希特勒之间有联系，他们串通起来推行这一敌对行动。

正当苏联人民同希特勒德国浴血奋战，积蓄力量摧毁爱好自由和民主国家的共同敌人的时候，西科尔斯基政府为讨好希特勒暴政而背信弃义对苏联反戈一击。

这种情况迫使苏联政府认为，目前的波兰政府已经同希特勒政府沆瀣一气，中止了同苏联的联盟关系并站在了苏联的对立面。

基于此，苏联政府得出结论，有必要断绝与该政府的关系。

我认为需要向您通报以上情况，并希望美国政府理解苏联政府被迫采取行动的必要性。

226. 斯大林致丘吉尔的私人秘密信函

1943年4月21日发

苏联政府认为，波兰政府最近针对苏联的行为十分反常，它破坏了两个联盟国家间相互关系的原则和准则。

德国法西斯在被其占领的斯摩棱斯克（Смоленск）地区杀害了波兰军官，他们借此发起敌视诽谤苏联的行动，而西科尔斯基政府抓住了这个机会大肆 431
在波兰官方媒体上渲染。西科尔斯基政府不仅没有反击法西斯诬陷苏联的卑鄙谣言，甚至认为不必同苏联政府就这一问题进行沟通或解释。

希特勒当局在犯下对波兰军官令人发指的罪行后，还挑起了调查闹剧，他们利用从波兰被占领土上挑选的一些波兰亲法西斯分子自编自演，波兰被占领土都处于希特勒的掌控之下，诚实的波兰人不可能公开发声。

无论是西科尔斯基政府，还是希特勒政府，都拉来国际红十字会做“调查”，而国际红十字会面对着绞刑架和大量枪杀平民的恐怖环境，被迫参与希特勒导演的这一调查闹剧。同样，背着苏联政府进行的“调查”不能让任何诚实的人信服。

德国和波兰媒体同时开始针对苏联的敌对行动，其实施也是按同一计划，这种情况不能不使人怀疑西科尔斯基政府同盟国的敌人——希特勒之间有联系，他们串通起来推行这一敌对行动。

正当苏联人民同希特勒德国浴血奋战，积蓄力量摧毁爱好自由和民主国家的共同敌人的时候，西科尔斯基政府为讨好希特勒暴政而背信弃义对苏联反戈一击。

这种情况迫使苏联政府认为，目前的波兰政府已经同希特勒政府沆瀣一气，中止了同苏联的联盟关系并站在了苏联的对立面。

基于此，苏联政府得出结论，有必要断绝与该政府的关系。

我认为需要向您通报以上情况，并希望英国政府理解苏联政府被迫采取行动的必要性。

432 斯大林的信是复活节的时候抵达伦敦的，考虑到问题的严重性，迈斯基不得不在4月23日前往丘吉尔的郊区官邸。据首相回忆，迈斯基到来时“极度慌乱”。[204] 根据丘吉尔签字的英方谈话记录，“俄国大使……尖锐批评波兰人。他说，这是个勇敢但鲁莽的民族，总是管不好自己的事务。他们不负责任的政府不明白，挑动2000万人同2亿人对抗是多么愚蠢的行为”。[205] 迈斯基向莫斯科发电称：“来信引起丘吉尔的高度警觉。他立即打电话将信函内容告诉艾登，艾登也震惊不已。”其实，英国政府早就清楚苏波关系紧张程度加剧的情况。早在3月底，在罗默同斯大林和莫洛托夫的谈判破裂后，西科尔斯基政府的外交部长E.拉钦斯基（Рачинский Э.）就私下提前向英国人通报了中断两国外交关系的可能。[206] 在波兰方面的压力下，外交部建议首相在同斯大林通信时提出苏波关系问题，但丘吉尔以突尼斯战事不利和停止北方护航运输队已导致同克里姆林宫关系恶化为由，一直不予首肯。4月15日，丘吉尔同西科尔斯基共进午餐，期间他们讨论了“卡廷事件”；同时将军还同首相交流了莫斯科参与其中的疑点，并向首相提交了波兰政府关于在苏联失踪军人的材料。[207] 4月19日，艾登向内阁通报了卡廷事件的情况，并将其称为纳粹宣传部门的“花招”。内阁表示希望这一“意外事件”不会干扰苏波关系正常化，并希望首先解决苏联遣返滞留波兰人的问题。[208] 最终在4月20日前，丘吉尔在外交部的帮助下拟好了就该问题给斯大林的信函，信中以保持“联合国家团结”的名义呼吁防止苏波关系继续恶化，并指出德国围绕卡廷的宣传行动是“特别成功的宣传”。[209]

对英国人来说，斯大林如此剧烈的反应的确出乎意料。此前克尔还在莫
433 斯科预测，尽管波兰人自己“倾向于断绝往来”，但克里姆林宫要想自证清白，未必会以断绝关系为目的。[210] 根据迈斯基的报告，丘吉尔认定由国际红十字会来调查这一罪行是“有害和荒谬的”，但他否认西科尔斯基同纳粹串通的可能，并建议暂时对发生的一切保持缄默，呼吁苏联方面暂缓公开自己的主张。首相还谈到“驯服”波兰人，有必要阻止他们继续毒害盟国关系。在加急电报的最后，迈斯基汇报了自己对丘吉尔行为的观察：

“丘吉尔说，他当然不会相信德国关于遇害波兰军官的谎言，但在交谈中多次感到，他还是有这方面的‘思想准备’。如有一次他就说：‘即便德国人说的是真的，这也无法改变我对您的态度，因为你们是英勇的人民和卓越的盟友，而斯大林是伟大的战士。现在我对待所有问题的态度就如同一个士兵，首先要做的就是战胜我们共同的敌人……’我有这样的感觉，丘吉尔根本不

是真完全相信我们是无辜的。”[211]

直觉没有欺骗经验丰富的外交官。丘吉尔并不相信斯大林对事件的说法，但他已经准备对此视而不见，他认为必须保持盟国的团结，这是取得战争胜利的必要条件。根据英方的会谈纪要，他在同迈斯基的复活节谈话中回答道：“战争中经常发生悲剧。失踪波兰军官的事就是一例。但人死不能复生。必须想想活着的还在俄国的波兰人。”[212] 当天他还要求艾登严厉告诫波兰人，“再纠缠于挖掘3年前的斯摩棱斯克的坟墓是无益的”，并以此承认卡廷惨案是德国人所为。[213] 克尔同样认为苏联的指控有些蹊跷，他认为“俄国方面的狂怒和无力的反驳透露出负罪感”。[214] 同时大使还从斯大林的信中看到了积极的方面：克里姆林宫是第一次向盟友通报自己在波兰政府问题上的打算，甚至为
此征询意见。克尔认为，斯大林此举的动机是苏波寇松线（линия Керзона） 434
边界的问题，对此问题盟国的利益是一致的。因此应利用斯大林的来函共同对西科尔斯基政府在该问题上施压，“无论波兰人何如厌恶这种做法”。大使认为，这一做法“不仅能巩固英美苏三国关系，以免使这次争论伤害我们同俄国的关系（这正是希特勒的伎俩），而且能够避免俄国单方面采取危险行动，如俄国在其境内组建傀儡（波兰）政府”。[215]

丘吉尔也决定利用斯大林的来函，使其与“伦敦人”的关系不至于中断。最重要的是，只有莫斯科可以做到使局势得以缓和，即解决滞留在苏联的波兰人问题，4月23日，丘吉尔向迈斯基表明了自己的想法。在这种情况下，“俄波关系就有了新的起点”。[216] 关于这一点丘吉尔也致信罗斯福，使他随时了解自己同斯大林通信。4月25日，首相向华盛顿通报了自己写信的打算，“呼吁斯大林同我们合作，把更多的波兰人遣送出俄国”。[217] 同时他试图强迫“伦敦人”收回向国际红十字会的诉状。4月24日，周六，艾登紧急召见西科尔斯基，要求他收回自己的声明。艾登的助手哈维在日记中评论道，波兰人“倒行逆施，需要强力的手段控制他们，不让他们破坏和平调解进程和破坏英俄团结”。[218] 丘吉尔和艾登对波兰人的自行其是十分震怒，他们未经商议就发表声明，由此造成莫斯科的不信任感。艾登向迈斯基抱怨说：“琢磨不透的波兰人，但我还是请苏联政府要员们相信，我们英国政府无人能够预测波兰政府正在做什么或打算做什么。”[219] 根据哈维的记述，[220] 首相在“安抚”斯大林的信函中出具了有力的论据，以此阻止斯大林做出与“伦敦人”断绝关系的决定。这封信函草稿是4月20日拟定的，丘吉尔做了修改，按首相4月23日给艾登的信中的说法，他的修改是为了使信函“更符合我同他（斯大林——作者注）交谈时的风格”。[221]

435 ## 227. 丘吉尔致斯大林的私人秘密信函

1943年4月24日发 1943年4月25日收

1. 迈斯基大使昨晚向我转交了您的信函。我们自然会坚持反对国际红十字或者其他组织在德占领土上进行所谓的“调查”。这种调查本身就是骗局，调查结论也只会是恐吓的结果。艾登先生今日会见了西科尔斯基，尽最大可能坚决要求他放弃对纳粹操纵下的调查给予道义上的支持。我们从未同意与德国人进行谈判或其他某种接触，我们将在我们的波兰盟友面前坚持这一点。

2. 我还将发电报告知您西科尔斯基对上述意见的反应。他的处境十分艰难。由于他疏远德国和拒绝与德国勾结，因此面临着被一些波兰人推翻的危险，这些人认为他未能有效地保护自己的人民免受苏维埃侵害。如果他下台的话，接替的人可能更糟。因此我希望，可以把您关于“中断”关系的决定更多地理解为最后警告，而不是真正绝交，在穷尽一切方法之前，请不要事先公之于众。公开发表断交的消息可能会给美国带来巨大危害，因为美国有众多的波兰人，其中不乏有影响力的人物。

3. 昨日我原本拟定了一份致您名下的电报草案，想请您考虑允许更多的波兰人及家眷离开苏联前往伊朗。这将会减轻波兰军队中日益增长的不满情绪，也可以使我有机会影响波兰政府，以促使其根据我们的共同利益来开展行动，反对我们共同的敌人。在收到您的电报后，我推迟发送这份电报，希望形势会更趋明朗。

436 丘吉尔和艾登努力使波兰人收回卡廷事件的调查申请。首相吩咐大臣：“如果你成功说服他们，那重要的一点就是，要让他们自愿这样做，而不是像我们强加于他们一样。你可以告诉他们，如果其他努力都失败了，他们随时可以重提斯摩棱斯克的历史问题。而目前这种状态下，他们的声明文件不是求生而是寻死。”[222] 但波兰4月28日发布的新声明只是半官方性质的，因为不是以政府的名义而是以波兰通讯社的名义刊发的。4月30日，“伦敦人”以调查困难为由，收回了递交给国际红十字会的申请，但却为时已晚。早在4月25日，莫洛托夫就召见了罗默大使，并递交了断交照会，照会几乎逐字重复了斯大林4月21日信函的内容：这一切发生在莫斯科收到丘吉尔4月25日信函之前。更准确地说，是苏方企图递交照会，而波兰大使拒绝接受照会，以抗议照会中对波兰政府动机的描述。同时外交官们还是商定了波兰使馆撤出莫斯科的条件。4月26日，莫洛托夫向克尔通报了照会一事，后者对这一行动感到极为失望，因为它使调解危机的所有计划都付之东流。大使非常激动，向莫洛托夫“敞开心扉”，请求在收到丘吉尔和罗斯福回复之前推迟发布照会，但莫洛托夫不屈不挠。[223] 显然是克里姆林宫在急着操办此事，最后苏方的照会刊发在当天的《莫斯科晚报》上，而不是和往常一样发表在中央报上。但丘吉尔在向斯大林发出下一份信函时还并不知情，在该信函中他通报了自己为了与西科尔斯基谈判所做出的努力及相关进展。在丘吉尔发出这封电报之前，斯大林于4月25日已通报了断交一事。在将该信函转发给伦敦的迈斯基时，莫洛托夫强调：“丘吉尔建议将斯大林同志此前的信函理解为对波兰人的最后警告，而不是苏联政府关于中断关系的最终决定，同时他还表达了自己不希望中断关系的想法，尤其要为美国考虑问题。但是丘吉尔的来信表述不清且有不确定性。”[224]

228. 斯大林致丘吉尔的私人秘密信函 437

1943年4月25日发

您关于波兰事务的来函收悉。感谢您参与解决此事。但需要告之您的是，与波兰政府中断关系，是业已决定的事情，并且今天B.M.莫洛托夫将向波兰政府递交照会。这是我所有同仁的要求，因为波兰官方报刊不但继续进行敌对行动，而且还愈演愈烈。我也不得不考虑苏联的社会舆论，苏联社会对波兰政府的忘恩负义和背信弃义行为愤慨至极。

关于与波兰政府中断关系这份文件的发布问题，非常遗憾，除了公开发布别无他法。

229. 丘吉尔致斯大林的私人秘密信函

1943年4月25日发　　　　1943年4月26日收

艾登先生昨晚会见了西科尔斯基将军。西科尔斯基声称，致国际红十字会的诉状与德国人的声明同时发布并非预谋，他的政府按照自己的方式行事，并不知晓德国将采取何种路线。实际上，是德国人通过广播获悉波兰方面的声明后才开始动作的。西科尔斯基还告诉艾登先生，他的政府还将此事同时通知了博戈莫洛夫先生。西科尔斯基强调，他多次向苏联政府提出了失踪军官的问题，还向您提过一次这个问题。按照他的指示，波兰新闻部长通过广播积极发表讲话反击德国宣传，由此还引发德国人的猛烈回击。在艾登先生积极有效的交涉下，西科尔斯基保证，不再坚持要求红十字会进行调查，他
438 已通知了伯尔尼的红十字机构总部。他还将制止波兰媒体继续讨论此事。鉴此，我也将寻找机会让英国国内那些攻击苏联政府以及攻击西科尔斯基与苏联合作的波兰报纸停止发声。

考虑到西科尔斯基所承担的责任，在此我想请您搁置中断关系的想法。

对该问题斟酌一番后，我更加深信，如果苏联和波兰政府中断关系，这只会是对我们的敌人有利。德国宣传部门编造谣言，就是为了在联合国家中间制造分裂，并为他们的企图捏造事实，他们试图让全世界确信，正是德国在保护欧洲和弱小民族的利益，以免遭受欧洲以外的大国，即苏维埃社会主义共和国联盟、美利坚合众国和大不列颠王国的侵害。

我对西科尔斯基将军非常了解，我确信，他或者他的政府与我们共同的敌人之间不可能有什么接触，也不可能存在什么协议，为了对抗敌人，他正在领导波兰人民进行艰苦卓绝、百折不挠的抵抗斗争。他致国际红十字会的呼吁，明显是一个错误，但我仍然相信，这并非是与德国人勾结的结果。

我希望，我们已经明确了您致我的电报中提出的问题，现在我想讨论我电报草稿中提出的建议，这个草案我在24日致您的信函中已有所提及。我将在最短的时间内将此前起草的信函初稿发给您。如果我们二位能够解决波兰人从苏联离境的问题，那么西科尔斯基就更容易放弃受国内舆论左右的立场。我希望您能帮助我实现之。

在发送波兰问题的信函之前，丘吉尔与罗斯福进行了沟通，并请求总统以同样的基调给斯大林回信。但罗斯福收到斯大林4月21日的信函时已是24日了，正在对墨西哥进行访问的途中。值得注意的是，莫洛托夫这次给利特维诺夫的指示是“用未封贴的信封装好，亲自递交给赫尔以转交罗斯福”，[225]
439 并建议国务卿知悉其中的内容。显然，克里姆林宫认为有必要让赫尔也了解自己的立场，这样可以使通报更具官方和公开性质。在向总统转交该信函时，赫尔向他通报了自己与波兰和英国大使馆就卡廷事件进行接触的情况：波兰临时代办向他讲述了德国的声明和8000名波兰军官在苏联失踪的情况，而哈利法克斯男爵则转交了一份备忘录，是关于近东地区波兰军队因为这一消息

而出现的骚乱。赫尔还向总统报告称，国际红十字会准备就事件展开独立调查。[226] 罗斯福在莱希将军的帮助下起草了回信草案，之后将其发给赫尔，请他提出自己的意见：在波兰问题上，总统与国务院此后也一直保持着书面协商的方式。赫尔只勾掉了一个、但十分重要的词，即第二自然段中的“愚蠢的（错误）”这个单词。[227] 在这份信函中实际上只是重复了首相的论据，补充了对丘吉尔调停作用的一些论述。最后一个自然段开头部分的俄文翻译（后来被收入《往来书信》中），有些拔高了原文的本意，原文中并没有使用“除此之外”，而是用的“顺便”或者“顺带”（incidentally）。

斯大林对罗斯福的回复，比对首相的回复要详尽得多，不仅对西科尔斯基的动机做出更多的论述，并且还承诺，莫斯科方面将不阻挠波兰人离开苏联。他还与收信人就维护联盟团结的利益问题进行了讨论，提醒他们大国还承担着一项联盟义务，就是要阻止自己的小弟给大哥带来伤害。

230. 罗斯福致斯大林的私人秘密信函

1943年4月26日发　　　　　1943年4月27日收

我在视察美国西部时收到您的电报。我完全理解您的处境的复杂性，与此同时，我希望您能够为当前的局面找到解决途径，以表明自己的行为不是全面断绝苏联与波兰的外交关系，而只是暂停与流亡伦敦的波兰政府之间的谈判。

我不相信西科尔斯基会与希特勒匪帮有过某种程度的合作。但在我看来， 440
他将这一问题提交国际红十字会，就是个错误。而且，我倾向于认为，丘吉尔首相能够找到办法，说服流亡伦敦的波兰政府今后更加清醒、更加理智地行事。

我将非常感谢您，如果您能告知，我在这一问题上能提供何种帮助，特别是我们不得不关心某些波兰人的命运，您可能会愿意将他们遣送出苏联。

除此之外，在我们美国也有数百万波兰人，他们有很多人在陆军和海军中服役。我能够向您保证，他们所有人都痛恨希特勒分子。然而，关于完全断绝苏联与波兰外交关系的消息，对大局无益。

231. 斯大林致罗斯福的私人秘密信函

1943年4月29日发

您的回信我已收悉，非常遗憾在4月27日才收到，而在4月25日苏联政府就已经被迫做出中断与波兰政府关系的决定。

因为近两周，波兰政府在自己的刊物和电台上不仅没有停止对苏联的仇视，反而变本加厉，这种行为只能对希特勒有利，苏联舆论对此行为极为愤慨，已经无法挽回苏联政府的决定。

完全有可能，西科尔斯基先生本人确实不希望与希特勒匪帮进行合作。如果这一推测能被事实证明，我将非常高兴。但我还是认为，或者在波兰政府内部，或者是在他本人周边，有一些亲希特勒分子，他们影响了西科尔斯基先生，因此波兰政府可能违背自己的意愿，在众所周知的这场反苏行动中沦为希特勒的工具。

441 我也认为，丘吉尔首相能够找到方法使波兰政府恢复理智、帮助其今后采取行动时保持清醒的头脑。也许不一定准确，但我还是认为，我们作为盟国的一个责任就是，要阻止某个盟国为了让我们共同的敌人高兴或者讨好他而对其他盟友采取敌对立场。

关于苏联境内的波兰人及其今后的命运，我可以向您保证，苏联政府机构始终犹如亲人和同志一样对待他们，今后也将如此。非常明确的是，将他们驱逐出苏联的事情，以前和现在都没有听说过。如果他们自己愿意离开苏联，那么苏联政府机构以前没有阻止、现在也不打算阻止他们，并且将尽可能给予他们帮助。

斯大林要将自己的威胁付诸行动的通报，在伦敦和华盛顿引起不安。尤其气愤的是英国人，他们花了不少精力调解冲突，期待自己的调解能产生另外一种结局。“近几周一切都进展得如此顺利，”4月29日艾登在会见迈斯基时沮丧地说道，“我们之间的关系日益改善，我甚至要说，比以往任何时候都好，却突然遭到如此打击。”[228] 据知情人士证实，艾登当时无法揣摩斯大林的动机和下一步的行动。可能这是“因为在他刚开始被国际社会接受之际，斯摩棱斯克问题使其自尊心受到了伤害？也可能是俄国人解决边界问题的特有方式？也可能，斯大林担心西科尔斯基的波兰将来会成为反俄先锋？显然，斯大林正在谋取寇松线和波罗的海沿岸，但是难道有谁又能在战后妨碍他这样做呢？”[229] 无论如何，斯大林没有等待自己伙伴的回复就做出决定，这就说明他不期望与盟友协商，只不过是在为自己业已做出的决定找理由。“在该问题上表现出来的固执，”仍心存希望的克尔从莫斯科发回电报说，“证实了他此前就有深思熟虑的计划，而考涅楚克的任命和《自由波兰报》的创立就是实施这一计划的开端。[230] 现在排除苏联下一步在该国建立波兰政府并与其建 442
立外交关系的可能性，将是极不明智的。”为了消除这一风险，大使建议丘吉尔，最好是与罗斯福联名给斯大林发一封私人信函，警告苏联政府类似“单边行动”的“非理性和危险性”，它可能损害“合作的基础”。[231] 这一建议得到外交部领导层的支持。[232] 丘吉尔口述了致斯大林回信的草案，艾登和贾德干稍做了修改，贾德干认为，该方案“对波兰人过于严厉，对俄国人过于软弱”。[233] 克尔此时又发挥了自己的作用，在自己的建议被接受之前他私自扣留了电报。大使首先坚持自己的建议：“告知斯大林，他仓促地断绝与波兰的关系，对社会舆论产生了不好的影响，将我们和所有联合国家置于窘地。我认为，应当用几句话表达这一想法，同时表示遗憾地说，没有给国王陛下政府更多的时间，以向苏联政府阐释自己在对共同事业极为重要问题上的看法，并且将这些放在第一自然段开头部分，也就是在对波兰政府行为进行说明之前。否则，斯大林可能会坚持自己的看法：在国王陛下政府和英国社会舆论看来，他的所作所为十分明智。”克尔还建议暂缓讨论波兰人从苏联出境的问题，并将可能在苏联境内建立波兰傀儡政权的论题归咎于纳粹宣传，将此事彻底平息。他说，除了“戈培尔（Геббельс）博士会暂时相信，还有谁会相信苏联政府会做出这种愚蠢的事情，或者我们和美国人会中断同西科尔斯基的关系？”最后，大使建议在这次警告中不要对这一傀儡政权做出“具有政治色彩的”评估：伦敦来信文本中称之为“左派政权”。[234] 丘吉尔和外交部同意考虑克尔的所有建议，暂缓讨论波兰人从苏联出境问题除外。[235]“关于波兰 443
傀儡政权的这一段话，”按照英国研究员E.巴克（Баркер Э.）的话说，“是经过精心策划的，隐含着对莫斯科组建波兰政府这一想法的警告性影射。”[236] 果真如此的话，那么这次警告性影射还是暂时达到了目的：斯大林在给丘吉尔回信以及莫洛托夫将该信函转交给克尔时，[237] 都非常气愤地将这一想法当作戈培尔式宣传杜撰进行了驳斥。利特维诺夫和迈斯基得到斯大林的亲自指示，向收信方将这一传言解释为“一派胡言”。[238] 伦敦方面对这些言论的反应是：“丘吉尔和贾德干轻松地舒了一口气。”迈斯基在谈到4月30日与他们的会晤时如是说。“我现在将以更为平静的心情去别墅。”首相在分别时说道。[239]

232. 丘吉尔致斯大林的私人秘密信函

1943年4月28日发 1943年4月30日收

1. 我不禁要表达自己的失望之情，因为您认为必须要采取行动中断同波兰的关系，却没有给我时间向您传达同西科尔斯基将军会谈的结果，关于此事我在4月24日的电报中已经提醒。根据我们去年签署的条约，我希望当遇到重要问题特别是涉及到联合国家的团结时，我们应当互相征求意见。

2. 我和艾登先生向波兰政府指出，当波兰政府以羞辱性的指责反对苏维埃政府的时候，都勿妄想同苏联恢复友好关系和合作，这种做法造成了波兰政府支持纳粹恶毒宣传的假象。何况我们不能忍受国际红十字会在纳粹分子怂恿和恐吓之下进行的调查。我很高兴地通知您，波兰政府同意了我们的观点，它想同您精诚合作，并请求允许滞留在苏联的驻伊朗波兰军人家眷以及滞留苏联的波兰军人离开苏联，使其加入到已经允许进入伊朗的武装力量当
444 中。当然，这是个需要耐心讨论的问题。我们认为，如果在相应的时间以合适的方式能够做到，这个请求是完全可以接受的。我完全相信，总统先生也是这么认为。我们坚信，彼此都会牢记遭受纳粹残酷侵略时所经受的苦难，请您本着合作的宗旨看待这个问题。

3. 英国内阁有决心要求在英国的波兰媒体自律。这些攻击西科尔斯基的卑鄙造谣者能够传播德国广播里对全世界灌输的内容，而这将会给我们造成危害。这种事应当被禁止，也必将被禁止。

4. 这件事暂时是戈培尔的胜利。目前，他在竭尽全力地传播，说苏联将在俄国境内组建波兰政府，并只同这个政府打交道。我们也不会承认这样的政府，我们只会继续保持同西科尔斯基的关系，西科尔斯基是您或我们可以找到的对我们共同事业目标最有益处的人。我认为美国人也会是这个观点。

5. 我个人认为，他们已经受到了打击，并且在此过后经过一段认为合适的时间，于1941年7月30日*确立的关系应当得以恢复。这首先不是希特勒所希望的，他不希望的正说明我们是正确的。

6. 对于现在正在进行战斗和不久将进行更加残酷战斗的军队来说，我们

---

* 指苏联政府和西科尔斯基流亡政府之间达成的关于恢复外交关系和进行反对希特勒德国的联合斗争的协议，该协议于1941年7月30日在伦敦签署。

的职责是建立状态良好的后方。我和我的同事都希望，无论是在逐渐加剧的军事斗争中，还是在战后，苏联、美国和不列颠联合王国之间的合作与理解将会更加密切。除此之外，对于饱经磨难的世界来说，还有什么其他的愿望呢？

尽管这次罗斯福对此事选择沉默，但华盛顿完全支持丘吉尔的立场。在总统给丘吉尔首相4月30日未寄出的信中写道：“苏联政府试图建立（同伦敦）竞争的波兰政府，在我看来，是现在的主要威胁，应该不惜任何代价避免。”[240] 正如哈利法克斯大使向伦敦传达的信息说，第一副国务卿韦尔斯称丘吉尔的回答“绝妙”，特别是伦敦不会承认“任何人为制造的另一个波兰政府”。关于这一点，韦尔斯补充说：“其他任何政府都没有像波兰政府这样在几个月内犯下如此众多的错误。”[241] 445

卡廷事件和斯大林在波兰问题上粗暴的外交行为并没有改变丘吉尔积极保持与苏联领袖私人关系的心态。根据迈斯基5月1日的紧急报告，丘吉尔甚至还希望斯大林粗暴的外交举措会使“伦敦人”觉醒，使他们放弃自己的强硬立场。迈斯基希望“波兰人应该吃一堑长一智”，“首相感叹道：‘过1—2个月再看，会有所改变。’”而“和我告别时，丘吉尔赞扬说：‘斯大林是个聪明人！’”[242] 首相明显很反感“添乱的波兰人”，这妨碍了他接近斯大林。5月2日他在给克尔发送自己给克里姆林宫的下一封信时，随电报写道：“如果我们和斯大林就波兰问题的辩论会打断每周的友好通信，将非常遗憾，我在信里经常向他介绍我们的军事行动。我坚信，这些信能够让他满意，还会对维持我们不可或缺的联系有所帮助。”随后，在委托本国大使转交信函时，首相的善良渐渐地显露出来，他说：“在转交这封信时，如果情况允许，并且您也愿意，可以对他说，我准备用一名在突尼斯被俘的德国人交换一名战斗着的波兰人，用一名被俘的意大利人交换一名波兰妇女或是儿童。这样的玩笑不优雅，但在特定情况下将会是有益的。”[243] 克尔回答说：“我完全同意不应该中断通信。我很喜欢您的玩笑，也非常愿意尝试着和他开这种玩笑，因此我认为他也会喜欢的。”[244]

5月2日的信函恰好是一份战斗行动简报。丘吉尔希望借此增加斯大林的好感。这段时间英国空军在黑尔戈兰岛（Гельголанд）、易北河（Эльба）、大小贝尔特（Бельт）海峡水域的布雷行动非常出色：在一夜之间，布下了590多枚水雷。这是战争期间最大的一次布雷行动。[245] 尽管美英在突尼斯的进攻呈胶着状态，谨慎的蒙哥马利也坚决主张“必须尽快结束非洲战争”。英国军 446

事长官向亚历山大报告说第8集团军进攻区域“地形极为复杂”，且受德国猛烈炮火压制，并呼吁他将部分兵力分配给美军第1集团军，因为后者的行动地带的地形条件适合装甲部队密集行动。[246] 丘吉尔在致斯大林的信函中详细地描述了对突尼斯特殊地形的考查情况。似乎这些简报让首相本人都感到满意，此时他感觉自己就是统领千军万马的大统帅。

在丘吉尔提到的“精彩发言”中，斯大林赞扬了“胜利之师”在北非的军事行动，以及英美军队对德国和意大利的轰炸。他总结说：“自战争开始以来，红军从东线、盟军从西线对敌打击首次同步，汇聚成一体化打击。”[247]

233. 丘吉尔致斯大林的私人机密信函

1943年5月2日发　　　　1943年5月3日收

1. 我刚刚拜读了您5月1日的精彩发言，感到由衷的欣慰和赞赏，我特别欣赏您所说的盟军实现了一体化打击的说法，您可以相信，我将尽己之力“扭断法西斯野兽的脊梁”。

2. 虽然照片显示埃森1/3的地区遭受了毁坏，但敌人还是花大力气力图确保克虏伯工厂的运行，与您在斯大林格勒所采取的行为如出一辙。因此，我
447 们给敌人加大投弹量至800吨。上星期，我们还向杜伊斯堡投弹1450吨。这是目前我们单次奔袭的最大投弹量。向什切青（Штеттин）投弹782吨，罗斯托克（Росток）投弹117吨。我们进行了大规模、也是非常昂贵的波罗的海布雷行动，共有226架战机参加。这些都发生在发给您的上封信之后。布雷有很多好处：限制敌人一部分运输能力，可以间接地转换成我们的资源，其次我们迫使其部署更多的扫雷舰，并使其被迫分散自己的兵力。当天气不利于轰炸地面目标时，我们找到了布雷这一好办法。在最近两天夜里，我们已做好战备，准备在鲁拉实施另一场大规模行动，但天公不作美。在突袭比尔森过程中，我们未能对斯柯达工厂实施密集攻击，但这个目标不会放弃，只要再有一次这样的条件我们就会继续实施。*

3. 突尼斯会战进行得异常残酷，双方伤亡巨大。自我们进入突尼斯以来，共抓获约4万名俘虏；此外敌人还有3.5万人伤亡。第1集团军损失达到2.3万人，第8集团军的损失约1万人。盟军损失大约5万人，其中2/3是英国人。

---

* 丘吉尔在4月17日给斯大林的信函中提到的突袭比尔森，当时的天气条件正值满月。

最大强度的交战将继续在各个战线进行，亚历山大将军正在调整军队部署，以便尽快实施更猛烈的打击。现在近20万的敌军已被合围。但是敌人仍在顽强地派增援部队，在最近几天，我们的空军逐渐强大并建立了基地，给敌人造成了巨大损失。许多驱逐舰和运输船被击沉，其中几艘是德国人运送增援部队的运兵船，目前敌人所有的运输行动已经暂停。如果敌人不能马上恢复运输，则其供给将面临严峻考验。他们通过海路逃跑的机会也不容乐观。这里的地形主要是平坦的草原，上面有犬牙交错的高台瞭望塔，每一个都如要塞，这一点非常有助于敌人防守，但妨碍我们推进。但是我相信，这个月末 448
我会为您传来好消息。同时，由于运输途中遭受的损失，整个战局对敌人来说代价非常高昂。

斯大林回复丘吉尔4月30日的来函内容是经过深思熟虑和权衡的，目的是要达到自己的目的。第一，斯大林在信中补充说明了苏联采取行动的根据，含蓄地批评英方没有采取措施管好自己捣乱的小盟友。斯大林并借此反驳丘吉尔关于克里姆林宫的行为有违苏英联盟条约精神的说法。第二，苏联政府再次确认，不准备在波兰人离开苏联的问题上设置障碍。第三，坚决否认了有关在苏联境内成立波兰新政府的传言，并首次建议“三巨头”出面改组伦敦流亡政府，以加强反法西斯阵线的团结。相对于成立傀儡政权，这个建议是一个看起来更加容易接受的妥协方案。斯大林对英国让波兰媒体“自律”的能力表示怀疑，这也促使英国政府加倍努力，以证明自己不是无能之辈。

234. 斯大林致丘吉尔的私人秘密信函

1943年5月4日发

1. 我在4月21日给您写信，告知与波兰政府断绝关系一事，我的理由是，4月15日波兰人在媒体上发起了众所周知的反苏运动，以波兰国防部的声明为发端，继而波兰政府在4月17日发表了同样的声明，而伦敦方面未加阻挠，同时，苏联政府未被告知波兰人正在筹划反苏行为，很难想象，英国政府会 449
对这种行为的筹划一无所知。我认为，从我们联盟条约的角度出发，盟友自然应该遏制对另一方的攻击行为，况且这种攻击行为直接帮助了我们共同的敌人。任何情况下，我都是这样理解盟友的义务的。我认为有必要告知您苏联政府对波苏关系的态度。因为波兰人愈演愈烈地散布反苏谣言，而且未遇到伦敦方面的干预，所以不能期望苏联政府的忍耐是无限度的。

您告知我说，您会让波兰媒体自律。我对此表示感谢，但是我仍然怀疑是否就可轻而易举地让现在的波兰政府就范，其周围都是亲希特勒分子和散漫的新闻刊物。西科尔斯基在他们面前只能表现出无助和恐惧，无法相信西科尔斯基能够保持同苏联的团结，姑且认为他真的具有团结的愿望。

希特勒分子散布谣言说，好像在苏联正在组建新的波兰政府，这些谣言会不攻自破。我们的大使已经向您做了说明。但是，这不能排除英国、苏联和美国采取措施改良波兰政府构成的可能性，以巩固反希特勒联盟统一阵线。而且越早完成改良越好。艾登先生从美国归来时，曾对迈斯基说过，美国拥护罗斯福总统的人都认为，现如今的波兰政府没有前途，这个政府能否回到波兰继续执政值得怀疑，虽然目前西科尔斯基本人仍受到拥护。我认为，美国人对波兰政府的认识更接近事实。

至于投靠苏联的波兰人以及撤至伊朗的波兰士兵留下的家眷，他们的人数并不多，苏联政府从来没有给他们离开苏联制造障碍。

450 2. 您关于突尼斯近期事件的来信已经收悉。感谢您的通告。我对英美军队的胜利感到高兴，并预祝他们取得更大的胜利。

4月29日，丘吉尔建议罗斯福在华盛顿举行两国军政首脑会晤，以讨论联盟下一步的计划（会议代号为“三叉戟”）。总统欣然接受，并以东道主身份把此事告知斯大林。但并未提及邀请苏方参加。罗斯福向驻美国的苏联采购委员会主任A.И.别利亚耶夫少将通报了会谈的进程，以示安抚。关于最后一点，可能不是简单的说辞，因为5月26日，“三叉戟”会议刚一结束，霍普金斯就会见了别利亚耶夫的助手M.E.阿库林（Акулин M.E.）将军，根据驻美对外情报总局谍报员И.A.阿赫梅洛夫（Ахмеров И.А.）提供的情报，下述情报曾被美情报部门截获并破译：霍普金斯向其讲述了刚刚结束的谈判的某些要点，其中包括决然推迟开辟第二战场问题，而且此提议的始作俑者是英国人。[248] 这里有一种情况需要说明，这个情报的“19号来源”是霍普金斯的假设在最新研究中引起争论。根据特殊渠道获得的苏联特工档案资料《瓦西里耶夫练习本》判断，“19号来源”是指若干人，其中包括韦尔斯的侄子、国务院雇员L.达根（Дагган Л.）。[249]

235. 罗斯福致斯大林的私人秘密信函

1943年5月5日发　　　　1943年5月7日收

我想通知您，丘吉尔首相将于下周启程前来华盛顿，目的是讨论我们目前应该采取的行动。当然，别利亚耶夫将军会实时了解我们会谈的情况。

1943年春，形势已渐趋明朗，打败德国只是时间问题，为即将到来的胜利作出决定性贡献的苏联，将更多地参与确定战后欧洲格局。这个决定性贡 451
献的结果，是苏联向欧洲大陆中心推进有多远就能在地缘政治上有多少斩获，这使得伦敦和华盛顿不得不掂量。美国前驻莫斯科大使W.布里特（Буллит У.）一直反对与苏联走得过近，他与斯坦德利及其他人提醒罗斯福防范苏联的扩张，呼吁在军事和政治上提前做好对抗苏联扩张的准备。总统没有屈服于这种压力，他相信自己能够在苏联安全利益和与莫斯科保持合作之间找到平衡点。在与苏联盟友关系复杂化的大背景下，战争走向的明显转折促使罗斯福力图绕过丘吉尔与斯大林直接建立个人联系。总统相信，他比帝国主义者和贵族代表丘吉尔更能与苏联领袖找到共同语言。

这样的外交举措需要特别谨慎，他再次启用可靠的私人特使，这次他委派驻莫斯科前大使戴维斯（Дэвис）担此重任，此人深得总统信赖，在克里姆林宫也有口碑，总统这样做并不是心血来潮。戴维斯的任务早在3月中旬就秘密确定，除了总统之外，还有霍普金斯知晓此事。戴维斯与霍普金斯和总统密谈过若干次，就此行的任务制订了细则。据戴维斯日记记载，罗斯福对他说，“经过深思熟虑得出结论，他本人应该面见斯大林讨论所有问题”。[250] 后来戴维斯同利特维诺夫交谈中提到过此事，罗斯福和戴维斯甚至把斯大林能够与总统见面的月份都用密码标出，以便戴维斯发电报给白宫。[251] 罗斯福总统建议在白令海峡沿岸某地会面，尽可能离英国更远，这明显是故意为之。至于丘吉尔，总统对戴维斯保证，晚些时候他将亲自向他解释，他“都会理解”。[252] 但是解释工作不是那么简单，6月份，总统通过哈里曼拐弯抹角通知首相，自己计划面见“约瑟夫大叔”，他试图把这解释为是斯大林的主意。丘吉尔半信半疑，但没有与罗斯福争辩。[253]

总统信函的内容不仅对英国人保密，虽然后者对这封“充满神秘感的信 452
函绞尽脑汁”，[254] 同时也对斯坦德利大使守口如瓶。罗斯福亲自通知利特维诺夫有关“丘吉尔不出席会晤”的想法，因此斯大林不仅早就知晓正在筹备的代表团一事，这是斯坦德利4月14日通知莫洛托夫的，而且还知道其中的“奥秘”。[255]之后不久，利特维诺夫在《美国政策》分析报告中强调指出，“他（罗斯福——作者注）认为，在处理战后问题上，同英国相比，与我们更容易达成一致，因此他固执地建议与斯大林同志单独会晤”。[256]

戴维斯5月20日将信函转交给了斯大林，因此，可怜的斯坦德利只能眼睁睁地看着特使和斯大林及莫洛托夫闭门讨论问题。[257]次日戴维斯特意让大使知道，他并不清楚信函的具体内容，因为似乎它是用俄语写的。[258]

236. 罗斯福致斯大林的信函

1943年5月5日发　　　　1943年5月20日收

尊敬的斯大林先生：

我委托老朋友约瑟夫·E.戴维斯给您带去这封私人信函。信里只涉及一个问题，我认为，通过我们共同的朋友交流更方便些。利特维诺夫先生是其他人中唯一的知情者，我和他谈过这个问题。

我想避免众多与会者参加会议以及拖沓的外交谈判带来的麻烦。因此我所能想到的最简单可行的办法，就是我们之间进行非正式的普通会晤，可能需要几天时间。

我完全理解，您不希望与贵方的军事行动失去日常联络；我也不便离开华盛顿较长时间。事情都有两面性。首先，行动需要时机配合。俄国从防御已经转入反攻，明年冬天德国完全有可能彻底失败。在这种情况下，我们应
453 该准备好采取下一步行动。我们现在还没有做好准备。因此我认为，我和您应该今夏会晤。

其次是在哪里会晤的问题。夏天不可能在非洲进行会谈，而且喀土穆是英属领土。冰岛我也不喜欢，因为不论是对您还是对我而言都不能轻易乘机抵达，除此之外，坦白地说，在这种情况下，邀请丘吉尔首相一同参加会晤是两难之事。

因此，我建议，我们在白令海峡的此岸或彼岸会晤。这样，所选的地点距离华盛顿大约3天路程，我估计如果天气良好的话，距离莫斯科大约两天的路程。就是说，如有必要，您随时都可以在两天之内返回莫斯科。

我认为，谁也不希望有更多的随行人员。陪同我的将是哈里·霍普金斯、

翻译和速记员，您和我最好以非正式方式会谈，我们之间可以把这次会晤称为“智慧相约”。我不希望有任何的正式条约和宣言出现。

我们当然将会讨论陆地和海上的军事形势，我想，在参谋部代表缺席的情况下我们是可以做到的。

戴维斯先生既不了解我们的战争事务，也不了解我们政府的战后计划，我派他到您那里只有一个目的，就是协调我们的会晤。

我希望我们的军队在5月底之前能够完全掌控突尼斯，丘吉尔和我在下周将会研究第二阶段进攻事宜。

根据我们的评估，形势是这样的，这个夏天德国会继续展开对贵国的进攻，我的参谋们认为，攻击方向会在贵方中段战线。

您正在完成伟大的壮举。

祝您成功！

您真诚的朋友

富兰克林·D.罗斯福

直到5月6日迈斯基才把斯大林5月4号的信函亲手交给艾登，因为丘吉尔当时不在伦敦。按大使的话说，大臣“对回信很满意，尤其是强调撤至中 454
东的波兰士兵的家眷可以离开苏联”。正如大使所言，改良西科尔斯基政府的想法看起来比较理性，虽然大臣强调改组的困难。他答应就这个话题与西科尔斯基进行磋商，但“考虑到英国式的拖沓和波兰式的傲慢”，迈斯基并不期待很快会有结果。[259] 对于这次交谈，艾登还有其他看法。他不满意迈斯基的解释，即莫斯科把信函中提到的波兰人称作“投靠苏联的波兰人”，迈斯基承认，那些人指的是动员参军的波兰人（包括家庭成员），或者是生活在1939年苏波边界以西的波兰人。艾登认为，在后一种情况下投靠苏联的人少之又少。艾登还指出大使对改组西科尔斯基政府异乎寻常的固执，甚至还寻求英国媒体的支持。“这次交谈没有给我留下好的印象，”他通知克尔说，“迈斯基不认可英国在波兰问题上的观点。他甚至倾向于批评国王陛下政府对波兰人的过度忍让和同情。我不得不提醒他，正是因为波兰我们才加入了战争。”[260]

不过，丘吉尔本人则非常乐观。“我认为斯大林的回答很友好也很理性，”他在前往美国的途中给艾登发电报称，“他能写这样的信已经很好了，特别是关于波兰人离开苏联的那段。经过仔细思考更坚定了我的想法，就是波兰政府犯了个愚蠢的大错，为了波兰的未来必须认真地改革。我很高兴，你已经开始和西科尔斯基谈论这个问题了。”[261] 在英国人的压力下，西科尔斯基开始接受组建类似于战时内阁的政府，希望不要有极端反苏的政府成员参加。从此，斯大林提出的改组波兰政府的建议提上了联盟外交的议事日程。斯大林在信中对期待已久的突尼斯胜利（第237号文件）表示了祝贺，克尔回电
455 也描述了斯大林对他的“不优雅”的笑话的反应，大使曾于5月7日在克里姆林宫尝试着开了这个玩笑，这所有的一切使丘吉尔情绪高涨。阿奇博尔德（Арчибальд）勋爵回忆说：“起初，斯大林没有立刻明白玩笑的含义，当理解之后（在莫洛托夫‘帮助’下），他甚至笑了起来。的确，我未能说服斯大林同意这个交易，按照他所说，你们抓获的德国人比作战的波兰人要多很多，因此这对于你们是不公平的。同时，无论什么样的意大利人都比不上波兰的妇女或儿童，因此这对于他来说也不公平。在任何情况下，所有被抓获的意大利人都可以派去修路，这是他们唯一所擅长的。我提醒他说，您已经有30万人了，尽管当时的氛围特别好，但我没能说服他同意交换。”[262] 苏联关于这次会谈是由巴甫洛夫记录的，并没有这么生动：斯大林只是笑了一下（“好像猜不出来。别国妇女比意大利男人好”），然后语调就再次严肃起来。[263] 这次会谈的真相我们无从得知，但肯定是介于克尔过分粉饰的说法和巴甫洛夫“枯燥”的记录之间。

对盟军在突尼斯期待已久的胜利祝贺由斯大林亲自执笔，同样的祝贺发给了丘吉尔和罗斯福，之后，这两份文件刊发在苏联报纸上。5月10日，大不列颠再次响起了庆祝英美胜利的钟声。德意残余部队于5月12—13日向盟军投降，盟军共俘获24.8万名俘虏。

237. 致丘吉尔首相

1943年5月8日发

伦敦

祝贺您以及英勇的英国和美国军队取得的辉煌胜利，这个胜利将比塞大和突尼斯从希特勒的践踏中解放出来。祝取得更大成绩。

И. 斯大林

238. 致罗斯福总统 456

1943年5月8日发

华盛顿

祝贺您以及英勇的美国和英国军队取得的辉煌胜利，这个胜利将比塞大和突尼斯从希特勒的践踏中解放出来。祝取得更大成绩。

И.斯大林

丘吉尔非常了解斯大林对盟军行动计划的怀疑，他决定向其详细讲述“三叉戟”的目的，以消除其疑虑。首相诡秘地谈起说服美国人放弃“向太平洋倾斜”的企图提高了这个消息的可信度。陆海空作战情报的交流仍在继续。对多特蒙德最大的一次空袭成功，突尼斯战争顺利结束，大西洋战区军事行动也取得了胜利，关于最后一点丘吉尔在给斯大林的信函中鲜有提及。代号为ONS5的护航队由42艘舰船组成，5月4日从格陵兰岛向南进发，但它遇到了严重的困难。它正位于“格陵兰空洞”水域，没有空中掩护。德国海军司令邓尼茨抓住了这个机会，他发挥了自己热衷的“狼群”战术，在该地区集结了47艘德国潜艇。到5月5日傍晚，运输队11艘舰船被击沉。临近夜间，突然出现的大雾把濒临的失败逆转成了意想不到的胜利。装备了雷达的护卫舰轻易地发现了潜艇，并发动攻击。到5月6日一切变得明朗，英国人赢得了ONS5交战的胜利：他们损失了13艘舰船，但是击沉了敌人6艘潜艇，毁伤17艘潜艇。[264] 红军在苏德战场也取得了同样的胜利。早在1943年1月10日“海洋”战役中制定的目标就是解放克雷姆（Крымская）村［现在的克雷姆斯克市（Крымск）］，它是塔曼半岛（Таманский полуостров）上的重要交通枢纽，5月4日这一目标得以实现，为此丘吉尔向斯大林表示了祝贺。[265] 457

239. 丘吉尔致斯大林的私人机密信函

1943年5月10日发　　　　1943年5月11日收

您个人亲启并严加保密。

1. 我现在位于大西洋中部，正在前往华盛顿的途中，此行的目的是解决“爱斯基摩”行动之后在欧洲继续实施打击的问题，防止力量过分向太平洋战区倾斜，以及讨论印度洋问题和在那里组织对日本的进攻。如果不出意外，我将从华盛顿发出下一封电报。

2. 您应当已经得到了关于突尼斯和比塞大的好消息，英勇的英美联军达到了最终目的。

3. 我非常高兴贵方在新罗西斯克城下取得胜利和收复克雷姆村。

4. 本月6日进行的海上护卫行动我们损失了13艘商船，均被击沉，但我们也消灭了5艘潜艇，另外5艘潜艇遭重创，有可能已经沉没。据我方统计，4月份我们共消灭了至少16艘潜艇，但同时他们又有20艘新艇下水。

5. 我方590架飞机对多特蒙德的空袭是规模最大的一次，也是最成功的。

在回答斯大林5月4日给他的信函中提到的波兰问题时，丘吉尔对“伦敦人”表现了出奇的愤怒，他带着这种愤怒喝斥波兰人。一切迹象表明，丘吉尔认为他们是危机的罪魁祸首，并希望通过改变波兰政府的作为和改组西科尔斯基政府化解危机。“如果波兰人闭嘴，一切都会恢复正常。”5月中旬他给艾登写道。[266]

从华盛顿发给艾登的行动指示就是对他这种情绪的生动描述。

458 “我不理解让波兰媒体自律有多么困难。我们已向斯大林发誓。我们完全有权力这样做，如果我们不能有效地行使权力，那我们就是罪人。此外，波兰人恶意地利用我们的好客，他们在我们的地盘上发表损害联合国家的声明。应该告诉西科尔斯基，他和他身边的人犯了一个致命的错误，那就是他们公开攻击俄国。禁止他们回应俄国的抗议只是对这种愚蠢行为小小的惩戒。我越来越认为，我们对这些疯狂的人不应软弱。我希望，你能够说服西科尔斯基改组政府。在他还没有这样做的时候，我们应当与他保持距离，同时压制那些在英国的波兰刊物，他们违反了英国外交部新闻审查的硬性规定。”[267]

丘吉尔回复斯大林的初稿也贯穿着这种思想，他在“玛丽皇后（Куин Мэри）”号上发电报给艾登：

“1. 我非常感谢您关于波兰问题的来信。

2. 波兰人把自己关于失踪军官情况的声明转交给了我们。当时没有谈及公开发表之事，所以当波兰政府通过报纸刊登出来时，我们感到非常震惊。

3. 没有人告诉我们波兰人准备向国际红十字会求助。如果波兰政府哪怕有一点暗示将公开发表或求助红十字会的意图，我肯定会马上警告西科尔斯基这么做的严重后果。

4. 波兰报纸将同其他外文出版刊物一样被严格管制。

5. 我同意，在公开指责苏联政府和向国际红十字会求助的不当行为发生之后，波兰政府必须进行改组，这是恢复苏波关系的先决条件。我同意您让西科尔斯基继续留任的意见。

6. 我将和罗斯福总统讨论这个计划，就我们将要进行的变革征求他的意见。

7. 对投靠苏联的波兰人及其波兰士兵家眷离开苏联制造障碍并非苏联政 459
府的政策，对此表示感谢。”[268]

从信函提纲中可以看出，丘吉尔同意斯大林的主要论据，而且为了把恢复苏波关系和重组西科尔斯基政府联系起来，他比斯大林走得更远。艾登未完全理解丘吉尔亲自制定的写信方案的精髓，没有与原作者协商就决定要先得到内阁的支持，未经丘吉尔同意就于5月10日把这个问题提交内阁会议。[269]同僚们基本上是支持艾登的，最终出炉了一份更加含蓄的写信方案。

240. 丘吉尔致斯大林的私人机密信函

1943年5月12日发 1942年5月13日收

我非常感谢您有关波兰问题的来信。

波兰人没有告诉我们他们打算做什么，显然，我们也不能警告说他们打算采取的行动方式是危险的。

波兰刊物和用他国语言出版的所有出版物都将会处于严格的监督之下。

我同意有必要改良波兰政府，尽管很难找到更合适的人选。我想，我和您一样认为，任何情况下西科尔斯基等人都应该留在政府里。显而易见，如果西科尔斯基是在外国的压力下重组自己的政府，他就会被排斥，甚至被抛弃，我们就不容易找到一个比他更合适的人。因此，他大概不会很快完成重组工作，但我会想方设法说服他立即采取行动。我将和总统讨论此事。

从您的通报中可以看出，苏联政府没有对在苏联的波兰投靠者或是波兰军人家眷离开苏联制造障碍，而我会通过大使继续与您就此问题进行沟通。

非常感谢您来信对占领突尼斯和比塞大表示祝贺。现在的问题是我们抓 460
获的俘虏能有多少。

241. 罗斯福致斯大林的私人秘密信函

1943年5月13日发　　　　　　　　　　　　　　　　1943年5月14日收

对您真诚祝贺我军解放突尼斯的胜利一事，深表谢意。现在我们掌握了主动权，完全可以期待在东西战线以及包括飞机在内的后续供应问题继续取得更大成绩。

在英苏关系升温以及突尼斯战局取得胜利的背景下，丘吉尔为讨好斯大林，告知其即将向苏联派出下一批飞机。这条消息有些像“餐后甜点”，为取消JW54和JW55北极护航运输队的不快历史带来稍许的喜悦：首相暗示，尚未派出的飞机将沿着另一条航线抵达苏联。有意思的地方是，丘吉尔在信函中以大量篇幅描述了军机从英国到伊朗巴士拉的艰难航程。

242. 丘吉尔致斯大林的私人信函

1943年5月14日发　　　　　　　　　　　　　　　　1943年5月15日收

我在4月10日的信函中已告知您，我们正在拟定向贵方派遣“飓风”“眼镜蛇”和“小鹰”飞机的计划，这些飞机本应通过JW54和JW55护航运输队发送。

以下向您通报我们所采取措施的相关消息。

现有“飓风”飞机的数量为435架，其中包括60架“飓风-ⅡD”。235架“飓风”飞机将通过海路运往直布罗陀，在那里进行组装，而后自行飞往巴士拉（而非早些时候我们预计的德黑兰），贵方代表们将在那里验收。我希望这些“飓风”在6月上旬能够飞抵巴士拉。

461 其余200架“飓风”，包括60架“飓风-ⅡD”将通过地中海运输，并在巴士拉交付。我以前提到过“飓风-ⅡD”有可能通过塔克拉迪运送，但现在决定还是把它们发送到巴士拉，因为我们必须将机炮拆卸下来，以便换装副油箱飞越非洲，机炮通过德黑兰随后运到。

哈里曼先生正在采取措施把285架“眼镜蛇”和“小鹰”经地中海和红海运到伊朗的阿巴丹，并在那里组装。

不出所料，丘吉尔把目光盯在了英国已经停产的老式“飓风”战机上，以替代较先进的“喷火”供应给苏联。盟国只同意满足苏联在《第三议定书》中申请的飞机数量的一半或更少，米高扬在向克里姆林宫汇报时说：“英国人想把已经停产的库存塞给我们，或者和以前一样，从现役飞机中抽调飞机，这些飞机的飞行时限已大打折扣。”[270]

斯大林之前曾指责盟友拖延北非战事，而现在，一切都告结束，英国人和美国人更乐意展示他们为战胜轴心国的胜利事业所作的贡献和价值。罗斯福在5月18日给斯大林写信时，采用了公文行文方式，使用了枯燥的数字告诉斯大林这两年多的“沙漠之战”中敌人所遭受的损失。莫斯科承认美军在此期间积累了足够的作战经验。在5月22日会见戴维斯时，伏罗希洛夫说：“参加过突尼斯战役的美国军队，在获得战斗经验之后已经成为出色的军队。他不怀疑美国军队会成为优秀的军队。”[271]

243. 罗斯福致斯大林的私人秘密信函

1943年5月18日发　　　　1943年5月20日收

我相信，下列引用的数字是从1940年12月8日—1943年5月12日期间北
非战场美国对轴心国造成的战损评估。您会感兴趣。除了兵员损失，这些数 462
字与英国人的评估相差无几，英国评估数字略低。

1. 伤亡总人数：62.5万人。

2. 飞机损失总数（包括在北非和地中海损失的数量）：被击落7596架，可能被击落1748架，击伤4499架。

3，坦克损失总数：不少于2100辆。

4. 商船损失总数：被击沉（总排水量接近220万吨）625艘，受损（总排水量接近160万吨）317艘。

5. 意大利人在东非伤亡人数：15万人（不包含土著人）。

起初莫斯科打算对罗斯福的通报给予回复。在维辛斯基准备的回信方案中，讲述了阅读此信的“兴趣”，以及给轴心国造成的“实质性的损失，这不能不对反对共同敌人的行动有积极的影响”。但随后又决定“不予回复”，莫洛托夫的高级助理Б.Ф.波德采洛普（Подцероб Б.Ф.）在页边上写道。

斯大林积极响应了罗斯福关于单独会晤的秘密建议。尽管在同戴维斯谈话时他对把丘吉尔排除在外感到惊讶，斯大林还是同意了两人的会晤，没有对会晤的地点提出苛刻的要求。出于对总统这位“伟大人物”（他对戴维斯如是说）[273] 的尊敬，他甚至提出把在阿拉斯加的美国城市费尔班克斯（Фербенкс）作为可能的会晤地点，这个城市距离苏联远比罗斯福建议的白令海峡沿岸要远。[274] 这件事在斯大林8月24日寄给罗斯福的信函中得到确认，俄文原稿中他这样写道，“费尔班克斯毫无疑问是完全适合我们会晤的地方，我一直这样认为”。在这句话的英文翻译中，它的意思变得更加明确：“我以前说过的地方。”[275] 为了绕开国务院，戴维斯回国后向罗斯福口头汇报了关于费尔班克斯的事。[276] 他还在莫斯科的时候就告知总统，有可能在
463 7—8月份见面，戴维斯使用了和总统约定好的密语，因此斯坦德利根本不知所云。

斯大林和美国总统一样，对“智慧相约”充满期待，这使得打探英美分歧成为可能，这种分歧可为我所用。斯大林是否真的准备去阿拉斯加还是个问题。戴维斯本人对斯大林的反应非常满意，他向罗斯福汇报说，使命“圆满”完成，[277]“原则上达成完全一致”。[278] 在专题报告中戴维斯给总统写道，他“坚信，政府（苏联——作者注）领导人和人民重拾自信，对自己的力量充满信心”。[279] 在克里姆林宫招待会上，与会人员为总统特使的健康干杯，这些都被斯大林以漫画形式记录下来，戴维斯将漫画转交给了罗斯福。

罗斯福关于德国准备1943年夏季攻势的消息对斯大林来说不是新闻。大本营通过侦察渠道于1943年5月收到了翔实的“堡垒（Цитатель）”行动正在筹备的情报，其中包括在5月3—4日德国领导人齐聚慕尼黑审批该行动计划。历史学家发现，“5月8日我军司令部已得知敌人可能在5月10—12日在奥尔洛夫卡–库尔斯克（Орловка-Курск）、白城–哈尔科夫（Белград-Харьков）方向上开展攻势。之后德军总参谋部多次推迟进攻时间，这些情报都被苏军指挥部掌握，甚至敌人最后确定的进攻时间为1943年7月初的情报也不例外”。[280] 根据朱可夫的回忆，1943年春季斯大林还在担心德国人可能会进攻莫斯科，而大本营准确地确定了德国下一步的进攻方向，并且把苏军的主力集结到库尔斯克。

244. 斯大林致罗斯福

1943年5月26日发

尊敬的罗斯福先生：

戴维斯先生向我转达了您的来信。

我同意您的观点，今年夏天，甚至可能在6月，就会看到希特勒分子对苏德战场发动新的大规模进攻。希特勒已经集结了200个德军师和近30个仆 464
从国师来对抗我们。我们正在准备迎击德军新的进攻，并伺机反攻。但是我方飞机和航空煤油严重不足。当然，预测我方被迫采取的军事行动和其他措施为时尚早。这将完全取决于我方前线的事态发展。在很大程度上也取决于英美军队在欧洲战场迅速和积极的军事行动。

我所述的上述情况，是为了向您解释，为什么我无法确定回答您有关会晤的建议。

我赞同您的观点，这样的会谈是必要的，不应该拖延。但我请求您正确考虑我所述理由的重要性，因为夏季月份对于苏军举足轻重。暂时还无法预料苏德战场在6月份如何发展，这个月份我无法离开莫斯科。因此我建议我们的会谈在7月或8月进行。如果您同意会谈在7月或8月份举行，我会在会晤之日前两周通知您。如果您在收到我的通知后接受我建议的会晤日期，我会在规定时间内到达指定地点。

至于会谈的地点，戴维斯先生会单独向您汇报。

我同意您关于限制双方随行人数的建议。

感谢您特地派戴维斯先生来莫斯科，他了解苏联，会做出客观评价。

致以诚挚的敬礼

И. 斯大林

戴维斯的莫斯科之行正逢5月22日宣布解散共产国际。无论是罗斯福，还是丘吉尔，都不相信莫斯科会完全放弃对国外共产党组织的支持，并怀疑此处有“陷阱”。在盟国首都，此举被认为是苏联主动远离世界革命的意识形态，并为了加强反法西斯联盟的团结而做出的重要一步。丘吉尔甚至想就此问题专门写信给斯大林，但由于在华盛顿和罗斯福会晤而无暇顾及。[281] 据季 465
米特洛夫日记记载，斯大林本人在5月21日的政治局会议上将解散共产国际的决定看作是从务实角度出发：不能由一个中央来领导所有国家的共产党组织，有必要消除反对派关于共产党是“外国代理人”的理由根据，最后，共产党作为“工人阶级的国家政党”必须得到加强，并以此弘扬“以苏联为根据地的人民大众的国际主义精神”。[282]

在那些日子里，伦敦和莫斯科相互热烈祝贺英苏联盟条约签署周年纪念日，而莫洛托夫为此举行了隆重的午餐会。似乎联盟关系再见光明。5月28日，沃纳给克尔写道：“我认为，我们可以祝贺自己（特别是因为您），因为波兰问题已经与英苏联盟关系脱钩，以后再也不会带来危害。”[283] 然而，这些祝贺来得太早了。5月12—25日在华盛顿召开的美英“三叉戟”会议决议招致新的危机来临。

会议是以英国人的“地中海战略”和美国人的进攻法国北部计划相互妥协而收场的。丘吉尔和他的参谋长委员会成功说服罗斯福，即地中海地区扩大战果会为1943年创造最光明的前景：利用现有兵力迫使意大利退出战争，从东线吸引更多的德国军队，加强盟国在粉碎轴心国斗争中的军事贡献。美国人从自己的角度出发，坚持继续实施“波莱罗”行动，即：将兵力集中在英国群岛，随时为进攻欧洲大陆做好准备。第二战场的开辟再次被搁置下来，但是由于美国坚持，有史以来首次明确了大约日期——1944年5月1日。

这个妥协方案在双方参谋长的谈判中确定下来。布鲁克将军和空军元帅波特尔试图证明，正是由于地中海的胜利才使之后的登陆行动进展速度得以
466 保证，从而促成战争的最后胜利。他们认为，不应该把美军投送到英国群岛，而应该最大程度地参与对意作战，这样才更符合逻辑。但是，英国人的理由在华盛顿遭遇到了美国军方精心准备的反证，美国军方不仅汲取了卡萨布兰卡的惨痛教训，而且拥有谈判东道主的优势。马歇尔没有忘记1942年“火炬”行动的后患，该行动使盟军登陆欧洲的机会降到了最低，他对英国人的地中海战略不会干扰“波莱罗”行动的说法持怀疑态度。基于盟军不断增强的空中优势，这位美国将军强调：如果在1942年实施“重锤”行动无异于“自杀”的话，那么现在完全是另外一种状况——登陆欧洲大陆具有很大胜算，应认真进行准备。英国军方对登陆欧洲大陆的怀疑立场触及了盟国的一个难题——登陆欧洲大陆所必需的登陆舰艇数量有限。美国人认为他们要求的8500件登陆器材是多余的，美国人坚持自己的定额标准——4500艘舰船可保证1944年春季登陆5个师的兵力，作为增援还可以空降2个师；另外计划在首波登陆5个师之后再登陆2个师。军人们谈判的结果就是把罗斯福和丘吉尔达成的战略妥协转换为具体的数字和计划。

在美英盟国战略的其他方面凸显的矛盾较少。丘吉尔在华盛顿发表声明称，两个国家在反潜和空袭德国方面达成了一致，事实上也是如此。马歇尔在会议发言时指出，为了在大西洋与德国潜艇作有效斗争，必须控制亚速尔群岛，这个想法正中丘吉尔下怀，为此他建议内阁无需与该岛主权国葡萄牙政府进行外交交涉，而建议直接武力夺取。[284] 丘吉尔希望土耳其加入战争、为法国军队提供帮助的想法也未有明显分歧便通过了。远东和太平洋战略问题引起了一定的争论。美国人将中国视为“长期、系统和成规模空袭日本” 467
的根据地，他们认为有必要进行地面作战以打开经过缅甸的通道，增加对中国军队的援助。尽管英国人对这些蓝图不甚乐观，但还是同意了美国的太平洋战略方针。[285]

将这些决议通报给斯大林并非易事。丘吉尔记得，在本次会议上他和罗斯福绞尽脑汁想给斯大林写一封他能够接受的信，但无果而终。[286] 信函最终方案是马歇尔在飞机上拟定的，他和丘吉尔一起飞离美国，前往阿尔及尔参加司令部会议。在职业军人枯燥的叙事方式信函中，没有外交语言，但非常准确地表达了决议的本质。为了谨慎起见，位于阿尔及尔的艾森豪威尔司令部还是与白宫对信函的内容做了进一步的沟通。密码电文通过军用渠道发出，并使用了化名：用“密使”表示丘吉尔，用“贝蒂”表示罗斯福，用“伦巴”表示斯大林。丘吉尔很关心此信的命运，为此通过霍普金斯不断地催促总统发信。霍普金斯回复丘吉尔说，5月31日信函又发回马歇尔处，会通过特别信使发往莫斯科。[287] 总统对信函内容作了少许修改。6月2日，丘吉尔通过马歇尔请求罗斯福，最好通过斯坦德利和/或克尔把信函呈递给斯大林，而附信最好也是以他和总统的名义转交。[288] 最后，放弃了通过信使转交信函，因为罗斯福说，信函和附信“已经用密码发送到美国大使馆，因为非常担心密码有被破译的危险”。[289] 而附信上只有罗斯福一个人的签名，虽然注明丘吉尔同意字样，但对丘吉尔的要求罗斯福只字未提。

美国人又独揽了信函呈递过程。斯坦德利大使收到指令立即面交斯大林，6月4日深夜，斯大林收到了来信，而且，斯坦德利未收到英国同行也应参与此过程的指示。克尔事后才收到伦敦要求其参与此事的通知，但为时已晚，按照丘吉尔的指示，出于高度保密考虑，[290] 信函正文也没有发给克尔。为了强调信函联名的性质，以及说服斯大林给两位领导人统一回复，克尔决定将自己收到的指示通报交给莫洛托夫，极不情愿地透露了英国和美国外交部门 468
的衔接失误。[291] 他还指望斯坦德利之后会把文件全文拿给他看，但斯坦德利收到罗斯福本人的严格指令，不准这么做，原因是“我的信属最高机密”。[292]

245. 罗斯福致斯大林的信函

1943年6月2日发　　　　　　　　　　　　　　　　1943年6月4日收

联合参谋部不久前做出若干决议，丘吉尔先生和我都批准了这些决议。因为这些决议属于最高机密，我请斯坦德利大使亲自面呈您。

246. 罗斯福致斯大林的信函

（机密亲启）

1943年6月2日发　　　　　　　　　　　　　　　　1943年6月4日收

根据联合参谋部此前做出的决议，基本战略章节如下：

1. 着重加强与潜艇行动所造成的威胁的斗争，保障盟国海上交通线安全，尽所有可能的手段支持苏联。

2. 为土耳其或主动或被动加入战争创造先决条件。

3. 持续对日保持高压政策，削弱其战争能力。

4. 采取切实可行措施，保持中国作为有效力量继续参战，并将其作为基地实施对日作战行动。

5. 帮助和支援驻扎非洲的法国武装力量，使其做好积极参与对敌占欧洲领土进攻的准备。

469 关于第1点，不久前，装备了最新反潜设备的远程航空兵以及特种反潜舰群与敌潜艇斗争取得了战果，这使我们信心倍增。从5月1日起，我们平均每天消灭1艘以上敌潜艇。在某一时期以如此速度歼敌将对德军潜艇艇员的心理状态产生极大影响。最终会降低我方舰船战损，间接增加我方运力。

就支援苏联方面做出如下决定：目前已在进行的对欧洲敌占区的空袭将更为加强，目的是完成以下3项任务：摧毁敌工业能力、歼灭敌歼击航空兵、动摇德国民心。加强空袭的效果已然显现，最近3周，法国、意大利、德国、西西里和撒丁遭受了猛烈空袭。英国轰炸航空兵兵力持续增长。在英国参与行动的美军重型轰炸航空兵数量一直在增加，而且将保持增量。3月份，在英国的美军重型轰炸机有350架，而现在增加到将近700架，并且计划到6月底增至900架，9月底将有1500架，明年4月1日之前将有2500架。

在最近的适当时候，决定迫使意大利退出战争。对西西里岛的攻击计划代号为“爱斯基摩”。已经给艾森豪威尔将军下达指示，“爱斯基摩”行动顺利结束之后，立即做好进攻准备，目的是摧毁意大利。艾森豪威尔将军有权指挥目前位于地中海战区的所有兵力参与此次行动，除了准备派往英国的4个美军师和3个英国师，这些师作为在该国兵力集结的组成部分，下文另有表述。

意大利的崩溃将大大减轻对德国东、南部空中进攻的压力，继续消耗德国歼击航空兵实力，并对轴心国在巴尔干地区的存在构成威胁。

而现在，当我们已经牢牢掌控非洲的时候，可以断定，目前存在重启在英国集结地面部队的可能性。英美联合参谋部不断地在为必要的计划补充最新数据，现在仍在继续完善，目的是不放过敌人在法国或挪威的任何漏洞。按照现有计划，到1944年春季，在不列颠群岛应能够集结足够的人员和物资，以保证届时可以全方位进攻欧洲大陆。大规模的空中进攻将达到最高潮。出于需要，部分大型登陆舰被派到了太平洋西南部的阿留申群岛和地中海地区。这样做当然会对派往英国的登陆舰数量产生某种影响。这对于从英国发起的行动来说是最大的限制因素。 470

可以预见，实现上述决策可使敌人最大程度地分散自己的地面部队，一方面要抵抗有效的进攻，另一方面还要保证本土免受攻击。除此之外，还需面对持续的、猛烈的空袭。当某一地区轴心国出现明显的落败征兆，有效的进攻和进攻造成的威胁会轻易而迅速地转换为行动的胜利。我们认为，我在此所述的这些决定，需要我们动用所有能够动员的资源。

据斯坦德利报告说：“斯大林认真拜读了罗斯福的来信，没有表现出任何的惊讶。他未做任何反应，只是表示他明白了信函的内容，需仔细研究，在2—3天之后予以答复。”[293]

戴维斯从莫斯科回国后晋见罗斯福，并转交了斯大林的回信。显而易见，总统很满意前大使的汇报，也对回信感到满意。此刻，他真切地希望会晤这位克里姆林宫的掌门人。下面的这封信函由罗斯福亲自执笔，这在与斯大林书信往来的历史中极为罕见。总统的心情可以在称呼莫洛托夫（布劳恩先生）的方式上略见一斑。

471

247. 罗斯福致斯大林的私人秘密信函

1943年6月4日发　　　　　　　　　　　　　　　　1943年6月5日收

您通过热诚接待戴维斯先生的方式，给予我和美国政府极大的尊敬，请允许我向您表达真诚的谢意。他已顺利回到华盛顿，并带回了您的来信。我很高兴，您与我之间在信中所阐述的所有问题都保持原则上的完全一致。按照您的来信和您与戴维斯先生的约定，我期待您的更多消息。

请转达我对布劳恩先生最诚挚的问候。

1943年6月，丘吉尔持续更换英国驻莫斯科军事联络处人员。3月底马尔特接替自己的上司就任联络处主任，人员变更还涉及到了皇家空军代表，空军元帅J.T.巴宾顿（Бабингтон）勋爵上任。他的委任状还刊登在报纸上。[294] 1943年前巴宾顿在海军和空军服役，曾驻扎欧洲和近东。非常重要的一点是，元帅具有丰富的从政履历，从1920年代末至1930年代初，他曾任英国驻国际联盟空军代表。莫斯科给他留下的初步印象是灰暗的。1943年7月巴宾顿写道："我不喜欢这里，这份工作充满了虚伪和欺骗。"两个星期后他的心情也没有好转，元帅强调说，他看不到"同苏联军队和政府人员接触和建立诚挚关系的机会。最起码目前没有这种机会，没有这种机会，任何事情都无望取得进展"。[295] 所有这些不愉快并未影响巴宾顿对苏联军事成就的认可。巴宾顿与马尔特的关系一直不能理顺，甚至不止一次发生冲突。[296] 8月中旬，他发现了苏联即将赢得战争的"征兆"。[297] 在其1943年8月12日备忘录《苏联战争成就之谜》中他指
472 出：苏联不仅"从俄国西部、波兰和波罗的海国家抽调大量武装力量部队"，而且"同时将众多工厂和机械制造业以及从业平民迁移至乌拉尔山地区"。这是"史无前例的双重成就"，在巴宾顿看来，这对战争来说意义非凡。[298]

248. 致人民委员会和人民国防委员会主席И.В.斯大林元帅

1943年6月9日发

尊敬的斯大林元帅：

我给您写信的目的是向您介绍空军元帅约翰·巴宾顿男爵，他现将出任

№30军事联络处空军代表。

约翰·巴宾顿男爵在此之前曾任航空技术培训中心主任。在现代空战方面，他具有丰富的经验，我相信，这次任命势必加深苏联和大不列颠空军之间的已有互信。

您诚挚的

温斯顿·丘吉尔

斯大林仔细地研读了盟友们6月2日的信函，他把信中关键部分都做了标注。在克里姆林宫准备回信的最后阶段，迈斯基来电汇报他与丘吉尔6月9日的会面情况，汇报中他详细地分析了英美“三叉戟”会议的消息。出于维护在华盛顿形成的决议，首相着重强调了地中海战略给苏联造就的优势，首先可以从东线吸引25—30个德军师，或者将其作为阻止盟军在意大利继续推进的预备队。大使说道：“丘吉尔对美英被迫把‘跨海峡作战’推迟到明年表示了各种遗憾，他表示‘非常遗憾，现在想不出更好的办法’……在和丘吉尔 473
所有的讨论中，都能感觉到某种对实施法国战役的急切期望，但是又会以某种借口否决，因为这是场艰难的战役，无法避免更多的牺牲和付出。”大使负责任地总结说：“丘吉尔的上述谈话最终表明了英国和美国在这场战争中的立场，至少是现阶段的立场。我说的‘最终’是因为在整个谈话期间都能清楚地感受到，丘吉尔所说的想法、打算、要点都是经过深思熟虑和仔细权衡的，丘吉尔会以英国斗牛犬般的斗志来捍卫。”[299] 鉴于谈话的重要性，丘吉尔请求迈斯基出示自己的谈话记录，并做了少许纠正，用首相助理的话说，就是“避免对马歇尔将军关于华盛顿会议的消息产生分歧”（即6月2日罗斯福致斯大林信函——作者注）。[300] 在给苏联大使的附信中，丘吉尔请他把修订过的方案转交给莫斯科，他甚至说，准备以自己的名义亲自发送。迈斯基请丘吉尔“放心”，但大使首先通过简短的电报只发回了首相修订过的部分，即有关在巴尔干地区意大利和德国军队师的数量。[301] 到了6月22日，大使才将丘吉尔谈话记录全文转发给莫斯科，按照大使的话说，“丘吉尔做了‘多重保险’，忌讳提到他谈话时透露的具体数字”。[302]

同在那几天，利特维诺夫从华盛顿把自己的总结报告发回人民外交委员会，他和迈斯基一起，很快被召回莫斯科磋商。在报告中，他不无担忧地讲述了推迟开辟第二战场背后的反苏立场，多数社会舆论对苏联怀有敌意，罗斯福政策遭到抵制，总统本人在对苏联盟友的关系上摇摆不定。罗斯福抱怨苏联“不愿与其讨论现实和战后政策问题”，缺少和斯大林直接接触令总统不满，大使借此暗示克里姆林宫政策也有欠妥之处。[303]

斯大林也感觉到盟国的计划已成定局。因此回信时他没有试图争辩或者
474 说服对方改变主意，只是责怪对方粗暴地违反之前的义务，并指出此决定给苏联带来的严重后果。莫洛托夫“秀肌肉”般的电文在他修改之后更加精准和寓意深刻。最后一句话的修改特别明显，斯大林软化了助手的语气，同时好像否定了第二战场相对于第一战场的决定性意义。斯大林忽略了克尔的提醒，他只把回信发给了罗斯福，而副本发给了丘吉尔。

249. 斯大林致罗斯福的私人秘密信函

1943年6月11日发

您与丘吉尔先生关于战略问题决议的信函于6月4日收悉。谢谢告知。

从您的信中可以看出，您和丘吉尔先生现在做出的决定与年初有关在西欧开辟第二战场的期限的决定相互矛盾。

您当然还记得，在今年1月26日与丘吉尔先生发来的联名信，信中说当时已决定从俄国前线吸引大批德国陆空军，迫使德国在1943年臣服。

随后，2月12日，丘吉尔先生以自己及您的名义通知我：英美在突尼斯、地中海及欧洲西岸等地发动战役的具体日期。信中表示，英美将积极为1943年8月强渡英吉利海峡的战役做准备，而且说如果受到天气或其他因素的影响，这场战役将推迟至1943年9月，届时将会有更大规模的兵力参战。

现在，到了1943年5月，您与丘吉尔先生却决定将英美介入西欧战场的日期推迟至1944年春，也就是说，在欧洲开辟第二战场的日期从1942年推迟至1943年，现在又要再次推迟至1944年春。

您的这一决定给苏联造成了极大困难，两年已经过去了，在此期间苏联
475 与德军和仆从国主力进行了全力以赴的紧张战斗，苏军不仅是在为自己的国家而战，也是在为自己的盟国而战，而且是与强大且危险的敌人孤军奋战，而您却决定用这支军队来保障自身的力量。

再一次推迟开辟第二战场，让我们这支承受了重大牺牲的军队失去英美军队有力支持的希望，是否可以说，在苏联，在军队和人民中间产生了多么沉重和负面的印象。

至于苏联政府，它没有可能参与这种决议，而且它没有参与表决，也不会尝试共同讨论这一最重要的问题，这个决议可能会给以后的战争进程带来

严重后果。

250. 斯大林致丘吉尔的私人秘密信函

1943年6月11日发

现将我回复总统的亲笔信抄送给您，内容是对您与总统5月份通过的战略问题决议的回复。

盟国未必会对斯大林回信的语气感到意外，他们非常清楚，他们的消息对于斯大林来说无异于“引爆炸弹”，英国外交部在内部讨论时也这样形容“三叉戟”会议对苏联的影响。[304] 克尔在莫斯科评论道：“斯大林回信的情绪正是我所担心的，依我看，他克制的语调不应该给我们造成错觉，好像他并不感到警觉和愤慨，好像没有颠覆他对我们的信赖。他没有夸大这个新的失望给人们造成的印象，因为这意味着人民还要面临一个饥寒交迫的冬天，因为红军终于明白，他们被迫继续承担陆地战争的重任，10个月，或者更久。”[305]

根据哈利法克斯引用霍普金斯的话说，罗斯福“不准备给斯大林回信”。[306] 但是，为了给“三叉戟”这杯苦水加点糖，总统吩咐增加为苏联供给的储备。在执行总统指示的同时，霍普金斯汇报说，“已经从军工局榨干了” 476
铝锭储备，并建议以此为题回复斯大林。[307] 之前总统已经要求陆航司令阿诺德将军为苏联计划外划拨900架P–39战斗机，同时力所能及地抽调一定数量的P–40歼击机和B–25轰炸机。总统写道：“我感觉，为了达成我们的战争战略，我们应该尽一切所能帮助俄国撑过这个夏天，而飞机就是最好最快捷的手段。”[308] 吝啬的阿诺德只建议调派600架P–40–H型歼击机和78架B–25型轰炸机，他曾对霍普金斯说，“海军用不上这些飞机”。[309] 这些数字，作为6月16日第二封总统信函的基础，信函由霍普金斯起草。为了提升自己礼物的价值，罗斯福删除了第一封信函中“可能”（原生铝不足——作者注）这个词。

251. 罗斯福致斯大林的私人秘密信函

1943年6月16日发　　1943年6月17日收

兹回复您有关继续提供铝锭的请求。

在7、8、9月份，苏维埃社会主义共和国联盟将会收到来自加拿大和美国下列供货（长吨）：原生铝5000吨/月；再生铝1000吨/月。

再生铝具有很高的品质，可用于飞机制造。

因此，每月提供的再生铝比议定书中规定的4000吨超出1000吨，但9月份以后，可能要缩减以后供应批次的数量，以维持总量平衡。我希望不会出现这种情况，但遗憾的是，由于原生铝数量不足，我们认为不可能增加到议定书中提到的数量。但我们建议提供再生铝作为补充。近两个月内，我们将重新告知您9、10月份及11月份的供应计划。我们也将尽量同时向您转达本年度其他时间的供应计划。

477 252. 罗斯福致斯大林的私人秘密信函

1943年6月16日发　　1943年6月17日收

我已经做出指示，在1943年余下的时间里向贵方增拨最后议定书协议之外的飞机，具体数量如下。

78架B–25型轰炸机，

600架P–40–H歼击机。

P–40–H型歼击机是机动性更好的飞机，在突尼斯最后的战斗中，该型飞机的使用取得了卓越的战果。P–40–H型飞机是对付俯冲轰炸机的最好防护兵器。用于掩护P–39型飞机遂行强击攻击时效果非常显著。

我们能够在11月份向贵方提供议定书年度下半年的供应计划，因为在此之前，我们将对飞机的情况进行重新审核。

为避免就第二战场问题向斯大林做复杂的解释工作，罗斯福又像1942年那样，把这个机会留给了丘吉尔。丘吉尔认为，他本人更能够有力地说服斯大林相信5月决议的正确性。首相听取了克尔的建议，克尔在6月14日的电报里强调，为消除因推迟开辟第二战场带来的后果，唯一的希望就是举行最高级别会谈，使斯大林感觉到，联盟战争最重要的决议没有苏联的参与是不可行的。最后他总结道：这次推迟开辟第二战场“会使斯大林和他的人民深信不疑（这种疑虑刚刚有所消除）：我们和美国人不按规则出牌，蓄意让他们流尽最后一滴血”。[310]

和罗斯福沟通之后，首相着手准备另一封给斯大林的信函，继续阐释盟国的共同决议符合6月9日与迈斯基的谈话精神。丘吉尔甚至怀疑希特勒进攻苏联的战略计划是否会继续执行，以此竭力夸大盟国地中海行动对苏德战场的影响。但仅仅过了2周，德军便开始实施“堡垒”行动！在电报的结尾，他 478 提出了三方首脑会晤的建议。但是这种辩解性质的信函令丘吉尔绞尽脑汁。首相在6月16日给克尔的电报中坦露了自己的心声。

“您看到了我的下一封电报，我给斯大林的回复非常温和。同时我们没有必要道歉。我们在地中海实施的战略和进攻很有可能牵制敌人对俄国的进攻，也就是说，给予了他们极大的帮助。您应该对任何新的抱怨予以强硬的回应。他们在1939年和1940年亲手毁了第二战场，冷漠地看着我们这个民族被完全毁灭。我们没有责怪，当他们遭受侵略时，我们倾己所有帮助他们。在日益复杂的形势下，我的参事们都认为，我自己也深信，我们不能仅仅是为了打消俄国人的怀疑，就让英国军队无谓地在海峡对岸流血牺牲。我已经听腻了冷血的利己主义者的指责，他们完全忽视我们的生命和福祉。在合适的时机，您可以友好地提醒斯大林，欺负两个西方大国不是没有风险的，他们的军事实力每个月都在增长，将来会对俄国有益。我的忍耐也是有限度的。”[311]

253. 丘吉尔致斯大林的私人机密信函

1943年6月19日发　　1943年6月20日收

1. 我收到了您电报的副本，是您6月11日前后发给总统的。我完全理解您的失望，我相信，我们正在采取正确的、而且是在目前形势下唯一切实可行的行动。如果把数十万人抛到海峡对面，发动殊死进攻，那么俄国也不能从中得到任何帮助，如果我们在现有条件下，以较弱的兵力希望取得一些战果，也可能是不计代价取得的战果，正如我说的上述情形。我认为，我的专 479 职军事参谋们也认为，即使我们成功登上对岸，我们也会是孤立无援的，因为德国人在法国的兵力超过我们今年能够进行登陆作战的兵力总和，同时他们还能通过欧洲双线铁路运送增援，他们这种方式比我们能够做到的，比如直接登陆对岸，或者在海峡岸边夺取某个被损毁的港口，要快得多。我无法想象，英国军队惨败、血流成河能够对苏联军队有何帮助。回过头来我们可以考虑一下，我们不顾军事专家的意见，并迫于贵方的压力，自己来承担一切后果，这势必会引起英国国内极大的不满。您应该记得，我在发给您的所有电报中都声明：我不会允许采取任何强渡海峡的进攻，这种进攻只会造成无谓的流血。

2. 我们能帮助您的最好途径就是赢得会战，而不是遭受失败。这一点我们在突尼斯做到了，英国海军和美国海军跋涉1万英里横跨大西洋，绕过好望角到达那里，并帮助我们消灭了大量轴心国陆军和空军兵力。由于从这里对轴心国地中海防御体系构成威胁，德国人不得不加强在意大利、地中海诸岛、巴尔干和法国南部的陆军和空军力量。我真心且理性地认为，今年能迫使意大利退出战争，在此之后，我们能够从贵国战线吸引更多的德军，胜于通过其他能利用的手段。日益临近的进攻使我们控制的地中海港口——从直布罗陀到塞得港（Порт-Саид）在内的吞吐量达到了饱和。用武力迫使意大利退出战争之后，德国人不得不占领里维埃拉（Ривьера），在阿尔卑斯或者波河（По）河谷开辟新的战线，首先要替代巴尔干地区的32个意大利师。届时，无论土耳其是否愿意，都邀请其参战。那时候我们就可以果断地大范围轰炸
480 罗马尼亚油田。我们已经在西欧和南欧牵制了大量德国空军，并且我们的优势在不断增长。一线参战飞机达到4800—4900架，而根据我们的情报，德军在俄国前线飞机总数为2000架，而去年同期是2500架。我们还损毁了德国的大部分城市和军事工业中心，显而易见，这给德国人造成了致命的后果，这将削弱德国人在所有战线的对抗强度。今秋将要进行的大规模空中进攻行动应取得卓越战果。如果反潜作战能保持前几个月的良好趋势，那将加快和加大美军向欧洲的投送能力，他们现在使用的运力已经达到极限。没有人像我一样，如此赞赏苏联政府为最终胜利所作的巨大贡献，我很感激您不久之前对两个西方盟友努力的认可。我坚信，年底之前，我们会向您通报令人轻松和满意的结果。

3. 我从未详细询问您有关俄国军队的力量和部署情报，因为你们承担过，且仍承担着陆地作战的重任。但我仍然想知道，您如何评价俄国前线的现状和不远的前景，您是否认为德国人新的攻势迫在眉睫。现在已经是6月中旬了，而攻势还没有开始。我们有理由认为，轴心国在北非战场的突然失利打乱了德国人的战略，并由此对其南欧态势构成威胁，迫使希特勒动摇或者放弃今夏对俄国的进攻计划。毋庸置疑，目前作出明确判断还为时尚早。但我们还是希望能知悉您的想法。

4. 在您的来信的最后，您对未与俄国协商就做出决议的行为表示了不满。我完全理解您不能与总统和我在喀土穆会晤的原因，我们本应在1月份就到达那里，我相信，您的做法是正确的，因为您不能连续一周脱离对大规
481 模致胜战局的指挥。然而，会晤的必要性和益处是非常多的。我只能说，不

管有任何风险，如果您和总统约定好地点，我都会前往。我和我的参事们都认为，苏格兰北部主要的军港斯卡帕湾是最方便和最安全的会晤地点，如果希望保守秘密的话，这里大概就是最保密的地方。我再次向总统提出了这个建议。并且，如果您在夏天的任何时候能够乘机前往，您就会相信一切措施都已到位，您的一切愿望都会得到满足，英国朋友和美国同志会以最真诚的方式接待您。

下一封电报中，罗斯福也同意丘吉尔6月19日给斯大林的回信，写信日期提前了1天。不过信中故意回避了写信人。电报的其余部分都是例行公事。

254. 罗斯福致斯大林的私人秘密信函

1943年6月18日发　　　　1943年6月20日收

首相发给您的电报内容我完全赞同。请您相信，目前我们正在尽己所能。我希望您能够理解和珍惜我们紧张的运力。但是最近两个月内的反潜战局进程使我们受到鼓舞，因此我们在吨位战中净胜。

这封信未及时回复，因为收到您上封电报时，我恰好不在位。

为了努力消除“三叉戟”会议造成的负面影响，罗斯福利用伟大卫国战争周年纪念日这一契机，高度赞扬苏联人民及其最高统帅英勇抵抗纳粹侵略。信函内容是国务院受白宫委托起草的，并在美国媒体广为传播。[312] 电报是通过明码发到莫斯科的，并刊登在6月23日的《消息报》上。斯大林给罗 482
斯福的回复也是通过明码电报发出的，并同时刊登在苏联报纸上（第259号文件）。回电草案由维辛斯基起草。

255. 致苏联武装力量最高统帅约瑟夫·B.斯大林元帅

1943年6月22日发　　　　1943年6月22日收
莫斯科　克里姆林宫

明天将是阳奉阴违的法西斯魁首背信弃义向苏联发起野蛮进攻两周年纪

念日。他们以此把苏联强大的武装力量计入到不断增加的敌手之列。这些法西斯魁首们完全低估了苏联政府和人民为保卫国家而发展和壮大的军力规模，他们完全没有料到苏联人民的决心和勇敢。

在近两年，全世界热爱自由的民族对苏联武装力量的历史功勋、俄国人民英勇战斗不畏牺牲的精神由衷敬佩。

联合国家的武装力量整体实力不断壮大，他们正投入到越来越广泛的反对共同敌人的行动中，他们展现了誓死夺取最终胜利的团结精神和自我牺牲精神。这种精神将激励我们承担起建立和平的重任，这是胜利赋予我们的责任。

富兰克林·D.罗斯福

几天之后，丘吉尔又给斯大林发了一份信函，内容是关于苏联政府承认戴高乐的问题。罗斯福和丘吉尔与戴高乐之间的关系一直就比较复杂，而在不久之前矛盾又进一步激化。两位西方领袖认为戴高乐将军桀骜不驯、野心
483 勃勃，在法国得不到广泛的支持，对撒克逊人有所不恭。英国人和美国人更为看重较为平和稳健的法军总司令吉罗将军。5月底，丘吉尔甚至提议内阁讨论，“我们是否需要清除戴高乐这股政治力量，是否将该问题提交议会和法国政府”。[313] 美国总统对其更是失去耐心。贾德干在日记中写道，“罗斯福已经对戴高乐失去了忍耐（和理智），他要取他的首级当菜吃。首相也是倾向于支持总统的想法。当然，他们都疯了”。[314] 艾登与其同僚不赞同对戴高乐持这种敌意，他努力平息这种反感，但是华盛顿和伦敦根本没有考虑承认新组建的法兰西民族解放委员会（ФКНО）一事。所以，当法兰西民族解放委员会请求同盟国对其予以正式承认时，英国政府不仅拒绝了其请求，而且还呼吁莫斯科效仿。[315] 苏联政府对戴高乐的态度要宽容得多，视其为不受美国控制的人。莫洛托夫在给博戈莫洛夫和利特维诺夫的指示中强调，与吉罗相比，戴高乐在法国拥有更广泛的群众基础，他比吉罗更不能容忍维希政权和希特勒德国。[316] 6月19日，莫洛托夫在给克尔的信中声称，苏联政府准备承认法兰西民族解放委员会。[317] 这促使丘吉尔给斯大林发出紧急呼吁，希望斯大林出于对西方伙伴的尊重而在此问题上给予配合。（第260号文件）

256. 丘吉尔致斯大林的私人机密信函

1943年6月23日发　　　　　　　　　　　　　　　　1943年6月23日收

1. 我非常焦虑地从莫洛托夫先生处获悉，您打算承认在阿尔及尔成立的法兰西民族解放委员会。英国政府和美国政府在短期内不可能承认该委员会，当有足够的证据证明该委员会的性质和行动符合同盟国共同利益时，我们才 484
考虑承认。

2. 自抵达阿尔及尔之日起，戴高乐便开始争夺对法军的实际控制权。司令部还不能确定他下一步的作为，如果他拥有权力是否会友好地对待我们。我和罗斯福总统一致同意，戴高乐可能会将参与“爱斯基摩”行动的军队基地和交通线置于危险境地。我们不能以此冒险，因为这关系到我们士兵的生命，并且可能会影响战争进程。

3. 委员会起初只有7位成员，但现在却增加到了14个，我们不能相信其能够有效运作。所以艾森豪威尔将军以美国政府和英国政府的名义通知委员会，吉罗将军应当留任法军总司令，并对委员会的性质和组织工作实施有效管理。毫无疑问，这个问题将在下院引起争论，在美国也是如此，总统和我将不得不解释原因，而原因太过复杂。如果苏联政府承认该委员会的话，那么一些简单的原因陈述和解释只会暴露苏联政府和西方盟国在该问题上的意见分歧，这将非常令人遗憾。

4. 我们非常希望找到一个能团结所有法国人的权力机构，同时我们也一如既往地希望该政权机关由目前在阿尔及尔正在进行的谈判产生，我们认为现在就此问题下结论还为时尚早。

关于克里姆林宫如何评价该信函，莫洛托夫给博戈莫洛夫的指示明确地指出：“正如你所见，英国人和美国人仍然拒绝承认该委员会，有可能，同时还谋求使戴高乐完全服从于吉罗，就其实质而言意味着，在法兰西民族解放委员会及法国事务问题上，要么服从于自己的路线，要么干脆清除戴高乐。”[318]

克尔收到丘吉尔6月19日这封“温和”的信函后，准备转交给斯大林。
克尔表示赞同他的论调，特别是再次邀请苏联领袖参加“三巨头”会晤：“如 485
果他回绝的话，他将无法抱怨又把他晾在一边了。”同时大使提醒丘吉尔，可以预见回信会“使人失望”，这“将会损害最近同莫斯科在双边关系方面取得的进展，现在克里姆林宫和苏联人民出现了对我们信任的迹象”。[319]“失望”这个词用得太温和了。斯大林真切地看穿了丘吉尔这位鼓噪者在第二战场问题上的两面嘴脸，6月24日他愤怒地给丘吉尔回信，信函中一一列举了丘吉尔在这个问题上的所有承诺，并加以评论。虽然该文件的初稿并未在斯大林的档案中保存，但无论作者是谁，这封信函击中的不是皮毛，而是要害。信函最后一段尤其富有深义，特别突出地指出盟国决议无视莫斯科的信任和人类的生命，必将为此付出代价。该信函通过利特维诺夫也抄送给了罗斯福，谁让他是丘吉尔的追随者呢。

257. 斯大林致丘吉尔的私人秘密信函

1943年6月24日发

您6月19日的来函收悉。

我完全理解英美组织进攻西欧的复杂性，其中包括军队跨海峡运输。这种复杂性在您的以往信函中都有所见。

根据您去年和今年的通报我得出结论，您和总统已充分为自己考虑到组织该战役所面临的困难，在进行进攻准备时，您和总统一起完全兼顾了这些困难，以及兵力兵器方面的紧张程度。去年您告知我，英美军队将于1943年大规模进入欧洲。在您1942年6月10日交给莫洛托夫的备忘录中如是说：

“毕竟这件事是重中之重，我们集中了最大力量来组织和准备英美军队
486 1943年大规模进入欧洲大陆的行动。对于此次行动的规模和目的我们未设任何限制，在初期阶段将有超出100万英美军队在空中支援下实施行动。”

今年年初，您以自己和总统的名义两次通报就英美军队进入西欧问题所做出的决定，以便“吸引俄国前线的德国陆军和空军力量”。与此同时，您还下达了于1943年打败德国的任务，并确定进入欧洲的期限不迟于9月份。

在今年1月26日的来函中您这样写道：

“我们同军队参谋进行了协商，制定了战役决心，英美军队应当在1943年的前9个月采取行动。我们希望立即向您通报我们的打算。我们认为这场战役，加上你们有力的进攻配合，可能会使德国在1943年臣服。”

此后，在我今年2月12日收到的信函中，您再次明确了您与罗斯福总统确定的进入欧洲的期限，同时还说道：

“我们还将在我们资源允许的范围内积极筹备8月强渡海峡行动，英美军队将参加此次行动。运力和进攻的登陆器材在这里仍将是限制性因素。如果行动由于天气或其他原因被推迟，那么行动将继续准备至9月，届时会有更强大的兵力参加。”

2月份，当您写信告知你们进入西欧的计划和期限时，此次行动所面临的困难比现在要大得多。从那时起，德国人不止一次地遭受了失败：他们在南部被我军击退并遭受重创；他们被英美军队击败并赶出了北非；在潜艇战中德国人陷入了前所未有的困境，而英美军队的实力却得到了显著增强；众所周知的还有，英美军队掌握了欧洲的制空权，海军和海上运输能力也出现增长。

由此可见，1943年在西欧开辟第二战场的条件不仅没有恶化，反而有了明显改善。

在此之后，苏联政府无法预料，英美政府会改变今年年初就进入欧洲所 487
做出的决定。相反，苏联政府有理由相信，英美的决定将会实现，相应的准备正在进行，西欧第二战场也终将于1943年开辟。

因此，现在您在信中说，“如果把数十万人抛到海峡对面，发动殊死进攻，那么俄国也不能从中得到任何帮助”，那我就不得不提醒您几点。首先，在您去年6月的私人备忘录中，您表示不是十多万人在准备进入欧洲，在战役初期阶段英军的数量就会超过100万人。另外，在您2月份的信中谈到为了在今年8—9月进入欧洲而进行的全面准备，显然，所预想的远不是数十万人的战役，而是足够数量的军队。

您现在声称：“我无法想象英军惨败、血流成河能够对苏军有何帮助。”再清楚不过，针对苏联的这种声明是毫无根据的，与您上述负责任的决定前后矛盾，之前的决定中称，英美正在积极广泛地采取措施，组织今年对欧洲的进攻，这些措施决定战役的成败。

我已经不用展开，您目前的决定否定了之前关于进入欧洲所做出的所有决定，这是您和总统在没有苏联政府参与、也未曾邀请其代表赴华盛顿协商的情况下做出的，您不可能不了解在同德国的战争中苏联发挥的作用，以及第二战场问题与其的利害关系是十分巨大的。

更不用说，苏联政府不能容忍在与共同敌人的战争中自己的根本利益受到忽略。

正如您信中所言，您完全理解我的失望。我应对您声明，这并不仅是苏联政府的失望，而是事关其对盟友的信任，这种信任正面临着严峻的考验。

488 不要忘记，这是事关拯救西欧和俄国被占领土上数百万的生命和降低苏联军队巨大损失的问题，英美军队的牺牲无法与其相提并论。

迈斯基通过丘吉尔秘书处转交了该信函，之后在给莫斯科的紧急报告中指出，一切迹象表明，“丘吉尔只是因信函问题不太想见我”。[320] 显然，在没有等到莫斯科方面的好消息之前，首相确实不想见迈斯基，并且嘱咐艾登也不要见。[321] 但是，事实还是超出了他最坏的打算。“很有触动，”贾德干在自己的日记中承认，“特别是引用了首相以往的信函！”[322] 信函的内容使得丘吉尔非常气愤，尤其令这位浪漫王子的后裔受伤害的是信函中极具侮辱性的指责，称他有意欺骗了自己的战斗盟友。首相终于在7月3日接见了迈斯基，后者在给莫斯科的紧急报告中对这种反应进行了形象的描述：“虽然说斯大林同志的来信是一份干练的檄文，”在大使的报告中丘吉尔如此说道，“但它并没有考虑到事情的原委。当丘吉尔向斯大林同志做出承诺时，他完全真心地相信其实现的可行性，并没有故意玩弄什么伎俩。‘但我们不是神，’丘吉尔继续说道，‘我们会犯错，战争充满了各种变数……必须在实施过程中不断调整，修正计划。’”“在谈话过程中，”大使补充道，“丘吉尔话锋多次转到斯大林提及的‘对盟国信任’的那句话上（信中结尾处）。这句话显然使丘吉尔感到很不安，内心充满窘迫。”[323]

258. 斯大林致罗斯福的私人秘密信函

1943年6月24日发

现将我对丘吉尔先生的回复抄送给您。在6月20日斯坦德利转交的信中，您告诉我完全同意丘吉尔信中的观点。

489 259. 致美利坚合众国总统富兰克林·D.罗斯福先生

1943年6月26日发　　　　1943年6月27日收
华盛顿

非常感谢您对苏联人民和苏联军队在抗击希特勒侵略者中表现出的坚定和勇敢予以的高度评价。

苏联与德国法西斯及其附属国长达两年的斗争，以及盟军在北非给德意军队的重大打击，为彻底歼灭我们共同的敌人创造了条件。

胜利即将来临，我对此深信不疑，我们从东、西两个方向同时对敌实施联合打击越迅速，胜利就会越快到来。

И.斯大林

260.斯大林致丘吉尔的私人秘密信函

1943年6月26日发

您今年6月23日的来函收悉。您在信中称，英国和美国政府目前不打算承认法兰西民族解放委员会。您在信中讲述的理由是，司令部无法确定戴高乐会采取何种行动，不能相信其对盟国的友好感情。

在我们看来，迄今为止，英国政府一直支持戴高乐将军，这很容易理解，因为从法国投降的那一刻起，戴高乐将军就开始统帅法国的反希特勒力量，领导团结在“自由法国”周围的法国爱国人士进行斗争。去年10月以来，北非事件的后续发展、吉罗和戴高乐领导的法国武装力量加入英美军队作战行 490
动，这都为他们的联合创造了条件。盟国认为这种联合是合理的，在该问题上没有出现任何疑问。承认以法兰西民族解放委员会为基础组建的联合机构，正是我们事业追求和努力的目标。更何况苏联政府认为，在吉罗和戴高乐领导的法兰西民族解放委员会向盟国正式提出承认的请求之后，拒绝承认将使法国舆论难以理解。

苏联政府目前没有掌握任何信息能够证明当前英国政府对法国民族解放委员会，其中包括对戴高乐的立场。

既然英国政府请求推迟承认法兰西民族解放委员会，并通过驻苏大使保证说，在没有同苏联政府协商的情况下不会在这件事情上采取任何措施，苏联政府支持英国政府的做法。

我希望您能考虑苏联在法国事务中的利益，不要拒绝及时向苏联政府提供做出相关决定所必需的信息。

据丘吉尔助理证实，为了回复6月24日斯大林的愤怒来函，丘吉尔整整花费了一整天的时间。回信时与参谋长委员会进行了协商，后者对草案做了不大的改动，认为它基本上“在军事和历史方面的定位是合理的”。军方建议，应推迟回信以示惩戒，就像对待斯大林前几份充满“无理指责”的电报一样。[324] 但丘吉尔还是决定不要迟疑。“我恨不得根本就不回复，但我决定出于礼仪，我要对他（斯大林——作者注）指责我违背誓言的羞辱性言词立即予以驳斥。”他在发给克尔的信函附件中如是说。[325] 虽然在给克尔的电报中流露出了不满情绪，但信函总体上还是非常克制的，信函中还以形势变化为借口进行了解释，这一点丘吉尔在6月3日与迈斯基也提起过。

491 261. 丘吉尔致斯大林的私人机密信函

1943年6月26日发　　　　1943年6月27日收

1. 收到您24日的来函我感到非常痛心。我以往向您提供的关于我们未来打算的情报，是在英国和美国指挥部每一阶段书面协商结论的基础上得出的，与此同时，我也一直真诚对待同您的私人关系。虽然1941年6月22日之前，只有我们英国人在战斗，我们面对的是无恶不作的纳粹德国，从苏俄遭受希特勒侵略的那一刻起，我还是尽我们有限的资源开始向苏俄提供援助。我深信，为了帮助你们我尽了正常人的能力帮助贵国。因此，您现在对我们西方盟国的指责不可能使我产生动摇。如果不是有损军事利益，我很容易向英国议会和民众阐述原由。

2. 我们参谋部对每个阶段的观点都与您交流，它们受各种事件的影响随时都在变化。首先，虽然动用了全部的运输能力，但还是未能按照1942预定的计划将美军全部运往英国。1943年4月计划有美国27个师进驻英国，这在当时还是有希望的，但现在的实际情况是，1943年6月仅有1个师进驻，到8月份也只能有5个师。这是因为要满足对日战争的需要，运力不足还在于北非战役的规模，有大批纳粹分子进入北非。除此之外，今年1月我们原计划用于跨海进攻作战的登陆舰船，时至今日也没有全部造好，而现有的登陆舰船必须投入到即将实施的地中海大规模行动中去。敌人现在完全不知我们将从何处对其实施打击、投入多少兵力，我的资深参事们认为，这种不自信已经迫使希特勒推迟了对俄国的第三轮进攻，而6周前他们似乎就已经进行了大量准备。甚至有可能，这个夏天贵国也不会遭受猛烈的进攻。果真如此的
492 话，这毫无疑问会证实，您有一天会认为我们的地中海战略具有“军事合理性”。但是在该问题上我们还需要等待事态的进一步发展。

3. 如此一来，一方面，跨海峡进攻的困难对我们而言日益增加，资源也

捉襟见肘，另一方面，我们有机会在其他战区实施更加富有成果和实效的对策，我的权利和义务就是为了信念而行动，大规模战争使我们的观点经常发生变化，我会向您分阶段通报。

首相急切而激动地等候着莫斯科的回音。6月29日他再次电告克尔：“我非常希望你能带来消息，他们对于我耐心回复斯大林污辱性信函如何感受。‘苏联政府不能容忍’之类的表述，以及精心罗列的所有指责自然都会引起精明人的警觉。你当然会仔细观察这一切。我个人认为，这有可能是丘吉尔—斯大林通信模式的终结，虽然我也希望利用通信这种方式建立我们两国双边关系。从来没有将它变成指责工具的任何想法。”[326] 首相6月3日向迈斯基也讲述了自己想中断通信的想法。两位大使呼吁丘吉尔放弃这一想法，并尽力解释斯大林讲话生硬的原因。迈斯基提到了“一直拖延在西欧开辟第二战场引起我国人民和军队的极大困惑”并为此付出巨大牺牲。[327] 在写给克里姆林宫的报告中，大使陈述了继续进行高级别通信的理由（这在英文版的谈话记录中都有保存）。他说，“当双方直率地对话时，通信具有更大的好处”，首相不必对斯大林的“尖刻风格”太在意。当丘吉尔问他，“苏联政府不能容忍”这句话是何用意，是针对他的“恶意的暗示还是简单的指责”，迈斯基向其保证说，当然是第二个意义。

克尔也以自己的方式呼吁首相设身处地地理解克里姆林宫的处境，从他们的角度来看，盟国立场的“软弱”比“伦敦一方认为的更加软弱”。“我无论如何都不打算站在斯大林一边，”大使出于自我保护这样说道，“相反，我完全赞成要时不时地教训他一下。这对他也是有好处的，这方面没有人能比 493
你做得更好。但我要说的是，我对近期的来信感到伤心，因为在莫斯科看来，我们的弱点是显而易见的。斯大林两次宣称我们今年在西欧登陆，而我们不得不两次使他失望。我们的弱点不在于没有能力开辟第二战场，而是我们已经向他保证打算这么做。斯大林抓住这个弱点，并坦诚表达。我不认为他是想侮辱你。据我对他的了解，在他看来，他已经非常克制地表达自己的想法了……我知道，您并不是逆来顺受的人，但是从字面上直接理解斯大林这种粗鲁和缺乏教养的人的话，就大错特错了。”大使罗列的其他理由当中混杂着清晰的思维、英国式傲慢和将丘吉尔比作斯大林“驯兽员”的隐晦奉承：

“当然很郁闷，不管愿不愿意，我们都不得不同这个人合作，不仅是在消灭希特勒的过程中，而且还包括今后的岁月，因为这关系到数百万人的生命，更重要的是，还关系到全世界的未来。所以，我认为，我们即使是牺牲自我也要保持对他的信任……天知道，如果您放弃他的话，他会做出什么事情。我恳请您拿出对待老熊的足够耐心，要像对待熊一样与他打交道——蜂蜜、肉块，需要的时候还可以加上大棒。如果他知道自己错了，他就会接受教训、尊重棒子。我真正担心的是，在当前这种情况下他不这么认为。我无论如何也不能同意您的观点，认为这应当成为丘吉尔—斯大林通信模式的终点。从自己的角度上讲，我认为这比冰冷的官腔交流更有价值、更受欢迎（尽管通信内容有好有坏）。”

“我认为，”克尔总结道，“如果能使形势稍微平静些，这不会有什么害处。他（斯大林——作者注）未必会退出战争，而且‘哈斯基’行动胜券在握以及后续将要发生的一切，也能使他重新回到我们身边来。”[329]

两个英国贵族直言不讳地谈论“粗鲁”但又必不可少的盟友，与其说指
494 的是斯大林，倒不如说在谈论他们自己。从这里面，就像水滴一样，折射出的是英国传统的傲慢、英国社会对“俄国熊”的刻板印象以及对俄国人的一系列优越感，而克利普斯曾经事先提醒丘吉尔要克服这一点。

首相终究没能等来斯大林对自己这封“耐心信函”的回音。取而代之的是，斯大林向同盟国发出了另一次重磅级的警告——召回了颇受欢迎的驻伦敦大使迈斯基和驻华盛顿大使利特维诺夫。值得注意的是，迈斯基是6月25日收到莫洛托夫召其回莫斯科的指示的，[330] 也就是说，在斯大林6月19日的信函愤怒地斥责丘吉尔之后很快就收到的，显而易见，这封信对斯大林而言是“最后一滴眼泪”。表面上看，召大使回莫斯科是为了协商要事，但有经验的外交官都非常明白事情的本质。迈斯基6月29日向莫斯科发电报时说，这个通告给艾登的印象“好似炸弹爆炸……从艾登的话中可以看出，他将召我回莫斯科与6月24日斯大林同志的回信联系起来，将所有这一切理解为苏联和英国关系恶化的明显症候”。[331] 迈斯基的接任者古谢夫，后来和他一样，也因为克里姆林宫在第二战场问题上对盟国的不满而被召回。[332] 在通信问题上首先破冰的还是丘吉尔，他在7月8日和10日恢复通信，通报了开始实施“哈斯基”（“爱斯基摩”）行动的情况。

262. 丘吉尔致斯大林的私人机密信函

1943年7月8日发　　　　　　　　　　　　　　　　1943年7月9日收

1.“爱斯基摩”行动应在最近打响。为此要跨海运送50多万人，而这需要

1600艘大型和1200艘专业登陆船只。敌人在“爱斯基摩”行动地区部署有30万人。结局很大程度上将取决于首轮打击。只要掌握足够的消息，我会向您通报战况。

2. 同时我们在70天内击沉了大约50艘潜艇。

3. 我希望您的前线一切顺利。德国方面的消息似乎很混乱，反映出他们 495
的混乱状态。

263. 丘吉尔致斯大林的私人机密信函

1943年7月10日发　　　　1943年7月10日收

英国和美国两国军队正在顺利登陆。天气有所好转。

7月12日，国务卿赫尔向苏联驻美临时代办葛罗米柯通报称，美国潜艇在阿留申群岛地区误击了苏联的1艘拖船并使其沉没。两名苏联水手丧生，其余人员被美方救起。赫尔对该事件深表遗憾，罗斯福总统决定以自己的名义再次表达遗憾。在令人费解的最后一段，总统使用了“一如既往”和“对于您和我”这样的词语，这里指的是“罗斯福和斯大林”会晤的想法，该想法是5月份罗斯福通过戴维斯秘密提议的。哈利法克斯以他和总统本人的谈话证实，罗斯福“对斯大林同意与他举行会晤还没有丧失信心”。他说，总统想利用这次会晤试探“苏联未来加入”对日作战的可能性。[333] 丘吉尔之前也接受这一想法。在7月3日同迈斯基谈话时，他大度地表示：“……如果斯大林和罗斯福两人进行会晤的话，我不会有怨言。我和罗斯福总统完全相互理解。如果罗斯福和斯大林能够确立这种相互理解的关系，我将感到十分高兴。”[334] 然而，斯大林保持了缄默，即使是在戴维斯（也许是受了总统的提醒）向他提醒当时约定的情况下也是如此，戴维斯通过霍普金斯转达便条时称，他对收不到克里姆林宫的消息非常“担心”。7月22日，霍普金斯请求葛罗米柯向斯大林转达这一消息。[335] 这位临时代办当天立即处理了此事，他向莫洛托夫上报紧急报告称：“罗斯福通过霍普金斯请我向斯大林同志转达约瑟夫·戴维斯的请求：‘斯大林元帅，关于我同您近期会谈一事，我们从您那里 496
没有收到任何消息，我有些担心。您能否在近期通知我们。’”[336] 斯大林既没有回复罗斯福，也没有回复戴维斯。斯大林完全明白罗斯福信中那段令人费解的话，在其译文中将其用双线勾画出来，[337] 但是同罗斯福会晤的愿望显然受到“三叉戟”会议的影响而彻底消失了：首先，应当向盟国表达自身的不满；其次，如果没有苏联的参与就做出主要战略决策，会晤本身也就失去了意义。斯大林到了8月8日才给罗斯福总统回信。

264.罗斯福致斯大林的私人秘密信函

1943年7月15日发　　　　1943年7月16日收

对于在太平洋北部地区击沉贵方1艘船只的悲痛事件，我深表遗憾，我已下令今后采取一切措施避免此类事件发生。

尽管没有掌握详细消息，我还是想真诚地祝贺您，贵军在库尔斯克抗击德军的战斗中表现十分出色。

我期待尽快收到您对另外一件事的回复，我一如既往地认为这件事对您和我而言都非常重要。

497 **注释**

1. Diaries of Sir Alexander Cadogan. P. 582.

2. Майский – Сталину, 24.X. 1942 // Великая Победа. Т 9. С. 375-385.

3. Smuts to Prime Minister, 11th Jan., 1942 // CHAR 20/105.

4. Prime Minister to General Smuts, 12th Jan., 1943 // Ibid.

5. Prime Minister to Deputy Prime Minister and War Cabinet, 20th Jan. 1943 in: Churchill W.S. The Second World War. Vol. IV. The Hinge of Fate. Tondon, 1951. P. 612; FRUS. Conferences at Washington, 1941–1942, and Casablanca, 1943. P. 808.

6. WedemeyerA. Wedemeyer Reports! N. Y., 1958. P. 192.

7. Ibid. P. 187.

8. Churchill W.S. The Second World War II. Vol. IV. P. 621.

9. FRUS. Conferences at Washington, 1941–1942, and Casablanca, 1943. P. 805- 807.丘吉尔在自己的回忆录中错误地将日期标注为1月26日。(Churchill W.S. The Second World War. Vol. IV. P. 664).

10. FRUS. Conferences at Washington, 1941–1942, and Casablanca, 1943.

P. 848.

11. Ibid. P. 844.

12. For Deputy Prime Minister, Foreign Secretary and War Cabinet, 26th Jan. 1943 // CHAR 20/105.

13. Foreign Office to Moscow, Jan. 25, 1943 // Ibid.

14. 此次转交信函的谈话日期在公开出版物中标注为1月26日（CAMO. T. 1. C. 273-274)，虽然在出版的《往来书信》中标注的日期是1月27日。此处与会晤时间有关，因为会晤是在26日夜间至27日凌晨。

15. Churchill W.S. The Second World War. Vol. IV. P. 624-628; Tamkin N. Britain, Turkey and the Soviet Union. P. 85.

16. The Churchill Documents. Vol. 17. P. 1218-1219.

17. Churchill W.S. The Second World War. Vol. IV. P. 622.

18. РГАСПИ. Ф. 558. Оп. 11. Д. 365. Л. 31.

19. For Prime Minister from Foreign Secretary, 28th Jan., 1943 // TNA, PREM 3/333/3. См. также: САМО. Т. 1. С. 273. См. также: Standley W.H., Ageton A.A. Op. cit. P. 327-328.

20. Volkogonov Papers // EC, MD, Reel 4.

21. Майский в НКИД, 2.П.1943 //АВП РФ. Ф. 059. Оп. 10. П. 7. Д. 54. Л. 268- 272.

22. Churchill & Roosevelt. Vol. 2. P. 129; Churchill W.S. The Second World War. Vol. IV. P. 635; Gilbert M. Winston S. Churchill. Vol. VII. P. 323.

23. Record of Conversation, 30th Jan., 1944 // TNA, FO 954/28.

24. Tamkin N. Britain, Turkey and the Soviet Union. P. 86.

25. Churchill & Roosevelt. Vol. 2. P. 122.

26. Kaufmann J.E., Kaufmann H. W. The Maginot Tine and French Defenses in World War II. Westport, 2006. P. 89-91.

27. Watson B. Exit Rommel: the Tunisian campaign, 1942–1943. Westport, 1999. P. 73.

28. Kitchen M. Op. cit. P. 423. 498

29. KesselringA. The Memoirs of Field-Marshal Kesselring. London, 2007. P. 151.

30. Watson B. Op. cit. P. 72.

31. Gilbert M. Winston S. Churchill. Vol. VII. P. 327-328.

32. Цит. no: Ibid. P. 327.

33. Великая Отечественная война 1941–1945 годов. Т. 3. С. 421.

34. Баггалей - Молотову, 2.II.1943 г. // РГАСПИ. Ф. 558. Оп. 11. Д. 259. Л. 10.

35. Оригинал см.: там же. Л. 19.

36. Валев Л. Б. Великая Отечественная война Советского Союза и борьба болгарского народа против фашизма //Советский Союз и борьба народов Центральной и Юго-Восточной Европы за свободу и независимость. М., 1978. С. 283сл.; Лавров Н.М. Антифашистское движение в странах Латинской Америки в годы Второй мировой войны // ННИ. 1985. № 2. С. 62.

37. New York Times. 4.II.1943.

38. Гиленсон Б.А. Глазами зарубежных деятелей культуры // Война и общество. 1941-1945. Кн. 2. С. 178-179.

39. Parliamentary Debates. House of Commons. Ser. 5. Vol. 386. Col. 1485.

40. САНО. Т 1. С. 342.

41. Великая Отечественная война Советского Союза 1941–1945: краткая история. С. 229; Мировые войны XX века. Кн. 3. М., 2002. С. 155.

42. For Deputy Prime Minister, Foreign Secretary and War Cabinet, 26th Jan. 1943 // CHAR 20/105.

43. Hale W.M. Turkish Foreign Policy, 1774–2000. London, 2000. P. 93.

44. VanderLippe J.M. The Politics of Turkish Democracy: Ismet Inonii and the Formation of the Multi-party System, 1938–1950. Albany, 2005. P. 95-96; Steinberg J. The Deutsche Bank and its Gold Transactions during the Second World War. Miinchen, 1999. P. 49ff.

45. Мальков В.Л. Спецслужбы США и «мирная инициатива» фон Папена в 1943 г. // ННИ. 1980. № 3. С. 127-130; его же. Франклин Рузвельт: проблемы внутренней политики и дипломатии. М., 1988. С. 240-246.

46. Очерки истории российской внешней разведки. Т. 4. М., 1999. С. 419-420.

47. Запись беседы тов. И. В. Сталина с английским послом Керром, 2.II. 1944 // РГАСПИ. Ф. 558. Оп. 11. Д. 284. Л. 82.

48. Political Report — Feb. 1943. Prepared by H. Cooke, Jr. // NARA, RG 84, U.S. Embassy, Turkey, Classified General Records, Box 7.

49. Churchill W.S. The Second World War. Vol. IV. P. 640.

50. Churchill & Roosevelt. Vol. 2. P. 140-141.

51. Майский в НКИД, 9.П.1943 //АВП РФ. Ф. 059а. Оп. 7. П. 13. Д. 6. Л. 225- 226.

52. Butler S. Op. cit. P. 116.

53. Churchill & Roosevelt. Vol. 2. P. 139-140.

54. For Prime Minister, n.d. // PREM 3/333/3.

55. Майский ИМ. Дневник дипломата. С. 211-219.

56. Round-up //The Encyclopedia of Codenames of Wo rid War II / Ed. by C. Chant. London, 1986. P. 224.

57. Майский в НКИД, 9.П.1943 //АВП РФ. Ф. 059. Оп. 10. П. 8. Д. 64. Л. 15-17. 499

58. Майский в НКИД, 9.IL1943 //АВП РФ. Ф. 059а. Оп. 7. П. 13. Д. 6. Л. 222, 224. Впервые опубликовано в: Новые документы из Архива МИД России // Международная жизнь. 2001. № 8. С. 68-70.

59. См.: Reynolds D., Dimbledy D. An Ocean Apart: the Relationship between Britain and America in the Twentieth Century. N. Y., 1988. P. 84.

60. Prime Minister to Deputy Prime Minister and Foreign Secretary, 25th Jan. 1943 // Churchill W.S. The Second World War II. Vol. IV. P. 629.

61. Parliamentary Debates. House of Commons. Ser. 5. Vol. 386. Col. 1475.

62. Данилевич А.А. Освобождение Северного Кавказа // Великая Отечественная война. 1941–1945. Военно-исторические очерки. Кн. 2. С. 123-127.

63. Майский в НКИД, 11.11.1943 //АВП РФ. Ф. 059. Оп. 10. П. 8. Д. 64. Л. 31.

64. РГАСПИ. Ф. 558. Оп. 11. Д. 259. Л. 40.

65. Watson B. Op.cit. Ch. 4; Kitchen M. Op. cit. P.43 Iff. См. подробнее: Blumenson M. Kasserine Pass: Rommel’s Bloody, Climatic Battle for Tunisia. N. Y., 2000.

66. Русский архив: Великая Отечественная война. Т 16(5–3). Ставка ВТК: До-кументы и материалы. 1943 год. М., 1999. С. 33.

67. Советская Украина в годы Великой Отечественной войны, 1941–1945. Т 2. Киев, 1985. С. 41-42.

68. Манштейн Э. Утерянные победы. М., 1999. С. 463.

69. Молотов в Вашингтон, 17.11.1943 // РГАСПИ. Ф. 558. Оп. 11. Д. 365. Л. 51.

70. Churchill W.S. The Second World War. Vol. IV. P. 651.

71. Майский И.М. Дневник дипломата. С. 220.

72. Из Лондона, 18.11.1943//АВП РФ. Ф. 059. Оп. 10. И. 8. Д. 64. Л. 29-30.

73. Memorandum by the Foreign Secretary, 17th Feb., 1943 //TNA, PREM 3/333/3.

74. Майский И.М. Дневник дипломата. С. 227-228.

75. Там же. С. 211.

76. Tamkin N. Britain, Turkey and the Soviet Union. P. 115.

77. VanderLippe J.M. Op. cit. P. 94.

78. 医学报告说明，总统本人认为是患上嗜睡症或者伤寒。См.: Churchill & Roosevelt. Vol. 2. P. 149-150, 156.

79. Цит. по: Doenecke J., Staler M. Debating Franklin D. Roosevelt's Foreign Policies, 1933–1945. Tanham, 2005. P. 54.

80. President to Stalin, Feb. 19, 1943 // FDRT, MR, Box 8.

81. Memorandum for Mr. Hopkins, Feb. 22, 1943 // Ibid.

82. Proposed Message from the President to Mr. Stalin // Ibid.

83. Майский И.М. Дневник дипломата. С. 225.

84. Churchill W.S. The Second World War. Vol. IV. P. 661.

85. Kitchen M. Op. cit. P. 437; The Second World War / Ed. by T. Griess. Vol. 1: Europe and Mediterranean. Garden City Park, 2002. P. 175.

86. The Churchill Documents. Vol. 17. P. 633.

87. Harris A.T. Despatch on War Operations, 23rd February, 1942, to 8th May, 1945. London, 1996. P. 20-21.

88. Запись беседы тов. И. В. Сталина с английским послом Керром,
500 24.11.1943 // РГАСПИ. Ф. 558. Оп. 11. Д. 284. Л. 42-50.

89. РГАСПИ. Ф. 82. Оп. 2. Д. 1329. Л. 38-39. См. также: ГасанлыДж. СССР - Турция: от нейтралитета к холодной войне (1939–1953). М., 2008. С. 122.

90. СССР и Турция. 1917–1979. М., 1981. С. 178-179.

91. Churchill WS. The Second World War. Vol. IV. P. 636.

92. Churchill & Roosevelt. Vol. 2. P. 128-132.

93. РГАСПИ. Ф. 558. Оп. 11. Д. 260. Л. 9.

94. ДВП. Т. XXV. КН. 2. С. 214.

95. RAF Bomber Command. Campaign Diary, 3/4 March 1943 [Электронный ресурс] // Официальный сайт Королевских ВВС. URT: http://www.raf.mod.

uk/bombercommand/mar43.html (дата обращения – 20.12.2011). В целом о бомбардировках Германии в 1943 г. см.: Germany and the Second World War. Vol. VII. The Strategic Air War in Europe and the War in the West and East Asia, 1943–1944/5. Oxford, 2006.

96. САНО. Т. 1. С. 266.

97. Churchill & Roosevelt. Vol. 2. P. 151.

98. HarrisA.T. Op. cit. P. 18.

99. Черчилль У. Вторая мировая война. Кн. 3. М., 1991. С. 286.

100. Ismay for PM, 3rd March 1943 // TNA, PREM 3/333/3.

101. General Ismay for C.O.S. Committee, 4.3.43 // Ibid.

102. Цит. no: Gilbert M. Winston S. Churchill. Vol. VII. P. 338.

103. Ibid. P. 380.

104. Майский в НКИД, 9.III.1943 //АВП РФ. Ф. 059. Оп. 10. П. 8. Д. 64. Л. 47.

105. Churchill & Roosevelt. Vol. 2. P. 154.

106. Ibid. P. 151-153. См. также: Woodward L. British Foreign Policy in the Second World War. London, 1971. P. 547-549.

107. Ismay for Prime Minister, 18th Feb., 1943 // TNA, PREM 3/333/3.

108. Churchill & Roosevelt. Vol. 2. P. 153-154.

109. PM to Foreign Office, 12th March, 1943 // TNA, PREM 3/333/3.

110. From Washington to Foreign Office, March 14, 1943 // Ibid.

111. Churchill & Roosevelt. Vol. 2. P. 280.

112. Churchill W. The Second World War. Vol. IV. P. 737.

113. RAF Bomber Command. Campaign Diary, 12/13 March 1943.

114. Editorial Preface // Harris A. T. Op. cit. P. XVI.

115. Русский архив: Великая Отечественная война. Т 16(5–3). С. 76, 93; Василевский А.М. Указ. соч. С. 322-325.

116. Майский в НКИД, 9.Ш.1943 //АВП РФ. Ф. 059. Оп. 10. П. 8. Д. 64. Л. 47.

117. РГАСПИ. Ф. 558. Оп. 11. Д. 260. Л. 29.

118. В Лондон совпослу, 16.III.1943 // Там же. Л. 58.

119. Lunde HO. Finland's War of Choice: the Troubled German-Finnish Coalition in World War II. Havertown, 2011. P. 258.

120. САМО. Т. l.С. 293-295.

121. Eden to Kerr, March 8, 1943 // TNA, FO 954/7.

122. САНО. Т. 1. С. 349-350, 359-361.

123. Майский в НКИД, 20.111.1943 // РГАСПИ. Ф. 558. Оп. 11. Д. 260. Л. 73.

501 124. Там же. Л. 56.

125. From Washington to Foreign Office, 16th March, 1943 // TNA, FO 954/3.

126. Prime Minister to Mr. Eden, 17th March, 1943 // CFLAR 20/108.

127. Prime Minister to Foreign Secretary, 18th March, 1943 // Ibid.

128. TNA, CAB 65/37/12.

129. САМО. Т. 1.С. 293-294.

130. Майский в НКИД, 16.III.1943 //АВП РФ. Ф. 059. Оп. 10. П. 8. Д. 64. Л. 48- 49.

131. Майский в НКИД, 20.Ш.1943 // РГАСПИ. Ф. 558. Оп. 11. Д. 260. Л. 73.

132. Prime Minister (PM. 43/63), 16th March 1943 // TNA, PREM 3/170/2.

133. Vehvilainen O. Finland in the Second World War: between Germany and Russia. Basingstoke, 2002. P. 121.

134. Eden to Kerr, 20th March, 1943 //TNA, FO 954/7; Керр – Молотову, 21.III.1943// РГАСПИ. Ф. 558. On. 11. Д. 260. Л. 74.

135. Молотов – Керру, 26.III.1943 // Там же. Л. 92.

136. САМО. Т. 1.С. 298-299.

137. Vehvilainen O. Op. cit. P. 121-122. т Lunde H.O. Op. cit. P. 258.

139. САМО. Т. 1.С. 311.

140. Монтгомери Б. Указ. соч. С. 174.

141. Керр – Сталину, 23.Ш.1943 // РГАСПИ. Ф. 558. Оп. 11. Д. 260. Л. 83.

142. Там же. Л. 96.

143. SearleA. Uneasy Intelligence Collaboration, Genuine 111 Will, with an Admixture of Ideology: The British Military Mission to the Soviet Union, 1941–1945 // Military Advising and Assistance: from Mercenaries to Privatization, 1815–2007 / Ed. by D.J. Stoker. N.Y., 2008. P. 67-68.

144. Martel G. le Q. (Major). Mechanization //Army Quarterly. Jan. 1927. Vol. 13. Pt. 2. P. 291-296.

145. Jarymowycz RJ. Tank Tactics: from Normandy to Lorraine. Boulder, 2001. P. 46; SearleA. Op. cit. P. 69.

146. Запись беседы тов. И. В. Сталина с генерал-лейтенантом Мартелем и анг-лийским послом Керром, 12.IV.1943 // РГАСПИ. Ф. 558. Оп. 11. Д. 277. Л. 54.

147. RAF Bomber Command. Campaign Diary, 27/28 March 1943.

148. Майский – Молотову, 29.III.1943 // АВП РФ. Ф. 059. Оп. 10. И. 8. Д. 4. Л. 56-57.

149. Монтгомери Б. Указ. соч. С. 175.

150. Gilbert M. Winston S. Churchill. Vol. VII. P. 370.

151. Керр - Сталину, 28.Ш.1943 // РГАСПИ. Ф. 558. Оп. 11. Д. 260. Л. 104.

152. Churchill & Roosevelt. Vol. 2. P. 155-156.

153. Запись беседы тов. И. В. Сталина с генерал-лейтенантом Мартелем и анг-лийским послом Керром, 12.IV.1943 // РГАСПИ. Ф. 558. Оп. 11. Д. 277. Л. 56.

154. Майский ИМ. Дневник дипломата. С. 250.

155. Warner to Kerr, n.d. // TNA, FO 800/301.

156. АВП РФ. Ф. 059а. Оп. 7. П. 13. Д. 6. Л. 255-256.

157. General Ismay for C.O.S. Committee, 13th March, 1943 // TNA, FO 954/3.

158. TNA, CAB 65/37/12. 502

159. Churchill & Roosevelt. Vol. 2. P. 157-162.

160. Ibid. P. 165.

161. From Foreign Office to Washington, March 25, 1943 // PREM 3/393/9.

162. General Ismay for C.O.S. Committee, 22nd March, 1943 // TNA, FO 954/3.

163. Churchill & Roosevelt. Vol. 2. P. 158.

164. From Washington to Foreign Office, March 26, 1943 // CHAR 20/108.

165. From Foreign Office to Washington, March 29, 1943 // TNA, FO 954/3.

166. Churchill & Roosevelt. Vol. 2. P. 176-177.

167. Ibid. P. 177.

168. TNA, CAB 65/37/14.

169. RAF Bomber Command. Campaign Diary, 29/30 March 1943.

170. Майский в НКИД, 31.III.1943 // АВП РФ. Ф. 059а. Оп. 7. П. 13. Д. 6. Л. 258-260.

171. Майский ИМ. Дневник дипломата. С. 253.

172. Майский в НКИД, 3.IV.1943 //АВП РФ. Ф. 059. Оп. 10. П. 8. Д. 64. Л. 82- 83.

173. Diaries of Sir Alexander Cadogan. P. 518; TNA, CAB 65/38/1.

174. Churchill & Roosevelt. Vol. 2. P. 179.

175. From Moscow to Foreign Office, April 4, 1943 // TNA, FO 954/ 3.

176. Foreign Office to Moscow, April 4, 1943 // TNA, FO 954/3.

177. From Moscow to Foreign Office, April 5, 1943 // CHAR 20/ 107.

178. РГАСПИ. Ф. 558. On. 11. Д. 261. Л. 4.

179. 丘吉尔提到的第99师的名字发生了蹊跷之事。在M.吉尔伯特的丘吉尔存档信函中注明为第9师 (Gilbert M. Winston S. Churchill. Vol. VII. P. 377)。在4月6日转给莫斯科的信中变成了第99师，在电报解码之后又变成了第999师，因此4月8日英国使馆馆员莱特请巴甫洛夫将“第999师”改为“第99师”(РГАСПИ. Ф. 558. Оп. 11. Д. 261. Л. 20)。而事实上，在史料文献中，这个师指的是著名的第999轻装非洲师。

180. RAF Bomber Command. Campaign Diary, 3–5 April, 1943 [Электронный ре-сурс] // Официальный сайт Королевских ВВС. URT: http://www.raf.mod.uk/bombercommand/apr43.html (дата обращения – 14.12.2011).

181. Scipio //The Encyclopedia of Codenames of World War II. P. 233-234; Монтгомери Б. Указ. соч. С. 176.

182. Mitcham S. W. Jr. Arnim // Hitler's Generals / Ed. by C. Barnett. London, 1989. P. 351.

183. Kitchen M. Op. cit. P. 446; Gilbert M. Winston S. Churchill. Vol. VII. P. 367.

184. Minister of Production. Secretary of State for Air. Foreign Secretary (when he returns). 6thMarch, 1943//TNA, PREM 3/401/16.

185. Gooderson I. Air Power at the Battlefront: Allied Close Air Support in Europe, 1943-45. London, 1998. P. 105.

186. Prime Minister, April 1943 (Note on Prime Minister's Personal Minute
503 M.241/3 dated6thApril, 1943)//TNA, PREM 3/401/16.

187. Tomblin B. With Utmost Spirit: Allied Naval Operations in the Mediterranean, 1942–1945. Lexington, 2004. P. 117; Монтгомери Б. Указ. соч. С. 177.

188. RAF Bomber Command. Campaign Diary, 10/11 April 1943.

189. Кожевников М.Н. Советские военно-воздушные силы в Великой Отечест-венной войне // История СССР. 1975. № 3. С. 38.

190. Внешняя торговля. 1943. № 3–4. С. 6.

191. SearleA. Op. cit. P. 69.

192. Майский в НКИД, 14.IV.1943//АВП РФ. Ф. 059. Оп. 10. И. 8. Д. 64. Л. 107.

193. Churchill & Roosevelt. Vol. 2. P. 191.

194. Germany and the Second World War. Vol. VII. P. 28.

195. Levine A.J. The Strategic Bombing of Germany, 1940–1945. Westport, 1992. P. 52.

196. Цит. no: Lewis A.R. Omaha Beach: A Flawed Victory. Chapel Hill, 2001. P. 137.

197. Spiers E.M. Chemical Warfare. Chicago, 1986. P. 77-78.

198. For Victor from Bums, March 4, 1943 // NARA, RG 59, Central Decimal Files, 103.918/1065.

199. Майский в НКИД, 21.IV. 1943 //АВП РФ. Ф. 059. Оп. 10. П. 8. Д. 64. Л. 113. См. также: Майский ИМ. Дневник дипломата. С. 262-263.

200. KnellH. Op. cit. P. 290.

201. Spiers E.M. Op. cit. P. 78.

202. Flax // The Encyclopedia of Codenames of World War II. P. 53; Parker R.A.C. The Second World War: A Short History. Rev. ed. Oxford, 2001. P. 180.

203. Молотов – Богомолову, 22.IV.1943 //АВП РФ. Ф. 059. Оп. 10. П. 23. Д. 182. Л. 145.

204. Churchill WS. The Second World War. Vol. IV. P. 680.

205. April 23, 1943// TNA, FO 954/7.

206. Cadogan to Prime Minister, 31st March, 1943 // TNA, PREM 3/354/8.

207. Barker E. Churchill and Eden at War. London, 1978. P. 248.

208. W.M. (43) 56thConclusions, 19thMarch, 1943//TNA, CAB 65/34.

209. Eden for Prime Minister, 20th April, 1943 (Draft. H.M. Ambassador, Moscow April 1843) // TNA, PREM 3/354/8.

210. From Moscow to Foreign Office, 21st April, 1943 // Ibid.

211. Майский в НКИД, 24.IV.1943 // АВП РФ. Ф. 059. Оп. 10. П. 8. Д. 54. Л.

115-120.

212. April23, 1943//TNA, FO 954/19.

213. Foreign Secretary, 28th April, 1943 // TNA, PREM 3/354/8.

214. From Moscow to Foreign Office, 21st April, 1943 // Ibid.

215. From Moscow to Foreign Office, 25th April, 1943 // TNA, FO 954/19.

216. April 23, 1943 //Ibid.

217. Churchill & Roosevelt. Vol. 2. P. 193.

218. The War Diaries of Oliver Harvey. P. 249.

219. Майский в НКИД, 7.V.1943 //АВП РФ. Ф. 059. Оп. 10. П. 7. Д. 57. Л. 177.

220. The War Diaries of Oliver Harvey. P. 249.

221. Foreign Secretary, 23rdApril, 1943//TNA, PREM 3/354/8.

504 222. Foreign Secretary, 28th April, 1943 // Ibid.

223. Запись беседы Молотова с Керром, 26.IV.1943 // АВП РФ. Ф. 06. Оп. 5. П. 16. Д. 158. Л. 73-80.

224. Лондон, совпослу, 26.IV.1943 // РГАСПИ. Ф. 558. Оп. 11. Д. 261. Л. 75.

225. Молотов – Литвинову, 24. IV. 1943 //АВП РФ. Ф. 059. Оп. 10. П. 19. Д. 15. Л. 22.

226. Hull to the President, April 24, 1943 // FDRL, MR, Box 8.

227. President to Hull, April 26, 1943; Hull to Capt. Hammond, April 26, 1943 // Ibid. С. Батлер ошибочно приписывает авторство этого послания его самому президенту {Bailer S. Op. cit. P. 126).

228. Майский в НКИД, 29.IV.1943 // АВП РФ. Ф. 059. Оп. 10. П. 7. Д. 57. Л. 117-122.

229. The War Diaries of Oliver Harvey. P. 251.

230. 此处指任命 А. Е. Корнейчука (мужа В. Василевской) 为莫洛托夫的副职，任命日期为1943年3月末。

231. From Moscow to Foreign Office, 26th April, 1943 // TNA, PREM 3/354/8.

232. Cadogan for Prime Minister, 27th April, 1943 // Ibid.

233. Diaries of Sir Alexander Cadogan. P. 524.

234. From Moscow to Foreign Office, 29th April, 1943 // TNA, PREM

3/354/8.

235. From Foreign Office to Moscow, 30th April, 1943 // Ibid.

236. Barker E. Churchill and Eden at War. P. 250.

237. From Moscow to Foreign Office, May 1, 1943 // TNA, FO 954/19.

238. АП РФ. Ф. 45. Оп. 1. Д. 385. Л. 126.

239. Майский в НКИД, 1.V.1943 //АВП РФ. Ф. 059. Оп. 10. П. 7.Д. 57. Л. 128.

240. Churchill & Roosevelt. Vol. 2. P. 203.

241. From Washington to Foreign Office, 2nd May, 1943 //TNA, FO 954/19.

242. Майский в НКИД, 1.V.1943 //АВП РФ. Ф. 059. Оп. 10. П. 7.Д. 57. Л. 128.

243. Prime Minister to Sir Archibald Clark Kerr, 2.5.1943 // CHAR 20/111.

244. From Moscow to Foreign Office, 3rd May, 1943 // Ibid.

245. RAF Bomber Command. Campaign Diary, 28/29 April 1943.

246. Монтгомери Б. Указ. соч. С. 177-178; Gilbert M. Winston S. Churchill. Vol. VII. P. 394.

247. Внешняя политика Советского Союза в период Отечественной войны. Т. 1. С. 85.

248. MarkE. Venona's Source 19 and The TRIDENT Conference of 1943: Diplomacy or Espionage? // Intelligence and National Security (далее – INS). 1998. Vol. 13. No. 2. P. 1-31.

249. Roll D.L. The Hopkins Touch: Harry Hopkins and the Forging of the Alliance to Defeat Hitler. Oxford, 2013. P. 276.

250. Мальков В.Л. Франклин Рузвельт. С. 251-254.

251. БеседаМ. М. Литвинова с Дж. Дэвисом, 22.V.1943 //АВП РФ. Ф. 06. Оп. 5. П. 29. Д. 337. Л. 16.

252. MacLean.E. Joseph Davies: Envoy to the Soviets. Westport, 1992. P. 100.

253. Churchill & Roosevelt. Vol. 2. P. 283.

254. Kerr to Warner, 3rd June, 1943; Warner to Kerr, 1st July, 1943 // TNA, FO 800/301. 505

255. CAMO. T1. C. 314-315.

256. АВП РФ. Ф. 06. Оп. 5. Д. 327. Л. 16-17.

257. FRUS. The Conferences at Cairo and Tehran, 1943. Washington, 1961.

P. 5 (со-кращенный вариант телеграммы). Более полный вариант см. в: FDRT, MR,

Box 8. См. также: Посетители кремлевского кабинета И. В. Сталина // Исторический архив. 1998. № 4. С. 67.

258. Dunn C. Op. cit. P. 188.

259. Майский в НКИД, 7.V.1943 //АВП РФ. Ф. 059. Оп. 10. П. 7. Д. 57. Л. 177.

260. Mr. Eden to Sir A. C. Kerr, 6th May, 1943 // TNA, FO 954/19.

261. Prime Minister to Foreign Secretary, 10th May, 43 // CHAR 20/128.

262. From Moscow to Foreign Office, 8th May, 1943 // Ibid.

263. РГАСПИ. Ф. 558. Оп. 11. Д. 284. Л. 66-67.

264. SyrettD. The Defeat of the German U-boats: the Battle of the Atlantic. Columbia, 1994. P. 63-95; Germany and the Second World War. Vol. VI: The Global War. Oxford, 2001. P.400-401.

265. Русский архив: Великая Отечественная война. Т. 16(5–3). С. 261; История Второй мировой войны, 1939–1945. Т 6. М., 1976. С. 108.

266. Prime Minister to Foreign Secretary, 16th May, 1943 // CHAR 20/128.

267. Prime Minister to Foreign Secretary, n.d. // Ibid.

268. Prime Minister to Foreign Secretary, n.d. // Ibid.

269. W.M. (43) 67thConclusions, 10thMay, 1943//TNA, FO 954/19.

270. Микоян – Сталину, Молотову, 27.6.1943 //АП РФ. Ф. 3. Оп. 63. Д. 218. Л. 90-91.

271. CAMO. Т. 1. С. 322.

272. РГАСПИ. Ф. 558. Оп. 11. Д. 365. Л. 110.

273. Costigliola F. Roosevelt's Tost Alliances. P. 192-193.

274. 美国1943年对外政治文件编纂者也得出这样的结论 (FRUS. The Conferences at Cairo and Tehran, 1943. P. 7n3)，并得到了历史学家N.鲁宾的认同 (Rubin N. American Empress: the Life and Times of Marjorie Merriweather Post. N. Y., 1995. P. 282)。

研究者W.金赛拉未引用任何出处就错误地认为，斯大林拒绝了罗斯福在白令海峡两岸之一地点会面的建议 (Kinsella W.E. Jr. Relations with the Soviet Union //A Companion to Franklin D. Roosevelt / Ed. by W.D. Pederson. Malden, 2011)。

275. FRUS. The Conferences at Cairo and Tehran, 1943. P. 5. Архивный вариант перевода послания на английский см. в: FDRL, MR, Box 8.

276. FRUS. The Conferences at Cairo and Tehran, 1943. P. 5.

277. Davies to Roosevelt, May 29, 1943 // NARA, RG 84, US Embassy Moscow, Box 22, 800.2.

278. FRUS. The Conferences at Cairo and Tehran, 1943. P. 5.

279. Davies to Roosevelt, May 29, 1943 // NARA, RG 84, US Embassy Moscow, Box 22, 800.2.

280. Колтунов Г.А., Соловьев Б.Г. Курская битва. М., 1970. С. 40.

281. Prime Minister to Deputy Prime Minister, 23rd May, 1943 // CHAR 20/128.

282. The Diary of Georgi Dimitrov. P. 275-276. 506

283. Warner to Kerr, 28th May, 1943 // TNA, FO 800/301.

284. Stone G. The Official British Attitude to the Anglo-Portuguese Alliance, 1910– 1945 // Journal of Contemporary History (далее – JCH). 1975. Vol. 10. №. 4. P. 741-742.

285. Matloff M. Strategic Planning for Coalition Warfare 1943–1944. 2nd ed. Washington, 1990. P. 126-138; Harrison G.A. Cross-Channel Attack. 2nd ed. Washington, 1993. P. 64-71; The Second World War / Ed. by TE. Griess. Vol. 1. P. 186-190.

286. Churchill W. The Second World War. Vol. IV. P. 811.

287. Hopkins to Eisenhower for Churchill, May 31, 1943 // FDRL, MR, Box 8.

288. From AFHQ in North Africa to War, June 2, 1943 // Ibid.

289. From President to General Marshall, June 2, 1943 // Ibid.

290. Prime Minister to Deputy Prime Minister, 4th June, 1943 // CHAR 20/128.

291. Керр - Молотову, 6.VI.1943 // РГАСПИ. Ф. 558. Оп. 11. Д. 262. Л. 5.

292. From Opnav to Alusna, Moscow, June 15, 1943 // FDRL, MR, Box 8.

293. Standley to the President, June 5, 1943 // Ibid.

294. Flight Magazine. 24.VI.1943. P. 672.

295. Wings of War: Airmen of All Nations Tell Their Stories, 1939–1945 / Ed. by L. Lucas. N. Y., 1984. P. 275.

296. SearleA. Op. cit. P. 70.

297. Kahn M. Measuring Stalin's Strength During Total War: U.S. and British Intelligence on the Economic and Military potential of the Soviet Union During the Second World War, 1939–1945. Goteborg, 2004. P. 283.

298. Поздеева Л.В. Советский Союз: Феникс // Союзники в войне. 1941–1945. С. 179.

299. Майский в НКИД, 9-10.VI.1943 //АВП РФ. Ф. 059а. Оп. 7. П. 13. Д. 6. Л. 288-290.

300. Private Office, 12th June, 1943; Churchill to Maisky 13th June, 1943 // TNA, PREM 3/396/9/. Именно эта согласованная версия приводится в: САНО. Т. 1. С. 390-392.

301. Maisky to Churchill, 13th June, 1943 // TNA, PREM 3/396/9; Из Лондона, 14.VI.1943 //АВП РФ. Ф. 059. Оп. 10. П. 8. Д. 64. Л. 155.

302. Майский – Молотову, 22.VI.1943. Сокращенный вариант этой телеграм¬мы опубликован в: САНО. ТЕС. 390-391.

303. Политика США. 2.IV.1943 //АВП РФ. Ф. 06. Оп. 5. П. 28. Д. 327. Л. 16, 21. Факсимиле документа опубликовано в: Великая Отечественная война 1941– 1945 годов. Т 8. С. 219 242.

304. Warner to Kerr, 8th July, 1943 //TNA, FO 800/301.

305. From Moscow to Foreign Office, 14th June, 1943 // TNA, PREM 3/333/5.

306. From Washington to Foreign Office, June 17, 1943 // CHAR 20/113.

307. Memorandum for the President, June 16, 1943 // FDRL, MR, Box 8.

308. Memorandum for General Arnold, June 10, 1943 // Ibid.

309. Memorandum for the President, June 16, 1943 // Ibid.

310. From Moscow to Foreign Office, 14th June, 1943 // TNA, PREM 3/333/5.

507 311. From Foreign Office to Moscow, 16th June, 1943 // Ibid.

312. Department of State. The Secretary. Memorandum, June 18, 1943 // FDRL, Official File, 220 Russia.

313. Prime Minister for Deputy Prime Minister and Foreign Secretary, 21st May, 1943//CHAR 20/128.

314. Diaries of Sir Alexander Cadogan. P. 537.

315. САНО. Т. 1. С. 394-395.

316. Молотов – Богомолову, 16.VI.1943//АВП РФ. Ф. 059. Оп. 10. П. 23. Д. 183. Л. 106-107.

317. САНО. Т. 1. С. 398.

318. Молотов - Богомолову, 25.VI.1943 //АВП РФ. Ф. 059. Оп. 10. П. 23. Д. 183. Л. 96-99.

319. From Moscow to Foreign Office, 22nd June, 1943 // TNA, PREM 3/333/5.

320. Майский - НКИД, 25.VI.1943 //АВП РФ. Ф. 059. Оп. 10. П. 7. Д. 59. Л. 103.

321. The Diaries of Sir Alexander Cadogan. P. 539.

322. Ibid. P. 538.

323. Майский - НКИД, 3.VIL1943 // АВП РФ. Ф. 059а. Оп. 7. П. 13. Д. 6. Л. 295-298.

324. H. Ismay to Prime Minister, 26th June, 1943 // TNA, PREM 3/333/5.

325. Prime Minister to the British Ambassador, Moscow, 26.6.43 //Ibid.

326. Prime Minister to the British Ambassador, Moscow, 29.6.43// Ibid.

327. Майский - НКИД, 3.VII.1943 г. // АВП РФ. Ф. 059а. Оп. 7. П. 13. Д. 6. Л. 293-294.

328. 3.7.43 // TNA, PREM 3/333/5.

329. From Moscow to Foreign Office, July 1, 1943// Ibid.

330. Молотов - Майскому, 25.VI.1943 //АВП РФ. Ф. 059. Оп. 10. П. 22. Д. 177. Л. 29.

331. Майский - НКИД, 29.VI.1943 // Там же. П. 7. Д. 59. Л. 130-132.

332. 列宁遗嘱：(有关苏联对外政策的若干问题), M., 1969, C. 127。

333. From Washington to Foreign Office, 8th July, 1943 // CHAR 20/129.

334. Майский - НКИД, 3.VII. 1943 //АВП РФ. Ф. 059а. Оп. 7. П. 13. Д. 6. Л. 298.

335. Davies to Mr. Stalin, July 22, 1943; Hopkins to Gromyko, July 22, 1943 // FDRL, MR, Box 8.

336. Из Вашингтона, 23.VI.1943 //АВП РФ. Ф. 059. Оп. 10. П. 3. Д. 25. Л. 41.

337. РГАСПИ. Ф. 558. Оп. 11. Д. 366. Л. 1.

508 *第5章*

伟大的转折之年（2）：库尔斯克会战，意大利，莫斯科，德黑兰

苏联武装力量在库尔斯克和第聂伯河会战中取得了一系列胜利，而英美军队在西西里、东南亚以及大西洋和太平洋战区的军事行动中也捷报频传，第二次世界大战战场态势实现了根本性转折，世界战略格局发生了彻底改变。形势日趋明朗，德国及其仆从国取胜的希望破灭，而反法西斯联盟在人力和军工资源方面全面超过“轴心国”。与此同时，为彻底战胜敌人，要求同盟主导国更加同心协力。

战争的根本性转折的另一个标志就是法西斯阵营开始分崩离析。意大利退出战争，失败主义的情绪在其他附庸国芬兰、匈牙利、罗马尼亚、保加利亚弥漫，他们纷纷开始寻找可以退出战争的方式。库尔斯克会战后，日本军部在筹划对苏作战时首次开始研究防御，而非进攻行动。[1]

新的形势为同盟国外交日程提出了新的问题：迫切需要制定彻底战胜敌人的联盟协同战略，奠定战后秩序基础。这些新问题开始在斯大林—罗斯福—丘吉尔的往来信函中占居主要地位。

“哈斯基”和“雪崩”行动使意大利退出了战争，这首次向同盟国提出了新的问题，必须针对从纳粹占领下解放出来的国家制定统一的政策。在这个问题上，就像波兰问题一样，在原则和政治合理性方面出现了矛盾。西方盟国将意大利作为自己的势力范围，为取得在该国的主导地位，伺机剥夺了苏联全权参与意大利事务的权利。同时他们也明白，他们为自己开创了一个非常危险的先例，斯大林可以采用同样的手段限制他们对东欧的影响力。然而，
509 对意大利“共产主义化”的恐惧最终还是占了上风。就意大利问题与盟国进行沟通的往来信函中，斯大林坚决地捍卫苏联的平等地位，并成功建立了有

苏联参与的意大利问题军事政治委员会，从此盟国的角色发生了转换：斯大林效仿西方对意大利的做法，在东欧建立了自己的势力范围，而伦敦和华盛顿则在那里徒劳地要求自己享有平等份额。

盟国关系发展阶段的重要标志就是莫斯科会议，这是首次外长论坛，尽管英美方面怀疑，会议还是通过了继续战争和战后调解原则方面的重要联合决议。同盟成员国一致同意采取措施缩短战争进程，尽管没有明确具体日期，但重申了在1944年开辟第二战场的计划。在《四国关于普遍安全宣言》中，他们就战后秩序安排的一些共同原则达成了一致，其中包括成立维护世界和平与安全的普遍性国际组织，即之后的联合国的雏形。同盟成员国还就德国无条件投降及对其进行处置的原则达成一致，同意了英国提出的成立欧洲协商委员会的提议，以进一步讨论德国问题和战后欧洲秩序计划。同时还设立了另一个协商机构——有苏联参与的意大利事务协商委员会。在奥地利问题上，认定“德奥合并”非法，并保证该国在战后实现独立。但问题不仅在于这些具体的协议，重要的是在此氛围下形成的联盟团结，自开战以来这种团结精神在莫斯科会议期间首次表现得如此明显。难怪艾登在给国会的报告中称，会议笼罩在“互利互信的友好氛围”中。[2]

西方盟国少有地一致支持莫斯科方面的建设性立场，为了会议的成功召开尽了一切可能之力。会议期间，艾登电告丘吉尔，“诸多迹象表明，苏联政府官员真诚地希望在长期友好的基础上与我们和美国保持关系”。[3] 克尔大使和其他参与谈判的西方人士一样，认为这种态度的产生原因在于，“苏联人感 510
觉到，他们首次被允许以平等的身份自由进入我们的隐秘圈子”。[4] 的确如此，以平等身份进入大国俱乐部的满足感，甚至在莫洛托夫向苏联外交人民委员会提交的枯燥的会议总结报告中也有所体现：“苏联代表团的意见和建议受到了高度重视。总而言之，考虑到会议所赋予的任务、总体的议事日程，而且这还是三国外长的首次会晤，应该认为会议的工作是令人满意的。”[5]

莫斯科会议铺平了通向德黑兰的道路，某些苏联文件记录形容德黑兰会议是首次“三鹰聚首”，在这次会晤中斯大林和罗斯福最终获得直接接触的机会，可以以此来检验在通信过程中相互形成的印象。通过分析白宫和克里姆林宫往来信函可以看出，会晤地点和时间的选择是通过紧张的外交磋商达成的，最终斯大林成为了胜利者。他头顶一系列重大战役胜利的光环来到德黑兰，准备同西方盟国以平等身份对话。他此次参会的主要目的是，与盟国最终定夺开辟第二战场问题，并试探其对苏联地缘政治需求的态度，以及进行战后安排的立场。通过三方领袖的首次互动，斯大林非常清楚地看到罗斯福和丘吉尔相互关系出现的变化，以利用其实现自己的利益。对于美国总统而言，最重要的是要建立同斯大林的私人信任，获得其参加对日作战的保证。为此，据苏联最新文件首次披露，罗斯福非常高兴地接受了会议工作期间暂住苏联使馆的邀请。而丘吉尔在德黑兰则不得不忙于守住自家地盘，以捍卫其在地中海的战略利益。

通过会议发布的文件和参会者的见证都可以清楚地透视出德黑兰谈判的过程。斯大林的执着坚持对实施“霸王”行动的决议形成起了重要作用，尽管丘吉尔极力争辩，罗斯福也犹豫不决。“谢天谢地，还好有斯大林。”美国战争部长H.史汀生（Стимсон Г.）在日记中这样写道。按照他的话说，苏联领导人表现出“直率和力量”，且“有力地戳穿了英国人的转移话题的把戏，
511 这种力量使我的心灵激情燃烧”。[6] 苏联国内评论也认为这个决定是“斯大林、罗斯福、丘吉尔共同参会”取得的主要成就。[7]

苏联领导人给西方伙伴留下了深刻的印象。仇视苏联的布鲁克也在日记中写道：

“……应当承认，斯大林拥有非常超凡的军事头脑。在他的发言中从未犯过一次战略性错误，他那快速精准的眼光一次也没有错失良机。在这方面，他比另外两位伙伴表现得更加耀眼。罗斯福不屑于追求战略家的名号，他让马歇尔或者莱希代表自己发言。而温斯顿这边更无法势均力敌：他时不时地炫耀，特别感情用事，醉心于一些未经深思熟虑、不切实际的计划。”[8]

所有与会者都发现，苏联和美国领导人俨然成了主角，而丘吉尔则退居为配角。“斯大林与罗斯福似乎是一家人，”哈里曼从德黑兰返回后，如此向使馆官员描述了他们的首次会晤：“我们的观点比英国人更接近俄国人……斯大林对待总统就像对待一位长者，尽力揣摩其内心的想法。他在总统那里所了解到的，显然是他想要的，因此他对总统毕恭毕敬。”[9] 除了准备开始“霸王”行动，斯大林在德黑兰还能从罗斯福“头脑”中了解到什么呢？那就是对殖民主义的厌恶，对英国也不例外，还有粉碎敌人和严惩德国的坚定决心以及对苏联在东欧，特别在波兰问题上的强势表现出忍耐：在单独会谈中，总统十分清楚地让斯大林明白，与波兰本身的命运相比，他更关心的是旅美波兰人在大选中的选票。安排苏联加入大国“大家庭”，以维持战后与苏联及其领袖的合作。这样一来，斯大林觉得，与丘吉尔相比，罗斯福是一位更加具有前瞻眼光和更为随和的伙伴。

罗斯福也终于相信，对未曾谋面的斯大林形成的印象是正确的，他是一个实用主义者和现实主义者，在西方国家的适时影响下，他能够将自己的国家引

向更为人道的方向，在确立战后秩序方面可以成为值得尊敬的伙伴。在返回美国的途中，总统向国务卿赫尔传达自己的感受时写道：“……总体而言，在德黑兰一切进行得都很好，比我期待的要顺利得多。看来，我们和斯大林想要达到的目的很相似。”[10] 从德黑兰返回后，他甚至对自己周围的人这样说，“可以预料，战后与英国人之间出现的问题，要比和俄国人之间的问题要大得多”。[11] 会议期间，罗斯福用尽全力博取斯大林的好感，甚至不惜挖苦丘吉尔来迎合他。一些历史学家将这种“献媚”视为总统的天真算计，以博得克里姆林宫领袖虚幻的信任。但是，在两者的接近过程中，起决定作用的不是领导人的态度，而是两国战略利益的契合。实质上，正如美国军事外交历史学家M.斯托勒（Столер М.）所言，在德黑兰，罗斯福和斯大林之间达成了“战略交易”：开辟第二战场［“霸王”和“铁砧（Энвил）”行动］换取苏联对日作战的承诺，同时通过红军在东欧的大举进攻，协助同盟国进入法国北部和南部。[12] 这为同盟国在反抗共同敌人过程中建立真正的联盟战略树立了良好的开端。 512

这种军事战略共同利益掩盖政治方面的潜在分歧持续了相当的时间，这些分歧在德黑兰会议期间曾经讨论，但未达成谅解：如何处置德国、如何明确波兰的新边界及其政府组成、如何成立维护和平与安全的世界组织、如何瓜分意大利海军等。会议公报的结束语是这样写的：“我们带着希望和决心来到这里，我们离开这里时已经成为志同道合的朋友。”这句话充分表达了全新的乐观和团结的氛围，这种氛围在德黑兰会议之后几周“三巨头”的信函往来中也充分地表现出来了。苏联宣传部门在军队和后方的诸多集会中绘声绘色地描述了会议的成果，英国大使馆在报告中写道：“为了使普通苏联人相信，英美盟友在加速敌人灭亡的决心上，与自己的国家是一致的。”[13] 吝用修饰语的哈里曼表示，“苏联的革命精神也体现在莫斯科和德黑兰的会议上”。[14] 甚至颇感委屈的丘吉尔一段时间里也沉浸于德黑兰会议后的这种情绪中。1944年1月4日在给艾登的备忘录中谈到“近两年来”自己对苏联领土要 513
求的立场变化时，丘吉尔写道：“俄国军队的伟大胜利、俄国国家和政府性质的深刻变化、我们内心对斯大林的信任都起了作用。”[15] 但是，如何长久保持这种“德黑兰精神”，还是个未知数。

* * *

虽然库尔斯克方向的防御战仍在继续，苏军指挥部已经开始考虑适时转入反攻。早在1943年4—5月，大本营就制定了实施两场战役，即奥尔罗夫卡战役（Орловская операция）和白城—哈尔科夫战役（Белгородско-Харьковская операция）的相应计划，并报请斯大林批准。大本营的企图绝对不乏灵活性。朱可夫4月8日向斯大林报告称，“我认为，最近几天先敌进攻是不合适的。更好的办法是，在防御战中消耗敌人，摧毁其坦克，然后动用新增预备队转入总攻，彻底摧毁敌主力集群”。[16]

尽管7月12日开始的代号为“库图佐夫（Кутузов）”的奥尔洛夫卡反攻战役筹备规模庞大，但苏联红军还是成功地将敌人打得措手不及。经过两周激烈而残酷的战斗，希特勒下达了撤退命令：坚守奥尔洛夫卡突出部，收缩正面战线，固守布良斯克（Брянск）以东“哈根（Хаген）”防线。7月31日，德国军队开始撤退，但敌人并不打算把奥廖尔（Орел）拱手相让。在击退了顽固的抵抗之后，苏联红军于8月5日解放奥廖尔，当天白城也获得解放。正如研究人员所指出的，“对全局而言，‘库图佐夫’战役极其重要，虽然并未尽全力……敌人的奥尔洛夫卡桥头堡就像插入俄国心脏的一把利剑，终于被拔掉了。清除这个对莫斯科安全极具威胁的桥头堡，也为苏联红军进入白俄罗斯境内作战创造了条件”。[17]

斯大林希望以特殊的方式庆祝这次重大胜利。苏联红军总参谋部作战局局长C.M.什捷缅科（Штеменко С.М.）少将（之后晋升为大将）回忆道：

514 “各方面军司令员刚刚向最高统帅报告夺取了这些城市……我和安东诺夫将军被紧急召回大本营。斯大林也刚从加里宁格勒前线返回，大本营的其他所有成员也已集合完毕。——你们读过军事历史吗？……如果读过，那么你们是否知道，在古代，当军队取得了胜利时，为了欢迎统帅和部队凯旋，全城的钟声都会敲响，那么我们也不妨以某种更直观的方式来庆祝这一胜利，而不只简单地发嘉奖令。我们认为，他向坐在前排的大本营其他成员点了点头说，发射礼炮来表达对最优秀的部队和指挥员及其统帅的敬意。而且再装饰些彩灯……”[18]

8月5日，伟大卫国战争期间，首次在莫斯科响起了礼炮声，124门礼炮12发齐射。

265. 罗斯福总统致斯大林元帅

1943年8月5日发　　　　1943年8月7日收

在这一个月艰苦卓绝的战斗中，贵军用自己的战争艺术、英勇无畏、自我牺牲和坚忍不拔击退了德国蓄谋已久的进攻企图，并开始成功地实施反攻，这对以后的战争进程具有深远影响。

衷心祝贺红军、苏联人民和元帅您本人在奥廖尔城下取得的伟大胜利！

苏联值得为自己的英雄主义胜利感到自豪。

丘吉尔原本也想发电祝贺斯大林攻克奥廖尔，但最后还是改变了主意，因为他没有收到苏联领袖对开始“爱斯基摩”行动通报的回复，深感委屈。“总统是否应该以这样一句话作贺词的结尾：‘您不可能没有注意到，已经在地中海展开大规模的军事行动，直接把墨索里尼赶下台。’”他在赴魁北克的途中在“玛丽皇后”号上对哈里曼冷嘲热讽地说道。[19]

斯大林当时在与盟国通信问题上仍在继续保持缄默。这未必是因为他一直留在前线，目前已经清楚，最高统帅近几周只是偶尔去一次前线，并且滞 515
留的时间不长。当然，指挥决定性军事战役耗费了他大量的时间和精力，但也有可能他在等待罗斯福和丘吉尔首先示好。后者对斯大林的沉默惴惴不安。7月26日艾登告知苏联驻伦敦临时代办索伯列夫，首相“特别担忧，至今他尚未收到斯大林对7月8日和10日两封致信的回复”。艾登说：“我一直在安慰丘吉尔首相，称斯大林此刻正在前线，因此耽误了回信。即便如此，我也认为将此告知您是我的职责所在。”[20]

同时，在华盛顿，特别是伦敦，都在绞尽脑汁地思考这样一个问题：如何告知斯大林英美定于8月在魁北克举行代号为“四分仪（Кватрант）”的会议。这一次并未按照卡萨布兰卡模式预先通知并邀请苏联参会。让斯大林接受既定事实则更加危险。艾登最初提出一种折衷方案：在会议前夕向斯大林通报“四分仪”会议相关情况，以打消苏联主动要求参会的念头，艾登还建议自己前往莫斯科对会议做出的各项决议进行解释。“在这个世界上我没有比这更不情愿的事了，他们不会很客气地接待我，”他在7月28日给丘吉尔的信中说道，“但是我们还必须时不时地试图去安抚这头熊，不是这样吗？”[21]“我不反对。”首相在回复艾登的电报时写道。大臣征求克尔的意见，后者解释说，斯大林之所以一直保持缄默，是因为对绕开克里姆林宫做出关键性军事政治决议心存抱怨。他还建议，不仅要预先向斯大林通报即将举行会议的消息，而且还要邀请他本人或者莫洛托夫来魁北克；如果苏方拒绝，那么在“四分仪”会议之后再派艾登赴莫斯科。[22]收到克尔的这封电报后，艾登接受了大使的建议，认为苏联拒绝邀请是必然的，[23]但丘吉尔坚决反对这种故作姿态。8月1日他很生气地给艾登发了电报：

516 “不可能邀请俄国人参加这个会议，这个会议是我们年初讨论的续会，在当时的会议决议中业已决定，而且主要议题是对日战争问题，俄国不是参战方。斯大林也没有任何理由对此抱怨，因为他完全忽略了我关于在斯卡帕湾举行三方会谈的多次建议，而且拒绝了美国总统在阿拉斯加会晤的邀请。在本次会议准备阶段，我根本不会同意邀请莫洛托夫或其他官方代表参会。我相信，这只会导致完全走进死胡同，还不如取消会晤。与协调英美之间军队行动以有效进行战争的机会相比，我宁愿忍受斯大林的这种派头。”[24]

这些摩擦的最终结果就是8月7日由英国政府致信给斯大林，克尔于第二天将信函转交给莫洛托夫。信中通报了即将举行的英美会晤，也承诺向苏联政府通报所有涉及欧洲战区的决议内容，并重申了丘吉尔关于在斯卡帕湾“或者元帅和总统比较方便的地方”[25]举行三方会谈的建议。这封信成为斯大林于8月9日给丘吉尔首相回信的理由。之前一天他已经给罗斯福回信，很礼貌地收回了与美国总统举行夏季会晤的提议，此信由戴维斯转交。由于斯大林厌恶长途旅行及其自恃苏联的威望，致使克里姆林宫主人彻底拒绝在远离苏联的地方与罗斯福和丘吉尔会晤。斯大林和苏联其他领导人也都非常关心自身安全：据丘吉尔回忆，1942年苏联代表下榻契克斯官邸时，枕头下都放着左轮手枪。[26]在阿拉斯加或者英国，很多方面都依赖于当地国家的特工机关，因此苏联特工也不能完全掌控局面。[27]虽然苏德战场的状况与1942年相比总体上有了较大改观，但苏联仍然是本土作战：未来的胜利预示着强硬的外交立场，因此，不值得急于举行“最高层”会晤。

517 信函的最后4段是斯大林对莫洛托夫的方案亲自修改补充的：随着事态的发展，领袖似乎想使自己的毁约听起来更合理一些，之前他建议两国“重要代表”或包含英国人举行会晤。他没有明确是何等重量级的人物，而且也有可能会扩大到三方模式。

但是，在第二天收到英国政府来函之后，斯大林和莫洛托夫认为有必要在“三巨头”会晤之前，举行三国高级别谈判。这样，斯大林也有理由搁置最高领导人会晤，因为他还没有做好准备，而在高级别谈判上可先行做准备。人民委员应作为“重要代表”发挥自己应有的作用。在8月9日发给丘吉尔的信函中，已经明确地说明了会晤模式和预先确定日程的必要性。外长级会晤的想法的雏形就此诞生，而且很快就付诸行动。对成功开始“爱斯基摩”行动的祝贺使回信略感暖意，该行动即登陆西西里岛、7月25日迫使墨索里尼下台、组建意大利新政府、由国王维克多·埃马纽埃尔（Виктор Эммануил）任命其以前的战友P.巴多格里奥（Бадольо П.）元帅为新政府首脑。斯大林在全身心投入指挥库尔斯克会战时，也不忘关注西西里岛盟军的行动。8月11日，在与克尔和斯坦德利会晤时，斯大林兴致勃勃地问："南北夹击墨西拿（Мессина）的英国部队和加拿大部队与美国部队之间是否建立了全面的联系？"当得知正在进行联系，斯大林自信地预言：一旦建立了联系，那么"西西里就彻底完蛋了"。同时他还建议"狠揍"意大利人。苏联方面的谈话记录这样写道："意大利佬太狡猾了。他们又想蒙骗希特勒，又想蒙骗英国人和美国人，斯坦德利和克尔笑了起来，同意斯大林同志的意见。"[28]

8月9日给丘吉尔的信函内容出自莫洛托夫之手，他巧妙地借鉴了斯大林修改给罗斯福信函的办法，把"帮派"替换成"匪帮"，并在信中使用了形容词"显著的"。

266. 斯大林致罗斯福的私人秘密信函 518

1943年8月8日发

1. 刚从前线回来，未能回复您7月16日的最后一封来函。毫无疑问，您注意到了我们的战争形势，也能够对以前耽误回信予以谅解。

与我们的预判相反，德国不是在6月发起进攻，而是在7月，而现在苏德战场的战斗进入了白热化。众所周知，苏联红军击退了希特勒军队7月的疯狂进攻。同样您也知道，我们的部队也转入了反攻，攻占了奥廖尔和白城，并一直在压迫敌人。

不难理解的是，在当前苏德战场形势严峻的情况下，苏联红军部队指挥部对敌人的行动保持高度紧张和特别警觉。因此，我无暇顾及其他事务和义务，只能全力以赴地投入对前线的指挥。我还必须经常亲临前线各个战场，其他一切都必须服从前线的利益。

我希望在这种情况下您能完全理解我此时不能进行长途旅行，很遗憾，也不能履行我自己曾提议在夏秋之际进行会晤的承诺，我的提议是戴维斯先生转达给您的。

对此我也感到非常遗憾，但是形势逼人，不得不服从大局。

我认为，关于两国"重要代表"级别的会晤毫无疑问是非常合乎时宜的。在目前这种军事形势下既可以在阿斯特拉罕，也可以在阿尔汉格尔斯克举行。如果不能令您满意，那么您也可委派信任的重要代表前往上述地点之一。如果您接受这一建议，则应预先确定需要讨论的议题，以及需要会议表决的建议。

当时我已经告诉戴维斯先生，不反对丘吉尔先生参加此次会议，旨在把
519 两国间代表会议提升为三国代表会议。您如不反对，我仍持此观点。

2. 借此机会，衷心向您和英美军队在西西里取得的辉煌战果致敬，正是此次登陆才使墨索里尼及其帮派垮台。

3. 感谢您就苏联红军和人民在奥廖尔取得的胜利而发来的贺信。

267. 斯大林致丘吉尔的私人秘密信函

1943年8月9日发

我刚刚从前线回来，拜读了8月7日英国政府发来的信函。

1. 我同意，三国政府首脑会晤无疑是各方所愿。与总统商定时间和地点之后，举行会晤是当务之急。

与此同时，我应当说，在苏德战场处于当前这种形势下，很遗憾，我没有抽身离开的机会，哪怕是一周时间。尽管我们近段时间在前线也取得了一些胜利，目前苏联红军部队和苏联指挥部仍需要对敌人可能发起的新行动保持高度紧张和特别警觉。因此，我必须要比平时更加频繁地深入部队，到前线各个地段进行视察。在这种形势下，我也不能在此时动身去斯卡帕湾或更远的地方与首相您和总统举行会晤。

尽管如此，为了不耽误与我们各国相关问题的解决，组织我们各国重要代表举行会谈是可行的办法，有关会谈的时间、地点将在近期商定。

此外，应当事先约定好需要讨论的问题范围和需要表决的议题。如果不做好上述准备，会谈可能不会取得显著成果。

2. 借此机会，向英国政府和英美部队取得西西里岛登陆的胜利表示祝贺，正是此次登陆才使墨索里尼及其匪帮垮台。

520 伦敦和华盛顿方面都松了一口气．“斯大林的回信比我预想的要好，极大地缓和了局势．”艾登给在魁北克的丘吉尔发电报时如此说道，“看来，我们应立即原则上同意此次会晤，至于时间、地点、议事日程和与会人员稍后再确定。最好由您祝贺其攻克奥廖尔的胜利，因为您亲自祝贺的效果要好得多。约瑟夫是个难以捉摸的人。”[29] 艾登给丘吉尔首相的提议，包括攻占奥廖尔的贺信，在8月11日的会议上得到全体内阁成员的一致赞成。各位大臣“对斯

大林主席来函的语气和内容总体上较为满意”。[30] 丘吉尔本人也感到满意。他在从魁北克发给乔治六世国王的第一份电报中写道：“正如国王陛下所说，我收到了来自大熊的回信，我们又有机会与其对话了，或者至少可以咆哮。”[31] 美国驻伦敦大使怀南特同一天也通知华盛顿，斯大林“2号人物”会晤的想法受到英国外交部的赞赏，被认为是“非常有益的”，而且外交部领导层已经着手思考会晤议题。[32] 如此迅速地积极回应的动机之一就是希望消除因苏联缺席“四分仪”会议而带来的负面影响。“俄国缺席即将在加拿大举行的会议这一事实，一定会成为公众议论的话题，因此需要加快斯大林主席建议的会议筹备工作。”内阁会议决议中写道。[33]

很难说斯大林对自己这一举措的效果抱有多大希望，但他认为自己的
“不可捉摸”又一次发挥了作用：因保持沉默而引发盟国坐立不安的背景下，
这出人意料的建设性意见，加上非常友善的言辞，也是会被称道的。按照内
阁的建议，丘吉尔马上积极回信。对收复奥廖尔和白城的祝贺标志着红军大
规模反攻给战争带来了根本性的转折。有关库尔斯克战役，研究人员形象地
写道，苏联红军“折断了德国纳粹的脊梁”，[34] 通过密集使用兵力、承受巨
大牺牲（仅人员损失就达86.3万人，其中约25.45万人阵亡），不仅顶住了德
国的进攻，而且将其重创，从此德国元气大伤。德国遭受的损失基本无法弥 521
补：“根据苏联资料显示，德国法西斯军队在库尔斯克会战中损失了1500辆坦
克、3700多架飞机和3000件其他兵器。而德国资料显示，德国法西斯陆军部
队1943年7月和8月在苏德战场共计伤亡47.44万人。”[35] 正如战后德国古德里
安将军所承认的那样：“‘堡垒’行动流产后，我们遭遇了毁灭性的失败……
更多时候在东线几乎没有安宁之日。敌方完全掌握了主动权。”[36] 丘吉尔在自
己的回忆录中阐释了同样的观点：“库尔斯克、奥尔洛夫卡和哈尔科夫这3次
大规模的会战，持续时间长达2个月，标志着德国法西斯军队在东部战线的
溃败。”[37]

除了在军事上的胜利，库尔斯克会战在国际政治方面也具有深远影响。如果在敌方阵营中，特别是在意大利，弥漫着失败情绪，那么，在反希特勒阵营联盟各国中则必胜的信心大增。“一切都在朝着有利于盟国的方向发展变化……”比弗布鲁克于1943年6月曾作出这样的预言。[38] 更有自信的就是苏联领导人。在讨论1943年秋季庆祝十月革命胜利26周年纪念活动时表现得最为明显，全苏共产党（布尔什维克）中央委员会政治局成员所作的报告和会议讨论中特别强调“巩固苏联的国际地位”。[39] 苏联外交人民委员会工作人员与外国代表谈话中经常会提到，德国法西斯即将失败，例如，1943年8月10日，

苏联副外交人民委员罗佐夫斯基与中国驻苏大使傅秉常在会谈时就曾这样说过。[40]

无论是8月12日还是之前的信中，丘吉尔在祝贺苏军取得胜利的同时，自然也不会忘记英美所作的贡献。7月25日—8月3日英美空军对德国汉堡进行大规模空袭。行动代号为“罪恶之城（Гоморра）”，行动代号不仅象征了对法西斯制度的立场，而且也代表了损毁的规模：空袭使4.1万人丧生，完全毁坏的建筑有3.5万幢，大约43%的汉堡居民住宅无法使用。[41] 在水下战场，德国人也承受了巨大损失：1943年5—7月德国88艘潜艇在大西洋覆灭。[42]

522 268. 丘吉尔致斯大林的私人机密信函

1943年8月12日发　　　　1943年8月12日收

1. 您8月9日的电报使我有机会向您表示衷心的祝贺，祝贺前不久俄军在奥廖尔和白城城下取得的重大胜利，为继续向布良斯克和哈尔科夫发展进攻铺平了道路。德国军队在这一战线上的失败成为我们取得最终胜利的里程碑。

2. 我抵达了魁北克城堡，今天出发去罗斯福总统的私人官邸与其会晤。同时参谋部将在此举行会议。本周末，总统和我也将出席这个会议。我将向总统出示您给我的电报，即有关近期将举行重要代表会谈一事，我们也欢迎此举。我完全理解，您忙于指挥贵国军队胜利前进之时，是不可能在此关键时刻离开前线的。

3. 感谢您祝贺西西里岛的胜利，我们共同努力扩大战果，以降低“霸王”行动的损失。当然，我们各个战场的形势，与去年我在莫斯科时相比，都已不可同日而语。

4. 我给您寄去一台小型放映机，还有大量影片，它能够向您展示我们对德国城市空袭时给其所造成的损失。它们比单纯的照片更加直观。我希望您能够抽出半小时观看。等待漫长黑夜的到来是近期存在的唯一问题，届时柏林将会遭到更大规模的轰炸。现在只取决于天气。这样的摧毁将持续几昼夜，会比迄今为止已知的任何破坏都将严重。

5. 最后，在水下战争方面，我们在5、6、7三个月平均每天消灭1艘潜艇，同时我方遭受的损失要比预期小得多。我们潜艇净吨位具有相当大的优势。
523 这使得建立英美联合反希特勒战线更加可行，我同意您的说法，应缩短战争期限。

罗斯福和丘吉尔在魁北克会议召开前几天，在以总统命名的海德公园讨论过最近联名给斯大林写信的事宜。首相建议最后一次邀请斯大林参加最高层会晤，他认为，如果克里姆林宫再次拒绝，则“我们就处于非常有利的地位”。罗斯福总统原则上同意丘吉尔的建议，但不同意发送带有通牒性质的邀请函。[43] 盟国同样也通知斯大林关于西西里岛战役行动的成果，此次行动以巴顿将军率领的第7集团军于8月17日攻占墨西拿宣告结束，比蒙哥马利指挥的部队提前2小时到达那里。尽管“轴心国”军队遭受了巨大损失（被俘总数甚至比罗斯福和丘吉尔写的要多，达16.2万人），但德意军队指挥部还是成功地从岛上撤出10.2万人，这使得一些研究者对“爱斯基摩”行动完胜的说法提出质疑。[44] 尽管士兵和指挥部在行动结束后已经疲惫不堪，但英美军队又接受了新的任务。[45] 在7月18日当天，艾森豪威尔便同意布鲁克和丘吉尔提出的登陆亚平宁（Апеннин）半岛的准备工作，尔后展开新的战斗。

在8月18日的信函中，罗斯福和丘吉尔同意了外长级会谈的建议，并将这次会谈的任务限定在“研讨”范围内（可能对exploratory翻译不完全准确——作者注）。罗斯福特别是丘吉尔已经意识到会晤的艰难，明显不希望给自己的代表以更大的授权。“我们还试图建立一种三方会议机制，”丘吉尔8月18日给驻华盛顿外交官的信函中写道，“如果斯大林不同意前往，或是建议在俄国某地开会，则我们就考虑外长级或者部长级代表会谈。（这样会谈的）危险性在于：代表们可能会出现严重的分歧，而又无全权授权解决分歧和达成协议。”[46]

269. 罗斯福总统和丘吉尔首相致斯大林元帅 524

1943年8月18日发　　　　1943年8月20日收

丘吉尔先生和我及其相关随行人员准备在此开会，会期大约为10天。我们再次希望您能够重视我们三人的会晤。同时，我们理解您不能远离前线的所有理由，您亲临前线有助于取得胜利。

我们认为，无论是阿斯特拉罕，还是阿尔汉格尔斯克，都不太适宜。但是我们已经做好与随行军官一同前往阿拉斯加的费尔班克斯的准备。在那里我们可以与您共同研究全局形势。

现在我们正处于战争的决定性阶段，这一时期为我们会晤提供了绝无仅有的机会。我们二人，丘吉尔首相和我，真心希望您再次考虑这种可能性。

如果我们无法就这一非常重要的三国元首会晤达成一致的话，丘吉尔首相和我也同意您提出的举行国家外交事务代表会晤的建议，当然，各自政府才能做出最终决定，同时限定这种会晤属“研讨”性质。

用了38天的时间，艾森豪威尔将军和亚历山大将军完全占领了西西里岛。

轴心国军队总人数达40.5万人，其中包括31.5万意大利军人，9万德国军人。我们动用了英美军队13个师的兵力发起进攻，伤亡1.8万人。而轴心国军队伤亡3万人，据统计其中包括2.3万德国军人，7000意大利军人，另有13万人被俘。

西西里岛上的意大利军队已全都肃清，只有小股部队伪装成平民逃往农村地区。缴获了大量的战利品，包括火炮、飞机和散落在各个地方的各种武器，其中包括部署在各个机场的1000多架飞机。

525 正如先前已经向您通报的一样，我们将很快对意大利大陆发动猛烈的进攻。

丘吉尔
罗斯福

盟军登陆西西里岛的胜利以及意大利墨索里尼政权的垮台使得意大利的投降条件及对该国的处置问题提上了盟国的外交议事日程。考虑到意大利是希特勒在欧洲的仆从国，并且是第一个退出战争的大国，这一问题具有原则意义。虽然意大利位于英美联军责任区内，但苏联参与解决这一问题，无论对莫斯科，还是对伦敦和华盛顿，都是非常必要的。但是苏联在意大利战后调解中的参与度和现实角色成了唯一的问题。英美的外交官们深知意大利事务撇开苏联会带来的危险，因此建议至少要将自己的所作所为及时通报莫斯科。斯坦德利警告说，否则苏联领导层就会有理由认为，“没有本着合作精神对待苏联”。[47]此外，撇开苏联的做法也会为西方盟国的未来树立危险的先例：“如果战争转折来临，俄国军队所向披靡，我们也希望在敌人及仆从的投降条件和领土处置上有话语权。”美国驻伦敦大使怀南特写道。[48]艾登在与索伯列夫会面时允诺，“对意大利提出的（投降——作者注）条件将知会苏联政府，并本着英苏联盟条约精神与之讨论”。[49]莫洛托夫在加急电报上的这句话下面画了粗线。但索伯列夫本人却感觉到，这些保证只是“为了转移视线”，实际上“英美政府之间就敌人投降条件事先串通协商，而当这些条件最终形成且达成一致时，在最后一刻才提交给苏联政府审议”。[50]7月30日英国政府以备忘录形式通知莫斯科关于意大利投降的初步条件，并未引起异议。[51] 8月3日克尔向莫洛托夫转达了涉及军事问题的所谓《简要投降条件书》。虽然围绕意大利投降问题进展迅速，但却省略了磋商过程。如同在北非对待达尔朗问题一样，英美试图通过和任何 526
的意大利政权做交易使意大利退出战争，并借此将自己的损失最小化。未和莫斯科进行任何磋商，盟国就事实上承认了巴多格里奥政府，并着手与之进行投降谈判。这当然引起了克里姆林宫的不满和怀疑。只是在8月19日根据丘吉尔首相的倡议，罗斯福和丘吉尔共同给斯大林解释了与巴多格里奥谈判的进程及其投降条件。口头上否认与巴多格里奥政府做交易，事实上却在做精心准备。英美联军同时通报了与葡萄牙独裁者A.萨拉查（Салазар А.）的谈判，目的是利用亚速尔群岛对德国发动空海战役。信函通过克尔于8月20日转交出去，文中因有2处小幅空白，在编码时出现了错误。[52]

270. 罗斯福和丘吉尔致斯大林的私人机密信函

1943年8月19日发　　　　1943年8月20日收

8月15日英国驻马德里大使通知说，巴多格里奥派卡斯泰拉诺*将军带来了英国驻梵蒂冈公使的引荐信。卡斯泰拉诺表示，他受巴多格里奥全权委托宣布，意大利同意无条件投降，希望与盟国加入对德作战。继而，英国驻梵蒂冈代表收到了巴多格里奥元帅的亲笔声明，他正式任命卡斯泰拉诺为全权代表。因此，这似乎是最终建议。

我们不打算与巴多格里奥政府进行某种交易，以此让意大利转变立场；但是这种做法也有一定的优势，这将大大加速战局进程。我们预计在月底之 527
前进入意大利本岛，一周之后，我们将展开大规模进攻行动“雪崩”**。极有可能，巴多格里奥政府无法撑这么久。德国在罗马之外地区部署了1个以上的装甲坦克师，只要他们猜到被巴多格里奥政府欺骗，那么他们完全有可能将其推翻，并建立以法里纳奇为首的法西斯傀儡政府。或者巴多格里奥政府垮台，意大利陷入混乱之中。

考虑到这种情况，联合参谋部长官们起草的、总统和首相批准的细则作

---

* 卡斯泰拉诺·朱策佩（1873—1977年），意大利军事家。1943年2—9月任意大利最高司令部特派军官。受巴多格里奥委托，1943年参加了里斯本谈判，然后参加了锡拉库扎（Сиракуза）附近的卡西比莱 (Кассибель) 意大利停战谈判。1943年9月3日代表意大利政府签署投降书。

** 盟军登陆萨莱诺（Салерно）行动代号。

为军事外交措施，下达给了艾森豪威尔将军，以规范行动：

经总统和首相批准，联合参谋部长官命令你派遣2名参谋赴里斯本，英美军各一名。到达里斯本之后，他们立即与英国大使取得联系。他们应随身携带已经商定的停战条件书，该文件已发送至你处。英国驻里斯本大使按照本规定安排与卡斯泰拉诺将军会面。你部参谋一同出席。

会晤时对卡斯泰拉诺将军宣读以下基本内容的声明：

1.（1）卡斯泰拉诺同意接受文件中的所有条件，你部接受意大利无条件投降（稍后转发您给意大利出具的停战条件书，之前与您沟通过。应向意方宣布，这些条件不包括政治经济和财政条件，这些文件将由其他途径转交）。

（2）该条件书中未考虑主动支持意大利参与对德作战。做出有利于意大利方面的修订前提条件是：意大利政府和国民在战争后期对联合国家抗德斗争的实际帮助。联合国家宣布：无论意大利军人和平民在何处与德国人作斗争，无论在何处损毁德国财产和阻止德国人行动，都将无条件获得联合国家
528 军队的支持。同时，快速及时提供敌方情报，在此条件下，盟军将根据可能性轰炸对于德军调动和作战具有意义的目标。

（3）联合国家与意大利停止军事行动的具体日期和时间，由艾森豪威尔将军宣布。

（附注：艾森豪威尔将军在盟军主力完成登陆意大利几小时前宣布。）

（4）艾森豪威尔将军宣布停战生效后，意大利政府必须公开宣布停战决定，并命令军队和国民即时起与盟军合作，共同抗击德国。

[附注：从上述第（3）条中可以看出，仅仅给意大利政府留出几个小时。]

（5）意大利政府在宣布停战的同时，必须下达命令，释放有可能落入德军之手的所有盟军战俘。

（6）意大利政府在宣布停战的同时必须下达命令，所有海军舰艇和尽可能多的商船离港，以便盟军进驻。尽可能多的军机应飞往盟军基地。所有可能被德军劫持的船只和飞机，必须自毁。

2.向卡斯泰拉诺将军宣布，巴多格里奥要尽一切努力，不得让德国人得知停战准备工作。其行为的性质和程度由其本人负责。但要遵循以下总原则：

（1）此命令传达至地方政权，必须对德保密，全国范围实行消极抵抗。

（2）全国范围内小规模破坏德国人使用的交通线和机场。

（3）保证盟军战俘安全。如果德国采取强压要求交出战俘，则直接释放。

529 （4）任何意大利军用舰船不得落入德国人手中。艾森豪威尔下达命令之后，采取措施立即驶向指定港口。执行巡逻任务的意大利潜艇不得召回，此

举会向德军暴露我们的共同意图。

（5）任何商船都不得落入德国之手。停靠在北部港口的商船利用一切机会沿威尼斯—里窝那（Венеция-Ливорно）航线转移至南方港口。在危急情况下商船必须自沉。所有船只必须做好驶向艾森豪威尔指定港口的准备。

（6）不得允许德国负责意大利海岸防卫。

（7）驻扎在巴尔干的意大利军队适时执行指令，向海岸方向移动，由联合国家军队护送其返回意大利。

3.艾森豪威尔将军的代表与卡斯泰拉诺将军共同建立“艾森豪威尔-意军司令部”联系通道。

（发给艾森豪威尔将军的信至此结束。）

现在转向其他问题，根据“三叉戟”会议决议，国王陛下政府与葡萄牙开始谈判，旨在从葡方获得“救生带”（代指“亚速尔群岛”——作者注），以便于空海军开展作战行动。因此，陛下政府驻里斯本大使根据有效期为600年的英葡联盟条约，建议葡方提供这种机会。当然，萨拉查博士也害怕遭到德国的空袭报复，同时也担心西班牙可能的敌对行为。为此我们为其配备了高射炮和歼击航空兵，这些装备都在运输途中，同时我们也对萨拉查博士保证，如果西班牙进犯葡萄牙，我们则立即对其宣战，并给葡萄牙力所能及的帮助。但是我们没有签订某种派驻军队的具体的军事协定，因为我们相信上述两种情况都不会发生。萨拉查博士现在同意10月初由英国和葡萄牙合作使 530
用“救生带”。只要我们在那里站稳脚跟，萨拉查博士消除自己的顾虑，我们就可以要求部署美国的舰船和飞机。

占有了“救生带”对于实施海战具有重要意义。护航运输队自5月中旬起未遭受损失，潜艇离开了北大西洋，集结到南线。使用“救生带”将特别有利于从空中对其进行攻击。此外，也有利于美国的重型轰炸机调遣到欧洲和非洲，这也是必需的。以上所述均需绝对保密。

由于莫斯科对盟国在意大利问题上的自行其是很不满意，因此克里姆林宫对联名信的反应在措辞上少有的尖锐。很可能，这是莫洛托夫本人的倡议，甚至是出自其手，没有斯大林直接参与的迹象，正如莫洛托夫向克尔保证，“最高统帅”当时没有在莫斯科，这不符合事实。[53] 作者抓住了信函中倒霉的遗漏部分——在回信的当天，即22日，克尔已经将遗漏补齐——如果仅仅是为了指责盟国疏忽草率，已经是最好的情况了。信函中的确包含了关于建立意大利问题盟国委员会的重要的建设性意见，这必定是与斯大林共同协商的结果。但还是略带点侮辱性的语气。

271. 斯大林致罗斯福和丘吉尔的私人秘密信函

1943年8月22日发

1. 您有关与意大利人进行停战条件的谈判信函收悉。感谢通报。

艾登先生曾对索伯列夫说，意大利谈判之事已完整通报莫斯科。但是，
531 我应当说，艾登先生的声明不符合事实，因为我收到您的信函中存在部分遗漏，没有结尾部分。因此应该说，苏联政府尚未获悉英美与意大利谈判的消息。克尔先生相信，他很快会收到您所发信函的完整版，但是已经过去了3天，克尔大使还没有送来信函的完整版。我不明白，为何传达如此重要之事会发生如此延误？

2. 我认为，由美、英、苏三国代表联合成立军政委员会的时机已经成熟，旨在解决与脱离德国的国家政府举行谈判的问题。截至目前的情况是，美英已有约定，而苏联只能作为被动的第三方观察员接受英美两国协商过的消息。我应当告诉你们，以后不可以出现此类情况。我提议组建该委员会，并将先期办公地点设在西西里岛。

3. 期待收到你们有关意大利谈判信函的完整文本。

罗斯福和丘吉尔于8月24日在魁北克收到了这封信函。他们对出乎意料的尖刻语气表现出的愤怒和震惊一点也不意外。随行的艾登几天后向迈斯基“对尖刻的语气表示不解：他说，译电员纯技术失误被斯大林硬生生地说成了政治对立行为”。“按照艾登的说法，”迈斯基在加急电报中继续道，“这份电报中的语气使得丘吉尔和罗斯福特别气愤，艾登不得不花费精力去消弭这种情绪。”[54]“我们两个都震怒了。”这是罗斯福的第一反应，哈里曼成功地抚平了罗斯福的情绪，他提示总统说，这都是由于丘吉尔对斯大林有关第二战场问题的言论：“您的指责不能使我动摇”造成的。哈里曼认为领导人的愤怒是没有根据的。“近来令我们担忧的是，俄国在独自游戏。在这份电报中他（指斯大林——作者注）粗鲁地声称，他应该掺和已成定局的事情，”哈里曼在8
532 月24日与罗斯福和丘吉尔共进晚餐的谈话记录写道，“……一开始抱怨斯大林独来独往，然后又抱怨他到处插手。”[55]

但是，首相是在感情上更不能接受。是他提议告知斯大林意大利事务进

展，这反而招致了收信人的斥责。在和哈里曼的谈话中，他把斯大林称为“反自然的人”，并且悲观地预言，未来如果与之发生冲突将面临“血腥的后果”。[56] 艾登在他圈内人士中就曾担心首相的“极端反俄”情绪不是没有道理。[57] 在提交给内阁的标注日期为8月25日的“四分仪”会议报告中丘吉尔写道：

“现在唯一的缺憾就是苏俄和熊一样的行事方式越来越强硬。你们当然也看到斯大林关于意大利事务的电报。他绝对没有任何理由抱怨，因为除了向意大利代表宣布严苛的无条件投降条件，我们什么都没有做，而且苏联政府也表示同意，我们也就所有问题都已及时通报了。

总统对信中的语气感到非常委屈。他已派人转告苏联临时代办，他现在在路上，过几日才能返回。我自己暂时尚未收到这方面的消息，但是我们与艾登不会有所动作，直到总统情绪平复。众所周知，斯大林对我们进行三方会晤的邀请视而不见，只是因为路途遥远且有些冒险。即便如此，我也不会认为，他的坏性情和拙劣行为与准备和德国单独媾和有关。两国人民之间相互仇恨像瘟疫一样横亘在两国之间。当然，与这些人的关系上没有进展也令人郁闷。但是我相信，我的同仁们不可能指责我和政府缺乏忍耐和团结。”[58]

丘吉尔所提到的罗斯福的指示确实存在，但其本意与丘吉尔所说相差甚远。在罗斯福故居资料馆中收藏了总统给自己的亲密助手E.沃森（Уотсон Э.）少将（“老爷子”）的指示文件，注明日期是8月25日，当时正值“四分仪”结束，罗斯福和丘吉尔分手后，分别在本国休整了几天。其中有一段通 533
过葛罗米柯转达给斯大林的话：“元帅给总统和首相的信函已经转交总统，后者已经退席离开魁北克会议，在下周之前联系不到他。元帅给总统和首相关于会晤的任何回函都会转达。”[59] 这里指的是8月18日关于最高层会晤的联名信。据美国档案专家提供的资料显示，这条信息是总统亲笔写就，并有署名，其中有这样一句话：“不要告诉他（即葛罗米柯——作者注）这是由总统发出的。”稍作思忖，罗斯福还是删掉了这句话，并且把自己的签名换成“威尔逊·布朗”。[60] 这种稳妥的做法再次说明罗斯福对这一消息的重视程度。

类似这种半官方的信函明显说明总统即使离开华盛顿期间也继续保持与克里姆林宫的联系，而对斯大林行为的愤怒消失殆尽。葛罗米柯也是这样理解，正如沃森本人同一天向罗斯福总统汇报的一样，“他向我保证将尽一切努力，尽快对您和首相的来信给予答复”。[61] 这样一来，无论是有意还是无意，丘吉尔夸张地将自己的愤怒撒向总统。显而易见，罗斯福以耐心和平等的态度对待斯大林，期待着他能够释放出积极的信号，他首先关心的是“三巨头”会晤问题。

这一解释也得到了俄国外交部对外政策档案资料解密文件的证实。当然，葛罗米不能不把消息发回莫斯科，根据他自己的描述，他通过负责传递斯大林和罗斯福信件的总统助手，[62] 以最快的方式将此事告知了总统。年轻的临时代办当天就给莫洛托夫发去了加急电报：

“沃森将军于今天，即8月25日，上午9时30分邀请我去白宫会面。他告诉我说，他收到了总统的指示（罗斯福总统当时还在加拿大），请我通知斯大
534 林同志：罗斯福和丘吉尔非常希望近日收到斯大林同志对费尔班克斯会晤可能性的回信。丘吉尔为此滞留美国等待回信。明天他将前往位于纽约附近的罗斯福庄园“海德公园”。罗斯福在下周初从加拿大返回，无论如何不会早于周一。沃森给我翻阅了罗斯福和丘吉尔8月18日发给斯大林同志的上述信函全文。”[63]

可以看出，沃森在转达总统对回信的关注时非常客气，近乎带有请求性质。而克里姆林宫在此之前已经准备好了回信。第二天，也就是26日，华盛顿收到了另一封斯大林的回信，是对8月18日罗斯福总统和丘吉尔首相联名信的回复，完全是另外一种语气，非常平和。信中很礼貌地谈到斯大林无法抽身前往阿拉斯加，并且同意下达给艾森豪威尔的意大利投降条件细则。信函由莫洛托夫起草，未发现斯大林的修改痕迹。人民委员对这两封信的处理显示出其独立处理事务的权利越来越大，同时他也自觉地遵守克里姆林宫的保密和等级制度，在8月24日与克尔会晤时，他对大使说，“斯大林同志”正在准备给盟国写回信，信函中会再次提到成立意大利问题联盟委员会的必要性。[64] 信函另一个重要部分是切实建议把筹划中的外长级会晤定性为“具体准备性质”，而非之前所说的“研讨”性质，这印证了莫斯科急于达成具体成果的迫切心情。

272. 斯大林致丘吉尔和罗斯福私人秘密信函

1943年8月24日发

1. 8月19日的联名信收悉。

我完全赞成您和罗斯福先生有关“三巨头”会晤重要性的意见。同时我
535 也恳请你们能够理解我现时的处境，此时我们的军队正在紧张地与希特勒主力进行斗争，而且希特勒不仅没有从我们的战线上撤出1个师，相反，已经成功调遣且继续调遣新的师赶赴苏德战场。在这种情况下，我的所有同仁们都认为，如果我离开前线前往像费尔班克斯这么远的地方，不可能不对我们

正在开展的军事行动产生不利的影响，如果我们前线是相反的情形，那么费尔班克斯毫无疑问是我们会晤的最佳地点，正如我以前所认为的那样。

至于我们三国代表会晤事宜，如果具体所指是负责外交事务的代表，那么我同意您的观点，近期举行会晤比较合适。但是，这种会晤不应仅局限于研讨性质，而应定性为"具体准备"，旨在使得此次会晤后我们政府能够做出明确的决议，从而避免在迫切需要解决的问题上动作迟缓。

因此我认为有必要回到我的建议上，应当尽快确定提交三国代表讨论的问题范围，拟定由他们讨论的提案，并提交给我们的政府最后定夺。

2. 昨天从克尔先生那里收到了您和罗斯福总统发来的信函补充说明和修改文本，文中您谈到下达给艾森豪威尔将军的、特地指定的与卡斯泰拉诺谈判的意大利投降条件细则。我和我的同仁们认为，下达给艾森豪威尔将军的细则，完全是以意大利无条件投降为目的，因此不可能有任何反对意见。

为了能够确定盟国与意大利谈判的必要步骤，我始终认为我目前得到的消息不全面。这势必需要苏联代表参与谈判，并一同做出决定。因此我认为建立由我们三国代表组成的军政委员会的时机已经完全成熟，我曾于8月22日给您的信函中有过详述。

这封来函令盟国的感觉明显轻松了许多。8月24日在与莫洛托夫谈话后，克尔给艾登发去了电报：

"乍看起来，这一建议（关于建立意大利问题联盟委员会——作者注）可 536
能不合您的心意，因为在现阶段苏联代表（疑心较重，且从莫斯科获得指示之前只能沉默）加入到我们的机构将会带来极大的干扰。但是我个人相信，我们应当接受这种干扰，同意这个直白建议，因为在我看来，苏联尽快全面参与我们就意大利问题的谈判不仅可以充分消除其不满，而且更重要的是，可以为当前欧洲的协调合作事宜奠定基础。允许苏联政府加入我们组建的机构，在决定芬兰和东欧的未来时，也给我们和美国联手合作打开了大门。"[65]

艾登同意克尔的意见，而且英国内阁建议首相采纳斯大林提出的这两个建议，丘吉尔也欣然同意。"斯大林最近发来的两份电报显得非常谦恭，"丘吉尔在"四分仪"会议之后，即将在华盛顿与罗斯福再次会面前夕，给总统写道，"我认为，我们不仅应当同意外长级会晤，而且还应同意组建委员会，尽管地点不是西西里。"丘吉尔建议总统简短地答复斯大林同意此事，并附上8月29日发往莫斯科的联名信（第274号文件）。

但在此之前，两位领导人给斯大林发了另一封联名信，是对"四分仪"

会议的总结，由布鲁克和莱希授权参联会起草。[66] 克尔和斯坦德利同时收到指示共同面呈斯大林或者莫洛托夫。在8月14—24日的魁北克会议上，盟国就“三叉戟”会议决议的未来方向达成一致，即在继续地中海行动的同时，优先进行进攻法国北部的行动准备。丘吉尔和布鲁克试图将军事行动重点放在意大利，共同夺占爱琴海上的岛屿，为进军巴尔干铺平道路，但是遭到美方的否决。英国元帅在与艾森豪威尔的私人交谈时承认，最好“重新审视跨海峡作战方案，在制定联盟战略时应彻底将其放弃”。[67] 对于布鲁克来说，正如在他的日记中所写的那样：“显而易见，我们正确的政策方向应该消除意大利的威胁，占领意大利领土能够保障我们轰炸德国南部，这才是最大的获益，直
537 到把德国军队从俄国、巴尔干和法国驱逐出去。”[68] 对于美军司令部而言，这样的战略和由此产生的优势并不明显，正如“四分仪”决议证明的那样，他们的观点开始占了上风。会议前夕战争部长史汀生交给罗斯福一份备忘录，文中特别写道：

“英国的构想……在于，德国有可能被诸如意大利北部、地中海东部、希腊、巴尔干、罗马尼亚以及其他附属国的消耗战拖垮，而真正的残酷决战任务交给俄国。我认为，就未来战后问题而言，目前对待俄国的态度是极度危险的。我们对开辟第二战场的责任一点也不比英国少，而且我们也别指望类似这种‘小打小闹的战争’就能够蒙骗斯大林，让他相信我们所说的是真话。”[69]

但是，丘吉尔为实现自己的地中海和巴尔干战略，极力拖延“霸王”行动的实施。非常明显的是，信函中对此次行动的大约日期避而不谈。同样对魁北克会议上丘吉尔和罗斯福达成联合研制原子武器的秘密协议也只字未提。В.Л.马尔科夫（Малько В.Л.）指出，这份“合金管（Тьюб аллойз）”协议（核武器计划项目代号）规定了“两国共同拥有核武器秘密的特别权力，其中一方不同意的情况下，不得将‘合金管’协议告知第三方。当然，‘第三方’首先指的就是苏联”。[70] 同时，关于签署此协议的侦察情报于9月初由情报总局上传到中央。[71]

8月26日，信函由克尔和斯坦德利一道交给莫洛托夫。[72]

273. 罗斯福和丘吉尔致斯大林的信函

1943年8月25日发　　　　1943年8月26日收

538 以下是我们在刚刚结束的魁北克会议上做出的决议，即有关在1943—

1944年实施的军事行动。我们从联合王国和意大利基地起飞的飞机轰炸德国的规模将迅速扩大。这次轰炸进攻的目的是消灭德国空军力量，瓦解其军事、经济和工业体系以及为跨英吉利海峡的反攻行动做准备。目前美国武装力量正在联合王国大规模集结。由此可以集中美军和英军师的力量用于海峡对岸的行动。只要在大陆上建立了桥头堡，将大大加快美军的增援速度，每个月增加3—5个美军师。这一行动主要以美英空军和陆军兵力来打击轴心国。地中海的战争应该加速进行。在该地区我们的任务是使意大利摆脱轴心国控制，将其占领，同时把科西嘉和撒丁作为开展对德军事行动的基地。

在巴尔干半岛的军事行动将限定于为游击队实施空中和海上补给，登陆分队小规模突袭和轰炸战略目标。在太平洋和东南亚战区我们将加快对日作战。我们的主要意图是消耗日本空军、海军和船舶资源，切断其交通运输线，保障可以轰炸日本本岛的基地。

274. 首相和总统致斯大林元帅

1943年8月29日发　　　　1943年8月29日收

目前我们正在研究您的建议，几乎可以相信，我们所有人都满意的计划可能就是外长级会晤和三方委员会组建工作同时进行。首相和我将在下周初再次举行会晤，届时与您通过电报联络。

接受了斯大林成立意大利问题委员会的建议之后，盟国开始考虑具体实施方式。丘吉尔一心要加强法国在战后秩序调解中的地位，并力争西欧多数 539
国家加入即将组建的委员会，他首先想到邀请法兰西民族解放委员会代表参加，尽管提出了很多限定条件，但是英国还是在前不久承认了这个组织。与伦敦不同的是，莫斯科即刻发表声明，无条件承认法兰西民族解放委员会“是法兰西共和国国家利益的代表，以及全法爱国运动领导者”。[73] 丘吉尔8月27日给艾德礼发电报说：“法国人无疑想在委员会中拥有自己的席位，但是我不确定美国人是否会同意。”[74] 苏联爽快地同意使人感到怀疑，特别是艾登和艾德礼，他们一直认为，莫斯科未必会削弱自己在新机构中的比重。但是，丘吉尔考虑到克里姆林宫对于法兰西民族解放委员会的友好态度，决定冒险去向斯大林请教这个问题：在得到肯定的答复后，就有更多的理由相信罗斯福也会同意。

275. 丘吉尔致斯大林的私人机密信函

1943年8月30日发　　　　1943年8月31日收

您是否赞成在意大利问题谈判委员会中为法兰西民族解放委员会设立席位？如果您同意，那么我就照此提议。当然，民族解放委员会也有充分的理由得到这个席位，这样他们就可以更加引起关注。

276. 斯大林致丘吉尔的私人秘密信函

1943年8月31日发

我赞成在意大利问题谈判委员会中设立法兰西民族解放委员会的席位。如果您认为是合理的，您可以以我们两国政府的名义就此发表声明。

540 斯大林迅速而又肯定的回复令首相喜出望外。他是对的，而艾德礼和艾登却错了，在收到信后的第二天他兴致勃勃地给艾德礼和艾登发电报称："我很高兴，斯大林正如我所预料，他支持地中海委员会中设立法国代表处……而你们却对此表示怀疑，认为俄国人会想，我们利用委员会来当作反对他们的工具。"现在丘吉尔开始掂量建议在西西里岛成立委员会的缘由，建议是斯大林在8月22日那封恶语相向的信中提出来的。他继续道，俄国人喜欢西西里岛，因为这是"占领的敌对国领土，4个盟国代表的地位在这里是完全平等的"。[75] 很可能，斯大林偏爱西西里岛的确是个秘密。收到克里姆林宫的回复之后，刚刚返回华盛顿的丘吉尔立即把电报交给罗斯福过目。他在给内阁同僚的信中说，他"好像是同意了这个想法，尽管提出是否会泄密的问题"。[76] 一方面担心法兰西民族解放委员会"不可靠"，因为该委员会计划吸纳共产党人加入，另一方面英美方面对戴高乐及其身边人一贯不信任。丘吉尔1942年8月的评价近乎苛刻，"戴高乐及其身边人废话太多"。[77] 法国人"不擅长"保守秘密，这不仅证明戴高乐行政机构的无能，而且也是盟国遭受军事挫折的一个重要祸首，特别是1940年9月夺占达喀尔的行动。总统对意大利委员会的法兰西民解委席位问题的冷漠态度也反映在他后续与斯大林进行讨论的往来信函中。

罗斯福和丘吉尔发出的下一封联名信是介绍在意大利的军事行动以及投降书签署事宜。早在8月26日，克尔向莫洛托夫转交了详细的可以说是“冗长”的意大利投降条件书，这些条件先前曾征得莫斯科的同意，根据协议由艾森豪威尔代表苏联签字。[78] 原定于9月3日开始进攻意大利南部地区，为了政治上更加稳妥，盟国希望赋予艾森豪威尔更大的行动自由，以便其尽快在《简要投降条件书》基础上签署停战协议。9月3日，尚未收到斯大林方面的确认函，艾森豪威尔与意军司令部之间的停战协议就已经签署完毕。

丘吉尔和罗斯福向莫斯科通报关于部队近期开始在意大利萨莱诺海湾实 541
施登陆行动，旨在下一步解放那不勒斯（Неаполь），即所谓的“雪崩”行动。8月31日前就这一行动的各个细节最终达成一致。美国第5集团军部队承担起这一使命，受命解放那不勒斯，控制靠近城市的飞机起降场，“旨在为未来的进攻行动打下坚实的基础”。[79] 盟国领导人在发给斯大林的信函中提到了伞兵师在罗马近郊地区的空降计划，行动代号为“巨人（Giant）Ⅱ”，丘吉尔对这项行动酝酿已久。[80] 除了纯军事意图外，这一行动具有明显的政治目的——保护国王家庭成员和政府，防止因意大利退出希特勒集团而可能引发的后果。美军第82空降师遂行如此冒险的行动任务，其指挥官李奇微（Риджуэй М.）少将对此次行动能否成功心存疑虑。他征得艾森豪威尔批准，派其副手M.泰勒（Тэйлор М.）准将秘密潜入罗马，“实地”了解局势以及评估能够得到意大利多大的帮助。他根据行程结果形成电文，对形势判断较为悲观，9月8日晚，报告呈报艾森豪威尔，此时他所乘飞机几乎处于起飞状态。最后“巨人（Giant）Ⅱ”行动取消。[81]

277. 总统和首相致斯大林元帅的私人秘密信函

1943年9月3日发　　　　1943年9月4日收

查理将军*声明，意大利人已经同意签字，他马上出发，但是我们不确定，这一声明是否属于您所看到的简要军事条件，或者是您特别强调的准备签字的更全面的最终条件。

那里的军事态势非常危急，但同时也充满希望。进攻本土的行动很快就会发起，同时，“雪崩”行动的猛烈攻击下周也将开始。从纳粹魔爪下解脱的

---

* 卡斯泰拉诺将军的化名。

542 意大利政府和人民会面临更多的困难，这要求我们还要采取更加勇敢的行动，为了实现这个目的，艾森豪威尔将军需要意大利人力所能及的帮助。意大利比较容易接受这些条件，因为我们即将派遣空降师空降罗马，旨在帮助他们阻击在罗马近郊部署的德国装甲部队，以及防止以法里纳奇为首的傀儡当局篡取巴多格里奥政权。我们认为，由于那里的局势发展千变万化，艾森豪威尔有全权授权，他不会因为与意大利人在最终条件与简要条件上的分歧而耽搁问题的解决。很显然，简要条件是包含在最终条件之中的，它们都是建立在无条件投降基础之上的，盟军总司令对10项简要条件条款有解释权。

因此，我们认为，如果需要，您会同意艾森豪威尔将军代表您在简要条件上签字，这样可以避免查理将军再返回罗马，而因此导致延误和犹豫不决，进而可能影响军事行动。

当然，我们更希望，意大利不仅向美国和英国投降，也能够向苏联投降。宣布投降日期应与军事打击日期挂钩。

罗斯福

丘吉尔

278. 罗斯福致斯大林的私人秘密信函

1943年9月4日发　　　　1943年9月6日收

我和首相二人赞同您建议的组织外交事务负责人会晤，用以讨论政治和军事问题。

我认为，这一会晤应当尽快举行。9月25日是否可行？您意下如何？

首相建议在伦敦或英国的其他地方。如果您同意此方案，我可以派我的
543 代表随时前往任何地方。但是我更倾向于较偏僻和记者尽量少的地方。或者卡萨布兰卡，或者突尼斯；我同样也不反对在西西里岛举行，只是后两个方向上的通讯联系比较困难。

当然，政治代表们要向各自政府随时汇报，因为我认为他们不可能获得最高授权。他们可以从随行的1—2名军事顾问那里得到军事方面的建议，我不赞成这个阶段的会谈演变成参谋部扩大会议。

如果莫洛托夫先生和艾登先生能够出席此次会晤，我也希望能派赫尔先生参加，但同时又不愿让赫尔长途跋涉。因此我还是派副国务卿韦尔斯先生

前往。哈里曼先生也将出席此次会晤，因为他对海运和贸易问题很在行。

我尽量从司令部抽调熟悉联合司令部工作的人作军事顾问。

我是否可以就贵军坚决顽强的进攻再次祝贺您？进攻相当出色。

同时，因为即将举行的会议会获益无穷，我仍然一如既往地希望，您、丘吉尔先生和我尽早聚首。我可前往较远之地参加会晤，比如北非，在11月15—12月15日之间更为合适。我相信，您也会理解，我不能连续20天以上离开华盛顿，因为宪法规定，我不在位时，无人能代替我签署文件。

既然意大利问题委员会将于近期在西西里举行会议，为什么不派军官进驻艾森豪威尔司令部？军官可以和从事这项工作的英国人和美国人一道工作。关于增补法国代表参加该委员会，我无异议，况且我们目前在北非正在武装10—11个法国师。但是允许法国参与讨论占领意大利的问题有些不尽合理。如果意大利人完全履行已签署的投降条件，那么我希望，他们会真心欢迎占领军。总的来说，意大利不喜欢法国人，如果我们吸纳法国讨论占领问 544
题，无论是平民还是军人，都会感到屈辱。

有关与希腊人和南斯拉夫人协商一事稍晚时候讨论。

丘吉尔9月5日的来函是关于组建意大利军政委员会的问题。字里行间明显能感觉到英美有意拖延此问题的解决，并力求限制其司法和军事问题的权限。罗斯福9月4日给斯大林来函中的建议受到丘吉尔的支持，也可能出于此目的，即苏联派代表进驻艾森豪威尔司令部，由此造成苏联参与解决意大利问题的表面印象，甚至有可能军政委员会的问题会从议事日程中撤下来。

279. 丘吉尔致斯大林的私人机密信函

1943年9月5日发　　　　1943年9月6日收

1. 关于军事委员会

我和总统讨论了您提出的由我们三国代表组成军政委员会的建议。总统会给您发电阐释自己的观点。

2. 如果应当组建官方委员会，则就其结构和功能我有以下建议，我认为，总统不会不同意。他会另行发电报。

3. 至于委员会的会址，如果您如此决定，我同意设在西西里岛。但是我认为，盟军指挥部所在地突尼斯或阿尔及尔更为便利。两种方案都可以考虑。

4. 我建议，委员会成员应是三国政府任命的政治代表，代表们各自向本
545 国政府汇报工作。当然，委员会职权不能替代或超越相关政府。可能，代表们需要军事顾问的协助。本国政府应及时向各自政治代表传达与其工作相关的军事和政治事件，反过来，代表们也应向政府上传工作事项。他们可以共同代表政府，但是不能有最终决策权。他们当然也不能干预盟军司令部的军事职能。

5. 我很高兴获悉，您同意吸纳法国代表。我曾向总统阐释过这个想法，他也倾向同意，但有限制条件。我们应该理解，法国人很快将有10以上整编师的军队，他们将参与作战。

6. 而且也有其他国家，如希腊和南斯拉夫，愿意直接参与，我建议，我们应制定参与规程，当审议与其直接相关问题时，只与其磋商。

7. 按照我的理解，委员会首先只处理意大利问题。当出现了其他问题，届时再行决定是否需要某个机构用以协调意见和计划。

8. 总统打算给您另外一个建议，具体说就是，您是否认为派一名军官进驻艾森豪威尔司令部足矣。也应注意到，委员会如果得以组建，则有可能和外长级会议在时间上吻合，您是否同意总统的计划有助于问题的解决。

9. 委员会一旦决定组建，您是否会同意我的上述意见，您如能告知，不胜感激。如果各方愿意，委员会可以在本月开始运行，但还是提请您查收我之后的下一份电报。

9月3日意大利代表卡斯泰拉诺将军和联合国家代表W. 比德尔·施密特（У.Беделл Смит）在西西里岛签署了“简要”停战条件。在下一封信中丘吉尔向斯大林通报了此事，以及发起意大利战局一事。盟军首批成功登陆意大利“皮靴足尖”雷焦卡拉布里亚（Реджио-ди-Калабрия），未遇到拥有兵力优势的意大利部队的激烈抵抗，与第二次登陆“皮靴后跟”塔兰托（Таранто）附
546 近的情况相同。下一步就是“雪崩”行动，由于德国调集了援军从而使这一行动变得前景不明。丘吉尔希望意大利人与盟军共同“打击德军”的愿望没有实现：意大利部队迅速作鸟兽散，没有加入与德军的厮杀。另外，之后证明，首次登陆成功并不能成为轻松获胜的保证。尽管精心采取了措施蒙骗德国人，试图使其认为意大利“皮靴”才是英美联军的主攻方向，但地中海德军司令凯塞林元帅识破了圈套，而积蓄力量用于对付“雪崩”行动。

280. 丘吉尔致斯大林的私人机密信函

1943年9月5日发　　　　　　　　　　　　　　　　　　1943年9月6日收

请看这封信函之前的那封电报。私人秘密信函。有关作战问题。

1. 经过长期斗争，K将军于昨天，即9月3日晚，签署了简要投降条件书，现在他正在与艾森豪威尔将军和亚历山大将军讨论具体实施办法。当然，这有可能导致意德军队之间迅速发生交火，我们准备尽自己所能在任何地点有效地帮助意大利人。下周将有轰动事件发生。登陆“足尖”的行动已经成功，并顺利推进，而“雪崩”行动和空降行动即将展开。尽管我认为，在“雪崩”行动中我们有大规模兵力登陆，但是我无法预料罗马和整个意大利会发生什么事情。我们的主要目的是消灭德国人，并迫使意大利人在该战区尽可能多地消灭德国人。

2. 暂时形势尚不明朗，我仍滞留在大西洋彼岸。同时请接受我对贵军新的胜利和战线推进的祝贺。

罗斯福和丘吉尔同各自的参事积极讨论了即将召开的三大国外长级会议。需要确定的是会议地点、会议规模和日程。早在8月21日，总统、首相、霍普金斯和艾登就在白宫讨论了会议日程。艾登表达了对莫斯科最关心的两个问题的担忧，即第二战场和西部边界问题，盟国目前无法回答这两个问题，这有可能使会议准备工作中断。罗斯福建议部长们回避讨论这些问题，如果俄国坚持提议，则可“避而不答”，将其推诿给即将举行的首脑会晤。丘吉尔建议把这些问题留待明年讨论，届时“对我们而言，俄国将比现在更孱弱”。对于首相的建议，霍普金斯强调了“我们与俄国关系的重要意义”，有必要利用当前的会议“防止与俄国关系趋于恶化”。[82] 547

总而言之，英国和美国人只希望会议涉及政治问题，“三巨头”的战争事务交给自己的军事顾问去解决。其中一个可能讨论的政治问题就是制定盟国对从法西斯压迫下解放出来的国家的政策原则，首当其冲就是德国。丘吉尔向伦敦传达了自己与罗斯福就此问题的讨论情况，他与总统就三大国在战后和平事业中的作用交流了看法。他写道：这个问题有两条路可走：划分势力范围或者平分对“所有”国家的影响力：“……我不怀疑，俄国人和美国人有权保障自己在他国的利益，但俄国人和英国人是20年条约的盟友，我们所有时候都会互相帮助。”首相接着说道：在任何情况下，“谁也别想甩开我们，否则就意味着战争”。[83]

至于开会地点，盟国更愿选择在英国或者北非。在私下沟通时，甚至不排除在苏联首都举行，如果斯大林坚持这样做的话。艾登曾给丘吉尔写信称：“如果我们和美国显露出去莫斯科开会的愿望，那么在心理和政治上都是个
548 错误。”[84] 谁会代表美国出席会议还是个问题；最符合逻辑的候选人应当是赫尔，但是罗斯福可能用自己的亲信韦尔斯顶替赫尔，并希望年迈的国务卿能够“知难而退”，以免长途飞行受身体劳累之苦。总统在信中建议斯大林在非洲北部举行“三巨头”会晤。有关苏联代表进驻艾森豪威尔司令部的段落是由罗斯福亲自添写的，[85] 旨在缓解因苏联未参与意大利事务而导致斯大林的不满。在罗斯福和丘吉尔的下列信函中都涉及到上述问题。总统和首相就信函内容进行了沟通。但是决定分别回复。丘吉尔发回伦敦的消息这样解释道：“可以理解，他（指罗斯福——作者注）坚持分别给俄国人回信，说的是同一件事，但他更喜欢自己的表达方式。”[86]

281. 丘吉尔致斯大林的私人机密信函

1943年9月5日发　　　　　　　　　　　　1943年9月6日收

关于外长会议事宜

1. 很高兴收到您8月25日的来函，信中您同意尽快举行苏、美、英外交事务代表会晤。如果莫洛托夫出席的话，我们将派艾登出席。

2. 即使这个级别的会议，也不能超越各自政府的授权。我们很想知道，您对未来有何打算，我们的观点一旦吻合，我们会及时通告。此后，各国政府应当作出决定，我希望我们能够在某个地方面谈。如果需要的话，我也可以前往俄国。

3. 政治代表可能需要军事顾问的帮助。我为此派合成兵种军官海廷斯·伊斯梅勋爵参会，他是我在参谋长委员会的个人代表，并且负责国防部秘书处工作。他可以提供有关战争问题的论据、事实和数字。我认为美国也会派精通业务的军官。我觉得，在现阶段，对外交部长会晤而言已经足够了。
549 4. 但是，如果您希望探讨这一问题的技术细节，比如，为什么我们还不穿越海峡攻入法国、为什么我们未能比预计的更早或者以更多的兵力实施此项行动，则我很欢迎您派陆海空将军组成的技术委员会前往伦敦，或者华盛

顿，或者去这两个地方，我们会将最完整的共同资源和意图数据、以尽可能具体的形式呈现给来者，并交由其讨论。如果您能得到详尽的解释，当然您也有权利要求解释，我真的会非常荣幸。

5. 我们更倾向于认为，英国是最佳会晤地点，因为它位于中间位置，会晤地点甚至可以不在伦敦。我已经这样建议总统，但他还未最后拿定主意。如果您支持这个建议，能够接受英国作为会晤地点，我会感到欣慰。

6. 我希望我们能够在今年10月初聚首开会。

9月7—8日，斯大林回复了罗斯福和丘吉尔的9月来函：首先，简短地一致同意艾森豪威尔将军签署意大利简要投降条件书，然后，详尽地回复了两位领导人的来函，这两封信函是克里姆林宫在9月6日同时收到的。单独回复给两个人的信函内容和句式几乎完全一致。有趣的是两封信函的编辑艺术，两封信出自同一底稿，发给罗斯福的信由斯大林进行修改，而发给丘吉尔的信函，却是由其助手进行修改。[87] 情况表明，首先斯大林修改了莫洛托夫的底稿发给了罗斯福，而莫洛托夫参照斯大林的修改模式修改了底稿发给丘吉尔。显然最高统帅当时没空修改第二封回信，更何况还是在同一天，9月8日莫洛托夫执笔的另一封信发给了丘吉尔（第283号文件）。针对盟国的拖延，两位写信人再次提醒建立意大利军政委员会的迫切性，不接受派遣苏联代表进驻艾森豪威尔司令部这种象征性的替代方案。[88] 关于外长会议，斯大林仍然坚持要进行精心准备，并首次建议在莫斯科举办此次会议，而且这句话是斯 550
大林在发给罗斯福的信函草稿中亲自添上去的。最后，在涉及三国首脑会晤时，他还是拿现成的理由说辞，以苏德战线态势来证明自己建议的会议地点的合理性，“双方共投入500多个师的兵力”：明确提醒盟国东部战线正在进行大规模战争。与此同时，作为对盟国的让步，斯大林首次同意在苏联之外，但与苏联接壤的地区举行首脑会晤。召开德黑兰会议的想法首次在三国领导人中诞生。祝贺盟军在意大利的“辉煌战果”这句话的形容词是斯大林加上的，暗讽英美军队在意大利南部轻而易举的胜利。

282. 斯大林致罗斯福和丘吉尔的私人秘密信函

1943年9月7日发

您9月4日的来函收悉。您信中提出了这个问题：苏联政府是否同意由艾森豪威尔将军以其名义签署意大利简要停战条件书，在此可以把苏联外交人民委员莫洛托夫今年9月2日写给英国大使克尔先生的信视为最终答复。信中写道，苏联政府授予艾森豪威尔将军全权签署意大利投降简要停战条件书。

283. 斯大林致丘吉尔的私人秘密信函

1943年9月8日发

您9月5日的来函收悉。

1. 我同时也写信给总统，我感觉最紧迫的问题是组建军政委员会，在8
月22、24日的信中都已阐明。收到您之前的多封信之后，我期待着关于组
551 建三国军政委员会积极而迅速的答复，但是如此重要的问题再次被拖延。这
件事不是小事，不会一蹴而就。关于向艾森豪威尔司令部派遣苏联军官，这
无论如何也不能替代军政委员会，本来这个委员会早应运行，但现在仍不见
踪影。

2. 您建议三国政府首脑会晤时间为10月初，我认为可行。我建议会议在莫斯科举行。目前亟待解决的事情是：我们应预先协调议题范围，以及相关政府及时作出建议。我依然坚持之前的观点，这一点对会议的成功非常必要，即应先做好政府决议的准备工作。关于会议组织的其他问题，我认为容易协商。

3. 有关三国政府首脑私人会晤的问题，我已经就此写信给总统，我也期望尽快举行，他提议的会晤时间（11—12月份）可行，但是会晤地点应选在三国都有代表处的国家是妥当的，比如伊朗。我预先声明，会晤具体时间尚需不断核实，应兼顾到苏德战场态势的变化，目前投入战争的双方兵力达500个师，苏联最高统帅部每天都不能放松监督。

4. 感谢您对苏军战绩的祝贺。请接受我对英美军队在意大利取得的辉煌战果的祝贺，也祝愿在实施预定的后续战役时取得更大胜利。

迈斯基于9月8日将信函转交给英国外交部，当时他正准备告别伦敦。同
一天他会见了艾登，艾登同意斯大林的意见，“派苏联军官进驻艾森豪威尔司
令部无法代替委员会的使命”。迈斯基希望听到大臣对斯大林建议的三国首脑
552 会议地点有何看法。艾登回答道，与莫斯科相比，他宁愿选择伦敦，更何况
斯大林因身处前线未必能接待各国代表。迈斯基向大臣保证，如果他去莫斯

科，斯大林一定会抽出时间接见。大使同时补充道，苏联方面也可以同意在伦敦举行，使赫尔免遭远行劳顿之苦，既然赫尔不来参加会议，那么克里姆林宫希望艾登能够来莫斯科。关于最高层会晤，艾登第一次提到把伊朗作为候选举办地。[89] 艾登将谈话内容立即转发给尚在美国的丘吉尔。[90] 他借机又找到一个不愿意去莫斯科的理由："我的美国同行不去，我才不愿意去莫斯科和这样的人（指韦尔斯——作者注）一起工作，他一有机会就逞能，大家都知道，他和国务卿积怨已深。"[91] 丘吉尔安慰艾登道："你不要担心自己的地位受到威胁，它只会越来越稳固，你在那里是唯一的外长，如果谁有不恭，你随时可以停止讨论，而把问题留给政府首脑会晤解决。"[92]

284. 斯大林致罗斯福的私人秘密信函

1943年9月8日发

您9月6日的来函收悉，文中您谈到了一系列重要的问题。

1. 我依旧认为目前最迫切的问题是由三国代表组建军政委员会，委员会初期会址可选西西里岛或阿尔及尔。派苏联军官进驻赴艾森豪威尔将军司令部无论如何也无法替代军政委员会的职能，它对于指导与意大利（以及摆脱德国控制的其他政府）的现场谈判是十分必要的。时间过去了很久，而事情毫无进展。

关于法国代表加入这一委员会之事，我已经表过态。但是，如果您还有疑问，可以在三方委员会成立后再行讨论。

2. 关于三国代表会晤的日期可按首相建议，定于10月初，这是比较适宜的时间，而且我建议会议地点选在莫斯科。在此之前，三国政府间可就将要 553
讨论的问题及其建议进行预磋商，不这样做，会议就不能达成三国政府满意的结果。

3. 至于包括丘吉尔先生在内的私人会晤，我希望尽快举行。您建议的会晤时间我认为是可行的。关于会晤地点最好选择有三国代表处的国家，比如伊朗。但我必须说，会晤具体时间尚需不断核实，应兼顾到苏德战场态势的变化，目前投入战争的双方兵力达500个师，苏联最高统帅部每天都不能放松监督。

4. 感谢您对苏军战绩的祝贺。请接受我对英美军队在意大利取得的辉煌战果的祝贺，也祝愿在实施预定的后续战役时取得更大胜利。

9月9日，罗斯福与葛罗米柯进行了简短会谈。临时代办向莫斯科汇报说，总统“请我把9月8日斯大林同志来函的英文译本给他，该信是8日交给他的，出于保密原因，他不愿把斯大林同志的信函交给国务院翻译。沃森将军今天到使馆来，我委托他把译本交给总统”。[93] 之后一直采取这种方式，来函由葛罗米柯翻译。罗斯福也准备容忍苏联翻译的译文错误，这总比通过自己的外交官们走漏风声更为稳妥。

丘吉尔在下一封信函中提到德国可能对意大利使用毒气。从其他消息来源也得到了同样的情报，首先是来自意大利人的情报。丘吉尔在8月4日向罗斯福讲述了一件事情，由意大利驻里斯本公使告诉英国驻葡大使的：“如果我们轰炸罗马，那么意大利人民将起义，德国人将趁机屠城。事实上，他们也曾发出过使用毒气的威胁。”[94] 8月22日艾森豪威尔写信给身在华盛顿的马歇尔，将军在信函中称：“尽管证据不足，但他（指卡斯泰拉诺——作者注）依
554 然坚信，德国使用毒气武器这一威胁是现实存在的……”[95] 在谈到意大利的类似担忧时不得不提到里宾特洛甫的名字。8月6日，里宾特洛甫和德军最高统帅部参谋长W.凯特尔（Кейтель В.）元帅听到意大利和英美联系的传闻，怒不可遏，特地在意德边境小镇特雷维索（Тарвизо）与意大利外长R.格里哥利亚（Гварилья Р.）会晤。美国战略服务局驻伯尔尼谍报头目杜勒斯在汇报此次会谈时称：“前不久格里哥利亚与里宾特洛甫在特雷维索会谈时，后者表现非常狂暴，他公然声称，德国人不会撤出意大利，墨索里尼对德国的承诺必须履行。”[96] 虽然在意大利方面的特雷维索会谈记录中对毒气威胁一事只字未提，但是讨论德军进攻意大利的可能性的谈话气氛，[97] 足以引起意大利人的恐慌。无论如何，在这方面得到美英的担保必不可少。

为了消除意大利人的恐惧，9月3日参联会做出决定，由艾森豪威尔对德国可能使用毒气发出特别警告。9月8日，参联会给艾森豪威尔下达战斗号令，这一声明的文本也包含其中，但最终未发布警告。[98] 英国情报史研究者认为，在联合侦察委员会材料中没有找到证实意大利担心的有关情报；1943年9月该委员会认为德国不可能使用毒气武器。[99] 这一评估结果最终被确认是正确的。

285. 丘吉尔致斯大林的私人信函

1943年9月8日发　　　　1943年9月8日收

1. 艾森豪威尔将军的通报指出，意大利人有足够的理由认为，如果他们

退出轴心国，德国人可能会对意大利使用毒气。

2. 总统和我都同意，艾森豪威尔将军应特别警告德国人，如果他们允许 555
自己采取这种战争方式，会遭到他们能想到的任何反击。

3. 由于这一问题的紧迫性，未及时与您商议，参照您之前在此事件上的立场，我们相信，您会同意。

286. 斯大林致丘吉尔的私人秘密信函

1943年9月8日发

您9月8日的来函收悉。信函中说，您和总统给艾森豪威尔将军下达了指示，应特别警告德国人，如果他们允许自己采取这种战争方式，会遭到他们能想到的任何反击。

从我方来说，我同样认为这一指示是完全正确的，对您与总统一起下达这样的指示没有异议。

在与盟国签署停战协议之前，意大利政府由于害怕德国人镇压而回避宣布投降一事。但盟军坚持在登陆萨勒诺之前宣布，目的是防止意大利军队抵抗，并使其调转枪口。艾森豪威尔于英国夏令时9月8日17时30分向意大利人宣布这一决定。声明中强调，停战条件是美、苏、英共同做出的决定。[100] 德军对意大利投降的直接回应是迅速占领罗马，巴多格里奥政府逃往南方寻求盟国保护。

287. 丘吉尔致斯大林的私人机密信函

1943年9月8日发 1943年9月9日收

最后一刻意大利政府拒绝签字，他们相信，德国人会很快进入罗马，并
建立傀儡政权。事实可能真的如此。而我们在商定的时间宣布事实停战：格 556
林尼治时间今天16时30分，当然，今晚开始实施“雪崩”行动。

我希望您收到这封电报之后给予确认。如果您能够通知我，何时能够就外长会议和地中海委员会问题给予答复，就再好不过了，目前我和总统在一起，这些问题相对容易解决。

288. 斯大林致丘吉尔的私人秘密信函

1943年9月9日发

我于9月9日收到了您9月8日的来函。很明显，您回信的当天还未来得及收到我9月8日的致信。

我希望现在您已经看到我的信，信中有对您关心的问题的答复，即外长会晤和三国委员会。

9月8日，由4个美军师和3个英军师组成的盟军联合部队在M.克拉克（Кларк М.）中将的指挥下成功地在那不勒斯南部的萨勒诺实施了登陆。登陆本身进展顺利，但是很快由于德国部队援军的顽强抵抗，以及英美军队指挥上的失误，盟军向前推进行动受挫。在9月12—16日德国实施反攻后，英美军队几乎全都退却到了海上。但是在舰炮和航空兵火力支援下，步兵也取得了一定的战果：盟军守住了滩头阵地，稍作休整后，于9月19日重新对那不勒斯发起进攻。[101]

289. 罗斯福和丘吉尔致斯大林

1943年9月9日发　　　　1943年9月10日收

我们很高兴地告诉您，艾森豪威尔将军接受了意大利投降，投降条件正
557 是美、苏、英一起商定的结果。

盟军在那不勒斯附近成功登陆，目前正在与德国军队进行战斗。盟军同样在意大利半岛南端也取得了战果。

290. 丘吉尔致斯大林的私人机密信函

1943年9月10日发　　　　1943年9月11日收

1. 您9月8日的来函收悉。总统告诉我，他会单独给您发电报。国王陛下政府同意尽快组建三国军政委员会，地点在西西里岛或阿尔及尔。我们同意

法兰西民族解放委员会代表为第4成员国。我认为，总统也会同意。国王陛下政府任命哈罗德·麦克米伦（Гарольд Макмиллан）先生为代表，他是我在艾森豪威尔将军驻阿尔及尔司令部的个人代表，他将兼职履行这一职责。麦克米伦先生是英国议会议员和皇家大臣，完全熟悉地中海的状况。他深得外交部信任，并有权直接和我联系。

2. 我不打算委任军人代表，因为麦克米伦先生与英美司令部联系很紧密。但是我暂时派遣一名精通业务的司令部准将军官去协助他工作。我感觉，美国代表状况相似，尽管我不知道美国方面的计划。当然，我们完全理解，贵国代表由于远离本国，可能需要更大的军事代表职权。

3. 国王陛下政府认为，委员会应该具备以下职能：应为所有成员提供三国政府和法兰西民族解放委员会掌握的所有情报，即与意大利政府现有的和未来的关系，以及与将来类似的敌国政府关系。他们能够在一起畅所欲言地 558
讨论。他们能够一边与各自政府持续保持联系，一边为领导集体或个人提出建议。他们能够经常收到各自政府的政策路线指示，但要允许发挥主观能动性。上述指责不包括相关三国政府的最终决定权。委员会无权独立决断或采取执行措施。英国的最高权力机关是议会，议会不会同意放弃任何权力。我上一封信中已有阐释。

4. 关于外交部长会晤，我们遵从您的意愿，指定莫斯科为会晤地点。据此我的外交大臣艾登先生10月初出发去莫斯科。他也有随同工作人员。

5. 议事日程。国王陛下政府声明准备与苏联和美国盟友讨论所有问题。几天之后我们把己方的建议转达给您。我们也特别希望知道，您有哪些主要问题。

6. 我认为，此次外交代表会晤是极其重要的，也是未来三国首脑会晤的前奏。这次会晤有望在11月15日和12月15日举行，这使我感到满意和轻松。前不久我曾告诉您，为了会晤我可以在任何时间前往任何地点，不畏冒险。因此，我做好去德黑兰的准备，如果您认为伊朗没有更加合适的地方，那么我推荐塞浦路斯和喀土穆，但是，斯大林元帅，我遵从您的意愿。我想说，所有联合国家如此期待着我们三人会晤，因为我们能找到尽快结束战争的最好方法，并且有更好的措施确立未来的和平。

7. 对您发来的祝贺表示感谢。巴多格里奥看起来是真诚行事。有消息说，意大利海军启航驶向我们的军港。萨勒诺传来的消息也是好消息。我们登陆 559
了大量的兵力，正在与德国人战斗。

“雪崩”行动的开始迫使德国向意大利调集补充大量预备队，这对于苏联来说是个好消息，尽管这种重新部署尚未动用苏德战场上的德军。斯大林因此首先祝贺，信中认可盟国在改善红军境遇方面所作的贡献。苏联武装力量也不断取得胜利：斯大林在信中说，将很快攻克新罗西斯克，这是法西斯军队在高加索的支撑点之一，该市在9月16日解放。精心准备和高度保密是战役成功的保证。海军人民委员库兹涅佐夫上将回忆道：

“北高加索新的进攻准备工作持续了一个夏天……【8月下旬】我被召回大本营。谈话伊始，就谈到港口城市新罗西斯克的重要性，以及海军能为解放该市发挥的作用。我汇报了我们的方案。

——不要急！有人回答我说，到南方走一趟，都会明白……

解放新罗西斯克不仅对于高加索会战，而且对于苏德南方战场局势都具有非常重要的意义。”[102]

这次战役中的陆海协同联合作战为苏军提供了宝贵经验：“从陆地和海上发起猛烈进攻之后，数十艘舰船突入采梅斯港湾（Цемесская бухта），运送大量登陆兵力沿港口周边登陆。殊死的战斗持续了几天。城市周边的包围圈不可阻挡地在收缩。敌人猛然警醒：担心被全面包围，开始迅速撤退。”[103] 解放新罗西斯克的消息令斯大林兴奋不已。据库兹涅佐夫回忆，9月16日“当列维坦在广播里用洪亮的声音开始宣布最高统帅部的命令时，他感到心满意足。然后大家一起倾听了礼炮。最高统帅面带微笑。‘干得不错！’他一边说，一边捋着小胡须”。[104]

总而言之，军事上的胜利使得盟国关系整体氛围好转，也为即将举行的三国外长会晤打下了基础。

560 291. 斯大林致罗斯福和丘吉尔的私人秘密信函

1943年9月10日发

您9月10日的来函收悉。祝贺您取得新的胜利，特别是那不勒斯地区登陆行动。毫无疑问，在那不勒斯登陆成功，以及意大利与德国决裂再一次给法西斯德国带来沉重的打击，大大缓解了苏德战场上的行动压力。

苏军的进攻行动目前进展非常顺利。我估计，近两三周时间内还将会有所斩获，很可能不日将收复新罗西斯克。

这封斯大林发来的信函使丘吉尔很高兴还另有原因，苏联红军在南方的推进为其“巴尔干战略”留下了喘息之机，而英国参谋长委员会一直在抵制这个战略。“请注意斯大林发给我和总统的谦恭的电报，”9月14日首相给参谋长委员会写信道，“他正在期待俄国战线即将发生的重大事件。”丘吉尔预言，如果俄国人的战果继续扩大，年底前德国可能退守多瑙河，这将为盟军进占巴尔干半岛创造有利条件。[105]

斯大林在建立意大利军政委员会问题上执拗的坚持终成正果。丘吉尔与罗斯福短暂磋商之后加快了工作进度，明确了新机构的构成和职能。丘吉尔任命就职艾森豪威尔司令部的个人代表H.麦克米伦（Макмиллан Г.）为该委员会的英方代表，而罗斯福则任命自己的同行莫菲（Морфи），莫菲之前是艾森豪威尔司令部的政策顾问，曾积极参与“火炬”行动的外交筹备工作。丘吉尔起初试图把委员会职能限定在纯协商功能。但他在外长会议和最高层会晤的地点选择问题上接受了斯大林的建议，算是帮了苏联盟友的大忙。信函的最后一段讲述了足够强大的意大利海军的大部分舰船已逃脱纳粹控制，正在驶向英美联军控制的北非或马耳他。后来意大利舰队问题成了苏联和西方 561
盟友争抢的苹果，后者抢走了一大半。

罗斯福在9月11日的来函中同意丘吉尔提出的所有建议，尽管他对于选择莫斯科作为三国代表会晤地点的“高兴程度”因翻译问题的确有所夸大：“Cheerfully”在罗斯福词典里类似于“愿意”或“满意”。总统对于三国代表会议的地址在莫斯科的态度可以从其发给丘吉尔的电报中窥见一斑，报文中写道：“我们从约瑟夫大叔那里收到的莫斯科会议的答复不出我们意料，所以，毫无办法，只好去了……”[106] 在外长会议地点上做出妥协之后，总统继续坚持把埃及作为三国首脑的会晤地点。丘吉尔在给艾登描述总统的态度时说道：“在不得已的情况下他还是会去德黑兰，然而这对他非常困难，只要有可能就要不停地力争。”[107] 对德黑兰的纠缠罗斯福和斯大林仍将继续。

292. 罗斯福致斯大林的私人秘密信函

1943年9月11日发　　　　　　　　1943年9月11日收

感谢您的来函，今日已收悉。

我同意尽快建立军政委员会，但是我认为，阿尔及尔比西西里岛作为会址更适合，哪怕是为了保证通讯，我还是建议周二即9月21日在阿尔及尔集合。当然，届时他们会报告有关当前和以后谈判进程的完整消息，但该委员会的成员不应拥有无限权力。最终决议授权都应归各自政府。

我完全同意法国代表参会。对我们来说，最重要的是能绝对保密。

关于我们三国代表会晤，我很高兴同意将莫斯科作为会晤地点，会晤时间可以定于10月初，例如4日，星期一。再过2—3天将非正式讨论问题清单
562 发给您，但我认为，当三国代表相识之后，可消除拘束，可以相互讨论任何出现的问题。

如果您能够赞同第三条建议，我将非常高兴，时间定于11月底比较合适。我完全理解，无论对于您，还是对于丘吉尔和我自己，战事可以使形势随时发生改变。但我们暂时基于上述情况进行安排。我目前对会议地点略有疑虑，因为它距离华盛顿比预计的要远。这段时间，国会将要召集会议，根据我国宪法，我应当在10天之内就立法草案作出批示。换句话说，我应在10天之内收到文件，并返回给国会，如果天气不佳，德黑兰在这方面有些冒险。如果亚速尔航线无法使用，这就意味着，需要穿越巴西和南大西洋。基于这些原因，我希望您可以考虑埃及的某个地方，因为埃及是中立国，可采取任何措施为我们提供方便。

我认为，我们三人实际上已经有所收获。

斯大林于9月11日同时收到了丘吉尔和罗斯福发来的上述两封信。因为两封信函都提到了同样的问题，斯大林决定给他们两人立即回信。他利用盟国同意建立意大利问题委员会的契机，立即声称这一问题已经解决，需要以书面形式确定下来。斯大林任命维辛斯基为苏联代表，这再次证明莫斯科对该委员会赋予的重大意义。斯大林同意盟国有关机构职能的建议，但同时强调，以后可能做出调整。他仍坚持要求英美预先提交莫斯科会议的讨论议题。利用丘吉尔提到的德黑兰可能作为“三巨头”会晤地点的说法，斯大林巧妙地把自己的提议变成了同意首相的建议。

563

293. 斯大林致罗斯福和丘吉尔的私人秘密信函

1943年9月12日发

您9月10日来函收悉。

1. 关于军政委员会的问题可以认为已基本解决。我们任命您熟识的人民

委员会副主席和外交人民委员会副人民委员A.Я.维辛斯基为苏联全权代表，任命苏联驻伦敦联盟政府大使A.E.博戈莫洛夫为其副手。与其同行的有军政首席专家小组，以及小型技术团队。

我想，军政委员会的工作可以安排在9月25—30日启动。委员会首先在阿尔及尔开始工作，今后自行决定迁往西西里岛还是意大利其他更合适的地方，对此我无异议。

我认为首相关于委员会职能的设想是正确的，但我还认为，工作一段时间以后，积累了一定经验，我们还可以调整委员会职能，对意大利如此，对其他国家亦如此。

2. 关于我们三方代表会晤的问题，我建议可以确认已经达成一致：会晤地点在莫斯科，会晤时间为10月4日，总统也是这样建议的。

我依然认为，为了会议取得成功，必须提前了解英国政府和美国政府准备提交三国代表审议的议题，我之前信中已经提到过。

3. 至于三方政府首脑会晤，我不反对把德黑兰作为会晤地点，我认为比埃及更为合适，因为苏联尚未在埃及设立代表处。

斯大林坚持预知详细的莫斯科会议日程及盟友所持立场，这给华盛顿和伦敦出了难题，因为他们并不急着亮出自己的底牌。丘吉尔在美国首都宣称，他和罗斯福认为，莫斯科要求他们“提前阐述对所有问题的观点”的想法是“不受欢迎的”。[108] 哈里曼在与贾德干会谈时对斯大林的这些想法给出了清晰 564
的解释：“斯大林作为一位慎重的现实主义者，不喜欢讨论他没有十分把握的问题。因此，他对议事日程和‘建议’提出了要求。”[109] 莫斯科会议应该成为盟国第一次高级别会议，是对第一次更高级别会晤的准备，因此，斯大林极力打探盟国的意图，并确保这次会议工作的可预见性是完全可以理解的。莫斯科方面对未来会议议事日程提出了具体的建议，并公开了自己的立场。特别是苏联政府建议“讨论加快欧洲对德及其盟友战争进程的措施”，其中主要的是英美联军跨英吉利海峡向西欧进军的措施。[110]

1943年9月12日，O.斯科采尼（Скорцени）少校率领的德国特种部队编队完成了一次出色的代号为“橡树（Айхе）”的滑翔行动，[111] 旨在秘密营救被捕的墨索里尼。他们在位于意大利中部格兰萨索（Гран-Сассо）山的“皇家饭店”附近降落后，没有遇到意大利卫队的过多抵抗，迅速攻占了该饭店，成功解救墨索里尼，并将其转移到了罗马，从罗马经维也纳抵达慕尼黑去见希特勒。刚被解救出来的墨索里尼在德国人的指使下立即宣布自己为意大利政府元首，并声明向盟国宣战。这一突如其来的变故将盟国对意大利的计划置于威胁之下。在致斯大林的下一封信函中，丘吉尔建议采取隔绝墨索里尼影响的措施，并加强对巴多格里奥政府的支持。

294. 丘吉尔致斯大林的私人机密信函

1943年9月21日发　　　　1943年9月21日收

565 现在，当德国人把墨索里尼树为所谓的法西斯共和政府元首的时候，对我们来说重要的是尽我们所能阻止这一行为，并巩固国王和巴多格里奥政权，他们在与我们签订停战协定后，在忠实地履行协定，并交出了自己大部分海军兵力。此外，从军事想定出发，我们应该动员和汇集意大利的所有愿意参战或至少愿意抵抗德国人的力量。他们已经积极地在行动。

因此，我建议国王通过广播发表告意大利人民书，呼吁他们团结在巴多格里奥政府的周围，宣布意欲建立广泛基础之上的反法西斯联合政府，并且不会采取行为妨碍意大利人民战后选择民主政府形式的权利。

还应该声明，在制定和落实停战协定时，会充分考虑意大利政府军和人民对敌斗争的贡献；但是，虽然意大利政府自行决定是否对德宣战，但这不会使意大利加入同盟，而只是联合作战的一方。

同时，我仍坚持签署尚未落实的最终停战条件书，尽管其中有些条件现在无法生效。应对巴多格里奥做出承诺，一旦意大利解放，联盟政府准备移交西西里岛、萨丁岛及意大利固有本土，在联盟管制委员会的监督下由意大利政府管理。

我还向罗斯福总统提出了这些建议，并希望能得到您的支持。您当然明白，这个问题是军事上的紧迫问题。例如，意大利人已经把德国人驱逐出了萨丁岛，他们还控制着很多岛屿和关键阵地，而这些我们可以加以利用。

在回信中，斯大林对丘吉尔的建议做出了积极的回应，并补充了两个要点：国王的讲话必须包括意大利有责任加入对德战争，以及丘吉尔对停战条件例外约定的说明。斯大林对意大利事务给予了特别关注，力求意大利加入
566 反希特勒联盟，并对丘吉尔降低投降条件的建议持警觉态度。在这些天，莫斯科还从盟国那里接收到一个危险信号——罗斯福下达给艾森豪威尔的命令。命令要求在近期组建联盟委员会，隶属地中海战区司令艾森豪威尔领

导，该委员会对巴多格里奥政府拥有广泛的监管权力，实际上，是剥夺了意大利问题三方军政委员会的职权。莫洛托夫致美国临时代办M.哈密尔顿（Гамильтон М.）的回信中自然会反对这一想法：苏联坚持的原则是，除作战指挥权之外的所有监管权移交军政委员会。[112] 这一决定会给苏联提供与美英平等的实际参与意大利事务的机会。但正因为如此，该方案明显令西方盟国不满，他们只赋予军政委员会协商地位。丘吉尔在内阁会议上就说，苏联提出的联盟委员会隶属三方委员会的建议"明显已不在我们考虑之列"。[113] 按金伯尔的话说，尽管英美"试图避免开创为斯大林所用还治其身的先例，容忍俄国人进入意大利还是有很大风险，特别要考虑到意大利共产党的强大影响"。[114] 在任何情况下，关于下达给艾森豪威尔的命令消息只带有通报性质，而且在收到苏联方面回复之前，罗斯福就已正式下达给盟军总司令。[115] 这又为盟国在意大利问题上未来的分歧埋下祸根。

295. 斯大林致丘吉尔的私人秘密信函

1943年9月22日发

您9月21日的来函收悉。

1. 我同意您关于意大利国王通过电台发表告人民书的建议。而且我认为十分必要，国王在呼吁书中要明确宣布意大利向英美苏投降，并将和英美苏并肩对德作战。

2. 我也同意您关于有必要签订最终停战条件书的建议。至于您所言一些 567
条件目前无法生效，我的理解是，这些条件现在还不能在德占区实现。随时恭候您对这个问题的确认或必要解释。

还有一封斯大林同时发给两位领导人的信函，落款日期为9月25日，但因未得到斯大林的批准，最后未能发出，也没有进入历史文献。但这封信的草稿中提到了一个非常重要的问题——签订"三大国"军事政治联盟条约，并提交即将召开的莫斯科会议讨论。具体所指是，在1942年苏英条约的基础上，签订新条约，"旨在更加巩固我们的反希特勒德国的战斗联盟，以及在战后为世界和平与安全进一步发展我们的合作"。文件强调，这种协议"不应该是简单的声明，而应该是确立我们国家间战时和战后长期政治关系的协议"。文中指出，类似的措施具有"显著意义"。[116] 无论何种原因使斯大林将这一草案束之高阁，苏联领导层中多次产生这种想法的事实本身就说明，克里姆林宫对战后继续发展联盟合作是认真的，并努力将其建立在牢固的法制基础上。但是，习惯于“自由之手”的华盛顿担心这些太过遥远的义务会束缚自己的手脚。

斯摩棱斯克作为莫斯科的门户，对控制俄中部高地具有制高点意义，因此大本营对其给予特别关注。早在1943年6月，就已制定了粉碎德国第4集团军和解放城市的进攻战役计划。总之，正如战争历史资料所记述的那样，“加里宁方面军和西部方面军在斯摩棱斯克战役中面临着完成十分重要的任
568 务——摧毁所谓东部中轴的中心区域，将敌人驱赶到远离莫斯科的地方，扼守‘斯摩棱斯克的大门’第聂伯河和西德维纳（Двина）河之间的地带。夺取这一防线可以为红军打开两个最重要的方向——苏联波罗的海沿岸方向和白俄罗斯方向”。[117] 1943年8月初，斯大林唯一一次亲临前线，视察的是西部方面军和加里宁方面军部队，这不能排除和准备斯摩棱斯克战役有关。总之，如果1941年纳粹的宣传机器宣布，“斯摩棱斯克是一个被推倒的大门。德国军队打开了通向俄罗斯纵深的道路。战争的结局已注定”，那么红军9月15日通过解放该城市不仅“锁上了”这道大门，而且为西进创造了新的机会。

296. 丘吉尔致斯大林的私人信函

1943年9月25日发　　　　1943年9月26日收

艾登先生和我特意给您发去我们个人的祝贺，祝贺斯摩棱斯克传来捷报。

罗斯福的最初计划是派韦尔斯代替赫尔前往莫斯科，这个计划被国务卿本人否决。他与自己第一助理之间的矛盾由来已久，因媒体上出现韦尔斯对他人身攻击的负面言论，致使冲突进一步白热化。暴跳如雷的赫尔宣称，他将亲自参加会议，“不管会议在哪里举行”，[118] 尽管之前从未乘坐飞机飞越大洋。总统需要参议院支持自己的对外政策，而赫尔正是前参议员，且具有较高威望，总统被迫迎合他的愿望——“非常希望”派赫尔参加莫斯科会议的愿望应运而生。为了平息纠纷，9月25日罗斯福宣布韦尔斯被撤职。利用这一人事变动，总统要求克里姆林宫将会议从莫斯科转移到伦敦。他彻底缓和了书信草稿的语气，亲笔写了第一段和第三段，并焦急地等待着回音，指示自己的驻莫斯科代表督促苏方回信。[119]

297. 罗斯福致斯大林的私人秘密信函 569

1943年9月25日发　　1943年9月28日收

很遗憾，我认为有必要再提外长会晤一事，但问题在于，在进一步讨论这个问题之前，我有一个强烈的愿望，希望国务卿赫尔能亲自参加与莫洛托夫先生和艾登先生的会晤。

由于健康状况，赫尔先生要完成去莫斯科的长途飞行极为困难。您是否给机会在英国召开会议？我认为，对于我们所有人来说，如果赫尔能亲临会议是极为有益的。

我相信，英国人会同意这一调整。能否将首次会议日期定在10月15日？

298. 丘吉尔致斯大林的私人机密信函

1943年9月25日发　　1943年9月27日收

1. 我认真考虑了我们三国政府首脑即将在德黑兰举行的会晤。应该采取可靠的准备措施，以确保控制等级较弱地区的安全。在此，我谨向您提出参考建议，我在开罗就住宿、安全等开展筹备工作，尽管有积极努力的保密工作，但仍会被察觉。然后，只能在会晤之前两三天，我们把英国旅和俄国旅投送到德黑兰相应地区，包括机场，将这一地区全面戒严到会谈结束。我们不会通知伊朗政府，也不会在最后时刻到来之前对住宿做任何准备。当然，我们必须严格监控所有流出的消息。因此，我们将采取有效措施与全世界记者以及任何我们不喜欢的人和不喜欢我们的人隔离开来。 570

2. 我建议将来在就这一问题进行通信往来时使用“开罗–3”的说法，以避免出现德黑兰字样，建议使用古希腊语的“尤里卡（Эврика）”一词作为此次行动的代号。若您有其他想法，请告知，我们可以向总统转达。关于这个问题，我尚未与总统沟通。

尽管“三巨头”会晤地点当时尚未确定，但丘吉尔在上面这封信函中已经提到了德黑兰的安全措施问题，显然已经接受了这个方案。他的焦虑是完全有根据的，因为德国的谍报机构在城市里活动，他们自然不会放过千载难逢的机会，将所有反希特勒联盟领导人一网打尽。苏联特工部门也密切关注伊朗首都的形势，并采取了特别措施以确保“尤里卡”行动安全。

丘吉尔关于两国在筹备和保障德黑兰会晤安全方面进行合作的建议并不是空穴来风。英国和苏联的特工部门早有协同经验，虽然既彼此搭档又相互猜疑。早从1941年起，他们就在阿富汗和印度进行过积极的合作。由于维辛斯基和克利普斯已达成协议，内务部人民委员会机关向英国人提供了“布林克曼（Бринкман）博士”截获的情报。他是苏联在喀布尔的间谍，以牙医的身份作掩护开展工作。[120] 从1941年秋季起，特别行动处[处长为希尔（Хилл Дж.）中校]和内务部人民委员会[委员会人民委员И.契恰耶夫（Чичаев И.）上校][121] 开始在莫斯科和伦敦分设代表处进行活动。伦敦高度评价这个超级保密的联络渠道。1941年9月24日，特别行动处的主管部门军事经济部大臣H.达尔顿（Далтон Х.）在与莫斯科讨论联合登陆南斯拉夫计划时，给丘吉尔写道：

“我们与国家政治安全保卫局在莫斯科的会谈必须尽一切手段保密，我只能以口述形式向您报告此事而不在纸上留下任何痕迹（在莫斯科，两位俄方
571 与会者是在打印机上打印文件，一切迹象表明，除他们之外，只有斯大林、莫洛托夫和贝利亚知情）。但是，我可以向您保证，这次会谈已经取得了成果，可能是非常重要的成果。但是千万不能提我们与国家政治安全保卫局会谈一事。”[122]

1942年底，苏英特工合作从独一无二的“希尔维尔（Сильвер）”行动开始变得更加紧密，“希尔维尔”是布哈加特·拉姆（Бхагат Рам）的代号，又名拉赫马特·罕（Рахмат Хан）。此人是“印度国民军（Индийская национальная армия）”首领苏巴斯·钱德拉·博斯（Субхас Чандр Бос）的亲信，而印度国民军企图通过投敌日本争取印度的解放，而“希尔维尔”是其在喀布尔与希特勒政权联系的中间人。苏联特工通过旁遮普邦共产党（Компартия Пенджаба）招募到“希尔维尔”，用以跟踪和篡改发给德国人的情报。从1942年10—11月开始，“希尔维尔”不仅是双面间谍，而且是受到双重控制的间谍：苏联和英国情报侦察机构共同策划他的活动。[123] 这并非是莫斯科的典型做法，一方面是出于意识形态的原因，另一方面是因外国人接触最高机密，伊斯梅将军一直不赞成这种做法，况且又与苏联有关，但这次由衷折服。1943年11月他从莫斯科返回后，写道：“希尔维尔”事件的剧情发展“出乎意料并使人震惊”，“毫不夸张地说，为盟国的协作开辟了全新的未来”。[124]

另有一位打着苏英“名号”的双重间谍，是位伊朗人，他的代号是“接

吻”；有一种说法他的真名叫穆罕默德·阿洪扎德（Мохаммед Ахундзадех）。他为德国反间谍机关效力，1943年11月在阿勒颇被英国警察逮捕后，他开始为英国秘密情报局军情6处工作。1944年7月苏方被告知此人情况，同年12月经莫斯科同意，两国特工部门开始共同分享他提供的情报。[125]

两国特工部门在伊朗的合作既是反希特勒联盟国家合作积极而突出的典范，又是相互斗争的手段。1940年4月在伊朗成立的军情6处情报站的最初目 572
的是收集和跟踪苏联潜在威胁的情报，在1941年6月之前，英国人还极度害怕莫斯科可能加入“轴心”国。[126] 但是，随着伟大卫国战争的爆发和1941年8月苏英联合出兵伊朗，局面发生了根本性的变化。德黑兰是两国特工部门密切合作的地点之一。苏英双方代表每周会晤一次，讨论现实问题。[127] 在“局部”的务实合作不是所有时候都会得到中央的首肯。军情6处处长S.孟席斯（Мензис С.）说服在德黑兰工作的部下，称试图与苏联情报人员建立合作“是浪费时间和自寻烦恼”，因为苏联情报人员“更愿意渗透到我们的情报部门，而不是提供帮助”。[128] 从苏联方面也能听到类似的指责，称对方企图从内务人民委员会招募间谍，而且契恰耶夫上校也有如此言论。[129] 1943年秋，内务人民委员会认为，英国人利用自己在伊朗的影响力和警察势力，少有关注战争，而开始考虑战后问题，追捕对苏友好人士。[130] 因此到1943年秋季之前，对苏联和英国特工部门协作成果各有微词，但成功筹备和召开德黑兰会议对双边关系的发展产生了影响。

299. 斯大林致丘吉尔的私人信函

1943年9月26日发

非常感谢您和艾登先生对我们收复斯摩棱斯克的祝贺。

斯大林委婉地拒绝了罗斯福关于将外长会议转移到伦敦的请求。他的论据如同罗斯福方面的理由一样有些牵强。但选择莫斯科对斯大林具有原则性的政治意义，所以他不打算退缩。

573

300. 斯大林致罗斯福的私人秘密信函

1943年9月28日发

今天收到了您9月27日发来的信函。

我同意您的意见，希望国务卿赫尔先生本人出席即将举行的三方代表会议。

与此同时，我要告知您，如果变更选择莫斯科为会议地点的共同决定，将有很大的困难。问题在于，如果会议不在莫斯科而是在您现在建议的英国召开，莫洛托夫就不能按时出席，而我认为他作为苏联政府代表参加三方会议是必不可少的。至少在近期莫洛托夫不可能离开苏联，因为您知道，维辛斯基要前往阿尔及利亚，他是莫洛托夫主管的外交人民委员会的第一副部长。

此外，众所周知，美国和英国的刊物已经广泛报道即将举行的会晤就在莫斯科举行，因此选择新的会议地点有可能引起不必要的猜疑。

我方不反对将10月15日作为会议日期。可以预计，在此时间之前三方政府之间会就会议议事日程全面达成一致。

随着意大利投降法律程序的完成，何时公布签署文件的问题摆在了面前，其中包括一份主要文件《最终投降条件书》。巴多格里奥和艾森豪威尔反对发表，而英国外交部则表示“赞成”发表。第一种观点胜出：因投降条件会令许多意大利人感到过于苛刻而有损盟国形象，需重新考量。结果，“最终条件”在第二次世界大战结束前没有公布于世，只是到了1945年11月才公开发表。[131]

574

301. 罗斯福致斯大林的私人秘密信函

1943年9月28日发　　1943年9月30日收

英国首相和我同意艾森豪威尔将军的建议，《最终投降条件书》等文件在意大利政府签署后，应予以保密，暂不公开。

罗斯福关于意大利问题的下一封信函肯定会引起莫斯科的怀疑。罗斯福建议修订投降书，而苏联并没有参与其制定，只是8月26日才收到文件。这些修改事实上全部是对意大利人做出的让步。9月29日与艾森豪威尔会晤时，巴多格里奥提出，“无条件投降”的说法对意大利人的精神打击甚重。随后，美国将军建议美英政府考虑巴多格里奥的意愿，包括“软化”《投降书》的名称。在给意大利政府首脑的私人信函中，艾森豪威尔走得更远，他确认，“我受命的政府完全意识到，某些条件会因后续发生的事件而撤销……我们也认识到，现在意大利政府没有能力完成其中的一些条件。因当前的客观情况导致不能完成这些条件，不视为意大利方面恶意违反”。[132] 艾森豪威尔的建议在罗斯福的信中已有所述，罗斯福请求斯大林尽快回复此信。丘吉尔在单独的一封信中表示同意总统的建议，并另附一份文件说，在意大利对德宣战之后，三国政府首脑马上宣读此文件。在盟国的压力下，巴多格里奥最终同意这样做，条件是让其继续掌权。伦敦和华盛顿决定在发表这一决定的同时，发表一份盟国的三方联合声明，以定格意大利加入反希特勒阵营的妥协决定。声明中赞扬了巴多格里奥政府的这一决定，盟国做好了与其合作的准备；同时，承认意大利人民之后改变政治制度的权利。因此之前签署的《意大利投降条 575
件书》完全有效。

302. 罗斯福致斯大林的私人秘密信函

1943年10月1日发　　　　1943年10月5日收

盟军驻地中海战区总司令艾森豪威尔建议对《意大利投降书》做以下修改：

名称改为《意大利停战补充条件》。

将序言中的最后一句话改为：“意大利政府首脑彼得罗·巴多格里奥元帅无条件接受。”

在第一段中不再提及“无条件投降”。

艾森豪威尔将军及其所有高级指挥官同意这个建议，对我们最终战胜驻意大利的德国军队有极大益处，因为它有利于团结意大利军队、海军和民众。

艾森豪威尔特别要求，在公布所建议的这些文件之前，要保持高度机密，特别是文件中的投降条件内容，这“对于我们在意大利取得成功是绝对必要的”。

我希望艾森豪威尔将军的这些建议能得到盟国的赞同，因为它们有利于我们的军事努力，并且不会给我们造成任何损失。

请尽快把您同意的意见发电予我。

303. 丘吉尔致斯大林的私人秘密信函

1943年10月1日发　　　　1943年10月2日收

1. 国王陛下政府完全同意总统10月1日发给您电报中提到的艾森豪威尔将军的建议，因此我希望您也能同意。

576 2. 我们还希望您、总统和我一起参与三方声明，该声明将在意大利向德国宣战后立即公布。

3. 声明全文如下：

大不列颠、美利坚合众国和苏联政府认可巴里格多奥元帅代表意大利王国政府宣布的立场，欢迎意大利民族和武装力量成为联合对德作战的一方。9月8日之后的军事行动和德国人对意大利人民的残暴，终以意大利对德宣战而告终，事实上意大利已经成为联合作战的一方，美国、大不列颠和苏联政府将在此基础上继续与意大利政府合作。三国政府认为服从于人民的意志是意大利政府的责任，只要把德国人赶出意大利，这意味着，没有什么力量能够剥夺意大利人民绝对的、与生俱来的权利和阻碍意大利人民通过宪法改革最终决定民主管理形式的自由。

在取消1943年3月的北方运输舰队之后，盟国承诺于9月予以恢复。约定的日期渐渐临近，但伦敦官方却保持缄默。早在8月初，克尔大使就提醒外交部领导别忘记这一承诺，他强调说，“俄国人正在猜测我们的意图”。[133] 但这也于事无补。克里姆林宫正在失去耐心。9月21日，莫洛托夫交给克尔一份苏联政府关于恢复北方运输船队问题的长篇备忘录。文中详细阐述了当时盟国做此决定的条件已经发生了变化：来自德国潜艇的威胁已经减弱，肃清地中海之敌以后，护航舰艇使用不再紧张，等等。红军进攻行动消耗巨大，而通过北方航线的供给1943年与1942年相比锐减66%强，因此苏联政府坚持要求“立即恢复护航运输船队”。[134] 伦敦顿时行动起来。丘吉尔下达指示要求
577 下半年派出5批护航运输队，而军方要求他缩减数量，他坚持道：“当然，我不打算与斯大林元帅签订牢不可破的合同，但我理解，我们对不测情况应有所预防。我认为，我们应该在11、12、1、2、3月派出满编船队。”[135] 但是，

在致斯大林的信函中5批护航运输队变成了4批。首相通过描述困难与克服困难的对比营造出好消息。

丘吉尔一方面对莫斯科欠账太多，另一方面他又同时提出另一个要求，即增加在阿尔汉格尔斯克和摩尔曼斯克的英国工作人员人数，并改善他们的工作条件。英国军人对苏联政权吹毛求疵牢骚满腹，但首相在与斯大林的通信中回避了这些小节问题，虽然1942年秋天通过另一个冷门渠道“丘吉尔—莫洛托夫”有过抱怨。当时丘吉尔对关闭英国驻瓦耶加军医院的微词遭遇了莫洛托夫打官腔式的强硬回复，他指责一些英国代表的行为很不体面。[136] 首相因为不满而在回忆录中将人民委员的信函描述成“做鬼脸”。[137]

英国海员在苏联境内违法而被拘留一事让双方伤透脑筋。最为激烈的冲突是在1943年7月，因在公共场所酗酒滋事和侮辱苏联官员，两位来自民船的英国海员被判几年徒刑。愤怒的丘吉尔对身边人威胁说要从北方撤回所有英国人，“把小伙子们领回家”。[138] 但是，军方很快向首相解释，“无论是否恢复运输船队”，都必须保持英国在俄国北方的存在，以便抗击德国舰队并准备以后在这个地区可能采取的行动。[139] 关于英国军人现状的讨论仅限于外交渠道的工作层面。而现在终于出现了转机：9月25日丘吉尔给内阁大臣们写道：“现在俄国请求我们恢复护航运输队，我们有权向他们提出简单明了的问题，如何改善对待我方人员的态度。”[140] 应首相要求，艾登团队拟定了一份对苏方的长篇投诉清单，信函也是围绕此问题。但是，问题永远不是想象的那么简单。

304. 丘吉尔致斯大林的私人机密信函 578

1943年10月1日发　　　　1943年10月1日收

1. 您关于向俄国北方恢复派出运输船队的请求收悉。我和我的同事们都非常愿意尽最大的能力帮助您及您所率领的英勇军队。因此，我对莫洛托夫先生通报中所包含的各种分歧视而不见。自1941年6月22日以来，我们始终不渝地努力帮助您保卫贵国抵御希特勒匪帮的残酷进攻，尽管我们自己也担负着重任，我们从未否认和回避，正是贵国取得的伟大胜利以及给德国军队的致命打击给我方造就了很大的优势。

2. 最近4天里，我和海军部共同起草了向俄国北方派遣新一批护航运输队的计划。该计划面临重重困难。首先，争夺大西洋之战再度爆发。潜艇利用新型声纳鱼雷攻击我们，当护航舰船跟踪潜艇时，[141]这种鱼雷反攻击舰船的威力巨大。其次，因为要在11月底之前组建60万人的军队进驻意大利，并且试图充分利用意大利在爱琴海诸岛和巴尔干半岛的撤退机会，所以我们在地中海的兵力再次吃紧。再就是我们应该为对日战争作出我们的一份贡献，美国非常关心对日作战问题，如果我们袖手旁观，美国人民会感觉受到伤害。

3. 尽管存在上述种种困难，我还是很高兴地告知您，我们在11、12、1、2月份向俄国北方派遣4批护航运输队，每批船队将由35艘左右英美船只组成。运输船队也可以分两批派遣，以适应作战需求。首批运输船队约在11月12日从联合王国出发，约10天后抵达俄国北方；后续船队将每隔约28天发
579 出。我们希望在10月底前将大部滞留在俄国北方的货船召回，其余船只将随返航的护航船队一起返回。

4. 不过，我应声明，这不是义务，也不是合同，而是我方庄重而严肃的决定。基于此决定，我指示采取必要措施派出分别由35艘船只组成的4支运输船队。

5. 然而，外交部和海军部请我提请您关注我们在俄国北方所经历的困难，希望您亲自过问此事。

6. 如果我们恢复运输船队，我们就不得不增加我们在俄国北方的人员，因为从今年3月起，那边的人员有所缩减。目前海军人数不能满足需求，原因是有些人回国了，但没有派来替换他们的人。贵国地方政府拒绝为我方派遣人员以及接替轮换的人员发放签证。莫洛托夫先生要求国王陛下政府同意，在俄北方的英军人数不得超过苏联军人的数量和驻英国贸易代表处人员的数量。我们无法接受这一建议，因为他们的工作性质完全不同，且军事行动所必需的人员数量不能用这种不切实际的办法来确定。其次，我们已通报苏联政府，我们应该自己判定行动所必需的人员数量，因为我们对行动负有责任；艾登先生已做出保证，他会特别注意将人员数量限制降低到最低限度。

7. 因此，我想请您同意，立即为急需增加的人员发放签证，并请您保证，在我们认为非常有必要申请签证时，不再拒签，因为我们是到俄国北方来实施援助的。我要强调的是，目前在俄国北方有大约170名海军人员，其中有超过150人在几个月前就该轮换，但是接替人员没有得到苏联签证。这些人不习惯那里的气候和条件，身体状况需要将他们立即替换回国。

580 8. 我们还想往阿尔汉格尔斯克派遣一些医务人员，贵国政府也已同意。但是，也没有给这些人员发放必需的签证。请您记住我们可能会遇到许多麻烦事。

9. 我还想请您帮助改善我们军人和海员在俄国北方的现有条件。这些人，当然，为了我们共同的利益正在忙于对敌行动，他们工作的主要方式是把盟国的供给送抵贵国。我相信您会同意，他们的处境与其他被派到俄国的人员处境截然不同。但是，贵国政府却使他们受到种种限制，我认为这对于盟国派来为苏联利益服务的人是不妥当的：

（1）除了乘坐苏联的快艇，并有苏联官员在场和屡次检查证件，谁也不能从王国政府的军舰和货轮下船上岸；

（2）未经苏联政府事先批准，不允许任何人从英国军舰转乘英国货船。甚至对英国海军上将领队也是如此；

（3）要求英国的军官和士兵下船上岸或在岸上的英国机构之间走动需凭特别通行证；而这些通行证常常被拖延发放，严重影响工作进程；

（4）参与行动的人员的任何物品、行李或信件都不能卸载，除非有苏联官员在场，若想邮寄物品和信件，必须履行烦琐的手续；

（5）个人书信往来要审查，对于参与行动的人员，我们认为，只有英国军事权力机关有权检查。

10. 实行这些限制，给官兵们留下了不利于英苏关系的印象，如果议会知晓，也会产生伤害。所有这些手续妨碍了这些人有效履行职责，而且不止一次是在执行紧急而重要的任务的时候。驻英国的苏联人则没有受到这类限制。

11. 我们已经向莫洛托夫先生提出了建议，如果军人和海员触犯了苏联法律，应移交英国军事权力机关处理。这种情况已发生若干次。毫无疑问，部分原因是北方服役条件艰苦。 581

12. 因此，我真诚地相信您能够下达指示，本着友好的精神解决这些困难，使我们能够互相帮助，帮助共同的事业，因为这是我们能力所及的。

斯大林历来不属于“公开外交”拥护者之列，因此欣然接受了美国人的要求，不发布意大利投降的《最终条件书》。盟国提出的有关意大利宣言的草案，不违背苏联的利益，因此也得到了斯大林的首肯。《承认意大利成为联合作战方的声明》于10月13日公布，即在意大利向德国宣战之后。在10月2日发出信函之前，斯大林还未收到罗斯福10月1日的来函，他也将此事告诉了丘吉尔。斯大林于10月5日回复了总统的这封信，并表示同意他的建议（第309号文件）。

305. 斯大林致罗斯福的私人秘密信函

1943年10月2日发

您和大不列颠首相同意艾森豪威尔将军的建议，我也不持反对意见，最终投降条件文件待意大利政府签署后予以保密，暂不发表。

306. 斯大林致丘吉尔的私人机密信函

1943年10月2日发

您10月2日的来函收悉。

582 苏联政府准备参与三方声明，一旦意大利宣布对德作战，立即公布。您提出的声明全文我认为可以接受。我方建议届时在伦敦、莫斯科和华盛顿同时发表声明。

我在此告知您，您所指10月1日总统发给我的有关艾森豪威尔将军建议的电报，我暂未收到。

不仅丘吉尔关心“三巨头”在德黑兰会晤期间的安全。有迹象表明，斯大林也命令在德黑兰采取必要的措施，尽管还在与罗斯福就会议举行地点继续争论。早在“8月份苏联国家安全机关就向伊朗首都派出了专家组，以查明举行会议和保障与会者安全的必要条件”。O.A.勒热舍夫斯基（Ржешевский О.А.）写道。[142] 10月15日，内务人民委员会边防部队第131摩步团抵达德黑兰，“该团全体人员着手履行沿街巡逻，警戒苏联使馆、卫戍司令部、国王官邸、邮局、电报大楼、军用仓库和其他设施，以及德黑兰会议会址等职责”。[143]

苏联方面认真制定了德黑兰警卫的组织计划。据苏联特工档案文件证实，内务人民委员会和国家安全人民委员会工作人员小组“在警卫对象抵达之前很早就到达了伊朗首都……并决定在德黑兰的三个地点重点保卫：在警卫对象专机抵达和离开德黑兰返回苏联时严密守卫机场；从机场到苏联使馆的往返途中；苏联驻伊朗使馆建筑内”。清查与德国有关的敌对分子的工作也在积极展开。例如，仅在1943年10—11月，伊朗就逮捕了约140名参与“梅尔—诺巴赫塔叛乱及特务组织的成员”。[144]

然而，丘吉尔向开罗地区投送两个旅的过于轰动和明显的计划，令斯大林十分不悦。他更喜欢采取秘密行动，尽管参与德黑兰警卫的人数也不算少——据各种估计，大约在500人到3000人之间。[145]

307. 斯大林致丘吉尔的私人秘密信函 583

1943年10月3日发

您9月27日关于即将举行的三国政府首脑会晤的来函收悉。我对您计划在开罗采取的转移注意力的筹备工作无反对意见。至于您在我们此次会晤前几天向开罗–3区投送英国旅和俄国旅的建议，我认为无必要。我建议，我们每个人自带精锐警察卫队。我认为，他们足以保障安全。

我对您关于即将举行的会晤的其他建议，无反对意见，我同意您提出的在有关这次会议的往来书信中使用的代号。

西方盟友没有期待即将举行的莫斯科外长会议会取得成功。霍普金斯起草的罗斯福10月4日致斯大林的信函中，总统再次强调了这次会议的预备性和“研讨”性，而将主要决定留给“三巨头”会晤。总统在信中对盟国进入罗马做出的乐观预测没有得到印证。在登陆萨莱诺之后，凯瑟林又调遣了新的增援力量，因此英国人和美国人扼守滩头的难度加大。尽管盟国重新发起进攻，并于10月1日解放了那不勒斯，但接下来的每一步都举步维艰。1943年11月上旬突破德国的两道防线：“沃尔图诺（Вултурно）”和“芭芭拉（Барбара）”之后，英美部队突进到了主要防御地带“古斯塔夫防线（Густав）”，该防线到1944年春季才得以完全突破。[146] 最终，罗马以南的战线稳定了下来，意大利首都到1944年6月4日才获得解放。

308. 罗斯福致斯大林的私人秘密信函 584

1943年10月4日发　　1943年10月5日收

您的来电收悉。我国代表团将于10月15日抵达莫斯科。尽管我不认为这次会议应该制定或提出战争战略计划，但我不反对就您关于出征法国的建议广泛交换意见，我对此表示欢迎。

我代表团成员金将军非常了解我们的计划和意图。

这次会议是三大国会议，对我们相关建议的讨论仅限于三个大国的未来意图和计划的范围，我认为是完全可行的。这当然无论如何都不排除之后有更广泛的成员参与，但必须经我们三国政府同意。

我相信，我们能够对相对重要的决定达成一致，但只有我们才能通过最终决议。这样，这次预备会就可以先进行基础性研讨，即使外长们会晤时遇到困难，我还是希望在我们——您、丘吉尔先生和我——会晤时加以解决。

美国和英国军队可能在未来几周攻入罗马。

309. 斯大林致罗斯福的私人秘密信函

1943年10月5日发

您10月1日的来函今天即10月5日方收悉。我方不反对您对《意大利投降书》的修改。

斯大林10月6日的信函只能印证罗斯福对即将召开的外长会议的担心。
585 英国和美国政府“早在1943年”就坚决强调开辟第二战场的措施刻不容缓。
斯大林还证实了另一个莫洛托夫写给美国驻苏联临时代办哈米尔顿的信函中所声明的立场，是关于吸收中国加入联合宣言的签署事宜：“……苏联政府提请美国政府注意，这次会议，正如所确定的那样，应该是三国代表会议……苏联政府认为，没有理由采纳美国日程的第一条款中的四国联合宣言方案。”[147]

310. 斯大林致罗斯福的私人秘密信函

1943年10月6日发

您10月4日的来函收悉。

至于战争问题，即英美采取措施缩短战争进程，您应从我的上封信函中了解苏联政府的观点。我依然希望，在这方面，三方预备会可以带来益处，可以为我们下一步做出重要决策做准备。

如果我对您没有理解错的话，那么莫斯科会议只讨论三国的问题，从而可以认为我们一致同意，关于四国宣言问题将不列入议事日程。

我们的代表们应尽一切努力克服工作中可能遇到的困难。决议只能由我们政府作出，即与您和丘吉尔先生会面时。

希望美国和英国军队能够顺利完成自己的任务，并进军罗马，这对墨索里尼和希特勒来说将是新的打击。

意大利向自己的前盟友德国宣战，研究者们客观地指出，这“与其说是军事决定，毋宁说是政治决定，目的是加强盟国和国内反法西斯政党对国王政府的信任”。[148] 但是，宣战并不意味着积累的问题能够得到迅速解决。美国 586
和英国领导人对“新”意大利的警觉态度和对意军战斗力的怀疑仍在，新成立的意大利兵团人数只从前边提到过的50万大军中抽出6万人。他们认为意大利人更像卫戍部队和辅助部队，而由它们编成的战斗兵团——第1摩托化集群（1万人）、解放军（2.5万人）以及战斗集群（6万人）是按剩余原则提供技术装备甚至被服保障的。[149] 可以表明盟国对意大利军队态度的，还有斯大林与艾登1944年10月27日在莫斯科的对话：

“艾登说，蒙哥马利将军……专门请求不要给他蒙哥马利调拨意大利军队，因为他们什么也不会。

斯大林说，意大利人不想打仗。

艾登说，意大利人只适用于保卫铁路交通线和执行内部巡逻勤务。”[150]

其他方面也问题不断。尽管一些美国人相信“意大利人积极甚至卖命地”将自己的命运同盟国的胜利和意大利获得交战方的地位联系在一起，[151] 但亚平宁半岛的许多居民却另有所想。签订停战协议以后，将刚刚遣返回家的人再召回军队并非易事：1943年秋季，填补军队当前缺口的尝试并未获成功。不过，意大利武装力量还是为对德作战作出了一些贡献：如果1943年12月在蒙迪伦哥（Монт Лунго）附近的交战他们还是有勇无谋，那么1944年3月等待他们的就是成功，意大利人攻克了卡西诺（Кассино）附近的蒙迪玛隆（Монт-Марон）高地。1943—1944年，意大利游击队“加里波第旅”和“意大利旅”通过与美英特工部门合作还活跃在巴尔干半岛。关于意大利军队所作的贡献，透过其所受到的损失也可说明，据各种统计，损失了7.7万—8.7万人。[152]

罗斯福还向斯大林通报了另一个消息。10月8日，根据1943年8月17日
与葡萄牙签署的协议，大不列颠军队在亚速尔群岛得到了军事基地群，他们 587
打算与美国人分享其使用权。所提到的“悠久的协约关系”是指1373年签署

的英葡条约，且数次续约，因此在伦敦经常称葡萄牙为“最老的盟友”。信函由霍普金斯起草。

311. 罗斯福致斯大林的私人秘密信函

1943年10月12日发　　　　　　　　　　1943年10月13日收

巴多格里奥将于10月13日向德国宣战。

盟国的武装力量从亚速尔群岛获得了实施空中和海上行动的能力。这一措施建立在悠久的条约关系基础之上。

斯大林给丘吉尔关于恢复运输船队和驻扎在北方的英国人的回信被拖延，首相于10月12日焦急地向克尔提及此事。[153] 一天后收到回信，但已然完全不是丘吉尔所期待的样子。代之感谢和同意英国方面要求的是再一次的责备。斯大林不仅坚决拒绝这一请求，而且还声明，恢复护航运输队的通报价值被丘吉尔所谓“这一决定是英国政府友好意愿的体现，而不是履行英国所承担的条约义务”的声明所抹杀，“（丘吉尔的——作者注）信函似乎让斯大林情绪变得很糟糕，”克尔在莫斯科解释说，“但我猜测，回信更像莫洛托夫的手迹，而不是斯大林本人……”大使建议在艾登去莫斯科之前不要回复。[154] 丘吉尔在给罗斯福的信中也怀疑该信不是出自斯大林之手，他认为是站在领袖背后的某台“机器”。[155] 此时，两人的辨别力丧失殆尽：斯大林真的是采用了莫洛托夫草稿，但在两点上语气更为强硬：将感谢恢复护航运输队那枯燥的表述划掉，换上了令人难堪的句子——首相的声明“抹杀了价值”，同时增强
588 了对英国人的指责，指责他们企图招募苏联公民，这对苏联公民来说是“一种侮辱”。晚些时候，在莫斯科会议期间，他对艾登说，丘吉尔的信中把恢复护航运输队描绘成送给苏联的“礼物”，确实让他恼火。[156]

312. 斯大林致丘吉尔的私人机密信函

1943年10月13日发

1. 您10月1日的来函收悉，并获悉贵方打算在11、12、1、2月通过北方航线向苏联派出4支护航运输队。但这一通报的价值被您的下列声明所抹杀，

即英方打算向苏联派出北方运输队不是履行义务，也不是履行协议，从信中可以这样理解，就是英方在任何时刻都可以拒绝供给，而不考虑对前线的苏军产生何种影响。应该说，我不能同意问题的这种提法。英国政府为苏联提供武器和其他军用物资，只能被视为我们两国之间所签订的特殊协议生效后，英方对苏联所应承担的义务，苏联自己担负对盟国的主要敌人——希特勒德国斗争的庞大重任已经是第三年了。

此外，也不能不考虑到，北方航线是最便捷的通道，可以在最短的时间内将盟国提供的武器运送到苏德战场，而弃用这条通道，将不可能实现向苏联运送应有规模的物资。正如我之前给您的信中所说到的和经验所证明的，通过波斯湾港口为苏联运送武器和军事物资，无论如何也不能弥补因弃用北方航线运输所造成的供应缺口。而且今年通过北方航线运送军事物资本来就比去年少了几十个百分点，这导致无法完成军事保障计划，并违反英苏相关的军事供给议定书。因此，现在，正当苏联军队为了夺取对我们共同敌人主 589
力的胜利而全力以赴地保障前线需要的时候，绝不能容忍把对苏联军队的供应问题交给英国方面随意裁量。提出这种问题，只能说明英国政府拒绝履行自己所承担的义务和针对苏联施加的某种胁迫。

2. 至于您提到似乎莫洛托夫的通报中存在自相矛盾之处，可以说，我找不到任何此种说法的依据。为解决军事代表团成员的签证问题，苏方提出对等和平衡原则，我认为是非常公正合理的。以英苏军事代表团职能不同为借口，就是不遵守上述原则，还有英国军事代表团的人数应该只由英国政府确定，我认为这种说法没有说服力。这一点已经足够详细地写在了外交事务人民委员会的相关备忘录上。

3. 我认为没有必要增加英国在苏联北方的军人数量，因为那里绝大多数的英国军人的行为并不得体，而且在几个月的时间里，他们一直游手好闲，对此苏方已经不止一次地指出过。例如，位于阿尔汉格尔斯克的英方驻地第126号港，由于长期闲置曾多次要求撤销，而现在才收到英方同意取消的通知。遗憾的是，个别英国军人的越界行为事实清楚，他们采取收买的方式企图招募某些苏联公民从事情报活动。类似的侮辱苏联公民的现象，导致了不愿意看到的纠葛事件发生。

4. 对于您提到的在北方港口手续方面有一些限制，应该注意，在靠近前线地区，这种手续和限制是不可避免的，不要忘记苏联正处于战争状态。不仅对英国人和所有外国人如此，对苏联公民也是如此。况且苏联权力机关还给英国军人和海员在这方面提供了一系列的优待，此事早在今年3月就已向 590

英国政府通报过。因此，您提到的数不胜数的手续和限制的消息是站不住脚的。

至于对英国军人进行审查和追究责任的问题，我不反对在对等原则基础上，由英国权力机关对驻扎在北方港口的英国人员的私人邮件进行检查，英国军人不够判刑的轻微违规，交由相应的军事权力机关处理。

10月15日接近午时，贾德干把前一天收到索伯列夫转交的斯大林信函的全文呈交给了丘吉尔。首相按平日习惯还未起床。“我提醒他，”贾德干在日记中写道，“这封信会让他失控，但结果还没有那么坏。读罢信，他大声咆哮道：‘我要停派运输船队。’但是我建议他采取另一个方案，于是他稍微平静了下来。”[157] 想了一会儿，丘吉尔把准备好的措词严厉的回信草稿放在了一边，他决定把信函退还给苏联新任大使古谢夫。古谢夫在前一天才向乔治六世国王递交了国书，并向首相请求进行第一次正式拜访。贾德干赞成这一决定的目的是为了证明，“我们绝不允许斯大林欺人太甚”。[158] 与此同时，丘吉尔打电报给正从德黑兰前往莫斯科途中的艾登。首相给这封电报附上了自己给斯大林回信的草稿，信中威胁，如果苏联拒绝增加英方人员的数量，就将英方人员全部撤回。丘吉尔委托艾登将这个问题提给“斯大林”，并“不得让步”。“卸掉这些护航运输队的包袱，让我们的人回家，该是多么轻松的一件事，”他生气地写道，“如果这是他们（指俄国人——作者注）真想达到的目的，那么就应该满足他们。”[159] 但是，两天后，平静下来的丘吉尔命令艾登不要将那封措辞严厉的回信交给斯大林，并通知他，第一支运输船队已经装载完毕，并应于11月12日离港，而他自己则“决定不干扰这一进程”。[160] 在11月18日的内阁会议上，首相是这样解释自己的决定的：“……斯大林的来函保持了不
591 讲情面、爱吵架的风格，以至于他（首相）本想回复说，如果俄国人不改变对我方人员的态度，我们就不再派出护航运输队。但是，派船队是一件正确的有利于加强我们军事力量的事情，于是他委托外交大臣在莫斯科讨论这一问题。”[161]

至于退还斯大林信函一事，丘吉尔看来对自己在这种受刺激的情况下的外交行为和表现感到非常满意，以至于亲自口述了10月18日与古谢夫进行会谈的简要记录，并在后来写进了自己的回忆录。[162] 根据记录，首相和新任大使寒暄过后，便转入了正题：“我说，这封信于事无补，而且给我带来了很大的伤害；我担心，我的任何回复都只能使局面更加恶化，因此我委托外交大臣到访莫斯科期间当面澄清这个问题。所以，我不想接收这封信，我后来把

信和信封一起转交给了古谢夫先生。他打开了信封，看完信后说，他是受命将信呈交给我的。‘我不能接收’，我说完从座位上站起来，以便在友好的气氛中让他明白，我们的谈话结束了。在门口，我们俩聊了聊他很快要和我共进午餐的事情，以及谈到丘吉尔女士掌管的俄国基金会等，我对他说，这个基金已达到400万英镑。我没有给古谢夫先生任何机会重提运输队的问题或企图把信封还给我，后来他带走了。这样，可以认为nul et non avebue（外交备忘录的术语，表示‘不存在’‘被认为没有发生过’——作者注）。”[163]

可以设想古谢夫的处境：他作为大使，初次登场就搞砸了不说，还要就所发生的一切向“上级”做复杂的解释，但这位年轻的大使没有慌乱。下面就是他在给莫斯科的加急电报中对这次谈话的描述：“丘吉尔在自己位于唐宁街的办公室里接见了我。乍看上去，丘吉尔的惺忪睡眼给我留下的印象是，他喝醉了，而且在谈话过程中得到了证实，因为他身上散发着酒气。他真的喝醉了。在正常的相互认识之后，丘吉尔让我坐到桌边，而他一边抽着雪茄一边说话，大致就是这些。”古谢夫叙述的谈话内容与丘吉尔的说法相吻合，只是增加了对大使拒绝接受首相塞给他的信封的情节更细致的描写。古谢夫的剧情结局是这样的：“在门口丘吉尔和我握手，趁机把信封塞给我手上，然 592
后转身回到桌旁。信封还在我手上，在这种情况下，我认为没有必要再与丘吉尔多言，或通过他的秘书把这封信还给他。

在信函中和附信中没有任何批注。在信函首页的右上角，空白处被撕掉了一半，看来上面有贾德干的批注或建议。

请示。”[164]

丘吉尔是否真的在午餐时喝多了威士忌，还是古谢夫故意渲染，为自己的行为辩解，他是否会和年龄与自己父亲相仿的喝醉了的首相争执？首相的所有即兴发言好像是经过精心准备，就连在大使的叙述中他的话甚至是非常连贯的。而且，在送走古谢夫之后，他马上就召开了内阁会议，他讲述了发生的一切。内阁一致赞成首相的做法，而职业外交家贾德干在自己的日记中总结这次礼仪事件时写道：“拒绝接收书面文件，是非常强硬的姿态，但现在涉及的不是官方照会，而只是一封私人信函而已，况且还是一封极具侮辱性的信函。”[165]这件事发生几天以后，斯大林在莫斯科会议期间与艾登会晤时提到，“丘吉尔生气了，拒绝收信。他，斯大林的理解是，丘吉尔不想与他通信”。根据英国的会谈记录，说完这些话后，斯大林补充道：“在这种情况下只能这样。”艾登极力劝说斯大林相信这一点，并顺便指出，“斯大林元帅很会打击人，如果他想这样做的话。”“难道这是打击，”斯大林和蔼地回答道，他试图让对方相信，“他不是故意想这么做。”[166] 10月25日，丘吉尔在向内阁报告会议进程时，情绪已经好了很多：艾登的电报显示，“莫斯科会议对所有问题的讨论都非常顺利。看起来，关于在俄国北方的英国人待遇问题结果会让我们满意”。[167] 的确，在莫斯科会议友好的气氛中，苏联方面满足了英国人关于驻扎在北方人员的请求，甚至释放了两名服刑的英国海员。

不久，古谢夫便得到了回溯退还斯大林信件故事的机会。10月22日，
593 他拜访艾登的助理R.劳尔（Лоу P.），劳尔介绍他认识了北方局官员华纳（Уорнер）。华纳向大使讲述了丘吉尔对翻译质量不满意，通常信函由苏联大使馆翻译，华纳提议在遇到复杂情况时找他们局的官员进行商议。受到伤害的大使请其具体指出使馆翻译中的曲解例子，华纳对此无法马上作答，但是继续坚持要提供信函的俄语原文。在发给莫斯科的总结报告中，古谢夫按自己的理解解释了这一试探：“华纳关于翻译准确性的整个谈话明显表明，在丘吉尔蛮横无理地退还斯大林同志来信这一反常之举后，英国人试图给这种行为找台阶下，想用语义转换时的差异引起的误解来消除不快的印象。”[168] 大使不仅以此袒护了使馆的工作，而且还造成了英国人在首相“蛮横无理”之后试图为自己辩解的印象。事实上远没有这么复杂。丘吉尔确实对斯大林信函的译稿不满意。他在10月19日发给艾登的加急电报中写道：“是不是直接收到俄国人改写过的俄文稿更好？我收到的译稿都是用拙劣的英文翻译的，不可能转达俄语原文的准确含义。还有一种可行的办法就是，既提供俄文原稿，也提供俄国人翻译的译文。”[169] 艾登委托华纳向古谢夫提出了这个问题，但英方同样也存在这个问题：负责苏联北方事物的北方局局长华纳向自己的长官坦陈，他们也没有熟谙俄语的官员，他们自己也经常去找苏联使馆的工作人员寻求解释。[170]

丘吉尔在下一封信函中倡议以三大国的名义发表宣言，谴责希特勒在被占领土上的野蛮行径。提出这一建议的动因是德国人在多德卡尼斯群岛枪杀了意大利军官，引起了首相的严重关切。在10月8日的英国内阁会议上，丘吉尔讲到了这一残酷镇压行为，他宣称，希望“现在就以我们、美国和俄国
594 的名义发表声明，宣布把与被害人数相同的德国军官或纳粹党员战后交由受害国审判”。[171] 丘吉尔希望威胁把纳粹犯罪分子送还他们实施犯罪的国家进行审判，可以对他们起到震慑作用。内阁同意首相的建议，于是把声明草案发给了斯大林和罗斯福。

313. 丘吉尔致斯大林的私人机密信函

1943年10月12日发　　　　1943年10月13日收

劳驾您审阅是否应本着如下精神发表我们三人签署的声明：

1. 大不列颠、美国和苏联（如果认为其他排名更合适，我们完全愿意排在最后）获得的各种证据证明：希特勒武装力量在沦陷国家行径野蛮，进行谋杀活动和冷血集体杀戮，国民被逼逃离家园。纳粹统治者的残暴早已有之，他们奴役的人民和领土痛苦地接受惨无人道的恐怖统治。最新的形势是：伟大解放者的进军解放了更多被占领土，而绝望退缩的希特勒分子和德国佬变本加厉地施展自己的兽行。

2. 综上所述，三个联盟大国从维护32个联合国家的利益出发，郑重发出声明和警告：

无论德国成立何种政府，从停战的一刻起，被追究的上述野蛮行径、实施谋杀和杀戮的所有德国军官和士兵、纳粹党成员以及自愿参与此种行为的人，必须被遣送回他们曾实施恶行的受害国，按照被解放国家和该国的任一政府的法律进行审判，并受到相应的制裁。罪犯名单将根据受害国提供的详细情节确定，特别关注的有俄国、波兰、捷克、南斯拉夫、希腊，包括克里特和其他诸 595
岛、挪威、丹麦、荷兰、比利时、卢森堡、法国和意大利的被占领土。

因此，所有参与集体屠杀意大利军官的德国人或参与处决法国、荷兰、比利时和挪威人质或克里特农民的德国人或参与屠戮波兰人民的德国人或参与杀害正在肃清顽敌的苏联共和国领土居民的德国人，他们都应牢记，无论何种代价都会将把他们遣返回其犯罪的地方，接受他们曾经施暴的人民的就地审判。手上还未来得及沾满无辜鲜血的人应该及时警醒，勿与犯罪者为伍，因为三个联盟大国绝对能把他们找到，即使在天边，最终会交由公诉审判。

这个宣言不适用主要战争罪犯，他们的罪行与地点无关。

（签名）

罗斯福

斯大林

丘吉尔

如果有类似的内容（我特别不在意形式）以我们三人签名发表，我认为，势必会让某些恶棍不再敢参与杀戮，特别是现在，当他们知道自己必败无疑的时候。

我们知道，我们以清算相威胁，既能保护波兰人，也能缓解那里的人民所遭受的残酷暴行。毋庸置疑，敌人以恐怖形式施展武力会给我们的军队增加新的负担。如果他们知道自己将被遣返，并在那个国家、在他们实施残酷暴行的那个地方接受审判，许多德国人可能会良心发现。我向您力荐审判的地域原则，因为他可能对敌人的恐怖行为产生遏制。英国内阁支持这一原则和这一政策。

丘吉尔的倡议得到了另外两个盟友的支持。在美国国务院发给美国驻莫斯
596 科大使的电报中，引用了总统的指示，建议在莫斯科讨论丘吉尔提出的方案，并在莫斯科会议结束时公布文件，以便“让全世界都明白，三方会晤时没有忘记这些不幸的人们”。[172] 苏联更早时候就提出追究希特勒分子罪行的责任，这次更是积极响应。尽管斯大林没有直接回复丘吉尔，但10月22日，莫洛托夫通知在莫斯科参加三国外长会议的赫尔说，斯大林原则上“不反对就德国暴行问题签署宣言”。10月25日，维辛斯基向盟国大使转交了备忘录。备忘录中表示同意英国的草案，并提出了略微的修改，修改的内容中强调了在苏联领土实施“骇人听闻的罪行”的后果。《莫斯科宣言（Московская Декларация）》全文在会议上通过，并以罗斯福、斯大林和丘吉尔的名义发表。[173]

10月4日，苏联新任驻美大使葛罗米柯向罗斯福总统递交了国书。据葛罗米柯报告，总统“非常热情”地接见了他，并在举行会谈的过程中对他说，赫尔将去莫斯科，先乘坐飞机到波多黎各，然后走海路到卡萨布兰卡，之后再乘飞机抵达苏联首都。因此，他预计到达时间不早于10月16日。总统还称，“总的来说，他不反对在德黑兰举行会晤，但这对于他来说，在处理与国会的关系方面‘存在很大困难’”。他还说，就这个问题他将给斯大林单独写信。[174]

314. 斯大林致罗斯福的私人秘密信函

1943年10月14日发

您10月13日的来函收悉。感谢您提供的消息。祝愿美国和英国武装力量取得进一步的成功。

315. 罗斯福致斯大林的私人秘密信函 597

1943年10月14日发　　　　　　　　　　　　　　　1943年10月15日收

国务卿及工作人员正在顺利地赶往莫斯科，但不确定的是，他们是否能够在17日之前抵达。我将向您随时通报他们的行踪。

我非常关注另一次会晤的地点问题，但就这一问题我将给您再单独发信。

在讨论“三巨头”会晤地点的“单独信函中”，罗斯福固执地劝说斯大林将会晤改到对自己更舒适的地方。尽管总统在信函中阐述的主要理由是必须与国会保持经常性的联络，但对于他来说，对斯大林也是如此，方便和威望才是更重要的理由。为了表示自己的百折不回，罗斯福寄希望于对斯大林施加心理压力。

316. 罗斯福致斯大林的私人秘密信函

1943年10月14日发　　　　　　　　　　　　　　　1943年10月15日收

我前往您建议的地点面临着严重的问题，以至我认为必须坦率地告诉您，由于宪法有规定，我不能冒险。国会即将召开会议。我应该就新的法案和决议做出决定，然后在10天之内把新法案原本和决议返回给国会。无论是哪项任务都不能通过电台或电报完成。您指定的地点过于遥远，无法相信能够满足这些要求。先飞越山区向东，返回时向西，时刻都有可能发生延误情况。根据经验，我们知道，来回飞行的飞机，经常要延误3—4天。

我不认为我们中间有谁需要当地社团服务，因为我们每个人都有足够数量的工作人员和技术人员。

因此，我斗胆提出其他建议。我希望，您能够考虑这些建议，或者提出 598
另一个能确保我完成宪法义务的地方。

开罗在许多方面都具有吸引力，我知道，在城外，在金字塔附近，有一家宾馆和一些可以完全与外界隔绝的别墅。在意大利旧都厄立特里亚首府阿斯马拉，据说，有漂亮的建筑和全天候起降场地。

再就是，可以在地中海东部的某个港口会晤，前提是我们都在军舰上起居。如果您接受这个想法，我们可以轻松提供一艘性能良好的轮船，完全由您和您的团队支配，以便给您提供完全的自由，同时可以与贵国前线保持经常性的联络。

另一个建议，在巴格达周边。在那里我们拥有三个舒适的营地，可以安置足够的俄国、英国和美国卫队。这最后一个想法好像值得研究。

任何情况下，我认为，都不能让新闻记者到场，而且整个区域周边都需要警戒，不允许有任何干扰。所有地方都应该用警戒线围起来，以便我们不受到任何打扰。日期定在11月20日或11月25日，您意下如何？

我非常重视您、丘吉尔和我即将举行的个人的私密会谈，因为他们肩负未来世界的希望。

您完全掌握了贵国战场的主动权的消息令我们所有人都兴奋不已。

在给罗斯福简短的回复中，斯大林借口必须和战友们商量，而没有回答会晤地点的问题，他在为下一次的拒绝做铺垫。事实上，克里姆林宫的立场已最终确定，不可动摇。“苏联政府不打算对事先商定的与罗斯福会晤的指定地点做丝毫退让，”莫洛托夫10月12日通知驻华盛顿的葛罗米柯，“‘仅供个人参考’——开罗或巡洋舰都不能接受。”[175] 在德黑兰，如前所述，苏联特工部门已经在那里开始进行会议准备了。

599

317. 斯大林致罗斯福的私人秘密信函

1943年10月17日发

您10月14日的两封来函收悉。

感谢您提供的关于国务卿及其同事正在途中的消息。希望他们能够很快顺利抵达莫斯科。

您第二封信函谈到的问题，我会与政府同事们商量后给予答复。

同意成立由三方组成的意大利军事政治委员会后（该委员会很快被更名为地中海委员会），盟国仍继续试图将其授权最小化。美国外交部门甚至为英国外交部找到了冠冕堂皇的借口。10月14日，外交人民委员会收到美国使馆的备忘录，建议接受中国、巴西、希腊和南斯拉夫加入该委员会的申请。[176] 丘吉尔给身在莫斯科的艾登发去电文解释其缘由：“国务院建议吸纳中国和巴西，以此用另一种方法打压该委员会。这种做法当然很可笑，但最终目的好像是要将其扼杀。”[177] 在致斯大林的下面这封信中，罗斯福建议将成员分为三个创始国成员和其他成员国，并为扩充委员会成员竭力辩解。斯大林对降低法国代表团在委员会中的地位简单地表示同意（第320号文件）。

318. 罗斯福致斯大林的私人秘密信函

1943年10月16日发　　　　1943年10月21日收

关于10月14日莫洛托夫先生致美国临时代办的信函，为消除军政委员会席位问题上的误解，我应做一说明，正如我9月5日发给您的电文中所指出的那样，法国代表的权限将不包括军事占领意大利的问题，其权限应限于与 600
其直接相关的问题，并由三个创始国政府裁量。我认为，在这方面，法国代表的权限应参照我在10月13日*信中所建议的权限，同样的权限应赋予中国、巴西、希腊和南斯拉夫政府以及根据双边协议受邀参加委员会的政府。

我从来没有认为法国民族解放委员会拥有像苏联、英国和美国政府的权限，或者有权参加所有问题的谈判。

克里姆林宫认真研读了罗斯福将会晤地点移到德黑兰以外的地方的建议，并着重标出关键词句。但是，德黑兰对于斯大林来说非常重要，因此他不打算让步：从与罗斯福之前的通信中他清楚地了解到，总统对这次会晤向往已久，正如葛罗米柯在10月4日的加急电报中所确认的那样，他在不得已的情况下会同意在德黑兰举行会晤。因此，在“谁先出招”的心理较量中，斯大林占了上风。他对莫洛托夫草稿的修改（补充的句子用斜体标出）只强调了领袖说一不二的特质，甚至不屑找借口。

319. 斯大林致罗斯福的私人秘密信函

1943年10月19日发

就即将举行的三国政府首脑会晤地点问题，我在此向您通报如下：

---

* 此处是指10月14日前文提到的、由美国大使馆转交给外交人民委员会的备忘录。

非常遗憾，我不能接受您建议的德黑兰以外的任何会晤地点。这不是警卫问题，***警卫问题我不担心***。

苏军今年夏秋两季作战表明，我军有能力持续对希特勒军队开展攻势，
601 ***而且夏季战局可以持续发展为冬季战局。我的所有同事们都认为，大本营必须对这些战役全天候指挥，而且我需要和指挥部保持不间断的联系***。而从德黑兰可以通过有线电报和电话与莫斯科保持联系，上述条件才能得以保障，其他地方则无从谈起。正因如此，我的同事们坚持把德黑兰作为会晤地点。

我同意您的意见，会晤时拒绝新闻记者参加。您建议选择11月20日或25日作为可能的会晤日期，对我来说都是可行的。

赫尔先生已顺利抵达莫斯科，我认为他直接参加莫斯科三方会议将大有裨益。

320. 斯大林致罗斯福的私人秘密信函

1943年10月21日发

您10月17日的来函收悉。对于信函中提出的关于法国代表处在盟国军政委员会的权限问题的建议，我无异议。

斯大林在德黑兰问题上的固执对于罗斯福来说是个沉重的消息。总统刚收到信函，即刻向自己的女秘书G.塔利（Талли Г.）口述了回电全文，这在他与斯大林的通信历史上绝无仅有。然后，他拿给霍普金斯看，霍氏除了做些微小的改动，建议把其中一句话完全删除（用斜体标出）。删除的这句话默认了这样一个事实：将宪法赋予政府首脑的责任与总司令为取得战争胜利的作用对立起来是个牵强的借口。而这意味着，双方通信中所依据的论据并不对等。显然，罗斯福察觉到了这个短板，因此他不仅更加详细地展开阐释自己的论据，而且将局势极度悲观化：他称局势为“危机”（俄语翻译成了“危急态势”），而将因举办地分歧可能导致会晤取消称为“灾难”。作为最后让步，
602 总统向自己的通信人推荐距苏联边境较近的巴士拉甚至安卡拉。信函结尾的请求句充满感情色彩。信函全文马上通过电报发给了莫斯科，并转交给赫尔，他正准备与斯大林会面。“元帅在回复我信函的时候，”总统在写给国务卿的附信中指出，“不能理解我的责任。因此，请您以我的名义将这封信函呈交元帅，并以口头形式向其解释那些特定的明显原因，这不是我个人的意愿，而

是宪法规定。这也不是理论问题，而是现实问题。”[178] 鉴于通报的重要性，美国驻莫斯科使馆直接把信函翻译成俄语。这封信由赫尔在10月25日与斯大林会晤时呈交给了斯大林。

321. 罗斯福致斯大林的私人秘密信函

1943年10月21日发　　　　　　　　　　　　　　　　1943年10月25日收

您关于我们会晤的来函已于今天（10月21日）转交予我。我深感失望。

我完全理解您，最高统帅部必须全天候指挥部队，而您需要与统帅部保持联系，这是取得如此辉煌战果的保证。请您相信，我对此深信不疑。

这些都非常重要，而我也希望您明白，还存在一些更加至关重要的事情，这就是宪法规定的我在美国政府中所承担的责任。我无力改变。按我国宪法规定，总统应在法案通过之后10天内做出决定。换言之，在此期间，总统应从国会那里收取和发回法案的原始文件，并做出书面说明，批准或者否决。正如之前向您通报的那样，此事我不能通过电台或电报来完成。

德黑兰方面的困难在于以下一个简单的事实。城市周边的山区经常阻碍飞行，有时候会连续几天时间。对送达国会文件的飞机，还有发回给国会文件的飞机都存在延误的风险。我不得不遗憾地告诉您，作为国家元首，我不 603
能去我无法履行国家宪法责任的地方。***这些责任如同取得战争胜利一样重要，如同您在战场上承担的责任***。[179]

我可以冒一定的风险，比如将文件送达位于波斯湾平原的会晤地，可以采用接力飞行方式。但我不能冒飞机延误的风险。飞机穿越山区在德黑兰盆地上空往返很可能发生延误。因此，我非常遗憾地通知您，我不能乘飞机前往德黑兰。我的办公厅同事和立法机关的要员们完全同意我的意见。

不过，还有最后一个切实可行的建议。我们三人都去巴士拉，那里可以由本国军队建立和护卫三个营地，可以组织出色的安保。您明白，您可以轻易命令安装专用有线电话，完全由个人监控，连接巴士拉和德黑兰，经过德黑兰转接俄国专线。您的所有需求都可以通过这条有线通信线路得到满足，如果您需要乘飞机前往，从俄国到那里要比到德黑兰近得多。

无论如何我都不能认同如下事实，我要从美国飞往距离俄国领土600英里的地方。

我国宪法已实行150多年，我需要履行宪法治理模式所赋予的责任。假如不是出于此原因，我很愿意去远十倍的地方与您会晤。

您为本国人民承担着重大历史使命——继续粉碎我们共同的敌人，但我请您不要忘记，我对美国政府和支持美国军事努力的使命也是伟大的。

我认为，我们三方的会晤不仅今天对我们的人民，而且对保持全世界未来几代人的和平都具有最伟大的意义。我之前已有所述。

因为几百英里的距离，您、丘吉尔先生和我放弃会晤，后人会把这视为一场悲剧。

我重申，如果限制我行动的情况都在可控范围，我很愿意去德黑兰。

604 鉴于您存在通讯问题，我是否可以推荐巴士拉？

如果您对最后一个建议也无动于衷的话，我真诚希望，您再次考虑巴格达或阿斯马拉抑或安卡拉？我想，最后一个地点值得考虑。那里是中立国。土耳其人热情好客。当然，我不会向其他任何人提及此事。

请把我从危难状态中解救出来吧。

克里姆林宫在收到罗斯福这封信函之前，即10月21日，艾登就与斯大林讨论过高层会晤的问题。艾登发给丘吉尔的有关此次会谈的报告，对斯大林的“德黑兰情结”用英国人的思维方式做了补充：

“元帅说，对于给总统造成的诸多不便深表遗憾；他本人很愿意走得更远一些，但现在战争给他的机会可能50年只有一次。他说这话时满脸真诚。我想，他真的需要这次会晤，但未必准备去未设代表处的地方，他需要通过代表处随时与莫斯科保持秘密联系。他曾说过，把会晤推迟到春天很遗憾，但是也许这样会更好。我回答说，这种推迟将引起世界大哗。元帅没有再争论此事。”[180]

利用罗斯福和丘吉尔在德黑兰问题上的分歧，斯大林通过艾登向首相发出了这样的求助信号：如果罗斯福拒绝去德黑兰的话，会晤将不能如期举行，有可能推迟。这一计谋得逞了。英国首相开始劝说罗斯福为了与“约瑟夫大叔”会晤哪怕从开罗对伊朗首都做短暂的访问。11月2日，他给华盛顿发去电文：“约瑟夫大叔不会去德黑兰以远的地方。我看不到去巴士拉的好处在哪里，尽管我愿意这么做，假如三方能就会晤达成一致的话。我建议，我们到开罗后，尝试把他拉到哈巴尼耶（Хаббания），或者如果天公真的作美的话，自己飞6个小时和他在德黑兰会晤。”[181]

605 10月25日，与赫尔会晤时，斯大林重申了自己选择德黑兰的理由，解释了目前的战争特点，为何必须临近前线举行会晤：与红军不同的是，德国人消耗尽了自己的预备队，这给新一轮攻势和彻底粉碎德意志军队主力创造了千载难逢的机会。他不无遗憾地说有可能将高层会晤推迟到1944年春。赫尔和先前的艾登一样，反对推迟，他们担心盟国分歧加深，美国会放弃支持“三巨头”合作的危险性。

在自己写给总统的建议中，国务卿和驻莫斯科新任大使哈里曼提出了自己的建议，他们指出斯大林有和罗斯福会晤的真诚愿望，只是他坚持德黑兰。哈里曼认为，关键的问题是安全问题——苏联代表“担心他们对伊朗人和德国特务缺乏监控和安全保障手段，众所周知，当地不乏其人，同样，也有可能，某种程度上是防备我们，他们在北波斯就是这么做的”。赫尔指出，斯大林十分看重与军队保持不间断联系的重要意义（与德黑兰的有线电报电话）。[182]

与此同时，罗斯福继续坚持拒绝前往德黑兰。诚实的霍普金斯在10月26日与葛罗米柯会谈时转达了总统对此问题的看法，他强调，“我几乎确信，罗斯福不会飞往德黑兰”。除了宪法程序方面的困难，他还列出个人原因，寄希望对方给予最起码的同情——“总统因健康原因不可能在巴格达和德黑兰之间飞行”。[183]

但是，斯大林仍不让步。他给罗斯福的回信故意稍作拖延，等待罗斯福对赫尔和艾登的报告做出反应。“约瑟夫大叔暂时没有回音。”总统10月25日向英国同行抱怨道。“一旦收到约瑟夫大叔回信，会期已迫在眉睫，只好仓促准备，这是最让人不快的事。”丘吉尔火上浇油地说。[184]罗斯福已经开始考虑预备方案了。“如果斯大林拒绝去巴士拉，”总统10月29日写信给丘吉尔说，“我建议我带自己的一班人马去巴士拉和莫洛托夫及他的俄国参谋组会晤，然后从那里再请斯大林飞往巴士拉，哪怕一天也好。”“我完全可以去巴士拉，” 606
首相回答道，“但是，好像约瑟夫不会去德黑兰以远的地方。”[185]

除了以推迟会晤相威胁，斯大林随即又拿出一个属于软讹诈的方案。11月1日，艾登在与赫尔例行会谈之后，从莫斯科发电报称：“我们都清楚，约瑟夫大叔不可能去德黑兰以远的地方。我和赫尔认为，您与总统一同前往巴士拉只是为了与其替身莫洛托夫会晤，即使接着与蒋介石会晤，这也是个错误。”按照内阁大臣们的意见，在业已形成的局势下，只有两条路可走：“最好的方案是，按照丘吉尔的建议，从巴士拉飞到德黑兰，用1—2天的时间与斯大林会晤，或者如果‘总统不买账’，则将会晤推迟。”[186]

屡被推迟的“三巨头”会晤重新被放在了一边。与此同时，由于10月30日结束的莫斯科会议获得意外成功，对于盟国来说会晤更加势在必行。苏联领导人表现出了高度的合作意愿，并在会议上达成了最终的互惠协议。应该“趁热打铁，”艾登在发给丘吉尔的会议总结中写道，“据我对这些怪人的性情判断，他们已经做好准备与我们携手同行，但前提是要让他们感到与我们平起平坐，再就是我们不能有所隐瞒。”艾登呼吁丘吉尔“全力以赴地”向罗斯福“施压”，他补充说，赫尔自己也会这样做。[187]但实际上，国务卿情绪比较消沉，他深感斯大林在此问题上态度强硬。早在10月21日，他就给罗斯福发电说：“如果没有其他变故，我担心斯大林会不为所动。”10月29日，尽管莫斯科会议即将圆满结束，赫尔的观点依然未变：“越来越多的迹象让我感觉到，元帅不会去远于德黑兰的地方。”[188]

与此同时，斯大林认真地研究了罗斯福10月21日的来函，划出了他认为最重要的几处：“我不能去德黑兰”“……办公厅同事和立法院的要员”“巴士拉”“您控制下的专线电话”“离俄境600英里处”“具有最伟大意义的事业”。
607 但是他不打算拯救总统。为了在这个问题上彻底击垮总统，除了冠冕堂皇的理由，斯大林又增加一条建议，此前经其他人传递过这样的信息，即莫洛托夫代替自己去参加这次会晤，以消除“会晤地点的选择困难”。这是非常机智的一步棋：一方面，克里姆林宫掌门人相信盟国不会同意这个方案，另一方面，建议看上去非常现实，因为莫洛托夫于1942年率工作组出访时单独会见过丘吉尔和罗斯福。最后，以（臆想出来的）克里姆林宫同仁反对最高统帅离开苏联为借口，可使斯大林同意去德黑兰的价码更高，好像做出向盟国妥协的姿态。

322. 斯大林致罗斯福的私人秘密信函

1943年11月5日发

赫尔先生10月25日向我转交了您的最后一封信函，我就此与他进行了交谈。我的回复之所以拖至今日，是因为我相信赫尔先生把我们会谈的内容以及关于我与您、丘吉尔先生会晤的想法转告给了您。

我不能无视您列举的各种理由，因为这些理由妨碍您前往德黑兰。当然，只有您自己有权决定自己去德黑兰的可行性问题。

从我这方面来说，还没有发现比我所说城市更合适的会晤地点。

我担任苏军最高统帅的职务，要求我每天指挥我方前线的军事行动。现在正值持续4个月的夏冬战局转换季，军事行动在绵延2600千米战线全面展开，这是目前的重中之重。在这种情况下，我作为最高统帅，没有去比德黑兰更远的地方的可能性。我的政府同事们也认为，目前前线战况复杂，因此我不可能离开苏联。

这就是我为什么会产生赫尔先生说的那个想法。我的政府第一副主席莫 608
洛托夫完全可以代替我出席这次会晤，根据我国宪法，他在谈判时拥有和苏联政府首脑同样的权力。这样，会晤地点选择难题则迎刃而解。希望现在的建议能让我们大家都满意。

11月6日当天，葛罗米柯将信转交给总统的军事助理沃森少将。同时沃森告诉外交官，罗斯福可能会同意与斯大林在德黑兰会晤，他将乘火车从巴士拉前往，只停留1天。沃森补充道，总统可能很快会给斯大林写信告知这个方案。[189] 在这种情况下，这可能是罗斯福最后一次试图影响克里姆林宫的主人。但是，在看完斯大林的来函后，总统彻底领教了斯大林不屈不挠的精神。被逼到墙角的罗斯福终于认输了，为和斯大林会晤牺牲了自尊。为了保留颜面，他借口说好像找到了解决会议期间联络的办法。总统按照霍普金斯的建议，划掉了草稿中邀请蒋介石去开罗与他和丘吉尔会谈的内容，显然总统不想提前让斯大林对中国人去开罗产生警觉。信函中还包括邀请苏联参加代号“六分仪”的英美开罗谈判等重要内容。罗斯福是在10月26日致丘吉尔的信函中提出这一想法的，他在信中写道：“莫斯科会议是英国、俄国和美国真正合作的开始，这种合作应使希特勒快速垮台。”“为了进一步鼓励这种合作，特别是为了加强斯大林对我们诚意的信任”，总统建议首相联合向苏联代表发出参加“六分仪”会谈的邀请。[190] 艾登也支持总统的做法，他认为，保持苏联与西方盟友平起平坐的自我感觉、赞扬莫斯科会议成功，这一点很重要。况且，俄国人目前还算守规矩，艾登给丘吉尔写道，他们还得“靠你们吃饭”，不会在正式会议上设置障碍。[191]

丘吉尔在回信时试图劝总统放弃，按他的话说，这只会干扰谈判，有 609
损“我们高层之间亲密友好”的气氛，尽管他在信函中承认，“他们（指俄国人——作者注）掌握着我们的命运”。[192] 丘吉尔及其司令部明显不想与俄国人分享在最信赖的美国盟友那里所取得的优越地位。他们坚持“六分仪”为双边会议，但华盛顿意见截然相反。金将军告诫自己的同事们说，在德黑兰会议之前私下开会，“对于联盟事业来说是极其危险的”，将使美国陷入“与联合王国勾结反俄”的境地。最后，罗斯福和丘吉尔决定邀请苏联代表参加这次会议，以显示盟国“任何事情都不隐瞒俄国”。[193]

323. 罗斯福致斯大林的私人秘密信函

1943年11月8日发　　　　　　　　　　　　　　　　1943年11月9日收

您的大使葛罗米柯先生将您11月5日的来函呈交予我，非常感谢。

我希望过几天起身出发，在11月22日前抵达开罗。

您将高兴地获悉我找到了联络方法，如果国会通过法案，并提交给我，在我收到需要行使否决权的通知时，我可以飞到突尼斯，在突尼斯接收法案，然后再返回参会。

因此，我决定飞往德黑兰，我为此甚感荣幸。

正如我向您通报的那样，我认为您、丘吉尔先生和我的会晤具有重大意义。即使会晤只有1—2天，目前的心情即是如此。因此，我认为，随行人员应该从11月22日起就在开罗开始工作，而且我希望莫洛托夫先生和您的军方代表能在此日期之前抵达开罗。

然后我们于11月26日去德黑兰，与您在27、28、29及30日进行会晤，直到您认为可以离开时为止。然后，丘吉尔、我和主要随行人员可以回到开罗进行收尾工作。

610 全世界都在期待着我们三人的这次会晤，您、丘吉尔和我面对面相识这件事，将给我们三国的友好关系带来深远的影响，并有助于瓦解纳粹的士气，即使我们不公开发表如之前成功召开的莫斯科会议那样的重要声明，事实也会如此。我非常期待与您愉快地交谈。

斯大林在回函中对罗斯福同意去德黑兰表示了谨慎的感谢，并同意他提出的会晤时间表。起初，斯大林同意接受盟国邀请，在德黑兰会议前夕，由莫洛托夫率领苏联代表团赴开罗参加三国参谋部会议。

324. 斯大林致罗斯福的私人秘密信函

1943年11月10日发

您11月8日的来函收悉。感谢您的回复。

我同意您关于伊朗会晤的组织计划，希望丘吉尔先生也能同意。

莫洛托夫和我们的军方代表将于11月22日前抵达开罗，在那里将与您就我们的伊朗会晤进行必要的协商。

罗斯福与斯大林就两个原则性问题达成一致——德黑兰和苏联参加“六分仪”会议，但却绕过了丘吉尔，甚至事先也没有通知丘吉尔。由于知道首相不会同意让苏联参会，罗斯福显然是决定先斩后奏。他没有及时通报丘吉尔自己同意去德黑兰之事，即使是一时疏忽，还说明他对首相这位小兄弟的新态度，即跟他可以不必太拘泥礼节。丘吉尔是从克尔那里得知罗斯福的这封信的，而克尔则是从哈里曼那里获悉的，丘吉尔真的很生气。11月11日，他写信给总统诉说了因苏联参加“六分仪”会议而引起的“极其令人懊恼的不解”，并请求将莫洛托夫去开罗的时间哪怕推迟到11月25日，以便在此之前举行英美双边会谈。关于德黑兰，丘吉尔写道，“我认为最好的方式是您直接通知我此事”。[194] 在11月11日的回信中，罗斯福试图用根本站不住脚的借口辩解，说自己“刚刚获悉约瑟夫大叔同意去德黑兰……此前我不相信他会真的坚持去德黑兰的建议。他的最后一封信才彻底明了，毫无疑问，我和您在27—30日之间与他会晤。非常困难的局面终于结束了，现在我们可以睡安稳觉了”。与此同时，总统果断否决了丘吉尔关于排除苏联参加“六分仪”会议或以最低程度参加的建议。“……这将是个可怕的错误，”他在同一封信函中告诉首相，“假如约瑟夫大叔认为我们背着他达成军事协议……因为莫洛托夫和俄国军事代表也出现在开罗，那么对我和您也不会造成损害。至少他们不会感到让他们吃了闭门羹。”[195]

611

在11月12日和13日发给罗斯福的接下来的两封电报中，丘吉尔继续坚持在莫洛托夫到达开罗之前举行英美磋商，但是，这两封信11月20日才送达至总统，他在航行一周之后才到达瓦赫兰（Оран）。至此，苏联是否参加“六分仪”会议的问题仍未达成一致，但丘吉尔还未收到罗斯福答复的时候，便自作主张在11月12日提前给斯大林发了两封电报。在第一封电文中，他提出了自己的开罗会晤时间表，以讨论不涉及苏联的问题为借口，坚持进行英美预备谈判。丘吉尔还提醒，蒋介石率领的中国代表团有可能抵达开罗，而罗斯福对斯大林一直隐瞒此事。这封信函的首末段落是首相在最后一刻才补充上去的，在11月12日单独发给克尔，以赶上之前已经发出的电文。[196] 在第二封电文中，丘吉尔承认，还没有收到总统同意这个时间表的消息，但自恃会得到他的同意。丘吉尔提到“旅途中”通信困难并非没有道理，因为当时罗斯福正在公海，与他的联络被延时：首先，所有电文通过白宫的机要室，然后再转发到“爱荷华（Айова）”战列舰。丘吉尔11月12日发出的两封信函都是由克尔在同一天同时转交给莫洛托夫的。

612

325. 丘吉尔致斯大林的私人机密信函

1943年11月12日发　　　　1943年11月12日收

我非常感谢您送来的可爱礼物，以及您对艾登先生给予的盛情款待。我对会议如此成功感到非常满意。

英军和美军参谋长应该在11月22日左右在开罗举行会晤，以具体讨论英美军队的行动和对日战争。现在我们已经起草好了对日战争的长期计划。希望在讨论后一个问题时，蒋介石本人和中国军事代表团能够出席。

我们希望，我们的内部事务和远东问题会谈结束之后，三国政府首脑会晤如期举行。除此之外，我指的是，还应召开苏联、美国和英国参谋部三方会议，以讨论战争全局以及所有层面的问题，会议开始时间大约在11月25日或26日。因此希望您派出一个全权军事代表团参加这次会议，如果可能，请莫洛托夫先生同行。这一切既独立于三国政府首脑会晤，又与其相关。

我非常高兴地获悉，总统准备飞往德黑兰。一直以来我都在坚持请求总统这么做。我自己在过去的几个月里一直声明，愿意在任何时间去任何地点，只要能实现三人会晤。

326. 丘吉尔致斯大林的私人机密信函

1943年11月12日发　　　　1943年11月12日收

我的上一封电文尚未得到总统的确认，但我有足够的理由相信，电文会
613 得到确认。如果这次我错了，那一切都要从头开始。我不怀疑可以找到一个满意的方案，但通过三方通信很难解决问题，特别是在航行和飞行时。

丘吉尔泄露了罗斯福邀请中国人去开罗的秘密，因此斯大林又重新考虑是否让莫洛托夫参加开罗会议。他通知罗斯福同意参加会议的电报于11月11日清晨就已发往华盛顿，第二天，在收到了丘吉尔的来函后，他给自己的两位伙伴发出了以下两封信函，告知其撤销之前的决定。结果，“无论丘吉尔是

否策划了此事，他都达到了预想的英美独立会谈的结果。”W.金伯尔就此写道。[197]尽管莫斯科会议期间，“人民之父”让盟国明白，苏联随着时间的推移迟早会加入对日战争，但他不想给东京落下违反苏日互不侵略条约的口实。苏联与中国共同参加联合会议，会形成苏中协商共同反对“日出之国”的印象。莫洛托夫11月16日在与哈里曼会谈时确认，关于中国人抵达开罗的消息，“对于我们来说是不为所知的新情况”。大使辩解说，最初计划在德黑兰会议之后与中国人会晤，并试图说服莫洛托夫，“总统从未建议莫洛托夫和中国代表同时出现在开罗”。人民委员未再深究，但又强调另一个困难，“斯大林元帅有恙，他莫洛托夫要接手事务并加班加点工作”。[198]但艾登非常了解问题的关键：“……蒋介石有可能在开罗出现一事吓坏了莫洛托夫。”他在11月14日写给丘吉尔的信函中写道。[199]斯大林在信函中托词说因为有意外情况才延误回信，实际上是为重新考虑自己的决定找理由。一切迹象表明，之所以特别强调德黑兰三方会谈模式，是因为担心美国人提议让蒋介石加入进来，美国人在莫斯科会议上就巧妙地把中国拉了进来，因此签署了四国宣言。

327. 斯大林致罗斯福的私人机密信函 614

1943年11月12日发

现已查明，由于出现了一些紧急情况，莫洛托夫不能在11月22日抵达开罗。他11月底将同我一起去伊朗。关于此事我会同时通报丘吉尔先生，内容与您收到的一样。

P.S.很遗憾，因机关的工作人员原因，本信延误发出，但我希望它仍会按时到达。

328. 斯大林致丘吉尔的私人机密信函

1943年11月12日发

今天我收到了您的两封来函。

尽管我写信告诉总统，莫洛托夫将于11月22日前抵达开罗，但应该说，出于某些紧急情况的原因，莫洛托夫开罗之行取消。他将在月底同我一起前往德黑兰。与我同行的还有几位军方人士。

当然，在德黑兰只有三国政府首脑才能参加会晤，与之前约定的相同。其他大国代表参加是绝对不允许的。

祝贵方与中国人的远东问题会议获得成功。

在下一封信函中，罗斯福确认了与莫洛托夫11月22日的会晤，即英美会议开幕当天，此事他并未通知丘吉尔，很显然他当时还未收到斯大林11月12日发出的信函。此信是罗斯福乘“爱荷华”战列舰离开汉普顿锚地（Гемптон-Родс）（弗吉尼亚）时发出的，他此行的目的是前往北非与丘吉尔会晤，之后与斯大林在德黑兰会晤。

615

329. 罗斯福致斯大林的私人秘密信函

1943年11月13日发　　1943年11月13日收

您11月10日的电报和已经明确的即将会晤使我兴奋不已。我会很高兴11月22日在开罗见到莫洛托夫先生。

我马上启程去北非。

致以热烈的问候。

在明白罗斯福不打算重新考虑苏联参加“六分仪”会谈后，斯大林在收到其11月13日来信之后，紧急拷贝了一封不久前收到的信函。在莫洛托夫给葛罗米柯的附信中命令道：“请立即转交罗斯福或他指定的人”。[200]

330. 斯大林致罗斯福的私人机密信函

1943年11月13日发

我认为有必要通知您，今天我给丘吉尔先生发去了包含下列内容的信函：

“今天我收到了您的两封来函。

尽管我写信告诉总统，莫洛托夫将于11月22日前抵达开罗，但应该说，由于某些紧急情况的原因，莫洛托夫开罗之行取消。他将在月底同我一起前往德黑兰。与我同行的还有几位军方人士。

当然，在德黑兰只有三国政府首脑才能参加会晤，与之前约定的相同。

其他大国代表参加是绝对不允许的。

祝贵方与中国人的远东问题会议获得成功。

1943年11月12日”

获悉莫洛托夫取消开罗之行的消息后，丘吉尔长舒了一口气。明显是斯大林排斥中国的强硬态度让其心悦无比。丘吉尔也认为中国加入大国俱乐部 616
明显不够格。首相接下来对苏联所取得的军事战果的祝贺与一些重要的事件相关——在刻赤半岛建立了滩头阵地、11月6日解放了基辅、11月12日解放了日托米尔。盟国认为，红军取得的这些胜利具有重大意义：“夺取基辅和推进到城外的战役给人留下了深刻的印象，给敌人造成的后果非常严重。在刻赤，实施了两次登陆，并成功建立了滩头阵地。俄国人在最近三个星期获得的战果显示，德国人可能扼守不住他们计划固守的战线。”——11月8日内阁会议上指出。[201] 局面越来越明朗，德国人必定失守第聂伯河。美国参联会此时预测，“德国在东线的最后一条防线预计是沿第聂伯河—布格河（Буг）（波兰）—涅曼河（Неман）一线。他们会在那里固守，并准备进行决战，如果退却，心脏地区的领土就暴露无遗”。[202] 但苏联的战争成就不仅带来了快乐，也引起了担忧。南非首相史末资元帅11月14日给丘吉尔写信说：“莫斯科几乎每天都在为庆祝胜利施放礼炮，与此同时，我们的战果不得不让人们联想到，俄国单枪匹马在赢得战争。这个后果不仅对战争进程来说是非常严峻的，而且对战后世界秩序更加严峻，俄将以伟大的胜利者自居。”[203] 一些资料显示，丘吉尔本希望与斯大林的三方会晤安排在第聂伯河战斗最艰难的阶段，从而使其有施展外交手腕的空间。[204]

尽管红军取得了胜利，基辅地区的局势并不平静。不能排除的是，斯大林继续快速西进的企图造成了一定的负面后果。解放乌克兰的主力第38集团军军长K.C.马斯卡连科（Москаленко）上将（后为元帅）回忆说：

“方面军司令部根据斯大林的决定快速占领日托米尔，造成兵力分散等一系列后果。

瓦图京当时对我说，听到关于解放基辅的报告后，最高统帅斯大林表达 617
了尽快占领日托米尔的愿望。为此目的，给第38集团军增援了1个骑兵军以用来组建机动集群。还给第38集团军增派了第5近卫坦克军和第23步兵军。但众所周知，其中的第1个军被留下来继续攻打白色教堂，那里的形势不妙。结果用于攻打日托米尔的兵力受到削弱。”[205]

对于德国人来说，控制日托米尔这样的铁路枢纽对其极为重要，他们随即进行了反攻，并于11月20日重新占领了该市。关于此段前线的复杂局面，斯大林在11月17日给丘吉尔写信时提及过。

丘吉尔的“我在海上（I am at sea）”这句话被别列日阔夫翻译成转意——“我摸不着头脑”。[206] 在这种情况下，年轻人大概只想炫耀自己的语言知识，不曾想丘吉尔的这句话表达的是原意。他于11月12日离开了伦敦，乘车抵达普利茅斯（Плимут），从那里他又转乘“声望（Реноун）”号战列舰开始航行。在阿尔及尔和马耳他稍作停留，并主持了参谋长重要会议后，英国首相于11月21日抵达了亚历山大（Александрия）港。

331. 丘吉尔致斯大林的信函

1943年11月14日发　　　　1943年11月15日收

您11月12日的来函收悉。我完全理解您的立场，并完全理解您的愿望。我在海上。对您连续实施制胜的进攻表示最热烈的祝贺。

332. 斯大林致丘吉尔的私人机密信函

1943年11月17日发

618 您的回函于11月15日收悉。感谢您对苏军进攻的祝贺。苏军目前正在基辅以西顶着巨大压力，德国人向那里投入了新的兵力和坦克。

11月20日，“爱荷华”战列舰抵达瓦赫兰。之后美国总统乘“圣牛（Священная корова）”号总统专机抵达突尼斯。视察了艾森豪威尔的总司令部后，罗斯福于11月21日飞抵开罗。在致斯大林的信函中，总统以宽宏大量的气度分析了莫洛托夫取消开罗之行的原因，尽管有些怀疑他的“病”是政治原因。收到信后，人民委员通知美国临时代办汉密尔顿，“现在斯大林元帅正在前线，但我从他那里获悉，他到达指定地点的时间不迟于11月28—29日”，因此请向总统转达这一消息。[207] 在那些日子里，斯大林依然在克里姆林宫工作，并住在“附近”的别墅，一边治疗感冒，一边认真准备即将召开的会议，但有关最高统帅四处奔走莅临前线的传说在盟国流传开来。特别是在德黑兰会议前夕。

333. 罗斯福致斯大林的私人秘密信函

1943年11月20日发　　　　　　　　　　　　　　　1943年11月21日收

我为您继续取得辉煌胜利而感到由衷的高兴。

我刚降落到机场。有关莫洛托夫先生的消息让我沮丧，我希望他现在能痊愈。我将很高兴在德黑兰看到他和您在一起。您希望何时抵达那里，请告知。我从明天开始在开罗停留，而丘吉尔先生就住在我附近。

在准备德黑兰会议过程中，面临的主要问题之一是美国代表团的住宿问题，因为美国代表团在德黑兰的驻地距离苏联和英国都比较远。了解到罗斯福犹豫不决，丘吉尔匆忙邀请总统到自己的驻地，并试图说服斯大林同意。首相非常希望保持与总统在会晤期间“同宿一处”的传统，这样有利于增加信任和非正式的亲密交往。在先于收信人看到11月22日罗斯福就此问题写给斯大林 619
的信后，丘吉尔决定先下手为强，抢答了总统的问题——“我们住哪儿？”

334. 罗斯福致斯大林的私人秘密信函

1943年11月22日发　　　　　　　　　　　　　　　1943年11月24日收

我于今晨抵达开罗，并开始与首相进行会谈。周末前与蒋介石大元帅举行会议，会后他将返回中国。然后，首相和我由重要同事陪同前往德黑兰，与您、莫洛托夫先生和贵方参谋部参谋会晤。如果您方便，我将于11月29日下午抵达。我准备逗留2—4天，这取决于您可以脱离履职岗位的时间。如果您能够电报通知我确定哪天与我会晤和您能逗留多久，我将不胜感激。如果您随时告知自己的计划，我也非常感激，因为我知道，这个季节的坏天气会使莫斯科至德黑兰的飞机延误。

我知道，贵国和英国驻德黑兰的使馆相距较近，而我的代表团离你们有些距离。据悉，我们三人如果相互离得太远，上会下会往返面临着不必要的风险。

您认为我们应该住在哪里？

我高兴地期待着我们的会谈。

335. 丘吉尔致斯大林的私人机密信函

1943年11月23日发　　　　1943年11月23日收

1. 总统给我看了写给您有关我们会晤的电文。我知道，您希望把美方代
620 表团安顿到苏联使馆。因此，对于总统来说最好下榻在附近的英国代表处。之后两个代表处的周围可由卫队警戒。对于政府首脑来说，最不希望的是在德黑兰的街道上行驶。最好确定一个合适的地点，并且不需要走出驻地范围。

2. 陪同我的有外交大臣和英国大使。此外，总统和我都会带上参谋长。我希望我们能够与您待尽可能长的时间，以便有足够的机会进行私人会晤和就所有战争问题交换意见。

在罗斯福关于协调德黑兰会晤时间的信函中，最值得回味的是最后一点。在向斯大林征求关于自己在德黑兰住宿的意见时，总统似乎向其暗示了解决这个问题的答案，准备接受苏联人的热情好客。尽管丘吉尔一直在劝说，但他不想给斯大林造成英美背着俄国人“窃窃私语”的印象。此外，苏联独裁者的个人魅力令他十分感兴趣，因此他不想放过与其近距离交往的机会，以期建立私人接触。为此穿越了半个地球的罗斯福，的确已经“焦急地等待”（“with keen anticipation”）这次会晤，正如罗斯福御用俄语翻译把信中最后一句话译成的那样，在后期出版“往来书信”时已经做了更正。赫尔在总统远行前夕与其会过面，他不无嘲讽地说，总统“以孩童般的热情期待着见到斯大林”。[208]

有趣的是，在给罗斯福的回信中，斯大林可能由于没有时间，并没有回答总统的问题，只是用电报文体简洁地通报了自己到达德黑兰的时间。同样的电文他也发给了丘吉尔一份。不由得形成了最高统帅完全陷入繁忙事务中的印象。两封信函都是由捷卡诺佐夫通过盟国驻莫斯科使馆转交的。

此时，苏联代表团的主要成员已在途中。11月22日，政治局通过决议，关于“在斯大林同志、莫洛托夫同志、伏罗希洛夫同志和贝利亚同志离开莫斯科期间”党和国家领导权移交给由Г.М.马连科夫（Маленков Г.М.）、Л.М.卡加诺维奇（Каганович Л.М.）、А.С.谢尔巴科夫（Щербаков А.С.）和贝利亚
621 领导的全苏共（布）中央委员会和苏维埃人民委员会的决定。[209] 同一天，火车离开莫斯科驶向巴库。[210] 尽管对如此重要的行程做了精心的准备，但旅途

并不顺利。根据2007年联邦警卫局解密的文件，在途中，斯大林不仅和莫斯科中断了联络（电线因雾凇折断），而且在火车头的挂钩处蹿进了在个在逃刑事犯，其后被扣押。[211] 铁路的状况也远非想象的那么好，因此火车才走得慢慢吞吞，而且11月26日才抵达巴库。正如1944年12月沿着这条铁路线反向而行的戴高乐将军后来所回忆的那样，“坐在设备良好的车厢里，*受铁路状况限制*（斜体——作者注）低速行驶，我们走了四天。”[212]

11月26日早9点，斯大林抵达巴库。当天飞抵德黑兰有些困难，负责这次飞行的远程航空兵司令格罗瓦诺夫（Голованов）元帅坚持11月26日起飞。因为斯大林认为会议开始前有1天的预备时间，并希望11月27日到达伊朗首都，因此建议元帅自己先飞一个往返，然后再让苏联代表团乘机。[213] 这表明，这与斯大林致罗斯福的下一封信函中所说日期不相吻合，他在信函中指定11月28日作为与总统会晤的日子。正如伏罗希洛夫写道：“11点30分，从机场[基什雷（Кишлы）]乘机飞往德黑兰。15点抵达德黑兰的英军机场，从那里驱车前往我国使馆……”[214] 在空中，苏联代表团乘坐的两架飞机由体面的“警卫”护航——“3个九机编队：2个编队在侧翼，1个编队在前上方”。[215] 在会议期间参与保障工作的技术人员则从位于苏联阿塞拜疆的边境城市阿斯塔拉（Астара）轻松地乘车抵达了德黑兰。[216]

336. 斯大林致罗斯福的私人机密信函

1943年11月25日发

您从开罗发来的信函收悉。11月28日晚在德黑兰恭候您。

337. 斯大林至丘吉尔的私人机密信函 622

1943年11月25日发

您从开罗发来的信函收悉。11月28日晚在德黑兰恭候您。

在罗斯福收到斯大林这个干巴巴的通知之前，11月23日他已接到了维辛斯基有请其下榻苏联官邸的邀请，维辛斯基正在前往阿尔及尔途经开罗，他将出席意大利问题联盟委员会（维辛斯基与总统的会谈记录没有保存）。罗斯福对这个邀请很好奇，但他还是决定确认这个邀请是否出自斯大林本人之手，于是给自己驻德黑兰的外交官们发去了相关指示。11月25日，苏联驻伊朗临时代办M.A.马克西莫夫（Максимов М.А.）紧急通过电报向莫斯科报告了与同行美国公使D.德莱弗斯（Дрейфус Д.）会谈的内容。公使说，总统将于11月28日飞抵伊朗首都，并且罗斯福拒绝下榻到英国代表处。“与此同时，美国人声明，如果方便，罗斯福非常愿意接受下榻苏联使馆的邀请。德莱弗斯请求就这一问题与外交人民委员会协商，并给予答复。德莱弗斯补充道，如果因某种原因无法做到，那么这次会谈要严格保密”。[217] 总统明显不想公开自己在此事中扮演的角色。在马克西莫夫所做的此次会谈记录中，罗斯福的态度看上去毫无遮掩：“德莱弗斯对我说，他（总统）认为最好下榻到本国即美国代表处，但在发给斯大林元帅的电报中，罗斯福一方面表示对即将举行的会晤很满足，另一方面含蓄地暗示，他希望和斯大林元帅下榻在同一个地方。”“如果这不会给使馆造成不便和麻烦的话，”马克西莫夫继续说道，“德莱弗斯请求我发封电报，意会一下罗斯福的愿望，但是不能给人造成是罗斯福自己要求对方发出邀请的印象。”[218]

623 这封不为人知的信函明显证明，与流传的说法相反，与其说是斯大林把罗斯福“引诱”到了苏联的领土上，毋宁说是总统本人要求到苏联领导人那里做客，而且在这方面表现出超常的执拗和含蓄的表达能力。罗斯福甚至对自己的幕僚都隐瞒了这个事实。他对幕僚们解释说，邀请是俄国发的，他只是接受了而已，目的是“证明我对他们的信任以及我对他们充满信心”。[219]

第二天，即11月26日，在去往德黑兰途中的莫洛托夫给留在家里“主管”外交人民委员会的捷卡诺佐夫下达指示，紧急通过马克西莫夫向德莱弗斯转达，“苏联政府愿意接受总统关于将其安顿在苏联驻德黑兰使馆的建议”。[220] 可见，主意完全是总统想出来的。但是，可能是由于通讯方面的问题，这条指示第三天才送达马克西莫夫那里，[221] 尽管11月26日他让德莱弗斯和总统的特别代表赫尔利相信，苏联的邀请会一直有效。为确保万无一失，赫尔利和德莱弗斯在马克西莫夫和总统卫队的陪同下参观了所提供的住所——共有六间宽敞房间的独立建筑。“从您方便舒适的角度和会议期间联络和安全的角度来看，这套房子比我们的代表处要理想。”赫尔利在当天发给总统的电文中说。[222] 尽管如此，他告诉马克西莫夫，根据最初的计划，总统很有可能仍将下榻在美国代表处。赫尔利看来不了解总统的秘密计划。

在下封信中，罗斯福答复了莫洛托夫于11月22日转交给哈米尔顿的那封信，信函中请哈米尔顿报告总统，斯大林“不晚于11月28日或29日”抵达德黑兰。

338. 罗斯福致斯大林的私人秘密信函

1943年11月26日发

1943年11月27日收

非常感谢您11月23日的来函，您计划于11月28日或29日抵达德黑兰。至于我，我希望27日抵达那里。很高兴与您会见。 624

罗斯福率领的美国代表团从开罗起飞，经过6个小时的飞行，于11月27日白天抵达德黑兰。马克西莫夫马上与罗斯福的随员哈里曼接洽，讨论当前情况，并记录了本次会谈的内容："哈里曼说，总统非常受感动，并感谢同意接他到使馆，但遗憾的是，他今天早晨刚收到电报，因为电报送达的时间迟于他们到达的时间（看来是指德莱弗斯确认了苏联邀请的电报——作者注）。"哈里曼认为，"总统本可以下榻到我们这里，但因为一切已经准备就绪，所以他还是要下榻到美国人那里"。[223] 罗斯福及其随员第一夜被安排在了美国代表处的住处。现在轮到苏联代表团焦躁不安了，他们决定采取紧急措施。当天夜里，莫洛托夫紧急召见了哈里曼，通知他存在着来自"亲德分子"针对"我们几个国家领导人"采取"敌对行为"的威胁。在这种情况下，人民委员说道，"妥当的办法是按照最初的建议，让罗斯福总统下榻到苏联使馆"。[224] 人民委员没有用具体的情报证实自己的警告，而历史学家们至今仍在争论德国间谍的"远跳"行动，即暗杀反希特勒联盟领导人行动的具体程度。[225] 哈里曼也对此表示怀疑，他在德黑兰会议以后开玩笑似地问莫洛托夫："莫洛托夫讲述给哈里曼的那个阴谋真的有吗？还是指的是'莫洛托夫—哈里曼之间'的阴谋？"[226] 但是，当时哈里曼同意了莫洛托夫的建议，并答应和总统谈一谈。劝说罗斯福全不费工夫，第二天早晨他与助手们简单地交换了一下意见，就愉快地接受了斯大林的邀请。在苏联使馆给他提供了一间最宽敞的房间，斯大林则下榻在条件简朴的房子里。德黑兰会议开幕了。

11月29日，罗斯福在德黑兰与斯大林第二次私人会晤时，交给了他三份文件，内容是对德日的联合战争计划。这是英美参联会的倡议，英美参联会在11月26日的开罗会议（Каирская конференция）即"六分仪（Секстант）"会议上，建议从"解释和捍卫三国莫斯科会议立场"转为"向委员会提出具体要求"。[227] 罗斯福本人早在11月19日在"爱荷华"号上召开的军方会议上 625

就指出，“为了肃清德国本土的敌人，我们应该确定从符拉迪沃斯托克地区有多少轰炸机可以参战”。[228] 按照美国将军布莱德利1943年拟订的计划预测，其数量可能达到数百架。

在德黑兰，早在11月28日晚餐前的鸡尾酒会上，总统在与斯大林谈话时就嗅出了一点味道（这次会谈没有列入德黑兰会议所发表的资料）：

“罗斯福告诉他，自己对关于日本飞机产量和船舶下水吨位的情报非常感兴趣。

斯大林同志回答说，他将尽力通过苏联情报侦察部门为罗斯福获取这些情报。”[229]

第一份文件是关于在苏联境内建立美军空军基地的组织问题，以便对东欧的德军基地实施穿梭轰炸。在苏联境内设立这样的基地，可以大大增加美国空军的作战半径。早在三方莫斯科会议上，苏方就原则上同意了这一做法。美军指挥部希望通过总统将这一协议变成现实。对于莫斯科而言这个决定非同寻常，在乌克兰境内建立基地的准备工作需要持续几个月时间。使用这些基地进行穿梭轰炸是从1944年夏季开始的，而且美国轰炸航空兵的起降场用的是意大利境内的航空基地，而不是罗斯福开始时所说的在英国境内。

关于日本方面，由于莫斯科会议期间，苏联首次发出可能加入对日作战的信号，美国军政当局受到了鼓舞，决定“趁热打铁”。罗斯福向斯大林转达了自己的建议，包括从实施侦察到在滨海区建立美国空军基地等完整的远东地区军事行动纲领。推出这项建议的动因，除了华盛顿完全相信苏联会加入
626 对日战争外，还有情报交换上成功的先例，包括水文情报和远东港口吞吐能力情报，[230] 这些情报通过英国将军费蒙维尔的工作组传递。[231]

“最高统帅”在接到这些建议时的反应是谨慎的：他答应研究一下，然后再与哈里曼讨论。克里姆林宫不急于共同准备对日战争，也不急于同意在远东部署大量的美国军队。两国军人和外交官们就这些问题进行的谈判将于1944年至1945年初进行。

339. 罗斯福致斯大林
莫斯科会议美国代表团建议之补充意见

1943年11月29日

在不久前举行的莫斯科会议期间，美国代表团曾提议，由苏联提供空军

基地，在美国飞机从联合王国基地起飞实施穿梭轰炸时，用于燃料补充、进行紧急维修和弹药补充。另有提议，提高双方气象情报交流效率，改善两国间通信手段和航线联系。

据我所知，苏联原则上同意了这些建议，苏联政府相关权力机构也接到指示，与我军事小组会晤探讨落实这些建议的具体措施。

我希望能尽快制定出这些措施。

340. 罗斯福致斯大林
西北太平洋空军行动初步计划

1943年11月29日

我们认为，为了缩短战争进程，在苏联对日宣战后，从贵国滨海边疆区 627
基地轰炸日本将具有重大意义，因为这将给我们提供摧毁日本军事和工业中心创造机会。

如果此方案可行，您能否采取相应措施，允许我驻莫斯科军事联络处获得滨海边疆区机场、住宅、供给、通信手段和气象条件的必要情报，以及从阿拉斯加至当地的航路资料。我们的目的是，将最大数量的轰炸航空兵兵力，即100—1000架四引擎轰炸机及其保障和作战人员部署在该地区；数量根据实际能力而定。

极其重要的是，要立即着手制订这一计划。我理解，了解当地条件的我方人员应保持最低人数，并予以高度保密。我们当然将答应您在这方面可能提出的所有条件。

如果就上述措施能够达成协议，我相信，我方轰炸机打击日本的时刻即将加速降临。

341. 罗斯福致斯大林
西北太平洋海军行动初步计划

1943年11月29日

我希望现在就与您就情报交换及初步计划之事达成共识。在可能对日宣战、迫使德国停战的现有条件下，制订上述计划是切实可行的。在不使现有形势造成过度风险的情况下，我们越早制订计划，就能越快结束战争。

其中有下列几点我要强调：

（1）我们会很愿意获得有关日本的军事侦察情报。

（2）贵国远东潜艇和驱逐舰兵团驻扎的港口有可能遭受地面和空中进攻
628 的严峻威胁，您是否希望由美国充分扩大基地设施，以便这些武装力量能够利用美军基地的这些设施？

（3）如果美国开始进攻北千岛群岛，您能够提供哪些直接或间接帮助？

（4）您能否告知，我们的武装力量可否使用港口，如果可以，可以使用哪些港口，以及您能否通报海军利用港口方面的情报，以及港口的货物吞吐能力？

如果您认为适合，这些问题都可以与我们驻莫斯科的军事联络处进行讨论，办法见空军行动初步计划。

德黑兰会议的历史性成果在盟国首都受到了热情欢迎。在德黑兰通过的“三国宣言”以及“我们带着希望和决心来到这里，我们离开这里时已经成为志同道合的朋友”一类的话语见诸各大报端头条。《真理报》最先发表了宣言全文，评论道：“这次著名的会晤是英、苏、美战斗联盟得到日益巩固的鲜活写照，是三个伟大国家不断深化合作的鲜活写照，它给所有热爱自由的人民插上了光明和希望的翅膀，引起了希特勒联盟阵营的一片惊惶失措和丧心病狂。”[232]《泰晤士报》在描述会议结果和气氛时说，盟国举行会议“尽最大努力使战争快速彻底结束，还欧洲以安全和自由”。[233]《纽约时报》将德黑兰会议描绘成“胜利的大会”。资深美国评论员W.李普曼（Липман У.）对盟国关系中更加互信的氛围赞叹不已，他强调，新型关系已取代“神经质”。而《芝加哥论坛报》担心“红色”军事力量不断壮大，这在当时是少数声音，不代表社会舆论的主流思想。[234]

“三巨头”成员本人也充满了乐观主义的情绪，特别是斯大林和罗斯福。
629 由于德黑兰会议取得成功，斯大林极力强调苏联对会议结果的积极评价，这并非偶然。甚至连塔斯社对会议结果报导的题目都由斯大林亲自修改，他把中性的《苏美英政府首脑会议》改为《三个联盟国家领导人会议》。[235] 他对莫洛托夫发给苏联大使的会议总结报告的修改意图很明显：淡化盟国之间的分歧，强化在主要问题上达成的一致。[236] 罗斯福12月3日发出的下面这两封信反映了他对会议结果的良好印象。他称此次会议为“巨大的成功”，[237] 尽管在将这些词翻译成俄语时有些“干瘪”——“会议非常成功”。因会议结果对英国不是最好的结果，丘吉尔情绪有些压抑。后来他自己承认，在会议进行期间，他就已经感到，“我们的民族过于渺小”。用他的话说就是，在德黑兰会议上“可怜的英国小毛驴”被挤压，一边是“巨大的俄国熊”，一边是“强大的美洲野牛”。但是，德黑兰会议一结束，丘吉尔的情绪就好了起来。1944年1月，他给艾登写信谈到了“俄罗斯国家和政府的性质正在发生深刻的变化”，他甚至指出了“我们心中对斯大林新的信任感正在与日俱增”。[238] 英国外长本人在呈交给内阁的德黑兰会议总结报告上也指出，“在进行这些复杂的讨论时，斯大林元帅的态度是友好的，且特别愿意合作，与莫斯科谈判后出现的局势相比，没有发生局势恶化的迹象”。[239]

罗斯福12月3日就德黑兰会议写好的感谢信不知何故被耽搁了下来。哈里曼12月18日才将此信函交给斯大林。从机要室档案没有转发信件密码的记录来看，信函应是和外交邮件一起发到莫斯科的。罗斯福命令哈里曼用信封封好呈交给斯大林，他没有对大使交代信函的内容。这种故弄玄虚的做法并非偶然。总统可能想尽量向克里姆林宫的通信人强调，他们之间所建立的关系是特别值得信赖的。信中比较有趣的是，总统对在德黑兰期间给予他的热情款待表示衷心的感谢。罗斯福一点也不后悔他在会议期间选择下榻到苏联使馆，许多人当时以及后来，都将其视为是总统的天真给苏联特工部门提 630
供了窃听自己谈话的理想机会。这使人不得不想到，罗斯福肯定考虑到了这种可能性，但他认为近距离地了解斯大林和赢得他的信任更为重要，包括向苏联领导人展示他的坦荡胸怀。就此他在返回开罗后于12月3日写就的下一封信中谈了自己的“享受”“私下的一起交谈”（英语原文为“面对面的交谈”）。

342. 致苏联主席约瑟夫·B.斯大林元帅

1943年12月3日发　　　　1943年12月18日收

尊敬的斯大林元帅：

我们离开德黑兰的当天，天气情况对于山区飞行非常理想，因此我们返回开罗的行程非常轻松、舒适。我迫不及待地想说，非常感谢贵方对我的高度重视和热情款待，给我安排在贵国使馆的房间。在那里我不仅享受到了最高礼遇和最便捷的服务，而且我意识到，由于我们在会晤期间相隔得如此之近，而在如此短的时间内做了如此多的工作。

我将会晤期间这些令人没齿难忘和极为欣慰的日子视为人类进步的重要里程碑。感谢您以及您的同事、房间服务人员对我及我的同事们的热情款待。

马上就要回家了，顺路我将看望我的驻意部队。

您忠实的

富兰克林·D.罗斯福

343. 罗斯福致斯大林的私人秘密信函

1943年12月3日发　　　　1943年12月4日收

我们一行顺利抵达目的地。我们都真诚地希望，您也能如期顺利抵达。
631 我认为，会议非常成功，我相信，它是一次历史性的事件，不仅证明了我们共同进行战争的能力，而且证明了我们可以高度一致地为了即将到来的和平事业而奋斗。我们私下的一起交谈给我带来了极大的享受，特别是提供了与您单独相处的机会。我希望再有机会见到您，而在见面之前，希望您和您的军队取得最大的成功。

斯大林就德黑兰会议给罗斯福的回信也表现出了有趣的一面，信中没有“当家的”通常的签名或修改的痕迹。信的全文由莫洛托夫在打字机上起草并修改（补充部分用斜体）。[240] 信函内容和疑似斯大林的修改之处可能是与“最高统帅”电话沟通的。在这种情况下，斯大林受德黑兰会后氛围的影响明显缓和了与罗斯福通信的语气。

344. 斯大林致罗斯福的私人秘密信函

1943年12月6日发

感谢您的来电。

据悉，您认为德黑兰会议获得了巨大成功，我们的会晤在许多方面都具有重大意义，我非常同意您的看法。希望我们两国人民的共同敌人——希特勒德国很快就能感受到这一点。***现在可以坚信***，无论是在现在，还是在这场战争结束以后，我们两国人民都能够友好地采取联合行动。

希望您和贵国武装力量在未来的重大战役中取得巨大成功。

还希望我们在德黑兰的会晤不是最后一次，我们还会相见。

众所周知，在德黑兰会议期间，斯大林一直坚持向盟国提出必须尽快任命“霸王”行动总司令的问题，他认为拖延这一问题的解决是英美对开辟第二战场重视程度不够的危险信号。美军司令部也充分认识到了尽快解决这一 632
问题的重要性。德黑兰会议前夕，参联会就警告：“我们认为，必须立刻任命行动指挥官。即使现在直接任命他，在1月底之前他也无法组织起自己的参谋部，更遑论进入工作状态……在指挥部组织方面的任何拖延都将导致关键时刻出现混乱和犹豫不决，从而延缓欧洲战场胜利的进程。”[241] 在德黑兰，就这个问题罗斯福没有给斯大林确切答复，他继续在马歇尔和艾森豪威尔之间左右权衡。尽管一号候选人是更具威望的马歇尔，但总统不想让自己的高级军事顾问离开华盛顿。斯大林在这个问题上的坚持不懈，敦促总统做出决定。12月6日，与丘吉尔在卢克索乘车兜风时，罗斯福顺便告诉首相他选定了艾森豪威尔。丘吉尔和英军指挥部都倾向于马歇尔，但不得不同意罗斯福的决定，因为大战略问题上的头把交椅作用逐渐过渡到华盛顿手中。“在最后时刻，总统决定任命艾森豪威尔将军，而不是马歇尔将军为‘霸王’战役的总司令，”丘吉尔向内阁成员们通报说，“我早就对他说过，我们能够接受这个人选。总的来看，马歇尔不可能离开美国，因为他是总统办公厅的顶梁柱。”[242] 罗斯福也不忘赶快向斯大林通报这一决定（第345号文件）。

当天罗斯福和丘吉尔给斯大林发出了一封联名信，通报了德黑兰之后英美在开罗会谈的第二阶段决议。在这次会谈过程中，考虑到首先保障“霸王”行动的需求，将在孟加拉湾安达曼岛的登陆行动推迟实施（“海盗”行动），在德黑兰会议之前，总统答应蒋介石大元帅实施这次行动，目的是打通缅甸为中国提供供给的通道。丘吉尔当场就表示反对，认为它无谓地牵扯兵力。现在他有了新的论据。“首相成功地说服了总统，不能同时进行‘霸王’‘铁砧’和‘海盗’行动”。艾登在内阁会议上报告说。大臣指出，罗斯福之所以爽快同意，是因为斯大林在战胜德国后苏联对日宣战的想法起了巨大作用。[243]

哈里曼于12月7日将这两封信函交给了莫洛托夫。大使因担心斯大林对 633
任命艾森豪威尔而非马歇尔会有消极反应，便首先询问了人民委员的意见。莫洛托夫给斯大林打电话后，通知哈里曼说，“当家的”赞同总统的选择，这让他“大大舒了一口气”。[244] 12月6日的两封信函对于克里姆林宫来说堪称是一个好新闻。“最高统帅”在莫洛托夫回复盟国的那封联名信时，在草稿上加了一个很少使用的友好的打招呼语："问候了！"（译成英文是比较随意的"Greetings"）这并非偶然。他对莫洛托夫有关任命艾森豪威尔一段的修改也颇具特色，斯大林把艾森豪威尔比作身经百战的军事统帅，以区别于司令部战略家马歇尔（用斜体标出）。

345. 罗斯福致斯大林的私人秘密信函

1943年12月6日发　　　　1943年12月7日收

兹决定立即任命艾森豪威尔将军为强渡海峡作战总司令。

346. 罗斯福和丘吉尔致斯大林的私人秘密信函

1943年12月6日发　　　　1943年12月7日收

在刚刚结束的开罗会议上，就1944年对德战争问题，我们达成了如下决议，以作为对我们三方的德黑兰协议的补充：

为了破坏德国的军事、经济和工业体系，消灭德国空军和准备强渡海峡行动，最重要的战略优先方向将放在对德国的进攻性轰炸上。

计划3月在孟加拉湾实施的行动规模将缩小，为使法国南部的登陆行动有机会增加登陆器材。

我们下达了指示，美国和英国将尽最大努力扩大登陆器材生产，以保证
634 即将实施的强渡海峡行动。同时下令从太平洋调集一定数量的登陆舰艇遂行此任务。

347. 斯大林致罗斯福和丘吉尔的私人秘密信函

1943年12月10日发

感谢你们发来的联名信函。从信函中获悉你们对1944年对德战争做了补充决议。问候了！

348. 斯大林致罗斯福的私人秘密信函

1943年12月10日发

您关于任命艾森豪威尔将军的来函收悉。**非常欢迎任命艾森豪威尔将军**。祝他在准备和实施即将开始的决定性行动中大获全胜。

最终收到了罗斯福12月3日热情洋溢的来信之后，斯大林同意总统的说法，他们在德黑兰的近距离交流产生了良好的效果。其中“命运”一词，看来斯大林指的是准备谋杀“三巨头”的情报。这份情报成为罗斯福移居苏联使馆大楼内的动因。

349. 斯大林致罗斯福的私人秘密信函

1943年12月20日发

感谢您通过贵国大使于12月18日转给我的来函。

很高兴命运给了我在德黑兰为您效劳的机会。我认为，我们的会晤和在那里进行的重要问题会谈，对加快胜利步伐和确立世界永久和平都有重要意义。

遵循已经形成的传统，对德黑兰会议记忆犹新的丘吉尔给斯大林发去了 635
热情洋溢的生日祝福。

350. 丘吉尔致斯大林的信函

1943年12月20日发　　1943年12月20日收

私人，秘密

衷心祝贺您，我的朋友，生日快乐。让未来一年成为我们全面战胜共同敌人的见证。

斯大林马上回复了首相的祝贺。他关于“早日康复”的祝愿是缘于丘吉尔离开德黑兰后患了重病：他得了肺病，长期疗养，先在突尼斯，后在他喜欢的太阳城马拉喀什。他以黑色幽默的方式写信给女儿萨拉：“如果我死了，请莫担心，战争会打赢的。”[245]

351. 斯大林致丘吉尔的信函

1943年12月22日发

衷心感谢您友好的生日祝福。衷心祝愿您早日康复并完全恢复您的力量，这种力量是给予敌人决定性打击所必需的。

352. 丘吉尔致斯大林的信函

1943年12月25日发　　　　1943年12月26日收

私人，秘密

非常感谢您的来函。

我已顺利康复，并重新全身心地投入到工作之中，研究我们双方共同关
636 心的问题。送去我最美好的祝愿，祝您和您率领的英勇军队在1944年取得更大的胜利。

恢复北方护航运输队（JW 55B运输船队12月20日驶离英国）令莫斯科非常高兴，紧随这一消息之后，又传来了另外一个好消息：活动在挪威水域、对护航运输队造成严重威胁的德国战列舰“沙恩霍斯特”号被击沉。JW 55B护航运输队出发不可能不被发现，12月22日就被德国空军锁定。但是，英国人第二天一早就通过破获德国密码电报获得这一情报。英国情报侦察机关也立即报告了“沙恩霍斯特”将于12月25日出海的情报。宗主国海军总司令B.弗莱泽（Фрэзер Б.）海军上将命令海军中将R.伯内特（Бернетт Р.）指挥巡洋舰编队迎击，将德国战列舰的舰首雷达击毁，第二天，上将亲临“约克公爵”号战列舰，丘吉尔在1941年12月曾乘该舰参加在华盛顿召开的“阿卡迪亚”首次会议。由于蒸汽锅炉中弹，“沙恩霍斯特”的速度骤降，并很快成为英国舰艇轻松捕获的猎物，英国舰艇从2000码的毁伤距离上对其射击。正如

研究者们所指出的那样，"'沙恩霍斯特'被击沉是一次重要的胜利"。英国先进的雷达、高效的侦察、"恩尼格码"破译系统的有力保障、弗莱泽和伯内特高超的指挥艺术以及"约克公爵"号战列舰的勇猛，按照弗莱泽的话说，后者是会战中"最重要的因素"，所有这些合力消除了挪威海域最后一艘重型舰艇的威胁。"提尔皮茨"动弹不得（由于1943年9月的成功攻击——作者注），而"吕佐夫"号则返回了德国。[246]

353. 丘吉尔致斯大林的信函

1943年12月27日发　　　　1943年12月27日收

开往俄国的北极护航运输队给我们带来了胜利。昨天敌人试图利用"沙恩霍斯特"号战列舰在我们的航道上设置障碍。总司令弗莱泽海军上将率领"约克公爵"号战列舰（排水量35000吨）切断了"沙恩霍斯特"号战列舰的退路，并经过战斗将其击沉。

我身体有些好转，并准备去南方疗养。 637

斯大林签署的这封信的第一稿言简意赅："祝贺您和大不列颠英勇的海军击沉了德国'沙恩霍斯特'号战列舰。"斯大林非常清楚，这个战绩对于丘吉尔和北方护航运输队的命运意味着什么，于是在定稿时，加强了一些更加温暖和友好的语气。[247]

354. 斯大林致丘吉尔的信函

1943年12月27日发

感谢您关于"沙恩霍斯特"的来函。

向您本人、弗莱泽海军上将以及"约克公爵"号舰上的英勇水兵们表示祝贺，祝贺你们以卓越的攻势击沉了德国的"沙恩霍斯特"号战列舰。

为您康复感到欣慰

紧握您的手

斯大林12月27日对英国水兵的热烈祝贺给丘吉尔留下了深刻的印象。丘吉尔还提到苏联军队收复了科罗斯坚（Коростень）市。乌克兰第一方面军在这一地段的攻防形势非常复杂。什捷缅科回忆说："11月17日解放科罗斯坚，但形势马上就停滞不前。敌人重新部署之后，投入了新的预备队，并转入反攻，在基辅方向对我集群心脏地带展开打击。特别是在日托米尔地区和法斯托夫（Фастов）地区，遭到德国坦克强力挤压。11月9日，敌人控制了日托米尔，11月25日，敌人包围了科罗斯坚……"[248] 在11月28日举行的德黑兰第一次会议上，斯大林在强调苏联战场复杂局势和尽快开辟第二战的必要性时指出："在最近三个星期，德国人在乌克兰——基辅以南和以西——展开了攻势。他们夺回了日托米尔这一重要的铁路枢纽……也有可能，几天之内会夺
638 回科罗斯坚，同样是重要的铁路枢纽。"[249] 但是，苏军的暂时失利并未引起伦敦的严重担忧，布鲁克将军（1944年1月起升为元帅）在12月22日的内阁会议上指出："……从整个战争来看，局势是充满希望的，多亏俄国人顶住了德国在基辅突出部地区的反击，以及冬季马上降临，在冬季俄国人总能展示出自己的优势。"[250] 的确，科罗斯坚同其他一些城市一样，被我军于12月29日从敌人手中夺回。城市解放者们因英勇善战被评功授奖。12月30日，多名指挥员被授予奖章。莫斯科用224门礼炮实施了20响齐射。[251]

至于英国首相提到的苏联新国歌，丘吉尔是从本国驻莫斯科使馆那里获悉的。早些时候，按照他个人的指示，《国际歌》曾一度被禁止在BBC播放，而新国歌的出现改变了这种局面。英国保守党对《国际歌》的歌词严重不满，而对国歌的旋律还是喜欢的：克尔向斯大林报告说，保守党甚至"用口哨吹这首曲子"。回信时斯大林建议"练首新曲子，这首曲子的主旋律有些复杂"。[252]

355. 丘吉尔致斯大林的私人信函

1943年12月29日发　　　　1944年1月1日收

非常感谢您。我把您的祝贺转达给弗莱泽上将和他的官兵。他们为来自勇敢光荣盟友的夸赞而欢欣。我很高兴您收复了科罗斯坚，在德黑兰时您曾告诉我们失去了它。我只希望我们能够每周见一次面。请转达我对莫洛托夫先生的问候。如果您能把苏俄新国歌的乐谱转给我，我将让英国广播公司在报道俄国重大胜利消息时都要播放。

丘吉尔真的向弗莱泽转达了斯大林的祝贺，弗莱泽亲自给斯大林写了回信，——信函是通过英国使馆于1月3日转交给莫洛托夫的。“收到您的来函感到非常荣幸，特别是收到这封信的时候正值俄国军队在英勇地向前挺进，”文件中写道。“我们所有人都非常珍视俄北方舰队司令给予我们的帮助。”[253] 受伦敦之托，英国使馆请求允许发表斯大林12月27日致丘吉尔信函的头两段，以及弗莱泽的感谢信。有迹象表明，批件是通过外交渠道转达的。斯大林信函中的相关段落则发表在多数英国报纸上。[254] 批件对弗莱泽的贺信没有提及。1月底，古谢夫受莫洛托夫委托通知艾登，苏联政府希望授予弗莱泽上将苏沃洛夫一级勋章。2月11日，艾登回复，“国王高兴地批准弗莱泽接受这一崇高荣誉”。[255]

639

356. 斯大林致丘吉尔的私人信函

1944年1月2日发

我准备把苏联新国歌的乐谱通过近期的邮包发给您。莫洛托夫向您转达对他的问候和祝愿的谢意。我完全同意您关于我们经常会面的想法。

苏方对领袖的委托非常重视。乐谱真的通过外交邮件寄过去了，但在邮件寄到伦敦之前，使馆就接到了指示，要求用传真电报将乐谱转交给丘吉尔。乐谱原件由古谢夫于1月10日转交给英国人。从伦敦返回莫斯科的克尔对斯大林说，“丘吉尔收到苏联新国歌的乐谱后非常满意。他很喜欢乐曲的主旋律，他认为主旋律生动高亢”。[256]

从考验体能的角度，德黑兰之行不仅对于丘吉尔，而且对于苏联和美国首脑来说都并非轻松之举。斯大林在返回莫斯科途中，在火车上就发高烧，到达首都后转为重感冒，他总共治疗了十多天。[257] 斯大林在德黑兰会议后，第一次在办公室接见来宾是在12月11日，此次接见只持续了15分钟，参加会 640
见的只有莫洛托夫。从15号开始才恢复固定作息。[258] 但是，“三巨头”中身体状况最差的罗斯福，情况更复杂。总统在准备出访德黑兰之前，私人医生就担心飞往伊朗首都的途中条件恶劣，而建议先飞抵巴士拉、尔后再乘火车前往德黑兰。[259] 抵达德黑兰后，罗斯福患了重感冒。“这种感冒简直是地狱，你是知道的。直到现在我还未恢复，”他在1月14日给堂妹波莉写信时说。[260] 如果斯大林自我感觉不好还要保密的话，罗斯福的病情则被公开披露。在12月

24日例行的“壁炉会谈”过程中，总统两次踉跄，声音微弱。1944年1月11日，他不得不放弃发表传统的一年一度的“国情咨文”讲话，只把讲话全文呈交给了国会。罗斯福身边的H.施密特（Смит Г.）也发现他行动困难，总统办公厅预算局局长在1月7日与罗斯福会见后在日记中写道：“罗斯福从来没有像现在这样衰老……非常疲惫……筋疲力尽……”[261]

莫斯科也了解到罗斯福的身体状况，斯大林祝他康复的信函本身，再次证明了德黑兰会议之后出现的特殊气氛，它不仅标志着战争中的共同利益，还显示出苏美首脑之间的私人关系已经理顺。

357. 斯大林致罗斯福的信函

1944年1月4日发

媒体上出现了一系列的消息，说您正在康复，对此感到非常高兴。在此向您致以最美好的祝愿，最重要的是，祝您早日痊愈。

641 **注释**

1. Кошкин А.А. Японский фронт маршала Сталина. М., 2004. С. 219.
2. Parliamentary Debates. House of Commons. Nov. 11, 1943. P. 1324.
3. For Prime Minister from the Secretary of State, 29th Oct., 1943 // CHAR 20/122.
4. From DO to Canada e.a., 8th Nov., 1943 // TNA, FO 371/37031.
5. АП РФ. Ф. 3. Оп. 6. Д. 233. Л. 67.
6. Dec. 5, 1943 // LC, H. Stimson Diaries.
7. АП РФ. Ф. 3. Оп. 63. Д. 222. Л. 136.
8. War Diaries 1939–1945. Field Marshal Lord Alanbrooke / Ed. by A. Danchevand D. Todman. London. 2001. P. 483.
9. Staff Meeting, Dec. 8, 1943 // LC, WAHP, CF, Cont. 171.
10. Memorandum For: The Secretary of State, 4th Dec. 1943 // FDRL, MR, Box 17.
11. FriedelF. Roosevelt: A Rendervouz with Destiny. Boston, 1990. P. 493.

12. Staler M. Allies and Adversaries: The Joint Chiefs of Staff, the Grand Alliance, and U.S. Strategy in World War II. Chapel Hill, 2000. P. 167-168.

13. Political Review of Events in the Soviet Union during 1943 //TNA, FO 371/43394.

14. Memo for Embassy Staff, Dec. 1, 1943 // LC, WAHP, CF, Cont. 171.

15. For Foreign Secretary, 16.1.1944 //TNA, PREM 3/399/6.

16. Цит. по: Великая Отечественная война 1941—1945 годов. Т 3. С. 531.

17. История Великой войны 1941–1945 / Под ред. В.А. Золотарева. Т 1. М., 2010. С. 419.

18. Штеменко С.М. Генеральный штаб в годы войны. Кн. 1. М., 1975. С. 448-449.

19. Memorandum of Coversation with the Prime Minister at dinner on board SS Queen Mary en route to US, Aug. 7, 1943 // LC, WAHP, CF, Cont.164.

20. Соболев в НКИД, 27.VII. 1943 //АВП РФ. Ф. 059а. Оп. 7. П. 13. Д. 6. Л. 304.

21. Prime Minister, 28th July, 1943; Draft telegram to Sir A. Clark Kerr, Moscow // PREM 3/172/1.

22. From Moscow to Foreign Office, 30th July, 1943 // Ibid.

23. Minute from the Foreign Secretary to the Prime Minister, 31.7.43 // Ibid.

24. Prime Minister for Foreign Secretary, 1.8.43. // CHAR 20/129.

25. См.: Переписка. Т 1. С. 393.

26. Churchill W.S. The Second World War. Vol. IV. P. 278-279.

27. 某些研究者认为，人身安全保障和苏联特工部门控制局面的能力促使斯大林同意在德黑兰会晤。详见：Dallek R. Franklin D. Roosevelt and American Foreign Policy, 1932–1945. N. Y., 1995. P. 423.

28. Запись беседы тов. Сталина с английским послом Керром и американским послом Стэндли, 11.VIII.1943 // РГАСПИ. Ф. 558. Оп. 11. Д. 284. Л. 71-72.

29. For Prime Minister from Foreign Secretary, 10th Aug. 1943// PREM 3/172/1.

30. W.M. (43) 114th Conclusions, Min. 2 Conf. Annex, 11th Aug., 1943 // CAB 65/39/10.

31. Prime Minister to His Majesty the King, 11th Aug., 1943 // CHAR 20/129. 642

32. From London to the Secretary of State, Aug. 11, 1943 // PREM 3/172/1.

33. W.M. (43) 114th Conclusions, Min. 2 Conf. Annex, 11th Aug., 1943 // CAB 65/39/10.

34. История Великой войны 1941–1945. Т 1. С. 430.

35. Там же, С. 428. См. также: Великая Отечественная война 1941–1945 годов. Т. 3. С. 574.

36. Гудериан Г. Воспоминания солдата. Смоленск, 1999. С. 431.

37. Churchill WS. The Second World War. Vol. V. Closing the Ring. Tondon, 1952. P. 259.

38. Шервуд Р. Указ. соч. Т. 2. С. 413.

39. РГАСПИ. Ф. 17. Оп. 163. Д. 1382. Л. 131.

40. Foo Y. W. Chiang Kaishek's East Ambassador to Moscow: the Wartime Diaries of FuBingchang. Basingstoke, 2011. P. 94.

41. Germany and the Second World War. Vol. VII. P. 40, 47.

42. Ibid. Vol. VI. P. 403.

43. Churchill & Roosevelt. Vol. 2. P. 421.

44. Black J. World War Two: a Military History. London, 2003. P. 153.

45. The Patton Papers, 1940–1945. Vol. II / Ed. by M. Blumenson. Boston, 1974. P. 324.

46. From Quadrant to War Cabinet Offices, 18th Aug., 1943 // CHAR20/129.

47. Memorandum for the President, 31 July, 1943 // FDRL, MR, Box 8.

48. FRUS. 1943. Vol. II. P. 335.

49. Соболев в НКИД, 27.VII. 1943 //АВП РФ. Ф. 059а. Оп. 7. П. 13. Д. 6. Л. 302. 50САНО. Т 1.С. 410.

51. Там же. С. 412-413.

52. Керр – Молотову, 20.VIII.1943 // РГАСПИ. Ф. 558. Оп. 11. Д. 262. Л. 113.

53. 在短暂视察西部方面军和加里宁方面军之后，斯大林于8月5日返回。在斯大林办公室的寻访日志上记录的时间分别是8月17日和21日（两次都有莫洛托夫随行）。См.: На приеме у Сталина. Тетради (журналы) записей лиц, принятых И. В. Сталиным (1924–1953 гг.). Справочник / Науч. ред. А.А. Чернобаев. М., 2008. С. 416.

54. Майский - Молотову, 31.VIII.1943 //АВП РФ. Ф. 059. Оп. 10. И. 8. Д.

64. Л. 182-189.

55. Memorandum of dinner at the Citadel with the President and Prime Minister, Aug. 24, 1943 // LC, WAHP, CF, Cont.164.

56. Harriman W.A., AbelE. Op. cit. P. 226.

57. The War Diaries of Oliver Harvey. P. 288.

58. Prime Minister to Deputy Prime Minister and War Cabinet, 25th Aug. 1943 // CHAR 20/129.

59. For General Watson, Aug. 25, 1943 // FDRL, MR, Box 8.

60. FRUS. The Conferences at Cairo and Tehran, 1943. P. 21f.

61. My Dear Mr. President, Aug. 25, 1943 // FDRL, MR, Box 8.

62. Громыко А.А. Памятное. Кн. 1. 2-е изд., доп. М., 1990. С. 100.

63. Из Вашингтона, 25.VIII. 1943 //АВП РФ. Ф. 059. Оп. 10. П. 3. Д. 26. Л. 2.

64. Text of the telegram received by Foreign Office from His Majesty's Ambassador at Moscow dated Aug. 24 // FDRL, MR, Box 8. 643

65. Ibid.

66. Memorandum for the President and Prime Minister, 24th Aug., 1943 // FDRL, MR, Box 8.

67. EisenhowerD. Crusade in Europe. N.Y., 1948. P. 167.

68. War Diaries 1939–1945. Field Marshal Lord Alanbrooke. P. 437. См. также: Wieviorka O. Op. cit. P. 30.

69. August 10, 1943// LC, H. Stimson Diaries.

70. Мальков В.Л. «Манхэттенский проект». Разведка и дипломатия. М., 1995. С. 31.

71. Лота В.И. ГРУ. Испытание войной. Военная разведка России накануне и в годы Великой Отечественной войны 1941–1945 гг. М., 2010. С. 648.

72. САМО. ТЕС. 361-363.

73. САНО. Т. 1. С. 426-427, 440.

74. Prime Minister to Deputy Prime Minister, 27th Aug. 1943 // CHAR 20/129.

75. Prime Minister to Deputy Prime Minister and Foreign Secretary, 2nd Sept., 1943 //Ibid.

76. Prime Minister to Deputy Prime Minister and Foreign Secretary, 3rd Sept., 1943// Ibid.

77. САНО. Т. 1. С. 270.

78. Там же. С. 427-439, 442.

79. From Algiers to War, 31st Aug. 1943 // U.S. War Plans: 1938–1945 / Ed. by S.T. Ross. Boulder, 2002. P. 172.

80. См., К примеру: W.P (43) 353, 31st July, 1943 // TNA, CAB 66/40/3.

81. См. подробнее: Katz R · The Battle for Rome: the Germans, the Allies, the Partisans and the Pope, September 1943–June 1944. N.Y., 2003.

82. Secret. Sir A. Cadogan (only), 21st Aug., 1943 // TNA, FO 954/2.

83. From Quadrant to London, 3rd Sept., 1943 // TNA, PREM 3/172/1.

84. For Prime Minister from Foreign Secretary, 2nd Sept., 1943 // Ibid.

85. Butler S. Op. cit. P. 160.

86. Prime Minister to Deputy Prime Minister and Foreign Secretary, 5th Sept., 1943// CHAR20 /129.

87. См.: РГАСПИ. Ф. 588. On. 11. Д. 263. Л. 2.

88. 在德黑兰会议之后，随着苏联与盟国关系转暖，苏军联络处随艾森豪威尔司令部进驻意大利和法国。1944年任驻法国军队及英美远征军总司令部的苏军联络处主任是少将И.А.Суслопаров, 驻盟国地中海远征军司令部联络处主任是少将А.А.Кисленко。详见：Лота В.И.Тайные операции Второй мировой: книга о военной разведке, 1944 год. М., 2006. Гл. 2。

89. Майский в НКИД, 10.IX.1943 //АВП РФ. Ф. 059. Оп. 10. И. 8. Д. 61. Л. 86- 87.

90. For Prime Minister from Foreign Secretary, 9th Sept., 1943 // TNA, PREM
644 3/172/1.

91. For Prime Minister from Foreign Secretary, 10th Sept., 1943 // Ibid.

92. Prime Minister to Foreign Secretary, 14th Sept., 1943 // Ibid.

93. Из Вашингтона, 9.IX.1943 //АВП РФ. Ф. 059. On. 10. П. 3. Д. 26. Л. 126.

94. Churchill & Roosevelt. Vol. 2. P. 380.

95. FRUS. 1943. The Conferences at Washington and Quebec. Washington, 1970. P. 1075n.

96. From Hitler's Doorstep: the Wartime Intelligence Reports of Allen Dulles, 1942–1945 / Ed. with commentary by N.H. Petersen. University Park, 1996. P. 101.

97. I documenti diplomatici italiani. Ser. 9: 1939–1943. Vol. 10. Roma, 1990.

P. 771-790. См. также: AktenzurDeutschenAusw rtigen Politik 1918–1945. Ser. E: 1941–1945. Bd. 6. Gottingen, 1979. S. 372-384.

98. For Eisenhower from Combined Chiefs of Staff, Sept. 8, 1943// FDRL, MR, Box 8. См. также: FRUS. 1943. The Conferences at Washington and Quebec. P. 1250, 1254.

99. Hinsley F.H. etal. The British Intelligence in the Second World War. Vol. 3. Pt. 2. London, 1988. P. 573-574.

100. САНО. Т. l.С. 449.

101. The Second World War / Ed. by T Griess. Vol. 1. P. 234.

102. Кузнецов Н.Г. Указ. Соч. С. 312-313.

103. Коваленко В.И. Крылья Севастополя. Киев, 1988. С. 187.

104. Кузнецов Н.Г. Указ. соч. С. 316.

105. Prime Minister to C.O.S., 14th Sept., 1943 // CHAR 20/129; см. также: Prime Minister to Field Marshall Smuts, 16th Sept., 1943 // Ibid.

106. Churchill & Roosevelt. Vol. 2. P. 489.

107. Prime Minister to Foreign Secretary, 14th Sept., 1943 // CHAR 20/129.

108. Prime Minister to Foreign Secretary, 14th Sept., 1943 // TNA, PREM 3/172/1.

109. From Washington to Foreign Office, 14th Sept., 1943 //TNA, FO 371/37028.

110. Советский Союз на международных конференциях периода Великой Оте-чественной войны 1941–1945 гг. Т I. (далее — Московская конференция). М., 1984. С. 48-49.

111. Макаров В.Г. «Лубянское досье» Скорцени // ННИ. 2008. № 2. С. 122-138.

112. Обмен этими письмами см. в: САМО. ТЕС. 368-369, 371-372.

113. W.M. (43) 142nd Conclusions, Min. 3 Conf. Annex, 18th Oct. 1943 // TNA, CAB 65/40/5.

114. Kimball W. Forged in War. P. 223.

115. Обмен соответствующими документами см. в: САМО. Т. 1. С. 368-369, 371-372.

116. Личное и секретное послание премьера И. В. Сталина президенту г-ну Ф. Д. Рузвельту и премьер-министру г-ну У. Черчиллю, 25.IX. 1943 // РГАСПИ.

Ф. 588. Оп. 11. Д. 263. Л. 81.

117. Истомин В.П. Смоленская наступательная операция (1943 г.). М., 1975. С. 21.

118. Hull C. The Memoirs of Cordell Hull. Vol. 2. N.Y., 1948. P. 1255.

119. From Opnav to Alusna, Moscow, 30th Sept., 1943 // FDRL, MR, Box 8.

120. Aldrich R.J. Intelligence and the War Against Japan: Britain, America and
645 the Politics of Secret Service. Cambridge, 2000. P. 165.

121. Twigge S., Macklin G., Hampshire E. British Intelligence: Secrets, Spies and Sources. Kew, 2008. P. 197ff.

122. Цит. no: Wheeler M. Resistance from Abroad. Anglo-Soviet efforts to coordinate Yugoslav resistance, 1941–1942 // Special Operations Executive: a New Instrument of War / Ed. by M. Seaman. London, 2006. P. 112.

123. См. подробнее: O'Sullivan D. Dealing with the Devil: Anglo-Soviet Intelligence Cooperation in the Second World War. N. Y., 2010. P. 161-194.

124. Aldrich R.J. Op. cit. P. 166.

125. O'Sullivan D. Op. cit. P. 205-211.

126. Jeffery K MI6: The History of the Secret Intelligence Service 1909–1949. London, 2010. P. 436.

127. O'Sullivan D. Op. cit. P. 8.

128. Цит. no: Davies P.H.J. MI6 and the Machinery of Spying. London, 2004. P. 158.

129. O'Sullivan D. Dealing With the Devil: The Anglo-Soviet Parachute Agents (Operation «Pickaxe») //The Journal of Intelligence History. 2004. Vol. 4. No. 2. P. 53.

130. Проявление враждебного отношения к нам со стороны англичан и аме¬риканцев [октябрь 1943 г.] //АВП РФ. Ф. 07. Оп. 4. П. 26. Д. 13. Л. 115-118.

131. Agarossi E. A Nation Collapses: the Italian Surrender of September 1943. Cambridge, 2000. P. 121.

132. Цит. no: GatM. Britain and Italy, 1943–1949: The Decline of British Influence. Brighton, 1996. P. 34.

133. Prom Moscow to Poreign Office, 4th Aug., 1943 // TNA, PREM 3/393/10.

134. Prom Moscow to Poreign Office, 23rd Sept., 1943 //TNA, FO 954/3.

135. Prime Minister for Foreign Secretary e.a., 27th Sept., 1943 // Ibid.

136. The Churchill Documents. Vol. 17. P. 1234, 1244.

137. Churchill WS. The Second World War. Vol. IV. P. 516.

138. Prime Minister for Foreign Secretary and General Ismay, 22nd July, 1943// TNA, FO 371/370040.

139. Draft Telegram (Foreign Secretary to Prime Minister, 8th Sept., 1943 // TNA, FO 954/3.

140. Prime Minister for Foreign Secretary e.a., 25th Sept., 1943 // Ibid.

141. 这是德国自1943年8月装备潜艇部队的新式武器，命名为T–5（代号 «Zaunkonig» — 鷦鷯）。鱼雷研制者期望这种鱼雷能够追踪护航舰艇的螺旋桨噪音，即使非准确瞄准也能够在舰艉处爆炸 (Morison S.E. History of United States Naval Operations in World War II. Vol. 10. Rev. ed. Urbana, 2002. P. 138)。

142. Ржешевский О.А. Сталин и Черчилль. С. 389.

143. ОГБ. Т 4. Кн. 2. М., 2008. С. 618.

144. Там же. С. 608, 615.

145. Ржешевский О.А. Сталин и Черчилль. С. 389; Kern G. How ‘Uncle Joe’ Bugged FDR 11 Studies in Intelligence. 2003. Vol. 47. No. 1. P. 26.

146. См. подробнее: U.S. Army Center of Military History. Fifth Army at the Winter Line 15 November 1943–15 January 1944. Reed. Washington, 1990. 646

147. Московская конференция. С. 51.

148. Morgan P. The Fall of Mussolini: Italy, the Italians, and the Second World War. Oxford, 2007. P. 159.

149. O’Reilly C.T. Forgotten Battles: Italy’s War of Liberation, 1943–1945. Lanham, 2001. P. 148.

150. Московская конференция. С. 200-201.

151. New York Times. 14.X. 1943.

152. O’Reilly C.T. Op. cit. P. 155.

153. From Foreign Office to Moscow, 12th Sept., 1943 // TNA, FO 954/3.

154. From Moscow to Foreign Office, Oct. 14, 1943 // PREM 3/393/10.

155. Churchill & Roosevelt. Vol. 2. P. 533.

156. Московская конференция. С. 121.

157. The Diaries of Sir Alexander Cadogan. P. 568.

158. Ibid.

159. Prime Minister to Foreign Secretary, 15th Oct., 1943 // CHAR 20/122.

160. Prime Minister to Foreign Secretary, 18th Oct., 1943 // Ibid.

161. W.M. (43) 142nd Conclusions, Min. 3 Conf. Annex, 18th Oct. 1943 // TNA, CAB 65/40/5.

162. Churchill W. The Second World War. Vol. V. P. 241-242.

163. Note (by W.S.C.), 18.10.43 // CHAR 20/122.

164. Из Лондона, 19.X 1943 //АВП РФ. Ф. 059. Оп. 10. П. 8. Д. 62. Л. 74-77.

165. The Diaries of Sir Alexander Cadogan. P. 569.

166. Московская конференция. С. 122.

167. W.M. (43) 145th Conclusions, 25th Oct., 1943//TNA, CAB 65/36/13.

168. Из Лондона, 22.X.1943 //АВП РФ. Ф. 059. Оп. 10. П. 8. Д. 62. Л. 105-107.

169. From Foreign Office to Moscow, 19th Oct., 1943 // TNA, PREM 3/396/13.

170. Warner to the Secretary of State, 21st Oct., 1943 //TNA, FO 371/37030.

171. W.M. (43) 137thConclusions, Oct. 8, 1943//TNA, CAB 65/36/5.

172. SecState to Embassy Moscow, Oct. 18, 1943 // NARA, RG 84, U.S. Embassy Moscow, Top Secret Records maintained by the Ambassador, 1943–1950, Box 8.

173. Московская конференция. С. 336-337.

174. CAMO. T. 1. C. 373.

175. Молотов – Громыко, 12.X.1943 //АВП РФ. Ф. 059. Оп. 10. П. 19. Д. 150. Л. 64.

176. Переписка. Т. 2. С. 313-314.

177. Prime Minister to Foreign Secretary, 18th Oct., 1943 // CHAR 20/122.

178. From Opnav to Alusna, Oct. 21, 1943 // FDRL, MR, Box 8.

179. 在С.Батлер的文集中，准确地标注了罗斯福在给斯大林信中的修改之处，而这一处不知为何疏漏（Butler S. Op. cit. P. 178)。

180. FromMoscowto Foreign Office, 22ndOct., 1943 // CHAR20/122.

181. Churchill & Roosevelt. Vol. 2. P. 576.

182. FRUS. The Conferences at Cairo and Tehran, 1943. P. 35, 44.

183. CAMO. T. l.C. 394.

184. Churchill & Roosevelt. Vol. 2. P. 561, 566.

185. Ibid. P. 568, 570.

186. From Moscow to Foreign Office, 1st Nov., 1943 // CHAR 20/123.

187. From Moscow to Foreign Office, 2nd Nov., 1943 // Ibid.

188. FRUS. The Conferences at Cairo and Tehran, 1943. P. 35, 52.

189. Из Вашингтона, 7.XI.1943 //АВП РФ. Ф. 059. Оп. 10. П. 3. Д. 21. Л. 21.

190. Churchill & Roosevelt. Vol. 2. P. 563.

191. From Moscow to Foreign Office, 1st Nov., 1943// CHAR20/123.

192. Churchill & Roosevelt. Vol. 2. P. 565.

193. Staler M. Allies and Adversaries. P. 167.

194. Churchill & Roosevelt. Vol. 2. P. 596.

195. Ibid. P. 597.

196. From Foreign Office to Moscow, 12th Nov., 1943 // CHAR 20/123.

197. Churchill & Roosevelt. Vol. 2. P. 600.

198. CAMO. T. l.C. 438.

199. For Prime Minister from Foreign Secretary, 14.11.1943 // TNA, FO 800/410.

200. Совпослу в Вашингтон, 13.XI.1943//РГАСПИ. Ф. 558. Оп. 11. Д. 367. Л. 20.

201. W.M. (43) 151stConclusions, Nov. 8, 1943 //TNA, CAB 65/36/19.

202. FRUS. The Conferences at Cairo and Tehran, 1943. P. 222.

203 por prime Minister from the Field Marshal Smuts, 14.11.43 // TNA, FO 800/410.

204. Sharp T. The Origins of the ‘Teheran Formula’ on Polish Frontiers // JCH. 1977. Vol. 12. No. 2. P. 391.

205. Москаленко КС. На Юго-Западном направлении. 1943–1945. Воспоминания командарма. Кн. 2. М., 1973. С. 188-189.

206. РГАСПИ. Ф. 558. Оп. 11. Д. 264. Л. 69.

207. Молотов – Гамильтону, 22.XI.1943 // РГАСПИ Ф. 558. Оп. 11. Д. 367. Л. 23.

208. Hull C. The Memoirs. Vol. 2. P. 1313.

209. РГАСПИ. Ф. 17. Оп. 162. Д. 37. Л. 111.

210. ОГБ. Т4. Кн. 2. С. 613.

211. Жиляев В., Гамов А. В поезде Сталина «зайцами» ехали уголовники //Ком-сомольская правда. 7.V.2007.

212. Голль HI. де. Военные мемуары: Спасение 1944–1946. М., 2004. С. 70.

213. Голованов А. Е. Дальняя бомбардировочная... М., 2004. С. 354.

214. РГАСПИ. Ф. 74. Оп. 2. Д. 123. Л. 16.

215. Штеменко С.М. Указ. соч. С. 148. Противовоздушная оборона обеспечи-валась и в пути следования поезда Москва–Баку (ОГБ. Т. 4. Кн. 2. С. 613).

216. Логинов В.М. Живой Сталин. Откровения главного телохранителя Вождя. М., 2010. С. 123. См. также: Главный гараж России. От Собственного Его Им-ператорского Величества гаража до Гаража особого назначения, 1907–2007. М., 2007.

217. Из Тегерана, 25.XI.1943 //АП РФ. Ф. 3. Оп. 63. Д. 222. Л. 6.

218. Запись беседы Максимова с Дрейфусом, 25.XI.1943 // АВП РФ. Ф. 06. Оп. 5. П. 23. Д. 248. Л. 107-108.

219. Costigliola Г Roosevelt's Tost Alliances. P. 196.

648 220. Молотов – Деканозову, 26.XI.1943//АП РФ. Ф. 3. Оп. 63. Д. 222. Л. 7.

221. Жиляев В., Гамов А. Указ, соч.; Деканозов – Максимову, 28.XI. 1943 // АВП РФ. Ф. 059. Оп. 10. П. 28. Д. 218. Л. 6.

222. FRUS. The Conferences at Cairo and Teheran, 1943. P. 440.

223. Запись беседы Максимова с Гарриманом, 27.XI.1943 // АВП РФ. Ф. 06. Оп. 5. П. 23. Д. 248. Л. 114.

224. САМО. Т 1. С. 442-443.

225. Кузнец Ю.Л. Тегеран 43. М., 2003; O'Sullivan D. Dealing with the Devil. P. 200-205.

226. САМО. Т l.С. 463-467.

227. FRUS. The Conferences at Cairo and Tehran, 1943. P. 427.

228. Ibid. P. 258.

229. РГАСПИ. Ф. 558. Оп. 11. Д. 234. Л. 8.

230. 这其中包括1941年苏美签署的气象信息交换协议。当时，美方向莫斯科提供了美国在本土、加拿大、格陵兰的气象站信息，而苏联方面提供的是远东、堪察加和北极海岸的气象站信息。См.: РГАСПИ. Ф. 17. Оп. 162. Д. 37. Л. 7。

231. FRUS. 1943. Vol. III. Washington, 1963. P. 758.

232. Правда. 7.XП.1943.

233. Times. 6.XП.1943.

234. Buchanan A. American Grand Strategy in the Mediterranean during World War II. Cambridge, 2013. P. 164.

235. Roberts G. Stalin's Wars. From World War to Cold War, 1939–1953. N. Y.–Tondon, 2006. P. 187.

236. РГАСПИ. Ф. 558. Оп. 11. Д. 234. Л. 103-104.

231 Butler S. Op. cit. P. 192.

238. Reynolds D.D. From World War to Cold War. P. 119, 122.

239. W.M. (43) 169th Conclusions, Min. 2 Conf. Annex, Dec. 13, 1943 // TNA, CAB 65/40/15.

240. РГАСПИ. Ф. 558. Оп. 11. Д. 367.

241. FRUS. The Conferences at Cairo and Tehran, 1943. P. 405.

242. Prime Minister to Deputy Prime Minister, 14th Dec., 1943 // TNA, CAB 65/40/16.

243. W.M. (43) 169thConclusions, Min. 2 Conf. Annex, 13thDec., 1943 // TNA, CAB 65/40/15.

244. Comments on Feis Notes by A. Harriman // TC, WAHP, Feis Records, Cont. 53.

245. Kimball W. Forged in War. P. 255.

246. Mann C. Op. cit. P. 35.

247. РГАСПИ. Ф. 558. Оп. 11.Д. 264.Л. 110-111.

248. Штеменко СМ. Указ. соч. С. 147.

249. Советский Союз на международных конференциях периода Великой Оте-чественной войны 1941–1945 гг. Т. II (далее – Тегеранская конференция). М., 1984. С. 96.

250. W.M. (43) 174th Conclusions, Conf. Annex, 22nd Dec., 1943 // TNA, CAB 65/40/18. 649

251. Приказы Верховного Главнокомандующего в период Великой Отечественной войны Советского Союза: Сборник. М., 1975. С. 88-89.

252. Запись беседы тов. И. В. Сталина с английским послом Керром, 2.II. 1944 // РГАСПИ. Ф. 558. Оп. 11. Д. 284. Л. 81.

253. Там же. Д. 265. Л. 11-12.

254. См., кпримеру: Scharnhorst Great News // Aberdeen Journal. 30.XII.1943.

255. Из Лондона, 11.11.1944 //АВП РФ. Ф. 059. Оп. 12. И. 39. Д. 248. Л. 57.

256. Запись беседы тов. И. В. Сталина с английским послом Керром, 2. II. 1944 // РГАСПИ. Ф. 558. Оп. 11. Д. 284. Л. 81.

257. Жиляев В., Гамов А. Указ, соч.; Голованов А.Е. Указ. соч. С. 366.

258. На приеме у Сталина. С. 424.

259. 总统卫队长M. Рейли考察线路之后做出结论，罗斯福总统可以直飞德黑兰。См.: Reilly M.R. (as told to W.J. Slocum). Reilly of the White House. N. Y., 1947. P. 171-176.

260. Butler S. Op. cit. P.196.

261. Evans H.E. The Hidden Campaign: FDR's Health and the 1944 Election. Armonk, 2002. P. 44.

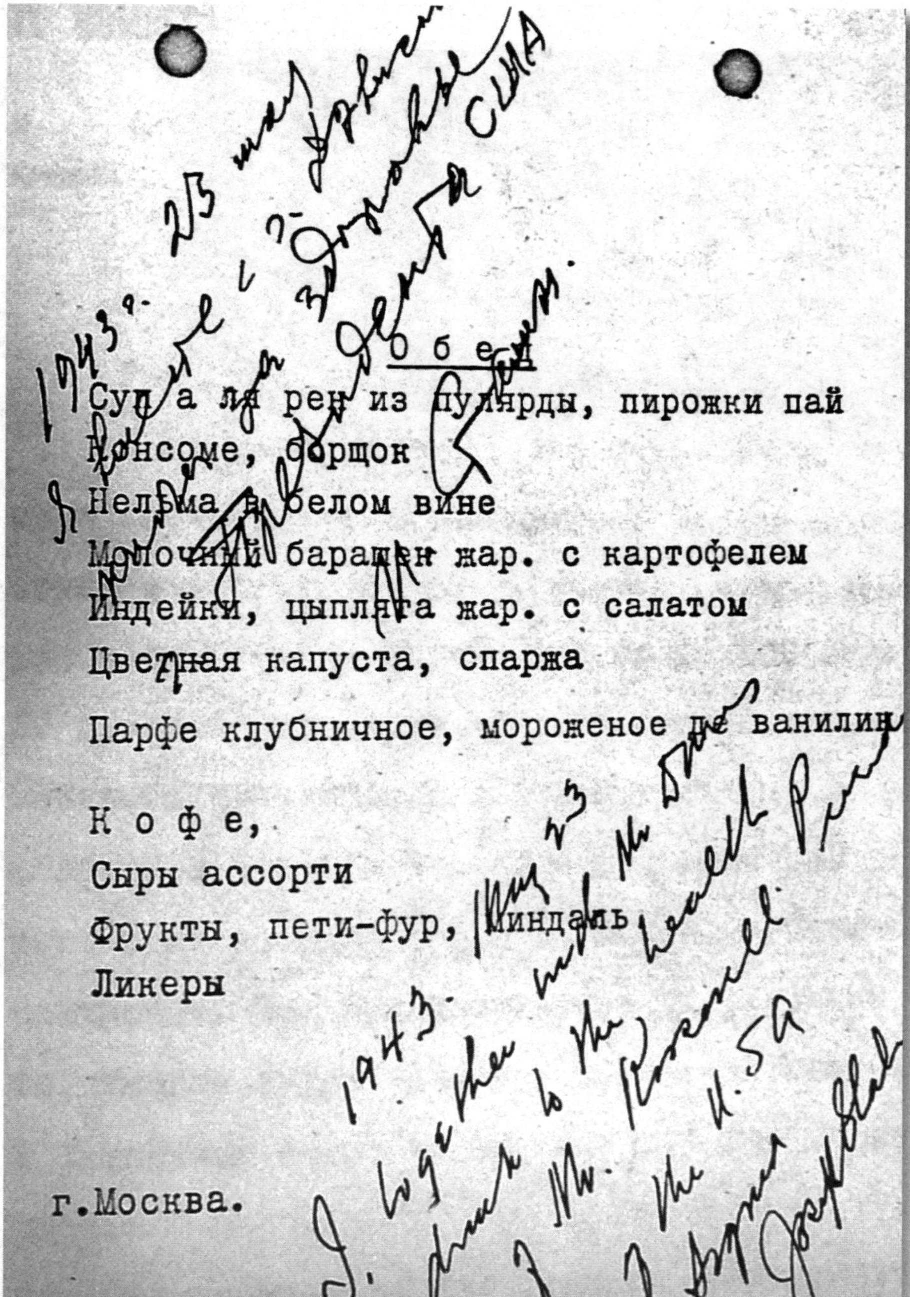
О б е д

Суп а ля рен из пулярды, пирожки пай

Консоме, борщок

Нельма в белом вине

Молочный барашек жар. с картофелем

Индейки, цыплята жар. с салатом

Цветная капуста, спаржа

Парфе клубничное, мороженое де ванилин

К о ф е,

Сыры ассорти

Фрукты, пети-фур, миндаль

Ликеры

г.Москва.

斯大林在招待J.戴维斯菜单上的亲手批示和英文译文，1943年5月23日。

斯大林在克里姆林宫接见J.戴维斯时合影，1943年5月。

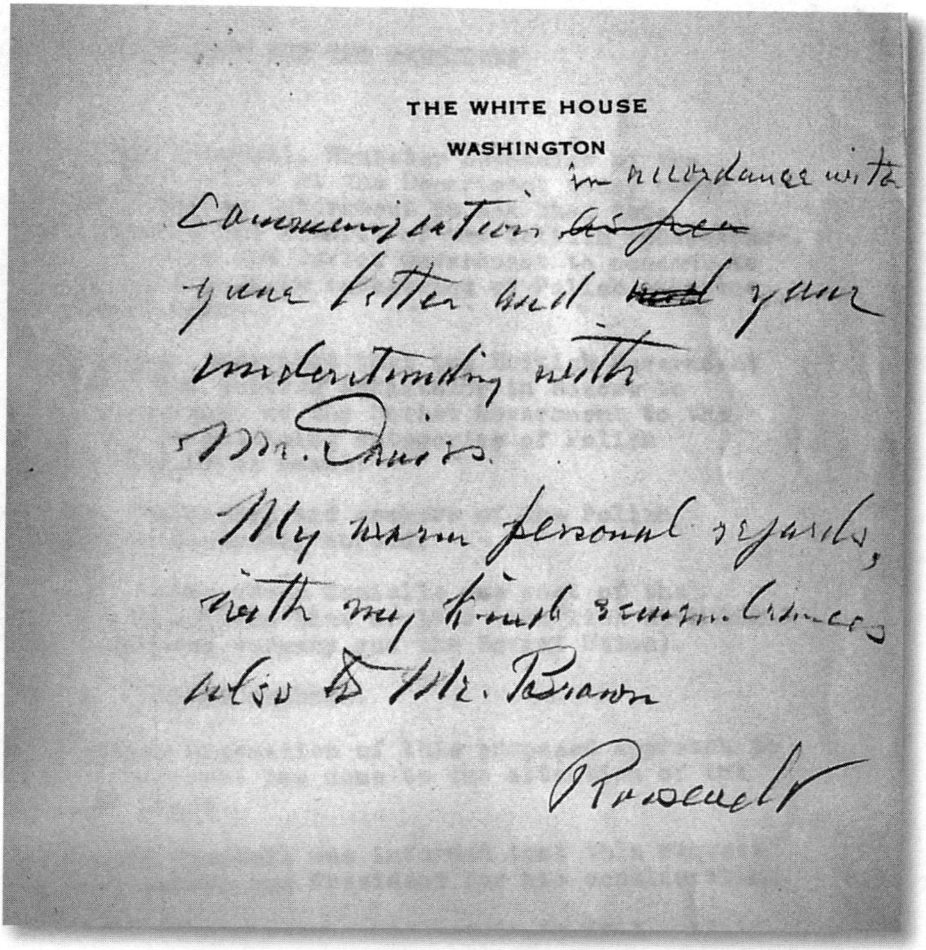

THE WHITE HOUSE

WASHINGTON

communication ~~as per~~ in accordance with your letter and ~~and~~ your understanding with Mr. Davies.

My warm personal regards, with my kind remembrances also to Mr. Brown

Roosevelt

罗斯福写给斯大林的消息的手稿，1943年6月4日。

M.B. 莫洛托夫在外交人民委员会迎宾馆设便宴招待盟国大使，1943年6月。

在“哈斯基”行动中美国运输船被德国轰炸机击中，1943年7月。

美国军队在西西里登陆，1943年7月10日。

挽救生命：在西西里为负伤的战友输血。

1943年8月第一次魁北克会议，前排左起：麦肯齐·金、罗斯福、丘吉尔。

莫斯科会议间隙赫尔、艾登、M.B.莫洛托夫私下交谈，1943年10月。

斯大林、波斯国王穆罕默德·礼萨·巴列维、M.B.莫洛托夫等在德黑兰会议期间，1943年12月1日。

苏联外交人民委员会副主席利特维诺夫。

苏联大将朱可夫，1942年。

苏联元帅华西列夫斯基，1943年7月。

波兰流亡政府总理、波兰军队总司令、将军西科尔斯基。

英国将军蒙哥马利在北非，1942年11月。

苏联外交人民委员会副主席迈斯基，1946年。

苏联驻英国大使古谢夫，1945年。

苏联大将瓦图京，1943年。

人名索引 650

（按俄文字母表排序，页码为原书页码，即本书边码）

Л

М

事件及专用名词索引

（按俄文字母表排序，页码为原书页码，即本书边码）

Г

Д

З

И

К

伟大卫国战争期间斯大林与罗斯福和丘吉尔往来书信

——文献研究（下卷）

Переписка Сталина с Рузвельтом и Черчиллем в годы Великой Отечественной войны. Документальное исследование

〔俄罗斯〕弗·奥·佩恰特诺夫
〔俄罗斯〕伊·爱·马加杰耶夫 / 著

于淑杰　隋　涛　赵春雷 / 等译

WA 世界知识出版社

图字：01-2016-6208

书名原文：Переписка Сталина с Рузвельтом и Черчиллем в годы Великой Отечественной войны.Документальное исследование
俄罗斯"奥尔马梅地亚集团"出版社于2015年首次出版俄文版

图书在版编目（CIP）数据
伟大卫国战争期间斯大林与罗斯福和丘吉尔往来书信：文献研究 /（俄罗斯）弗拉基米尔·奥列戈维奇·佩恰特诺夫，（俄罗斯）伊斯坎德尔·爱德华多维奇·马加杰耶夫著；于淑杰等译．—北京：世界知识出版社，2017. 10
书名原文：Stalin's Correspondence with Roosevelt and Churchill during the Great Patriotic War
ISBN 978-7-5012-5592-4

Ⅰ. ①卫… Ⅱ. ①弗… ②伊… ③于… Ⅲ. ①斯大林著作—书信集—研究 ②罗斯福（Roosevelt Franklin Delano 1882–1945）—书信集 ③丘吉尔（Churchill, Winston Leonard Spencer 1874–1965）—书信集 Ⅳ. ①A831.3 ②K837.127=5 ③K835.167=5

中国版本图书馆CIP数据核字（2017）第249827号

责任编辑　袁路明
责任出版　赵　玥
责任校对　陈可望
封面设计　田　林

书　　名　伟大卫国战争期间斯大林与罗斯福和丘吉尔往来书信——文献研究（下卷）
Weida Weiguo Zhanzheng Qijian Sidalin Yu Luosifu He Qiujier Wanglai Shuxin — Wenxian Yanjiu

作　　者　〔俄罗斯〕弗·奥·佩恰特诺夫　伊·爱·马加杰耶夫
译　　者　于淑杰　隋　涛　赵春雷　等

出版发行　世界知识出版社
地址邮编　北京市东城区干面胡同51号（100010）
网　　址　www.ishizhi.cn
电　　话　010-65265923（发行）　010-85119023（邮购）
经　　销　新华书店
印　　刷　河北新华第一印刷有限责任公司
开本印张　710×1000毫米　1/16　41¼印张
字　　数　688千字　64幅图
版次印次　2017年11月第一版　2017年11月第一次印刷
标准书号　ISBN 978-7-5012-5592-4
定　　价　198.00元（上下卷）

目　录

下　卷

第6章 5

联盟合作巅峰

1944年上半年战争形势的主要特点是苏军持续向西推进。由于1—5月间苏军的进攻战役势如破竹，德国法西斯军队在三个主要方向——西北方向的列宁格勒和诺夫哥罗德城下、第聂伯右岸地区和克里米亚已经彻底溃败。苏联军队则攻入白俄罗斯、摩尔多瓦和爱沙尼亚，兵临波兰、捷克斯洛伐克边境，并在罗马尼亚开始实施军事行动。从年初的形势便可预见，红军将很快解放苏联全境，恢复1941年时的疆域，收复波罗的海沿岸、西乌克兰、白俄罗斯、摩尔多瓦和布科维纳（Буковина）。1944年1月丘吉尔致信E.艾登（Иден Э.）时写道："俄国人很快将占领这些地区，这已是不争的事实，显而易见，把他们从那里排挤出去的想法可以休矣。"[1] 如此一来，不久前尚在困扰盟国关系的苏联西部边界问题，除苏—波边界外，事实上都已经解决。尽管盟军进军罗马的行动因敌军负隅顽抗而遇阻，但从德国人控制下解放意大利的行动却从未停息。全面进攻欧洲大陆的行动准备工作正在紧锣密鼓地进行。

欧洲国家即将从法西斯占领中解放出来的预期不可避免地把这些国家未来政治制度和对外政策走向问题提上了议事日程。如果莫斯科默许意大利划入西方势力范围，那么对苏联安全有着特殊战略意义的、与其接壤的东欧与巴尔干国家则是更为复杂的问题。夏季到来之前形势已渐趋明朗，红军即将解放该地区的大部分领土，苏联将在影响力方面取得优势。实用主义至上的英国外交部门谋求通过秘密划分欧洲势力范围来解决问题，借苏联在罗马尼亚、保加利亚和匈牙利的优势，来换取在于己重要的希腊和东地中海地区保持优势影响力。艾登在《英国在巴尔干的目的计划书》（1944年6月）中称， 6
当前的主要任务是"巩固我们在希腊和土耳其的地位"，同时避免"在南斯拉夫、阿尔巴尼亚、罗马尼亚与保加利亚正面挑战苏联的影响力"。[2] 5月5日，艾登在与古谢夫的会晤中首次试探莫斯科的反应，莫斯科做出了回应，但不想绕开华盛顿单独做交易，以免束缚自己的手脚。美国领导人对英国人的势力范围划分方案持怀疑态度，他们承认苏联不可避免会在该地区获得优势，同时力求东欧为其商品、意识形态和资本保持开放。

波兰未来的命运是这方面最为敏感的问题，在1944年的三国领导人往来书信中，它占据了最重要的位置。1943年春，苏波断绝外交关系后，英国及美国外交部门不同程度地努力协调了双方关系，但这些尝试一方面遭遇流亡伦敦的波兰人顽固的反俄势力的抵制，另一方面则是莫斯科强硬要求承认所谓“寇松线（Линия Керзона）”作为新的苏波边境，并在未来的波兰政府组成中安插亲信。罗斯福和丘吉尔认为，苏联之所以这样做，是因为必须要在波兰有一个亲苏政府的存在，但不能接受波兰公开苏维埃化。斯大林一方面逐步推动亲苏政府的建立，同时，作为妥协，并不拒绝尝试改组S.米科瓦伊奇克（Миколайчик）政府。但是，这种妥协未能奏效，丘吉尔在“伦敦人”与莫斯科之间尝试斡旋只招致了双方的不满与猜疑。斯大林认为丘吉尔企图保留反苏的波兰（“防疫线”），他与丘吉尔就波兰问题的通信时有激烈言辞（第399、414号文件）。在波兰事务中扮演“第二提琴手”角色的罗斯福开始在这一问题上表现得日渐活跃，他一方面积极回应“伦敦人”的呼声，因为后者将其视为中立和进步力量的代表，另一方面也迫于美国人数众多的波兰侨民的国内政治压力，而且恰逢总统大选之年。罗斯福在华盛顿接见了米科瓦伊奇克，同时也应斯大林请求，允许定居美国的波兰亲苏人士访问莫斯科。

7 在南斯拉夫各方的利益冲突较为缓和，英国与美国逐渐放弃对南斯拉夫共产党的主要对手D.米哈伊洛维奇（Михайлович Д.）的切特尼克（Четники）游击队的支持，同时他们认为，从法西斯侵略者占领下解放南斯拉夫的主要政治力量非J. B. 铁托与南斯拉夫人民解放军莫属。另一方面，苏联领导人力促铁托与国内其他反法西斯力量之间的合作。斯大林与丘吉尔在书信往来中经常相互通报己方的南斯拉夫政策，以协调对策。同时，为争夺对铁托和政治事态的全面影响力，各方也在暗中较量，包括英美之间也是如此。

如上所述，苏联和英国私下划分巴尔干势力范围渐成趋势，但英国人并不甘心完全让出自己的地盘，特别是试图继续保持在罗马尼亚的存在，莫斯科对此极为不满。巴尔干半岛问题在高层通信中鲜有反映，但1944年春丘吉尔与莫洛托夫的通信对此进行了积极讨论，该问题对于盟国关系，首先是苏英关系具有重要意义。

瓜分已投降的意大利海军是当年年初激烈讨论的新问题。尽管在德黑兰已经就此做出了原则性决议，但是盟国并不急于执行，斯大林不得不倾注更多的努力，以使丘吉尔和罗斯福对苏联应得的意大利海军份额进行部分补偿

（第371、387、388、392、402号文件）。

战后经济合作问题也首次被提上议事日程，主要倡导者是华盛顿，美国的经济潜能在战争期间成倍增长，因此，美国比另外两国更加关注国际贸易自由化，以及建立以美元为基础的国际货币结算体系。苏联领导层由于期待美国帮助其进行战后重建，因此暂时没有拒绝参与这一合作（第406号文件）。

对苏供给情况也明显改善：北方护航运输队的航行安全得到保障，美国的军工生产达到最高水平，途经伊朗走廊与阿拉斯加—西伯利亚（Аляско-Сибирь）航线的货物运输增加。因此，盟国开始正常履行对苏租借法案（Ленд- 8
лиз）规定的义务，这无疑对1944年苏军进攻行动的胜利具有非常重大的意义。因此，就这一问题的往来信件是以在友好的气氛下互通消息为主。

“霸王”行动的准备和实施标志着盟国军事合作达到了空前的高度。为继续贯彻德黑兰决议，苏军统帅部计划实施大规模夏季攻势以策应诺曼底登陆，美军航空兵开始从苏联的乌克兰机场群起飞，对东欧被占领地区实施穿梭轰炸（“Франтик”行动，字面意思为“狂暴”），秘密军事情报交流急剧增加，苏联方面积极行动，参与盟军对敌伪装欺骗（“Бодигард/Bodyguard”，或者“护卫”行动），以掩护在法国北部的登陆行动。上述所有问题在往来书信中皆有反映。

与盟军在意大利取得的鸡肋战绩相比，苏联取得的巨大军事胜利更加直观地告诉世人决定战争命运的关键所在，此时苏联在美国和英国公众眼里的威望大增。著名的《纽约时报》在3月份刊登了题为《俄国在前进》的编辑部文章，文中写道：“俄国再次向世人有力地证明，谁也休想征服它，沉醉于伪地缘政治理论，期望在过去的战争中毁灭俄国和妄图称霸世界的德意志梦想随之灰飞烟灭。”[3] 斯大林被《时代》杂志评为“年度人物”，其个人声望也达到了顶峰。

即使是在盟国关系明显升温的时期，也未能避免有损互信和引起猜忌的事件发生，其中包括私下秘密与敌接触。最典型事件当属1944年1月《真理报》刊登的有关德英高层在开罗接触的报道，该报道引起伦敦方面的愤怒（第369号文件）。丘吉尔对斯大林指责其泄露有关波兰问题的通信内容也做出相当强烈的反应（第413、418号文件）。新解密外交档案文献结合英国史料， 9
首次全方位揭示了苏英关系中这一段鲜为人知的往事。

尽管困难重重、分歧不断，但为了在所有战线击退敌人，反法西斯同盟仍积极地积蓄能量，协同动作。斯大林的评价毫不夸张，他在1944年11月说道：“不应该对存在的分歧大惊小怪，而应该为分歧少之又少，且几乎每次都是三大国本着团结一致行动的精神予以解决而称奇。”[4]

* * *

1943年年底之前，苏联军队不仅光复之前被德国人夺占的城市，而且正在准备转入大规模的主动进攻。正如华西列夫斯基回忆道：“在11—12月的每一天，最高统帅部和总参谋部在指挥我军前线进攻行动的同时，还忙于制定当年冬季的战役计划。”在取得了一系列的胜利之后，苏联的战争实力明显增强，使以下构想成为可能：“从列宁格勒到黑海全线展开进攻战役，战役目的是以最快速度从占领者手中解放苏联国土，战役重点是在苏德战场两翼。进攻行动的想定是，在相距不同距离的战线上，按不同时间，分区段依次实施一系列战略性战役。”[5]

1943年12月24日，第1乌克兰方面军在西南方向开始实施日托米尔—别尔季切夫战役（Житомирско-Бердичевская операция），这仅仅是更大规模的第聂伯—喀尔巴阡山（Днепровско-Карпытская операция）战略性进攻战役的序曲，战役一直持续至1944年5月6日。1943年12月31日与1944年1月1日之交的新年之夜，日托米尔失而复得，1月5日解放别尔季切夫，这成为战争进程的重要里程碑；方面军部队成功为“突击两翼和占据第聂伯河右岸卡涅夫（Канев）地区的敌后方集群创造了先决条件”。[6] 1月5日当天，第2乌克兰方面军也投入了进攻行动，历经三天激战，解放了基洛夫格勒（Кировград）这一重要的交通枢纽。然而，德国人仍然负隅顽抗，并成功调集预备队。到1月16日，第2乌克兰方面军部队被迫转入防御。

10 斯大林在苏联军事与外交双双取得胜利的背景下信心倍增。据朱可夫回忆，从德黑兰回国后，斯大林曾说道：“罗斯福坚称将于1944年在法国展开大规模行动。我想他会信守承诺。不过，就算他食言，我们自己也有足够的力量打到希特勒德国的老巢。”[7]

在例行的信件中，丘吉尔一边祝贺斯大林取得的最新军事胜利，一边向斯大林保证会履行德黑兰达成的开辟“第二战场（Второй фронт）”的承诺。艾森豪威尔（Эйзенхауэр Д）被任命为战役总指挥官，“霸王”行动的具体准备工作启动。蒙哥马利（Монтгомери Б）将军任艾森豪威尔的副官，他在前往就职的途中拜会了丘吉尔。1943年12月，他还不是战役远征军群司令的唯一人选。当时各方意见不一。正如丘吉尔12月14日致信副首相艾德礼时所称，艾森豪威尔“也许更看好亚历山大……我暂时没有确定，任命亚历山大还是蒙哥马利……”[8] 尽管在12月15日英国内阁尚未形成统一意见，但天平明显倾向蒙哥马利一边。[9]

蒙哥马利的名望在最终决策中发挥了作用。英国公众舆论“因艾森豪威尔取代马歇尔（Маршалл Дж.）而瞠目结舌”，英国战争大臣P.格里格（Григ П.）这样说道，[10] 委任阿拉曼战役的功臣蒙哥马利应是众望所归。丘吉尔在12月19日致罗斯福的信函中对争论做了小结：“内阁是正确的，因为蒙哥马利是民族英雄，他能让我们的人民充满信心，贵国人民也会同意。”[11] 12月24日，蒙哥马利被正式任命为盟军集团军群司令，在艾森豪威尔的总指挥下实施诺曼底登陆作战。

战争在继续，在解决与战争直接相关的问题时，围绕战后世界命运的外交角力也呈白热化。“波兰问题”位列榜首。1943年底至1944年初，在“三大国”关系总体升温的背景下，伦敦认为有必要“开导”波兰流亡政府，向他们转达了苏联的合理建议。早在11月17日，艾登就告知丘吉尔，米科瓦伊奇克希望首相在与斯大林聚首德黑兰之前，先与其会面，艾登形容不久前收 11
到的波兰边境问题的备忘录是“非建设性”的，他强调说：

“……我有这么一种印象，虽然波兰流亡政府不愿直接对俄国人让步以换取关系正常化，如果有英国和美国担保的话，他们情愿由他们的朋友，也就是国王陛下政府代其做出某些决定。”[12]

丘吉尔在自己的信中提到了与贝奈斯（Бенеш）的会面，按照他的设想，贝奈斯的参与有助于说服“伦敦的波兰人”在东部边界问题上向莫斯科妥协。这位捷克斯洛伐克总理要求拜见丘吉尔，他告诉首相，他要向首相转达斯大林的“兄弟般的拥抱”，并讲述他在莫斯科令人振奋的谈判。[13] 贝奈斯为丘吉尔带来了斯大林描绘的波兰新边界地图，丘吉尔稍作考虑之后，于1月6日写信给罗斯福：“这对于波兰人来说是个不错的生存地，面积超过300平方英里，并且有250英里的波罗的海海岸。”[14]

南斯拉夫问题是书信往来中的另一个主要议题。1943年年底前，丘吉尔尽管对铁托游击队印象不佳，但他终于明白，恰恰他们才是在巴尔干抵抗德国人的中坚力量。丘吉尔在德黑兰时承认，铁托游击队“比米哈伊洛维奇的切特尼克更善于同德国人战斗”。[15] 外交部前官员F.麦克莱恩（Маклин Ф.）1943年11月在开罗时曾向丘吉尔证实此言属实，麦克莱恩于1943年7月率领英国代表团拜访过铁托。[16] 1944年1月他又回到了巴尔干。在努力与铁托缓和关系的同时，丘吉尔希望铁托善待南斯拉夫国王彼得二世·卡拉乔治维奇（Петр Ⅱ Карагеоргиевич），伦敦希望后者有所作为。艾登在1月初把自己与丘吉尔关于南斯拉夫问题的通信发放给内阁成员，他同时强调说：

“我们两人都非常关注国王与游击队的和解问题，不过他（丘吉尔——作者注）认为，达成这一目的的最好办法是国王解除米哈伊洛维奇的职务，不
12 得不考虑铁托对米哈伊洛维奇公开表示反感这一事实，同时还有铁托游击队的态度，他们认为，国王继续与米哈伊洛维奇以及以米哈伊洛维奇和开罗流亡政府为代表的泛塞尔维亚势力保持联系，玷污了君主制的声誉。还有很多实例可以佐证这个观点。

但我倾向于另一种意见，如果在铁托答应承认他（国王——作者注）之前，国王就断绝与米哈伊洛维奇的联系，那么国王就失去了对南斯拉夫最后的影响力，有可能丧失塞尔维亚大部分公众的支持，在塞尔维亚支持君主体制的势力非常强大……更重要的是，断绝与米哈伊洛维奇的关系无疑将引起强烈的反响，而且很危险的是，米哈伊洛维奇有可能成为我们满足苏联政府的祭品，在任何情况下，我都倾向于和苏联政府在此问题上协同动作，就像和美国政府一样。”[17]

艾登的担心不无道理。随着游击队和铁托在巴尔干的地位不断巩固，他们对待国王的态度越来越强硬。几乎在德黑兰会议召开的同时，于11月29—30日，在亚伊策（Яйце）（波斯尼亚）举行了南斯拉夫反法西斯人民解放议会（АВНОЮ）第二次会议，大会确立人民解放议会为“南斯拉夫最高立法和执行机构，是南斯拉夫人民权利和国家主权的最高统一代言人”。早在1943年11月初，铁托就声称，“国内外发生的事件，以及南斯拉夫流亡政府和国王为达到自己回国的目的，而肆意歪曲莫斯科会议（外长会议——作者注）决议”，[18]就足以证明采取这种措施的紧迫性。南斯拉夫反法西斯人民解放议会会议公报中的措辞更为强硬：“……叛徒流亡‘政府’丧失了南斯拉夫合法政府的所有权利，无论何地，无论对谁，他们都无权代表南斯拉夫人民。”[19]

苏联派代表团前往南斯拉夫的协议在德黑兰时已经达成。团长为H.B.科尔涅耶夫（Корнеев Н. В.）中将。1月中旬，代表团在英国人的帮助下抵达塞浦路斯，并在2月从那里到达目的地。丘吉尔之子伦道夫（Рэндольф）曾在
13 皇家第4骠骑兵团正式服役，但当时被借调到特种空勤团（САС）；他是英国驻南斯拉夫军事代表团团长麦克莱恩的密友。丘吉尔和斯大林“唠家常”大概是希望巩固在德黑兰会议上得到改善的私人关系。但根据一切迹象判断，给人留下的印象恰恰相反。据戈洛瓦诺夫（Гловaнов）元帅回忆，苏联军方不仅仅从丘吉尔口中得知伦道夫已经大张旗鼓地抵达。当向斯大林报告这一消息时，“他沉默了一会，然后说道：请你们注意，首相的儿子不会这么简单

地跳伞，没有特定目的也不会出现在他人的司令部”。[20] 稍晚些时候，即1944年春季，德国人突然袭击德瓦尔村（Дрвар），那里正是铁托司令部所在地，此时斯大林的怀疑更加具体（据戈洛瓦诺夫证实）：

“……我们的同志通过所有渠道都无法与铁托司令部取得联系。这绝非偶然。

斯大林踱步片刻，便停下来若有所思地，好像是自言自语地说道：

——我想知道，这到底是谁的杰作？……看来，小子们没有虚度光阴。”[21]

铁托曾致信丘吉尔，祝愿他早日康复，丘吉尔在1月8日给铁托回信，他同时将此信抄送给罗斯福和斯大林（第360号文件），丘吉尔在信中表示，希望苏联军事代表团能与麦克莱恩率领的代表团合作融洽。斯大林对丘吉尔致铁托的信函（第362号文件）做出积极反应是必然的：当时苏联不希望与伦敦和华盛顿的关系复杂化，同时是为了化解潜在的矛盾。甚至在铁托对英国人的谈判立场明显软化之后也是如此，该谈判于1943年12月底在开罗举行，议题涉及君主政体的保留问题、可能推迟承认南斯拉夫反法西斯人民解放大会民族委员会的问题，等等。苏联通过季米特洛夫（Димитров Г.）口头呼吁铁托，要灵活行事：

“希望……在进行声讨国王的宣传问题上，表现出必要的灵活性，以便更有效地瓦解其在国外和塞尔维亚的拥护者，并争取英美对人民解放军的物资 14
援助，扫除他们自己制造的障碍。例如可以宣布，如果国王放弃对民族委员会的敌对立场，那么民族委员会也将停止一切反国王宣传。”[22]

丘吉尔所说的“帮助希腊人”的缘由是，苏联政府同意了伦敦的请求，支持希腊首相E.楚德罗斯（Цудерос Э.）呼吁希腊两大敌对军事派别游击队停止内战，并联合力量与德国人作斗争。两大军事派别分别是：希腊民族解放阵线（ЭАМ）的武装分支希腊人民解放军（ЭЛАС）和希腊共和同盟（ЭДЕС）。1944年1月3日，古谢夫大使代表苏联对这一请求做出了积极回应。希腊政府与游击队的谈判最终达成停火和停止敌对军事行动协议，各方于1944年2月29日在伊庇鲁斯（Эпир）签署协议，由于签署地点位于阿拉赫索斯河（Арахтхос）的布拉卡桥（Плака）上，协议也因此而得名。

总的来看，1944年之前希腊问题并不是矛盾的焦点。英国人也一直保持着戒心。1943年11月艾登向自己的同僚解释说：“俄国人曾在莫斯科（外长会议——作者注）明确声称，他们没有兴趣、也不会保持同希腊的联系，意在说明他们将希腊视为我们的势力范围，但是可以预见，如果民族解放阵线掌控希腊的话，俄国人的态度就会随之发生改变。”[23]

总之，“希腊问题”既可以是激化苏英关系的催化剂，也可以是达成某些协议的基础。

358. 丘吉尔致斯大林的信函

1944年1月4日发　　　　1944年1月6日收

私人，绝密

1.您指挥的后维捷布斯克（Витебск）和基辅以西和西南方向的势如破竹
15 的进攻使我们欣喜若狂。我希望月底前也能尽我们的绵薄之力，为此我正在努力。此时，“霸王”行动的准备工作正在全速进行。蒙哥马利将军赴远征军集群就职途中将在此停留，他将担任这支大军的指挥。他对计划细节自然有自己的打算，他随时准备投入对敌作战，也有信心找到解决办法。

2.贝奈斯总统今天同我会面。他是一个聪明人，他有助于帮助波兰人恢复理智。

3.我日渐康复。比弗布鲁克（Бивербрук У.）同我在一起，他向您致以最诚挚的问候。犬子伦道夫将与我们代表团团长麦克莱恩准将一起伞降到铁托那里，这样我将更好地得到情报。所有军官都已经得到指示，要求同您派出的任何代表团进行最为紧密协调的合作。非常感谢您在希腊问题上的帮助。

在与丘吉尔会晤时，贝奈斯讲述了不久前，即1943年12月底，访问莫斯科的印象，以及同斯大林和莫洛托夫会面的感受。捷克斯洛伐克总理相信，苏联政府准备与波兰实现关系正常化和保证波兰的独立主权，前提是波兰人承认寇松线为东部边界，并撤换伦敦流亡政府成员中的极端反苏人士。丘吉尔对此问题的态度非常明确，贝奈斯就此写道：“他认为，波兰人应该同意我带来的莫斯科给米科瓦伊奇克出具的条件，他让我回到伦敦后应该首先会见艾登，然后和米科瓦伊奇克会面，最后和艾登一道以朋友的身份劝说他们立刻同莫斯科展开谈判，并接受斯大林的建议。”[24] 贝奈斯接受了委托，回到伦敦。但是“伦敦人”不听规劝。1月5日，米科瓦伊奇克政府在未与英美政府进行任何协商的情况下，擅自发表声明，对承认新边界问题没有任何暗示，只是呼吁波兰抵抗运动在恢复苏波关系的条件下与进入波兰境内的苏军合作。斯大林在给丘吉尔的回信中提到的正是这件事。

回信草稿是由捷卡诺佐夫（Деказонов В.Г.）起草的，莫洛托夫极为挑剔地进行了修改。而“当家的”只做了一处补充，但却极富表现力（斜体字标识——作者注）。[25]

359. 斯大林致丘吉尔的私人秘密信函 16

1944年1月7日发　　1944年1月8日收

1. 您1月5日的来函收悉。您关于正在全速准备“霸王”行动以及将在本月还要采取其他措施的消息令我感到高兴。

2. 既然您提到这个问题，应当说，如果根据波兰流亡政府的最新声明以及波兰活动家的其他言论判断，显然已没有理由寄希望于成功说服这群人。***这些人已不可救药***。

3. 请您转达我对比弗布鲁克男爵的感谢和良好祝愿。

4. 尽管德国人仍在个别地区负隅顽抗，但我们的进攻仍在继续，并取得了一定战果，特别是在南线。

360. 丘吉尔致斯大林的信函

1944年1月10日发　　1944年1月12日收

私人，绝密

我委托近日即将伞降的代表团捎去致铁托的信件。兹将此信文本寄送给您仅供个人阅：

“1944年1月8日，非洲

先生，

您以您本人和英勇的南斯拉夫爱国者和游击队的名义，殷切来信关心我的健康状况，在此深表谢意。我从我的朋友埃什金（Эшкин）少校那里详细了解了您的英勇行为。我诚挚希望通过海上供应、空中支援以及‘别动队’作战来给予您尽可能的帮助，以此援助您在半岛上的战斗行动。麦克莱恩准将也是我的朋友和下议院的同事。我的儿子伦道夫·丘吉尔少校同他一起出现在您的司令部，伦道夫也是国会议员。我们的至高目标正是：肃清欧洲大 17
地上卑鄙的法西斯纳粹祸患。您可以相信，我们英国人没有操纵南斯拉夫未来政体的意愿。同时我们希望，所有人都能够更加和睦相处，同仇敌忾，并根据人民的意愿意解决今后的政体问题。

我已决定，英国政府未来不会再向米哈伊洛维奇提供任何军事援助，而只向您提供援助，如果南斯拉夫王国政府不再过问政事，我们也会很高兴。但是，彼得二世国王是年轻人，刚刚逃出摄政王保罗亲王的魔掌，他作为南斯拉夫的代表和落难的年轻王子来到我们这里。英国如果抛弃他便不够侠义和诚实。我们也不可能要求他中断与自己国家所有的联系。因此，我希望您明白，在给予您一切可能的军事援助的同时，我们在任何情况下都将继续保持同国王的官方关系。我还希望双方能够停止争执，因为这只会有利于德国人。

您可以相信，我将在同我的朋友斯大林元帅和罗斯福总统保持最密切联系的基础上工作；我诚挚希望，苏联政府派至您大本营的军事代表团与麦克莱恩准将率领的英美代表团能同样齐心协力地开展工作。请您通过麦克莱恩准将给我写信，告知在您需要我提供帮助的地方，我当然会竭尽一切所能。

期待着您苦难的终结和全欧洲从法西斯暴政下解放出来。

请相信我。

温斯顿·丘吉尔”

伦敦方面继续全神贯注于苏德战场的战况，特别是南翼。联合侦察委员会定期向首相和内阁汇报当前局势。1月份的一份报告称：“目前，德国人在
18 南部战区的处境非常危险……如果俄国人在日梅林卡（Жмеринка）地区成功
切断利沃夫—敖德萨（Львов-Одесса）的铁路干线，那么德国人在南方的铁路运力将缩减60%—70%。”[26] 丘吉尔在致斯大林的下一封信函中，显示了他在军事问题上的消息灵通。

丘吉尔与英军司令部主张登陆罗马以南的安齐奥（Ацио），以便对亚平宁半岛（Апеннинский полуостров）上阻击盟军主力进攻的德军后方实施打击。1月5日，丘吉尔致信罗斯福写道：“……我们正面临着一场苦战。”[27] 罗斯福与参谋长联席会议（ОКНШ）勉强同意了为此次行动投入两个师的兵力，并且在丘吉尔主持的突尼斯圣诞节会议期间，英美联军司令部就“鹅卵石”（英文为Shingle）行动计划协调完毕。最终行动目的是夺取罗马并使盟军推进至比萨–里米尼（Пиза-Римини）战线。行动定于1月21日开始。丘吉尔用最笼统的几句话在下一封信函中通知了斯大林。由于自己的计划得到赞扬，在非洲温暖的阳光下完全康复的丘吉尔明显心情大悦，他的情绪从他祝愿柏林的玩笑话里可见一斑。

起初，丘吉尔的信中有一段是自己同贝奈斯进行的充满希冀的谈话，不过谨慎的艾登考虑到斯大林刻薄回应波兰人“不可救药”的话语，他建议丘吉尔将这段话删除，“在您与波兰人会面之前，不用在致斯大林的信函里有过多解释”。[28] 丘吉尔听从了这个建议。丘吉尔在信的结尾加上了温暖的一句话，可能是为了回应斯大林1943年12月27日的来信，那封信的结尾也用的是温暖的语气。

361. 丘吉尔致斯大林的信函

1944年1月12日收

私人，秘密

我们一直在关注苏军惊人的推进速度。我并非专家，但觉得日梅林卡有
着非同寻常的意义。假如我们重归德黑兰，我会在谈判桌上对您说：“请提 19
前告诉我，我们什么时候应当停止摧毁柏林，以便留下足够的房屋供苏军
驻扎。”

此时我们关于意大利会战的一切计划的制定已令人满意地完成。

我以自己的、有力的、真诚的手回握您的手。

尽管红军在乌克兰第聂伯河右岸地区进攻顺利，但是敌人仍在负隅顽抗，因此苏军指挥部的计划时常被打乱。华西列夫斯基回忆：“1月9日，大本营代表Г.К.朱可夫（Жуков Г. К.）与第1乌克兰方面军指挥部共同向大本营上报了下一步的战役想定。右翼战线在10—12天内推进至戈伦河（Горынь）与斯卢奇河（Случь）；中部和左翼战线击溃日梅林卡与乌曼的敌军集群，夺占文尼察（Виница）、日梅林卡、乌曼（Умань），并进军柳巴尔（Любар）—赫梅利尼克（Хмельник）—图利钦（Тульчин）—乌曼（Умань）一线。”[29] 但只过了一天，曼施泰因（Манштейн Е.）指挥的德军完成预备队集结之后，开始在文尼察地区及乌曼西北实施反突击。艰苦的战斗一直持续到1月底，德国人将红军先头部队压退了25千米—30千米。

即便如此，柏林的德军司令部也非常清楚，继续退却已成定局。1943年12月，希特勒向曼施泰因下达了关于文尼察的命令，该城市即著名的“狼人（Вервольф）”大本营，在1943年3月成为“南方”集团军群司令部所在地，命令如下：“令曼施泰因弃城，焚之。”文尼察在1944年3月20日到来之前完

全解放。

斯大林接受丘吉尔关于柏林的玩笑，仿佛继续着他们11月28日在德黑兰的对话。当时，大家在担心德国可能快速恢复元气时，“最高统帅”形容德国人是“无所不能的人，爱劳动讲文明”。[30] 他们“重建”废墟的能力毫不令人怀疑。斯大林适时提醒了英美在德黑兰就“霸王（Оверлорд）”行动的承诺。恰恰在1月初，丘吉尔在致罗斯福的信中考虑对已经协调的计划进行某些变通：预计6月2日战役行动开始，缩减在法国南部的登陆［“铁砧（Энвил）”行动］规模。但美国总统力劝丘吉尔不要过早将消息告知斯大林：“我认为，自我们三人在德黑兰的约定算起过去不过月余，心理上最不能接受此时听到这样的消息。”[31]

362. 斯大林致丘吉尔的私人秘密信函

1944年1月14日发

您1月12日的来函收悉。我军近期的确取得了战绩，但到达柏林我们还有很长的路要走。而且德国人正在进行猛烈的反攻，特别是在文尼察以东地区。当然，这并不危险，不过德国人还是击退了我们的先头部队，并暂时阻止了我们的推进。所以您不用手软，甚至可以尽量加大对柏林的轰炸强度。德国人还来得及在我们抵达柏林之前，重建一些您和我们需要的房屋。

您信中对铁托的支持和鼓舞将具有重大意义。

我希望，贵方和美国人的“霸王”行动准备工作进展顺利。

363. 丘吉尔致斯大林的私人信件

1944年1月13日发　　　　1944年1月15日收

您1月2日来函中许诺的乐谱已收悉，国歌将于周日晚9时新闻广播前由英国广播公司交响乐团全体乐手演奏。

演奏一次苏联新国歌事情还不算完。发出这封信后，丘吉尔致电传媒大臣B.布莱肯（Б. Брэкен）称，英国广播公司首先应当声明该乐谱“是斯大林元帅应我的请求而发给我本人的”，其次应当“在每次报道俄国人胜利的时

候”都要演奏国歌。[32] 由此，丘吉尔履行了早先向斯大林许下的诺言（第355 21
号文件）。

护航运输队是丘吉尔讨好斯大林的另一种方式。1月7日，在与罗斯福讨论可能修改早先商定的计划时，丘吉尔同时告知准备派遣新的护航运输队：如果美国人出船出货，英国也可以提供护航。[33] 在致斯大林的信中，英国首相也提到了海军上将弗莱泽（Фрэзер）与北方舰队（Сереpный флот）海军上将A. Г. 戈洛夫科（Головко А. Г.）之间有趣的会面，他们曾在12月16—17日和27—28日两次见面。戈洛夫科详细的日记[34] 再现了当时见面的情景。

弗莱泽是“饱经世面的‘海狼’，英国海军部的栋梁之一”，根据戈洛夫科的记述，弗莱泽随同护航舰队一道前来的消息引起了这位苏联将军的不安：“12月14日……（英国——作者注）联络处忙作一团。联络处主任阿切尔是个非常傲慢的人，这一点有别于其前任费希尔（Фишер）。他企图借弗莱泽即将到访的机会，给我提出一大堆不是问题的问题……弗莱泽到底为何大驾光临呢？”12月16日，同弗莱泽手下的参谋长进行的谈话一直围绕着这位英国海军上将的过去：国内战争时期他帮助过白军，结果被布尔什维克逮捕并关入监狱，他以其特有的英国式的幽默甚至对此表示“感谢”，“因为关押弗莱泽将军的监狱伙食不好，却使折磨他已久的溃疡自愈”。在停靠在科拉湾（Кольский залив）的“约克公爵（Герцог Йоркский）”号上，与弗莱泽本人的会面也未能使戈洛夫科平静下来。尽管英国人殷勤接待，为客人奉上了“现烤的美味白面包”，戈洛夫科仍旧困惑不解：“我还是不明白，不列颠宗主国海军司令在最漫长的极夜到我们这里来，到底有何贵干。”12月19日英国人突然开航也留下了疑问：“英国人又急着去哪里？”谜底很快被揭开——迎战“沙恩霍斯特（Шарнгорст）。”在此次行动中，戈洛夫科提供了力所能及的帮助：派出两艘潜艇截击战列舰，随后又为英国舰队提供燃料，供其返回
位于斯卡帕湾（Скапа-Флоу）的驻地。但是，击沉敌舰的消息带来的喜悦掩 22
盖不住其中的“苦衷”：

“12月27日……见到弗莱泽，并向他表示祝贺。他简要介绍了战斗情况。细节尚不完全明确，因为驱逐舰还没有全部返航。他应该是不愿意承认这个事实，因为弗莱泽更多地在谈自己的损失，他担心他们的命运……

12月28日。英国海军部无疑将确定击沉‘沙恩霍斯特’号的细节。他们也不愿意对我们多说，尽管弗莱泽将军与他的参谋部应当明白，我们非常希望了解从得救的希特勒分子口中得到的情报……不要紧，我们自己也有情报可用。”

丘吉尔在信中略去了会面中的小插曲，而强调了它的积极意义。

364. 丘吉尔致斯大林的信函

1944年1月17日发　　　　1944年1月19日收

我已经确认，我可以增加一支由20艘货轮组成的北极护航运输队（Арктические конвои），其中大部分是美国船只，在不影响我们主要作战任务的情况下，大概在3月15—18日间由联合王国出发。我希望，您愿意听到这个消息。

弗莱泽上将从“约克公爵”号皇家战舰上告知我，在击沉“沙恩霍斯特”号前夕，他同戈洛夫科将军以及驻扎在科拉湾的所有贵国海军官兵进行了真诚而亲切的会面，这令我非常高兴。弗莱泽称，我们两国海军各级官兵均表现出极大的善意。

您对本人致铁托元帅的信函表示满意，令我欣慰。我们当然会不知疲倦地继续轰炸柏林。现在我正在海上，不过请您相信，返航后我的第一要务就是保证“霸王”行动的成功。

这次丘吉尔履行了自己轰炸柏林的诺言。盟国空军对柏林和德国其他城
23 市的昼间轰炸曾于1943年秋暂停过，但2月又开始恢复轰炸，且力度超前。多个航空工业中心遭遇密集轰炸（“伟大的一周”行动，2月20—25日）的同时，德国空军（Люфтваффе）防空兵力损失陡增（1510架飞机损毁，366名飞行员丧生），这使得在“霸王”行动开始前，德国空军实力遭到极大削弱。敌军阵营悲观情绪弥漫：“可怕的损失。”2月23日，在莱比锡（Лейпциг）的一座工厂遭到摧毁后，戈培尔（Геббельс）在日记中如是写道。与此同时，在战役实施过程中发挥着关键作用的美国空军司令部一片沸腾。阿诺德（Арнольд）将军不无夸张地以某种美国中心论的语气说道：“伟大的一周”“完全有可能被未来的历史学家评价为历史性的关键会战之一，这是一次决战，就世界意义而言，他甚至比盖茨堡（Геттиберг）之战有过之而无不及。”[35]

365. 斯大林致丘吉尔的信函

1944年1月20日发

您之前决定在3月中旬向苏联增派由20艘货船组成的护航运输队，在此谨向您表示谢意。这对我们的前线非常重要。

英美联军［由美军少将J.卢卡斯（Лукас Дж.）指挥］在安奇奥地区登陆的“鹅卵石”行动在1月22日开始实施，丘吉尔对此十分关注。登陆行动本身非常顺利，德国人猝不及防，集结在周边的两个营的德军没有实施有效抵抗，而行动的后续进展未能如愿。此时英美之间对行动目的的理解出现了分歧。如果说亚历山大为实现丘吉尔的战略意图，把登陆目的认作是“切断敌军交通线，并对德军第14军后方形成威胁”，而最终剑指罗马，那么美军第5集团军司令克拉克（Кларк）中将则指示卢卡斯，战役目的是“夺取并设防固守安奇奥地区的登陆场”，尔后向罗马方向推进。[36] 卢卡斯没有忘记“雪崩（Аваланш）”行动的教训，行事极其谨慎，耗费宝贵时间用于确保登陆场安 24
全，从而错过了出敌不意的行动时机。丘吉尔提到气象条件并非无意：此前他多次抱怨，“意大利糟糕的天气”干扰英美联军推进。[37] 丘吉尔在2月8日的信中（第376号文件）低调地讲述了这次战役，在莫斯科收到此信之前，战役败局已定。尽管英美联军夺占了安奇奥登陆场，但卢卡斯缓慢的行动导致德军几乎把他们赶回了大海，只是在紧急调遣了大批援军后才挽回了颓势。无怪乎丘吉尔后来称这一转折是“自己在战争中经历的最糟糕的时刻”。盟军主力向罗马的进攻也止步于150千米之外的卡西诺城（Кассино）。又过了4个月，盟军才成功突破这一线。

366. 丘吉尔致斯大林的私人机密信函

1944年1月21日发　　　　1944年1月22日收

1.我们已开始对守卫罗马的德军展开大规模进攻，在德黑兰时我曾就此告知过您。天气状况似乎有利。我希望很快能为您带去好消息。

2.我以总统及我个人的名义向您发出关于意大利舰船问题的联名电报。

为了此事能获得圆满解决，我付出了很多努力，希望您也能接受这个建议。如若不能，请告知我本人，我酌情继续努力。

3.关于本人同波兰人的会谈我将单独致电给您。

丘吉尔与罗斯福1月23日关于向苏联移交部分意大利海军问题的联名信，有着一个漫长和复杂的背景。苏联方面在（1943年）莫斯科外长会议上首次提出这一问题并得到了盟国的谅解。特别是艾登成功说服丘吉尔作为“友好”姿态原则上同意这一要求，以换取苏联方面在会议其他方面做出让步。[38] 在德黑兰会议（Тегеранская Конференция）上，罗斯福与丘吉尔重申他们愿意向
25 苏联移交部分意大利海军，但丘吉尔要求给他两个月的宽限，以便同意大利人达成协议。丘吉尔解释称：“这个问题太微妙，必须像猫捉老鼠一样对待。”斯大林答应将移交时间确定为1月底，罗斯福和丘吉尔对此表示同意。[39]

大限已到，猫捉老鼠的游戏终究还是没有开始。12月底，哈里曼（Гарриман А.）预计莫洛托夫将在近期的会晤中提出这一问题，因此征询行动指示。哈里曼指出了该问题对苏联方面的重要性，以及遵守所承担义务的必要性。大使为有备无患，补充说，如果暂时没有现实可能性，则他和克尔需要向苏联方面解释延迟原因，因此需要获得明确指示。[40] 罗斯福答复哈里曼，在尚未解决所有权问题的情况下，美国愿意向苏联移交所俘获的意大利海军的1/3，甚至从2月1日起即可移交。罗斯福的相关指示已经下达至参联会。这一指示不仅引起了伦敦方面，而且也引起了美军司令部的不解甚至混乱。他们不喜欢总统的独断专行和“过分的慷慨”，因为在德黑兰会议上，苏联方面要求的不是意大利海军的1/3，而是一份具体清单：1艘战列舰、1艘巡洋舰、8艘驱逐舰、4艘潜艇以及4万吨位的商船。不过根据苏联海军司令部的测算，就战斗力而言，这一战舰清单大致相当于所缴获的海军力量的1/3，意大利海军由5艘（包括2艘最新式的）战列舰、8艘巡洋舰、33艘驱逐舰、数十艘潜艇及其他战舰组成，并且还有百余艘商船。[41] 哈里曼尚未向苏联方面通报总统的批示，而丘吉尔和英美联军司令部已开始劝说罗斯福。12月底之前，罗斯福首次做出让步，将移交的意大利舰船清单缩减至1艘战列舰、1艘巡洋舰及1艘驱逐舰，就像他所说的，姑且认为“部分履行”德黑兰承诺。[42]

两国的军事指挥部完全反对移交，他们自己需要意大利舰船以满足“霸王”行动与“铁砧”行动的需求，这样做会有损甚至恶化与意大利的关系，而且意大利舰船不能适应北方气候条件。[43] 丘吉尔起初驳回了这些理由，他认
26 为，这是别有用心地违背德黑兰承诺。他从马拉喀什致电艾登：“参谋长们显

然过高估计了同意大利人合作的意义。如果我们成功促使国王和巴多格里奥（Бадольо）分别下达命令，那么海军上将科滕*将会服从，若抗命也有办法使他就范。”首相这样做不仅仅因为他恪守诺言，从其1月7日致艾登的电报中还可以看出其他考量：“我力求在这件事上履行我对俄国人的承诺还缘于其他原因，因为您也清楚，我们可能需要对‘霸王’行动开始日期进行调整；除此之外，我们希望在波兰事务上同俄国人友好合作。移交这些舰船是一个简单明了的做法，而且我们应该这样做，不必纠结我们自身的不便。”[44] 在此前一天，首相给内阁的电报中，“极其神秘”地直言道，他希望借这次移交的机会来“安抚约瑟夫大叔，因为‘霸王’行动越来越有可能推迟28天实施”。[45] 但是军方并不退让，因此导致这个“简单明了的问题”变得复杂起来。在美军司令部的压力下，罗斯福转而做出了更为妥协性的决定。丘吉尔也逐渐冷静下来，在1月10日致艾登和首席海军大臣的电报中建议：

“我刚刚产生了一种想法。如果我们在‘霸王’和‘铁砧’行动之前没收意大利人的舰船是相当冒险的行为，那么为什么我们不能借给约瑟夫大叔哪怕一艘战列舰，那些因舰员短缺而闲置的，比如‘马来亚（Малайя）’号，再请美国人借给一艘巡洋舰；话说回来，两艘可以都由我们提供。届时，约瑟夫大叔可以在这些舰船上升起自己的旗帜，并在摩尔曼斯克开始为它们训练舰员……无论如何，我们都可以说：‘因为我们不想食言，才提出这一方案’。这足以表明我方的善意，毫无疑问，这是他们凭借自己辉煌的胜利而应得的。唯一我们不能提供的就是驱逐舰。”[46]

英国军方同意丘吉尔的想法。根据海军部与参谋长委员会的建议，决定以1916年便已入列、不久前大修过的“君权（Ройял Соврин）”号战列舰替 27
代“马来亚”号，而且在致斯大林的联名信草案中增加了一条建议，为了避免过早走漏消息，向苏联移交意大利舰船的谈判通过巴多格里奥元帅秘密进行。艾登同意这一方案，尽管他对斯大林是否满意表示怀疑，在艾登看来，斯大林更在意“通过获得意大利舰船来树立自己的威望”。[47]

莫洛托夫在1月15日同哈里曼的会晤中，他提醒大使关于在德黑兰承诺的1月底前向苏联移交部分意大利舰队一事。哈里曼回答称，问题正在研究中。事实也是如此，丘吉尔于1月16日向罗斯福发送了联名信草案，他强调，

---

* 科滕·拉斐尔·德（1888—1978年）——意大利军事家和政治家，海军上将。1943年7月出任海军部长兼海军参谋长。1943年9月22日，同英国海军上将安德鲁·坎宁安签订了规定意大利海军投降的条约。

这样“有吸引力的建议”将给斯大林以良好的印象，并能够展示“我们友善和信守诺言”。[48] 1月19日，总统将修改后的信函寄回。特别是他建议在信中明确：盟国承诺设法从意大利方面获得短缺的那8艘驱逐舰与4艘潜艇。除此之外，丘吉尔与英国军方同意他的建议。总统做出了让步，信函的终稿于1月23日由伦敦发往莫斯科。[49]

367. 丘吉尔和罗斯福致斯大林的信函

1944年1月23日发　　1944年1月23日收

私人，绝密

应苏联政府在莫斯科会议上的请求，以及我们二位与您在德黑兰达成的协议，关于向苏俄移交意大利舰船一事，我们收到了联合司令部的呈文，它包含在我们紧随其后发去的电文中。根据该呈文中陈述的看法，我们认为，从我们三方利益的角度出发，目前进行任何舰船移交，或者和意大利人谈论此事，都是危险的，目前舰船集中使用对战役具有重要意义。

28 即便如此，如果您对问题详细研究后仍希望我们继续采取行动，我们也会与巴多格里奥元帅取得秘密联系，以便在意大利海军尚不知情的情况下签署必要的协议。如果可以通过这种方式达成协议，那么可以建议他同意大利海军高层商定一系列需要采取的措施。这些措施应该使拟移交的意大利舰船能够前往合适的盟国港口，在那里由贵国舰员接收并一起驶往贵国北方港口，不过，只能是开放的港口，以便可以进行任何必要的改建。

按照我们向您讲述的想法，我们非常清楚地意识到此种行动方式的危险性，所以我们决定向您提出以下备选建议，以军事观点看具有很多优势。

英国“君权”号战列舰不久前刚在美国完成改装。该舰为各类武器配备了雷达。大约在此前后美国可交付一艘轻型巡洋舰。

国王陛下政府和合众国政府均愿意做好准备，使苏联舰员在英国港口接收这些舰船并前往俄国北方港口。如果您认为有必要为适应北极气候进行改装，则可以进行改造。

这些舰船将暂时借给苏俄，并在航行时悬挂苏联国旗。

国王陛下政府和合众国政府将各自采取措施，分别提供2万吨可以尽快交付的商船，在此之前还不能得到意大利货船，因为不能给既定的“霸王”行动与“铁砧”行动造成损失。

备选方案具有一定的优势，相较于对舰船进行改装以适应北方水域，备选方案可保证苏联政府尽早使用舰船。这样一来，一旦我们对土耳其人的努 29
力取得有利转机，进而使海峡得以开放，那么这些船只便可做好在黑海行动的准备。我们希望您可以非常认真地考虑这一备选方案，在我们看来，它在所有方面都优于第一方案。

丘吉尔

罗斯福

368. 丘吉尔和罗斯福致斯大林的信函

1944年1月23日发　　1944年1月23日收

私人，绝密

接上封电报。我们的联合司令部提出以下有事实依据的建议：

（1）鉴于盟军即将展开的行动，目前还不是移交所缴获的意大利舰船的时机。

（2）目前下令移交意味着占用当前行动中必须使用的意大利资源，并且有碍我们得到意大利修理基地现在给予的帮助。这可能导致意大利军舰自沉并失去意大利方面的合作，继而使“霸王”行动和“铁砧”行动面临风险。

（3）只要战役态势允许，意大利舰船的移交可以在未来最短时间内进行。

丘吉尔

罗斯福

盟国明显夸大了自己对意大利海军的依赖，以及意大利人自沉舰船的危险。两艘最新的意大利战列舰“意大利”号和“维托里奥·韦内托（Витторио Венето）”号很快在苏伊士运河地区抛锚并在那里停泊，直至战争结束；也没有其他资料可以表明意大利舰船参与了“霸王”行动。至于来自意大利水兵的暗中破坏威胁，恰恰相反，他们的行为处处显现出对盟国的效忠，根本没 30
有提供存在这种担心的任何理由。[50]

1944年1月17日，《真理报》刊登了本报驻开罗记者发回的新闻，文中确认，据“可靠消息来源”透露，里宾特洛甫（Риббентроп）同英国高层举行了会谈，以探明同德国单独媾和的条件。这一消息在盟国首府引起轩然大波。西方外交官和记者们纷纷揣测催生此次事件的各种版本，从苏联为了表示对盟友的不满，到德国宣传机构向莫斯科抛出虚假消息，以离间苏联与西方伙伴关系，各种说法无所不有。鉴于众所周知的原因，这一消息令伦敦最不能接受。哈利法克斯（Галифакс）在华盛顿公开予以驳斥，而驻莫斯科临时代办J.巴尔弗（Бальфур Дж.）甚至在与外交人民委员会进行会谈时，建议《真理报（Правда）》刊文辟谣。气愤至极的丘吉尔直接向斯大林提出抗议，因为他怀疑此事是苏联方面蓄意中伤，据英国人掌握的消息，《真理报》根本没有自己驻开罗的记者。极端愤怒的丘吉尔援引1940年的经验，当时即使英国与希特勒孤军交战，英国也未与侵略者单独媾和。

由于美国情报部门已经破译了日本的外交密码[“魔术（Мэджик）”]，因此丘吉尔在与罗斯福的通信中双方一致认为，《真理报》的消息来源可能是日本驻马德里大使馆发往东京的一条消息，它可能被当地的苏联情报机关截获了。[51] 尽管对此缺乏真凭实据，但事实上，莫斯科由于在日本外交机构中安插密探，因此有读取日本驻外使团密码电报的绝佳机会。[52]

正是《真理报》的这一报道以及波兰问题的矛盾尖锐化使“首相和艾登焦躁不安”，克尔向古谢夫如此证实，他本人也遵从丘吉尔的亲笔批示提前返回莫斯科。[53] 美国未就此事向斯大林表态，不过国务卿C.赫尔（Хэлл К.）向
31 哈里曼大使发出警示电报，其中在转告苏联方面的内容中强调，此类事件有损于后德黑兰的互信氛围，并且“正中我国顽固坚持‘不能同俄国打交道’的怀疑论者下怀”。[54]

丘吉尔同时也对苏联《战争与工人阶级（Война и рабочий класс）》杂志上刊登的内容不满。该杂志于1943年6月创刊，研究人员将其视为斯大林对战后格局“日益增长的关注”的显示器。[55]创刊不久，很快在期刊中就出现了针对英美对意大利政策，包括针对占领区盟国军事行政机关（АМГОТ）活动的批评文章。[56] 早在1943年9月艾登就对此类文章向迈斯基抱怨过。[57] 丘吉尔也呼吁斯大林收敛这一苏联杂志的锋芒。

尽管罗斯福已说服英国首相，勿将德黑兰商定计划的可能变动告知斯大林，但英国首相还是想委婉地让斯大林对此事有个思想准备，包括通过克尔沟通。1月底时，克尔结束美国之行直接返回莫斯科，他去美国看望定居纽约的妻子玛丽亚·特蕾莎（Мария Тереза）。这对夫妇关系不佳，据克尔的同事们说，他回来时处于“神经衰弱”状态。[58]

369. 丘吉尔致斯大林的信函

1944年1月24日发 1944年1月25日收

机密，私人

1.我们将立即派克拉克·克尔大使回到您那里，以便他能向您详细解释一系列困难，这些困难尽管乍看起来不足挂齿，但可能会演变成对我们双方的最大障碍。

2.我无法对《真理报》的消息造成的糟糕印象视而不见，该消息被苏联政府以官方形式广泛传播。甚至英国的苏俄挚友也顿生困惑。尤其是这一消息极具侮辱性，而我们无法理解其产生的背景。我深信，您清楚我从未与德国人私下谈判，而且正如您告知我们的那样，我们也会如实告知您他们提出的每一条建议。甚至在我们完全孤军奋战的年代都没有考虑过单独媾和，当 32
时在不遭受巨大损失的情况下可以轻易地缔结和平，而后果在很大程度上将由贵国承担。而为什么要等到现在，正当我们三国的事业走向胜利之时才考虑这个问题？如果英国报刊发生此事，或者刊登了令您气愤的文章，为什么您不能致电我本人，或者责成贵国大使登门一探究竟呢？这种方式可以避免一切加害和猜疑。

3.每天我都会收到来自《战争与工人阶级》杂志的长篇摘录，看来它一贯地无端抨击我们在意大利的管理机构和我们的希腊政策。考虑到您在意大利事务委员会设有代表，我们应当期待这些抱怨在那里得到讨论，我们应当通过政府间交换意见的方式倾听这些意见，并阐述我们的观点。既然这些抨击都是在苏联报纸发表的，而且又涉及外事，无论对错，人们都会认为，这是围绕苏联的政策设计的，那么我们政府之间的分歧就会成为议会讨论的主题。在进展顺利的意大利会战结束之前，我一直推迟在下院的讲演，但一周或者10天后我应在下院讲话，并会涉及本电报中所提及的问题，因为我不会让指责和批评得不到回应。

4.我在德黑兰体会到的我们之间有良好关系的那种感受，以及您通过贝奈斯先生致我的信件令我深受鼓舞，而我也将夜以继日地努力使事态发展如您所愿，并且也符合所有我们三方利益的要求。我相信，如果我们能团结一致，就不会有什么困难。现在我的全部工作都在致力于确保第二战场的成功，并使其展开至更大规模，而我提到过的任何微不足道的干扰都会增加工作的难度。当然，您的只言片语便可化解这个难题。我们都赞同开诚布公地相互通信，就像我现在所做的一样。不过，我也期待您在克拉克·克尔抵达后接见他，使他有机会详细解释现状，盟国之间本应如此，我们不仅在战时团结，而且20年条约也把我们联系了在一起。

33 5.我尚未有机会就同波兰人谈判问题致电，因为我应该在如此重要的问题上了解美方持何立场。不过我期待几天后致信给您。

6.麦克莱恩团长与犬子伦道夫已经成功伞降到铁托的大本营驻地。

至1944年初，苏波关系步入新的黑暗时期。莫斯科1月11日发表《苏联政府关于苏波关系的声明》，以此反击米科瓦伊奇克政府1月5日的宣言，声明中称伦敦流亡政府没有能力调和同苏联的关系，无法担当从法西斯占领下解放波兰和组织联合斗争的重任。迫于艾登的压力，“伦敦人”于1月14日发表了带有妥协意味的声明，声明中表示正在努力在美英调节下与苏联达成和解，但苏方表示不能接受而予以拒绝。艾登在向巴尔弗说起对古谢夫所做的艰难的解释时，他如此描述自己的心境：“……我竭尽所能以便说服波兰人做出温和的声明，这一点我做到了，但最终苏联政府还是给了我当头一棒。”[59]他形容与古谢夫的谈话是“冷水浴”。[60]回到伦敦后，丘吉尔决定亲自干预以加大对波兰人的压力。1月20日，丘吉尔同米科瓦伊奇克、罗默（Ромер）及波兰驻英大使拉钦斯基（Рочинский）举行了会谈。在详细知会斯大林时，丘吉尔不仅着重表述了自己的论据，也谈到了困扰波兰人的问题。在会谈和通信时，丘吉尔的重点还是放在了边界问题上，他认为这是最重要的问题。在与波兰人交谈时，丘吉尔表示对斯大林改组米科瓦伊奇克政府的要求持不同意见，且在致斯大林的信函中置疑了提要求的权力。1月20日会谈期间，丘吉尔向波兰人讲述了自己致斯大林信函的基本要点，并答应出示最终信函文本。米科瓦伊奇克及其同僚们不希望在信函中再提建议，而且他们对给斯大林写信的想法本身也持怀疑态度。尽管英国外交部（Форин Офис）的亲波兰
34 派外交官们反对，贾德干（Кадоган А.）还是按照丘吉尔的指示拟制了给莫斯科的回信。贾德干在日记中沮丧地写道，最后时刻“糟老头（丘吉尔——作者注）口述了自己的方案”，而他们和艾登只是对首相的方案做了少许修改。作者很委屈地感叹道：“波兰人竟然不喜欢首相的方案！”[61]

370. 丘吉尔致斯大林的信函

1944年1月28日发　　　　　　　　　　　　　　　　1944年2月1日收

机密，私人

1. 上周四，在外交大臣的陪同下，战时内阁授权我会见驻伦敦的波兰政府代表。我告诉他们说，保证俄国边界安全，使其免受德国侵略的威胁，对国王陛下政府具有重要意义，因此我们支持苏联为达此目的而采取的、我们认为所有必要的措施。我指出，俄国曾两次遭受德国的野蛮侵略，百业俱废、生灵涂炭，一次大战后波兰的民族独立和生存才得以恢复，而当今盟国的波兰政策也是为了在战后重建波兰。我曾经说过，尽管我们宣战是因波兰而起，但是我们参战的目的不是为了确定某些边境线，而是为了建立一个强大、自由和独立的波兰，斯大林元帅本人的声明也支持这一观点。另外，即使德国无所作为的年代，英国都在坚持不懈地斗争，但是，从德国的桎梏中解放波兰是俄国军队流血牺牲换来的。因此，盟国有权要求波兰在其未来边界问题上更大程度地与苏联的意见保持一致。

2. 随后我告诉他们，根据德黑兰协议，我认为，在按民族分布原则进行商议的情况下，苏联政府会同意取寇松线为波兰东部边界，我也建议他们接受就寇松线问题进行讨论。我谈到了波兰会在北部和西部得到补偿。在北部 35
是东普鲁士。但同时我并未提及哥尼斯堡（Кенигсберг）问题。在西部，他们保证会得到协助，占领德国奥得河以东。我对他们表示，因为盟军解放了他们，所以他们也应当承担起捍卫防止德国东侵分界线的任务。我说，为完成这一使命，他们需要背后有一个友好的俄国，而且正如我认为的那样，他们将得到三大国使其免遭德国再次进攻的保证。如果苏俄盟友同意的话，英国愿意做出这种保证。我不能预测美国的行为方式，不过，看来至少在战后相当长的时期内，三大国将联合对抗一切和平的破坏者。我解释说，波兰政府仍有责任以承认寇松线作为磋商的基础，直至寇松线以协议形式固定下来，并由此在北部和西部得到足够的补偿，我在前面已有所述。

3. 最后我说，如果俄国人的政策照我所说的方向发展，我强烈要求波兰政府在此基础上达成协议，并且国王陛下政府将提交给和平大会讨论通过，或者在消灭希特勒主义之后，提交给确定欧洲格局问题的会议讨论通过，同时不支持波兰任何超出该方案的领土诉求。如果能够说服波兰的部长们在此基础上达成协议，那么他们的任务不仅是及时同意这个协议，而且要勇敢地告诉本国人民，即使他们会招致被极端势力推翻的风险。

4. 波兰的部长们完全无意拒绝达成协议的前景，但是，他们要求给他们留出时间，以便同其他同僚们共同研究这一问题，并就此提出了一系列问题，其中未发现有何问题与我的建议相悖。特别是，他们希望得到在划归给波兰
36 的新领土上享有自由和自主权利的保证；以及大国确保其免遭德国报复的承诺；大国也要帮助波兰将新领土上的德国人迁移；在并入苏俄的地区，协助那些有意迁居的波兰人前往新的居住地。他们还询问，如果寇松线以西的波兰大部分领土被苏军进攻占领，他们的处境会怎样。他们是否将被允许返回，并遵照人民的意愿在更加广泛的基础上建立政府，是否将能够和其他遭受侵略的国家政府一样，在解放区行使行政职能？特别是，他们极为担忧波兰地下运动与进攻的苏军之间的关系问题，当然，他们的愿望也是希望协助赶走德国人。地下运动也衍生了对于我们共同军事行动具有重要意义的问题。

5. 我们认为，在我们即将解放的各个地区协调行动具有重大意义。您已经了解了我们在意大利奉行的政策。凡遇此种情况，我们都会邀您参与，法国事务和其他我们待解放的国家的事务亦是如此。我们认为，不仅是现在，而且将来有关联合国家的事务我们都应采取一致行动。

6. 尽快达成关于新的波兰国家边界原则协议，对于在这两个非常重要的问题上找到令人满意的解决方法是十分必要的。

7. 但是，尽管任何人都会同意苏俄有权承认或拒绝承认某个外国政府，您是否觉得推荐外国政府成员的做法合适，这几乎走到了干涉他国主权的边缘，这难道不是您和我一直反对的吗？我可以说，国王陛下政府一直遵循这一原则。

8. 现在我将这次谈话通报给作为我的朋友和同志的斯大林元帅，它反映了国王陛下政府目前在这个难以抉择的问题上所奉行的政策。我真诚地希望
37 这些计划是有益的。我一直希望战后由战胜国在圆桌会议上讨论边界问题。迫使国王陛下政府背离这一原则会造成重大的不可挽回的后果。我们有理由寄予这样的希望，当苏军继续顺利前进，肃清大部分波兰领土上的德国侵略者时，代表波兰的任何势力都应与苏联保持良好关系，这是绝对必须的。在华沙建立其他任何有别于我们一贯承认的政府，再加上波兰内部反对浪潮，会给大不列颠和合众国带来问题，它有害于我们三大国现有的一致步调，且将决定着世界的未来。

9. 我想说明的是，这封信并不意味着干涉苏联与波兰政府的关系。这封

信是大不列颠国王陛下政府对极度关心的问题的一贯立场声明。

10. 我个人想从您那里获悉，您为促进共同解决这一重大问题准备采取哪些措施。无论如何您都可以期望我方得力的协助。

11. 我将该信的副本发送给罗斯福总统并请他绝对保密。

丘吉尔这次并没有夸大自己为劝说波兰活动家所做的努力。他在与米科瓦伊奇克的会谈中的确使用了对斯大林谈到的一切有力的论据。他的真实态度可以在当时与艾登的通信中感受得到。在1—2月份发出的若干封电报中，首相因波兰人的固执而积蓄的愤怒终于爆发。

“……在夺走了2000万—3000万俄国人生命的两次大战之后，俄国有权捍卫自己西部边境的绝对安全。况且，如果没有苏军，波兰会彻底亡国，或者遭受奴役，甚至波兰民族的生存都将面临危险。是苏军的英勇与顽强解放 38
了波兰，没有其他任何力量可以胜任。波兰现在正在成为欧洲中心的一个独立大国，获得了优良的海岸线和肥沃的国土。如果他们不愿意接受，则大不列颠将有权认为对其仁至义尽，以后就让波兰人直接去同俄国人谈判。如果他们不诚心接受我们与俄国人达成的协议，我认为，应该让他们指望我们继续帮助和承认的希望彻底破灭。如果他们以为我们会为波兰的东部边界而同俄国人交恶，那他们就是愚蠢至极。[62] 没有能力保卫自己国家的民族理应接受拯救者赐予的自由和未来安全。”[63]

首相警告“伦敦人”说，时间将是他们的敌人，继续拖延承认寇松线将催生波兰的其他亲苏政体。当丘吉尔得知他的建议被波兰流亡人士称为“第二个慕尼黑协定”时，他在致艾登的又一封电报中再次震怒：“那些对捷克斯洛伐克落井下石并趁火打劫的波兰人竟然用这种口吻和代表他们国家利益的人说话，这些国家为战胜邪恶奋勇厮杀，并随时准备为反对侵略倾力而战。”[64]

正如艾登所料，在移交意大利舰船问题上仅仅对斯大林展示盟国的“善意”显然是不够的。苏联领袖并未表示谢意，而是对盟国的行为表达了费解和不满。此事已经无关威望，而是关乎盟国是否诚信履行自己的义务和出于苏联海军的实际需要。苏联内部的意见认为，接收部分意大利舰船可作为对苏联损失的部分补偿，克里姆林宫对此问题给予高度关注。在莫斯科会议筹备期间，海军参谋长И.С.伊萨科夫（Исаков И.С.）海军上将曾强调：

“意大利的舰船和飞机在黑海（大约10艘潜艇和25艘鱼雷艇）和波罗的 39
海独立或者联合德军积极参与了对苏联的战斗行动……根据实际损失和伤亡，

苏联政府认为，通过向苏方移交已投降的意大利军舰和鱼雷艇，给予苏联部分补偿。”[65]

作为变通方案，斯大林建议用英美舰船代替所有意大利舰船。莫斯科不可能不发现，丘吉尔和罗斯福的信中回避了驱逐舰和潜艇的话题，这部分内容因英方要求而被删除。

371. 斯大林致丘吉尔和罗斯福的私人秘密信函

1944年1月29日发

本人已于1月23日分别收到两封总统阁下和首相阁下的签名信，事关移交意大利舰船供苏联使用问题。

应当说，在德黑兰，对我提出的问题，即于1944年1月底前向苏联移交意大利舰船一事，二位给予肯定的答复之后，我认为该问题已经得到了解决，未曾料还要对我们三方达成的协议重新进行审议。根据我们当时商定的结果，这一问题应该在12月和1月期间同意大利人全部协调完毕。现在我看到的情形并非如此，而且甚至没有就此同意大利人进行沟通。

但是，为了不再拖延这个对我们共同对德斗争有着如此重大意义的问题，苏联政府愿意接受二位阁下的建议，即“君权”号战列舰和1艘巡洋舰由英国港口转往苏联，并由苏联海军司令部临时使用，直至相关意大利舰船全部提
40 供给苏联为止。我方愿以同样的方式接收来自美国和英国的2万吨商船，它们也将由我方使用至接收到同样吨数的意大利船只为止。重要的是，现在不再拖延此事，使上述舰船在2月份就移交给我方。

在二位阁下的答复中，仍旧对向苏联移交8艘意大利驱逐舰与4艘潜艇一事避而不谈，首相阁下，还有总统阁下，在德黑兰已经同意1月底就将这些舰艇移交给苏联。同时，对苏联来说至关重要的正是这个问题，即驱逐舰和潜艇的问题，在没有驱逐舰和潜艇的情况下，移交1艘战列舰和1艘巡洋舰将毫无意义。二位阁下明白，如果没有驱逐舰护航，巡洋舰和战列舰不堪一击。既然整个意大利海军由二位阁下支配，那么执行德黑兰决议，决定将该舰队中的8艘驱逐舰和4艘潜艇交付苏联使用不应存在困难。我也同意接收同样数量的美国或英国驱逐舰和潜艇替代意大利驱逐舰和潜艇供我方使用。并且移交驱逐舰和潜艇的问题不能再推迟了，而应该与移交战列舰和巡洋舰同时解决，按照我们三方在德黑兰所商定的执行。

在将此信送至白宫后，葛罗米柯立即向莫斯科汇报，总统通过沃森（Уотсон）保证“即刻着手处理这一问题”。[66] 丘吉尔在致罗斯福的电报中生动地对斯大林的来信评论道：“除了咆哮，从俄国熊那里还能指望得到什么呢？”[67]

针对丘吉尔对《真理报》的批评，及其在1月24日来信中以历史转移话题的做法，斯大林和莫洛托夫不可能置若罔闻。不排除他们之间对此情形预先进行了讨论，当时莫洛托夫起草了答复丘吉尔的草案。斯大林收到草案后仅做了最低限度的修改。值得注意的是，信中认真地谈到了《真理报》的“眼线”而不是其记者，该报在开罗并没有记者的这个事实应想方设法回避。

372. 斯大林致丘吉尔的私人秘密信函 41

1944年1月29日发

您1月24日的来函收悉。

由于前线事务缠身，回信略有延迟。

关于《真理报》的报道，不应过度解读，没有理由去批驳报纸刊登可靠眼线提供的传闻，这是报纸的权利。我们俄国人至少从未奢望对英国出版物的事务进行类似干涉，尽管我们过去和现在都有不可辩驳的证据。我们塔斯社批驳的只是英国报刊需要澄清的内容。

就问题实质而言，我也不能苟同您的说法，英国当年在不列颠王国未遭受损失的情况下能够轻易与德国媾和，而将灾难转嫁给苏联。我感觉这只是一时冲动之言，因为我还记得您做出的另外一个性质的声明。我记得，在苏联与德国开战之前，在英国最困难的时期，您发表过另一种性质的声明，您曾设想英国政府迁移至加拿大，而跨大洋与德国进行斗争。另一方面，您也承认，正是苏联在展开同希特勒斗争后，无疑消除了德国对大不列颠的威胁。如果说英国没有苏联也能赢得战争，那倒不如说，苏联没有英国更能赢得战争。我不想过多赘述，我只想阐释与此有关的事实。

关于《战争与工人阶级》杂志我只能说，它是工会杂志，政府无法对其文章负责。不过，这本杂志就像我们的其他杂志一样，信奉一条基本原则，即巩固与盟国的友谊，偶有批评也是善意的。

与您一样，德黑兰会晤及我们共事给我也留下了良好的印象。

克尔先生到来后我当然会同他会面。

斯大林的论据中道出了实情，并且是有意为之。丘吉尔收到此封电报后，
42 未就尚未久远的过往继续争论。他打算做出一个简短而平和的回复，甚至草拟了内容："感谢您的来信。我最喜欢倒数第二段。我同意，最好把过去交给历史来评说。"随后他开始着手修改，最终这封信还是没有发出。[68]

斯大林的强硬回复产生了强烈效果。贾德干在日记中写道："斯大林对我们关于'君权'号和美国巡洋舰的建议报以令人难堪的回应，称它们没有护航的8艘驱逐舰和4艘潜艇便'毫无意义'。"[69] 情感丰富的丘吉尔倍感委屈。与首席海军大臣及国王私人秘书共进晚餐后，丘吉尔怒气冲冲地说道："如果脱掉我的衬衫，所有人都会看到我的腹部伤痕累累，都是因为长期在斯大林面前卑躬屈膝。我这么做仅仅是为了自己国家的福祉。"[70] 2月2日，他似乎忘记了自己的怨气，在给克尔的电报中这样写道：

"斯大林发来的关于《真理报》和意大利舰船问题的电报的语气使我心情非常沉重。说到舰船，从'霸王'行动或北方护航舰队中抽出8艘英国或美国驱逐舰，交给好几个月也不能使用它们的俄国人是愚蠢的行为。在特殊时期霸占意大利海军的驱逐舰，而冒险招致他们哗变，不会是一个小错误。正如您所知，我为这件事殚精竭虑，至于我个人，已经做到极限了。我已经建议总统暂时不要回复这封毫无善意的来信。等待关于波兰问题的答复也是重要的。如果他的态度还是像前两次的一样，那么我认为前景将是暗淡的。"[71]

首相丘吉尔收到斯大林1月29日关于意大利舰船问题的来信后，征询了军方的意见，军方的反应并未如此强烈。伊斯梅（Исмэй Г.）在给丘吉尔的报告中解释说："我们本不认为斯大林会接受我们的建议，但他接受了，并且还要求8艘驱逐舰和4艘潜艇。"参谋长委员会建议"挑选作战能力较差的以及即将退出战斗序列的'超龄（overage）'英国和/或者美国舰船来满足他（斯大
43 林——作者注）对驱逐舰和潜艇的要求，这种方案是可行的。虽然这将影响到行动准备，但不会直接动用参加'霸王'行动的我军力量。"[72] 伦敦与华盛顿之间就此问题的谈判焦点是：将谁家的"超龄舰船"将移交给苏联。起初丘吉尔建议罗斯福，由美国转让1艘巡洋舰、8艘驱逐舰和所有吨位的商船。总统要求军方划拨1艘战列舰、1—2艘巡洋舰以及某些驱逐舰。美国参联会称，美国海军自身也需要驱逐舰以满足"霸王"行动及太平洋战事需求，因而只同意提供1艘巡洋舰和一半吨位的商船。罗斯福只得接受了这一方案。[73] 丘吉尔勉强同意，甚至试图向罗斯福解释斯大林不满的潜在原因，称其出于维护自己的威望才这样做，同时另一个事实不容忽视，"新的计划提供给他的

时候，距离他预期接收意大利舰船的日子已不足一周”。“似乎他真的很失望，据我们所知，这种情况下，他全然不顾风度。”丘吉尔在回信草稿中写道，并强调并不是为斯大林的做法辩解，而只是试着“在懊恼的一刻窥视他奇怪的皮囊之下的内心”。[74] 不过，丘吉尔最终还是决定删掉了这整段话，看来是他自己也觉得过于直白。

当收到来自罗斯福关于这一问题的下一封联名信草案后，丘吉尔做出最后让步，同意英国划拨4艘潜艇。信函终稿由丘吉尔于2月7日通过克尔转交给莫斯科。丘吉尔在给克尔的指示中写道：

“斯大林关于意大利舰船问题来信的强硬口气令我气愤。虽然如此，我还是尽了一切所能来满足他的要求并履行在德黑兰时的承诺。我从美国人那里无法再得到更多了，他们在太平洋也需要兵力。因此，我说服海军部拿出8艘英国驱逐舰和4艘潜艇借给俄国，直至他们收到意大利舰船来替换为止。

关于这一点您可以在您认为需要的时候转告斯大林。我和罗斯福关于此事的联名信随后便至。在您递交信函时可以直接告诉斯大林驱逐舰是老旧的。不过，我不想听到对此的责难。它们可以正常使用，且随时能投入战斗……

您也应该向他说明，如果我们决定强占意大利舰船，虽然我们享有充分 44
权利，他们很可能会毁坏舰船。在意大利海军中已经有很多关于骚动威胁的传闻，这些人会听命于国王和巴多格里奥。在我们尚未找到更好的人选之前，应保全国王和巴多格里奥，主要原因是在我看来，相比其他任何意大利政府，我们可以从他们那里得到更多（而他们可以从意大利人那里索取）。这符合斯大林元帅的行事准则，他曾告诉我说：‘在军事外交中应当永远准备好同魔鬼和太太打交道。’而就目前而言，是在和‘大老爷’打交道。当我们攻克罗马的时候（暂时尚不清楚确切时间），我们视具体情况再尝试找到更好的办法。暂时我可不想手里捧着没把儿的开水壶。”[75]

显然，半年前斯大林对军事外交的犀利定义牢牢印在了丘吉尔的脑海中。克尔请求会见斯大林，但被告知后者正在前线。当时克尔只是告知了莫洛托夫自己有“好消息”，但尚未透露消息内容。[76]

克尔与苏联领袖久未谋面，之后的首次会晤于2月2日举行。席间也谈及了波兰问题。斯大林此前已经获悉了丘吉尔1月28日来信的内容，并应大使请求向其讲述了自己的初步看法，这在下一封信中有具体表述。针对丘吉尔提出的波兰政府问题，斯大林特别强调了苏联方面的要求，同时质疑米科瓦伊奇克政府的合法性。以下文字摘自苏联方面的会谈记录：

“斯大林同志说，不能理解，为什么不可以更改波兰政府的组成。他很想知道波兰政府此时以哪一部宪法为依据？现在他们有了自己任命的新总统拉奇科维奇（Рачкевич）。此前他侨居巴黎。他通过与同样没有宪法依据上台的总理西科尔斯基（Сикорский）协商当上了总统。西科尔斯基自封为总理。战前波兰的合法总统是莫斯齐茨基（Мосцицкий）。他拥有波兰和瑞士双重国
45 籍。当波兰军队被击溃后他撕掉了波兰护照，拿出了瑞士护照。现在他正居住在瑞士，并且在那里当教授。

很想知道，现今的波兰政府依据哪部宪法而心安理得，甚至拒绝变更政府组成？”[77]

克尔本人在这个问题上完全同意斯大林的看法。据他称：“就这个问题驻莫斯科使馆去年多次致电伦敦，而斯大林讲述自己的看法时仿佛读了使馆关于此问题的电报。”[78] 斯大林的确看了一些苏联情报部门截获的英国使馆的电报，不过，在这种情况下他未必需要提示英国人。在与克尔的谈话中，斯大林在抨击“伦敦人”的同时，让对方相信苏联愿意保证波兰的独立，并积极研究波兰代表在同丘吉尔会面时提出的具体问题。

克尔关于同斯大林会面的详细报告令首相满意。在致罗斯福的信中，他称其为“振奋人心的”，并指出“从未如此令人抱有希望”。[79] 丘吉尔致电克尔本人：“我对您的报告非常满意……收到斯大林的回复后我将会见米科瓦伊奇克，并尽一切努力迫使他调整其政府，不要再谈论《里加条约》规定的边界线……换句话说，在可能的交易中，为我们缺乏理性的主顾争取最好的结果，并告诉他们，如再不接受，我们将退出游戏。”事已至此，首相彻底挑明，英国可以绕开波兰人而同苏联单独达成协议。[80] 丘吉尔似乎热衷于这种叛逆的想法，他甚至想与罗斯福分享。这引起了外交部高官的警觉，沃纳和贾德干认为这个想法过于极端，并建议从给总统的信中删除此段落。贾德干在草案页边处写道：“我知道，劝首相勿发此信或修改此信都是很困难的，最起码先等到明天与米科瓦伊奇克会面之后再说。”[81] 最终，还是修改了致罗斯福的信函。

值得注意的是，丘吉尔是在收到克尔与斯大林会谈的报告之后，才与米科瓦伊奇克会面，报告的直接印象起到了先入为主的作用。哈维在其2月8日的日记中记录道：

46 “克拉克·克尔……汇报了同斯大林的长时间谈话，斯大林确认，如果他争取到寇松线和新的波兰政府，那么将恢复同波兰政府的外交关系，可以允许波兰政府返回华沙，与之前的捷克斯洛伐克政府完全一样，拥有自由和独立。首相为此极受鼓舞，即刻邀请米科瓦伊奇克于上周日在契克斯共进午餐，

以便‘让他有所准备’。”[82]

在早些时候的2月2日晚，斯大林会见了哈里曼，他也提到了波兰问题。大使向罗斯福报告说：“斯大林认为，他不会采取单方面行动。他在德黑兰时已经坦陈了自己的立场。他确信已经对波兰人做出了让步，现在是轮到他们展现公平和友好的时候了。为什么红军在流血，而把政权交给这些人，并让他们控制强行从俄国夺走的领土？”哈里曼强调，斯大林“担心您不能正确理解他”。[83]

在自己给丘吉尔的回信中，斯大林对首相的调解努力给予了非常高的评价；总体看来，他尤其中意丘吉尔有关在边界问题上所持观点，即盟国有权支配波兰。同时斯大林也适时提醒丘吉尔，勿遗漏了在德黑兰时谈过的哥尼斯堡问题。丘吉尔的“健忘”不是偶然的。英国方面希望在其他方面让步，以换取斯大林放弃哥尼斯堡。艾登于1943年12月24日致信丘吉尔时写道：

“关于斯大林对哥尼斯堡的主张，我考虑了许久，我越来越确信，如果波兰人同意以‘寇松线’为基础进行谈判，我们就应该强力施压，让他放弃这个要求。我们经过研究得出的结论是，关于不冻港的借口没有根据。您还记得，他是在谈话结束时补充这个要求的，很可能是一时心血来潮。在任何情况下，我们都应适时为波兰人挽救哥尼斯堡，不过这是将来的事了。”[84]

千真万确，斯大林的确是在德黑兰会议期间的12月1日最后一次全体会
议临近闭幕时才直接谈到哥尼斯堡的，但他在会议伊始就做出了暗示，他于 47
11月28日向丘吉尔提出，“俄国人不想要其他民族的任何东西，但不妨拥有一块德国的领土”。[85] 在德黑兰会议之前很久，外交人民委员会的这一想法就已成熟。早在1941年12月起草的苏英条约秘密议定书第一份草案中就规定，“毗邻立陶宛的东普鲁士的一部分，包括哥尼斯堡，划归苏联20年，以作为对苏联战争损失的赔偿担保。其余部分归属波兰”。[86] 估计是当时的方案未转交给英国人。在莫斯科会议筹备期间，关于苏波边界的提案中，可以发现东普鲁士的一部分并入苏联的可能性，尽管哥尼斯堡并未被直接提及：

“苏联在该地区的边界线应从休钦（Щучин）为起点向北延伸，穿过昂格布（Ангерба）、韦劳（Велау）、拉比奥（Лабиау），转向克莱佩达滨海（Клайпедская коса），直到立陶宛与德国的历史边界，其中包括苏瓦乌基（Сувалок）和克莱佩达地区，以及东普鲁士立陶宛人聚居区，此边界作为立陶宛苏维埃社会主义共和国边境线。”[87]

斯大林又再次强调必须改组伦敦波兰政府，并提醒说此前丘吉尔已经同意。

373. 斯大林致丘吉尔的私人秘密信函

1944年2月4日发　　　　1944年2月5日收

您关于波兰问题的信函已由近日抵达莫斯科的克尔先生转交，我与他进行了有益的交谈。

我注意到，您对苏波关系问题给予了极大关注。我们所有人都非常珍视这些努力。

我认为，目前应该完全明确的首要问题是苏波边界问题。当然，您已经
48 正确指出，在这个问题上波兰应受盟国支配。至于苏联政府，已经公开透明地就边界问题表达了自己的意见。我们已经声明，不认为1939年的边界不可变更，并且承认了寇松线，这是对波兰人非常大的让步。然而，波兰政府回避我们关于寇松线的建议，并在官方讲话中仍坚持称不能改变《里加条约》强加给我们的边界。从您的来信中可以得出的结论是，波兰政府愿意承认寇松线，不过，众所周知，波兰人从未就此发表过任何声明。

我认为波兰政府应发表官方宣言，声明《里加条约》确定的边界线必须变更，而寇松线作为新的苏波边界。他们应效仿苏联政府，苏联政府曾发表正式声明，称1939年的边界线必须变更，而苏波边界应当是寇松线。

至于您对波兰人宣称，波兰会向西和向北大幅扩充疆界，正如您所了解的，我们同意，但需修订一点。关于需要修订的部分我在德黑兰对您和总统说过。我们的目的是把东普鲁士东北部分、包括不冻港哥尼斯堡港并入苏联。这是我们希望得到的唯一一块德国领土。若苏联这个极小的要求得不到满足，那么苏联在承认寇松线方面表现的让步便失去一切意义，在德黑兰我就此对您说过。

最后就是关于波兰政府的组成问题。我认为您应当清楚，我们不能够同现在的波兰政府恢复关系。事实上也是如此。当我们不能确保明天他们是否再次利用“卡廷事件”之类的进行法西斯挑衅，而我们又不得不中断关系，同这样的政府恢复关系有何意义。索森科夫斯基掌控的波兰政府最近时期一直没有停止散布充满敌意的反苏言论。波兰驻墨西哥大使、驻加拿大大使、近东的安德斯将军发表极端敌视苏联的言论，德国占领区的波兰地下出版物
49 对苏联的敌意更是达到了无以复加的地步，波兰政府号召消灭同希特勒占领者做斗争的波兰游击队，以及波兰政府诸多亲法西斯的行径，这些都人所共

知。在这种局势下，如果不从根本上改善波兰政府的构成，便不要期待任何好结果。只有清除政府中的亲法西斯帝国主义分子，吸纳具有民主思想的人士参政，才有望为建立良好的苏波关系、解决苏波边界问题、为复兴强大自由和独立的波兰创造必要的条件。以这样的形式改良波兰政府组成，首先获益的是波兰人和波兰最广泛的人民阶层。我顺便提醒您，去年5月您致信本人说可以改良波兰政府组成，而且您会朝着这个方向努力。当时您并不认为这是干涉波兰内部主权。

关于您来信中第4点讲到的波兰部长们提出的问题，我认为不难达成协议。

让英国人在寻求解决苏波危机这样吃力不讨好的事情上发挥主要作用，罗斯福求之不得。但不论是为了展示在波兰问题上的英美团结，还是出于国内政治需要，他都不能完全袖手旁观。1月22日，赫尔将罗斯福批准的照会发到莫斯科，建议美国参与调节苏波分歧。翌日莫洛托夫将回信交给哈里曼大使，信中坚持苏联政府于1月11日的声明原则，并做出结论："遗憾的是，调停的条件尚不成熟。"[88] 美国国务院于2月1日起草了总统就此问题致斯大林的信函。罗斯福同意这一回信方案，且自己还添加了最后一段，信于2月7日发往莫斯科。由于与斯大林会面推迟，哈里曼趁机建议对信函做出少量文字修改，删除引用的莫洛托夫建议，即吸纳侨居美国和苏联的波兰人参与改组波兰政府的必要性。大使认为，在斯大林持务实灵活的立场时，总统或许不应当许诺如此强硬的方案。然而，代理国务卿E.斯特蒂纽斯（Э.Стеттиниус） 50
驳回了哈里曼的建议，他认为必须对苏联最新声明做出反应。大使收到指示转交最初的原件。[89] 最引人注目的部分就是信中尽量避免造成外部强加波兰政府组成的印象，这与丘吉尔的来信如出一辙。

374. 罗斯福致斯大林的私人秘密信函

1944年2月7日发　　　　1944年2月11日收

贵国与波兰关系的最新事件引起了我的极大关注。我认为，我非常了解您在这一问题上的观点，所以我借此机会致信给您，以阐明以德黑兰谈判为依据得出的对此问题的看法。请允许我首先说明，我不希望也无意愿就俄国在这一问题上的利益提更多的建议，或者在其他方面给予您更多劝告，因为我深知，贵国的未来安全首先与您息息相关，这是完全公正的。我在此准备就双方共同目标涉及的广泛问题表述自己的看法。

如您所知，我国绝大多数国民和国会热忱欢迎莫斯科会议和德黑兰会议协议的普遍性原则，而且我知道您同意我的看法，即对这些协议的信心不应有任何动摇，这非常重要。我相信可以找到这样的解决方案，既可以完全维护苏联的利益，也可以满足您看到一个友好、独立的波兰的愿望，同时不会对世人瞩目的莫斯科与德黑兰会议确定的合作产生有害影响。

我仔细研究了1月18日莫洛托夫先生向哈里曼先生转达的贵国政府的观点，即苏方认为无法同当前构成的波兰流亡政府共事，并仔细研究了莫洛托
51 夫先生关于通过吸纳侨居美国、英国和苏联的波兰人士来改组波兰政府的建议。

我完全理解您的愿望，您只同可信任的波兰政府打交道，并期待其与苏联建立长期友好关系。但是，我真诚地希望，在这个问题未得到解决之前，勿轻举妄动，避免将此问题演变成有害未来国际合作的问题。当社会舆论支持国际合作原则时，我们的任务就是避免采取任何可能妨碍达成主要目的的举动。

丘吉尔首相已经告诉我，他在想办法说服波兰总理完全明确地承认贵国政府提出的、作为谈判基础的领土变更。可否在同一基础上找到关于波兰政府成员问题的某种答案，以使波兰总理本人有机会对其政府组成进行调整，而不显露是迫于压力或受别国操纵的某种迹象？

我认为，从问题急迫程度来看，目前首当其冲的是，应该考虑波兰游击队与贵国推进的部队协同动作而非对抗的问题。这个问题具有现实重要性，而首先需要的是波兰各方人士的信心，这是非常有裨益的。

375. 罗斯福和丘吉尔致斯大林的私人联名信函

1944年2月7日发　　　　1944年2月24日收

机密，私人

您有关移交意大利舰船一事来函确认收悉。

我们有意在尽可能短的时间内实现已在德黑兰达成的移交协议，同时避
52 免影响“铁砧”行动和“霸王”行动的成功实施，此行动我们已协调完毕，为了在最短时间内战胜德国，在我们所有的共同努力中，该行动应被赋予优

先权。

我们并没有不实施移交的想法，就此已在德黑兰达成协议。英国战列舰和美国巡洋舰可以及时交付，并且我们将立即努力从英国海军抽调8艘驱逐舰。英国还将提供4艘潜艇供临时使用。我们确信，当前意大利海军的不满，就如您准确称之为无谓地浪费精力，但会对我们在法国的胜利前景产生不利影响。

1944年2月7日。

丘吉尔2月6日（周日）在郊外首相官邸与波兰代表团进行了会晤，他向客人们通报了克尔的报告，强调了斯大林所持立场的积极意义。米科瓦伊奇克在寇松线问题上继续固执己见。丘吉尔坚称：“这样下去，无法破局。在此基础上不会达成任何协议，苏联在完全占领你们国家之后，你们只有听命的份儿。”然而，波兰人仍旧不放弃对利沃夫（Львов）和维尔诺（Вильно）的权利主张，丘吉尔提起苏联对东普鲁士的觊觎更是火上浇油。首相警告道：“波兰在历史上经历了很多次错误的转折，但现在的拒绝将是最致命的和最具破坏性的。”他直接威胁波兰人称，英国有可能单独与莫斯科达成协议。谈话再次无果而终。米科瓦伊奇克总结道：“如果不舍弃波兰的道义权利和人民的支持，我们无法走这么远。”[90] 艾登的助理哈维在日记中评论说：“波兰人决意继续其自杀行动。”[91] 同“伦敦人”的谈判并没有就此终止，关于这一点丘吉尔在信中告知了斯大林。

无论丘吉尔是否愿意承认，当英美军队在意大利停滞不前时，红军却在连续取得胜利。虽然敌人实施了反击，但是1月初至1月中旬，第1和第2乌克兰方面军通过进攻行动，为合围固守在科尔孙—舍甫琴科夫斯基（Корсунь- 53
Шевченкоский）和卡涅夫桥头堡的德军集群创造了条件。朱可夫（Жуков Г.К.）回忆道：

“这个相当强大的敌军集团阻碍了第1、第2乌克兰方面军向西部方向的进一步行动，因为它正位于两个方面军的侧翼。

1月11日，我向最高统帅部报告了我们的计划，我们的想法是切断、合围和全部歼灭科尔孙—舍甫琴科夫斯基集群。最高统帅部批准了这一提议，并于1月12日通过大本营下发号令，重申了此决定。”[92]

斯大林的想法非常坚决。早在冬季战局筹备阶段，他就肯定了军方关于实施合围行动的可能性：“现在我们已经变得更加强大，我们的军队更加富有经验。我们不仅可以，而且应该实施合围行动。”[93]

第2、第1乌克兰方面军的增援集团军分别于1月24日和26日开始实施进攻。到2月3日之前，已构成对内与对外正面的包围圈。但是，德国人并不准备投降。他们不仅拒绝了苏军司令部2月8日开出的投降条件，而且试图里应外合解救科尔孙—舍甫琴科夫斯基集群。斯大林2月11日信中（第378号文件）克制的语调完全可以理解：2月10—11日对敌合围的全线正在鏖战。斯大林与方面军司令员（第1乌克兰方面军司令员瓦图京大将、第2乌克兰方面军司令员科涅夫大将）以及大本营代表朱可夫一直保持着不间断的联络。所有人都处于极度紧张状态。据朱可夫本人回忆，具有代表性的一个事例是，他在发烧时睡过了头，漏接了斯大林众多电话中的一个。尽管按照一些研究人员的看法，“德军在2月11日和当夜的胜利似乎使苏联最高统帅部感到紧张”，[94] 不过更准确地说是不满和有些气愤。第2乌克兰方面军司令科涅夫正因科尔孙—舍甫琴科夫斯基一役而擢升元帅军衔，他回忆起这段时光时写道：

54 “……被合围的敌军集群成功突入到第1乌克兰方面军第27集团军的战役地段——申德罗夫卡（Шандеровка）和诺沃布达（Ново-Буда）地区。

最高统帅部大本营对敌军的突破表现出不安。1944年2月12日12时左右，最高统帅通过高频通信致电给我。

斯大林气恼地说，我们已经向全世界宣布在科尔孙—舍甫琴科夫斯基地区合围了敌军重兵集团，而大本营得到情报，被围的敌军集团已经突破了第27集团军的防线，并在向己方靠拢，他们问道：‘关于友邻战线上的战况您知道些什么？’”[95]

科涅夫成功地让斯大林放下心来。2月16日夜，胜负已见分晓，当时德国人试图绝地突围，并取得了部分战果，但缺乏准确资料予以证明。我国研究者认为曼施泰因提到的3.2万名官兵突围的数字明显夸大，而且部分德国学者也同意这个观点。[96] 科尔孙—舍甫琴科夫斯基一战尽管不是完全意义上的斯大林格勒会战的再现，但被俘的德军士兵却认为它是斯大林格勒会战的翻版，此役双方都付出了惨重的代价：苏军伤亡约8万人；德军伤亡，依据不同资料从3万人至7万人不等。丘吉尔称被消灭的德军集团掉进了“南方口袋”，他在2月18日的信中（第382号文件）对斯大林的重大胜利表示了祝贺。“最高统帅”可能并非对战役进程完全满意，但还是论功行赏，为司令员们授予了新的奖励和军衔。除了给士兵和军官们颁发上千枚奖章和勋章外，10名表现最突出者还被授予“苏联英雄”称号，将军们也得到了奖励。除科涅夫外，特别授予红军空军司令员A.A.诺维科夫（Новиков А.А.）空军主帅军衔、授予第5近卫坦克集团军司令员 П.А.罗特米斯特罗夫（Ротмистров П.А.）装甲兵元帅军衔。[97]

除了进攻敌军南部侧翼，大本营早在1943年秋就计划对其北部侧翼也实施突击。华西列夫斯基在其回忆录中写道："我清楚地记得，档案文件中也证实了，大本营和总参谋部早在1943年9月便讨论列宁格勒方面军军事委员会进一步遂行作战行动的意见，此设想正是这次行动的基础。10月12日，大本营 55
批准了列宁格勒方面军司令部的训令，在向其所属部队下达的训令中全面部署了准备采取措施完全解除列宁格勒封锁的任务。"[98]

1月20日解放诺夫哥罗德是红军首批显赫战果之一，列宁格勒—诺夫哥罗德战役（Ленинградско-Новгородская операция）于1月14日开始实施，遂行战役任务的有列宁格勒方面军、沃尔霍夫方面军、第二波罗的海沿岸方面军。仅过了一天，列宁格勒这座自1941年9月8日开始遭受围困的英雄城市全部解放。列宁格勒方面军司令员 L.A 戈沃罗夫（Л.А.Говоров）上将（后晋升为元帅）和方面军军事委员会委员 A.A. 日丹诺夫（А.А.Жданов）于1月21日向斯大林报告："鉴于列宁格勒已从敌军围困中完全解放并被解除敌人炮击威胁，我们请求：

1. 就此向方面军各部队颁布命令。

2. 为庆祝胜利，于今年1月27日20时在列宁格勒由324门火炮鸣放24响齐射。"[99]

1月27日这一天被认定为列宁格勒这座英雄城市解除围困的纪念日，围困期间的死亡人数至今仍未有准确数字：641803人这一非常可怕的数字，只是根据官方统计的饥饿死亡人数确定的。丘吉尔（第376号文件）和罗斯福（第380号文件）都为列宁格勒解放向斯大林表达了祝贺。

丘吉尔为响应苏军的显赫战绩，又派出一支护航运输队JW58，并于3月27日由英国启程。它之所以引人注目，不仅因为全编抵达，而且因为这是例行的夏季间歇期之前派出的最后一支护航运输队。总体而言，从2月底至4月初对盟国而言是相对顺风顺水的时期。盟国的损失降到了最低程度，在此期间德国潜艇部队损失了9艘潜艇，他们无力再形成威胁。[100] 这支护航运输队有一个细节相当重要，"提尔皮茨"号遭到了弗莱泽预谋的舰载机的突袭，此时"提尔皮茨"正在挪威船厂大修：根据破译"恩尼格码（Энигма）"获得的情报，该舰应该在3月15日前完工。由于护航运输队吸引了德军航空兵和潜艇，英国飞机在极好的天气条件下，于4月3日对其进行了空袭，重创"提尔皮茨"， 56
使其不得不再经历数月维修。[101]

丘吉尔关于护航运输队几乎所有船只都将由美国承担的说法也颇具回味。在船舶制造能力方面英国早已让位于美国，这不仅反应在护航运输队的编成上，也影响到英国自身供应问题，越来越多的船只由华盛顿来保障。美国海军司令部经常抱怨伦敦进口美国船舶总吨位过高，在美方看来，这影响了军方的自身需求，也影响了尽快取得对敌斗争胜利的进程。[102]

376. 丘吉尔致斯大林的信件

1944年2月8日发　　1944年2月9日收

私人、机密

1. 非常感谢您就波兰事务发来内容详尽的电报。周日艾登先生和我一起给波兰人做了长时间的工作，而且我们将坚持做下去。两三天内我将向您通报进展情况。

2. 不久前贵国前线发生的事件给我的军事顾问们留下了深刻的印象。我向您致以真诚的祝贺。

3. 意大利会战并未像我所希望和预料的那样发展。尽管登陆十分顺利且完全达成了突然性，但还是丧失了优势，而现在正在顽强战斗。可是，敌人又向罗马南部地区增派了5个师，现在我们正在同17个师顽强作战。我们非常期待一个令人满意的结果，至少今后在前线不会主动放弃战斗。

4. 现在我已成功同英国海军部与美国战时航运管理局商定，于3月向俄国北方增派一支护航运输队。我希望实际货船数量为18或20艘，而且几乎所有都是美国船只。尽管这并未使议定书中规定的物资供应数量增加，但此举对贵国的物资供应将快捷得多，据我所知，相比波斯湾航线，您更推崇北方
57 航线。北极护航运输队执行任务顺利，上次敌人潜艇在护航舰艇这里已经遭受了厄运。

向您致以最良好的祝愿。

应丘吉尔的要求，2月10日，古谢夫大使通过艾登送交了新的苏联国歌乐谱。2月15日艾登来信向古谢夫致谢，其中附有丘吉尔给斯大林的、日期标注为2月10日的信函。[103]

377. 致斯大林元帅

1944年2月10日发　　　　　　　　　　　　　　　　1944年3月7日收

尊敬的斯大林元帅：

我已自苏联大使处收悉苏联国歌的歌词和乐谱，承蒙您应本人之托而俯允发来。

这支国歌那激动人心的乐曲已被英国广播公司数次播放，并且今后还将在庆祝俄国取得的胜利时播放。因此，我毫不怀疑，英国人民将很快熟悉苏联国歌。我为自己拥有这支国歌的副本而感到自豪。

此致

温斯顿·丘吉尔

378. 斯大林致丘吉尔的私人秘密信函

1944年2月11日发

您的来信已于2月9日收悉。

对您的祝贺表示感谢。在前线的某些地段我军仍在继续推进，但是德国人并未停止顽抗。

我已得知您关于意大利的消息。我希望盟军态势在最短时间内得到改观。

您告知于3月向苏联增派一支护航运输队，苏联政府表示感谢。

请接受我最良好的祝愿。

斯大林也以回复丘吉尔的腔调回复罗斯福。他修改莫洛托夫草稿时，着重突出了波兰政府的反动性质。[104]

379. 斯大林致罗斯福的私人秘密信函 58

1944年2月16日发

您关于波兰问题的来函收悉。毫无疑问，正确解决这一问题不论对苏联还是对我们的共同事业，都具有重要意义。

在此有两个基本点：第一是苏波边界，第二是波兰政府组成。通过苏联政府前不久的声明，以及B.M.莫洛托夫对赫尔先生照会的回函，您应该已经得知了苏联政府的观点，赫尔先生的照会是通过苏联大使葛罗米柯先生于1月22日发往莫斯科的。

首先关于苏波边界。众所周知，苏联政府已经正式声明不认为1939年的边界不可更改，并且认可寇松线。况且在边界问题上，我们已经对波兰人做出了非常大的让步。我们有权等待波兰政府对等发出的同样声明。波兰政府应当正式声明，《里加条约》确定的边界必须变更，同时接受寇松线作为苏联与波兰新的边界线。波兰政府应当像苏联政府那样正式做出关于承认寇松线的声明。然而，伦敦的波兰政府仍无松动迹象，在其官方讲话中仍在坚持《里加条约》，妄图把强加于我们的边界线不再变更。由此可见，这里没有和解的基础，因为可以看到，波兰现政府的观点排除了和解的可能性。

鉴此，波兰政府组成问题也随之尖锐化。此时已显而易见，由索森科夫斯基这个敌视苏联的亲法西斯帝国主义分子之流主导波兰政府，并且几乎没有民主力量的加入，这样的政府在波兰本土都不会有基础，而且正如经验所证明的那样，也无法同临近的民主国家建立友好关系。自然，这样的波兰政府也不能同苏联建立友好关系，而且也不能期待它不会引起周边民主国家的
59 不睦，而这些民主国家反而是愿意增强相互团结的。由此可见，从根本上改良波兰政府组成是一个迫在眉睫的任务。

由于前线事务缠身我耽误了回信。

380. 致苏维埃社会主义共和国联盟武装力量最高统帅约瑟夫·B.斯大林阁下

1944年2月17日发　　　　1944年2月23日收

值此红军建军26周年之际，我谨向最高统帅阁下致以最诚挚的祝贺，祝贺苏联武装力量在过去的一年中取得的伟大而具有深远意义的胜利。红军在您指挥下所取得的辉煌胜利是对所有人的鼓舞。英勇的列宁格勒保卫战以不久之前彻底挫敌于城外而宣告胜利结束。红军所向披靡的进攻使得数百万被奴役和被压迫的苏联民众获得了解放。这些战果同莫斯科会议和德黑兰会议

达成的合作成果一道，将确保我们赢得反纳粹侵略的最终胜利。

富兰克林·D.罗斯福

根据与丘吉尔达成的向苏联补偿意大利舰船的协议，罗斯福于2月10日命令挑选一艘适宜的轻型巡洋舰，以及美国应承担的船舶吨位份额。翌日，金将军报告说，1923年下水、正在南大西洋游弋的轻型巡洋舰“密尔沃基（Милуоки）”号能够满足这一需求，2月16日选定了2艘总排水量2万吨的船只用于移交苏联。[105] 罗斯福立刻将此通报给了斯大林。

381. 罗斯福致斯大林的私密信函

1944年2月17日发　　　　1944年2月18日收

兹回复您1月29日的来函，我很高兴地告知您，下列美国舰船可以提供给贵国海军司令部临时支配使用，直至相应吨位的意大利舰船提供给苏联支 60
配之时再行替换。

“密尔沃基”号巡洋舰应于3月8日抵达英国某港口，具体未定。

排水量各为1万吨的“约翰·戈里（Джон Горри）”号与“哈里·佩尔西（Гарри Перси）”号商船现在分别停泊在利物浦（Ливерпуль）和格拉斯哥（Глазко）。

丘吉尔在下面这封致斯大林的信中写到的“同波兰人的斗争”的确还在继续，但是，关于他成功地得到了令人振奋的保证并不符合实情。更准确地说，是丘吉尔本人的立场发生了变化。2月15日，即同米科瓦伊奇克再次会面前夕，丘吉尔致信艾登称：“我认为，上周我们要求波兰人给予的超出了他们的能力，现在我希望回到我的（致斯大林的——作者注）电报草案中的条件上来……”这里指的是在东部边界问题上同意波兰人提出的折衷方案，即在寇松线和里加线之间划定临时界线，然后等到和平大会召开时再最终解决。1月16日的会谈中，丘吉尔向米科瓦伊奇克出示了自己致斯大林的信函，信中包含了这一让步。波兰总理竭力使划定的界线东移，不同意将维尔诺和哥尼斯堡划给苏联：后一条的理由是波兰将处于苏联火炮射程之内。丘吉尔回答道：“波兰无论如何都不得不处在苏联的炮口下。”他强调说，他把苏联

“当作一个强大的盟友，他能够战胜德国军队，而其他任何国家都无法做到。来年我们必须同他们一道前行，这将是非常血腥的一年”。首相承认，“苏联的回答可能是否定的。他们可能拒绝同波兰政府共事，如果这样，苏联军队会走得更远……不过，从另一个角度来说，苏联的回答也可能促成可以接受的协议。无论如何，目前是和俄国人对话的好时机，此时我们正在准备开辟第二战场，而他们尚未占领波兰全境”。波兰人继续固执己见，而丘吉尔极力
61 使出浑身解数，利用自己的辩才让其相信“自己心系于他们，但是无法对残酷的现实视而不见。苏联的进攻如潮水般不可阻挡。发表某种声明令他们气恼，逼着他们在华沙建立傀儡政府，这种声明又有何意义呢？”艾登对首相随声附和道：“在苏军向前推进的时候，不去寻找某种临时妥协方式是极不理智的。”他们给了波兰人48小时来考虑给斯大林回信的方案。丘吉尔概括道：“如果俄国人拒绝，那么波兰人不会失去什么，但如果同意了，那他们将是大赢家。”[106]

丘吉尔说到的“对‘霸王’行动的准备”确实正在全速进行，但首相没有详细说明也是事出有因，因为斯大林未必会对准备的目的性感到满意。根据艾森豪威尔司令部的计算，进攻诺曼底的第一梯队需要比初步计划更多的力量。因此，战役开始时间逐渐变化，开始是在5月底，随后改为6月初。另外，在德黑兰时承诺的登陆法国南部的“铁砧”行动计划也被压缩，以便为“霸王”行动节省出兵力。

382. 丘吉尔致斯大林的信函

1944年2月18日发　　1944年2月19日收

紧急，秘密，私人

1.我们马不停蹄地与波兰人进行斗争，我高兴地宣布，我们终于取得了一些成果。我希望在近两天将此建议致电您以供您审阅。我应当预先告知您，这些建议可能会导致波兰政府分裂。

2.艾登先生和我为您消灭“南方口袋”之敌而感到高兴。我们正在意大利前线持续进行艰苦作战，而我相信最终会取得好的结果。与此同时，“霸王”行动的一切准备工作进展良好。

斯大林对罗斯福关于调拨美国舰船替代意大利舰船的消息反应冷淡。他

询问道，许诺的驱逐舰和潜艇到底在哪儿？

以下致斯大林的信函是美国军方提醒罗斯福发出的。2月19日，由参联会借调至白宫的L.马修森（Мэтьюсон Л.）上校向罗斯福呈交了下述报告："现 62
在可以有把握地说，俄国人最近在乌克兰的进攻过程中至少歼灭和俘虏了3.5万名德军。这是两个精锐师，无论怎么看，其本身就是重大收获。或许您可以利用这一机会，让约瑟夫大叔开心。为此附上信件草稿。"[107] 罗斯福同意了此方案，并改为更为准确的说法——"在西北"。

383. 罗斯福致斯大林的信函

1944年2月19日发 1944年2月21日收

我们以极大的兴致和满足感关注到贵国军队近来在西北和乌克兰取得的胜利。我谨向您致以我最良好的祝愿和祝贺。

2月16日的英波会谈之后，外交部高层将丘吉尔致斯大林的信函定稿。对此，只有米科瓦伊奇克、罗默和拉钦斯基勉强表示同意，但拒绝公开声明支持。面对政府、克拉约瓦军（Армия Крайова）和盟军波兰兵团指挥机关强硬派的反对，他们无法下决心做出重大让步。参加意大利作战的波兰第2军司令安德斯（Андерс）将军于2月底向波兰武装力量总司令K.索森科夫斯基报告，"东线的所有波兰士兵均拒绝考虑将任何波兰领土交给布尔什维克的可能性"。波兰领导人同意将波兰边境西移后，拒绝承担任何东部边界义务，甚至不愿听到在外部压力下改变政府组成的言论。丘吉尔在2月20日的信函中讲述了英国人成功迫使"伦敦人"做出的这一最大让步。艾登在向克尔传达关于信函的指示时称："我非常怀疑，我们能否把他们再向前推进一些……"[108]

英国外交部门将此作为一个重大进展报给苏联方面。克尔收到此信后致信莫洛托夫，写道："我今天从他（丘吉尔——作者注）那里收到的致斯大林元帅的信函表明，此刻不屈不挠的斗争已成过往，巨大成就已在眼前。"[109] 事 63
实上，大使对此充满疑虑。2月22日他提示伦敦，如果那边指望看到斯大林同意与伦敦的波兰政府合作，以及同意其返回华沙，那就大错特错了。但是，艾登拒绝对文件文本进行任何修改，他强调，"首相和我认为我们已经走得够远了"。[110] 同一天，即2月22日，丘吉尔在下院就波兰问题发表演讲，他认为苏联要求寇松线是公平的。“伦敦人”随即向艾登表示抗议，对此他平静答道：“首相的言论令下议院满意……此外，首相希望在莫斯科制造有利的氛围，以使其接受我们的最新提议。”[111] 此言论确实令斯大林满意，苏联报纸也刊文表示了赞赏。

丘吉尔2月20日的来函一直到27日才被转交，因为克尔接到严格指示，只能在同斯大林私人会面时讨论这一重要文件，而会面在2月28日方才举行。克尔在前一天将信函及其俄文译本送交给了莫洛托夫，以便让其和斯大林事先了解讨论内容。

384. 丘吉尔致斯大林的私人机密信函

1944年2月20日发　　　　　　　　　　　　　　1944年2月27日收

1. 我发给您的下列电报，已呈波兰总理及外长阅过，且是在同其全面协商后写就、并经其同意发出的。我坚定地希望它能成为波兰和苏俄在战时达成协议的有效途径，并在欧洲和平调解大业中，成为两国永久和平和友谊的基础。

2. 我会将上述电报的副本发送给美国总统。

3. 艾登先生和我向您致以我们最良好的祝愿。

1944年2月20日，伦敦

64

385. 丘吉尔致斯大林的私人机密信函

1944年2月20日发　　　　　　　　　　　　　　1944年2月27日收

外交大臣和我一道与波兰总理和外长多次进行了长时间的会谈。我不再试图重复一切已被我们使用过的理由，而只是尝试着阐释我所认为的波兰政府的最终立场。

波兰政府愿意声明里加线事实上已不复存在，愿意在我们的参与下同苏联政府讨论波苏边界以及北部和西部未来边界问题，并将此视为全面和解的一部分内容。因为波兰将在北部和西部得到的补偿现不宜公开，而且补偿范围尚不能确定，显然，波兰政府也无法立刻公开声明愿意作出领土让步，正如前面所说，因为公布这种协定看起来完全像单方面的行为，并会立刻招致侨居国外的大多数民众及其掌控的波兰国内地下军对政府失去信任。由此可见，波苏领土协定应当作为欧洲全面领土调解的一个组成部分，只有战胜国在制定停火或和平条件的谈判桌上，才能正式达成协议和获得批准。

鉴于这个原因，波兰政府暂时不会返回波兰领土，并且没有机会同波兰人民商议，显然，也无法正式放弃一直对波兰行使的部分权利，如果苏联政府协助其尽快返回到波兰已被解放的领土上，如果苏联政府与英美盟友一道，随着俄国军队的不断推进，与波兰政府不时协调在一些地区建立政府民政机
关，则通过与苏军合作，可在很大程度上有效减轻对德战争压力。这种方法 65
总体上也适用于逐步解放的其他国家。自然而然，波兰政府非常希望能够交给波兰民政机关管辖的地区包括维尔诺和利沃夫之类的波兰人聚居地区，而且分界线以东由苏联军政权管辖，联合国家代表给予协助。波兰政府指出，这样一来他们就有机会征召适龄波兰人入伍以增强军事力量。我告诉他们，并且他们应清楚地意识到，您不会同意把维尔诺和利沃夫置于波兰管辖之下。另一方面，我希望能够让他们相信，应当移交给波兰民政机关管辖的地区将至少包括寇松线以西的全部波兰。

在上述第二段提到的关于确定边界的谈判进行过程中，波兰政府考虑到东部波兰居民混居的特点，同意按照保证相邻居民最大同一性原则划定边界，同时尽量减少居民迁移和由此产生的难题。我个人毫不怀疑，特别是波兰政府会立即采取实际措施，辅之以本文第三段中所述措施，谈判终会满足您就未来波苏边界的愿望，但现在公开强调这一点是没有必要和不合时宜的。

关于对德战争，波兰政府愿意投入最大力量，鉴于解放大军不断向波兰领土进发，从这些领土上驱除德国占领军，波兰政府认识到，迫切需要同贵国政府达成可行协议。波兰政府十分坚决地向我保证，他们从未下令让地下运动攻击“游击队”。相反，在同地下运动领导人协商之后，波兰政府和这些人一起已经向武装起来的波兰人或准备起来反抗希特勒暴政的所有人下达了以下命令：

俄国军队在进入波兰任何地区时，地下运动应自报家门，听从苏联军官 66
的要求，即使波苏关系未恢复也要如此。波兰当地军事指挥员在当地民间地下运动代表陪同下晋见抵达的苏军指挥员，并对其声明，按照其效忠的波兰政府的命令，他们准备与苏军协调行动，进行反对共同之敌的斗争。

这一命令已经生效，我认为且相信，您会觉得非常重要并具有重大意义。

2月6日我第一次告知波兰政府，苏联政府希望在确定东普鲁士边界时，将哥尼斯堡并入俄国。这一消息对波兰政府是一个打击，他们认为这样的决

定使补偿给波兰的幅员和经济意义大大降低。但是我表示，国王陛下政府认为俄方的诉求是公平的。我自己将反抗德国侵略的战争视为一场战争，这是始于1914年的三十年战争，我提醒米科瓦伊奇克先生注意一个事实，即东普鲁士这一部分土地浸染着俄国人为共同事业而挥洒的淋漓鲜血。在这里，俄国军队于1914年8月进军并赢得了贡宾嫩（Гумбиннен）会战及其他会战的胜利，通过自己的进攻并在自己兵源损失的情况下迫使德国人撤回进攻巴黎的两个军，对马恩河（Марн）的胜利起到了非常重要的作用。坦嫩贝格（Танненберг）的失利绝不会抹杀这些伟大成就。所以我觉得俄国人对这一德国领土的诉求具有历史依据且理由充足。

至于波兰政府组成问题，他们不会容许任何外国干涉。但是波兰政府会向俄国政府保证，在恢复同苏联政府的外交关系之前，他们只会吸纳那些决心与苏联合作的人入阁。我坚持认为，如果这种更替以自发的形式进行，并
67 且是波兰人进一步权衡自己利益之后做出的自然选择，则最好。关于正式恢复的时间，我认为待到华沙解放以后更为适宜，届时改组波兰政府一事可借这一光辉事件顺水推舟。

如果将上述几点形成协议，苏联政府和国王陛下政府之间及二者与波兰政府之间承担以下义务：第一，承认和尊重新波兰国家的主权、独立和领土完整，以及各方不受干涉地处理自身内部事务的权利；第二，各尽所能，保证自由城市但泽（Данциг）、奥珀伦（Оппельн）、西里西亚（Силезия）、哥尼斯堡延伸线以西和以南的东普鲁士划归波兰，以及波兰政府应合理接收的至奥得河的部分地区；第三，将德国居民迁出波兰，包括将并入波兰的德国领土；第四，协商波兰和苏联居民相互迁移程序和两国公民返回家园的程序，这符合您曾对我做过的承诺。我认为，波兰、苏联和联合王国相互之间的应尽义务应形成一个文件，或者通过换函方式予以确定。

我已告诉波兰的部长们，如果此前通过电报交流的内容能够形成协议，则所有各方都应依此行事，国王陛下政府将在对德作战胜利后的会议上支持这一协议，并且愿意在之后的岁月里保证履行之，因为英国有能力做到。

1944年2月20日，于伦敦

斯大林在2月28日与克尔会谈时对丘吉尔来函首次表态。按照伦敦的指示，大使试图说服对方，米科瓦伊奇克和罗默事实上愿意满足苏联的要求，只是暂时不能对此公开发表声明。目前重要的是耐心，勿以过分的要求吓坏

波兰人。但斯大林对这些许诺仍无动于衷。他称:“信中一切说得很明了。” 68
但他对解决波兰问题“不抱希望”:“现在的波兰流亡政府不愿同俄国达成和解。他们只想挑起苏联和英国的不和。”斯大林补充道:“丘吉尔站在苏联一边,但是,现有组成的波兰政府不想同苏联达成协议,他们对丘吉尔称将坚持己见。如此一来,要么米科瓦伊奇克下台,要么我和丘吉尔下台。”尤其令斯大林愤怒的是,波兰方面提议吸纳联合国家代表参与管理已解放的西乌克兰和波罗的海沿岸,包括维尔诺和利沃夫在内的波兰人聚居区。斯大林怒称:“我们当然不可能忍受这种侮辱。难道我们自己不是土地的主人?为什么侮辱我们!难道我们命该如此?”[112]

深夜,克尔发出了第一份会谈报告,结尾这样写道:“这一压抑和折磨人的会谈持续了1个多小时……他(斯大林——作者注)总是极尽挖苦之能事,无视首相信中传达的波兰政府立场……一切论据都显得苍白无力。”[113]翌日,大使讲述了他对斯大林立场的总体印象:“以最好的情况设想,可以说他暂时仍敞开着大门。实质上他并未改变之前宣称的目标,但依然拒绝对波兰人哪怕是一英寸土地的让步,他听从了自己谋士最极端的意见,而给我们布置了一个即使能解决,也是非常难解决的大难题。”克尔建议继续做“伦敦人”的工作,把丘吉尔提出的绕过波兰人直接同苏联达成协议的方案作为“最后一招”。[114]

在下面这封信中,罗斯福应丘吉尔的请求表示支持首相在波兰问题上的立场。经总统允许,哈里曼推迟了转交该信的时间,等到斯大林返回后,与丘吉尔2月20日的来函同时转交。罗斯福对助理所起草信函的最后一段做了相当重要的修改。原稿中呼吁鉴于国内政治因素(似乎是继续了罗斯福本人
在德黑兰曾对斯大林表达过的想法[115])应以最快速度解决“波兰问题”,改为 69
鉴于“数量巨大的波兰裔美国公民”。[116]但最后,罗斯福还是替换为他更加关注军事问题的语句:斯大林应该喜欢听这样的话,因为他曾多次首先强调“前线的需要”。

386. 罗斯福致斯大林的信函

1944年2月21日发　　　　1944年2月28日收

我已阅首相2月20日致您信函的全文,由于事关苏联和波兰政府协议解决战后波兰边界问题的途径,因此首相建议预先调解。

首相的建议若被接受，对于尽快战胜德国的展望具有更加深远的意义，因此，我建议您抱以善意和同情予以审视。

正如我曾经所说的那样，我认为最迫切的问题是当您进入波兰时，确保贵国军队得到波兰人的帮助。

387. 斯大林致罗斯福的私人秘密信函

1944年2月21日发

您2月18日来函收悉。感谢您告知。

然而，该信并未使问题得到彻底解决，因为信中对替代意大利舰船（8艘驱逐舰和4艘潜艇）的英美驱逐舰和潜艇只字未提，而此事在德黑兰已定。我希望就本人在1月29日的信中提到的这一问题尽快给予回复。

斯大林因未收到驱逐舰和潜艇的消息，不仅提醒罗斯福，同时也提醒丘吉尔，这引起了两人的极大困惑。

70 ## 388. 斯大林致丘吉尔的私人秘密信函

1944年2月21日发

您2月19日的来函收悉。感谢您告知。

同时我不得不提醒，迄今为止，我还没有得到关于8艘英美驱逐舰及其他舰船的答复，它们应当交由苏联政府支配，以替代意大利的军舰和商船，这一问题由您、总统和我在德黑兰共同商定。此问题拖延至今令我费解。

期待您对本人1月29日致信的回复。

在收到斯大林的这一提醒之前，丘吉尔已经委托克尔查明斯大林为何对其与罗斯福的联名信迟迟不予答复的原因，这封信是有关为苏联调拨英美舰船一事，早在2月7日就已发出。2月19日丘吉尔致电大使：“为得到这些船只，我已对海军部使尽了浑身解数，最终我们承担了总份额的4/5。我这么做是为了赢得斯大林元帅及其政府的好感，使其相信我们同他们合作的真实意愿，尽管很多地方还不尽如人意。然而，现在只字未回，更不用说表达谢意了。”[117] 克尔回答称，斯大林尚未从前线返回，他在等待同斯大林的私人会谈以递交信函。克尔补充道：“莫洛托夫知道我这里有关于舰船的好消息，不过，我并不想就此问题同他会面，因为我认为只有同斯大林讨论才有意义，因此，莫洛托夫只是答应将信函向上送交。”大使请求再宽限几天。[118]

可以想象，当两天后丘吉尔收到的不是盼望已久的斯大林的感谢，而是带有责备意味的提醒，他会做何反应。2月22日丘吉尔致信克尔，写道：“我刚刚收到斯大林的回信，回信附在我随后的电报中。我感到伤心的是，本希望通过这件事取悦于他，但却没有成功，尽管我们付出了很多。如此拖延递 71
交我和总统的联名信有违常规。我的确同意了延迟，因为您说斯大林随时有可能回来。现在您应该挽救局面。”[119] 首相随即给斯大林拍发了以下电报。

389. 丘吉尔致斯大林的信函

1944年2月22日发　　1944年2月24日收

机密，私人

意大利舰船。

2月7日我向您发出了我和总统的联名信，以及发给克拉克·克尔大使的私人信函，信函内容他应该亲自转述给您。事情是这样的，我从英国的资源中提供8艘驱逐舰和4艘潜艇，以及1艘战列舰和2万吨商船。美国提供1艘巡洋舰和2万吨商船。我感到惊讶的是，为何没有收到您的确认信，因为我期待所做的这些努力能令您满意。我得知克拉克·克尔大使想亲自将信函呈送您，但您尚在前线。我已致电令他挽回局面。准备战舰的过程不会有任何延误。

23日，克尔将丘吉尔的这封电报连同引起误会的两国领导人2月7日的联名信，一起交给了莫洛托夫。他在致人民委员冗长的附信中解释了延迟递交信函的情况和原由，他独揽了一切责任：“我承认，我这样做，是因为未预料到他（斯大林——作者注）离开这么久。我一直期望他尽快返回，并准备接见我。责任在我自己身上，我对耽搁如此长的时间负有责任，并且我恳请您向斯大林元帅转达我的遗憾和歉意。”[120] 为了更加保险起见，克尔在这封信中几乎逐字逐句复述了他于2月6日收到的首相以口头方式转告斯大林的指示，包括“魔鬼及其太太”的表述，在英国大使馆的俄文译本中，“太太”变成了“姑姑”。克里姆林宫直到2月24日才收到了全部文件。

72 然而，陷入窘境的克尔不仅要在斯大林面前解释，还要在丘吉尔面前辩白。因此，在致电向首相解释此事时，克尔试图将自己疏忽的责任转嫁给苏联领导人，用他的话来说就是，“他在玩不诚实的游戏”：“早在2月6日，我在信中告知莫洛托夫，收到了有关舰船的好消息，我需要面见斯大林。因此，在2月21日致您的电报（莫洛托夫有违常规，没有将副本转交予我）发出之前，斯大林本应知晓已收到了您的回复。即便真如所言那样急不可待，他也应该告知，我暂不在位，可通过莫洛托夫转达消息。结果，他非但如此，还装作对您的沉默非常吃惊。我所说的‘装作’，是因为莫洛托夫不可能不通知斯大林，不可能不告诉斯大林，说我这里有一封2月6日的来信。”[121]

丘吉尔和罗斯福按惯例向斯大林祝贺红军建军节。但伦敦不希望喜言于表。一年前的红军节举行了高规格的官方庆祝活动：12个城市举行了阅兵，迈斯基、艾登（在伦敦的阿尔伯特大厅）及其他英国政要发表演说。1943年11月，传媒大臣布莱肯（Брэкен）承认，“这一冒险创举不论在这里，还是在俄国无疑都取得了成功”，但他对1944年的类似活动提出了一定的质疑：

“……以下意见应当予以关注：

（1）红军在这一年内取得了前所未有的卓著功勋。如果我们不再给其应有的评价，可能会出现不利的意见。

（2）另一方面，连续二年举办仪式可能会有形成惯例的趋势。在我看来，没有把红军节作为年度官方大事的打算；我们也不愿刺激其他盟友提出庆祝类似纪念日的请求。

（3）不举行官方庆祝活动将为英国共产党留下其时刻准备填补的缺口……

73 总之，我们建议政府1944年不组织任何红军节官方庆祝活动。”[122]

但内阁持另外一种意见。内政大臣H.莫里森（Г.Моррисон）依据布莱肯的第1条和第3条论据，做出了相反的结论——必须进行官方庆祝：“……我们应该借机公开展示我们同苏联的友谊。”内阁多数同意他的意见，遂决定“为庆祝1944年红军节应组织官方庆祝活动，尽管规模会小于1943年。”[123]

390. 丘吉尔致斯大林的信函

1944年2月23日收

值此红军建军26周年之际，我谨向您、向全体红军战士所取得的辉煌成就致以由衷的赞美。在您的鼓舞和率领下，胸怀对俄国大地的热爱，凭借对自己指挥员机智果敢的信心，他们勇敢向前，从胜利走向胜利，直至取得至高无上的和平。

收到此信的同时，克里姆林宫还首次收到了英国参谋长委员会的红军节贺信。不知出于何种礼节，收信人并非参谋长华西列夫斯基（Василевский А.М.）元帅，而是伏罗希洛夫（Ворошилов К.Е.）元帅，由此看来，英国人对他在苏联军官阶层的地位不甚了解。[124]可能是他们认为伏罗希洛夫参加了1942年丘吉尔访问莫斯科时的国际谈判，而且莫斯科和德黑兰会议时他是布鲁克（Брук А.）的谈判对手，因而英国人觉得他是举足轻重的要员。然而，根据后续事件发展进程判断，此信发给了合适的人。

391. 斯大林致罗斯福的私人信函

1944年2月23日发

您对我军最新战果的贺信收悉。请接受本人对您友好祝愿的感谢。

克里姆林宫几乎在同一时间收到了罗斯福对斯大林有关驱逐舰和潜艇的 74
提醒的回复，以及克尔之前送交的丘吉尔和罗斯福关于这一问题的联名信。

392. 罗斯福致斯大林的私人秘密信函

1944年2月23日发　　1944年2月24日收

您2月21日关于租借给苏联海军英美舰船的来函收悉。

如我所知，英国将提供1艘战列舰、4艘潜艇和8艘驱逐舰。就此我已通过电话询问了首相。我已得到答复，现告知您。

1943年11月9日，包括苏联在内的44国代表在华盛顿签署了《联合国善后救济总署（ЮНРРА）成立协议》。该署的使命是在重建经济和解决粮食问题方面援助第二次世界大战中的受难国。建立联合国善后救济总署的总倡议由美国发起，早在莫斯科外长会议上便首次提出了这个问题。1944年初，美国人同英国人一起也开始着手制定未来布雷顿森林体系（Бреттон-Вудская система）原则。美国曾有意吸纳苏联加入这一工作，以下由国务院起草的罗斯福的来信表达了这个想法。斯大林同本国外交官和经济学家磋商后，于3月10日才对此做出回复。

393. 罗斯福致斯大林的私人秘密信函

1944年2月23日发　　　　1944年2月25日收

近几个月来，联合国家政府采取了一系列重要举措，旨在为战后国际经
75 济关系各领域的合作奠定基础。您应该记得，1943年5月举行了联合国家粮食与农业问题会议，此次会议上成立了临时委员会，该委员会目前正在制定关于该领域常设机构的建议，以便随后将其呈送各国政府。随后成立了联合国家善后救济总署，现在已开始运转。

在过去的一年里，众多联合国家的专家进行了关于国际通货稳定机制所涉及技术问题的非正式会谈。这些会谈是在为可能召开的联合国家货币问题会议做准备。为促进经济发展，就创立国际资本投资协作机构问题进行了类似的谈判，但谈判规模较小。同时，根据已获悉的消息，某些联合国家就诸如贸易政策、商品政策与联合企业活动的问题进行了非正式沟通，拟讨论民航、石油及其他问题。国际劳工局会议将于4月举行，会议期间将讨论其未来活动问题。

不论非正式的意见交流还是有关各种经济问题的正式会议，均显示出国务卿在莫斯科外长会议上提交的题为《国际经济合作规划我方原则》文件的必要性。有意见认为，“由主要联合国家的代表以及其他联合国家代表组成委员会，以联合制定在此问题上应共同遵循的程序的时机已经成熟”。我很清楚，迫切需要一个联合国家机构用以共同制定程序，借此研究国际经济合作的各个领域、应予讨论的问题、讨论程序以及现有协议与拟达成协议及未来活动的协调手段。

出此原因，我此时不打算提出以维护和平与安全为目的的国际组织的更
76 广泛问题。关于就此问题预先交换意见的方式，目前我们三国政府遵照《莫

斯科议定书》*的条款正在研究。我在这里提出的唯一问题是，以促进战后经济合作为目的而创建联合国家机构的下一步举措，这个问题由国务卿在莫斯科会议上提出，并在德黑兰由您、丘吉尔首相和我本人进行了讨论。

若您能够告知本人对国务卿在莫斯科所提建议的看法，以及在此极其重要问题上应采用的最佳程序的任何想法，我将感激不尽。

394. 罗斯福致斯大林的私人秘密信函

1944年2月24日发　　1944年2月25日收

此信顺接本人1944年2月23日的去信，兹告知您，我已收到丘吉尔首相的回复，向您讲述的协定现在正在确认。

斯大林于2月26日回复了英美首脑2月7日发来的联名信，以及克尔于2月23日交给莫洛托夫的说明信。盟国在得到期待已久的感谢的同时，也收到了以更为现代化的舰船替代老旧驱逐舰的要求，2月28日克尔告知斯大林，“山姆大叔”并不十分需要这些老爷船，美国人早在1940年便将其转手交给英国人，以此换取西半球的基地。诚然，斯大林本人并未期待吝啬的盟友会慷慨解囊。海军上将库兹涅佐夫向“最高统帅”报告移交舰船性能时，斯大林说道：“不能指望向我们移交更加先进的舰船。”[125] 而事实上这个要求终究也未得到满足。

395. 斯大林致罗斯福和丘吉尔的私人秘密信函 77

1944年2月26日发

我于2月24日、25日从哈里曼先生处分别收到您关于意大利舰船的两封来信。同时于2月24日从英国大使克尔先生处收到您与丘吉尔先生2月7日发出的联名信。

---

* 由苏联、美国、英国和中国的代表于1943年10月30日在莫斯科签署的《四国关于普遍安全问题宣言》。宣言各签署国政府认为必须尽快建立一个国际组织以维护国际和平与安全，并确认就此问题“他们将相互磋商”。

得知“我们决定由英国移交8艘驱逐舰、4艘潜艇及1艘战列舰和2万吨商船，由美国移交1艘巡洋舰和2万吨商船供苏联临时征用”的消息，特向您和首相先生表示感谢。鉴于克尔先生特别提示，所有驱逐舰均为老旧舰船，因此我对这些驱逐舰的作战性能略表担心。并且我感觉对于英国和美国海军而言，在8艘驱逐舰中划拨哪怕一半现代化的而非老旧的舰船并非难事。我还是希望您和首相能够尽量使移交的驱逐舰中至少有4艘现代化舰船。德国和意大利的军事行动使我们损失了大量的驱逐舰。因此哪怕只是弥补这部分损失对我们而言也是意义重大。

396. 斯大林致丘吉尔和罗斯福的信函

1944年2月26日发
秘密，私人

您关于2月7日意大利舰船问题的两封来信均于2月24日收悉。我已获悉克尔先生就此问题致 B.M.莫洛托夫的来信内容。

得知你们决定英国移交8艘驱逐舰、4艘潜艇及1艘战列舰和2万吨商船，以及美国移交1艘巡洋舰和2万吨商船供苏联临时征用，特向您和总统先生表
78 示感谢。鉴于克尔先生特别提示，所有驱逐舰均为老旧舰船，因此我对这些驱逐舰的作战性能略表担心。并且我感觉对于英国和美国海军而言，在8艘驱逐舰中划拨哪怕一半现代化的而非老旧的舰船并非难事。我还是希望您和首相能够尽力使移交的驱逐舰中至少有4艘现代化舰船。德国和意大利的军事行动使我们损失了大量的驱逐舰。因此哪怕是对这些损失的部分弥补对我们而言也是意义重大。

3月3日早餐时间，丘吉尔在唐宁街10号接见了古谢夫，这是1943年10月斯大林来信被退事件后的首次会面，古谢夫希望从丘吉尔那里了解其对斯大林来信的反应。古谢夫向莫斯科报告：“我随后就斯大林元帅来信中谈到的驱逐舰有必要以旧换新的问题询问丘吉尔。丘吉尔生硬地嘟囔道，我知道这件事。我们无法提供其他驱逐舰替换那些已经确定分配的驱逐舰，我们正在准备大规模行动，而你们在北方不会有大规模行动。”[126] 相同内容的详尽外交答复以首相和总统致斯大林的联名信（第404号文件）形式发出。

397. 致美利坚合众国总统富兰克林·D.罗斯福先生

1944年2月28日发

华盛顿，白宫

请您接受我诚挚的谢意，感谢您对红军建军26周年暨苏联武装力量反希特勒侵略者斗争取得胜利而发来的友好祝贺。

苏联武装力量同美国和英国军队一道，在莫斯科和德黑兰协议的基础上进行了卓有成效的斗争，这将最终导致我们共同的敌人——希特勒德国的灭亡，我坚信，这一天已为期不远。

И.斯大林

斯大林的这封信有段小插曲。当时罗斯福身处以自己名字命名的海德公 79
园，他是从《纽约晚报》上首次获悉该信内容的。他下令查明报界人士如何能够先于自己得知这一秘密信件。随后罗斯福得到报告，该信以明码电报发到白宫，国务院翻译之后，放在了总统新闻秘书C.埃利（C.Эрли）的桌上，后者将其交给了记者。[127]

398. 斯大林致丘吉尔的信函

1944年2月29日发

请您接受我本人和苏联武装力量的谢意，感谢您对红军建军26周年的祝贺，以及对红军在反对共同敌人——希特勒德国的斗争中所取得成就的高度评价。

起初，该信附上了伏罗希洛夫给英国参谋长委员会所发贺信的答谢。但是，莫洛托夫用蓝色铅笔将其从维辛斯基（Вышинский А.Я.）提供的草稿中勾掉了。人民委员明显不希望扩大首要通信人范围。斯大林同意了这一修改，并签上了“同意”字样。[128]

斯大林以同样的方式言简意赅地回复了丘吉尔和罗斯福关于波兰问题的来信，并在致首相的信中附上了致总统的回信副本。

399. 斯大林致丘吉尔的信函

1944年3月3日发
秘密，私人

我已于2月27日从克尔先生处收悉您2月20日关于波兰问题的两封来信。

获悉您同波兰流亡政府人士会谈的详情后，我再一次得出结论，这些人无力与苏联建立正常关系。他们不仅不愿承认寇松线，而且还妄图得到利沃
80 夫和维尔诺，这一点足够说明问题。至于将某些苏联领土置于外国管控之下的企图，我们将不屑讨论，甚至我们认为，提出这种问题本身就是对苏联的羞辱。

我已经致信总统表示解决苏波关系问题的时机尚不成熟。再次解释了我所做结论的正确性。

丘吉尔在致罗斯福的电报中称，这封信是“极其令人沮丧的”。[129]

3月3日晚，在致罗斯福的同样信函发出之前，斯大林会见了哈里曼，大使也提出了同样的问题，以试探克里姆林宫对最近总统来信的反应。“当家人”嘟囔道：“又是波兰人。难道只有这个才是最主要的问题？”苏联方面的会谈记录写道：“斯大林同志指出，他整天只忙于处理波兰事务了：写信，问讯，查证。他甚至无暇顾及战事。”与克尔的谈话情形相同，斯大林这次同样尖刻地评价了伦敦波兰人，哈里曼对此回答说：“他不是保护伦敦波兰人的合适人选。哈里曼本人驻伦敦超过两年，非常了解伦敦的波兰人。此时他不得不说在他们当中也有好人。”斯大林镇定地回答说：“好人可以随处找到，甚至在布须曼人中也有。”斯大林对英国首相的调停条件表示怀疑：“丘吉尔对波兰人无计可施。波兰人一直在欺骗他。”[130] 不过哈里曼在此次会谈之后对波兰事务仍持乐观态度。他在未发出的致总统的电报中写道：“斯大林基本上是对的（关于不可能同伦敦的波兰政府共事）……暂时没有证据证明，他不会给波兰独立自主的机会……我们不应该让自己同苏联政府的关系因为波兰人而受到伤害。”[131]

400. 斯大林致罗斯福的信函

1944年3月3日发

丘吉尔先生给我的回信收悉，此信内容您已然知晓，是关于波兰人的，尽管我对此信怀着美好的愿望，但在此仍需申明，波兰流亡政府不愿同苏联 81
建立正常关系。以下一点就足够说明问题，伦敦的波兰流亡人士不仅否决寇松线，而且还觊觎利沃夫和维尔诺（立陶宛首都）。

必须重申，解决苏波关系问题的时机尚不成熟。随信附上本人就所述问题致丘吉尔先生的回信，以供参照。

在3月3日的记者招待会上，罗斯福面对记者的追问不得不回答有关意大利海军的命运问题。总统称，意海军将在美国、英国和苏联之间大致平均分配，相关谈判已经在进行中。当天他以内容相同的电报将其声明告知了丘吉尔和斯大林。斯大林对这一消息做出了十分积极的反应。

401. 罗斯福致斯大林的私人秘密信函

1944年3月3日发　　1944年3月4日收

我今天在记者招待会上回答追问时声明，意大利军舰和商船目前被地中海战区盟军司令部征用，以加强我军实力，同时，为帮助苏联海军，满足其军事力量需求，意大利舰船或等量吨位的美英舰船将提供给苏联海军。

402. 斯大林致罗斯福的私人秘密信函

1944年3月6日发

您关于在华盛顿记者招待会上声明移交苏联部分意大利舰船或等量吨位的美英舰船的通报业已收悉。感谢您。

然而，丘吉尔在新闻稿上看到记者招待会的详细报道之后，对总统再次

82 公开提到把所缴获舰队的1/3分配给苏联感到气愤。3月4日，他致信罗斯福，写道："您在记者招待会上的谈话报道令我诧异。俄国人从未要求获得意大利舰队的1/3；他们只提到舰船名录，在莫斯科提出申请，尔后在德黑兰由我们确认。"[132] 为了不给斯大林抓住罗斯福话柄的机会，丘吉尔提议给斯大林发封联名信，以阐释所达成的协议和论证英美的立场。罗斯福接受了丘吉尔的提议，联名信在3月9日送达莫斯科。这并未妨碍总统3月10日询问自己的助理们，是否对斯大林2月26日关于意大利舰船的来信做出了回复。[133] 由此看来，罗斯福对这段历史的详情不甚了解。

2月底，艾登和克尔建议丘吉尔就苏联北方的英国人员问题再次致信斯大林。在当地，英国水兵因酒后斗殴及其他违法行为而被拘捕的事件还在继续发生。英国外交部门提议双方相互承认对另一方领土上己方人员的司法管辖权，但苏联对此并不买账。两名英国水兵中1人被判4年劳动改造、另1人被判1年监禁，这样的严厉判决达到了英国外交部的忍耐极限。艾登建议丘吉尔向斯大林发出抗议信，并准备好了信函方案。丘吉尔回答道："我的天，我不能发这样的电报。这只会让我因鸡毛蒜皮的小事又和'大熊'争吵不休，到时候又牵扯出一堆大问题。他的答复必定是羞辱性的，而且吹毛求疵。在我看来，最好在议会上就该问题和出现的其他矛盾一起提议。下议院中反俄情绪有些抬头只会带来好处……请继续通过外交渠道予以谴责。"[134]

在伦敦，丘吉尔并不是唯一一个对英国"过分"亲苏情绪表达不安的人。甚至积极向英国人报道苏联军事胜利的国有BBC广播公司，"也越来越多遭受右翼势力的批评，证明其有过分的亲俄倾向。"[135] 最终，被追究的两名英国水兵于1944年夏根据苏联最高苏维埃大赦令获释。

83 3月初之前，丘吉尔在同波兰人的斗争中已经心力交瘁，他决定加大对斯大林的施压力度，以促使对"伦敦人"做出让步。在得到内阁同意之后，他起草了致苏联领袖的言辞犀利的信函，信中呼吁对方为维护同盟团结表现出忍耐和宽容。实际上首相是在建议斯大林等待，等到寇松线作为苏波边界的成果瓜熟蒂落。在内阁会议上，只有比弗布鲁克一人反对继续在书信来往中就波兰问题同斯大林辩论。丘吉尔关于自己的信函也知会了罗斯福，后者在回复中称他"非常清晰而集中地表述了英国在波兰争端中的立场"。[136] 此信发出前夕，丘吉尔向古谢夫抱怨，他没有机会与克里姆林宫领袖私人接触：他说私人会谈"可以抛开纸面上的套话，更加增进相互理解。我同斯大林曾经的会面是真诚的，没有这些所谓的'官腔'。"大使报告说："……从他的话中可以看出，他指的是自己的信和斯大林同志的信。"[137]

403. 丘吉尔致斯大林的信函

1944年3月7日发　　　　1944年3月12日收

绝密，私人

1. 感谢您3月3日就波兰问题的来信。

2. 我已向波兰人说明，他们既得不到利沃夫，也得不到维尔诺，可以从我的信中看出，我只是借用这些城市的名字来建议采取行动的方式，按照波兰人的话说，这有助于我们的共同事业。当然，波兰人和我都无意使建议带有侮辱性。不过，既然您认为它们是障碍，那么我恳请您无视，权当作它们被从信中删除。

3. 我给您的建议，目的是待贵国军队到达该线之后，再同波兰人进行协商，届时俄国占领寇松线已成为既成事实，并且我曾告知您，如果您坚持在
我们谈判和通信中按所说的条件解决问题，国王陛下政府会在停战会议或和 84
平大会上支持这种解决方法。我并不怀疑美国同样会支持这一建议。所以，当您将其占领之后，在您的西方盟友全面调和之下使波兰人同意，您就事实上获得了寇松线。

4. 通过武力可以得到很多，但得到全世界真心支持的武力可以得到更多。我真诚希望，您不要完全关闭同波兰人缔结工作协议的大门，它在战争时期有助于共同的事业，在缔结和平时为您创造所有必须的条件。如果不能达成协议，而您无论如何又不愿同波兰政府恢复关系，则我们仍将继续承认波兰政府，因为它是我们共同向希特勒宣战的盟友，对这种局面我会非常痛心。战时内阁请求我宣布，他们也会为此感到遗憾。我们唯一的慰藉是做了自己所能做的一切。

5. 您曾对克拉克·克尔大使表示，担心波兰问题有可能造成您与我本人之间的裂痕。我将竭力防止这种情况出现。我把未来和平的一切希望都建立在西方民主国家与苏俄的友好合作的基础之上。

1944年3月7日，于伦敦

丘吉尔在同时发给克尔的电报中强调，重要的是，至少不要让斯大林进一步做出强硬举动："即便苏联不会达成协议并且依然不同波兰人恢复关系，但如果以我们建议的方式行事，可以避免最糟糕的困难。"他最后总结道："我

认为最迫切的事情是哪怕达成一个工作性谅解。当红军逼近寇松线时，保持迷惑和不确定的现状可能会对联合国家的战争行动构成重大威胁与障碍。”[138] 丘吉尔还向克尔做了详细指示，令其向苏联方面口头解释该信。其中列举了
85 如果苏联否定英国的建议会造成的危害：美国和英国的负面反应、在英国议会进行解释的必要性、被迫向“伦敦人”宣布苏联答复的内容而再次掀起反苏宣传浪潮、波兰地下运动不可预测的反应，甚至同进攻的苏军发生冲突、公开波兰问题的严重分歧而使盟军军事行动受损，等等。这一指示的结尾是这样一个难以实现的训示：“在强调所出现分歧的严重性及其后果的同时，您应当竭力避免使其误读为我们的立场变化，更不能让其认为是来自我方的某种威胁。”[139]

收到首相的信件和指示之后，克尔试图说服丘吉尔有些表述可以温和一些。他提示说，如果不这样的话，斯大林的反驳将毁掉该信的主要目的：“保持和解的大门敞开，现在有可能做不到，但将来会做到。”大使主要担心的是第四段的文字：“‘武力’一词可能给他留下这样的印象，即在我们看来，他使用武力是因为正义不在他那一边。此外，斯大林多少次宣称，他不会同现在的波兰政府共事，依我看，这个建议的开头不甚恰当：‘如果不能达成协议……’因此我建议改写这一段，以便清晰地表明，您个人没有同现在的波兰政府有着密不可分的瓜葛。”[140] 克尔附上了他自己的该段文案，开始的语句为：“我承认您的立场是正确的。”在当天发回的第二封紧急电报中，克尔建议修改向克里姆林宫口头解释的指示。克尔猜中了丘吉尔态度的松动：“似乎您认为，继续努力劝说波兰政府转变，并同斯大林达成具体协议是徒劳无益的。”[141]

在3月8日这一天，丘吉尔还收到了另一封关于波兰事务的电报，是他的老朋友史末资（Смэтс）发来的，丘吉尔非常尊重他的意见。电报中写道：

“应当承认，我担心波兰可能再次变得极其棘手。为了弥补波兰人寇松线
86 以东领土的损失，将送给他们别人的领土直至奥得河。这是又一个由英国担保的阿尔萨斯—洛林（Эльзас-Лотарингия），有可能对于我们英联邦以及欧洲的未来和平都是一个灾难。为什么要为了不属于波兰的领土来补偿波兰？为什么要用按民族分布原则同样也不属于波兰的领土来补偿波兰？为什么不留给波兰稍小一些的，但无疑是属于它的领土呢？在我们所有人对波兰人真挚的同情之下，他们在政治上是虚妄且难缠的民族，不能允许新的波兰成为其强邻纷争的起因……我们更情愿发展和加强同俄国亲密无间的关系。不能因为凭借德国而扩疆的新波兰的出现使本来就困难的任务难上加难。”[142]

艾登的助理哈维在日记中这样评价史末资的电报：“非常精辟。……首相

可能听得进他的劝告，虽然现在在我看来，他和波兰人一起走得太远了。”[143] 事实上，丘吉尔这次既没有听从他的大使，也没有听从他的老友。3月10日他给克尔又发了一封电报：

“我同外交大臣斟酌了您的建议，但我不打算修改我致斯大林元帅信中的第四段。我们的立场就是如此，并且我们应当坚定地遵循。战时内阁对此持一致和坚决的态度。

您被授权告诉斯大林元帅，我本想在议会宣称大门暂时依然敞开，不过我是否能这么做将取决于他的回答。其他方面，我不能接受您的建议，对您的指示不得修改。这样已经足够客气了。”[144]

丘吉尔的信件于3月12日送抵克里姆林宫。

对“霸王”行动的准备不仅迫使英美司令部，而且迫使两国军工生产都处于高度紧张状态。不仅登陆舰，而且驱逐舰也是美国和英国造舰规划中的薄弱环节。在战争结束后的1945年，马歇尔将军在其《胜利报告》中不无自豪地指出，加速准备“霸王”行动要求“生产产生奇迹，因为……造船厂已经超负荷高速运转，以便赶上复杂的登陆舰、驱逐舰和护卫舰的建造时间表， 87
后者是打击德国潜艇的必备武器”。[145] 事实的确如此，正像军事历史学家们指出的那样：“驱逐舰反潜作战在1944年春夏一直持续进行，当时诺曼底沿岸登陆场已炮声隆隆。”[146]驱逐舰的火力支援对于“霸王”行动初期成功登陆不可或缺。详细制定的驱逐舰火力实施计划规定首批突击对象是敌岸防炮兵，继而火力转移至敌岸防工事，登陆成功后转移至德军侧翼和后方。由于任务的复杂性，担任从海上掩护登陆任务的美军指挥官们纷纷抱怨驱逐舰不足。[147] 参加“霸王”行动的1213艘战舰中大约有100艘驱逐舰，甚至超出了丘吉尔和罗斯福致斯大林信中的预计。[148]

尽管英国人和美国人对驱逐舰的需求的确巨大，但丘吉尔和罗斯福3月8日的信中还是对此做了某种程度的渲染，意在向苏联展示移交战舰有多么不易。例如，信中提到的日本舰队向新加坡调遣一事，在英国参谋长委员会内部评估中只被认为是临时威胁，远非长期存在：“侦察报告表明，这大约仅为日本海军战列舰和航空母舰的半数兵力，将在数月内使用新加坡—婆罗洲—菲律宾地区的基地，由于美军在太平洋上的作战行动，日本人大概将在1944年11月之前将这些兵力撤回日本。”[149]

尽管丘吉尔和罗斯福提出了这些理由，不过斯大林继续坚持己见（第410号文件）。

404. 丘吉尔和罗斯福致斯大林的信函

1944年3月8日发　　　　　　　　　　　　　　　　1944年3月9日收

私人，机密

首相已责成克拉克·克尔大使告知您，我们即将移交租借给您的驱逐舰
88 是老旧的，之所以这么做是为了坦诚相见。不过，尽管舰船老旧，但实际上它们状态良好，属适航舰只，可完全胜任护航勤务。全意大利海军只有7艘驱逐舰，其余大多为老旧的雷击舰和鱼雷艇。此外，当我们接收到这些意大利驱逐舰的时候，不经过预先改装完全无法在北方地区使用，而改装则需要相当长的时间。因此我们认为，由英国政府提供的8艘驱逐舰是援助您最快且更加便捷的形式。首相为他目前无法抽调某些新的驱逐舰而感到遗憾。此前两周他损失了2艘驱逐舰，并且其中1艘就在驶往俄国的护航运输队中，而仅在“霸王”行动登陆阶段压制敌岸防炮兵的火力准备就需要至少42艘驱逐舰，其中大部分可能遭击沉。他现有的每一艘该级别战舰都会为了共同事业而被使用到极致。对我们两国而言，日本舰队被调往新加坡在印度洋形成了新的态势。安齐奥（Анцио）附近的滩头阵地地区以及整个地中海地区激战正酣。载有美国解放大军的庞大护航舰队正在穿越大西洋。驶往俄国的运输队也有大量驱逐舰护航，他们将在“霸王”行动开始前的最后一刻出发。最后还要说到“霸王”行动本身。总统也处在紧张状态，不过在目前情况下主要是因为太平洋作战的庞大规模和强度。在莫斯科和德黑兰同意转交给您的意大利舰船的意愿没有改变，一旦意大利政府组成扩大，部长上任履行职责时，我们就将向该政府正式提出这一问题。毋需对我们处置意大利海军的权力存在任何怀疑，问题只在于，在行使这一权利时，应把对共同利益的损害降到最低。同时，按照已有协议，所有上述船只正在进行准备移交、租借给您。

89 北极护航运输队进展顺利，这充分证明盟国已经确立了海上优势。凭借大西洋上的胜利，具有丰富反潜作战经验的兵团得以向北重新部署。英国政府密码学校所在地——地布莱切利公园（Блетчли-парк）愈发快速而准确地破译“恩尼格码”。RA57护航运输队（返回英国的编码符号JW57）的命运就能说明问题：德国人非但无法给其造成损失，反而自己损失了3艘潜艇。大多数

现代研究人员指出，确切数字应该是3艘，而非丘吉尔所说的4艘。[150]

405. 丘吉尔致斯大林的信函

1944年3月10日发　　1944年3月10日收

私人，机密

您将高兴地得知，驶往俄国的护航运输队已经顺利抵达指定地点，此外在航行途中，护航舰艇击沉了对其实施攻击的突击群中的4艘潜艇。

克里姆林宫早在战争最激烈的时候便开始考虑苏联战后重建问题。早在1943年初，在准备对苏供应《第三议定书》期间，斯大林确定了缩减纯军用物资部分及供应总量，以此来增加工业设备供应以满足战后需求的方针。[151] 1943年10月，斯大林在同到访莫斯科的美国军工生产局局长D.纳尔逊（Д.Нельсон）会谈时说，他不仅支持成立美苏两国经济合作联合委员会的建议，而且立即报出了未来苏联对美订单的大致数字。[152] 斯大林在3月10日的信函中提到的赫尔便函（于1943年莫斯科会议期间转交给莫洛托夫）中的设想，包括建立国际常备基金，也得到了对外贸易人民委员会的支持。人民委员米高扬（Микоян）在1943年10月14日给莫洛托夫的便函中不仅支持参与基金的想法，而且力争确保苏联在基金管理机构中享有举足轻重的地位：
"……为保证苏联顺利参与基金领导机构的工作，建议联合国家——美国、英 90
国、苏联和中国这几个基本成员各享有不少于总数10%的表决权，不受配额规模限制，并商妥苏联代表参加基金执行委员会。"[153]

更晚些时候，直至1945年初，苏联政府仍然对发展战后盟国经济合作持积极态度。

"外交人民委员会金融经济问题首席专家W.S.盖拉先科（Геращеко В.С.）和A.A.阿鲁秋尼扬（Арутюнян А.А.）强调，国际经济合作对我们而言，其主要目的和意义在于保护苏联的国际经济地位，利用现有的国际机遇（美国的社会经济需求、商品与资本输出的需要、英美经济矛盾等），以快速恢复遭受战争破坏的苏联解放区的经济，进一步提振全国整体社会主义经济并提升居民生活水平"[154]。

罗斯福的建议恰好与当时苏联领导层的立场吻合，斯大林对此表现出积极姿态自在情理之中。

406. 斯大林致罗斯福的私人秘密信函

1944年3月10日发

您关于战后经济合作问题的来函已收悉。毫无疑问，赫尔先生的便函中曾提到的在经济领域展开国际合作的问题具有非常重要的意义，并值得予以关注。我认为，现在完全适宜建立一个联合国家的机构用以研究这些问题，以制定研究根据莫斯科会议和德黑兰会议的决议开展国际经济合作问题的各种条件和程序。

总统收到此信后，将其交给国务卿赫尔，并附言道："我们接下来做些什么？"[155]

91 407. 斯大林致丘吉尔的私人秘密信函

1944年3月13日发

感谢您通报有关最新护航运输队运抵本国所需货物的消息。对您来电所言护航舰队途中击沉4艘敌潜艇一事，我深感满意。

斯大林没有急于对丘吉尔3月7日的来信做出详尽回复，将沉闷的解释推迟到了下一次。他从莫洛托夫的草稿中删除了对该信的简短评论，取而代之的是对英国媒体泄露其与丘吉尔通信消息的愤怒。

3月8日，同政府关系非常密切的伦敦《每日先驱报（Дэйли геральд）》刊文，其中详实地刊发了斯大林对丘吉尔3月3日就波兰问题来信的回复。同一天，类似文章出现在影响力更大的《泰晤士报（Таймс）》上，并附有该报外交记者A.麦克唐纳（Макдональд А.）的签名。克里姆林宫从苏联高层传阅的塔斯社内参上得知走漏消息一事。以斯大林多疑的天性，在最好的情况下，他会把这一状况看成是疏漏，在最坏的情况下则会看作是英国政府的有意所为，是其安排了这些材料的泄露或者放任其通过新闻审查。莫斯科十分关注《泰晤士报》发表的文章。例如在1943年12月，利特维诺夫（Литвинов）委员会在分析英国对解决德国问题的各种方案时，就特别注意到了《泰晤士报》12月10日刊登的文章："这篇文章不仅内容吸引眼球……而且是在斯大林、罗斯福与丘吉尔会谈后立即被伦敦《泰晤士报》这样一个权威的机构刊载的。"[156]

408. 斯大林致丘吉尔的私人秘密信函

1944年3月16日发

您3月7日关于波兰问题的来信已于3月12日通过克尔先生转交。

感谢您在该信中所做的说明。

尽管我们的通信被认为是秘密的和私人的，但从某一时刻起本人致您的 92
信件出现在英国报端，且常有歪曲，我没有机会进行反驳。我认为这属于泄密行为。这种状况给我自由表达个人意见造成了困难。希望您对此予以理解。

丘吉尔身边的人认为这封电报是虚伪的，科维尔在其日记中写道，证据是"俄国熊不打算达成协议或者妥协，因此想出各种托词……首相认为这很正常，但他表示，很明显我们所有关于达成苏波协议的努力已经以失败告终，而他很快将不得不在议会直接说明此事"。[157] 丘吉尔将斯大林的电报转发给了罗斯福，并在附言中把向媒体泄密的全部责任归咎于苏联大使馆。首相最后说道："我不打算回信。"[158]

土耳其向德国提供铬矿石及其他战略物资的问题早已困扰着盟国。他们对此已经容忍了一段时间，因为这对土耳其经济具有重要意义。但在德国失去尼科波尔矿的原料来源之后，加大了从土耳其采购铬矿石的力度，此时问题变得尖锐起来。英国人特别请求莫斯科，以使苏联海军协助封锁经黑海的物资供应通道。苏联领导人的基本立场是，美英联合向土耳其施压应当会在这一问题上发挥主要作用。罗斯福的下一封信正是与这种施压有关。应国务院建议，总统准备就此问题与斯大林磋商。后者怀疑伊诺努（Инёню）同盟国合作的能力，这种观点在给罗斯福的回信中再次体现出来。丘吉尔本人反对向安卡拉发出那样的信件，理由是"固执的土耳其人"可能会把那种"友好的态度"理解为软弱的象征。[159] 罗斯福致伊诺努的信件就此搁置。土耳其 93
在遭到贸易制裁，并在盟国全面经济贸易封锁的威慑下，最终还是于1944年4月底停止了对德国的铬矿石供应。

409. 罗斯福致斯大林的信函

1944年3月16日发　　　　1944年3月18日收

我今天向伊诺努总统寄送了关于铬矿问题的私人航空信件，因为我清楚土耳其的铬矿对于德国的重要意义。我将信件寄给了驻安卡拉的施泰因哈特（Штейнгардт）大使，以请他转交。我相信您会同意，如果这一做法与您当前采取的或欲采取的某些举措相抵触，有请您告知本人，以便我能及时中止信件转交。我致伊诺努总统信件的文本转述如下：

“日复一日都会出现很多问题，就此我想与您讨论，我非常希望，几千英里对我们来说不是距离。

现在我希望就铬矿问题致信于您。

正如您所知，俄国人夺占了尼科波尔，德国人因此失去了获得锰矿的重要来源。土耳其的铬矿石可以替代锰矿，有多种用途，而德国人失去尼科波尔的锰矿之后，土耳其铬矿对于德国军工生产的重要性随之陡增。

很显然，现在土耳其向德国继续输送大量铬矿石已成为联合国家严重关切的问题。最好由您决定，以何种方式才能中止德国人继续获得土耳其的铬矿石。我知道您有着创造性的天赋，希望您找到实现这一目的的某种途径。我坚信，您会以应有的方式珍惜土耳其为切实保证全世界福祉所作出唯一贡献的机会。

无需赘言，我很高兴我们能在开罗举行会谈，并且我认为，您与我可以像老朋友那样倾谈。

谨向您致以我最良好的祝愿，并期待很快再次见面。”

我将同样的电报也发送给了丘吉尔先生。

94

410. 斯大林致丘吉尔和罗斯福的私人秘密信函

1944年3月17日发

二位关于由英国政府向本国移交8艘驱逐舰的来函收悉。我情愿同意这些驱逐舰完全胜任护航勤务，不过二位当然明白，苏联也需要能够遂行其他作战行动的驱逐舰。盟国支配意大利海军的权力自然不容质疑，并且应向意大利政府明示，尤其是关于应移交苏联的意大利舰船。

罗斯福应参事们的建议，在致斯大林的下一封信中，劝说他同意苏联参加国际劳工局（МБТ），这是在国际联盟（Лига Наций）时期就已创建的专业组织。苏联曾是国际劳工局成员，直至1939年底被开除出国际联盟之后才终止资格。美国计划在苏联的参与下重建国际劳工局，但外交人民委员会最初对该建议持否定态度。莫洛托夫1944年3月7日致哈里曼的信中强调，“苏联从某一时刻起已脱离同国际联盟的干系”，而且除此之外，“所指的国际局已无足够权威顺利完成劳工领域国际合作的相关任务，在当前条件下，该领域的国际合作需要更加民主的组织形式”。[160] 对于克尔关于这一问题的询问也给出了同样答复。

然而，总统仍然希望他的私人介入能够改变现状。他致信丘吉尔，写道：“俄国的缺席（费城举行的国际劳工局会议——作者注）将对我们国际劳工局的威信以及对被占领土的工作环境造成不良影响。”[161] 信函文本由罗斯福的顾问I.卢宾（И.Любин）起草，且与劳工部长F.帕金斯（Ф.Перкинс）及国务院高层协商。信件发送之前，帕金斯专门会见了葛罗米柯，强调即将召开会议的重要性，她将亲自率领美国代表团赴会。斯大林借用莫洛托夫给哈里曼信中的
理由以及假托苏联工会反对，礼貌地拒绝了罗斯福。而真正的原因是克里姆林 95
宫和斯大林本人对国际联盟及其各级组织的惨痛记忆，继而对其深恶痛绝，早在20世纪30年代，斯大林对圈内人士将其称为“国际联盟的粪土”。[162]

411. 罗斯福致斯大林的信函

1944年3月20日发　　　　　　1944年3月23日收

哈里曼大使刚刚告知本人，苏联无意参加将于4月2日在费城举行的国际劳工局大会。

我仔细考虑了国际劳工局在不断改善全世界劳动与社会规范事务中应当发挥的作用。我希望您知道这一点。

在我看来，国际劳工局应成为与改善劳动条件、促进该领域国际合作直接相关问题政策的制定者。我希望该组织可以成为联合国家的重要机构，用以商讨与劳工相关的经济和社会问题，以及制定旨在改善生活条件的国际经济政策。如果我们两国政府不能利用费城举行的会议来促进我们达成共同目

标，那么着实令人遗憾。我们不会浪费时间，我们会借此将国际劳工局改变得能够胜任全世界所面临的任务。

我将指示参加费城会议的美国政府代表，建议采取措施以便拓展国际劳工局的活动和职能，并提出该组织未来与其他国际组织相互关系的问题。鉴于您也关注这些问题，另有事关我们两国共同利益的广泛社会与经济问题，我非常期望贵国政府能够参加这次会议。

96

412. 斯大林致罗斯福的私人秘密信函

1944年3月20日发

您就土耳其向德供应铬矿问题暨致土耳其总统信函草案的来函收悉。

我认为您对土耳其人的干预是完全适时的，尽管我对取得积极结果不抱期望。

收到此信后，罗斯福指示勿予回复。[163]

苏联的军事胜利对国际局势产生了直接的影响。德国的仆从国芬兰自1943年秋起便为退出战争而进行着积极的外交试探。我国研究这一问题的历史学家们指出，芬兰“已通过瑞典的外交渠道开始直接沟通。11月20日驻斯德哥尔摩的芬兰公使H.A.格里彭伯格（Грипенберг Г.А.）被告知：苏联政府‘不反对芬兰人赴莫斯科谈判’”。[164] 11月29日，苏联驻斯德哥尔摩公使A.M.柯伦泰（Коллонтай А.М.）通过瑞典副外交大臣 E.博赫曼（Бохеман Э.）收到芬兰武装力量总司令曼纳海姆（Маннергейм）和总统R.吕蒂（Рюти Р.）的声明。斯大林在德黑兰将谈判情况通报给罗斯福和丘吉尔，这给他们留下了良好的印象，斯大林这样概括了芬兰人回应的内容：

“……曼纳海姆和吕蒂愿意赴莫斯科谈判……他们同意以1939年边界作为谈判基础，部分有利于我方的逸出……我的看法是，芬兰人这样答复表明，他们不希望同苏联政府进行严肃的谈判。他们仍相信德国能取得胜利。”[165]

为了让芬兰人确信必须做出更多让步，斯大林将砝码押在了空中打击上。早在1943年12月初，斯大林在同空军元帅戈洛瓦诺夫的谈话中，他“毫
97 不隐诲地将话题转到芬兰退出战争的必要性上。他想知道，我们能否不实施地面战役，而只使用航空兵兵力便能迫使芬兰政府退出战争”。[166]

尽管轰炸并非是使芬兰政府决定积极谈判的主要因素，[167]不过前线的总

体态势，即苏军在列宁格勒—诺夫哥罗德战役中取得的胜利，迫使芬兰有所行动。通过瑞典再次调停，芬兰政府代表Ю.К.巴锡基维（Ю.К.Паасикиви）于2月12日抵达斯德哥尔摩，他拥有同苏联代表谈判的经验，曾于1920年签署俄罗斯苏维埃社会主义联邦共和国与芬兰之间的《塔尔图和约》。通过与柯伦泰举行一系列谈判，2月21日，苏联与芬兰停战条件被送达巴锡基维手中。3月1日，报上刊登了苏联政府的官方立场。要点包括：断绝同德国的关系，必要时苏军帮助其扣押德国在芬兰的武装力量；恢复1940年的苏芬条约，以及承认该条约确定的边界；遣返苏军和盟军战俘。[168] 苏联并没有因为芬兰政府的含糊其辞而中断谈判。芬兰人被建议派遣一个代表团赴莫斯科。巴锡基维和前外长К.恩克尔（Энкель К.）于3月26日从赫尔辛基飞抵莫斯科。在为期两天的谈判中，苏联的一系列要求更加细化：德军撤出芬兰与芬兰军队复员的期限、战争赔款数额、苏联拒绝用汉科（Ханко）换取佩察莫（Петсамо）作为归还领土。芬兰4月19日的答复给外交斡旋画上了句号，其对苏联的条件不置可否。

苏联最初提出的温和条件受到伦敦的欢迎。3月10日，艾登听取了古谢夫关于该问题的声明后，指出："在芬兰问题上，我们同你们……不会出现分歧。"[169] 即便是美国这样一个"三大国"中唯一同芬兰保持外交关系的国家，此时也希望向赫尔辛基表明，不要期待盟国在这一问题上产生分裂。正如国务院1月31日的备忘录中所记载的那样，"……芬兰继续战争的时间越久，和谈的条件就越不利"。[170] 因此，丘吉尔称苏联对待芬兰态度"温和"这一说法，基本上与英国外交部和美国国务院的看法不谋而合。 98

至于苏联方面指责英方泄露往来书信中的秘密消息，丘吉尔试图反戈一击，将责任推诿给对方。这并非即兴而为。在收到斯大林的抗议之前，英国政府就已经着手调查呈送新闻审查的包含斯大林与丘吉尔通信内容的稿件。根据内阁的决定，调查工作最后把泄密源头锁定在苏联驻伦敦使馆，包括大使本人，其于3月7日接受过《泰晤士报》记者麦克唐纳的采访。克尔在3月22日同莫洛托夫会谈时向其叙述了这一切。

在波兰事务方面，丘吉尔无从了解斯大林对其3月7日重要去函的反应。克尔未能受到斯大林接见，莫洛托夫称，斯大林此时正在前线，且紧急军务缠身。大使对此将信将疑。他在呈报伦敦的报告中写道："根据斯大林有时间在克里姆林宫宴请贝林格（Берлинг）将军（驻苏波兰军队司令——作者注）及其军官来判断，我不能排除，他在故意回避就波兰问题再次会谈。"[171] 延误转交首相关于意大利舰船的信函而引起的不悦历历在目，克尔决定不再冒险。他于3月18日致电丘吉尔："在我转述您的第657号电报之前，为了防止斯大林提前回信，我请求紧急会见莫洛托夫。"[172] 翌日，克尔详细地、逐字逐句地向人民委员讲述了首相严苛的指示，他曾试图委婉地表达，但却收效甚微。按照大使的话说，他此时"如履薄冰地设法避免类似威胁的口吻"。人民委员无精打采地听完克尔的讲述，答应将其所述完整地转达给"当家人"，按莫洛托夫的说法，政治令斯大林"厌烦透顶"。克尔在自己的报告中总结道："现在只能等待斯大林的回音了。"[173] 几乎同时，首相在发给斯大林的下一封电报中再也无法掩饰他的烦躁，并且警告克里姆林宫，长时间沉默会带来严重的后果。信函草案由贾德干撰写，他在日记中写道："安东尼（艾登——作者注）赞成草案，他让我去见首相，以获得他的首肯。11时30分到首相那里
99 时他尚未起床，同他讨论了草案，11时45分返回自己驻地并将电报发出。"[174] 此信函副本也发给了罗斯福，以使其知悉。

413. 丘吉尔致斯大林的信函

1944年3月21日发　　1944年3月22日收

回复您3月16日的来电。

1. 首先，应再次向您祝贺贵军取得的所有辉煌胜利，祝贺您以温和的态度对待芬兰人。我觉得芬兰扣留9个德军师会令人产生焦虑，因为他们害怕这9个德军师反过来扣留他们。我们非常感谢您将贵国在该战区的所有行动知会我们。

2. 至于波兰人，在泄露您的秘密信函问题上我问心无愧。苏联驻英国大使馆向《每日先驱报》的美国记者和伦敦《泰晤士报》的记者提供了消息。后者的消息是由古谢夫大使本人提供的。

3. 很快我将必须在下议院就波兰问题做出声明。这样导致的后果是，我将不得不说苏联与波兰政府间达成协议的尝试遭受挫折；我们继续承认自1939年波兰遭到入侵时起我们与之保持长期关系的波兰政府；我们现在认为有关领土变更的一切问题都应当推迟到停战或者战胜国和平大会时解决，届时我们将不会承认任何武力造就的领土易主。

4. 我将把此电报的副本发给美国总统。为了我们所有人，只希望我这里能有对他更好的消息。

5. 最后，请允许我真诚地希望，我们之间关于波兰问题遭遇的挫折不会

对我们其他领域的合作造成任何影响，因为在其他领域保持我们行动的一致是极其重要的问题。

斯大林对丘吉尔关于波兰的来信做出的反应超出了克尔的预期。很明显，100
莫洛托夫在转述克尔不同寻常的独白时无疑在火上浇油，而丘吉尔的第二封信成为引爆点。“最高统帅”不但抓住了有关“武力政治”的说法不放，而且指责丘吉尔违反德黑兰关于寇松线的协议。同克尔一样，他准确地察觉到，丘吉尔在“伦敦人”的影响下立场正在发生变化。克尔叙述的丘吉尔的指示如最后通牒般的风格令他很受伤害，他将此视为对苏联的威胁，而这种结果正是首相和大使所竭力避免的。很可能，人民委员在报告与克尔的会谈情况时，两人已经事先讨论过给英国人的回信了。因此，斯大林对莫洛托夫草案的修改少之又少（使用斜体字突出显示），但突出了他毫不妥协的作风。

414. 斯大林致丘吉尔的私密信件

1944年3月23日发

最近我收到您两封有关波兰问题的来信，也了解了克尔先生受您之托就同样的问题对B.M.莫洛托夫发表的声明。本人未能及时回复，因为前线事务往往令我无暇顾及非军事问题。

下面我回答问题。

惹人注目的是，不论您的来信还是克尔的特别声明，均夹杂着对苏联的威胁意味。我想提醒您注意这种做法，因为使用威胁的方式不仅在盟国相互关系中有失公允，而且危害无穷，因为它可能导致完全相反的结果。

您在其中一封信中将苏联在捍卫和确立寇松线上所做的努力视为武力政治。这是否意味着，您现在试图将寇松线认定为非法，而为其所做的斗争也被认为是非正义的。我无论如何也无法赞同这一立场。我不能不提醒的是，在德黑兰时，您、总统和我已共同认定了寇松线的合法性。当时您认为苏联政府的立场是完全正确的，而称如果波兰流亡政府的代表拒绝接受寇松线，101
则是荒唐的。您现在竟然坚持截然相反的立场。

这是否意味着您不再承认我们在德黑兰所商定的事，从而违反德黑兰协议？我不怀疑，如果您一直坚持您在德黑兰时的立场，那么同波兰流亡政府的冲突早就得到解决了。至于我和苏联政府，将继续坚持在德黑兰的立场，且不会考虑退缩，因为我们认为，确立寇松线不是武力政治的表现，而是苏联恢复对自己的土地行使合法权利的表现，因为寇松和苏维埃国家最高委员会早在1919年便已认定这块土地不属于波兰。

您在3月7日的来函中宣称苏波边界问题将不得不推迟到停战会议召开时解决。我想我们在这件事上有一些误会。苏联现在没有同波兰作战，也不打算同波兰作战。苏联同波兰人民没有任何冲突，并视自己为波兰和波兰人民的盟友。正因如此，苏联才会为了把波兰从德国的压迫中解放出来而浴血奋战。所以，苏联与波兰停战的说法令人奇怪。不过，苏联政府同波兰流亡政府有冲突，他们不能代表波兰人民的利益，也不能代表波兰人民的诉求。更奇怪的是，把位于伦敦的、脱离本国的波兰流亡政府同波兰混为一谈。我甚至难以说出波兰流亡政府同南斯拉夫流亡政府之间有何差别，就像波兰流亡政府中的一些将军们同塞尔维亚将军米哈伊洛维奇之间有何差别一样。

您在3月21日的来函中称，有意在下议院发表演说，声明将一切领土变更的问题推迟到停战或者战胜国和平大会上解决，而且届时您将不会承认任何***武力造就的***（文中斜体字——作者注）领土易主。我的理解是，您***把苏联描绘成波兰的敌对势力***，从而在事实上否定苏联抗击德国侵略的解放性质。
102 这等同于把子虚乌有的东西栽赃给苏联，以此来损毁苏联的声誉。我不怀疑苏联人民和国际舆论将把您的发言视为对苏联的肆意侮辱。

当然，您可以在下议院随意进行任何发言，这是您自己的事情。不过，如果您发表那样的言论，我将认为您的行为对苏联来说有失公正和友善。

您在自己的信函中表示，希望在波兰问题上发生的龃龉不会对我们其他领域的合作造成影响。至于我，我会一如既往地维护合作。但是，我担心，如果威胁方式和毁誉行为也是一如既往地继续下去，将会损害我们的合作。

斯大林把反驳丘吉尔的信函和带有嘲讽的附言一道发给了罗斯福。

415. 斯大林致罗斯福的私人秘密信函

1944年3月23日发

鉴于丘吉尔先生曾告知我，他把自己3月21日写给我的有关波兰问题的信函副本发送给了您，因此我认为，把我给他的回信副本也发给您，并非多此一举。

副本随附。

罗斯福收到此信后随即将之转给了莱希将军和国务院以备回信之用，前提是如果“他们认为有这个必要”。莱希次日报告称：“我同国务卿赫尔讨论了约瑟夫大叔给首相的不愉快的回复，我们一致认为，您暂时不用回信，因为您尚不清楚，首相会在下院说些什么。”[175] 莱希在日记中表达得更为直率：“斯大林致丘吉尔的信是我遇到过的所谓友好国家关系中最为强硬的非外交文件。”[176]

斯大林的反驳令伦敦方面难以接受不足为怪。贾德干在日记中写道：“约瑟夫的反应非常激烈……我派专门的通信员给安东尼（艾登——作者注）送 103
去首相给斯大林的回信草案，以避免首相突发脾气。”[177] 但丘吉尔认为局面尚可挽回，于是决定暂不急于回复。他于4月1日致电罗斯福，写道：“我想他们（俄国人——作者注）是雷声大雨点小，并且他们极不情愿与英美盟友分道扬镳。”[178] 艾登在3月30日通知克尔说，内阁正在讨论这个问题，但“首相暂时无意回复这封信……同时，您在同俄国政府以后接触时应回避这个问题”。[179] 正如丘吉尔告知罗斯福的那样，在内阁会议上，大臣们“不理解斯大林所说的武力政治和威胁的出处。首相认为，无论他与斯大林的私人关系还是苏英关系，总的来说还是需要这种坦诚”。在会议通报的结尾处写着：“首相和战时内阁对斯大林元帅无法接受2月21日的建议深表遗憾……如果苏联政府认为同英国谈判，进而达成协议没有前途，则国王陛下政府只能放弃徒劳的调停，并宣布谈判破裂。”[180] 罗斯福在回信中同意英国的立场，称其为“超乎寻常的尊重”。[181] 盟国对波兰问题的讨论出现了真空期。这也符合丘吉尔本人的心态，在他4月1日给艾登的指示中已显露出来。文中首相同意赫尔的建议，在与莫斯科打交道时需持更加直接和强硬的姿态。[182]

“我相信，下述做法对于我们而言将是正确的方针，对目前与斯大林交往的方式应保持沉默姿态，以示不满，无论在我的通信方面，还是外交部通过克尔进行接触方面，皆要如此……不同他发生争执非常重要。在未来的2—3个月，我们只简短地回答他们的问题。应尽可能地通过我们两国的大使，或以丘吉尔和罗斯福联名的方式回答……再清楚不过的是，同俄国人争论只会激怒他们。另一方面，即将发生的事件会迫使他们向我们提问，但我们仍不要急于答复。很明显，现在他们想利用自己的地位尽可能地获得强势，而一旦我们正式踏上欧洲大陆，他们便有了讹诈的资本，而现在他们还没有这种 104
资本，也就是说他们会拒绝向前推进越过某条战线，甚至暗示德国人向西增派兵力。尽管我已经竭尽全力试图增加自己对这些共产主义领袖的好感，但始终无法增加一丝一毫的信赖。他们只认武力和事实。

我不知道我们能这样坚持多久，但我清楚此时他们正期待我们的谄媚和乞求，而如果我们退出游戏，将出乎他们的预料并为之懊恼。同时应当尽一切可能以同美国达成全面相互谅解，而波兰对此而言是一枚漂亮的钩针。

我这样写，丝毫不意味着放弃同俄国保持友好关系的愿望，但是我们的，尤其是*我的*（文中斜体字——作者注）放任，甚至带有浓烈的个人情感的态度产生了糟糕的效果。所以我才决定采取这样的立场。”[183]

在丘吉尔这个独白中，最有趣之处当属夸张地担心克里姆林宫会把消灭法西斯军队残余的责任推给西方盟友。对苏联向西扩张的恐惧与独自面对德国更加可怕的战争机器的恐惧在首相心里交织在一起。而艾登则更为谨慎。他赞同“我们应该暂停您与斯大林的私人通信”，大臣回答说：“无论苏联近来的行为多么令人气愤，在我看来，得出他们已决定放弃合作政策的结论为时尚早……在考虑对抗之前，我还是倾向稍事等待。”[184] 令人好奇的是，外交部负责对苏政策的主要官员萨金特（Сарджент）、沃纳（Уорнер）、威尔逊（Вильсон）比丘吉尔和艾登要乐观得多，他们将赫尔的危言耸听称作是美国幼稚外交的表现，原因是缺乏同他国互动的经验。[185]

尽管就波兰问题与盟国的讨论处于停顿状态，莫斯科方面仍在为改组波兰政府营造气氛。此前波兰境内已建立起克拉约瓦人民议会（Крайова Рада
105 Народова），即共产党人（波兰工人党）领导的波兰左翼政党联盟，它成为继伦敦的波兰政府之后的另一个备选政治组织。1944年5月，苏联国家安全人民委员 В.Н.梅尔库洛夫（Меркулов В.Н.）这样概括了其初期阶段的活动历程：

“‘克拉约瓦人民议会’首次会议于1944年1月1日举行，会上通过了建立人民军（Армия Людово），以武装打击德国侵略者的决议。

……1944年1月23日‘克拉约瓦人民议会’举行第二次会议，会上讨论了苏波关系问题。

‘克拉约瓦人民议会’呼吁波兰人民支持苏联政府在苏波关系问题上的政策。”[186]

苏联领导层已经萌生了吸纳侨居美国、英国和苏联的可靠波兰人加入这一进程的想法。苏联驻美大使馆密切关注政治上具有影响力的波兰社团，在其中发掘可被莫斯科接受的活动家。这方面最著名的人士是20世纪30年代移民美国的芝加哥大学教授、经济学家 О.兰格（Ланге О.），以及来自马萨诸塞州的天主教神甫St.奥尔列曼斯基（Орлеманский Ст.）。两人的共同特点是，对苏联充满好感，敌视伦敦政府。社会党人兰格作为美苏友好全国委员会的创建者之一，积极支持德黑兰协议，并反对波兰对西乌克兰和西白俄罗斯的主张。在他的倡议下，美波工会委员会于1943年底通过关于波兰问题的行动纲领，其中包括在苏军进入波兰领土后与其合作，并主张建立民主的波兰新政府。奥尔列曼斯基创建了“科希丘什科联盟”，旨在为苏联境内组建的人民军募集资金。英国外交部称其为“主张对苏友好的首个非共产主义的波美协会”。[187] 奥尔列曼斯基还积极与美国的波兰右翼势力抗争，该势力包括多数持反苏立场的天主教神职人员。

1月中旬，莫洛托夫在同克尔和哈里曼会面时，首次试探性地提出吸纳侨 106
居美国的波兰人参与改组波兰政府的想法。克里姆林宫决定邀请兰格和奥尔列曼斯基赴莫斯科，参加与波兰爱国者联盟的磋商会，并接受苏联领导人的接见。1944年2月21日，按莫斯科方面的指示，葛罗米柯向罗斯福提出私人请求，以协助他们赴苏。罗斯福称，将同赫尔进行商议，但随后便没了下文。3月3日，斯大林会见哈里曼时，再次重申了上述请求，希望美方能够满足这一愿望。哈里曼推辞说不了解总统就此问题的立场，但莫洛托夫根据葛罗米柯的消息证明，“总统已允诺核实该问题，但我们至今未得到任何回复”。[188]

未得到回复的原因是，这一请求让总统办公厅陷入进退两难的境地。赫尔的副手斯特蒂纽斯在3月8日向罗斯福汇报称：“这些人在苏波问题上均持非常特殊的、明显片面的立场，这种立场不仅与波兰裔美国人，而且与社会舆论的立场相悖。如果我国政府同意并帮助他们前往苏联，我们有可能被直接卷入波兰与苏联政府的冲突。他们的出访将被广泛视为我们远离波兰流亡政府的第一步……另一方面，即使不情愿，也不可能拒绝允许这两位美国公民接受苏联政府的邀请。”为了摆脱困境，国务院建议将他们的行程认定为绝对私人的性质，并在给斯大林的信函中对此予以强调，信函草案附在斯特蒂纽斯的报告里。[189] 罗斯福在做出最终决定之前一直在观望。他收到了关于驻美波兰社团意见的详细报告，而其压倒多数的反苏倾向深深地刺激了他。而且当局知道，白宫拨给波兰流亡政府用于波兰地下运动的资金被用在了波兰在美国的宣传上。正如罗斯福在2月21日对葛罗米柯所说的那样，他本人并不反对奥尔列曼斯基和兰格赴苏。罗斯福甚至于3月6日隐晦地指示自己同苏联使馆的联络员沃森将军：“去苏联大使处，问他，两位绅士是否已经递交了 107
护照申请，我们上周谈过此事。转告他们，我认为此事可行，但他们应当亲自提交申请。”[190] 不过罗斯福仍担心来自波兰社团及其支持他们的国会议员的负面反应，况且将来还有即将到来的总统大选。3月15日罗斯福征求赫尔的意见，而赫尔重复了斯特蒂纽斯的建议。3月23日，罗斯福指示向兰格和奥尔列曼斯基发放出国护照。[191] 翌日，罗斯福稍微修改了国务院起草的致斯大林的信函，并同意将其发出。美方拒绝为苏方客人提供交通工具，显然是出于政治原因：当局希望避免出现与这个敏感使团相关的任何联想。

416. 罗斯福致斯大林的私人秘密信函

1944年3月24日发　　　　1944年3月25日收

根据您的建议，我们将给兰格博士和奥尔列曼斯基神甫发放护照，以便他们能接受您的邀请前往苏联。但目前我们的交通工具因军事运输严重超负荷，因此他们只能搭乘苏联的交通工具从美国前往苏联。我相信您完全能理解，兰格博士和奥尔列曼斯基神甫是以私人身份前往的，因而美国政府不会对其言论或行为负任何责任。若此行成为媒体关注的话题，则美国政府很可能要对此予以澄清。

417. 斯大林致罗斯福的私人秘密信函

1944年3月25日发

您致力于我们两国政府合作、解决与改善世界范围内的劳动条件等相关
108 的经济和社会问题，对此我表示赞赏。但鉴于哈里曼先生在信中所提到的理由，苏联不能派代表参加费城国际劳工局大会，因为苏联的工会组织反对参加该大会，苏联政府必须尊重其意见。

当然，如果国际劳工组织真的能成为联合国（OOH）的一个机构，而非苏联与之交恶的国际联盟，则苏联代表有可能去参与这项工作。我相信这完全有可能，而且不久的将来便会有相应的措施出台。

鉴于斯大林的态度，苏联代表没有参加于1944年5月10日闭幕的费城国际劳工局大会。之后苏联也一直对该组织持否定态度。于1945年5月在蒙特利尔召开的下一届大会，苏联仍然缺席。因为正如外交人民委员会内部文件所指出的那样，“国际劳工组织同国际联盟一样，而且不能有效地解决国

际劳工问题。他们可能继续尝试把苏联拉入国际劳工组织（Международная Организация Труда）。他们可能认为，我们对国际劳工组织会持同样的否定态度”。[192] 1945年在圣弗朗西斯科大会上，苏联外交官们坚决要求将联合国章程中提及该组织的部分删除。苏联代表团坚持必须“在更广泛的民主基础上”改组国际劳工组织，并努力避免将国际劳工组织与联合国捆绑在一起：这可能使苏联避免加入国际劳工组织一事复杂化。直到斯大林去世后，苏联在该问题上的政策才有所缓和，并最终在1954年4月加入国际劳工组织。[193]

关于丘吉尔指责苏联驻伦敦使馆及古谢夫大使本人泄漏“丘吉尔—斯大林”通信中的秘密信息一事，莫洛托夫根据“当家人”的指示，责成古谢夫尽快调查清楚，并立刻予以答复。大使再次陷入困境，况且他确实在丑闻出 109
现前夜会晤了麦克唐纳。在收到人民委员莫洛托夫严厉的电报后，大使立刻向其做了解释。他指责英国记者恶意炒作，甚至要求与他们当面对质。古谢夫在辩解时一个主要的也是最具说服力的理由是，对此次曝光中所提到的丘吉尔致函斯大林之事他毫不知情。他称针对自己的指责“纯属杜撰，是非常卑劣的挑拨离间”。在为其辩解的紧急报告最后，大使归纳了此事发生的真实背景：“丘吉尔和克尔此次外交行动的政治意图非常明显，丘吉尔和艾登希望看到新面孔的苏联驻伦敦大使。为达此目的，他们通过这种外交行动设局。”[194] 实际上，伦敦官场上也确实不大喜欢古谢夫，所以，不排除英国人利用一个合理事件来打压他。无论怎样，大使经辩解后毫发无损，因为“英政府”看不顺眼的，对克里姆林宫而言正好证明其具备可称道的独立性，而英国人的居心叵测则无需特别证明。这次泄密很可能是驻伦敦的波兰政府所为，因为英国人曾将“斯大林—丘吉尔”的来往书信给其看过。这无形中又将艾登[195]推入漩涡之中。古谢夫的分析令斯大林很满意。第二天，斯大林在收到大使的紧急报告后便严肃地致函丘吉尔，内容如下：

418. 斯大林致丘吉尔的私人秘密信函

1944年3月25日发

关于您所通报的由于苏联驻伦敦使馆及Ф.Т.古谢夫个人过错造成您我之间来往书信泄露一事，我进行了彻底调查。经过调查，在这件事情上，无论是大使馆还是Ф.Т.古谢夫个人完全是无辜的，因为英国报刊上所披露的电文内容他们根本就不知晓。因此，造成泄露的并不是苏联方面，而是英国

110 方面。古谢夫同意对该事进行任何对质，以证明他和同事们与我们的书信内容泄露一事毫无关系。我觉得，您误解了古谢夫和苏联大使馆。

首相被来自克里姆林宫的再次抱怨激怒了，于是又安排了一次调查，因为他觉得第一次的调查结果不是很可信："所有与苏联大使馆有过接触的人都需提供证词，如果有必要，传媒大臣会同外交部一起进行缜密调查。"他指示内阁秘书E.布里奇斯（Бриджес Э.）说："我不能对指责我说谎的诬陷置之不理。"[196] 同时，3月27日的内阁会议决定，对斯大林的来函不予回复。但再一次的调查结果未能如丘吉尔所愿。"首相在3月21日致电斯大林元帅时所说的，即古谢夫先生将首相与斯大林元帅关于波兰问题的秘密书信内容泄露给了《泰晤士报》的说法是错误的。"丘吉尔私人办公室的调查结论如是说。首相将信息不准的责任推卸给了外交部，"如果我们必须请求原谅的话，应该向斯大林和莫洛托夫解释"实情，他在给艾登的信中写道。[197] 同时，外交部高层及丘吉尔本人还是竭力避免为此事正式道歉。但当有影响力的《泰晤士报》要求苏联方面给其恢复名誉，并告知苏联使馆古谢夫与泄密丑闻无关时，英国外交官不得不站出来向莫斯科解释。7月底，克尔受命立刻给莫洛托夫发一份特别声明，但声明中并没有道歉的含义。大使建议声明中的语气要缓和一点，暗示着"道歉或遗憾"，否则，俄国人会产生这样的印象，即"我们不否认其他指责"。但外交部借口首相有指示，而坚持己见："我们根本不想洗白俄国人……"在给克尔的下一封电报中如此写道，"所以，重要的是要明确表明，我们不承认有任何责任，也看不到我们不给苏联大使馆脱责有任何害处。"[198]

111 最终，克尔于8月8日转交给莫洛托夫一封信，信中承认，古谢夫不是《泰晤士报》上所披露信息的泄露者，但同时也重申，调查结果不能证实苏联的推测，即英国是泄密事件的始作俑者。"正如所见，"人民委员告诉古谢夫，"克尔的信并未对您蒙冤一事表示道歉……"倔强的莫洛托夫不会对英国人的反击置之不理。他在回复克尔的信中写道："然而，从您的来函中看仍有一事不明，调查结果究竟证明了谁泄露了И.В.斯大林与丘吉尔先生之间的秘密书信。对此问题若能有新消息，将非常感谢。顺致安。"[199] 新消息并未传来。"我们不打算对莫洛托夫的这份通告予以答复，"伦敦方面向克尔解释道，"因为这件事很难处理，我们只有放弃我们原有的意见，承认不是苏联方面泄露的才行。"[200]

对罗斯福关于兰格和奥尔列曼斯基出行问题，斯大林经认真考虑，对美国人提出的条件表示理解，并照此予以了回复。

419. 斯大林致罗斯福的私人秘密信函

1944年3月28日发

您关于给兰格博士和奥尔列曼斯基神甫发放护照的来函收悉。尽管苏联的运输也是严重超负荷，我们仍将给兰格和奥尔列曼斯基提供必要的交通工具。苏联政府将兰格和奥尔列曼斯基的苏联之行视为公民个人出行。

4月，按租借法案开通的阿拉斯加—西伯利亚航线上的苏联飞机将两个波兰人送往苏联。为了不给外界以口实，指责其为“勾结”，他们于不同的时间抵达了莫斯科。

罗斯福是1944年5月费城国际劳工局大会的支持者之一。但费城大会辜负了总统关于国际劳工局与国际联盟脱离关系的期望。对国际劳工局章程进 112
行修订，使其成为联合国的一个专属机构，只有等到1945—1946年度了。尽管如此，国际劳工局被视为是当今国际劳工组织的先驱。正如研究人员所指出的那样：“基于1919年巴黎和平大会成立的（并作为一个专业机构于1946年被整合进联合国系统中的）组织，其引以为豪的是，相比联合国其他机构，其存在的时间最长。”[201]

420. 罗斯福致斯大林的私人秘密信函

1944年3月31日发　　1944年4月4日收

非常感谢您3月25日的来函。我希望在本次大会上能够使国际劳工局脱离国际联盟，而成为联合国家组织。所以我相信，苏联会派代表参加下一次大会。

我将向您通报费城大会的情况。

421. 斯大林致罗斯福的私人秘密信函

1944年4月6日发

4月4日收到了您关于国际劳工局的来函。感谢您的回复。我认为，改组国际劳工局，为将来苏联代表参与其工作创造了必要的条件。

美国驻莫斯科军事联络处主任J.迪恩将军早在2月底首先建议将“霸王”行动开始日期通知苏联方面。他这样做的主要目的是，为落实在德黑兰承诺的苏军进攻行动，以策应盟军诺曼底登陆。迪恩将军在其紧急报告中强调，
113 对俄国人来说，“如果不告诉他们‘霸王’行动的确切日期，他们就不可能在这方面有任何计划”。他还建议向苏联统帅部询问苏联进攻的时间、规模和方向。[202] 美国参联会也支持这一建议。参谋长联席会议中的英国代表同意第一个想法，但反对第二个，认为“按照目前东线战场（Восточнй фронт）事态的发展速度，俄国人很难预见2个月后其将持何种态度”。[203] 在4月6日给迪恩及其英国同行B．布罗斯（Бэрроуз Б.）中将（1944年3月取代马特尔成为英国军事联络处主任）下达的综合性指示中，参谋长联席会议授权他们向红军总参谋部高层通报，登陆开始时间预计为5月31日，但很可能会根据天气情况提前或推迟2—3天。还指示他们要“慷慨地赞扬俄国人的辉煌成就”，并要求确认苏联同时进攻的计划，但不要坚持打探细节。[204] 由于苏军总参谋长华西列夫斯基元帅此时不在莫斯科，这份绝密通报直到4月10日才发出。与此同时，4月14日，丘吉尔建议罗斯福联名写信告诉斯大林“霸王”行动日期。罗斯福征求马歇尔的意见时，马歇尔报告说，美国和英国的军事联络处主任已收到指示将此消息告知苏联总参谋部高层。但马歇尔发现，丘吉尔好像对此事并不知情；罗斯福似乎也一无所知。[205] 总统最终同意了马歇尔提出的建议，重新发函，并把草稿发给丘吉尔征得同意。“至于您来函第三条中提及的苏联的力量规模一事，”总统致电首相时说，“斯大林在德黑兰已经坚决保证过，我想，他会说到做到。”[206] 丘吉尔同意美国的方案，他回复罗斯福时说，这种联名方式“将比参谋部的通报更能引起斯大林的重视，也更符合我们全身心投入的伟大事业”。此外，他补充道，它“可能会引发友好的回应”。首相只是建议将信中最后一句话中的“尽快”一词删掉。总统采纳了他的建议。[207]

422. 丘吉尔和罗斯福致斯大林的信函 114

1944年4月18日发　　　　　　　　　　　　　　1944年4月21日收

私人，机密

1.根据我们签署的德黑兰协议，渡海行动将于“R”日前后进行。不久前已委托迪恩和布罗斯两位将军将该时间通报给了苏联总参谋部。此次行动我们将投入最庞大的兵力。

2.大约5月中旬，我们将在意大利境内展开最大规模的进攻行动。

3.自德黑兰以后，您的军队取得了一系列辉煌的胜利。甚至在您认为不会采取积极行动的那一个月，他们也取得了辉煌战果。在此向您表示我们最衷心的祝愿，我们相信，我们双方军队根据德黑兰协议展开齐心合力的行动，定将歼灭希特勒分子。

收到此信的三天后，在克里姆林宫，迪恩将参谋长联席会议的通报转交给了华西列夫斯基挂帅的总参谋部。第二天，即4月22日，他收到了华西列夫斯基的副职 A.И.安东诺夫（Антонов А.И.）的签名回信。信中写道：

“1.红军总参谋部对您们根据德黑兰协议及时通报‘霸王’行动开始日期表示满意。

2.苏军将同期展开新的攻势以支援英美联军。”[208]

在安东诺夫签署该信的同一天，斯大林也以同样的内容回复了罗斯福和丘吉尔。这样，最高统帅的确认信和盟国军事代表通知总参谋部的反馈通报几乎同时传到了华盛顿和伦敦。斯大林对莫洛托夫起草的信函进行了仔细修改。[209]

很显然，盟国关于“霸王”行动开始日期的消息对苏联统帅部制订作战 115
计划产生了直接影响。4月12日，在收到英美首次确切通报的二天后，苏联召开了联共（布）中央政治局、国防委员会和大本营联合大会，会议“决定夏秋季在苏德战场各地展开连续的战略性进攻战役，逐次消灭敌兵力集群：首阶段战役在卡累利阿地峡和南卡累利阿，接下来是白俄罗斯，之后是西乌克兰展开；在第二阶段的战局中，计划对巴尔干、波罗的海沿岸和北极圈内的敌军展开战略性突击”。[210]

4月22日，在迪恩发出消息后的第二天，大本营又召开了一次有安东诺夫、朱可夫及其他军事指挥员（华西列夫斯基此时在克里米亚）参加的会议。朱可夫回忆录中写道：

“我在报告时首先说，同意А.И.安东诺夫预测的德军下一步行动以及于1944年在苏德战场遇到的困难的主要看法。

这时И.В.斯大林打断我的话说道：

——不止这些。6月，盟军还将在法国实施大规模登陆。我们的盟友急眼了！——И.В.斯大林冷笑道。——他们担心，没有他们的参与我们就不可能消灭德国法西斯。当然，我们所关注的是要让德国最终开始两线作战。这样一来，其处境将会更糟而无法应对。”[211]

几天后，经过与华西列夫斯基沟通，斯大林终于确定了夏季战局的计划：首先在卡累利阿地峡和彼得罗扎沃茨克方向进攻，然后在白俄罗斯，这将是该战局中最重要的战事。正如丘吉尔所期待的那样，斯大林对4月18日联名信中通报横渡英吉利海峡一事给予了“友好的回复”。

116

423. 斯大林致罗斯福和丘吉尔的私人秘密信函

1944年4月22日发

二位阁下4月18日来函收悉。信中说，根据德黑兰协议，将于预定时间渡海，迪恩和布罗斯两位将军已将确切时间告知我方总参谋部，以及贵方将投入最大规模的兵力实施行动。苏联政府对贵方的通报表示满意。我相信此次行动定会成功。

我同样希望贵军在意大利的行动取得成功。

根据我们在德黑兰的约定，红军将如期发起新的攻势，以对英美的行动给予最大的支持。

对贵方祝红军成功的祝愿，请接受我的谢意。我同意二位所说的，贵军和我们的军队互相支援，定能消灭希特勒，完成我们的历史使命。

罗斯福没有回复斯大林的这份重要通报。“不需要回复或确认收到。”莱希将军在信件译文中指示道。[212] 首相在致电莫洛托夫时确认其收到了斯大林的来信并补充说，同意“历史使命”这一说法。4月28日，莫洛托夫回复丘吉尔，已将此通报转交斯大林，斯大林“收到信很高兴”。[213] 艾登休假期间，外交部由丘吉尔亲自掌管，因此首相开始亲自与人民委员通信。丘吉尔致电罗斯福时对该信评论道，“没有向我打听行动的细节，因为我们之间相距遥远，而他们行动时无疑也承受着巨大的压力”。[214]

4月28日，海军部长F.诺克斯（Нокс Ф.）在华盛顿去世，莫斯科当天就从葛罗米科的电报中获知此事。苏联大使馆代表政府表示哀悼，但斯大林想亲自做这件事，这在与罗斯福和丘吉尔通信期间从未有过先例，1945年4月总统去世除外。尽管诺克斯在莫斯科的名声并不好，像美国大部分高层军官 117
一样，是个反苏分子，但斯大林还是亲自发了唁电。给罗斯福亲自发唁电的还有丘吉尔。

424. 致美利坚合众国总统富兰克林·D.罗斯福先生

1944年4月29日
华盛顿，白宫

美国海军部长富兰克林·诺克斯的辞世是美利坚合众国的一大损失，请您接受苏联政府的深切哀悼。

И.斯大林

随着北极护航运输队“旺季”中的夏季停歇期的临近，适时可以总结一下半年来的工作了。而且还有一个情况不容忽视：英国和美国将更多的注意力放在了“霸王”行动的直接准备上。能证明半年来工作成绩的，不仅有丘吉尔5月3日致函斯大林时所列出的数字，而且还有弗莱泽海军上将的评价：

“随着RA59的返航，可以说，护航运输队的旺季已接近尾声……总的来说，航行期很顺利。大部分贵重物资几乎是完好无损地运抵俄国，而破坏交通线之敌遭受的损失，比他给我们造成的要大得多。”[215]

弗莱泽所提到的RA59护航运输队还因其他一些原因而引人注目。该护航运输队的所有舰艇上都有两组编外舰员。一组是美国人，他们在将“密尔沃基”号巡洋舰交给苏联海军后便返回了英国。该舰是苏联租借的，后更名为“摩尔曼斯克”号。4月20日进行的交接仪式非常隆重：哈里曼和美国驻莫斯科的海军代表出席了庆祝仪式。[216] 另一组由苏联军人组成：他们被派往英国接收英国“君权”号战列舰。戈洛夫科海军上将虽然对北方舰队增添新舰感 118
到高兴，但同时他又在回忆录中写道：

“……瓜分意大利海军后，我们从美国人手里获得了1艘旧的改装舰，而从英国人那里获得了1艘老旧的战列舰、8艘驱逐舰和4艘潜艇，以代替应从意大利海军得到的份额……当然，这并不是‘小火轮儿’的事，虽然这只是北方舰队官兵对英国战列舰和美国巡洋舰的戏称，但美国的这艘巡洋舰确实太古典了。上面居然还竖着4个大烟囱，外观看上去像第一次世界大战时的战舰。”[217]

425. 丘吉尔致斯大林的信函

1944年5月3日发　　1944年5月5日收

私人，秘密

1. 去年秋天我下令向贵国北方港口派遣一轮共4个批次的护航运输队，每批次中有35艘英国和美国船只。之后，我对最初的计划进行了补充，增补了2支小型护航运输队，每支由20艘船只组成。这样，派出的船只总数达到了180艘，据估计，能运送100万吨的货物。现在，这一轮的护航运输队派遣任务已经完成，我很高兴地告知您我们努力的成果。

2. 除救生船外，皇家海军向贵国北方港口护送了191艘货轮，其中有49艘英国的和118艘美国的干货船、1艘用于卸货的起重船、5艘装载美国军用物资的船只和18艘油轮。所运货物的总载重量如下：

	吨
英国物资	232600
美国物资	830500
航空汽油、乙醇和重油	171500
美国军用物资	25000
共计	1259600

119 3. 尽管遭到有戒备之敌的猛烈攻击，皇家海军仍然顺利地将船只护送至贵国港口，3艘（架）舰（机）除外。这里我高兴地告诉您，我们的全部损失只是2艘驱逐舰沉没、1架歼击机被击落，而敌人为此付出的代价是：损失了1艘“沙恩霍斯特”、8艘潜艇和5架飞机。我们还在这一海域重创了“提尔皮茨”号。

4. 所有这些都是了不起的战果。令我感到由衷高兴的是，在贵国英勇的军队正在取得伟大胜利之时，这些武器送到了他们手中。我们马上要迎来“霸王”行动的关键时刻，我将制订对您的后续供应计划。我已下令研究此事，若作战进程允许，我将与您签订再派1支护航运输队的协议。我估计“霸王”之战中海上损失会很大，军舰要与岸炮进行持久战，而且所有舰艇都面临着来自水雷的巨大威胁。我们认为，之前我们成功地战胜了敌人的潜艇和航空兵，但小型的“E”型鱼雷艇由于航速快，夜间将对我构成威胁。我认为有责任告诉您一个事实，在组织此次北极运输行动中，在生产大臣利特尔顿（Литтлтон）先生的努力下，我们取得的成果超出了我们的预期。

谨致以我美好的祝愿。

丘吉尔这封热情洋溢的来信并不意味着他在莫斯科问题上的悲观情绪有所改变。在这封电报发出后过了一天，他便在给艾登的信中写道：

“请您考虑，我们是否把我们驻莫斯科的大使召回进行磋商。最好能同他谈一谈。但这将会在我们与俄国人之间设置一道鸿沟。艾夫里尔·哈里曼已经回美国了。

请告诉我，您对此有何看法。我本人对此还不是很确定，但我知道，由于俄国人在意大利、南斯拉夫和希腊所进行的共产主义阴谋活动，我们已濒临与其对立的边缘。如果这时他们那里既没有美国大使也没有英国大使，他们可能会不高兴。应该说，他们的行为越来越让人难以忍受了。”[218] 120

在返回美国的途中，哈里曼在伦敦做了停留，并单独与丘吉尔进行了详谈。首相向其信任的谈话对象发泄了对克里姆林宫主人的不满。用他的话说，他竭力劝说波兰人的努力换来的是“斯大林这个野蛮人的无情侮辱，云云总总。”哈里曼不无嘲讽地在自己的日记中写道。[219]

426. 罗斯福致斯大林的私人秘密信函

1944年5月5日发 1944年5月6日收

请允许我代表美国政府和人民向您就海军部长弗兰克·诺克斯不幸去世一事发来唁电表示由衷的感谢。

在苏联政府看来，兰格和奥尔列曼斯基访问苏联非常成功，但美国大部分波兰报刊却将此事评论为“背叛行为”，称这些密使为“莫斯科的走狗”。他们不仅与“莫斯科的”波兰人会面，而且还受到了斯大林和莫洛托夫的接见，就波苏关系问题进行了详谈。因此，斯大林写给罗斯福的下面一封信中语气少有的温和。信中之所以特意提到奥尔列曼斯基，很显然是因为他的莫斯科之行在美国引起了强烈的反对之声，这间接地抨击了白宫，对此赫尔在与葛罗米柯谈话时多次抱怨。[220] 其实，莫斯科与兰格的谈话内容更为丰富，战后，兰格成为波兰新政府第一任驻美大使，后成为著名学者和波兰人民共和国的社会活动家。兰格告诉哈里曼，斯大林建议由他去访问伦敦，给米科瓦伊奇克及其同僚带去有关苏联及苏联建议的真实信息。而且斯大林还暗示，
121 英国政府做事有时并不客观。[221] 尽管兰格的观点明显亲苏，但他本人给哈里曼的印象却是“总是若有所思、善于思考、平易近人”。[222]

回到美国后，兰格和奥尔列曼斯基作为奉公守法的美国人，与国务院的专家们交流了出访的印象。除了外交部门外，兰格还给总统寄去了一份详细的事务性报告，并附上了莫斯科会谈的记录。报告的内容相当乐观：苏联领导人已决定与西方盟国合作，建设性地解决波兰问题。[223] 兰格的报告也被送到了战略服务局。该局对其报告做出的结论是：“兰格满怀希望地回来了。他认为，苏联与波兰之间达成协议是可能的，前提是波兰停止反苏宣传，免除反苏部长的职务，并吸纳在莫斯科的波兰爱国联盟的成员入阁。”[224]

档案文件中没有记载罗斯福对兰格的详细报告有何反应，但总统却对赫尔提交的一份自己的同事与奥尔列曼斯基的谈话记录非常感兴趣。神甫以非常自然的谈话形式描写了与斯大林的会见。谈话结束时神甫委托这位同事：“一定要转告华盛顿的大叔，斯大林想扭转局面；但问题是他几乎对所有人都极度怀疑。可他对罗斯福有好感。”[225] 显然，这些话太合总统的心意了，这恰恰符合他的自我评价，因此他称这份记录“太有趣了”，他甚至问赫尔，他或者赫尔是否值得“派人去请奥尔列曼斯基，与其‘不记录在案’地见一面”？[226]

后来，报刊上登载了兰格和奥尔列曼斯基秘密报告中的有关信息。丑闻缠身的华盛顿评论员D.皮尔森在《华盛顿杂谈》的专栏上称其为“战争期间白宫收到的最重要的战争外交通报之一”。[227] 兰格甚至指责联邦调查局窃取自己的报告，因为这份报告当时是由联邦调查局局长J.E.古维尔呈报白宫的。[228]

在斯大林给罗斯福发这封信之前，其英译副本就已经交给了奥尔列曼斯基，以使他加深印象。回到美国后，神甫接受了几次访谈，说斯大林是热爱和平的，他准备尊重波兰的主权和独立，甚至准备与梵蒂冈对话。神甫的这
122 些言论及其莫斯科之行引起了广泛的热议，致使当地的主教免去了其在教堂的职务，甚至命令他去修道院忏悔。这位波兰天主教教士的主要罪孽是破坏了1937年第十一世教皇通谕中的一条，禁止“与共产党打交道”。“就这样，天主教徒们，特别是波兰教徒对奥尔列曼斯基威胁说回来后要予以惩罚，还

真的这么做了。”葛罗米柯自华盛顿发回的消息说道。[229] 但很快这个惩罚就撤销了。克里姆林宫对奥尔列曼斯基遭遇的苦难难以忘怀：甚至事情过去二年之后，斯大林与在美全斯拉夫大会主席 Л.克尔仁茨基交谈时还在打听，“奥尔列曼斯基过得怎么样。他受苦了”。“奥尔列曼斯基回到美国后过得很好。”莫洛托夫向“当家的”附和道。[230]

427. 致美利坚合众国总统富兰克林·德拉诺·罗斯福

1944年5月6日发

我亲爱的朋友：

我非常感谢您在德高望重的斯坦尼斯拉夫·奥尔列曼斯基到访莫斯科一事上给予的协助。

祝您健康和成功。

您真诚的

斯大林

丘吉尔5月3日发出的为苏联增派护航运输队的信函，令克里姆林宫感到非常高兴。5月5日从克尔手上拿到信后，莫洛托夫告诉他说，“苏联政府非常珍视此举并表示感谢”，他补充道，斯大林会很快回复的。[231] 的确，斯大林回复得非常快且充满善意。

428. 斯大林致丘吉尔的私人秘密信函

1944年5月8日发

您5月3日的来函收悉。组织护航运输队向苏联北部港口运送物资，确实值得认可和称道。感谢您对此事给予的特别关注。如果苏联政府给劳苦功高 123
的利特尔顿先生授予苏联勋章，您意下如何？我们非常愿意对组织和护送护航运输队的其他优秀人员予以奖励。

从您的通报中我高兴地得知，您责成研究有关后续护航运输队的问题，我们对后续护航运输队的需求还很大。

我理解您目前正在全神贯注“霸王”行动，这当然需要最大程度地使用兵力，但对战争进程也会做出巨大贡献。

谨向您致以最美好的祝福。

斯大林充满热情的感激并未得到丘吉尔的回应。收信当天，他给艾登发了一张颇像启示录的便条："我担心，世界将要面临巨大灾难。好在我们和美国人都已经武装起来。俄国人正沉醉于胜利之中，他们很可能会没有底线地越走越远。"[232] 前一天，5月7日，丘吉尔还通过艾登责备克尔在与克里姆林宫打交道时总是文质彬彬："克拉克·克尔大使在莫斯科的举止令我吃惊。看来每份电报他都要亲自交给莫洛托夫或斯大林，有时这些头头儿不在或不想见他，他就会等上好几天。当然，有些电报他应该亲自递交，但其他的难道就不能派信使送吗？……在我看来，后一种情况更好，比如我们发去一封措辞严厉的信函时，我们的人没必要在那里等着挨骂，或是做一些无关痛痒的解释，反而会削弱我们深思熟虑出的理由的说服力。"[233]

丘吉尔与莫洛托夫关于罗马尼亚问题的来往电文再次激起了丘吉尔的愤怒。莫斯科很清楚布加勒斯特有两名英国情报员，他们在罗马尼亚政府的姑息下一直与外界保持着无线电联系。罗马尼亚位于红军管控区内，因此，苏联领导人对此事十分敏感，要求英国方面对此做出解释。丘吉尔将苏联的要求理解为对盟国不信任的侮辱性表现，于是，5月2日，他给莫洛托夫发了封
124 义愤填膺的电报，他故作惊讶地说，"您可以想想，哪怕找出一条理由，我们与罗马尼亚政府或罗马尼亚的任何组织保持某种秘密联络，或是我们在罗马尼亚问题上有哪些险恶用心给贵方的行动或我们共同的事业带来了损害，或是我们与罗马尼亚人之间有什么您所不知的秘密……"[234] 首相答应通过克尔大使给出相应的解释，但5月5日，莫洛托夫冷冷地对首相说，克尔的解释也没有说服力，这平添了丘吉尔对莫洛托夫和克尔本人的愤怒。

相互羞辱和矛盾不断不能改变一个事实，即全体盟友面临着重大难题，需要盟友同心协力来解决。如果说"霸王"行动没有引起异议的话，那么在"铁砧"行动上情况则有所不同。正如一位西方著名的第二次世界大战史学家G.魏因贝格（Вайнберг Г.）所指出的那样，英国人和美国人在"铁砧"行动上的争论"无疑是整个西线（Западный фронт）英美之间最严重的分歧之一"。[235] 对英国人来说，"铁砧"行动只不过是占用过多的地中海战略资源的借口而已，而非美国人所说的是对"霸王"行动的直接支援。从1月份开始，在与罗斯福的来往通信中，丘吉尔开始坚持缩小"铁砧"行动的规模，而坚持意大利的"鹅卵石"行动。[236] 蒙哥马利也支持这一观点。他在回忆录中写道：

“我个人从一开始就反对‘铁砧’行动并坚持彻底予以取消，个中有两个重要原因。第一，我们需要登陆工具实施‘霸王’行动；第二，继续推进就可使我们抢在俄国人之前到达维也纳，但同时会使意大利战场上的进度放缓（由于这一目的没有实现，对1945年末开始的‘冷战’产生了深远的影响）。”[237]

美国军方则持另一种观点。1944年1月底，艾森豪威尔说服马歇尔，“应将‘霸王’和‘铁砧’看成一个整体”，同时执着地强调夺取马赛（Марсель）和土伦（Тулон）控制权带来的益处——能对在法国不断增加的美军兵力实施 125
保障。另外，研究人员指出，“虽然这一理由没有公开说明，但‘铁砧’是保证‘霸王’优先实施的最好手段，不会使意大利战区耗费过多的资源”。[238] 罗斯福习惯性地将制定军事计划的细节交给军人们去完成，同时特别着重强调了政治因素。在2月21日召开的参谋长联席会议上他提醒道，“在德黑兰，为了让英国人同意‘铁砧’行动，我们用了三天的时间，结果，苏联方面却‘高兴得要命’……我们已经给了第三个大国承诺……过去我们拒绝承诺，最好这种情况不再重演”。[239]

2—4月，争论仍在继续。以丘吉尔为首的英国人坚持意大利战场优先：首先应保证在意大利行动的主力部队与参加“鹅卵石”行动的登陆部队会合，然后重新审议“铁砧”计划。[240] 最后，在4月18日召开的参谋长联席会议上达成了妥协。华盛顿终于同意英国人提出的5月份在意大利组织进攻，并将“铁砧”作为辅助行动。但美国人决定，在意大利5月进攻结果明朗以前，暂不调遣太平洋的登陆舰。总的来说，这次妥协令布鲁克和艾森豪威尔都不满意。艾森豪威尔认为这破坏了“霸王”和“铁砧”的关联，是对英国地中海战略的让步。“我担心，地中海的盟军兵力动弹不得，当需要他们全力投入作战时却派不上用场。”他在5月6日给马歇尔的信中写道。[241] 而布鲁克认为，虽然“我们逼迫美国人同意，但失去了他们（之前）准备提供的补充船只。历史永远不会原谅他们为了装备而与我们的战略讨价还价和趁机敲诈……为了船只无异于把枪口顶在我们的头上！”[242] 布鲁克对“铁砧”的极度不满后果可想而知。

由于担心斯大林认为“铁砧”延期是盟国不够坚决的表现，罗斯福建议丘吉尔向斯大林解释该决定的动机，同时表示自己有决心采取行动。5月11日，首相将总统的建议交由军方修改之后发回给罗斯福。总统同意修改意见， 126
最后这封联名信由伦敦发出。[243]

也不排除斯大林已经知道“铁砧”延期的真正原因，但他的反应很平静。

在德黑兰时他就明确地表示，在遵守“霸王”优先权的条件下，在“霸王”行动之前还是之后实施“铁砧”完全可以根据英美的能力而定。[244]

429. 罗斯福和丘吉尔致斯大林的联名信

1944年5月12日发　　　　1944年5月14日收

为了投入最大力量跨海进攻法国北部，我们将部分登陆工具从地中海抽调到了英国。另因我军地中海地面兵力尚须遂行意大利会战任务，所以向法国地中海沿岸的进攻无法与“霸王”行动同时进行。我们打算稍后再实施进攻，届时将从美国再增派登陆工具到地中海。为了能将更多的德军从法国北部和东部战线引开，我们应对意大利的德国人展开最大规模的进攻，同时对法国的地中海沿岸形成威胁。

430. 斯大林致丘吉尔和罗斯福的私人密函

1944年5月15日发

贵方的联名信函收悉。你们更清楚分配兵力的方法和顺序。当然，首要的是确保“霸王”行动取得完全成功。同时我相信，在意大利业已开始的对德进攻一定会取得战果。

127 1944年5—6月，在意大利的英美军队虽然有所推迟，但最终还是达到了丘吉尔的预期目的。5月18日，他们攻占了卡西诺，此地不仅是通往著名的本笃会修道院（1944年2月在美空军的空袭中被毁）所在的蒙特卡西诺岗的要冲，而且打开了面对整个“古斯塔夫防线”的大门——罗马的最后一道防御屏障。丘吉尔的信中提到，“阿道夫·希特勒”防线*也是该防线的一个西北分支。在此之前，卡西诺的德军已经三次击退盟军的进攻，成为勇敢的象征。原美国驻西班牙大使K.鲍尔（Бауэрс К.）于1944年3月底给赫尔的助理B.朗戈（Лонг Б.）写信说：

---

* 在1944年5月德国人失守该防线之前，为不损害希特勒的威信，将其更名为“森格尔防线”，以冯·森格尔将军的姓氏命名。

“卡西诺引发了不良的心理效应。在这整件事情上，我们有失颜面。当俄国人解放了乌克兰全境并推进到罗马尼亚边境时，我们却还在卡西诺城下作战。当然，从军事角度总能找出一些解释的理由，但普通人不明就里，也不愿意琢磨军事战略的微妙。”[245]

除了遇敌顽强抵抗外，在前往卡西诺的途中，由于英美军协同关系不明，以及双方指挥官互不信任，盟军还不得不克服这方面的障碍。英军第8集团军第13军军长S.克尔曼（Киркман С.）中将抱怨说，“美军将军不懂得师以上及更大规模的兵团的指挥艺术……德国人经常冒险暴露出自己的翼侧，但他们清楚，美国人不善于利用这个机会”。[246]但总的来说，攻占卡西诺及相关的军事行动是真正意义上的多国行动。除了A.朱伊（Жуэн А.）上将指挥的法国远征军，以及其为山地战而专门训练的摩洛哥士兵外，安德斯将军率领的波兰第2军也发挥了重要作用。用盟军地中海最高长官、深受丘吉尔信任的 128
H.威尔逊（Вильсон Г.）的话说，[247]波兰人“被来之不易的蒙特卡西诺胜利所鼓舞，这里的交战十分残酷”。[248]同时，丘吉尔在5月9日的信中提及波兰军队的功绩时明显带有政治潜台词——他提示斯大林，波兰人也在与共同的敌人作战。

对英国统帅部来说，突破“古斯塔夫防线”就打通了通往罗马的道路，这是一项重大战果。亚历山大向丘吉尔表示祝贺并报告了损失情况，首相又将其传给了斯大林，他于5月18日写道：“攻占卡西诺对我和我们两国军队都相当重要。对外交部的价值不言自明，关键是它能起到巨大的宣传作用。”[249]但有一个事实不容忽视，突破这条战线尽管相当重要，但突破规模不大的战线用了如此长的时间，以至于英国及美国舆论对这次胜利表示费解。保守党议员K.海德兰（Хедлем К.）5月18日的日记就很有代表意义，他写道：“今天的新闻报道说，卡西诺被攻克了，敌人‘离开’了此地，‘古斯塔夫’防线的所有防御阵地都被我方占领。顺利推进听起来很顺耳，但也让人感到奇怪：为什么我们从未正面进攻过卡西诺？”[250]

丘吉尔努力说服斯大林，他认为意大利战局的意义首先是支援“霸王”行动，它的作用是将德国师吸引到南方，否则他们会在法国北部作战。斯大林在5月22日的回函（第432号电文）中也着重强调了这一点。布鲁克也对美军阐述了同样的观点。意大利的5月胜利给英国总参谋长帮了大忙。5月20日，他在日记中写道：

“亚历山大关于意大利之战的新闻继续占据着头条。感谢上苍！我花了很大力气为了意大利战局同美国人争吵。我预感到，我们绝对有能力重创德军，

这为配合跨海峡作战是值得的。唯一让人担心的是，美国人可能自行其是，
129 在关键时刻从意大利撤兵。我们的战略差一点被他们毁了。现在我祈求上帝，保佑我们心想事成！”[251]

实际上，对英国人自己而言，意大利之战的胜利与其说对“霸王”行动很重要，更不如说为其进军中欧和巴尔干创造了机会。1944年6月中旬，亚历山大就提出了代号为“腋窝”（英文为Armpit）的作战计划，目标直指维也纳，这是一个有着重要意义的城市，早在1943年5月艾登就形容其是“通向东南欧的政治、经济和战略大门”。[252] 公正地说，德国人坚守意大利不仅是由于英国采取的行动所致，更是出于其自身考虑。早在1943年10月，凯塞林（Кессельринг А.）就说服希特勒坚守意大利，而非隆美尔建议的退守后阿尔卑斯山。这样的决定，用军事历史学家们的话说，德国无意中变成了“实现1943年5月华盛顿会议目的的盟国同谋，这次大会赋予艾森豪威尔的首要任务就是将尽可能多地把德军吸引到地中海方向，使其尽量远离俄国战场及未来的‘霸王’行动区”。[253]

如果意大利战局继续扩大，而且有可能延伸至中欧和巴尔干，此时伦敦与铁托游击队的关系就尤显重要。“丘吉尔—铁托”的联络渠道在继续使用，5月20日，克尔给莫洛托夫抄送了丘吉尔给斯大林的信中提到的那封英国首相致铁托的电报。同样在5月17日，南斯拉夫政府即将改组的消息传来[将由I.苏比锡（Шубашич И.）取代B.普利奇（Пурич Б.）任总理]，丘吉尔说服了彼得·卡拉乔治维奇二世相信这样做的必要性。在电报的最后，丘吉尔请求铁托勿单方面采取任何行动妨碍此事的进展。铁托礼貌地回复道，“我方不会制造任何障碍”。[254]

根据英国驻南斯拉夫军事联络处主任麦克莱恩1944年春向伦敦发回的消息，铁托对通信这件事感到非常荣幸，“无论是他还是他的顾问们都不想掩饰此举的意义”。麦克莱恩给丘吉尔的信中同样也充满乐观：

130 “游击队……认为伦道夫的到来是对他们的褒奖，也是受到您关注的标志……苏联代表团乘滑翔机到来时，带了许多伏特加和鱼子酱，很遗憾，可能已经吃完了。科尔涅耶夫将军极其庞大的参谋队伍非常和善，很容易相处，我们的关系非常好。”[255]

科尔涅耶夫上将的讲话确实体现了盟国的团结精神。[256] 斯大林在5月22日的信中也对丘吉尔希望代表团之间保持良好关系的愿望表示支持。

431. 丘吉尔致斯大林的信函

1944年5月19日发　　　　　　　　　　　　1944年5月20日收

私人，机密

1. 非常感谢您5月8日的来函。利特尔顿先生将会为自己荣膺苏联勋章而感到荣幸之至，我也非常乐意去请求国王允许他受勋。还有一两个人也为此做了卓有成效的工作，根据您的建议，我想将此事做得比之前更加认真一些。若可以，您能否允许我重新发封电报？

2. 意大利会战进展非常顺利。波兰人英勇奋战，但是在他们夺取卡西诺以北的阵地后一度被击退，损失惨重，几千人阵亡。之后他们又重新发起攻击，并最终获胜。法国人表现也很突出。亚历山大将军指挥了这场决战，夺取卡西诺是对他们的报答。5月17日前，我方阵亡人数约为1.3万人。我们俘虏了7000名德国兵，更多的德国兵被歼灭。现在我们正在接近“阿道夫·希特勒”防线工事，我们将全力以进攻突破。

3. 我们决定暂缓从安齐奥桥头堡发起正面进攻，正在等待主要会战为此创造有利的时机。但在此方向必定会发起有力的突击。

4. 我相信，此次会战结束时，德军的17个或18个师的部队将落得可悲的下场，其中5个或6个师已被彻底打垮。这使我们的陆海军协同作战成为可 131
能，从而对热亚那湾（Генуэзский залив）和利翁湾（Лиоский залив）整个沿岸形成威胁之势。对何处发起攻击暂未确定。美国人给了我们很大的帮助，为此专门增派了登陆工具。我希望，这个战场很快就能从“霸王”行动方向吸引30—50个德军师。

5. 您十分清楚，我们一心扑在这上面。现在所有的指挥官都充满信心，军队斗志昂扬。

6. 我还请外交部通过莫洛托夫先生将我发给铁托元帅的电报转发给您，从中您可见我方立场。您在德黑兰见过犬子伦道夫，他现在就在铁托那里，他来信说苏联使团和我方使团关系融洽。希望一直保持下去。

432. 斯大林致丘吉尔的私人密函

1944年5月22日发

您5月19日来函收悉。

那么，在利特尔顿先生及其他受奖励人选问题上我将静候您的最后通知。

祝贺您，盟军在亚历山大将军指挥下在意大利的进攻行动进展顺利。盟国在意大利对德军展开的军事行动确实已将大量的德军从“霸王”行动上诱开,这对于目前而言非常重要。

您给铁托元帅的电报我已拜读。我欢迎我们驻南斯拉夫使团之间业已建立的良好关系，并希望其能一直保持下去。

华盛顿非常重视心理战，正因如此，罗斯福决定在“霸王”行动开始的同时发表告德国人民书，以摧毁德国人继续对抗的意志。最初的打算是以三个盟国政府的名义发表联合声明，但罗斯福5月18日致电丘吉尔时又提出由
132 其独自发表。首相在表达个人意见时，起初支持这一想法，并表示准备继罗斯福之后立即发表声明，但保留内阁做最后决定的权利。莱希将军起草致斯大林的相应信函时考虑到了丘吉尔的态度。信中提到的“D”日引起了外交人民委员会的困惑：维辛斯基特意请临时代办汉密尔顿查明这一问题，因为之前的来往书信中进攻日加密用“R”表示。汉密尔顿经核实确定，这里所说的就是进攻日。[257]

433. 罗斯福致斯大林的私人秘密信函

1944年5月23日发　　　　1944年5月24日收

若您能告知对我将于“D”日后发表声明一事有何看法，本人将不胜感激。我将发表以下大致内容的声明来代替苏联、美国和英国政府的联合声明：

“有人建议同盟国政府以联合声明的形式发表告德国人民及其同情者书，而且声明中要特别指出不久前在欧洲大陆的登陆行动。对此我有不同意见，因为这很可能会过分夸大此次登陆的意义。我只想奉劝德国人民及其同情者，他们的失败是注定的。我还想提请他们注意，今后他们再继续战争是缺乏理

智的。他们一定会彻悟，若仍怀着现在的目的，仍追随其当今领导人，他们必败无疑。

从现在起，被断送的每个德国人的生命都是无谓的牺牲。同时也需清醒地看到，同盟国也将遭受损失。但同盟国在人力和资源上远超德国，致使德国乃至每个家庭所遭受的打击，都比同盟国所遭受的要严重得多，而仅凭顽强的精神无法挽救德国。同盟国已明确无误地表明，他们并不是要彻底消灭德国人民。他们的目的只是彻底粉碎那些声称能征服世界的德国人的世界观。 133

同盟国期望人类最终能实现自由，在政治上、精神上和宗教信仰上更广义的自由，以及在经济、社会方面最大程度的公平。

时间会告诉我们，任何人群永远无法强大到能够统治整个世界。美国政府和人口是德国两倍的美国人民正告德国人民，现在正是他们摆脱邪恶说教的时候。

地球上约有20亿人口，绝大多数人的信念是一致的。只有德国和日本是反其道而行之。

每个德国人的内心都明白这一道理。德国和日本犯下了一个致命而可怕的错误。德国和日本应以应有的方式为其无谓地毁灭生命和财产的行为赎罪。他们应摒弃被强加的世界观，现在他们应该彻底认清其世界观的荒谬。

只有尽快结束斗争和流血，才能更快地实现全人类更高程度的文明。

美国、英国和苏联军队及其盟国在欧洲战场上目前正在开展的攻势将如我们所希望的那样顺利推进。但德国人民应明白，这些攻势只是进攻行动的一个局部，进攻规模还将进一步扩大，直至取得最后的胜利。”

丘吉尔首相同意继我之后发表与上述精神一致的声明。

尽管英美在1944年5—6月实施的意大利之役取得了成功，但其主要关注点仍是“霸王”行动。丘吉尔在下面一封给斯大林的信中谈及行动准备现状时说的令人安心的话远非多余。自1944年2月德黑兰会议后，古谢夫大使等一些苏联代表对英国人能否如期开辟“第二战场”[258]持一定的怀疑态度。不少侦察情报也令人坐立不安。1月份，通过国家安全人民委员会渠道给莫斯科发回了如下情报： 134

“英国海军部代表向蒙哥马利的军官表示，海军当局当然听从总司令的命令，但他们也不掩饰，他们反对这次行动。同时，海军部代表补充说，作战计划的实施取决于诸多条件。其中最重要的是一个月只有三天的涨潮。若涨潮时又缺乏相应的能见度和风，则登陆行动必须延期。”[259]

不可预测的天气因素确实再次让人领教了它的威力。

在等待开辟第二战场时，红军指挥部并未打算放缓自己的进攻速度，这也正是伦敦某些政要所担心的。[260] 但是情况确实复杂。解放乌克兰南部沿岸领土需要与黑海舰队密切协同，即进行我们今天所谓的“联合作战”。尼古拉耶夫地区的行动成为了这种联合作战的成功范例：3月28日，先期在港口登陆的海军陆战队英勇地击退了德军的进攻，为3月28日彻底解放该市创造了条件。这场胜利为强渡南布格河（Буг）和增加克里米亚战役取胜的机会开辟了前景。

柏林认为，坚守克里米亚和塞瓦斯托波尔意义重大。德国军方一些人建议放弃克里米亚，因为4月10日红军解放敖德萨后克里米亚便陷入被隔绝的境地，希望变得更加渺茫。据曼施泰因交代，希特勒说，“放弃克里米亚意味着土耳其将离开我们的阵营，接着就会是保加利亚和罗马尼亚”。驻克里米亚的第17集团军司令K.阿尔门丁格（Альмендингер К.）上将（在5月战斗最激烈的时候接替了士气低落的前任）指出：

“我受命要守住塞瓦斯托波尔登陆场的每一寸土地。您很清楚其中的含义。在俄国没有哪个城市的名字比塞瓦斯托波尔更受人敬仰。这里到处矗立着历次战争纪念碑……正因为塞瓦斯托波尔有着如此的历史意义，斯大林才想夺回这座城市和港口。”[261]

135 的确，莫斯科极为重视克里米亚战役。大本营不仅认真审查克里米亚战役的作战计划[例如，著名的克里米亚专用地形图，由乌克兰第四方面军司令部编制，并由方面军司令Ф.И.托尔布欣（Толбухин Ф.И.）大将[262]向斯大林做介绍]，而且给予了极大的关注。乌克兰第四方面军的主要突击方向并不是敌人严阵以待的皮里柯普（Перекоп），而是像国内战争时一样，通过锡瓦什（Сиваш）进攻。滨海独立集团军部队受命从刻赤（Керчь）地区的登陆场发起进攻。此次战役伴有空中和海上支援，并得到游击队的大力配合。从任命总参谋长华西列夫斯基为大本营代表一事，也说明大本营对此役的重视程度。

对4月8日开始转入进攻的苏军来说，其面临的最大问题是塞瓦斯托波尔防区。4月中旬在接近此地时，等待他们的是坚固的防御工事。华西列夫斯基回忆说，斯大林“多次提醒我们必须尽快肃清克里米亚的敌兵力集群。我们自己对此役的军事政治重要性也心知肚明”。[263] 5月5日发起了总攻，最终于5月9日解放了塞瓦斯托波尔。5月12日，敌军残余在赫尔松角地投降。尽管德军成功撤出26万人中的13.7万人，但仍有约4.2万人葬身大海。不仅敌有生力量损失惨重，更重要的是：敌人丧失了“其东线南翼最重要的战略阵地”。[264] 因此，接受丘吉尔的祝贺是当之无愧的。

434. 丘吉尔致斯大林的私人信函

1944年5月23日发　　　　1944年5月24日收

机密

1. 意大利之役鏖战正酣。5月22日至23日夜间，我们（英国人和法国人）在主战场联合发起攻势，美国的大量兵力则从安齐奥转入对交通线的进攻。 136
敌人从罗马以北地区调来了第278步兵师的1个团，以及第29和第90近卫坦克师。正如美军司令部所料，在强大后防的掩护下，希特勒很明显决心要把罗马以南之战坚持到底。若凯塞林部队遭遇失败且部分被歼灭，则可为后续行动创造有利条件。作为希特勒特种预备队的一部分，“赫尔曼·格林”师也可能投入对我作战。果真如此，将对“霸王”行动有利。此战应最为激烈；我方力量对敌优势并不明显。

2. 我打算为您的北极护航运输队制订最新计划，但我首先要了解清楚，在“霸王”行动的海上行动中，我们会损失多少驱逐舰和巡洋舰。我视察过英军和美军的众多部队，发现他们充满了参战热情；还准备了各种浮动工具和装备，以便能在海上持续火力的掩护下同时将大量人员和交通工具运送上岸。我们拥有11000架一线飞机，能在同一天投入作战。

3. 衷心祝愿您正在准备的这场大战役取得成功。对您夺回敖德萨和塞瓦斯托波尔一事我尚未表示祝贺，在此补上。

给斯大林格勒和列宁格勒颁发荣誉状的主意，是罗斯福本人提出的。早在1944年初，他就指示战争部为苏联的英雄城市及中国的重庆制作此类荣誉状。战争部拖延了这项简单的任务。直至3月底，该部部长史汀生才向总统报告说工作很快完成。[265] 荣誉状制作完成已经是5月份了。罗斯福同意军方的文本方案，未做任何改动。其中在授予斯大林格勒的证书上写道，伏尔加河上的胜利“终止了入侵浪潮，成为同盟国抗击侵略战争的转折点”。1944年6月26日，哈里曼将这些证书交给斯大林。苏联和美国的报刊纷纷报道了此事。

137
435. 致苏维埃社会主义共和国联盟武装力量最高统帅约瑟夫·B. 斯大林阁下

1944年5月25日发 1944年6月26日收

莫斯科

尊敬的斯大林元帅：

我给您寄去了授予斯大林格勒和列宁格勒的两份荣誉状，这是两座令美国人民由衷钦佩的城市。这两座城市军民顽强坚守的英雄主义，不仅鼓舞了美国人民，而且有助于进一步加深我们两国人民的友谊。斯大林格勒和列宁格勒成为意志和坚强的代名词，他们赋予我们奋勇抵抗的力量，鼓舞我们最终战胜入侵之敌。

在将荣誉状颁发给这两座城市之际，我希望您能向公民转达我个人的友善和赞叹，以及对通过我们共同努力而使两国人民进一步加深理解的希冀。

您真诚的

富兰克林·D. 罗斯福

罗斯福在告德国人民书中的提议令克里姆林宫感到不解。斯大林和莫洛托夫在此信的俄译本上做了许多令人费解的标注：看起来他们不仅不喜欢这些文字，也对苏联在当前作战中的作用缺乏应有的认可而感到不快。难怪斯大林要在莫洛托夫起草的信函上加上那些用斜体字突出的句子。

436. 斯大林致罗斯福的私人秘密信函

1944年5月26日发

您关于告德国人民书的来函收悉。

根据对德战争经验和对德国人个性的了解，我认为，您所提出的发表呼
138 吁书的做法不会产生积极效果，因为它正值登陆开始的时刻，而非标志着英
美军登陆及苏军即将进攻的实质性胜利时刻。

当条件适宜发表呼吁书时，我们可以再来谈呼吁书性质的问题。

致丘吉尔的信经斯大林修改后，更加强化和细化了莫洛托夫的原有版本。

437. 斯大林致丘吉尔的信函

1944年5月26日发
私人，秘密

对您最近一封信中告知的关于意大利之战的消息，在此表示感谢。我们大家都（非常关注地）***钦佩地***注视着（事态的发展）***您的胜利***。

您关于“霸王”行动已经全面展开准备工作的消息对于我们是极大的鼓舞。特别重要的是，英军和美军充满了这种（坚定）***决心***。

对（您）准备过段时间着手制定北极护航运输队新计划一事（我们给予高度评价），***我们非常欢迎***。

感谢您的祝贺。我们正在加紧准备下一场大战役。

且不论斯大林持何种态度，伦敦也认为罗斯福告德国人民书的主意不妥。5月25日，丘吉尔致电罗斯福，内阁不赞同他的倡议：“我不知道，就您的这份声明约瑟夫大叔会说些什么，”他写道，“但我们大家都真心希望您不要以这样的形式发表讲话，特别是不要在这个时间。还有一种意见认为，对敌人发表如此重要的文书，应出自三个主要同盟国之手。我个人再补充一点，这份文书根本到不了德军的掩体和战壕，因而也不可能影响士兵的情绪。”[266] 5月27日，在收到斯大林否定答复之前，总统致电自己的两个伙伴，说此举已取消。造成通信延迟的原因是总统当时在南方的夏季官邸香格里拉度假。

438. 罗斯福致斯大林的私人密函 139

1944年5月27日发　　1944年5月28日收

关于我5月23日信中建议研究的发表对德国人民产生影响的呼吁书一事，我被告知，该提议未得到英国首相及其内阁的赞同。

鉴于该呼吁书无实质性意义，且由于英国政府明确表示坚决反对，我同意目前暂时搁置发表这种呼吁书。

439. 丘吉尔致斯大林的私人信函

1944年5月28日发　　　　1944年5月29日收

机密

1. 非常感谢您的来电。意大利之战进展非常顺利，因此我对分割敌军抱有很大希望。在我们看来，罗马已属囊中之物。我们的主要目的是将更多的德军拖入会战并予以歼灭。一旦赢得这场会战，我们将立刻把地中海的武装力量抽调至陆海军联合作战，以支援“霸王”行动。

2. 在这里，集中一切力量准备实施“霸王”行动，而且人力能做到的一切都将做到，或者说我们将大胆行动。

440. 斯大林致罗斯福的私人秘密信函

1944年5月30日发

我收到了您关于暂时搁置告德国人民书的决定通报函。

感谢您告知此事。

140 斯大林的这封确认信再次被耽搁，到达总统手中时已经太迟：罗斯福早在5月27日就向两人通报了自己已撤销告德国人民书一事。

441. 罗斯福致斯大林的私人秘密信函

1944年5月30日发　　　　1944年5月31日收

您5月26日关于我所提建议的来函收悉，事关通过发表声明来影响德国人民一事。

5月27日我已致函于您，显然与您的来函途中错过，我致函同意您的意见，即目前不宜发表这种声明。

442. 斯大林致丘吉尔的私人秘密信函

1944年5月30日发

感谢您关于意大利之战的最新通报。我们在此预祝此战顺利结束，这无疑能减轻实施“霸王”行动的压力。

祝您捷报频传。

6月4日发生了丘吉尔期待已久的事件——罗马解放。但，这场胜利是在美国和英国司令部之间存在尖锐矛盾的情况下取得的。亚历山大将军认识到解放罗马的重要性，因此，确定的首要目标是尽可能多地歼灭敌军，首先包围从卡西诺撤退的敌第10集团军。此次包围行动应在夺取了卡西诺的部队发起正面进攻后，以及登陆安齐奥地区的部队展开攻势行动后达成。但根据美国第5集团军司令克拉克中将的命令，安齐奥地区的部队并没有向罗马以南的瓦尔蒙托内（Вальмонтоне）地区发起进攻以便切断第10集团军的退路（凯塞林正是向此地派来了“赫尔曼·戈林”师），而是直取罗马。克拉克做出这 141
样的决定不仅仅是出于自尊，还有对英国人计划的深深猜忌。“……英国人觊觎罗马……”美国将军在5月战事白热化之际在日记中写道。正如其现代传记作者所指出的那样，“克拉克的决定是非常错误的，是其职业生涯中一个最糟糕的决策……克拉克在非常清楚当时战况的情况下心甘情愿地改变了攻击方向，并不是因为德国人迫其改变计划，而是因为他想亲取罗马……”[267]

结果，解放罗马的桂冠被美国人摘取。由于克拉克的行动，破坏了要包围德军的最初企图。丘吉尔6月5日致函斯大林（第443封信）也谈到计划被打乱之事。信中还说到意大利首都的解放，但更多的是关于包围撤退之敌的意图。丘吉尔在致函罗斯福时努力用一些外交辞令来掩饰自己的不满情绪。其6月4日致函总统时所说的关于盟军之间“关系极好”的话美化了意大利战场上的真实状况，但用M.吉尔伯特（Гилберт M.）的话说，这也达到了其主要目的——“保持英美和谐”。[268]尽管斯大林将解放罗马定性为“伟大的胜利”（第444号电文），但之后莫斯科并没有等来意大利战场上军事行动性质发生巨变。苏联敌情搜集和分析小组[269]在6月30日的报告中写道：“……在意大利，敌人将继续向波河地带从容撤退，其主要目的就是要拖垮同盟国的部队和减缓军事行动节奏。敌人未来将撤到阿尔卑斯一线。”[270]

与此同时，即使是西线战场里程碑意义的解放罗马也被更加重要的事件湮没了光辉——期待已久的“第二战场”的终于开辟。在此之前，似乎所有计划都已考虑周全，而且协调工作也完美无缺。公平地说，1944年6月6日英美军的行动达到了“多年准备和期盼的巅峰”。[271]“霸王”这个称呼本身就像一张“大伞”，伞下面隐藏着各种各样的战役行动，他们是“霸王”行
142 动的某个阶段和某个部分，如：登陆和夺取登陆场的“海王星（Нептун）”行动，为削弱敌人和减轻抢滩压力进行战略轰炸的“直瞄”行动（英文为Pointblank）；就登陆地点和时间对敌展开大规模情报欺骗的“护卫”行动（英文为Bodyguard），等等。对进攻时间和进攻阶段也进行了周密的计划：登陆后60天之内，拿下瑟堡（Шербур）和卡昂（Кан），攻占布列塔尼（Бретании）港口，90天内到达塞纳河（Сена），它与马斯河（Маас）一样都被视为是德国的主要防线。但向德国边境的挺进计划，时间显得过长：计划在第180天拿下兰斯（Реймс），第270天至330天拿下凡尔登（Варден），最后，第360天到达德国边境。[272]

然而，行动计划始终处于不断补充甚至是修改之中，直至“霸王”行动开始。典型事例有，1944年1月21日在伦敦召开的一次会议上，赞成修改“霸王”行动方案的不是别人，而是蒙哥马利。他声称，“他不认为‘霸王’是一个合理的军事行动”。2月之前，英军参谋长得以说服艾森豪威尔对计划进行重大修改：将部队登陆正面从25英里扩大至50英里，随后再增加两个登陆场，一个在科唐坦半岛（Котантен）以东，一个在卡昂市以北。[273]但据蒙哥马利回忆，甚至在这以后，计划“还在不断完善，渐渐地所有细节变得更加具体，这些事例在规模宏大的战争总计划制定中并不少见。这项工作非常繁重，使得参谋军官筋疲力尽……用掉了大量的纸张，每张纸上都标有‘秘密’或‘绝密’字样。我们的牧师休斯问道，他是不是也要在他的文件上标注‘神圣’和‘绝对神圣’字样！”[274]在史料研究中，关于蒙哥马利与艾森豪威尔作用和功绩孰轻孰重的争论一直持续至今。[275]

“霸王”行动中一个重要要素——开始日期亦有诸多版本，这主要是因为天气原因。同盟国的天气预报相对准确，因为提供天气数据的是位于大西洋预先确定位置的舰艇；德国人失去大西洋上的阵地后便陷入了困境。[276]但纵然有再精确的预报也无济于事。还是用这位蒙哥马利的话说，“6月1日，我
143 们开始焦躁地研读天气预报。预报显示，这个月初共有四天时间适于实施‘霸王’行动”。[277]行动延期将造成非常严重的后果。正如研究人员所指出的那样，“最初盟军计划5月1日进攻。若果真如此，那么，当时在诺曼底的部

队可能只有6月6日部队数量的一半。若6月1日开始进攻，就能另外得到几个师的增援……但如果敌人猜到了（这次行动），那就会破坏甚至阻止‘霸王’行动的实施”。[278]

的确，“霸王”行动推迟后，敌人很可能会查明攻击方向和攻击时间。6月5日行动准备期间，海上集结了约6500艘船只，盟军非常幸运，因为此时德国的空中侦察力量已经相当薄弱。

在丘吉尔6月5日致函斯大林之前，英美已经向苏联透露了“霸王”行动可能推迟的消息。英国首相本人在与参谋长委员会来往信件中也讨论过行动时间可能推迟的问题，他在5月25日的信中指出：

“1. 从参谋长联席会议方面来说，只要告诉俄国人作战开始的确切日期，而且告诉其推迟的原因是（德国人——作者注）设置了水下障碍，工兵要在退潮期间将其清除以保障搭载坦克和士兵的船只顺利卸载，这就够了……勿需任何致歉或辩解。

2. 若俄国人不采信这一说法（我认为他们不会），参谋长联席会议再出具其他具体理由……

3. 将既定日期再推迟，我认为是巨大的灾难。我感到惋惜的是，我们为了等待退潮错失了1—2天的好天气……”[279]

5月30日，通过克尔给莫斯科传来一则信息，“霸王”行动最后确定的开始日期是6月1日。但到6月3日还没有任何确切消息，莫洛托夫在与哈里曼的谈话中如是说。美国大使提到了隆美尔所构筑的那些“特种水下金属障碍”，但他保证说，“这里有些误会……一切准备就绪……日期确定无疑”。[280] 144
正是在这种不确定的背景下，莫斯科收到丘吉尔6月5日的来函，信中终于明确了最后的日期——6月6日，即著名的“D日”。

443. 丘吉尔致斯大林的私人机密信函

1944年6月5日发 1944年6月6日收

1. 您得知盟军攻入罗马一定会很高兴。切断尽可能多的敌军师团的后路是我们始终视其为更重要的事。亚历山大将军现正在将强大的坦克兵力调往特尔尼（Терни）北部，这一举措极有可能将希特勒派到罗马以南作战的所有师予以包围。虽然陆海军在安齐奥和内图诺（Неттуно）附近实施登陆的联合行动没有产生预计的我所期待的立竿见影的战果，但它是一次成功的战略机动，并最终达成了预定效果。

第一，它拖住了敌军的10个师：

法国1个，莱茵区1个；

南斯拉夫和伊斯特里亚4个；

丹麦1个，北意大利3个。

第二，它使我们转入了防御战，尽管这场会战中我们也损失了约2.5万人，但最终我们击退了德军，消失了其各师的大部分有生力量，而且敌人的损失达到约3万人。最终，安齐奥的登陆兵得以实施最初计划的机动，但规模比最初计划的要大得多。亚历山大将军现正集中全力将罗马以南的敌军师团赶进包围圈。其中一部分敌军丢弃辎重后撤退到山区，我们预计能抓获大批俘虏，缴获大量武器装备。战事一结束，我们就要决定如何更好地运用我们在意大利的军队去支援主要行动。英国人、美国人、自由法国人和波兰
145 人——他们合力在正面进攻中全歼或打败了抵抗的德军。很快我们就必须在各种可能性之间做出重要的抉择。

2. 我在艾森豪威尔将军的司令部待了两天，刚刚返回。在那里，我看到了正在装载上船的部队。我们很难碰到合适的天气，因为天气取决于各种因素的综合，如潮水、海浪、大雾和云层，这些都决定了我们能否最大限度地利用庞大的海上和陆上兵力。艾森豪威尔将军非常遗憾地将行动推迟了一夜。但预报说，天气将发生非常有利的变化，今夜我们就将行动。我们动用了5000艘船只，而且1.1万架飞机已完全进入战备状态。

444. 斯大林致丘吉尔的信函

1944年6月5日发

对英美联军取得的攻占罗马的胜利，我向您表示祝贺。

这则消息在苏联引起极大的轰动。

445. 斯大林致罗斯福的信函

1944年6月5日发

对英美联军取得的攻占罗马的胜利，我向您表示祝贺。

这则消息在苏联引起极大的轰动。

根据总统的指示，斯大林的这封贺信转给了媒体，但为了保护密码，对 146
其中的文字重新进行了编辑。

克尔在其6月2日的电报中建议，在诺曼底登陆当天给斯大林发一封可在苏联报刊上发表的罗斯福和丘吉尔的联名信。首相答复说，此事要与总统沟通，而自己将“给作为军人的斯大林元帅发一则短消息，让他知道正在发生的事”。[281] 这则消息确实是在“D日”发出的。

就这样，在经历诸多争论和数次推迟后，6月6日黎明时分，“霸王”行动正式开始。当天，丘吉尔在议会发表讲话，强调了行动的规模及其复杂性：“无论是空军还是海军，都必须考虑到潮汐、风力、海情、能见度等因素，以确保陆海空军最大程度地联合行动，但是这些条件在过去和现在都不能完全准确预测。”[282] 的确，西方同盟国参与“霸王”行动的人数特别是物资数量惊人：144万人，其中参加最初上岸的有15.5万；约7000艘各型船只和1.3万架飞机。[283] “霸王”行动能顺利开始，除了技术优势外，还有一个因素起了重要作用，即大规模的侦察和反侦察行动。对敌欺骗之举功不可没，使得诺曼底登陆地点出乎敌人的意料：德国人以为主突方向应该在东面——加莱地区。在英国的2个德国间谍也发出了许多假情报，德国并不知道他们已被策反，仍对其完全信任。当然，这方面做得也并非尽善尽美：没有掌握德军在法国有多少坦克师，以及每个师有多少坦克等确切情报。这是“D日开始前最大的技术失误”。[284] 但无论怎样，突然性的效果还是达到了。这并不是说盟军在6月6日没有遇到任何抵抗：最激烈的抵抗发生在被称为“奥马哈（Омаха）”的美军行动地带，因为对这里的炮火准备不足，德军防御工事仍然完好无损。但德国人很快就丧失了打击海上盟军的能力——“……最迟在上岸后的第三天傍晚”，研究“霸王”行动的历史学家如是说。[285]

红军以进攻战役有效地支援了第二战场的开辟，从而将同盟国的军事合作提升到一个新的高度。“巴格拉季昂（Багратион）”的最后准备阶段正逢在“霸王”行动原计划开始的时间——5月31日完成的，这绝非偶然。5月20日
召开了几次军事会议之后，斯大林最终于30日批准了该计划。用华西列夫斯 147
基的话说就是，“他是个简单的人，同时又是大胆和胸怀大志的人”：[286] 苏军的任务是通过一系列相互关联的突击行动清除明斯克东部的巨大突出部，即所谓的“白俄罗斯阳台”，并包围撤退的敌军。苏联高度关注的是敌人的侧翼，因为那里有坚固的防御工事，特别是维捷布斯克（Витебск）和博布鲁伊

斯克（Бобруйск）两地。

“霸王”行动前夕，同盟国军事合作更加紧密，频繁地交换秘密情报就是个证明。6月初，布罗斯建议在莫斯科设置一个专门的机构给苏联总参谋部提供“霸王”行动进展的侦察情报。参谋长委员会支持该提议，但条件是由英美联合倡议。[287] 6月2日，美国飞机从波尔塔瓦机场群起飞进行了首轮“穿梭”轰炸：早在4个月前，斯大林在与哈里曼的谈话中就同意了要落实该建议。[288]

因不够坦率而备受英国和美国指责的苏联方面，这次为盟国提供了有价值的情报。其中包括在“霸王”行动准备期间，苏联将在解放乌克兰期间缴获的德军第302师的军事秘密资料交给了英美指挥部。该师是1942年迪耶普（Дьепп）地区曾击溃盟军演习登陆的其中的1个师。在苏联统帅部转交的资料中包括德国对1942年盟军行动的评论分析，因此避免了盟军重蹈覆辙。[289]同时，斯大林还准备给盟国展示苏联的装甲车及自行火炮的样车。坦克兵上将Н.И.比留科夫（Бирюков Н.И.）是斯大林在装甲车问题上的御用顾问，在其5月29日的日志中有这样的记载：“斯大林同志的指示……5. 给美国人展示ISU-152和SU-85。”[290] 总的来说，就当时的联合军事行动而论，很明显，均遵守了“三巨头”所达成的协议。正如1944年4月莫洛托夫对南斯拉夫代表所说的那样，“目前对德战场的情况是，同盟国将更积极主动，因此对我们来说，这期间与他们保持良好的关系尤为重要”。[291]

148 **注释**

1. Prime Minister for Foreign Secretary, 16th Jan. 1944 // TNA, PREM 3/399/6. 2WP (44) 304, 7th June 1944//TNA, CAB 66/51/4.

3. The New York Times. 21.III. 1944.

4. Внешняя политика Советского Союза в период Отечественной войны. Документы и материалы. Т. 2. С. 47.

5. Василевский А.М. Указ. соч. С. 348-349.

6. История Великой войны 1941–1945. Т 1. С. 478.

7. Жуков Т.К. Указ. соч. Т 2. С. 191.

8. Prime Minister to Deputy Prime Minister, 14th Dec. 1943 (attached to: W.M. (43) 170th Conclusions, Min. 1, Conf. Annex, 15th Dec. 1943) // TNA, CAB 65/40/16.

9. TNA, CAB 65/40/16.

10. Grigg to Brooke, 15th Dec. 1943 // Ibid.

11. Churchill & Roosevelt. Vol. 2. P. 623-624.

12. For Prime Minister from Foreign Secretary, 17.11.43 // TNA, FO 800/410.

13. PREM 3/114/3A, 1.1.44. Цит. по: Barker E. Churchill and Eden at War. P. 267.

14. Churchill & Roosevelt. Vol. 2. P. 651.

15. Тегеранская конференция. С. 98.

16. Гиренко Ю.С. Сталин– Тито. М., 1991. С. 166.

17 W.P. (44) 19, 10thJan. 1944//TNA, CAB 66/45/19.

18. Гиренко Ю.С. Указ. соч. С. 167.

19. Цит. по: Зеленин В.В. Важная историческая веха (К 30-й годовщине Второй сессии Антифашистского веча народного освобождения Югославии) // Советское славяноведение. 1973. № 6. С. 4.

20. Голованов А.Е. Указ. соч. С. 490.

21. Там же. С. 491.

22. Гиренко Ю.С. Указ. соч. С. 178.

23. WP. (43) 522, 17th Nov., 1943, Annex A//TNA, CAB 66/43/22.

24. Benes E. Memoirs of Dr Eduard Benes: From Munich to New War and New Victory. London, 1954. P. 265-266.

25. РГАСПИ. Ф. 558. Оп. 11. Д. 265. Л. 25-26.

26. Situation on Russian Front. Report by Joint Intelligence Subcommittee, 20th Jan., 1944 (For Hollis from Ismay) // TNA, PREM 3/396/10.

27. Churchill & Roosevelt. Vol. 2. P. 648.

28. From Air Ministry to Sextant, 10th Jan., 1944 //TNA, FO 954/20.

29. Василевский А.М. Указ. соч. С. 357.

30. W.P. (44) 8, 7th Jan., 1944 // TNA, CAB 66/45/8.此次谈话苏联方面未公开。

31. Churchill & Roosevelt. Vol. 2. P. 662.

32. Gilbert M. Winston S. Churchill. Vol. VII. P. 650.

33. Churchill & Roosevelt. Vol. 2. P. 654.

34. Головко А.Г. Вместе с флотом. 3-еизд. М., 1984. Гл. 14.

35. Germany and the Second World War. Vol. VII. P. 116. 此次是指1861—

1865年美国南北战争期间的盖茨堡之战 (1863年7月1—3日)，这是美国内战
149 的一次关键交战，以北方胜利而告终。

36. Shingle //The Encyclopedia of Codenames of World War II. P. 243.

37. См., к примеру: Тегеранская конференция. С. 97.

38. From Moscow to Foreign Office, 29th Oct., 1943 //CHAR20/129; Foreign Office to Moscow, 29th Oct., 1943 // Ibid.

39. Тегеран. Ялта. Потсдам. Сборник документов. М., 1967. С. 47.

40. For the President from Harriman, Dec. 20, 1944 // NARA, RG 218, W Feahy Records.

41. Кузнецов Н.Г. Указ. соч. С. 337.

42. For General Marshal, Dec. 29, 1943 //NARA, RG 218, W Feahy Records.

43. Chiefs of Staff to Britman, Washington, 23.12.43 // TNA, PREM 3/240/3.

44. Prime Minister to Foreign Secretary, 7.1.44 // Ibid.

45. From Sextant to Air Ministry, 6th Jan., 1944 // CHAR 20/154

46. Prime Minister to Foreign Secretary and First Sea Ford, 10.1.44 // TNA, PREM3/240/3.

47. Foreign Secretary and Chiefs of Staff to Prime Minister, 11.1.44 // Ibid.

48. Churchill & Roosevelt. Vol. 2. P. 666.

49. Background of the Two Messages from the President and Prime Minister to Marshal Stalin, 23rd Jan. 1944 // FDRF, MR, Box 9.

50. Великая Отечественная война 1941–1945 годов. Т. 8. С. 349-351.

51. Churchill & Roosevelt. Vol. 2. P. 672.

52. Kuromiya H., PeplonskiA. Kozo Izumi and the Soviet Breach of Imperial Japanese Diplomatic Codes // INS. 2013. Vol. 28. No. 6. P. 769-784.

53. Из Лондона, 24.1.1944 //АВП РФ. Ф. 059. Оп. 12. П. 39. Д. 247. Л. 185.

54. SecState to American Embassy, Moscow, Jan. 25, 1944 // NARA, RG 84, Poles – State Cables, January–July 1944.

55. Roberts G. Stalin’s Wars. P. 174.

56. Волынский Л. АМГОТ // Война и рабочий класс. 1943, № 7; его же. Еще об АМГОТе // Там же. № 8.

57. Поздеева Л.В. И. М. Майский и А. Иден // НИИ. 2008. № 1. С. 181.

58. Gillies D. Radical Diplomat: The Fife of Archibald Clark Kerr, Ford Inverchapel, 1882-1951. Fondon, 1999. P. 156.

59. From Foreign Office to Moscow, 17th Feb., 1944 // TNA, FO 954/20.

60. Из Лондона, 18.1.1944 //АВП РФ. Ф. 059. Оп. 12. П. 39. Д. 247. Л. 110-113.

61. The Diaries of Sir Alexander Cadogan. P. 599.

62. 这一想法大约在较早之前罗斯福与波兰驻美大使公开会谈时产生："即使约瑟夫大叔越过了你们之前的边境，你们还指望我们和英国向他开战吗？即使我们想要这样做，俄国也能集结相当于我们共同兵力之和两倍的军队，届时我们将可能完全失去对此事的影响力。"(TNA, FO 371/38516).

63. Prime Minister to Foreign Secretary, 7th Jan. 1944 // CHAR 20/152.

64. Prime Minister to Foreign Secretary, 9th Feb., 1944; 15th Feb. 1944 // Ibid.

65. Предварительные требования СССР относительно итальянского флота [б.д.] //АВП РФ. Ф. 07. Оп .4. П. 26. Д. 13. Л. 54. 150

66. Из Вашингтона 31.1.1944 //АВП РФ. Ф. 059. Оп. 12. П. 33. Д. 205. Л. 198.

67. Churchill & Roosevelt. Vol. 2. P. 694.

68. Prime Minister to Stalin, 31.1.44 // TNA, PREM3/396/11.

69. The Diaries of Sir Alexander Cadogan. P. 602.

70. King's Counsellor. Abdication and War: The Diaries of Sir Alan Tascelles (да¬лее– The Diaries of Sir Alan Tascelles) / Ed. by D. Hart-Davis. Tondon, 2007. P. 198.

71. Prime Minister to Ambassador Clark Kerr, 2.2.44 // TNA, PREM 3/240/3.

72. Prime Minister, 2.2.44 // TNA, PREM 3/240/3.

73. Memorandum for the President. Assignment of ships surrendered to the Allies // NARA, RG 218, W Leahy Records.

74. TNA, PREM 3/240/3.

75. Prime Minister to Ambassador Clark Kerr (Moscow), 5.2.44 // TNA, PREM 3/240/3.

76. Керр - Молотову, 6.II.1944 // РЕАСПИ. Ф. 558. Оп. 11. Д. 266. Л. 28.

77. Запись беседы тов. И. В. Сталина с английским послом Керром, 2.II. 1944 // РЕАСПИ. Ф. 558. Оп. 11. Д. 284. Л. 89.

78. Там же. Л. 86.

79. Churchill & Roosevelt. Vol. 2. P. 702-704.

80. From Foreign Office to Moscow, 5th Feb., 1944 //TNA, FO 954/20.

81. To Secretary of State, 5th Feb., 1944 // Ibid.

82. Цит. no: Kersten K. The Establishment of Communist Rule in Poland, 1943–1948. Berkeley, 1991. P. 42.

83. SecState, Washington, Feb. 3, 1944 // NA RG 84, Classified General Records (далее– CGR), Box 40.

84. Foreign Secretary to Prime Minister, 24th Dec., 1943 // TNA, FO 954/19.

85. WP. (44) 8, 7thJan., 1944//TNA, CAB 66/45/8.

86. СССР и германский вопрос: Документы из Архива внешней политики Рос-сийской Федерации / Сост. Г.П. Кынин, Й. Лауфер. Т 1. М., 1996. С. 138.

87. Предложения по вопросу о советско-польской границе [б.д.] // АВП РФ. Ф. 07. Оп. 4. П. 26. Д. 13. Л. 124.

88. Переписка. Т 2. С. 286-287.

89. For the President and the Secretary only, Feb. 9, 1944; Memorandum for the President from the Acting Secretary, Feb. 10, 1944; From the President and Acting Secretary, Feb. 10, 1944 // FDRL, MR, Box 9.

90. Record of a Meeting Held at Chequers on Sunday, 6th Feb., 1944 // TNA, FO 954/20.

91. The War Diaries of Oliver Harvey. P. 331.

92. Жуков Г.К. Указ. соч. Т. 2. С. 197-198.

93. Там же. С. 191.

94. Фогель Г. Потерпевшие победу. Немцы в Корсуньском «котле». М., 2010. С. 249.

95. Конев ИС. Записки командующего фронтом. М., 1972. С. 119-120.

96. Фогель Г. Указ. соч. С. 333.

97. История Великой войны 1941–1945. Т 1. С. 483-484.

151 98. Василевский А.М. Указ. соч. С. 176.

99. Блокада Ленинграда в документах рассекреченных архивов / Под ред. Н.Л. Волковского. М.; СПб., 2005. С. 111.

100. Murfett M. Naval Warfare, 1919-1945. London, 2009. P. 331.

101. Mann C. Op. cit. P. 149-151.

102. Smith K. Conflict over Convoys: Anglo-American Logistics Diplomacy in the Second World War. Cambridge, 2002. P. 222-223.

103. РРАСПИ. Ф. 558. Оп. 11. Д. 266. Л. 44-46.

104. Там же. Д. 367. Л. 89-90.

105. Memorandum for Admiral King, Feb. 10, 1944; Memorandum for Admiral Leahy, Feb. 11, 1944 // NARA, RG 218, W Leahy Records.

106. Record of a Meeting Held at N 10 Downing Street on Wednesday, 16th Feb., 1944 // TNA, FO 954/20.

107. Memorandum for the President, 19th Feb., 1944 // FDRL, MR, Box 9.

108. From Foreign Office to Moscow, 21st Feb., 1944 //TNA, FO 954/20.

109. Керр - Молотову, 21.11.1944 // РГАСПИ. Ф. 558. Оп. 11. Д. 266. Л. 54.

110. From Moscow to Foreign Office, 22nd Feb., 1944; From Foreign Office to Moscow, 24th Feb., 1944 // TNA, FO 954/20.

111. From Foreign Office to Moscow, 25th Feb., 1944 // Ibid.

112. Запись беседы тов. И. В. Сталина с английским послом Керром, 28.11.1944// РГАСПИ. Ф. 558. Оп. 11. Д. 284. Л. 101.

113. From Moscow to Foreign Office, 28th Feb., 1944 // TNA, FO 954/20.

114. From Moscow to Foreign Office, 29th Feb., 1944 // Ibid.

115. Тегеранская конференция. С. 168.

116. Butler S. Op. cit. P. 208.

117. Prime Minister to Ambassador Clark Kerr (Moscow), 19.2.44 // TNA, PREM 3/240/3.

118. Ambassador Clark Kerr (Moscow) to Prime Minister, 19.2.44 // Ibid.

119. To Ambassador Clark Kerr (Moscow), 22.2.44 // Ibid.

120. Керр - Молотову, 23.11.1944 //РГАСПИ. Ф. 558. Оп. 11. Д. 266. Л. 61.

121. Ambassador Clark Kerr (Moscow) to Prime Minister, 25.2.44. // TNA, PREM 3/240/3.

122. W.P. (43) 533, 24thNov., 1943//TNA, CAB 66/43/33.

123. W.M. (43) 163rdConclusions, 29thNov. 1943//TNA, CAB 65/36/31. См. также: WP. (44) 80, 4th Feb. 1944 // Ibid. 66/46/30.

124. РГАСПИ. Ф. 558. Оп. 11. Д. 266. Л. 57.

125. Кузнецов Н.Г. Указ. соч. С. 338.

126. Из Лондона, 3.III. 1944 //АВП РФ. Ф. 059а. Оп. 12. П. 39. Д. 248. Л. 255-257.

127. Mathewson to Greer, Feb. 29, 1944 // FDRL, MR, Box 9.

128. РГАСПИ. Ф. 558. Оп. 11. Д. 284. Л. 118.

129. Churchill & Roosevelt. Vol. 3. P. 21.

130. Запись беседы тов. И. В. Сталина с послом США Гарриманом, 3.III. 1944 // РГАСПИ. Ф. 558. Оп. 11. Д. 377. Л. 40-46.

131. LC, WAHP, CF, Cont. 172.

132. Churchill & Roosevelt. Vol. 3. P. 17; см. также: Prime Minister to President Roosevelt, 4.3.44 // TNA, PREM 3/240/3.

152 133. Memorandum for Admiral Leahy, March 10, 1944 // FDRL, MR, Box 9.

134. Foreign Secretary, 2.3.44 // TNA, PREM 3/400.

135. Nicholas S. "Partners Now": Problems in the Portrayal by the BBC of the Soviet Union and the United States of America, 1939–1945 //Diplomacy & Statecraft. 1992. Vol. 2. No. 2. P. 253-254.

136. Churchill & Roosevelt. Vol. 3. P. 33.

137. Из Лондона, 5.III. 1944 //АВП РФ. Ф. 059а. Оп. 7. П. 13. Д. 6. Л. 318.

138. From Foreign Office to Moscow, 7th March, 1944 // TNA, FO 954/20.

139. Ibid.

140. From Moscow to Foreign Office 8th March // TNA, FO 954/20.

141. From Moscow to Foreign Office, 8th March, 1944 // Ibid.

142. From South Africa to D.O., 8th March, 1944 // CHAR 20/158.

143. The War Diaries of Oliver Harvey. P. 336.

144. From Foreign Office to Moscow, 10th March, 1944 // TNA, FO 954/20.

145. Biennial Reports of the Chief of Staff of the United States Army to the Secretary of War. Washington, 1996. P. 132.

146. Roscoe T. United States Destroyer Operations in World War II. Annapolis, 1953. P. 305.

147. FordK, Zaloga S.J. Overlord: the D-Day landings. Oxford, 2009. P. 47.

148. The Second World War: A World in Flames / Ed. by A. Stilwell. Oxford, 2004. P. 143.

149. C.O.S. (44) 406(0), «Highball» – attacks on «Tirpitz» and Japanese Fleet, 7th May, 1944 // TNA, CAB 80/83.

150. Mann C. Op. cit. P. 163. См. также: Lambert A. Seizing the Initiative: The Arctic Convoys 1944–1945 // Naval Power in the Twentieth Century / Ed. by N.A.M. Rodger. London, 1996. P. 151-162.

151. Печатное В.О. Сталин, Рузвельт, Трумэн. С. 140.

152. САМО. Т 1. С. 383.

153. АВП РФ. Ф. 06. Оп. 5-6. П. 41. Д. 35. Л. 58.

154. Там же. Ф. 07. Оп. 9. П. 61. Д. 24. Л. 7-8.

155. Memorandum for the Secretary of State, March 13, 1944 // FDRL, MR, Box 9.

156. АВП РФ. Ф. 0512. Оп. 4. П. 18. Д. 123. Л. 13. См. также: СССР и германский вопрос. Т. 1. С. 283-285.

157 Colville J. Op. cit. P. 458.

158. Churchill & Roosevelt. Vol. 3. P. 54.

159. Ibid. P. 56.

160. Переписка. Т. 2. С. 288, прим. 63.

161. Churchill & Roosevelt. Vol. 3. P. 75.

162. Сталин – Кагановичу, Молотову, 12.IX.1935 // Сталин и Каганович. Пере¬писка. 1931–1936 гг. / Сост. О.В. Хлевнюки др. М., 2001. С. 564.

163. From Marshal Stalin to the President, 20thMarch, 1944 // FDRL, MR, Box 9.

164. Барышников Н.И., Барышников В.Н., Федоров В.Г. Финляндия во Второй мировой войне. Л., 1989. С. 228.

165. Тегеранская конференция. С. 158.

166. Голованов А.Е. Указ. соч. С. 367.

167. Таков вывод одного из финских исследователей вопроса. См.: VehvilainenO. Op. cit. P. 129. 153

168. САМО. Т. 2. С. 522.

169. САНО. Т. 2. С. 50.

170. FRUS. 1944. Vol. III. Washington, 1965. P. 560.

171. From Moscow to Foreign Office, 18th March, 1944 // TNA, FO 954/20.

172. Ibid.

173. From Moscow to Foreign Office, 20th March, 1944 // Ibid.

174. The Diaries of Sir Alexander Cadogan. P. 613.

175. Forthe President from Admiral Leahy, March 26, 1944 // FDRL, MR, Box 9.

176. March 25, 1944 // FDRL, W Leahy Diaries, Reel 3.

177. The Diaries of Sir Alexander Cadogan. P. 613.

178. Churchill & Roosevelt. Vol. 3. P. 69.

179. From Foreign Office to Moscow, 30th March, 1944 //TNA, FO 954/20.

180. Prime Minister to President, 1st Apr., 1944 // Ibid.

181. Churchill & Roosevelt. Vol. 3. P. 79.

182. From Washington to Foreign Office, 29th March, 1944 // TNA, PREM 3/396/14.

183. Foreign Secretary, 1.4.44 // Ibid.

184. Eden minute, 5.4.44 // TNA, PM/44/207.

185. Anglo-Soviet Relations, 1st Apr., 1944 //TNA, FO 371/43304.

186. Русский архив: Великая Отечественная. Т 14(3–1). С. 151-153.

187. W.P. (44) 128, 22ndFeb., 1944 //TNA, CAB 66/47/28.

188. Запись беседы тов. И. В. Сталина с послом США Гарриманом, 3.III.1944 // РГАСПИ. Ф. 558. Оп. 11. Д. 377. Л. 44.

189. Memorandum for the President, March 8,1944 //NARA, RG 218, W Leahy Records.

190. Memorandum for General Watson, March 6, 1944 // FDRL, PSF, Diplomatic Correspondence, Poland, Box 47.

191. Memorandum for the President, March 15,1944; Memorandum forthe President, March 24, 1944 // Ibid.

192. АВП РФ. Ф. 07. Оп. 9. П. 61. Д. 24. Л. 12-13.

193. Ghebali V.-Y. The International Labour Organisation: A Case Study on the Evolution ofU.N. Specialised Agencies. Boston, 1989. P. 105-106.

194. Из Лондона, 24.III.1944 //АВП РФ. Ф. 059. Оп. 12. П. 28. Д. 165. Л. 29-30, 33.

195. См.: The War Diaries of Oliver Harvey. P. 331.

196. Sir E. Bridges, 28.3.44 // CHAR 20/152.

197. Foreign Secretary Minute, 13.7.44 // TNA, PM/44/521; Foreign Secretary, 15.7.44.//CHAR20/168.

198. Foreign Office to Moscow, 29th July, 1944 // TNA, FO 800; Foreign Office to Moscow, 6th Aug., 1944//Ibid.

199. Лондон, совпослу, Гусеву 15.VHI.1944; 17.VIII.44 //АВП РФ. Ф. 059. Оп. 12. П. 12. Д. 66. Л. 172-173, 197.

200. Foreign Office to Moscow, 4th Sept., 1944 // TNA, FO 800.

201. Maul D.R. The International Labour Organization and the Globalization of Human Rights, 1944–1970 // Human Rights in the Twentieth Century / Ed. by S.-L. Hoffmann. Cambridge, 2010. P. 303.

202. From Moscow, Russia to AGWAR, 27th Feb., 1944 // NARA, RG 218, Geographical File 42-45, CCS 092 USSR. 154

203. Memorandum by the United States Chiefs of Staff, March 29, 1944; Memorandum by the Representatives of the British Chiefs of Staff // Ibid.

204. Topsec to General Deane and General Burrows from Combined Chiefs of Staff, April 6, 1944 // Ibid.

205. Memorandum for the President, April 15, 1944 // NARA, RG 218, W Leahy Records.

206. Churchill & Roosevelt. Vol. 3. P. 94.

207. Ibid. P. 100.

208. Генерал Антонов–генералу Дину, 22.IV.1944 //NARA, RG218, Geographical File 42-45, CCS 092 USSR.

209. РГАСПИ. Ф. 558. On. И. Д. 267. Л. 57-58.

210. МакарИ.П. Операция «Багратион»//Военно-историческийжурнал. 2004. № 6. С. 3.

211. Жуков Г.К. Указ. соч. Т. 2. С. 215-216.

212. Marshal Stalin to the President and the Prime Minister, April 24, 1944 // FDRL, MR, Box 9.

213. Molotov to Prime Minister, 28.4.44 // CHAR 20/164.

214. Churchill & Roosevelt. Vol. 3. P. 114.

215. Цит. no: The Royal Navy and the Arctic Convoys. P. 117.

216. См. подробнее: Печатное В.О. Сталин, Рузвельт, Трумэн. С. 134сл; Tolley K. Caviar and Commissars: The Experiences of a U.S. Naval Officer in Stalin's Russia. Annapolis, 1984. P. 2041'f.

217. Головко А.Г. Указ. соч. С. 210.

218. Foreign Secretary, 4.5.44. // CHAR 20/164

219. Dinner with the Prime Minister at 10 Downing Street, May 2,1944 //EC, WAHP, CF, Cont.172.

220. Из Вашингтона, 6.V.1944 //АВП РФ. Ф. 059. On. 12. П. 33. Д. 208.

221. SecState, May 19, 1944 // NARA, RG 84, CGR, Poles–State cables,

January– July 1944.

222. Ibid.

223. For the President, June 12, 1944 // FDRL, PSF, Diplomatic Correspondence, Poland (Orlemanski–Lange Reports).

224. Professor Oscar Langers visit to Russia, 17 June 1944 // NARA, RG 226, Donovan microfilm, Reel 87.

225. Memorandum of Conversation with the Reverend Stanislaus Orlemanski, 27 May 1944 //Ibid.

226. Memorandum for the Secretary of State, May 31,1944 //FDRL, PSF, Diplomatic Correspondence, Poland (Orlemanski–Lange Reports).

227. Washington Post. 3.VIL1944.

228. J. E. Hoover to General Watson, July 13, 1944 // FDRL, PSF, Diplomatic Correspondence, Poland (Orlemanski–Lange Report).

229. Из Вашингтона, 15.V.1944 // АВП РФ. Ф. 059. Оп. 12. И. 33. Д. 209. Л. 67-68.

230. Запись беседы И. В. Сталина с Лео Кржицким, председателем Всеславян¬ского конгресса в США, 3.1.1946 // РГАСПИ. Ф. 558. Оп. И. Д. 374. Л. 131.

155 231. From Moscow to Foreign Office, 6th May, 1944 // TNA, FO 954/3.

232. Foreign Secretary, 8.5.44. // CFIAR 20/164.

233. Foreign Secretary, 7.5.44 // TNA, PREM 3/403/10.

234. Послание от г-на Черчилля г-ну Молотову, 2.V.1944 // АВП РФ. Ф. 06. Оп. 6. П. 1. Д. 9. Л. 53.

235. Weinberg G.L. D-Day: Analysis of the Costs and Benefits //D-Day 1944 / Ed. by T Wilson. Lawrence, 1994. P. 333.

236. Churchill & Roosevelt. Vol. 2. P. 653, 658.

237. Монтгомери Б. Указ. соч. С. 236.

238. Wieviorka O. Op. cit. P. 85.

239. Цит. по: Staler M.A. Allies and Adversaries. P. 170.

240. 之后更名为“龙骑兵”（Драгун）。正如丘吉尔所说，他是被迫同意这次行动的，英文中的dragoon即“强迫”之意。

241. Dear General: Eisenhower’s Wartime Letters to Marshall / Ed. by J. Hobbs. Baltimore, 1999. P. 141.

242. War Diaries 1939–1945. Field Marshal Lord Alanbrooke. P. 541. См. также: Wieviorka O. Op. cit. P. 86-87.

243. President and Prime Minister to Marshal Stalin, May 13, 1944 // FDRL, MR, Box 9.

244. Тегеранская конференция. С. 128.

245. Цит. по: Мальков В.Л. Великий Рузвельт. М., 2011. С. 437.

246. Цит. по: Rose P. Allies at War: British and US Army Command Culture in the Italian Campaign, 1943-1944 //JSS. 2013. Vol. 36. No. 1. P. 62.

247. См., К примеру: War Diaries 1939–1945. Field Marshal Lord Alanbrooke. P.291.

248. Churchill W.S. The Second World War. Vol. V. P. 532.

249. Ibid.

250. Parliament and Politics in the Age of Churchill and Attlee. The Headlam Diaries 1935–1951 / Ed. by S. Ball. London, 1999. P. 404.

251. War Diaries 1939–1945. Field Marshal Lord Alanbrooke. P. 549.

252. W.P (43) 218, May25,1943//TNA, CAB 66/37/18. См. подробнее: Barker T.M. The Ljubljana Gap Strategy: Alternative to Anvil/Dragoon or Fantasy? // JMH. 1992. Vol. 56. No. 1. P.57-86.

253. Bennett R. The 'Vienna alternative' 1944: Reality of illusion? //INS. 1988. Vol. 3. No. 2. P. 254.

254. Отношения России (СССР) с Югославией, 1941–1945 гг. М., 1998. С. 556.

255. Report by Brigadier Maclean on the Present Military and Political Situation in Yugoslavia, March 1944, 18th March, 1944 (attached to: W.P. (44) 196, 17th April, 1944) //TNA, CAB 66/48/46.

256. Отношения России (СССР) с Югославией. С. 224-226.

257. Советско-американские отношения. 1939–1945. С. 515.

258. САНО. Т. 2. С. 39-40.

259. ОГБ. Т5. Кн. 1.С. 114-115.

260. САНО. Т. 2. С. 40.

261. Литвин Г.А, Смирнов Е.И. Освобождение Крыма (ноябрь 1943 г. – май 1944 г.). Документы свидетельствуют. М., 1994. С. 108. 156

262. Киселев А.Н. Маршал Советского Союза Федор Толбухин //

Полководцы и военачальники Великой Отечественной. Вып. 2. М., 1979. С. 345.

263. Василевский А.М. Указ. соч. С. 390.

264 История Великой войны 1941–1945. Т 1. С. 520.

265. Memorandum for the President, March 29, 1944 // FDRL, Official File 220 (Russia), Roosevelt–Stalin messages.

266. Churchill & Roosevelt. Vol. 3. P. 143.

267. Mikolashek J.B. General Mark Clark: Commander of U.S. Fifth Army and Liberator of Rome. Philadelphia, 2013. P. 134.

268. Gilbert M. Churchill and America. N.Y., 2008. P. 300.

269. Создана в 1944 г. во главе с генерал-полковником Ф. И. Голиковым для согласования работы различных разведывательных служб СССР.

270. ОГБ. Т5. Кн. 1.С. 568.

271. BarbierM.K. Deception and the Planning of D-Day // The Normandy Campaign 1944: Sixty Years On / Ed. by J. Buckley. London, 2006. P. 170.

272. Cole H.M. The Lorraine Campaign. Washington, 1950. P. 23.

273. Balkoski J. Utah Beach: the Amphibious Landing and Airborne Operations on D-day, June 6, 1944. Mechanicsburg, 2005. P. 10.

274. Монтгомери Б. Указ. соч. С. 237.

275. Powers S.T. The Battle of Normandy: the Lingering Controversy // JMH. 1992. Vol. 56. No. 3. P. 455-472; Амброз С.Е. День «Д». 6 июня 1944 г. М., 2003.

276. British Intelligence in the Second World War. Vol. 3. Pt. 2. P. 125-126.

277. Монтгомери Б. Указ. соч. С. 257.

278. Ferris J. Intelligence and OVERLORD: A Snapshot from 6 June 1944 // The Normandy Campaign 1944. P. 187-188.

279. For General Ismay for C.O.S. Committee, 25.5.44 (attached to: C.O.S. (44) 462 (O), 26thMay, 1944) // TNA, CAB 80/83.

280. CAMO. T 2. C. 128.

281. From Moscow to Foreign Office, 2nd June 1944; From Foreign Office to Moscow, 4th June 1944 // CHAR 20/165.

282. Churchill WS. The Second World War. Vol. VI. Triumph and Tragedy. London, 1953. P. 5.

283. Witt A. F. The Summer of 1944: A Comparison of Overlord and Anvil/

Dragoon // JSS. 1981. Vol. 4. No. 2. P. 189.

284. Ferris J. Op. cit. P. 191.

285. Flansen M. The German Commanders on D-Day // The Normandy Campaign 1944. P. 37.

286. Василевский А.М. Указ. соч. С. 400.

287. WX-45590, 3rd June 1944 // TNA, War Office 229/30.

288. CAMO. T 2. C. 17.

289. Smith B.F. Sharing Secrets with Stalin: How the Allies Traded Intelligence, 1941–1945. Lawrence, 1996, P. 193.

290. Бирюков FI.И. Танки– фронту. Смоленск, 2005. С. 408.

291. Отношения России (СССР) с Югославией. С. 239.

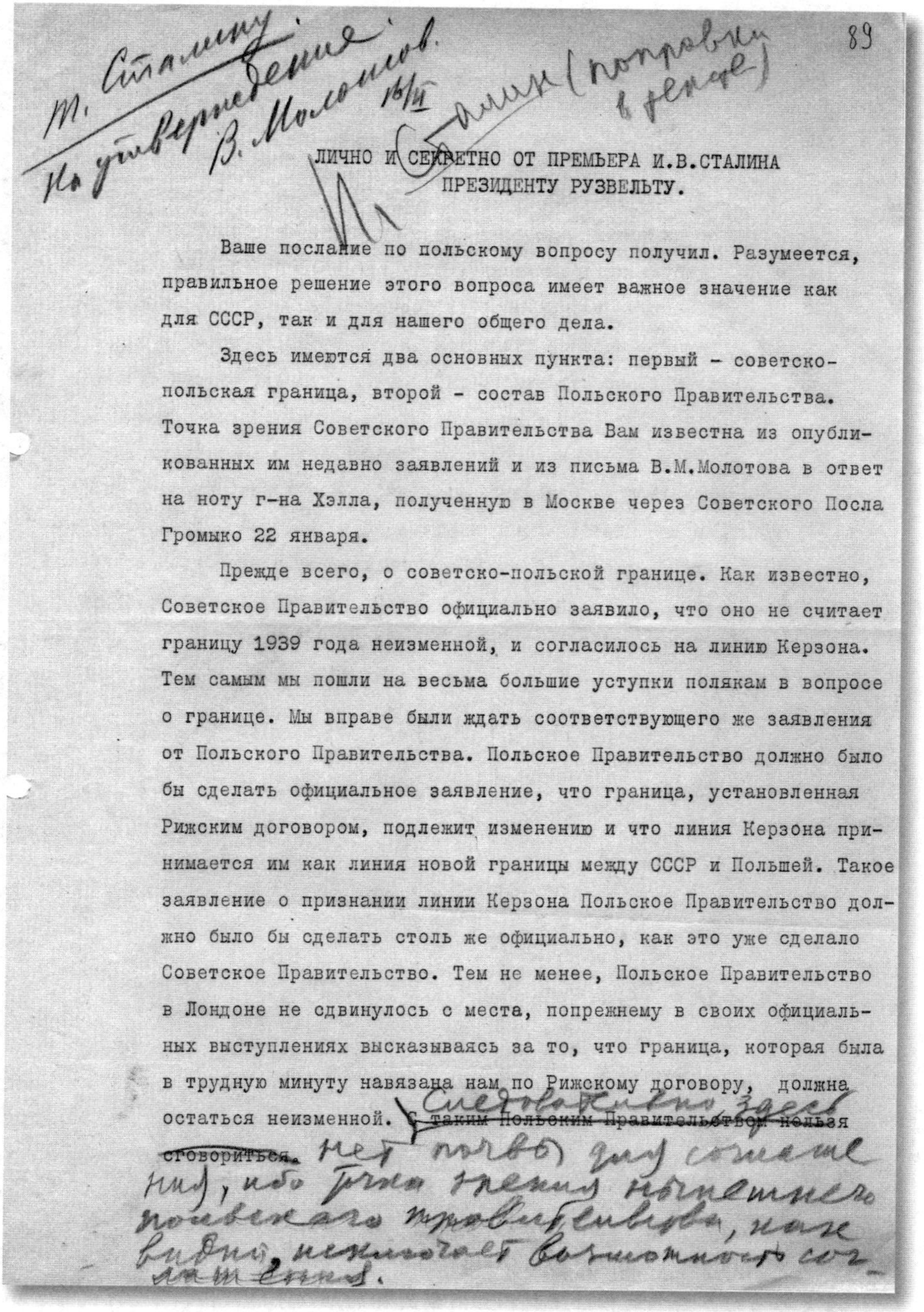

89

т. Сталину
На утверждение
В. Молотов. 16/II

И. Сталин (поправки в ред...)

ЛИЧНО И СЕКРЕТНО ОТ ПРЕМЬЕРА И.В.СТАЛИНА
ПРЕЗИДЕНТУ РУЗВЕЛЬТУ.

Ваше послание по польскому вопросу получил. Разумеется, правильное решение этого вопроса имеет важное значение как для СССР, так и для нашего общего дела.

Здесь имеются два основных пункта: первый - советско-польская граница, второй - состав Польского Правительства. Точка зрения Советского Правительства Вам известна из опубликованных им недавно заявлений и из письма В.М.Молотова в ответ на ноту г-на Хэлла, полученную в Москве через Советского Посла Громыко 22 января.

Прежде всего, о советско-польской границе. Как известно, Советское Правительство официально заявило, что оно не считает границу 1939 года неизменной, и согласилось на линию Керзона. Тем самым мы пошли на весьма большие уступки полякам в вопросе о границе. Мы вправе были ждать соответствующего же заявления от Польского Правительства. Польское Правительство должно было бы сделать официальное заявление, что граница, установленная Рижским договором, подлежит изменению и что линия Керзона принимается им как линия новой границы между СССР и Польшей. Такое заявление о признании линии Керзона Польское Правительство должно было бы сделать столь же официально, как это уже сделало Советское Правительство. Тем не менее, Польское Правительство в Лондоне не сдвинулось с места, попрежнему в своих официальных выступлениях высказываясь за то, что граница, которая была в трудную минуту навязана нам по Рижскому договору, должна остаться неизменной. ~~С таким Польским Правительством нельзя сговориться.~~ Следовательно, здесь нет почвы для соглашения, ибо точка зрения нынешнего польского правительства, как видно, исключает возможность соглашения.

斯大林写给罗斯福的信函手稿，上有斯大林的修改手迹,1944年2月16日。第1页。

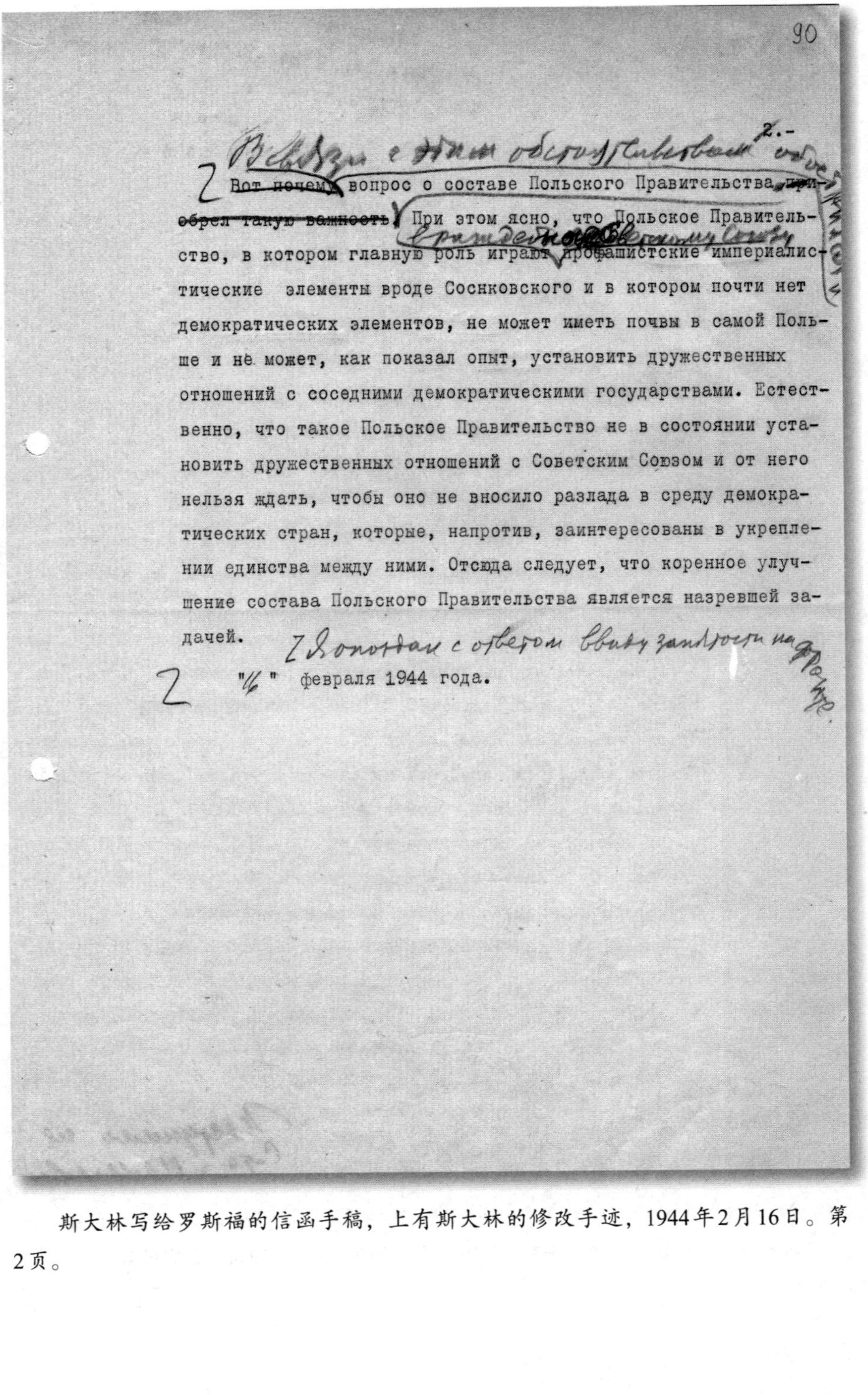

90

2.-

~~Вот почему~~ вопрос о составе Польского Правительства ~~приобрел такую важность~~. При этом ясно, что Польское Правительство, в котором главную роль играют профашистские империалистические элементы вроде Соснковского и в котором почти нет демократических элементов, не может иметь почвы в самой Польше и не может, как показал опыт, установить дружественных отношений с соседними демократическими государствами. Естественно, что такое Польское Правительство не в состоянии установить дружественных отношений с Советским Союзом и от него нельзя ждать, чтобы оно не вносило разлада в среду демократических стран, которые, напротив, заинтересованы в укреплении единства между ними. Отсюда следует, что коренное улучшение состава Польского Правительства является назревшей задачей.

"16" февраля 1944 года.

斯大林写给罗斯福的信函手稿，上有斯大林的修改手迹，1944年2月16日。第2页。

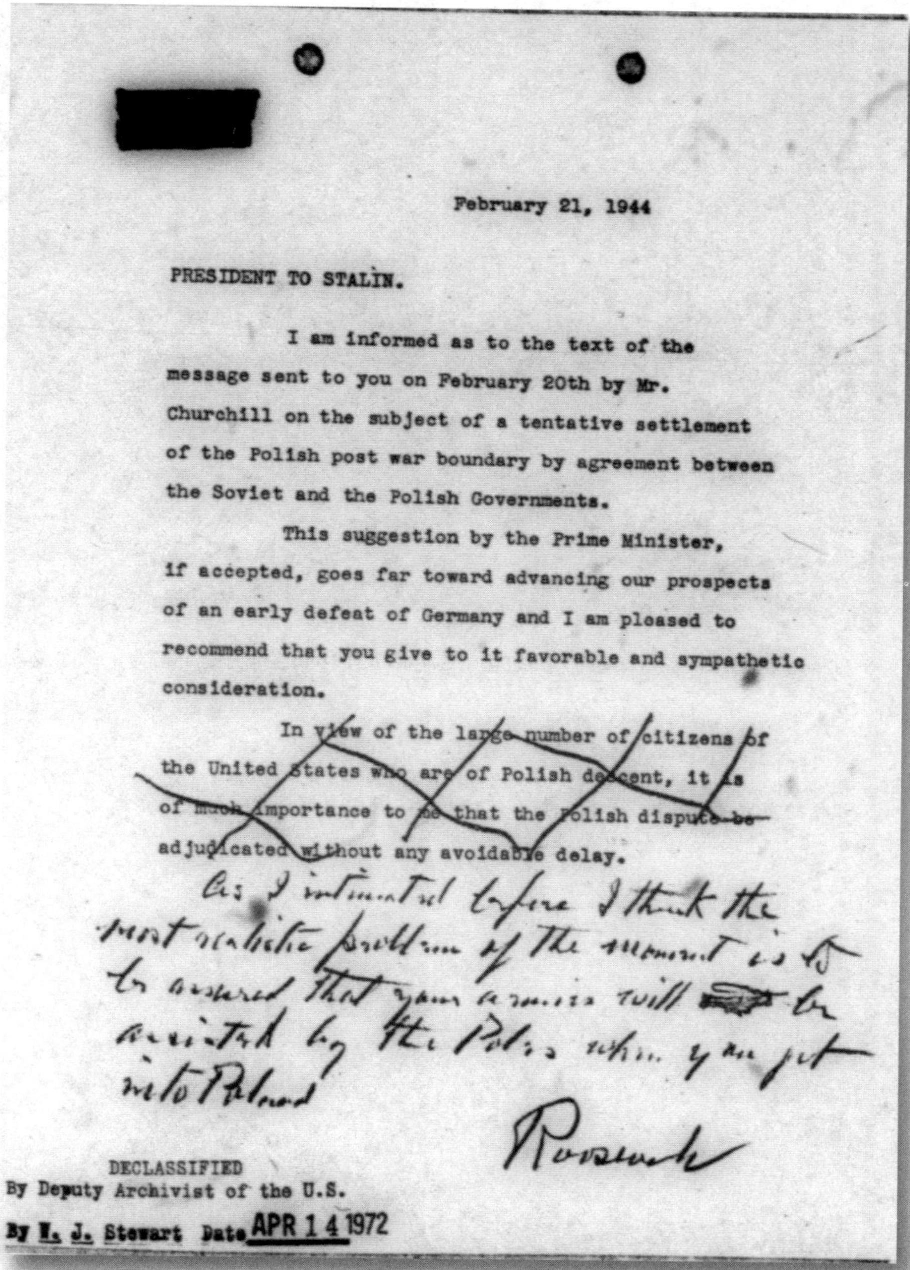

[redacted]

February 21, 1944

PRESIDENT TO STALIN.

I am informed as to the text of the message sent to you on February 20th by Mr. Churchill on the subject of a tentative settlement of the Polish post war boundary by agreement between the Soviet and the Polish Governments.

This suggestion by the Prime Minister, if accepted, goes far toward advancing our prospects of an early defeat of Germany and I am pleased to recommend that you give to it favorable and sympathetic consideration.

~~In view of the large number of citizens of the United States who are of Polish descent, it is of much importance to me that the Polish dispute be adjudicated without any avoidable delay.~~

As I intimated before I think the most realistic problem of the moment is to be assured that your armies will [illegible] be assisted by the Poles when you get into Poland

Roosevelt

DECLASSIFIED
By Deputy Archivist of the U.S.
By H. J. Stewart Date APR 14 1972

罗斯福写给斯大林的信函手稿，上有罗斯福的修改手迹，1944年2月21日。

租借给苏联的“密尔沃基”号轻(型)巡洋舰(自1944年4月起更名为“摩尔曼斯克”号)。

租借给苏联的“君权”号战列舰(自1944年5月起更名为“阿尔汉格尔斯克”号)。

解放奥德赛，1944年。

战争的疮痍：法国小镇被英美轰炸后的画面。

最后的训诫：艾森豪威尔和101空降兵师的士兵们，1944年6月5日。

亲临督察：艾森豪威尔和蒙哥马利指挥“霸王”行动，1944年6月。

身归何处。美军士兵登陆诺曼底，1944年6月6日。

英军士兵登陆“金色海岸”（诺曼底），1944年6月6日。

“浮动堡垒”：诺曼底登陆，1944年6月。

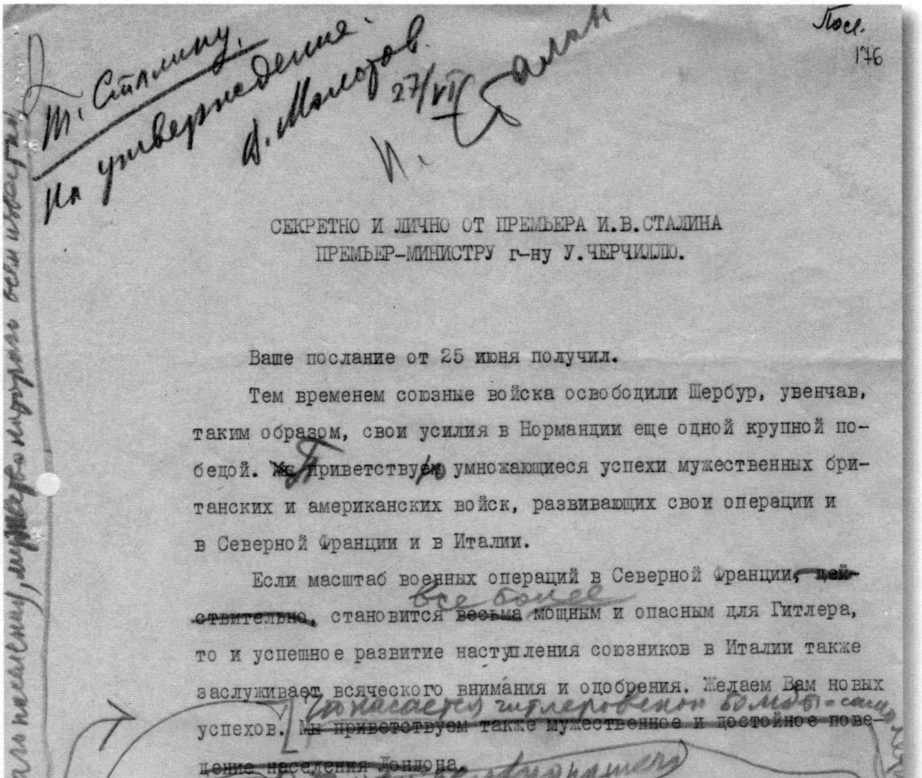

СЕКРЕТНО И ЛИЧНО ОТ ПРЕМЬЕРА И.В.СТАЛИНА
ПРЕМЬЕР-МИНИСТРУ г-ну У.ЧЕРЧИЛЛЮ.

Ваше послание от 25 июня получил.

Тем временем союзные войска освободили Шербур, увенчав, таким образом, свои усилия в Нормандии еще одной крупной победой. ~~Мы~~ приветствуем умножающиеся успехи мужественных британских и американских войск, развивающих свои операции и в Северной Франции и в Италии.

Если масштаб военных операций в Северной Франции~~, действительно,~~ становится ~~весьма~~ мощным и опасным для Гитлера, то и успешное развитие наступления союзников в Италии также заслуживает всяческого внимания и одобрения. Желаем Вам новых успехов. ~~Мы приветствуем также мужественное и достойное поведение населения Лондона.~~

~~Что касается нашего наступления, то мы не собираемся давать~~ немцам передышку, ~~а продолжаем изо дня в день~~ расширять фронт наших наступательных операций, усиливая мощь нашего натиска на немецкие армии, ~~все более и более начинающие чувствовать силу наших совместных ударов.~~

27 июня 1944 года.

斯大林写给丘吉尔的信函草稿，上有斯大林的修改手迹，1944年6月27日。

争论不休：艾森豪威尔和蒙哥马利交流“霸王”行动的进展，1944年7月。

被解放的明斯克，1944年。

英国外交大臣贝文。

苏联大将切尔尼亚霍夫斯基，1944年。

敦巴顿橡树园会议，1944年。左起：贾德干、哈利法克斯、赫尔、葛罗米柯、斯特蒂纽斯。

苏联大将罗科索夫斯基。

苏联大将安东诺夫，1945年。

第7章 157

尾声的开始

1944年下半年，是同盟国取得新的决定性胜利的时期。6月6日诺曼底登陆成功实施。6月10日，列宁格勒方面军和卡累利阿方面军部队投入进攻。6月23日，规模空前的白俄罗斯战役“巴格拉季昂”打响，战役以红军解放白俄罗斯全境、波罗的海沿岸部分地区、波兰东部直至维斯瓦河（Висла）而告结束，红军向西推进了556千米—600千米。据德国资料记载，6—8月期间，德国武装力量在东线损失了916860人，西线损失292902人。“中央”集团军群已不复存在。后来哈里曼回忆说，斯大林对德黑兰协议不折不扣的履行“对鼓舞我军士气有重大意义……他信守诺言的行为使我方众多军事长官折服，特别是艾森豪威尔，他终于信服斯大林会恪守自己的义务”。[1] 在8月中旬的“铁砧”行动过程中，盟军在法国南部登陆，将欧洲大陆西部的战线连成了一片。对德军形成的包围圈越收越紧。

在这种形势下，盟国间的合作达到了巅峰。除纯军事协同外，还触及战后构建问题。7月，在布雷顿森林（美国）召开了关于建立世界货币金融体系以确保战后金融稳定的联合国大会。苏联非常积极地参加了此次会议，也积极地参加了奠定未来联合国组织基础的敦巴顿橡树园会议（8—9月）。在拟制联合国章程时，在组织结构及安全理事会的工作等问题上展开了激烈的讨论。这些问题在斯大林与罗斯福的来往信件中也有所反映（第519—521、579、601号文件）。但总的来说，在战争结束阶段及在构建战后世界的框架时，“三巨头”的合作前景比以往任何时候都要乐观。

联盟外交的一个重要部分就是使德国的附庸国退出战争并与之签订和约。尽管盟国在这些问题上存在分歧，但苏联外交部门在与芬兰人、罗马尼
亚人和保加利亚人的停战谈判中，以及在对罗马尼亚、保加利亚及随后在匈 158
牙利的联盟监管机构中都成功获得优势地位。重要的是，这一切是在与西方同盟国协商后，以及不严重损害同盟关系的情况下达成的。这些问题在三位

领导人的往来书信中占有明显位置。

在欧洲，盟国军队战线越来越近，这势必要求双方军事指挥部之间紧密协同，包括协调军事计划。特德元帅率代表团对莫斯科的访问，以及斯大林关于在1945年1月苏联开始进攻的承诺，以帮助盟友在阿登（Арденны）遭受德国军队最后一次沉重打击后恢复元气（第607—609、616—617文件），都有着重要的意义。解决作战问题也需要政治领导人干预，比如划定盟军空军行动区隔离线、“友军”之间建立直接通信联系、组织考察被攻占的德国军事目标及最新的武器装备[“V–1（Фау–1）”和“V–2（Фау–2）”导弹、“T–5”声纳鱼雷]。这在来往书信中也有所反映（第478、480、486、567、573、578、593号文件）。

盟国不断强化的协调行动与英美司令部的“特殊关系”并存。第二次魁北克大会“八边形（Октагон）”于9月11—16日召开，苏联没有参加，甚至没有被邀请。会议决议主要涉及的是英美军事计划，反映了美国对欧洲及太平洋后续作战行动的主导作用。罗斯福和丘吉尔只用寥寥数语向斯大林通报了“八边形”会议的结果（第523号文件）。

苏军向欧洲腹地的不断推进令美国和英国军事外交界忧心忡忡。军事计划制定和情报部门的警觉使他们注意到苏联日益增强的军事实力和影响力。在英国战后问题委员会及美国军方规划者的内部报告中，苏联越来越经常地被视为潜在敌人，认为其是继德国被粉碎之后对西方的主要威胁。丘吉尔也开始有这种担忧，因此他的政治战略动机发生了变化，力求抢在红军之前进入巴尔干和东南欧，美国甚至本国军人都不支持他的这种企图。总的来说，
159 盟国的最高政治当局继续执行合作政策，这不仅是由于他们非常清楚还需要苏联对彻底消灭德国和日本作出更大的军事贡献，而且还希望苏联能更关注与西方保持合作，以免苏联公开对抗西方利益。

1944年8—9月，“伦敦人”组织了华沙起义，使波兰问题重新尖锐化，也使盟国面临严峻考验。由于苏联不赞同克拉约瓦军的行为而采取了消极的态度，使华沙起义被德军残酷镇压。这引起美国和英国社会的愤懑。虽然罗斯福和丘吉尔没有采取对策“惩罚苏联”，但从此以后，波兰问题成为同盟国关系中的一个主要刺激因素，为持对苏强硬态度的拥护者提供了新的口实。在苏军控制了大部分波兰领土之后，亲苏的波兰民族解放委员会（ПКНО）站稳了脚跟，西方盟国最后的希望就是在波兰人民解放委员会与“伦敦人”之间寻求妥协，以组建新的联合政府。斯大林并没有关上协商解决波兰问题的大门，但从7—8月他与米科瓦伊奇克的谈话中，以及10月份的苏波谈判中

可以看出，双方立场仍水火不容。同时，斯大林坚持将波兰人民解放委员会扶植为未来波兰政府，并于1944年12月正式承认。在三国首脑的往来书信中，可以看出各自在波兰问题上的基本观点，特别是斯大林与丘吉尔的往来书信中。可以说在这个问题上，丘吉尔是克里姆林宫的老客户。斯大林的档案文件反映出斯大林对有关波兰的信函特别关注，而且他在修改莫洛托夫起草的信函时，往往使其声色俱厉。

一个很典型的现象是，尽管英国渐渐变成“三巨头”中的小弟，也可能正因为如此，丘吉尔仍是斯大林最活跃的信友；他特别热衷给斯大林详细地通报盟国在欧洲的战况，就像一个统领向另一个统领汇报一样。

1944年10月丘吉尔到访莫斯科（“托尔斯泰”谈判）是同盟国关系中一个重要的里程碑。与1942年的“布列斯特”不同，这次谈判是在平 160
等、友好的气氛中进行的，并达成了实质性协议。凭借自己的“百分比协议（Процентное соглашение）”，丘吉尔巩固了英国在希腊的势力范围，作为交换，苏联拥有罗马尼亚和保加利亚的主导权。这场肮脏的交易是两国之间酝酿已久的划分势力范围行为的继续。从斯大林一方来说，在苏联对远东的诉求及有争议的敦巴顿橡树园协议问题上，他预先得到了丘吉尔的支持，但他是承诺在先，即战胜德国后立即对日本开战。

克里姆林宫的主人非常巧妙地迎合着丘吉尔的讲话腔调，在强调双方谈判“私密性”的同时，又谨慎地观察罗斯福的反应，因为后者对苏英单独会面非常在意。所有这些再加上受到超高规格的接待和斯大林的彬彬有礼，再次给首相留下了深刻的印象。他坚信，直接与“约瑟夫大叔”打交道很重要。

斯大林在进行外交活动时分寸把握自如，戴高乐12月访问莫斯科期间签订苏法联盟互助协议就是一例。一方面，在与伙伴的往来书信中他给丘吉尔和罗斯福的印象是，不仅详细地向他们通报与其他小盟国的谈判情况，同时还征求他们的意见。另一方面，他善于利用他们之间的分歧与法国签订于己更有利的双方协定。此外，他充分利用戴高乐对此事的关注，打破了西方大国对波兰人民解放委员会的外交孤立。

在这一阶段的往来书信中还有一个主题，就是高层再次会晤问题。首先，早在7月，提出这一问题的是罗斯福，但斯大林予以婉拒，推托说苏德战场脱不开身。之后，8月丘吉尔又提出这一想法，但这一次是罗斯福因总统大选要求延期。最终，霍普金斯（Гопкинс Г.）以总统的名义试探能否在黑海举行会晤时，克里姆林宫接受了提议，在之后与罗斯福频繁的往来书信中未再推托（第547、548、563文件）。而会晤的地点和时间斯大林说一不二，因为此时的他正处在“三巨头”中威望的最高峰。

* * *

161 ## 446. 丘吉尔致斯大林的私人机密信函

1944年6月6日发　　1944年6月6日收

开局顺利。水雷、障碍和岸炮大部已被摧毁。空降登陆非常成功而且规模空前。步兵快速展开，大量坦克和自行火炮已卸载上岸。

天气看上去还可以，有好转的趋势。

丘吉尔的这封电报当天被迅速转给了外交人民委员会。这期待已久的消息甚至令铁石心肠的莫洛托夫也有些失态，因为他通常签收信件时都面无表情。“从您的来信中获知的消息，”他给克尔回复道，“的确令人兴奋不已，现在它是所有人关注的焦点。”[2]

收到丘吉尔关于“霸王”行动已经开始的紧急通报后，斯大林立即予以了回复，因为他深知此事的重要性。除按惯例表示祝贺外，他还承诺，苏联统帅部将在苏德战场上展开更大的攻势行动来支持“霸王”行动。第二天，斯大林出于诚信将自己写信一事告知了罗斯福。

447. 斯大林致丘吉尔的私人秘密信函

1944年6月6日发

您关于“霸王”行动顺利开始的通报收悉。我们大家无不为之欢欣鼓舞，并希望取得进一步战果。

苏军根据德黑兰协议所组织的夏季攻势将于6月中旬在战线某一重要地
162 段展开。随着各集团军先后投入进攻战役，苏军将分阶段展开总攻。6月末及7月期间，进攻战役将转化为苏军的总攻。

关于进攻战役的进展情况我会及时向您通报。

448. 斯大林致罗斯福的信函

1944年6月7日发
私人，秘密

我认为有必要告知您，6月6日为回复丘吉尔先生的来函，我给他发了一封关于苏军夏季攻势的私信，内容如下：

“您关于‘霸王’行动顺利开始的通报收悉。我们大家无不为之欢欣鼓舞，并希望取得进一步战果。

苏军根据德黑兰协议所组织的夏季攻势将于6月中旬在战线某一重要地段展开。随着各集团军先后投入进攻战役，苏军将分阶段展开总攻。6月末及7月期间，进攻战役将转化为苏军的总攻。

关于进攻战役的进展情况我会及时向您通报。

1944年6月6日。”

葛罗米柯大使将此信转交给了沃森少将。葛罗米柯向莫斯科汇报说，沃森少将私下告诉他关于“霸王”行动顺利开始的情况：盟军的损失比预计的要小得多，已有8个师登上诺曼底，至少有10万人，之后，每天将再登陆2个师。[3]

盟军在诺曼底顺利登陆并不意味着他们没有遭到德军的抵抗和遇到突发状况。在美军负责的一个登陆地段（“奥马哈”海滩），损失就相当惨重——约4700人，[4] 这不仅是由于两栖坦克被海浪抛向海岸，还有一个事后查明的原因，就是炮火准备不足：德军第352团的火炮并未被压制，其后果可想而知。 163
随着英美部队登陆数量不断增多，对其供应又成了大问题。德军指挥部认为瑟堡大型海港是盟军欲夺取的主要目标，于是决定誓死保卫该港。结果，攻占瑟堡的原计划只好“稍作修改”：该港口直到6月27日才被攻克。[5] 斯大林迅速致函丘吉尔，对其取得的重大胜利表示祝贺（第464号文件）。

围绕另一个重要的战略城市“诺曼底首府卡昂”出现了更严重的问题，原计划在登陆日这一天解放卡昂。从6月7日开始，蒙哥马利三次尝试解放卡昂，但从“正面”进攻未果，进行迂回机动也失败。“到7月初，蒙哥马利无论是时间上还是想法上都已是山穷水尽”。[6] 盟军的空中绝对优势此时显现出威力。7月7日开始对卡昂进行毁灭性轰炸，尽管夺去了几百平民的生命，给盟军的后续推进也增加了难度，但它成为了两天后城市解放的前奏。7月11

日，斯大林祝贺丘吉尔取得期盼已久的战果（第476号文件）。

早在“1943年底，几千名英国工人就开始建造人工港（代号‘桑果’）及其起保护作用的防波堤。‘码头’是固定在岸边的浮码头。之所以这样设计，是因为平台以打入海床的桩子为支撑随潮汐上下起伏”。[7] 国人低估了“桑果”的作用，其实它在对盟军进行后勤补给时大显身手：6月6日至8月31日期间，通过该港运送的英国物资占全部的35.5%—48.5%。[8]

丘吉尔在6月7日及之后的信函中非常详细地向斯大林通报了诺曼底初期作战中的上述特点（第449、452、455、457、463号文件）。德军抵抗能力的渐渐“明晰”给丘吉尔最初的乐观泼了一盆冷水。6月17日，他致函斯大林说，衡量“霸王”行动价值的标准并不是夺占了多少土地，而是交战的规模。

164 关于法国北部的战事，罗斯福告诉斯大林的非常少。虽然从丘吉尔的来信中莫斯科可能已经得知，并非一切都在完全“按计划”进行，就像总统承认的那样，但总的来说消息都是令人欣慰的。斯大林对此的反应也不仅仅是传统的祝贺，还在致函丘吉尔时告知了一条重要消息——首相又迅速将其通报给华盛顿，即：卡累利阿地峡和南卡累利阿的维堡—彼得罗扎沃茨克战役（Выборгско-Петрозаводская операция）将于6月10日打响（第451号文件）。在这封信中，斯大林直接说出了第一轮进攻的开始日期——6月10日，取代了莫洛托夫所说的“近期”，因为他明白，这个准确的消息对盟国来说有多么重要。原计划是通过此次进攻迫使芬兰退出战争，但并非那么容易，不仅要吸取1939—1940年冬季战争的教训，还要考虑复杂的地形条件。空军主帅A.A.诺维科夫（Новиков А.А.）回忆道，列宁格勒方面军司令 Л.А.戈沃洛夫（Говоров Л.А.）针对地形因素指出：

“突破芬兰人在地峡内设置的防御，即使是在大规模机械化兵团能够进行复杂机动和纵深突击的地区也不是轻而易举的事情。而在这里实施纵深突击是根本不可能的。要突破敌防御只能展开正面进攻……我们的突击应是闪电般的、致命的，使防御前沿的芬兰军队在其战役预备队到达前就被全歼。”[9]

展开这种突击的前提是必须对敌形成绝对的优势，首先是军事技术装备上的优势。斯大林给戈沃洛夫和卡累利阿方面军司令K.A.梅列茨科夫（Мерецков К.А.）派去了增援部队，但将军们要求再增派一些，斯大林没有完全满足他们的要求。在战役准备期间，曾出现一个有代表性的小插曲。梅列茨科夫给大本营带来了一个特制的沙盘，通过沙盘向斯大林介绍了其部队将会遇到的困难。

“И.В.斯大林习惯性地边听边沿着桌边踱步。之后他突然停下脚步，粗暴地打断了梅列茨科夫：

——为什么您要拿个玩具来吓唬我们？显然，敌人的防御使您不知所措了……我很怀疑您接下来还能不能完成赋予的任务。 165

梅列茨科夫接着又做了件火上浇油的事：他将‘玩具’拿到一边，马上又提出实施突破时需要重型坦克团和炮兵。斯大林一下子被激怒了，接着又是一声粗暴的驳斥：

——您以为，吓唬我们，我们就会对您慷慨吗？……我们可不是吓大的。”[10]

尽管大本营中也是争吵不休，但对敌形成的优势有了回报：“1939年的错误不会再重复。在海军、空军和地面炮兵强大的火力支援下，芬兰的防御被压制住。”[11] 10天后，具有重要战略意义的维堡解放。而一天后，正如《大战史》中所述：“最高统帅部大本营给戈沃洛夫下达任务，继续进攻，肃清卡累利阿地峡地区之敌，进军1940年的芬兰国境线。”[12]

449. 丘吉尔致斯大林的私人机密信函

1944年6月7日发　　　　1944年6月8日收

1. 感谢您的来函及对罗马事件的祝贺。关于“霸王”行动，今天，6月7日，上午的进展令我非常满意。只是美军在一个登陆区域遇到强力抵抗，但现在已经被消除。在敌后方翼侧顺利空降的2万名伞兵也均与海上登陆的美军和英军建立了联系。我方损失不大，阵亡人数约1万人。我们希望今天傍晚时分岸上能有25万多人，包括大量由特种船只运送上岸或自行上岸的装甲兵力（坦克）。这些自行上岸的坦克损失很大，特别是在美军的正面，由于风大浪急，很多两栖坦克被掀翻。我们原本此时应发起猛烈的反攻，但我们必须依靠装甲坦克兵力优势，以及压倒性的空中优势，因此必须要等到天空中 166
云层散开。

2. 昨天深夜，在卡昂地区，我方刚卸载上岸的装甲坦克兵力与敌第21近卫装甲坦克师的50辆坦克发生了坦克大战，结果敌人撤出了战场。现在，英国第7装甲坦克师也投入了战斗，这可能给我们带来几天时间的优势。就看最近一周敌人能调遣多少兵力来对付我们了。该地区的天气看上去不会对我们的登陆有多大影响。实际上，天气比之前有所好转。令所有司令官感到高兴的是，在登陆兵上陆过程中，一切进行得比我们预想的还要顺利。

3. 此条要严格保密。我们很快将在塞纳河口宽阔河湾的岸边建成2个大型浮动港口。类似的港口前所未有。大型远洋轮船能够在此卸货，并通过众多的码头给作战部队送去给养。这应该绝对出乎敌人的意料。而且这种港口能囤积和存放大量的物资，不用一味依赖天气条件。我们希望作战过程中能很快攻占瑟堡。

4. 另一方面，敌人将迅速地集结大量兵力，战斗将会异常残酷，规模也将增大。我们仍然希望在D+30日，我们能展开约25个师及其后勤部队，并且正面战线的2个翼侧将以海为依托，战线会分布至少3个优良港口：瑟堡和2个浮动港口。随着该战线不断得到补给和扩展，之后我们希望能与布列斯特半岛连通。但这一切能否实现还取决于战争的偶然性因素，对此，斯大林元帅，您非常清楚。

5. 我们希望，此次顺利登陆及罗马城下的胜利以及我们还需要从被分割的几个匈人师那里收集果实，能令您历经各种磨难的英勇士兵感到高兴，但这种磨难是其必须经历的，对此，除贵国之外，没有谁比我的感受更深。

6. 在我口授写下上述内容后，我收到您提及“霸王”行动顺利开始的来
167 函，您在信中还谈到苏军的夏季攻势。对此我向您表示衷心的感谢。我希望您能注意到，我们出于对您、贵国人民及贵国军队的充分信任，从未对您提出过任何问题。

450. 罗斯福致斯大林的私人密函

1944年6月7日发　　　　1944年6月8日收

私人，秘密

您祝贺攻陷罗马的来函收悉，对此来函及转发的您致丘吉尔先生的函件副本，我一并表示感谢。这一切都令我非常高兴。

来自法国北部的消息称，一切在按计划发展。

致以我由衷的问候。

451. 斯大林致丘吉尔的私人秘密信函

1944年6月9日发

您6月7日通报“霸王”行动顺利展开的来函收悉。我们全体人员向您及

英勇的英美军队致敬，并衷心祝愿你们取得更大的成功。

苏军夏季攻势的准备工作即将结束。明天，即6月10日，列宁格勒方面军将发起第一轮夏季攻势。

如果说丘吉尔对斯大林通报的回复热情似火，那么罗斯福则是矜持有加："约瑟夫大叔的计划非常乐观。"他致函首相时写道："虽然他们的进攻比我们期望的要略迟一些，但最终一切会好起来的。"[13] 总统在莱希将军起草的信函中加上这么一段令人费解的结束语，意欲何为？看来W.金伯尔（Кимбэлл У.）的判断是对的，红军向欧洲腹地推进太深，令罗斯福不安。[14] 莫斯科也觉察到 168
了他的不安。斯大林本人事后在与法国共产党总书记M.多列士（Торез М.）会谈时也说到了这一点，"……当然，英美不会允许出现这样的丑闻，即他们在非洲海岸坐视红军解放巴黎"。[15]

丘吉尔继续向斯大林通报法国北部乃至意大利的事态发展。随着朝思暮想的比萨—里米尼（Пиза-Римини）战线的日益接近，加之"铁砧"行动一直被拖延，英国人下一步行动的问题又被提上了议事日程。丘吉尔对隆美尔的行动评价不是很高，这与某些当代研究人员的意见不谋而合。德国军事长官认为，阻止英美登陆的唯一方式就是，正当敌人在构筑登陆场之时，将所有兵力放在防御前沿投入战斗。隆美尔在坚持前沿阵地式防御的同时，拒绝集结预备队，而德军其他军事长官却认为"弹性防御"和由坦克预备队实施机动好处更多。[16] 隆美尔的战术无疑助了盟军一臂之力，马歇尔也同意这一观点，丘吉尔则毫不迟疑地立刻将这些情况通报给了斯大林（第457号文件）。

452. 丘吉尔致斯大林的私人信函

1944年6月10日发　　1944年6月11日收

机密

1. 非常高兴收到您的来函，而且我也转告了艾森豪威尔将军。全世界都会看到德黑兰计划在我们协调一致打击共同敌人时所发挥的作用。愿成功和幸运与苏联军队相随。

2. 今天即10日的前夜，我们有约40万人连同大量先进的装甲坦克已经上陆，火炮和载重汽车也在迅速集结。我们发现3个小渔港，可以用来临时卸货。此外，2个大型浮动港口的建设也进展顺利。据报告，正面交战进行得比 169

较顺利。我们认为，隆美尔在战术反攻中已将部分战略预备队消耗在一些无足轻重的事情上。而且他们均被击溃。我们预计敌人将在近期做出战略对策。

3. 亚历山大将军对北部方向上被打散的凯塞林军队的残余展开了快速追击。敌人很可能停留在比萨—里米尼阵地上，并在这里会有所动作。亚历山大将军通报说，德军20个师的作战能力已大大降低。现只剩六七个师，这几个师在后卫和废墟的掩护下得以撤退至北部。他正展开追击，同时继续清理战场。

4月16日，意大利成立了以巴多格里奥为首的新政府，继续与不得人心的维克多·埃马努伊尔三世国王（Виктор Эттануил Ⅲ король）合作。同盟国，首先是罗斯福，劝后者退位，但他只同意将王位交给自己的儿子和继承人。6月5日，罗马解放后，国王宣布了自己的决定，引发了本国进步政治团体的抗议。在未通知同盟国的情况下，成立了以I.博诺米（Бономи И.）为首的新政府。博诺米宣布将履行已经承担的责任——执行投降条件，待最终胜利后再行决定帝制的命运。但丘吉尔却对巴多格里奥的下台心生不满，认为这会破坏意大利业已形成的政治平衡，伦敦则失去了一个老伙伴。“由一群贪婪的老牌政客取代巴多格里奥，于我而言是一大灾难，”丘吉尔致函罗斯福时写道，“尽管他对我们有敌意，但自从他把海军完好地交予我们后，他就是我们有效的工具。我认为，我们达成的共识就是让他留任，至少等到我们巩固了北方的民主，建立一个健全的意大利政府。否则我们就要与这个绝对不具代表性的集团产生矛盾。”[17]

在致函斯大林时，丘吉尔试探了莫斯科对该事的反应，同时也担心苏联可能会怀疑自己参与了此事。

170

453. 丘吉尔致斯大林的私人信函

1944年6月10日发　　　　1944年6月11日收

巴多格里奥元帅身上所发生的事情令我感到懊恼。我觉得，我们失去了一位唯一有能力的人，我们和他打过交道，他本可以很好地与我们合作。当前这一小撮贪婪的老牌政客必然使意大利野心扩张，给我们造成极大的不便。若您能告知对此事的态度，我将受益匪浅。

斯大林同样也对意大利政坛的风云突变感到困惑。由于对盟国的做法不满，苏联政府未经协商便直接与巴多格里奥政府取得了联系，希望与之合作。而现在看来，这种合作的前景愈加迷茫。同时，克里姆林宫已经放任西方主导意大利事务，并以此作为其在东欧和巴尔干获得优势的样板。因此，斯大林在回复丘吉尔时赋予了盟国随意处置意大利的权力。但很快，苏联政府便同意英美在遵守其先前约定的条件下与博诺米政府建立关系。从3月3日夜斯大林与意大利共产党领袖P.陶里亚蒂（Тольятти П.）的谈话中可以看出，与外交人民委员会某些活动家不同的是，斯大林并不看好战后意大利的革命进程。他认为，在当前形势下，遏制英国在意大利的影响力的最好方式就是推行“民族团结”政策，如果国家多极化，即分为传统的和反法西斯的“两个阵营”，只会使伦敦的地位更加牢固。[18]

斯大林观望了几天，确信盟军登陆成功后才对“霸王”行动进行全面评价。总的看来，他确实被登陆规模和登陆效率深深震撼。信中有一句最意味 171
深长的话并不是典型的斯大林修改痕迹，但这份电文发出几天后，领袖在接受《真理报》采访时几乎是逐字逐句地引用了那句话：“筹划思路之开阔，兵力规模之宏大，实施手段之高超，战争史上闻所未闻。”[19]

6月10日会见哈里曼时，他再次用了同样的表述来评价“霸王”行动。似乎这已成了他的专利。有趣的是，斯大林的这段话与丘吉尔6日在下议院评价“霸王”行动的话极为相似：“这场规模宏大的行动无疑是史无前例的最复杂、最困难的行动。”[20]

454. 斯大林致丘吉尔的私人秘密信函

1. 您关于巴多格里奥下台一事的来函收悉。巴多格里奥下台也出乎我的预料。我觉得，未经英美盟国同意，不应发生巴多格里奥下台和博诺米上台之事。但从您来函中可以看出，事件的发生是不以同盟国的意志为转移的。应该认为，意大利某些集团为自身的利益意欲尝试修改停战条件。无论如何，若情况令您和美国觉得意大利应该拥有另一个政府而非博诺米政府，则您可以放心，苏联方面不会对此设置障碍。

2. 您6月10日的来函收悉。感谢您的通报。很显然，规模宏大的登陆取得圆满成功。我与我的同仁们不得不承认，筹划思路之开阔，兵力规模之宏大，实施手段之巧妙，战争史上闻所未闻。众所周知，拿破仑当年强渡英吉利海峡的计划可耻地破产了。那位两年前就夸下海口要强渡英吉利海峡的歇斯底里的希特勒甚至连采取这一威胁行动的暗示都没有。只有我们同盟国才能实现强渡英吉利海峡的宏大计划。历史将铭记这一辉煌的成就。

172 意大利政局的动荡在华盛顿和伦敦引起了不同的反响。以自由反法西斯主义者博诺米为首的新政府的成立及一位美国宠儿K.斯福尔扎（Сфорца К.）伯爵的加入，正遂了罗斯福和国务院的意愿，却令丘吉尔及其外交部十分不满。令他们感到气愤的还有监察委员会主席、英国上将F.梅森–麦克法兰（Мэйсон-Макфарлан Ф.）的行为。他不仅不支持巴多格里奥，而且于6月9日在罗马与人民解放委员会代表会见时，还支持该委员会的组成，会面之后博诺米政府便成立了，将军只是反对K.斯福尔扎作为外交部长人选，此举也引起了美国国务院的不满。[21] 6月10日，愤怒的丘吉尔给英国大使N.查尔斯（Чарльз Н.）写信说："从什么时候开始我们承认意大利人有权随心所欲地成立政府了？"[22] 但罗斯福坚持己见。在6月15日的信中，他给丘吉尔列举了他认为有代表性的博诺米政府带来的益处。他认为，干涉其事务将引发的后果"有害于军事态势，有利于心怀叵测的人"。[23] 刚过了一天，首相在致艾森豪威尔的信中痛苦地总结道："我担心，我们必须得认可这场反巴多格里奥阴谋的结果了。"[24]

面对分歧，斯大林的立场助了丘吉尔一臂之力，因为斯大林承认，同盟国在决定意大利政府组成问题上应起着重要作用。难怪丘吉尔在其6月14日致函斯大林时语气如此友好。外交人民委员会支持英国于6月14日发往那不勒斯并拷贝给莫斯科的电报中所阐述的立场（要求博诺米政府必须履行所有停战条件，不讨论国家制度问题），这更令丘吉尔欣喜万分。英国又对6月16日协商会议的决议案提出申诉。但苏联政府支持该决议案，对此斯大林又补充致函丘吉尔（第459号文件）。总之，伦敦很满意当时莫斯科在意大利问题上的态度。例如，8月初外交部指出："在处理与美国、英国驻意大利机构的关系上……协商会议上的苏联代表［A.E.博戈莫洛夫（Богомолов A.E.）——

173 作者注］始终坚持理性的立场，并尽努力加强意大利的军事力量。"[25]

丘吉尔给斯大林的下一封信是在视察盟军夺取的诺曼底登陆场期间写的。首相想随第一批登陆兵一起登陆，但国王不允许他冒这个险。现在丘吉尔正与史末资和布鲁克一道饶有兴致地视察英军阵地，并参观了蒙哥马利的大本营。在给斯大林的信中，他热情地描述了西线的局势，扮演着自己最喜欢的战略家角色。首相"带着晒黑的皮肤，怀着满意的心情"回到了伦敦。[26]

455. 丘吉尔致斯大林的私人机密信函

1944年6月14日发　　　　　　　　　　　　　　　　　　　1944年6月14日收

1. 您6月11日的来函我给内阁宣读了，我及全体内阁对此非常满意。您信中第一条与罗斯福总统的意见一致，即问题应由协商委员会全体会议审议，形成决议后发给三国政府，并由其就与新政府的关系问题进行磋商。同时，巴多格里奥与博诺米的关系还算友好，他将在一段时间内继续履行职责。

2. 周一，您可能会从报纸上看到，我访问了前线的英国地段。战斗仍在持续，我们有14个师在约70英里的战线上作战。与此数量相对应的是，敌人有13个师，但实力远不如我们。敌人已紧急从后方投入增援部队，但我们认为，我们从海上运送增援部队要快得多。舰艇筑起的堡垒沿海岸绵延近50英里，而且可以避免空袭和潜艇的威胁，尽管相距非常近，这是一幅非常美妙的画面。我们期待着包围卡昂，抓获那里的俘虏。两天前，俘虏人数已达1.3万人，超过了之前我方伤亡人数的总和。所以，虽然我们始终在进攻，但可以说，敌 174
人的损失是我们的两倍。昨天一天的推进速度令人非常满意，尽管敌战略预备队投入作战后抵抗更加猛烈。我认为这场会战的规模在6月和7月期间可扩大到双方各有100万人参战。我们估计，到8月中旬，我方人数将达到200万人。

3. 衷心祝愿您在卡累利阿之战取得成功。

斯大林做的小修改提升了苏联进攻的意义。

456. 斯大林致丘吉尔的私人秘密信函

1944年6月15日发

您6月14日的来函收悉。

我认为您的意见十分正确，即需要在有关意大利问题的协商会议上提前讨论意大利新政府的问题，以便我们三国政府能对该问题达成共识。

我饶有兴致地拜读了您关于法国北部前线军事行动进展的通报。祝包围卡昂的行动及诺曼底行动的后续展开获得全面成功。

感谢对我方进攻取得成功的祝愿。我们正在按预定计划展开行动，它将对我们整个（苏德战场）**全联盟战场**具有重要意义。

6月12日夜，伦敦第一次遭到德国新式武器——无线电控制的无人飞行器攻击，即著名的V–1（Фау–1）飞弹。空军参谋长、空军主帅波特尔向内阁报告说，根据清晰的飞行轨迹判断，飞弹的数量约为27枚，而且很可能是从索姆（Сомма）正北的加莱海峡（Па-де-Кале）地区发射的。[27] 6月15日夜，又突然发生第二次更大规模的空袭——使用了约150枚“飞弹”。由于英国
175 侦察部门成功地用假情报迷惑了敌人，所以只有50枚“飞弹”在伦敦地界爆炸。英国的防空火炮和歼击机只拦截了20枚“飞弹”。空袭期间，丘吉尔还走出防空洞亲眼见证所发生的一切。[28] 在给斯大林的下一封信中，他对空袭一事寥寥数语。莫斯科非常关注德国的新式秘密武器，严令苏联驻伦敦大使要详细向“中央”报告遭V–1空袭的情况，以及新式武器的战斗性能。“暂时还没有关于德国所使用的无人飞行器构造的可靠资料，”6月16日古谢夫报告说，“但大部分目击者均认为，这无疑是带火箭（喷气式）发动机的飞机，好像是通过无线电控制的。普遍认为，无人飞行器是从滨海布洛涅（Кале-Булонь）地区法国一侧拉芒什沿岸的专用发射场发射的。”[29] 之后，也给驻英国的苏联军事代表处见识了德国人的新式武器。[30]

尽管派遣护航运输队一事继续处于夏季停歇期，但伦敦已准备好重启这项工作。丘吉尔通报的JW59护航运输队的情报非常准确：它将于8月15日起程，由36艘舰船组成。

457. 丘吉尔致斯大林的私人机密信函

1944年6月17日发　　　　1944年6月18日收

1. 我计划8月10日前后重新向俄国派出北方护航运输队。此事我已致函罗斯福总统，他完全同意。我们预计最近能装载约30艘货船，其中2/3是美国的。正式清单将通过常规渠道收发。

2. 关于您6月15日有关意大利的电报。您可能已获悉外交部6月14日发给那不勒斯高级专员的第285号电报，以及拷贝后发往莫斯科的第1796号电报。我非常感谢您对待该突发状况的态度。现在我应该告诉您的是，自我收
176 到美国总统及我驻当地代表的通报后，我确信巴多格里奥不可能东山再起。他本人也认为，也可就此罢休。他为我们做了不少事。我同意现在由主管意

大利事务的协商委员会来研究这些问题，以便我们三国政府能同时就该问题发表意见。有一点很重要，那就是要让意大利新政府清楚地知道，它应继续履行哪些义务。

3. 诺曼底会战现在已经在70英里的战线上全面展开，规模仍将进一步扩大，战斗也越来越残酷。在这种情况下，应尽快评估作战规模和激烈程度的增幅，而不是占领多少地盘。我们的损失约为3万人，但敌人的损失更大。3天前我们已俘虏1.3万人，之后又俘虏了很多。我们在岸上约有55万人，暂时来自20个师加上独立军等等。敌人有16个师，但实力要弱得多。我刚刚与美军的马歇尔上将进行过磋商，他告诉我，他对当前形势充满信心，并说，近日敌人发起大规模反攻的能力明显下降，因为隆美尔已提前将战略预备队用来支援前线。

4. 希特勒开始使用秘密武器对付伦敦。我们度过了一个不眠之夜。但我们一定能够战胜它。在这个充满伟大事件的时代送上我所有美好的祝愿。

6月初，罗斯福终于同意波兰政府总理C.米科瓦伊奇克访美。后者早就想会见总统，目的是“坦诚地告知波兰的立场，特别是波兰政府的担心，担心苏联政府在波兰建立由共产党掌权的体制”。美国国务院对其致总统函如此总结道。[31] 据赫尔证实，罗斯福将其此次访问推迟到诺曼底登陆开始，似乎不想制造这样的印象，即“美国插手波兰事务是故意为难俄国……我们不能在波兰问题上表现出这种倾向性，否则会在现在这个关键时刻导致俄国疏远我 177
们”。[32] 但即便如此，罗斯福还是在努力避免与苏联方面产生摩擦。波兰政府总理承诺在访美期间不发表公开讲话。此外，关于即将与波兰首脑会谈一事，总统也已通过哈里曼提前告知了莫斯科，目的是向其保证自己在波兰问题上的德黑兰立场未变。6月3日，哈里曼在与莫洛托夫会面时如实讲述了罗斯福打算对米科瓦伊奇克说的话。他还强调，总统关心的是在竞选期间平息波兰问题（“现在不是让狗狂吠的时候”）。[33] 在华盛顿，赫尔也向葛罗米柯保证，波兰总理的访问是“纯属礼仪上走过场，多是为大选考量”。[34]

6月7—14日，罗斯福与米科瓦伊奇克进行了4次会晤。他说服波兰总理，斯大林并不是“帝国主义者”，而且如果伦敦政府剔除某些莫斯科最不能接受的人选，他还准备与伦敦政府打交道。“真是个十足的空想家，”米科瓦伊奇克心想，“……他对斯大林的信任是个可悲的错误。”[35] 于波兰新边界的问题，罗斯福支持西移，但希望利沃夫仍留在波兰，甚至将哥尼斯堡也划给波兰，并保证说要作为中间人去与斯大林交涉。“总统为波兰人什么也没做……”艾登在给英国内阁的报告中如此评论总统的保证，“可怜的波兰人如果相信这个含糊而慷慨的保证，那真是自欺欺人。”[36] 波兰总理也不同意这样的方案：“俄国对我们半个国家拥有支配权，就和俄国拥有对美国的从大西洋至密西西比地块的支配权一样，不应更大。”根据其本人回忆，他是这样回答的。[37] 总统一直在劝说米科瓦伊奇克到莫斯科去与斯大林面谈：“你们波兰人应该与俄国达成共识，”他说，“你们根本不可能凭一己之力打败它……而英国和美国不打算与俄国开战。”[38] 与波兰总理最后一次会晤前，罗斯福甚至无暇看完事先准备的美国在波兰问题上的表态备忘录。当总统得知，备忘录说的是若与斯大林的谈判破裂，米科瓦伊奇克可能再次造访华盛顿，罗斯福善意地向客人
178 保证，“他的大门当然永远是敞开的”。[39] 国务院精心起草的致斯大林关于米科瓦伊奇克到访的通报中，罗斯福表现出不干涉苏波关系的友好心态，并勾画了一个乐观的结果。他还为邀请波兰总理到莫斯科找好了理由。信中关于“纳粹野兽”的话与斯大林5月1日的命令真是遥相呼应：“德军现在就像一头受伤的野兽，不得不爬向自己的洞穴——德国……”[40]

458. 罗斯福致斯大林的私人秘密信函

1944年6月17日发　　　　　　　　　　　　1944年6月19日收

私人，秘密

正如您所知，波兰总理米科瓦伊奇克先生刚刚结束对华盛顿的短暂访问。哈里曼已经向您解释了其到访的原因，我认为他的到访目前来看是适当的和必要的。

因此，您一定知道，他的访问并不是尝试要我方去调解波兰流亡政府与苏联政府之间存在的分歧。尽管我们对涉及波兰的许多问题已进行了坦诚和有益的意见交流，我仍可以向您保证，我们没有拟定任何有损波苏关系的计划或提案。但我认为，您可能想知道，我个人对米科瓦伊奇克先生本人，以及他对波兰当前面临的问题所持立场有何印象。

米科瓦伊奇克先生给我的印象是非常坦诚和明智的一个人，其唯一的愿望就是为自己的国家做一些好事。他非常清楚，波兰的未来取决于与苏联建立起真正良好的关系，所以，在我看来，他将会努力达成这一目标。

在与敌人的共同斗争中，红军与波兰地下运动力量之间必须切实建立起
179 最全面的合作，这是他最为关心的问题。他认为，协调贵军与波兰地下运动

组织的行动，不仅对东部的贵军，而且对于我们合力将纳粹野兽消灭在其老巢这一首要任务，都是至关重要的军事因素。

我的印象是，总理只是为波兰和波兰人民着想，他不允许在努力与您解决问题的同时出现其他杂念。我坚信，如果他得知您欢迎他这样做，与您本人坦率地讨论你们两国之间的问题，特别是尽快建立军事合作的迫切性问题，他会毫不迟疑地前往莫斯科。您一定能够理解，我在表达上述看法时绝对无意将我对此事的意见强加于您，因为这是于您及贵国具有重要意义的事情。但我认为，您有权了解我与米科瓦伊奇克总理谈话的感想及客观评价。

下面这封斯大林给丘吉尔的信最初是由维辛斯基写就的，稍加剪辑后由莫洛托夫呈报“当家的”，并附上了一句话：“看来，关于我们的进攻问题要做些补充。”[41] 人民委员为避免卷入纯军事问题，一般都将此类问题交给“最高统帅”定夺。而这一次，信中的第二条是由莫洛托夫本人加上去的，这很可能是与斯大林谈话后加上去的。而且同一天给罗斯福发去的信中也用了他的这段话。

在战线北段卡累利阿进行第一次突击后不久，红军准备主攻白俄罗斯。仔细比较6月6日和21日斯大林给丘吉尔的信可以看出，“巴格拉季昂”行动的开始时间略有不同，从6月中旬变成了20多号。确实，虽然斯大林给各方面军签署的战斗号令5月31日已下达，但铁路运输跟不上，只得推迟“巴格拉季昂”的开始时间。6月14日，斯大林决定23日开始行动。[42]

不用说“白俄罗斯阳台”本身的地形结构似乎摆明这就是进攻的起点，而且战役准备必定涉及动用预备队和其他大规模调动。然而还是把德国人打 180
得措手不及：“德军最严重的错误之一是侦察出现了重大失误，以至于错判对白俄的进攻。”研究苏联攻势的西方历史学家L.贝克（Бэйкер Л.）指出：“东线的情报侦察机构坚信，红军的夏季攻势方向是乌克兰，目的是使德国的最后几个附庸国退出战争。”[43]

斯大林将“巴格拉季昂”行动很快开始的信息也告知了罗斯福。

459. 斯大林致丘吉尔的私人秘密信函

1944年6月21日发

1. 关于您和总统打算8月10日前后向苏联重新派遣北方护航运输队的通

报，在此深表谢意。这对我们将是极大的帮助。

关于意大利之事，您可能已经知晓协商委员会关于意大利新政府的决议。苏联政府方面对此决议无异议。

英军和美军诺曼底行动进展顺利而且达到了如此的规模和兵力，令我们十分高兴。衷心祝愿贵军取得更大的成功。

2. 最迟不过一周，苏军将开始第二轮夏季攻势。参加此次进攻的将有130个师，其中包括装甲坦克师。我及我的同仁们期盼大获全胜。我希望，我们的进攻能对盟军在法国和意大利的作战给予大力支持。

在发给罗斯福的电报中，丘吉尔称斯大林的这则通报为“重要的和诚恳的”。[44]

460. 斯大林致罗斯福的私人秘密信函

1944年6月21日发

我可以告知您，最迟不过一周，苏军将开始第二轮夏季攻势。参加此
181 次进攻的将有130个师，其中包括装甲坦克师。我及我的同仁们期盼大获全胜。我希望，我们的进攻能对盟军在法国和意大利的作战给予大力支持。

斯大林在6月26日与哈里曼会谈时解释说，在给罗斯福的信中没有指出此次苏军进攻的方向，因为害怕秘密情报被泄露，而这种情况在其与丘吉尔先生的往来书信中不止一次地发生过。大使向领袖保证，目前没有必要说得很精确，但以后随着东线和西线距离的拉近，就需要更密切地协调军事计划了。斯大林的第一反应是非常赞同，但没有给出任何具体的保证：“……当然，需要这样做。很可能还要各国互派司令部代表。”[45]

461. 罗斯福致斯大林的私人密函

1944年6月22日发 1944年6月23日收

感谢您6月21日的来函。您的出色行动加之我们在西线的努力定将使纳粹分子陷入困境。

莫斯科密切关注米科瓦伊奇克对美国的访问，对能否与其合作的可能性不抱很大希望。米科瓦伊奇克违背与白宫的协议，于6月14日在美国报刊发表的声明引起了莫斯科的负面反应。克里姆林宫此前已经寄希望于成立波兰民族解放委员会（ПКНО），该委员会于7月21日正式宣布成立。在此之前，驻伦敦流亡联盟政府的苏联大使B.З.列别捷夫（Лебедев B.З.）在伦敦与波兰内阁成员S.格拉布斯基（Грабский C.）和米科瓦伊奇克本人进行过秘密会谈。苏联方面采取了灵活立场。在会谈之前，列别捷夫接到指示："您 182
的主要任务是加快伦敦的波兰政府内部分裂，并且尽快组织对苏友好人士成立波兰在野党。因此勿谈卡廷问题，目前尚不迫切。您应该暗示莫德尔斯基（Модельский）（流亡政府国防部副部长——作者注）、米科瓦伊奇克及其相关的波兰人，支持对苏友好的波兰人可派代表赴莫斯科，与苏联政府代表商讨与苏联的双边关系问题，同时波兰民族委员会驻莫斯科代表处对谈判不会造成干扰。最主要的是，要使在野党断绝与索森科夫斯基（Соснковский）、库克尔（Кукель）（流亡政府国防部长——作者注）、科特（Кот）（宣传部长，原波兰驻苏联大使——作者注）、拉奇克维奇（Рачкевич）各派的关系。这样可能会增大在苏波关系各问题上达成协议的可能性。"[46]

但"伦敦人"继续顽固抵制承认波兰新边界和反对改变政府组成。6月22日，列别捷夫收到莫洛托夫做出的与波兰人会面的指示，其中重申了苏联的立场：

"第一，向米科瓦伊奇克解释，问题并不在于撤换波兰政府中的某些部长，而是要改组波兰政府，米科瓦伊奇克仍可留任总理。

此次改组，应确保不仅在英国的波兰侨民可以加入波兰政府，而且克拉约瓦人民会议中的波兰活动家，以及在美国和苏联的波兰活动家也能加入。

第二，苏联政府不可能在寇松线问题上退让。苏联政府的立场不会改变。

第三，应该将一些人清理出波兰政府及其外围组织，像索森科夫斯基、拉德克维奇、科特、库克尔，这些人插手煽动波兰政府发表卡廷谋杀事件的声明。

第四，改组后的波兰政府应公正地承认波兰政府对待卡廷事件的做法是 183
极其错误的，正是由于其行为导致苏联政府与波兰政府关系破裂。

在满足上述条件后，苏联政府不会反对恢复外交关系及签署波兰行政管理协议。"[47]

第二天，即斯大林回复罗斯福关于波兰问题信函的同一天，列别捷夫根据莫斯科的指示在两个有争议的问题上——边界和改组波兰政府——重申了苏联的强硬立场，要求改组后的波兰政府应吸纳亲苏代表，包括波兰爱国者联盟成员。伦敦因此怪罪起波兰人的固执。“很显然，他们错失了与俄国人和解的机会。”艾登在与波兰总理就现状进行讨论后给丘吉尔的信中写道。[48]

难怪斯大林在给总统的回信中一直回避米科瓦伊奇克访问莫斯科的问题，并再次提出新波兰政府要吸纳波兰国内外的亲苏人士。另外，他还尽量避免直接点名。他对莫洛托夫起草的致罗斯福的信函上小小修改彰显出其“虚伪”的一面，特别是删除了对亲苏的克拉约瓦人民会议一词，而他恰恰认为该会议是组建波兰新政府的基础。

462. 斯大林致罗斯福的私人密函

1944年6月24日发

感谢您对与米科瓦伊奇克先生的会面消息的通报。

如果红军和反希特勒侵略的波兰地下运动力量实现军事合作，这对彻底粉碎我们共同的敌人无疑具有现实意义。这对有效地解决苏波关系问题也有
184 着重要意义。您非常了解苏联政府的观点，苏联政府迫切希望看到一个强盛、独立和**民主**的波兰，以及建立在牢固友谊基础上的苏波睦邻关系。苏联政府认为达此目的的前提就是改组波兰流亡政府，确保政府中不仅有在英国的波兰活动家，还有在美国和苏联的波兰活动家，特别是波兰本地的（克拉约瓦人民会议）波兰民主活动家；波兰政府承认寇松线为苏波新边界线。

应该说，从米科瓦伊奇克在华盛顿发表的声明中看不到他在该问题上有何作为。因此，目前我无法对米科瓦伊奇克先生到访莫斯科问题表态。

我们非常珍视您对苏波关系问题的关注及您为此付出的努力。

德国无人飞行器对伦敦的空袭仍在继续：德国人急于赶在盟军夺取其在法国沿岸的发射场前用尽新式武器。虽然丘吉尔致函斯大林时强打精神描述伦敦人民的坚强，但实际上内心无可奈何。“……英国人还没有有效手段对付无人飞行器，”6月17日古谢夫通报说，“……所有认识的人和名流都已经撤走。随着空袭的加剧，撤走的人数越来越多。根据我们掌握的现有资料，一周内德国人向伦敦及其周边投下了约1000枚飞弹。死亡人数为8000—10000

人，受伤人数是该数字的5倍。据我个人观察，好像每枚炸弹能毁掉几十幢房屋，200—300幢房屋玻璃被震碎，窗框飞落。每次轰炸过后，伦敦约有3000—4000人无家可归。”[49] 于轰炸半径内的当地居民被优先撤至曾经因“霸王”行动而禁止平民靠近的区域。[50] 位于轰炸区中心的苏联大使馆也开始撤退妇女和儿童。丘吉尔和英国内阁都转入了政府片区的地下掩体里。从6月5日至7月31日轰炸期间，投向不列颠群岛的无线电制导炸弹有5737枚，1.7万幢 185
房屋被毁。据英国内阁提供的数据，死伤人数为4735人，约有100万伦敦居民被撤离到国土腹地。[51]

飞弹对伦敦的轰炸促使英国人开始考虑火箭技术带来的后果。7月底，艾德礼对内阁成员说，“飞弹的出现及不久的将来制造远程导弹的可能性对外交政策领域具有深远的影响”。他呼吁与英国安全紧密相关的国家——法国、荷兰、丹麦、挪威建立军事同盟，但同时希望这不会导致与苏联关系的破裂。此外，艾德礼还以斯大林的某些行为为例说明：

“一个典型的现实主义例子是，俄国人在革命后将首都从易受攻击的列宁格勒迁至莫斯科，之后又将实力雄厚的工业从西部迁至乌拉尔地区。现在斯大林占领了荷兰和波罗的海国家，目的就是保卫列宁格勒，这也是我们现在应该为伦敦所做的事情。他会了解形势的内在逻辑，虽然我们的方法与其有所不同。”[52]

在占领瑟堡和卡昂前夕，丘吉尔仍在向斯大林详细通报诺曼底战事。6月19—21日，狂风暴雨将圣罗兰（Сен-Лоран）地区的“A”号浮动港口破坏殆尽，这迫使盟军实际上只能依靠阿罗芒什（Арроманш-ле-Бен）地区的“B”号浮动港口。如果“桑果”行动引起德国人的注意，这将是盟国面临的巨大难题。[53] 美司令部解决运输问题方面表现出很高的职业素养，特别是在为前进的部队筑路方面。道路研究专业试验室也积极参与到这项工作中。8月初，艾德礼还将其取得的重要成果通报给了内阁。[54]

苏联方面也履行了斯大林在6月21日信中所通报的“巴格拉季昂”开始时间的承诺。大本营不仅在物资技术方面（军队集结了5个基数的弹药，10— 186
20次飞机和汽车的油量，30天的粮食定额），而且在鼓舞士气方面都做好了决战的准备。第1波罗的海沿岸方面军司令И.Х.巴格拉米扬（Баграмян И.Х.）大将（后晋升为元帅）回忆，斯大林非常重视强渡西德维纳河的行动：“最后他一字一顿地说道，进攻前夜向你部方面军的全体军人宣布，谁第一个强渡西维纳河并在那里坚守滩头，谁将被授予苏联英雄的称号。”[55]

6月23日凌晨，“巴格拉季昂”行动打响。在猛烈的炮火和空中火力准备之后，第1波罗的海沿岸方面军、第2和第3白俄罗斯方面军以及之后加入的第1白俄罗斯方面军的所有主力迅速发起进攻。“6月23—26日，在4个方面军的猛烈攻势下，敌主要防御地带被突破，有几个方向上第2道防线（军预备队阵地）也被突破。战术区的防守部队及临近的战役预备队均被歼灭”。[56] 在战役开始的前6天，就包围和消灭了敌13个师。[57] 6月27日的信中，斯大林承诺不减缓进攻速度。

克里姆林宫6月25日收到丘吉尔来函，其中的最后一句话别列日科夫（Бережков В.М.）最初的翻译并不准确，译成了“最衷心祝愿您新一轮进攻取得成功”。在出版《往来书信》时，这句话被改成了更准确的译法，如果将“幸运”（good fortune）一词换成“顺利”可能更准确。

463. 丘吉尔致斯大林的私人机密信函

1944年6月25日发　　　　1944年6月26日收

1. 您6月21日来电中通报的消息令我振奋。我们为贵方杰出战役的初战告捷感到高兴，同时我们也不会停止尽一切手段扩展我们的对敌战线，只要我们人力能够做到，也不会停止以最大努力进行战斗。

187 2. 美国希望几天后便能攻占瑟堡。攻占瑟堡之后，会有3个美军师抽身加强我们在南部的进攻，在瑟堡我们很可能会俘获2.5万名德国军人。

3. 我们遇到3—4天的暴风雨天气，6月间这种天气实属罕见。它不仅迟滞了我们的兵力增援，还使我们未完工的浮动港口受损严重。我们已经采取修理和加固措施。现正在利用推土机和铺设钢丝网的方式以最大速度修建2个浮动港口通向腹地的道路。这样一来，除了瑟堡外，还将有1个大型基地建成，届时大部队的供应将不受天气因素制约。

4. 在英国前线我们正在进行残酷的战斗，因为有4/5的德军坦克师都集中于此。因恶劣天气原因，英国方面新的进攻行动延迟了几天，增援的几个师前进受阻。明日将发起进攻。

5. 在意大利推进的速度很快，我们有望6月占领佛罗伦萨，7月中旬或月底接近比萨—里米尼一线。由此造就的各种战略时机我会尽快致电给您。我认为我们遵循的首要原则就是吸引最大数量的希特勒分子在最宽阔和最有效的正前锋投入战斗。只有通过顽强的斗争我们才能为您减轻部分负担。

6. 您全然不用理会德国人关于飞行炸弹作用效果的胡言。它对我们的生产和伦敦的生活并未造成明显影响。在使用这种炸弹进行空袭的7天当中，遇难人数1万—1.1万，但街道上和公园中仍然满是工作或值班之余享受阳光的人们。警报期间议会会议也未中断。导弹武器若得到进一步完善威力可能会增大。能够为我们的士兵和备受英国人称赞的贵国士兵分担些许危险，人民为此感到自豪。愿幸运伴随着您的新的进攻。

464. 致W.丘吉尔首相先生 188

1944年6月27日发

请接受我热忱的祝贺，祝贺瑟堡摆脱德国侵略者的魔爪获得解放。向英勇的英军和美军取得的辉煌战绩致敬。

И.斯大林

斯大林在同一天也给罗斯福发去了同样的信。

465. 致F.D.罗斯福总统先生

1944年6月27日发

请接受我热忱的祝贺，祝贺瑟堡摆脱德国侵略者的魔爪获得解放。向英勇的英军和美军取得的辉煌战绩致敬。

И.斯大林

下面这封致丘吉尔的信上，有所有参写人员的笔迹，其来历十分有趣。该件的第一稿是打字机稿，由维辛斯基起草，接下来莫洛托夫用黑色铅笔做了修改，最后斯大林用红笔再做修改。可以看出，斯大林同意丘吉尔对德国新式武器及勇敢的伦敦人的评价。

466. 斯大林致丘吉尔的私人秘密信函

1944年6月27日发

您6月25日的来函收悉。

盟军解放瑟堡标志着自己在诺曼底的努力转化为又一个巨大的胜利。向连续获得战绩的英勇的英军和美军致敬，他们在法国北部和意大利正在继续扩大行动。

如果说法国北部的军事行动规模愈加庞大，对希特勒构成的威胁越来越大，那么盟军在意大利攻势的顺利进展也会赢得关注和赞许。祝您取得新的战绩。

189 关于我方的进攻我可以说，我们不会给德军以喘息之机，我们将继续扩展战役战线。您应该会同意我的观点，这些对我们的共同事业不可或缺。

至于希特勒的飞弹，很明显，这种武器对挽救诺曼底败局无济于事，也吓不倒以英勇著称的伦敦居民。

收到这封信的副本后，罗斯福致电首相："约瑟夫大叔关于东线进攻的声明令我欣慰，同时我们都希望您能成功对付飞弹。"[58]

467. 斯大林致罗斯福的私人秘密信函

1944年6月27日发

1. 您关于授予斯大林格勒和列宁格勒荣誉状的来函收悉。哈里曼大使先生已经将荣誉状交予我。荣誉状将转达给目的城市。在收到荣誉状的同时，我做如下声明：

我在此接收罗斯福总统颁发的荣誉状，它是我们两国为争取人民自由和人类进步而精诚合作的象征。

荣誉状将颁发给列宁格勒和斯大林格勒的代表。

2. 请接受我真诚的谢意，感谢您对斯大林格勒和列宁格勒在抗击德国侵略者的斗争中所作贡献的至高评价。

颁发仪式过后，苏联和美国的报纸刊载了荣誉状赠言。在颁发仪式上，斯大林和哈里曼的一段对话非常有趣。领袖问哈里曼是否还记得德黑兰。他接着说道，你看，“现在落实德黑兰决议。美国人和英国人在法国北部大规模登陆，完成了一项空前的壮举。历史上还从未有过如此大规模的登陆。希特勒曾断言，斯大林会怂恿盟国干事而自己隔岸观火。现在希特勒可以清楚地看到都发生了什么”。在苏联的谈话记录中这样写道，哈里曼“激动地回答， 190
在德黑兰谁也没有怀疑过И.В.斯大林不会履行诺言，更别说罗斯福了”。[59]

哈里曼特地给丘吉尔发电报讲述了此次谈话。用他的话说，斯大林听到大使的话后，“特别满意”；“他情绪高涨，对自己和盟友在这项伟大事业中所扮演的角色洋洋自得”。[60]

关于军事问题的书信往来主要是在斯大林与丘吉尔之间进行的，但罗斯福不想完全置身度外，他为6月26日维捷布斯克的解放发去了贺电。遂行此次战役的主力是第3白俄罗斯方面军，司令员И.Д.切尔尼亚霍夫斯基（Черняховский И.Д.）上将经华西列夫斯基推荐，被斯大林授予大将军衔。38岁的切尔尼亚霍夫斯基成为苏军最年轻的大将。

468. 罗斯福致斯大林的私人秘密信函

1944年6月27日发　　1944年6月28日收

贵军在维捷布斯克取得巨大胜利的消息令我欣喜万分。

祝贺您及您英勇的军队。

469. 丘吉尔致斯大林的私人信函

1944年6月29日发　　1944年6月29日收

兹回复您6月27日的来函。您对解放瑟堡的祝贺，以及您对英美军队取得重要胜利的敬意令我们十分自豪。

470. 斯大林致罗斯福的私人秘密信函

1944年6月30日发

我谨以我个人及红军的名义感谢您对苏军解放维捷布斯克的祝贺。

191 虽然莫斯科于7月1日收到的丘吉尔的来函及斯大林的回函仍然在互相祝贺所取得的战果，但红军向西推进，而且之前已经推进到罗马尼亚边境的普鲁特河（Прут），此举给伦敦带来的就不只是兴奋的感觉了。伦敦已经意识到这些新产生的因素会影响到东南欧的战略和政治格局。6月初，艾登与内阁成员交流了自己对新形势的思考，字里行间充斥着怀念往昔的味道：

“目前，在胜利的鼓舞下，苏联政府正在回归到俄国传统的政策上，自然而然，它又要争夺在巴尔干势力范围上的优势……区别在于，19世纪时我们有奥匈帝国作为我们的盟友一同抵制俄国的所作所为，而现在[在巴尔干]没有谁可以靠得住。”[61]

471. 丘吉尔致斯大林的私人机密信函

1944年7月1日发　　1944年7月2日收

1. 您6月27日的来函对我们是很好的激励，令我们大家兴奋不已。我将其转发给了总统，我相信他也会为之高兴。

2. 现在是时候可以对您说，苏军大规模的进攻给我们英国人留下了极其深刻的印象，此次进攻力度的增强，我认为，定会毁灭在您与华沙城之间的德国军队，然后直取柏林。我们这里时刻在关注着您取得的每一次胜利。我完全明白，这是您自德黑兰会议以来展开的第二轮进攻，您第一轮进攻的战果是重新夺回塞瓦斯托波尔、敖德萨和克里米亚，您的先遣部队打到了喀尔巴阡山、谢列特（Серет）河和普鲁特河。

3. 诺曼底激战正酣。6月的天气十分恶劣。我们沿岸一侧不仅有多年来
192 最强的夏季风暴，而且还有厚厚的云层。我们无法充分发挥我们的空中优势，而敌人却可以借此用飞弹打击伦敦。但我预计，7月份情况会有所好转。与此同时，残酷的战斗正在朝着于我有利的方向发展，虽然英国地段上要面对敌8

个坦克师，但我方仍然略微占优。目前对岸的英美军人数已超过75万，双方各占一半。很快各个战场上的敌人就要受到煎熬和流血。而且我同意您的说法，就这样坚持到底。

“纪念美英解放联军攻入法国北部日。朋友——约瑟夫·B.斯大林赠”，带有斯大林亲笔签名的个人肖像照在6月10日其与哈里曼和克尔会晤后，迅速通过盟国驻莫斯科大使馆转交给了罗斯福和丘吉尔。哈里曼在6月12日亲自写给总统的紧急报告中说，从莫洛托夫那里收到一个银框镶着的“元帅身着挂满勋章军服的精美肖像”，将以最快的外交邮件寄回。“那我们就等着，看什么时候能收到照片。”罗斯福吩咐道。[62] 一等就是一个多月。而英国大使馆的邮件则要快得多。

472. 丘吉尔致斯大林的私人信函

1944年7月2日发 1944年7月3日收

我收到了您给我寄来的精美照片，而且还带有您的签名，这更使我喜出望外，非常感谢您。

473. 斯大林致丘吉尔的私人秘密信函

1944年7月4日

您7月1日的来函收悉。

您对红军在第二轮夏季攻势中取得的成功给予了高度评价，对此我深表感激。

我们大家深信，您信中提及的、在诺曼底遇到的暂时困难不会妨碍英美军队发挥自己的对敌空中和坦克优势，贵军必将继续扩大自己的进攻行动战果。请接受我们的问候和最美好的祝愿。 193

解放明斯克和消灭明斯克的敌兵力集群是“巴格拉季昂”第一阶段的主要目的。但明斯克解放后大家兴奋的心情随着眼前的一切立即消失了。据朱可夫回忆，“白俄罗斯首府已难以辨认。我在明斯克当过团长和旅长，长达7

年时间，熟知每一条街道、主要的建筑物、桥梁、公园、体育场和剧场。现在都已成废墟，住宅区已经荒芜，到处是残垣断壁。最让人难过的是人，明斯克居民：疲惫不堪、瘦弱，许多人的脸上挂满泪水……”[63]

苏军不仅解放了白俄罗斯苏维埃社会主义共和国首府，还包围了敌庞大的兵力集团，于7月13日前将其全歼。7万敌军被歼，3.5万人被俘，其中包括12名将军。“白俄罗斯进攻战役第一阶段的重要战果，”最新出版的《第二次世界大战史》指出，“实际上是消灭了德军‘中央’集团军群的主力。”[64] 苏军也伤亡惨重：仅 8天的作战中，波罗的海沿岸方面军及第3和第2白俄罗斯方面军阵亡1.96万人、7.46万人受伤和失踪。除了震耳欲聋的礼炮声外——324门大炮24响齐射——对莫斯科居民和外国代表们来说，可以直观反映红军胜利的是7月17日在白俄罗斯俘获的5.7万名德军俘虏在市中心游街。[65] 克尔大使在向伦敦报告此事时不无惊讶地指出，观看游行的莫斯科人“保持着令人钦佩的克制……还有很多人甚至流露出同情的神色”。[66]

474. 丘吉尔致斯大林的私人密函

1944年7月5日发　　　　1944年7月6日收

非常高兴地得知您取得了收复明斯克的辉煌胜利，在如此宽阔的战线上，战无不胜的俄国军队正在大踏步前进。

194 ## 475. 斯大林致丘吉尔的私人信函

1944年7月7日发

感谢您对苏军攻占明斯克送上的热情洋溢的祝贺。

下面这封给丘吉尔的信是莫洛托夫提议写的，并由他起草，上面还有附言，“或许应该这样做？”[67] 人民委员类似的主动性实属罕见。斯大林没做任何修改便签发了。

476. 斯大林致丘吉尔的私人信函

1944年7月11日发

鉴于解放卡昂的英军取得了新的辉煌胜利，在此向您表示祝贺。

在给斯大林的下一封信中，丘吉尔提到罗马尼亚和希腊问题，这里面隐藏着英苏为争夺巴尔干势力范围而进行外交角逐的一个重要事件。1944年春，红军向罗马尼亚边境的快速推进促使英国开始考虑一个难题：如何防止苏联对巴尔干特别是英属传统势力范围希腊的控制力增强。5月4日，丘吉尔在给艾登的信中写道："从广义上说，问题的实质在于我们能否接受巴尔干共产主义化，或许还有意大利？……我认为，我们应该明确自己的立场。如果我们做出的结论要求我们防止共产主义渗透，我们就应该公开声明这一点，只要军事态势允许这样做。但首先要和美国商议后再定。"[68] 同一天丘吉尔给艾登的另一份便函中，首相建议考虑将克尔从莫斯科召回一事，最后首相忧郁地说道："很明显，我们正处在与俄国兵戎相见的边缘。"[69] 但最后，他在艾登的影响下放弃了直接对抗的想法，而采取热衷的划分巴尔干势力范围的交易。早在4—6月丘吉尔与莫洛托夫的通信时就已为此营造了氛围，尽管不乏针锋 195
相对。在前面提到过的5月2日给莫洛托夫的信中，首相写道："我们认为，你们才是我们罗马尼亚政策的领头羊……"[70] 英国政府接受了罗马尼亚投降条件的修改意见，这就在事实上认可了苏联在罗马尼亚的主导地位。5月5日，艾登就建议古谢夫，实施军事行动期间，苏联在罗马尼亚占主导地位，而英国在希腊居主导地位。古谢夫请示莫洛托夫后同意了这一提议，但条件是要得到美国的支持：正如所见，莫斯科在努力避免与英国单独交易。丘吉尔在给哈利法克斯的指示中指出，应该把这个想法告知赫尔："这并不是势力范围的事情。我们大家应协调行动，但总要有人表现出主动性。最合理的办法，就是俄国人与罗马尼亚和保加利亚人打交道，因为是俄国军队攻占的国家，而我们则与希腊为伍，希腊是我们外延的军事行动战场，并且是我们的老盟友，1941年我们有4万人为之牺牲。"[71]

根据指示，哈利法克斯试图说服赫尔，但后者看出这是划分势力范围之举，于是表示反对这种交易。美国国务院也不喜欢英国人这种不与华盛顿保持外交协调的专横做法。在这种情况下，5月31日，丘吉尔写信对罗斯福强调说，英国的这个建议是暂时性的，而且有其正当的客观理由：“当然，我们不想划分巴尔干的势力范围；在进行协商时，我们必须明确声明，这个协议只适用于战时，而且无碍大国在和平调节问题上以及之后对欧洲关系上的权利和责任。当然，它也不会对我们在形成和实施针对这些国家的联盟政策合作方面有任何影响。”[72]

罗斯福没有听从这些劝告，但首相不甘愿放弃，直至赫尔回到华盛顿，总统同意试行这一想法，但总统只给了3个月的试行期。几天后，迫于赫尔的压力，罗斯福又致电丘吉尔，几乎否定了前面的决定。其实总统本人越来越倾向于满足伦敦的愿望。与此同时，苏联政府在没有得到确切答复的情况
196 下直接与美国进行沟通，并开始拖延对伦敦的应承。这就是丘吉尔又要求斯大林回到最初达成的协议上的原因。首相致罗斯福的征求意见函发得早了一点，在这封信发出几天后，7月15日，国务院通知外交人民委员会，美国同意这个交易，但条件是只能施行3个月，而且不能牵扯到划分巴尔干的势力范围。

与此次争论密切相关的是“土耳其问题”。1944年6月，英国在土耳其问题上的立场发生了很大变化。6月初，艾登向内阁成员提交了一份报告《苏联在巴尔干的政策》，并附带了一则表示忧虑的寄语：“近几个月事件的发展令我担忧，这里指的就是苏联政府意欲在巴尔干起主导作用。”因此，大臣提出要重新研究伦敦在土耳其问题上的政策：

“……我们应该摒弃当前的政策，即要求土耳其在受到上述威胁情况下参战，如果不参战，战后我们就让其成为‘孤家寡人’。比这更好的政策是，默认土耳其在战争期间的中立地位，而且如果德国退出巴尔干后，它作为能有效平衡俄国影响和渗透的一个因素，可以在与希腊合作方面发挥更大作用的话，那么它仍然可以如其所愿地保持中立。虽然现在苏联政府声称并不关心土耳其是否参战，但实际上它好像从来都不欢迎英土结盟，所以现在我们与土耳其的关系走进死胡同甚至让他们感到非常惬意。”[73]

6月15日，支持“中立”政策的土耳其外交部长N.麦内门肖格鲁（Менеменджиоглу Н.）被迫提出辞呈。关于此事艾登在致丘吉尔的信中写道：“……努曼下台后，土耳其事务上又换了新人……我提议现在就建议土耳其与德国断交。”[74] 在7月7日的内阁会议上，艾登认真地分析了莫斯科可能做出的
197 反应：“……俄国人未必会满足与其断绝关系。”但现在倒是丘吉尔热衷于土耳其中立。他“时刻关注土耳其做出决定的新闻。此刻，它对德国乃至整个事态的影响可谓是巨大的……至于俄国方面……也不会有什么害处，因为它可

以一举两得”。[75]

哈里曼与莫洛托夫会谈时支持英国的立场，并用了一个形象的比喻：“宁愿先得到半个苹果再去争取得到另一半，也不要去摘整个苹果，那样最后连半个也得不到。”莫洛托夫重申了苏联政府在莫斯科和德黑兰会议上一贯的立场，而且指出，1943年“哈里曼并没产生关于苹果的这种想法”。[76] 在7月10日的详细备忘录中也是类似的情形，其中记录了麦内门肖格鲁打算与苏联双边协商解决问题，这自然令英国人感到不快。另外，备忘录中指出，土耳其接近苏联的唯一可行方法就是对德宣战。[77] 7月12日在致斯大林的信中，丘吉尔听从艾登的劝告，重点强调土耳其参战可能对盟军军事行动产生不良后果。[78]

关于土耳其与战后格局关系进行外交辩论的时候，直接与战争相关的事件也瞬息万变。卡昂的解放为英美在法国北部的推进创造了新的机会。7月19日，贾德干向古谢夫保证，“蒙哥马利在战线上打开了3个突破口，盟军在诺曼底的进攻有望进展顺利”。9天前，艾登强调说，“攻占卡昂后推进速度可能会更快”，但又补上一句：“当然，不如红军那么快。”[79] 很明显，丘吉尔也有类似的想法：在苏联取得无可争辩的巨大成功的背景下，展现诺曼底作战的价值。正因如此，他在致斯大林的信中要一一列出英美军的人数、被俘敌军的人数，等等。

英国首相提到亚历山大在意大利可能处于“有利的战略位势”也绝非偶然。7月7日，内阁进行了一次重要的讨论会，亚历山大将军亲自出席了会议。在报告之前的战况后，他开始汇报到达波河一线后的行动方案，这也是其报告中最主要的内容：

“……我们可以往西向法国南部推进，也可以往东北方向通过卢布尔雅那 198
走廊（Люблянский проход）向多瑙河谷方向推进。在他人看来，在推进方向上应该不存在异议。法国南部路途遥远，阿尔卑斯山西麓比东麓更难穿行，即使是我们到达法国南部，也很难确定我们下一步行动。而另一方面，穿过通往欧洲的历史性大门往东北方向推进，可对巴尔干之敌的整体态势构成威胁，我们将迎向正在推进的俄国人。毫无疑问，俄国人很可能穿过或绕过喀尔巴阡山很快在伦贝格（利沃夫——作者注）方向实现突破。我们一抵达多瑙河谷，敌人就不得不放弃在巴尔干的阵地，使其在该战场上的附庸国退出战争。这也为向维也纳进发提供了可能。”[80]

丘吉尔表示希望能与美国达成协议，并强调，“他本人非常赞同亚历山大上将所提出的战略。我们向东北推进能像磁铁一样将德军从其他战场上吸引开”。

丘吉尔向斯大林通报了伦敦遭空袭情况，这是英国首都热议的话题。空袭不仅造成居民大量伤亡，也使英国领导人面临一些无法回避的问题。7月19日，布鲁克在日记中意味深长地写道：“一个令人担忧而又惊心动魄的夜晚，约有一打的飞弹落在附近。最近的一颗于凌晨3点落在150码开外的地方，震坏了我们客厅的窗框和房间的玻璃。我听到炸弹呼啸而下的声音，预感到它会落在附近，于是我滑下床躲到了床下，以免被玻璃划伤。”[81]

正如苏联军事代表团团长哈尔拉莫夫中将（后晋升为上将）指出的那样，“这不能怪伦敦人。不久我就发现，听到飞弹越来越近的声音（就像是有人骑着装有突突马达的摩托车在天上疾驰），即使是神经非常强大的人也很难保持镇静”。[82] 而丘吉尔本人对德国空袭的态度则与众不同。古谢夫大使在一份紧
199 急报告中说，首相夫妇称这些向伦敦投弹的德国人是战犯，因为他们杀害的是未参战的妇女和儿童。对此，“丘吉尔指出，他认为对德国人来说这是场公平之战，因为要知道，英国和美国也同时向德国投下了比德国投向伦敦多出几百倍的炸弹。英国的炸弹同样也落在了居民房屋上，造成妇女和儿童伤亡”。[83]

丘吉尔信中的最后一点——祝贺维尔纽斯解放——是很平常的说辞，但围绕该城市发生的事件，一定程度上为之后悲剧性事件的发生埋下了伏笔。1944年夏，红军制定了将德国人赶出维尔纽斯的军事行动计划，而波兰的克拉约瓦军也制定了此类计划，并打算在苏军到达前占领该城（是“风暴”大计划中的一部分）。虽然计划落空，但部分克拉约瓦军参加了于7月13日结束的解放维尔纽斯的作战行动。另外，第5集团军第277师师长C.T.别尔金–格拉德舍夫（Белкин-Гладышев С.Т.）少将甚至向波兰部队表示感谢。但这一举动令贝利亚（Берия Л.П.）火冒三丈。7月16日他致函斯大林，“由于第3白俄罗斯方面军给这些波兰的军事组织提供了参战的机会，波兰人开始厚颜无耻起来”。[84] 结果，波兰参战士兵都被扣押。解放维尔纽斯的经验说明，在各方政治目的不同的情况下，进行协同是件很难的事情。

477. 丘吉尔致斯大林的私人机密信函

1944年7月11日发　　　　1944年7月12日收

1. 几周前艾登先生向贵国大使提议，苏联政府在罗马尼亚掌握主导权，英国则在希腊掌握主导权。这里所说的只是工作性协商，以尽可能避免三方在收发海量电报时造成拖延和困难，而使行动停滞不前。之后，莫洛托夫先

生适时建议，由我来告诉美国政府，我照做了，而且也一直愿意这样做，经过几轮商议后，总统同意这样试行3个月。斯大林元帅，这几个月——7、8、 200
9三个月——可能是非常重要的时期。但现在我看出，您已经意识到了其中的难处。我贸然问一下，您是否认为3个月能完成该计划。无人会认为它将影响到欧洲的未来，或把欧洲划分为各自的势力范围。我们可以确保每个战区政策的透明度，我们将昭告天下我们正在做的事。但是，若您告知我此乃徒劳之举，我也绝不会恶意揣摩。

2. 还需向您请教一个问题。土耳其已准备立即断绝与轴心国的关系。我同意您的意见，即土耳其应该参战，但我担心，如果我们去要求它这么做，它一定会坚持自己的要求，即要用飞机去保护它的城市，而目前我们很难抽调出飞机派往那里；再就是要在保加利亚和爱琴海展开联合军事行动，而目前我们没有能力这么做；除此之外，土耳其还需要各种装备，我们也无法拨给它，因为年初为其准备好的储备都已它用。所以，我认为，最明智的策略是将其与德国断交视为其第一个贡献。以后我们可以给它增添些装备，帮助其防御报复性空袭。只要我们协力这样做，就可以促其参战。第一次世界大战中，与土耳其结盟对德国来说是十分珍贵的，因此，土耳其与其断交这一事实，在德国人心里如同敲响丧钟一般。我认为，现在正是敲响丧钟的节点。

3. 我对您阐述的只是我个人对这些问题的看法，艾登先生已将我的看法转告给莫洛托夫先生。

4. 我们在诺曼底约有105万人并配备有充足的弹药，而且每天还要以2.5万人的数量递增。战斗很残酷，不久前开始的交战中伤亡人数尚未得知，而在此之前，我们和美国已经损失了6.4万人。但有数据显示，敌人至少也损失这么多，此外，我们还俘虏了5.1万人。因为我们处于攻势，而且从海上登陆，因此我认为，敌人必已遭到重创。战线将继续扩大，战斗也将持续进行。

5. 在意大利，亚历山大也对敌施加了强大的压力。他希望强攻比萨—里 201
米尼一线向波河河谷突破。他以此或可以吸引几个德军师，或是获得好的战略布势。

6. 英国人仍在不断遭到轰炸，伤亡人数已经达到约2.2万人，似乎轰炸已成为常态。

7. 我对您在维尔诺地区的顺利推进再次表示祝贺。

1944年春夏之际，德国的灭亡已成定局，于是盟国开始更多地谋划未来，包括德国珍贵的军事技术成果的命运问题。在5月份与莫洛托夫的谈话中，美英轰炸航空兵司令F.L.安德森（Адерсон Ф.Л.）少将提出，“对盟国来说非常重要的是获得调研德国航空试验场站的机会，一旦停止军事行动就立即实行，也就是说，抢在德国人破坏场站和销毁文件之前”。[85] 为此，他建议组建空降部队在德国投降当天直接占领之。

飞弹的问题对目前乃至将来都非常重要，所有人都想掌握这种武器的秘密，它是现代弹道导弹的鼻祖。早在1943年8月，英国空军对德国佩内明德（Пенемюнд）德国V–1飞弹和未来首枚远程弹道导弹V–2（即A–4）项目中心进行了大规模空袭，迫使敌人将试验场和靶场转移到登比察，即波兰西南部的布里兹那（Близна），靠近塔尔努夫市（Тарнув）。1944年5月，克拉约瓦军的士兵在这里发现了德国人发射的V–2导弹残骸，并成功隐藏起来，未被前来收集残片的党卫军小分队发现。[86] 1944年7月25日夜，一架专机飞到波兰将该枚导弹送往英国。除了丘吉尔致函斯大林时提到的从瑞典收集到的导弹残片外（第482号文件；波特尔正是将袭击伦敦的首批飞弹样本与之比较[87]），
202 来自布里兹那的样本成为英国了解德国新式武器结构特点的一个主要直观信息源。

考虑到问题的重要性和担心失去珍贵资料，丘吉尔决定致函斯大林，一方面是为了告诉他这一重要的秘密消息，另一方面是希望获准与苏联代表一同前往调研。

斯大林在7月22日的回函（第486号文件）中说将“亲自督办”此事，并非只是出于礼貌。丘吉尔的这则消息引起了他浓厚的兴趣。一收到信，他马上责成两部门同时着手这项工作：一是总参谋部和内务人民委员会，二是航空工业人民委员会。曾参与该项工作的著名学者和设计师Б.Е.切尔托克（Черток Б.Е.）回忆说：

“斯大林在信中（7月22日致丘吉尔的信——作者注）提到的所有指示都直接下达给总参谋部。随即我军情报部门接到命令，对登比察进行更积极的侦察，当时，即1944年7月，该地区距前线还有50千米。

同时，航空工业人民委员会人民委员А.И.沙胡林（Шахурин А.И.）接到斯大林的命令，要组织一个苏联专家组，在英国专家到达之前，对在该靶场找到的所有东西进行研究。”[88]

8月4日，最高统帅部下达训令，组建并向登比察地区派遣一个特别工作组，由隶属航空工业人民委员部的第一科研所（原“火箭科学研究所”）所长П.И.费德罗夫（Фёдров П.И.）少将任组长。组员还有Ю.А.波别多诺斯采夫（Победоносцев Ю.А.）、М.К.吉洪拉沃夫（Тихонравов М.К.）等一批大

科学家。[89] 以英国人为主的盟军工作组在T.桑德斯（Сэндерс Т.）中校的率领下也赶到了事发地点。但之前他们先要急飞德黑兰，以获得苏联大使馆的签证。但签证等了很长时间。只是到了8月5日，在收到丘吉尔的私人信函（第499号文件）和上面提到的最高统帅部的训令下达之后，斯大林才准许给已经在德黑兰等待多日的桑德斯率领的英国工作组发放签证。而之后专机问题又被耽搁，又需上层干预。艾登在致电克尔时表示，希望“斯大林元帅对代表 203
团的亲自关注能够简化苏联当局下达必要的指示”。第二天，问题解决了，但这些拖延使苏联小组先于英美小组到达登比察。[90] 依靠情报侦察和当地的波兰人帮助，苏方工作组在登比察靶场斩获颇丰，其中包括完整的燃烧室、燃料舱碎片、导弹壳体零件。所有收集到的物品都被运回第一科研所。[91]

但盟国小组的到来也有好处。Б.И.切尔托克回忆说：

“我们的小组在波兰工作约一周后，英国专家抵达那里，其中有一名英国情报侦察机构的代表，他有详细的地形图。图上标出了导弹发射点坐标及大量弹着点。

吉洪拉沃夫返回之后讲述道，我们的军事侦察员按照英国人的指引走遍了靶场，他们的地图非常精确。英国谍报机关提供了详细的数据。

丘吉尔给斯大林的来信在很大程度上对我们下一步的行动都有决定性意义。如果没有这封信，我军就会乘胜穿过波兰的这片沼泽地和森林，而不会注意到德国人在这里都干了些什么。”[92]

桑德斯的工作组也满意而归，他向伦敦报告说：“在没有见识到我们是如何发现并识别导弹部件前，俄国人无疑是持怀疑态度的。这令随行的俄国军官印象深刻。我们带着（导弹）部件到莫斯科时，可能又会引起一阵轰动。我们三国之间未来的关系一片向好。”但伦敦却下令保持谨慎：“你们可以与俄国人讨论与德国导弹相关的问题，但要守住底线，不要透露导弹运作的细节。”[93]

据苏联设计者们证实，对德国A–4资料的研究，对后来导弹制造业的发展起到了至关重要的作用。很明显，导弹的某些部件也通过英国军事联络处送回了伦敦。[94] 在9月底与斯大林的对话中，克尔和哈里曼异口同声地说，“英 204
国和美国专家们成功获得了宝贵的成果”。[95] 1944年10月，鉴于工作组在登比察获得的成果，丘吉尔也写了封热情洋溢的信（第536号文件）。

478. 丘吉尔致斯大林的私人机密信函

1944年7月13日发　　　　1944年7月13日收

1. 据可靠资料证实，德国在波兰登比察试验场试验飞弹已有相当长时间。根据我们掌握的情报，该弹的装药量约1.2万磅，我们的防范措施效用在很大程度上取决于在这种武器射向我们之前，我们对它的了解程度。登比察是贵军乘胜前进的必经之路，很可能您在最近几周便能控制该地。

2. 虽然德国人会尽可能多地毁坏或运走登比察的设备，但俄国人掌控该地区之后，还是可以获取大量资料。我们特别想了解导弹的发射过程，因为这有助于我们确定导弹的发射点。

3. 鉴于此，斯大林元帅，当贵军掌控该地区之后，如果您能够明示贵军保持缴获的登比察的仪器设备完好，而且之后您能提供机会使我方专家对试验场进行考察，我将不胜感激。

479. 丘吉尔致斯大林的私人信函

1944年7月13日发　　　　1944年7月14日收

非常感谢您发来的贺信。我拷贝了一份送给蒙哥马利将军，并告诉他可以在全军通报。

就罗马尼亚和土耳其问题回复丘吉尔时，斯大林表现得很谨慎。他不反
205 对英国人提出的交易，但希望事先得到华盛顿的同意。这样做的目的不仅有
利于盟国的团结，还可保障本次交易的可靠性。

至于土耳其参战问题，克里姆林宫之前早就明确了自己的态度。早在1944年初给苏联驻土耳其大使B.И.维诺格拉多夫（Виноградов）的指示中，斯大林就非常坦诚地表明了自己的态度：

“如果土耳其在几个月前参战，最起码在1944年之前，还可以给盟国带来众所周知的益处，但当今形势下，事态的进程愈发对我有利，而且近期有可能开辟第二战场，土耳其对反对轴心国的积极作用已经变得无足轻重。应该谨慎委婉地让土耳其人明白，他们已经错过了于己有利的机会和时间，即

莫斯科会议所确定的1943年末，由于采取这样的政策，土耳其人只好自食其果。”[96]

在斯大林的信中也流露出这种观点，他甚至还夸大了“逃避”战争对土耳其造成的恶劣后果。他对莫洛托夫起草的信函所做的修改也反映出了他的真实意图。

480. 斯大林致丘吉尔的私人秘密信函

1944年7月15日发

您7月12日的来函收悉。

1. 关于罗马尼亚和希腊的问题在此无需重复，因为您已经从我驻伦敦大使与艾登先生的往来信件中获知。有一点我很清楚，美国政府对该问题还有些疑虑，因此，最好在收到美国的质询回复后再复议此事。一俟得知美国的意见，我便立刻再次致函给您。

2. 在讨论土耳其问题上，不应忽视去年末英苏美政府与土耳其谈判之后有目共睹的事实。您当然不会忘记，早在1943年11月和12月，我们三国政府 206
如此坚决地劝说土耳其加入盟国之列对希特勒德国开战。但无果而终。您很清楚，今年5—6月，在土耳其政府的倡议下，我们重开与土耳其政府谈判，并重申去年底三个盟国政府的建议。但这次同样无果。至于土耳其方面的各种辩解之词，目前我是看不到对同盟国有什么益处。鉴于土耳其政府对待德国闪烁其词的态度，最好对其置之不理，使其自主决断，不再对其施加压力。当然，这也就意味着，逃避对德开战的土耳其在处理战后事务时丧失了（***以平等身份***）（***与没有得到其帮助的参战盟国一起，***）参与主张的特别权利。

3. 倘若我们占领登比察试验场，我们愿意满足您7月13日来函关于登比察试验场的请求。请您明确，这里所说的是哪一个登比察，因为据说波兰有好几个地方都叫这个名字。

4. 感谢您通报的关于诺曼底和意大利的战况，以及对我方在维尔诺地区的推进表示的祝贺。

各个战场上事态的快速发展及德国即将灭亡之势，使罗斯福急于与斯大林再次会晤，以讨论结束战争和战后秩序问题。丘吉尔强烈要求与罗斯福再次举行双边会晤，以说服美国放弃“铁砧”行动，当然也包括讨论以上问题。

总统不想使人产生英美串通一气的印象，用霍普金斯的话说，“把俄国晒在一边”。所以，“三巨头”模式是摆脱困境的最好办法。下一封信是罗斯福在夏威夷和阿拉斯加长途旅行期间写的。该信最初还有一个提议（括号中的斜体字），但哈里曼建议删掉，理由是：“这个提议意味着斯大林元帅必须飞越敌
207 占区上空。由于飞行不安全，我担心这会引起斯大林高级参事们的不满，这可能导致会晤流产。”大使在等到白宫的同意后才将此信发出去。[97] 另外，罗斯福本人也不自信这样的提议会被接受。“我给约瑟夫大叔发封电报探探口风，”7月17日他给丘吉尔的信中写道，“若他觉得不能成行，那就我们两个人会面。”[98]

481. 罗斯福致斯大林的私人秘密信函

1944年7月17日发　　　　　　　　　　　　　　　　1944年7月19日收

鉴于事态的发展如此迅猛、如此顺利，我想，应尽快安排一次您、首相先生和我本人之间的会晤。丘吉尔先生完全同意这一想法。

对我而言，会晤最好安排在9月10—15日期间举行。我现在正在巡视美国西部，返回后应会在华盛顿停留几周。

（***贵国军队行动非常出色，以至于飞抵苏格兰的航程比两年前莫洛托夫飞的距离要缩短很多***。）苏格兰北部最接近我与您之间的中间位置。您可乘舰艇或飞机抵达，而我会乘军舰前往。

我期待您能将想法告知予我。无论是在岸上还是在舰上，都可以确保会晤的安全性和保密性。

7月17日，英国内阁讨论了斯大林的来函以及准备做出的回复。实际上，丘吉尔同意斯大林对土耳其行为做出的判断。他说：“土耳其的做法非常缺乏理智，现在恐怕赶不上火车了。”艾登认为，土耳其与德国断而不战，对伦敦可能最有利，但莫斯科现在对此未必会满意。他（承认英国对土耳其耍这种手腕负有责任）继续说，俄国人“会意识到，土耳其已经做好了参战的准备，
208 假若不是我们同意折中方案，他们有可能已经付诸行动了”。最终，内阁决定在土耳其问题上放弃进一步行动的打算。[99]

克里姆林宫和白宫讨论英国用罗马尼亚和苏联“交换”希腊的问题，丘吉尔对此感到不悦。收到斯大林的这个消息后，丘吉尔给艾登做了批注：“这

是不是意味着我们和俄国人商量好的事，经不起美国人的挑剔和干预？”[100]

在给斯大林回信时，丘吉尔明确了位于波兰的德国导弹试验场的精确位置，再三强调这个问题对英国人的重要性。

482. 丘吉尔致斯大林的私人机密信函

1944年7月19日发 1944年7月20日收

1. 兹回复您7月15日有关登比察试验场的电文。下面给出的是英国官方情报掌握的试验场位置坐标。

2. 我们关注的大型导弹发射试验区位于登比察东北方向，或曰克拉科夫与利沃夫铁路干线经过的登比察，北纬50°05′，东经21°25′。试验区面积大约10×3.5英里，坐标如下：

北纬50°07′，东经21°27′；

北纬50°12′，东经21°36′；

北纬50°11′，东经21°39′；

北纬50°04′，东经21°32′；

3. 他们很有可能已经拥有上千枚此型号导弹，每枚弹重约5吨。如果事实果真如此，对伦敦将是非常严峻的考验。到现在我们有近3万人伤亡，但是，民众还是表现出超强的忍耐。议会要求我自证已经尽己所能。所以特别需要贵国的帮助，如果贵方能收集到某些可以交流的数据，最好能通知我们，我会派人来仔细了解。在瑞典有导弹坠落但并未爆炸，我们已经从那里获知了很多，但是在波兰的试验现场可能会提供更多有价值的完整情报。落在瑞 209
典的导弹上有一个特殊的无线电机械装置，这是我们千方百计想得到的，尽管这个装置看起来是个不起眼的零件。如果您使贵军军官与布罗斯和迪恩建立联系，责令贵军军官给予帮助，则该问题以后不会再给您造成烦扰。

4. 毋庸置疑，您乐闻我们的700辆或是800辆坦克、若干摩化旅和炮兵挺进到诺曼底平原，我们已经位于他们的后方，经过几天的战斗，敌方战线已经吃紧。所以我相当乐观，并希望我们彻底瓦解敌人的战线。大家都曾经对现在的战争表现过悲观；我想说的话归纳起来，就是希望很快就会有好消息通知您。明天我和自己的一班人马出发去那里，并待上几天。

斯大林曾在5月建议为大西洋护航运输队的英方优秀组织者授予苏联勋

章，伦敦酝酿了许久，丘吉尔才给予回应。早在6月中旬，除了斯大林提名的利特尔顿，首相在给艾登的备忘录中还考虑到其他可能的人选。他决定把比弗布鲁克列入名单，按照首相的话说，他是“护航运输队最重要的发起人”，另外要明确是否有奖励较低级别责任人的可能性。依照首相的意见，艾登本人也应该获奖，但这有违常规。丘吉尔怀疑比弗布鲁克不会同意，打算本人出面和他谈谈。[101] 在这些问题上花了不少时间。

丘吉尔所说的莫斯科和波兰地下军会建立友好关系一事与伦敦所掌握的情报不符。米科瓦伊奇克政府和英国侦察部门定期报告红军和苏联游击队与波兰地下军的剧烈摩擦。8月中旬，艾登向内阁大臣们分发了一份由英国军官所写的报告，军官由于飞机受损而跳伞获救，在波兰抵抗组织和苏联游击队那里度过了几个星期。他这样写道：

210 “总之，令波兰游击队员沮丧的是，根据下发给他们的行动指南，他们应该协助俄国游击队，但他们认为，这简直是在帮助苏联占领者长期占领自己的领土……而俄国游击队方面则抱怨波兰人是坏邻居，曾经想吞并乌克兰……波兰人和俄国人的关系是相互武装瓦解的关系。”[102]

与此同时，艾登也不想给内阁同僚们只留下消极的印象。他强调，英国军官身处“极右民族主义者力量集团中，*与波兰政府军相比，这些人总体上纪律涣散，装备落后，干部匮乏。不可思议的是，这些部队竟然与苏联游击队还有接触”。[103]

483. 丘吉尔致斯大林的私人秘密信函

1944年7月20日发　　　　　　　　　　　　　　　　1944年7月22日收

1. 在5月8日的电文中，您提到对大西洋护航运输队的人员和军官的某些奖项问题。由于我不得不做些咨询，所以未及时回复。我建议比弗布鲁克男爵和利特尔顿先生获得同样的奖项，是他第一个告诉我们有必要组织护航运输队。由于他的热忱工作，我们节省了几个月的时间。他在行动伊始率队去过您那里，我相信，他会对获得俄国勋章感到荣幸。这两位大臣都会为获得您的奖励而自豪。还有一些人，他们在基层做了较多有益的工作。但是，如果您不倾向表彰某些基层人员，我不想滥用您的乐善好施。他们做了大量

---

* “民族武装力量”——波兰民族主义分子在1942年创立的军事组织。

的工作，且默默无闻。在我们的制度中，有很多分级别的奖项，用于合理奖励。我甚至可以给您报出这些人的姓名。 211

2. 下一轮次的首批护航运输队8月出发。在此之后，如果我未说明驱逐舰另有任务，希望护航运输队能正常出发，而不再中断。我不认为会发生中断的情况。很快我们会有较短的航路。

3.有关波兰方面，我有意回避了某些声明，因为我相信，如果波兰地下运动能够真实而猛烈地打击德国人，您会和他们建立友谊。如果米科瓦伊奇克请求去拜见您，我希望您能同意。

4. 全世界都在惊叹我们同时从三个方向进攻德国。我希望阁下、总统先生，以及我本人能在冬季攻势之前在某地会晤。为拯救不幸的人们，值得举行会晤。

虽然太平洋军事行动不是“往来书信”的重点，但有关重要情节罗斯福还是经常通报给斯大林。夺取塞班岛（Сепан）[马里亚纳群岛（Марианские острова）]的行动比“霸王”行动晚了9天实施，这次行动以惨烈的战斗和该岛军民在马皮角机场附近的悬崖边上集体自杀而备受关注，恐怖的自杀发生在7月9日，全岛被征服的那一天。金将军形容这是“自杀狂欢”。[104]

夺取该岛具有重要的战略意义。在塞班战斗最激烈的时候，日本集结了所有海军剩余兵力，投入对盟军舰队的攻击，使马里亚纳群岛海战（也被称作菲律宾海海战）一举成名。6月19—20日，日本战斗机的大规模进攻没有奏效：根据情报统计，日军损失了330架飞机，日本海军此役失利后再无回天之力。

夺取塞班之后，美国面临一个重要的问题：下一步的进攻方向在哪里？在7月末的夏威夷会议上，麦克阿瑟将军成功地说服罗斯福应进军菲律宾，将军当年就是被迫从那里撤退的。迪恩将军和尼米兹将军首先占领台湾的想法被暂时搁置。[105]

总之，罗斯福所说的夺取塞班岛行动以及关岛战斗对太平洋战争的后续进程具有重大影响，因为从此美国的远程航空兵获得了轰炸日本主要岛屿的基地。 212

7月20日希特勒大本营发生了德国军人组织刺杀希特勒的事件，罗斯福对这个消息给予了正面评价，也给官方宣传定了同样的基调。7月22日，BBC在对被占欧洲国家的广播中这样说道：“盟军的态度是简单而明确的。我们赞赏（刺杀希特勒的）将军们的行动，无论动机如何。”“三巨头”中，只有丘吉尔于8月2日在英国下院就此问题公开阐述了自己的立场，他从这次暗杀事件中，再次看到了德国即将战败的综合症："在德国高层相互残杀，或者试图相互残杀之际，讨伐的盟军正在紧锣密鼓地、不可逆转地凝聚着自己的能量。"[106]

但是，三国首都的闭门评价却要复杂得多。1944年之前，莫斯科就有清除希特勒的计划；1942年3月，斯大林亲自问过克尔有关希特勒总部位置的情报，准备实施空中打击。[107] 但是，Л.А.别兹缅斯基（Безыменский Л.А.）有证据表明："1944年，当梅尔库洛夫和苏多普拉托夫再次冒险提出暗杀问题时，斯大林解释道：希特勒还活着的时候，他不会和西方私下媾和。对于美国和英国，希特勒还在驾驶战车，绝对没有做交易的可能性。如果希特勒不在了，则另当别论。有可能是戈林或者帕潘掌权，西方大国可以和他们达成私下交易……"[108] 英美为谋求私下和解与德国进行过各种接触，这些情报由侦察渠道定期传回莫斯科。[109]

伦敦对暗杀事件本身并不感到意外。比如，在该事件发生前不久，内阁备忘录中就有题为《德国的精神状态》一文，在暗杀事件之前搁笔，在暗杀发生之后才发给内阁成员，其中有这样的文字：

"无论是德国人民，还是军事指挥机关，当他们断定战争机器已经濒临灾
213 难边缘的时候，就会出现一种导致公开危机的情形。这一时刻可能已经近在眼前。但是，如果全面关注形势，就会发现，如果它要发生，就会发展得出人意料、无法预测。"[110]

华盛顿的反应更加复杂。德国方向情报的主要来源之一、以杜勒斯为首的驻伯尔尼美国战略服务局（УСС），于7月22日传回情报，战略服务局局长W.多诺文（Донован）亲自将情报交给总统：

"……由反对希特勒的政变发展为武装起义的希望已经破灭。我更倾向这样的判断，就是盖世太保在政变之前就掌握了关于参与人的情报，并随时准备给予打击、沉重的打击……但是，无论如何，都会给盟国的事业带来益处，因为任何起义的尝试都会动摇德国军队继续斗争的决心……显而易见，下一次推翻希特勒制度的尝试会是由亲东方的一群人发起……贝克（密谋领导人之一——作者注）与其朋友的落败更加强了俄罗斯在德国的影响力，部分削弱了西方的影响力。"[111]

《往来书信》再一次揭开了事实真相，此前幕后隐藏了太多相互矛盾的评价和判断。

484.致约瑟夫·B.斯大林元帅

1944年7月21日发

1944年9月28日收

莫斯科

尊敬的元帅：

在启程去太平洋地区之前，我收到了您令人赞叹的镶框照片，我认为它是无与伦比的。我感到很荣幸，非常感谢您！

贵国军队的迅猛进攻令人折服，我非常希望有机会亲自拜访您，亲眼目睹您是如何与进攻部队保持联系、如何保障补给的。

我们为夺取塞班岛承受了相当大的损失，该岛位置十分重要，目前正在
进行夺占关岛的战斗。同时，我们刚刚收到消息说德国陷入了困境，尤其在 214
希特勒大本营。这一切都是好兆头。

谨向您致以最衷心的问候！

您真诚的

富兰克林·D.罗斯福

斯大林委婉地拒绝了罗斯福有关“三巨头”会晤的建议，感觉没有这个必要。

485.斯大林致罗斯福的私人秘密信函

1944年7月22日发

我对您提出的希望您、丘吉尔先生和我会晤的想法表示理解。

但我应该说，现在，正当苏联军队在如此广阔的前线上投入战斗之际，我不可能离开自己的国家、脱离对前线的指挥。我的所有同事们都认为这完全不可能。

斯大林非常清楚德国导弹对英国人的重要性，他积极回应了丘吉尔考察登比察导弹试验场的请求。斯大林对草稿的修改强调了自己将亲自过问此事。

486. 斯大林致丘吉尔的私人秘密信函

1944年7月22日发

您最后来信中有关登比察试验场一事，我已下达必要的指示。总参代表斯拉文将军与布罗斯和迪恩将军将为此建立必要的联系。我很清楚，英国政府对此问题非常重视。**因此，我向您保证，此事将由我亲自督办，按照您的愿望尽己所能。**

很高兴从信中获悉贵军已从诺曼底深入到德军后方。祝您取得更大的成功！

215 在斯大林给丘吉尔写下一封信之前，与未来波兰政府相关的形势发生了急剧变化。7月21日，在苏军解放的波兰海尔姆市（Хелм），亲莫斯科的B.贝鲁特（Берут Б.）和E.奥苏布卡–莫拉夫斯基（Обсука-Моравский Э.）宣布成立波兰民族解放委员会（ПКНО），事实上成为了伦敦流亡政府的备选政府。斯大林为此特意修改了行动计划，由此可见，他赋予这一事件非同寻常的意义。早在7月8日朱可夫建议立即解放东普鲁士的计划就被搁置一边，目前的首要任务是进军维斯瓦河。7月21日，“最高统帅”下达的立即夺取卢布林市（Люблин）的战斗号令在用词上也有所流露：“这是政治形势和独立民主的波兰利益的紧迫要求。”[112]

斯大林在信中也不加掩饰，他把新的机构视为未来波兰政府的雏形。斯大林把这一步骤解释为有必要建立地方行政机关，管辖已解放的波兰领土，而且通知盟国：苏联当局将很快正式承认波兰民族解放委员会。除此之外，斯大林第一次同意米科瓦伊奇克访问莫斯科，理由是需要他和新成立的波兰亲苏政权进行磋商。同时，无论是“伦敦人”，还是盟国，都应将民解委视为合法政权，要与其打交道。由于问题的重要性非同寻常，信件也同时抄送给了罗斯福，之前罗斯福是从丘吉尔那里获悉此事的。

487. 斯大林致丘吉尔的私人秘密信函

1944年7月23日发

您20日的来函收悉。我现在只就波兰问题给您写信。

我方前线战事进展迅速。波兰最大的城市之一卢布林市今日被我军攻克，我军将继续向前推进。

在这种形势下，实际问题摆在了我们面前，即波兰领土的行政管理问题。我们不想、也不会在波兰领土上建立自己的行政机构，因为我们不想干涉波兰内政。这些应该由波兰人自己来做。因此，我们认为，需要与波兰民 216
族解放委员会建立联系。民主党人和各团体去年在华沙成立了波兰民族苏维埃，它是波兰民族解放委员会的前身，您驻莫斯科的大使可能已将各种情况呈报。波兰民族解放委员会准备着手在波兰领土上建立行政机构，我希望这一切都会成为现实。在波兰，我们未发现有其他力量有能力建立行政机构。流亡伦敦的波兰政府领导的所谓地下组织已是日薄西山，影响力甚微。我不认为波兰委员会即波兰政府，但是，它们以后有可能成为由民主力量组成的波兰临时政府的核心。

关于米科瓦伊奇克，我当然不会拒见。但是，如果他加入波兰民族委员会，则善之善哉，委员会对他的态度很友善。

488. 斯大林致罗斯福的私人秘密信函

1944年7月23日发

现把我写给丘吉尔首相先生的有关波兰问题的信件抄送给您。

在收到斯大林7月23日发出的信函后，内阁马上开会讨论。丘吉尔赞成米科瓦伊奇克尽快赶赴莫斯科与斯大林和波兰民族解放委员会成员会晤，因为时间对“伦敦人”不利：“依照现在的战争进程，俄国人很快会挺进华沙，当地波兰人的立场日益动摇，如果现在仍不建立联系，流亡伦敦的波兰政府将全盘皆输。在这种情况下，完全有可能出现备选政府，他们会在和平调解之前站稳脚跟，并有一定基础去角逐全国政府。”内阁支持首相的建议，委派艾登立即与米科瓦伊奇克面谈，并说服其赶赴莫斯科。按照丘吉尔的想法，决定不给米科瓦伊奇克查看斯大林的来信，只是口头转述了一下信件的内容， 217
很明显，担心波兰人泄漏密信内容。[113]

在给斯大林写下一封信之前，丘吉尔还不知道斯大林已经拒绝了罗斯福的建议，仍试图说服苏联领袖去苏格兰会晤。

丘吉尔对斯大林提到的英美联军在诺曼底新一轮的进攻行动［“眼镜

蛇（Кобра）”行动］开局不利。7月24日，由于能见度过低，轰炸机误炸己方阵地，致100多人伤亡。又过了一天，准确轰炸了既定目标，O.布莱德利（Брэдли О.）中将率领美军第1集团军，以及随后加入的第3集团军（司令官为巴顿中将）推入到南部和东南方向。圣洛（Сен-Ло）地区的突破口迅速扩大。7月30日，美军的进攻得到了英军的支持[“灯火管制（Блюкоут）”行动]，虽然艾森豪威尔对英军的拖延表示了不满，他本希望提前3天到达，“为什么不能像俄国人一样，同时在两条战线上展开大规模进攻”。[114]

英美军队的联合进攻取得了显著战果。从诺曼底狭小的桥头堡和通过性较差的地形，盟军成功地突破到了战役纵深，直抵卢瓦尔河（Луар），解放了科塘坦半岛，为解放布列塔尼打通了前进的道路。而希特勒仍命令溃退的德军组织反攻，所以德军面临的问题越来越严重，南部受到美军的压制，北部从卡昂方向受到英国和加拿大军队的夹击。8月初德军向东部后撤，陷入了法莱兹（Фалез）包围圈：有关细节丘吉尔已经写信告知斯大林，斯大林所说的预祝成功就是对这封信的回应。英美军队将在8月21日之前收缩包围圈。根据布莱德利将军回忆，“那是西线最惨烈的战斗之一，敌人损失了第7集团军，守住法国的希望也随之破灭。敌军被迫从阿让唐（Аржантан）逃往德国边界方向，后撤大约500千米”。[115]

218 纵观全局，按照蒙哥马利的说法，“到了1944年8月中旬，德国人在法国的处境非常糟糕”。[116]

7月末，让丘吉尔焦虑不安的不仅是法国北部局势。同时，他还要和英国军方一起阻止在法国南部登陆的计划，而华盛顿支持这个计划。看起来，好像已成定局。早在7月2日，参联会指示威尔逊将军“尽早开始”“铁砧”行动，最好在8月15日实施。7月19日，丘吉尔建议在圣纳泽尔（Сен-Назер）以北的布列塔尼登陆作为备选方案，而不再坚持“铁砧”行动对盟国而言不是“正确的战略方向”的说法。丘吉尔首先以书信的形式给霍普金斯提出建议，有明显的怪罪口吻，“……我们这里（伦敦——作者注）没人相信铁砧战略”，此后才通知罗斯福本人，首相预料到了罗斯福会做出消极反应。8月9日，距离实施“铁砧”行动只剩6天时，丘吉尔最后一次试图改变事件进程。在唐宁街会见艾森豪威尔时，首相形容美国就像“巨大、健壮、强势的伙伴”，不愿意倾听伦敦的声音。能言善辩的首相也不能挽回局面。在法国南部的登陆行动更名为“龙骑兵（Драгун）”行动，于8月15日开始实施。[117]

针对“铁砧”行动进行辩论的背后，是英国不仅在英美伙伴中变成了随从，而且还凸显了巴尔干军事行动的问题。多数研究人员一致认为，“铁砧”

行动的实施，事实上否定了在巴尔干进行大规模行动的可能性。[118]

然而，丘吉尔仍然对自己的计划抱有希望，在8月末，他和史末资交换了自己的想法。

“目前，我的目的是维持在意大利的那些[军队的数量]；这个数量应该是足够用的，因为敌人已经撤走了4个精锐师。我希望进展顺利，并且能突破哥德防线*，进入波河河谷，最后穿过的里亚斯特和卢布尔雅那走廊朝维也纳方向前进。甚至，我也已经告诉亚历山大，即使战争很快结束，也要做好乘装甲车继续追击的准备。”[119]

1944年夏，军事上的胜利使英美军队对不现实的想法充满盲目乐观。亚 219
历山大甚至希望攻克罗马之后，“能够马不停蹄地成功抵达亚平宁山”。[120] 但是，行动进展却非常缓慢。丘吉尔满心希望于6月攻克佛罗伦萨，但直到8月12日才完全解放。目前情况的好处是，在秋天漫长雨季到来之前，可以结束拖延已久的意大利战局。

除了胜利的欢欣，展开巴尔干乃至中欧战局的希望也在增加，甚至已经具有战略设想。经常和丘吉尔不谋而合的史末资，8月30日写信提醒丘吉尔说：如果盟军“不能在巴尔干从南方进攻德国的战事中发挥重要作用，那么俄国在东南欧的势力范围更将扩大”。[121]

这封信是丘吉尔从诺曼底巡视回来之后写的，丘吉尔造访了瑟堡，并视察了蒙哥马利的司令部。

489. 丘吉尔致斯大林的私人秘密信函

1944年7月24日发　　　　1944年7月25日收

1. 感谢您7月22日就登比察之事的来电。我非常高兴，您能够亲自过问此事。

2. 您一定收到了总统先生的电报，他建议我们三人在苏格兰北部，大约9月份的第2个星期，再举行一次会晤。毋需赘言，国王陛下政府，还有我本人，衷心希望您能够前往。我很清楚您的难处，您是根据前线的态势安排自己行程，但我还是恳请您重视，三方会晤益处巨大，能使我们的事业更简单易行，就同德黑兰会议之后发生的情形一样。我们认为，因弗戈

* 指在意大利北方的德军工事体系。

登（Инвергордон）是最佳地点，我们可以住在3条不同的战列舰上，或者在
220 陆地上进行相关活动，或者把以上2条综合考虑。如果必要的保密措施到位，且根据个人意愿采取必要的安全措施，会晤将是轻松愉快的。9月份是苏格兰北方和西北天气最好的月份。但是，有关天气方面，我不能给您任何承诺。同时，我还需要为总统先生做些准备，我自己也要做准备，因为他已经告知打算赴会。请您也告知自己的想法和愿望。

3. 我刚结束3天的诺曼底之行。我们的进攻不如希望的那样迅猛，天气不给我们施展空中优势的机会，这严重阻碍了行动的进展。我希望，明天，即25日，新的进攻战斗有个好的开篇。从登陆到现在，我们损失了11万人，而根据我们的测算，敌人损失了至少16万人，其中包括6万俘虏。我们共有140多万人登陆。6月，我们的一个浮动港被风暴摧毁，但通过另一个港口每天运送1.1万吨物资，那里的工作景象看上去非常壮观。为了抵御冬季风暴，我们用尽一切手段加固这个港口。美国人会很快修复和扩容瑟堡港，从而大大增加货物吞吐量。我们发现，有6个小型港口可以被很好地加以利用。当我们把敌人向东驱离至足够远的距离，卡昂也会成为6000吨港口。

4. 您肯定知晓，“铁砧”行动将于8月15日开始实施。为了最大程度地支援亚历山大，我们从地中海部队征集了更多的物资，他通过亚平宁山脉正向波河下游河谷挺进。他正对大约27个师的德国军队发动进攻，德军师实际兵力大大少于编制。亚历山大指挥的部队大约有24个师，来自7个国家。亚历山大希望在冬季攻势到来之前拿下的里雅斯特。他与铁托元帅已近在咫尺，我们一直尽一切可能帮助铁托。

5. 最后，请允许我向您表示衷心的祝贺，祝贺苏联军队战无不胜的进攻，祝贺您取得的意义重大的胜利。

221 根据内阁7月24日的决定，艾登成功地说服了米科瓦伊奇克紧急赶赴莫斯科，虽然后者勉强同意接受这么重要的使命，他仍不期待任何好的结果。7月24日波兰内阁在伦敦发表的声明也未起到任何作用，声明中称波兰民族解放委员会领导人为“篡权者”。丘吉尔立即将米科瓦伊奇克的行程通知了斯大林，试图让莫斯科之行取得最大的建设性成果。艾登在伦敦也尽力说服各位内阁大臣。他把波兰民族解放委员会成员的名册分发给大家，这个名册是波兰流亡政府提供的，他不希望自己的内阁同僚对委员会成员有过多的偏见，艾登解释说：“应理性对待此名单，波兰政府自然不会对名单上的人有好感。”[122] 首相也把米科瓦伊奇克的行程通知了罗斯福，7月25日的电文中说：

“有可能，他们会受到款待，虽然他们昨天提供的‘篡权者’名单等原因可能坏事儿。然而，我们还没有失去希望，我们期待在某些方面达成共识。”[123]

490. 丘吉尔致斯大林的私人机密加急信函

1944年7月25日发　　1944年7月26日收

1. 根据您7月23日信函最后一段所提建议，米科瓦伊奇克先生明日夜间启程。随行的有罗默先生和格拉普斯基先生。如果需要，他的政府会采取措施，提供交通工具抵达德黑兰或者莫斯科。他得到波兰政府成员的一致支持，当然，我们继续承认该政府。

2. 我们真诚希望，所有波兰人联合起来，把德国人驱逐出自己的家园，并建立一个自由、强盛、独立、与俄国友好合作的波兰，这也是您的愿望。

3. 我把您发给我的电文内容通报给美国总统，同时也把此电报抄送他。他肯定会与您沟通。

斯大林准备支持丘吉尔的建议，给比弗布鲁克颁奖，他在莫斯科很有口 222
碑。斯大林也同意为参与大西洋护航运输队的“基层”英国工作人员颁奖。苏联、美国、英国相互授奖在那个年代是大家都接受的事实，但是涉及高级公务人员时，会出现手续上的困难，特别是英国方面。

从德黑兰会议起，斯大林就一直支持在法国南部登陆，因此丘吉尔的消息能得到他的积极回应并非偶然。

491. 斯大林致丘吉尔的私人秘密信函

1944年7月26日发

1. 有关授奖事，我完全同意您的意见，除了利特尔顿先生，还有比弗布鲁克男爵，他们为护航运输队的成功作出了很大贡献，他们受之无愧。苏联政府代表最高苏维埃支持授予比弗布鲁克男爵、利特尔顿先生一级苏沃洛夫勋章。苏联政府认同您的想法，同意奖励那些在组织、执行护航运输队任务中表现突出的基层人员，为此设立了120枚勋章和50枚纪念章。具体事宜通过外交渠道办理。

2. 很高兴从您信中得知，8月护航运输队之后，将开始新一轮护航运输队。我们真的非常需要护航运输队。

3. 有关您、罗斯福先生和我之间的会晤，您在7月24日的信中已经详述，我也愿意参加这样的会晤，但是目前，苏联军队在如此广阔的前线战斗，进攻规模越来越大，我没有机会离开苏联，甚至一刻也不能脱离对军队的指挥。我的所有同仁都认为这完全是不可能的事情。

4. 您说到计划在诺曼底组织新的进攻。如果这次进攻能够展开，在对德
223 态势上，具有重大意义，形势对希特勒相当严峻。

5.“铁砧”行动的战果将加快粉碎希特勒的进程，无论如何，都会对其造成无法克服的困难。我希望贵军像诺曼底登陆一样，能够顺利完成这个行动。感谢您对苏联军队战绩的祝贺。

为比弗布鲁克和利特尔顿颁奖一事由于英国方面程序上的复杂性一直在拖延。9月，古谢夫按照莫斯科的指示请求艾登尽快解决这个问题。在会谈总结材料中大使这样写道：

“根据斯大林同志和丘吉尔往来信件，就授予利特尔顿和比弗布鲁克苏联勋章一事，我问艾登，是否需要王室的同意，或者是已经同意。艾登回答说，最初丘吉尔与其谈及此事，即奖励从事为苏联提供补给的人员，就提到了比弗布鲁克、艾登、利特尔顿。艾登说，我本人作为外交大臣，已经从名单中删除，因为英国的任何外交大臣在位时都不能接受他国勋章奖励。艾登说，的确，那时候他忘记了有关内阁大臣不能接受他国勋章的规定。当我想起这条规定时，斯大林元帅和丘吉尔已经通过信件交换了意见。在此之后，艾登晋见了英王，最终同意为比弗布鲁克和利特尔顿授予苏联勋章。艾登说，他还要核实一下，是否有国王的书面许可。艾登承诺会书面通知我。和艾登交谈时，从他的眼睛里可以感受到委屈，为什么他自己不能列入受奖名单。”[124]

7月26日，米科瓦伊奇克以及2名政府成员从伦敦出发。他们是在途中得知苏联和波兰民族解放委员会达成协议的消息的，他当时想立刻返回伦敦，但是丘吉尔和罗斯福劝说他放弃这个想法。丘吉尔通知斯大林关于米科瓦伊奇克出发的消息时，再一次巧辩地呼吁斯大林为了盟国的团结答应波兰人的要求。

492. 丘吉尔致斯大林的私人机密信函 224

1944年7月26日发　　　　　　　　　　　　　　　　1944年7月27日收

1. 米科瓦伊奇克先生和他的同事们已经启程。我相信，米科瓦伊奇克先生非常愿意帮助所有波兰人联合起来，我认为，前提是在您、我、总统商定的那些条件下。我认为，对俄国有好感的波兰人，还有对英国、美国有好感的波兰人，应该联合起来，目的是建立一个强盛、自由、独立的波兰，一个与俄国友好的邻邦，对贵国来说，它是防止未来德国侵略的屏障。我们三位都非常关心建立类似的屏障。

2. 如果在当前局势下提倡西方式民主，比如他们承认一个波兰机构，而您承认另一个，这将是非常遗憾甚至是不幸的事。这会造成不断的摩擦，有可能会妨碍我们共同事业的成功。因此，请您用心体会这段话，我也是用心写成的，这个心就是真诚的友谊和我们20年的同盟。

在斯大林就波兰问题给丘吉尔回信之前，莫斯科又采取了新的措施来巩固“卢布林人”的地位。7月25日，波兰民族解放委员会发布了自己的纲领宣言，宣布卢布林为波兰临时首都，就在第二天，波兰民族解放委员会与苏联政府签署了协定，将已解放的波兰领土管理职能移交给该委员会。7月27日，苏联政府与波兰民族解放委员会签署了边境协议，以寇松线为界，又出让了一部分给波兰。除此之外，苏联政府有义务支持波兰在奥得河—尼斯河西部边界问题上的诉求。这最后一个协定没有向盟国透露，而苏联驻波兰军政权也收到国防委员会的指示，只能与波兰民族解放委员会合作，视“波兰流亡政府的代表”为“冒牌货”。[125] 但斯大林在信中却表示准备在各竞争集团之间进行调解。

罗斯福应丘吉尔请求，就波兰问题给斯大林写了一封短信，丘吉尔在7 225
月25日曾致信总统：“您对斯大林说的每一句话，如果能让他好好对待米科瓦伊奇克，让他明白成立波兰联合政府的重要性，将无比珍贵……我们深信，约瑟夫大叔能够倾听您的想法。”[126]

493. 罗斯福致斯大林的私人秘密信函

1944年7月27日发　　　　1944年7月28日收

您关于波兰问题的电报收悉，首相先生通知我说，米科瓦伊奇克已经启程，去莫斯科拜访您。

毋需赘言，我多么希望您能够与他一道解决所有问题，这对我们共同事业有极大益处。

494. 罗斯福致斯大林的私人秘密信函

1944年7月27日发　　　　1944年7月28日收

由于战争形势瞬息万变，我完全理解您难以参加首相和我之间的三人会晤，但是我希望，您不要忘记此事，一旦有可能将立即会晤。需要做出下一步战略决策的时刻日益临近，并且这样的会面也有助于我处理国内事务。

495. 斯大林致丘吉尔的私人秘密信函

1944年7月28日发

您7月25日、27日关于米科瓦伊奇克启程消息的来函收悉。米科瓦伊奇克先生及其同行到达莫斯科之后，会得到必要的协助。

您了解我们对波兰的想法，波兰是我们的邻居，与其发展关系对苏联非
226 常重要。我们欢迎由民主力量在波兰领土上组建民族委员会，我认为，这个委员会的成立会将亲英波兰人、亲苏波兰人、亲美波兰人全面联合起来，有力回击某些波兰旧势力的反抗，这些势力不愿意与民主力量为伍。

我很清楚波兰问题对于盟国共同事业的重要性，正因如此，我才准备帮助所有波兰人，并促成他们达成和解。苏联军队无论是过去还是现在都在尽一切努力，尽快让波兰摆脱德国侵略者的枷锁，帮助波兰人民恢复自由，促进祖国繁荣。

临近1944年7月末，持续了一个多月的红军进攻战役获得了重大战果。7月21日，北线已经推进到了苏芬边界的林格瓦拉（Ленгонвара）村附近。但是芬兰人还在顽强地抵抗。在由此往南的白俄罗斯，按照“巴格拉季昂”行动第二阶段的计划，正在进行全面的进攻战役。现在看来，7月25日解放卢布林市具有重要意义：波兰民族解放委员很快到达了那里。是确定新的行动目标的时候了。第1白俄罗斯方面军7月27日发布的战斗号令中写道；

“在控制布列斯特（Брест）和赛德莱茨（Седлец）地区之后，方面军右翼向华沙方向继续进攻，在8月5—8日之前夺取[华沙近郊]普拉加（Прага）地区。方面军右翼夺取位于普图斯克（Пултуск）、赛罗茨克（Сероцк）地区的纳雷夫河（Нарев）西岸桥头堡。方面军左翼夺取邓布林（Демблин）、兹沃伦（Зволень）、索莱茨（Солец）地区的维斯拉河（Висла）西岸桥头堡。”[127]

当天稍晚些时候，在给第3白俄罗斯方面军发布的战斗号令中，也下达了雄心勃勃的任务：攻占考纳斯（Каунас）（不迟于8月1— 2日），进入东普鲁士与拉塞尼艾（Расейняй）—苏瓦乌基（Сувалки）交界（8月10日之前），就地转入防御，为下一步直接进攻德国本土做准备。[128] 在下一封信中，丘吉尔祝贺斯大林率领的红军取得的辉煌战绩也在预料之中。

496. 丘吉尔致斯大林的私人机密信函 227

1944年7月29日发　　　　1944年7月30日收

1. 非常感谢您在来信首条提及的颁奖事宜，以及您对待下级人员的宽大胸襟。按您所说，具体事宜通过外交渠道办理。我们将对预受奖人员严格审核。

2. 以下所述完全不是我自己的事情。但是您一定要理解，哈利·霍普金斯飞到您那里的时候，已经很疲倦，当然，他到达伦敦的时候也是身心憔悴。在他们发出的货船上确实有相当数量的美国人。请您关注一下，他们的工作也一样出色。

3. 对您关于会晤一事所做的声明，我感到遗憾，但也完全理解。我想，您也一定将此事通知了总统。

4. 贵军战绩日益辉煌。

谨致以最良好的祝愿。

497. 斯大林致丘吉尔的私人秘密信函

1944年8月1日发

关于奖励护航运输队的优秀组织者和实施者一事，我们当然没有忘记美国人。谢谢您的友好建议。

关于我、阁下和总统无法进行会晤一事，我已经告知总统，并解释了原因。

感谢您的良好祝愿。

498. 斯大林致罗斯福的私人秘密信函

1944年8月2日发

您7月28日来函收悉。

我同意您对我们会晤的意义的看法，但是，鉴于我在前一封信中所阐述
228 的我方战场军事行动情况，不允许我在近期有这种会晤的打算，对此深表遗憾。

波兰事务首先应该由波兰人自己来决定，也取决于波兰流亡政府的某些人能否与执政的波兰民族解放委员会合作，与后者联合的民主力量越来越多。我自己准备在这方面给予所有波兰人力所能及的协助。

艾登提醒丘吉尔写信给斯大林，他告知首相，为英国专家提供签证的工作已经拖延，专家们准备从德黑兰前往登比察（布利兹纳）调研“V–2”导弹靶场，“很明显，斯大林元帅的指示没有传达给苏联签证部门”，艾登竟天真地这样以为，所以他建议立即提醒元帅本人。[129]

499. 丘吉尔致斯大林的私人秘密信函

1944年8月3日发　　1944年8月4日收

在7月22日的信中，您屈尊通知我，您已就登比察试验场一事下达了必要

的指示。

英国专家在德黑兰等待苏联入境签证多日，虽然我在7月28日已吩咐A.克拉克·克尔大使先生，让他请苏联政府通知驻德黑兰代表颁发签证。

您善意地通知我，这件事您将亲自督办。请问您，是否已下达了必要的指示，以使专家尽快出发？

500. 斯大林致丘吉尔的私人秘密信函

1944年8月4日发

您8月3日有关试验场一事的来函收悉。我已命令苏联驻德黑兰大使立即为英国专家颁发苏联入境签证。 229

7月底，第1白俄罗斯方面军的部队已经逼近维斯瓦河左岸，位于华沙南部15千米—18千米。地下军司令部决定亲自动手，目的是为了赶在苏军之前解放首都。早在7月25日，米科瓦伊奇克政府就批准实施“风暴”行动，但具体日期由地下军司令T.博尔–科莫罗夫斯基（Бор-Коморовский）自行定夺。虽然战争部长“伦敦人”索森科夫斯基和安德斯将军反对实施“风暴”行动，认为胜算太小，但博尔–科莫罗夫斯基还是下令8月1日开始行动。至少一部分英国高层人士知晓波兰人的打算，但并未将此事向苏联通报。于是，7月29日，从1944年4月起一直住在伦敦的地下军副参谋长S.塔塔尔（Татар С.）将军、特别行动局（该部门与地下军联系最为紧密）局长K. 卡宾斯（Габбинс К.）少将交流后，“华沙地下军主力解放首都”计划正式出炉。[130] 米科瓦伊奇克此前已经抵达莫斯科，他是在几天后得知这一决定的，尽管在7月31日与莫洛托夫会谈时，他还向人民委员预测形势可能的发展方向。

“米科瓦伊奇克……说，塔博尔（S.塔塔尔将军的绰号——作者注）可随时飞离伦敦，并随时报告波兰局势。波兰政府周密考虑了在华沙举行起义的计划，并希望苏联政府派轰炸机轰炸华沙周边的机场。

莫洛托夫指出，（苏军）到华沙只有十几千米的距离。”[131]

怀疑者们的担心在第一天就得到了证实：装备落后的起义军与具有明显优势的德军狭路相逢。地下军司令部和伦敦政府向盟国请求紧急援助。8月2日，驻莫斯科英军联络处向苏军总参谋部转述了皇家参谋部的两封电报内容，电报是华沙地下军司令部发出的：在第1封电报中，起义人员请求弹药和反 230

坦克武器支援，在第2封电报中，请求苏军指挥部“从外围助攻”。[132] 换言之，起义军开始想甩开红军，现在却来求援。

皇家空军和波兰飞行员一起制订了向华沙空投补给和弹药的计划，而盟军最近的机场远在意大利。丘吉尔将此事通报给斯大林，是为了能得到红军的帮助。

501. 丘吉尔致斯大林的紧急机密信函

1944年8月4日发　　　　1944年8月4日收

应波兰地下军紧急求助，我们向华沙西南区空投了近60吨补给和弹药，波兰起义军正在与德军进行残酷的斗争。他们请求附近的俄国人给予帮助。他们受到德军一个半师的攻击。这种局面可能有助于红军的行动。

类似8月4日的建议丘吉尔之前就提出过。在德黑兰会议上他就建议斯大林“帮助”英国潜艇进入黑海。当时斯大林没有立即拒绝，只是反问“还有问题吗？”语气中带有明显的不满。[133] 目前情况下，更不要奢望交流意见会产生效果（第502、504、509号文件）。

8月，丘吉尔以当前的战争形势为由，就波罗的海提出了新的建议。的确，德国人为了掩护9月4—21日从芬兰的撤退行动，在波罗的海东部集结了相当数量的海军：目前仅在芬兰湾就集结了19艘潜艇。由于陆地军事行动进展顺利，9月到来之前，波罗的海海上军事形势对苏联越来越有利，苏军潜艇部队恢复了进攻行动。[134]

231 ## 502. 丘吉尔致斯大林的私人机密信函

1944年8月4日发　　　　1944年8月4日收

1. 首席海军大臣刚刚答复我的咨询。如果注意到被分割在芬兰湾和波罗的海的德军数量，我觉得，您可能会希望我方部分潜艇帮助贵军消灭波罗的海的敌船，封锁希特勒分子。

2. 如果您觉得此方案有益，请告知，我们将立即采取行动。如果相反，您认为此举无益，或者不便，或者太迟，亦请告知。

3. 海军大臣的回复摘录开始：

"如果俄国人能够打通白海—波罗的海运河，则有可能向波罗的海某港口派遣6艘潜艇。据掌握的情报，俄国人在9月之前无法打通运河，因为在6月，德国人在撤退之前，严重损毁了水闸。运河适航期在10月结束，船舶通过运河一般要14天时间。潜艇大概可以在波罗的海作业到12月，如果结冰不妨碍作业的话。

我们临时向俄国人移交1艘S级潜艇和3艘U级潜艇，他们可以自己换泊至波罗的海。

任何通过运河的潜艇，都应减重通过，另外备件和备用拖曳机械需要单独运送。"

摘录结束。

斯大林已经得知华沙令人失望的悲惨消息。据文件记载，已经突入到布拉加地区的第2坦克集群早在华沙起义之前、于莫斯科时间8月1日4时10分接到指挥部命令暂停进攻。[135] 7天之后，朱可夫和第1白俄罗斯方面军司令K.K.罗科索夫斯基（Рокоссовский К.К.）向斯大林报告，罗列了开始华沙战役的所有条件，并详细指出："考虑到战役准备时间，华沙战役需投入所有集团军兵力，在1944年8月25日实施，战役目的是占领切哈努夫（Цеханув）、 232
普隆斯克（Плоньск）、沃斯霍诺德（Вышогруд）、索哈切夫（Сохачев）、斯凯尔涅维采（Скерневице）、托马舒夫（Томашув），并直取华沙。"[136] 同时，据研究者分析，"斯大林对报告做何反应至今不为人知。只有一点很清楚，就是之后未下达相关命令，华沙战役最终未能实施"。[137]

关于这种结果的政治和军事动机，当时在西方国家首都引起了猜疑，历史学家的辩论至今仍未停息。例如，美国研究红军历史的资深历史学家D.格兰茨（Гланти Д.）认为，军事上的考量起了决定性的作用，因为德军的抵抗使苏军至少在9月中旬之前无法向前推进，而且在此之后，进攻华沙计划也需要"推倒重来"，贸然行动可能会遭受重大损失，而不会"成就任何战略优势"。[138] 甚至起义领袖后来也承认："有关苏联军队故意停留在华沙郊区、不想夺取城市的批评经不起推敲。8月4—5日，在沃洛明（Воломин）地区，苏军与紧急增援的德军坦克师会战失利后（С.И.博格丹诺夫上将指挥的第2坦克方面军蒙受重大损失——作者注），他们被迫暂停对华沙的进攻。"[139]

1944年10月，丘吉尔在克里姆林宫谈判期间，完全同意斯大林的说法，推迟攻占华沙是因为遇到了严重的军事障碍，并不是苏方不够努力。首相说，西方的批评，主要是针对“苏联政府不愿意派飞机到那里”。[140] 无论如何，斯大林在给丘吉尔的回信中对首相的说法都表示怀疑，很明显，他故意低估波兰地下军的作用。修改莫洛托夫草稿的做法给这种判断又平添了贬低的色彩。

503. 斯大林致丘吉尔的私人秘密信函

1944年8月5日发

您关于华沙问题的来函收悉。

我认为，波兰人通报给您的消息明显夸张，不能博得信任。我得出这样
233 的结论是有根据的，波兰流亡政府吹嘘克拉约瓦某部队几乎攻克维尔诺，甚至对此进行了广播宣传。当然，这与事实毫无相符之处。***波兰人的克拉约瓦军由若干个队伍组成，称为师是错误的。他们没有炮兵、没有航空兵、没有坦克。我无法想像这样的队伍如何夺取华沙，德军共有4个坦克师守卫华沙，还包括“赫尔曼·戈林”师。***

504. 斯大林致丘吉尔的私人秘密信函

1944年8月5日发

就派遣6艘英国潜艇到波罗的海一事我想做如下说明。白海—波罗的海运河被德国人严重损毁，今年已经无法通航。如果英国潜艇能够穿越斯卡格拉克–卡特加特海峡（Скагеррак-Каттегат）到达波罗的海，就像过去的第一次大战时那样，则是绝好的方法，它将是对德国人的又一沉重打击。

8月3日，斯大林在莫洛托夫陪同下会见了米科瓦伊奇克及其同僚。克里姆林宫的两驾马车努力说服波兰人和民族解放委员会达成和解，并组建新政府，换言之，如果不这样，苏联只有和“卢布林人”合作。此时出现了一个有关边界的问题：米科瓦伊奇克认为失去利沃夫和维尔诺“将是波兰人的耻辱”，并呼吁斯大林“做出高姿态”，以获得“波兰人民的感恩”，还可以“赢得盟友”。[141] 但是斯大林不为所动。尽管如此，波兰人同意和波兰民族解放委员会代表见面，于是民解委代表紧急抵达莫斯科。与贝鲁特和奥苏布卡–莫

拉夫斯基的艰苦谈判于8月6—8日举行，他们建议“伦敦人”在波兰民族解放委员会的基础上成立新政府，可拥有18个部长席位中的4个，包括米科瓦伊奇克的总理职务。流亡政府代表借口要与伦敦同僚商量，拒绝了这个不平等的交易。在斯大林最后接见米科瓦伊奇克及其同僚时，对谈判做了总结。在会谈中，“最高统帅”呼吁加强斯拉夫人民的团结，在未来和德国复仇主义继续斗争，他这样比喻说：“共产主义对于德国来说，就如同给奶牛装马鞍。”[142] 他还允诺为华沙起义提供武器弹药。这次谈话，正如米科瓦伊奇克对克尔所说，一扫之前莫斯科会晤的沉重印象，克尔大使这样形容：“很显然，这次谈话给波兰人心里植入的快乐取代了哀叹。”[143] 234

下一封信是写给丘吉尔的，在8月5日波（兰人）—波（兰人）磋商之后，由莫洛托夫起草。

505. 斯大林致丘吉尔的私人秘密信函

1944年8月8日发

在此向您通报和米科瓦伊奇克、格拉布斯基、罗默会晤的情况。通过与米科瓦伊奇克会谈，我相信，他知道波兰方面令人不快的消息。同时，我还有一种印象，米科瓦伊奇克不反对寻求让波兰人联合起来的办法。

我不认为可以把某种决定强加给波兰人，我建议米科瓦伊奇克和他的同事与波兰民族解放委员会的代表会谈，自行讨论他们之间的问题，首要问题是尽快联合已解放领土上的所有波兰民主力量。这个会谈最终还是举行了。双方向我通报了会谈情况。民族委员会代表建议以1921年波兰宪法为行动依据，如果达成和解，则为米科瓦伊奇克方面留出4个政府部长席位，包括米科瓦伊奇克出任总理一职。但是米科瓦伊奇克没有同意。很遗憾，这次会谈还是未达到期望的效果，但它仍具有积极意义，因为无论是米科瓦伊奇克，还是从华沙赶来的莫拉夫斯基和贝鲁特，能够有机会面对面阐述自己的观点，这一点很重要：波兰民族委员会和米科瓦伊奇克都表达了共同合作的愿望，并同意在实践中进行探索。可以认为，这是波兰委员会和米科瓦伊奇克同事们之间相互协作的第一步。我们希望以后会更好。

在波兰新政府的筹备时期，莫斯科仍希望O.兰格入阁，他是最有威望的美籍亲苏波兰人。在克里姆林宫授意下，8月8日波兰民族解放委员会写信 235

给罗斯福总统，礼貌地请求罗斯福在兰格返回波兰的问题上给予协助，如果需要可注销其美国国籍，使其能够执掌委员会外交事务组，“未来波兰政府外交部将由此产生”。[144] 虽然对波兰新政府威信不抱太大希望，斯大林还是决定支持此请求，亲自给罗斯福写信，信中复制了8月8日给丘吉尔的回信内容。

506. 斯大林致罗斯福的私人秘密信函

1944年8月9日发

在此向您通报和米科瓦伊奇克、格拉布斯基、罗默会晤的情况。通过与米科瓦伊奇克会谈，我相信，他知道波兰方面令人不快的消息。同时，我还有一种印象，米科瓦伊奇克不反对寻求让波兰人联合起来的办法。

我不认为可以把某种决定强加给波兰人，我建议米科瓦伊奇克和他的同事，与波兰民族解放委员会的代表会谈，自行讨论他们之间的问题，首要问题是尽快联合已解放领土上的所有波兰民主力量。这个会谈最终还是举行了。双方向我通报了会谈情况。民族委员会代表建议以1921年波兰宪法为行动依据，如果达成和解，则为米科瓦伊奇克方面留出4个政府部长席位，包括米科瓦伊奇克出任总理一职。但是米科瓦伊奇克没有同意。很遗憾，这次会谈还是未达到期望的效果，但它仍具有积极意义，因为无论是米科瓦伊奇克，还是从华沙赶来的莫拉夫斯基和贝鲁特，能够有机会面对面阐述自己的观点很重要：波兰民族委员会和米科瓦伊奇克都表达了共同合作的愿望，并
236 同意在实践中进行探索。可以认为，这是波兰委员会和米科瓦伊奇克同事们之间相互协作的第一步。我们希望以后会更好。

据我所知，卢布林的波兰民族解放委员会决定邀请兰格教授加入政府，担任外交事务领导一职。如果著名的波兰民主活动家兰格有机会回到波兰担此重任，这无疑将有利于波兰人的团结，并符合我们与共同敌人斗争的利益。我希望，您能够同意我的意见，不吝己力在此事上给予支持，将对盟国事业大有裨益。

伦敦和华盛顿都对这次莫斯科波兰问题磋商结果感到满意，克尔和哈里曼做了详细的汇报，他们二位与两个波兰团体同时保持联系。哈里曼称，为了建立联合政府，“苏联政府真诚地努力调解”波兰问题，并希望伦敦和华盛

顿对米科瓦伊奇克施压。[145] 罗斯福给丘吉尔写信称，他对“苏波会谈的好消息”感到满意。[146] 首相对莫斯科的消息寄予厚望，特别是8月9日斯大林对米科瓦伊奇克的承诺，尽一切努力为华沙起义军空投武器弹药。给罗斯福转发8月9日斯大林的信函时，他写道：“他们的态度比以往更灵活，而我们应该继续努力。”[147]

关于丘吉尔所说很快与铁托见面一事，具有一定的背景原因。1944年春，德国人根据有效的侦察情报，得知铁托司令部在德瓦尔村（波斯尼亚）的精确位置。1944年5月末至6月初，德军采取了行动，空袭、伞兵、陆地进攻都没有达到目的，铁托在6月3日夜间乘苏联飞机脱险，飞行员正是苏联传奇飞行员 A.C.硕尔尼科夫（Шорников A.C.）。铁托在巴里逗留后，乘英国军舰前往亚得里亚海的维斯岛，一直逗留至1944年9月。

很明显，英国人决定利用铁托在这段时间的失意状态。正如铁托的战友、南斯拉夫人民解放军最高司令部成员 M.吉拉斯（Джилас M.）在莫斯科提醒铁托的那样，“鉴于您那里发生的情况，以及您所处的位置”，您正面临着“严峻的危险”。[148] 英国人撮合铁托和流亡政府首脑 И.苏比锡签订妥协协议（6月 237
16日的《维斯协议》），甚至安排铁托和彼得二世在卡塞塔会面，理由是南斯拉夫人民解放军统帅拜访威尔逊将军的司令部。铁托在6月17日给丘吉尔的信中明确表示不能接受。最后英国首相被迫重新考虑形势，并启程与铁托单独会面。

507. 丘吉尔致斯大林的私人机密信函

1944年8月10日发　　　　1944年8月11日收

1. 我有义务回复您8月8日关于波兰人的电文。我非常高兴，您能够使双方彼此接近。毋庸置疑，朝着我们共同的目标迈出了一大步。我同您一样地期待以后会更好。

2. 波兰飞行员昨夜再次尝试向华沙空投一定数量的弹药。已经有消息说已空投完毕。我很高兴听说您也投送了武器。阁下的尽力所为，会受到英国朋友和盟国的至高评价。

3. 我可以通报给您关于西线会战的好消息。敌军利用5个坦克装甲师抢夺瑟堡和布列塔尼半岛之间的阿夫朗什狭地（Авранш），这对我们很有利。美国人防守很坚固。由于我们密集的轰炸和战斗，敌人的坦克装甲兵力仅在一地损失就超过1/3。我们并不是特别希望敌人很快撤退，因为美国人的兵力优势大大超过左翼的敌军，我们打算穿过阿朗松（Алансон）和阿让唐，与那里的英国人、加拿大人、波兰人会合，他们正在从卡昂向法莱兹方向进攻。蒙哥马利将军希望我们能够包围德军主力，哪怕这个包围战只能取得部分战果，大部敌军如往常一样突围，我们正好有机会把他们驱赶至塞纳河畔，河
238 上的桥梁被我空军损毁，并将继续摧毁。如此一来，期待取得初步胜利并非夸口。在法国共有100万美军、70多万英军、加拿大军和其他盟军。荷兰和比利时旅所属部队已经登陆。我相信，您会祝我们成功。

4. 今晚我启程去地中海地区一段时间，在这段时间里，我将和铁托会面。我会将会晤结果通报给您。

衷心祝愿您取得更大成功。

波兰华沙的队伍尽管表现得坚定和顽强，但形势越来越令人失望。8月9日，德第9国防军司令部向“中央”集群司令部报告：“华沙城内的抵抗不断增强。最初的自发起义军现在受正规的军事指挥。我们目前拥有的兵力不足以镇压起义。”[149] 然而，德国人还是在城内投入了大量的兵力，有条不紊地消灭城市和居民。波兰人呼吁盟国给予帮助。美国和英国的媒体形容华沙是被盟国抛弃了的城市；两国议会也批评政府不作为。英国空军向华沙空投物资时蒙受了巨大损失，而且大部分物资都落入敌手。况且，多数飞行员都是波兰志愿军，燃料也不能保证飞回意大利的基地，因此他们经常不得不随时迫降或跳伞。苏军机场距离目的地近很多，丘吉尔请求斯大林，希望其允许利用这一优势。在此之前，英军联络处曾多次向苏方转达起义军的请求。据丘吉尔回忆，波兰政府“转自华沙的悲伤报文”*中特别提到：“首都军民绝望地望着天空，等待盟国的救援，但是他们看到烟雾后面只有德军的飞机。他们震惊、压抑并开始愤怒……我们没有你们的任何消息，没有关于政治形势
239 的消息，没有任何建议和指示。你们是否在莫斯科讨论了帮助我们的问题？再说一遍，如果没有空投武器和弹药的支持，不轰炸敌军的阵地，我们的起义1—2个星期就将彻底失败。”[150] 8月13日，克尔将这封电报转交给了莫洛托夫，但在斯大林的档案里并没有留存，这是摘自丘吉尔的档案资料。[151]

* 英文原文—distressing，准确翻译应为“令人苦恼的”——作者注

508. 丘吉尔致斯大林的私人机密信函

1944年8月12日发　　　　　　　　　　　　　　　　1944年8月13日收

我读了波兰人从华沙发来的悲伤报文，他们已经和强大的德军斗争了10天，德军将城市分割成3块。他们请求您提供机关枪和弹药。您是否能为他们提供一些帮助？因为到意大利的距离实在太远了。

在发出这封信两天之后，丘吉尔从意大利的亚历山大参谋部发电报给艾登称：

"事情让人觉得蹊跷，正当华沙地下军起义之际，俄国军队停止了对华沙的进攻，并撤离了部队。另外，他们只需飞行100英里，就可以送到必要数量的弹药和机关枪，波兰人非常需要它们来英勇作战……过去的一周，28驾飞机从意大利奔袭700英里赶往华沙，其中3架被击落。在这种极端条件下，这已经是第4次飞行。波兰爱国者在华沙听天由命的消息对俄国人也不是好消息，这本是他们力所能及可以避免的。我认为，您和莫洛托夫联系，比我和斯大林联系更好，因为这样的联系通道个人成分较少。"[152]

总而言之，英国航空兵向华沙空投援助物资蒙受的损失是巨大的。据权威分析，参加执行任务的飞机306架，损失了41架（13.3%），明显高于进攻德国本土时的平均战损率。[153]

509. 丘吉尔致斯大林的私人机密信函 240

1944年8月12日发　　　　　　　　　　　　　　　　1944年8月13日收

我考虑了让我方潜艇穿越斯卡格拉克–卡特加特海峡抵达波罗的海的问题，但有人说那里水雷密布，有我们自己布的，也有敌人布的，还有防潜网，这个建议不可行。

对于运河遭到破坏，我感到很遗憾。我们很想帮助您。

克里姆林宫请求美国协助奥斯卡尔·兰格回到波兰参政新政府一事，罗斯福起初的反应是积极的。8月11日他写信给国务卿称："依我看，我们不会反对兰格教授回国，因为他以私人身份回国，而且，我们还放行过一次。”但是，警惕性较高的国务院外交官们及时阻止了总统。斯特蒂纽斯当天回复罗斯福：“现在这张牌的分量要重得多，我不能想象，我们的政府帮助美国公民，即使他放弃美国国籍，在我们正式承认的政府的对手那里任职。……邀请兰格教授回国任职，这明显是战术花招，目的是支持波兰委员会的主张，目的就是要承认它是合法政府，这样的话，在波兰全国解放和组建新政府之前，他们就不会遇到对外政策方面的问题。”斯特蒂纽斯把给斯大林的回信初稿也附在了自己的报告中，罗斯福同意了这个初稿，只是稍微做了些改动，缓和了一下语气（斜体字部分）。[154]

510. 罗斯福致斯大林的私人秘密信函

1944年8月12日发　　　　　　　　　　　　　　　1944年8月12日收

241 您8月9日的电文收悉，非常感激您告知关于米科瓦伊奇克总理与您及波兰委员会在莫斯科的谈判内容。

您也知道，我非常希望这次谈判可以通过令各方满意的决议。这个决议应有助于组建合法的临时政府，真正代表波兰的政府。

您也理解，我相信***美国政府目前无法为兰格提供官方帮助***。他个人当然可依法做自己认为正确的事，包括放弃美国国籍。我希望您可以理解，在目前形势下，特别是米科瓦伊奇克总理和波兰委员会之间的谈判仍未完全结束，我们仍继续正式承认米科瓦伊奇克的政府，美国政府不希望介入波兰委员会请求之事——让兰格教授进入政府任外交政要，也不想就此发表任何意见。

1944年夏，莫斯科对铁托的态度非常谨慎。铁托要求与斯大林见面的请求也未给回音，为南斯拉夫人民解放军提供武器和其他物资的工作正常进行。驻莫斯科大使S.西米奇（Симич С.）抱怨说，波兰民族解放委员会不必承认波兰流亡政府，而也要逼着铁托也这样做。7月中旬，莫洛托夫在和苏比锡的通信里还考虑过在莫斯科单独会面的问题，到了月末，苏联方面以南斯拉夫总理没有履行维斯协议为由，拒绝了会晤。总而言之，在与丘吉尔会面之前，铁托的处境很微妙。7月5日，铁托在给斯大林的信中写道：“我知道您也清楚，我的处境非常困难，因为各方都试图干涉我们的内部事务，而我们不得不左顾右盼，以免和盟友关系激化，同时还要保持政治和军事的自主性。”[155] 在给丘吉尔的回信中，苏联领袖明确告诉对方，他在密切关注英国和南斯拉夫的单独接触。

511. 斯大林致丘吉尔的私人秘密信函 242

1944年8月14日发

我饶有兴致地拜读了您关于法国北部前线的战况通报，以及包围和消灭德军主力的计划。祝您这一计划取得圆满成功。

感谢您对我们取得战绩的祝贺，也感谢您通报和铁托元帅会面的消息。

8月12—13日，丘吉尔与铁托的会晤在那不勒斯举行。威尔逊和苏比锡出席了会谈，首相力促铁托和国王达成协议，同时又声明希望人民解放运动与塞尔维亚“和解”。塞尔维亚和游击队之间的矛盾在伦敦广为人知。这种矛盾是切特尼克（Четники，塞尔维亚游击队——译者注）运动对时局态度的真实反映。正如米哈伊洛维奇的政治顾问Ж.托帕洛维奇（Топалович Ж.）所说的那样：“所有塞族人都希望国王回国，并在南斯拉夫重掌政权，特别是在塞尔维亚。”[156] 在会谈过程中，丘吉尔对试图在南斯拉夫建立共产党政权以及成立巴尔干联邦的计划持否定态度。对于南斯拉夫活动家们类似的不慎言论，铁托早在4月中旬就明确表达了自己的立场：“虽然所有民族都有这样的期待，但是目前不适合过分张扬，因为某些盟国非常害怕，会认为这是迫于苏联的压力。”[157]

与此同时，伦敦对铁托为己所用的希望并未破灭。早在6月初，艾登就告诫内阁大臣们，伦敦的巴尔干政策要利用那些“因为惧怕俄国专制而希望英国提供保护的因素。事实上有可能也包括铁托将军本人”。[158]

8月17日和8月18日，铁托和苏比锡在维斯岛再次谈判后，南斯拉夫人民解放军和南斯拉夫政府分别发表声明，批准《维斯协定》。

512. 丘吉尔致斯大林的私人机密信函 243

1944年8月14日发 1944年8月15日收

1. 最近两天，我和铁托元帅及南斯拉夫总理进行了会谈。我对两位南斯拉夫领导人说，我的愿望只有一个，就是他们将自己的力量联合起来，把南斯拉夫人民团结成统一的整体与德国人进行斗争。我们的目的是帮助建立稳定和独立的南斯拉夫，而建立南斯拉夫联合政府则是朝着这一方向迈出的重要一步。

2. 两位领导人在一系列实际问题上达成了令人满意的一致。他们一致同意所有南斯拉夫海军将团结在统一的旗帜下进行斗争。总理和铁托元帅的协定使我们更加有信心扩大为南斯拉夫武装力量提供军事物资援助。

3. 他们商定，过几天同时发布声明，我希望，该声明能够减少内讧，加强南斯拉夫的军事影响力。今天，他们出发去维斯岛继续谈判。

4. 我同时也将会见结果告知罗斯福总统。

当英国空军已不能胜任为波兰起义提供帮助的任务时，罗斯福批准了美国空军司令部为华沙提供物资援助的计划，由歼击机护航，重型轰炸机轰炸德军阵地。他们应从法国起飞，行动完成后降落到苏联波尔塔瓦机场群，机场群是美国空军穿梭轰炸的基地。8月14日，使用机场的申请通过美国驻莫斯科军事联络处由哈里曼提交给莫洛托夫。第二天，维辛斯基以人民委员的名义对哈里曼和克尔声称，华沙起义是冒险行为，苏联政府不希望与其有任何瓜葛。[159] 这个立场是基于8月13日塔斯社发表的一篇反驳文章，文中驳斥
244 了波兰媒体关于苏联出卖了华沙起义的指责，文章申明，苏联对发生在波兰华沙的一切不负任何责任。在向总统汇报与维辛斯基会谈结果的电报中，十分震惊的哈里曼写道："在我驻莫斯科期间，第一次对苏联政府的态度感到如此吃惊……如果维辛斯基准确转达了其政府的立场，则这种拒绝则出于强硬的政治动机……"[160] 哈里曼呼吁罗斯福严正警告斯大林，但是总统持观望态度，按照赫尔的建议，总统指示哈里曼仅限于外交渠道由英美施压。赫尔给总统写道："鉴于一系列原因，我们和英国都不应该对波兰地下军坐视不管，他们在和纳粹占领者进行积极的斗争，只是因为斗争不符合苏联政府的政治目的。"[161] 8月15日克尔向莫洛托夫转达了艾登的电报内容，希望苏联能同意美国方面的建议。人民委员在克尔的信上这样批示："按照维辛斯基答复哈里曼的方式答复他们。"[162]

斯大林给丘吉尔的下一封信中，对于华沙起义的性质与此前维辛斯基的说法如出一辙。对华沙起义的无情评价可能和贝鲁特传回的情报有关，情报指出起义有反苏倾向。[163] 同一天，斯大林签名的同样的信件发给了米科瓦伊奇克，他曾为起义军求援。

对于丘吉尔和铁托会谈的消息，斯大林反应冷漠：问题很复杂，在大规模军事行动期间提这样的问题不合时宜。英军有可能登陆巴尔干半岛，英国影响力增强的前景令南斯拉夫人自己也高兴不起来。

斯大林对8月15日开始的“龙骑兵行动”做出了积极反应。虽然德国情报侦察部门的工作比“霸王”行动时更加出色（非常精确地确定了登陆地点），而且兵力悬殊不大——参加行动的英美军队25万人对21万德国人，但柏林考虑到苏德战场和法国北部战场面临的问题，遂决定后撤。从8月18日起，德国军队开始向北方转移，只留下部分兵力保卫重要港口。[164]

513. 斯大林致丘吉尔的私人秘密信函 245

1944年8月16日发

1. 和米科瓦伊奇克会谈后，我已命令红军指挥部增加向华沙的武器空投。同时也空降了伞兵联络员，据总指挥部证实，没有达到目的，因为他被德军杀害。之后，我仔细了解了华沙一事，我确信，华沙行动是轻率的、可怕的冒险行为，使居民承受了重大牺牲。如果事先告知苏军指挥部，使其与波兰人保持联络，就不会发生这样的事。

根据业已形成的局势，苏军指挥部决定与华沙冒险行为划清界限，因为既不能为华沙事件负直接责任，也不能负间接责任。

2. 收到了您和铁托元帅、苏比锡总理会谈的消息，谢谢通报。

3. 非常高兴盟军成功登陆法国南部。

衷心希望成功。

莫斯科现在不仅拒绝帮助华沙，而且不允许盟军为此利用苏联领土和基地。8月16日莫洛托夫直截了当地回复克尔说：“……苏联政府无条件反对美国或英国飞机向华沙空投武器后在苏联境内降落，因为苏联政府不想直接或间接地把自己和华沙的冒险行为联系起来。”[165] 苏联甚至不允许英国飞机在其境内迫降。8月17日，副总参谋长安东诺夫大将向莫洛托夫汇报，根据英军联络处E.阿切尔（Арчер Э.）海军少将的消息，“英国空军蒙受了重大损失，他们接到指示，在不可能返回基地的情况下，向东飞行并在苏联境内跳伞。不得驾机降落”。[166] 8月18日，艾登发电报给丘吉尔指出，斯大林的答复“显露出俄国人警觉的心态。斯大林无端违背对米科瓦伊奇克的承诺，好像他们 246

完全不在意自己对波兰、英国、美国的舆论影响”。[167] 丘吉尔在回复中表示，不想再给皇家空军司令部施加太多压力，因为“损失率达到30%，飞行过700英里的人都明白，俄国人空投物资只需要飞行100英里。如果起义遭到血腥镇压，将在世界上造成深远影响……认真地和古谢夫谈谈，然后通过克尔打电报给莫洛托夫”。[168] 克尔和哈里曼同时收到了行动指示，紧急向莫洛托夫提出联合抗议，艾登电报中列举的所有论据在8月16日的内阁会议上都仔细讨论过。[169]

1944年8月初，在莫斯科开始了苏美远东问题磋商，会议由迪恩将军和总参代表主持。苏方态度一贯地谨慎，不希望提前挑衅日本。美国人则希望做好采取联合行动对付日本的准备，并借助总统的力量推进此次磋商。8月14日，身在华盛顿的迪恩向参联会提交了备忘录，他借鉴哈里曼的方法，建议以总统名义写信给斯大林，目的是“加快我们的谈判进程”。[170] 罗斯福总统未做大的改动，批准了迪恩建议的方案。总统那些天正在夏威夷开会，与麦克阿瑟将军和尼米兹海军上将讨论太平洋军事行动问题。

514. 罗斯福致斯大林的私人秘密信函

1944年8月19日发　　　　1944年8月20日收

我刚刚和太平洋战区的指挥官们会面。虽然我对事件的进展非常满意，
但仍强烈地感到任务重大。哈里曼已告知我，您已经同意尽快为将来两国武
247 装力量联合行动做好准备工作。迪恩将军向我讲述了涉及苏美合作的建议，
这些建议他已经转交给红军总参谋部。我希望，您可以委托参谋部与莫斯科
的美军联络处合作，尽快着手制订计划。美国参联会已经授权军事联络处全
权制订计划，在您准备行动之前，计划应准备完毕。我认为，我们现在的所
作所为有助于太平洋战争尽快结束。

8月17日，莫洛托夫召见盟国大使。他重申了苏联的强硬立场：“苏联政府认为，华沙的行为是冒险行为”，并且“不希望对其负责，也不希望对支援华沙的飞机负责。”为了使其改变决定，哈里曼和克尔徒劳地施展自己的口才，引经论典：斯大林的允诺、信任莫斯科的米科瓦伊奇克会变卦、盟军飞行员的“无谓牺牲”，最后还有自己国家舆论的负面反应。莫洛托夫不仅平静地驳回了与会者的所有理由，而且声称，由于利用率不高，苏联政府打算

收回参与穿梭轰炸的机场，交还苏军部队。[171] 把波兰问题和穿梭轰炸联系起来这种突如其来的做法，对美国政府无疑是巨大的威胁。哈里曼固执地建议总统和国务院立即给斯大林写封“口气强硬的信”，他强调说，“我们不能同意苏联的立场，苏联人指头都不动一下，默许波兰人在华沙遭屠杀，而且还不允许我们帮助他们。”[172] 但是华盛顿并没有在意哈里曼的不安。美国空军司令部对华沙空中支援的效果持怀疑态度，他们更担心穿梭轰炸的命运，国务院指示美国大使，“穿梭轰炸不能因为（华沙）问题而中断”。[173] 因此，赫尔引用总统的批示答复哈里曼：继续与苏联方面口头交涉，罗斯福给斯大林亲 248
笔信一事暂时搁置。[174] 但是，出于国内政治考虑，在选举年总统不可能忽视舆论的作用，特别是人数众多的波兰社团。因此，他同意了丘吉尔8月18日提出的建议，联名给斯大林发电报，请求他重新审视拒绝帮助美国空军的决定。海军上将莱希起草的电文没有太强的表达力，但即使再有说服力也未必能争取到更多。丘吉尔同意了美方的方案（“我们想到了一块儿。”他发电报给罗斯福说），[175] 这封信从伦敦发给了克尔，以方便双方共同递交给克里姆林宫。大使们建议要突出时间因素，经两位发信人同意，在信的结尾处做了稍微的改动。

515. 罗斯福和丘吉尔致斯大林的机密加急信函

1944年8月20日发　　　　1944年8月20日收

我们在思考一个问题，如果事实上抛弃华沙的反法西斯人士，世界舆论将做何反应？我们认为，为了尽可能多地挽救那里的爱国者，我们三人应尽己之力。我们希望，您能给波兰华沙爱国者空投急需的补给和武器。另外，您是否同意帮助我们的飞机以更快的速度完成此项任务？我们希望能得到您的许可。***时间具有极其重要的意义***。

罗斯福

丘吉尔

丘吉尔和罗斯福请求帮助华沙的联名信未对斯大林起到任何作用。斯大林只是按照军人的方式为自己辩解。凑巧的是，英军司令部也找到了更有说服力的证据。8月28日，驻扎在地中海的皇家空军指挥官、负责空中支援起义军的J.斯莱瑟（Слессор Дж.）元帅这样描述华沙的状况：“不必怀疑俄国人 249

曾战场失利，所有情况表明，为了兵临华沙，他们已经尽力。”[176] 斯大林修改莫洛托夫的文稿再一次证明对波兰局势的密切关注，措辞不友好，尤其是针对“反苏”的波兰人。

516. 斯大林致丘吉尔和罗斯福的私人秘密信函

1944年8月22日发

您和罗斯福先生有关华沙问题的联名信收悉。我想谈谈自己的看法。

一小撮犯罪分子为夺取政权而煽动华沙冒险行动，他们的面目迟早会大昭于天下。这些人利用了华沙人的信任，把手无寸铁的人们置于德军火炮、坦克和飞机的炮火下。现在的形势是：每一个新的一天不是让波兰人用来解放华沙，而是让希特勒分子用来惨无人道地屠杀华沙居民。

从军事角度来看，目前的形势使德国人更多地把注意力集中到了华沙，这种局面对红军和波兰人都有利。同时，苏联军队最近遭到了德军的多次反攻，苏军会尽一切努力击溃希特勒分子的反攻，从华沙城下转入大规模进攻。毋庸置疑，红军会不惜一切努力，在华沙城下粉碎德国人，并帮助波兰人解放华沙。这是对波兰反法西斯人士最好也是最实际的帮助。

克尔对哈里曼说：“这就是约瑟夫大叔对联名信的回复，我承认，它使我们最后的希望破灭，我们没有机会改变他那可恶的思维方式。”[177] 收到此信后，愤怒的丘吉尔建议罗斯福孤注一掷：最后一次请求斯大林允许飞机在苏联领土上降落，如果再次遭到拒绝，则先斩后奏——就近降落在乌克兰机场群，看看“会有什么结果”。罗斯福回答说：“鉴于战争有可能持续较长时期，
250 我还是不参与您给约瑟夫大叔写信之事。”[178] 总统认为，对8月22日斯大林的回信最好置之不理。“我认为，这不需要回复。”他给莱希批示道。[179] 英国内阁的意见也是如此。在8月28日会议上听取了斯大林的回复之后，大臣们认为：“从这封报文中可以看出，继续给斯大林主席写信未必会有什么结果。”[180] 持亲苏立场的比弗布鲁克8月26日写信给艾登说：

“我们与俄罗斯的现有关系让我感到不安……

1）波兰人的表现一直不能令人满意。在慕尼黑会议期间，他们占领了特申（Тешен），这有目共睹。

2）只有在出版物上才能看到波兰人对战争的贡献越来越大。

3）波兰报纸是事情复杂化的根源。他们用最极端的形式表现出排俄倾向。他们的政治路线是苏波关系恶化的主要原因之一。

4）我们对未来的希望，包括和美国的关系方面，取决于和俄国的亲密友好程度。

5）俄国人有太多的理由怀疑我们。我们太急于做出决定……

事实上，波兰的地下军未能阻挡住德国装甲师开往华沙前线，这样一来，我们在冲突中给波兰人的援助就好比德国占领了都柏林，而爱尔兰解放军的起义只会打乱我们夺取城市的计划，势必会成为我们和莫斯科的主要分歧。

诚然，华沙的悲剧也因为俄国人在华沙城下突遇严重失利，德国装甲坦克师正是波兰人放行的……无论悲剧的原因如何，我们和俄国的友谊远远比未来的英波关系重要。”[181]

美国的援助在哪里？——8月30日米科瓦伊奇克在例行会议上向艾登问道。艾登建议直接去问华盛顿，但“纯粹出于信任”才告诉他说：“美国的答复不会令人欣慰，罗斯福先生不认为对苏联施压会产生效果。”[182] 9月9日，当 251
起义军主力都已经溃散时，莫斯科同意盟军飞机在乌克兰机场群降落，波兰首都仍有激烈的战斗。在此之前，英国内阁得出结论，英国空军继续空援华沙的做法“从军事观点来看是不正确的”。[183]但此时莫斯科的看法却截然相反。

根据第1白俄罗斯方面军司令罗克索夫斯基元帅回忆，“从9月13日起，开始为起义军空中补给武器、弹药、食品和药品。执行任务的是夜间轰炸机Po–2。他们从低空投放到起义军指定的地点”。[184]虽然在英军内部很怀疑这种空投战术，[185]但实际上苏联给予的关键物资援助远远超过英国：156挺机关枪（英军13），37000枚手榴弹（英军14000），131吨食品（英军45），等等。[186]并且，英军高空投放的大部分空援都落入了德国人之手。第1白俄罗斯方面军指挥部在给斯大林的报告中称：“英美空军的物资不是在帮助起义军，而是在帮助德国人。”[187]

斯大林借口还有其他更重要的任务，泛泛地回复了罗斯福提出的远东问题，但并没有反对军事代表们开始谈判。

517.斯大林致罗斯福的私人秘密信函

1944年8月22日发

您有关太平洋地区形势的来函收悉。

我非常清楚，您很重视这些问题。我们同样认为贵军的战绩具有重大意义。我深信，您能够理解，我们为了保证欧洲战场取得战果，兵力无暇东顾。我们期望，距离我们完成首要任务、尔后着手解决其他问题的日子为期
252 不远。祝愿迪恩将军与我方参谋部合作顺利。

根据苏英达成的军用舰船租用协议，海军副人民委员Г.И.列夫钦科（Левченко Г.И.）中将率领庞大的苏联舰员队伍早在5月初就已抵达英国接舰，之前曾答应租借的是意大利舰船。第一批次的1艘战列舰和4艘潜艇已于5月30日在苏格兰罗塞斯港（Росайт）移交。出席仪式的古谢夫大使事无巨细地向莫斯科做了汇报：降英国国旗、升苏联国旗、奏两国国歌、相互致辞、与列夫钦科中将共进早餐、为舰艇和首相举杯祝愿，当然还为“加里宁同志和斯大林同志”举杯祝愿。大使强调说：“对我方舰员友好态度的写照是在英国舰员走下军舰、与苏联舰员告别的场面。”[188] 破旧不堪的英国驱逐舰需要大修，修理工作一直拖到8月初才完成。古谢夫要求加快工作进度，艾登抱怨说：“苏联舰员要求太多。”但是大使相信，“我方舰员要求的都是作战舰艇必需的，军舰是用来打仗的”。[189]

英国方面本打算为交接成功举行隆重的公众仪式，但是苏联大使要求从舰艇起航到抵达苏联全程保密。编队的行踪不可能瞒过德国人，因此决定将其编入北方航线的护航运输队，从冰岛出发至阿尔汉格尔斯克。8月17日，以战列舰“阿尔汉格尔斯克”号（原名“君权”号）为首的船队从斯卡帕湾驶向公海。据海军人民委员Н.Г.库兹涅佐夫（Кузнецов Н.Г.）回忆，“大本营每天都在关心军舰的航行，每天都要具体汇报。舰艇曾遇到了风暴，风力达9级。海浪稍微平静些了，德国潜艇就开始攻击”。[190] 最终，8月24日船队整编
253 制地进入科尔斯基湾驻锚。当天，斯大林没有忘记通知丘吉尔，船队已顺利抵达，并感谢其给予的支持。在本书信集之外，还留下了此次行动悲怆的一页。除了驶向苏联的船队，还有4艘英国移交的潜艇独立航行。著名的北方舰队潜艇艇长И.И.菲萨诺维奇（Фисанович И.И.）指挥的1艘V–1型潜艇没有到达指定地点。皇家海军司令部马上将此事报告给丘吉尔：“……有理由认为，是由（英国）海岸警卫队误击沉没。”[191] 一切迹象表明，英国人把这个猜测隐匿起来，很多年之后，Н.Г.库兹涅佐夫上将在自己的回忆录中还这样写道：“沉没原因至今不明。”[192] 现代研究人员一致的结论是，潜艇被“英国飞机误击炸沉”。[193]

518. 斯大林致丘吉尔的私人秘密信函

1944年8月24日发

今天是8月24日。今晨，大不列颠王国移交给苏联的由1艘战列舰和8艘驱逐舰组成的船队从英国抵达您熟悉的苏联港口。

请允许我以个人和苏联政府的名义，对您和大不列颠王国政府给予苏联武装力量给予的重要援助表示衷心的感谢。

在政府内部的通信中，丘吉尔把斯大林的这封信称为“非常令人欣慰的电报”，并吩咐海军部官员传阅。[194]

1944年8月，在敦巴顿橡树园（Думбартон-Окс）（华盛顿州）开始三国谈判，之后中国代表团加入，议题是建立新的国际组织以保证和平与安全。关于组织结构和宪章部分很快达成一致，但仍在一系列问题上分歧严重。其中之一就是未来的组织构成，葛罗米柯率领的苏联代表团提出苏联的16个加 254
盟共和国分别加入，这让同行们颇感意外。葛罗米柯严格按照政治局下达给代表团的指令行事，其中写道：“在讨论组织构成时，必须在适当的时候提出，所有的苏联加盟共和国都自动属于该组织的创始者。”[195] 吸取国际联盟的惨痛教训，克里姆林宫担心与外界隔绝是自然而然的事，于是想尽办法使自己在新组织中的存在最大化。1944年苏联宪法改革赋予加盟共和国制定对外政策的权利，因此该问题具有法律依据。西方人，特别是美国人，则认为这种方案没有依据。在敦巴顿橡树园，美国代表团团长斯特蒂纽斯对该提议感到震惊，他在自己的日记中称之为“炸弹爆炸”。[196] 伦敦负责停火和战后事务的艾德礼委员会稍晚时认为苏联的建议“非常不受欢迎”，同时又承认：“字面上看俄国人很有道理。苏维埃共和国都有自己的外交部，有脱离联盟的权利，有武装力量，有权与其他国家签订合约，有权和其他国家互派使节。理论上，和印度相比，苏维埃共和国在对外政治上有较大的自主权。”英国人不想与莫斯科激烈对抗，他们把这个举证责任推给了美国人。[197]

根据国务院的建议拟定了给斯大林写信的方案，这就是下面这封信的基础。罗斯福要求暂时搁置争议，但没有拒绝日后再议，他认为不要因为联合国宪章而打乱了自己的工作。苏联代表团提出建议时，并没有坚持立即做出最终决定，美国人则认为这个问题是外交试探，希望能说服斯大林不要再步步紧逼。

255 ## 519. 罗斯福致斯大林的私人秘密信函

1944年8月31日发　　　　1944年9月1日收

在敦巴顿橡树园贵方代表团提出，苏联政府希望把16个加盟共和国在国际组织的席位问题提交审议，我感到不安。虽然贵国代表声明，在现谈判阶段此问题不再复议，我认为，我应该告知您，因为方案不仅涉及美国，无疑也涉及其他大国，恰逢在国际组织正式创立、尚未履行职能之际，议此问题将置全盘方案于危险境地。我希望，您会认为应在此问题上给我安慰。

如果现在将此问题搁置，这不影响晚些时候待代表大会成立后再议。代表大会届时将拥有通过决议的授权。

斯大林不能对罗斯福的反对意见置之不理。最初，他在此问题上坚持苏联“纲领最大化”，但在后来的信中，特别在提到乌克兰和白俄罗斯时，暗示在后续外交商议过程中，可能会降低苏联的诉求。

520. 斯大林致罗斯福先生的私人秘密信函

1944年9月7日发

您关于苏联加入国际安全组织问题的来函收悉。

我认为苏联代表团的声明具有重大意义。在我国广为人知的宪法改革之后，各苏维埃共和国政府非常在意友好国家的态度，即如何看待苏联新宪法
256 赋予的国际关系权利。您很清楚，加入苏联的乌克兰和白俄罗斯，就其人口和政治意义来说，远远超过某些国家，我同意后者也进入国际组织创始国之列。因此，我希望有机会向您解释苏联代表团在敦巴顿橡树园的提议具有的重要政治意义。

在敦巴顿橡树园遇到的另一个问题，是未来安全理事会常任理事国的大国一致性原则。苏联代表团接到严格指示，即最大范围地讨论一般性问题，从警示和防止侵略到具体讨论程式。美国和英国坚持只针对个别问题表决。

9月8日罗斯福和葛罗米柯会谈时也谈到了这个分歧，之后总统在给斯大林的信中也有提及。罗斯福专门约谈了葛罗米柯大使，以便亲自向其阐明对此问题的立场。葛罗米柯在给莫斯科的报告里写道：“他半开玩笑地举例子说，无论是美国法律，还是其他国家法律，‘陪审团里不能包括对妻子做不利证词的丈夫，反之亦然’。罗斯福想通过举例来说明自己的想法，参与争端的一方不能来解决争端。”然后，总统问大使，“如果他就此问题给斯大林写信，我持何种态度。我回答说，我不适合给任何建议，这纯属总统的私事”。实际上，这封信在美国国务院早有准备。[198] 罗斯福在这封信上只加了一句话（斜体字表示）。

521. 罗斯福致斯大林的私人秘密信函

1944年9月8日发　　　　1944年9月9日收

我与贵国大使就敦巴顿橡树园谈判有过一次有趣和愉快的谈话。从目前看，还有一个重要问题悬而未决。这个问题是关于安理会表决权。我们和英国方面坚持这样的观点，即安理会通过决议时，如果争端一方是常任理事国， 257
其不应有表决权，我在贵国大使处了解到，苏联政府持相反的观点。

按照美国建国以来形成的传统，争端双方任何时候都不能为自己表决。我相信，美国舆论不会支持成立有违这一原则的国际组织。除此之外，据我所知，世界上很多国家都持相同观点，由此我坚信，如果大国在解决涉及自己争端时还坚持在安理会有投票权，小国很难拥护这样的国际组织。他们可以认为大国试图把自己凌驾于法律之上。***我和参议院也可能因此发生不快***。

鉴于上述原因，我希望，您尽可能考虑贵方代表团接受我方的表决权建议。如果能够这样做的话，那么敦巴顿橡树园的谈判将很快结束，并取得圆满成功。

斯大林不同意罗斯福的建议，因为他限制了大国投票权的使用，这是苏联的基本立场。莫洛托夫就此事发特别急电再次严肃提醒葛罗米柯。

“英美双方就常任理事国投票一致性原则问题试图让我们妥协的做法是完全不能接受的。我们不想让1939年末国际联盟有关芬兰问题的历史重演。众所周知，当时国际联盟起支配地位的大国在联盟内组织敌视苏联的阵营，并将苏联开除出联盟。在未来的国际组织中，我们不允许有反苏势力的活动空间。英国和美国应该在此问题上让步……我们应该让常任理事国就所有问题的表决一致性建议得到采纳，否则，新的国际组织就不能服务于永久的和平事业。”[199]

258 “捷卡诺佐夫在给葛罗米柯的指示中再次明确，这样的规则能够保证有悖我方利益的决议在安理会不能通过”。[200]

苏联政府在这一观点上并不是孤军作战。战胜国表决一致性原则赋予他们实际上的否决权，这不仅仅是对苏联有利。罗斯福所说涉及自己利益需投弃权票的建议遭到美国军方反对，正如丘吉尔私下对史末资说的那样，军方“认为俄国的方案是正确的，它符合美国的利益”。[201] 史末资仔细思考之后得出同样的结论。他在写给丘吉尔的信中说：“涉及主权和安全问题上，宣扬主权平等是极不理性的，联合王国和美利坚合众国应该为合理利益与安全发挥作用，而不是为了小国的地位发挥作用。”史末资元帅继续说，在最坏情况下行使否决权，可以阻止决议通过，“如果联合王国和美利坚合众国不同意，俄国则无法挑动危机”。[202] 丘吉尔倾听了老朋友的意见，并打电报转告罗斯福。

522. 斯大林致罗斯福的私人秘密信函

1944年9月14日发

您关于敦巴顿橡树园谈判的来函收悉。

我同样希望这次重要的谈判能尽早顺利结束。这对巩固我们国家间的合作、未来和平与安全都具有重要意义。

应该说，安理会表决权规则对国际安全组织的运行效率有重大意义，其重要性在于，安理会四成员国对所有问题在协商基础上形成的一致性应是其主要工作方式，包括某国涉事其中。美国最初的提议是，安理会某个或几个
259 常任理事国直接涉入争端的情况下设置特殊投票程序，我觉得这个建议是正确的。否则，我们德黑兰会议上的协议就是废纸一张，因为那个协议首先就是基于四国行动的一致性，这对制止未来侵略行为是必要的。

这样的一致性会使大国之间没有相互猜疑的理由。苏联也不能对某些荒谬的偏见视而不见，这些偏见客观上干扰了对苏联的态度。如果大国之间无法达成一致性，那么其他国家也应该权衡这种局面带来的后果。

我希望，您能够理解我的意见的重要性，也希望我们能够就此问题做出一致的决议。

由于“三巨头”会晤再次被拖延，罗斯福采纳了丘吉尔的建议，举行英美军事战略问题例行会议。这次会议没有考虑邀请苏联代表参加，虽然霍普金斯提醒罗斯福，苏联和美国舆论会把这次会议理解为“撇开俄国进行的政治会晤”。[203] 会议于1944年9月11—16日在加拿大魁北克省举行，会议代号为“八边形”。会上最广泛地讨论了全球战争中的所有战区问题，从欧洲战场到太平洋战区无所不包。丘吉尔再一次徒劳地坚持“腋窝”行动计划（“……我一直关注战线右翼的行动，目的是在亚得里亚海腋窝处打击德国”），即盟军在靠近的里亚斯特（Триест）附近的伊斯特利亚（Истрия）登陆，目的是赶在红军之前进军维也纳，同时阻止该地区“苏联势力范围的危险扩张”。[204] 但是，他自己的军官们也不赞成这个计划，认为不现实。[205] 会议决议简报由参谋长联席会议拟定，9月15日会议审议通过。罗斯福和丘吉尔签署了该文件，并指示各自驻莫斯科大使共同呈交给斯大林，以突出这次会议的重要性。[206]

通报给斯大林的消息只是魁北克会议决议的冰山一角。[207] 公开的部分只字未提政治议题，例如对鲁尔河和萨尔河实行国际监督、推迟承认法兰西民族解放委员会（ФКНО）组成的法国临时政府。相比会议讨论范围，对日作战的消息少之又少，很明显是因为苏联暂时不愿对其宣战。有关意大利的消息故意淡化了英美矛盾，伦敦希望继续进行意大利及巴尔干“分支”行动，而美国人则执意撤走亚平宁半岛的第5集团军。魁北克会议决议中直接涉及苏联的若干问题，比如在莫斯科成立三方委员会，由英美通过正常外交渠道继续讨论。[208] 盟国领袖对另一个关键决定保持沉默，就是在魁北克会议之后，9月18日在海德公园私下会见时签署的备忘录，内容是英美继续合作研制原子武器（“合金管计划”），包括战后亦将继续，对苏联和全世界绝对保密，核武器有可能用在对日作战上。为了防止计划泄密，“特别是对俄国人”，罗斯福和丘吉尔决定对丹麦著名原子物理学家N.玻尔（Бор Н.）进行跟踪监视，因为他呼吁双方领导人对新武器实行国际监督。[209] 这个超级保密协议为西方盟友的“核武外交”铺平了道路，给“轴心国”的命运带来了严重的后果。

260

有关“八边形”成果的相关消息也发给了蒋介石。

523. 美利坚合众国政府和国王陛下政府致斯大林元帅的私人秘密信函

1944年9月19日发　　1944年9月23日收

在刚刚结束的魁北克会议上，我们就军事行动问题通过以下决议。

261 1. 西北欧。我们的计划是快速向前推进并消灭德国武装力量，直抵德国心脏。粉碎西线敌人最好的机会是进攻鲁尔河和萨尔河，因为敌人在那里集中了所有残余力量用于防卫这些非常重要的地区。从北线进攻比从南线进攻更具优势，我们必须抢在恶劣天气之前打通北方港口，特别是鹿特丹和安特卫普。因此我们的主要努力方向在左翼。

2. 意大利。我们目前在意大利的行动目的是：（1）或者击溃凯塞林的部队，在这种形势下可以快速整编兵力，并组织向卢布尔雅那走廊方向追击。（2）或者凯塞林部队有序撤退，在这种情况下，我们今年就可以在伦巴第（Ломбард）草原享受清净。

根据交战进程决定我们下一步的行动。正在拟制陆海军联合行动计划，如果伊斯特利亚半岛形势需要，我们将实施这个计划。

3. 巴尔干。我们的空军继续行动，还有类似“突击队”行动。

4. 日本。最终目的是占领日本主岛，我们商定了未来行动计划，目的是在所有战区加强对日军的进攻。

5. 德国战败后，迅速将兵力移防至太平洋战区。

罗斯福

丘吉尔

9月23日，哈里曼和克尔在克里姆林宫共同将这封信呈递给了斯大林。克尔发电报向伦敦报告了谈话的内容：“斯大林说，法国战役史无前例，战斗勇敢而且大获全胜。东线不可同日而语。这不是奉承，这是事实的写照。对布列塔尼的封锁和夺取巴黎的战役可谓是冒险的、勇敢的、精彩绝伦的行动。”[210] 在苏联方面的谈话记录中，斯大林的发言被概括为一句，但明显也是
261 褒奖：“盟军在西线完成了规模巨大的战役。”[211] 斯大林的赞扬正合丘吉尔的心意。哈里曼转达了罗斯福的建议，“三巨头”在地中海地区聚首，但斯大林

予以婉拒，理由是身体有恙，医生建议不要乘坐飞机。如果乘坐飞机，需要丘吉尔把健康借给我，他是个“拼命的人”，斯大林补充道。克里姆林宫“主人”在患严重流感之后尚未康复：他看起来“有些憔悴，在我记忆中他从未这样过，明显还没有恢复”，哈里曼向总统汇报说。[212] 按照斯大林自己的话说，“最近一段时间经常生病……岁月不饶人”。[213]

因为三位领导人的会晤尚不知何时，丘吉尔决定自己去和斯大林会晤，丘吉尔一贯认为，关键问题只能面对面解决。首相很担忧巴尔干局势，红军快速向那里进发，自罗马尼亚退出战争之后，通向保加利亚的大门已经为红军敞开，穿过保加利亚可直抵南斯拉夫和希腊。8月8日，丘吉尔对自己的参事们这样形容罗马尼亚倒戈，“给俄国人造就了很大的优势，他们完全有机会进入贝尔格莱德、布达佩斯，也有机会在盟军突破齐格菲防线（Зигфрид）之前到达维也纳。虽然在军事上希望俄国人这样挺进，但是对中南欧的政治影响力将是十分惊人的”。[214]

8月末，丘吉尔给参谋长委员会下达了明确指示，在9月11日前拟定完成英国军队登陆希腊［“天赐甘露（Манна небесная）”行动］的计划。外交部担心行动日期会拖延；从开罗外交机构传来的消息引起了明显的不安：“进入希腊的最佳时机在某种程度上取决于与保加利亚的谈判。如果他们马上接受停火条件，包括解决运输能力问题……俄国人可以很快出现在希腊，并与民族解放阵线一起使局势变得复杂。”[215] 9月9日，外交部给参谋长委员会的咨询函中写道：“很难让苏联政府明白希腊对我们的重要性，我们感觉必须考虑一个问题，何时把我们的驻军计划通知给苏联政府。”[216]

保加利亚周边局势的发展对希腊有潜在的影响，加之其他一些原因，引 263
起了伦敦的警觉。1944年初，保加利亚代表与外交人民委员会代表在开罗开始谈判，[217] 英国外交部围绕此次谈判进行外交斡旋，9月5日，苏联政府突然对保加利亚宣战，给英国的外交斡旋画上了句号。在宣战开始之前几小时，莫洛托夫把莫斯科的意图通知了克尔和哈里曼，两位大使口头上表示同意，但是当哈里曼提出“……是否可以推断苏联军队会进入保加利亚境内”（莫洛托夫回答说，要视军事形势而定）时，可以看出他产生了某些担心。[218] 莫斯科很清楚，苏联的行动会让英国人紧张。11月7日，国家安全人民委员会驻外机构发回消息，“中东地区的英军指挥部毫不掩饰自己对苏联行动的失望和不安，因为这打乱了英国人的巴尔干计划……”。[219]

总而言之，正如英国外交部所说，苏联对保加利亚宣战“完全改变了形势，即使保加利亚今天晚上愿意和我们谈判，我们也不能答应，因为要查明苏联政府的意图”。[220] 不过，在事件发生之前，艾德礼就承认，“毋庸置疑，俄国人在保加利亚问题上将扮演主要角色”，并呼吁放弃向保加利亚派驻4.6万人的英军特遣队的雄心勃勃的计划。[221]

由于不能确定苏联军队是否会进入巴尔干，目前只能在势力范围问题上与莫斯科做“感情交易”。为了保留英国在南斯拉夫特别是在希腊的势力范围，按艾登的话说，需要“与莫斯科对话”。两名苏军联络官在希腊空降一事也让英国人感到忧虑，因为此事并未提前与英国政府沟通。伦敦要求“苏联对派遣联络组去希腊的消息，以及对派遣联络组去阿尔巴尼亚的理由做出解释”（8月21日照会），并就此对莫斯科施压，但一直未得到直接回应。[222] 9月21—27日，铁托对莫斯科的突然造访使形势突然明朗。克里姆林宫同意
264 这次访问的目的之一，是为了表明对这位自负的南斯拉夫领导人的支持。在对外政策文件档案馆有“阿列克谢耶夫”（莫洛托夫与南斯拉夫方面加密通讯时用的化名）发给铁托未属日期的电报更具说服力，发报时间大约在1944年夏末秋初。

“……在南斯拉夫问题上，我们对盟国不承担任何义务。没有什么能捆住我们的手脚，我们可以随时开始行动，遗憾的是，我们的军队无暇顾及于此。我们可以提供武器给您，这个我们能做到……如果您想乘飞机去克拉约瓦，我们的人可以提供帮助。”[223]

南斯拉夫领导人到莫斯科的行程路线具有象征意义：从维斯岛出发，当时是英国人把他带到这里的。9月19日，铁托乘苏联飞机到达克拉约瓦的红军驻地，从那里出发前往苏联首都。伦敦很谨慎地看待铁托此行与斯大林见面达成的协议。从莫洛托夫9月26日给克尔和哈里曼的信中（苏联军队临时进入南斯拉夫的协议，“目的是扩大对驻匈牙利的德匈军队的军事行动”[224]）透露的信息，无疑可以得出这样的结论：苏联在巴尔干的地位继续得到巩固。丘吉尔认为，是时候“需要当面问问俄国人了，他们的政策用意何在”。[225]

在致苏联领袖的下一封信里，丘吉尔道出了自己的想法，此事并未与罗斯福沟通。直到9月29日，还未收到斯大林同意的消息，首相便将此事通报给了总统：“……安东尼和我在认真考虑尽快飞往那里一趟（莫斯科——作者注）……我们有两项任务，第一，促使他发表反日讲话；第二，友好解决波兰问题。还有南斯拉夫和希腊问题需要讨论。所有情况都将通报给您。”丘吉尔还通知罗斯福，他需要哈里曼的协助，甚至需要马歇尔和斯特蒂纽斯的协助，如果总统认为有必要把他们派往莫斯科的话[226] 但是，在给斯大林的信中只字未提谈判日程，只是对日本形势做了泛泛的评价。

虽然在德黑兰会议上，斯大林关于苏联对日宣战的诺言让华盛顿比伦敦更加激动，但是，英国人也同样希望事态照此发展。白厅非常清醒地判断出苏联在远东的动机，并认为苏联这样做是出于战后安全利益考虑。同时也认为，苏联和英国在此地区没有利益冲突。英国外交部在给丘吉尔关于苏联远东利益的报告里，艾登写道："我的意见是，在远东问题上，相对于英苏关系而言，苏美关系分道扬镳的可能性更大。"[227] 265

关于罗斯福可能对欧洲进行访问，丘吉尔还是误把愿望当做了现实：尽管他多次邀请总统访问英国，罗斯福的答复却总是云里雾里。有关1944年总统选举中罗斯福的胜算，丘吉尔不相信英国驻美代表持怀疑态度的预测。丘吉尔给比弗布鲁克写道："我不相信，伟大的人民会抛弃战胜了风暴的舵手，当大众表达自己意见的时候，这种事不会发生。"[228]

524. 丘吉尔致斯大林的亲笔私人秘密信函

1944年9月27日发　　　　1944年9月27日收

1. 从克拉克·克尔大使先生处获悉您对英美在法国的行动赞赏有加，我非常高兴。我们把骁勇善战的俄国军队统帅的评价视如珍宝。借此机会，我准备明天在下院重申，正是俄国军队刺向了德国战车的胸膛，而且仍在前线牵制着绝大部分敌军。

2. 我与总统进行了长时间的会谈，刚刚归来，我可以告诉您，我们有坚定的信心，我们，大不列颠、美利坚合众国、苏维埃社会主义共和国联盟三国的团结，寄托着全世界的希望。得知您最近身体有恙，医生反对您空中长途旅行，我感到非常遗憾。总统认为，海牙是我们见面的最佳之地。我们还 266
没有占领这个地方，然而有可能在复活节之前夺取该地，战争进程会改变波罗的海沿岸的局势，届时您的旅途不会再遇到曲折和磨难。但是，在制定出相应的计划之前，我们还面临很多残酷的战斗。

3. 千真万确，总统先生在选举之后，无论成败，都打算访问英国，然后法国，然后比利时、卢森堡和荷兰。我掌握的消息使我有理由相信，他必胜出。

4. 我真心希望，我认为总统也同样希望，正如您在德黑兰承诺的那样，只要德军被粉碎、被消灭，苏联便会加入对日战争。开辟俄国对日战场势必使日本燃烧并流血，特别是在空中进攻将加速日本战败。据我所掌握的日本内部状况，绝望的感觉令人民愤怒，因此只要纳粹被粉碎，三大国呼吁日本投降将成为决定性因素，我认为这完全有可能实现。当然，我们应该一起仔细研究这些计划。如果能够脱身，我很情愿10月份赶赴莫斯科。如果不能遂愿，则艾登准备代我前往。同时，我致以您及莫洛托夫先生最真实、最友好的祝愿。

斯大林发了两封同样的信，用以回复盟国有关“八边形”会议决议的联名信。信中“最高统帅”凭借对时局的了解，修改了莫洛托夫对苏联战争计划含糊不清的描述，使内容更加振奋、更具有专业素养。[229] 拟定计划时，大本营充分分析了1944年夏季战局的得失。根据苏德战场的规模，必须正确分配力量。据华西列夫斯基回忆，“8月26日、29日，9月2日，大本营向方面军发布了战斗号令。卡累利阿方面军、列宁格勒方面军、所有白俄罗斯方面军、第1乌克兰方面军、第4乌克兰方面军转入坚固防御。而在北部和中部，
267 在继续向纵深推进之前，我们决定等待。而给波罗的海沿岸方面军、第2乌克兰方面军、第3乌克兰方面军下达了进攻任务”。[230]

波罗的海沿岸的战略性战役行动的企图是，分割德国“北方”集群，解放一系列战略要地，并以地名命名方面军战役和方面军联合战役：里加战役（9月14—27日）、塔林战役（9月17—26日）、莫昂宗德战役（Моонзунд）（9月30日—11月24日）、梅梅尔战役（Мемель）（10月5—22日）。英国人也了解到红军军事行动取得的某些战果：9月23日克尔和斯大林会晤时，克尔亲自祝贺了斯大林解放塔林。[231]

第2、第3乌克兰方面军的行动目标是多瑙河流域和东喀尔巴阡山，此举可使苏联在罗马尼亚和匈牙利扩大自己的势力范围。相对于罗马尼亚提前退出战争——8月31日布加勒斯特解放，9月12日在莫斯科签署停战协定——匈牙利的情况则要复杂得多。很明显，英国人不打算放弃在这个国家的固有地位。艾登的副手R.劳尔（Лоу Р.）在艾德礼委员会例行会议上这样描述英国外交部的观点：“由于匈牙利将被俄国人占领，所以我们希望派驻1200人的英军特遣队，目的是表示我们的利益所在和展示英国旗帜。”[232] 就同样的问题哈维在给参谋长委员会的信中写道：“我们应该坚定地为更大程度参与（匈牙利）监督机构而斗争，程度上要超过罗马尼亚。我们希望，监督机构应由三方组成，各自对自己的政府负责，而不是只对苏联最高统帅部负责。我们甚至可以建议，机构实行主席轮换制。”[233]

斯大林对匈牙利事件给予了特别关注。10月初，安东诺夫为迎接丘吉尔

和艾登来访，为斯大林起草了一份军事报告，“最高统帅”在和什捷缅科讨论军事报告时，对自己做的一处修改进行了解释：“在这个地方，什捷缅科同志，我们要比报告的语气更强硬一些，这样写我们的计划。告诉他们，我们将力求尽快进入希特勒德国境内，为此需要提前瓦解匈牙利。在这里，在匈牙利，有我们的重要利益。您作为执笔者，应该懂得这些。”[234] 10月14日安东诺夫在上述报告中清楚地说明了苏联的任务：“……结束波罗的海沿岸战役 268
（Прибалтийская операция），使匈牙利退出战争。战役结束后，苏军面临的任务是进攻德国……顺利完成匈牙利战役，以便为我们打开另一个进攻德国的大门，这里的最大优势是，在该方向上德国人没有完善的防御线……”[235] 在给罗斯福和丘吉尔的信里最后一大段，斯大林用自己的话又重复了一遍。

525. 斯大林致罗斯福的私人秘密信函

1944年9月29日发

您和丘吉尔先生就魁北克会议下一步军事行动计划的信函收悉。

从您的来函中获悉美国和英国的武装力量面临着重要任务。请允许我预祝您和贵军取得全面胜利。

目前，苏联军队正在肃清波罗的海沿岸地区位于我军右翼的德军集群。否则我们将不能推进到德国东部纵深。除此之外，我们的军队还面临两大任务：使匈牙利退出战争，用攻击的方式试探德军东线的防御，如可行，摧之。

526. 斯大林致丘吉尔的信函

1944年9月29日发

您和罗斯福先生就魁北克会议下一步军事行动计划的信函收悉。

从您的来函中获悉美国和英国的武装力量面临着重要任务。请允许我预祝您和贵军取得全面胜利。

目前，苏联军队正在肃清波罗的海沿岸地区位于我军右翼的德军集群。否则我们将不能推进到德国东部纵深。除此之外，我们的军队还面临两大任务：使匈牙利退出战争，用攻击的方式试探德军东线的防御，如可行，摧之。

269 斯大林早有准备似的响应了丘吉尔来莫斯科访问的建议，他认为，丘吉尔此前肯定和罗斯福进行过沟通。罗斯福对美国总统大选必胜的信心得到了苏联驻华盛顿大使馆的分析证实。葛罗米柯在9月底发电报称：“美国民众认为，在战争进行期间更迭总统，尤其是没有政治经验的人，比如杜威（Дьюи），很危险。”[236] 斯大林表达得更为明确：10月16日在与哈里曼会谈时，他说：“完全不用怀疑罗斯福会再次当选总统。杜威和总统没有可比之处，杜威完全是个小人物。”[237] 苏联媒体同样也都看好罗斯福获胜，对共和党的竞争对手持批评的口吻。当丘吉尔问到对日计划时，斯大林只是重申了德黑兰会议的立场。他删除了莫洛托夫结尾的最后一句话（括号斜体标出——作者注）：[238] 对于苏联在远东的诉求，他不想过早摊牌。

527. 斯大林致丘吉尔

1944年9月30日发

您9月27日的来函收悉。

我同您一样，深信我们三大国之间的协调一致是未来和平可靠的保证，符合热爱和平民族的美好期待。如果战后我们的政府能够延续伟大战争时期采用的策略，我认为将具有决定性的意义。

当然，我强烈希望与您和总统会晤。我认为，这从我们事业的共同利益出发很有意义。但是，关于我自己不得不做一点说明：医生不建议我长途旅行。在一段时间里我不得不重视医生的意见。

我非常欢迎您10月份来莫斯科的想法。我们可以讨论重要的军事问题
270 和其他问题。如果您因某种原因不能前来莫斯科，我们自然也愿意接待艾登先生。

您所言总统准备去欧洲旅行的计划，我也很感兴趣。我也同样深信他可以再次当选。

至于日本，我们的立场没有改变，与德黑兰时一样。（***但是，现在和去年相比，可以更加细致地讨论这个问题。***）

我和莫洛托夫致以您最良好的祝愿。

伦敦很满意斯大林及时、正面的答复。艾登在自己的日记中写道：“这播种了希望，但是我们在波兰问题上面临着艰苦的战斗。就这个话题我和首相

谈过两次。他很愤怒……”[239] 丘吉尔在给克尔的电报中称，斯大林的回复“相当友好”，并随即着手做启程的准备。起初，他还想带上夫人，她从事为苏联提供医疗援助的工作。他在给大使的加急电报中继续写道：“现在的旅途比以前短了许多，因为我们不用再绕行大西洋、西班牙、山区和德黑兰。我认为，我们最好以苏联政府客人的身份前往，因为待客的感觉有助于事情的解决。”[240] 克尔在莫斯科也确认了苏联方面的积极态度。“俄国人和我一样，非常高兴您决定前来，并且安东尼与您同行。趁热打铁才能成功。我问过的俄国人都说，期待您来做客”。[241] 英国国王乔治六世是首相和斯大林往来信件传阅名单中的首要人物，他也给首相发来温馨的告别辞：“我很理解，您非常重视与斯大林的工作关系，您此行是为了赢得他的信任，以及维护战后联合王国和苏俄的友谊……根据最后几封电报判断，由于我们取得的战绩，斯大林本人对我们的态度比以前更加友善。”君主祝愿首相“艰苦的行程”[242] 取得成功。实际上旅途不是很轻松：飞行路线穿越了法国和意大利，然后经开罗和克里米亚到莫斯科。克里米亚航线优于高加索航线，因为飞行高度较低，医生是这样建议丘吉尔的。

528. 丘吉尔致斯大林的私人秘密信函 271

1944年10月4日发　　　　1944年10月5日收

贵国人员非常关心我的航行路线。我不适合在8000英尺以上高度飞行，虽然必要时可以允许自己坚持大约1小时。我们认为飞越爱琴海和黑海的风险较小。总而言之，我认为这条路线是比较好的，不太冒险。

必要时我们可以安全地在辛菲罗波尔（Симферополь）或者在您指定的沿岸地区任意降落平台用于起降和加油，我对当地现有的服务将会非常满意。我的飞机上携带所有必需品。最重要的一点是，我们需要提前派飞机与贵方确定共用信标，用于指挥我们飞行和降落。请您下达必要的指示。

我很期待开启莫斯科之旅，自1942年8月以来，这是条件最好的一次行程。

丘吉尔这封信的俄文译本上保留了莫洛托夫的批注：“萨拉布兹事，转萨拉布兹内务人民委员会代表梅尔库洛夫。”萨拉布兹（Сарабуз）的小机场位于辛菲罗波尔以北18千米处。贝利亚领导的部门负责此次航行的组织和安保工作。维辛斯基起草的冗长的、好客的回信，如“我们在莫斯科等您”等等，被莫洛托夫否决，很明显他认为太肉麻了。[243]

529. 斯大林致丘吉尔的信函

1944年10月5日发

您10月4日的来函收悉。

辛菲罗波尔附近的萨拉布兹为降落提供保障。请派先遣飞机到该机场。

10月4日，就在丘吉尔给斯大林写信的当天，艾登主持了有军方高层参
272 加的秘密会议，会上讨论了战后问题委员会的报告，研究战后对国家安全的潜在威胁。除了防止德国侵略的复活之外，讨论还有一个议题就是苏联的威胁。为了对抗这个威胁，主要以军人代表组成的委员会建议使用多重手段——从建立以英国为首的西欧集团并与美国结盟，到利用德国的战争资源对抗苏联。艾登和萨金特要求同事们对此问题要十分小心。艾登说：“如果把俄国作为假想敌来研究和探讨的消息扩散，早晚会传到俄国人耳朵里，会导致参谋长委员会所担心的后果，俄国人会想到，他们对我们固有的猜疑得到了佐证，以及我们关于合作的话题缺少真诚。”[244] 会议决定在最小的范围内传阅文件，并采取最严格的保密措施。但对于在伦敦有超级间谍的斯大林来说，一切都是徒劳。

起初，罗斯福对丘吉尔信中的外交倡议感到很满意。莱希将军为此起草给丘吉尔信件的初稿中，预祝其莫斯科之行成功，并指示哈里曼协助，总统认为委派马歇尔或斯特蒂纽斯去莫斯科欠妥。大病初愈重返总统高级顾问职务的霍普金斯很警觉，由于担心和避免冒险而擅自扣留了这封电报。他担心，这封电报可能被误读为美国全权委托首相以两国政府的名义进行谈判，被英苏协议捆住自己的手脚是一种冒险行为。霍普金斯紧急从国务院召唤Ch.波伦（Болен Ч.）进白宫，并委托其起草总统回信的备选方案，而本人则去面见罗斯福，以争得罗斯福的同意。他在卧室里找到了正在刮胡子的罗斯福，讲述了自己的担忧，但对扣留电报一事只字未提。波伦后来借用霍普金斯的讲述写道，“总统由于认识到自己的失误，有些激动，然后命令霍普金斯停止发送电报”；“当霍普金斯承认自作主张截留了电报时，他轻松地长舒了一口气”。[245] 重新起草的信函，不仅对丘吉尔—斯大林谈判做了各种预测，还要求

哈里曼必须以观察员的身份参加谈判。霍普金斯和罗斯福不太指望丘吉尔会 273
毫无保留地通报在克里姆林宫的秘密会谈。同时，他也给斯大林发送了同样的信件，此事罗斯福并没有告诉丘吉尔。他只是在给丘吉尔的电报中称，已经通知斯大林关于委托哈里曼一事，这让丘吉尔对此无法反驳。

就这样，总统公开地暗示单独会面的双方，不希望他们达成私下交易。丘吉尔不情愿地同意哈里曼出席，但强调会和斯大林有单独会谈的可能。正如他给总统回复时所说，因为“通常只有在这种情况下事情才能获得最大进展”。[246] 罗斯福自己决定惩戒哈里曼，因为他“不想挤进一对一会谈”，只局限于“被邀请参加时”才去旁听，“等您返回华盛顿后，我需要您向我准确报告和评价会议的结果”。[247]

罗斯福从丘吉尔10月3日的信中得知，英国首相准备在莫斯科讨论远东问题。[248] 为避免节外生枝，总统不想让英国参与和干扰苏美对话。需要提请注意的是，虽然斯大林在满足华盛顿的愿望上有所让步，比如，允许1944年9月经苏联领土为驻中国的美国空军运送500卡车的物资，[249] 但斯大林还是保持着小心谨慎，（以健康原因为由正式[250]）拒绝接见罗斯福特使P.赫尔利（Хэрли П）就是佐证，赫尔利赴中国途中本想顺路访问莫斯科。10月中旬之前，由迪恩将军主持的有关联合军事行动计划、美国向苏联提供帮助、改善其战争准备的谈判取得了一定成果。苏联政府列出了详细的需求清单，10月17日斯大林亲手将清单交给了迪恩和哈里曼。当时，“最高统帅”指示要严格保密，并描绘了在中国东北有可能采取的军事行动，指出美国建议苏军“只在满洲范围内”行动，同时，也对其他一些“敏感”问题（为美军提供彼得罗帕夫洛夫斯克—堪察加一带的基地，等等）[251] 表达了自己的意见。

530. 罗斯福致斯大林的私人秘密信函 274

1944年10月4日发　　　　1944年10月5日收

虽然我希望您、丘吉尔和我能够再次会晤，但是我也完全理解首相与您近期会晤的愿望。

您理应清楚，我相信，在当今世界战争中，无论军事问题还是政治问题，都不能没有美国的参与。我坚信，我们三人，只有我们三人一起才能解决悬而未决的问题。从此种意义上来说，我非常理解丘吉尔先生急于会晤的心情，我宁愿把您与首相会晤看作是三人会晤的预演，由于三人会晤涉及我本人，在美国选举之后任意时候都可以举行。

在目前的形势下，如果您和首相先生不反对，我建议驻莫斯科大使以我本人观察员的身份出席你们即将举行的会晤。哈里曼先生当然没有权利以美利坚合众国的名义解决重要问题，这些问题自然由您和丘吉尔先生讨论。

现在，您大概已经收到迪恩将军关于我参联会对日战争态度的通报，同时我再次提醒您，我完全接受您曾经对我们的承诺。我们三大国正在顺利进行对德战争，当然，如果我们联合起来，粉碎与俄美为敌的国家，可以取得和现在同样的战绩。

罗斯福的这封信对克里姆林宫来说令人费解。伦敦和华盛顿之间的不和有悖苏联对英美协作关系已有的认识，尽管这种关系也可为我所用。给罗斯福的回信中，斯大林就事态的发展阐述了自己的看法，故意与丘吉尔的看法有些区别，他这么做是不想给人留下英苏“勾结”的印象。他答应向总统通报即将开始的会谈也是出于这个目的。

275

531. 斯大林致罗斯福的私人秘密信函

1944年10月8日发

您10月5日的来函使我迷惑不解。我认为，丘吉尔先生莫斯科之行的目的是有关魁北克会议一事，而且是按照与您之间的约定。原来这只是我的猜测，好像与事实不符。

我不清楚，丘吉尔先生和艾登先生来莫斯科究竟会提出哪些问题。到目前为止，两个人都未提起。丘吉尔先生在给我的信中表达了来莫斯科的愿望，如果我不反对的话。我当然不会反对。有关丘吉尔莫斯科之行的情况目前就是这些。

我和丘吉尔先生会晤之后，有关具体事项我会继续通报给您。

丘吉尔于10月9日晚心情振奋地抵达莫斯科，他对与斯大林再次面对面的会晤充满期待。在最后一次转场时，他打电报给自己的老朋友史末资元帅说：“我认为，赢得他们（指俄罗斯人——作者注）非常重要，现在约瑟夫大叔也是前所未有的友好。我们应该趁热打铁。”[252] 当天，两位著名政治家就举行了坦诚的会谈，会谈中丘吉尔建议把划分巴尔干势力范围的谈判称为“百分比协议”。首相力争保持英国在希腊和南斯拉夫的影响力优势，作为交换，苏联在罗马尼亚、保加利亚和匈牙利占据优势。按照丘吉尔的说法，斯大林在这张“肮脏的”纸上打上了一个诡秘的“勾”，然后交还给谈话对象。斯大林同意丘吉尔的私下交易做法，单独向丘吉尔讲述了罗斯福最后一封信的内容，并表达了对美国人贪婪欲求的不满。苏联方面的谈话记录这样写道：“他，斯大林同志，应该这样说，他不喜欢那封信，因为总统为自己要求的权利太多，为英国和苏联留下的权利太少，英国和苏联有相互协助条约。而美国和苏联不存在这个条约。但是他，斯大林同志，没有反对哈里曼出席非私 276
密性正式会谈，同时他（斯大林同志）认为，丘吉尔和他（斯大林同志）会自己决定何时邀请哈里曼。”[253] 哈里曼没有被邀请参加这次“私密”会谈，但他通过与丘吉尔和艾登的交流，还是还原了用势力范围作交易的实质，他把这个消息转发给了罗斯福。

第二天，10月10日上午，丘吉尔在用早餐时，把准备发给罗斯福的有关谈判内容的电报稿交给了斯大林，里面有一句话赫然醒目：“根据为巴尔干国家所承担义务的差别，协调对其政策。”电报的下半部分对斯大林来说，是明显暗示势力范围问题的。受邀共进早餐的哈里曼支持斯大林，他提醒说，总统希望把最重要的问题留给“三巨头”共同审议。“斯大林听到这话很高兴，他背着首相和我握手。”哈里曼向罗斯福这样汇报。[254] 斯大林把有争议的一句话划掉，就波兰问题做了明确的重要补充（斜体标出——作者注）。这是在“三巨头”往来信件史上唯一一次由这两位领导人联名写信。丘吉尔说服斯大林和“伦敦人”在莫斯科进行谈判，并邀请亲苏波兰人参加，他将此视为达成和解的最后机会。10月9日，丘吉尔在第一次会谈时对斯大林说：“英国人会向自己的波兰人施压，而东部波兰人已经认准了苏联政府。”苏联领袖回答说，同意“再尝试一次”和解。[255]“伦敦人”紧急赶赴莫斯科，乘坐的飞机按照丘吉尔的吩咐在其出发之前就已经备妥，米科瓦伊奇克在伦敦的时候还在怀疑，自己的条件不被接受，莫斯科之行是否值得。10月10日，艾登在给萨金特的电报中，就此事下达了严厉的指示：“米科瓦伊奇克应该立即到达，如果他不愿放弃最后一次和解机会的话……他应该打消在此阶段还要提先决条件的想法……斯大林元帅昨晚明确表示，准备再尝试一次解决波兰问题。这里的气氛很友好，错过这个机会是不可饶恕的。”[256] 波兰领导人最后决定让步。10月11日，丘吉尔给霍普金斯发电报称：“借助严厉的威胁口吻，我们说服了米科瓦伊奇克和其他波兰人接受邀请，这是我们从俄国人那里争取来 277
的邀请。”[257] 又过了一天，丘吉尔告知夫人，“两个体制的波兰人都来了，晚上被安排在不同的房间。明天我们相继和他们会面。我们将尽己所能。我和‘老熊’的谈话很愉快。我见他的次数越多，就越喜欢他”。[258]

联名信通过苏联驻美使馆转交给罗斯福总统，由英国使馆翻译成英文。

532. 斯大林和丘吉尔致罗斯福的信函

1944年10月10日发　　　　1944年10月11日收

1. 在非正式会谈时，根据与各自利益的相关度，预先讨论了态势，制定了会谈纲领，有书面的，也有其他形式的。我们邀请了米科瓦伊奇克、罗默和格拉普斯基尽快抵达，以便***与我们以及波兰民族委员会***谈判。我们商定，会谈时不涉及敦巴顿橡树园的议题，这些议题留待我们三人会晤时再行讨论。我们应该讨论的问题是，如何协调对巴尔干国家的政策，包括匈牙利和土耳其（***因为我们对这些国家所承担义务的程度是有差别的***）。我们商定，哈里曼先生作为观察员，将出席所有的重要议题会谈，当讨论军事问题时，迪恩将军也将出席。我们还商定，在我们出席的任何会晤中，如有必要，我们的高级军官和迪恩将军在军事方面可以进行技术性接触，我们还商定，两国外长与哈里曼先生举行会晤。我们将随时向您通报事情的进展。

2. 借此机会，谨向您致以最诚挚友好的祝愿，同时祝贺美国武装力量表现的骁勇善战，祝贺艾森豪威尔将军执掌西线战事帅印。

丘吉尔

斯大林

278 10月11（译文为18日，错误）日，丘吉尔口述了给斯大林的信。首相担心斯大林会对外宣扬关于“百分比协议”的“肮脏文件”，请求他保守机密。他写道：所谓的百分比“也就是一种方式，它使我们能够具体地认知我们的亲密程度，为的是以后能够协调下一步的行动”。他继续说，这些数字“如果落到全世界外交部和外交官的视野里，会显得多么粗鲁无礼，甚至是冷酷无情”。[259] 哈里曼在卧室里遇到丘吉尔的时候，他正在处理这封信，哈里曼劝他不要发这封信，换作是罗斯福，也不会同意发这样的信。首相把这张纸还是留给了自己。[260] 这封没有发出的信被丘吉尔后来在自己的《第二次世界大战》一书中引用，其中不乏一些经典的句子：“放眼辽阔的未来，我们会感觉到制度上的差异日渐式微，而那些使我们团结起来为大众创造更加富裕、更加幸福生活的共同愿望却在与日俱增。”[261] 与斯大林亲密交流得到的欣慰感使丘吉尔暂时变成了随波逐流者。

丘吉尔建议与斯大林讨论一系列军事问题，因为对西线形势的判断发生了极大的变化。在8—9月，很多英美军人和政治家过度乐观，认为将很快打垮希特勒在西线的抵抗。早在8月，美国军人就通知英国参谋长委员会说，如果合理布势，有可能在9月25日之前推进到法国—比利时边界，而在10月15日之前推进到比利时—荷兰边界。[262]《德国的精神状态》是英国各部院立场的提纲文件，在9月9日的例行报告中，有这样的文字：

“从我们最后一期报告起，德国的形势发生了悲剧性的恶化。盟军包围圈在快速收缩。德军在西线战斗中遭受毁灭性的失败，并迅速溃逃。东线的苏军虽然在北部和中部进攻停滞，但很快将重新转入进攻。南部罗马尼亚和保
加利亚投降给德国在整个巴尔干的军事形势带来灾难，且使德国失去了重要 279
的石油和小麦产地。”[263]

9月5日，艾登在与古谢夫交谈时，没有掩饰自己的好心情。按照大使的话说，英国大臣不仅“夸大盟军在法国和比利时的战果”，还草率地断定“德国人不打算固守比利时和荷兰”。[264]

向莫斯科通报了自己的战绩并得知了苏联的计划之后，丘吉尔打算对战争形势做详细的总结，这将打消盟友对魁北克会议吝啬消息的不快。

533. 致斯大林元帅

1944年10月12日发　　　　1944年10月12日收

机密

尊敬的斯大林元帅：

我建议，如果您方便，我们定在周六即14日晚10点讨论军事问题。艾登、我和布鲁克元帅及两名国防部军官——伊斯梅将军和雅各布少将一同前往克里姆林宫，如果您也有此愿望的话。我可以建议艾夫里尔·哈里曼和迪恩将军一道前来。布鲁克元帅可以在地图上讲解西线战况，并可介绍我们的计划和打算，他介绍的会比我和总统在魁北克联名信里介绍的要详细很多。之后他会详解意大利局势，以及该局势与贵军南方集群西进的联系。他和我非常愿意回答您或贵方军官可能提出的任何问题。我们也会非常高兴听取您有关东线的未来计划，这对英美军队在西线、南线的进攻具有实际意义。

欧洲方面的会谈结束后，布鲁克元帅会简短地讲述我们在缅甸的对日战
280 局，以及我们在那边的计划和打算。哈里曼先生完全同意让迪恩将军随之介绍太平洋战区盟军行动的进展和计划，最好也能说明贵方的何种帮助是最有效的。我们希望从您那里听到，在德国军队无条件投降或分解为小股游击队之后，苏军在远东的集结情况或其他举措。我认为，我们事先就此问题交换意见非常重要。

我写这封信的时候，哈里曼先生就在身边，他同意上述观点。

请相信我。

您真诚的朋友

温斯顿·丘吉尔

斯大林立即同意了丘吉尔的建议。

534. 致丘吉尔首相先生

1944年10月12日发　　1944年10月12日收

尊敬的丘吉尔先生：

您10月12日建议于14日晚10点进行军事会谈的来信收悉。我同意您的建议，以及您的会议日程。会谈地点为克里姆林宫，莫洛托夫办公室。

致真诚敬意

И.斯大林

丘吉尔建议的军事问题讨论会于10月14日举行。布鲁克概要介绍了诺曼底登陆之后的西线局势，他指出，英美军队的行动有些缓慢，这主要是运输环节薄弱造成的，他强调了不久前解放安特卫普港的意义。迪恩将军集中讲述了太平洋战区的形势发展，并提出了美国方面就苏联对日作战的一系列问题，首当其冲的是苏日军事行动的起始日期，以及苏军集群的集结速度。安
281 东诺夫做了红军新的攻势成果的报告——在里加和梅梅尔地区包围了30个德军师，已前出至德布勒森（Дебрецен），等等。第二天的讨论只涉及了太平洋战区的军事行动，讨论主要在苏联和美国代表之间进行。[265] 布鲁克也对会谈表示满意："……我们举行了一场真正愉快的谈话……一切都在坦诚和自由的

气氛中进行。”他在10月14日的日记中写道。[266]

与这样的情报交流相比，布鲁克提出的英美军队在伊斯特利亚登陆的可能性问题多少有些让人扫兴。斯大林指出，“苏军指挥部不想、也不打算深入南斯拉夫西部”。巴尔干半岛不仅对英国的“腋窝”行动，而且对战后南斯拉夫边境越来越接近苏联的问题都具有重要的战略意义。英军于1944年夏有可能在伊斯特利亚登陆的消息从铁托口中和侦察渠道不断地传往莫斯科。[267] 莫斯科不赞成这样的计划。

10月15日，首相在给国王的报告里以这样的方式描述了军事问题讨论的结果。

“昨晚，我们用了3个小时的时间讨论了全局形势。随后，布鲁克元帅和首相讲解了西线、意大利、缅甸的战局状况和下一步计划，哈里曼和迪恩将军以美利坚合众国的名义对已完成的、正在实施的和即将面临的太平洋战局做了全面报告，这引起了斯大林元帅的极大兴趣。然后，俄国副总参谋长为我们讲述了以前不为人所知的对德作战计划，内容令人满意。出于保密原因回国之前不多赘述。”[268]

罗斯福在对会谈报告的简短回信中，肯定了对丘吉尔和斯大林的谈判。但是，尽管报告中措词圆滑，他还是怀疑，在克里姆林宫肯定谈到了其他问题，包括划分巴尔干势力范围问题，他的猜疑在哈里曼的加急电报中得到了证实。10月13日，在与葛罗米柯会谈时，罗斯福的挚友霍普金斯透露了罗斯 282
福的真实想法。葛罗米科大使向莫斯科汇报说：“霍普金斯声称，总统不喜欢斯大林同志和丘吉尔单独会谈的做法……罗斯福认为，无论在世界任何角落发生的大小事件，美国都不应成为旁观者……如果在没有罗斯福参与的情况下达成巴尔干问题协议，会非常遗憾。他不想在既成事实面前成为摆设。”葛罗米柯总结道：“有理由断定，罗斯福曾多次，这一次是通过霍普金斯，表达了对莫斯科会议的不满，好像他没有出席就不能通过任何政治决议，包括巴尔干问题。”[269]

535. 罗斯福致斯大林和丘吉尔的私人秘密信函

1944年10月12日发　　　　1944年10月12日收

感谢二位10月10日的第794号联名信。

我很高兴得知，二位就国际政治问题达成了一致，对于防止现在和未来世界战争的共同努力我们都有心参与。

由于“最高统帅”的干预，英美专家组考察登比察的计划在最短时间内组织成行，过程少有的顺利。哈里曼向华盛顿报告形容给予英美专家“最全面的合作和关注”，他认为，事实上是美国起的作用，就是大使多次建议美国政府对“苏联采取强硬不妥协的政策”的结果。[270] 在此行报告中，英国情报人员指出：“……陪同代表团的俄国军官尽一切努力帮助我们，满足英美代
283 表一切合理的要求。除此之外，我们受到了热情款待，在红军做客的那段时光给代表团成员留下了美好的印象。”英国人甚至有这样的印象，是苏联政权创造机会使他们首批察看重要设施。报告称：“允许我们尽早察看发射点，虽然我们还担心在我们到来之前俄国人会把东西转移……他们对所见表现出极大的兴趣，尽量从我们这里获得更多情报，他们始终惊讶于我们对事物的了解……由此可知，俄国人还没有这种类型的导弹，而且他们掌握的这方面情报明显落后于我们。”[271]“这些苏联官员是一群奇怪的人……在沉默和拖延一个多月之后，当允许工作小组到来时，他们却变成了非常亲切且高效的人。”[272] 哈里曼向罗斯福汇报时一点也没有怀疑“奇怪”背后的真正原因。

代表团的工作报告发给了正在莫斯科访问的丘吉尔，他没有忘记就此事感谢斯大林。

536. 致斯大林元帅

1944年10月16日发　　　　1944年10月16日收

尊敬的斯大林元帅：

您大概记得我们夏天的电报往来，关于英国专家前往波兰登比察考察德国导弹试验场一事，承蒙您给予协助。

目前我们得知，专家已经返回英国，带回了有价值的情报，填补了我们对远程导弹认识上的空白。

为出色的组织实施和苏联政权给予的帮助，请您接受我的谢意。

此致

真诚的敬礼

您的

温斯顿·丘吉尔

身处莫斯科，丘吉尔和自己的外交官们保持着联系。丘吉尔的下一封信中谈到英国驻华盛顿使馆发回的电报，其中讲述了10月8日在纽约的波兰人游行集会声援在伦敦的波兰政府。集会严厉批评了苏联和罗斯福政府在援助华沙起义上的不力。在集会上共和党总统候选人T.杜威和其他美国政治家发表了讲话。首相把这封电报转发给了斯大林，目的明显是想提醒斯大林，美国舆论对不久之前的华沙事件做出了负面反应。丘吉尔的操心也许是多余的：苏联驻美国使团已将在美波兰社团举行的活动情况完整地报告给了莫斯科。 284

537. 致斯大林元帅

1944年10月16日发　　　　1944年10月16日收

尊敬的斯大林元帅：

当我返回的时候，想必这些电报已经到了，如果您没有从其他渠道得知此事，可能会有兴趣了解一下。请不必惦记返还，我们还有其他副本。

此致

真诚的敬礼

您的

温斯顿·丘吉尔

10月16日，还在发给斯大林下一封信之前，丘吉尔就把另一份文件转发给了领袖，这份文件没有收录到官方的“约瑟夫大叔”的书信集里，即《英苏备忘录》，文件中对与两个波兰代表团在莫斯科谈判做了总结。斯大林对文件稍做了改动，但却是本质上的，他删除了把寇松线作为纯分界线的提法，以及把米哈瓦伊恰克作为波兰未来政府首脑的描述。10月18日，丘吉尔把已经修改过的文件转发给罗斯福，只说明了第二处改动，并未注明修改人。[273]

在给斯大林写下一封信之前，丘吉尔和艾登与米科瓦伊奇克工作组进行了几轮谈判，后者很清楚在克里姆林宫讨论过波兰问题（除了10月13日斯大林和丘吉尔分别会见了两个工作组）。尽管首相很乐观地把此事通知给斯大林，但事实上乐观的理由根本不存在。“伦敦人”在波兰东部边界问题上继续坚持已见，也不同意波兰民族解放委员会提出的未来政府1/4席位的建议，包括米科瓦伊奇克的总理职位。当艾登和莫洛托夫交谈时，艾登也试图否决这 285

个协议（“否则，‘伦敦人’会认为米科瓦伊奇克已经投向另一边”），人民委员回答道：“比例没有特别的意义，人选更重要。”[274] 在边界问题上，英国人答应“伦敦人”重新划分西部边界，但坚持寇松线作为东部边界。“在东部边界问题上，直到现在美国的态度仍不明朗，我们只好用英苏统一战线来说服我们自己。”在英方关于波兰问题会谈报告中沮丧地写道，这份文件被苏联情报侦察机构截获。[275] 波兰的会议记录则比英国的直接，其中描述了丘吉尔的反应，他被波兰人的固执和伦敦的波兰政府不能就东部边界做最终决定的无能所激怒。在10月14日的会谈中，丘吉尔独白道：

“如果没有能力做出任何决定，你们算不上是什么政府。你们是一帮冷血动物，你们一心要毁灭欧洲。我还是让你们和你们的灾难在一起吧。你们丧失了责任心，准备抛弃留在波兰的人民，你们对他们的苦难无动于衷。你们唾弃未来的欧洲，只关心自己的蝇头小利。我被迫去寻求其他的波兰人，如果卢布林政府能够正常运作，那它将是未来的政府。你们行使你们的自由否决权（Liberm Veto）破坏盟国的团结，这是犯罪。”

当米科瓦伊奇克请求丘吉尔以自己的名义写信给斯大林说明波兰的立场时，丘吉尔回答道：“我不想惊动斯大林。如果你们想战胜俄国，不要指望我能帮忙。我感觉自己身处疯人院。我不知道，英国政府以后会不会承认你286 们。”丘吉尔强调称：所有这一切的根源，就是你们“仇恨俄国”。[276] 哈维在日记中证实，“看到这一幕很痛心，首相是正确的，波兰人非常愚蠢，就像波旁人，只会等待，然后什么也得不到”。[277] 哈里曼在给罗斯福的汇报中这样描述丘吉尔教训波兰人：首相“用一个合理有效的方法教育了波兰人，所有盟国都团结一致粉碎希特勒，只有波兰人除外，他们只会内斗，如果他们还这样继续下去，他们将失去全世界的尊重”。[278]

谈判中唯一的成果就是米科瓦伊奇克有可能承认寇松线为新的边境线，但同时他又借口说有必要说服自己的内阁。他还请求丘吉尔安排他和斯大林会面，请求克里姆林宫“主人”哪怕做出一点点的让步。首相似乎早有准备，爽快地答应了他的会面申请。[279] 10月17日，他给克里姆林宫的斯大林写信。丘吉尔很明显地夸大了自己的努力成果，实质上是请求斯大林“榨干”已经被他“教训”过的波兰领导人，使其妥协。斯大林同意会见。

丘吉尔提到的“斯大林女士”的礼物是手工制作的奖章，上面有苏英联盟标志，由斯大林的女儿斯韦特兰娜送给首相女儿莎拉。

538. 致斯大林元帅

1944年10月17日发　　　　1944年10月17日收

尊敬的斯大林元帅：

我们和米科瓦伊奇克做了进一步交谈，并取得了成效。我比任何时候都相信，他有与您和民族委员会达成谅解的愿望，虽然他还面临着一些实际的困难。米科瓦伊奇克非常希望和您单独见面，向您介绍他目前的计划，并从您那里得到建议。我与您会谈之后，又和他进行了谈话，这个谈话使我必须在您面前以最大的热情支持他的请求。

我很期待今天晚上关于划分德国的会晤。我认为，给我的印象是，您已经同意我们能够更清楚、更明确地表达我们的想法，不再像德黑兰会议那样，因为那时候的胜利比现在更遥远。287

最后请允许我告诉您，我们对国家政策中最困难、经常无法回避、甚至难以启齿的问题进行了讨论，没有强迫，只有相互理解，这是我得到的最大满足。

我的女儿莎拉将会赞叹斯大林女士送给她的精致礼物，她将当作最宝贵的物件珍藏。

谨向您致以真诚的敬意和最友好的祝愿。

您的朋友和战友

温斯顿·丘吉尔

10月18日，斯大林和米科瓦伊奇克进行了会谈。斯大林和8月份的时候观点一样，说服米科瓦伊奇克相信，莫斯科没有使波兰苏维埃化的计划，并承诺波兰参与占领德国，可以得到西部领土，但是坚决要求其承认寇松线。米科瓦伊奇克企图反驳斯大林，“他们（西部乌克兰和西部白俄罗斯——作者注）断续归属过波兰”。斯大林这样回答道：“在上一次世界大战之前，整个波兰还断续归属过俄国呢，但是现在苏维埃政府不同意这么做。”[280] 会谈结果没有达成具体协议。在外交人民委员会分发给苏联驻外大使的会谈结果通报中，这样写道：

“只是到了谈判快结束的时候，米科瓦伊奇克才声明，他本人承认寇松线作为苏波边界线，但是他要回伦敦和自己的同僚们再讨论一下……因此，边境问题暂时还没有彻底解决。有关波兰政府的组成，米科瓦伊奇克建议在伦敦流亡政府和波兰民族解放委员会之间平分政府职位……这个问题也一样没有得到解决。米科瓦伊奇克已回伦敦，他声明说，一旦与自己的同僚们预先商定好，他会很快返回。”[281]

10月19日，丘吉尔和他的精英们离开了莫斯科。在起飞之前，首相收到了斯大林的礼物和一封送行信。

288 ## 539. 致大不列颠首相温斯顿·丘吉尔先生

1944年10月19日发　　　　1944年10月19日收

尊敬的丘吉尔先生：

在离开莫斯科的那一刻，请您接受我俭朴的礼物，以纪念您在苏联首都度过的这段时光。“帆船舵手”花瓶送给丘吉尔女士，“带洋葱打熊的猎手”送给您。

再次祝愿您身体健康，精力充沛。

И.斯大林

丘吉尔马上写了感谢信回应，信中讲述了自己在莫斯科期间的总体印象。“托尔斯泰会议”谈判在友好信任的气氛中结束，这种温馨的气氛又一次使感情丰富的丘吉尔心潮澎湃。很少给国王乔治六世写信的他，这样描写了对莫斯科的印象：

“在这里，在莫斯科，有着非常美好的清新气象，政治氛围也非常坦诚。这样的情景还前所未见。首相和艾登先生与斯大林元帅和莫洛托夫先生在坦率的、相互信任的气氛中讨论最敏感的问题。昨晚首相观看了精彩的芭蕾舞，受到了众多观众长时间的热烈欢迎。当斯大林元帅在整个战争期间第一次出现在剧院，当时我就站在他身旁，出现了真正的令人激动的场面。在用餐时间，伴随着很多真挚的祝酒词，自由地讨论着最严肃的问题。”[282]

出于对盟友的尊敬，斯大林不仅有史以来第一次到英国使馆参加欢迎仪式，而且还亲自到机场为客人送行。“非常荣幸，他亲自来了。”布鲁克在自己的日记中这样写道。[283] 斯大林环视了“空中霸王（Скаймастер）”号首相专机，并挥舞手帕告别。在10月19日丘吉尔给斯大林写信时已经称呼“朋友，战友”，完全是情理之中的事了。

540. 致斯大林元帅 289

1944年10月19日发　　　　1944年10月19日收

尊敬的斯大林元帅：

我刚刚收到两个漂亮的花瓶，这是您送给我和我夫人的礼物，用来纪念难忘的莫斯科之行。我们会把它们当作最喜爱的物件收藏。

此次莫斯科之行期间我不得不加班工作，我每天收到电报，处理国内事务。因此我没有机会观赏莫斯科及其历史纪念碑。尽管如此，由于您给予的热情款待，特别是我们愉快的会谈，此行自始至终给我带来满足。

我对未来我们国家联盟从未有如此强烈的希望。我希望，上天赐予您长寿，让您恢复战争造成的创伤，把全俄国从暴风雨带向荣耀和阳光灿烂的时代。

朋友和战友

温斯顿·丘吉尔

稍晚些时候，斯大林收到了克莱门汀·丘吉尔为“小礼物”发来的感谢信，斯大林通过古谢夫也转达了对她来信的谢意。[284]

此外，斯大林很满意与丘吉尔的会谈结果。英国人认可了苏联在东欧的势力范围和苏联在远东的利益。在向罗斯福通报会谈结果时，斯大林没有详细描述细节，细节自然会有人通报给总统，他只限于对会谈进行泛泛的积极评价。由此看来，斯大林故意把会谈视为对“三巨头”会晤做准备之意，从而安抚罗斯福和证明自己与英国首相有单独会谈之必要。

前面已经提到的，10月13日与葛罗米柯的会谈中，霍普金斯第一次通知大使，罗斯福“希望”11月底举行“三巨头”会晤，可以在苏联黑海沿岸某地举行。罗斯福早就有此想法，“斯大林—丘吉尔”私下会晤更激发了他的这种愿望。很明显，是霍普金斯选择的会晤地点。他向总统解释说，考虑到德 290
国北方战线的形势，“我们没有办法把斯大林拽出俄国”，应该去“某个适宜的俄国港口，最合适的地方是克里米亚”。[285] 罗斯福起初并未反对，霍普金斯决定打探葛罗米柯的口风。[286] 大使在发回的电报相应段落中把克里米亚用粗线标出，不出所料，这个建议很快得到了斯大林的响应，在莫斯科会谈的时候他还和丘吉尔谈论了这个话题。10月21日，首相在回国途中打电报给总统说："我非常高兴，约瑟夫大叔对我说，您建议11月底在黑海港口举行三人会晤，我认为这是个好主意，我希望您随时告知进展。我随时准备前往你们二位认为合适的地方。"[287]

541. 斯大林致罗斯福的私人秘密信函

1944年10月19日发

1. 丘吉尔先生和艾登先生在莫斯科期间，我们就共同感兴趣的问题交换了意见。当然，哈里曼大使把重要的谈话内容都向您做了汇报。据我所知，首相也会向您通报他自己对莫斯科会谈的看法。我认为，我们的会谈是卓有成效的，双方就下列问题阐明了自己观点：未来德国关系、波兰问题、对巴尔干国家政策、未来军事策略。会谈表明，我们能够容易地协调所面临的重要策略问题，如果我们还不能立即解决某个问题，比如波兰问题，至少在这里也给我们开辟了有利的前景。我希望这次莫斯科会谈能给我们带来益处，包括我们三人会晤时，我们能够在一定程度上解决所有急迫的、代表我们共同利益的问题。

2. 葛罗米柯大使通报我说，他不久前曾和霍普金斯先生会谈，霍普金斯
291 表达了您11月底可以到黑海，与我在苏联黑海沿岸会面的想法。我非常欢迎这样的想法变成现实。与首相的会谈使我确信，他也会同意这个意见。因此，我们三人会晤最好能在12月末如期举行，德黑兰会议之后积累了很多问题亟待解决。我很高兴收到您相关的消息。

丘吉尔在返回途中再次在萨拉布兹停留，克里米亚政府安排了丰盛的晚宴欢迎英国代表团，甚至给丘吉尔的秘书带来了一大束鲜花。第二天到达开罗后，首相给斯大林写了下一封信。

542. 丘吉尔致斯大林的信函

1944年10月20日发　　1944年10月21日收

艾登先生和我已经离开苏联，与斯大林元帅您和您的同事们会谈使我们神清气爽，无比充实。在莫斯科难忘的会晤证明，在我们坦率真诚的交谈中，

所有问题会迎刃而解。俄罗斯民族的热情好客在我们访问期间展现得淋漓尽致。无论在莫斯科，还是在我们停留了几个小时的克里米亚，到处都体现出对我、对我的代表团无微不至的关怀。非常感谢您和所有给予我们关怀的人。我们期待再次相逢。

随着法国领土从法西斯的占领中逐步解放，盟国与戴高乐行政机构的合作不断扩大，外交承认法兰西临时政府的问题迫在眉睫。10月16日，英国代表团尚在莫斯科期间，艾登转交给莫洛托夫一份备忘录，承认戴高乐行政机构为法国临时政府，苏联方面表示同意。[288] 现在就剩下美国人表态了。丘吉尔从莫斯科发电报给罗斯福，恳请罗斯福迈出这一步，但是总统犹豫不决，他在等待法国行政机构组建国内行政区划，扩大协商代表大会组成，协商代 292
表大会就是未来法国议会的雏形。10月19日，罗斯福收到了艾森豪威尔的消息，称已经和法国民族解放委员会就组建包括巴黎在内的行政区达成一致，司令官建议10月23日宣布承认法国临时政府。华盛顿立即行动起来。当天罗斯福给丘吉尔发电报，通知他这一决定。国务卿赫尔建议总统将消息通报给苏联方面，原因仅仅是“英国政府肯定会将此事通知苏联政府”。[289] 罗斯福表示同意，并在赫尔的建议书上签字。总统关于“仔细研究”此问题的指示，明显是夸大其词地暗示此事操之过急。

543. 罗斯福致斯大林的私人秘密信函

1944年10月20日发　　　　1944年10月21日收

我们仔细研究了外交承认现有法国政权为法国临时政府的问题。鉴于协商大会范围扩大，这个政权在很大程度上代表了法国人民。期待在艾森豪威尔将军同意之后，法国人能够在最快时间内建立行之有效的内部区划，归属法国行政机构管辖，当一切就绪时，适时承认法国政权为法国临时政府。在法国内部区划完成、归属法国行政机构管辖之后，如果您希望采取类似的做法，我在此提前通知您我们对此事的打算和态度。

正如赫尔所料，克尔在10月22日写信给莫洛托夫称，英国政府收到了同样的华盛顿来信，决定回信表示立即承认。在信中英国政府对急于承认表示遗憾，“虽然不是因为英国政府的原因”，并希望苏联政府能及时通知驻法国

293 代表博戈莫洛夫，以便在10月23日所有三个盟国同时承认法国临时政府。[290] 莫斯科此前就已同意这样做，不用再费口舌。10月23日广播发布的苏联政府声明称："苏联坚定不移地保持与民主法国的友好关系，苏联欢迎美国政府和大不列颠政府所做的上述决定。"[291] 博戈莫洛夫被任命为驻法大使。

544. 斯大林致罗斯福的私人秘密信函

1944年10月22日发

您关于打算承认法国现政权为法国临时政府并建立内部区划隶属法国行政机构管辖之事的来函收悉。英国政府已通知苏联政府准备承认法国临时政府。苏联政府欢迎承认法国临时政府的决定，并为驻法国代表下达了相应指示。

从之前丘吉尔多次提到的代号为"朱庇特（Юпитер）"的登陆挪威的行动计划中可以看出，丘吉尔把挪威视为对英国有重要战略意义的国家。莫斯科也力求自己在挪威拥有一席之地，1944年2月外交人民委员会制订的在部分挪威领土上由苏军缴械德军的方案可以佐证：这一条应该写进了《德国简要投降条件书》中。[292] 由于1944年初以来苏军在军事上获得成功，在伦敦出现了红军会进入挪威境内并带来一定后果的担忧。这种担忧的传播人之一就是挪威流亡政府外长T.里（Ли Т.）。其重要标志就是，伦敦急于与挪威政府
294 签订关于《盟国远征军解放的挪威领土地方行政与管辖措施》协议。英国人早在1944年2月就急迫签约，但莫斯科坚持要更仔细地研究。最后，挪威政府同苏联、美国和英国在5月17日签订了三份同样的条约。[293]

1944年9月，布罗斯和迪恩又采取了新的外交动作。盟军联络处代表通知苏军统帅部，英美计划在德国人撤退之后驻军挪威，并希望了解苏联在这方面的打算。苏方以口头非正式形式通知迪恩："苏军统帅部没有有关挪威的计划。"[294] 但是，英美计划的难点在于，在德军撤退或溃败之后30天内未必能派驻军队进入挪威，甚至当时盟军特遣队的数量也不足。但之后丘吉尔又在信中承认，军队人数或兵源民族构成都不重要，伦敦认为，最重要的是此举的政治意义。

10月14日，丘吉尔和斯大林简短地讨论了挪威问题。根据英国的会议记录，丘吉尔拒绝了斯大林关于苏英在挪威联合行动的建议，理由是军队不够，

只承诺可以提供海上支援。随着苏军10月18日进入挪威，有关挪威军队参加军事行动的问题就变得越来越现实了。当天，挪威大使R.安沃尔（Андворд P.）与捷卡诺佐夫和莫洛托夫讨论了相关的细节问题。苏联方面原则同意派遣挪威人组成的特遣队，并在瓦耶加组建挪威军事联络处。[295]

545. 丘吉尔致斯大林的私人秘密信函

1944年10月24日收

在莫斯科的时候您曾问起，我们是否能够在挪威北部给您提供某种帮助。我得到消息，挪威将派200名挪威人组成的象征性先遣队。请您告知，是否还有其他需求，我会立即查明，是否能够满足以及多大程度满足。 295

谨致以最良好的祝愿和真诚的问候。

共有4人参与起草给丘吉尔这封信的简短回复，他们是捷卡诺佐夫、维辛斯基、莫洛托夫和斯大林，后两位修改了初稿。[296]

斯大林不仅确认了早前同意派挪威先遣队一事，而且表示准备招募更多的挪威士兵。收到斯大林的来信之后，丘吉尔立即咨询参谋长委员会："为什么只派200名挪威人？毋庸置疑，肯定不止这些。"10月26日，苏联和挪威签署了苏挪军队合作协议。11月6日，挪威军队随例行的JW61A护航运输队抵达摩尔曼斯克。11月7日，斯大林写信给丘吉尔称：对挪威人的招待，按他们自己的话说，非常周到。根据已签署协议，挪威军队，即挪威上校军官A.戴利亚（Даля A.）率领的所谓第138分队，由苏军指挥部统一实施战役指挥。同时，外交人民委员向挪威军事联络处代表保证，苏联政府会尽快从挪威撤军。[297]

546. 斯大林致丘吉尔的私人秘密信函

1944年10月24日发

您10月24日的来函收悉，您通知我说，挪威人打算派200名挪威人组成的象征性先遣队进驻挪威北部。我应该告诉您，挪威驻莫斯科大使对莫洛托夫说过，挪威人会以更有力的措施反击德国人。

如果您能够采取某些海上行动打击位于挪威的德军，这将具有积极意义。

祝贺您顺利返回伦敦，谨致以最良好的祝愿。

296 在下一封信中，罗斯福没有忘记再次强调苏英会谈的预备性质，并着手制造氛围，希望把“三巨头”会晤地点从黑海移至地中海。有关克里米亚冬季气候不佳的消息令总统惴惴不安，并且与华盛顿通信困难；他想住在美军军舰上，但是不确定美国海军舰队能否自由出入黑海。他把这封信抄送给了丘吉尔，罗斯福写道：“我当然更希望他到地中海来，这样对我们大家都方便。”[298]

547. 罗斯福致斯大林的私人绝密信

1944年10月24日发　　　　1944年10月25日收

我从哈里曼大使处及您10月19日的来函中获悉，您和首相为我们大家共同关心的一系列问题找到了解决途径，我们共同的愿望是保证和支持持久且令人满意的和平。我相信，你们的莫斯科会谈所取得的成就会简化和加快我们下次会晤的过程，届时我们三人应该就我们未来的行动、决策和利益达成完全的一致。

我们应该研究11月会晤地点的适宜性，也就是说，从起居、安全、方便等角度加以考虑。我会非常感谢您的建议。

万一我乘船到黑海十分困难或者完全无法实现，我研究了塞浦路斯、雅典或马耳他等地是否合适。我首选在军舰上旅行和起居。众所周知，塞浦路斯和马耳他的安全和住宿条件都令人满意。

我们期待与您重逢。

我会很高兴收到您的建议。

斯大林很礼貌地回了信，但坚持黑海方案。

297

548. 斯大林致罗斯福的私人秘密信函

1944年10月29日发

您10月25日的来函收悉。如果您之前所言在苏联黑海沿岸会晤的建议可行，则我还是希望按原计划执行。这里有非常有利的会晤条件。我希望，在此之前，可以保证您的军舰安全抵达黑海。因为目前医生不建议我长途旅行，我不得不同意。

一旦您认为行程可行，我会很高兴见到您。

罗斯福对斯大林的回信很失望，并向丘吉尔求助“说服约瑟夫大叔在皮拉（Пира）、塞萨洛尼基（Салоники）或者君士坦丁堡（Константинополь）会晤”，尽管罗斯福也不抱太大希望。“很担心，约瑟夫大叔坚持在黑海。”他抱怨说。[299]

在伦敦，当打开克里姆林宫传统礼物——伏特加、亚美尼亚白兰地、鱼子酱包装后，才发现，这次礼物成山。丘吉尔写了下面一封信。

549. 丘吉尔致斯大林的私人信件

1944年10月29日发　　1944年10月30日收

一回到伦敦我就意识到，您为我和代表团成员准备的俄产礼物是多么丰富。请接受受礼人的真诚谢意，大家是带着感激的心情接受这些象征俄罗斯热情好客的礼物的。

550. 丘吉尔致斯大林的私人秘密信函

1944年10月31日发　　1944年10月31日收

1. 我得到消息说，挪威驻莫斯科大使和莫洛托夫先生商定挪威象征性先遣队的人数，他们共有120人应从英国派遣，后来位于英国的挪威军政权研究这个数字后，将人数增加到了230人。这个队伍已经起航出发。 298

2. 我应该强调，英国的挪威军队人数不是很多。共有3个山地连，每连200人，1个伞兵连和一个野战连，每连170人。因此，已经出发去摩尔曼斯克的象征性先遣队占了在英国步兵总数的1/3。挪威政府至今仍希望把其余部队留在英国，他们认为，当德国人撤退之后，他们再随我方部队返回挪威，但是，如果您认为一部分部队需要配合红军行动，我可以和挪威首相商量此事。

3. 关于海军行动，皇家海军一直在对往返挪威北部的敌船实施各种攻击，取得了很大的战果。如果您能为我粗略描述贵方可能的行动特点，我很愿意考虑，后续能给予哪些方面的海上直接帮助。

1944年10月，匈牙利局势出现了悲剧性的发展态势。匈牙利代表前往莫斯科，10月11日签署了停战条件协议草案，看起来好像是按照罗马尼亚的脚本打通了匈牙利退出战争的道路。但是很快得知，布达佩斯将不履行自己应承担的义务。苏军指挥部和匈牙利人在赛格德（Сегед）的谈判表明，“匈牙利政府显然走上了一条不履行已接受的停战条件之路”。[300] 匈牙利王国摄政王米克洛什·赫尔蒂（Хорти М.）对德国代表发表了一份关于10月15日停火的草率声明，导致了德国人授意下的国家政变，成立了以德国傀儡F.萨拉希（Салаши Ф.）为首的法西斯政权。考虑到在匈牙利行动的政治投注，另外对敌人反抗能力估计明显不足［某些军事首长后来怪罪 Л.З.梅赫里斯（Мехлис
299 Л.З.）上将传回的消息太过乐观］，斯大林下令进攻布达佩斯。根据什捷缅科回忆，第2乌克兰方面军司令 Р.Я.马林诺夫斯基（Малиновский Р.Я.）“收到 И.В.斯大林亲自下达的命令，在最短时间控制匈牙利首都，‘确切地说是几天内’，司令员请求给5天时间准备，但是给他的命令中这样写道，‘就在明天进攻布达佩斯’”。[301] 对初期的进攻战绩丘吉尔也曾祝贺，但很快遭遇了敌军疯狂的抵抗。11月4日，斯大林被迫改变最初计划：两个机械化军停止在狭窄地带加速进攻，取而代之的是方面军右翼和左翼共同参与实施大规模战役。

英美联军行动区域内的情况发展也不尽如人意。早在9月8日，丘吉尔就指示参谋长委员会，“德国人准备防守斯海尔德（Шельда）河口，至今仍在安特卫普北部小城抵抗。很难想象，如果不彻底摧毁运河港口之敌的顽固抵抗、击溃瓦尔赫伦（Валхрен）（半岛）以北和安特卫普以北的德军，第21集群大部兵力则无法突破到德国边界”。[302] 在11月底之前，终于肃清了丘吉尔所说的这些地区，同月28日，第一批期待已久的护航运输队到达安特卫普。总体来说，比利时—荷兰边境的战斗比计划和实施“霸王”行动时很多人期待的要复杂得多。伦敦也承认，预计“主要的会战发生在法国，而解放比利时和荷兰会很轻松”，这种预测没有成真。[303]

从此意义上来说，意大利的情况具有一定的相似性。虽然在9月参谋长委员会还在设想，如果德军快速撤退或崩溃，该如何行动［“兰金（Рэнкин）”行动］[304] 的问题，而事实上，事件完全朝着相反的方向发展。意大利战局在计划阶段就出现了失误。引用研究者的话说：“盟军计划制定部门对北非冬季的严酷性估计不足，他们在意大利更加严酷的气候上又犯了同样的错误（这个可能更不可饶恕）……英国将军W. J. F.杰克逊（Джексон У.Дж.Ф.）写道：‘沙漠上的战争让士兵们忘记了弗兰德斯（Фландрия）的泥泞，而没有哪个在意大利参战的老兵会忘记意大利的泥泞……’”[305] 尽管大家都习惯了丘吉尔经常拿意大利和莫斯科来形容艰苦的气候条件，但1944年秋天的状况真的非同寻 300 常。正如美国官方出版的《第二次世界大战美国军事历史》一书中关于意大利战局的一卷所描述的那样，“9月下旬，秋雨经常把平静的小溪变成汹涌的急流，淹没道路，冲垮涵洞和桥梁。1944年秋，雨水伴随着大雾和阴霾，萦绕山顶，盈满峡谷，能见度降为零”。[306]

丘吉尔对南斯拉夫事态的进展好像还算满意。为了在南斯拉夫执行联合政策，10月13日，莫洛托夫和艾登还在莫斯科会谈期间，根据英方提议给铁托和苏比锡发了同样的电报，希望他们尽快会晤（早在10月9日，铁托给苏比锡发出了邀请，请他到南斯拉夫讨论组建统一的政府问题；苏比锡22日乘苏联军机抵达）。[307] 总体上，1944年秋，苏联对南斯拉夫的政策具有明显的灵活性。在外交人民委员会关于“托尔斯泰谈判”成果的通报中有这样的一段话：“英国人对苏联在南斯拉夫势力范围的扩大有所担忧，我们正努力消除这种担忧，我们解释说，我们不认为把南斯拉夫苏维埃化的政策是正确的，但同时强调，应正确评价铁托元帅为首的南民族力量进行人民解放斗争的重要性，以及正确评价南民主民族力量联合的重要性。”[308]

克里姆林宫注意到了西方盟友的立场，特别是英国的立场，克里姆林宫努力表现得不仅顾及铁托的利益，也顾及流亡政府的利益。有迹象表明，斯大林这段时间与苏比锡在进行通信联络，并建议铁托迈出非同寻常的一步，比如特赦米哈伊洛维奇的义勇军。[309] 11月9日，斯大林告诉丘吉尔，同意苏比锡访问莫斯科，这也包括在这种政策方针框架内。

丘吉尔在介绍自己是如何教训波兰人的时候，特别强调了11月2日与米哈瓦伊恰克、罗默和拉钦斯基的再次会面。首相提醒波兰人，莫斯科谈判已经过去了2个星期，而波兰方面仍没有答复。他多少次坚持让“伦敦人”正式承认寇松线，但是米科瓦伊奇克固执地拒绝这样做，理由是内阁抗拒，还 301 要等待罗斯福的答复。丘吉尔白费口舌地说服谈话对象不要相信美国人，最好去莫斯科结束与斯大林的谈判，而米科瓦伊奇克只是答应再次与同僚们讨论。失望至极的丘吉尔给他48小时做最后决定，否则，他只能对斯大林说波兰政府不能做任何决定。[310] 第二天，波兰内阁通过决议声明，因为“联合国家不能对波兰的独立、主权和领土完整做出保证”，波兰政府不能同意莫斯科会议决议，并请求“三巨头”邀请波兰政府参加共同讨论这个问题。[311] 这种答复方式不会让事情出现转机，而丘吉尔也不急于把调解失败的消息告诉斯大林。相反，他努力赋予其新的希望，在最终查明“伦敦人”的立场之前，避免采取新的步骤。第二天，在发出下面一封信之后，艾登接见了古谢夫，正如内阁会议报告中所说的那样，为了“继续保持首相的友好态度，在收到波兰人的回复之前留住俄国人的耐心”。[312] 艾登给大使出示了这封信后补充道：“米科瓦伊奇克的莫斯科之行推迟了，因为米科瓦伊奇克向罗斯福通报了莫斯科会谈，并希望得到答复。由于总统选举，罗斯福在答复米科瓦伊奇克的时候，只是采用了泛泛的说法，比如复兴自由独立的波兰国家。一旦总统选举结束，米科瓦伊奇克便希望结束与同僚们的磋商，重新恢复莫斯科谈判。”[313]

551. 丘吉尔致斯大林的私人秘密信函

1944年11月5日发　　　　1944年11月6日收

1. 祝贺您在布达佩斯取得的进展。

2. 现在我们有效控制了安特卫普外围，我希望，近海船10天后能够通行，而远海船还要经过3—4个星期。这将解决从北翼进攻德国的问题。比利
302 时和荷兰的艰苦战斗仍在继续，仅英国第21集群在夺取布鲁塞尔之后，英国和英国指挥的部队就损失了愈4万人。大量的包围圈和攻陷的港口还在抵抗，当他们被肃清之后，我们抓获俘虏的数量会大大超过前面的数字。

3. 英美盟军利用前方战事间隙，在为大规模进攻做准备。

4. 罕见的瓢泼大雨冲垮了意大利前线众多的桥梁，目前所有的行进都停止了。

5. 关于南斯拉夫，我在等待苏比锡博士归来，以及他向彼得国王的汇报结果。我很高兴得知，之前收到的消息给彼得国王留下了很好的印象。马克林旅长现在和我在一起，他告诉我说，得知俄国和英国在共同努力，游击队总部的气氛轻松了许多。

6. 尽管我尚未告知您波兰之事，但您可以相信，我尚未忘乎所以。目前，他们还在和美国政府谈判，我也不知道会收到什么样的答复。但是，我借此机会使您相信，我仍然坚持我们分手时我所持的立场，国王陛下政府继续支持苏联在任何停战会议或和平大会上的主张和路线，因为我们已经具体约定。美国选举结束后将会轻松很多。

谨致以最良好的祝愿。

然而，即使在罗斯福胜选之后，在致米科瓦伊奇克的信中仍没有明确地对波兰边界问题做出保证，这使后者失去了获得华盛顿支持的希望。[314] 米科瓦伊奇克的莫斯科之旅未能成行：因为未能劝说内阁接受寇松线，他于11月24日辞职。此时，波兰部长们意识到，承认新的东部边界可能是他们的救命稻草。波兰国防部长M.库克尔起草的波兰政府内部有关莫斯科谈判的报告称，承认寇松线可能有助于恢复和苏联的外交关系，得到苏联和英国对波兰 303
新边界的保证，也有助于战后苏联军队撤出波兰领土。[315]

552. 丘吉尔致斯大林的信函

1944年11月6日收

值此苏联国家成立周年纪念之际，衷心向您致以祝贺。祝愿贵国和您本人无论在平时还是在战时都取得全面成就，愿英苏联盟成为两国和其他国家乃至全球的福祉，我为此祈祷。

莫洛托夫对10月31日丘吉尔来信回复一直拖延至11月9日。为了想办法掩饰这个事实，人民委员建议“当家的”的日期落款写为11月7日，“当家的”也真这么做了。[316] 斯大林写信的正式日期和实际不符的情况极为少见。

553. 斯大林致丘吉尔的私人秘密信函

1944年11月7日发

您10月31日的来函收悉。

根据挪威政府的请求及您来函所述，我已下令苏联军事主管部门接管英国—摩尔曼斯克的挪威军队，把他们派往已经解放的挪威领土，由苏军指挥机关指挥。

关于其他挪威军人，我认为，应该由挪威政府自行决定。

关于英国海军参与解放挪威一事，我暂无具体建议。贵方所做的一切，我们都欢迎。

斯大林对莫洛托夫的草稿做了修改（斜线标出），这再一次证明他对波兰问题的关注，并对丘吉尔的调停持怀疑态度。

304 554. 斯大林致丘吉尔的私人秘密信函

1944年11月9日发

感谢您11月5日的来函。

很高兴从您的来函中获悉，安特卫普这样重要的港口外围已经处于贵军的严密控制之下。我希望，贵军新的进攻准备工作进展顺利，在不久的将来，德国人会再次感受到英美军队打击的力量。

关于南斯拉夫，我得知形势朝着有利于盟国的方向发展。苏比锡博士准备来莫斯科，通报最近和铁托元帅的会面成果。我感觉，可以预见，南斯拉夫联合政府将很快成立。

关于波兰问题，不得不承认，米科瓦伊奇克浪费了很多宝贵时间，***他的机会越来越少。（您关于英国政府坚持在莫斯科达成的苏波边界协议的立场，令我们感到非常欣慰。）***

感谢您对苏军在布达佩斯进展的祝贺。在匈牙利，我们的军队在前进，但是他们必须克服征途上不小的困难。在拉脱维亚还有德军的32个师，我们会采取一切必要的措施加快肃清。最近一些天的雨水和大雾严重阻碍了这个地区的行动。但是，这又给我们机会以加强后续行动的措施。

现在已经可以这样说，总统以很大的优势胜出。在苏联，我们把他的胜出视为我们又一个共同的胜利。

当斯大林在这封信上署名的时候，他已经看过11月8日葛罗米柯发的电报："罗斯福再次当选。斯大林同志认为就此发贺电是否合适。最好加密。昨天晚上11时20分霍普金斯来电，兴奋地说：'罗斯福胜出。'此前只统计了
305 900万张选票，但统计选票比例结果明显有利于罗斯福。稍晚时候，只是在纽约州计票过程杜威'跳'过罗斯福，后者又赶上。我所到的州都是支持罗斯福的州。"[317] 斯大林立即采纳了大使的建议，话说回来，未必需要这样的建议。事实上罗斯福以明显优势胜出，获得了48个州中36个州的支持，选举人票432对99，尽管这个优势比1940年的时候有所缩小。总统回电致谢。

555. 致罗斯福总统

1944年11月9日发

就您再次当选，向您致以祝贺。我深信，在您可靠的领导下，美国人民将同苏联人民、大不列颠人民以及其他民主国家人民一道完成反对共同敌人的斗争事业，您再次当选是把人类从纳粹暴政下解放出来的胜利保证。

И.斯大林

556. 罗斯福致斯大林的私人信函

1944年11月9日发　　1944年11月11日收

非常高兴收到您的贺信。我感到很荣幸，您和我能够继续与我们的盟友一道消灭纳粹暴政，建立永久和平，从此，所有从战争枷锁中解放出来的民族都可以按照自己的意愿达到更高程度的发展与文明。

到达巴黎后，丘吉尔得到消息，英国空军跟踪已久的德国重型战列舰“提尔皮茨”号，于11月12日在挪威罗姆塞港附近被击沉。早在9月，这艘军舰就被英国空军重创（英国空军当时使用苏联基地进行攻击，为此伦敦官方表示了“深深的谢意”），[318] 德国人一直利用此舰作为炮火掩护兵力使用。由于截获德军指挥部的无线通信，才准确确定了“提尔皮茨”号的位置。丘吉尔给罗斯福写信时说道：“把这个恶魔送到早就该去的地方，我们感到轻松了 306
很多。”[319] 首相也及时和斯大林分享了这个好消息。

557. 丘吉尔致斯大林的私人信件

1944年11月12日发　　1944年11月13日收

巴黎

皇家空军轰炸机击沉了“提尔皮茨”号。让我们一起庆祝吧。

这里一切顺利，我上封信提到的大规模行动正在快速展开。今晚我要去法军总参谋部，然后去美军总参谋部。

谨致以最良好的祝愿。

斯大林对“提尔皮茨”一事早就认为，英国人有“不可告人的目的”，他们本可以行动得更积极、更果断。1943年10月，和艾登会谈时他就指出，“如果他有大不列颠这么强大的海空军，他早就会利用海空军挑战‘提尔皮茨’号，并将其击沉……他，斯大林同志，有这样的印象，就是英国人想得到完好的‘提尔皮茨’，不想让其受损”。[320] 不管怎样，消息还是好消息。在给丘吉尔回复的时候斯大林修改了莫洛托夫的句子，把“您击沉了‘提尔皮茨’号”这句话写得更加具体。很难说这背后的原因是什么，是不希望突出丘吉尔的功劳，还是仅仅出于习惯把表达具体化。还有个细节，他仔细修改了看起来颇为平常的一句话，即：感谢丘吉尔祝贺十月革命周年纪念日。

558. 斯大林致丘吉尔的私人秘密信函

1944年11月13日发

英国飞机击沉“提尔皮茨”号的消息让我们感到非常高兴。英国飞行员理应引以为豪。

307 祝愿您所说的大规模进攻取得成功。

致以良好祝愿。

559. 致大不列颠首相丘吉尔先生

1944年11月16日发

感谢您就苏维埃（联盟）**国家**成立周年纪念日发来的贺信和对苏维埃**联盟**（人民和我本人）的美好祝愿。我相信（一点），我们（民族）**国家**最强大的联盟有利于战胜敌人，有利于**全世界**（各民族）的和平事业。

И.斯大林

11月10—14日，丘吉尔和艾登第一次访问已解放的巴黎。这次出访对双边关系具有重要意义。遵循自己一贯的维持“欧洲平衡”的政策，英国外交部门竭力加强英国在法国的地位，这个地位曾被战争极度削弱，英国把自己视为欧洲大陆的主导国家，而法国是自己在欧洲的主要盟友。丘吉尔与戴高乐私人之间的不愉快干扰了这个计划，这次访问抚平了裂痕。巴黎为首相举行了隆重的欢迎仪式：丘吉尔和戴高乐在爱丽舍宫庭院检阅仪仗队，给福煦元帅墓献花以纪念贡比涅停火周年纪念日，这位英国人被授予巴黎荣誉市民，作为答谢，他用法语发表了近一小时的即兴演讲，尽管无法掩饰他的英国口音。通过谈判，首相和外交大臣答应了法国的要求，同意法国在占领德国之后参与欧洲协商委员会的工作，以及加入未来的联合国安理会。丘吉尔同样也支持戴高乐的强军想法，伦敦认为重点要加强陆军兵力，以作为英国海空军的补充。这种组合军事力量的能量可以抵御欧洲大陆任何潜在的威胁。英 308
国人也答应协助法国战后恢复经济。丘吉尔甚至表示，准备接受戴高乐参加即将举行的“三巨头”会晤，哪怕是最后阶段的会晤。首相对这次访问非常满意，11月17日他写信给自己的驻法大使达夫–库珀（Дафф-Купер）时说：“这几天我们取得了很大的成绩，我感到，我们又使《三国协约》精神全面复活了……”[321] 尽管巴黎会谈没有就主要政治问题形成最终决议，但英法的接近以及新《三国协约》的幽灵不可能不让莫斯科担忧。丘吉尔很清楚这个问题对苏联的重要性，他决定把巴黎谈判结果详细通报给斯大林，此时西方媒体已经是消息满天飞。而莫斯科是通过侦察渠道获取这次谈判最详尽内容的。[322]

丘吉尔在给斯大林的信中，特别强调这次会谈的预备性质，并展示了自己的坦率。尽管如此，丘吉尔在与戴高乐谈话时仍故意回避了一系列重要的节点和事实。其中包括：未来波兰和意大利的托管领土和其他领土；丘吉尔关于《百分比协议》的消息；首相展示英美团结的愿望[“（在德国）将有2个占领区：俄国和西方各1个”]和挽回英法殖民大国的“团结”愿望（“伟大的殖民帝国自然有着很多共同的构想。俄国人或美国人在这方面则望尘莫及”）。[323] 说到法国人的组织性，丘吉尔很自然地和1940年6月的一次访问做对比，那时“立刻就能感到到处破败不堪。没有人来迎接我们，很明显，没有人等我们来访”，后来他想起了这些往事。[324] 据戴高乐回忆，这次丘吉尔对“官方仪式的有效组织产生了深刻印象。他承认，英国政府就其出访问题进行了长时间的讨论，然后才勉强同意，因为他们对巴黎的混乱状态非常担心”。[325]

309

560. 丘吉尔致斯大林的私人秘密信函

1944年11月16日发　　　　　　　　　　　　　　　　1944年11月17日收

1. 您无疑希望了解关于我的巴黎之行的消息。在凡尔赛宫广场和维尔酒店的抵抗运动（Движение сопротивления）总部，我受到了近50万法国人的热烈欢迎。我还与戴高乐建立了私人友好关系。

2. 我发现，法国刊物和其他媒体都在传播这样的消息，说我们在巴黎做出了五花八门的决定。您尽可以相信，我们就重要问题进行了会谈，我们所有讨论过的问题，都应该提交三大国进行讨论。11日早餐后，艾登和我与戴高乐，还有他的2个或3个同僚谈了2个小时。戴高乐提出了一系列问题，这些问题给我留下这样的印象，就是法国人对已经解决的和正在发生的事情一无所知。他想得到8个师的现代装备，但是这些装备只有美国人才能提供。盟军远征军大本营的说法不无道理，他们认为这些师不会上战场参加对德作战，这些装备应集中满足冬季和秋季作战的现有武装力量需要。我支持这个说法。

3. 同时，我理解他们希望负责某段战线，尽最大可能参加哪怕是最后阶段的斗争，而斗争可能还会持续很长一段时间，他们不能未经参战却以所谓胜利者的姿态进入德国。我认为，这是情感问题，多少也应该引起我们的关注。法国需要一支完备的军队，用于执行它必须执行的任务，具体是：第一，在盟军后方维持法国的和平秩序；第二，晚些时候，控制德国某地。

4. 就第二个问题而言，他们非常强烈地坚持参加占领德国的行动，不是简单地以隶属英国或盟军指挥下的参与者身份，而是以隶属法国指挥的占领
310 军身份。我表示理解，我坚持请他们仔细研究什么类型的军队能够达成这个目的，这支军队完全有别于师团单位，这支军队的对手是在战斗中千锤百炼的现代化军队。这个说法给他们留下了很深刻的印象，但是他们仍然固执己见。

5. 我看到路透社的消息，无疑这不是巴黎官方消息，说我们已经达成协议，把某些地区交给法国管辖，比如鲁尔、莱茵河地区等交给法国卫戍部队占领。这完全与事实不符，此类问题只有与总统和您达成协议后才能解决。就这个话题我对戴高乐所说的总结起来，就是我们把德国划分为俄国和英国的势力范围，以及美国的势力范围。简言之，俄国占领东部，英国占领北部，

美国占领南部。然后，我以国王陛下政府的名义告诉他们，我们当然愿意让法国人承担与他们能力相符的一部分，但是这只能在盟国会议上才能定夺。给总统发电报也是这个意见。我们没有谋求彻底解决某些问题，或者一定要签署某些协议。

6. 但是，很明显，还存在一系列的问题，这些问题迫切需要在高于总司令部级别的层次解决，不解决这些问题，总司令部就不能下达指挥命令，因此，希望我们三人和法国人在近期会晤的愿望愈发强烈。在这种情况下法国人最好只参与某些问题的讨论，而不是参与所有问题的讨论。

7. 总的来说，我感觉，我们在和一个有组织的政府打交道，这个政府有广泛的基础，并会迅速得到稳固，同时我相信，在这样困难和危急的时期，如果我们的所作所为在法国人看来是削弱了他们的政府，那么，我认为这种做法是不够明智的。我感觉到了法国的稳定，我希望能够把他们拉入到我们的事业中来。

苏联外交部门密切关注丘吉尔对巴黎的访问。古谢夫从伦敦发回了若干封电报，归纳了英国刊物的反响，以及自己与贾德干和法国临时政府大使 311
R.马西格利（Массигли P.）的谈话。古谢夫大使强调，英法会谈的中心思想就是由2个大国建立、由欧洲小国参加的新的地区公约：

“可以认为，英国试图寻求自己欧洲政策的支撑点，因为1940年法国沦陷之后英国的欧洲政策体系土崩瓦解。由于这场战争，至少在一定的历史时期内，德国和意大利不可能成为欧洲强国，如果法国再不能重新回到强国之列，则欧洲大陆就只有一个伟大的强国——苏联，苏联将在欧洲政策中扮演重要角色。这样的前景不符合英国对外政策的利益，事实上，英国永远不会放弃‘欧洲力量平衡’政策。”

古谢夫指出，按照媒体的说法，所讨论的计划不是针对苏联的：“法国同样也想与俄国结盟……西欧地区公约与苏联周边斯拉夫民族建立的安全公约并不冲突，相反，会有助于完成对德国的包围和把未来的侵略行为消灭在萌芽状态。”[326] 马西格利向古谢夫保证，“西方集团的构想不会得到法国人的支持，法国不想执行纯亲西方政策”。[327]

下面的这封信是由总统亲自执笔，这在白宫的历史上极其罕见，这再次证明了白宫十分重视与斯大林的会晤问题。罗斯福已经比以前更加明确地表示，希望把“三巨头”会晤地点从黑海移至地中海，并列举了相应的理由。同时，他采纳了丘吉尔的建议，丘吉尔建议在地中海地区举行会晤，包括耶路撒冷。丘吉尔曾写信给总统：“我认为，我们应该对约瑟夫大叔说明白，由他承担因拒绝而造成的后果。我们终归都是有尊严的人。”11月5日，首相通
312 知罗斯福有关黑海方案的最终意见：“黑海和克里米亚的港口应排除在外，因为黑海和达达尼尔海峡入口布有水雷……除此之外，那里的舒适度和气候条件不佳。”[328] 与斯大林在这个问题上的讨价还价使人想起去年在德黑兰的那一幕。当时罗斯福口述了致斯大林的信，便把它交给莱希将军，并补充写道：“请让我们知道您的想法。”莱希不同意补充修改：如此一来，该信的两位作者瞬间调换了角色。[329] 总统私人代表赫尔利将军11月奉命出任美国驻华大使，试图调解中国共产党和国民党之间协同抗日的问题。

561. 罗斯福致斯大林的私人机密信函

1944年11月18日发　　　　1944年11月19日收

我们三人的共同意见是，最近应该举行会晤，但是由于某些地理方面的因素，目前还不是很容易确定。在已知的困难条件下，我现在可以前往某地，为的是在圣诞节前返回，但是，坦白地说，如果能将会晤时间改至1月20日即我的就职仪式之后，就再好不过了。

我的海军机关坚决反对黑海方案。他们不想让大型军舰穿越达达尼尔海峡或爱琴海，因为这需要强大的护航，而其他很多地方也需要护航。丘吉尔建议亚历山大港或耶路撒冷，也可以是雅典，虽然这一切还都不确定。

除此之外，我还不能决定当前是否能走开，因为本届国会任期所剩时日不多，而且从目前看，12月15日之前不能彻底解散。还有，宪法规定我这段时间必须在位，因为要向下届国会发布年度国情咨文，下届国会在1月初组成。

我建议，最好在1月28日或30日举行会晤，我希望，在这之前您乘火车到达亚得里亚海的某个地方，我们在那里与您会合，或您可以乘我方的军舰，
313 花几个小时跨海抵达巴里（Бари），然后乘汽车前往罗马，或您继续乘军舰，我们在某一地方会合，比如位于西西里东部的陶尔米纳（Тормина），在那段时间当地气候宜人。

地中海地区的任何地点对我来说都很方便，我所处位置的距离要确保与华盛顿保持空中联系，为了我能够履行立法方面的义务，这些问题对于您来说都很熟悉。我应该能及时收到法案或决议，它们应在10天之内发出并返

回。我希望贵国1月份的军事行动不会妨碍您这段时间出行，我认为，我们不应该把会晤推迟到1月底2月初。

如果在此期间法西斯军队或法西斯集团很快土崩瓦解，我们就不得不提前会晤，虽然我猜测会晤会在1月底举行。

也有其他一些方案，比如在里维埃拉（Ривьер）的某个地方，但这需要等到德国军队撤出意大利北部。我也想知道您对这个问题的想法。

有太多的问题需要与您讨论。您和我都明白，有很多问题摆在了我们每个人的面前，正如您所知，我认为有些会谈具有非官方性质，因此我认为不需要制定正式日程。

赫尔利将军——我的驻华大使，正在尽一切努力协调中国北方军队与大元帅之间的事务。他取得了一定的成果，但目前尚未签署协议。

谨向您致以最热忱的问候。

尽管戴高乐和西方盟友的关系在1944年明显巩固，但将军并不打算把赌注都押在他们身上。虽然对苏联的政策不抱太大幻想，他还是把苏联视为重要的合作伙伴，依靠苏联支持，法国可以奉行更加独立自主的政策。11月初，戴高乐通过外交渠道打探访问莫斯科的可能性。克里姆林宫之前曾不急于邀请戴高乐，而现在则对此建议表现出极大的兴趣，这样一来就为阻止法国加 314
入“西方集团”创造了条件，还可说服法国在对待波兰民族解放委员会的问题上，采取比英美更为平和的态度。11月13日，通过博戈莫洛夫向戴高乐转达了苏联的邀请。第二天将军很高兴地接受了邀请。按照盟友间的外交惯例，斯大林提前将此事通知了丘吉尔，许诺随时通报即将举行的会谈情况。之前，莫斯科真的不知道法国人为何而来。

562. 斯大林致丘吉尔的信函

1944年11月20日发

承蒙您告知与戴高乐会谈的消息。我饶有兴趣地拜读了您的来信。如果总统同意，我丝毫不反对您提出的我们与法国人会晤的建议，但首先应该确定我们三人会晤的具体时间和地点。

戴高乐将军不久前表达了访问莫斯科、与苏联政府领导人建立联系的愿望。我们表示同意。法国人可能这个月底到达莫斯科。法国人还没有提出他们想讨论的问题。无论如何，与戴高乐会谈后，我会将情况通报给您。

回复罗斯福关于会晤地点上的“倒车”行为时，斯大林仍然礼貌地坚持在黑海方案，巧妙地将同意总统建议与延迟会晤联系到一起。

563. 斯大林致罗斯福的私人秘密信函

1944年11月23日发

非常遗憾，您最初建议在苏联黑海沿岸选择三人会晤地点，而您的海军
315 机关却怀疑其合理性。您建议在1月底或2月初会晤，我对此没有异议，但我的条件是从苏联港口城市中选择会晤地点。我依旧要听从医嘱，避免长途旅行。

我仍希望，如果现在不行，那就在稍晚些时候确定大家都可以接受的会晤地点。

谨向您致以最良好的祝愿。

“好像，我还是不能把约瑟夫大叔拽出黑海，如果德国人在此之前不投降的话。”罗斯福在给丘吉尔的电报里对上述回信做了总结。[330]

11月1日，苏比锡和铁托在南斯拉夫举行会谈后终于签署了重要协议，从而为组建南斯拉夫联合政府扫清了道路。根据达成的协议，国王彼得二世“在人民没有做出决定之前”不得回国。在此期间，由王国摄政委员会代行国王权利，但新政府尚未对摄政委员会宣誓。同时还确定了未来政府的职位，但未指定候选人，只形成了未来政府宣言的总则，其中指出，这样的管理形式一直“保留到宪法议会做出决定”。[331]

在签署《铁托—苏比锡协议》之后的第20天，苏比锡和南斯拉夫民族解放委员会副主席E.卡德尔（Картель Э.）来到了莫斯科。11月22日，他们在与斯大林会谈时，“最高统帅”发表了一系列重要声明，比如，有必要加快与保加利亚联邦合作的进程，有义务和英国及其他国家“协商所有涉及南斯拉夫的问题”，并表示同意铁托—苏比锡协议，暗示彼得二世不应提前返回南斯拉夫，“希腊国王（在公投之前拒绝返回希腊。——作者注）就很好地处理了这个问题”。[332] 丘吉尔已经得知协议的签署，但却是另外一番评价。11月20日，在给威尔逊将军的电报中，他写道，“苏比锡博士以很低廉的价格把自己

卖给了铁托”。[333] 但很快，让丘吉尔烦心的就不是苏比锡的让步了，而是另一位大人物——南斯拉夫国王的坚决不让步。

564. 斯大林致丘吉尔的私人秘密信函 316

1944年11月24日发

苏比锡博士经短暂停留后于今天离开莫斯科。我与他以及民族委员会副主席卡德尔、南斯拉夫大使西米奇分别进行了会谈。通过会谈我得出结论，铁托元帅和苏比锡博士签署的组建南斯拉夫联合政府的协议将有益于南斯拉夫，不应拖延实施。您可能已经得知这个协议，我希望，您会同意，特别是和苏比锡会谈之后更是如此，他现在正在返回伦敦的途中。现在，贝尔格莱德已从德国人手里解放出来，而南斯拉夫，包括塞尔维亚和克罗地亚，还有斯洛文尼亚等，准备联合起来一起工作，我国政府支持南斯拉夫民族联合力量，是对希特勒分子新的打击，并有助于盟国共同的事业。

在丘吉尔写给斯大林的下一封信中，他突然提起的“西方集团”议题备受关注。首相提到的事情在西方媒体上已被大肆渲染。组建战后以英国为首的西方国家集体安全体系的想法早已涉及对外政策层面。主要发起人是比（利时）荷（兰）卢（森堡）经济联盟支持的英国外交部门。吸取了对希特勒采取“绥靖”政策和这次战争教训的英国人，渴望把自己保护起来，以防止类似威胁再现，即借助法国和其他西欧小国扩大自己的“防御纵深”。这些小国从自身考虑，为了不再成为欧洲大陆新的潜在侵略威胁的牺牲品，而首先希望得到英国的保护。到1944年末，在伦敦政府内部已经开始拟制各种“西方集团”方案，从集体防御体系到与每个国家分别签订一系列双边军事政治条约。艾登在给丘吉尔写信介绍该组织的优势时称，“有组织的西欧可以保证我们的防御纵深和巨大的人力资源，这可以减轻我们的负担，避免保留庞大 317
的军队，否则将让我们的经济不堪重负”。[334] 从1944年秋开始，在英国政府内部以及外交部在与其他国家代表接触时，已经开始秘密讨论这种联合方式的未来蓝图。媒体已经听到传言，他国外交官和侦察部门，包括苏联，都耳有所闻，苏联担心这种联合具有反苏性质。早在11月初葛罗米柯从华盛顿发来消息称：

“一贯消息灵通的、与国务院有关系的记者说，有一段时间，艾登和法国、比利时、荷兰、卢森堡的代表进行了会谈，讨论组建西欧国家集团的问题。就在最近几天，艾登好像和比利时外长斯帕克（Спаак）、卢森堡外长拜什（Бэш）就此议题进行了谈判。根据已掌握的信息，后者11月1日离开伦敦。华盛顿记者圈认为，组建这样的集团证明，英国人希望阻止苏联在西欧的影响。西欧集团从字面上理解就是对抗未来苏联领导的东欧集团。”[335]

古谢夫也从伦敦传回了类似的消息，特别是丘吉尔和艾登访问巴黎一事。古谢夫指出，英国外交部门在此方案中起主导作用。[336] 苏联情报侦察机关也没有打瞌睡。在一份外交人民委员会1944年的参考文献中，引用了11月下旬丘吉尔和艾登的意见交流记录，从文中可以看出，外交大臣对此方案的热心程度超过了首相。“如果我们不把保护小国的责任承担起来，那么他们就会投入苏联的怀抱，参谋长们都认为，我们必须有防御纵深。”艾登写道。[337]

苏联的担心不是没有根据的。尽管英国内部讨论强调，这样的联合是针对德国新的侵略，英国军人在1944年夏季已经预测，“更加长远的、更加危险
318 的可能性”是来自敌对的苏联，英国、法国、卢森堡的联合力量远远不够遏制苏联。因此他们强调，这样的联合体“只是走向更广泛体系的第一步，当敌对的俄国出现时，应依靠德国全国，或者部分德国的加入使其再扩大”。[338] 但是，当时英国外交部高层批评说，这种立场是和苏联直接对抗，而不是避免对抗。艾登及其同僚希望把建立“西方集团”和保留1942年的苏英联盟统一起来，换句话说，希望西欧和苏联的战略“范围”能够和平共处。丘吉尔本人没有积极参加争论，当时他以怀疑的态度看待这种联合的合理性，认为成本太高，暂时还不现实。他很清楚，“西方集团”的消息已经传到斯大林那里了，他明显是想安慰克里姆林宫的信友，告诉他英国人没有此类计划。当艾登建议修改致斯大林的信时，丘吉尔回答道：

“同意您的修改。我认为，我们应该尽快在内阁会议上讨论西方集团问题。目前法国军队还不够强大（强大起来需要5年，甚至是10年），这些国家将暴露自己让人失望的弱点。比利时人最弱，他们在战争中的行为让人瞠目结舌。荷兰人绝对是利己主义者，只有受到侵略的时候他们才战斗，也就战斗了几个小时。丹麦孤独无援，受不到保护，实际上和挪威一样。在法军成为欧洲第二强大军队之前，他们的能力有限，而让我们担负起保护这些国家的责任，依我的观点看，有违常理，甚至最基本的小心谨慎都没有做到。很有可能，大陆会向我们射击，而我们向大陆射击，这会给我们的岛屿造成损失。但是依靠强大的空军和正常实力的海军协助，海峡可以成为阻挡步兵和坦克侵略的巨大障碍。”[339]

在这段文字记录中，首相对艾登强调说，建立“西欧集团”的前景在很
大程度上取决于正在创立的世界安全组织的效率。他在给斯大林的信中也重 319
申了这一观点。为了安抚苏联的担心，艾登给克尔下达了与莫洛托夫的谈话细则，细则在11月28日和人民委员会谈之前发往莫斯科。其中规定大使必须否认在英国庇护下建立“西方集团”的传言，所谓的与苏联对抗就像“超级幻想，与陛下王国政府的现行政策没有任何共同之处”。[340] 在与莫洛托夫的会谈中，克尔做了空洞的声明，试图调和“西方集团”计划与苏联利益的冲突：“英国政府准备依靠英苏同盟来遏制德国。未来有可能在英法、法苏之间也有必要签订同样的同盟协议。但还是希望，也有必要建立西欧地区防御体系，目的是针对德国侵略共同组织防御，也解决政府在装备和集结军队方面所起作用问题。”克尔强调，如果真的遇到这样的问题，一定会与苏联详细磋商。[341] 莫洛托夫指出，苏联政府对此“不可能不感兴趣”；“根据其他政府的刊物和声明判断，很显然这个问题讨论已久，比如比利时政府和挪威政府。根据戴高乐数月前发表的声明，法国政府同样也讨论过这个问题”。散会时，人民委员感谢大使提供的消息，但还是没有忘记提醒一句，“很显然，英国政府是首席提琴手”。[342] 克尔的游说似乎没有消除苏联的怀疑。

丘吉尔所指的斯大林的讲话，实际上是在十月革命27周年庆祝大会上的报告，报告确实在盟国首都得到了积极的共鸣。葛罗米柯在给莫斯科的报告中说：“和我交谈的一些人对充满赞扬的报告表示欣赏，比如11月8日一同出席使馆招待会的摩根索、斯特蒂纽斯、朗戈、哈里曼，至少十几位美国军人和海空将军是这样。”在报告中，日本首次被称为侵略者，强调了“三巨头”
联盟的牢固性，高度评价了敦巴顿橡树园会议和盟国的军事行动。葛罗米柯 320
曾说过，“以前这里（明显包括英国在内）一直持这样的观点，就是盟国的军事努力得不到苏联方面的承认，正是缘于这个流传甚广的观点，斯大林同志给予盟军战绩的评价才受到如此欢迎”。[343] 关于英国的反应，古谢夫也发来了类似的消息。大使引用领袖的话说，引起英国媒体最大关注的报告要点是“苏联—英国—美国联盟的基础不是偶然为之和一时冲动，而是至关重要的长远利益所致”。[344]

关于斯大林谈到戴高乐即将对莫斯科进行的访问，英国方面也表现出浓厚的兴趣，但表面反应依然波澜不惊。斯大林关于及时向英国盟友通报情况的预先通报也受到了英国的欢迎。同时，丘吉尔在自己的回信中含蓄地暗示，在莫斯科谈判中最好不要采取激烈的步骤，避免对苏联、英国、美国之间已存在的重要协定造成损害。

尽管丘吉尔在例行通告战报时语气比较乐观，但事实上，情况并非如此。德军的顽抗引起了英美之间对战争计划的分歧，以及背后政治集团之间的博弈。蒙哥马利的观点是对战线北翼进行密集打击，“目的是首先包围，之后占领鲁尔。鲁尔是西线唯一的目标，德国人不能承受这样的损失”。[345] 他力求以最快速度进入德国本土，包括伦敦打算纳入自己占领区的部分。但英国人面临的是战争资源捉襟见肘。即使实现了蒙哥马利的计划，北方集群的主力仍会是美军师。

艾森豪威尔成功地坚持了自己的观点不是偶然的。作为宽大正面战略的拥护者，他指出，为了保证北方战线顺利进攻，必须在莱茵地区站稳脚跟。
321 第12集群*指挥官布莱德利中将回忆道：“艾森豪威尔决定于11月恢复进攻行动，这再次引发了蒙哥马利和我之间尚未平息的争论，争论的焦点是，一个方向进攻还是两个方向同时进攻？谁更有优势？蒙蒂（蒙哥马利）再次要求艾森豪威尔将所有力量用于集中进攻阿登以北的鲁尔。我仍坚持他要在两个方向进攻，分别是鲁尔和萨尔河，目的是给巴顿创造机会攻入萨尔工业区，该区正位于进攻莱茵的必经之路上。”[346] 最终，在该阶段美军取得了巨大的战果。蒙哥马利抱怨说，诺曼底登陆的成功没有实现本来的目的。

在德国战事上的继续拖延引起了丘吉尔的极度焦虑。当时他感觉，“如果德国在1944年不灭亡，再加上西方盟友战略运用不当，1945年的形势就不容乐观”。首相不排除战争会拖延至1946年的可能性。[347]

法国人在政治上的考量也不可小觑。在这方面最重要的成就是11月23日法军解放了斯特拉斯堡（Страсбург），这座城市在法德关系历史上具有重要的象征意义。这个战绩来得正是时候。又过了一天，戴高乐启程飞赴莫斯科进行重要的谈判。

565. 丘吉尔致斯大林的私人信件

1944年11月25日发　　　　1944年11月26日收

1. 您11月20日的来函收悉。我很高兴，戴高乐启程前往贵国，我希望你们能讨论到所有问题。刊物上有关于西方集团的一些说法，我尚未仔细考虑。我首先希望我们的联盟条约以及与美国的紧密合作能够成为世界组织的

---

* 于1944年7月编成。由第1、3、9、15野战方面军构成。

支柱，用于保障和支持饱受磨难的世界和平。一旦成立这样的组织，欧洲联合体就可以归属这个组织，实现更加紧密的团结，就这些问题我对您没有任何秘密可言，而且我们深信，您会告知自己的想法和需要。

2. 西线会战非常残酷；那里有可怕的泥泞。最主要的遭遇战发生在亚琛—科隆（Экс-ла-Шапелль–Кельн）轴线上。没有任何有利于我们的迹象，虽然艾森豪威尔拥有大批预备队可以投入战斗。西北方向，蒙哥马利的部队正向北把德国人阻击在马斯河的荷兰段。借助这条河我们节省了很多兵力。在东线，我们进展虽然缓慢，但坚定地向前推进，用不停的战斗拖住敌人。值得庆祝的是，美军取得了引人注目的胜利，他们占领了梅斯（Мец），并把敌人逼向莱茵方向。在南方，法国人取得了辉煌战绩，特别是夺取了莱茵河广大区域，并占领了斯特拉斯堡，这些18—21岁的法国年轻士兵的表现证明他们有能力担当解放法国领土的光荣责任。我非常赞赏德拉特尔·德塔西尼（Делатр де Тассиньи）将军。戴高乐和我一起去了那里，是为了从合适的观察点观看战斗开始情况。但夜里下起了雪，足有一英尺厚，战斗因此拖延了3天。 322

3. 再过1周或10天，大概可以确定，莱茵河以西德军是否会被彻底摧毁。如果是，则我们可以不顾天气继续战斗。否则，在严酷的冬季可能会有某些间歇，然后再一鼓作气，通过猛攻击溃德国人在西线有组织的抵抗。

4. 您觉得会有严冬吗？对您的战略有利吗？我们大家都非常喜欢您的最后一次讲话。如果有什么困难，请不要忘记通知我个人，让我们一起克服，竭尽全力把纳粹压进虎钳，钳口已经开始闭合。

11月30日，丘吉尔70周岁生日。在众多发给主人公的电报中也有罗斯福的电报，他说，永远也不会忘记在德黑兰和“约瑟夫大叔”一起为他庆祝的前一个生日，并祝愿他自己再次拥有“更美好的晚会”。[348] 斯大林也发去了自己的贺信。他把莫洛托夫华丽的报文修改得简单明了，淡化了丘吉尔这个名字对敌人的震慑力。

566. 斯大林致丘吉尔的信函 323

1944年11月29日发

衷心祝您生日快乐，并向您致以最友好的祝愿：祝您身体健康，精力充沛（使敌人害怕，为人民造福），为我们的共同事业长命百岁。

在生日的那些天里，唐宁街10号可用“杂乱无章”来形容。丘吉尔的助手科维尔在日记中写道：“首相的办公桌上堆满了需要紧急批示的文件。最近一个星期他把时间都浪费在琐事上了，对复杂问题则显示出无能为力或疲惫不堪。他快速地浏览文件的第一段落，然后交给下属处理，也不管是否需要他本人介入。”[349] 但是，在这种忙乱中，首相还是能找到时间处理一个问题，那就是技术问题。

在战场溃败的背景下，德国人经常试图依靠各种技术创新来扭转颓势。与飞弹和弹道导弹相比，装备可接收舰艇螺旋桨噪声的自导系统的声纳鱼雷T–5（“鹪鹩”）也是相对较早的武器，早在1943年8—9月间就已列装德国潜艇。鱼雷的速度达到了20—23节，而工作原理是“鱼雷出管后沿直线航行400米，通过声纳鱼雷自导向舰艇发出的噪声。鱼雷捕捉舰艇噪声的范围可达1000米”。[350] 它的主要用途之一就是攻击护航运输队的军舰，然后消灭商船。

尽管鱼雷已经用于战斗行动，美国在1944年6月在亚速尔地区被击沉的德国潜艇上得到了1枚T–5，而苏联海军在1944年11月才得到了样雷，是初期产品。在解放塔林时，海军政委通知驻莫斯科的英军联络处，德国U–5潜
324 艇被击沉，然后被打捞出水，在该艇上发现了2枚鱼雷。[351] 英国舰员在此之前已经具有对付T–5的某些方法——拖曳安装在舰艇尾部的“FOXCER”噪声干扰器，它通过发出强大的声场来“引开”鱼雷，但英国人仍希望直接得到鱼雷样本。丘吉尔认为人们要求他就此事写信给斯大林的想法很重要。

567. 丘吉尔致斯大林的私人绝密信

1944年11月30日发　　　　1944年12月1日收

1. 海军部请我向您求助一件虽小但非常重要的事情。苏联海军通知英国海军部称，在塔林缴获了1艘德国潜艇，并在里面发现了2枚德国生产的声纳鱼雷T–5。这是目前唯一靠声纳原理控制的鱼雷，它不仅对攻击商船，而且对攻击护航军舰都非常有效。虽然这种鱼雷尚未广泛使用，但它已毁伤了24艘英国护航运输队的舰船，其中有5艘是派往苏俄的护航运输队舰船。

2. 我们的专家发明了一种仪器，可以提供某种程度的防护以免遭这种鱼雷的攻击，仪器已安装在英国驱逐舰上，这些舰艇苏联海军正在使用。但研

究T-5样雷对于寻找反击措施有重要价值。阿切尔将军请求苏联当局将其中1枚立即送到英国，用于在联合王国研究和试验。他们对我说，苏联海军不排除这种可能性，但问题尚在讨论中。

3. 我相信，您不否认苏联海军给予皇家海军帮助的意义，愿意协助把鱼雷立即发往联合王国，在此我提醒您，在过去的好几个月里，敌人一直在着手准备开始新一季的大规模水下战争，使用水下速度更高的新型潜艇。这将加剧增加美国兵力投送，以及给两个战区输送补给的困难。我们认为，收到 325
1枚T–5鱼雷是一件非常紧迫的事情，我们准备派专机到您指定的任意地点接收鱼雷。

4. 基于此，我劳驾您关注此事，它越来越重要，因为有可能德国人会把鱼雷图纸转交给日本海军。海军部很愿意将此鱼雷的所有研究和试验结果告知苏联海军，连同任何新研制的对抗仪器。

丘吉尔的下一封信与1944年11月7日在南斯拉夫城市尼什（Ниш）和阿莱克西纳茨（Алексипац）上空发生的悲剧事件有关。美国第15航空军27架P–38（闪电）歼击机群错误地攻击了苏联军队行动区的红军车队，车队由9架“雅克–9”战斗机提供掩护。苏联方面3架战斗机被击落，美国方面2架被击落，力量不对称的空战一直持续到雅克机群长机飞行员、苏联英雄A.И.科尔东诺夫（Кордунов А.И.）大尉（后晋升为空军元帅和国土防空军司令）“冒着被击落的危险，接近美国战斗机群长机，向其展示了自己飞机的识别编号”，11月9日总参谋部在给迪恩将军的说明材料中这样写道。[352] 在这次攻击中，军长科托夫（Котов）中将和2名军官、3名士兵牺牲，20辆军车被毁。冲突地点距离前线50千米，同时美军机群在那里出现并未告知苏军指挥部。总参谋部要求美军司令部对事件进行详细调查。根据调查结果，美军机群在老牌飞行员S.埃德文森（Эдвинсон С.）上校指挥下犯了“导航”错误，因为预定目标和误击目标在山地复杂条件下的“测绘图形非常相像”。[353] 在此地区飞行确实并非易事，戈洛瓦诺夫的回忆录中多次提到在南斯拉夫上空执行任
务时的“复杂气象条件”。[354] 美国空军第15航空军司令官A.伊戈尔（Икер А.） 326
中将在给空军司令阿诺德的报告中试图把部分责任推卸给苏联方面：“……俄国人没有认识到设置轰炸区域界线的必要性，也不愿意授权我方通讯组与第2乌克兰方面军司令部联系。”[355] 埃德文森上校在美国被解职，但没有降级，只是被调到了其他部队。

调查结果呈递给罗斯福，总统不愿意深究不幸事件的细节。“总统指示

说，他明白问题的实质，不想看这些文件。”军官对罗斯福的秘书说。[356] 美国已就此事向苏联方面多次道歉。莫斯科也不愿张扬，而且这种孤立事件在苏联方面也时有所闻。12月14日，斯大林在与哈里曼会谈时说，“战争期间这种事故经常发生，在俄国飞行员和步兵之间也未能幸免”。[357] 参联会决定让盟军空军在这个地区暂时停飞一段时间，并向政界领导人提出了在相邻地区使用空军时与苏军指挥部建立更紧密的协同的问题。丘吉尔按照己方军人的建议，给斯大林发了下一封信。

568. 丘吉尔致斯大林的私人机密急件

1944年12月1日发　　　　1944年12月2日收

1. 对于11月7日发生在南斯拉夫的事故我们非常遗憾，由于盟军空军的错误导致俄国人付出了宝贵的生命。为了防止此类事故再度发生，在目前形势下，联合司令部决定把英美武装力量行动限定在宽大正面的以下地区，在东南方向，从萨拉热窝（Сараева）经普里莱普（Прилеп）以南至南斯拉夫—希腊边境。这个限制实际上使我们一直以来采取的有效行动瘫痪，无法切断德军从南斯拉夫撤退的路线，这个限制无疑会让大量德军不受损失地向北逃
327 窜。这样的状态只对我们共同的敌人有利。

2. 为了给所有盟军武装力量提供最大程度打击德军的行动自由，同时减少不幸事故的发生几率，英国和美国驻莫斯科军事联络处和贵军总部正在讨论和重新审查可以实施空中打击的地区界线。这条新的隔离线沿线有明显的地标，既要保证俄国武装力量的安全，也要保证对敌交通线和撤退路线进行空中打击。

3. 我相信，您不希望限制我们打击撤退之敌的行动，前提是这些行动不能冒险伤及友军，我希望，您指示贵军总参谋部同意这条新的隔离线作为临时措施，我们的人向我保证，这条线能够保证俄国武装力量的安全。

4. 我再次发报给您，就是要阐明采取更稳定、更合理的措施来保证驻巴尔干英美联军和俄国武装力量的通讯联系，以给敌人造成最大的损失，同时避免伤及友军，这个问题至关重要。

斯大林没有就此问题回复丘吉尔，而是给总参谋部下达了指示，与盟国军事联络处协调此事。有关“西方集团”，他觉得不必深究细节，他认为这样

的讨论为时过早，但并不意味着忽略了这个问题。

569. 斯大林致丘吉尔的私人秘密信函

1944年12月1日发

关于西方集团，我目前得到的消息很少，报纸上的消息自相矛盾。感谢您告知事情的进展，我也会同样随时通报。

我饶有兴趣地拜读了您关于西线军事行动的通报。现在的天气非常影响 328
行动进展。

我会毫不犹豫地接受您的好建议，如果有值得关注的东西，我也会通报您。

丘吉尔很温和地回谢了斯大林的生日祝贺，他回想起一年前在德黑兰庆祝生日的情景，虽然那时候他情绪不高。

570. 丘吉尔致斯大林的私人机密信函

1944年12月2日发　　1944年12月3日收

真诚感谢您十分友好的生日祝贺，去年这个时候，您和总统一起为我庆祝。从那时起，我们取得了很大的成就。我们现在可以期望，如果我们以最快的速度、以最旺盛的精力和使命感继续努力，那么明年希特勒主义就将彻底灭亡。我非常喜欢您信里所表达的祝愿，无论在充满危险的战争条件下，还是在和平问题解决之后，我们的友谊和我们的私人关系都将源远流长。

12月2日，戴高乐以及陪同人员抵达莫斯科，欢迎仪式非常隆重。当天和戴高乐会谈之前，斯大林就把会谈日程通知了自己的两位伙伴，日程是由外交人民委员会和法国驻苏联代表R.加洛（Гаррo P.）讨论制定的。斯大林想借此展示自己不仅模范遵守盟国义务，而且还可得知罗斯福和丘吉尔就关键问题与法国人会谈的意见。

这种试探是因为莫斯科已掌握了一些情报，并做出了初步判断。美法关
系比英法关系紧张和复杂得多；并且莫斯科认为，伦敦经常在华盛顿面前扮 329

演法国利益的保护神角色。从11月6日国家安全人民委员会驻外机构对1944年美对法政策概述中可以看出，伦敦采取了一系列外交举措，说服华盛顿承认法兰西民族解放委员会为法国临时政府。甚至不惜夸大其词，“丘吉尔在发给罗斯福的若干份电报中都说，如果还不承认戴高乐，艾登将下台，会导致英国内阁危机”。[358] 总而言之，莫斯科力求与法国建立友好关系，只要不危害与盎格鲁–撒克逊人的合作。早在1943年11月23日，戴高乐和维辛斯基会谈时二人就达成了共识。[359]

法国可能对德国有领土要求的消息也成了莫斯科考虑的议题。利特维诺夫早在1944年3月就预见，不排除“荷兰方面会突然提出领土要求，特别是还有法国”。通过与1918年之后的形势相比较，他得出结论，“把莱茵地区作为独立国家割离……未必会遇到像一战之后那样来自英美的抵触……这种政策的政治环境已经不复存在，至少从英国方面来讲是这样。往昔强大的法国已不存在，然而还有一种担心，德国被极度削弱以后，可能导致法国在欧洲称霸”。[360] 在莫斯科为迎接戴高乐来访，不仅就各种观点进行了书面准备，而且还详细分析了讨论过程中可能出现的转折。

将军前往苏联时途经德黑兰，在那里他和波斯国王进行了交流。戴高乐的后续行程几乎重复了斯大林一年前第一次参加“三巨头”会晤时的路线，乘飞机到巴库，然后乘火车到莫斯科，中途有目的地绕道斯大林格勒。好像是模仿英国人的样子，戴高乐向英雄城市的领导们赠送了荣誉之剑。[361]

330

571. 斯大林致丘吉尔的私人机密信函

1944年12月2日发

目前的情况是，正在苏联访问的戴高乐及法国友人提出了两个问题。

1. 签署类似于英苏互助条约那样的法苏互助条约。

对此我们很难反对。我想知道您对此有何看法。请给予建议。

2. 戴高乐有可能会提出改变法国东部边界、将其延伸至莱茵河畔的问题。据悉有一种方案是，建立国际监督下的莱茵—威斯特伐利亚区（Рейнско-Вестфальская область）。法国也可能考虑参与国际监督。因此，法国把边境移至莱茵河畔的建议就与国际监督莱茵区的方案相冲突。

请您就此问题给出自己的建议。同样的信我也发给了总统。

572. 斯大林致罗斯福的私人机密信函

1944年12月2日发

目前的情况是，正在苏联访问的戴高乐及法国友人提出了两个问题。

1. 签署类似于英苏互助条约那样的法苏互助条约。

对此我们很难反对。我想知道您对此有何看法。请给予建议。

2. 戴高乐有可能会提出改变法国东部边界、将其延伸至莱茵河畔的问题。据悉有一种方案是，建立国际监督下的莱茵—威斯特伐利亚区。法国也可能考虑参与国际监督。因此，法国把边境移至莱茵河畔的建议就与国际监督莱茵区的方案相冲突。

请您就此问题给出自己的建议。同样的信我也发给了丘吉尔先生。

在苏军总参谋部与盟军军事联络处谈判过程中，后者建议将之前确定的 331
南斯拉夫境内轰炸德军的隔离线东移，这个建议是地中海战区盟军司令H.威尔逊（Вильсон Г.）将军提出来的。在英国参谋长委员会发给美国参联会和驻莫斯科军事联络处主任的电报中，威尔逊建议把隔离线移至萨拉热窝——莫克罗山（Мокро）—索格拉茨（Соколац）—罗加蒂察（Рогатица）—佩斯基奇（Пешуицы）多布伦（Добрун）—乌瓦茨河（Увац）—普里耶波列（Приеполе）—泽尼察（Зеница）一线，然后是施维弗多（Швивдо）—克里斯塔察（Крстаца）—杰斯尼察河（Десница）—韦厄卡（Виока）一线，再就是贝拉内（Боране）—波德戈里察（Подгорица）—斯库台湖（Скутари）一线，为了使苏联尽快同意此建议，英国参谋长委员会请求丘吉尔专门就此事写信给斯大林，按照他们的想法，“俄国人最坏的情况是拒绝，最好的情况是拖延”。[362] 军人们认为在盟军司令部成立通信组是最好的办法。他们给丘吉尔准备好了草稿，丘吉尔稍做修改，使其更加委婉和礼貌。在这封信后附上了威尔逊的电报。

573. 丘吉尔致斯大林的私人机密加急信函

1944年12月2日发　　1944年12月3日收

1. 我请求您亲自阅读所附电报，电报是发给迪恩将军和其他相关人员的，请特别注意第1点和第2点。如果希特勒车队沿山路逃跑，事情则不妙，我们本可以在那条路上扔下大量的炸弹。因此请您扩大我们的轰炸区域。新的隔离线可为我们给予撤退之敌以猛烈的，甚至是毁灭性的打击创造机会。现在请为我们提供这个机会。

2. 然而，更好的办法是在我们前线指挥部之间建立合理、友好的通信联系。任何逃遁之敌，日后遭遇，必强于我。让我们一起打击他们，至少目前我们可以做到。我们希望，贵方人员会明白，我们应该继续行动，行动理由
332 见所附电报第3、第4点内容。我认为，为了节省时间，您在给我或他人回信之前，先下达命令，或先答复相关部门。

谨致以最良好的祝愿。

米科瓦伊奇克辞职后，对苏联持强硬立场的右翼社会党人托马斯·阿尔奇舍夫斯基（Арцишевский Т.）出任伦敦流亡政府总理。米科瓦伊奇克内阁的所有党派代表全部辞职。克尔大使从莫斯科发出警告说，同新政府保持外交关系会导致与苏联的关系发生“正面交锋”，并建议中断与“伦敦人”的外交关系。但是，丘吉尔和英国外交部不同意这个建议。首相只是希望降低与新政府的联络级别，他认为继续承认这个政府不会造成与莫斯科的“正面交锋”：任何情况下，斯大林都“会就此提前发出信号，因为我们现在的关系非常友好”。[363] 即使如此，丘吉尔和艾登还是对米科瓦伊奇克重新担任总理抱有希望，他们认为，米科瓦伊奇克是与莫斯科达成妥协的唯一人选。

在下一封信中，丘吉尔试图给斯大林灌输自己的观念。

574. 丘吉尔致斯大林的私人机密信函

1944年12月3日发　　1944年12月3日收

1. 我和米科瓦伊奇克会晤过，他向我解释了辞职的原因。简而言之，目前的状况是，他认为内阁有影响力的团体不会支持他的政策，因此，现阶段他无法签署前不久在莫斯科谈判达成的协定。

2. 现在正在组阁，米科瓦伊奇克、罗默和拉钦斯基大使都拒绝入阁。总理人选更迭不会影响国家间的官方关系。国王陛下政府希望光复强盛和独立
333 的波兰，对俄友好关系不会改变。我们被迫和波兰政府就实际问题打交道，是因为对庞大的武装力量的指挥需要，目前有超过8万多名优秀士兵接受我

们的作战指挥。这支军队正在意大利、荷兰和其他地方为盟国军事努力作贡献。我们对波兰新政府内阁的态度都应该是得体的，尽管有些冷淡。当然不可能与这样的政府如我们与米科瓦伊奇克及其前任、逝去的西科尔斯基将军那样发展充满信任的亲密关系，我们会尽力保证，这个政府的活动不会伤害到盟国之间的团结。

3. 有预测说，这样的政府即使组成，也不会持续很久。事实上，在我和米科瓦伊奇克会谈之后，如果他再次凭借较高的威望掌权，并且全权执行我们在莫斯科讨论的纲领，我一点也不会感到奇怪。这样的结局可能是最有利的，米科瓦伊奇克先生利用下野的方法令人信服地证明，他和他的朋友们才是波苏友好关系的捍卫者。

4. 因此，我希望，您会同意利用我们对波兰人的影响力，也包括对卢布林波兰人的影响力，阻止那些制造紧张关系的任何人的任何行为，他们企图用这种方式来阻挠米科瓦伊奇克的工作，我希望，他能在不久的将来开始工作。他是乐观主义者，他和过去一样，都力求问题得到满意的解决。我不知道什么原因，作为波兰复兴事业必不可少的活动家为何不能走出这个危机。

鉴于苏联在南斯拉夫的地位得到巩固，丘吉尔更关心莫斯科协议的执行，即在该国执行联合政策。在他的理解中，莫斯科协议不仅可以遏制苏联影响力的扩张，还能借助斯大林的压力“驯服”自负的铁托。作为这一外交路线的补充，1944年10—11月间，在亚历山大司令部拟制了在亚得里亚海沿岸登 334
陆的计划［“炸药（Гелигнит）”行动］，在此期间，英军的“弗洛伊德”小队在杜布罗夫尼克（Дубровник）登陆，可认为是投石问路。[364] 这次行动引起了南斯拉夫民族解放委员会领导层的担忧。民族解放委员会副主席和南共中央委员会书记E.卡德尔在总结1944年秋冬局势时指出：“考虑到外部政治形势，我们同意摄政方面的某些特权，也同意由其组成政府。出于这个想法才和苏比锡签订了协议……为了防止国外帝国主义分子可能的干涉，我们已竭尽全力。”[365]

无论是斯大林，还是铁托，都不打算任凭丘吉尔兴风作浪。例证之一就是12月3—21日期间丘吉尔与铁托的书信往来。英国首相批评铁托限制英国海军在亚得里亚海的行动，禁止其驶入南斯拉夫港口等，并且对铁托—苏比锡协议表达了不满，认为这只是“补充协议”，并强调必须要国王批准，还要补充某些条件：除了叛徒和战争罪犯，所有候选人都有权参加宪法议会选举，用全民投票的方式解决君主制问题。铁托在自己的回信中尽量回避政治问题，而在军事层面上，铁托指出，英南共同军事行动必须参照之前的苏南协议执行。[366]

这个时期对巴尔干局势的高度关注还有另一个因素——希腊。12月1日，G.帕潘德里欧（Папандреу Г.）的最后通牒要求大多数游击队在本月10日之前解除武装，这使得民族解放阵线的不满终于爆发，民解在政府的代表全部辞职。12月3日，开枪镇压支持民解的雅典群众示威不仅成为希腊内部矛盾的新起点，而且拉开了英军登陆希腊的序幕。莫斯科对此事件的立场起着举足轻重的作用。

335

575. 丘吉尔致斯大林的私人机密加急信函

1944年12月3日发　　1944年12月4日收

鉴于我们在南斯拉夫问题上的联合政策达成了一致，我把发给铁托元帅的电报也发给您，并深表遗憾。非常愿意倾听您的意见。

戴高乐在回忆与斯大林第一次见面的情景时说："12月2日晚，我们的第一次会谈在克里姆林宫举行。电梯把法国代表团带到一个很长的走廊入口处，走廊两旁有数量众多的警卫。走廊的尽头有个大房间，房间里放置了一张桌子和几把椅子。莫洛托夫请我们就座，这时元帅出现了。在互致问候之后，所有人都围桌而坐。斯大林无论是发言还是沉默，都低垂着眼睛，一直在本子上涂鸦。"[367] 在谈判的时候画画或者做记号是斯大林典型的习惯，丘吉尔和罗斯福都有领教。在德黑兰会议期间，斯大林在自己的记事本上画满了富有表现力的狼头画。

在第一次和戴高乐会谈后，斯大林就将会谈情况通报给盟友，虽然形势微妙，但他始终保持着固有的令人信服的坦诚语调。在信中，他真实地讲述了第一轮谈判的实质，并就相关的问题征求意见。与戴高乐在讨论波兰边界问题以及法国和莱茵边界问题的立场表述上，斯大林稍有回避。根据法方的会议记录，斯大林用令人振奋的一句话开始回答戴高乐的问题，"是的，如果法国到达莱茵河很好，"但马上话锋一转，"苏联和法国不能单方面决定莱茵河问题。"[368]

576. 斯大林致丘吉尔的私人秘密信函

1944年12月3日发

与戴高乐将军的会晤为法苏关系问题友好交换意见提供了契机。会晤期间，正如我所料，戴高乐将军提出了两个主要问题：法国在莱茵地区的边界 336
问题和参照英苏互助条约签署法苏互助条约的问题。

关于法国与莱茵的边界，我的想法是，这个问题必须要主要盟国了解和同意，盟国军队正在法国与德国进行解放法国的斗争。我强调了解决这个问题的复杂性。

关于法苏互助条约的建议，我指出有必要全盘考虑，有必要明确此条约的法律问题，特别是在现有条件下，法国由谁来批准这个条约。因此，法国人还应就此做出相应的解释，我们暂未收到回复。

我把真实情况发送给您，我会非常感激您就此问题的建议和意见。同样的信我也写给了总统。谨致以最美好的祝愿。

577. 斯大林致罗斯福的私人秘密信函

1944年12月3日发

与戴高乐将军的会晤为法苏关系问题友好交换意见提供了契机。会晤期间，正如我所料，戴高乐将军提出了两个主要问题：法国在莱茵地区的边界问题和参照英苏互助条约签署法苏互助条约的问题。

关于法国与莱茵的边界，我的想法是，这个问题必须要主要盟国了解和同意，盟国军队正在法国与德国进行解放法国的斗争。我强调了解决这个问题的复杂性。

关于法苏互助条约的建议，我指出有必要全盘考虑，有必要明确此条约的法律问题，特别是在现有条件下，法国由谁来批准这个条约。因此，法国人还应就此作出相应的解释，我们暂未收到回复。

我把真实情况发送给您，我会非常感激您就此问题的建议和意见。同样 337
的信我也写给了丘吉尔先生。谨致以最美好的祝愿。

12月4日，英国内阁开会讨论了斯大林关于与戴高乐谈判的来信。丘吉尔“对斯大林的来信和征求意见的做法表示由衷的满意”。他建议内阁同僚以相同的口吻立即给莫斯科回信。然后，艾登对回信内容表达了自己的想法。大臣建议赞同苏法条约，但英国应参与三方协商。这样做的主要动机是使英法关系和苏法关系保持平等地位，避免造成“法国与莫斯科的关系比和伦敦的关系更紧密”的印象。内阁一致建议完善1942年英法协议的某些条款。有关边界问题，艾登和斯大林一样，建议留待和平大会解决，可以在欧洲协商委员会预备会议上进行讨论，邀请法国参加。内阁完全同意这个意见，第二天，回信经丘吉尔稍做修改后发往莫斯科。[369]

578. 丘吉尔致斯大林的私人机密加急信函

1944年12月5日发　　　　1944年12月5日收

1. 承蒙来电告知戴高乐将军访问及他提出的2个问题。我对参照英苏条约签订法苏互助条约没有任何异议。相反，国王陛下政府希望看到这个条约，并将其视为我们之间的一个补充环节。事实上，我也是这样认为，如果我们之间能够签订三方条约，把我们之间的英苏条约完善后加入其中，应该是最佳方案。这样的做法使我们每一方的义务都能保持同步和协调。请
338 您告知，是否同意我的想法。我希望，您会接受。我们当然也会通知美国方面。

2. 法国东部边界移至莱茵河左岸问题，或建立有国际监督的莱茵—威斯特伐利亚省，或其他备选方案，都应等到和平大会召开以后。我们三国政府首脑会晤时，我们就所有问题的观点会比以往更加接近，这不需要理由。总统认为，戴高乐将军不应参加三人会晤。我当然希望可做些变通，就是他稍晚些时候参加会议，特别是讨论与法国相关的决议时。

3. 同时，是否委托欧洲协商委员会代我们研究这个问题，只要不涉及政府首脑即可，法国是这个委员会的成员。

4. 我也将此事随时通报总统。

英国外交部担心，丘吉尔的这封回信所持的双重立场，既同意双方条约，又希望是三方条约，“如果有谁不喜欢三方条约方案的话”，[370] 就会给斯大林和戴高乐留下回旋空间，轻易回避对英国人有利的模式。为了防止这种局面

出现，或为出现这种局面设置障碍，萨金特甚至为丘吉尔准备了给斯大林的
另一个回信方案，信中建议暂缓签署苏法条约，但艾登否决了这种方案，认
为“太晚了或者根本不需要”。[371] 此时，莫斯科却考虑了丘吉尔的建议，在
12月7日莫洛托夫和法国临时政府外长G.皮杜尔（Бито Ж.）会谈时，给法国
人提出了相应的建议。人民委员坦陈这是丘吉尔的主意，斯大林在12月6日
与戴高乐进行第二次会谈时，读了丘吉尔的来信后，表示同意该建议。法国
代表团没有料到出现这样的波折，并对三方协议提出了一系列的质疑。[372] 斯
大林在下一封信里将此事简要通报给了首相。戴高乐在后来的回忆录中鼓起
勇气批评了丘吉尔的建议：“……我们不能接受丘吉尔选择的做事方式，为
什么他按照讨论伦敦和莫斯科之间问题的方式与斯大林讨论有关法国的问 339
题？……如果什么时候我想修改和细化法国人和英国人之间的已有协议，我
不会这样开始，我会与伦敦协调协议里尚未包含的战后构架要点：德国命运、
莱茵地区、鲁尔、东部领土问题，等等。”[373]

在安理会投票问题上，遭遇苏联的反对之后，美国外交部门寻求了各种妥协方案。最后国务院专家在12月14日[374]备忘录中建议采取如下公式：安理会常任理事国代表对于联合国其他成员提议强加于自己的措施有权行使否决权，但不能限制常任理事国参与安理会讨论争议的权利。在这种情况下，建议参与争议的常任理事国弃权。这种公式不影响大国否决于己不利的主要安全问题的决议，美国方面希望莫斯科会接受。早在11月末，总统向斯大林阐明这个立场的来信初稿就已完成，但考虑到问题的重要性，罗斯福决定等哈里曼回到莫斯科后，由他亲手交给斯大林。12月5日，距斯特蒂纽斯接任赫尔上任国务卿还有4天时间，他把给哈里曼的电报稿交给总统，其中还有给斯大林的电文，以及给大使发表口头声明的指示。哈里曼应该对斯大林解释一下，文件中建议的三大国派代表制订安理会投票权最终方案应该纯属工作性的，可以在伦敦进行。斯特蒂纽斯写道：“总的来说，我们相信你有能力说服斯大林元帅相信我们公式的合理性……即使你这次没有成功说服斯大林元帅接受总统信中的观点，也要把问题留待解决，防止苏联政府对如此至关重要的问题持消极态度。”[375] 信的原件也发给了丘吉尔。可是哈里曼直到12月14日才受到克里姆林宫的接见。

340 579. 罗斯福致斯大林的私人秘密信函

1944年12月5日发　　　　　　　　　　　　　　1944年12月14日收

尽管我们近期会面的前景尚不明朗，然而我坚信，我们应该尽快推进召开联合国大会讨论国际组织问题，我相信您会同意，我委托哈里曼大使转交给您信函原件，并委托其以我的名义与您讨论有关安理会表决程序的重要问题。在召开全体大会之前，我们当然应该就这个问题和其他问题达成共识。我与丘吉尔先生也在讨论这个问题。

为了继续探讨这个问题，我目前认为，以下方案本质上应能完全满足相关利益方。

有关建议见安理会一章的第3节。

第3节

表决。

每个安理会成员只有一票。

如果安理会成员国7票赞成，安理会的决议就认为程序上通过。

对于其他问题，安理会成员如果有7票赞成，包括常任理事国的全票通过，则认为决议通过，同时，参与争议的一方，在讨论第8章第1节和第8章第3节第1点的问题时，应弃权。

您已经看到，在判断威胁、消除这种威胁的行动，防止侵略或防止其他破坏和平的行为方面，要求常任理事国在所有决议上都保持团结一致。从实践的角度来看，我认为，如果能起到这种作用，这将是非常必要的。我愿意接受贵国代表在敦巴顿橡树园国际安全组织会议上提交的政府备忘录中的观点。这意味着每个常任理事国在讨论该类性质决议时都有表决权。

341 同时，在敦巴顿橡树园提出的建议写进了第8章第1节，即具有推荐性质的司法程序和其他程序，安理会可启动此程序用于自愿和平调解争端。在这方面我深信，如果安理会的提议得到常任理事国的赞成，则其意义骤增。但是我也相信，这样的程序只有在大国起到道德示范作用、展现自己对正义原则的忠诚时，才会奏效。因此，我认为，如果所有参与争议方都能接受在此类程序中弃权的条件，此举表明不谋求特殊地位，常任理事国将在很大程度上增加自己的道德威望和巩固自己的地位，作为未来和平事业的主要捍卫者，任何时候都不能将自己的根本利益置于危险之下，也不能破坏基本准则，这个基本准则就是大国在涉及类似利益的所有决议时，应保持行动的一致性。这种基本方案对所有国家变得更加容易接受，这种方案一定会使大国在维持和平方面发挥特殊作用。

无论是苏联的，还是美国的敦巴顿橡树园备忘录，都没有包括此类性质表决程序的具体条款。我国代表当时也没有机会就此问题达成一致协议。您与我现在应该找到最终解决方案，之前他们以我们的名义已经取得了很大的进展。

如果您对我提出的安理会表决问题的某些方法认为有益，则您一定会同意由您、我和丘吉尔首相委派自己的代表尽快谈判，制定此问题的完整方案，并讨论立即召开联合国大会的必要措施。

罗斯福预先与国务院进行了磋商，然后才对斯大林与戴高乐谈判的消息做出回复，国务院拟制了回信方案。[376] 回复略微有别于英国方面的立场。12 342
月6日，罗斯福发电报给丘吉尔，表达了支持苏法条约的立场，边界问题留待以后解决。同时他担心提出的三方协议可能有损于国际安全体系："我们的舆论界会把三方条约视为未来世界组织的竞争对象，苏法双边条约可能更容易解释。"总统同时怀疑法国边界问题由欧洲协商委员会预先讨论的做法是否具有合理性。[377] 因此在致斯大林的信中他没有支持丘吉尔的意见。

580. 罗斯福致斯大林的私人秘密信函

1944年12月6日发　　　　1944年12月7日收

非常感谢您12月2日和3日的两次消息通报。

对于未来参照英苏条约签署的法苏互助条约，如果您和戴高乐将军认为此条约对两国及欧洲安全都有益处的话，我国政府原则上不反对。

您对戴高乐将军有关战后解决法国边界的回复我完全同意。

我认为在现阶段调解这个问题对我们共同的军事努力没有任何益处，最好等到德国灭亡之后再行调解。

581. 斯大林致丘吉尔的私人秘密信函

1944年12月7日发

您就法苏条约及法国与莱茵边界问题的回复收悉。感谢您的建议。在收

到您回复之前，我们已经开始和法国人讨论条约问题。您认为最好把英苏条
343 约完善成为英法苏三方条约的建议，我和我的同仁们都赞成。我们已经建议戴高乐签署这样的三方条约，但是暂未得到答复。

对您其他信件的回复有所耽误。我希望尽快回复。

在答复丘吉尔有关波兰的问题时，斯大林没有附和丘吉尔有关米科瓦伊奇克的说法。前总理活动的负面消息以及克拉约瓦队伍针对红军的敌对行动通过各种渠道传到了克里姆林宫。[378] 重要的是，有迹象表明，斯大林会很快承认波兰民族委员会为波兰临时政府，与“伦敦人”继续谈判已经不在他的计划之内。取而代之的是他已经开始说服盟友同意他在波兰的下一步行动。

582. 斯大林致丘吉尔的私人秘密信函

1944年12月8日发

有关米科瓦伊奇克的信函收悉。

在莫斯科与米科瓦伊奇克先生最后会面之后的这段时间已经清楚，他无力解决波兰问题。相反，他还会起到相反的作用。已经查明，他利用与波兰民族委员会谈判作幌子，背后针对驻波苏军军官和所有苏联人进行恐怖犯罪活动。我们不能容忍这种局面。我们不能容忍波兰流亡政府鼓励恐怖分子屠杀身处波兰的我国同胞，不能容忍其与解放波兰的苏军进行斗争。在这些人当中，我们看到了我们共同敌人的盟友，我们已经在解放的领土上抓获了流亡政府的秘密特使，从他们身上截获了他们与米科瓦伊奇克的往来书信，这不仅戳穿了他们阴险的计划，而且在这些人背后有米科瓦伊奇克及其同伙的影子。

对波兰流亡政府的人事变动我们没有特别的兴趣。这是脱离了民族土壤、脱离了波兰人民的原地踏步。在这段时间里，波兰民族解放委员会取得了实
344 质性的成就，他们在波兰领土上巩固了自己民族、民主组织，切实实行了有利于农民的土地改革，扩大了自己的波兰军队，在波兰人民中享有较高威望。

我认为，现在我们的任务是支持卢布林的波兰民族委员会和那些有愿望也有能力一起工作的人。这对盟国非常重要，可以加速德国的灭亡。

英军司令部为了与苏军指挥部改善通信联系和明确空军行动隔离线而继

续催促丘吉尔。军方建议就此问题继续给斯大林写信，但首相找借口推辞了，他不希望在与领袖的通信中纠缠这些战术问题。12月2日，他在给伊斯梅的信中写道："在战争条件下，事件的发生不会等待对急件的回复……但我仍建议静等斯大林的回音。"[379] 英美联合司令部决定改变战术。12月3日，伊戈尔将军擅自做主划定了新的隔离线，并通过驻莫斯科盟军联络处通报给了苏方。苏军总部同意按此执行。[380] 但英国军方仍坚持在威尔逊指挥部与在南斯拉夫作战的第2、第3乌克兰方面军成立通信小组。12月4日，参谋长委员会就此问题给丘吉尔发送了写给斯大林的信，但首相拒绝签字："我不想给斯大林发如此冗长的电报，我们通报了最近一次轰炸隔离线和其他行动之后，还不清楚前线发生了什么。让我们静待其是否会做出友好的反应。除此之外，我不倾向于纠缠此类细枝末节，这应该由我们的联络处去做，尽管我很清楚他们在联络方面（和苏联领导人——作者注）有困难。"[381] 事实上，英军联络处和苏联军人并没有衔接。1944年9月斯大林曾公开对克尔说过，"我们的军人信不过布罗斯将军。他们不能够同他一起工作。布罗斯将军不尊重我们的军人，也得不到对方的尊重"。[382] 很快，伦敦终于等到了克里姆林宫的回应，而且是积极的回应。

583. 斯大林致丘吉尔的私人秘密信函 345

1944年12月8日发

您12月2日两封来函收悉。当然，我们应该保证在南斯拉夫打击德军行动的协调性和有效性。我从收到的报告中获悉，11月29日联军司令部长官建议在南斯拉夫设立苏军和联军新的行动隔离线。您大概已经获知，早在12月3日我总参谋部已同意设立萨拉热窝—莫克罗—索格拉茨—多布伦—乌瓦茨—普利耶波莱—谢尼察—佩奇，经过普利莱普至南斯拉夫南部边界的新的隔离线，同时，佩奇和普利莱普仍属于苏联空军的行动范围，一直延伸到保加利亚边境。我认为，这个隔离线符合您的愿望。

其他问题，我希望我们的军事代表可以自行协调。

由于斯大林不愿意和"伦敦人"打交道，丘吉尔在与罗斯福和外交部门讨论后，决定寻找解决波兰问题的新突破口。在写给斯大林的下一封信中，他允诺随时告知讨论的进展。丘吉尔还通报了南斯拉夫隔离线的最新消息，并祝贺红军在匈牙利取得进展。在12月初，第2、第3、第4乌克兰方面军在匈牙利东北和西南战线取得了卓越战果，解放了一系列重要的城市和交通枢纽，如米什科尔茨（Мишкольц）和考波什堡（Капошвар）等。12月7日的英国内阁战况周报指出："俄国人从多瑙河桥头堡松博尔（Сомбор）向西进攻，11月29日突破了德军防御。从那一刻起，俄国人势不可挡。从初始地向西运动，攻占了考波什堡，直抵巴拉顿湖（Балатон）。同时，他们沿着多瑙河西岸继续向北推进。"[383]

346

584. 丘吉尔致斯大林的私人秘密信函

1944年12月10日发　　　　1944年12月11日收

1. 非常感谢您12月8日的两封来电，我们将仔细研究。我们应该保证我们稳定和真诚的关系不受到次要事件发展不利的影响。我和外交部磋商后，会把有关波兰事务的电报发给您。

2. 我收到消息说，我们的军事专家设定了轰炸隔离线。我过几天再给您写信。祝贺贵军在南方取得的战绩。

12月10日，与戴高乐举行的莫斯科谈判结束，签署了类似苏英1942年条约的联盟互助条约。条约由苏联修改，删除了莫斯科不希望出现的1935年苏法条约中的内容。根据法国档案馆不久前的研究发现，正是法国方面坚持签署最"紧密的"苏法联盟条约，使其最大程度地接近了一次大战之前的俄法联盟条约。[384] 这种方案的始作俑者是法国外交部政务司司长莫里斯·德扬（Дежан М.）（后任驻苏大使），早在1944年2月，他就描述了法苏联盟对于建立战后欧洲安全体系所具有的关键意义。按照他的观点，联盟的意义不仅在于遏制德国，而且还可以达到"一箭双雕"的目的：防止英美为了抗衡苏联而复兴德国，同时提醒莫斯科不要过分在东欧实行强硬政策。[385] 德扬的看不见的"手"还体现在法国"三层安全"的构想上，12月8日，戴高乐给斯大林写信时曾提到过这个构想。其中苏法联盟荣登首位，超越英法联盟和法美合作。

正如斯大林对丘吉尔所说，戴高乐没有同意签署三方条约。尽管这可以
347 完全满足倾向于双方协议的苏联的愿望，但在12月8日与戴高乐会谈时，斯大林尽力给谈话者施压，列举了许多理由说明三方协议的好处。"法苏条约很

好，但还有好的和更好的条约，最好是三方条约，即把英国也包括进来。俄国和法国最早投入战争，但如果没有英国，取得最后的胜利是困难的”。斯大林甚至引用了这样的事实，说他已经通知伦敦，同意了丘吉尔的建议，如果他的建议不被采纳，丘吉尔会感到“委屈”。但是，这种战术的背后很明显还有其他的用意：迎合戴高乐的立场，好似很大的让步和压价，斯大林以此换取戴高乐与波兰民族委员会建立联系，这对苏联来说是更加原则的问题。最后他亮出了自己的底牌：“让法国人帮助我们，我们也帮助他们……波兰，是我们的安全要素……让法国人在巴黎接见波兰民族解放委员会的代表，而我们签署双方协议。丘吉尔会感到委屈，但是没有办法。”[386]

在外交人民委员会的苏法谈判细则内参上这样描述道：

“丘吉尔关于三方条约的建议我们已转达给法国人，我们也声明可以接受三方条约的想法。但是，戴高乐宣称，他认为英法苏三方条约是下一阶段的事情，而坚持双方条约，也就是说，赞成法苏联盟互助条约。鉴此，我们不再坚持签署三方条约，而是开始讨论法苏双方条约的问题。但是，我们给法国人提出了一个条件。我们声明，苏联和法国之间的联盟互助条约只有在法国临时政府和波兰民族解放委员会互派代表、双边关系既成事实的情况下，才能生效。就这个问题经过多次交换意见，戴高乐同意在巴黎接见波兰民族解放委员会代表，并向卢布林派驻法国临时政府代表。”[387]

对于莫斯科而言，这是第一次打破波兰盟友的外交孤立。在斯大林写给 348
丘吉尔的信中，斯大林用外交语言把罗斯福同意双边模式的说法作为有利于莫斯科的补充论据。但是斯大林删除了两封信中有关戴高乐会见波兰民族解放委员会代表和互派使节的协议内容。虽然英美通过克尔和哈里曼与J.皮杜尔的接触过程中得知此事，但很明显，斯大林不想让自己信中的正面消息听起来也那么忧郁，他很清楚盟友们对卢布林委员会（Люблинский комитет）的负面态度。莫斯科协议内容拖延到戴高乐返回巴黎之后才公布，因此，斯大林立即将谈判结果通知盟友再一次印证了所转达消息的玄机。苏联领导人的慷慨与法国人的行为相比更容易让人接受，法国人一直隐瞒去莫斯科访问的筹备工作，并且没有征求伦敦的意见，这引起了英国人的不满。萨金特在内部通信中总结说，“俄国人和法国人有本质上的不同，斯大林一定程度上征求我们的意见，而皮托尔只是通报谈判的过程”。[388]

苏法条约的签署在伦敦看来不仅是法国对外政策地位的巩固，而且苏联的出现会对英国亲法政策构成有力的竞争。1944年12月中旬，在吸收法国加入对德管制机构问题上，艾登急迫地想在欧洲协商委员会上阐明类似的观点：

“不能让俄国人超过我们。”[389]

585. 斯大林致丘吉尔的私人秘密信函

1944年12月10日发

我告诉了戴高乐将军，您的意见是倾向于英法苏三方互助条约，我表示
349 接受您的建议。但是戴高乐将军坚持签署法苏条约，认为三方公约可以在下一阶段签署，因为这个问题需要长时间的准备。在此之前，我收到了总统的来信，他表示，他不反对法苏条约。最后我们商定签约，并于今天签署。条约内容等到戴高乐将军回到巴黎之后公布。

我认为，戴高乐的访问取得了成果，不仅将巩固法苏关系，还将为我们盟国的共同事业作出贡献。

586. 斯大林致罗斯福的私人秘密信函

1944年12月10日发

感谢您关于法国问题的建议。我和戴高乐将军达成了一致，签署法苏互助条约不仅有益于法苏关系，也对欧洲整体安全有益。今天法苏条约已经签署。

关于战后法国边界问题，如我之前给您写信所言，以后再行讨论。

斯大林没有迎合丘吉尔在南斯拉夫问题上的愿望，他直接使用了惯用的方法——告诉交谈者，有必要与利益最大相关方进行磋商。

在信中第二点，斯大林答应了丘吉尔的请求，提供缴获的德国鱼雷的数据。这个答复的材料是由海军人民委员会准备的，但斯大林还是做了重要的补充（斜体字表示——作者注）。很明显，他准备比下属更多地满足英国人的请求。就和登比察V–2导弹靶场一样，斯大林表现出少有的慷慨，满足了盟友关于德国最新武器的要求。斯大林写道，鱼雷可能因深水炸弹而有所损坏，因为正是深水炸弹炸沉了潜艇。

总体上看，苏联海军对军事技术合作给予了更多关注，英国和美国在海
350 军领域都超过了苏联。1944年10月，迪恩交给苏联军方一份军事技术项目清

单，美国人打算分享这方面的情报，“而在莫斯科（红军）方面没有任何反应，当时只有海军司令部表现出对海军项目的兴趣。”英国参谋长委员会做出了这样的结论。[390]

587. 斯大林致丘吉尔的私人秘密信函

1944年12月14日发

1. 您给我的来信以及您致铁托元帅的信函均已收悉。

在对您给铁托信中涉及的问题发表意见之前，我首先想知道铁托本人的看法。我重复一下您的声明，苏联和英国政府在莫斯科商定对南斯拉夫执行联合政策，因为这是可行的办法。我希望，您能同铁托元帅达成协议，也希望您支持他与苏比锡先生达成的协议。

2. 收到了您关于德国T–5鱼雷的来信。苏联舰员确实缴获了2枚德国声纳鱼雷，现在我们的专家正在研究。很遗憾，现在我们丧失了把其中一条鱼雷送给英国的机会，因为两条鱼雷都因为爆炸而损坏，所以为了研究和试验，只能把一枚鱼雷损坏的零件换成另一枚鱼雷的零件，否则研究和试验工作无法进行。***目前有两种方案***：或者根据研究进展，把测绘图纸和说明立即转交给英国军事联络组，待研究和试验完成后把鱼雷交给英国海军部处置，***或者英国专家立即前往苏联，就地研究鱼雷细节并测绘图纸。我们准备满足任意一种方案。***

在伦敦，除了国王彼得二世·卡拉乔治维奇（Пётр Ⅱ Карагеоргиевич），他的政府由苏比锡组阁，还有英国外交部都在等待与铁托签署协议的苏比锡归来。12月13日到第二天，在苏比锡回来后，英国外交部对其进行了详细询问，借此确认协议本身的若干要点，以及12月7日的补充协议内容，从宪法议会选举到国王身份问题，等等。而最重要的就是政府组阁及其详细名单，这方面未通报国王。一连串的提问均透露出英国人对即将选举的自由度和摄政委员会授权问题的担忧。苏比锡试图让英国外交部和国王相信，为了能与南斯拉夫民解委员会达成协议，他“能走多远就走多远”，而且，鉴于南斯拉夫的实际状况，他没有更多的机会：“不要再抱有幻想，在最近一个时期，也就是到国家形势完全和解之前，不会有哪个政权会离开军队。这个军队的总司令就是铁托，他可以在南斯拉夫扶植任何政权。目前无法动摇他在国内的 351

权威。”[391] 丘吉尔在向斯大林通报最新消息时，与之前给铁托写信时一样，特别强调了南斯拉夫自由选举的必要性。由于华盛顿对协议持否定态度，英国首相试图“说服”美国人。

依旧未调解成功的波兰问题继续令西方首都不安。伦敦和华盛顿有理由担心，波兰事务正朝着民族解放委员会确立自己政府角色的方向发展，英美努力干扰苏联承认其合法性，或尽量使其拖延。12月15日，丘吉尔参加了下院举行的波兰问题辩论会。首相声称，对波兰伦敦流亡政府的承认继续有效，对波兰民族解放委员会的代表性提出质疑，他建议等到世界大会召开再彻底解决波兰边界问题。当天，罗斯福采纳了国务院建议，发电报给丘吉尔，建议斯大林在“三巨头”会晤前暂不承认波兰民族解放委员会，并附上了11月17日总统写给米科瓦伊奇克的信，信中重申了解决波兰问题的总体行政方案。12月16日，在英国内阁会议上，首相宣读了这封电报，并建议内阁同意罗斯福向给斯大林回信中所表达的观点。内阁同意回信方案，但要求公开总
352 统致米科瓦伊奇克信函的主要内容。[392] 同一天，丘吉尔把内阁的决定通报给了罗斯福。首相热情地支持总统特意写信给斯大林的想法，并请他尽快行动，因为“我担心斯大林可能会承认卢布林委员会为波兰临时政府”。[393] 国务院很快就为总统准备好了方案，并发给丘吉尔。“这只会有好处。”首相回复说。[394] 信后附上的斯特蒂纽斯的声明也同样公开阐述了美国的立场，并得到了英国内阁的支持。在莫斯科，一直到12月20日斯大林接见哈里曼时才转交这封信。

588. 罗斯福致斯大林的私人秘密信函

1944年12月16日发　　1944年12月20日收

鉴于丘吉尔首相在下院发表的声明引起了美国的关注，以及我们公开了对波兰的立场给我们造成的巨大压力，我认为，美国政府可能有必要在近期就这个问题发表声明。如果这个声明公布，它也是阐明我方立场的主要方式：

（以下是12月18日斯特蒂纽斯先生所发声明的概要，全文见附件。）

您已经看到，我相信，预期的声明中不会包括不为您所知的美国政府立场，包括以何种形式申明立场。这个声明，我认为，总体上符合您与丘吉尔首相秋天在莫斯科的会谈结果，正因如此，我也相信，您会欢迎这个声明。

我认为，由于我们三人还不能会晤，还不能仔细讨论这个令人不安的问

题，任何一方最好不要单独采取任何步骤，以免给我们的谈判造成困难。

我看到消息说，卢布林委员会可能打算授予自己波兰临时政府的地位。我完全理解他们的愿望，从您的观点看，尽快明确波兰政权所属，有利于贵 353 军推进到波兰腹地。由于这一行为会造成重大政治后果，我非常希望，您考虑放弃承认卢布林委员会为波兰政府，直到1月20日我宣誓就职之后立即会晤。您是否能够在此之前和委员会保持现有形式的交往？我知道，丘吉尔首相同意我的观点。

1944年12月18日斯特蒂纽斯先生发表的声明

美国政府明确坚持造福强大、自由、独立的波兰国家，波兰人民按照自己的意愿安排自己内部事务的权利不应受到侵犯。

美国政府一贯坚持这样的政策，边境问题留待战后解决。正如赫尔先生在1944年4月9日发言中所提到的，“这并不意味着，不能或者不应该通过友好谈判和协议解决某些问题”。关于波兰未来边界，如果有直接利益相关的联合国家能够达成相互协议，美国政府不可能对这样的协议持异议，因为它能够为反对共同敌人的战争作出实质性的重要贡献。如果根据这样的协议波兰人民和政府认为：波兰的国家利益要求迁移族群，则美国政府会和其他政府一道尽可能帮助实现这种迁移。美国政府继续奉行自己的一贯政策，拒绝为某些特定边界提供保证。美国政府追求建立世界安全组织，通过这个组织及 354 其他组织成员，使政府担负起维护世界安全的责任。

在立法机关批准的前提下，美国政府的目标是：帮助那些从敌人手中解放出来的国家，帮助它们恢复由于战争遭受的破坏，为它的人民，为男人，还有女人，提供以平等伙伴身份参与建立更加富裕、更加安全生活的机会。对波兰如此，对其他联合国家也是如此。

综上所述，美国政府的波兰政策目标是：把美国所宣布的对外政策基本原则付诸实践。

589. 丘吉尔致斯大林的私人机密信函

1944年12月19日发　　1944年12月20日收

非常感谢您14日有关南斯拉夫事务的来信。我尚未收到铁托元帅的最新回复，一旦收到，我立即通知您。

苏比锡博士说，您寄希望于通过他和与他随行的铁托元帅代表，实现苏联和英国在南斯拉夫执行联合政策。我相信，这有助于在铁托元帅和南斯拉夫政府之间达成信任与和解。

艾登先生与苏比锡博士会谈过，后者讲述了和铁托元帅达成的协议。如果执行这个协议和补充协议，即铁托元帅同意苏比锡博士从莫斯科返回贝尔格莱德，则我觉得，这为建立新的南斯拉夫联邦提供了良好的基础，所有友好的南斯拉夫人都能够起到应有的作用。我相信，您会同意，只要条件允许，南斯拉夫人民拥有彻底解决君主制问题和新的联邦宪法问题的自由，这才是
355 最重要的。只要南斯拉夫人民有善良的意志和忠诚，铁托—苏比锡协议可以保证他们有自由抉择的机会。艾登先生和我本人将与国王在本周会晤，与其讨论所有问题，我自然会把结果通报给您。

同时，我会向美国政府传达解决此事的希望，我能够说服他们执行和我们一样的路线。

丘吉尔下一封信首先谈到了对历史题材影片《库图佐夫》的观后感，这是斯大林赠送的影片（莫斯科电影制片厂1943年出品）。这段轶事的日期产生了疑问。最著名和最详细的丘吉尔传记作者M. 吉尔伯特引用科维尔的日记内容确认，1945年4月6日，在切克斯官邸，首相和客人们在晚餐后一起观赏了这部电影。[395] 也就是说，丘吉尔在看电影半年前就给斯大林写信，而且是看了两遍。只能这样推测，就是首相非常喜欢电影《库图佐夫》，以致于在1945年夏天又看了一遍。不论怎样，科维尔证实，给君主制拥护者丘吉尔"留下深刻印象的是电影中播放的对沙皇制度的偏见"，关于这一点丘吉尔在给革命者斯大林的信中并未提及。[396]

丘吉尔的"当代三十年战争"这句话引起了人们的好奇：他很明显是指两次世界大战加在一起的时间，俄国和英国曾是反对德国的盟友，在此之前一同和拿破仑法国作战，以此强调两国战略利益的历史共性。在目前情况下，丘吉尔扮演的不仅是他熟悉的"历史创造者"，而且还有年鉴的角色。尽管他的"三十年战争"理论对战争间隔的编史工作带来了重大影响，最近几年还是经常受到批评。按照戴维·雷诺兹（Рейнольдс Д.）的看法，"丘吉尔理论吸引历史学家的地方就是他认为1914年—1945年是与希特勒霸权主义作斗争的新的'三十年战争'"，这种说法不能完全准确代表这个时期。[397] 最后一句对戴高乐和他即将访问伦敦的戏谑也不是空穴来风：首相暗示希望"平衡"

苏法英三角关系。斯大林在12月25日给首相回信时很清楚地做了此种暗示。

590. 丘吉尔致斯大林的私人信函 356

1944年12月19日发　　　　　　　　　　　　　1944年12月20日收

昨天晚上我第二次观看您赠送的电影《库图佐夫》。当我第一次观看时，让我不由得赞叹，只是整部电影都是俄语对白，我不明白所有剧情的具体含义。昨天晚上我又观看了一遍，已经有英文字幕，所以明白电影的剧情，我应该对您说，我的想法是，这是我看到过的最出色的电影。两种不同性质的斗争还从未清晰地表现过。还没有哪部电影能够更直观地告诉人们，指挥员和士兵的忠诚是多么重要。俄国士兵和俄国人民还从没有以这种艺术形式光荣地展示在英国人民面前。我从来没有看到过如此之高的拍摄艺术。

如果您认为可以私下转达我对这部电影的赞叹，并感谢那些为这部艺术作品和崇高的道德而工作的人们，则不胜感激。而现在我要祝贺您。

我很愉快地认为，我们曾在那场生死之战中站在一起，就如我们在当代三十年战争中仍然站在一起。我不认为，您会把这部电影给戴高乐看，当他到这里来签订像他和您、您和我们之间所签署的一样的条约的时候，我也不会给他看《汉密尔顿夫人》。

此致敬意！

12月末，又到了丘吉尔给自己的克里姆林宫信友祝贺生日的时候了。他按照斯大林的祝贺方式表示祝贺，但是首相关于领袖生命对于“伟大联盟”的“宝贵价值”并不是套话：他真心认为，除了斯大林，在克里姆林宫没有谁值得打交道。稍晚些时候，在雅尔塔，丘吉尔在一次午餐上的祝酒词使人动容。

“既不是夸大其词，也不是阿谀奉承，我们把斯大林元帅的生命视为我们的希望、我们的心灵的瑰宝。历史上有很多胜利者，但是只有为数不多的成 357
为了国务活动家，而大多数人因为战争的伤害不能享受到胜利果实。我真诚地希望元帅好好地珍惜自己，为了带领苏联人民，也帮助我们所有人进入那个幸福的时代，而非我们不久前经历的那个时代。”[398]

甚至一直对苏联的所作所为持批评态度的驻莫斯科使馆馆员巴尔弗，在1945年1月也给予斯大林毫不含糊的评价。巴尔弗一方面形容斯大林是“资深革命者”，另一方面又强调：

“作为一个有远见的现实主义者，可以说，斯大林不打算放弃施展专制的权利。虽然‘高高在上’，却准备随时反击对苏联最微小的冒犯和恶意，斯大林及明智的追随者的最大愿望甚至会引起世人的嫉妒，那就是维护苏联在全世界的荣誉。因此，在那里，只有在那里，盟国有理由抱怨他们的私利得不到关照，为了最重要的问题去请求斯大林可能会得到一点含蓄的帮助。苏联国家机器高度集中的特点使问题越来越多，很遗憾……但无可奈何。”[399]

591. 丘吉尔致斯大林的私人信件

1944年12月20日发　　　　1944年12月20日收

谨向您致以最真诚的生日祝贺。我坚信，您的生命对全世界的未来、对于巩固连接我们双边的纽带，都是弥足珍贵的。因此，当我向您表达真诚的生日祝愿的时候，这已经不是一句措辞讲究的客套话。

在新的首脑会晤前夕，罗斯福也首次决定为斯大林祝贺生日。

358 592. 致苏维埃社会主义共和国联盟主席 И.В.斯大林阁下

1944年12月21日发　　　　1944年12月22日收

莫斯科

谨向阁下致以最真诚的生日祝福和最良好的祝愿。

富兰克林·D. 罗斯福

丘吉尔对斯大林建议英国专家了解德国鱼雷一事非常满意。同时，对此情报有兴趣的海军部却不急于与莫斯科分享军事技术情报。1945年1月，参联会召开情报总结会，海军部表现最为“吝啬”，只提供了“Asdic Type144”一个项目的情报，而战争部和军需部提供了50多份情报。[400]

593. 丘吉尔致斯大林的私人绝密信

1944年12月23日发　　　　1944年12月24日收

兹回复您有关德国鱼雷一事，我可以对您说，我完全理解，您不能立即把其中一枚鱼雷发往英国。我更倾向于您推荐的第二种备选方案，即英国专家前往苏联就地研究鱼雷。我收到消息说，苏联海军准备在1月初进行试验，而海军部认为，最适宜的方案是海军部军官随下一批护航运输队前往，这样可以在试验之前准时赶到。

我非常感谢您在此事上鼎力相助，我会请海军部通过英军联络处商定细节。

在下一封信中，丘吉尔附上了独裁者弗朗哥写给西班牙驻伦敦大使的信件副本，以及丘吉尔给弗朗哥回信的副本。弗朗哥给“我们亲爱的朋友”首 359
相写道，他愿意与英国亲善，而不在意美国和苏联两个新兴超级大国的态度。艾登说服丘吉尔，必须打消西班牙独裁者强烈反苏的狂热。“我尽量在休息日给弗朗哥写信，转达您对他的羞辱，但我不能保证会这么做。”[401] 首相回答道。他最终还是写了这封信，信中他否认“国王陛下政府准备考虑在西欧或其他地区建立大国集团问题，是因为对我们俄国盟友的敌意或者为了防范我们的俄国盟友”。首相强调，英国“认为英俄在未来世界组织框架内继续合作是十分必要的，这不仅符合自身利益，也有利于整个欧洲的和平与繁荣”。关于丘吉尔将此事告知斯大林的动机，可参见他在1944年1月11日给艾登下达的指示：“我希望，我的信能够使斯大林就西班牙问题感到欣喜和宽慰，并使其劝阻苏联政府不要试图打破已有的平衡。我也希望，这封信能够向他表明，无需担忧英国政策会出现转向，或者英国会与弗朗哥之流沆瀣一气来反对他。”[402] 反希特勒同盟（Антигитлеровская коалиция）的三位领袖中，只有丘吉尔希望与弗朗哥政权保持关系，并力争平息莫斯科和华盛顿的反弗朗哥倾向。丘吉尔的这一步未必“会使斯大林欣喜和宽慰”，或消除莫斯科对英国的西班牙政策的担忧。克里姆林宫收到这个消息之后，并未对通报消息的举动表示谢意。丘吉尔和弗朗哥通信一事也告知了罗斯福。信函破例通过外交邮件转交，莫斯科收到时已延误时许。

594. 丘吉尔致斯大林的信函

1944年12月23日发　　　　　　　　　　　　　　1945年1月17日收

尊敬的斯大林元帅：

西班牙驻伦敦大使给我发来一封信，这封信是弗朗哥将军委托转交的，
360 内容涉及联合王国与西班牙关系问题。刚才我给弗朗哥将军回了信，措辞是经过战时内阁反复权衡并一致通过的。我和同仁们都认为，您会有兴趣了解往来书信的内容，特别是提到了英国和苏联的友谊，因此我附上这两封信供您参阅。

您诚挚的

温斯顿·丘吉尔

临近12月底，德军在阿登（Арденнны）地区实施的“守望莱茵”行动中强势突破，盟军司令部毫无防备，西线局势顿时变得严峻起来。英国内阁例行通报中写道：“16日，德军在埃希特纳赫（Эхтернах）（卢森堡——作者注）至马尔梅迪（Мальмеди）（比利时——作者注）一线猛烈反攻，摧毁了圣维特（Св.Вит）以北和以南的防线，向西推进了35英里。”[403] 在阿登反攻之后，战场形势发生了深刻变化，而且政界高层对形势的评估也发生了变化。按照著名情报历史专家M.海尔曼（Херман М.）的话说：“1944年德军在阿登的进攻之所以成功将盟军打个措手不及，完全得益于采取了正确的安全措施，巧妙地利用了无线电技术和盟军的狂妄自大。”[404]

德军这次反攻自1944年9月开始计划，由西线德国武装力量总司令陆军元帅H.冯·伦德施泰特（Рундштетдт Г.фон.）组织实施。事实上，盟军未能确定德军反攻的地点与时间，绝不仅仅是出于技术薄弱原因，虽然空中侦察由于天气不佳暂停，但对德国密码的破译一直有效。1944年秋，盟军军事指挥部里的多数人与其说是思考德军方面的抵抗，不如说是关心德国落败的时间。1944年12月2日，战争大臣彼得·格里格（Григг П.）关于《德国推迟投降》的报告在这方面颇具代表性。[405]“守望莱茵”行动开始后，布鲁克12月18日承认，德国人的反攻可能把德国的失败推迟6个月。[406]

361 英美联合司令部并不了解德国军人的思维特点。“盟军最明显的错误是

指望敌人按规矩出牌。”有文献明确指出。[407] 在这方面，就像布莱德利回忆德军进攻前夜的一次谈话所言：“……如果有人想进攻……他的目的，或者是歼灭敌军部队，或者是占领这个地区。在后一种情况下，他或者自己利用有利地势，或者不让敌人利用有利地势。这两个目的在阿登都不可能达到。”[408] 但是，德国军事学说中固有的反攻行动战术使人担心有此可能。早在1944年夏，苏联军界已经在思考，“除了苏德战场，德军司令部会把主要力量用于阻止盟军在法国胜利的脚步，同时可能尝试利用进攻行动来达成目的”。[409]

此后，艾森豪威尔称德军行动是“绝望者的进攻”，[410] 他认为德军的行动是没有胜算的，同时又指出，只有以巨大伤亡的代价才可制止德军，而由于固执的蒙哥马利行动迟缓，直到12月底至1月初，盟军都未能组织反攻。阿登事件造成的心理影响也不容忽视。在这种形势下，苏军指挥部如何采取行动具有特殊意义。艾森豪威尔建议参联会派全权代表赴莫斯科，查明苏联下一步的进攻计划。他在12月21日发电报说，“如果俄国人计划在本月或下月开始大举进攻，那么这个情报对我将是非常重要的，我会据此修订自己的计划”。[411] 丘吉尔在12月23日给罗斯福的电报中支持了艾森豪威尔的想法，他认为，欲通过盟军军事联络处从俄国人那里获得情报是“徒劳”的。他建议就此事向斯大林发出联名信，甚至准备好了信函文本。[412] 但是，罗斯福决定给斯大林单独写信，信中他把总司令的建议描述成自己的倡议。海军上将莱希拟订了信函的草本，罗斯福仅稍加修改。丘吉尔另外发电报给斯大林支持 362
了这一请求。斯大林立即回复表示同意。后来，甚至那些不赏识斯大林的活动家们也认为他在这个问题上所采取的行动是正确的。据赫鲁晓夫的回忆：“这是向身陷困境的盟军表现出的友谊和帮助。斯大林做得很棒，他善于理解这样的事情，并将其付诸实践。”[413]

595. 罗斯福致斯大林的私人秘密信函

1944年12月23日发　　　　1944年12月24日收

为了我们能够互通有助于力量协调的重要情报，我希望命令艾森豪威尔将军派司令部授权军官赴莫斯科，与您讨论艾森豪威尔在西线面临的态势，并讨论东西线协同问题。我们将严守秘密。

我希望，您能够与艾森豪威尔司令部的这名军官见面，并与他交换于双方有益的情报。比利时的情况不算坏，但是现在是商议下一个阶段事情的时候了。

鉴于事情十分紧急，请就此提议速予回复。

596. 丘吉尔致斯大林的私人机密加急信函

1944年12月24日发　　　　1944年12月24日收

我不认为西线情况糟糕，但显而易见，在不了解您计划的情况下，艾森豪威尔无法完成自己的任务。我已经与罗斯福总统交换了意见，他建议派出司令部授权军官前往贵处，以便了解贵方意图，这对我们是十分必要的。毫无疑问，对我们来说，了解贵方主要作战设想和期限对我们非常重要。我们
363 对俄国军队采取的进攻行动充满信心，以前我们从未向您提出过问题，并且我们现在也确信：答复将是令人宽慰的；但是我们认为，出于保密考虑，较之其他任何方式，您将更愿意向绝对可靠的军官提供情报。

597. 斯大林致罗斯福的私人秘密信函

1944年12月25日发

您关于从艾森豪威尔将军那里向莫斯科派出授权军官的信函收悉。

当然，我同意您的建议，也同意与艾森豪威尔将军派出的军官会面，并与之交换情报。

罗斯福将斯大林的回复通知了丘吉尔，英美参联会决定向莫斯科派出艾森豪威尔的副官、英国空军元帅A.特德（Теддер А.）。丘吉尔试图让自己的爱将、陆军元帅亚历山大来协助他，亚历山大在1944年12月接替陆军元帅威尔逊成为地中海盟军最高司令。首相希望派他去与苏联指挥部讨论携手进军维也纳的可能性，甚至给斯大林准备了相应的信函，信中写道："在莫斯科期间我有这样的印象，您不反对俄国和盟军从意大利进军维也纳的想法，我们可以在这座城市携手共进。"[414] 皇家参谋部对此想法不以为然。在1月2日的参谋长委员会会议上，丘吉尔希望亚历山大更加有效地指挥意大利的战斗行动，对此布鲁克反问道：这怎么可能呢，"如果他应该去雅典两次，去莫斯科一次，然后去贝尔格莱德，然后还可能去克里米亚，难道都是为了参加参联

会会议？温斯顿顿时语塞，他一时找不到头绪，5分钟后他再次坚持亚历山大的莫斯科之行！”[415]

最终，罗斯福和他的军人们埋葬了这个想法——向斯大林派出两个英国人完全是多此一举。总统向丘吉尔提议，由美国将军J.麦卡尼（Маккерни 364
Дж.）接替亚历山大出任这个角色。但首相置若罔闻。

598. 斯大林致丘吉尔的私人信函

1944年12月25日发

感谢您对我生日的祝贺及良好祝愿。您友好的话语我如视珍宝。

599. 斯大林致丘吉尔的私人信函

1944年12月25日发

毫无疑问，我同意签署英法协议。

我很珍视您对电影《库图佐夫》的褒奖，并一定把您的评价转告给创作人员。

谨向您致以最美好的祝愿。

不知斯大林是否兑现了这个承诺，也不知道丘吉尔的夸奖对这部影片的制作者起到过什么作用。但事实是，斯大林本人十分关注《库图佐夫》。苏联著名演员M.И.普阔夫金（Пуковкин М.И.）20岁时扮演了电影中年轻的战士费佳，他说道：

“斯大林看了我们的影片，对导演过《彼得大帝》和《无罪的罪人》这两部电影的著名导演Ф.彼得罗夫说道：

——年轻士兵费佳临死的那一段将唤起人民的痛苦。而现在正处在那样的艰难时期，不要播放这段。”[416]

电影本身荣获最高荣誉是在战争结束以后。1946年该片导演В.М.彼得罗夫（Петров В.М.）、库图佐夫一角的扮演者А.Д.基格（Дикий А.Д.）和摄影师М.Е.根金（Гиндин М.Е.）荣获斯大林奖章。很明显，丘吉尔和斯大林对电影的看法不谋而合。

365 ## 600. 斯大林致丘吉尔的私人秘密信函

1944年12月25日发

您关于艾森豪威尔将军派遣授权军官到莫斯科一事来函收悉。我已告知总统，我同意以及准备与上述军官交流情报。

601. 致美利坚合众国总统富兰克林·D.罗斯福

1944年12月26日发
白宫，华盛顿

您在我生日之际发来祝贺与祝愿，我谨表示感谢。

И.斯大林

罗斯福在12月5日的信中建议对安理会表决权采取妥协方案，苏联方面没有同意美国的外交提议。克里姆林宫和外交人民委员会继续坚持在所有问题上保持大国一致性原则，斯大林的回信也沿用了这种虽然礼貌但却强硬的风格。在此问题上，苏联方面参考了12月22日葛罗米柯发来的电报，电报中有对罗斯福回函的看法。大使在电报中写道：

“当然，美国人的提议相对于最初的立场已经做出了退让……但我还是认为，不应该同意美国人的提议。诚然，接受美国人的提议在特定情况下可以排除国际组织对苏联实施制裁的可能性，但是，接受提议则意味着，在和平调解苏联涉事其中的争议时，苏联还是会与理事会和国际组织产生对抗。如果委员会针对我们推出哪怕是有关和平调解争议的决议，也会将我们置于政治上的不利境地。”

366 葛罗米柯强调：“经历了长期谈判，在如此严肃的问题上让步会有失尊严（在克里姆林宫，加急电报的这句话下面划上了粗粗的横线）。”大使一语中的：“如果我们坚持不懈，美国人和英国人迟早会同意我们关于表决权的提议。”美国著名分析人士和述评家同意我们的观点，而且时间因素也对我们有利：“如果拖延国际组织的创立，我们没有任何损失。但如此一来，至少媒体和舆论不会原谅美国政府的拖沓。这很可能最终使罗斯福就范。”[417]

克里姆林宫给罗斯福回信中的论据经过深思熟虑，特别是有了更新的解释：如采纳美国人的表决弃权建议，则会有若干或者多数安理会常任理事国不参与决议表决。在发出此信的当天，莫洛托夫接见了哈里曼，希望他解释罗斯福就此问题的立场。大使声明，总统最后的提议已“兼顾到斯大林同志的意见”，并重申了12月5日总统信函的内容。[418]

602. 斯大林致罗斯福的私人秘密信函

1944年12月26日发

12月14日，我从哈里曼先生那里收到了您的来函。总体上我同意您的意见，在联合国家召开国际组织成立大会之前，我们应该就敦巴顿橡树园谈判时没有解决的主要问题达成一致，首先就是安理会表决程序。我需要提醒的是，在美国的最初方案中特别提到，在争议直接涉及一个或几个常任理事国的情况下，有必要制定表决程序的特殊规则。在英国的方案中也提到，如果 367
出现这些争议，解决大国间争议的一般方法可能起不到作用。

鉴于此，对于您提议中的第1、第2点无异议，可采纳，我指的是信中的第2点所说的程序问题，也就是章程第6章第4节中的内容。

至于您提议中的第3点，我很遗憾地告诉您，我不可能同意您修订的这个建议。您自己也承认，在判定对和平的威胁、消除此类威胁或压制侵略及其他破坏和平的活动而通过决议时，安理会常任理事国必须坚持表决一致性原则。毫无疑问，对这类问题做出决议时安理会常任理事国应保持绝对一致，因为他们肩负着维护和平与安全的重任。如果在某个阶段剥夺一个或几个安理会常任理事国在上述问题决议上的投票权，理论上可能发生多数常任理事国无权投票的状况，进而对维护世界安全会造成严重后果。这个条款有悖于四大国协商原则和表决一致性原则，会导致大国对抗大国的局面，致使公共安全事业遭到伤害。较之大国，小国更不愿意发生这种情况，因为大国共同肩负着保卫和平、维护所有热爱和平国家的安全的重任，而大国的分裂会给所有国家造成最危险的后果。

因此，我必须坚持在安理会投票问题上的一贯立场。我认为，这个立场可以保证四个大国在新的国际组织中团结一致，避免一些大国试图对抗另一些大国，这对未来的共同反侵略斗争是必要的。当然，这样的条款既有利于维护小国的安全，也符合全世界利益。

我希望您能认识到上述观点的重要性，这有助于四个主导国家在通过决
368 议时的一致性原则，我们能够找到协商解决这些问题的办法，对其他悬而未决的问题亦是如此。在协商解决问题的基础上，我们的代表可以就此问题制定出完整的方案，并共同讨论尽快召开联合国家全体大会的必要措施。

斯大林的反对意见在西方国家引起了一定的共鸣。丘吉尔之后很久才得知此信的内容，在苏联同意的前提下，他也准备支持美国的妥协方案。“在这个阶段，如果不是妥协或者不被认为是妥协，我才不会为了美国人的计划而和俄国人作对。”他给艾登这样写道。[419] 就连罗斯福本人也在1月初向哈利法克斯大使坦言：“经过再三斟酌和换位思考，我开始认同斯大林的立场。比如，如果美国卷入墨西哥和危地马拉爆发的冲突，美国人民未必会对美国此时没有投票权感到满意。”[420] 在那些天总统也对史汀生重复过类似的话。[421] 其实罗斯福早就有过这些考虑。早在讨论国务院备忘录时，即12月5日发给斯大林信函的相关内容，罗斯福就认为“要面对这样一个事实，当我们卷入某种严重或危急事态时，我们国家未必会同意美国不能参与表决，因此，接受某些妥协是必要的”。[422] 这样看来，苏联外交部门在此问题上“榨干”美国人的做法是完全有根据的。

603. 斯大林致丘吉尔的私人秘密信函

1944年12月27日发

您首选派遣英国专家到苏联就地研究德国鱼雷的通报函收悉。鉴此，我已向苏联军事权力部门下达了必要指示。

斯大林没有听从盟国关于推迟承认波兰民族解放委员会的请求。克里姆
369 林宫已经对此做出了相应的决定，在发出该信函当天，苏联最高苏维埃主席团回复波兰民族解放委员会的申请函时表示，一旦组建波兰临时政府，苏联将予以承认。[423] 斯大林利用给罗斯福回信的机会，就此问题最后一次提醒美国。他详尽地论证了自己的立场，在修改莫洛托夫的草稿时，力求态度更为强硬，言辞更具说服力。关于苏联在波兰的利益一段是重中之重，此后斯大林不止一次地在往来书信中及雅尔塔会议上重复过这些话。

604. 斯大林致罗斯福的私人秘密信函

1944年12月27日发

您12月20日有关波兰事宜的来函收悉。

关于12月18日斯特蒂纽斯先生的声明，我更愿意在我们单独会面时表达自己的看法。总之，相对于声明发表的时候，波兰事件已今非昔比。

米科瓦伊奇克先生最后一次造访莫斯科后发生了一系列事件，尤其是我们在波兰逮捕了一批恐怖分子，他们是波兰流亡政府的密使，从他们身上缴获了与米科瓦伊奇克政府的无线电通信，这些事实充分证明：米科瓦伊奇克先生与波兰民族委员会进行谈判只不过是个幌子，其目的是掩护其身后的人针对驻波苏军官兵进行恐怖犯罪活动。我们不能容忍这种状况，受波兰流亡政府教唆的恐怖分子杀害驻波兰的红军官兵，针对解放波兰的苏联军队进行犯罪活动，直接帮助我们的敌人，他们实际上已经是我们敌人的同伙。由阿尔奇舍夫斯基接替米科瓦伊奇克以及波兰流亡政府里的部长更迭只能使情况更加恶化，并且使波兰国内与流亡政府之间隔阂越来越深。

同时，波兰民族委员会在以下方面取得了重大成就：稳固波兰国家政权和波兰领土上的国家权力机关、发展和壮大波兰军队、实施一系列重要的国家措施，首先是实施有利于农民的土地改革。这一切促进了波兰民主力量的 370
团结，大大提升了民族委员会在广大波兰民众和国外广泛社会团体中的威望。

我认为，现在我们应该关心的是，如何支持波兰民族委员会以及所有那些有愿望、有能力和他们一起工作的人，这对于盟国、对于完成我们共同的任务——加快战胜希特勒德国都是非常重要的。苏联担负着从德国侵略者手中解放波兰的重任，目前条件下，与波兰的双边关系问题实质上就是与波兰政权建立全天候的、紧密而友好的关系，这个政权是波兰人民在波兰领土上建立的，这个政权已经壮大起来，它拥有自己的军队，它与红军并肩作战打击德国人。

我应该坦率地说，如果波兰民族解放委员会成为波兰临时政府，那么出于上述原因，苏联政府没有正当理由拒绝承认。***应该指出，较之任何其他大国，苏联更愿意使亲苏和民主的波兰得到壮大，不仅是因为苏联承担着解放波兰的重任，更因为波兰是与苏联接壤的国家，波兰问题与苏联安全问题密不可分。***对此还需要补充的是，在波兰，红军在抗击德国人的斗争中取得的战绩得益于波兰稳定可靠的后方，同时，波兰民族委员会完全认清了形势，即流亡政府及其地下代理人在红军后方组织恐怖活动、阻挠红军夺取胜利、企图挑起内战。

另一方面，鉴于波兰目前的条件，已经没有理由继续实行支持流亡政府的政策，它已经失去了波兰国内人民的所有信任，而且，它在红军后方企图
371 挑起内战，以此损害我们在抗击德国人的斗争中的共同利益。我认为，现在盟国政府应首先与波兰民族委员会互派使节，当民族委员会改组为波兰临时政府后适时承认，则对于我们的共同事业是自然、公平、有益的。如果不这样做，我担心波兰人民对盟国的信任会发生动摇。我认为，当波兰人民说，我们为了伦敦一小撮波兰流亡人士的利益而牺牲了波兰的利益，其后果不堪设想。

斯大林的信函引起了盟国的警觉。罗斯福就回信问题征求了丘吉尔的意见。12月30日，首相在内阁会议上称之为“添乱”。丘吉尔并不排除伦敦政府与波兰地下组织之间可能存在“不慎联络”而被俄国人截获的情况，但也不否认某些地下活动家可能做了一些“很难克制”的举动。为此，他建议再次呼吁斯大林在“三巨头”会晤之前不要承认波兰民族解放委员会为波兰临时政府，并且直接以美国和英国的名义向他声明，“我们自己也不会这样做”。内阁支持首相的立场。[424] 伦敦依然指望能阻止莫斯科走出这关键一步。“我们还没有确凿证据表明苏联政府已经决定把卢布林委员会视作临时政府，或者承认委员会有这个资格，”贾德干给艾登的电报中这样写道，“……虽然任何事情都可能发生，而且已经万事俱备，但是，在首相和总统没有一个人同意的情况下，斯大林元帅未必会迈出这一步。”[425] 丘吉尔将内阁的意见告诉了罗斯福，罗斯福准备给斯大林的回信。

与1944—1945年间罗斯福就波兰问题写的大多数信函一样，在这封信里国务院东欧司司长波伦再次尝试说服斯大林推迟承认波兰民族解放委员会。他引用了所有可能的政治和军事方面的论据作为理由。与之前的丘吉尔一样，总统也呼吁斯大林不要从自己的名单中勾掉米科瓦伊奇克，因为盟军
372 把他作为未来波兰政府的重要人选之一。信函中最后一个建议是罗斯福亲述给波伦的。他同时吩咐把信也发给丘吉尔，附言中写道：“您瞧，我与您齐步走。”[426]

605. 罗斯福致斯大林的私人秘密信函

1944年12月29日发　　　　　　　　　　　　　　　　1944年12月31日收

我应该告知您，12月27日关于波兰的信函让我深感不安和失望，您在信中说，在我们会晤并认真讨论整个问题之前，您认为不可能拖延承认卢布林委员会作为临时政府。我认为，如果您能稍微推迟一下发布纯法律文本，也就是到我们会面之前的一个月，不会对您的政府和军队造成严重的不便。

我并不是建议您与卢布林委员会减少事务性合作，也没有试图让您与由目前内阁成员组成的伦敦流亡政府合作，或者承认它。我坚持请您延期执行，因为现在是战争状态，贵国政府正式承认一个波兰政府，而英美及多数联合国家继续承认另一个伦敦波兰政府，并与其保持外交关系，这会对国际舆论和敌人的心理状态产生于我不利甚至是严重的影响，您一定会理解我的想法。

与您一样，我也应该坦诚地告知您，美国政府不会仿效您的做法，放弃伦敦波兰政府，转而承认现今状态下的卢布林委员会，我认为没有可能。这绝不是因为与伦敦流亡政府有某种特殊关系或者有好感。问题在于，不管是美国政府，还是美国人民，都没有看到任何证据，或者它的创建方式，还是后续事件能够证明卢布林委员会如它号称的那样可以代表波兰人民。我不能 373
忽略的一个事实是，目前只是寇松线以西的小部分波兰从德国的暴政中解放出来了，因此一个不容置疑的真相是：在卢布林委员会问题上，波兰人民未被赋予表达自己意见的机会。

将来，波兰解放以后，如果成立全民支持的波兰临时政府，那么美国政府的立场当然将由波兰人民来决定。

我完全同意您的意见，米科瓦伊奇克先生离开伦敦流亡政府使局势变得恶化。我一直认为并确信，米科瓦伊奇克先生致力于解决所有苏联和波兰之间悬而未决的问题，他是唯一一个被看好的波兰活动家，他能够真正解决艰难而危险的波兰问题。我个人与米科瓦伊奇克先生相识，他在华盛顿时我曾与之交谈，我了解他在莫斯科期间的努力和执行的路线，我很难相信，他与恐怖活动的指示有瓜葛。

给您发此函的目的，是为了使您了解美国政府关于承认卢布林委员会为波兰临时政府一事的立场。现在，我比以往任何时候都确信，我们三人会晤时，我们能够就解决波兰问题达成一致，因此我依然希望，在此之前您推迟正式承认卢布林委员会为波兰政府。从军事角度来看，我认为推迟1个月不会有大的阻力。

无视盟国的愿望，斯大林这次未经再次协商已付诸行动。12月31日，收到丘吉尔来函的当天，克拉约瓦人民议会通过了改组波兰民族解放委员会为临时政府的法律。与1943年春与波兰政府断绝外交关系的情形如出一辙，斯大
374 林在给罗斯福和丘吉尔的回信中实际上是把既成事实摆在对方面前。斯大林故伎重演，为了给自己的匆忙行动找个借口，他引用了缺乏说服力的纯技术论据：之前的那次是因为决定已经刊登在苏联的报纸上，而这次是苏联最高苏维埃主席团的决议。盟国很清楚斯大林的托词完全是臆想。丘吉尔给罗斯福发电报说，“可笑的是，‘苏联最高苏维埃主席团’现在突然派上了用场”。[427]

英国外交部分析了波兰临时政府的组成之后，决定持谴责态度。根据伦敦波兰人提供的情报可以确定，“民族解放委员会中本来就是少数派的那部分人，在波兰社会多少算是名流，但在改组之后都不见了踪影，取而代之的是一些陌生的面孔”。伦敦听取了米科瓦伊奇克的看法，他“在自己的党魁生涯中，从未听说民族解放委员会有过哪怕一位农民党党员（即波兰人民党成员，米科瓦伊奇克本人曾是该党领袖之一——作者注）。共产党在新政府中的影响力是巨大的：“工人党（共产党）获得了4个部长席位，包括对波兰未来政治制度起关键作用的新成立的公共安全部。”[428]

606. 斯大林致罗斯福的私人秘密信函

1945年1月1日发

您12月31日的来函收悉。

非常遗憾我无法说服您相信，苏联政府在波兰问题上的立场是正确的。但我仍希望，事实胜于雄辩，波兰民族委员会无论过去还是将来，都会一如既往地协助盟军，特别是协助红军进行抗击希特勒德国的斗争，与此同时，伦敦流亡政府却在涣散这种斗争，并以此帮助德国人。

当然，我完全理解您希望苏联推迟1个月承认波兰临时政府的提议。但
375 是，这里发生的一个情况使我无力满足您的愿望。问题在于，12月27日苏联最高苏维埃主席团就波兰人的相关申请已经给予了答复：波兰临时政府一旦成立，主席团就计划予以承认。这种情况使我无力满足您的愿望。

请允许我祝您新年快乐，祝您健康、成功。

收到这封信后，罗斯福决定在“三巨头”会晤之前搁置关于波兰问题的讨论。1月4日，他发电报给丘吉尔说：“我现在不给斯大林回信，但是，我们可以在会面时讨论这个问题。”[429]

斯大林所说的三位领袖在苏联境内会晤一事，之前已经通过外交途径最终敲定。罗斯福一直反对选择克里米亚，他更喜欢地中海方案。“如果你们能够成功说服斯大林元帅与我们在地中海见面，那将是很大的成功。”他在11月28日给哈里曼的电报中这样写道。[430] 哈里曼也不相信努力会成功，他建议总统还是选择雅尔塔，而敖德萨冬季气候恶劣，塞瓦斯托波尔遭到严重损毁。作为候选地点，罗斯福以“气候原因”为由考虑了波季（Поти）和巴统（Батуми），但指示哈里曼继续与克里姆林宫进行磋商，争取地中海地区。[431] 12月23日总统向哈里曼发出例行指示，在这个指示中备选方案已经提到了雅尔塔。12月26日，哈里曼与莫洛托夫就该问题举行例行会晤。大使做了最后一次尝试劝说人民委员和他的顶头上司，但一切皆是徒劳。斯大林已经给莫洛托夫下达了强硬的指示，在领袖威望和领袖便利的问题上不得向美国人让步。人民委员重申了克里姆林宫医生的意见和罗斯福本人首提倡议，罗斯福曾通过霍普金斯于10月13日与葛罗米柯谈话时建议在黑海沿岸会晤。哈里曼回答道，霍普金斯当时只是以自己的名义试探而已，但仍无济于事。人民委员声明，如果黑海方案被排除的话，那么“根据斯大林元帅和苏联政府的决定，莫洛托夫作为斯大林的第一副职，将很高兴前往总统和首相选择的任何地点与其会晤”。[432] 早在德黑兰就尝试过的软讹诈这次竟依然奏效。在会晤地 376
点选择上，莫洛托夫提出了不同的地方，但哈里曼支持雅尔塔。会谈结束后，他把斯大林的最终决定报告了总统，第二天罗斯福回复同意在雅尔塔会晤。[433]

1月2日波兰临时政府向反希特勒同盟国提出建立外交关系的提议。虽然外交人民委员会关于苏联最高苏维埃主席团在法律上承认新政府的官方信函1月5日才发到卢布林，但是斯大林在这之前已经告知丘吉尔已经做出了决定。

607. 斯大林致丘吉尔的私人秘密信函

1945年1月3日发

1. 当然，您已经知道，卢布林波兰民族委员会通过并公布了决议，将波兰民族解放委员会改组为波兰共和国临时国民政府。您很清楚我们对波兰民族委员会的态度，按照我们的看法，该委员会已经在波兰赢得了很高的威望，是波兰人民意志的合法代言人。我们认为，波兰民族委员会改组为临时政府完全顺理成章，尤其是米科瓦伊奇克离开波兰流亡政府以后，后者已完全失去了政府的意义。我认为，不能置波兰于无政府状态。基于此，苏联政府同意承认波兰临时政府。

很遗憾，我未能成功地使您完全信服苏联政府在波兰问题上立场的正确性。但我仍希望，随后发生的事件会证明，我们承认卢布林的波兰政府符合盟国共同的事业，将加速德国战败。

随后附两封就波兰问题给总统的信函，望知悉。

377 2. 我知道，总统已经征得您同意，在本月底或2月初举行三人会晤。我很高兴将在我国境内与您和总统会面，希望我们的共同工作卓有成效。

就此，祝您新年快乐，健康、成功。

丘吉尔同罗斯福一样，对斯大林在波兰问题上的执拗非常失望。现在他把主要的希望都寄托在雅尔塔会议上，英国外交部在1月就已经开始为会晤做准备。丘吉尔对内阁幕僚声称，在即将召开的雅尔塔会议上，“俄国人要求承认卢布林委员会为波兰政府。应该记住，这种承认是我们手中的最后一张王牌，没有等值的回报我们不能轻易出牌”。[434] 首相对选择的会晤地点丝毫兴奋不起来，据说那里冬天气候糟糕，而且有虫害。“即使我们花十年时间去寻找地方，在世界上也找不到比这更糟糕的地方。”他向霍普金斯抱怨说，此时霍普金斯在前往雅尔塔的途中顺访伦敦。“丘吉尔带上大量的威士忌，只求在那里活下来，”霍普金斯幽默地告知总统，“他认为，这是抵御伤寒的好方法，也能杀死那里丛生的虱子。”[435] 博学多识的首相很快为此行找到了对应的神话版本，他把“三巨头”（首先是自己和罗斯福）比喻成埃拉多斯英雄去黑海海岸寻找金羊毛。罗斯福很喜欢这个称谓。“我喜欢您关于‘阿尔戈航海者’的说法，”他在电报中这样回复，“您和我简直就是他们的传人。”

尽管1944年12月底之前德国人已经失去了在阿登的主动权，德军司令部仍在酝酿新的进攻。这次指的是“北风”行动，攻击对象是美军中将J.德弗斯（Деверс Дж.）指挥的第6集团军集群（由美军第7集团军和法军第1集团军联合编成），行动开始于新年前夜，从12月31日到1月1日夜间。除了希望吸引阿登的兵力，进攻更致力于一个宏伟但不现实的目标——突破第7方面军防线，并将其歼灭。实际上，在1945年1月底以前，德国人已被迫撤离该地区。

除了纯军事因素，伦敦担心德国在西线反攻会导致政治后果。在西线，除了英美兵团，还有其他一些民族构成的兵团，包括法军第1集团军，他们仍在为不久前解放斯特拉斯堡而沾沾自喜。在法西斯德国军队反攻的背景下，担心法军溃败的不只有丘吉尔一人。阿登反攻开始两天后，布鲁克看到了令人忧心的一幕："伦德施泰特的行动证明，艾克（艾森豪威尔——作者注）在战斗序列和组织布势上犯的错误有多么严重。军队'散落'在宽大的正面上，指挥官能随时调动的预备队和步兵却不见踪影。我们将会看到，为了试图阻止德军，他不得不从斯特拉斯堡调集军队，这样做实际上在给戴高乐政府制造危机。"[437] 虽然联盟战争的组织不是件简单的事情，但最糟糕的预测还是没有应验。 378

无论看起来多么荒诞，丘吉尔认为，德军的反攻不单单带来问题，还造就了一定的机会。吉尔伯特写道，"正当位于阿登的美国军队遭受德国猛烈攻势时，丘吉尔呼吁英国组织新的进攻来支援美国人，他对司令部的参谋长们说，这样做的理由是可以证明英国的军队'仍然能够果断行动'，这可以'唤起美国人对英国的感激'"。[438] 布鲁克通过夸赞蒙哥马利来批评艾森豪威尔的上述错误事出有因，"这次德国人的攻击如此猛烈，如果不是蒙蒂及时行动，德国人就会取得决定性的战果"。[439]

在给斯大林的信中，丘吉尔对伦德施泰特行动的评估与布鲁克相吻合。蒙哥马利对此表示怀疑："……他（伦德施泰特——作者注）不得不勉强筹集所有的预备队来完成这项任务，但收效甚微。应该承认，他给我们造成了巨大的打击，实际上也逼迫我们后撤；但是我们恢复了元气；在首战胜利之后，他并没有取得任何实质性的优势。"[440] 斯大林在雅尔塔也持相似的观点："……伦德施泰特行事很愚蠢，他在德国精疲力竭的时候发起进攻。这只是因为德国自认为是强国，但是它已经不再是了。实施新的战役需要预备队，而德国没有。"[441]

608. 丘吉尔致斯大林的私人机密信函 379

1945年1月5日发　　1945年1月6日收

1. 兹回复您1945年1月3日的私人密函。

感谢您转发的写给总统的两封关于波兰问题的信函。当然，我和我的战时内阁成员对事件的转折感到忧虑。我认为，我们三人会晤，一起讨论上述所有事情是上策，这不是一个孤立的问题，需要与整个国际形势联系起来，不仅涉及战争，还涉及和平。同时您也清楚，我们的立场一如既往。

2. 我期待这次重要的会晤，并且我很欣慰，美国总统愿意开启长途旅行。我们约定，如果您同意用“阿尔戈航海者”作为会议代号，那么我希望贵方制订筹备措施的责任人在交换消息时使用这个代号。

3. 我访问了艾森豪威尔将军和蒙哥马利元帅的司令部后，刚刚返回。比利时会战十分艰难，但是他们认为，我们能够控制局势。德国人在阿尔萨斯（Эльзас）的佯攻给法国人制造了困难，并有牵制美国兵力的趋势。我一贯坚持这样的看法，即盟军部队的数量和军备，包括空军，将使冯·伦德施泰特对自己的勇敢和精心组织摧毁我方阵地的企图后悔不已，我方将伺机夺回安特卫普港口，这对我们是至关重要的。

4. 同样，我也向您致以诚挚的新年祝愿。让新的一年减轻伟大人民的苦难，我们为之战斗，并共同保证为其带来永久的和平。

艾森豪威尔的代表特德的莫斯科之行拖延了很久，总司令为此焦躁不安，
380 迫不及待地等待着克里姆林宫的答复。“如果俄国人开始大举进攻，态势可能好转，因为所有的（德国）预备队不得不兼顾东西两线。”他在1月7日致参联会的信中写道。如果没有这次进攻，他补充道：“我们将陷入十分艰难的境地。”[442]丘吉尔决定亲自给斯大林写信，以尽快得到苏联的进攻计划，艾森豪威尔立即表示同意。

609. 丘吉尔致斯大林的私人机密信函

1945年1月6日发 1945年1月7日收

西线正在鏖战，随时需要最高统帅部的重大决定。您凭借自己的经验也能够理解，在暂时失去战场主动权的情况下，被迫需要保卫宽大的正面，局面令人堪忧。艾森豪威尔将军非常希望并有必要知道您的行动方向，因为他和我们在做重大决策时需要兼顾。根据收到的消息，受天气所困，我们的特使空军元帅特德昨晚仍滞留开罗。他的行程被延误不是您的过错。在他未到达之前，如果您能够告知我，在1月份，或者您希望的时间，我们能够等到俄国在维斯瓦河前线或者其他任何地方的大规模攻势，对此我将感激不尽。我不会对任何人传达这个绝密情报，除了布鲁克元帅和艾森豪威尔将军，他们同样要严格保密。我认为情况紧急。

丘吉尔的信函是请求紧急援助，但克里姆林宫也另有准备。早在1944年11月大本营就开始准备在苏德战场发动新的大规模进攻。进攻行动的核心是维斯瓦—奥得河战役，由第1白俄罗斯方面军和第1乌克兰方面军实施，后者的司令员科涅夫元帅回忆起自己11月底在统帅部的情形，当时斯大林正全神贯注研究地图上的西里西亚（Силезия）工业区，“甚至在地图上看西里西亚的比例和实力都会令人神往。我很清楚斯大林强调的含义，他手指地图，在 381
这个地区画了一个圈，说到‘金子’。他说的这句话，无需更多解释”。[443] 战役目的是消灭两条战线分界的凯尔采—拉多姆沿线（Кельце-Радом）之敌集群，打通德国—波兰边境，强渡奥得河，夺占西里西亚工业区。

关于战役计划发起时间的情报出现了不同说法。根据朱可夫回忆，“11月底计划被批准。最高统帅部没有硬性规定战役开始时间，但指明1月15—20日做好战役准备”。[444] 但是，科涅夫的另一段话更符合往来书信中的内容：

“战役本应按照最高统帅部准确指定的期限按时开始，1月20日……1月9日总参谋部代理参谋长安东诺夫通过高频电话通知我，鉴于西线阿登地区盟军的艰难处境，他们请求我们尽可能提前开始进攻；此后，最高统帅部重新审定了进攻战役开始的期限。第1乌克兰方面军开始进攻的时间不是1月20日，而是1月12日……我回复阿列克谢·伊诺肯契耶维奇，在最高统帅部规定的新的期限之前，方面军已经做好进攻准备。”[445]

别列日科夫（Бережков）晚些时候所说的“苏军指挥部还没有做好所有的必要准备”[446] 实际上是夸大其词。由于此前计划工作机制已走上正轨，在前一个战役进行时，已经做好下一次战役的筹备，也就是说，丘吉尔写信之前，斯大林已经手握战役计划的主要框架。正如科涅夫指出的那样，“我不想事前夸大或者低估期限变动造成的困难。重要的是，我们做好了战役准备，因此我才胸有成竹回答安东诺夫”。[447] 正因为丘吉尔对细节有所不知，斯大林同意提前开始苏德战场的进攻行动才对丘吉尔产生了更大的心理震撼。

610. 斯大林致丘吉尔的私人机密信函 382

1945年1月7日发

1月7日晚我收到您1945年1月6日的来函。

很遗憾，空军元帅特德尚未到达莫斯科。

利用我们在炮兵和空中优势对抗德军很重要。这些军种需要晴朗的天气，不能有低云，因为它们会干扰炮兵的火力瞄准。我们正在准备进攻，可现在的天气对我们的进攻不利。但是，考虑到我们盟军在西线的状况，最高统帅部大本营决定加快完成战斗准备，同时不考虑天气情况，不迟于1月下半月，在中心战线全线对德军开始大规模进攻战役。您不必怀疑，我们将尽一切可能协助我们光荣的盟军部队。

丘吉尔对斯大林这个重要的消息感到非常高兴，难怪会称它为“激动人心”（英文版本的叙述还要强烈——“感到惊叹”：thrilling）。他立即将来函转发给艾森豪威尔，并指示说，除了参谋长W.比德尔·史密斯（Беделл Смит У.），不要向任何人提起，而后“最好付之一炬”。“我把它烧掉了，内容我只告诉了您提到的人，”第二天总司令如是回答道，“您的消息使人精神振奋。”[448] 几天之后，艾森豪威尔发电报给安东诺夫大将，后者在1945年2月接替华西列夫斯基出任苏军总参谋长：“英勇的红军再次以无坚不摧之势继续前进的重要消息使西线盟军部队深受鼓舞。我向您和所有指挥和参加伟大进攻行动的人表示祝贺，并致以最良好的祝愿。”[449] 马歇尔不喜欢这封高调的感谢信，他特地打电报给艾森豪威尔，建议以后不要和俄国人玩客套：“他们把我们外交上常用的恭维话理解为下作，他们更喜欢直白的粗话，我一直就是这么干的。”[450]

383 1944年12月底至1945年1月初，形势已然明朗。德国在阿登的进攻已是强弩之末。在英美部队缺口制造突出部后，德国人却不能夺取交通中心和枢纽，以至于无法继续前行：在这方面，最著名的情形就是围攻比利时的巴斯托涅（Бастони）。遏制敌人前进之后，英美司令部利用德军进攻造成的机会，从南北两个方向夹击德国人自己制造的突出部。12月19日，艾森豪威尔召集西线军事长官在凡尔登开会，他鼓励大家说：“……目前的局势不会演变为灾难，而是毁伤敌人的有利机会。在座的各位只需要打起精神。”[451] 1月初，行动意图实施得非常顺利：巴顿率领的美国第3集团军从南部、临时移交给蒙哥马利指挥的霍奇斯（Ходжес）的美军第1集团军从北部形成夹击。1月7日蒙哥马利认为召开新闻发布会的时机已经成熟，他在会上声称：“交战的过程引人入胜。我认为，这是我指挥过的最奇妙、最机智的会战之一，同时我们下了很大的赌注……现在我们正在彻底击溃敌军……”[452]

611. 丘吉尔致斯大林的私人机密信函

1945年1月9日发　　1945年1月10日收

1.我十分感谢您激动人心的来信。我把它转交给了艾森豪威尔将军，仅供他个人参考。愿您崇高的事业永远有成功相随。

2.西线的会战进展顺利。完全有可能，匈人将被从自己设计的突出部里挤压出去，且损失惨重。这次行动主要是美国人实施的；虽然遭受了较大损失，但他们的军队战斗非常出色。

我们和美国人已竭尽全力投入战斗。您告知我的消息大大地鼓舞了艾森豪威尔将军，因为这让他确信，德国人被迫在两个火热的战场之间分配预备队。按照将军们的话说，西线战事不会停息。

斯大林没有反对丘吉尔关于克里米亚会议使用代号的建议，虽然他并不 384
是这个神话故事的崇拜者。引人注意的是，在斯大林写给丘吉尔的下一封信中，他承认，罗斯福才是提议雅尔塔的始作俑者。总统提议将会议推迟到2月2日也是有原因的。丘吉尔力劝总统在去雅尔塔的途中在马耳他与其单独会面，但是总统不希望在与斯大林会面之前给其造成英美串通的印象，他就此通知首相，不会在马耳他停留。关于会议日期定在2月2日的消息是哈里曼通知克里姆林宫的。

612. 斯大林致丘吉尔的私人机密信函

1945年1月10日发

我同意您于1月5日来函中提到的把“阿尔戈航海者”作为与会晤有关的所有联络的代码。

我从总统那里获悉，他请求您同意将雅尔塔作为会晤地点，会晤时间为2月2日。

丘吉尔和斯大林在以往的往来书信中都希望落实铁托—苏比锡协议，此时又突然冒出南斯拉夫国王彼得二世。12月29日，国王给丘吉尔写信，逐条批驳了该协议，他认为，协议实际上是退位诏书（“我永远都不会这样做，无论是以公开的还是以默许的方式”），[453] 并有“建立集权制度的趋势”。但是，艾登呼吁国王面对现实：“现实的残酷在于铁托完全控制着南斯拉夫，在他的体制下，君主制恢复与否都是他和他的政党说了算。”英国外交大臣担心，国王拒绝履行协议将导致铁托采取单方面行动，而全部由他的支持者组成政府，因此，他称国王认可协议是“保持君主制和自己个人地位的最好机会”。丘吉尔直接在1月11日发往贝尔格莱德的电报中预先警告铁托不要单方面采取
385 行动。[454] 为了改善自己在南斯拉夫的外交地位，伦敦不仅希望国王“慎重”，而且还寄希望于华盛顿的支持，尽管在现有的外交信函中表明，美国人不打算“完全赞成”英国的举措。[455] 在1月8日内阁会议上，艾登阐释了上述构想，认为有必要承认铁托—苏比锡协议，他得到了丘吉尔的支持，他赞成摄政委员会的人员组成，称其是“受人尊敬的、受过高等教育的长者……并非共产党员”。[456]

得到内阁的批准后，丘吉尔和艾登于1月9日启程去劝说彼得二世接受协议。但是，国王真正的答复不是在会面时，而是在两天之后：1月11日，彼得二世未与英国人协商便发表了公报，提出反对“现有形式的”铁托—苏比锡协议。在紧急召开的内阁会议上，艾登和丘吉尔猛烈抨击了国王。艾登当天与彼得二世进行了再次会晤，他做出结论，“有迹象表明，在这个问题上，国王没有对照宪法彻底领悟自己的地位”。国王试图通过登报来安排与斯大林的会面，这个想法在公报中也有所显露，而艾登则将其描述为“与斯大林主席建立联系的最不恰当的方式”。丘吉尔的态度更加生硬：

“……彼得国王的行为是非常冒失和失败的。我们不能为其负责。极其重要的是，尽可能支持苏比锡—铁托协议，尤其要支持自由选举等条款。此外，我们应尽力不在俄国人或者铁托元帅心里造成我们与彼得国王发表公开声明的行为有关的印象。”[457]

丘吉尔立刻草拟了致斯大林信函的主要内容，内阁批准了该信函。由于艾登的坚持，在最后一段添加了关于美国的情报。

386 613. 丘吉尔致斯大林的私人机密信函

1945年1月11日发　　　　1945年1月12日收

1. 艾登先生和我几次努力说服彼得国王，他是一位一意孤行的年轻人，

认为铁托—苏比锡协议对他而言实际上是退位诏书。在未与我们协商，甚至不听我们劝告的情况下公开发表了声明。他认为，如果在最近几年里他对南斯拉夫发生的一切袖手旁观的话，那么他的旗帜就会行将降下。依我看，他对您的钦佩之意多于我们中的任何人。

2. 我建议，我们现在就让铁托—苏比锡协议生效，直接绕过彼得二世国王。他的声明未听取某位首脑的建议，因此他作为立宪君主，他的声明不能被认为是国家行为。这意味着我们赞同这样的想法，即承认以摄政王为首的铁托元帅政府为南斯拉夫王国政府，派遣大使到贝尔格莱德并接受他们的大使。我希望，在人民能够自由、客观地表达自己的意志之前，您会认为这是摆脱困境的一种好办法。

3. 但是，在我们表达最终意见之前，我们应该将此事知会美国，如果没有通知他们，他们会感觉受到了伤害。当然，我们没有某种义务同意他们的决定。在知会铁托元帅某个消息之前，我会发电报给您，除了通知他需要等待消息外，因为我需要和苏联政府磋商之后才能决定。

614. 丘吉尔致斯大林的私人信函

1945年1月12日发　　　　1945年1月13日收

您1月10日电报收悉。

祝您顺利，并致以最美好的祝愿。

斯大林催促丘吉尔落实铁托—苏比锡协议，不希望再等待，当时伦敦正试图与华盛顿协调自己的立场。

615. 斯大林致丘吉尔的私人秘密信函 387

1945年1月13日发

您关于南斯拉夫问题的来函收悉。感谢您的消息。

我同意您让铁托—苏比锡协议生效的提议。同时，我们要预防此事节外生枝。我希望您已经知会了总统。

丘吉尔对斯大林就南斯拉夫问题的回答感到满意，在1月15日的内阁会议上，他把斯大林的立场描述为“非常令人满意”。[458] 白天稍早些时候，艾登再次与国王会面，国王看起来很激动：这次他带来了给铁托的电报，提议与他紧急会晤。艾登安慰国王，并指出目前唯一可行的方案是：彼得二世和苏比锡一起提出自己对协议的修改意见，获国王“恩准”后，苏比锡通知铁托，并前往贝尔格莱德谈判。艾登在1月11日收到丘吉尔写来的关于国王妥协的信函。当时在公报的文本中（顺便说一句，已经在美国刊登，但未在英国刊登）关于反对“组建”摄政会议的措辞被替换成反对这个机构的“形式”。[459]

斯大林明白，对协议无论怎样修改都是在帮助苏比锡和国王，因此他不想等待。但是，丘吉尔继续拖延决断。

616. 丘吉尔致斯大林的私人机密信函

1945年1月14日发　　　　1945年1月14日收

1. 在1月11日给您发出关于南斯拉夫问题的电报之后，事态又发生了新的变化，由于彼得国王原则上接受协议，苏比锡先生试图确定，是否有方法
388 可以规避国王的反对意见。毫无疑问，如果他能够在我们采取某些行动之前做到这一点，我们应该留给苏比锡先生一定的时间。

2. 彼得国王至少在一个重要问题上遵从艾登的建议，他不反对摄政本身，而仅反对它的形式。这说明，苏比锡和国王之间的分歧不是不能和解。

3. 我会尽快告知您结果。

斯大林与特德的会谈于1月15日举行，会谈卓有成效。这是“最高统帅”与盟军最高指挥部权威代表的初次会面，斯大林很欣赏有能力且务实的特德，况且苏联对英国空军一贯充满敬意。双方通报了各自前线的战况，“最高统帅”向将军保证苏联会持续已经开始的攻势。“我们没有协定，但是我们共同前进，”英方的谈话记录写道，“他说，在困难时期互相帮助，这是正确的，也是明智的利己政策。德国人在毁灭你们，而我袖手旁观，这是非常愚蠢的做法。他们收拾完你们，会掉头对付我们。同理，你们为了自己的利益，也不能允许德国人来消灭我们。”斯大林手握地图详细地勾画出了苏联进攻直至夺取奥得河的主要节点。[460] 英国少校翻译官比尔斯（Бирс）的记录也证明了这一点，斯大林“较之以前更加接近我们了”。总而言之，比尔斯总结道：“元

帅随时准备把地图摊在桌子上，这表示认可我们计划的重要性，这是与斯大林元帅最成功、最充满希望的一次会晤。”[461]

斯大林请特德向艾森豪威尔转交一封信，信中写道：“尽管天公不作美，我毫不怀疑苏联军队的攻势会顺利推进，这将迫使德军将预备队一分为二，最终放弃在西线的进攻。这将缓解盟军部队的处境，并且我希望有助于你们加快进攻准备。”[462] 局势的发展证明这个预测是完全正确的：苏联军队提前发 389
起的攻势逼迫德国人将6个党卫军坦克师和另外16个师增援东线。艾森豪威尔对苏军指挥部热情的致谢引起了马歇尔的不满，他建议以后和莫斯科打交道要“接地气，说粗话”。[463] 艾森豪威尔同时建议公开报道特德与斯大林的会晤。英国参谋长委员会支持这一建议。伊斯梅甚至把总统和首相给斯大林联名信的草稿发给了丘吉尔：“公开报道不久前特德元帅对莫斯科的访问，以及与您、与苏军最高统帅部的谈话内容，借此向我们的朋友和敌人表明，东西两线打击德国人的军事行动协调一致，您允否？”但是丘吉尔断然反对这个主意：“如果公众得知，在1月14日或1月15日特德到达莫斯科之前，我们并没有预先得知俄国人的计划，公众必定目瞪口呆。”他指示伊斯梅说：“就此问题的任何言论都可暴露之前联络方面的严重缺陷，虽然我曾尽一己之力试图扭转这个局面。”[464] 信函草本被扔进了废纸篓。

1945年1月底，位于阿登的法西斯军队撤回到出发地点。斯大林简要知会了丘吉尔和罗斯福苏联的进攻计划和与特德会面的情况，因为知道特德会向自己的上司详细汇报这次会面。考虑到此行是美国人的主意，他给罗斯福的信函稍微详细了一些。

关于苏德战场新的进攻行动，虽然信中只有只言片语，但事实并不简单。后来，安东诺夫在雅尔塔这样描述过当时的局势：“1月12—15日，在涅曼河到喀尔巴阡山之间宽700千米的战线上，苏联军队转入进攻。”哥尼斯堡地区的第3白俄罗斯方面军、喀尔巴阡山地域的第4乌克兰方面军全部投入了战斗。主要突击方向在波兰“奥斯特罗文卡—克拉科夫（Остроленка-Краков）宽300千米的战线上”。赌注确实很大：“……它是按照达成决战目的的战役进行计划和筹备的。”[465]最关键的柏林战役（Берлинская операция）计划的 390
制定与维斯瓦—奥得河战役（从1月12日开始）和东普鲁士战役（Восточно-Прусская·операция）（从1月13日开始）的展开同步进行，包括晚些时候实施的东波美拉尼亚战役（Восточно-Померанская операция）（从1945年2月10日开始）亦是如此，这并非巧合。

617. 斯大林致丘吉尔的私人机密信函

1945年1月15日发

今天我与特德元帅及他的随行将军们进行了交谈。我认为，情报交换非常充分，想必特德元帅已向您详细汇报。我必须说，特德元帅给我留下了很好的印象。

尽管天气不佳，苏联军队的进攻还是按预定计划进行。所有中线的部队都投入了战斗，从喀尔巴阡山到波罗的海。德国人虽然疯狂地抵抗，却不得不退却。我希望，这将减轻艾森豪威尔将军计划的西线进攻的压力，以此加快进攻节奏。

618. 斯大林致罗斯福的私人机密信函

1945年1月15日发

今天，1月15日，我与特德元帅及他的随行将军们举行了会谈。我认为，情报交换非常充分。双方详尽地解答了对方的问题。我必须得说，特德元帅给我留下了很好的印象。

苏德战场进攻战役4天后我得以告知您，尽管天气不佳，苏联军队的进攻势头令人满意。中央战线全线，从喀尔巴阡山到波罗的海，都在向西推进。虽然德军仍在绝望地抵抗，但是他们不得不退却。我并不怀疑，德军被迫将预备队向东西线一分为二，最终不得不放弃西线的进攻行动。令我高兴的是，这种
391 局势会缓解苏军的西线压力，并加快艾森豪威尔将军计划中的进攻节奏。

关于苏联军队，您不用怀疑，尽管困难重重，但他们会尽一切可能给予德军最有力的打击。

619. 斯大林致丘吉尔的私人秘密信函

1945年1月16日发

您1月14日关于南斯拉夫的来函收悉。

应该说，我并没有看到推迟落实我们决议的理由，上次我已经写过此事。依我看，不应错失良机，不应将事情再次拖延。

620. 丘吉尔致斯大林的私人机密信函

1945年1月16日发　　　　1945年1月17日收

关于南斯拉夫问题。

我收到您1月13日的回信，暨对我1月11日致信的回复。非常感谢您。1月14日我又给您发了另一封信，现补充如下。

根据我们的提议，彼得国王与苏比锡博士正在讨论，寻求能够使国王接受铁托—苏比锡协议的解决方案。

我认为，我们应该给他稍微多些时间，以便他们达成共识。

1月12日红军发起的进攻行动进展迅速。两周之后，英国参谋长委员会例行的每周通报用枯燥的语言描述了进攻的规模和速度："12日，俄国人发起的冬季攻势在桑多梅（Сандомир）西北部打响；14日，在东普鲁士至斯洛伐克南部之间450英里的战线实施进攻，以增援主要方向；23日之前从两个方向进入东普鲁士腹地，华沙到柏林之间的半程已经攻克，夺取了从奥得河沿线，向弗罗茨瓦夫（Браслау）东南35英里的战线推进。"[466]

战役主要方向集中在战线的中段。进攻的速度让人感到，战争结束已指 392
日可待："1月26日，第1白俄罗斯方面军司令部在过高地估计自己、过低地估计敌人的情况下，向大本营建议，4天后突破通往奥得河的要冲，前移后勤，补充兵员，准备在2月1—2日凌晨强渡奥得河，展开柏林方向的攻势。"[467]但是，通往柏林的道路充满坎坷。

丘吉尔不能不赞扬苏军的战绩，在他1月17日的电报中仍有些讳莫如深的问题。这让人不禁想起，在解放华沙的当天，丘吉尔一反常态地没有特地写信祝贺斯大林。对伦敦来说战争和政治层层叠叠，剪不断、理还乱。甚至城市解放的那一瞬间似乎都饱含政治意义：第1波兰师团的战士率先攻入城内。斯大林就此下达的正式命令都掩饰不住对苏军迅速而协调的行动的自豪："……今天，1月17日，通过南、北、西合攻，收复了波兰盟友的首都华沙市，这是德军维斯瓦防线最重要的战略枢纽。"[468]罗斯福也对苏联进攻取得辉煌战绩表示祝贺。

盟军在西线取得的战绩就规模而言稍逊，但也具有一定的意义。在肃清阿登地区的进行反攻的德军之后，为完成下一步的突进，英美指挥部必须拔掉一个小“刺儿”，即所谓的“鲁尔蒙德三角”德军阵地，位于重镇鲁尔蒙德区、马萨河与鲁尔河交汇处。英军第2集团军在1月16—26日的“黑琴鸡（Тетерев）”行动中完成了该任务。

621. 丘吉尔致斯大林的私人机密信函

1945年1月17日发　　　　1945年1月17日收

感谢您的来函。我很高兴空军元帅特德给您留下了良好的印象。

393 我以国王陛下政府的名义向您表示真诚的谢意，祝贺您在东线开始大举进攻。

毫无疑问，您已经知悉艾森豪威尔将军的计划，以及由于伦德施泰特先行进攻影响了计划的实施。我相信，我们所有战线上的战斗不会平息。英军第21集团军群在蒙哥马利元帅的指挥下，今天开始从鲁尔蒙德向南方进发。

622. 丘吉尔致斯大林的私人秘密信函

1945年1月17日发　　　　1945年1月18日收

您1月16日就南斯拉夫问题的来函收悉，在此表示感谢。

但是，如果您同意近几日内我们不采取任何行动，我将很高兴。

苏比锡博士及其内阁已尽一切努力，寄希望于唤醒彼得国王对自己宪法职责的意识，以借此保留协议现状。如果他能成功，对我们来说，这将使事情变得轻松，我相信，对美国人也是如此。我同意您所言调解此事的紧迫性，我也在朝着这个方向努力。

623. 罗斯福致斯大林的绝密私人信函

1945年1月17日发　　　　1945年1月18日收

您1月15日关于与空军元帅特德的会谈以及贵军在苏德战场进攻的来函

收悉，此函使人备受鼓舞。在此表示深深的谢意。

您英勇的军队之前建立的功勋以及进攻行动中所展现的成效，使我们有理由相信：我们双方军队在两条战线取得胜利已指日可待。通过有机协调我们的共同努力，迫使野蛮之敌投降的日子不会太远。

诚如您所知，美国在距此7000英里的太平洋战区付出了巨大的努力，我 394
希望，德国的迅速垮台能够保证向太平洋地区调遣足够的军队，以快速消除日本对所有盟友的威胁。

1月底，关于“三巨头”即将会晤的传闻已经在西方报刊上有所披露，但是关于雅尔塔的消息还处于保密状态。由于担心会谈过程外泄，丘吉尔建议不准许记者参加雅尔塔会议，罗斯福和斯大林也赞成这一提议。但是，所有的与会者都明白，记录下这一历史性的会晤是多么的重要，因此，按照丘吉尔的提议，身份可靠的摄影师和电影拍摄者被允许进入会场，这其中就有霍普金斯的儿子罗伯特·霍普金斯（Роберт Гопкинс）上尉和苏联军事摄影家Б.М.科萨廖夫（Косарёв Б.М.）。

624. 丘吉尔致斯大林的私人秘密信函

1945年1月21日发 1945年1月22日收

我建议不准许新闻界代表参加“阿尔戈航海者”，但是我们每个人都有权自带不超过三位或四位穿制服的军事摄影师负责拍摄照片和电影。如果我们认为合适，照片和影片可以公开发行。您意下如何，请告知。

当然，将发表一个或者几个经过协商的公报。

我把同样的电报也发给罗斯福总统。

625. 罗斯福致斯大林的私人机密信函

1945年1月22日发 1945年1月23日收

我决定只允许穿军装的美国海军军事摄影小组在“阿尔戈航海者”会晤时进行摄影，不准许任何新闻界的代表参加。首相同意了这个提议。

395 ## 626. 斯大林致丘吉尔的私人秘密信函

1945年1月23日发

您1月21日的电文收悉。

我同意您关于在“阿尔戈航海者”会晤时拒绝新闻界代表参加的建议。我不反对允许每方有几名摄影师参加。

同样，我已将该回复提交总统征求意见。

627. 斯大林致罗斯福的私人秘密信函

1945年1月23日发

您关于新闻界代表和摄影师参加“阿尔戈航海者”会晤的电报收悉，我不反对您的提议。

同样，我已将该回复提交首相征求意见。

丘吉尔继续推迟铁托—苏比锡协议的生效期限，他还是希望争取国王的同意。彼得二世未与伦敦协商，又单独采取了外交举措，他发电报给铁托，就政府特权提出了自己的建议，并提议举行私人会晤。不出所料，铁托予以拒绝，但是铁托推出了自己的方案：苏比锡前往贝尔格莱德讨论使协议生效的必要措施。铁托的这个建议曾与莫斯科商议并征得同意。[469] 实质上，这个方案成为了1月23日和27日丘吉尔信中建议的基础：对此事斯大林早有所料。

1月18日，对年轻君主的行为感到不满的丘吉尔在英国议会公开声明，如果彼得二世继续拖延，英国政府将会自行其是，默认国王已经同意。国王在回复中仍是老套的抗议，并拒绝与英国大使于1月21日见面，甚至以解散苏比锡政府相威胁。

1月22日，英国内阁重新讨论了南斯拉夫问题，斯大林的来信对内阁形成了巨大的压力，促使其尽快做出决定。况且，也存在其他两个重要原因：
396 问题的拖延可能导致“铁托元帅或者斯大林元帅失去耐心，废黜国王，撕毁铁托—苏比锡协议”，同时，鉴于巴尔干的整体形势，英国人对此束手无策：“……我们实际上没有能力影响罗马尼亚和保加利亚的事态发展。迄今为止我们只是在南斯拉夫有微小的影响力，但我们的地位远远不够稳固。”唯一的希望寄托在美国的支持上，虽然艾登也承认，国务院根本没有准备与伦敦团结一致。最终还是决定等待华盛顿的回复。[470] 丘吉尔将此情况告知了斯大林。和以往一样，斯大林坚持立即落实协议，也并未暗示会采取单独行动的可能。由此完全可以认为，他在遵循莫斯科协定。

628. 丘吉尔致斯大林的私密信函

1945年1月23日发　　　　1945年1月24日收

彼得国王在没有告知我们自己意图的情况下，昨天晚上将苏比锡解职，并解散了政府。

我们通知了苏比锡博士，彼得国王的行为不会影响国王陛下政府落实铁托—苏比锡协议的愿望，因此，我们准备把他和他的政府迁到贝尔格莱德。

我建议，三大国应使铁托—苏比锡协议立即生效，就此也应告知铁托，如果他与苏比锡及其政府就落实协议达成一致，那么三大国将承认依据协议组建的联合政府，并任命摄政委员会大使。我也建议，在联合政府组建之前，国王和铁托元帅任何一方独立组建政府都不会得到承认。

我也将此提议转达给美国政府，并希望您同意该提议。只要我了解到美国人的反应，我将告知您，以便我们能够协商共同行动。

629. 斯大林致丘吉尔的私人秘密信函 397

1945年1月25日发

您1月23日关于南斯拉夫问题的来函收悉。

我同意，应该按照之前他们之间的协议，不再拖延铁托—苏比锡协议的生效，且三大国应该承认这个联合政府。我认为，不需要对落实该计划做任何补充说明。

1945年1月25日在墨西哥境内发生不明原因空难，苏联驻该国大使乌曼斯基遇难（1939—1941年任苏联驻美大使）。罗斯福在前往雅尔塔的途中、向马耳他航渡的时候获知此消息，并向斯大林表示了哀悼。

630. 罗斯福致斯大林的私密信函

1945年1月26日发　　　　1945年1月26日收

谨对苏联驻墨西哥大使遇难一事表示我深深的遗憾。

乌曼斯基先生在华盛顿结交了许多朋友，因为他作为驻美大使的工作关系，我们很了解他。

丘吉尔下封信中提到的、在雅尔塔会议前夕红军所建立的历史功勋在盟友那里赢得的不仅是赞叹，特别是在西线的进展不可同日而语的背景下。“虽然我感觉结局就在眼前，‘三巨头’会晤的时机也已到来，”1月底史末资在给丘吉尔的信中写道，“但对于我来说，最显而易见的是：会晤的同时应在西线展开进攻。如果我们只是进行试验性的进攻，那么在会晤时以及会晤后，我们的西方民主会全盘皆输，而俄国人会在东方竭尽全力在所有战线赢得战争。”[471]

398 ## 631. 丘吉尔致斯大林的私密信函

1945年1月27日发　　　　1945年1月28日收

我们认为，如果苏比锡博士与国王未能达成令人满意的协议，那么他和他的政府，不管是否被要求辞职，都应该尽可能地在下周迁回贝尔格莱德，与铁托元帅一起扶植摄政王，在其监督下，以南斯拉夫王国政府的名义落实铁托—苏比锡协议，而不必在意国王怎么说。我希望，我们很快就能更多地讨论下一步的事件或细节。同时，我们正在努力征得美国政府同意这个计划。您本人大概也希望和美国人沟通。

我们非常钦佩您在与共同敌人斗争中取得的辉煌胜利，以及您为此付出的巨大努力。为如此伟大的历史功勋，请接受我们最热忱的谢意和祝福。

632. 斯大林致罗斯福的私密信函

1945年1月29日发

您为苏联驻墨西哥大使乌曼斯基的遇难来函表示哀悼，在此谨表感谢。苏联政府对他的工作给予高度评价。

收到罗斯福的贺电后，斯大林没有忘记回之以礼。

633. 斯大林致罗斯福的信函

1945年1月30日发

总统先生，值此您生日之际，请接受我真诚的祝贺和最美好的祝愿。

1月29日以丘吉尔为首的英国代表团飞抵马耳他（在盟军密码通信中使用代码“板球”）。其余的两天首相在盟军会议、书信来往和读书中度过。载 399
有美国代表团的分舰队还在航行途中。“阿尔戈航海者”将乘独立航空大队的飞机从马耳他飞往克里米亚。丘吉尔通知斯大林说，英美人推迟了抵达雅尔塔的时间，就此已经与总统联系过（代号“磁发电机”）。

634. 丘吉尔致斯大林的私人机密加急信函

1945年2月1日发　　　　1945年2月1日收

因为总统在2月2日之前无法抵达马耳他，所以我们不能早于2月3日抵达雅尔塔。但是，一旦时间确定，我会再发电报。当然，我们受天气左右。

我们将乘坐自己的飞机前往，但飞机会有编队随行。

我能够想像到与您会面的愉快情景。

斯大林乘火车先于盟友抵达雅尔塔，下榻在苏联代表团位于克雷伊兹（Кореиз）的驻地——尤苏波夫宫。这里就位于丘吉尔的下榻处——沃伦佐夫宫和罗斯福落脚点——利瓦基亚宫的中间位置。苏联警卫相应地称它们为："西边的""东边的"和"中间的""设施"。

635. 斯大林致丘吉尔的私人机密信函

1945年2月1日发

您的来函收悉。

我已经和同仁到达会晤地点。

636. 罗斯福致斯大林的私人秘密信函

1945年2月2日发　　1945年2月2日收

请允许我向您表达谢意，感谢您在我生日当天发来的真挚祝福。

400 罗斯福和他众多的随从于2月2日抵达马耳他。与两国军事司令部开了一整天的会，丘吉尔曾尝试与罗斯福认真讨论即将开始的谈判，但无果而终：总统抵达时身体状况欠佳，况且他不想加深斯大林对雅尔塔前夕盟友们"窃窃私语"的怀疑。次日早晨，美国代表团首先飞往萨基（Саки），英国人的飞机紧随其后。飞行用了7个小时左右。

637. 丘吉尔致斯大林的紧急密电

1945年2月3日发　　1945年2月3日收

预计抵达萨基的时间为莫斯科时间2月3日12点。降落前，我们在飞机上用早餐。

我们将乘汽车前往雅尔塔。

莫洛托夫和维辛斯基在萨基机场迎接盟国首脑。到雅尔塔之前，汽车要在糟糕的道路上长途奔波，这使得罗斯福和丘吉尔疲惫至极。幸好天气晴朗，车队绕开了山谷中的积雪，丘吉尔早前已经提醒过罗斯福。[472] 整个路线沿途每两百米就有1个警卫，包括穿军装的年轻姑娘，他们无精打采地向车队行礼。中途驿站的鱼子酱、香槟和各种美味化解了旅途的疲劳。盟友们于2月3日很晚才抵达目的地，并在各自的驻地安顿下来。雅尔塔会议召开了。

注释 401

1. Comments by Harriman called to mind by Churchill's account of the Teheran Meeting in "Closing the Ring" // LC, WAHP, Writing Files, Memoirs, H. Feis Files, Cont. 872.

2. Молотов - Керру, 6.VI.1944 // РГАСПИ. Ф. 558. Оп. 1 1. Д. 267. Л. 110.

3. Из Вашингтона, 7.VI.1944 //АВП РФ. Ф. 059. Оп. 12. П. 34. Д. 210. Л. 108.

4. Balkoski J. Op. cit. P. 352.

5. Badsey S. Culture, Controversy, Caen and Cherbourg: the First Week of the Battle // The Normandy Campaign 1944. P. 48-63.

6. Gray P. Caen – the Martyred City // Ibid. P. 164.

7. Амброз С.Е. Указ. соч. С. 51.

8. Wievorka O. Op. cit. P. 225.

9. Новиков А.А. В небе Ленинграда (Записки командующего авиацией). М., 1970. С. 274.

10. Штеменко С.М. Указ. соч. С. 201.

11. История Великой войны 1941–1945. Т. 2. С. 85.

12. Там же. С. 86.

13. Churchill & Roosevelt. Vol. 3. P. 173.

14. Ibid.

15. Наринский М.М. Сталин и М. Торез. 1944–1947. Новые материалы // НИИ. 1996. №1. С. 28.

16. Hansen M. Op. cit. P. 38-39.

17. Churchill & Roosevelt. Vol. 3. P. 176.

18. Pons S. Stalin, Togliatti, and the Origins of the Cold War in Europe // Journal of Cold War Studies. 2001. Vol. 3. No. 2. P. 9.

19. Правда. 14.VI.1944.

20. Churchill W.S. The Second World War. Vol. VI. P. 5.

21. W.P (44) 340, 22nd June, 1944 // TNA, CAB 66/51/40.

22. Buchanan A. Op. cit. P. 154.

23. Churchill & Roosevelt. Vol. 3. P. 188-189.

24. Liebmann G. W. Count Carlo Sforza // Idem. Diplomacy Between the Wars: Five Diplomats and the Shaping of the Modern World. N. Y, 2008. P. 158.

25. W.P. (44) 43, 9th Aug., 1944 //TNA, CAB 66/53/36.

26. Gilbert M. Winston S. Churchill. Vol. VII. P. 808.

27. W.P. (44) 320, 13th June, 1944//TNA, CAB 66/51/20.

28. Gilbert M. Winston S. Churchill. Vol. VII. P. 809.

29. Из Лондона, 16.VI.44 //АВП РФ. Ф. 059. Оп. 12. И. 40. Д. 252. Л. 210-209.

30. Харламов Н.М. Трудная миссия. М., 1983. Гл. 17.

31. Mikolajczyk for the President, March 18, 1944 // FDRT, PSF, Diplomatic Correspondence, Poland, Box 47.

32. Hull C. The Memoirs. Vol. 2. P. 1441-1442.

33. Conversation, June 3, 1944 // EC, WAHP, CF, Cont.172.

34. Из Вашингтона, 6.VI.1944 //АВП РФ. Ф. 059. Оп. 12. И. 34. Д. 210.
402 Л. 99.

35. Mikolajczyk S. The Rape of Poland. London, 1948. P. 59.

36. The Reckoning. P. 464.

37. Mikolajczyk S. The Rape of Poland. P. 60.

38. Ibid.

39. Conference with Polish Prime Minister and the President at the White House this morning, June 14, 1944 // NARA, RG 59, Decimal Files, 711.60C/6-1444.

40. САМО. Т 2. С. 102.

41. РГАСПИ. Ф. 558. Оп. 11. Д. 267. Л. 161-162.

42. Василевский А.М. Указ. соч. С. 410.

43. Baker L. Explaining Defeat: A Reappraisal of " Operation Bagration", 1944 // The Journal of Slavic Military Studies. 2008. Vol. 21. No. 1. P. 130-131.

44. Churchill & Roosevelt. Vol. 3. P. 200.

45. Conversation, June 10, 1944 // NARA, RG 84, USSR, US Embassy

Moscow, CGR, Box 40; CAMO, T 2, C. 146-148.

46. Лондон, Лебедеву, 26.V.1944 // АВП РФ. Ф. 059. Оп. 12. П. 27. Д. 149. Л. 7-9.

47. Лондон, Лебедеву, 22.VL 1944 //Тамже. П. 11. Д. 65. Л. 114-115.

48. Prime Minister, 4th July, 1944 // TNA, FO 954/20.

49. Из Лондона, 17.VL 1944; 24.VI.1944//АВП РФ. Ф. 059. Оп. 12. П. 40. Д. 252. Л. 232-234; Д. 253. Л. 25.

50. WP. (44) 432, 5th Aug., 1944//TNA, CAB 66/53/32.

51. Gilbert M. Winston S. Churchill. Vol. VII. P. 867.

52. WP. (44) 414, 26th July, 1944//TNA, CAB 66/53/14.

53. Badsey S. Op. cit. P. 53.

54. WP. (44) 425, 2ndAug., 1944//TNA, CAB 66/53/25.

55. Баграмян И.Х. Так шли мы к победе. М., 1977. С. 309.

56. Макар И.П. Указ. соч. С. 8.

57. Великая Отечественная война 1941–1945 годов. Т 4. Освобождение территории СССР. 1944 год / Ред. комиссия: М.А. Гареев, А.Д. Боргцов, С.В. Гребенюк и др. М., 2012. С. 378.

58. Churchill & Roosevelt. Vol. 3. P. 231.

59. Запись беседы тов. И. В. Сталина с послом США Гарриманом 26 июня 1944 г. После приема Джонстона // РГАСПИ. Ф. 558. Оп. 11. Д. 377. Л. 49. См. также: CAMO. T. 2. C. 146.

60. Harriman to Prime Minister, 29.6.44 // CHAR 20/167.

61. W.P. (44) 304, 7th June, 1944//TNA, CAB 66/51/4.

62. SecState (Personal for the President), June 12, 1944 // FDRL, PSF, Diplomatic File: Russia, Roosevelt—Stalin Messages.

63. Жуков Г.К. Указ. соч. Т. 2. С. 231.

64. Великая Отечественная война 1941–1945 годов. Т. 4. С. 392.

65. История Великой войны 1941—1945. TEC. 552-556.

66. Sir A. Clark Kerr to Mr. Eden, 19th July, 1944 // TNA, FO 371/43422.

67. РГАСПИ. Ф. 558. On. 11. Д. 268. Л. 25.

68. Foreign Secretary, 4th May, 1944// CHAR 20/152.

69. Barker E. Churchill and Eden at War. P. 278. 403

70. Послание от г-на Черчилля г-ну Молотову, 2.V.1944 // АВП РФ. Ф. 06.

Оп. 6. П. 1. Д. 9. Л. 53.

71. From Foreign Office to Washington, June 8, 1944 // CHAR 20/165.

72. Churchill W.S. The Second World War. Vol. VI. P. 73-74.

73. W.P. (44) 304, 7th June, 1944 // TNA, CAB 66/51/4.

74. Tamkin N. Britain, Turkey and the Soviet Union. P. 148.

75. W.M. (44) 88th Conclusions, Min. 3, Conf. Annex, 7th July, 1944 // TNA, CAB 65/47.

76. САМО. Т 2. С. 152.

77. САНО. Т. 2. С. 121-124.

78. Prime Minister, 11th July, 1944 //TNA, FO 954/28.

79. САНО. Т. 2. С. 126, 131.

80. W.M. (44) 88th Conclusions, Min. 1, Conf. Annex, 7th July, 1944 11 TNA, CAB 65/47.

81. War Diaries 1939–1945. Field Marshal Ford Alanbrooke. P. 571.

82. Харламов Н.М. Указ. соч. Гл. 17.

83. Из Лондона, 2.III.1945 //АВП РФ. Ф. 059. Оп. 1. П. 53. Д. 313. Л. 206-207.

84. НКВД и польское подполье 1944–1945 (По «Особым папкам» Сталина). М., 1994. С. 31. См. также: Mukhina I. New Revelations from the Former Soviet Archives: The Kremlin, the Warsaw Uprising, and the Coming of the Cold War // Cold War History. 2006. Vol. 6. No. 3. P. 403.

85. САМО. Т 2. С. 105.

86. См. подробнее: Walker J. Poland Alone: Britain, SOE and the Collapse of Polish resistance, 1944. Stroud, 2008.

87. W.P. (44) 320, 13th June, 1944//TNA, CAB 66/51/20.

88. Черток Б.Е. Ракеты и люди. Кн. 1. М., 1999. С. 86. 另外一位知名专家В.П. Мишиным (据 Ф. Чуева讲述)的说法可信度较小。См.: Чуев Ф. Молотов: Полудержавный властелин. С. 111.

89. См. подробнее: Дядин Г.В., Филипповых Д.Н. Памятные старты. М., 2001.

90. О миссии Сэндерса см. подробнее: Campbell C. Target Tondon: Under Attack from the V-Weapons During WWII. Tondon, 2012. Ch. 42.

91. Коновалов Б.П. Тайна советского ракетного оружия. М., 1992. С. 6.

92. Черток Б.Е. Указ. соч. Кн. 1. С. 87.

93. Campbell C. Op. cit. Ch. 46.

94. 国内的资料认为已发出 (Коновалов Б.ЕГ. Указ. соч. С. 7), 而国外资料认为相反 (OrdwayF.I., Sharpe M.R. The Rocket Team. N. Y, 1979. P. 336)。而根据 K. 金伯尔的研究资料倾向于第一种情况 (Campbell C. Op. cit. Ch. 46)。

95. САНО. Т. 2. С. 174.

96. В Лондон, Вашингтон, Алжир, 25.1.44 // АВП РФ. Ф. 059. Оп. 12. П. 10. Д. 61. Л. 112.

97. FromAlusna, Moscow, 18th July 1944; From Opnav to Alusna, Moscow, 18th July, 1944 //FDRT, MR Box 9.

98. Churchill & Roosevelt. Vol. 3. P. 250. 404

99. Turkey: War Cabinet Conclusions, 17th July, 1944 11TNA, FO 954/28B.

100. Barker E. Churchill and Eden at War. P. 281.

101. oreign Secretary, 14/6/44 // CHAR 20/170.

102. W.P. (44) 447, Partisans in Poland, 15th Aug., 1944 // TNA, CAB 66/53/47.

103. bid.

104. King EJ., Whitehill W.M. Fleet Admiral King: A Naval Record. N. Y, 1952. P 564.

105. Nimmo W.F. Stars and Stripes across the Pacific: the United States, Japan, and Asia/Pacific region, 1895–1945. Westport, 2001. P. 220.

106. Hamerow T.S. On the Road to the Wolfs Fair: German Resistance to Hitler. Cambridge, 1997. P. 355.

107. РГАСПИ. Ф. 558. On. 11. Д. 284. Л. 8.

108. Безыменский Л.А. Операция «Миф», или Сколько раз хоронили Гитлера. М., 1995. С. 78.

109. ОГБ. Т 5. Кн. 2. С. 48, 193-194.

110. W.P. (44) 408, 24thJuly, 1944//TNA, CAB 66/53/8.

111. From Hitler’s Doorstep. P. 342.

112. Русский архив: Великая Отечественная. Т 14 (3–1). С. 192, 198.

113. WM. (44) 95th Conclusions, Min. 3 Conf. Annex, 24th July, 1944 // TNA, CAB 65/47.

114. Монтгомери Б. Указ. соч. С. 272.

115. Брэдли О.Н. Записки солдата. М., 1957. С. 404.

116. Монтгомери Б. Указ. соч. С. 277.

117. Gilbert M. Churchill and America. P. 308; Wieviorka O. Op. cit. P. 286.

118. WittA.F. Op. cit. P. 193; Barker F.M. Op. cit. P. 65.

119. GilbertM. Winston S. Churchill. Vol. VII. P. 931.

120. Brooks F.R. The War North of Rome: June 1944–May 1945. N. Y, 2003. P. 149.

121. Reynolds D. In Command of History. P. 452.

122. W.P. (44) 418, 28thJuly, 1944//TNA, CAB 66/53/18.

123. Churchill & Roosevelt. Vol. 3. P. 253.

124. Из Лондона, 13.IX.44 //АВП РФ. Ф. 059. Оп. 12. П. 40. Д. 255. Л. 312.

125. АВП РФ. Ф. 06. Оп. 6. П. 49. Д. 667. Л. 8.

126. Churchill & Roosevelt. Vol. 3. P. 254.

127. Русский архив: Великая Отечественная. Т 14 (3–1). С. 201.

128. Великая Отечественная война 1941—1945 годов. Т. 4. С. 416.

129. Prime Minister, 3rd Aug., 1944 //TNA, FO 954/20.

130. Dilks D. Op. cit. P. 185.

131. Русский архив: Великая Отечественная. Т 14 (3–1). С. 206.

132. АВП РФ. Ф. 06. Оп. 6. П. 6. Д. 56. Л. 2-3.

133. Тегеранская конференция. С. 163.

134. Polmar N., Noot J. Submarines of the Russian and Soviet Navies, 1718–1990. Annapolis, 1991. P. 108.

135. Русский архив: Великая Отечественная. Т 14 (3–1). С. 209-210.

136. Там же. С. 218-219.

137. ДУРачиньский Э. Варшавское восстание // Другая война 1939–1945.
405 М., 1996. С. 349.

138. Glantz D., Ноте /. When Titans Clashed: How The Red Army Stopped Hitler. Lawrence, 1995. P. 213-214.

139. Цит. по: Иванов Ю.Б. Очерки российско (советско)-польских отношений в документах. 1914–1945. М., 2014. С. 271.

140. From Tolstoy to Foreign Office, 12th Oct., 1944 // CHAR 20/181.

141. Запись беседы тов. И. В. Сталина с премьером польского эмиграционного правительства Миколайчиком, 3.VHI.1944 // АВП РФ. Ф. 06. Оп. 6. П. 42. Д.

550. Л. 6-15. См. также: Советский фактор в Восточной Европе, 1944–1953. Т. 1. М., 1999. С. 67-74.

142. Запись беседы тов. И. В. Сталина с Представителем польского эмиграционного правительства Миколайчиком, 9.VHI.1944 // АВП РФ. Ф. 06. Оп. 6. П. 42. Д. 550. Л. 25-29.

143. Moscow to Foreign Office, 10th Aug., 1944 // LC, WAHP, CF, Cont. 173.

144. Осубка-Моравский и др. – Президенту Рузвельту, 8.VHI.1944 // NARA, RG 84, USSR, US Embassy Moscow, CGR, Box 40.

145. FRUS. 1944. Vol. III. P. 1315.

146. Churchill & Roosevelt. Vol. 3. P. 273.

147. Ibid. P. 269.

148. Отношения России (СССР) с Югославией. С. 265.

149. Варшавское восстание в документах из архивов спецслужб. М.; Варшава, 2007. С. 74.

150. Prime Minister to Premier Stalin, 12.8.44 // TNA, PREM 3/396/6.

151. Керр–Молотову, 13.VHI.1944 // РГАСПИ. Ф. 558. On. 11. Д. 268. Л. 129.

152. Prime Minister to Foreign Secretary, 14th Aug., 1944 // CHAR20/170.

153. Davies N. Rising'44: The Battle for Warsaw. London, 2003. P. 381.

154. From Stettinnius to the President, Aug. 11, 1944 // FDRL, MR, Box 9.

155. Отношения России (СССР) с Югославией. С. 279, 280, 289, 293.

156. W.P. (44) 361, 5thJuly, 1944//TNA, CAB 66/52/11.

157. Отношения России (СССР) с Югославией. С. 555.

158. W.P. (44) 304, 7th June, 1944//TNA, CAB 66/51/4.

159. Советско–американские отношения. 1939–1945. С. 569-571.

160. Harriman for the President and Secretary of State, Aug. 15, 1944 // LC, WAHP, CF, Cont. 173.

161. Memorandum for the President, Aug. 17, 1944. // FDRL, PSF, Diplomatic Correspondence (Russia, 1944), Box 49.

162. АВП РФ. Ф. 06. On. 6. П. 30. Д. 352. Л. 26.

163. Великая Отечественная война 1941–1945 годов. Т 8. С. 421.

164. WittA.F. Op. cit. P. 189, 192.

165. АВП РФ. Ф. 06. Оп. 6. П. 30. Д. 352. Л. 14. Опубликовано в: Русский

архив: Великая Отечественная. Т. 14(3–1). С. 231-232.

166. Антонов– Молотову, 17.VHI.1944 // АВП РФ. Ф. 06. Оп. 6. П. 6. Д. 56. Л. 15.

167. For Prime Minister from Foreign Secretary, 18th Aug., 1944 // TNA, CAB 65/47.

406 168. From Prime Minister to Foreign Secretary, 18th Aug., 1944 // Ibid.

169. WM. (44) 107th Conclusions, Min. 1 Conf. Annex, 16th Aug., 1944 // TNA, CAB 65/47.

170. Memorandum for the JCS, 14th Aug. 1944 // NARA, RG 165, OPD Executive 10, Item 69.

171. Советско-американские отношения. 1939–1945. С. 572-581.

172. SecState, Washington, Aug. 17, 1944 // NARA, RG 84, USSR, US Embassy Moscow, CGR, Box 40.

173. Harriman W.A., AbelE. Op. cit. P. 342.

174. SecState to American Embassy, Moscow, Aug. 17, 1944 //NARA, RG 84, USSR, US Embassy Moscow, CGR, Box 39.

175. Churchill & Roosevelt. Vol. 3. P. 284.

176. W.M. (44) 111th Conclusions, Min. 7 Conf. Annex, 28th Aug. 1944 // TNA, FO 954/20.

177. Aug. 22, 1944 // LC, WAHP, H. Feis Files, Cont. 75.

178. Churchill & Roosevelt. Vol. 3. P 296.

179. Memorandum for Admiral Leahy, Aug. 28, 1944 // FDRL, MR, Box 9.

180. W.M. (44) 111th Conclusions, Min. 7 Conf. Annex, 28th Aug. 1944 // TNA, FO 954/20.

181. From Lord Beaverbrook, 26th Aug., 1944 // Ibid.

182. Mr. Eden to SirO. O'Malley, 30th Aug., 1944 //Ibid.

183. W.M. (44) 122nd Conclusions, Min. 7 Conf. Annex, 11th Sept., 1944 // TNA, CAB 65/47.

184. Рокоссовский К.К. Солдатский долг. Изд. 5-е. М., 1988. С. 280-281.

185. W.P (44) 447, 15thAug., 1944//TNA, CAB 66/53/47.

186. 苏联援助的数据源于罗科索夫斯基1944年10月2日给斯大林的报告(опубл. в: Клишко 3. Варшавское восстание. М.,1969. С. 265-266), 英方资料来自 : Roberts G. Stalin's Wars, P. 216。

187. АП РФ. Ф. 5. Оп. 66. Д. 66. Л. 70-76.

188. Из Лондона, 1 .VI. 1944 //АВП РФ. Ф. 059. Оп. 12. П. 40. Д. 252. Л. 45-46.

189. САНО. Т. 2. С. 126.

190. Кузнецов Н.Г. Курсом к победе. 3-е изд. М., 1989. С. 341.

191. Prime Minister, 27th Sept. 1944 // TNA, PREM 3/240/2.

192. Кузнецов Н.Г. Указ. соч. С. 342.

193. RohwerJ., Monakov M.S. Stalin's Ocean-Going Fleet: Soviet Naval Strategy and Shipbuilding Programmes 1935–1963. London, 2001. P. 165.

194. Private Office, 1.10.44 // TNA, PREM 3/240/2.

195. Директивы к переговорам о создании международной организации безопасности // РЕАСПИ. Ф. 17. Оп. 162. Д. 37. Л. 131.

196. The Diaries of Edward R. Stettinius, Jr. 1943–1946 / Ed. by Th. Campbell and G. Herring. N.Y., 1975. P. 113.

197. W.P. (45) 12, 5th Jan. 1945//TNA, CAB 66/60/29.

198. Советский Союз на международных конференциях периода Великой От-ечественной войны 1941–1945 гг. Т III (далее–Конференция в Думбартон-Оксе). М., 1978. С. 178-179.

199. Вашингтон, совпосол, 16. IX.1944 //АВП РФ. Ф. 059. Оп. 12. П. 6. Д. 31. Л. 20. 407

200. Совпосол, Гусеву, 20.XI.1944 // Там же. П. 13. Д. 70. Л. 185-186.

201. From Dominions Office to South Africa, 25th Sept., 1944 // CHAR20/172.

202. Churchill & Roosevelt. Vol. 3. P. 335-336.

203. FRUS. The Conference at Quebec, 1944. P. 12.

204. Churchill W.S. The Second World War. Vol. VI. P. 133-134.

205. FRUS. The Conference at Quebec, 1944. P. 314; Barker T.M. Op. cit. P. 57-85.

206. C.C.S. 681/2 (Octagon), 15th Oct., 1944 // TNA, PREM 3/329/2.

207. FRUS. The Conference at Quebec. P. 466-467

208. См.: САМО. Т 2. С. 215-216.

209. Tube Alloys. Aide-memoire of conversation between the President and the Prime Minister at Hyde Park, Sept. 18, 1944 // FDRT, MR, Naval Aide File; подробнее см.: Мальков В.Л. «Манхэттенский проект». С. 47-48.

210. To Foreign Office, Sept. 24, 194411 TNA, FO 981/789/7.

211. САНО. Т. 2. С. 174.

212. Forthe Eyes ofthe President Only, Sept. 23, 1944 // LC, WAHP, CF, Cont. 174.

213. САМО. Т2. С. 212.

214. GilbertM. Winston S. Churchill. Vol. VII. P. 942.

215. From Minister Resident Cairo to Foreign Office, 29th Aug., 1944 (Annex I to C.O.S. (44) 784 (O)) // TNA, CAB 80/87.

216. C.O.S. (44) 824 (O), 9th Sept., 1944 // Ibid.

217. САНО. Т. 2. С. 36-38.

218. САМО. Т. 2. С. 201.

219. ОГБ. Т 5. КН. 2. М., 2007. С. 560.

220. C.O.S. (44) 816, 7th Sept. 1944 // TNA, CAB 80/87.

221. A.P.W (44) 14th Meeting (Annex I to C.O.S. (44) 804 (O)) // Ibid.

222. САНО. Т. 2. С. 149.

223. АВП. Ф. 07. Оп. 5. П. 53. Д. 234. Л. 20а.

224. Отношения России (СССР) с Югославией. С. 318.

225. GilbertM. Winston S. Churchill. Vol. VII. P. 972-973.

226. Churchill & Roosevelt. Vol. 3. P. 341.

227. Estimate of Russian Aims in the Far East, Oct. 5, 1944 //TNA, PREM 3/397/3.

228. Lord Beaverbrook, 5.8.44 // CHAR 20/169.

229. РГАСПИ. Ф. 558. Оп. 11. Д. 369. Л. 20.

230. Василевский А.М. Указ. соч. С. 442.

231. САНО. Т. 2. С. 174.

232. A.P.W. (44) 14th Meeting (Annex I to C.O.S. (44) 804 (O)) // TNA, CAB 80/87.

233. C.O.S. (44) 843 (O), 19th Sept., 1944 // Ibid.

234. Штеменко С. М. Указ. соч. С. 416.

235. Ржешевский О.А. Сталин и Черчилль. С. 461.

236. Молотову, 27.IX.1944 //АВП РФ. Ф. 059. Оп. 12. П. 34. Д. 213. Л. 124.

237. РГАСПИ. Ф. 558. Оп. 11. Д. 267. Л. 49.

238. Там же. Д. 269. Л. 22.

239. The Reckoning. P. 479.

240. Prime Minister to Ambassador Clark Kerr, 1.10.44 //CHAR20/173. 408

241. Following for the Prime Minister, 2.10.44 // Ibid.

242. George R.I., Buckingham Palace, Oct. 5, 1944 //TNA, PREM 3/434/8.

243. РГАСПИ. Ф. 558. Оп. 11. Д. 269. Л. 24, 30.

244. Minutes of a Meeting, held 4th Oct., 1944// TNA, FO 954/22.

245. Шервуд Р. Указ. соч. Т. 2. С. 541-542; Bohlen Ch. Op. cit. P. 162-163; RollD. Op. cit. P. 347.

246. Churchill & Roosevelt. Vol. 3. P. 345.

247. For Ambassador Harriman from the President, Oct. 11, 1944 // LC, WAHP, CF, Cont. 174.

248. Churchill & Roosevelt. Vol. 3. P. 342.

249. FRUS. 1944. Vol. IV. Washington, 1966. P. 1001.

250. CAMO. T2. C. 211.

251. FRUS. The Conferences at Malta and Yalta, 1945. Washington, 1955. P. 371-374.

252. To South Africa from Dominions Office, 9th Oct., 1944 // CHAR 20/173.

253. Ржешевский О.А. Сталин и Черчилль. С. 420-421.

254. Harriman W.A., AbelE. Op. cit. P. 357.

255. Record of the Meeting at the Kremlin, Moscow, on 10th Oct., 1944 // CHAR 20/173; Ржешевский О.А. Сталин и Черчилль. С. 419.

256. From Tolstoy to Foreign Office, 10th Oct., 1944 // CHAR 20/173.

257. From Tolstoy to Foreign Office, 12th Oct., 1944 // Ibid.

258. Gilbert M. Winston S. Churchill. Vol. VII. P. 1007.

259. Barker E. Churchill and Eden at War. P. 284.

260. Elarriman W.A., AbelE. Op. cit. P. 358.

261. Churchill W. S. Second World War. Vol. VI. P. 201.

262. C.O.S. (44) 787 (O), 30th Aug., 194411 TNA, CAB 80/87.

263. W.P. (44) 515, Morale in Germany, 9th Sept. 1944 // TNA, CAB 66/55/15.

264. CAHO. T. 2. C. 148-149.

265. Ржешевский О.А. Сталин и Черчилль. С. 460-468.

266. War Diaries 1939–1945. Field Marshal Lord Alanbrooke. P. 607.

267. Отношения России (СССР) с Югославией. С. 279; ОГБ. Т 5. Кн. 2. С.

204- 205.

268. From Moscow to Foreign Office, 15th Oct., 1944 // TNA, PREM 3/434/8.

269. Молотову, 13.X. 1944 // АВП РФ. Ф. 059. Оп. 12. П. 34. Д. 213. Л. 284-285. См. также: САМО. Т 2. С. 233-234.

270. FRUS. 1944. Vol. ГУ P. 1001.

271. Preliminary Report on the Visit of Anglo-American Mission to the German Experimental Rocket Station in Poland, 22nd Sept., 1944 // NARA, RG 334, Box 11 (Intelligence Teams).

272. For the President from Harriman, Sept. 24, 1944 // LC, WAHP, CF, Cont. 174.

273. Churchill & Roosevelt. Vol. 3. P. 360-361.

274. Беседа с министром иностранных дел Великобритании А. Иденом во вре¬мя обеда, 18.X. 1944 //АВП РФ. Ф. 06. Оп. 6. П. 23. Д. 242. Л. 135.

275. Из Лондона, 26.XI.1944 //Там же. Ф. 059. Оп. 12. П. 41. Д. 258. Л. 170.

276. Documents on Polish-Soviet Relations 1939–1945. Vol. II. 1943–1945.
409 London, 1967. P. 423-424.

277. The War Diaries of Oliver Harvey. P. 361.

278. From Harrimanto the President, Oct. 14, 1944 // LC, WAHP, CF, Cont.174.

279. From Tolstoy to Foreign Office, 16th Oct., 1944 // CHAR 20/173.

280. Запись беседы тов. И. В. Сталина с Миколайчиком, 18.X.1944 //АВП РФ. Ф. 06. Оп. 6. П. 42. Д. 550. Л. 17.

281. Всем послам и посланникам (В Лондон), 21.X.1944 // Там же. Ф. 059. Оп. 12. П. 12. Д. 69. Л. 147.

282. From Moscow to Foreign Office, 15th Oct., 1944 // TNA, PREM 3/434/8.

283. War Diaries 1939–1945. Field Marshal Ford Alanbrooke. P. 610.

284. Лондон, совпосол, Гусеву, 25.XI.1944 //АВП РФ. Ф. 059. Оп. 12. П. 13. Д. 71. Л. 19.

285. RollD. Op. cit. P. 356.

286. Plokhy S.M. Yalta: the Price of Peace. N.Y, 2010. P. 26.

287. From Tolstoy, A.F.H.Q. Italy to A.M.S.S.O., 21st Oct., 1944 // TNA, PREM 3/355/13.

288. АВП РФ. Ф. 06. Оп. 6. П. 22. Д. 225. Л. 35.

289. Memorandum for the President, Oct. 19, 1944 // FDRL, MR, Box 9.

290. Лондон, совпосол, 23.X. 1944 // АВП РФ. Ф. 059. Оп. 12. П. 12. Д. 69. Л. 171-172.

291. Там же.

292. СССР и германский вопрос. ТЕС. 402.

293. САЛО. Т. 2. С. 100-101.

294. C.O.S. (44) 850 (O), 24th Sept. 1944 // TNA, CAB 80/87.

295. Mann C. Op. cit. P. 180-181.

296. РГАСПИ. Ф. 558. Оп. 11. Д. 269. Л. 69.

297. Mann C. Op. cit. P. 182-184.

298. Churchill & Roosevelt. Vol. 3. P. 371.

299. Ibid. P. 377.

300. Советский фактор в Восточной Европе. Т 1. С. 101-103.

301. Штеменко С.М. Указ. соч. С. 418.

302. Цит. по: Adams J.A. The Battle for Western Europe, Fall 1944: An Operational Assessment. Bloomington, 2010. P. 82.

303. Report of the Working Party of Officials on Supplies for Liberated Areas in Europe, 21th Jan. 1945 (Annexto W.P. (45) 58, 25ш1ап.1945) //TNA, CAB 66/61/13.

304. C.O.S. (44) 827 (O), 12th Sept. 1944 // TNA, CAB 80/87.

305. Atkinson R. The Day of Battle: the War in Sicily and Italy, 1943–1944. N.Y, 2007. P. 252.

306. Fisher E.F., Jr. Cassino to the Alps. Washington, 1977. P. 298.

307. САНО. Т 2. С. 189-190; Отношения России (СССР) с Югославией. С. 581.

308. Всем послам и посланникам, (В Лондон) 21.X.1944 // АВП РФ. Ф. 059. Оп. 12. П. 12. Д. 69. Л. 147-148.

309. Отношения России (СССР) с Югославией. С. 320, 370.

310. Mr. Eden to Sir O'Malley, 6th Nov., 1944 // TNA, FO 954/20.

311. Resolution of the Polish Government on Nov. 3rdT944 (Sargent to Prime Minister, 3rdNovember, 1944) //TNA, PREM 3/355/13. 410

312. W.M. (44) 146th Conclusions, Min. 5 Conf. Annex, 6th Dec., 1944 // Ibid.

313. Из Лондона, 7.XI.1944 //АВП РФ. Ф. 059. Оп. 1. П. 41. Д. 257. Л. 327-328.

314. WandyczP. The United States and Poland. Cambridge (Mass), 1980. P. 291.

315. Из Лондона, 26.XI.1944 //АВП РФ. Ф. 059. Оп. 12. И. 41. Д. 258. Л. 169.

316. РГАСПИ. Ф. 558. Оп. 11. Д. 269. Л. 94.

317. Молотову, 8.XI. 1944 //АВП РФ. Ф. 059. Оп. 12. И. 34. Д. 214. Л. 250.

318. САНО. Т. 2. С. 178.

319. Churchill & Roosevelt. Vol. 3. P. 390.

320. Запись беседы тов. И. В. Сталина с министром иностранных дел Вели-кобритании А. Иденом, 21.X.1943 // РГАСПИ. Ф. 558. Оп. 11. Д. 281. Л. 4. Данная фраза не вошла в опубликованный вариант беседы. См.: Московская конференция. С. 120-123.

321. GilbertM. Winston S. Churchill. Vol. VII. P. 1063.

322. ОГБ. Т 5. КН. 2. С. 568-577, 636-637.

323. Французская запись беседы опубликована в: Голль Ш. де. Военные мемуа¬ры: Спасение 1944-1946. С. 388-402.

324. Черчилль У. Вторая мировая война. М., 1991. С. 382.

325. Голль Ш. де. Военные мемуары: Спасение 1944–1946. С. 59.

326. Из Лондона, 18.XI.1944 //АВП РФ. Ф. 059. Оп. 12. И. 34. Д. 214. Л. 250.

327. СФО. Т2. С. 153-154.

328. Churchill & Roosevelt. Vol. 3. P. 378, 379.

329. The President to Stalin, 18th Nov. 1944 // FDRT, MR, Box 9.

330. Churchill & Roosevelt. Vol. 3. P. 412.

331. Отношения России (СССР) с Югославией. С. 586-587.

332. Там же. С. 378.

333. Там же. С. 590.

334. Prime Minister, 29th Nov. 1944// TNA, PREM 4/30/8.

335. Вышинскому, 3.XI.1944 //АВП РФ. Ф. 059. Оп. 12. И. 34. Д. 214. Л. 210.

336. Из Лондона, 18.XI.1944 // Там же. И. 41. Д. 258. Л. 85-91.

337. ОГБ. Т 5. Кн. 2. С. 633.

338. GorstA. British Military Planning for Postwar Defense, 1943—1945 // Britain and the First Cold War / Ed. by A. Deighton. London, 1990. P. 96-97.

339. Foreign Secretary, 25.11.44 // TNA, PREM 4/30/8.

340. From Foreign Office to Moscow, Nov. 26, 1944 // TNA, FO 181/990/15.

341. Устное заявление посла Великобритании г-на Керра В. М. Молотову от 28.ХГ1944 //АВП РФ. Ф. 06. Оп. 6. И. 23. Д. 242. Л. 151-152.

342. Лондон, совпосол, Гусеву, 29.ХГ1944 г. //АВП РФ. Ф. 059. Оп. 12. П. 13. Д. 71. Л. 37.

343. Молотову, 15.ХГ1944 // Там же. П. 34. Д. 214. Л. 309-310.

344. Из Лондона, 13.ХГ1944 //Там же. П. 41. Д. 258. Л. 42-46.

345. Монтгомери Б. Указ. соч. С. 313.

346. Брэдли О. Указ. соч. С. 468.

347. Adams J.A. The Battle for Western Europe. P. 82.

348. Churchill & Roosevelt. Vol. 3. P. 425.

349. Gilbert M. Winston S. Churchill. Vol. VII. P. 1079. 411

350. Вершинин Д.А., Еремеев Л.М., Шергин А.П. Действия немецких подво¬дных лодок во вторую мировую войну на морских сообщениях. М., 1956. С. 325-326.

351. PolmarN., NootJ. Op. cit. P. 108.

352. Главе Военной миссии СШАв СССР генерал-майору Дж. Дину, 9.XI. 1944 // NARA, RG 334, Box 15 (Liaison with the Soviets).

353. Gen. McNarney to Gen. Marshall, 13th Nov., 1944 // NARA, RG 218, W Leahy Records.

354. Голованов А.Е. Указ. соч. С. 483, 486.

355. Gen. Eaker to Gen. Arnold, 10th Nov. 1944 // NARA, RG 218, W Leahy Records.

356. Memorandum for Miss Tully, Nov. 19, 1944 // FDRL, MR, Box 48.

357. Conversation with Stalin, Dec. 14, 1944 // LC, WAHP, CF, Cont. 75. См. также: САМО. Т. 2. С. 269-274.

358. ОГБ. Т 5. Кн. 2. С. 557-558.

359. Голль Ш. де. Военные мемуары: Единство 1942–1944. М., 2003. С. 677-678.

360. СССР и германский вопрос. Т 1. С. 441, 445-446.

361. Голль Ш. де. Военные мемуары: Единство 1942–1944. С. 68-70.

362. Office of the Minister of Defence (Hollis), 1st Dec., 1944 // TNA, PREM 3/398/2.

363. 26th Nov. 1944 // CHAR 20/153.

364. Barker T.M. Op. cit. P. 59.

365. Советский фактор в Восточной Европе. Т 1. С. 136.

366. Отношения России (СССР) с Югославией. С. 591-592.

367. Голль Ш. де. Военные мемуары: Единство 1942–1944. С. 72.

368. Там же. С. 408-409.

369. W.M. (44) 161st Conclusions, Min. 10 Conf. Annex, 4th Dec., 1944 // TNA, CAB 65/48/13; Prime Minister to Marshal Stalin, 5th Dec., 1944 // TNA, FO 371/43394.

370. Minute by Ch. Warner, 6th Dec., 1944 // Ibid.

371. Draft Minute for the Prime Minister from the Secretary of State // Ibid.

372. СФО. Т. 2. С. 186-192.

373. Голль Ш. де. Военные мемуары: Единство 1942–1944. С. 81.

374. FRUS. The Conferences at Malta and Yalta, 1945. P. 50-51.

375. From Opnav to Alusna, Moscow, 5th Dec. 1944 // FDRL, MR Box 9.

376. Memorandum for the Map Room, Dec. 5, 1944 // Ibid.

377. Churchill & Roosevelt. Vol. 3. P. 445.

378. Иванов Ю.В. Очерки истории российско(советско)-польских отношений. С. 285-286.

379. For General Ismay, 2.12.44 11 TNA, PREM 3/398/2.

380. Deane J. The Strange Alliance. The Story of Our Efforts at Wartime Cooperation with Russia. N. Y., 1947. P. 137. (Пер. на рус.: Дин Дж. Р. Странный союз. М., 2005).

412 381. General Hollis for C.O.S. Committee, 7.12.44 // TNA, PREM 3/398/2.

382. САНО. Т 2. С. 173. Ярко выраженный антикоммунизм Бэрроуза отмечают и британские исследователи. См.: SearleA. Op. cit. P. 72.

383. W.P. (44) 715, Weekly Resume (No. 275), 7th Dec., 1944 // TNA, CAB 66/59.

384. Суту Ж.-А. «Свободная Франция» и место СССР в европейской

системе // СССР и Франция в годы Второй мировой войны / Отв. ред. М.М. Нарин- ский. М., 2006. С. 170.

385. L'URSS et Г Europe de 1941-1957 / Sous la dir. de G.-H. Soutou, E.R. Hivert. Paris, 2008. P. 157.

386. СФО. Т 2. С. 199-200.

387. Совпослам, 14.XII.1944 //АВП РФ. Ф. 059. On. 12. П. 6. Д. 33. Л. 129-131.

388. Proposal for a Franco-Soviet Treaty, 6th Dec., 1944 //TNA, FO 371/43394.

389. W.P. (44) 745, 18thDec., 1944 //TNA, CAB 66/59/45.

390. C.O.S. (45) 4, 4th Jan., 1945 // Ibid. 80/47.

391. Aide-Memoire to the King from Dr. Subasic, 17th Dec., 1944 (Annex 6 to WP. (45) 4, 6th Jan., 1945) // Ibid. 66/60/21.

392. W.M. (44), 169th Conclusions, Conf. Annex, 16thDec., 1944 //Ibid. 65/48/18.

393. Churchill & Roosevelt. Vol. 3. P. 463.

394. Ibid. P. 468.

395. Gilbert M. Winston S. Churchill. Vol. VII. P. 1285.

396. Ibid.

397. Reynolds D. From World War to Cold War. P. 26.

398. W.P. (45) 111, 18thFeb., 1945//TNA, CAB 66/62/16.

399. Extract from Fetter Dated 16th Jan., 1945 from Mr. Balfour (Moscow) to Mr. Warner (Annex to WP. (45) 156, 12th March, 1945) //Ibid. 66/63/11.

400. C.O.S. (45) 4, 4th Jan., 1945 // Ibid. 80/47.

401. Dec. 2, 1944 // TNA, PREM 4/21/2.

402. Foreign Secretary, 11.1.1945 //CHAR20/210.

403. W.P. (44) 758, Weekly Resume (No. 277), 21st Dec., 1944 // Ibid. 66/60.

404. Herman M. Intelligence Power in Peace and War. Cambridge, 1996. P. 232. СМ. подробнее: Кульков Е.Н. Операция «Вахта на Рейне». М., 1986.

405. W.P. (44) 705, 4th Dec., 1944 // TNA, CAB 66/59/5.

406. War Diaries, 1939–1945. Field Marshal Ford Alanbrooke. P. 636.

407. Hastings M. Armageddon: The Battle for Germany 1944–1945. Fondon, 2004. P. 229.

408. Брэдли О. Указ. соч. С. 486.

409. ОГБ. Т5. Кн. 1.С. 568.

410. Эйзенхауэр Д. Крестовый поход в Европу: Военные мемуары / Пер. с англ. Е.М. Федотова. Спредисл. икоммент. О.А. Ржешевского. М., 1980. С. 391.

411. Pogue F.C. The Supreme Command. Washington, 1954. P. 405-406.

412. Churchill & Roosevelt. Vol. 3. P. 468.

413. Хрущев Н.С. Время. Люди. Власть: Воспоминания. Кн. I. М., 1999. С. 610.

414. General Ismay for C.O.S Committee, 29.12.44 // TNA, PREM 3/398/3.

415. War Diaries, 1939–1945. Field Marshal Ford Alanbrooke. P. 642.

416. Пуговкин М. Это все было смешно. М., 2000. С. 21.

417. Из Вашингтона, 22.XII.1944 // АВП РФ. Ф. 059. Оп. 12. П. 35. Д. 215.
413 Л. 387-391.

418. Вашингтон, совпосол, 12.1.1945 //Там же. П. 9. Д. 51. Л. 63.

419. Foreign Secretary, 19.1.45 // CHAR 20/211.

420. From Washington to Foreign Office, 5th Jan., 1945 //TNA, PREM 4/30/11.

421. Dec. 31, 1944 // LC, MD, H. Stimson Diaries.

422. FRUS. The Conferences at Malta and Yalta, 1945. P. 56.

423. Парсаданова В.С. Советско-польские отношения в годы Великой Отече-ственной войны 1941–1945 гг. М., 1982. С. 209.

424. WM. (44) 176th Conclusions, Min. 1 Conf. Annex, 30thDec., 1944//TNA, CAB 65/48/23.

425. From A.M.S.S.O. to M.A.A.F. 8.8.0.,28л Dec., 1944//CHAR20/177.

426. From the President to Marshal Stalin, 30th Dec., 1944 // FDRT, MR, Box 9.

427. Churchill & Roosevelt. Vol. 3. P. 497.

428. W.P. (45) 47, 22nd Jan., 1945//TNA, CAB 66/61/2.

429. Churchill & Roosevelt. Vol. 3. P. 492.

430. From the President, Nov. 28, 1944 // EC, WAHP, CF, Cont. 175.

431. From the President to Admiral Leahy and Admiral Brown, Dec. 6, 1944 // FDRL, Presidential Trips (Trips to Warm Springs, Georgia, 28 Nov. – 18 Dec., 1944).

432. Conversation, Dec. 26, 1944 // NARA, RG 84, Top Secret Records from the Office of the Ambassador 1943–1950 (Ambassador Harriman, Conversations, Memoes 1943–1948).

433. FRUS. The Conferences at Malta and Yalta, 1945. P. 22-23.

434. WM. (45) 10th Conclusions, Min. 1, Conf. Annex, 26th Jan., 1945 // TNA, CAB 65/51/10.

435. FRUS. Conferences at Malta and Yalta. P. 39-40.

436. Churchill & Roosevelt. Vol. 3. P. 491.

437. War Diaries, 1939–1945. Field Marshal Lord Alanbrooke. P. 636.

438. Gilbert M. Churchill and America. P. 324.

439. War Diaries, 1939–1945. Field Marshal Lord Alanbrooke. P. 636.

440. Монтгомери Б. Указ. соч. С. 331.

441 Советский Союз на международных конференция периода Великой Оте-чественной войны 1941–1945 гг. Т. IV. (далее–Крымская конференция). М., 1984. С. 44.

442. The Papers of Dwight David Eisenhower. Vol. V. Baltimore, 1970. P. 2407.

443. Конев И.С. Записки командующего фронтом. М., 2003. С. 357.

444. Жуков Г.К. Указ. соч. Т. 2. С. 260.

445. Конев И.С. Указ. соч. С. 366.

446. Бережков Б.М. Какя стал переводчиком Сталина. М., 1993. С. 332.

447. Конев И.С. Указ. соч. С. 366.

448. Gilbert M. Winston S. Churchill. Vol. VII. P. 1143.

449. The Papers of Dwight David Eisenhower. Vol. IV. Baltimore, 1970. P. 2412.

450. For General Eisenhower Eyes Only from General Marshall, Jan. 17, 1945 // NARA, RG 165, OPD Exec, File 5.

451. Эйзенхауэр Д. Указ. соч. С. 394.

452. Монтгомери Б. Указ. соч. С. 330.

453. Copy of a Letter Dated 29th Dec., 1944, from King Peter II of Yugoslavia to the Prime Minister (Annex 6 to WP. (45) 4, 6th Jan., 1945) // TNA, CAB 66/60/21. 414

454. Отношения России (СССР) с Югославией. С. 594, прим. 999.

455. W.P. (45) 13, 5th Jan., 1945//TNA, CAB 66/60/30.

456. W.M. (45) 2nd Conclusions, Min. 6 Conf. Annex, 8th Jan., 1945 // Ibid. 65/51/2.

457. W.M. (45) 4th Conclusions, Min. 2 Conf. Annex, 11th Jan., 1945 // Ibid. 65/51/4.

458. W.M. (45) 6th Conclusions, Min. 4 Conf. Annex, 15th Jan., 1945 // Ibid. 65/51/6.

459. W.M. (45) 4th Conclusions, Min. 2 Conf. Annex, 11th Jan., 1945 // Ibid. 65/51/4.

460. Запись переговоров главного Маршала авиации А. Тедцера с маршалом Сталиным, 15.1.1945 // Информационный бюллетень № 17 Ассоциации историков Второй мировой войны. М., 2012. С. 22-28.

461. Notes on Air Chief Marshal Sir A. Tedder's Meeting with Marshal Stalin on Jan. 15, 1945//TNA, PREM 3/398/3.

462. РГАСПИ. Ф. 558. Оп. 11. Д. 381. Л. 4.

463. The Papers of Dwight David Eisenhower. Vol. V. P. 2428n.

464. Draft Telegram from Prime Minister to President; General Ismay, 28.1.1945 // TNA, PREM 3/398/3.

465. Крымская конференция. С. 49.

466. W.P. (45) 61, Weekly Resume, 25th Jan., 1945 //TNA, CAB 66/61.

467. Русский архив: Великая Отечественная: Т. 15 (4–5). Битва за Берлин (Крас¬ная Армия в поверженной Германии). М., 1995. С. 13.

468. Русский архив: Великая Отечественная. Т 14 (3–1). С. 314.

469. Отношения России (СССР) с Югославией. С. 403.

470. WM. (45) 7th Conclusions, Min. 4, Conf. Annex, 22nd Jan., 1945 // TNA, CAB 65/51/7; W.P. (45) 45, 22ndJan., 1945 // TNA, CAB 66/60/62.

471. From South Africa to D.O., 31st Jan., 1945 //CHAR 20/211.

472. Churchill & Roosevelt. Vol. 3. P. 519.

第8章 415

从雅尔塔到罗斯福离世

临近1945年2月，欧洲战事已接近尾声：苏军踏上了波兰、捷克斯洛伐克和匈牙利的土地；由于苏联红军的攻势成功地牵制了敌军，盟军在遭到阿登地区法西斯军队突然袭击之后，逐渐恢复了元气，并向第三帝国的西部边界挺进。美军司令部预测，亚洲战场将面临与日本长时间的地面作战，因为日本在本岛、满洲和中国仍持有强大的军队。目前形势要求“三巨头”在军事、政治等方面紧密协调，这也是雅尔塔会议的主题。

迄今为止，政治家和历史学家对雅尔塔会议决议仍评价不一。在美国右翼保守派，以及在东欧和波罗的海沿岸国家至今仍盛行着这样的说法：雅尔塔会议是罗斯福和丘吉尔“屈服”于斯大林和“出卖”东欧利益的象征。但是，事实要复杂和矛盾得多。雅尔塔决议是一系列的妥协，这些妥协是由战争最后阶段所形成的力量对比和军事政治现状所决定的。苏联主动承担起对日作战的责任，以换取其收回在远东的领土和权益的保证。在德国问题上，盟国不同意斯大林对苏联战争赔偿金额的诉求，因为华盛顿和伦敦在此之前就担心过度削弱德国会造成欧洲中心出现力量真空，影响战后重建。罗斯福和丘吉尔仅同意将苏联的诉求作为未来讨论的议题。在向法国提供德国控制区的问题上，斯大林向盟国做出了让步，并同意在盟国对德管制委员会为法国留有一席之地。

盟国在东欧的利益分歧在于，苏联力求建立“友好政府”的自由遭到阻
挠，因为西方盟国希望保留自己在这一地区的影响力。罗斯福和丘吉尔很明 416
白，由于苏联在这些国家的军事存在，西方只能寄希望于通过自由选举和其他民主模式来降低苏联对该地区的控制。雅尔塔会议通过的《欧洲解放宣言》成为了妥协的产物：它宣告了在被解放的国家进行自由选举和创立民主政府的必要性，但是，在警觉的莫洛托夫的力争下，没有规定落实这些原则的监督机构。斯大林同意这一象征性的让步，因为他非常明白，正如他对莫洛托

夫所说的那样，最终“所有事情都取决于力量对比”。[1]

波兰问题成为东欧妥协的主要痛点，也是此次会议的焦点。会议通过的决议规定，“在更广泛的民主基础上”“改组”亲苏的波兰临时政府，但是没有明确这种改组的具体要求，这使得莫斯科可以最低限度地执行。罗斯福明白这个协定的薄弱之处，但是，正如他对海军上将莱希所说，“现在我只能为波兰做这么多了”。[2] 商定好波兰新东部边界以寇松线为准，略有逸出，但斯大林没有争取到将奥得河—西尼斯河作为波兰西部边界。尽管如此，莫洛托夫在给苏联驻各国大使的雅尔塔会议通报中指出，“我们的意见是《波兰宣言》的基础”。[3] 在南斯拉夫问题上，苏方也达到了目的，会议决定在铁托—苏比锡协议基础上，成立南斯拉夫新政府，并保持铁托的支持者的优势。苏方的另外一个让步，就是软化在联合国成员问题上的立场。由于在这个问题上遭遇到盟国的抵触，斯大林同意把该组织中的苏联成员数量从16个减至3个——苏联、乌克兰和白俄罗斯。此外，在雅尔塔，由英国人提议，决定定期召开三大国外长会议，以讨论战后调解的具体问题。总而言之，如斯特蒂纽斯后来在自己的回忆录中所描述的，罗斯福“在雅尔塔没有‘交出’他能够把守的任何实质性的东西”。[4] 雅尔塔会议对斯大林作出的
417 让步并不是1945年英美外交的失误，而是1942—1943年西方盟国关键性战略决策的必然后果，他们希望靠红军之力来粉碎法西斯德国军队，并解放东欧。

雅尔塔会议的所有与会者各得其所。“俄国人向世人证明，他们可以明智而有远见地行事，”霍普金斯这样说道，“无论是总统，还是我们当中的其他人，都毫不怀疑我们能够与之和睦相处、和平共事，能想到多久就能合作到多久。”[5] 英国内阁完全认同本国代表团在会议上的工作成就。[6] 讲究礼仪的英国人尤其被苏联周到的礼节所感动。“斯大林和莫洛托夫非常友好的态度给我留下深刻印象，”丘吉尔在自己给内阁的报告中写道，“与我之前所看到的相比，这好像是另一个俄国。”[7] 对此一直持怀疑态度的贾德干和伊斯梅也同意首相的说法，在多病的罗斯福和冲动的丘吉尔面前，斯大林显得态度和善，形象端庄。[8] 莫洛托夫在给苏联大使们的会议通报中也指出，“会议氛围友好，可感觉到大家努力就争议问题达成一致”。[9]

友好而务实的会议氛围首先反映出“三巨头”本身内部的关系尽管存在分歧，但仍是非同一般的亲切。雅尔塔是三位领袖私人关系的顶峰，即将打败共同敌人的乐观前景促进了这种亲密的关系。三巨头都有理由对自己和对方感到满意。伟大的军事胜利使得斯大林变得前所未有的“亲切和通情达

理”，据贾德干观察，“在他身上看不到炫耀，成功没有冲昏他的头脑，而是给他增添了额外的信心，使他目光更加宽广，不畏做出让步”。[10] 罗斯福和丘吉尔对斯大林的谦让感到非常欣慰，他们认为这是凭借个人的外交努力获得的最好结果。在觥筹交错中也处处体现出这种相互敬重。丘吉尔提议为“伟大的斯大林”举杯，斯大林提议为罗斯福举杯，因为“他是动员全世界反抗希特勒的主要发起人”。[11]

同时，雅尔塔会议并不是言无不尽。在利瓦季亚宫共进会议闭幕晚餐 418
时，丘吉尔见证了斯大林发表的寓意深长的祝酒辞，大元帅说道：“盟友们不应该相互欺骗。可能，这有些天真，资深外交官可能会问‘为什么不能欺骗盟友’？但是我就是那个天真的人，我认为，最好还是不要欺骗自己的盟友，即使他是傻瓜。也可能正因为如此，我们没有相互欺骗，我们的联盟才如此坚固；难道我们都不是那么好骗的？”[12] 斯大林可能暗指盟友们对他隐瞒了什么，但他不是那么容易被骗的。他似乎知道，在会议大厅罗斯福对丘吉尔说起要告诉斯大林“曼哈顿计划（Манхэттенский）”，理由是如果斯大林已经知悉此事，再隐瞒下去将威胁到“我们与俄国的关系”。按照首相自己的话说，他被这个想法吓得“惊呆了”，并劝说总统放弃了这个念头。[13] 怪不得晚些时候斯大林对葛罗米柯说，罗斯福本来可以在雅尔塔“直接对我说，核武器已经进入制造阶段。谁让我们是盟友呢”。[14]

然而，雅尔塔盟友之间愉快的关系很快遭遇降温。战争临近尾声时，波兰问题再度激化、苏联在罗马尼亚和保加利亚执行强硬政策、“伯尔尼事件（Бернский инцидент）”、遣返盟军战俘问题，以及比这些更琐碎的问题使盟国关系暗淡下来。迄今为止，西方历史学家仍在猜测哈里曼所说的“雅尔塔会议之后，我们同苏联政府的关系出现骇人听闻的转折”[15] 的真正原因，与英美事件参与者的观点相同，他们把“去雅尔塔”现象归咎于苏联。同时代人也揣摩不透斯大林“后雅尔塔激化”的理由：丘吉尔将其视为“政治局和苏军统帅部”的黑手，而美国国务院的专家们则认为，斯大林害怕自己在中东欧地位不保。[16] 事实上，有更深层次的原因。

随着战争接近尾声，反希特勒联盟团结的根基开始动摇，其盟国之间不再相濡以沫，不再关照对方的利益和忧虑。一直被隐藏或避而不谈的意识形 419
态、地缘政治和社会文化等方面的矛盾首先浮出水面，这些矛盾事关战后世界格局和对自身安全保障的途径做出不同的阐释。

汲取两次世界大战之间的和平时期的战略教训，以及战争本身的教训，苏联领导层迫切需要最大程度地长期削弱主要敌人德国和日本、在苏联宽阔的西部边界地带由友好的亲苏国家建立起保护带、收回日俄战争中丧失的远东领土和权益、保证通往大洋的出海口、防止欧洲出现在军力上超过苏联的敌对大国同盟。这些要求均符合俄国的传统地缘政治利益，即沿苏联周边建立最大防御纵深。克里姆林宫认为，苏联为反法西斯战争作出了决定性的贡献，并承受了巨大的牺牲，它应该赢得对自己合法安全利益的权利的认可，以及与美英平等参与战后调解的权利的认可。

美国的经济潜力在此次战争中成倍增长，这使得美国一跃成为主流世界强国，它欲在战后世界秩序问题上发挥自己的政治、经济领导作用。美国军政领导人认为，只有维持军事战略优势，在世界重要地区保持军事存在，才能确保战后的国家安全。由于战争期间美国的地缘政治影响力急剧增强，并且借鉴两次世界大战的教训，华盛顿认为，欧亚大陆是世界力量平衡的关键所在，由敌对国家或集团控制这个地区是对美国切身利益不能容忍的威胁。

英国统治集团在战争中的地位受到严重削弱，他们试图依靠不列颠帝国和欧洲的盟国集团，以及加强同美国的“特殊关系”来维护自己的大国地位。
420 在这方面，英国传统的势力范围——地中海、近东、中东具有首要意义，是这些地区把英国和殖民统治的名号联系起来。

美国和英国利益的共同点在于遏制苏联影响力和极左思潮的扩散，特别是从德国法西斯和日本军国主义践踏中解放出来的亚欧国家，这些地区在经济崩溃、原有的社会精英垮台和政治混乱的背景下，左翼势力和民族解放运动乘机抬头。不允许在欧洲和亚欧大陆出现挑战西方霸权的新势力，是英美地缘政治概念中的共同之处。

以上这些深层次的矛盾反映在盟国关系的方方面面。1945年3—4月间，波兰问题再度激化，这次争议的焦点是如何阐释围绕波兰政府组成和雅尔塔会议就这一问题所做的决议。虽然与丘吉尔的往来书信中罗斯福曾承认，他们认为“卢布林波兰人”具有更大的优势，但在官方谈判中，美国人和英国人继续坚持由自己的亲信来主导政府改组，而莫洛托夫—哈里曼—克尔委员会框架内谈判也陷入了僵局（第668、669号文件）。途经苏联领土遣返盟军战俘一事遇到一定的困难，这引起了华盛顿和伦敦的极度不满。除此之外，盟军侦察东欧的秘密设施和为美国提供滨海空军基地以轰炸日本的问题久拖不决。这些问题也同样反映在三位领袖的往来书信中（第567、656、657、659号文件）。

3月中下旬，所谓的“伯尔尼事件”开始发酵，起因是美国战略服务局驻瑞士谍报处主任A.杜勒斯（Даллес А.）与纳粹就驻意德军投降事宜进行秘密接触，盟国拒绝苏联代表参与其中。尽管莫斯科多次抗议，但私下接触仍在继续，正逢此时德军在西线的抵抗有所减弱，而东线的战斗依然残酷，这更加重了苏联的怀疑。就该问题的往来书信成为罗斯福和斯大林在整个战争期间最尖锐的相互指责（第671、673号文件）。最终罗斯福决定平息这个事件，
在4月12日自己的最后一封信中，罗斯福向斯大林保证“一切都已经过去”， 421
希望“这种无足轻重的误会以后不会出现”。总统在生命垂危之际，还训诫哈里曼和其他“鹰派人物”企图对苏联实行更加强硬的政策，并说服丘吉尔“不要夸大苏联问题”。[17] 英国首相对苏联的政策愈发没有耐心，但这并未影响他和斯大林的私人关系。

尽管与莫斯科的分歧日益加深，罗斯福并没有失去消除分歧的希望。按照F.科斯蒂廖拉（Костиглиола Ф.）的说法，他仍然是“伟大同盟的纽带”，[18] 这不仅仰仗他身后有美国强大国力的支撑，而且他经常在丘吉尔和斯大林的冲突中扮演调停人的角色。总统的联盟理念也是合作的基础，他致力于保持包括中国在内的“四方”合作，即便是在战后也是如此，他认为，没有中国的参与就不能达成永久的和平。罗斯福曾寄希望于通过相互妥协和保留惯用的“三巨头”模式解决重大问题，以带领联盟经受住战争结束时以及战后调解遇到的重大考验，但现在他对此已经不抱幻想。在这种情况下，继续高层的私人外交具有关键意义。“欧洲大陆国家的规模、边界和力量对比问题都不如它重要，”著名的历史学家及外交官、事件亲历者H.费斯（Фейс Г.）这样描述罗斯福的心理，“可以想像，如果战争联盟的三位主要参与者在新的国际政治组织中能够共同行动，那么这些问题就能得到圆满解决。”[19] 斯大林在雅尔塔的发言也与此种说法相似：“……只要我们活着，就无所畏惧。我们不允许我们之间出现危险的分歧。”[20] 4月12日罗斯福去世。三大国联盟失去了自己的“纽带”。

* * *

在雅尔塔讨论的重要军事问题之一是如何协调苏联和美国对日军事行动
计划。美军司令部希望获得在滨海地区驻扎空军的权利，这将有利于对日本 422
诸岛的轰炸。最佳位置就是符拉迪沃斯托克地区，虽然之前也考虑过距离太平洋战区较远的北方方案，即共青城—尼古拉耶夫斯克地区。在1944年秋就曾有过积极的讨论。10月14日，斯大林和丘吉尔在莫斯科谈判过程中，迪恩

少将在发言中提出关于美苏联合组建“战略空军，从滨海边疆区和堪察加半岛基地实施对日作战”，以及保证“太平洋供给线”的安全等问题。[21] 斯大林与哈里曼和迪恩会谈的3天之后，苏联领导人似乎不排除向美国人提供滨海边疆区基地的可能：华盛顿预计在已有的、由美军保障的苏联空军4个轰炸机群和4个歼击机群的基础上，再增加6个轰炸机群和6个歼击机群。斯大林当时力求把美国人往北推。他建议把“符拉迪沃斯托克以北150英里左右和共青城地区”用于储备美国战略资源，并指出，苏维埃港至共青城的铁路交通条件已大为改善。[22] 通过12月中旬与苏联代表的新一轮谈判，迪恩得出以下结论：“苏联可能允许我们从边疆区发起军事行动。”同时，美国军事代表处主任也在考虑备选方案，即东北方案。1945年1月之前在哈里曼的支持下，迪恩成功地说服美国参联会，最后一个方案更有可能获得莫斯科的同意。但研究者们认为，问题在于，“在获准讨论阿穆尔地区部署基地的问题之后，迪恩才发现，由于美方没有相应的预案，‘它的翅膀被折断了’”。[23] 难怪在雅尔塔会议上美国人特别强调了未来军事行动的联合计划。参联会赞成在莫斯科成立特别专门小组，并指出，它的工作是“极其重要的”事业。[24]

另一个问题涉及美国经符拉迪沃斯托克港口向苏联提供物资供应的航线
423 命运，自俄日战争开始之后，该航线就处于日本的攻击半径之内。因此，为了保障这条线路的安全，美军司令部甚至考虑了在千岛群岛登陆的可能性，但是，该计划被否决了，因为实施该计划需要从对日主战场抽调更多的兵力。下面这份提交给斯大林的备忘录是马歇尔在2月5日会议上拟制的，其中向苏联方面提出了相关问题。在后续讨论中，决定搁置是否保留远东航线问题，并允许美国在共青城—尼古拉耶夫斯克地区部署基地，2月8日，斯大林在双边会谈时将此事告知了罗斯福。[25] 在第二天举行的军事代表会议上，安东诺夫确认苏方同意美国空军从共青城—尼古拉耶夫斯克地区的基地实施行动，并可立即派遣美国考察团前往。但此时参联会又要求扩大规模，再配置2个大型空军基地，每个基地部署1个B-29重型轰炸机群，这引起空军参谋长、空军元帅C.A.胡加科夫（Худяков C.A.）的怀疑。[26] 罗斯福本人也不相信真的能得到这些权利。从雅尔塔返回后，罗斯福给莱希将军下达指示，让他检查一下美国申请的处理状态，同时他写道：“依我看，死定了。”[27] 结果，果不其然。

638. 罗斯福致斯大林的备忘录

1945年2月5日发　　　　　　　　　　　　　　　　1945年2月5日收

以下引述两个主要的军事问题，美军参谋长们希望在近期的会议上得到这两个问题的答复。

a）俄国与日本关系破裂后，开放跨太平洋和东西伯利亚的供给线，您是否认为这是原则问题？

b）您是否能够保证，在美国空军的作战和保障不损害俄国行动的前提下，允许美国空军在共青城—尼古拉耶夫斯克或其他适宜的地区驻扎？

在2月6日的第三次全体会议上，政府首脑在讨论其他政治问题过程中涉 424
及了波兰问题。罗斯福和丘吉尔呼吁组建全新的波兰临时政府，并强调“卢布林政府”不具有代表性。斯大林在作答时，对苏联的立场做了详尽的阐释，他突出了“波兰走廊”对于苏联安全的战略意义。他对能否与“伦敦波兰人”达成一致持怀疑态度，特别列举了克拉约瓦军队在波兰从事的反苏活动，强调必须保证红军后方的“秩序和宁静”。斯大林用少见的带有感情色彩的叙事方式陈述了理由，这给西方伙伴们留下了深刻的印象。同时，斯大林不排除把伦敦流亡政府代表纳入临时政府组成的可能性，并表示可以邀请“华沙的波兰人”[28]到雅尔塔。讨论陷入了僵局，总统建议将讨论推迟到下次会议。为了给讨论营造气氛，盟友们决定致函斯大林。波伦起草了信函，后来他在回忆录中写道：“当天我们离开会议厅，美国人和英国人面临着最艰难的任务——尽可能地拯救波兰。有一个简单的事实对我们很不利：红军占领了大部分领土，斯大林有能力强加自己的意志。但是总统不打算不战而降。”[29]英国人的情绪也是如此：“我确信，我们应该全力以赴回到这个问题上来，”当天艾登在自己的日记中这样写道，“与温斯顿共进晚餐时，我们讨论了明天应该持怎样的立场。”[30]

虽然这封信仅仅由罗斯福签发，但正如丘吉尔在给英国内阁的报告中所讲述的那样，这封信“是征求我方意见后修改”[31]成文的。英国的修改使这封信的语气更加强硬，强烈拒绝承认卢布林政府，并将米科瓦伊奇克增加到波兰新政府成员的候选名单中。抓住斯大林邀请“华沙波兰人”参加大会的这棵稻草，罗斯福和丘吉尔试图借此将波兰境内的自己人拉入被邀请名单。2月

7日，斯特蒂纽斯将信函转交给了莫洛托夫。

425

639. 致И.В.斯大林元帅

1945年2月6日发　　　　1945年2月7日收

尊敬的斯大林元帅：

我仔细考虑了我们今晚的会议，我想十分坦诚地告知您自己的想法。

因为事关波兰政府，我十分担心，我们三大国之间不能就波兰的政治局势达成一致。您承认一个政府，而我们和英国承认另外一个伦敦的政府，在我看来，这将在世人面前把我们置于窘地。我相信，这种情形不应该再继续下去了，否则，我们的人民则有理由认为，我们有可能分裂，但事实并非如此。我非常坚定地认为，我们和苏联之间绝不会产生裂痕。定有办法化解我们之间的分歧。

今天您的某些发言给我留下了深刻的印象，特别是在说到贵军向柏林进军需要可靠的后方时所表现出来的坚毅。您不能够、我们也不能容忍任何给贵国武装力量制造事端的临时政府。我希望您明白，我对此感同身受。

请您相信我，我国人民对我们在战争的最重要阶段出现分歧持批评态度。人民会问，值此军队猛烈进攻共同之敌之际，我们都不能达成一致，何谈未来会就更本质的问题达成一致呢？

我应该向您坦陈，我们不能承认现有组成的卢布林政府。如果因在这个问题上的公开和明显的分歧使我们分道扬镳，那么全世界都会认为我们的合作已经结束了，其结果令人惋惜。

您今天说，您愿意支持解决这个问题的任何提议，只要这些提议有足够的成功机会，并且，您也提到了邀请某些卢布林政府成员前来的可行性。

426 我非常清楚，我们所有人都企盼事情得到调解，我扩展一下您的建议，我们应立刻邀请卢布林政府的贝鲁特先生和奥苏布卡·莫拉夫斯基先生到雅尔塔来，最好从我们掌握的名单中再邀请2—3名波兰人，作为波兰人民其他党派的代表参加新的临时政府组建工作，以确保能够得到我们三人的认可和支持。这些代表包括：克拉科夫主教萨佩哈（Сапега）、文岑蒂·维托斯（Винценты Витос）、祖拉斯基（Жулавский）先生、布扎克（Буяк）教授、库特泽巴（Кутшеба）教授。如果这些波兰活动家出席，我们能够和他们一起共商波兰临时政府问题，毫无疑问，这个临时政府中应该包含某些身处异国的波兰活动家，比如像米科瓦伊奇克先生、格拉布斯基先生和罗默先生，那么我确信，美国政府以及英国政府都愿意与您一起讨论他们脱离伦敦流亡政府的条件，取而代之的是承认新的临时政府。

我希望，我不必说服您，美国永远都不以任何方式支持有违贵国利益的波兰临时政府。

自然，经我们与波兰人协商成立的任何临时政府都有责任尽快在波兰进行自由选举。我确信，这完全符合您的意愿，您将看到从战乱中重生的一个崭新的、自由民主的波兰。

您诚挚的

富兰克林·D·罗斯福

斯大林次日收到该函，并在当天举行的全体例行会议上给予了答复。斯大林没有完全反对总统的提议，但是他却认为从波兰邀请亲西方的波兰人来雅尔塔没有现实可行性，因为不知道他们人在何处。随后他宣布苏方准备了自己的“符合罗斯福提议”的提案，以此打断了对该问题的继续讨论。[32] 当天莫洛托夫呈交了提案，其中说道：“希望”“流亡的波兰民主人士加入临时政府”。此外，文件提议以奥得河—西尼斯河重新划定波兰西部边界，这与苏方以前提出的观点吻合。[33] 盟国认为苏联在波兰政府组成问题上的让步点燃了解决问题的希望，虽然还明显不够：会上仍继续就这一点争论不休，最后达成相对平衡的妥协。关于波兰西部边界，盟国在会议之前就已经约定不会让步，他们担心350万德国人将从波兰占领的土地上回迁，从而造成严重的经济负担，而且战后德国收复领土的愿望会加深波兰对苏联的依赖。罗斯福和丘吉尔共同努力使苏联的建议搁浅，待世界和平大会时再行解决。英国内阁的雅尔塔总结报告认为，这是英美外交的成功。[34] 427

为了尽快打败德国，英美司令部认为战略轰炸具有重大意义。在2月6日的雅尔塔军事代表会议上，马歇尔对安东诺夫阐述了自己的想法，即在维也纳—布达佩斯地区建立空军基地，部署美国空军第15航空队。美国的计划非常庞大：在布达佩斯地区（红军将于2月13日解放该地区）建立两个基地，使其能保证重型轰炸机每月飞行670架次，另需1800架歼击机担任掩护任务，以及装备所有的地面设施。安东诺夫声明，此问题需要高层解决，他估计可能会得到批准。[35] 第二天，该申请正式提交。

640. 罗斯福致斯大林的绝密备忘录

1945年2月7日发　　　　　　　　　　　　　　　　　1945年2月7日收

428 部署在意大利东南部的美国空军潜能没有得到充分发挥，因为唯一可以使用的基地至敌国境内目标距离太远，同时阿尔卑斯山和亚得里亚海北部海情条件恶劣。如果能够在布达佩斯地区补充燃料和驻扎，则对歼击机护航具有特殊意义，当前，奔袭敌后方纵深需要强大的护航，而前不久德军由于装备了喷气式飞机，他们的歼击兵力得以恢复元气，此时护航尤为必要。此外，如果重型轰炸机能够在布达佩斯地区补充燃料，则可大大增加其作战半径和载弹量，有助于美国空军空袭阿尔卑斯山以北地区。

因此，请您同意提供布达佩斯地区的两个机场以备美国空军使用。如果您首肯，我们的参谋部将立即制定方案。

斯大林没有给出书面答复，但在2月8日与罗斯福会谈时，同意向军人下达相关指示。总统出于感激，建议将战后冗余的商船以优惠的条件提供给苏联。斯大林很高兴地接受了这一提议。[36] 但之后，直到4月份，在布达佩斯地区建立美军基地的方案仍未落实，实际上是废止了。苏联领导层同意了美国飞机的选线飞行，但基地的筹备工作彻底终止。[37]

罗斯福在下一封信里，对乌曼斯基大使遇难表示出人文关怀，似乎美国政府对已故苏联外交官表现出善意，但有趣的是，乌曼斯基从未赢得过华盛顿的好感。乌曼斯基在美国首都工作期间，由于他积极和强硬地坚持苏联的立场，并且被怀疑与苏联情报部门有联系而不受欢迎。也难怪，在1939年，
429 当莫斯科函询美国，希望乌曼斯基代替A.A.特罗亚诺夫斯基（Трояновский A.A.）出任苏联驻美国大使的时候，罗斯福在附件的页边上半开玩笑地写道："同意，但要加强戒备。"[38] 赫尔在不同时期对乌曼斯基的评价也具有代表性。其中的一个评价已经算客气："乌曼斯基是我接触过的最复杂的他国外交官之一。他的做派和语言具有侮辱性，他特别有本事，能让所有接触过他的人都讨厌他。"[39]

2月7日斯特蒂纽斯将信函转交给莫洛托夫。

641. 致И.В.斯大林元帅

1945年2月7日发　　　　1945年2月7日收

克雷伊兹，克里米亚

尊敬的斯大林元帅：

贵国驻墨西哥大使乌曼斯基先生及其夫人，以及另3位苏联大使馆秘书不幸遭遇空难，我想，您可能希望用美国的军用飞机将其遗骸送回祖国，或者送到菲尔宾克斯（阿拉斯加）转乘苏联飞机，或者，如果您认为合适的话，用美国的军用飞机直接把遗骸送到莫斯科。

如果您告知选用两种方案中的任意一种，我将愿意效劳。

我以美国政府和人民的名义提出上述建议，美国政府和人民为这次悲剧事件而深感悲恸。

您诚挚的

富兰克林·D.罗斯福

战略轰炸在英美战略中发挥着重要作用。由于此类行动资源消耗巨大，以及考虑到战后航空兵的地位，无论是伦敦，还是华盛顿，都非常关心轰炸效果。在这方面，美国人走在了英国人的前面。1944年11月3日，按照史汀生的建议，罗斯福决定成立美国战略轰炸效果调查小组（United States 430
Strategic Bombing Survey）。由于德国的石油产地成为英美空军行动的首选目标，该小组非常关注普洛耶什蒂（Плоешти）也在情理之中。战后历史学家不止一次地批评这样的决定。[40] 华盛顿拒绝了英美联合组团的建议后，伦敦着手建立自己的工作组。1945年2月，就此事多部门联合向内阁提交议案。因为轰炸目标位于苏军控制区，因此，莫斯科能释放出善意将具有重要意义：

“已经通过欧洲协商委员会通知俄国当局。提议俄国当局以他们认为合适的方式加入工作组。在任何情况下，工作组的资料和结论都将提供给他们；特别注意需要就工作组自由出入[德国的]俄占区达成协议。”[41]

最终结果是，伦敦直到1945年6月3日才做出最终决定。

美国军方在雅尔塔会议上企图解决美国使团出入苏军控制区的问题，结果无功而返。斯大林为回复备忘录，本人亲自过问此事，从而使事情起死回生。恰逢“最高统帅”本人也对英美轰炸结果表现出浓厚的兴趣，早在2月4

日的第一次全体会议上，他就询问过马歇尔，轰炸有多大的破坏力。[42]

642. 致斯大林元帅的备忘录

1945年2月7日发　　　　　　　　　　　　　　　1945年2月8日收

与普洛耶什蒂情况相同，现迫切需要尽快调查美军战略轰炸目标受损情
431 况。为确保进展顺利，须在可见证据被毁坏之前，以及在该地区经历空袭的
人员离开之前进行调查。

与该调查相关的要求详情已转交胡加科夫。

请您同意展开这次调查。

富兰克林·D.罗斯福

正当雅尔塔会议讨论不可开交之时，西线开始了新的攻势。早在2月4日政府首脑会议上，马歇尔就介绍了计划中的行动，他指出："第1次行动2月8日实施。"[43] 行动如期开始。蒙哥马利元帅的第21集团军群以及他代行指挥的美军第9集团军群的进攻计划早在1944年秋就已制定完毕，现在终于开始付诸实施。由于"真实（Веритейбл）"行动的成功，蒙哥马利的部队得以从马斯河向莱茵河推进，为继续向德国境内突进创造了条件。尽管盟军在数量上占有优势，但加拿大第1集团军在北部地区开始的行动依然进展缓慢，而"齐格菲防线"是敌军防守较弱的地区。

再往南一些，德弗斯将军统帅的美军第6集团军需要克服另类的障碍。1944年底至1945年初，在与反攻的德军交战中，未能彻底击溃德军部队。正如晚些时候艾森豪威尔所写的那样，"之前战斗损耗较大的法国第1集团军（隶属德弗斯集群）未能攻克德军在进攻地带上的抵抗，这样就形成了'科尔马口袋'，在科尔马地区从莱茵河向西防守的德军集群就落入了其中"。[44] 肃清"口袋"之敌始于1月20日，于2月9日到来之前行动结束。

在2月9日丘吉尔来信的第一个附件中，告知斯大林的正是此事。第二个附件涉及"希腊问题"。在雅尔塔会议期间此事没有成为首相喜欢的话题。2月8日，当斯大林提起希腊事件时，丘吉尔避而不答，托词说，"提起希腊问
题，话就长了，他担心这种话题会破坏斯大林元帅午餐的兴致"。[45] 的确，自
432 1944年12月以来，在雅典和希腊的其他一些地区，希腊人民解放军和英军及
其希腊政府军的流血冲突不断。丘吉尔个人曾在12月25日访问过雅典，他力

争在军事上战胜希腊人民解放军的同时，辅之以政治解决，这样才更符合英国的利益：12月底丘吉尔和艾登一起颇费辛苦，他们劝说希腊国王乔治二世任命具有威望的“主和派”大主教达马斯基诺斯（Дамаскин）（12月31日被任命）为摄政王，希望以此缓和希腊的局势，并继续支持英国。[46]

尽管如此，2月9日丘吉尔还是向斯大林发出了《关于希腊的报告》，其中讲述了该国不久前发生的事件：2月3日，希腊政府提出停止内战条件，而希腊人民解放军关于立即停止战争状态的要求未能得到满足，在这种情况下，只同意了部分条件。英国的报告着重强调了N.普拉斯提拉斯（Пластитрас Н.）将军（1945年1月他取代了帕潘德里欧）政府愿意和解的想法，包括他愿意部分大赦。虽然这是幕后交易，但奇怪的是，英国人的失误促成了赦免提议。伦敦和驻希腊英军司令R.斯科比（Скоби Р.）中将的行动未得到有效协调，这导致在1945年1月与希腊人民解放军协商的休战条件没有包含有关人质的条款。之后，为了和希腊人民解放军交换人质，艾登建议同意部分赦免。内阁于1月12日向摄政王提出该建议。[47] 敌对双方谈判的成果就是1945年2月12日签署的所谓《瓦尔基扎（Варкиза）协议》（雅典附近的瓦尔基扎市），协议规定立即停火和进行普选，并举行全民公决以决定国家的未来和君主制的去留。

总体来看，在雅尔塔讨论“希腊问题”的过程中，斯大林完全是依照1944年莫斯科协定的精神来行事的。斯大林拒绝了丘吉尔向希腊派遣选举观察员的提议，因为这可能为其他被解放国家开创先例，包括波兰，斯大林指出，在这个问题的态度上首先考虑的是战略因素，他同时强调，“如果丘吉尔允许英国以外的其他军队在希腊港口行动，那么这将是危险的”。[48] 同时，斯大林对身边的人感慨地说，英国在希腊的行动是很危险的。[49]

643.致斯大林元帅 433

1945年2月9日发　　　　1945年2月9日收

保密

尊敬的斯大林元帅：

兹给您发送：

1）从伦敦获得的关于西线战事的最新消息；

2）关于希腊最新局势的备忘录。

我希望，您会对这些资料感兴趣。

您诚挚的

温斯顿·丘吉尔

斯大林的感谢信由维辛斯基起草，莫洛托夫批准。

644. 致富兰克林·D.罗斯福总统

1945年2月9日发　　1945年2月9日收

克雷伊兹，1945年2月9日

“利瓦季亚”，克里米亚

尊敬的罗斯福先生：

您以美国人民和政府的名义对苏联驻墨西哥大使乌曼斯基和夫人及其苏联使馆同事的遇难表示慰问，鉴此，请接受我的谢意。

苏联政府感激您提出用美国军用飞机将他们的遗骸送回莫斯科的提议。

谨致以最诚挚的敬意

И.斯大林

苏联方面接受了罗斯福提议的第二个方案。乌曼斯基和他同事们的骨灰
434 盒从墨西哥送到了苏联驻圣弗朗西斯科总领事馆，在这里举行了追悼仪式，然后美国飞机从这里走南线经伊朗将其送到了莫斯科。

在2月7日的全体会议上苏方撤回了之前关于苏联所有16个加盟共和国全部加入联合国的提议，将这个请求缩减至2—3个（乌克兰、白俄罗斯，希望还有立陶宛）。苏联申请名额的缩减多少安抚了西方盟友。“我们都明白，斯大林感觉自己得不到支持，当他把自己请求的额外投票权从16个缩减到2个的时候，我们都感到了明显的轻松。”[50] 哈里曼回忆道。在讨论之后，盟国领袖们同意非正式支持这个建议，否决了苏联把该条款写入官方公报的企图。丘吉尔有自己的想法，因为同样面临自治领和印度在即将成立的国际组织中的席位问题。“我不理解，如何反对俄国就乌克兰和白俄罗斯的申请，既然我们那里还有6个席位虚位以待，”他如是回答内阁的质疑，“而且我认为，如果俄国获得若干个投票权，那么，我们的那6个就会更安全。”[51] 罗斯福的处境似乎更复杂一些：由于国会和公众对联合国持怀疑态度，他担心，当雅尔塔协定公布于世

的时候，三大国不平等的代表资格会引起消极反响（英国及自治领6个；苏联3个；美国1个）。关于这一点，战争动员局局长、下一任国务卿詹姆斯·伯恩斯（Бирнс Дж.）和霍普金斯分别提示过他。伯恩斯同时提醒总统，在与参议院外交委员会的闭门会议上，罗斯福曾发出威胁，如果莫斯科一意孤行，那么他将提议美国所有州都有会员资格。[52] 他也担心，如果拒绝苏联已经缩水的要求，苏联可能放弃在联合国框架内合作的想法。“罗斯福总统决定，答应苏联的要求，使其保证参加联合国大会，”斯特蒂纽斯指出，“总比冒不参加全球会议的风险要好。”[53] 总之，总统决定采取保险措施，对美国也额外增加投票席位问题预先征得斯大林的同意。他把同样的质疑也函询了丘吉尔。德克萨斯作为 435
美国具有“独立”资格的成员，在加入美国之前，也曾是短暂的独立国家。

645. 致斯大林元帅

1945年2月10日发　　　　1945年2月10日收
克雷伊兹，克里米亚

尊敬的斯大林元帅：

我仔细考虑过，因为我应该这样做，由于大国在联大会议上拥有的表决权数量问题，我可能会在美国遇到政治阻力。在即将举行的联大会议上接受乌克兰和白俄罗斯作为国际组织全体大会的成员，我们就此已经达成一致，我自然会履行协议。我还是有些担心，人们对美国在联大会议只有一票会说三道四。因此，为了美国国会和人民完全支持我们参加国际组织，我必须请求在联大会议上增加表决席位，以此来平衡美国国内的局面。

在这个问题正式提交之前，我首先想知道，如果在即将召开的大会上我不得不这样做的话，您不仅不会反对，而且还会支持这个提议。如果您能告知对此函的意见，我将不胜感激。

您诚挚的
富兰克林·D.罗斯福

总统拙劣的提议丝毫没有让斯大林感到难堪，他认为提议完全公平。他只有一个问题，在罗斯福信函的翻译文本的页边上，从“增加表决席位”这个词组引出一个小标记“几个？”[54]（的确，总统没写出他们希望的数量）。斯

大林思考过后，慷慨地建议美国与苏联席位相同。丘吉尔也同意罗斯福的提
436 议，与斯大林不同，他给出了具体的增补成员的数字让总统本人斟酌。[55] 但是这个三方交易注定不会达成。1945年3月底，当这个秘密协定在美国报刊上公之于众的时候，引发了对白宫“秘密外交”的强烈批评，罗斯福放弃了美国在联合国增加代表资格的主意。

646. 致富兰克林·D.罗斯福总统

1945年2月11日发

克雷伊兹，1945年2月11日
“利瓦季亚”，克里米亚

尊敬的罗斯福先生：

您2月10日的来函收悉。我完全同意您的意见：鉴于把苏联的乌克兰和白俄罗斯包括在大会的名单中，苏联的席位增加到了3个，也应相应增加美国的席位数量。

我认为，效仿苏联和它的两个主要共和国，可以把美国的席位数量增加到3个。如果需要这样做，我愿意正式支持这一提议。

此致

深深的敬意

И.斯大林

离开雅尔塔之后，罗斯福和丘吉尔给斯大林发来了感谢信，他们对会议结果和友好务实的氛围真正地感到满意。在丘吉尔的信中明显地感受到了这种热情洋溢的情绪，虽然在大会前夕他心情还十分阴郁。大会即将结束时，一切对他来说都变成了另外一种情形，好似改天换地：“这地方实际上很不错，尽管我们一直在担心和猜疑。这是与世隔绝的斯巴达克式的里维埃拉田园，这里有蜿蜒的山路以及帝国贵族遗留下来的几乎完好无损的别墅和宫殿。”[56]

从斯大林那里得到苏联即将对日作战、在联合国和波兰问题上做出让步的果断保证后，美国人心里充满了乐观。“俄国人在这次会议上做出了这些让步。”霍普金斯对罗斯福说。[57] 从克里米亚返回的途中，罗斯福从“昆西（Куинси）”号巡洋舰写信给斯大林，由哈里曼大使转交，2月16日《真理报》全文刊登了此文。

647. 罗斯福致斯大林的私人秘密信函 437

1945年2月12日发　　1945年2月13日收

告别热情好客的苏联彼岸，我希望再一次对您说，我在克里米亚做客期间，对您给予的热情款待，不胜感激。阁下、丘吉尔首相和我达成的会议结果使我深受鼓舞。我相信，全世界人民看到我们的会议成果不仅会心情振奋，而且还会将其视为平时和战时我们伟大民族紧密合作的保证。

648. 丘吉尔致斯大林的信函

1945年2月17日发　　1945年2月18日收

谨以国王陛下政府的名义，向您给予英国代表团在克里米亚会议期间的盛情款待表示深深的谢意。会议组织和流程方面显现出来的高超艺术给我们留下了深刻的印象，正因如此，会议过程非常愉悦和友善，我们将珍藏这份幸福的回忆。对此，我更应该加倍表示谢意。此前的任何一次会晤都没有达成如此明确的结果，只要三国政府首脑相互协助，怀着坚定的信念迎接和克服困难，我们的目的就一定能够达到。您亲口说过，如果不是共同对敌斗争的需要把我们团结起来，我们的合作可能会面临更大的困难。我坚信，罗斯福总统和您会像我一样，不会允许我们业已建立的牢固的友好合作关系在战争胜利后遭到削弱。愿上天赐予您长寿安康，让您精力充沛，治国兴邦，向您致以最美好的祝愿和诚挚的谢意。

斯大林只是简短地对丘吉尔的谢意做了回应，作为东道主，他对丘吉尔的多愁善感也只是做了有限的敷衍。

649. 斯大林致丘吉尔的私人信函 438

1945年2月20日发

您2月18日的来函收悉，非常高兴您对克里米亚会议的条件感到满意。

2月18日，第3白俄罗斯方面军司令И.Д.切尔尼亚霍夫斯基大将视察各参谋部时，遭遇炮击，负重伤牺牲。他的名字与红军在东普鲁士的胜利紧密联系在一起，在雅尔塔会议期间常被提及。在丘吉尔和斯大林的往来信件中只写过一次悼念信，那就是哀悼切尔尼亚霍夫斯基。这不仅说明英国人十分看重这位38岁就已多次指挥大规模军事战役的苏联杰出指挥员，而且表明丘吉尔高度重视在雅尔塔会议之后的友好气氛下维护盟友关系。斯大林在回信中郑重地接受了丘吉尔的友好姿态，并且也对切尔尼亚霍夫斯基予以高度评价。2月20日17时，切尔尼亚霍夫斯基在维尔纽斯下葬。根据最高统帅部的命令，在莫斯科124门礼炮24次齐射。命令中还写道，“苏联陆海军在切尔尼亚霍夫斯基的灵柩前降半旗致哀，向红军最杰出的统帅之一行军礼”。[58]

650. 丘吉尔致斯大林的私人信函

1945年2月20日发　　　　1945年2月21日收

我悲恸地获悉，您失去了在战斗中因伤牺牲的切尔尼亚霍夫斯基大将。国王陛下政府和英国军队对这位天才勇敢的将领的才华和功绩深表钦佩。

651. 斯大林致丘吉尔的私人信函

1945年2月21日发

439 您对苏联红军最优秀的统帅之一——И.Д.切尔尼亚霍夫斯基大将牺牲表示哀悼，请接受我的谢意。

西方国家领导人祝贺苏联红军建军节的电报同样体现着雅尔塔的友好氛围。美国国务院礼宾司为罗斯福总统起草的贺电是通过普通明码电报发送的。比较明显的变化是，美国总统再次正式称斯大林为最高统帅，而丘吉尔称斯大林为“伟大军队的伟大领导人”。首相的信更富个性和情感，言辞华丽，他承认红军在摧毁法西斯方面发挥着决定性作用，斯大林在回信中也没忘记突出这一点。斯大林致罗斯福的回电同样使用明码，他对罗斯福来电中提到的雅尔塔和联盟合作前景做了回应。斯大林的这两封函电由维辛斯基起草，得到了莫洛托夫的批准。在斯大林致罗斯福回电的草稿上，莫洛托夫删掉了修饰语“诚挚的”（合作——作者注），认为其过于情感化。[59]

652. 致苏维埃社会主义共和国联盟武装力量最高统帅约瑟夫·B.斯大林阁下

1945年2月23日发　　1945年2月23日收

莫斯科

值此反抗纳粹压迫的共同胜利指日可待之际，我谨向阁下——最高统帅表示最诚挚的祝贺，祝贺苏联红军建军27周年。我们在雅尔塔做出的最重要决议必将加速胜利的到来，并为永久和平奠定坚实的基础。红军不断取得的辉煌胜利，与联合国家武装力量在南线和西线的付出努力一道确保尽快达成我们的目的——建立在相互理解与合作基础上的全世界和平。

富兰克林·D.罗斯福

653. 丘吉尔致斯大林的私人信函 440

1945年2月20日发　　1945年2月23日收

红军以自己取得的胜利作为建军27周年的庆典，这个胜利曾让盟国为之惊叹，这个胜利决定了德国军国主义的万劫不复。晚辈们对红军承担的无条件义务，与我们所要做的别无二致，那就是我们一定要活到与他们一起见证伟大的胜利的时刻。我请求您，伟大军队的伟大领导人，在胜利到来的前夜，即今天，向红军转达我的问候。

654. 斯大林致丘吉尔的私人信函

1945年2月27日发

请接受我的谢意，谢谢您对红军在战胜德国军队的伟大事业中所作贡献的高度评价。

在红军第27个建军节到来之际，我非常愿意转达您对红军的问候。

655. 致美利坚合众国总统富兰克林·D.罗斯福先生

1945年2月27日发

华盛顿，白宫

总统先生，在苏联红军庆祝建军27周年之际，您来电致以友好的问候，我对此表示感谢。

我相信，继续加强我们两国的合作也正是雅尔塔会议决议的精神，它必将鼓舞我们在最短的时间内打败我们的共同敌人，并在所有爱好自由人民合作的基础上建立永久的和平。

И.斯大林

在落实雅尔塔关于交换战俘协议的过程中遇到了诸多困难，涉及被解放
441 领土上的盟军战俘所处地点、容留、遣送等难题。双方对此均有所不满，尤其美国人表现得格外愤怒。他们习惯保护自己人，要求苏联方面采取与他们同样的态度，而其中一部分要求苏方无力满足。事情的复杂性在于，多数美军战俘被关押在波兰境内，但苏联政府出于政治考虑非常不情愿让盟军代表进入波兰。美国军事联络处在莫斯科多次要求允许工作人员进入波兰，以便帮助美国战俘，但苏方均以各种借口拒绝，包括必须得到波兰亲苏政府的同意，等等。美国人当然不同意这么做，他们认为，这势必意味着美国在事实上承认了波兰亲苏政权。被这些刁难激怒的五角大楼想出了另一个办法，即从波兰至波尔塔瓦开辟一条空中走廊，用来运输补给和撤出战俘，以及在波兰境内建立专门的战俘集中点，即使如此，也依然要经苏方同意。哈里曼、迪恩和军队指挥官们很早就敦促白宫坚决向克里姆林宫施压，并最终成功说服总统将上述内容写入致斯大林的信中。此封信是在马歇尔的指挥部里起草的，史汀生3月3日就此向总统做了报告。据史汀生证实，总统非常认真地阅读了信稿（“这种情况对于总统来说并不常见”），并口授了最后一段。[60] 当天，信件通过迪恩发往莫斯科，副本由海军少将阿切尔发给了丘吉尔，以便美英盟友就该问题协调行动。[61]

656. 罗斯福致斯大林的私密信函

1945年3月3日发 1945年3月4日收

我已经掌握可靠情报，在集结、组织给养、撤出美军战俘及撤出迫降在俄方战线以东的美军机组问题上遇到诸多困难。非常有必要请您下达指示，允许10架美国飞机及机组在波尔塔瓦和波兰境内的战俘接待站之间往返飞 442
行，那里有美军战俘和先前实施迫降的飞行员。请求贵方允许上述飞行，以便给所有美国战俘运送一些衣物、药品和食品，同时撤出迫降飞机的机组人员和被解救的战俘，尤其要将伤病员运送到波尔塔瓦的美军医院。我认为这个请求非常重要，不仅是出于人道主义考虑，而且是因为美国人民深切希望我们的战俘和经历了灾难的机组人员一切平安。

其次，至于还在德国人手中的战俘问题，我认为，我们应该快速采取一些行动，俄、英、美三国战俘的数量非常大。鉴此，如您不赞成我们提出的计划，您可有其他替代方案?

斯大林对于罗斯福的请求给予了礼貌但坚决的拒绝。他介绍了苏方采取的一些措施，并使罗斯福相信，对波兰境内的美国战俘将给予一切必要的帮助。

657. 斯大林致罗斯福的私人秘密信函

1945年3月5日发

您3月4日发来的关于战俘问题的来函收悉。我再次同负责此事的驻当地代表进行了商议，并认为应该向您通报以下情况:

在最初阶段，当美军战俘尚位于直接军事行动地区时，快速撤出美军战俘确实遇到了一些困难，但现在困难已经大大减少。目前，苏联政府专门成立了外军战俘事务机构，该机构配备有相应的人员、运输工具和给养，当发 443
现新的美军战俘时，他们会立即采取措施帮助战俘，并将他们集中到收容所，以利于后续遣返。根据苏联政府掌握的消息，目前在波兰领土和红军解放的其他地区未发现美军战俘滞留的现象，因为除了正在医院治疗的病号，其他所有美国战俘都已运至敖德萨的收容站，已有1200名美国战俘抵达那里，其余战俘近期也会到达。在这种情况下，美国飞机没有必要为了美国战俘的事从波尔塔瓦飞到波兰。您可以相信，对于美国迫降飞机的机组人员，苏方也将立即采取相关协助措施。此外，不能排除特别情况下需要美国飞机的帮助。如需要，苏联军方将联系美国驻莫斯科军代表商议从波尔塔瓦派美国飞机的问题。

截至目前，关于德国人关押的盟军战俘问题，我还没有任何建议。请您相信，一旦在苏军控制的地区发现盟军战俘，我方将尽一切可能为他们提供良好条件。

苏军司令部确实采取了一系列紧急措施，以改善被解救盟军战俘的条件。这在最高统帅部下达的一些命令书中可见一斑。如果说在2月份第1白俄罗斯方面军负责撤出美英战俘的人员在给战俘安排住所、给养、交通方面还存在严重困难的话，那么，在斯大林向罗斯福发出上述信函时，他们已经报告说，由于采取了诸多措施，战俘收容站的工作可以说“完全令人满意”，其中包括安排三顿热餐。根据前线指挥部的数据，到3月初，从德国战俘营里解救出2.2万多名美国战俘，以及差不多相同数量的英国战俘。除个别情况外，他们都被遣送回国。[62]

444 3月9日，丘吉尔收到了“弗兰肯”号游轮从雅尔塔带回的斯大林的礼物：7千克鱼子酱、72瓶苏联香槟、18瓶伏特加、9瓶甜酒、4箱橙子、1箱奶油和1箱柠檬。[63] 当天，深受感动的首相给莫斯科发了一封信，以感谢其赠送的“俄国食品”，在苏方正式的《往来书信》译文中，食品被翻译成了神秘的“俄国制品”。还有另外一批给英国人的礼物是在雅尔塔赠送的，当时还出了点小意外。布鲁克在自己的日记中写道，赠给英国代表团成员的一些伏特加和鱼子酱随飞机运回伦敦，但在运送途中代表团成员就将东西分吃了。后来才弄明白，这些东西有一部分是供给苏联驻英使馆的，用以庆祝红军建军节。英国外交部工作人员只好又赠送几箱香槟以示歉意。[64]

658. 丘吉尔致斯大林的私人信函

1945年3月9日发　　1945年3月10日收

我刚刚在曾经停靠塞瓦斯托波尔的英国轮船上收到了您赠予的俄国制造

的礼物。

对于您赠送的慷慨礼物，请接受我最诚挚的感谢。您的礼物给我带来了满心的欢喜，在此我也要用同等的谢意报答您赠予我的礼物中寄寓的情谊。

斯大林礼貌地拒绝了罗斯福总统有关波兰境内美国战俘问题的请求，这引起了美国军方和外交官的强烈反应，而且更加火上浇油的是，苏联当局拒绝迪恩少将前往波兰，起初苏联方面表示同意，又断然反悔。愤怒的哈里曼和迪恩坚持让罗斯福更加强硬地对待斯大林，并建议如再次遭到拒绝，就采取报复措施，包括限制在美军占领区集结苏军战俘的苏联联络小组的活动，并就此问题在美国媒体上展开宣传，甚至停止执行《第四议定书》向苏联租 445
借物资。美国国务院劝说不要采取报复措施，“因为担心俄国人在这场游戏中获胜，而且这么做可能导致同苏联当局在解决其他军事和政治问题上的关系严重复杂化”。[65] 美军司令部自己也承认没有波兰境内美国军人的准确数字，但相信了哈里曼从美国一位军官和一个医生那里得到的消息，他们曾被成功派往卢布林，“这样的人在波兰还有很多，包括许多伤员”。[66]关于请罗斯福再写一封信的建议还是获得了白宫的支持，但是这一次，战争部长史汀生在日记中写道，应使此事“白热化”，因为斯大林只懂得“粗鲁的谈话”。[67] 此信由马歇尔起草，部分采纳了哈里曼和迪恩的意见。[68] 史汀生对草稿进行了编辑，总统做了一些修改（斜体字是总统添加的内容，括号内是总统删除的内容），[69] 以进一步加强本来就强硬的语气。

659. 罗斯福致斯大林的私人秘密信函

1945年3月17日发　　1945年3月18日收

关于从波兰撤出美国战俘问题，据说，贵方原本同意迪恩将军去波兰了解美国战俘状况，后来收回了决定。在上一封信中，您告诉我，关于美国飞机向波兰运输物资、从波兰撤出美军伤员的请求已经没有必要。但据我掌握的信息，我认为，在波兰境内的医院里仍有许多美军伤病员的消息是准确可靠的，而且，就在几天前，那里还有**大量**（相当数量）被解救的美国战俘。他们或者被集中到苏方收容站等待撤往敖德萨，或者未同苏联政府（当局） 446
取得联系，而是以若干自发小组的形式在寻找美军联络官。

坦白地说，我不能理解为何不愿让拥有必要手段的美国军官在这件事上帮助自己的同胞。美国政府曾做出一切，以满足您的**任何**请求。我现在请您在这件特殊的事情上满足我的请求。请召见哈里曼大使，他会详细地向您说明我的所有愿望。

英国方面同样就本国战俘问题向苏联当局表达不满，尽管英方在这方面的问题要小得多。2月11日，艾登致信莫洛托夫，请求提供红军营救的英国战俘数量信息，并允许英国军官到位于苏军控制区的德军战俘营。信中还提出将英国战俘从苏联转运回国的方法。美军司令部和罗斯福本人已经通知丘吉尔给斯大林写信之事，希望同英方共同行动以取得更好效果。在华盛顿方面和本国军人的压力下，丘吉尔同意将上述问题写入致斯大林的电报中，但是否决了助手们过于强硬的方案："我不想签署这封给斯大林的电报，因为这只会引起我们争吵，好不容易有了一个月的清静，"丘吉尔向自己的外交官指示，"让外交大臣把这封电报发给莫洛托夫，情况就会好转。我将给斯大林发去友善的、非正式的信函（附后），这样不会给对方蛮横回信以借口。"[70] 的确，丘吉尔以军事战略家的身份，用最礼貌的形式提出战俘问题，并在自己的信中主要强调关于西线战况的军事问题。"当前，我不想在同斯大林元帅的信函中提及政治问题，"丘吉尔3月21日在苏联使馆用早餐时向古谢夫解释道，"让大使和外交官们来处理政治问题吧，而我们的任务是战斗。"[71]

447 与此同时，前线事态瞬息万变。蒙哥马利第21集团军群进攻受阻。这位英国元帅一直坚持在自己军队控制区优先实施行动，并要求美军增援，但在这方面又遇到另外的困难。隶属蒙哥马利统一指挥的美国第9集团军的进攻原定于2月10日展开，但未能如期：德国人炸毁了鲁尔河水坝并开闸放水，蒙哥马利的进攻仍在继续，希望以此牵制德军的预备队，为位于南面的美国第9集团军的行进减轻压力。蒙哥马利进攻的目标是韦塞尔（Везель）地区，该地区位于莱茵河及其右支流利珀河（Липпе）的交汇地带。美军2月23日发起的进攻在5天后已取得明显成效，占领了莱茵河东岸的战略要地。[72]

然而，这些战果与美军在南线取得的胜利相比黯然失色。2月底，由第1和第3集团军向莱茵河杜塞尔多夫、科隆、特里尔（Трир）地区发起的进攻迅速取得成功。3月3日，艾森豪威尔下达继续进攻的命令，6天后在杜塞尔多夫附近，第1集团军和第9集团军的战线连通。

那段时期最著名的事件是与雷玛根（Ремаген）大桥有关，3月7日，美军完好无损地占领了莱茵河上具有战略意义的铁路桥[也被称为鲁登道夫（Людендорфа）大桥]，这是美军不多见的成功。艾森豪威尔这样回忆道："当布莱德利给我打电话的时候，我正在位于兰斯的指挥所与各师及空降部队的指挥官们进餐。当他报告说，完好无损地占领了莱茵河上的主桥，我几乎不相信自己的耳朵。我和他曾经讨论过这种可能性很小的方案，但对此没抱什么希望。”[73] 盟军总司令立即下达命令，不担负作战任务的师率先过桥。结果，第二天大桥和400多名军人一起坠入河中。

在盟军于欧洲西部取得多场重大胜利的背景下，丘吉尔不想放弃再做一次以前多次做过的事——亲临前线。3月3日，丘吉尔经过马斯特里赫特（Маастрихт）抵达美国第9集团军司令部。当时，他突然提出要看看刚占领 448
不久的德国“齐格菲防线”，并以著名的“龙牙”为背景留下了多张让世人铭记的照片。布鲁克在自己的日记中将丘吉尔的行为描述为“温斯顿的小孩子脾气”的典型代表。[74]

丘吉尔在他的信中提到，苏联在东普鲁士和匈牙利的军事行动非常适时，若非如此，盟军在西线的胜利难以取得。安东诺夫在雅尔塔曾提醒过英国和美国人，“由于西线德国人在阿登高地的进攻，局势堪忧”，因此将调整在苏德战场上既定的进攻时间。当时，这位苏军副总参谋长是这样说明在东普鲁士和匈牙利作战的战略理由的：在苏德战线两翼拉长敌人的中央军群，牵制敌人掩护最便捷的“德国生命通道”[75] 的主力部队。

并非所有事情都像最高统帅部大本营设想的那样。也许斯大林明白，在东普鲁士作战并不容易。1944年7月初，朱可夫和华西列夫斯基主张进攻德军的“北方”军群。斯大林表示：“你们在干什么，同华西列夫斯基商量好了吗？德国人会为东普鲁士战斗到底。我们会陷在那里。”[76]

然而，在1945年1月，这个时刻终于到来。承担主要战斗任务的第3和第2白俄罗斯方面军于1月13—14日发起进攻，东普鲁士战役进展困难。斯大林所说的东普鲁士德军会负隅顽抗的话一语成谶。显然，这一次最高统帅有些操之过急，他指定的达成目的的期限眼看无法实现。斯大林在2月17日夜同华西列夫斯基谈话时引用了各种理由：“快速肃清东普鲁士之敌，可以使第1波罗的海方面军和第3白俄罗斯方面军达成下列目的：第一，加强柏林主要方向的力量；第二，腾出必要的部队准备投向远东。”[77] 除了加速开赴柏林和迫在眉睫的准备对日作战需要，其中还有一些政治因素。斯大林2月 449
8日在给罗科索夫斯基的号令中明确了继续进攻的目标：“继续保持在斯德丁（Штеттин）方向的攻势，占领但泽（Данциг）和格丁尼亚（Гдыня）地区，直至肃清波美拉尼亚湾（Померанская бухта）沿岸之敌。”斯大林清晰地指明了从波兰西部边界到德国的苏军占领区范围。

苏军在兵力极度紧张的情况下继续向前推进。临近2月10日，苏军将德军主力分割为若干个集群，并开始实施歼灭行动。但军事指挥官们不得不再次报告斯大林，无法在他规定的期限内完成作战任务。莫斯科于3月17日下达命令，消灭哥尼斯堡西南方向德军的期限“不得晚于3月22日，而打响歼灭哥尼斯堡敌人的时间不得晚于3月28日”，华西列夫斯基在切尔尼亚霍夫斯基牺牲后接任指挥第3白俄罗斯方面军，他也不得不说：“这些期限不现实。”[78] 苏军在东普鲁士军事行动的时间被拉长了。

最高统帅部大本营要求可以随时改变预先制定的计划，匈牙利的情况正是如此。1944年12月底，第2和第3乌克兰方面军经过多次激烈战斗包围了布达佩斯的敌军。1945年1月，敌军拒绝投降后进行了疯狂反扑。希特勒的将军K.蒂佩尔斯基希（Типпельскирх К.）认为：“收复布达佩斯并占领匈牙利西部是希特勒挥之不去的宿愿。所有其他考量都是围绕这个宿愿进行的，其根据要么是种种对外政治原因，要么是保卫位于匈牙利和奥地利的最后的产油区。在他看来，若失去这些油田，难以想像战争如何进行下去。”[79]

丘吉尔在信中提出一个关于匈牙利意义的假设，将阿尔卑斯山周围设为消灭德军残余力量的区域，这是1945年春许多人设想的方案之一。人们认为，即使在盟军进入德国本土之后，德军还会继续反抗。对于已经在议论庆祝胜利日的英国政治家来说，艾森豪威尔发给美国参联会的电报仿佛给他们泼了盆凉水。艾森豪威尔在电报中警告说，“据现有情报显示，德国人将动用
450 所有手段，在其控制的欧洲大陆最难以到达的地区反抗到底”。[80] 他特别担心的地区是被称为“国家堡垒”的奥地利西部和挪威。与丘吉尔想法相印证的是，杜勒斯1945年3月底从伯尔尼发回的报告：“日渐清楚的是，希特勒希望利用驻意德军主力保卫德国堡垒。”[81]

2月13日布达佩斯的解放为红军打开了通往维也纳的道路。但其中也有不少插曲。参加过伟大卫国战争、后来晋升为大将的С.П.伊万诺夫（Иванов С.П.）曾提到：“在筹备维也纳战役时，我们对敌人进行了仔细的侦察。自2月中期以来，侦察员就开始报告德国的大规模坦克集群集结在巴拉顿湖地区。当我们把这一消息报告给统帅部时，他们起初也无法相信。甚至总参谋长А.Н.安东诺夫大将在同方面军司令Ф.И.托尔布欣谈话时还疑惑地问道：‘谁能相信，希特勒从西线撤下党卫军第6坦克军，派其来抵挡第3乌克兰方面军，而不是部署在消灭法西斯军队最后一战的柏林周围？’”[82] 1945年2月，从盟军那里传来了一些不准确的侦察情报，把我们的注意力从巴拉顿湖移开，为此斯大林后来还专门提醒过罗斯福（第676号文件）。

统帅部2月17日之前下达的命令考虑到了德国人将进攻的方向转移到维也纳方向的问题。此外，统帅部还要求巧妙地实施隐蔽行动，对此外国评论家给予了较高的评价。[83] 德军3月6日开始在巴拉顿湖地区开展的进攻被击退。10天后，红军转入进攻，并在维也纳结束了战斗。斯大林高度关注匈牙利事件的峰回路转，迅速增援方面军，并给他们下达了下一步的行动目标。通过比较德军东西两线的行动可以发现，德军正在从西线调遣军队开往东线，再加上发酵的“伯尔尼事件”，事实昭然若揭。

660. 丘吉尔致斯大林的私人机密信函 451

1945年3月21日发　　　　1945年3月21日收

1. 艾登先生给我看了封信，这是他就贵军解救我军战俘问题写给莫洛托夫先生的信，他还让我看了在雅尔塔签署的关于战俘问题的协议。我们非常担心上述信函中提到的情况。对不列颠民族来说，最敏感的问题就是德军关押的我军战俘的命运，希望尽快把他们解救出来，并遣送回祖国。若您亲自过问此事，我将不胜感激，因为我相信，您愿尽一己之力帮助我们的人解决问题，如果在莱茵地区贵军的人位于我们控制区内，我们也会同样为之。

2. 英国和加拿大军队2月8日发起的进攻付出了1.6万人的代价。当时我们希望，美国第9和第1集团军能够于2月10日左右在我们的右翼或南翼发起进攻，但由于敌人炸毁大坝导致洪灾，美国的2个集团军在洪水退去之前无法前进。这迫使我们的军队在北部糟糕的沼泽地维持了15天的攻势，直到美国军队能够发起像样的进攻。我们完全同意，他们的进攻停滞是有道理的，但事实上的结果是，我们在莱茵河以西地区不得不面对大批德军精锐部队。当3月初美国第9、第1和第3集团军投入战斗后，用艾森豪威尔的话说，敌人在所有战线的弱点都暴露无遗。这3个美国集团军取得的战果远远超出了我们的预想。经过多次出色的战斗，他们现在完全摧毁了敌人在莱茵河西侧的防线，我们最终也在莱茵河以北的广大地区取得了胜利。战斗正在转入下一阶段。我去蒙哥马利的指挥部，就是想成为这一阶段行动的见证者。加拿大军队、英国第2集团军和美国第9集团军将隶属他指挥，我希望很快就能向 452
您通报好消息。我非常高兴地看到，贵国的进攻正在使东普鲁士消灭纳粹的口袋日益收紧。我认为，在占领整个德国北部之后，苏联军队将同我军会师，希特勒则试图穿过阿尔卑斯山纠集意大利北部的德军，在德国南部和奥地利垂死抵抗。在布达佩斯殊死顽强的交战以及目前巴拉顿湖上的形势都能证明这一观点。同时，我期待着在西线和北线进行决战，毫无疑问，您近期也会在东线发动进攻。第2点中的所述内容仅限您个人知晓。

3. 自雅尔塔分别，我们目前似乎遇到了很多难题，但我完全相信，如果我们能再次见面，这些难题都会迎刃而解。

在收到罗斯福有关美国战俘的第二封信之后，斯大林的反应比第一封信更强硬些，并向对方在同样问题上的作为表示不满。总之，他认为盟国的抱怨明显夸大，而美国坚决要求进入波兰是有政治意图在驱动。然而，根据实际掌握的情报，他耐心地向罗斯福总统解释，派美国代表去波兰欠妥，并有根据地证明苏联军事权力机关因为其他事务已不堪重负。他对莫洛托夫准备的信函草案做了较大修改。在信函的终稿里，在波兰的美国战俘数量由16人修正为17人，这反映了当时最新的准确数据。苏联驻华盛顿的代表不止一次地提出过美方虐待苏联战俘的问题。

661. 斯大林致罗斯福的私人机密信函

1945年3月22日发

您关于从波兰撤出美国战俘问题的来信收悉。

453 据您掌握的情报，在波兰有大量美国伤病员正等待送往敖德萨，或尚未同苏联当局建立联系，应该说，这些情报都是不准确的。事实上，除了正在前往敖德萨途中的一些美国人外，截至3月16日，波兰境内的美国伤兵只有17人。我今天刚得到报告，他们（17人）近日就将乘飞机前往敖德萨。

关于您信中提出的请求，应该说，如果这一请求只涉及我个人，那么我愿意让步甚至牺牲个人利益。但这次这件事涉及前线苏军和苏军指挥员的利益，他们不希望身边有与战斗行动不相关的其他军官存在，而且届时还需要安置好这些军官、给他们安排各种会见和沟通联系、保护他们不受尚未查明的德国间谍的袭扰以及安排其他活动，这会干扰指挥员和各级军官履行自己的本职职责。我们的指挥员是用脑袋为前线和临近前线的后方负责，我认为不能以任何理由限制他们的权利。

我同时还想说，红军解救出来的美国战俘现正位于条件良好的苏联营地，无论如何都比安置苏联战俘的美军营地条件要好，部分苏联战俘被安排在德国战俘营，其中一些人遭受不公正的对待、非法拘禁甚至是殴打，此事已经多次照会美国政府。

斯大林提到的关于改善遣送美国战俘条件的消息，得到了美国驻苏联军事联络处的证实，“待遇每天都在改善，”例如P.霍尔（Холл П.）少校3月初在敖德萨的中转营地通报说，“俄国人做了他们能做的一切，虽然俄国人生活条件标准要比我们低得多……然而，美国的士兵和军官得到的条件不算差，甚至他们的给养条件比苏军自己的还要好。”迪恩少将当时亲自向马歇尔报告说，“在这么短的时间内就将我们的战俘从战区转运到敖德萨，俄国人几乎创造了奇迹。”根据美国军事委员会向1500多名美国战俘所做的一项调查问卷显 454
示，几乎60%的人认为他们在苏联受到的待遇“和期望的一样好”。[84] 但哈里曼和迪恩仍在大肆渲染，怂恿总统再提抗议。在向华盛顿转发斯大林3月22日写给罗斯福的信时，哈里曼还坚持建议继续交涉，但罗斯福没有采纳这个意见。他给大使发电报称：“目前我认为再给斯大林写信是不妥当的。”[85]

无论丘吉尔多么努力，斯大林在回复他那封关于英国战俘问题的“友善”信函时，都比对罗斯福更加冷漠和坚决，因为莫斯科对被关在英国营地的苏军战俘的待遇严重不满。他们经常被同德国战俘关在一起，被迫从事繁重的劳动，阻止他们同苏联代表处联络，古谢夫大使就此不止一次地向英国外交部提出交涉。[86] 艾登承认，苏方的信息在英国外交部领导看来不仅是“令人惊慌的”，而且是“闻所未闻的”。[87] 在起草致丘吉尔回信的过程中，斯大林就这个问题比莫洛托夫还要强硬，并删除了高度评价盟军在西线开展进攻的话，改为对英国元帅的恭维。

662. 斯大林致丘吉尔的私人机密信函

1945年3月23日发

您的来函收悉。

至于英国战俘问题，我们没有担心的理由。他们的条件要好于英国营地里的苏联战俘，苏军战俘经常遭受欺侮甚至是殴打。此外，在我们的营地里已没有英国战俘，他们在被送往敖德萨的途中，以便尔后遣送回国。

感谢您提供的关于西线状况的消息。我相信蒙哥马利元帅的统帅才能。

455 丘吉尔不再继续就遣送战俘问题打口水仗。克尔大使同样不认为这个问题有多大意义，建议伦敦把更多注意力放在苏联在下述问题的立场上：

“我们虽然不能与当前的形势妥协，但还是需要在一些问题上做出一定让步，比如苏方坚持不允许外国军事观察员进入战区、不愿意向我们展示有损苏联形象的素材以及那些简陋甚至荒蛮的环境——红军就是在这样的条件下生存和战斗的，最后，就是在那些可以理解但不可原谅的问题上也要做出让步，即试图让我们哪怕是部分地承认波兰临时政权。”[88]

3月下旬，丘吉尔再次来到蒙哥马利的司令部，考察盟军进攻的进展情况。英美军队在军事上的胜利让首相喜出望外。根据布鲁克日记中的记载，丘吉尔非常兴奋，甚至有些顽皮，驾车狂奔。3月23日，蒙哥马利向丘吉尔报告了近期作战方案，第二天，他和布鲁克就看到了最大规模的空降行动——16000多名空降兵空降莱茵河彼岸。英国元帅的日记是这样记载的：

“整个天空都被大型运输机遮盖。他们就在我们头顶上方，在莱茵河上空飞越……我几乎相信，德国人的末日已近在眼前，无论他们在何时停止战斗，我都不会感到奇怪。我这几天里都有预感，莱茵北部有组织的防御就要瓦解了，有空中增援的情况下，蒙蒂的第8装甲坦克师可以在德国北部放开手脚了。”[89]

丘吉尔再次以其惯用的军事战略家角色向斯大林通报了前线战况。他在信中强调英美军队预备队的重要性是有原因的，丘吉尔似乎在继续自己同斯大林在雅尔塔的对话，在那期间，斯大林曾多次强调：“苏联统帅部非常清楚预备队的重要作用。”[90] 当然，丘吉尔向蒙哥马利转达了斯大林对他的赞赏。至于丘吉尔信中提到的准备再给斯大林发封电报一事，最后并没有兑现。

456

663. 丘吉尔致斯大林的私人机密信函

1945年3月24日发　　　　1945年3月24日收

我现在蒙哥马利元帅的大本营。他刚刚下达命令开始强渡莱茵河之战，此役动用空降军和约2000门大炮在韦塞尔地区的宽大正面发起总攻。

盟军有望于今晚至明天成功强渡莱茵河，并建立滩头阵地。盟军拥有大量的装甲兵预备队，一旦渡河成功将继续扩大战果。

明天我会给您再发封电报。蒙哥马利元帅请我转达对您的问候。

3月23日，葛罗米柯大使向国务院转交了从莫斯科得到的官方消息，即拟参加4月25日在旧金山举行的联合国成立大会的苏联代表团成员名单。他们基本上是苏方参加过敦巴顿橡树园会议的原班人马，由葛罗米柯任团长。分析过这份名单之后，代理国务卿J.格鲁（Грю Дж.）向总统报告说："……除大使本人外，此团代表级别不高。甚至没有一位苏联外交事务委员会副委员或部长级的政府官员。"[91] 尤其令美国人不安的是，代表团名单中出乎意料地没有莫洛托夫，这与其他所有国家相比，大大降低了苏联代表团的参会规格。葛罗米柯大使本人也深感焦虑，顿感重任在肩。华盛顿并不了解这个决定背后的故事。10天之前，即3月13日，苏联政治局敲定的完全是另外一份苏联代表团名单，其中不仅包括莫洛托夫，还包括斯大林主管党务工作的"右臂"A.A.日丹诺夫（Жданов А.А.），以及其他几个党务活动家和国务活动家。很明显，这是要突出苏联在成立联合国过程中发挥的特殊作用，强调克里姆林宫对联合国启动的高度重视。做出这一决定几天之后，莫洛托夫通过外交渠道向艾登和国务院领导人确认了其参会的消息。但是，到了3月22日，政治局却做出新决定，将代表团的豪华阵容降低到专家工作组级别。[92] 457

虽然就莫洛托夫的缺席原因向盟国做了书面解释，称其忙于筹备4月份即将召开的最高苏维埃会议，但更改决定的真实原因有可能与盟国关系中出现的"伯尔尼危机"有关，后面几封信都会提到这个问题。"莫洛托夫拒绝去旧金山无疑是为了表明苏联方面的不满。"丘吉尔给已前往美国的艾登打电报说。[93] 克尔敏锐地捕捉到了克里姆林宫的气候变化，他认为，这一意外举动表明了苏联的"态度发生了急剧变化，这需要更加令人信服的解释，而不仅仅是官方的搪塞之辞"。[94] 华盛顿方面对此也多有猜测，哈里曼感到，此举是苏联对英美在雅尔塔会议之后采取的强硬立场的回应，是苏联"惯用的报复战术"的一个例证。[95] 但罗斯福还是试图说服斯大林重新考虑其决定，哪怕是派莫洛托夫参加大会最初几天的工作。3月24日，格鲁代表所在部门向总统建议："我们认为，莫洛托夫外长的缺席将对国际舆论产生强烈影响，您就这个重要问题值得特意给斯大林元帅写封信。"[96] 罗斯福听从了格鲁的建议，并命令国务院拟制信函草案。

664. 罗斯福致斯大林的私人机密信函

1945年3月24日发　　　　　　　　　　　　1945年3月25日收

葛罗米柯大使刚刚向国务院通报了参加旧金山会议的苏联代表团名单。

我们高度评价葛罗米柯大使的个人素质和能力，并相信，他完全可以代表苏联。同时，我对莫洛托夫先生好像不准备参加会议感到非常失望。回想起在雅尔塔和莫洛托夫先生、艾登先生和斯特蒂纽斯先生的友好且富有成果的合作，我深信，国务卿也会期待在旧金山继续保持同样的共事氛围，以最终达
458 成我们的共同目标——创建有效的国际组织，使其以保障全世界的未来安全与和平为己任。

如果莫洛托夫先生缺席，那么对会议是个重大缺憾。如果因为苏联国内的紧急公务令其无法全程出席会议，我非常希望您能允许他拨冗至少参加大会的首期重要会议。所有发起国和参加会议的大多数国家都将派外长出席。除此之外，我还担心，莫洛托夫先生的缺席可能会被全世界理解为苏联政府对于此次会议的伟大任务缺乏应有的关注。

3月初，美国战略服务局驻伯尔尼的间谍和纳粹代表开始在瑞士秘密接触，商讨关于意大利北部战场上德军的投降事宜［“字谜（Кроссворд）”计划，也称“日出”[97] 计划］。

在收到可以进行接触的消息之后，意大利盟军总司令亚历山大元帅建议向瑞士派出自己的代表——副参谋长美国将军L.莱姆尼策（Лемнитцер Л.）和负责情报的参谋长助理英国将军T.艾雷（Эйри Т.）——以首先确定纳粹特使的授权，并商讨后续在卡塞塔（Казерта）（意大利）亚历山大司令部组织投降谈判事宜。盟军参联会同意了这一计划，但提出向苏联方面通报这些秘密接触，并在了解苏联方面的态度之前暂缓向瑞士派出亚历山大的人员。3月12日，哈里曼和克尔分别写信将消息传达给莫洛托夫。盟国是根据1943年莫斯科会议达成的协议行事的，协议规定与敌人进行类似接触前必须进行磋商。除此之外，完全可能的是，莫斯科早晚会知道这些接触。同日，莫洛托夫同意进行这些谈判，并要求苏联代表参加。英国参谋长委员会和外交部起初并不反对苏联代表参加，实际上正打算将其限定为观察员的地位。丘吉
459 尔的这些指示传达给了亚历山大和克尔。亚历山大同意向伯尔尼另派一名苏联代表，[98] 但受到哈里曼的干预，他极力反对苏联方面参加，其考虑如下：在伯尔尼的接触纯属预备性质，苏联代表可以参加随后在卡塞塔盟军司令部举行的正式谈判，苏联政府大概不会同意盟军的做法，对莫洛托夫的请求做出让步会被莫斯科方面视为软弱的表现，并可能导致提出“新的无法接受的要求”，而苏联方面参加会晤将破坏盟国所做的努力。迪恩在给马歇尔的紧急外交报告中也持同样立场。克尔本人也同意上述意见，他在电报中借用哈里曼

的观点，请求暂缓执行伦敦方面给他下达的指示。[99] 丘吉尔采纳了哈里曼的建议，并在克尔的电报中附上了一句："这很有道理。看起来，我们过于仁慈，特别是我。"[100]

与此同时，华盛顿五角大楼和罗斯福支持这一立场，他们同样担心，苏联方面加入伯尔尼会晤可能会拖延与德国人的讨论，或完全打消其投降的愿望。此外，总统认为，意大利是西方势力范围，这里的绝对话语权应在英美一边。[101] 同时，根据美国情报人员从伯尔尼发来的报告获悉，党卫军首领卡尔·沃尔夫（Карл Вольф）到达瑞士，不仅是为了与美国建立联系，同时也试图"商讨德军撤出意大利北部的具体计划"，沃尔夫在3月8日与美国战略服务局特派员杜勒斯谈判时透露了上述意图。[102] 沃尔夫的建议令杜勒斯印象深刻。在确信沃尔夫的建议是凯塞林授意之后，杜勒斯3月9日向华盛顿报告："我认为，现在对于缩短战争进程、夺取意大利北部，是个千载难逢的机会，在最有利的条件下，甚至有可能夺取奥地利。"[103]

最终，在苏联方面做出最后决定之前，亚历山大的代表启程前往瑞士。3月15日，克尔和哈里曼接到了新的指示，要求其转告莫洛托夫，主要内容是强调瑞士接触的纯预备性质；并邀请苏联方面参加之后的卡塞塔谈判。

接到这个消息后，3月16日，莫洛托夫向哈里曼和克尔提出了抗议，并 460
称他们拒绝苏联代表参加，"从我们国家间的联盟关系来看，这完全出乎意料，完全不可思议"，并要求中断接触。[104] "莫洛托夫通过回复的速度和性质表达了极度的不满。" 克尔在向伦敦的报告中如此认为。[105] 英国外交部建议国务院由罗斯福和丘吉尔就此问题向斯大林发出联名信，除了强调伯尔尼接触的纯预备性质外，还列举了其他的反对苏联参加的理由——时间因素，以及向中立的瑞士派出苏联代表的难度。但是，在国务院的干预下，盟国同意把再次与莫洛托夫的交涉限制在大使级别。[106] 盟国以相似但不尽相同的方式重申着自己的立场，拒绝停止在瑞士的接触。但是，通信的语气愈加强硬。史汀生证实，所有涉及此事的要员都认为，"应坚决回击此类言论"，并"强硬、而非侮辱地"予以回应。[107] 这肤浅的拒绝引发了莫斯科的猜疑，认为盟国"背着苏联""与德国人进行单独谈判"，3月22日，莫洛托夫在致信哈里曼回应盟军的保证时这样认为。他强调，苏联政府包括他本人，都认为"这是完全不允许的"。[108] 同日，政治局决定降低参加旧金山会议的苏联代表团级别。莫洛托夫的做法如一记耳光，让西方国家认为是一种侮辱，不值得回应，遂决定"藐视但不忘记"，丘吉尔在随后写给艾登和伊斯梅的电报中如是说。[109] 首相最终控制住了自己的情绪，克制住了对莫洛托夫3月 23日致伦敦电报的最初的激烈反应。按照布鲁克的说法，电报“令其十分激动，他口述了回复意见，催促其秘书下车，又令其返回，重新考虑如何回复，然后开始重新起草，最终，明智地决定明天再做回复，以便认真、全面地考虑此事”。[110]

苏联的指责激怒了罗斯福。波伦证实：“我很少见他发这么大的脾气。他坐在白宫里的办公桌前，面红耳赤，被那些指责他背着斯大林与德国人做交
461 易的话完全激怒了。”[111] 在战争部莱希上将拟制的回复苏联领导人信函的草案中，他做了温和的补充（斜体——作者注）。[112] 引人注目的是，美方删除了苏联参加会谈的技术性困难，此说法已经在英国人的信函中有所表述，明显是认为此理由不够充分。罗斯福不知是在考虑步骤，还是有意为之，他在4月4日才告知丘吉尔就伯尔尼问题给斯大林回信一事，首相随后在内阁会议上就此大加抱怨。[113]

665. 罗斯福致斯大林的私人机密信函

1945年3月24日发　　　　1945年3月25日收

哈里曼大使向我报告说，他收到了莫洛托夫的信，信里阐述了关于亚历山大元帅正在核实“部分或全部驻意德军投降”这一消息的真实性。莫洛托夫先生在信中要求，鉴于苏联军方代表缺席，在瑞士进行的核实工作应立即中止。

我相信，由于误解而未正确地向您陈述这一问题的真相。事实如下所述。

几天前，瑞士方面得到不准确消息，一些德国军官正在考虑率领在意与英美军队作战的德军实施投降的可能性。

在得到报告后，华盛顿方面指示亚历山大元帅向瑞士派遣其司令部的一名或多名军官前往瑞士，以核实消息的准确性，如果消息确凿，将会和有授权的任何德国军官会晤，商讨与亚历山大元帅在意大利司令部举行会晤事宜，以研究投降的具体事项。***如果能够促成这样的会议，则欢迎苏联代表参加。***

462 在瑞士核实这个消息的结果会立即知会苏联政府。如果双方在伯尔尼达成最终协议，同意在卡塞塔召开会议以商讨投降具体事宜，我们将会通知贵国政府，同意苏联军官代表参加亚历山大元帅与德国军官举行的谈判。

迄今为止，我们的代表尝试与德国军官会晤，虽然尚未有结果，但仍存在举行会晤的可能性。

您一定明白，我国政府会给予在盟军有效指挥下的所有军官提供一切协

助，如果他们能够迫使敌军在本战区投降的话。如果我采取相反立场或者有任何拖延，致使美军遭受额外的本可避免的损失，那么我的行为将是欠妥的。作为军人，您应该理解，应当机立断，不要错失良机。***如果哥尼斯堡或但泽之敌向贵方将军挥动白旗，您也将面临同样的处境***。

敌方以这种方式投降并不违背我们之间达成的接受无条件投降的协议原则，更无任何政治动机。

对于任何投降事宜的讨论，我都很高兴，我期待美军战地指挥官能够借鉴在场的贵军军官们的经验和建议，但我不会因为莫洛托夫莫名其妙的反对就中止探讨受降的可能性。

上述这种可能性没有人认为会有更多寓意，但为了避免我们的军官之间产生误解，我希望您能向相关要员解释其合理性和必要性，以便我们迅速采取有效行动，不再拖延美军战场上任何敌人的投降行为。

我相信，如果苏联前线出现类似可能，您也会如此对待并采取相同的行动。

在围绕“伯尔尼事件”的危机发酵之际，斯大林拒绝重新审议参加旧金山会议代表名单，依然坚持同一个不令人信服的借口，称自己的助手忙于苏联最高苏维埃全体会议（1945年4月2—27日举行）而无暇分身。信函文本由维辛斯基起草，莫洛托夫批准，专门有一段落赞扬葛罗米柯。斯大林把助手们的赞扬稍微降低了调门，将最后一句话的动词“影响”改为“左右”。[114] 但这并没有减少盟国的微词。 463

666. 斯大林致罗斯福的私人秘密信函

1945年3月27日发

我们非常珍视即将在旧金山召开的联合国大会，并认为它意义重大。它即将开启维护人民和平与安全的国际组织的序幕，但目前的情况是，B.M.莫洛托夫确实不能参加这次会议。我和B.M.莫洛托夫对此感到十分遗憾，但是，最高苏维埃人民代表要求在4月召开苏联最高苏维埃全体会议，B.M.莫洛托夫必须出席，因此他不能出席联合国大会的首期会议。

您知道，葛罗米柯大使在敦巴顿橡树园会议中非常顺利地完成了任务，我们相信，他率团参加旧金山会议必将取得成功。

至于各种不同的解读，您知道，这不能左右已经做出的决定。

斯大林在回复罗斯福有关“伯尔尼事件”的第一封信时保持了克制的语气。他依次分析了总统的理由，并提出了自己的反证。从纯军事角度看，斯大林的逻辑比罗斯福更加缜密，特别提到德军已经将军队调往东线。首次由此产生了一个关键问题：如果盟国对苏联人无所保留，为什么他们拒绝让苏
464 联参加伯尔尼会晤？盟国关于接触进展的消息缺失更加深了这种怀疑。正如英国档案文件中所证实的那样，亚历山大司令部违背了有关指示，没有通过英军联络处向莫斯科通报瑞士会谈的情况，而且就在3月19日，沃尔夫和英美之间的又一轮会谈在瑞意边境小城阿斯科纳（Аскона）举行。[115] 此外，苏联情报人员向克里姆林宫报告会晤情报时的节点对盟国也非常不利。斯大林在信中巧妙地回避了总统关于哥尼斯堡和但泽的类比。从该段落中可以看出，“伯尔尼接触”让克里姆林宫在政治上的焦虑多于军事上（投降）的担忧，他们担心，在关于德国未来的问题上，盟国有可能与德国人单独达成协议。否则很难解释，为什么德国人恰在被消灭的威胁消除之时，却准备放弃西线战场。斯大林似乎已经反驳了哈里曼这个秘而不宣的理由，他最后写道，苏联在此种情况下不会拒绝盟国。信函由莫洛托夫起草，斯大林签署，未经任何改动。

667. 斯大林致罗斯福的私人秘密信函

1945年3月29日发

我认真思考了您今年3月25日来信中向我提出的问题，并且我认为，因为苏联代表被拒绝参加同德国人进行的伯尔尼会谈，未能参与商讨意大利北部德国军队投降以及对英美军队开放战线的有关事宜，苏联政府不可能给出另外一种答复。

我不仅不反对，相反，完全赞成在任何战线都要利用德军崩溃的机会促使其投降，鼓励其对英美联军开放战线。

然而，我同意和敌人就此问题进行谈判是有条件的，即这样的谈判不能让敌人有喘息之机，不能让德国人借谈判之机进行机动和将军队转移到其他战场，首先是苏联战场。

465 苏联政府认为，苏联军事指挥部代表有必要参加这种与敌谈判，目的就

是为了得到上述保证，在哪里举行并不重要，在伯尔尼还是在卡塞塔都行。我不解的是，为什么拒绝苏联代表参加这次会谈，他们难道会干扰盟军代表的工作？

同时想向您通报的是，德国人借与盟军司令部谈判之机，利用这段时间将3个师的兵力从意大利北部抽调到苏联战场。

雅尔塔会议申明的从东、南、西3个方向打击德国人的协调行动的任务是：将敌人牵制在原地，不给敌人机动和向需要的方向转移兵力的机会。苏军指挥部正在履行这个任务，而亚历山大元帅正在违背这个原则。这种情况令苏军指挥部焦虑不安，并滋生不信任感。

您在给我的信中这样写道，“作为军人，您应该理解，应当机立断，不要错失良机。***如果哥尼斯堡或但泽之敌向贵方将军挥动白旗，您也将面临同样的处境。***”遗憾的是，这两种情况不具备可比性。哥尼斯堡或但泽的德国军队已经被包围。如果他们投降当了俘虏，那是因为他们想逃脱被歼灭的命运，他们没有为苏军开放战线的可能，因为战线已经大大西移，直抵奥得河。但是，位于意大利北部的德军面临的完全是另一种情形。他们没有被包围，也没有被消灭的危险。即使如此，位于意大利北部的德国人仍然寻求谈判，试图投降和向盟军开放战线，这意味着他们抱有某些更加重要的、事关德国命运的其他目的。

我还要告诉您，假如在东线奥得河某地出现了类似的情况，即德国人投降并对苏军开放战线，那么我会毫不迟疑地向英美司令部通报此事，并邀请他们派代表参加谈判，因为在这种情况下盟友之间不应有秘密可言。

“伯尔尼危机”是在盟国对波兰问题的分歧日益加深的背景下发生的。波 466
兰问题的矛盾焦点在未来政府的组成上，而争论的平台则是莫洛托夫—哈里曼—克尔三人委员会。该委员会是根据雅尔塔会议决议成立的，旨在寻求波兰问题的妥协之道。虽然委员会是用来扮演波兰各团体间的中立调停人和仲裁角色，但事实上苏联和英美各据一方，都在试图将“自己人”拉进未来波兰政府候选人之列。英国外交部在委员会成立之初制定的行动指南中就明确写道，“莫洛托夫将成为‘卢布林人’的代言人，克拉克·克尔先生（希望得到哈里曼的支持）不要羞于成为其他国内外波兰人的代言人”。[116] 虽然丘吉尔力挺“伦敦派”，但他对阿尔奇舍夫斯基政府能够达成目的并不抱幻想。他在2月底发给克尔的电报中称，“他们希望破坏雅尔塔决议，并趁机在苏维埃和西方民主制度之间制造裂痕”。“他们这样做的时候完全不考虑这种行为会给国家带来的灾难，只顾浑水摸鱼”。在他看来，另一个也好不到哪里去，波兰政治派别中的亲苏派忙于巩固自己的政权：“两个边缘群体都将无所不用其极。”首相总结道，唯一的出路就是依靠“非卢布林波兰人”来最大程度地扩大协商参与范围和未来政府构成。[117]

雅尔塔会议确立的目标是，“在更广泛的民主基础上，吸收波兰境内外的民主人士”重建华沙政府，描述非常笼统，以至于为各方的不同解读留下了空间。克里姆林宫的立场是要确保亲苏派在新政府中占明显多数，为此，建议从华沙政府成员中选出候选人。为了证明这一点，莫洛托夫抓住了雅尔塔决议文件俄文版相应段落的歧义，其中有这样的说法，委员会应当“首先与现行临时政府成员和其他波兰民主领袖在莫斯科磋商”，而英文版文件中的
467 “首先”则是指把莫斯科作为首轮磋商的地点。同时，英美方面意识到，雅尔塔协定“对卢布林派的支持力度超过了其他团体”，在3月29日致丘吉尔的信中，罗斯福表达了上述看法。[118] 但在正式往来信函中，他们仍坚持彻底更换政府成员，并邀请尽量多的波兰反对派人士参与磋商。而苏联方面则将重建理解为在华沙政府基础上的改组，就像莫波托夫在委员会会议上做报告时所说的那样，否则“不是重建政府，而是清除政府”。[119] 莫斯科不希望美英官方代表到波兰实地考察政治事态的做法使局面更加恶化。有关建议最初是由斯大林在雅尔塔提出的，尔后莫洛托夫在2月末再次重申，伦敦和华盛顿表示赞许，[120] 但很快苏联又收回了这个建议，理由是需要征得华沙政府的同意。在苏联政府3月22日的工作大事记中，有关委员会工作总结部分详述了莫斯科的立场。其中建议：（1）承认华沙政府“是组建新的波兰临时政府的基础”；（2）邀请华沙政府代表到莫斯科参加磋商；（3）邀请“已经得到委员会三位成员同意”的波兰本土和流亡人士到莫斯科参加磋商；（4）如希望与其他人士进行磋商，“此后再行决定是否邀请其他波兰本土和流亡人士参与磋商”。[121]

“莫洛托夫四条”令伦敦和华盛顿十分气恼。克尔大使因希望尝试修正莫洛托夫的说法，并未严辞拒绝莫洛托夫，因此遭到了丘吉尔和艾登的斥责。“莫洛托夫条款就不可能成为协议的基础，如果不完全推倒重来，”艾登于3月24日写信给首相说，“……当然，莫洛托夫并非要破坏会谈，而是要拖延会谈，直到他的亲信们（在波兰的——作者注）巩固了自己的势力为止。我们不能纵容，应当针锋相对。”艾登所说的“针锋相对”的第一步，是建议丘吉尔和罗斯福写信给斯大林，同时鉴于“苏联人的丑陋行为”应将与斯大林
468 的私人交往降到最低水平。首相在建议信的空白处批注：“完全同意。”[122] 早在3月中旬，他还在试图游说总统，希望能共同向克里姆林宫施压。丘吉尔在3

月13日致罗斯福的信中这样写道："当然，没有您的帮助我们无法让莫斯科松动，如果我们的立场发生分歧，那么波兰人民将面临灾难。"首相同时表示，他在即将召开的议会听证会上不得不"承认，我们已站在雅尔塔协定崩溃的边缘，但英国没有力量推动这个问题。只有共同施加强大的压力和顽强地坚持立场，才能有成功的机会"。[123] 不仅有议会议员对政府在波兰问题上的做法持反对意见，而且内阁内部也有不同的声音，两位大臣也因与丘吉尔的立场不同而辞职。

罗斯福自己不希望自告奋勇与斯大林纠缠，他更喜欢在丘吉尔和斯大林之间扮演裁判员的角色。他在3月15日的回信中建议首相保持克制，应寄希望于莫斯科谈判有所进展。但是委员会工作未见起色，斯大林随后又拒绝派莫洛托夫参加旧金山会议的做法令总统的耐心消耗殆尽。因此，当3月27日丘吉尔再次建议罗斯福就波兰问题联名致信斯大林时，他表示同意，但决定独自行动。3月29日，白宫举行了罗斯福执政生涯中罕见的有总统、国务卿共同出席的波兰问题会议，会议拟定了致斯大林信函的草案。参会的莱希在日记中写道："国务院十分担忧今后的局势走向，苏联政府决心掌控任何在西部波兰成立的政府，令局势变得明显复杂化。早在雅尔塔时我就认为，这是苏联的唯一目的，今天这封信未必会产生积极的效果。"[124] 当天信函发送给丘吉尔，他对信函做了补充（用斜体字标出——作者注），随后把信函发给了斯大林。[125]

按照国务院的说法，信中提及的波兰问题成为"后雅尔塔时代"盟国关系复杂化的根源，盟国关系首先与苏联在东欧和东南欧的政策密切相关。对英美来说，第一个令人不安的信号是，迫于苏联的巨大压力，3月初罗马尼亚亲苏的П.格罗扎（Гроза П.）政府取代了N.勒代斯库（Радеску Н.）内阁。 469
英国外交部竭力强调П.格罗扎个人素质低下和严重的亲苏倾向："从他的所想所为来看，他就是共产主义分子。"[126] 盟国仅提出了大使级别的抗议，因为他们认为罗马尼亚"不是施展力量的地方"，3月11日罗斯福在致首相的信中如此写道。[127] 但是，信中将罗马尼亚事件视为苏联政策走向的风向标。从信的最后一段可以明显看出，罗斯福对3月22日斯大林来信中的最后一句话感到紧张，他注意到，面对西方社会舆论对斯大林行为的抨击，斯大林表现得无动于衷。而罗斯福和丘吉尔不得不认真掂量舆论的反响，特别是事关波兰问题。

668. 罗斯福致斯大林的私人机密信函

1945年3月31日发　　　　　　　　　　　　　　　　1945年4月1日收

我无法对您掩饰我的不安，我一直在关注雅尔塔卓有成效的会谈之后发生的一系列事件，这与我们双方息息相关。我们通过的决议是完全正确的，其中大部分都受到了世界人民的欢迎，他们看到我们有能力找到相互理解的基础，为战后世界和平与安全提供可靠的保证。决议所赋予的希望和期待，使人们无时不在关注它是否得到履行。我们无权令他们失望。迄今为止，在期待已久的政治决议履行上，特别是我们在会议上一致达成的波兰问题决议，并没有取得成果，这非常令人沮丧。坦率地说，我很难理解目前所发生一切的原因，尤其应当告诉您的是，我在很多方面都无法完全理解贵国政府看似冷漠的立场。我深信，既然我们三人在雅尔塔会议上能够很好地互相理解，
470 我们也能够排除会议之后的所有隔阂。因此，我打算在这封信中向您坦陈我认为存在的问题。

虽然我更加关注波兰问题谈判中遇到的困难，但首先我还是应该简述一下《欧洲解放宣言》中所包含的我们之间的约定。坦率地说，我不能理解，为什么不久之前发生的罗马尼亚事件不受协定条件的约束。我希望您能拨冗亲自回顾我们政府之间就此问题的往来公函。

然而，在我们的协议中广为各界关注的、也是最为紧迫的部分是：波兰问题。您当然知道，我们共同筹建的委员会的工作至今未有进展。我认为，这是贵国政府对雅尔塔决议的不同解读造成的。为了不产生歧义，我随后将莫斯科委员会遇到的协议条文难题做一说明。

在此之前进行的谈判中，很明显贵国政府一贯认为，我们商定组建的全新的波兰民族团结临时政府与现行的华沙政府只是稍微有别。无论是对照我们的协议、还是对照我们的谈判宗旨，我都不能认为这种立场与其有任何相符之处。卢布林政府应该重建，原有的成员也应发挥显著的作用，这是唯一正确的做法，但是，应该通过重建全新的政府来实现。这一点在协议文本的若干处都有所强调。我毫无保留地向您说明，纵容现今华沙制度以欺世盗名的形式继续存在的任何决定都是不可接受的，这将迫使美国人民认为，我们通过的雅尔塔决议（是一场骗局）***遭遇了挫折***。

委员会应该召集某些波兰人赴莫斯科进行磋商，上述原因已经非常清楚

地表明，按照协议规定，华沙政府不要妄想拥有选择或剥夺这些波兰人选资格的权利。委员会的职责就是选拔赴莫斯科参加首轮磋商的波兰人士，并据 471
此发出邀请，难道我们会不同意吗？如果能按照这种方式工作，我不反对卢布林工作组成员首批到达，以使其彻底领会雅尔塔就此问题的决议内容。***如果卢布林工作组首批到达，那么在其他波兰人士到达之前，不能与卢布林单独签署任何协议***。为了顺利达成协议，委员会应当首先组建由波兰人士组成的小规模、但具代表性的小组，由其负责推选其他候选人供委员会审议。我们从未阻挠、也不会阻挠推举莫洛托夫先生推荐的候选人进行磋商，对他们，我们从未行使、也不会行使否决权，因为我们相信，他不会推举任何会破坏克里米亚决议的波兰代表。我的大使也应得到同等信赖，***委员会任何委员都有权推荐参与磋商的任意代表，代表也应得到委员会其他委员的信任***，我认为，我这样的请求不算过分。我很清楚，如果委员会选拔波兰人的权利被限制，或者委员会将此权利授予华沙政府，那么协定赖以存在的基础就会被消亡。

同时，以上所述还会造成意想不到的困难，我认为，这会妨碍我们的委员会在这一重要事务上取得成效，另有两条建议，暂不包含在协议之中，但是对我们努力达成的结果会有很大影响。目前贵国政府并未采纳其中任何一条，这些建议如下：

（1）在波兰应最大程度地稳定政局，反对派应当停止采取任何行动和任何相互的反制措施。为此我们双方应利用我们各自的影响力，我认为这是十分明智的做法。

（2）委员会中的美英两国代表由于担负着落实协议的职责，应允许他们访问波兰，这是顺理成章的事。***您知道，莫洛托夫在委员会首期工作会议上提出过这个建议，只是随后收回了这个建议***。

我希望您能理解我的初衷，为了顺利实现我们的国际合作纲领，公正迅 472
速地解决波兰问题尤为重要。我们在克里米亚制定决议的时候就曾担心，如果无功而返，随之出现的困难和危险性将危害联盟的团结，并且会以更加尖锐的形式呈现在我们面前。我相信您一定知晓，在美国政府实行的每一项对内对外政策都需要人民的大力支持。美国人民可以自由地表达各种意愿，政府的任何行为都无法左右他们。我提醒您注意这个事实，因为您信中的最后一句话，有关莫洛托夫参加旧金山大会一事，不得不让我深思，您是否考虑到了这个因素。

经与罗斯福协商同意，丘吉尔就波兰问题致信斯大林，他在信中支持总统的观点，并列举了更充分的理由。罗斯福建议对信函草稿进行微小的改动，丘吉尔欣然接受。与总统不同的是，首相没有提及罗马尼亚问题，而是代之以“百分比协定”进行补充说明。不该忘记，他曾在3月中旬指示艾登，（1）罗马尼亚不久前还是敌人，它给俄国造成了巨大损失；（2）您心知肚明，我们同意承认俄国在这一地区的优势；（3）俄国军队南翼部队的交通线穿过罗马尼亚。[128] 首相并未向罗斯福隐瞒自己的动机。他在3月8日给罗斯福总统的信中说：“我千方百计地避免在此问题上咄咄逼人，万一斯大林这么说，‘我未干涉你们的希腊事务，而你们凭什么阻止我在罗马尼亚做同样的事？’”[129] 丘吉尔和罗斯福一样，都对3月27日斯大林给罗斯福信中的结束语表示警惕，他看到苏联领袖强调不希望陷入和西方伙伴一样的困难境地。出此原因，他充满感情色彩地呼吁在波兰问题上要协调一致，不要辜负公众对联盟团结的支持。首相支持罗斯福关于派莫洛托夫参加旧金山会议的请求，但表述更加委婉。

473

669. 丘吉尔致斯大林的私人秘密信函

1945年3月31日发　　　　1945年4月1日收

1.我希望，您现在已经收到了合众国总统发出的信函，他在发出之前让我看过。我认为，我有义务以国王陛下政府的名义使您相信，战时内阁希望我通报您，我们完全赞同总统致您的信函，我们也同样会这样做。

2.我在此特别重申2或3个问题。第一，我们认为，莫斯科会谈没有遵循雅尔塔协议精神，甚至在某些问题上连基本条文都没有遵守。我们从未想过，我们三人经过长期酝酿而成立的委员会不能在相互妥协的基础上轻松愉快地完成自己的工作。我们当初曾想当然地认为，“重建的”波兰政府现在应以“全新的”的面貌出现在世人面前，并得到所有联合国家的承认。以此向全世界证明，我们有能力、有决心为了世界的未来共同工作。现在能够做到的话，尚为时不晚。

3.委员会曾经达成协议，在重建全新的波兰政府之前，应当从波兰国内外召集有影响力的波兰人，不是要求他们加入政府，而只是为了进行自愿的、认真的磋商。但现在连最初的一步都没有实现，这是因为又提出了新的要求，要求否决所有邀请，致使苏联政府或卢布林政府对不遂己愿的磋商也全部否决。我们无论如何也不能同意我们三方当中的某一方拥有这样的否决权。米科瓦伊奇克先生的事例就是使用否决权的明证，而英美世界认为他是一位杰出的波兰流亡人士。

4. 莫洛托夫收回了自己主动提出的允许观察员或代表团访问波兰的建议，我们感到万分震惊和遗憾。我们因此失去了亲自核实消息的渠道，尽管经常是不愉快的消息，我们也只能通过波兰驻伦敦大使馆每天转发（也只有流亡伦敦的波兰政府为我们提供）。令人费解的是，为什么波兰局势会包裹得如 474
此神秘。而我们为苏联政府提供了一切机会，使其能够派遣使团或个人前往我方任意军事占领区。这一建议被苏联机关采纳，而且行程令各方满意。我们请求在此类事情上采取对等原则，这有利于为我们的长久合作打下坚实的基础。

5. 总统先生向我展示了你们的往来信件，在信中，您和他就莫洛托夫不能参加旧金山会议的问题多次交换意见。我们认为，三位外交部长的出席将能扫除诸多障碍，自从成功和令人鼓舞的雅尔塔会谈结束以来，这些困难就像风暴一样困扰着我们。但是，我们无论如何也不会怀疑莫洛托夫留在俄国对国家利益的重要性。

6. 和总统先生一样，我也同样被您致总统信中的结束语所震惊。他的有关美国人民的表述同样也适用于英国人民和英联邦国家的人民，且有过之无不及，现今国王陛下的参事是根据议会委任就职，而议会是全民选举产生的。如果促成波兰问题和解的努力付之东流，我将在复活节之后召集的议会会议上做出解释。没有人和我一样，凭借强烈的愿望和信心去维护俄国。在1941年6月22日，我第一个发声。一年多之后，我宣称寇松线作为俄国西部边界是公正的，这使全世界感到震惊，现在议会和美国总统都已接受这条边界。作为俄国的挚友，我以个人的名义，呼吁您和您的同僚们与西方民主国家达成关于波兰问题的永久协议，不要在未来指导世界的事务中推开我们伸出的友谊之手。

3月24日收到斯大林的回信后，罗斯福根据军方的建议，决定反驳斯大林的论点，并补充论据以证明自己的立场。他答应通过亚历山大向斯大林通 475
报瑞士接触的有关事宜，亚历山大也确实在此之前再次收到了相关指示。[130]
但是，当元帅决定纠正自己的失误欲将此消息告知苏联方面时，驻莫斯科的盟军军事联络处主任将这一消息暂扣下来，他们仅将此消息和苏联对伯尔尼谈判的态度进行比对。此次建议亚历山大根据“政府首脑和国家元首的声明”

以自己的方式表述。[131] 准确信息传达到苏联方面已是4月4日。此时，罗斯福的下一封信已经到达了莫斯科，于4月1日由美国大使馆转交给外交人民委员会，此前一天的3月31日，哈里曼和克尔与斯大林会晤，转交了艾森豪威尔的重要信函，信中建议协调盟军在德国的军事行动计划，包括苏美两军会师的问题。该计划实际上把攻打柏林的机会让给了苏军，斯大林很欣慰，而哈里曼遗憾地电告总统："从我们会谈结束时他（斯大林——作者注）的情绪看，我感觉，如果能够单独转交您的信函的话，则能够洞察到苏联在此事上的奇怪行为的真正原因。"[132]

670. 罗斯福致斯大林的私人秘密信函

1945年3月31日发　　　　1945年4月1日收

我认为，就意大利北部德军投降一事，可能会与德国人继续进行谈判，在我们关于此事的书信往来沟通过程中，尽管我们在基本原则上有共识，但这个问题仍被不安和失信的氛围所笼罩，令人十分遗憾。

目前为止还未进行过任何关于投降的谈判，如果将来有某些谈判，那么将会在卡塞塔举行，且贵国代表将全程参加。虽然曾尝试着在伯尔尼着手举行这些谈判，但无功而返，我已委托亚历山大元帅向您报告伯尔尼的详细情况。

我在此要重申，伯尔尼会晤的唯一目的是同德军的全权军官建立联系，而非进行任何形式的会谈。

476 关于与德军谈判是为了让他们把兵力从意大利战场转移至其他方向的说法是无稽之谈。任何谈判都将建立在德军无条件投降的基础上。至于盟军在意大利战场进攻乏力，绝非是寄希望于与德国达成协议的结果。事实上，造成最近意大利战场进攻间歇的原因，是前不久盟军部队的英国师和加拿大师被从此地抽调至法国战场。现在，盟军正在准备4月10日左右在意大利战场发动攻势。虽然我们也期待胜利，但由于隶属亚历山大指挥的军队数量不足，进攻范围大大受限。他只有17个作战师，而面对的是24个德军师。我们正在竭尽所能，动用手中所有的预备队，防止意大利战场的德军进行任何调动。

我认为，您得到的关于德军从意大利调动时间的情报是错误的。根据我们所掌握的确切情报，3个德军师在1月1日后即离开了意大利，其中2个师被投入到了东线。这2个师的调动是在2月25日前后开始的，也就是两周之后才传出德军可能投降的消息。因此已经十分明确，在德国驻伯尔尼密使开始联系时，德国的最近一次调动已经开始，因此谈判与调动不可能有联系。

所发生的这一切都与一位德国军官的主意有关，据说他与希姆莱关系密切，当然很明显，他所追求的唯一目的是在盟军之间制造猜疑和失信。我们没有任何理由允许他得逞。我希望，上述对于当前态势和意图的明确表述能够打消您3月29日信中的所有顾虑。

斯大林在关于"伯尔尼事件"的第二封信中，直白地表达了他对盟军行动和声明的由衷愤慨。3月10日，凯塞林元帅由意大利调动到西线司令部，477
沃尔夫依旧穿梭于意大利和凯塞林总部之间，英美两国代表与沃尔夫的代表在瑞士继续进行接触，苏联情报机构将此事如实上报给斯大林，所有这些事件的发生恰逢西线德军抵抗减弱，这不能不令生性多疑的斯大林做出不祥的猜测。从3月22日成功强渡莱茵河至4月初，隶属德国陆军元帅V.莫德尔（Модель В.）指挥的"B"集团军群（7个军，约33万人；4月18日被歼）被"俄国口袋"包围。美国人很快占领了法兰克福，并迅速向德国中部重镇曼海姆（Мангейм）、帕德博恩（Падеборн）推进，此时东线纳粹军队仍在负隅顽抗。

4月5日杜勒斯向华盛顿发回两封电报，表述更加直接。在第一封电报中，杜勒斯讲述了如何拒绝瑞士情报人员试图在美国战略服务局与德国保安局对外情报处处长V.施伦堡之间建立联系的建议，杜勒斯在信中强调说，"……与施伦堡的任何联系都毫无意义。有迹象表明，施伦堡的设想毫无新意，即开放西线，扼守东线。我对马森（Массон）[上校]（瑞士情报部门头目——作者注）说，西部战线在没有施伦堡帮助的情况下已经开放了。"第二封电报同样值得引用：

"形势已然明朗，德国人已停止在西线有组织的防御，他们认为这无可救药，但直到现在，他们仍希望能和俄国人纠缠一段时间，与抵抗英美人相比，更容易鼓动德国士兵去殊死抵抗俄国人。有一种说法在德国流传甚广，说德国士兵如果被俄国人俘虏，会被强制在俄国或西伯利亚长年劳动。与之相反的是，德国人深信，如果被美国人或英国人俘虏，将会在舒适的条件下度过短暂的俘虏生活，且有可能很快回到德国。"[133]

莫斯科对于德国人从西线向东线调遣兵力一事仍深信不疑。在4月1日致艾森豪威尔的信函中，斯大林又特意提到此事。[134] 几乎在同时，哈里曼向华盛顿报告称："我们的刊物和电台关于德军在西线抵抗式微的消息引起了 478
莫斯科的怀疑。他们非常担心，这可能导致苏联红军丧失率先攻入德国心脏地带的荣耀，而西方盟军会取得世人瞩目的，在俄国人看来，非常廉价的胜利。”[135]

在此种形势下，伯尔尼谈判就被赋予了特别的意义。早在3月底，布鲁克在总结英美军的进展时就在日记中写道：“锦上添花的是，我们收到了沃尔夫的建议，他有意就意大利北部德军司令凯塞林投降事宜进行谈判。凯塞林刚刚接任这条战线的指挥权，因为取胜无望，是否能劝说他在西线全线投降呢？”顾及这一步对东线的后果，布鲁克这样安慰自己，“当东线的德国士兵得知西线的士兵已经收拾行李回家，他们会无心恋战”。[136]

克里姆林宫认真地研读了罗斯福3月29日的回信，并将关键之处标注出来：“氛围，令人十分遗憾”“未进行任何关于投降的谈判”“目的是建立联系”“您的情报……是错误的”，等等。根据标出的这些要点，莫洛托夫在回信草稿中逐条驳斥了罗斯福的说法。严厉谴责了与纳粹的秘密交易。在草案签署之前，斯大林并没有参照那封愤怒的草稿，决定以最严厉的语气回信，并将“伯尔尼事件”的意义又提到了新的高度。

671. 斯大林致罗斯福的私人机密信函

1945年4月3日发

您关于伯尔尼会谈的来函收悉。

您完全正确，英美联军司令部与德军司令部在伯尔尼或其他任何地方进行的谈判“营造了不安和失信的氛围，令人十分遗憾”。

479 您强调，还没有举行过任何谈判。可以断定，您得到的消息并不完整。我的军方同仁们根据自己掌握的情报，毫不怀疑会谈已经举行，并且已经同德国人签订了一些协定，根据这些协定，德军西线司令官凯塞林元帅同意开放西方战线，放行英美军队向东行进，以此换取英美放宽对德国人的停火条件。

我认为，我的同仁们更接近事实的真相。否则，可能就无法理解这一事实，即为何英美两国拒绝苏军代表到伯尔尼参加与德国人的谈判。

我也难以理解英国人的沉默，因为是不愉快的问题，他们就把与我通信的机会让给您，而自己保持缄默，众所周知，伯尔尼谈判整个事件的始作俑者正是英国人。

我很清楚，在伯尔尼或其他任何地方的单边谈判，都会给英美军队带来众所周知的好处，这样一来，英美军队就可以一路不遇抵抗地向德国腹地进发，但为什么要向俄国人隐瞒，为什么不告知自己的俄国盟友？

由此可以得出结论，就在此时，西线德军实际上已经停止对英美的战争。与此同时，德国人却在继续对英美的盟友——俄国的战争。

显而易见，这样的局面无论如何也无益于**维持**和巩固我们国家之间的信任。

我在上封信中已经写过，现在有必要再重申一次，我本人和我的同仁们在任何情况下都不会走出这**冒险的**一步，我们深知，眼前的利益无论多么诱人，但在维护和巩固盟国信任关系这一大局面前，都无足挂齿。

白宫认为，这一严厉的蕴藏着愤怒的来信是个耻辱，应立即反击。4月3日夜间，机要室值更官H.普特南（Патнэм Г.）少校从苏联大使馆收到信后，没有按照常规立即给正在温泉疗养院（佐治亚州）疗养的总统发电报，没有 480
长官的允许他拿不定主意，他被迫叫醒了睡觉的长官，因为斯大林的信函内容对他来说过于“烫手”，值更日志中这样记录道。[137] 收到消息后，罗斯福指示莱希上将“采取必要措施立即回复。[138] 斯大林的信表达的是‘对我们动机的怀疑和不信任’，”莱希在他的日记中写道，“我为总统起草了给斯大林元帅的回信，措辞十分强硬，几乎是友好国家外交函件往来中最尖刻的指责。”（在1950年出版的回忆录中，莱希收录了这封信，删除了“友好”一词）。[139] 罗斯福未经任何改动签署了回信。在信的结尾，莱希和他的助手马歇尔用愤怒的言辞表达了总统对斯大林情报员的“极大愤慨”，并强调，他的反应是怀疑总统的真诚和可靠。但是，罗斯福，如同W.金伯尔所指出的那样，“还是答复了苏联主席提出的主要问题：为什么苏联代表被排除在伯尔尼谈判之外？”[140]

672. 罗斯福致斯大林的私人机密信函

1945年4月4日发　　　　　　　　　　　　1945年4月5日收

收到您4月3日的来信后，我十分惊讶，您在信中坚称，亚历山大元帅和凯塞林在伯尔尼签署的协议使得可以“放行英美军队向东行进，以此换取英美放宽对德国人的停火条件”。

关于在伯尔尼组织会谈商议驻意德军投降事宜的尝试，我在以往的信中已做过如下通告：（1）在伯尔尼并未进行任何会谈；（2）这次会晤完全不带任何政治色彩；（3）敌军在意大利任何形式的投降都不能破坏已商定的无条件投降原则；（4）欢迎苏联军官参加任何可能举行的投降会谈。

481 我们打击德国的共同努力已经呈现出光明的前景，击溃德国军队的胜利只在旦夕，为此，我应一如既往地认为，您高度信赖我的真诚和可靠，如同我信赖您的真诚和可靠一样。

我同样高度评价贵军在艾森豪威尔将军指挥部队强渡莱茵河一役中所发挥的作用，贵军的行动对德国最终停止抵抗我们的共同打击产生了巨大影响。

我完全信任艾森豪威尔将军，我相信，他在与德国人达成任何协议之前会首先向我报告。他已经获得授权，要求在其前线接受失败的敌军无条件投降。我们在西线的推进得益于有效的军事行动。推进速度之快主要得益于我空军实施的严酷打击，使德军的交通线陷入瘫痪，而且艾森豪威尔将军在西线成功袭扰了莱茵河以西的德军主力。

我相信，在伯尔尼，任何时候未举行过任何会谈，并且我认为，您所掌握的情报来源应出自德国人之手，他们千方百计地想离间我们，试图以某种形式逃脱战争罪责。如果这就是沃尔夫的最终目的，则您的来信足以证明，他在某种程度上已经得逞了。

一方面，我坚信您会相信我个人的可靠性和同您一道迫使纳粹无条件投降的决心，另一方面，令我感到不解的是，苏联政府似乎听信了我未征得您完全同意就与敌人私下媾和的谗言。

最后，我想说的是，正当胜利即将到来之际，如果类似的怀疑和缺少互信会给我们的事业在遭受重大的人力物力牺牲之后带来新的伤害，这无疑将成为最大的历史悲剧之一。

482 坦率地说，我不能不感到对您的情报员的极端愤怒，无论他们是谁，也不能错误地、卑鄙地抹黑我和我可靠下属的行为。

罗斯福信函中严苛的语气正中英国首相的下怀，在此之前，他还私下抱怨自己日渐孤独，抱怨“可怜的朋友”太过软弱。“昨天我收到了他的电报，”他在4月6日给在莫斯科访问的妻子写信说，“在信的最后，罗斯福长期积压的怒火终于爆发了，这是我见过的外交信函中最为严厉的一封。”[141] 最后那句话（关于斯大林那心怀叵测的情报人员）“让我感到十分震惊，”他在随后的回忆录中说，“我觉得，虽然罗斯福先生未亲自撰写全文，但有可能，是他自己补上了这最后一击。”[142]

丘吉尔不知道，结尾的这段话，与他们收到的大多数罗斯福“私人”电报一样，都是出自助理之手。

虽然斯大林怀疑英国人是“字谜”的始作俑者，实际上英国人在此次行动中只是第二提琴手。在美德首次接触之后，英国情报人员确实曾试图与沃尔夫建立独立的联系通道，但上头指示只能通过美国战略服务局进行活动。[143]如前所述，在苏联政府是否参加的问题上，英国政府和丘吉尔本人显示出更多的灵活性。其中一个主要原因是，担心“在东线出现相同的情形”时，岂不是作茧自缚，艾登在内部通信时如是指出。[144] 艾登在4月4日发给哈利法克斯的电报中承认，英国的最终观点“更接近俄国的，而不是美国”的观点。[145]与罗斯福不同，丘吉尔本人对苏联人在此问题上的敏感表示理解，美国外交历史学家W.科恩（Коэн У.）指出，在当时情形下，他“对苏联人的担忧表现出不自然的冷漠”。[146] 例如，3月25日，首相在给艾登的信中说，“我非常理解俄国人的焦虑心理，他们担心我们在西线或是南线接受了武装投降，并使得我们的军队在没有任何或者十分微弱的抵抗下攻到易北河岸，甚至可能比苏联熊更早攻到柏林”。[147] 丘吉尔同样也不完全相信杜勒斯的情报，所谓伯尔 483
尼接触仅仅是预备性的。“看起来，瑞士谈判如果现在还没有起步的话，以后可能走得更远。”他在3月30日致艾登的信中说。[148] 艾登从自己的角度分析，认为在处理如此大范围的投降时，很难清晰划分纯军事问题与政治问题的界线，他建议制定盟国特别协调机制，以应付当前局面。[149] 但是，一方面迫于华盛顿的压力，另一方面对莫洛托夫照会和斯大林4月3日来信腔调的余怒未消，其中斯大林甚至责怪英国人“沉默”，首相还是决定站到美国人一边，他支持罗斯福单独就此问题致信斯大林。“总的来说，”他4月5日写信给罗斯福说，“我情愿让他们真实地发泄自己的嫉妒和失望，正因为如此，我认为，对于我们两国来说，采取强硬和公开的立场尤其重要，以消除这种氛围，并以此告诫他们，我们对于侮辱的忍耐是有限度的。”[150]

4月5日，英国内阁准备召开紧急会议，商讨当前形势以及丘吉尔所准备的这封电报草案。在此之前的一个半小时，参谋长委员会会议已经讨论过这一问题。[151] 丘吉尔的秘书证实，首相用了一上午的时间起草电报，“甚至耽误了与挪威国王共进午餐，在他口述信函初稿以回击斯大林时，一直赖在床上”。[152] 在内阁会议上，丘吉尔对事件的来龙去脉进行了阐述，并试图宽慰同僚们，“现在与苏联人争吵最激烈的是美国人，我们不必紧张”，首相秘书E.布里奇斯（Бриджес Э.）在非正式文件中回忆道。[153] 听取了丘吉尔给斯大林的回信草案，大臣们对以下几处做了重点修改：（1）美国战略服务局未向伦敦全盘通报与纳粹接触的情况，而莫斯科掌握的情报可能更为全面，在电报中只能强调英国政府的作为；（2）借亚历山大陆军元帅的怀疑态度，说明沃尔夫将军的和平倡议是德国人的阴谋，试图在盟国之间制造事端；（3）删除其中一
484 段内容，即：俄国指挥员在东普鲁士可效仿亚历山大的做法，在本战区有接受德国人投降的所有权利；（4）删除所列举的有关不宜邀请苏联代表赴瑞士的具体原因解释。[154] 信函的最终方案采纳了所有修改建议。很明显，内阁成员非常清楚伯尔尼事件的后患，非常谨慎地填补了丘吉尔与斯大林往来信件中的细小漏洞。

673. 丘吉尔致斯大林的私人机密信函

1945年4月5日发　　　　1945年4月6日收

1. 总统把您和他的通信转发给了我，信中您与其就瑞士进行的接触交换了意见。据此，我认为给您写信详细解释国王陛下政府的行为真相是恰当的。亚历山大司令部的一名美国军官、一名英国军官与名叫沃尔夫的德国将军就意大利北部凯塞林军队投降的可能性建立了接触。得知这次接触后，我们于3月12日立即向苏联政府做了通报，而且我们是与合众国政府一起如实向您通报了所有情况。在瑞士发生的这些事件曾多次被提及或就某些方面进行过讨论，但它的实质仅限于核实德国特使的授权，并试图安排凯塞林特使与亚历山大陆军元帅在其司令部或意大利北部其他合适地点的会晤。在瑞士未举行任何谈判，甚至凯塞林军队投降一事也只字未提。同时，我们的意图并非如猜测的那般卑鄙，也不包括您给总统电报中所说的存在军事政治交易。

2. 如果我们准备在意大利进行会晤，必定会立即邀请贵方代表参加。

3. 我们认为，亚历山大元帅有权接受意大利战场上25个德军师的投降，
485 也有权与德国方面掌握投降条件的全权特使讨论投降问题。同时，如果会谈能如期举行的话，我们也规定必须邀请贵方代表前往其司令部参加这些纯军事问题谈判。但事实上，瑞士接触没有取得任何结果。我们的军官从瑞士无功而返，有关与凯塞林的特使在意大利举行谈判的问题没有达成一致。亚历山大元帅或者A.克拉克·克尔先生，以及美国的相应渠道均向苏联政府做了全面通报。我再次重申，我们在瑞士没有进行任何形式的、正式的或非正式的谈判，甚至不准备举行这些谈判。

4. 但是存在着一种可能性，就是德国将军发出的谈判请求是敌人设计的

阴谋之一，目的是挑拨盟国的相互信任。亚历山大元帅在3月11日发出的电报中特意强调了这一点，他说："我提请各位注意，对方两位头目一位是党卫军的人，另一位是希姆莱，这不得不使我怀疑。"这封电报的副本已经由英国驻莫斯科大使于3月12日转交苏联政府。如果德国人打算挑拨我们之间的信任，那么他们已经达到目的，且恰逢其时。

5. 艾登先生在3月21日的信中请克拉克·克尔先生向莫洛托夫先生解释所有情况，3月22日莫洛托夫先生给他的回信中有这样一段话："苏联政府认为这件事不是简单的误会，比误会还要糟糕。"回信明显是表示不满，因为"最近两周，背着承担对德战争重任的苏联，德国和英美司令部双方代表在伯尔尼进行谈判"。从维护英俄关系的角度出发，国王陛下政府决定对信中肆言詈辱和毫无根据的指责不做任何回应，完全忽略之。这正是您致总统信中称我们为"沉默的英国"的原因。我们认为，对莫洛托夫先生的来信沉默胜于辩白。但您可以相信，我们对这封信的内容感到震惊，并且为莫洛托夫先生如此看待我们的品行感到（震惊和）羞辱。但是，这些不会影响我们对亚历 486
山大元帅所做出的指示，他会继续向您通报事件的所有详情。

6. 您在致总统的信中说，英国人是此事件始作俑者，这同样是错误的。事实上，是美国的一个机构向亚历山大元帅报告，说德国将军克尔·沃尔夫希望在瑞士建立此类接触。

7. 在伯尔尼或者其他地方进行的接触与德国军队在西方战场上的完败毫无关联。事实上，他们的抵抗十分顽强，从2月攻势发动以来到3月28日，我们和美国军队承受了多达8.7万人的兵力损失。但是，盟军的地面兵力仍相对占优，同时英美空军力量占据压倒性的绝对优势，仅3月份英美空军在德国领土就投下了20万吨炸弹，这使得西线的德军被彻底击溃。他们在西线面对着绝对优势的地面兵力，这一事实也得益于苏联军队的辉煌战绩和强大力量。

8. 至于您在4月3日给总统先生信中的指责，以及抹黑国王陛下政府的行为，我和同事们认为总统回信中的最后一句话完全代表我们的观点。

事实上，丘吉尔自己非常清楚苏联政府为何对"字谜"的批评如此尖锐。在危机结束后，他写信给罗斯福的继任者H. 杜鲁门（Трумэн Г.）说：

"我们都知道，我们是问心无愧的。但是应该体谅俄国人的怀疑态度，无论他们犯了多大的错误。他们的情报人员自然会无条件将美国战略服务局的行动向上级汇报。苏联人被告知，那里不需要他们。同时，瑞士事件总共持续了两周多，在此期间，凯塞林从意大利北部调到了西线司令部……生性多疑的俄国人自然可以想到，这是瑞士预谋的一部分，目的是为盟军穿越莱茵轻松进入德国让路，而凯塞林调往西线是为了实施这一计划。与此同时，他
487 们肯定发现了大量德军师从西线调往东线。综合这两种情况，他们得出了错误的结论，好像我们闲庭漫步又赢得荣誉，而靠他们继续作战。斯大林4月3日给罗斯福的极尽侮辱的信函即由此而来。我担心，尽管我们给出了最终解释，但这一臆想将在俄军中变成神话。”[155]

事实表明，在伯尔尼确实没有达到斯大林所怀疑的、达成秘密交易的程度。但盟国自己的所作所为不能不让人产生怀疑。

罗斯福和丘吉尔关于波兰问题的信函未能改变苏联的立场。4月2日莫洛托夫—哈里曼—克尔的例行会谈没有取得任何成果。西方国家大使在自己的报告中开始怀疑继续进行这种会谈的合理性。“现在我们正在等待斯大林的答复”，克尔在4月3日的电报中说，“从莫洛托夫昨天晚上表现的固执的态度来看，我对取得成果不抱什么希望。”[156]艾登同样也不抱什么希望，他甚至准备通过克尔将新的声明草案转交给莫洛托夫。“鉴于斯大林给罗斯福和您的答复中态度如此抵触，莫洛托夫对委员会的态度可见一斑，”他在4月7日给丘吉尔的信中说，“我相信我们的答复应当强硬和明确，我们也不应当在委员会继续工作，它已经成为一场闹剧”。丘吉尔建议先等待斯大林对“我们诚恳的信函”给予答复。[157]“如果答复还是通篇充满敌意，那么俄国人将不太可能参加旧金山会议，”首相在给负责自治领地事务的部长回信时说，“他宁愿为卢布林波兰人战斗到底。”但在这种情况下，丘吉尔认为，即使苏联不参加，还是有必要如期召开联合国成立大会，而他的某些参事们则建议延期举行，以此作为因“违反”雅尔塔波兰问题协定而对“苏联的惩罚”。[158]美国方面同样也不希望会议延期，他们在耐心等待斯大林的答复。罗斯福有关波兰问题的信件多数都是由波伦起草的，作为国务院苏联问题专家，他建议，应立即通
488 知机要室值班军官，除了深夜，要随时通报苏联的答复。[159]哈里曼同样也在等待斯大林的答复。斯特蒂纽斯希望大使在莫斯科多停留时日，直到收到回信后再走，借此更好地感受现阶段美苏关系的现状，而哈里曼则准备返回华盛顿详细报告苏联的有关政策问题。[160]斯大林没有辜负西方伙伴的悲观期待，虽然他的答复不是“通篇充满敌意”。

斯大林分别回复了罗斯福和丘吉尔这支波兰问题的“双管猎枪”：给总统的回复比较详细，给首相的则很简短，并请其参见自己给罗斯福的信。两封信函于4月7日同时发出。这两封信互为补充，实质上可以认为是一封信。斯

大林不准备向西方伙伴的要求屈服，他百折不挠地坚持自己的路线。信中不仅重申了苏联在波兰问题上的原则性立场，还透露了两个细节：他暗示准备同意邀请米科瓦伊奇克赴莫斯科（条件是要求他公开承认雅尔塔有关波兰问题的协议），并建议依据南斯拉夫模式组成新的波兰政府。按照雅尔塔会议的协定，南斯拉夫政府改组于3月初进行。需要提示的是，在政府改组问题上，铁托的亲信占据了政府中的压倒性多数席位，而他的对手苏比锡仅获得了少数几个席位。

这样，斯大林在米科瓦伊奇克问题上对盟国做了让步，斯大林希望在波兰新政府中，凭借自己人的多数派优势压制其影响。米科瓦伊奇克这一块招牌送给丘吉尔并非随意为之，他可在处理与伦敦波兰人关系时充当“高级说客”。信函初稿里并没有这段内容，只是在第二稿时才添加的。[161] 有迹象表明，在信函拟制过程中才出现了这个想法，虽然波兰总理在莫斯科眼里仍是反面人物。“……米科瓦伊奇克仍是典型的反苏派……我们截获的米科瓦伊奇克与克拉约瓦军队领导人的通信表明他是苏联的敌人。”列别捷夫在一份呈交莫洛托夫的紧急外交报告中如此说道。[162] 有关波兰国内外被邀请人的人数限 489
制采纳了罗斯福2月6日来信的建议，并将其视为在雅尔塔会议上盟国的一致观点。

在致丘吉尔信的末尾，莫洛托夫添加了有关斯大林接见首相夫人的内容，很明显，这是斯大林授意的。[163] 英国“援助俄国基金会”主席克莱门汀·丘吉尔于4月2日—5月11日在苏联访问期间，受到了苏联政府高规格的接待。3月底的时候丘吉尔还在犹豫，在盟国关系如此紧张的情况下，是否需要推迟访问计划，但最终决定按计划行事，他在给艾登打电报时称其为“个人友谊的标志”。[164] 丘吉尔夫人的首次访苏之行，对接待国来说仅仅是礼宾问题，只需本着客气周到的原则就可以解决。首相夫人乘专列完成了她在苏联的长途旅行，沿途访问了列宁格勒、斯大林格勒、敖德萨、库尔斯克、高加索和克里米亚。她获得了所有能够给予的荣誉，被授予“苏联劳动红旗勋章”，奖励其“在英国为红军募集医疗物资的社会活动中作出的杰出贡献”。[165] 最初外交人民委员会还准备授予她卫国战争一级战斗勋章，但谨慎的莫洛托夫及时打电报给古谢夫，纠正了这一失当。[166] 4月7日，就在给丘吉尔发出信函的当天，斯大林接见了首相夫人，这样看来，有关接见的段落是在临时加上去的。丘吉尔夫人对此会见期待已久，她希望通过私人交往“驯服”斯大林，就像给蒋介石戴上“嚼子”一样：这些话她早在1942年6月20日给丈夫的信中就说过。[167] 她不知道，苏联领袖是特殊材料做成的，远不是她想的那样懦弱。他们短暂的会谈属于纯礼仪性的，尽管首相给夫人写信时充满好奇，他非常希望了解这次对话的内容。[168] 丘吉尔委托夫人代赠一支金制笔尖的自来水笔，斯大林在自己的信中提到了这个礼物。向斯大林转交礼品时，首相夫人说道：“我丈夫让我向您转达他的一个愿望，希望您用这支笔给他写更多的友好书信。”她后来证实，斯大林只是微笑着回答说：“我只用铅笔写信。”[169]
490 言外之意，丘吉尔送给信友的书写工具是为了给自己写信。巴甫洛夫没有在苏联的会谈记录上记录斯大林的这些话，而且对首相的愿望采用了另一种表述：希望“用这支笔能够签署更多的伟大的英苏关系文件”。但是在巴夫洛维所做的记录中，有英国客人没有说过的奇怪的话：当斯大林表示还未收到英国政府是否同意授予其勋章的答复，克莱门汀·丘吉尔开玩笑回答道，“如果英国政府不批准，我会生英国政府的气”。[170] 事实上，那时她之前已经得到了英国政府批准。

克莱门汀·丘吉尔的访问被苏联报纸刊物大肆宣传。克尔大使十分得意地向丘吉尔汇报这次访问产生的效果，他知道，首相本人十分乐意听：“她优雅的姿态、美丽的外表、卓越的才能令莫斯科眼界大开，并产生了魔幻般的效果。在特别困难形势下，她为发展我们与这个乏味和令人费解的民族的关系作出了宝贵的贡献。”[171] 丘吉尔受宠若惊，但在盟国关系日益紧张的情况下，苏联的做法也令他不解。“我对这种不按照常理出牌的做法感到惊讶，”他在4月6日给妻子的信中说道，“毋庸讳言，你的访问让人十分满意。昨晚安东尼（艾登——作者注）从外交部打电话给古谢夫，等着他的满腹牢骚话，但出乎意料的是，古谢夫转述了苏联政府的来函，对你的工作大加赞赏，并问到是否能授予你苏联劳动红旗勋章，当然，我们给予了肯定的答复。”[172] 直到4月10日，乔治六世国王才正式通知苏联方面同意此事，但看上去，丘吉尔在古谢夫征询意见后便急于得到这枚勋章。苏联最高委员会主席团的相应命令于4月12日签署。

674. 斯大林致罗斯福的私人秘密信函

1945年4月7日发

关于您4月1日的信中所谈到的波兰问题，我认为有必要表述我的看法：

波兰问题确实陷入了困境。

问题出在哪里？

问题在于，美国和英国驻苏联大使作为莫斯科委员会成员，他们背离了 491
雅尔塔会议的宗旨，并擅自增加了未经雅尔塔会议讨论的内容。

具体是：

（1）在克里米亚会议上，我们三方都将波兰临时政府作为波兰的现执行政府，并在此基础上进行改组，使其成为新的民族团结政府的核心。美英两国大使在莫斯科背离了这一原则，他们忽略了波兰临时政府，无视它的存在，最起码，他们是想让波兰和伦敦的独立代表和波兰临时政府平起平坐。同时他们认为，改组波兰政府即取缔临时政府，并成立一个全新的政府。这样做的可能结果，正如哈里曼先生在莫斯科委员会声称的那样：波兰临时政府的任何人都不会进入波兰民族团结政府。

显而易见，美国和英国大使的做法不可能不激起波兰临时政府的愤慨。至于苏联，当然不能同意这一安排，因为这意味着对克里米亚会议决议的粗暴违背。

（2）在克里米亚会议上，我们三方一致同意，应当从波兰国内选出5个代表，从伦敦选出3个代表进行磋商，不能超过这个数字。而美国和英国大使背离这一立场，他们要求每一个参加莫斯科会议的成员，都有权从波兰和伦敦邀请不限数量的人选。

很显然，苏联政府不会同意这一要求，根据克里米亚会议决议，人员的邀请不应是委员会成员的个人行为，而应以委员会全体的名义，只能是委员会来完成。邀请不限数量的人员参加磋商有违克里米亚会议精神。

（3）苏联政府的立场是，根据雅尔塔会议精神，应邀请如下波兰政治家：首先，必须承认雅尔塔会议决议，包括关于寇松线的决议；其次，必须致力
于在波兰政府和苏联政府之间建立友好关系。苏联政府坚持这些原则，因为 492
是苏联军队为了解放波兰而浴血奋战，而且在过去的30年间，波兰领土两次被敌人作为入侵俄国的跳板，所有这些都要求苏联政府采取措施保持波兰和苏联的友好关系。

美国和英国驻莫斯科大使却没有这样想，他们在邀请波兰代表参与磋商时，完全无视这些人对克里米亚会议决议和对苏联的态度。

我认为，正是这些原因导致我们无法在相互谅解的基础上解决波兰问题。

为了走出困局，并达成一致决议，我认为必须采取下列措施：

应明确说明，改组波兰临时政府并不意味着取缔它，而是采取扩充的方式进行改组，同时，未来波兰民族团结政府的核心必须是波兰临时政府。

应回归克里米亚会议精神，将邀请的波兰代表数量限定在8个人，其中5

个来自波兰，3个来自伦敦。

应具体规定，在任何情况下，波兰临时政府代表应参与所有磋商，并且应首先与其磋商，这是因为，与那些独立代表相比，波兰临时政府代表着波兰的大多数人，那些即将从伦敦和波兰选出的独立代表对波兰人民的影响力，无法与波兰临时政府的巨大影响力相提并论。

我提请您关注这一点，因为我认为，背离这一原则做出的任何决议，在波兰都会被波兰人民认为是奇耻大辱，是无视波兰公众舆论而强加给他们一个波兰政府。

应邀的波兰和伦敦代表，必须承认克里米亚会议波兰问题决议，并致力于苏波友好。

493 改组波兰临时政府采取以下形式，从临时政府以外的代表中选出新的人选，以替代波兰临时政府的部分现任部长。

波兰民族团结政府中新旧部长的比例，可以参照南斯拉夫政府改组的做法，规定与之相近的比例。

我认为，如果能够考虑上述意见，可在最短时间内达成波兰问题的一致决议。

675. 斯大林致丘吉尔的秘密私人信函

1945年4月7日发

您4月1日关于波兰问题的信函收悉。在我给总统和您的信中，关于这个问题，我回答了所有与莫斯科委员会工作有关的主要问题。至于您在信中关心的其他问题，我的意见如下：

1. 作为莫斯科委员会的成员，英美两国大使不尊重波兰临时政府，他们坚持在邀请波兰人士参加磋商时，完全不考虑这些人对克里米亚会议波兰问题决议的态度和对苏联的态度。比如，他们坚持邀请米科瓦伊奇克到莫斯科参加磋商，甚至不惜采用最后通牒的方式，根本不顾米科瓦伊奇克曾公开反对克里米亚会议关于波兰问题的决议。但是，如果您认为有必要，我准备对波兰临时政府施加影响，使其不再反对邀请米科瓦伊奇克参会，条件是后者发表公开声明，承认克里米亚会议关于波兰问题的决议，并拥护在波兰和苏联之间建立友好关系。

2. 您曾质疑为何波兰战区被包裹得如此神秘。事实上，这里没有任何秘

密。您忽视了一个情况，即波兰人会认为向波兰派遣英国或其他外国观察员 494
是对民族尊严的伤害，特别是鉴于目前英国政府对波兰临时政府的态度，后者认为缺少善意。在派遣外国观察员进入波兰的问题上，苏联政府不能不考虑波兰临时政府的反对态度。除此之外，您知道，由于对临时政府持不同的态度，波兰临时政府并未阻止其他国家代表进入波兰，也没有给他们设置任何障碍，比如捷克斯洛伐克代表、南斯拉夫代表以及其他国家的代表。

3. 我同丘吉尔夫人的会谈非常愉快。她给我留下了深刻的印象。她转交了您给我的礼物。请允许我对您的礼物表示诚挚的谢意。

斯大林关于波兰问题的回信引起华盛顿和伦敦的严重关切。美国国务院专家评估认为，“斯大林实质上完全忽视了总统的信函内容，严重歪曲了英美两国政府的立场，并据此指责我们背离了雅尔塔决议”。[173] 同时，两国很快发现，斯大林在米科瓦伊奇克问题上的立场出现了令人鼓舞的松动，斯大林在雅尔塔会议上尚称，华沙的波兰人“不想听到米科瓦伊奇克曾是总理这种话”。[174] 丘吉尔指示艾登，在给斯大林答复之前与波兰领导人展开相应的工作。他同时也建议等待白宫方面的反应，在回信问题上给罗斯福提供表现的机会。“上一次因为我们的努力，事件才有所进展，并负责信函的大部分内容，”丘吉尔指的是3月31日罗斯福关于波兰问题的回信，他给艾登继续道：“我想，这次最好是他（罗斯福——作者注）主动让我们知道他自己的态度。”[175] 4月11日，首相告知罗斯福，他自己收到了4月7日斯大林给罗斯福的信函副本，并写道：“下周四，我将在下议院发表演说，当然，我想先听取您的意见，我们应当如何尽快回应斯大林。我觉得，他们不想与我们争吵，而 495
您关于‘字谜’的电报确实会给他们造成困扰。”[176]

美国国务院开始准备给斯大林的答复，信函拟定完成之时，新总统已经上任。

斯大林在4月7日就伯尔尼事件回复罗斯福的口气较为平和，他向总统保证，永远不会怀疑他的诚实和可靠的品质。并未对盟友与纳粹秘密交易一如既往地指责。很明显，从亚历山大处和己方情报人员处收到的关于瑞士接触受阻的情报发挥了作用。同时，斯大林没有对自己的原则立场做出让步，而是用盟国对义务的不同理解来解释分歧的实质。同时，更早时候，盟国通过国际红十字会代表以及瑞士国会与党卫军首领H·希姆莱（Гиммлер Г.）及其身边人会谈的侦察情报通过国家安全人民委员会仍不断传来。[177] 事实上，斯大林仍坚持己见，但决定平息“伯尔尼危机”风波，以使关系不至于破裂。

为维护己方情报人员的声誉，斯大林没有忘记提醒罗斯福，在通报给苏联方面的情报中，美方的情报员在具体事例上犯了错误，已经被苏联情报机关证实。这是对马歇尔错误情报来源的极大嘲讽，随后斯大林决定将此事平息。1945年8月艾森豪威尔访问莫斯科期间，斯大林请他向马歇尔转达自己的歉意，对电报中愤恨粗鲁的语气感到抱歉。[178] 信函副本也送到了丘吉尔手上，同时还单独附上致首相的一封短信，信中同时也对“伯尔尼事件”进行了温和的总结。

676. 斯大林致罗斯福的私人秘密信函

1945年4月7日发

您4月5日的来信收悉。

1. 我在4月3日的信中并不是指真诚和可靠的问题。我从未怀疑过您和丘吉尔先生的品质是否真诚可靠。我指的是在书信往来过程中，暴露了我们看
496 待问题的不同观点，即在处理盟国关系时的孰可为孰不可为。我们俄国人认为，从当前前线的态势看，留给敌人的只有投降这一条路可走，某一盟国同德国人进行投降谈判时，都应当确保有其他盟国的代表参加。如果某个盟国要求参加会谈，毫无疑问，无论如何我们都必须同意。美国人和英国人想法则不同，他们认为苏联人的观点不正确。因此，他们拒绝俄国人赴瑞士参加同德国人的会谈。我已经给您写信表达过此意，在此，我觉得应当不吝言辞再次重复，在相同的情况下，俄国人不会拒绝美国人和英国人参加这样的会晤。我相信，俄国人的观点是唯一正确的，它可以避免产生任何猜疑，也不会给敌人留下破坏我们相互信任的机会。

2. 很难认同德国人在西线放弃抵抗是因为他们几近崩溃的观点。德国人在东线有147个师。他们可以毫发无损地从东线撤走15—20个师，投入到西线增援自己的军队。但是他们没有这样做过，现在也没有这么做。他们宁愿在捷克斯洛伐克为了不知名的小站泽姆连尼茨（Земляница）疯狂地与俄国人战斗，好似生死攸关之地，大有起死回生之势。相比较之下，德国人没有进行任何抵抗就将奥斯纳布吕克（Оснабрюк）、曼海姆、卡塞尔这些德国中部重要城市拱手相让。您一定也会认为，德国人的这些做法反常和令人费解。

3. 至于我的情报人员，请您相信，他们是十分忠诚和谦虚的人，他们尽职尽责，无意冒犯任何人。他们久经考验。请您自己判断。今年2月份马歇

尔将军向苏联总参谋部通报了一系列重要消息，他根据自己掌握的情报并提醒俄国人，3月份德国人可能会在东线发动两次反击，其中之一将从波美拉尼亚至托伦一线展开，另一次在摩拉维亚俄斯特拉发（Моравск Острова）至罗兹（Лодзь）一线。但是事实上，德国人并没有准备也没有实施对上述地区的主要攻击，而是从与之完全不相及的巴拉顿湖地区、布达佩斯西南地区发动攻击。现在才得知，德国人在这一地区集结了35个师，其中11个坦克师。这 497
是战争期间密集使用大量的装甲力量进行的最为严酷的攻击之一。我方情报人员发现了德国人的这一主要攻击计划，并将该情报及时通报给了托尔布欣元帅，虽然情报得到的稍微有些迟，但它让托尔布欣元帅成功地避免了一场灾难，并给予德国人迎头痛击。这使我有实例再次证明苏联情报人员的认真态度和情报意识。

为了让您清晰地理解这个问题，随信附上红军总参谋长安东诺夫大将致迪恩少将的信。

致美国驻苏联军事联络处主任约翰·迪恩少将

副本　秘密

尊敬的迪恩将军！

请您向马歇尔将军转告如下消息：

今年1月20日我收到了马歇尔将军通过迪恩将军转达的情报，德国人在东线组织两个集群准备实施反攻：一个集群位于波美拉尼亚准备对托伦发动进攻，另一个集群位于维也纳地区和摩拉维亚俄斯特拉发，准备向罗兹方向发动进攻。同时，党卫军的第6坦克集团军编入南方集群。1月12日，英国驻苏军事联络处军情科主任布林科曼上校向我通报了同样的消息。

我十分感激马歇尔元帅对我们的关照，感谢他向我们通报这一情况以帮助我们实现共同目标。

同时，我有义务向马歇尔将军通报，3月份在东线的军事行动未证实他所提供的情报，这些战斗证明，德国军队的主要集群，包括党卫军的第6坦克军在内，并未集中在波美拉尼亚和摩拉维亚俄斯特拉发地区，而是集结在巴拉顿湖地区，德国人从这里发动进攻，企图由此突进至多瑙河，然后在布达佩斯南部强渡。

这一事实说明，马歇尔将军所得到的情报，不符合3月份东线事件发展 498

的实际进程。

不排除这种可能，即这些情报的来源企图迷惑英美和苏联指挥部，将苏军指挥部的注意力从德国人准备实施主要战役方向转移到东线。

即便如此，如果有可能，我请求马歇尔将军继续向我通报敌情。

我认为有必要将此情况通报马歇尔将军，以帮助他对这一情报来源做出相应判断。

请您向马歇尔将军转达我的敬意和感激之情。

此致

红军总参谋长

安东诺夫大将

1945年3月30日

677. 斯大林致丘吉尔的私人秘密信函

1945年4月7日发

您4月5日的来信收悉。在4月7日给总统和您的回信中，我已经对您提出的关于瑞士会谈的所有基本问题做了答复。针对您提出的其他问题，我认为有必要做如下说明：

我和莫洛托夫都不曾准备"抹黑"任何人。问题不在于试图"抹黑"，而在于我们对盟国责任和权力的认识上观点不同。从我给总统的信中您可以看出，苏联方面在此问题上的观点是正确的，它是为了保证所有盟国的权力，并且防止敌人有机会破坏我们的相互信任。

499 我们之间的通信是私人的、绝密的。这让我们可以畅所欲言。这是秘信的优势。如果您将我的每一个坦率声明都看作是侮辱的话，那就会增加通信的难度。您应该相信我，我从来没有也不会准备侮辱任何人。

在4月11日致罗斯福的信中，丘吉尔将斯大林的这封信称为"这是我们能够收到的最好的答复，这是他们能够做到的最大程度的道歉"。[179] 罗斯福在伯尔尼事件上也做出了和解的姿态，虽然也不无犹豫，历史学家们之前未曾关注的其相关档案文件证明了这一点。总统收到斯大林4月7日的来信后，第一反应是对莱希做出指示："我觉得，如果您和马歇尔将军认为不值得回复的话，就不必要回复了。"[180] 关于他们讨论这一问题的细节的历史资料没有保存下来，因此并不清楚是谁提出回信的建议，是莱希还是马歇尔，还是罗斯福自己经过深思熟虑后改变了自己的初衷。也有可能，罗斯福在与助手们电话讨论过程中做出了这一决定。此时，苏联方面对于“字谜”的醒悟令军方的立场有所缓和。4月5日，参联会的主要智囊团、战略规划联合委员会公开反对哈里曼和迪恩提出的对苏报复性措施。他们在报告中指出，“在战争期间，维护盟国的团结应该成为我们对俄军事政治方针的主要目的”，采取反制措施“不会有助于达成目的，反而增加猜忌和反感，并可能刺激俄国人采取新的举措，从而最终导致联盟分崩离析”。信函起草者呼吁“尽最大可能尽快予以消除”“因不久前伯尔尼谈判引发的严重政治误解”。他们甚至建议罗斯福向斯大林发出包含下列内容的特别信函：

“我对于在我们之间出现的非常不幸的、极度的不信任感到心急如焚，希望在我4月4日的信函基础上增添如下建议，让您信任的军官小组亲临西 500
线，将为他们提供一切机会观察行动进展，以证明英美两国领导层的真诚和品行。”[181]

也就是说，此建议意在补救总统在上封信中所持的强硬立场。莱希将军支持委员会的立场，但建议参联会首长不必再专门发函强调，因为“总统已经证明了英美两国领导人的真诚和品行，不能让对方产生误解为此言还需要行动证明”。[182] 最终信函草稿没有呈交总统，但军人们的和解态度影响了下一封给斯大林的致信。当时的形势也起到了重要作用，正如亚历山大元帅4月6日向自己的上司报告的那样，与德国人的伯尔尼接触走入死胡同，令英国人和美国人的希望落空。[183] 罗斯福签署了将军提交的信函草案，他在信中表示，希望“类似的微不足道的误会（英语表述为‘不理解’）将来不会出现”。在事件发酵过程中推波助澜的哈里曼大使由于自己担心冒险而延迟向莫斯科转交信函，并建议去掉信中“微不足道”的说法，他在给总统的电报中陈述了自己的理由：“在我看来，目前情况下这种不理解已十分严重。”莱希收到哈里曼的这封电报时，已经非常肯定地理解了总统的心思，前一天晚上，总统通过他转交了致丘吉尔的最后第二封信，信中附上了对斯大林的回信。罗斯福在他亲笔信中这样说道：“我希望把双方共同面临的苏联问题大事化小，因为这些问题每天都以这样或那样的形式出现，多数情况都像‘伯尔尼会晤’一样尘埃落定。”[184] 因此，莱希建议罗斯福写信通知大使：“我不打算放弃使用‘微不足道的’一词，因为我认为伯尔尼引发的误解是一个小问题。”[185] 根据机要室值班日志记载，这封信于4月12日11时50分发往温泉疗养院，14时06分莱希收到了总统的批示，半小时后就发给了哈里曼，[186] 而此时罗斯福已

501 经失去了意识。13时15分，总统抱怨自己“后脑疼得厉害”，两小时后便与世长辞。就这样，亲近斯大林成为他生命中最后的一个重要决定。哈里曼后来回忆道：“他拒绝我的建议的动力，源于他以最大克制与斯大林交往的典型心态，尽管困难重重。”[187] 莫斯科对他的决定给予了应有的评价。迈斯基在4月13日同克尔会谈时，如释重负地表示，总统给斯大林的“去世前最后一封信”[188] 为伯尔尼事件划上了句号。

678. 罗斯福致斯大林的私人秘密信函

1945年4月11日发　　　　1945年4月13日收

感谢您真诚阐释了苏联对伯尔尼的态度，现在看来，一切已成为过去，未带来任何益处。

未来任何时候，我们都应该相互信任，微不足道的误会不应再出现。我相信，当我们的军队在德国会师，将团结起来全方面协调进攻，纳粹军队必将土崩瓦解。

502 **注释**

1. Чуев Ф.И. Молотов: Полудержавный властелин. С. 94.

2. Leahy W. Op. cit. P. 315-316.

3. СССР и германский вопрос. Т. 1. С. 608.

4. Stettinius E. Roosevelt and the Russians: The Yalta Conference. N.Y, 1949. P. 306.

5. Шервуд Р. Указ. соч. Т. 2. С. 589.

6. WM. (45) 18th Conclusions, Min. 3 Conf. Annex, 12th Feb., 1945 // TNA, PREM 3/51/10.

7. Prime Minister to Deputy Prime Minister for War Cabinet, 14th Feb., 1945 // CHAR 20/223.

8. Reynolds D. Summits. Six Meetings that Shaped the Twentieth Century. Tondon, 2007. P. 129.

9. СССР и германский вопрос. Т. 1. С. 608.

10. The Diaries of Sir Alexander Cadogan. P. 717.

11. Цит. по: Шервуд Р. Указ. соч. Т 2. С. 587.

12. Churchill WS. The Second World War. Vol. VI. P. 362-363.

13. 丘吉尔在1945年3月25日交给艾登的草稿中承认了这一点，而从终稿中删除了这句话。(Foreign Secretary, 25.3.45//TNA, PREM 3/139/6)。

14. Громыко А.А. Указ. соч. Кн. 1. С. 277.

15. Harriman for Secretary, March 28, 1945 // NARA, RG 59, 123 Harriman A., Box 745.

16. W Hillman to T. Beck, April 29, 1945 // FDRL, Harry L. Hopkins Papers, Sherwood Collection, Box 338.

17. Churchill & Roosevelt. Vol. 3. P. 630.

18. Costigliola F. Roosevelt's Lost Alliances. P. 57.

19. Feis H. Churchill, Roosevelt, Stalin. The War They Fought and the Peace They Sought. N.Y, 1966. P. 275-276.

20. Крымская конференция. С. 94.

21. Ржешевский О.А. Сталин и Черчилль. С. 465.

22. FRUS. The Conferences at Malta and Yalta, 1945. P. 372-373.

23. Hellegers D.M. We, the Japanese People: World War II and the Origins of the Japanese Constitution. Stanford, 2002. P. 42-43.

24. FRUS. The Conferences at Malta and Yalta, 1945. P. 765.

25. Крымская конференция. С. 129.

26. FRUS. The Conferences at Malta and Yalta, 1945. P. 835-837.

27. Memorandum for the President, 23rd Jan., 1945 // FDRL, MR, Box 170.

28. Тегеран. Ялта. Потсдам. С. 99-102.

29. Bohlen Ch. Op. cit. P. 188.

30. The Reckoning. P. 517-518.

31. Personal from Prime Minister to Deputy Prime Minister for War Cabinet, 8th March, 1945//TNA, PREM, 3/51/10. 503

32. Тегеран. Ялта. Потсдам. С. 104.

33. Там же. С. 108-109.

34. Prime Minister to Deputy Prime Minister for War Cabinet, 10th Feb., 1945 // TNA, PREM 3/51/10.

35. FRUS. The Conferences at Malta and Yalta, 1945. P. 647.

36. Крымская конференция. С. 133.

37. ДинДж.Р. Указ. соч. С. 260.

38. Memorandum for C.H., April 27, 1939 // FDRT, Official File 220 (Russia, 1934–1939).

39. Цит. no: Bishop D.G. The Roosevelt–Titvinov Agreements: the American View. Syracuse, 1965. P. 229.

40. См., К прим.: Mierzejewski A.C. Intelligence and the Strategic Bombing of Germany: The Combined Strategic Targets Committee 11 International Journal of Intelligence and Counterintelligence. 1989. Vol. 3. № 1. P. 83-104.

41. WP. (45) 82, 5th Feb., 1945 // TNA, CAB 66/61/37.

42. FRUS. The Conferences at Malta and Yalta, 1945. P. 577.

43. Крымская конференция. С. 53.

44. Эйзенхауэр Д. Указ. соч. С. 378.

45. Крымская конференция. С. 145.

46. Cypher Telegram No. 457 from Foreign Office to Athens, 13th Dec., 1944 (Annex II to WP. (44) 740) // TNA, CAB 66/59/41.

47. WM. (45) 5th Conclusions, Min. 1 Conf. Annex, 12th Jan., 1945 // TNA, CAB 65/51/5.

48. Крымская конференция. С. 169.

49. Отношения России (СССР) с Югославией. С. 394.

50. Harriman W.A., AbelE. Op. cit. P. 409.

51. Prime Minister to Deputy Prime Minister for War Cabinet, 10th Feb., 1945 // TNA, PREM 3/51/10.

52. Plokhy S.M. Op. cit. P. 195.

53. Stettinius E., Jr. Roosevelt and the Russians. P. 297.

54. РГАСПИ. Ф. 558. Оп. 11. Д. 370. Л. 19.

55. Churchill & Roosevelt. Vol. 3. P. 533.

56. GilbertM. Winston S. Churchill. Vol. VII. P. 1195.

57. Цит. по: Шервуд Р. Указ. соч. Т 2. С. 578.

58. Великая Победа. Т 9. С. 218.

59. РГАСПИ. Ф. 558. Оп. 11. Д. 370. Л. 32.

60. Notes after conference with the President, March 3,1945 //LC, MD, H. Stimson Diaries; From the President to Marshall Stalin, March 3, 1945 // FDRL,

MR, Box 9.

61. FRUS. 1945. Vol. V. Washington, 1967. P. 1072.

62. Volkogonov Papers // LC, MD, Reel 6.

63. GilbertM. Winston S. Churchill. Vol. VII. P. 1247.

64. War Diaries, 1939–1945. Field Marshal Lord Alanbrooke. P. 665.

65. Memorandum for General Lincoln, 16 March, 1945 // NARA, RG 218, ABC 383.6 (16 June'43), Sec.l-C. 504

66. Ibid.; FRUS. 1945. Vol. V. P. 1075.

67. March 16, 1945 // LC, MD. H. Stimson Diaries.

68. FRUS. 1945. Vol. V. P. 1078-1079, 1081, note 87.

69. Draft of Possible Message from President to Marshall Stalin, 16 March, 1945 // FDRL, MR, Box 9. С. Батлер в своей работе пропустила и эту рузвельтовскую правку (Butler S. Op. cit. P. 300).

70. Prime Minister to Foreign Office, 21st March, 1945//TNA, FO 954/22.

71. Из Лондона, 22.III. 1945 // АВП РФ. Ф. 059. Оп. 1. П. 53. Д. 313. Л. 205- 208.

72. StilwellA. Op. cit. P. 459.

73. Эйзенхауэр Д. Указ. соч. С. 428.

74. War Diaries, 1939–1945. Field Marshal Lord Alanbrooke. P. 667.

75. Крымская конференция. С. 50.

76. Жуков Г.К. Указ. соч. Т. 2. С. 234.

77. Василевский А.М. Указ. соч. С. 454.

78. Там же. С. 462.

79. Типпельскирх К. История второй мировой войны, М., 1956. С. 176.

80. WP. (45) 269, 25thApril, 1945 //TNA, CAB 66/65/19.

81. From Hitler's Doorstep. P. 485.

82. См. подробнее: Иванов С.П. За освобождение Венгрии и Австрии //9 Мая 1945 года / Под ред. А.М. Самсонова. М., 1970 (далее– 9 Мая 1945 года).

83. Glantz D.M. Soviet Military Deception in the Second World War. London, 1989. P. 514ff.

84. Major P. Hall to US Military Mission, March 5, 1945; To AGWAR for General Marshall from Deane, March 3, 1945 // NARA, RG 334, Box 23; Costigliola F. "Like Animals or Worse": Narratives of Culture and Emotion by U.S.

POW and Airmen behind Soviet Lines, 1944–1945 // Diplomatic History. 2004. Vol. 28. No. 5. P. 760.

85. From Marshall Stalin to President Roosevelt, 22nd March, 1945 // FDRL, MR, Box 9.

86. САНО. Т. 2. С. 317, 320-321.

87. Record of a Conversation, 25th May, 1945 //TNA, FO 954/26.

88. From Moscow to Foreign Office, 27th March, 1945 //TNA, PREM 3/356/9.

89. War Diaries, 1939–1945. Field Marshal Lord Alanbrooke. P. 674-675.

90. Крымская конференция. С. 55.

91. Memorandum for the President, March 23, 1945 // FDRL, MR, Box 9.

92. Постановления Политбюро от 13 и 22.V.1945 // РГАСПИ. Ф. 17. Оп. 3. Д. 1052. Л. 10, 13.

93. WSC Minute to Foreign Secretary, 25.3.1945 // CHAR 20/209.

94. From Moscow to Foreign Office, 27th March, 1945 //TNA, PREM 3/356/9.

95. FRUS. 1945. Vol. V. P. 822.

96. Memorandum for the President, March 24, 1945 // FDRL, MR, Box 9.

97. См. О ней: Smith B.F., Agarossi E. Operation Sunrise: the Secret Surrender. N.Y, 1979.

505 98. FromA.F.H.Q. to AGWAR, 15th March, 1945 //TNA, PREM 3/198/2.

99. From Moscow to Foreign Office, March 14, 1945 //TNA, FO 954/17.

100. From Moscow to Foreign Office, March 14, 1945 // TNA, PREM 3/198/2.

101. Memorandum forthe Secretary, March 13, 1945 // NARA, RG 59, Records of Charles E. Bohlen, General Correspondence, Box 3; Churchill & Roosevelt. Vol. 3. P. 586.

102. Donovan Ж Memorandum for the Secretary of State, 10th March 1945// NARA, RG 59, DF, 740.0011EW/3-1045.

103. From Flitler's Doorstep. P. 469.

104. САМО. Т 2. С. 332-333.

105. From Moscow to Foreign Office, 17th March 1945 // TNA, FO 954/17.

106. From Foreign Office to Washington, 18th March, 1945 // TNA, PREM 3/198/2; From Washington to Foreign Office, March 19 1945 //TNA, FO 954/17.

107. March 17, 1945 // LC, MD, H. Stimson Diaries.

108. САМО. Т. 2. С. 338.

109. To Foreign Secretary and General Ismay for C.O.S. Committee, 3rd April 1945 // TNA, FO 954/17.

110. War Diaries, 1939–1945. Field Marshal Lord Alanbrooke. P. 674.

111. Bohlen Ch. Op. cit. P. 209.

112. From the President to Marshal Stalin, 24th March, 1945 // FDRL, MR, Box 9.

113. WM. (45) 40th Conclusions. Conf. Annex, 5th April, 1945 // TNA, PREM 3/198/2.

114. РГАСПИ. Ф. 558. Оп. 11. Д. 370. Л. 68-70.

115. FromA.M.S.S.0. to J.S.M., Washington, 29thMarch, 1945//TNA, FO 954/17. См. также: From Flitler's Doorstep. P. 478ff.

116. Foreign Office to Moscow 19th Feb., 1945 // LC, WAHP, CF, Cont.178.

117. Prime Minister to Sir Archibald Clark Kerr, 28th Feb., 1945 // CHAR 20/212.

118. Churchill & Roosevelt. Vol. 3. P. 593.

119. The Fifth Session of Polish Commission, March 23, 1945 // LC, WAF1P, CF, Cont. 178.

120. «FlaM следует немедленно принять дружественное предложение Молото¬ва», – инструктировал Черчилль Керра (From Foreign Office to Moscow, 28th Feb., 1945 // TNA, FO 954/20).

121. Советско-американские отношения. 1939–1945. С. 639-641.

122. Prime Minister, 24th March, 1945 // TNA. PREM 3/356/9.

123. Churchill & Roosevelt. Vol. 3. P. 564.

124. Leahy Diaries, March 29, 1945 // LC, W Leahy Papers, Reel 4.

125. Butler S. Op. cit. P. 309-312.

126. WP. (45) 143, 5th March, 1945 // TNA, CAB 66/62/48.

127. Churchill & Roosevelt. Vol. 3. P. 562.

128. Prime Minister to Foreign Secretary, 13th March, 1945 // CF1AR20/212.

129. Churchill & Roosevelt. Vol. 3. P. 547.

130. Foreign Office to Moscow, 29th March, 1945 // CFLAR 20/213 A-B.

131. AGWAR for Combined Chiefs of Staff, A.F.FLQ. for Field Marshal Alexander's eyes only, 2nd April, 1945 //TNA, PREM 3/198/2. 506

132. Harriman W.A., AbelE. Op. cit. P. 435-436.

133. From Hitler's Doorstep. P. 490-491.

134. Ржешевский О А. Последний штурм: Жуков или Конев // Мир истории. 2001. №5.

135. FRUS. 1945. Vol. V. P. 816-817.

136. War Diaries, 1939–1945. Field Marshal Lord Alanbrooke. P. 675.

137. FDRL, MR, Box 195 (Map Room Logs, 1942-1945).

138. From The President to Marshal Stalin, 4th April 1945 // FDRL, MR, Box 9.

139. April 4, 1945 // FDRL, W. Leahy Diaries, Reel 4; Leahy W. Op. cit. P. 334.

140. Churchill & Roosevelt. Vol. 3. P. 609.

141. Speaking for Themselves: The Personal Letters of Winston and Clementine Churchill (далее–Speaking for Themselves) / Ed. by M. Soames. London, 1999. P. 526.

142. Churchill W.S. The Second World War. Vol. VI. P. 448-449.

143. A.F.H.Q. to the War Office, 12th March, 1945 // TNA, FO 954/17.

144. TNA, PREM 3/198/2.

145. Foreign Office to Washington, 4th April, 1945 //TNA, FO 954/17.

146. Cohen W. America in the Age of Soviet Power, 1945–1991. Cambridge, 1991. P. 16.

147. Prime Minister to Foreign Secretary, 25th March, 1945 //TNA, FO 954/26.

148. Foreign Secretary (personal minute by WS.C.), 30.3.45 // PREM 3/198/2. Чер¬чилль упоминает об этом и в своих мемуарах (The Second World War. Vol. VI. p. 445-446).

149. Prime Minister (from A. Eden), 29th March, 1945 // CHAR 20/213 A-B.

150. Churchill & Roosevelt. Vol. 3. P. 613.

151. War Diaries 1939–1945. Field Marshal Lord Alanbrooke. P. 681.

152. Colville J. Op. cit. P.551.

153. WM. 40 (45), 5th April 1945 // TNA, CAB/195/3.

154. WM (45) 40th Conclusions, Conf. Annex, 5th April, 1945 // TNA, PREM 3/198/2.

155. From Foreign Office to Washington, 15th April, 1945 //Ibid. 3/473.

156. FromMoscowto Foreign Office, 3rd April, 1945 //TNA, PREM 3/356/5.

157. Prime Minister, 7th April 1945; Foreign Secretary, 8th April 1945 // Ibid.

158. Prime Minister to Dominions Secretary, 3rd April, 1945 // CHAR 20/209.

159. FDRL, MR, Box 195 (Map Room Logs, 1942-1945).

160. FRUS. 1945. Vol. V. P. 824.

161. РГАСПИ. Ф. 558. Оп. 11. Д. 272. Л. 71-74.

162. Лебедев– Молотову, 3.III.1945 //АВП РФ. Ф. 06. Оп. 7. П. 39. Д. 588. Л. 15-16.

163. РГАСПИ. Ф. 558. Оп. 11. Д. 370. Л. 128.

164. Prime Minister to Foreign Secretary 25th March 1945 //TNA, FO 954/26.

165. Правда. 9.V. 1945.

166. Лондон, Гусеву, 4.IV.1945 //АВП РФ. Ф. 059. Оп. 15. П. 17. Д. 98. Л. 96.

167. The Churchill Documents. Vol. 17. P. 813.

168. Speaking for Themselves. P. 526. 507

169. Ibid. P. 524.

170. Запись беседы тов. И. В. Сталина с г-жой Клементиной Черчилль, 7.IV.1945 // РГАСПИ. Ф. 495. Оп. 198. Д. 1371. Л. 61-62.

171. From Moscow to Foreign Office, 8th April 1945 // CHAR 20/214.

172. Speaking for Themselves. P. 523.

173. For Mr. Stettinius, April 17, 1945 // NARA, RG 59, Records of Charles E. Bohlen, General Correspondence, Box 3.

174. Крымская конференция. С. 94.

175. Foreign Secretary, 11thMarch 1945 //TNA, PREM 3/356/5.

176. Churchill & Roosevelt. Vol. 3. P. 628.

177. СССР и германский вопрос. Т. 1. С. 631-632.

178. Эйзенхауэр Д. Указ. соч. С. 518.

179. Churchill & Roosevelt. Vol. 3. P. 624.

180. From The President to Marshal Stalin, 11th April 1945 // FDRL, MR, Box 9.

181. Arrangements with the Soviets. Report by the Joint Strategic Survey Committee, 5th April 1945 // NARA, RG 218, Geographical File 1942–1945, CCS 092 (USSR), (3-27-45), Sec.l.

182. Memorandum for General Marshall, Admiral King, General Arnold, April

6, 1945 // Ibid.

183. From A.F.H.Q. to AGWAR, 6th April, 1945 // TNA, PREM 3/198/2.

184. Roosevelt to Churchill, April 11, 1945 // FDRL, Presidential Trips (Warm Springs Trip, March 29–April 12, 1945), Box 23.

185. Ambassador Harriman for the President, April 12, 1945; For Harriman from the President, April 12, 1945 // LC, WAHP, CF, Cont.178.

186. FDRL, MR, Box 195 (Map Room Logs, 1942–1945).

187. LC, WAHP, Writing Files, Memoirs, E. Abel Files, Cont. 860.

188. From Moscow to Foreign Office, 14th April, 1945 //TNA, PREM 3/197/8.

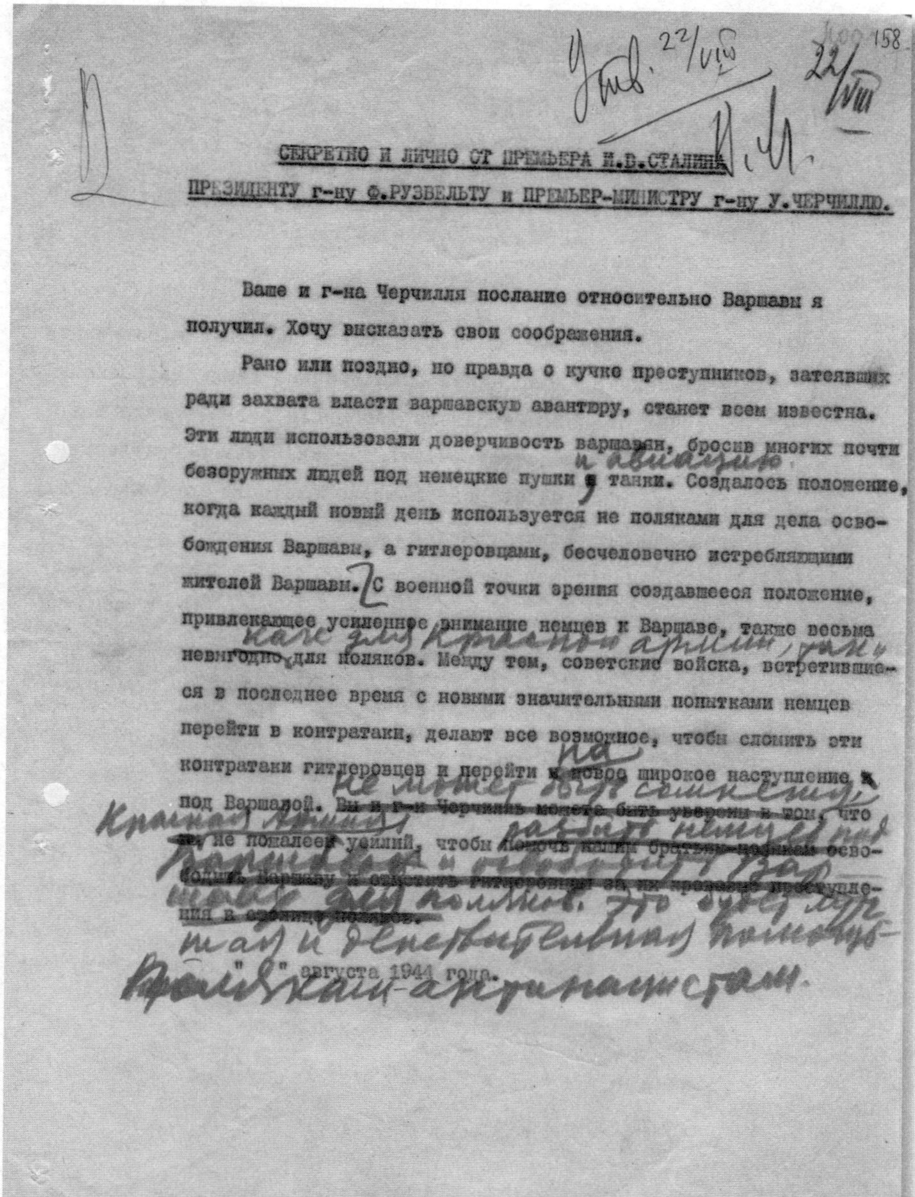

Утв. 22/VIII

22/VIII

И. Ст.

СЕКРЕТНО И ЛИЧНО ОТ ПРЕМЬЕРА И.В.СТАЛИНА

ПРЕЗИДЕНТУ г-ну Ф.РУЗВЕЛЬТУ и ПРЕМЬЕР-МИНИСТРУ г-ну У.ЧЕРЧИЛЛЮ.

Ваше и г-на Черчилля послание относительно Варшавы я получил. Хочу высказать свои соображения.

Рано или поздно, но правда о кучке преступников, затеявших ради захвата власти варшавскую авантюру, станет всем известна. Эти люди использовали доверчивость варшавян, бросив многих почти безоружных людей под немецкие пушки, ~~и~~ танки и авиацию. Создалось положение, когда каждый новый день используется не поляками для дела освобождения Варшавы, а гитлеровцами, бесчеловечно истребляющими жителей Варшавы. С военной точки зрения создавшееся положение, привлекающее усиленное внимание немцев к Варшаве, также весьма невыгодно как для Красной армии, так и для поляков. Между тем, советские войска, встретившиеся в последнее время с новыми значительными попытками немцев перейти в контратаки, делают все возможное, чтобы сломить эти контратаки гитлеровцев и перейти ~~к~~ на новое широкое наступление ~~и~~ под Варшавой. ~~Вы и г-н Черчилль можете быть уверены в том, что мы не пожалеем усилий, чтобы помочь нашим братьям-полякам освободить Варшаву и отомстить гитлеровцам за их кровавые преступления в столице поляков.~~ Не может быть сомнения, что Красная армия не пожалеет усилий, чтобы разбить немцев под Варшавой и освободить Варшаву для поляков. Это будет лучшая и действительная помощь полякам-антинацистам.

" " августа 1944 года.

斯大林写给丘吉尔和罗斯福的信函草稿，上有斯大林的修改手迹，1944年8月22日。

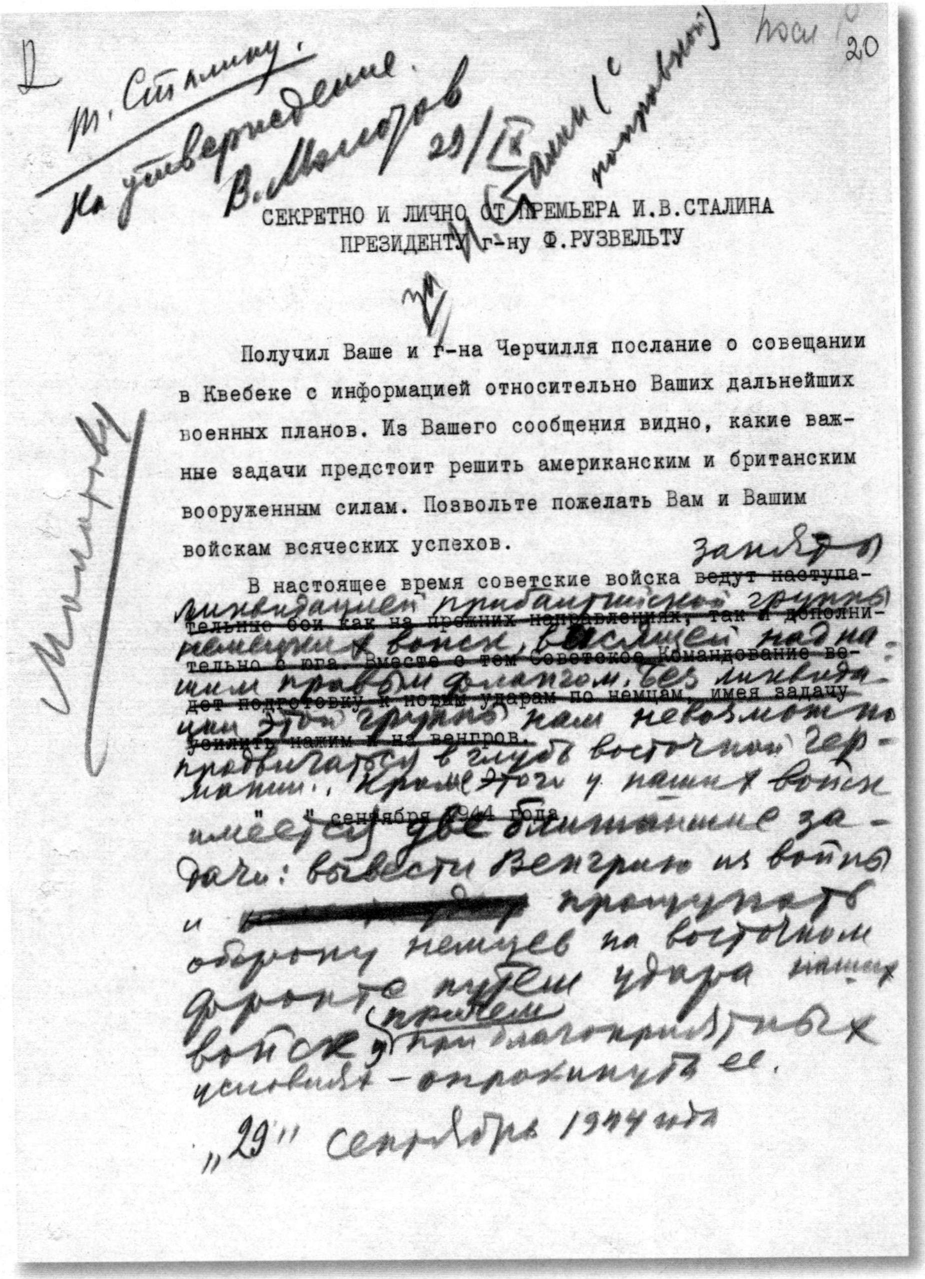

т. Сталину. На утверждение. В. Молотов 29/IX

Сталин (с поправкой)

СЕКРЕТНО И ЛИЧНО ОТ ПРЕМЬЕРА И.В.СТАЛИНА
ПРЕЗИДЕНТУ г-ну Ф.РУЗВЕЛЬТУ

Получил Ваше и г-на Черчилля послание о совещании в Квебеке с информацией относительно Ваших дальнейших военных планов. Из Вашего сообщения видно, какие важные задачи предстоит решить американским и британским вооруженным силам. Позвольте пожелать Вам и Вашим войскам всяческих успехов.

В настоящее время советские войска ~~ведут наступательные бои как на прежних направлениях, так и дополнительно с юга. Вместе с тем Советское Командование ведет подготовку к новым ударам по немцам, имея задачу усилить нажим и на венгров.~~ заняты ликвидацией прибалтийской группы немецких войск, висящей над нашим правым флангом. Без ликвидации этой группы нам невозможно продвигаться в глубь восточной Германии. Кроме этого у наших войск имеется две ближайшие задачи: вывести Венгрию из войны и прощупать оборону немцев на восточном фронте путем удара наших войск, а при благоприятных условиях — опрокинуть ее.

~~" " сентября 1944 года~~

„29" сентября 1944 года

Молотову

斯大林写给罗斯福的信函草稿，上有斯大林的修改手迹，1944年9月29日。

罗斯福和丘吉尔在第二次魁北克会议期间交谈，1944年9月。

到访莫斯科的丘吉尔和艾登与迎接人员在一起。中心机场，1944年10月9日。

M.B.莫洛托夫和克尔在中心机场准备迎接丘吉尔，1944年10月9日。

“托尔斯泰”谈判。在克里姆林宫共进午餐，1944年10月。

丘吉尔、斯大林、艾登、古谢夫等在克里姆林宫招待会上，1944年10月。

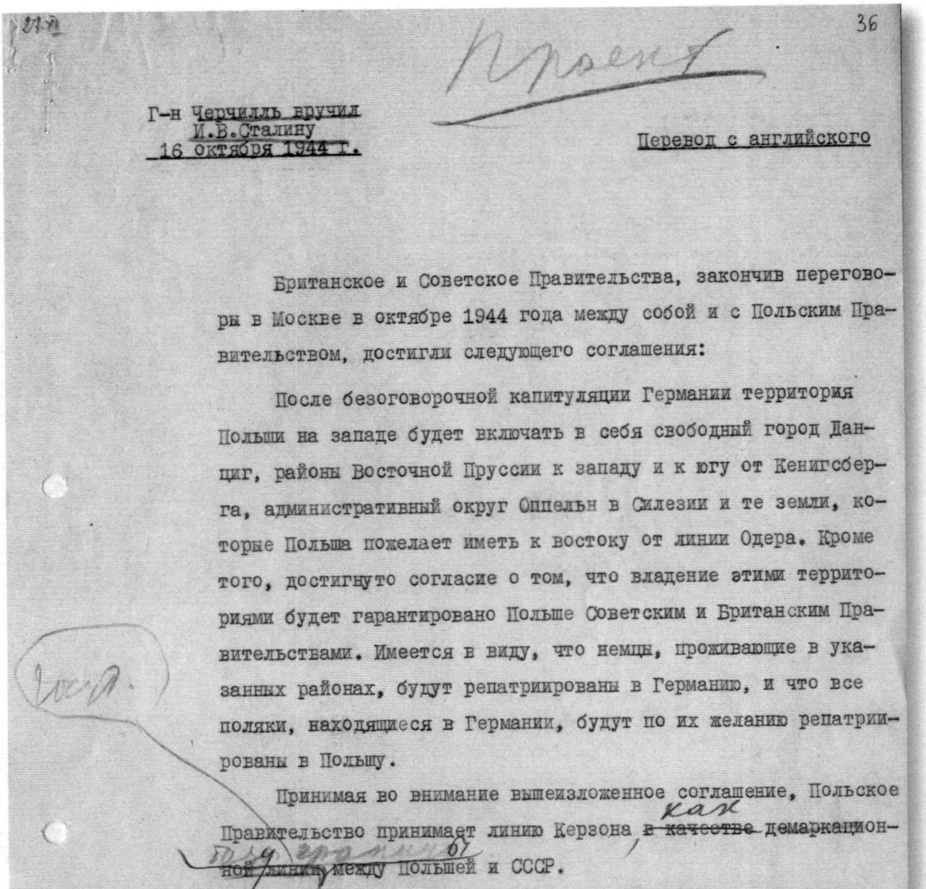

Проект

36

Г-н Черчилль вручил
И.В.Сталину
16 октября 1944 г.

Перевод с английского

Британское и Советское Правительства, закончив переговоры в Москве в октябре 1944 года между собой и с Польским Правительством, достигли следующего соглашения:

После безоговорочной капитуляции Германии территория Польши на западе будет включать в себя свободный город Данциг, районы Восточной Пруссии к западу и к югу от Кенигсберга, административный округ Оппельн в Силезии и те земли, которые Польша пожелает иметь к востоку от линии Одера. Кроме того, достигнуто согласие о том, что владение этими территориями будет гарантировано Польше Советским и Британским Правительствами. Имеется в виду, что немцы, проживающие в указанных районах, будут репатриированы в Германию, и что все поляки, находящиеся в Германии, будут по их желанию репатриированы в Польшу.

Принимая во внимание вышеизложенное соглашение, Польское Правительство принимает линию Керзона ~~в качестве~~ как демаркационной ~~линии~~ госуд. границы между Польшей и СССР.

Отдельные советско-польские соглашения будут регулировать взаимное переселение и репатриацию населения обеих стран и освобождение находящихся под арестом лиц.

Достигнуто соглашение о том, что будут приняты необходимые меры для переселения всех лиц обеих стран, желающих изменить свое гражданство, в соответствии со свободно выраженным ими желанием.

在斯大林和丘吉尔给罗斯福的联名信上，斯大林对原稿做了修改，事关“托尔斯泰”谈判（1944年10月16日）。第1页。

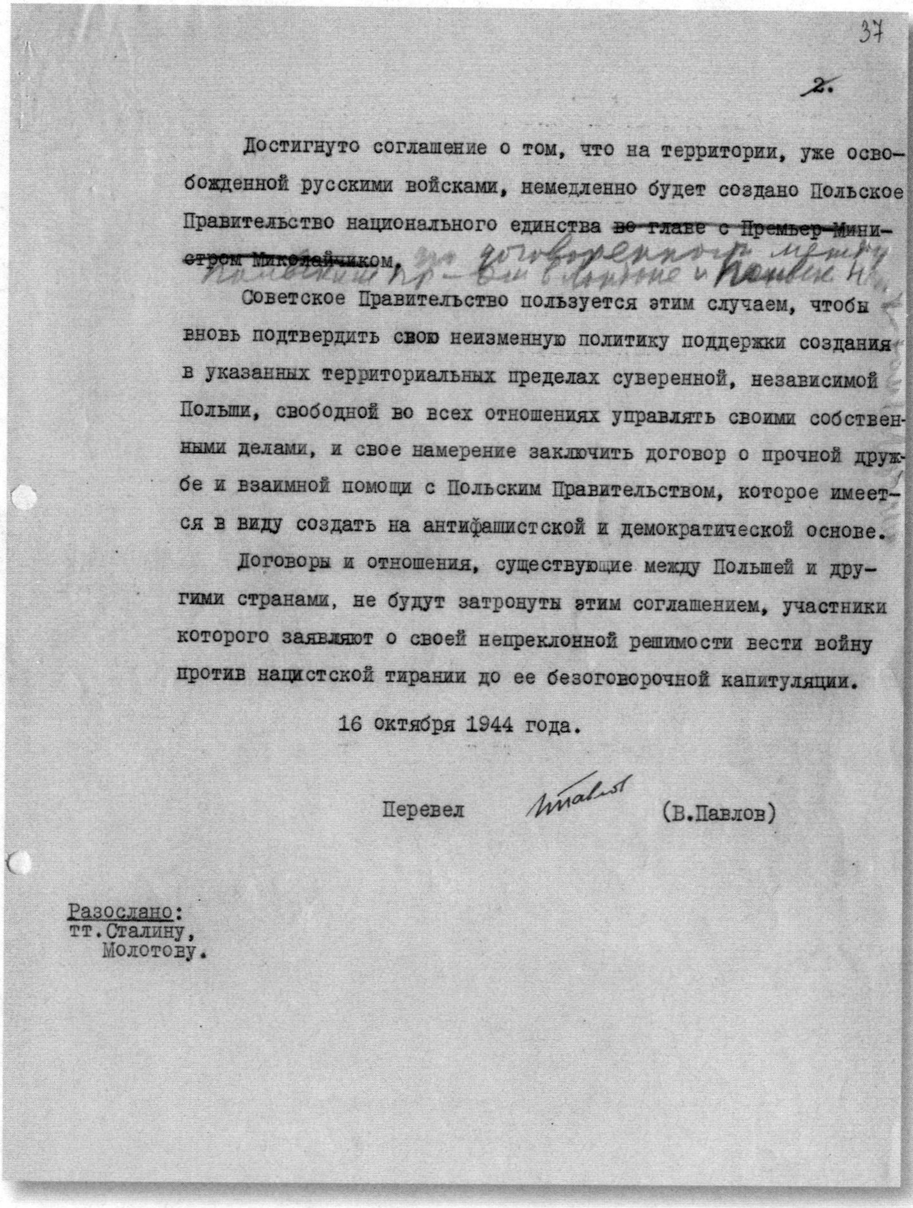

37

2.

Достигнуто соглашение о том, что на территории, уже освобожденной русскими войсками, немедленно будет создано Польское Правительство национального единства ~~во главе с Премьер-Министром Миколайчиком~~, по договоренности между польским пр-вом в Лондоне и Польск. К.Н.

Советское Правительство пользуется этим случаем, чтобы вновь подтвердить свою неизменную политику поддержки создания в указанных территориальных пределах суверенной, независимой Польши, свободной во всех отношениях управлять своими собственными делами, и свое намерение заключить договор о прочной дружбе и взаимной помощи с Польским Правительством, которое имеется в виду создать на антифашистской и демократической основе.

Договоры и отношения, существующие между Польшей и другими странами, не будут затронуты этим соглашением, участники которого заявляют о своей непреклонной решимости вести войну против нацистской тирании до ее безоговорочной капитуляции.

16 октября 1944 года.

Перевел (В.Павлов)

Разослано:
тт.Сталину,
Молотову.

在斯大林和丘吉尔给罗斯福的联名信上，斯大林对原稿做了修改，事关“托尔斯泰”谈判（1944年10月16日）。第2页。

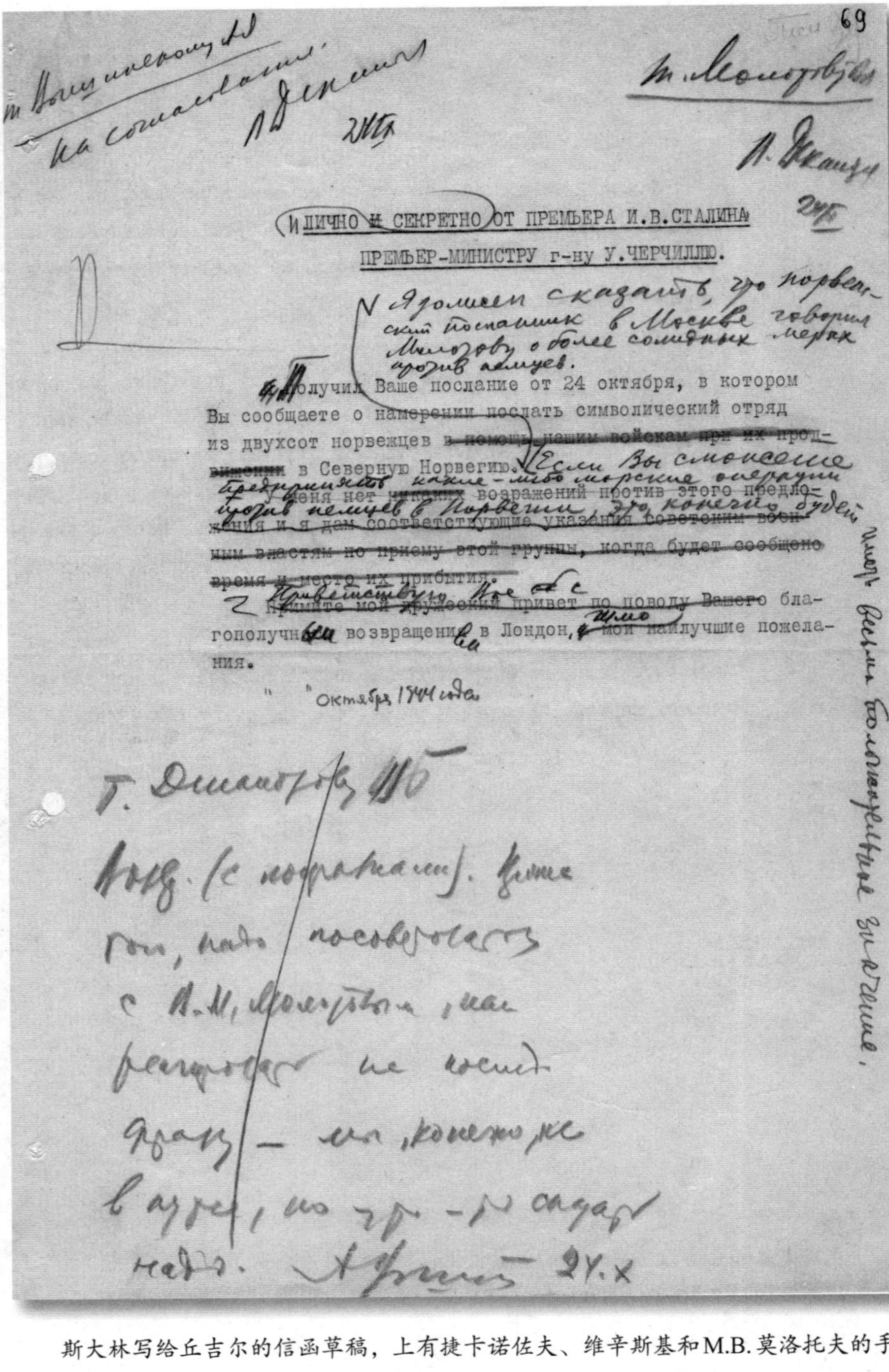

69

ЛИЧНО И СЕКРЕТНО ОТ ПРЕМЬЕРА И.В.СТАЛИНА

ПРЕМЬЕР-МИНИСТРУ г-ну У.ЧЕРЧИЛЛЮ.

Получил Ваше послание от 24 октября, в котором Вы сообщаете о намерении послать символический отряд из двухсот норвежцев в помощь нашим войскам при их продвижении в Северную Норвегию.

У меня нет никаких возражений против этого предложения и я дам соответствующие указания советским военным властям по приему этой группы, когда будет сообщено время и место их прибытия.

Примите мой дружеский привет по поводу Вашего благополучного возвращения в Лондон, и мои наилучшие пожелания.

" " октября 1944 года

斯大林写给丘吉尔的信函草稿，上有捷卡诺佐夫、维辛斯基和M.B.莫洛托夫的手迹，1944年10月24日。

麦克阿瑟将军返回被解放的菲律宾，1944年10月。

夏尔·戴高乐访问莫斯科，与M.B.莫洛托夫、波德采洛普在莫斯科火车站，1944年12月。

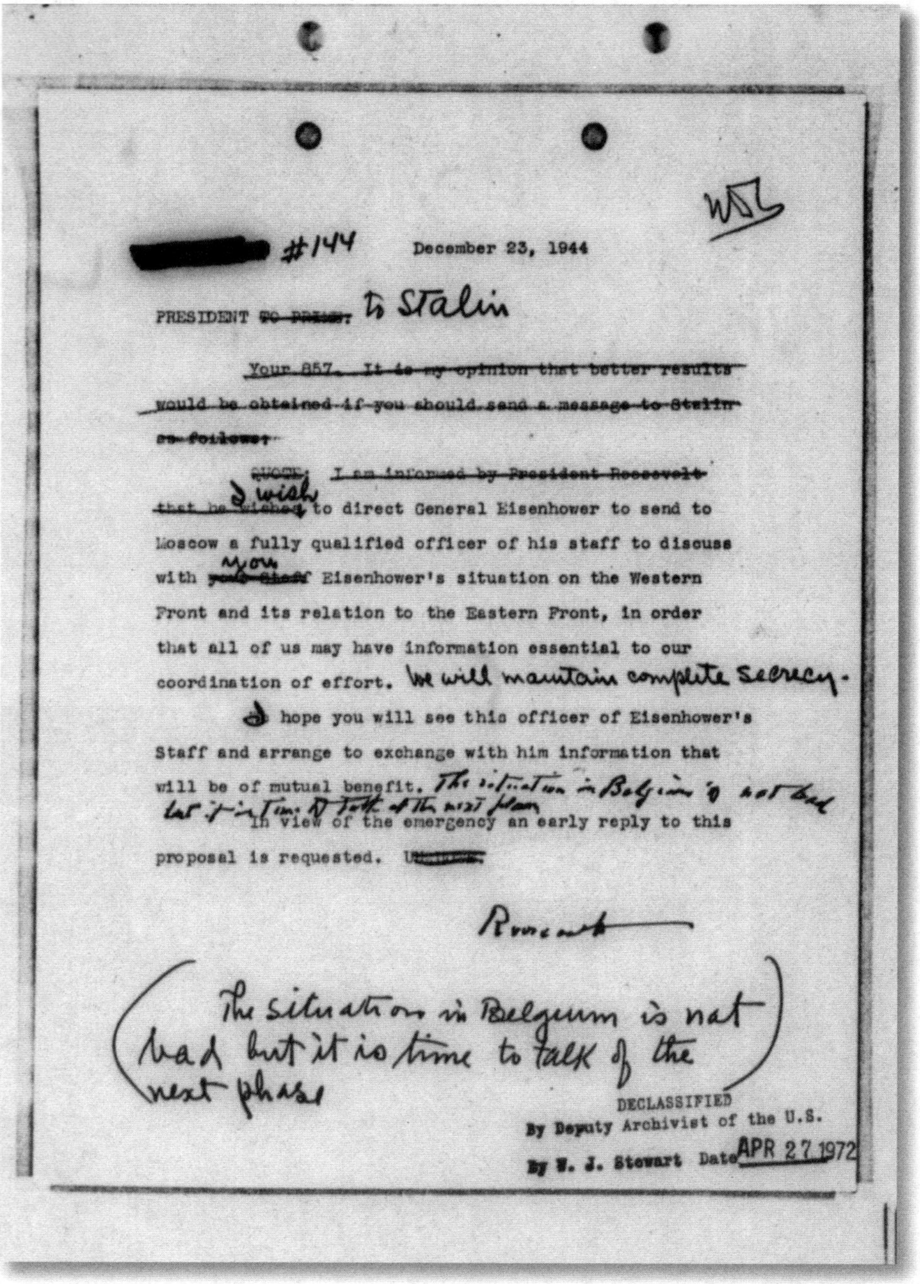

WSL

[redacted] #144 December 23, 1944

PRESIDENT ~~TO PRIME.~~ to Stalin

~~Your 857. It is my opinion that better results would be obtained if you should send a message to Stalin as follows:~~

~~QUOTE: I am informed by President Roosevelt that he wishes~~ I wish to direct General Eisenhower to send to Moscow a fully qualified officer of his staff to discuss with ~~your Chief~~ you Eisenhower's situation on the Western Front and its relation to the Eastern Front, in order that all of us may have information essential to our coordination of effort. We will maintain complete secrecy.

I hope you will see this officer of Eisenhower's Staff and arrange to exchange with him information that will be of mutual benefit. The situation in Belgium is not bad but it is time to talk of the next phase.

In view of the emergency an early reply to this proposal is requested. ~~UNQUOTE.~~

Roosevelt

(The situation in Belgium is not bad but it is time to talk of the next phase)

DECLASSIFIED
By Deputy Archivist of the U.S.
By W. J. Stewart Date APR 27 1972

罗斯福写给斯大林的信函草稿，上有总统的修改手迹，1944年12月23日。

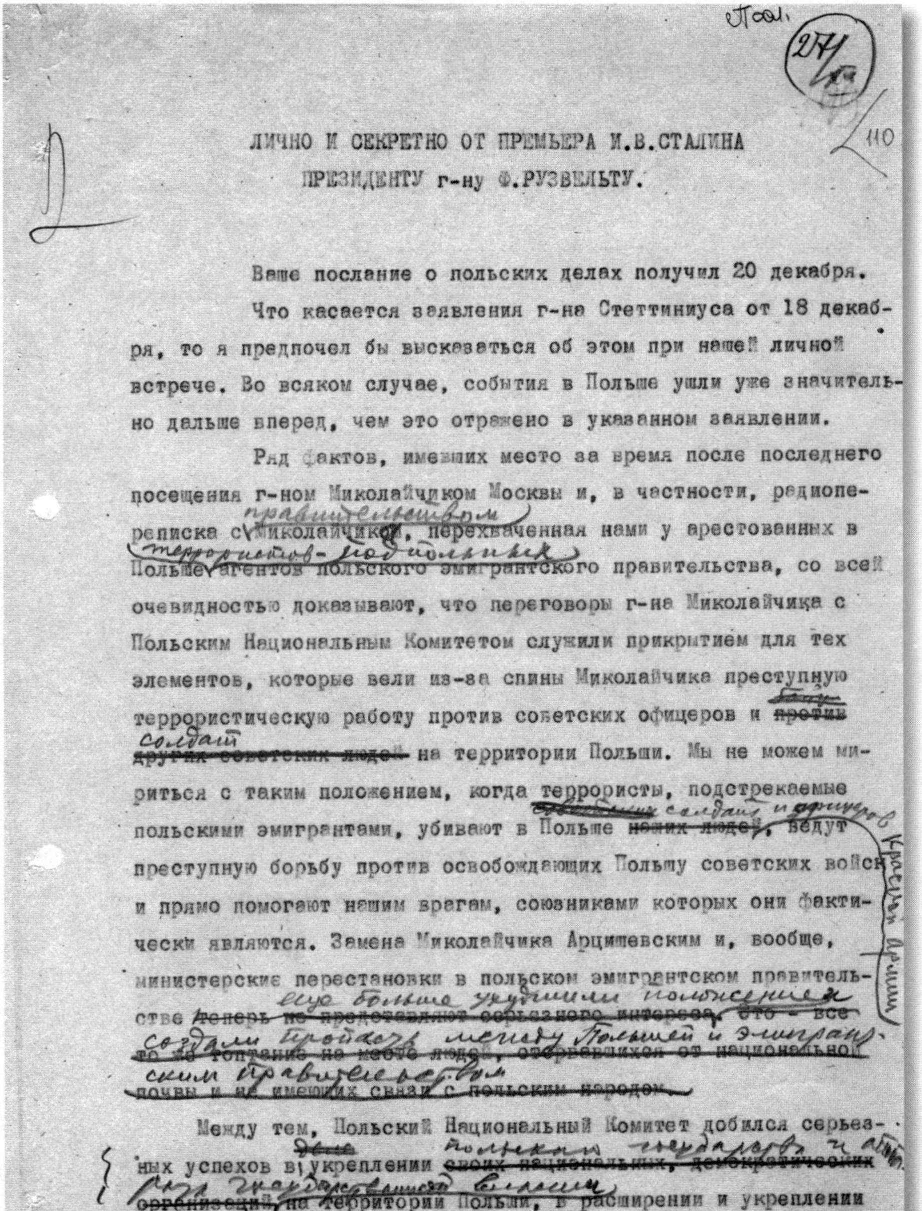

ЛИЧНО И СЕКРЕТНО ОТ ПРЕМЬЕРА И.В.СТАЛИНА
ПРЕЗИДЕНТУ г-ну Ф.РУЗВЕЛЬТУ.

Ваше послание о польских делах получил 20 декабря.

Что касается заявления г-на Стеттиниуса от 18 декабря, то я предпочел бы высказаться об этом при нашей личной встрече. Во всяком случае, события в Польше ушли уже значительно дальше вперед, чем это отражено в указанном заявлении.

Ряд фактов, имевших место за время после последнего посещения г-ном Миколайчиком Москвы и, в частности, радиопереписка с Миколайчиком, перехваченная нами у арестованных в Польше агентов польского эмигрантского правительства, со всей очевидностью доказывают, что переговоры г-на Миколайчика с Польским Национальным Комитетом служили прикрытием для тех элементов, которые вели из-за спины Миколайчика преступную террористическую работу против советских офицеров и против других советских людей на территории Польши. Мы не можем мириться с таким положением, когда террористы, подстрекаемые польскими эмигрантами, убивают в Польше наших людей, ведут преступную борьбу против освобождающих Польшу советских войск и прямо помогают нашим врагам, союзниками которых они фактически являются. Замена Миколайчика Арцишевским и, вообще, министерские перестановки в польском эмигрантском правительстве теперь не представляют серьезного интереса. Это - все то же топтание на месте людей, оторвавшихся от национальной почвы и не имеющих связи с польским народом.

Между тем, Польский Национальный Комитет добился серьезных успехов в укреплении своих национальных, демократических организаций на территории Польши, в расширении и укреплении

斯大林写给罗斯福的信函草稿，上有M.B.莫洛托夫的修改手迹，1944年12月27日。第1页。

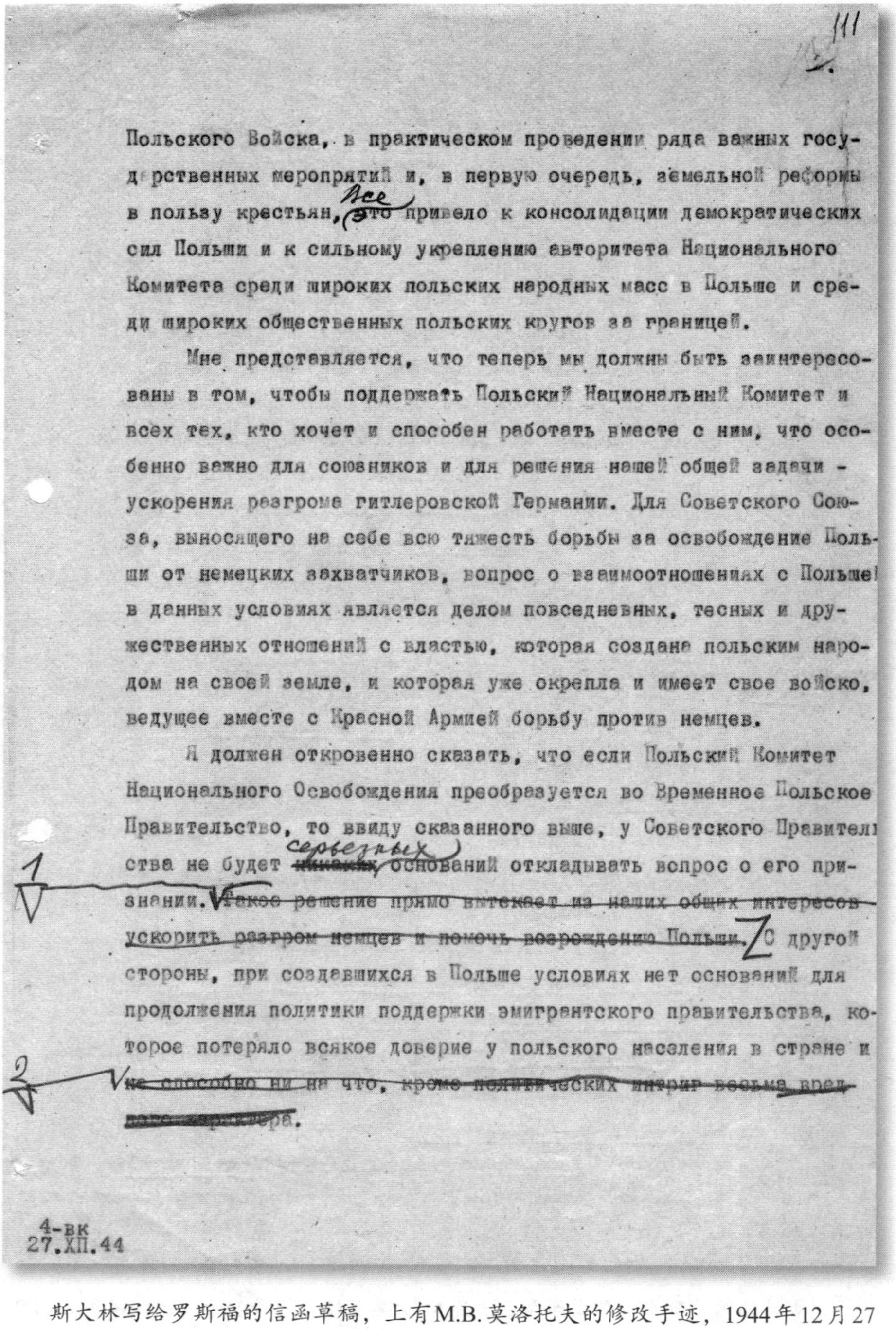

111

2.

Польского Войска, в практическом проведении ряда важных государственных мероприятий и, в первую очередь, земельной реформы в пользу крестьян, все ~~это~~ привело к консолидации демократических сил Польши и к сильному укреплению авторитета Национального Комитета среди широких польских народных масс в Польше и среди широких общественных польских кругов за границей.

Мне представляется, что теперь мы должны быть заинтересованы в том, чтобы поддержать Польский Национальный Комитет и всех тех, кто хочет и способен работать вместе с ним, что особенно важно для союзников и для решения нашей общей задачи - ускорения разгрома гитлеровской Германии. Для Советского Союза, выносящего на себе всю тяжесть борьбы за освобождение Польши от немецких захватчиков, вопрос о взаимоотношениях с Польшей в данных условиях является делом повседневных, тесных и дружественных отношений с властью, которая создана польским народом на своей земле, и которая уже окрепла и имеет свое войско, ведущее вместе с Красной Армией борьбу против немцев.

Я должен откровенно сказать, что если Польский Комитет Национального Освобождения преобразуется во Временное Польское Правительство, то ввиду сказанного выше, у Советского Правительства не будет серьезных ~~никаких~~ оснований откладывать вопрос о его признании. ~~Такое решение прямо вытекает из наших общих интересов ускорить разгром немцев и помочь возрождению Польши.~~ С другой стороны, при создавшихся в Польше условиях нет оснований для продолжения политики поддержки эмигрантского правительства, которое потеряло всякое доверие у польского населения в стране и ~~не способно ни на что, кроме политических интриг весьма вредного характера~~.

4-вк
27.XII.44

斯大林写给罗斯福的信函草稿，上有M.B.莫洛托夫的修改手迹，1944年12月27日。第2页。

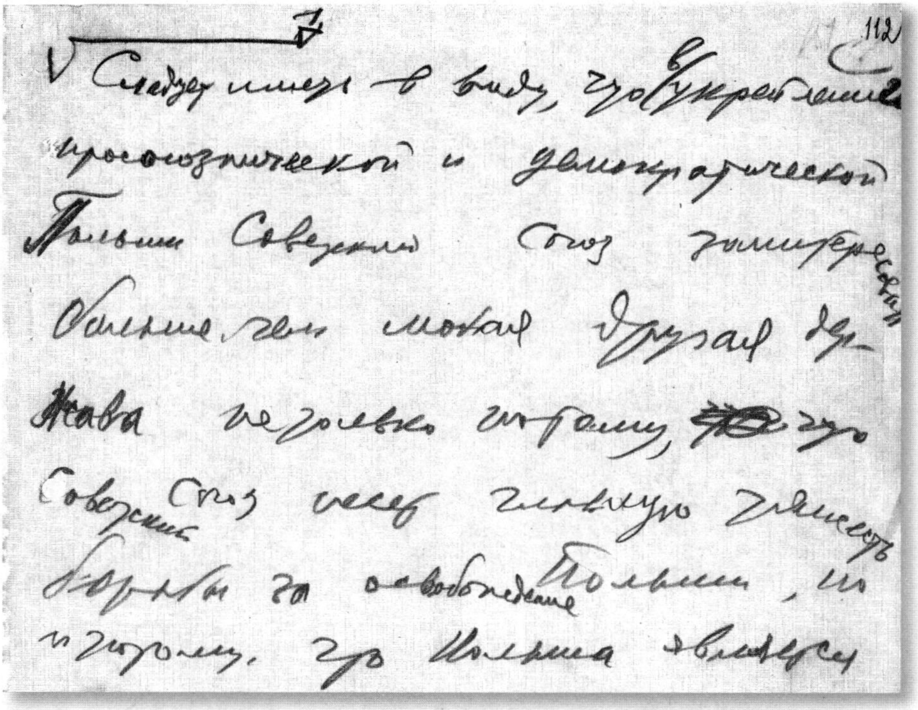

3 112

Следует иметь в виду, что в укреплении просоюзнической и демократической Польши Советский Союз заинтересован больше, чем любая другая держава не только потому, что Советский Союз несет главную тяжесть борьбы за освобождение Польши, но и потому, что Польша является

斯大林写给罗斯福的信函草稿，上有M.B.莫洛托夫的修改手迹，1944年12月27日。第3页。

赴雅尔塔途中罗斯福与美国参谋长联席会议成员交谈（“昆西”号战列舰）。

丘吉尔抵达雅尔塔，1945年2月4日。

前排左起：斯特蒂纽斯、B.M.莫洛托夫、巴甫洛夫，后排A.A.莫洛托夫等。萨基机场，1945年2月。

斯大林和丘吉尔在雅尔塔会议上，1945年2月。

会议间隙亲切交谈。

对盟友们说些什么呢？斯大林和 B.M.莫洛托夫在雅尔塔会议间歇讨论问题。

第9章 508

“伟大联盟”的强弩之末

罗斯福总统的突然辞世和哈利·杜鲁门入主白宫改变了“三巨头”之间的复杂关系及成员书信来往的诸多方面，尽管这些变化的速度不尽相同。丘吉尔的做派转换最为迅速，他试图利用新的局面增强自己在英美小圈子里的影响力，成为经验欠缺的新总统在处理与斯大林关系方面的导师。首相很快就发现，与前任相比，杜鲁门是个更易受影响的伙伴，遂决定怂恿他走强硬路线，尤其在波兰问题上。斯大林没有急于对新总统下结论，他改变了自己之前的决定，派莫洛托夫参加在美国举行的联合国成立大会，以便更近距离地接触和观察新总统。苏联在进行内部评估后对新总统及其可能采取的政策持谨慎乐观态度。在莫洛托夫到达华盛顿之前一天的晚上，葛罗米柯对杜鲁门的行动进行了如下预测：

“……在很大程度上可以预测，杜鲁门有可能在最近一段时期继续最大限度地执行罗斯福的对外政策路线，与苏联和大不列颠保持合作……

美国一直奉行孤立主义，他们在这方面走得太远，现在未必能够在对外政策上迅速转向，任何情况下，都不会发生某种程度上的实质性转变。

以上所述并不意味着杜鲁门作为政治人物比罗斯福更为软弱，与罗斯福相比，他在很大程度上处于美国保守政治势力影响之下，不可能不在对外政策中有些新的举措，这有可能会损害联盟合作以及国际社会全面合作……看来，在即将举行的华盛顿谈判中可以窥斑见豹。”[1]

千真万确，杜鲁门已经开始行动：在丘吉尔怂恿下，4月18日发出关于
波兰问题的首封联名信（第691号文件）、4月23日在白宫与莫洛托夫激烈交 509
锋、旧金山联合国大会以对抗开场、5月12日单方面终止租借法案。据此斯大林得出结论：“罗斯福去世后，丘吉尔立即与杜鲁门沆瀣一气。”他对朱可夫和莫洛托夫如是说。[2]

然而，杜鲁门初期的行为并没有一意孤行。继续希望苏联加入对日作战、

履行盟国协定的惯性、希望与苏联保持合作的民意、桥牌爱好者所特有的精于算计和谨慎的特性都使得杜鲁门采取行动时不得不瞻前顾后，避免与罗斯福的政策出现明显断裂。因此，在最初和莫斯科关系降温之后，他采取了一系列示好措施：派忠诚的“罗斯福分子”霍普金斯和戴维斯（Дэвис Дж.）肩负重要使命率团赴莫斯科和伦敦，拒绝支持丘吉尔要求苏军撤出德国苏联占领区的挑衅性建议，压制首相在的里亚斯特危机期间使用武力对付铁托军队的冲动，不顾丘吉尔反对与斯大林商讨召开波茨坦会议（Подстанская конференция）的日期。领导人的书信往来依旧是他们之间保持联系的主要渠道。

来往信函的话题也随着盟国日程的变化而变化。波兰问题逐渐消弭。4月28日，丘吉尔为了维持盟国关系就波兰问题写给斯大林的最后一封激情荡漾的回信（第772号文件）没有奏效，三国外长在莫洛托夫访问华盛顿期间的谈话也草草收场。斯大林用消耗战慢慢拖垮自己的伙伴们，在霍普金斯访问莫斯科期间，他以最小的让步为代价换取盟友同意在苏联代理人占据明显优势的基础上组建波兰政府。以此为华盛顿和伦敦在6月承认波兰新政府铺平了道路，但白宫在此问题上的仓促行事引起白厅的不满。霍普金斯的访问还解决了另一个有争议的问题，即有关安理会表决程序，在此问题上斯大林对盟国做出了微小的让步。

510 4月底至5月初，德国投降问题占据了往来书信的较大篇幅。鉴于“伯尔尼事件”的教训，盟国拒绝了希姆莱单方面媾和的“和平阴谋”，斯大林对此大加赞赏，丘吉尔最后一次深受触动（第710、717号文件）。同时，德国签署无条件投降书一事也并非一帆风顺：盟国未经苏联同意便急于在“自己的领土”兰斯签署协定，苏联方面后来要求在柏林再次举行投降仪式。丘吉尔和杜鲁门没有按照斯大林的意愿共同宣布5月9日为胜利日，而自己定在早一天。新解密的俄罗斯和美国档案文件首次揭开了首脑们在这个问题上剑拔弩张的通信内幕，对于日期的讨论甚至到了分秒必争的地步（第734—744号文件）。

5月和6月的大量通信，主要围绕着意大利威尼斯朱利亚省以及首府的里雅斯特的局势展开，这里成为铁托军队和盟军的竞技场。的里雅斯特危机（Триестский кризис）的实质是英美和苏联为争夺对意大利的影响力所进行的角逐。苏联支持南斯拉夫的领土诉求，面对盟国的强烈抵触，斯大林选择了缓和危机，然而围绕的里雅斯特的外交斗争将持续在外交人民委员会的框架内进行。这场危机的“头鹰”是丘吉尔，他极力怂恿杜鲁门与莫斯科对抗，而他却力求避免采用最后通牒式的语言与斯大林商讨问题。虽然后来他把这封通牒式的信件收录到自己的回忆录中，而本书作者在英国文献资料中发现了另外一番景象（第811号文件）。

在的里雅斯特危机最严重之际，面对苏联在欧洲咄咄逼人的势头，丘吉尔惊恐万状，他曾于1945年夏命令军方拟制了针对苏联的战争计划，号召美国军队、波兰军队甚至包括德国军队参加对苏战争。在所有战争史和联盟外交史上，再也找不到另外一个对盟友如此背信弃义的实例，苏联这位盟友在刚刚结束的大战中承受了巨大的负担，而且英国已经与之签订了全面同盟协约。战争计划制定者最终得出的结论证实了英军司令部的最初看法，认为这纯属痴人说梦：“我们认为，军事行动开始后，我们将难以取得迅速的、哪怕 511
是局部的胜利，我们将被卷入几无胜算的持久战，再加上美国人由于太平洋战争久拖不决而日益厌倦和无动于衷，这种胜算更是无从谈起。”[3] 这份打着响亮旗号的“不可思议（Немыслимое）”行动计划最终被束之高阁，但同时首相又下达命令拟制保护英属岛屿免受苏联入侵的方案蓝图。[4] 5月间，丘吉尔关于在欧洲实施“铁幕计划”的耸人听闻的信函如雪片般飞向杜鲁门。

虽然在与斯大林的通信中，首相好斗的个性并没有充分体现，但从高效的情报内线和古谢夫的报告中，斯大林清楚地了解到了丘吉尔的“激进”反苏倾向。5月18日，在与首相进行艰难的会谈之后，古谢夫好似察觉到“不可思议”行动的蛛丝马迹，并将其定性为“冒险主义行为”，“对丘吉尔来说战争是他与生俱来的本能”，他总是感叹自己在战争中的表现“比在和平时期要更加出色”。[5]波茨坦会议召开之前，斯大林的西方伙伴与雅尔塔会议期间相比完全是另外一副模样：丘吉尔是潜在的敌手，而新总统杜鲁门则优柔寡断。这预示着苏联在这次会议上将面临艰难的讨价还价，但斯大林未表现出自己的焦虑，他保持惯有的平稳语气与盟友通信和在波茨坦会议上与盟友打交道。

斯大林这么做自然有自己的道理，丘吉尔本想在波茨坦与苏联领导人用实力说话，却“再次折服于斯大林的个人魅力”，艾登在自己的日记中这样写道。“丘吉尔反复强调，‘我喜欢这个人’，”大臣在日记中继续写道，“我惊奇地发现，斯大林完全影响了首相，我提醒首相，希望他意识到这一点，但却是徒劳的。”[6] 丘吉尔的好战心态表现在唯一一个问题上，即苏联准备向西走多远（在7月18日晚餐时的双方对话）。[7] 斯大林的回答安慰了首相，他从此再也没有提及这个问题。

“三巨头”最后一次会晤在错综复杂和紧张的气氛中进行。盎格鲁-撒克逊人拒绝了苏联人提出的对鲁尔进行国际共管、德国战争赔偿金额的关键要求，以及在英吉利海峡、地中海和其他地区建立战略前哨的建议声明。苏联 512
外交部门成功地坚持了更加重要的诉求，瓜分德国的方式、划定波兰边界、苏联在与德国欧洲附属国签署和平协议中的主导作用，除意大利外，部分东普鲁士和哥尼斯堡划归苏联。同时，苏联还拒绝了盟国对罗马尼亚、保加利亚、匈牙利选举进行国际监督的图谋。莫洛托夫在会议总结通报上说，“这一决定赋予我们在外交上承认罗马尼亚、保加利亚、匈牙利和芬兰的自由”（人民委员在同季米特洛夫的谈话中则更为直白，将波茨坦决议称为“承认巴尔干为苏联势力范围的决议”）。[8] 总结中同时还写道：“大多数重要决定都是在会议行将结束时才得以通过的，而且达成了高度一致……苏联对会议结果感到非常满意。”[9]

克里姆林宫非常欢迎这种以相互让步达成平衡的做法，需要继续争取的其他要求留给外交部长委员会解决。斯大林在与伙伴国的外交博弈中占了上风，参加会议的美国代表也同样认为，“斯大林提问非常尖锐，他善于通过发现同行工作中的漏洞而置其于被动”，H. 费斯在自己的波茨坦会议笔记中指出，“丘吉尔自相矛盾多于深思熟虑。不能责怪杜鲁门对问题的来历了解太少。斯大林则显示出进行深度理性思考的能力，他总是把问题分为若干个主要部分，然后分步解决”。[10] 美国总统“私下”对苏联领袖给予高度评价，“我可以同斯大林打交道”，他在7月17日的私人日记中写道，“他很诚实，但又鬼一样的聪明”。[11]

会议期间，英国保守党宣布选举意外失败，这直接导致丘吉尔下野，但未影响波茨坦会议进程。“会议决议没有公开提到丘吉尔和艾登的继任者，但大多数决议的执行已经是艾德礼和贝文（Бевин Э.）时期的事了，”莫洛托夫
513 在会议总结通告中强调。[12] 丘吉尔曾预言，战后“侏儒将代替巨人”，而现在“三巨头”中的巨人仅剩下一位。杜鲁门不无幸灾乐祸地认为，“如果斯大林作古，将标志着第一个‘三巨头’时代的终结，”杜鲁门在丘吉尔离开波茨坦后的日记中写道，“罗斯福仙逝，随后是丘吉尔政治上失利，再就该轮到斯大林了。”不过，对伟大的现实主义独裁者离世的预测并没有令杜鲁门高兴起来，“我很好奇，如果约瑟夫归西，俄国和中欧将会变成怎样，”他在自己的日记中继续写道，“如果某个混账夺取了强大俄国战车的控制权，他将会令欧洲世界陷入长期无序状态。”[13]

杜鲁门在波茨坦收到了原子弹试验成功的消息，不仅未对谈判进程产生明显的影响，反而令杜鲁门和丘吉尔欢欣鼓舞，并对苏联参加对日作战的兴趣锐减。丘吉尔更加兴奋。布鲁克在日记中写道，现在，首相希望重新找回对俄关系中被打破的平衡：“……从今以后我们可以告诉他，如果您还顽固不化，我们便可轻易把莫斯科、斯大林格勒、基辅、古比雪夫等从地球上抹

去。”元帅总结说：“首相的想法把我惊呆了！”[14] 对日作战中的“苏联因素”已经无足轻重，这直接关系到雅尔塔关于远东的秘密协定的执行。就此问题的幕后外交较量成为斯大林和杜鲁门8月通信的核心内容。

美国人成功地捍卫了自己在对日本管制机构中的主导地位，拒绝了斯大林以接受日本投降为由出兵北海道的企图。斯大林同样坚决制止了美国试图不顾雅尔塔决议获取千岛群岛军事基地，并先于苏军进驻大连的做法（第840、842、844、845号文件）。这种锱铢必较的通信已经与盟友之间书信往来的初衷相去甚远。

更为直接的较量出现在9月11日至10月2日五国外长伦敦峰会期间，峰
会的主要议题是商议与德国附属国签署和平协定的问题。苏联试图巩固对保 514
加利亚和罗马尼亚的控制权，提高自己在对日管制机构中的地位，这些问题遭到了西方伙伴的强烈抵制，中国也随后加入反对者行列，斯大林以盟友违反波茨坦商定的和平条约讨论程序公式为借口，试图中断会议进程。面对“理性的斯大林”和“铁石般”的莫洛托夫，杜鲁门和艾德礼也找不到更好的出路，被迫请求斯大林对自己的副手施加影响（第851号文件）。在给莫洛托夫的信中，斯大林独裁者的真实面目展露无遗，他在信中称“英国人和美国人厚颜无耻”，他们“缺乏对自己盟友的基本尊重”。他在给人民委员的指示中总结道，“盟国对你施加压力是为了摧毁你的意志”“很明显，你应当表现得不屈不挠……有可能，峰会结果会颗粒无收，简单点说就是夭折。这并非我们的悲哀”。[15]

然而，虽然对盟友的行为极度愤慨，斯大林还是继续同他们进行外交游戏，秉持着自己一贯的谨慎态度。出乎杜鲁门的预料，他同意苏联军队撤出捷克斯洛伐克的建议（第863号文件），并在索契行宫友好地接见了杜鲁门的信使哈里曼（第858号文件）。斯大林预测，伦敦峰会遭遇挫折后，盟国将会觉醒，最终还是会自己回到谈判桌上来。这个预测得到了证实。12月初，国务卿伯恩斯建议回到雅尔塔—波茨坦会议的“三巨头”模式，在莫斯科召开三国外长会议，讨论遗留问题。斯大林已有准备，响应了这个建议（第867号文件）。

1945年12月16—27日，莫斯科会议在颇具建设性的氛围中召开，并达成了一系列折衷决议。西方盟国承认罗马尼亚和保加利亚，作为交换条件，吸收最少数量的“忠诚的”反对派加入了两国政府。斯大林和莫洛托夫事实上认可了苏联在对日管制机构中的最低职能，但仍成功说服美国人同意成立远东委员会和联盟委员会，均有苏联参与。盟国就即将举行的和平大会成
员、成立联合国原子能委员会方面达成了一致。莫斯科对此寄予厚望，莫洛 515

托夫在会议总结报告上形容这是“三国战时合作”的进一步发展。[16] 12月23日，斯大林在致杜鲁门的最后一封信中也展开评价了这一积极意义（第869号文件）。

但这种乐观转瞬即逝。回到华盛顿后，伯恩斯因为在莫斯科过分退让遭到了杜鲁门的严厉训斥。总统表示，“不愿意再伺候所谓的委员会”“如果不用铁拳和严辞与俄国人打交道，另一场战争则不能幸免”。[17] 英美名流们选择了与昔日的盟友进行对抗的方针，莫斯科也决心以牙还牙。等待他们的不是新的雅尔塔，而是富尔顿。

* * *

克里姆林宫于4月12—13日夜间得到了罗斯福去世的消息。凌晨2时50分，哈里曼通过电话向莫洛托夫通报了这一消息，莫洛托夫立即前往美国大使馆参加吊唁。美国大使向华盛顿报告说：人民委员“看起来十分伤心和激动……我从来没有见过莫洛托夫说话如此发自肺腑”。[18] 斯大林于4月13日接见了哈里曼，他同样感到发自内心地悲伤。看得出来，斯大林和大多数同时代的人一样，罗斯福的突然谢世是突如其来的噩耗。在雅尔塔期间，他看到罗斯福身体已十分虚弱，但他知道罗斯福还牢牢地掌握着权力，他们之间频繁的通信持续到生命的最后一天就可以证明。斯大林根据自己血腥的权力斗争经验认为，不排除总统成为阴谋斗争牺牲品的可能性，他甚至通过哈里曼建议美国人进行尸检，以排除中毒的可能。[19] 在同哈里曼的那次会谈中，斯大林听取了大使的建议，决定派莫洛托夫参加联合国成立大会。对盟国的这一让步不仅仅是出于对已故总统的尊重，也是为了认知他的继承人。苏联政府决定，所有国家机关降半旗致哀。当天苏联报纸刊登了斯大林致美国新任总统的第一封信，所有苏联宣传机构都播发了罗斯福去世的消息。

516 679. 致杜鲁门总统

1945年4月13日发

华盛顿

我谨以苏联政府和我个人的名义，对罗斯福总统英年早逝，向美利坚合众国政府表示深切的哀悼。美国人民和联合国家失去了富兰克林·罗斯福这位伟大的世界级政治家和战后世界和平与安全组织的先驱。

苏联政府向美国人民沉痛失去伟大的政治家表示慰问，并深信，承担反对共同敌人重任的大国合作政策将更加稳固。

И.斯大林

丘吉尔对回复斯大林4月7日的信函早有准备，他最终给“伯尔尼危机”画上了句号。他在自己的回信中不可能不提到罗斯福去世之事，但最后还是以冠冕堂皇的理由拒绝了参加老朋友的葬礼，之后他称此为“最大的错误”。[20]信中最热情洋溢的部分是感谢莫斯科对丘吉尔夫人访问期间的热情款待。首相对斯大林给予夫人的关注由衷地感到荣幸，从中他感受到了斯大林对他个人的尊重。4月14日当天，首相给夫人发去贺信，祝贺她被授予苏联勋章，并请她发回与克里姆林宫主人的谈话记录。[21]

680. 丘吉尔致斯大林的私人秘密信函

1945年4月14日发 1945年4月14日收

1. 您4月7日来函收悉。感谢您在信中对我的安慰，希望在“字谜”问题上的误解现在可以消除了。

2. 对罗斯福总统的离世表示深切悲痛。在过去五年半的时间里，我与他建立了非常亲密的私人友谊。这个悲伤的消息更显今天的现实具有的意义，就是有许许多多温馨愉快的回忆把我和您联系在了一起，即使在我们已经走 517
过的危难年代也是如此。

3. 借此机会，感谢您在莫斯科对夫人的精心关照，感谢为她在俄国旅行给予的关怀。她的工作就是让英勇的红军战士减少伤痛，我们视获得劳动红旗勋章是至高无上的荣誉。她筹措的善款可能不够多，但这充满爱意的捐款不仅是富人所为，更多的是穷人点滴力量的积累，他们为每周能作一点贡献而自豪。人民大众间的友谊、政府间的理解和军队间的互敬决定着全世界的未来。

1945年3—4月，英国政府已经制定了盟军在德国会师和庆祝欧洲战事结束的具体计划。统计英国和其他盟国对战争的贡献是这两个月典型的征候。艾德礼为首的特别委员会专门从事这项工作，委员会强调：“……不应让人觉得，我们低估了俄国和美国作出的贡献……”3月31日，为组织庆祝对德战争结束而特别召开的部委会议报告中这样写道：

“在签署停火协议或宣布放弃有组织抵抗之前，英美军队与苏军会师是完全可行的。在此之后，必定出现民众自发庆祝的场面，可能的形式是人群走上街头，庆祝即将到来的胜利。无论狂欢的规模大小，委员会认为，[军队]会师时，可以播放斯大林元帅、罗斯福先生和首相的讲话，以彰显三个主要盟国的胜利。”[22]

518 4月9日，内阁已经批准盟军在德国会师时播放“三巨头”讲话的提议，4月12日之前，艾登已经准备好致斯大林和罗斯福的相应信函。[23] 罗斯福逝世后，丘吉尔建议向其继任者发出建议，杜鲁门回复道：“如果斯大林同意，我很愿意考虑发表声明的方案。”[24]

681. 丘吉尔致斯大林的私人秘密信函

1945年4月14日发　　　　1945年4月14日收

我们的军队在战败的德国胜利会师的光荣时刻就要到来。我相信，如果您、杜鲁门总统和我能够发表简短的广播讲话来庆祝胜利，对我们的人民将是莫大的鼓舞。请告知，您是否同意此建议。

同样内容的信函我已发给杜鲁门总统。

丘吉尔3月22日曾致信罗斯福，信中谈到了关于被德国人关押的盟军战俘问题，信的副本由克尔于3月24日转交给了莫洛托夫。根据侦察情报证实，由于德国法西斯军队在盟军进攻之前有可能撤退，德国战俘营的盟军战俘有被杀害的危险，因此，丘吉尔建议联名警告这种行径所要承担的责任，这封信同时发给了华盛顿和莫斯科。

早在1944年9月，英国参谋长委员会就讨论过采取警告措施的方案。由于大量盟军战俘尚被德国人关押，根据英国的估算，英联邦国家战俘大约就有16万人，美军战俘2.9万人，苏联战俘130万人，因此讨论了各种方案，防止德国人杀害战俘，直接措施包括空降战俘营、给战俘投送武器，以及其他
519 间接相关措施。英国外交部建议采取间接措施，以“英美俄最高权力机关”的名义发布警告，并预先准备了文稿。英国军方认为，应该在两种情况下发布警告：德国放弃有组织抵抗，或希特勒威胁杀害战俘。[25] 军方的建议递交

内阁之后，丘吉尔批示道：“当前不准声张。”10月初外交部再次向参谋长委员会提出这个问题，[26] 但是直到第二年4月底，丘吉尔才认为发布警告的时机成熟。

斯大林没有反对这个建议和警告信的内容。按照丘吉尔的提议（第686号文件），发布警告的时间应由三国外长在华盛顿会晤时共同商定。但莫洛托夫4月21日到达华盛顿之前，据塔斯社报道，法语版的警告书已经通过广播在伦敦播发，这令苏联方面极为费解。[27] 就在播发之前，外交人民委员会建议除了战俘也应包括被关押和被流放的人员，但由于丘吉尔急于发布声明，修改之处只能添加到第二批三国领导人签名的空投传单，投撒到敌占区。第一批传单于4月23—24日间从空中投放。4月24日，正式颁布警告书，同一天，苏联报纸刊出了声明全文。

682. 丘吉尔致斯大林的私人秘密信函

1945年4月14日发　　1945年4月14日收

我曾在3月22日的信中表示，希望您、罗斯福总统与我共同发出对德军的警告，这关乎纳粹关押的盟军战俘的生命安全。只有您同意的情况下，罗斯福总统才会同意。我的军事顾问认为，发布这些警告的时机很快就要到了。因此我希望您能尽快给我答复。

683. 斯大林致丘吉尔的私人秘密信函 520

1945年4月14日发

您4月14日的来函收悉。

1. 我同意您的意见，由您、总统和我借我们军队即将会师之机适时发表简短告军人书，当然，如果杜鲁门总统不反对这样做的话，但是，我们应当商定好宣言发布日期。

2. 我赞成以三国政府的名义发布共同警告，以确保被希特勒政府关押的盟军战俘的安全。我也同意您提供的警告信内容。请告知，我是否需要在警告之后附上签名。同时请告知发布日期和时间。

684. 斯大林致丘吉尔的私人秘密信函

1945年4月15日发

您关于悼唁罗斯福总统逝世的信函收悉。

苏联人民认为，富兰克林·罗斯福总统是一位杰出的政治家，是盟国团结的坚定拥护者和不屈不挠的捍卫者。

苏联人民将永远珍视和铭记富兰克林·罗斯福总统对苏联的友好情谊。

我本人对失去这样一位伟大人物、失去我们共同的朋友深感悲痛。

丘吉尔在罗斯福去世后决定强化自己在英美两国之间的作用，他首先试图在波兰问题上压住美国人的风头。4月13日上午他就把这个问题提交内阁讨论。会议记录如下：

“首相提醒说，他和罗斯福总统给斯大林元帅的回信已经发给了罗斯福总
521 统，信中谈到组建波兰政府的问题。首相认为，由于罗斯福总统已去世，他应当承担起将来与斯大林元帅通信的重任，最重要的是，大不列颠王国和合众国政府应在波兰问题上对苏联协调行动。”

为此，首相建议就波兰问题准备一封致斯大林的联名信，艾登将赴华盛顿与杜鲁门总统商量此事。首相称斯大林对米科瓦伊奇克问题的建议“令人鼓舞”，因此他不辞辛苦地劝说波兰政治家，让他公开支持雅尔塔协定，而伦敦的波兰人起初对此采取的立场，按照艾登的说法，是“毫不妥协的”。[28] 丘吉尔强调说，如果不这样，“我们就无法坚持让他们参加组建波兰政府的磋商”。根据内阁秘书布里奇斯工作日志的记录，首相在提到波兰政府组成问题时称，“如果我们能够成功地将这里的（即伦敦——作者注）3个人和波兰的5个人选入波兰政府，那我们将会感到很满意”。[29] 艾登回答道，米科瓦伊奇克已经约定和外交大臣见面，艾登同时答应对其“施加压力，使其按照首相的建议发表公开声明”。[30] 这种压力最终产生了效果，与丘吉尔许诺斯大林的一样，米科瓦伊奇克发表了声明（由史末资起草）。4月15日丘吉尔给杜鲁门的电报中写道：“我希望今天下午能够看到他的声明，它将刊登在本周四的波兰报纸上。如果声明令人满意，则可在下周一我们分别通知斯大林，或者发联名信。否则，我来教会他（米科瓦伊奇克——作者注）发表令人满意的声明，届时我再通知您 。”[31] 当天收到声明原文之后，丘吉尔没有等到星期一，便急

忙将这一好消息告诉了斯大林。

685. 丘吉尔致斯大林的私人秘密信函

1945年4月15日发　　　　　　　　　　　　　　1945年4月16日收

米科瓦伊奇克先生今天到我这里拜访，并在会谈之后发表了声明，他希望立即将之公之于众。我期待您认为这是对您4月7日电报的有效回复。

1. 我认为，与俄国保持密切和永恒的友谊，是波兰未来与联合国家广泛 522
友好政策的基石。

2. 为了打消对本人立场的所有猜疑，特此声明，我同意克里米亚会议关于未来波兰问题、波兰主权和独立地位以及民族团结临时政府的决议。

3. 我支持克里米亚会议关于召开波兰党派领导人会议的决议，创建能够广泛和客观地代表波兰人民、能够得到三大国承认的民族团结政府。

杜鲁门和丘吉尔致斯大林的首封联名信有一段故事。英国首相在4月13日致杜鲁门的电报中首次提出这个想法。为了立即引导新总统走强硬路线，他以自己为例讲述了强硬路线的好处，他提醒说，他将被迫在即将召开的议会会议上公开承认与莫斯科的严重分歧。美国国务院担心，丘吉尔的激烈举动会加剧英美与莫斯科的紧张关系。斯特蒂纽斯在为新任总统准备的第一份书面采访材料中强调，丘吉尔在处理对俄关系时“倾向于坚持自己的立场，在我们看来，他在具体问题上采取了过分强硬的做法”。[32] 因此，在美国国务院拟制的私人回信中，杜鲁门试图劝说首相不要过于渲染波兰危机，并尝试与克里姆林宫达成协议，他在4月14日写给首相的信中说：“斯大林给您和罗斯福总统的答复特别强调了下一步行动的意义，尽管不能过于乐观，但我坚信，我们应当再进行一次尝试。”杜鲁门向首相提供了一份联名信草案，草案也是由美国国务院制定的，[33] 是在已经达成的协议基础上加工而成。丘吉尔同意了杜鲁门的建议，他给贾德干写信说：“如果我们共同行动更有优势，为何我还要单独致电斯大林呢。我错就错在没有一开始就采用这种模式，特别是
他们很强硬、很强势的时候。”[34] 首相吩咐刚刚到达华盛顿的艾登按照杜鲁门 523
的建议修改，并在原有基础上更加突出几个要点。丘吉尔担心，莫洛托夫到访的消息会对联名信的语气有些影响。他发电报给艾登说：这个消息“可能会令包括美国总统和国务院在内的美国人泄气，并会削弱我们的统一阵线”。[35]

艾登回复道："我完全同意，我们不应该让随后到来的莫洛托夫代表团瓦解了我们双方的努力。"[36] 艾登来到华盛顿是受丘吉尔之托，决心敦促白宫在对苏关系上采取强硬立场，特别是针对波兰问题。4月15日，艾登在与杜鲁门初次会面期间，共同商定了联名信的最终方案。盟国明显操之过急了。当天艾登向总统报告说，"国务院非常关注，希望联名信能够尽快送达斯大林，如果可能的话，在莫洛托夫出发前往华盛顿之前，让他看到"。[37] 但是当莫斯科方面收到这封信时，莫洛托夫正在途经西伯利亚和阿拉斯加的漫长旅途中，他于4月17日飞抵美国。

盟国在联名信中反驳了斯大林对雅尔塔协议的诠释、否认了对本国大使在莫斯科谈判中言行的指责。盟国表示，准备在未来的波兰政府中给华沙的波兰人以"显著地位"，但坚决反对照搬南斯拉夫模式，反对赋予华沙政府对邀请其他波兰代表拥有否决权。盟国首次向苏联方面提供了白宫和内阁都同意的候选人名单。国务院一些专家对此表示怀疑，他们认为苏联方面不会接受这样的方案，因为其中只有3位"卢布林人"，而反对派有8位。波伦在给斯特蒂纽斯的信中写道：这样的候选人名单"肯定会遭到斯大林的拒绝和责难，之前就因此事指责过罗斯福总统，说我们试图用取缔卢布林派政府的方式来诠释雅尔塔决议"。[38] 但是英国人所坚持的强硬观点占了上风。与前一封信相比，他们做出的唯一让步是，确认华沙代表团可先期到达莫斯科。信函态度坚决，但语气谦恭。两封一模一样的信，经杜鲁门和丘吉尔分别签署后被发往莫斯科。

524 686. 首相和总统的私人秘密信函

1945年4月15日发　　　　1945年4月18日收

我们的这封联名信，是为了回答您4月7日信函中有关波兰问题谈判的质疑，以最大程度地澄清这个问题，避免您误解我们在此问题上的立场。英美两国政府以最大的诚意，秉承建设性的公平原则，力求解决问题，而且将来也会这样做。写此信的目的是为了向您提出具体的建设性意见，但在此之前，我们认为有必要纠正您对英美政府立场的错误偏见，大使们在谈判过程中根据指示阐述过这些立场。

您强调说，现今已经在华沙运行的政府的谈判地位受到某种程度的忽视，这个结论令我们感到突兀。我们历来没有持这样的初衷和立场。您应当清楚这样一个事实，在莫斯科，我们的大使无条件地同意3名波兰华沙政府首脑进入参会人员名单，并受邀赴莫斯科与波兰委员会见面。我们从来没有反对在组成民族团结政府的3个派别中，由现华沙政府代表扮演重要角色。至于大使们要求赋予自己邀请人数不受限制的波兰人参会，这种说法也是不公正的。对于委员会推荐和同意邀请波兰国内外独立代表赴莫斯科参会的权利，不能做如此解读。事实上，罗斯福总统在4月1日的信函中已经特别说明过，“为了顺利达成协议，委员会应当首先组建由波兰人士组成的小规模但具代表性的小组，由其负责推选其他候选人供委员会审议”。事实上，我们之间争论的焦点在于，波兰现政府是否有权拒绝具体代表参会。在我们看来，这种表述在克里米亚决议中找不到依据。我们认为，您折回到了苏联代表团在克里 525
米亚期间所持的最初立场，而该立场在我们最终签署协议时发生了变化。我们现在只需决定，哪些波兰人应该受邀前往莫斯科参加会议。

您表示将邀请8个波兰人参加第一阶段会议（5个来自波兰、3个来自英国），在致罗斯福总统的信函中您还指出，邀请米科瓦伊奇克的前提是他必须发表声明支持克里米亚决议。因此，我们向您提出以下建议，以防止解决波兰问题的努力功亏一篑和出现不可预测的后果。我们希望，您能够高度关注和仔细研究这些建议。

1. 授权我方代表立刻邀请下列波兰人士参加会议：贝鲁特、奥苏普卡·莫拉夫斯基、罗拉–祖梅尔斯基（Роля-Жимерский）、撒贝哈主教及一名与波兰现政府无关的政党领袖[如果您能接受下列人员，我们也能接受：维托斯、祖拉斯基、哈岑斯基（Хацынский）、亚修科维奇（Ясюкович）]，以及来自伦敦的米科瓦伊奇克、格拉布斯基和斯坦奇克（Станчик）。

2. 一旦委员会发出参会邀请，华沙政府代表可先期抵达，如果希望这样做的话。

3. 需要商定，应邀参会的这些波兰人士是否有权向委员会推荐其他波兰国内外人士加入会议，以使波兰主要派别都能够参加会议讨论。

4. 在与波兰人士讨论之前，我们不能同意任何确定新的民族团结政府的构成的公式，任何情况下我们都不能接受在波兰问题上照搬南斯拉夫模式。

请您再次认真阅读美国和英国4月1日致您的信函，因为这些信函对此问题有更详尽的论述，我们依旧这样认为，我们也会坚持遵循。

关于对德战争结束的庆祝活动，以及各政府首脑发表声明的报告，由各 526
部委联合提交给内阁审议，内政大臣莫立逊特意强调需考虑技术细节。内阁于4月9日批准了上述报告。[39]

丘吉尔明显醉心于在盟军会师德国之际发表三国首脑广播讲话的想法。他仔细斟酌了此次活动的实施办法，在回信中主动担当了杜鲁门与斯大林之间总协调人的角色。斯大林赞同丘吉尔提议的程序，他自己撰写了声明全文，其中没有忘记提及盟国对即将到来的胜利所作的贡献（第694号文件）。

687. 丘吉尔致斯大林的私人秘密信函

1945年4月16日发　　　　1945年4月16日收

1. 我非常高兴您同意三国分别发表声明。如果将声明制成唱片则是最好的方法，这样我们可以在商定的日子、以各种语言在合适的时机循环播放。我建议由总统打头阵，之后是您，最后是我。现将我的声明文本发给您。

2. 关于战俘问题的警告，理应由我们三人签署，并在适当的时候公布。我已委托艾登先生就此与斯特蒂纽斯先生进行协商，同时我也希望他能与到达华盛顿的莫洛托夫先生进行协商。

3. 我期待着我们三国外长在华盛顿的会晤。

杜鲁门由于刚刚就任总统的忙乱，未能及时回复斯大林对罗斯福去世的悼唁信，只是在哈里曼的提醒下，才给莫斯科的“钢铁人”斯大林写了自己的第一封信。[40]信函在美国大使馆被整理成正式公文。[41]

527 688. 杜鲁门致斯大林的私人机密信函

1945年4月17日发　　　　1945年4月18日收

感谢您对已故总统富兰克林·罗斯福为文明事业所作贡献的友好而公正的评价，也感谢您为共同推进此项事业所承诺的努力。

斯大林不反对丘吉尔将自己放在第二位讲话，他认为这不足以成为争吵的话题。

689. 斯大林致丘吉尔的私人秘密信函

1945年4月18日发

您4月16日关于告军队书及发出联合警告一事的信函收悉。

我对您提议的讲话顺序没有异议。至于就有关战俘安全问题对德国人的警告，可由莫洛托夫、艾登及斯特蒂纽斯先生在华盛顿进行磋商。

斯大林对丘吉尔所说的米科瓦伊奇克发表声明一事予以了积极回应，但他对丘吉尔承认波兰东部边界的立场表示怀疑。“丘吉尔在给我的信中声称，米科瓦伊奇克的声明可能有助于顺利解决米科瓦伊奇克的问题，”4月19日，斯大林电告在华盛顿访问的莫洛托夫，“我回信说，该声明是一大进步，但是我还没有看到这份声明的全文，此外，目前尚不清楚米科瓦伊奇克是否承认‘寇松线’。我请丘吉尔把声明的全文发给我，并要求米科瓦伊奇克做出明确解释，表示其承认寇松线。我认为，不满足这些条件则不能允许米科瓦伊奇克参加会议”。[42] 波兰领导人确实在对承认寇松线的问题上模棱两可。但是，米科瓦伊奇克的声明得到了华盛顿的高度评价。4月16日，杜鲁门在与艾登 528
会晤时称其“非常理性”，而美国国务院，正如艾登对丘吉尔所说，“对事态的发展非常满意”。[43]

690. 斯大林致丘吉尔的私人秘密信函

1945年4月18日发

您转述米科瓦伊奇克声明的信函于4月16日收悉，感谢您提供的消息。

米科瓦伊奇克能够发表声明，当然是一大进步，但是目前尚不明确，米科瓦伊奇克是否承认克里米亚决议有关波兰东部边界的部分。如果能做到以下两点就再好不过了。首先，需要收到米科瓦伊奇克声明的全文，其次，是否承认克里米亚决议波兰东部边界问题的相应部分，需得到米科瓦伊奇克的解释。

丘吉尔希望在致斯大林的信中发送米科瓦伊奇克声明的终稿，但还是敦促波兰政客更加细化，以满足斯大林的要求。在发这份电报前，米科瓦伊奇克许诺丘吉尔还将发表第二份声明。

691. 丘吉尔致斯大林的私人秘密信函

1945年4月18日发　　　　1945年4月19日收

您4月16日收到的我的来函中已经包含米科瓦伊奇克先生声明全文。

自收到您信函之刻起，有十分明确的迹象使我完全相信，米科瓦伊奇克先生会完全接受克里米亚决议，包括有关波兰东部边界的内容。如果我不能确信这个事实，我也不会认为有必要发出他的声明。

692. 丘吉尔致斯大林的私人秘密信函

1945年4月19日发　　　　1945年4月19日收

因为我们三人已经商定，当我们的军队在德国会师时，通过广播发表宣言，但我建议按下列程序进行。

529 每个国家都应该广播所有三份宣言。我们应通过空运交换宣言录音。我的宣言如下。

开始："历尽漫长征程，不畏艰难困苦，夺取陆地和海洋战争的胜利，身经无数次殊死的战斗，伟大的盟军终于踏上德国的土地胜利会师。他们新的任务就是消灭负隅顽抗的残敌，铲除法西斯政权，征服希特勒国家，我们拥有足够的力量实现这个夙愿，我们以信任和胜利的友谊相逢，以不屈不挠的决心达到我们的目的，完成我们的使命。万众一心灭顽敌。"完毕。

在录音制作完成后，我立即空运给您。如果您能尽快将讲话录音发给我并将内容通过电报告知，使我们能预先了解讲话内容，那么就再好不过了。至于顺序，我们讨论后认为，各国通过本国电台首先播放自己的声明，这种方法是可行的。

我认为，由各国广播管理部门自己指定播出具体时间，由他们选择给听众播放录音的时机。当然，在正式宣布俄国军队和英美军队完全会师之前，广播管理部门不能播放录音讲话。如果正式宣言能在三个国家同时播出，效果会更好。您是否同意与艾森豪威尔将军同时宣布会师成功？如果您同意，我请他就此事与您联系。

同样的电报我也将发给杜鲁门总统。

693. 丘吉尔致斯大林的私人秘密信函

1945年4月20日发　　　　1945年4月20日收

我19日电报中的最后三句话并不意味着，就此事对军队发表的某个声明不是相关三国政府首脑发出的，因为此事也涉及我本人。最后的句子指的是宣布会师的事实，以常规形式发布。

694. 斯大林致丘吉尔的私人秘密信函 530

1945年4月20日发

您4月19日关于向军队发表讲话的信函收悉。我赞成您提议的程序。

我的宣言内容如下："担负解放欧洲重任的盟军击溃了德军，并在德国的领土上胜利会师。

我们的任务和使命就是打垮敌人，强迫他们放下武器并无条件投降。红军将彻底完成我国人民和所有热爱自由的人民赋予他们的任务和使命。

我们向英勇的盟国军队致敬，现在他们正与苏联军队在德国并肩战斗，他们有决心圆满完成自己的任务和使命。"

发言将被制成唱片，并立刻发给您。

我赞成在正式宣布苏军和英美军队会师之后，由各国广播管理部门在自己指定的时间播放，也不反对我方与艾森豪威尔将军协调一致宣布会师成功。

您建议首先在本国广播电台播放本国宣言的建议是可以接受的。

杜鲁门在致斯大林的下一封信中，再次对4月13日的来信表达了谢意，而此前在4月17日的信函中，总统已经就此予以简短回复。重复回复的原因不明，可能是因为总统任期伊始工作忙乱，也可能是希望为前一次回复增添一些官方的和公开的属性。信函以明码发送，中央电报局接收。

695. 致苏维埃社会主义共和国联盟政府主席 И.В.斯大林阁下

1945年4月20日收

531 我的同胞们和我一起对您的悼唁函表示衷心感谢，它是对我们所蒙受损失的最大慰藉。我相信，罗斯福总统为自由事业做出的牺牲能够激励各国人民下定决心，最终实现他不断追求的目标。

696. 杜鲁门致斯大林的私人绝密信函

1945年4月21日发　　1945年4月21日收

关于我们的军队在德国会师的宣言准备工作，我将责成艾森豪威尔将军尽快把苏英美军队在德国会师的日期通报苏联、英国和美国政府，以便三国领导人就此发表宣言。

为了能够在三国首都同时发表宣言，我建议，根据艾森豪威尔的提议，于华盛顿时间中午12时发布。希望您同意。

同样的电报将发给丘吉尔首相。

杜鲁门

丘吉尔的讲话录音计划通过英军“蚊式”轰炸机运往莫斯科，但因天气恶劣导致延误，为此，4月22日英国大使馆将此事向外交人民委员会做了通报。[44]

697. 丘吉尔致斯大林的私人信函

1945年4月21日发　　1945年4月21日收

杜鲁门总统通知我说，他认为通过广播宣布会师一事不可行。因此，他建议以个人名义将声明发布给报刊和广播，并在指定的日期和时间公开发布。

我建议总统，让他指示艾森豪威尔将军与苏联军政权协商合适的发布时间。

我的讲话录音用飞机送达您处。

英国提出在盟军会师时发表联合声明的计划实施日期临近。布鲁克在4 532
月20日的日记中写道：“俄国人此时应向前挺进，不久我们将在柏林—德累斯顿战线会师。”[45] 这一计划也透露给了媒体。4月23日美联社从伦敦发布消息，他们推测，该（联合）宣言将变相地成为胜利日的宣言。[46]

698. 丘吉尔致斯大林的私人信函

1945年4月22日发　　1945年4月22日收

感谢您4月20日关于友军会师的电报。我赞成杜鲁门总统的建议，即在华盛顿时间中午12时，同时在三国发表以前谈到的会师宣言。如果您没有异议，我们将进行相应的准备工作。

4月19日，在伦敦出版的米科瓦伊奇克的党报《Jutro Polski》刊登了他的文章，文中勉强承认了新的波兰东部边界。丘吉尔立刻将此事通报给了斯大林。

699. 丘吉尔致斯大林的私人信函

1945年4月22日发　　1945年4月23日收

以下是米科瓦伊奇克先生在自办报纸上刊登的声明。毫无疑问，他的最后一句话回答了您给我提出的问题，即他接受寇松线，其中利沃夫划归苏联。我希望这能使您满意。

“按照俄国的要求，三大国支持以寇松线重新划定波兰东部边界，稍有逸
出。我个人的观点是，至少利沃夫及油田地区应当留在波兰。但是考虑到以 533
下两点，第一，这是苏联的根本要求；第二，我们两个民族能否和睦相处完全取决于上述条件，我们波兰人应该这样问自己，我们是否值得为维护所谓的共和国领土完整而对其置之不理，从而再次使我们国家的根本利益受到威胁。这个问题的答案应该是‘不’。”

转达了此信之后，克尔给伦敦发电报这样解释：“首相给斯大林的信掷地有声。为了满足‘俄国的根本要求’，米科瓦伊奇克的文章非常不情愿地同意寇松线，使众人明白，波兰被迫同意这种不公平的诉求，而别无选择。否则，休想在俄国身边独立存在……尽管首相支持，但他的这种腔调未必会使斯大林满意。”[47] 但事实上，斯大林对这个说法是满意的。斯大林没有回复这封信，丘吉尔断定，“这意味着，这次终于让独裁者心满意足了”。[48]

534

700. 斯大林致丘吉尔的信函

1945年4月23日发

您4月21日关于杜鲁门总统讲话公布方式的来函收悉。感谢告知。

按照我们的约定，我的声明录音由“蚊式”飞机返航时带回。

701. 斯大林致丘吉尔的信函

1945年4月23日发

您关于会师声明宣布时间的信函于4月22日收悉。

我同意杜鲁门总统的意见，我们三国应在华盛顿时间中午12时同时宣布军队会师的消息。

同样的信函我也发给了杜鲁门先生。

702. 斯大林致杜鲁门的私人机密信函

1945年4月23日发

您4月21日关于会师宣言的信函收悉。

我赞成采纳艾森豪威尔将军所建议的时刻，即华盛顿时间12时。

同样的电报我也发给了丘吉尔先生。

4月23日，杜鲁门与莫洛托夫在白宫举行了首次实质性会晤；礼节性会晤在莫洛托夫于4月22日晚抵达华盛顿时就已举行过了。为了这次会晤，总统与政府成员、国务院高层、哈里曼和艾登进行了一系列磋商。艾登积极支持总统因波兰问题采取的反击措施。同时形势也在不断激化。4月16日，苏联政府在使波兰盟友合法化的道路上又向前迈出了一大步，宣布将与华沙政府签订同盟友好条约。英美两国大使级别的抗议以及推迟条约签署的建议，都无济于事，而在4月22日，莫洛托夫抵达华盛顿当天，莫斯科已宣布签署完毕。当晚，首次波兰问题讨论草草收场，三国外长会议仅仅确认波兰问题已经陷入困境。“我们没有取得任何进展。”艾登向丘吉尔表示。大臣也同样看不到第二天有什么希望，因此他建议斯特蒂纽斯和丘吉尔推迟旧金山会议开幕，[49] 作为向俄国人施压的最后手段。莫洛托夫的顽抗当然不是一时心血来潮。艾登证实，他曾对合作伙伴们说，在22日与其他外长会晤之前真的没有看到盟国发出的波兰问题的联名信，但是他手执“德鲁日科夫”（当时斯大林在密码通信中化名为德鲁日科夫——作者注）4月19日从莫斯科发来的关于此事的明确指示。

“总统和丘吉尔的联合声明语气温和，但内容毫无新意。如果他们试图和 535
你在美国解决波兰问题，你可以这样回答，尽管莫斯科委员会的人员齐聚美国，但是没有波兰临时政府代表参加无法做出决定。如果他们提出解决波兰问题的一般原则，你可以回答，斯大林的信中已经详述了这些原则，如果不接受这些原则，则无法达成一致决议。

最好和他们说，如果杜鲁门和丘吉尔无视南斯拉夫先例，也不可能达成一致。

他们硬将斯坦奇克推给了我们。我们不会对新来的有好感。”[50]

不出所料，三位外长以这样的心态参加第二天上午的会谈结果可想而知。在杜鲁门接见莫洛托夫的前一天，白宫再次开会，会上只有战争部部长史汀生和马歇尔反对围绕波兰问题继续做文章。史汀生提醒大家，苏联在“重大军事问题上”是忠诚履行自己的职责的，他呼吁理解苏联在波兰问题上的安全利益，并抛出一个煽动性的观点，认为“俄国人在对待自身安全问题上，比我们现实得多”。马歇尔重申，军事指挥部仍继续关注苏联参加对日作战问题，并支持史汀生的意见，认为波兰危机有可能造成“与俄国的严重分裂”。[51] 但最终强硬派占了上风，他们支持杜鲁门以最后通牒的方式与莫洛托夫谈话。前不久，从战争部长史汀生处得知即将完成的“超级武器”的消息，更加激发了总统的斗志。会晤伊始，总统向人民委员转交了一份文件，名为《斯大林元帅参阅》，由总统本人签署。文件文本由国务院起草。其中阐释了在波兰问题上盟国的共同立场，并期待在下一阶段，即旧金山会议上争取有所突破。

536 ## 703. 斯大林元帅参阅

1945年4月23日杜鲁门转交莫洛托夫

罗斯福总统代表美国政府参加的雅尔塔会议曾做出决议，重建现今在华沙运行的波兰临时政府，经华沙临时政府代表与波兰国内外其他民主人士预先磋商，建立全新的波兰民族团结政府。

美国政府认为，落实克里米亚会议关于波兰问题决议的前提是，邀请真正的波兰民主人士参与莫斯科磋商。如果不能够组建真正代表波兰人民民主力量的全新民族团结政府，美国将不参加任何形式的磋商。美国政府和英国政府在4月18日致斯大林元帅的信函中，已经做出了最大让步，旨在解决问题和落实克里米亚决议。

美国政府恳请苏联政府采纳总统和首相致斯大林元帅联名信中的建议，并希望莫洛托夫先生在此基础上继续与国务卿和艾登先生在旧金山谈判。

苏联政府应该明白，如果关于波兰问题的克里米亚决议的落实工作不能取得进展，三国政府的信任和一如既往合作的决心将遭到损害。

哈里·杜鲁门

在向斯大林讲述杜鲁门的这封信时，莫洛托夫指出：

“在阅读信函全文后，我发现，杜鲁门口头声明中的某些部分没有包括在信函中。杜鲁门曾补充说：

537 1. 尽管在其他问题上还存在困难和分歧，美国政府仍致力于同联合国家一道实现建立国际组织的计划。但并不清楚，除波兰问题外，总统还暗指哪些问题。

2. 杜鲁门赞同罗斯福关于波兰问题部分的最后声明，他说美国政府的任何对内对外政策，都必须得到美国人民的支持，无论是经济合作还是政治合作，概莫能外。例如，拨款需要通过国会表决，杜鲁门希望能引起苏联政府的重视，并接受4月15日信函中的建议。他的这部分讲话强调了美国将继续执行强硬路线，并有明显经济要挟的意味。这迫使我给杜鲁门以简短的回击，我指出，我们应该以平等的身份展开合作，对某一方的强压政策不予认可。”[52]

莫洛托夫的描述和波伦所做的美国官方谈话记录与杜鲁门回忆录中的版本有明显出入，杜鲁门的回忆录曾风靡一时。他与莫洛托夫事实上没有任何客套（“还没有人对我这样说话，”——“请履行自己的职责，我们会以另一种态度讲话。”）。[53] 总之白宫说话的语气发生了很大的变化，这不可能不引起莫斯科的关注。

目前尚不清楚斯大林在就盟友提出的波兰问题准备下一封回信时的具体背景。很明显，在回信之前，斯大林收到了莫洛托夫有关和杜鲁门会晤的电报，也收到了通过人民委员转交的有关波兰问题的总统来信，尽管由于时差关系，莫洛托夫的电报不会早于莫斯科时间4月24日凌晨之前到达，而斯大林的回信在前一天夜里就已经准备就绪，标注的日期是24日，实际上是25日发出。[54] 由于莫洛托夫身处美国，在此期间，这封信以及其他信件到底是出自谁人之手，仍值得怀疑：在斯大林的档案室里未发现该信原件，在打印版本上既没有修改的痕迹，也没有斯大林的署名，更没有执笔者的名字。一切迹 538
象表明，这封信是莫洛托夫越俎代庖。可将这封信中的关键语句与莫洛托夫1945年1月在维辛斯基的报告空白处手写的札记进行比较：

“波兰问题是大事！如何在比利时、法国和希腊等国组建政府，我们不知道。没有人问过我们，尽管我们也不会说喜欢这个政府不喜欢那个政府。我们没有插手，因为这是英美军队的行动区（原文下划线突出——作者注）。”[55]

“我不知道，希腊是否成立了真正的全民代表政府，也不知道比利时政府是否是真正的民主政府。当那里在成立政府的时候，没有人征求过苏联的意见。苏联政府也无心觊觎插手这些事，因为苏联政府理解比利时和希腊对英国的安全意义。”

斯大林未必如此清楚了解自己副手两个月之前的这番备注，但却几乎逐词逐句地用在了自己的报文中。也有可能是下面两种情形之一：或者莫洛托夫将自己4月23日的电报和答复的草稿一起发送给了“当家的”，或者维申斯基参与了回复起草，他有可能参照了自己留存在报告上的上司的犀利点评。莫洛托夫缺位期间，他代为主持外交人民委员会的工作，那些日子里，他几乎每天都被斯大林约见。[56] 但同时，也不能排除第三种可能，在斯大林—莫洛托夫小圈子内对波兰问题心有灵犀，因为他们不止一次地单独或者以更亲密的方式讨论过波兰问题。

在斯大林的信函中，苏联政府对盟国在波兰问题上的矛盾理解可谓一针见血：苏联出于对自己至关重要的安全利益考虑，致力于在波兰建立一个亲苏政府，但即使苏联奉行对西方势力范围从不干涉的原则，盟国还是拒绝了

539 苏联的这一权利。甚至美国国务院专家都认为，盟国推荐的磋商委员名单对斯大林来说是不可接受的，他肯定会对此予以谴责。秉承盟国4月18日信函提出的对等原则，斯大林以相同的表述分别回复了两位西方领导人，第4点致杜鲁门，给丘吉尔的第4点代之以关于米科瓦伊奇克声明一事。在信的结尾处，他实际上是同意波兰活动家前来莫斯科的。

斯大林致杜鲁门的这封信是在“三巨头”通信史上又一次的泄密事件。1945年6月18日美国报纸刊登了斯大林信函较长的一段内容，文章作者是战争年代多次涉及泄密丑闻的美国记者D.皮尔森。苏联驻美国大使馆表示：“除缺少个别词外，这段引文的英文版几乎全盘复制了4月24日信函的非正式译文，而我们曾按惯例将这封信的译文与斯大林同志的信函一起送交了白宫。由此可知，译文曾经皮尔森之手。我坚信，通信信息和信件本身并不是我们使馆某个工作人员不慎泄露给皮尔森的，而是白宫或国务院透露出去的。”[57] 总统办公厅着手调查此事，但没发现消息是如何泄露出去的。

704. 斯大林致丘吉尔的信函

1945年4月24日发

您和杜鲁门总统4月18日发来的联名信收悉。

1. 从这封信中可以看出，您继续认为波兰临时政府不是未来波兰民族团结政府的核心，而仅仅是一个与其他任何波兰团体毫无区别的团体。您这样理解波兰临时政府的地位并持如此态度，并不符合克里米亚会议关于波兰问题的决议。在克里米亚会议上，我们和罗斯福总统三方曾做出结论，波兰临
540 时政府作为波兰的现执行政府，受到大多数波兰民众的拥护和信任，应当成为改组后的新的民族团结政府的核心，也就是主体。

看来您不同意这样的理解。拒绝以南斯拉夫模式作为波兰的样板就已证明，您认为波兰临时政府不应当被视为未来波兰民族团结政府的基础和核心。

2. 应当考虑到一种情况，波兰同苏联接壤，但对英国和美国来说则不然。

波兰问题对于苏联安全的重要性，就如同比利时和希腊对于英国安全的重要性。

很明显，您不能同意苏联要求在波兰存在有对苏友好的政府、而非敌视苏联的政权的权利。抛开其他原因不谈，仅苏联人为解放波兰而在这片土地上洒下的鲜血也赋予了我们这样做的权利。我不知道，希腊是否成立了真正

的全民代表政府，也不知道比利时政府是否是真正的民主政府。当那里成立政府的时候，没有人征求过苏联的意见。苏联政府也无心觊觎插手这些事，因为苏联政府理解比利时和希腊对英国的安全意义。

令人费解的是，为什么在讨论波兰问题时就不愿意从安全角度考虑苏联的利益？

3. 波兰问题与苏联休戚相关，而英美两国政府却私下达成协议，将苏联代表置于目前的境地，并试图强加于他们自己的要求，这个条件有悖常理。

可以肯定，这样的情况不可能有利于协调一致地解决波兰问题。

4. 我非常感谢您向我及时通报米科瓦伊奇克关于波兰东部边界的声明。我准备建议波兰临时政府考虑米科瓦伊奇克的这个声明，同意邀请米科瓦伊 541
奇克参加有关波兰政府问题磋商。

目前的根本问题在于，是否认可将南斯拉夫模式作为解决波兰问题的示范样板。我觉得，如果认可这种方式，波兰问题将迎刃而解。

705. 斯大林致杜鲁门的信函

1945年4月24日发

4月24日，莫洛托夫向我转交了4月18日您和丘吉尔发来的联名信。

1. 从这封信中可以看出，您继续认为波兰临时政府不是未来波兰民族团结政府的核心，而仅仅是一个与其他任何波兰团体毫无区别的团体。您这样理解波兰临时政府的地位并持如此态度，并不符合克里米亚会议关于波兰问题的决议。在克里米亚会议上，我们和罗斯福总统三方曾做出结论，波兰临时政府作为波兰的现执行政府，受到大多数波兰民众的拥护和信任，应当成为改组后的新的民族团结政府的核心，也就是主体。

看来您不同意这样的理解。拒绝以南斯拉夫模式作为波兰的样板就已证明，您认为波兰临时政府不应当被视为未来波兰民族团结政府的基础和核心。

2. 应当考虑到一种情况，波兰同苏联接壤，但对英国和美国来说则不然。

波兰问题对于苏联安全的重要性，就如同比利时和希腊对于英国安全的重要性。

很明显，您不能同意苏联有权要求在波兰有对苏友好的政府存在、苏联政府不能接受在波兰有一个敌对政权存在的观点。抛开其他原因不谈，仅苏联人为解放波兰而在波兰土地上洒下的鲜血也赋予了我们这样做的权利。我

542 不知道，希腊是否成立了真正的全民代表政府，也不知道比利时政府是否是真正的民主政府。当那里成立政府的时候，没有人征求过苏联的意见。苏联政府也无心觊觎插手这些事，因为苏联政府理解比利时和希腊对英国的安全意义。

令人费解的是，为什么在讨论波兰问题时就不愿意从安全角度考虑苏联的利益？

3. 波兰问题与苏联休戚相关，而英美两国政府却私下达成协议，将苏联代表置于目前的境地，并试图强加于他们自己的要求，这个条件有悖常理。

可以肯定，这样的情况不可能有利于协调一致地解决波兰问题。

4. 我准备接受您的请求，并竭尽所能，以便协调一致地解决问题。但您的要求过于苛刻。简单地说，您要求我无视苏联的安全利益，但我不能背叛我的国家。

我认为，走出目前乱局的唯一出路就是照搬南斯拉夫模式解决波兰问题。我觉得，这有利于我们协调一致地解决问题。

西方伙伴对斯大林4月24日的来信针锋相对。在研究这封信后，波伦向美国国务院领导报告说，“俄国人担心，如果真正具有代表性的波兰人小组被召集在一起，后者就有机会就组建新政府问题进行自由磋商，则会产生一个俄国人不打算无条件支持的政府。因此，他们试图提前限定磋商规模，并强加条件，以保证目前顺从的华沙政府变动最小化”。[58] 总统在回忆录中称，这封信是他任职初期收到的“最赤裸裸的、最令人不安的消息”。[59] 英国外交部
543 也不相信波兰临时政府的代表性，同时对独立情报来源获得的有关正面消息也持怀疑态度。[60]

杜鲁门的信函于4月23日转交给莫洛托夫，1945年4月24日，英国内阁会议讨论了这封信。会上向内阁大臣们通报了波兰问题谈判进展，并出示了就此问题的外交函件。丘吉尔建议支持杜鲁门的外交举措：“虽然我们认为，把波兰问题通信的主角交给美国政府是非常有效的，但有一点很重要，就是我们的政策应当同美国政府的路线保持一致，并且我们要继续支持他们的任何声明。”因此，首相建议给斯大林写信，支持杜鲁门的声明，并将此事通报总统本人。首相内阁同意这些建议，[61] 丘吉尔也将这些情况通报给了斯大林。同一天，首相发电报给艾登，交流了真实想法：

“我认为，由于与莫洛托夫的矛盾，您决定如期举行旧金山大会是非常正确的。他来旧金山可以了解世界人民的意愿。在那里，苏联人会听到真相。

同时，我希望您和斯特蒂纽斯继续教训他……我完全同意，您所做的一切是为了使美国立场更加强硬，并表示无条件支持美国人。他们不应该忍受关于我们相互‘串通’对付俄国人的指责。当然，在我们持相近立场的重大道德问题上，我们将协同工作，相互支持。”[62]

706. 丘吉尔致斯大林的私人秘密信函

1945年4月24日发　　　　1945年4月24日收

我已经拜读了总统委托莫洛托夫转交给您的关于波兰问题的信函，鉴于它特别的重要，我与战时内阁就此进行了商议。目前我的责任是告知您，我们完全支持总统信中所言。我真诚地希望能够找到办法顺利克服这些困难，如果这些困难继续存在下去，那会为我们的胜利时刻蒙上一层阴影。

4月25日发生了一起重大事件，克拉斯诺格勒第58红旗近卫步兵师的士 544
兵与美军第69师在易北河会师。第58师隶属的近卫军集团军政治部拟制了一份详细的会师报告，从中可以看出，在战争中，即使是喜悦有时也会与危险相伴：

“4月25日白天，在托尔高（Торгау）城教堂的瞭望塔上，美国士兵挥舞着旗帜，兴奋地向我方士兵叫喊。由于语言不通，我们的士兵认为他们是德国人，因此中尉军官谢尔瓦申（Сельвашин）尝试用德语进行沟通。但没有应答，这时我们的战士开始向瞭望塔开枪。

在这个当口，有一名非俄裔士兵从瞭望台走出来，用俄语说出两个词——‘莫斯科—美国’。我们的军人才恍然大悟，对面是美国士兵，随即要求他们中的一个人靠近我们的小分队。走过来的美国士兵说，他是美军侦察小组的士兵，任务是查明俄军部队的所在位置。”[63]

由于首次不期而遇，继而就是一连串的各级指挥员正式互访：第1乌克兰方面军政治部给莫斯科做了详细汇报。[64] 盟国将易北河会晤的“官方”日期定在4月26日，即上述美苏两军师级指挥官会晤的日期。

一天以后，4月27日，三国首都分别发表政府首脑讲话，宣称要坚决战胜法西斯德国并取得战争胜利。从各种情况看，刚刚进入工作状态的杜鲁门忘记了这个计划。丘吉尔不得不在4月25日的电话中提醒他。随后杜鲁门这样记述到：

“丘吉尔：您是否还记得[军队]在欧洲会师之后我们要做的事情？

杜鲁门：首相先生，我不明白您的最后一句话。

545 丘吉尔：是这样，我说的是准备讲话的事。我认为，部队会师之后，我们可以适时发布了。

杜鲁门：我觉得您是对的。我同意。

丘吉尔：这些都有助于打击敌人。

杜鲁门：我同意。”[65]

707. 丘吉尔致斯大林的私人秘密信函

1945年4月25日发　　　　1945年4月25日收

感谢您4月23日的两封来信，我已如期收悉。同时也感谢您以英勇的贵军名义向西方民主国家的军队所表达的祝贺，现在他们已经会师。我可以对您说，我们应该同贺。

当希特勒做出坚守柏林堡垒的决定之后，党卫军头目希姆莱主动请缨，企图最后一次尝试分裂盟国阵营。他通过瑞典红十字会代表F.贝纳多特（Бернадот Ф.）伯爵提出，德军将在西线投降，而在东线继续抵抗，苏联情报部门一直在跟踪F.贝纳多特伯爵与德国人不同时期的谈判。[66]

丘吉尔先于杜鲁门得知这些“和平阴谋”，他受到艾森豪威尔将军建议的影响，决定建议总统就德军向三国无条件投降的请求予以答复，并将此事通报斯大林。“伯尔尼危机”给西方人的教训起到了作用，只是与“伯尔尼危机”相比，这次求和谈判的信号直接来自希姆莱。与其打交道意味着可以走得更远。“希姆莱与其他人不同，他可以代表德国政府，”首相给杜鲁门的信中说道，“……是否给予他答复原则上是三个大国的共同问题，但是我们当中谁也没有权利与其进行单独谈判。”[67] 英国内阁赞同丘吉尔立即给斯大林写信，丘吉尔给总统写信通报了内阁的这一决定，并请求白宫同时写信予以支持。消
546 息发出一个半小时后，丘吉尔给杜鲁门打电话，但后者此时还不知所云，他又重新口述一遍。丘吉尔后来回忆说，总统“完全同意”这个建议，请求他念了两遍信函内容，以便也给斯大林发出同样的信。[68] 谈话结束后，莱希为总统准备了信函，以配合丘吉尔的行动，并立即发往莫斯科（第714号文件）。[69]

708. 丘吉尔致斯大林的私人机密信函

1945年4月25日发　　　　1945年4月26日收

紧随这封信之后发来的电报刚刚从英国驻瑞典公使处收悉。此事也知会了美国总统。德国无条件向三大国投降之事对于国王陛下政府意义同样重大。我们认为，应该告知希姆莱，德国武装力量军人无论是独立的、还是成建制的，必须就地向盟军部队或盟军代表投降。在此之前，只要还有抵抗，盟军在各战区和各方向仍将全力攻击。

上述电报对我们宣布会师一事无影响。

709. 丘吉尔致斯大林的机密信函

1945年4月25日发　　　　1945年4月26日收

英国驻斯德哥尔摩公使发回如下电报，日期为4月25日，机密。

1. 瑞典外长请我和我的美国同仁于4月24日23时前往他处。博赫曼先生和瑞典红十字会会长贝纳多特伯爵也在场。

2. 贝纳多特昨晚从德国经丹麦抵达。正在东线视察的希姆莱请他火速从弗伦斯堡到德国北部会面，贝纳多特正在弗伦斯堡红十字会工作。贝纳多特建议在吕贝克会晤，4月24日凌晨1时会晤业已举行。尽管希姆莱已疲惫不堪 547
并承认德国的末日已经来临，但他尚有愿望和能力正常讨论问题。

3. 希姆莱说，希特勒已经病入膏肓，有可能已经死亡或将在两天内死亡。来自希特勒大本营的施伦堡将军告诉贝纳多特，是患了脑溢血。

4. 希姆莱表示，只要希特勒还活着，他，希姆莱，无法接受现在的建议而采取行动，但如果希特勒行将就木，他则有全权行动。因此他请求贝纳多特将他的想法告知瑞典政府，以使瑞典政府安排他与艾森豪威尔将军的会晤，进而实现西线的全线投降。贝纳多特认为，如果希姆莱能够直接命令部队投降，那么此次会晤并无必要。如果投降范围不包括挪威和丹麦，那么他不愿向瑞典政府转达希姆莱的请求。如果上述两国的德军一道投降，那么会晤才有一定意义，因为要在会晤中就一些技术问题达成特别协议，如当地的德军如果放下武器由谁来受降。希姆莱答复，他准备命令驻丹麦和挪威的德军向英国、美国和瑞典军队投降。

5. 希姆莱希望继续在东线抵抗一段时间，贝纳多特对他说，这未必可行，盟军无法接受。希姆莱举例说，他希望西方国家先于俄国人进入梅克伦堡（Мекленбург），以拯救那里的平民。现在施伦堡将军在离丹麦边境不远的弗伦斯堡，焦急地等待新消息，他能够将任何信函迅速转交给希姆莱。贝纳多特提醒我们，如果盟国不做任何反应，那么这就意味着人类生命的巨大痛苦和牺牲。

6. 外长表示，他认为这是个极其重要的消息，他自己有责任立即告知美国同仁和我。美国同仁和我都强调，现在希姆莱不愿意下达在东线投降的命
548 令，是妄图在离间西方盟国和俄国的关系。不言自明，纳粹分子应同时向所有同盟国投降。外长和博赫曼承认，这个动机不能排除，他们指出，纳粹领导人下令在西线和挪威、丹麦投降，这对所有同盟国，包括俄国都是十分有利的，并将加速德军的全面投降。外长认为，贝纳多特的消息应转达给英美两国政府，而且因为牵扯到瑞典，英美也有将这个消息告知苏联政府的自由，因为瑞典政府无论如何都不愿意成为制造裂痕的工具。瑞典政府之所以不能将此消息直接告知苏联政府，因为希姆莱提出的条件是，这个消息仅提供给西方同盟国。

7. 美国同仁将该电报发给本国政府。

710. 斯大林致丘吉尔的私人秘密信函

1945年4月25日发

感谢您于4月25日告知希姆莱企图在西线投降的消息。

您关于要求希姆莱全面投降包括在苏联战场投降的建议是唯一正确的做法。我了解您，我不怀疑您会继续这样做。请您按照您的建议中的想法去做，而红军为了我们的共同事业，将大兵压境柏林。

同时告知您，我也向杜鲁门总统做出了同样的答复，因为他向我提过这个问题。

“我了解您，我不怀疑您。”情感丰富的英国人忽略了这几句话暗藏的讥
549 讽。首相助手科维尔记录了首相对斯大林这封信函的直接反应，他在日记中写道：丘吉尔4月26日深夜阅读了这封电报，他刚刚结束与法国大使马西格

利的晚宴。“来信好像对他施了魔法（他本已处于微醉状态），我在他房间，和他在一起呆了一个半小时，他只唠叨这一件事。他的虚荣心达到了顶点，我很高兴约瑟夫大叔不会想像出这样的场景，习惯了说粗话的他用几句好听的话就能影响到我们的对俄政策”。[70] 次日早上，他的私人医生莫兰（Моран Ч.）见到了习惯在床上进早餐的首相，他的情绪异常亢奋：

“甚至还没有开饭，他就拿出斯大林的那封给他带来巨大满足的信给我看。‘希姆莱，’这时他停顿了一下，看着我说，‘这是机密，他（希姆莱）一面提议投降，一面继续和俄国人战斗。我把这封信发给斯大林并告诉他，我们将强迫（德国人）向三大国无条件投降。斯大林在给我的最近一封信中答复道：‘我相信您，这正是我所期待的。’这时丘吉尔把信放在床边的小桌上，又说道：‘他还从来没有写过比这更友好的信。’首相充满情感地讨论起这封信，并给我读了他给斯大林回信的片段。”[71]

由于斯大林的暴虐个性，可以推断，他看透了丘吉尔“艺术家多愁善感”的本性，故意反其道而行之，用罕见的温暖话语与冷漠的心灵制造反差，达到了满意的效果，斯大林的英国信友对他的冷漠早有领教。

“温暖的话语”的确对政策产生了影响，丘吉尔本人对此也不掩饰。他致电正在旧金山的艾登：“在斯大林答复我有关希姆莱事宜的回信中，您可以发现极其友好的一句话。在回复他4月24日关于陷入困局的波兰问题电报时，这句话确实对我的长篇回函产生了作用。”他吩咐大臣，给杜鲁门看这封信时要删除这句话，因为“它属于私人友好交往内容，只能个人受用。我不知道，他（斯大林——作者注）是否也对杜鲁门使用了同样的措辞”。[72] 直至若干年 550
后，丘吉尔在自己的回忆录中仍把斯大林这封电报称作“我此生收到的最真诚的来信”。[73]

尽管罗斯福信誓旦旦，但直到4月20日参联会才下令关闭美国战略服务局与纳粹特使之间的伯尔尼联络通道，并将此消息通报给了苏军指挥部。[74] 战略服务局华盛顿总部在通知杜勒斯时表示，做出如此决定不仅是因为德国人拒绝投降条件，还因为造成了“与俄国人关系的复杂化”。[75] 尽管杜勒斯有责任执行命令，立即中断与沃尔夫的私下接触，但他仍跟踪他的活动，并通过第三方与其特派员保持联系。彼时驻意德军正处于绝望状态：美军中将克拉克接替亚历山大任盟军驻意部队司令，4月6日，他命令英美部队向德军发动最后的进攻。与以前的进攻行动相比，这次进攻进展神速。两周之后的21日，盟军解放了波伦亚（Болонья），然后强渡了波河。

在此背景之下，沃尔夫积极尝试退出战争。形势的发展瞬息万变。4月

18日，沃尔夫在柏林与希特勒、希姆莱会面，后者表示打算继续战斗，至少在目前这段时间。研究人员表示，“柏林之行的结果各方都不满意，因为没有采取任何实际步骤。没有逮捕沃尔夫，没有直接命令他终止预备谈判”。[76] 希姆莱禁止沃尔夫前往瑞士，明确警告他说，他的妻子、孩子都在博尔扎诺（Больцано），处于“特别保护”之下。杜勒斯对沃尔夫此行持怀疑态度，他评价道：“看来，希姆莱或者现在可以除掉科里吉克（杜勒斯给沃尔夫指定的化名——作者注），或者利用他来建立自己与英美的单线联系。当然，我拒绝第
551 二方案。利用科里吉克实现全面投降或意大利战场投降的可能性是存在的。”[77]

尽管希姆莱严令禁止，沃尔夫仍决定冒险一搏。4月23日，他再次前往瑞士，他建议在卡塞塔就投降问题举行单独谈判，再次试图分裂盟国。25日，由于上级有令，杜勒斯拒绝私下会面。但仅过了一天，事情就出现了转机：参联会允许继续有条件地与沃尔夫展开谈判，但不允许在瑞士领土上进行谈判。此次西方领导人汲取“伯尔尼事件”的教训，立即邀请了苏联代表参加。

711. 丘吉尔致斯大林的私人机密信函

1945年4月25日发　　　　1945年4月26日收

1. 兹信函有关“字谜”。先前与我们中断联系的德国特使再次抵达卢塞恩湖（Люцернское озера）。他们声称，已获授权实现驻意德军的投降计划。亚历山大元帅被告知，他有权允许特使前往驻意盟军司令部。如果特使前往法国，则对他们来说轻而易举，我们可以直接用飞机把他们接走。您是否立即派俄方代表前往亚历山大元帅的大本营。

亚历山大元帅有权接受位于其战场上的大部分敌军无条件投降，但所有政治问题仍由三大国政府定夺。

您会发现，我几小时前致您的关于希姆莱在西线和北线投降的电报并未提及意大利投降一事。我们在意大利流尽了鲜血，在阿尔卑斯山南麓俘虏的德军是对英国人民心灵的极大安慰，美国为英国承担了很多的损失和危险。

上述消息均只供您个人参阅。我方司令部已经告知美军司令部，英美联
552 合参谋部可按照本原则精神向亚历山大元帅下达命令，元帅也会随时通过英美驻莫斯科军事联络处将情况通报给您的最高统帅部。

4月25日，在收到有关苏军和英美联军在托尔高会师的消息后，斯大林、

杜鲁门和丘吉尔分别发表了预先协商的宣言，第二天，宣言在所有盟国报纸刊登。

712. 杜鲁门致斯大林的特级机密信函

1945年4月25日收

您4月23日来函收悉，在此深表谢意。

以下是我将来要公布的宣言全文，艾森豪威尔将军明确了发布日期和时间。

“艾森豪威尔将军率领的英美联军与苏联军队按照预定计划在德国心脏地区会师。从此，德军将被拦腰截断。虽然这不是欧洲最终胜利的时刻，但胜利时刻已经临近，为了这一时刻的到来，全体美国人民、英国各族人民、苏联人民曾经并肩战斗和祈祷。我们的力量在德国心脏地带的汇聚对于全世界都具有不可忽视的意义。它首先预示着希特勒及其残暴政府最后仅存的一线希望彻底破灭。在反对暴政和非人道行为的战争中，同盟国用行动展示了他们的统一战线和共同事业，以及他们一如既往的决心。任何力量都不能分裂这支身经百战的军队，任何力量都不能泯灭他们勇往直前、实现既定目标、迎接在德国的最后胜利的共同追求。同时，此刻的会师向我们自己和全世界证明，各国人民在和平与自由事业上的合作卓有成效，它使我们能够克服最大规模战争史上的艰难困苦。各国人民克服了距离、语言和交流方面的障碍， 553
共同筹划、并肩战斗、共生共存，并将在世界和平的共同事业中继续合作。

最后，同盟国战略和军事上的伟大胜利是对英勇果敢的富兰克林·罗斯福总统的慰藉，这不是语言上的胜利，这是联盟各民族的士兵和水兵通过坚定勇敢的战斗所取得的胜利。只要欧洲和太平洋战场上的敌人一天不被消灭，后方就一天不能倦怠，就一天不能停止对英勇士兵和水兵的支援，我们深知，前线的战斗一刻也不能停息。”

713. 斯大林致丘吉尔的私人秘密信函

1945年4月26日发

您4月26日关于“字谜”的信函收悉，在此表示感谢。

我现告知与您，苏军指挥部委派现任苏联政府意大利事务协商委员会主席吉斯连科少将参加在亚历山大元帅大本营举行的意大利北部德军投降谈判。

714. 杜鲁门致斯大林的信函

由E.斯特蒂纽斯　　1945年4月26日莫斯科收
转交A.葛罗米柯
4月25日，旧金山

1. 美国驻瑞典公使告知我，在希特勒因病缺席的情况下，希姆莱以德国政府的名义向瑞典政府提出西线全部德军投降的建议，包括挪威、丹麦及荷兰。

554 2. 依据与英国和苏联的三国协议，美国政府认为，投降的唯一条件是在所有战场向苏联、英国及美国投降。

3. 如果德国人接受第2点条件，他们应该立刻在所有战线向战地指挥官就地投降。

4. 如果您赞同第2点及第3点，我将命令我方驻瑞典公使通知希姆莱的代理人。

同样的信函也发给了丘吉尔首相。

715. 斯大林致杜鲁门的私人秘密信函

1945年4月26日发

您4月26日来函收悉。感谢您告知关于希姆莱在西线投降的想法。您对希姆莱的答复完全正确，要求包括苏联战场在内的德军全面无条件投降。请您按照您的想法开展行动，我们俄国人将继续对德军的攻势。

同时要告知您，我给丘吉尔首相以相同的答复，他也向我提出了同样的问题。

克里姆林宫方面迅速、积极的反应使丘吉尔喜出望外。“我认为，我们及时、一致地向斯大林通报我们对希姆莱与贝纳多特接触的态度令他感到满意。”4月27日他致电杜鲁门说。[78] 征得斯大林同意后，同盟国向本国驻斯德哥尔摩外交官下达指示将其转告希姆莱。在下一封信中，杜鲁门向斯大林通报了他下达给美国驻瑞士公使H.约翰逊（Джонсон Г.）命令一事。但是，在此之前，希姆莱已经消失在“第三帝国”垂死的漩涡中。4月30日希特勒自杀、邓尼茨政府成立后，已经失去意义的他在德国—丹麦边境被英国军警逮捕。5月23日，希姆莱在纽伦堡附近的关押地受审时，咬碎安瓿服毒自杀。
伦敦终于松了一口气：希姆莱之死使一些复杂的问题从日程上消失，如繁复 555
的审判过程和可能暴露的政治密谋就此盖棺。军情5处的高层官员H.利德尔（Лидделл Г.）在5月25日的日记中写道：“有消息说希姆莱自杀了，这是可以原谅的，也是人们愿意看到的。他的死把所有人从丑闻中解脱出来。”[79]

716. 杜鲁门致斯大林的私人绝密信函

1945年4月26日发　　1945年4月27日收

今天我向身在斯德哥尔摩的约翰逊先生发出了如下电报：

“根据您4月25日凌晨3点发来的消息，请通知希特勒特使，德国投降的唯一条件是在所有战场无条件向苏联、英国及美国政府投降。

如果德国武装力量同意上述条件，应立即在所有战线就地向战地指挥官投降。

在所有战区，如遇抵抗，盟军将予以坚决打击，直到取得完全胜利。”

丘吉尔不能对斯大林的恭维置之不理，他向斯大林保证，不会辜负他对自己的信任。丘吉尔顺便提到在苏军占领区建立空中走廊的问题，这对英美来说意义重大。

1944年夏秋之际，伦敦在讨论德国占领区边界问题时，开始担心苏联占领区“封闭”的可能。因为此时英国人担忧德国战败后的经济形势，外交人民委员会真切地感受到伦敦的想法，“苏联占领区是德国最重要的产粮区”，[80]伦敦希望将这些“余粮”分配给英美占领区。

1945年春，注意力转向军事问题，其中包括借道苏联占领区，以保持联 556
军占领区与柏林的交通联系。苏联政府拒绝提供在本土和控制领土上空飞行的权利。1944年夏秋之际，经斯德哥尔摩至莫斯科航线失败的教训使美国人明白其中的道理。[81]

丘吉尔提出的关于空中走廊的对话并不轻松。1945年5月，时任苏军占领区代表朱可夫回忆起与艾森豪威尔及美国空军上将K.斯帕茨（Спаатс К.）进行的讨论。

“斯帕茨将军靠在椅子背上，漫不经心地说：‘美国空军过去及现在的飞行都不受限制。’

‘贵国空军飞越苏联领空不可能不受限制，’朱可夫回答斯帕茨，‘你们只能在指定的空中走廊飞行。’”

艾森豪威尔急忙让斯帕茨坐下以缓和气氛（“我没有授权你这样提出有关空军飞行的问题”），并建议稍后讨论这个问题。[82] 从柏林出发穿过苏占区组织铁路运输和构建三条空中走廊的协议于1945年9—11月期间签署。[83]

717. 丘吉尔致斯大林的私人机密信函

1945年4月27日发　　　　1945年4月27日收

1. 兹回复您4月25日来电。我很高兴地获悉，您从不怀疑我过去和现在对贵国及您本人所做的一切。英美两国政府相信自己的所为，并且将在您认同的方向上继续为之，我们三方也将继续毫无保留地随时通报情况。

557 2. 下面这件事微不足道，但聊胜于无。我们的军队将很快在广阔的前线全面会师。我们需要适宜的空中走廊，而且应该尽快开辟这条走廊，并使之尽量宽阔，以确保日常航空邮件的往来和方便个人联络。我已请求艾森豪威尔将军为开辟这条空中走廊先行采取措施。

丘吉尔致斯大林的下面这封信函可视为其在欧洲战争收尾阶段对苏联态度的集中总结。首相极为不安的是红军继续向西推进所造成的政治后果，以及使中东欧和巴尔干半岛的苏维埃化。得益于3—4月间英美军队进展顺利，首相欲借此机会实现自己的政治目的。早在4月初，丘吉尔就致信罗斯福称：“与俄军的会师地点必须尽量靠近东部，若情况允许，则进入柏林。”[84] 基于此，丘吉尔试图说服杜鲁门和艾森豪威尔在苏军到达之前抢先占领柏林和布拉格，尽量从已商定的占领区边缘向东部纵深推进，越过约定的德国占领区界线，并以西方在苏联占领区的军事存在作为向斯大林施压的筹码。在4月18日致杜鲁门的信函中，丘吉尔建议不急于将美军从未来的苏占区撤出，而将此问题留待未来的同盟国对德管控委员会解决。首相声明说：“我愿意接受占领区域的界线，但我不希望驻地苏联将军的粗暴一吼，就让我们的盟友或美军后撤。”在当前情况下，丘吉尔提议首先要求苏联同意从苏联粮食产区供应富余粮食。以后，这个筹码还可用于其他目的，包括奥地利占领区的分配问题、联盟监督机构在德国和奥地利的地位问题。[85]

丘吉尔在致杜鲁门的信函中表示，可以接受此前划定的占领区，因为“当时没有预见艾森豪威尔将军指挥的集团军如此快速地攻入德国”，但在这 558
些话的背后却隐藏着事关欧洲战后命运的重大战略意图。1945年4月底，美军在苏联占领区分界线上多处越界。1944年9月12日，怀南特、W.斯特朗（У.Стрэнг）和古谢夫签订的伦敦协定书明确了苏战区边界。最能够说明问题的是，著名的易北河畔托尔高会师地点就发生在苏联占领区的界限以东，这条界线是沿苏军占领的普鲁士萨克森（Саксония）[86]省行政区的西部行政边界，包括埃尔富特—莱比锡—德累斯顿区，就此事斯大林4月1日已致信艾森豪威尔。[87]

美军司令部采取的措施，除了出于纯军事目的外，还明显包含有政治潜台词。美国著名军事历史学家F.波格（Ф.Погью）写道，“4月7日，艾森豪威尔通知联合司令部说，不希望将柏林作为主攻目标，因为现在这座城市在很大程度上已失去了军事意义。他认为将莱比锡作为突击重点，分割易北河以西敌军，左翼向波罗的海沿岸方向前出至吕贝克（Любек）近郊，可以给俄国人占领石勒苏益格—荷尔斯泰因（Шлезвиг-Гольштейн）制造障碍”。[88]而丘吉尔和艾登明显力求借英美军队占领“逸出”区域的事实向莫斯科施压。5月19日，艾登在致丘吉尔的信中说：“我理解您的想法，在未解决与俄国人的某些遗留问题之前，我们不应该从现有的德国占领线后撤。其中以城市遭到严重损毁为借口，将管控委员会开会地点从柏林移往他处，以及为英国人占领奥地利创造有利条件，这些问题都具有非同小可的意义。”[89]

起初，杜鲁门不同意丘吉尔的意见：国务院和五角大楼反对违反占领区划分协议，担心苏联反制，也不希望将纯军事问题政治化。4月23日，总统将致斯大林的信函草案发给了首相，告知在军事行动结束后，将所有盟军撤回已方占领区。[90]但丘吉尔并不认可。第二天，他致电总统：“您的第1、第2点简直就是放纵俄国人为所欲为地随时以命令的形式迫使我们撤回到已方占领区。”[91]首相巧妙地捍卫了自己致斯大林的信函方案，并请求总统给予支持， 559
由莱希4月27日起草的杜鲁门回信遵从了这个旨意。丘吉尔急于在奥地利建立盟国管控机构的意图已非常清楚。“我感到焦虑，在盟国做出在该国联合行动的决定之前，俄国军队很可能会占领奥地利的大部国土，”在这封艾登起草的致杜鲁门的信函中（后并未发出）写道，“我担心，如果我们不清楚地向俄国人表明，我们非常关注在实现盟国全面管控之前这段时间会发生的事件，我们将会面临无穷的问题。”[92]

确实如此，从美军在南翼向奥地利、捷克斯洛伐克推进的事实中可以看出，盟军的企图不可小觑。4月30日，艾森豪威尔向安东诺夫通报了向东推进的计划，指出美军可能前出至卡尔斯巴德城（Карлсбад）、皮尔森（Пильзен）和捷克布杰约维采（Ческе-Будеевице）地区。在征得苏联司令部同意后，艾森豪威尔得寸进尺，在5月4日又希望在占领上述三座城市后向易北河和伏尔塔瓦河（Влтава）推进，目的是肃清两河西岸的敌军。安东诺夫就此提出抗议，苏军在德北方已后撤至占领区东侧，因此艾森豪威尔告知将放弃自己的计划。[93] 4月30日，丘吉尔在给杜鲁门的信中显露了他老谋深算的一面。丘吉尔呼吁美军尽可能突入捷克斯洛伐克领土纵深，争取占领布拉格。他指出，只有这样，“才能完全改变捷克斯洛伐克的战后局势，并且对周边国家造成影响。否则，如果西方盟国不能在被解放的捷克斯洛伐克扮演重要角色，该国将重蹈南斯拉夫的覆辙”。[94]

此时，在华盛顿，代理国务卿格鲁正在寻找从军事政治角度继续东进的理由。在突出强调“奥地利和捷克斯洛伐克可能会造成重大政治问题”的重要性的同时，他对“苏联单方面采取行动”极为不满，并提出改善华盛顿境
560 遇的方法：“如果美军突进到摩尔多河（伏尔塔瓦河的德语名称——作者注），而该河流经布拉格，则可保证我们占领比俄国人更有利的位置……我们建议，美军向伏尔塔瓦河全流域推进。如果能够做到这一点，无论是在奥地利，还是在捷克斯洛伐克，都可以与苏联政府势均力敌。否则，苏联政府在奥地利和捷克斯洛伐克问题上将一如既往地对我们的抗议置之不理”。[95]

做出如此考量的政治背景是，在奥地利成立了以K.伦纳（Реннер К.）为首的临时政府，维辛斯基于4月24日向英国驻莫斯科代办F.罗伯茨（Робертс Ф.）表示，莫斯科同意此举。而英国人反对成立这个政府，认为它将是忠于苏联的政府。稍晚，5月18日，丘吉尔在指责苏联其他方面的对外政策后，对古谢夫说：“是你们制造了奥地利政府……”[96]

718. 丘吉尔致斯大林的私人密函

1945年4月27日发　　　　1945年4月27日收

1. 英美军队很快将与苏联武装力量在德国全面会师，德军的抵抗已是强

弩之末，这迫使美国、英国和苏联必须及时制定奥地利和德国武装占领区的明确程序。

2. 我们的直接任务就是彻底摧毁德军。在这段时间内，应由战地指挥官确定三个盟国武装力量之间的界线，并根据战场情况和需要进行调整。在此期间，我军不可避免地处于最终占领区界线之外的区域。

3. 战斗一经结束，下一个任务将是在柏林和维也纳成立盟国管控委员会，重新部署盟国武装力量，并进驻相应的占领区。德国的占领区已分割完毕，在您提议的维也纳会议期间，我们有必要立即就奥地利占领区问题达成一致。

4. 目前形势已经明朗，不会签署任何投降文件。在这种情况下，三国政 561
府应立即就盟国管控委员会成立事宜做出决定，并责成其为各国武装力量进驻各自占领区制定实施细则。

5. 为了满足上述第2点所述的形势所需，必须根据目前局势采取临时措施以便明确战术行动区，我们已向艾森豪威尔将军下达如下指示：

“（1）为避免两军之间出现混乱，防止某方穿越另一方占领区边界，当双方会师时，在会师地点停止前进，双方战地指挥官出于消灭残余抵抗的需要，根据后方和侧翼的移动方向再最终确定。

（2）在某一地区军事行动结束之后，关于武装力量调动问题，你部应根据军事目的需要部署，可不考虑占领区界限。除战场和行政需要的局部调动外，其他大规模调动应事先得到联合司令部的批准。”

6. 您是否要为军事行动区的贵方指挥官下达同样的指示。

7. 我将此信同时发给您和杜鲁门总统。

719. 杜鲁门致斯大林的私人机密信函

1945年4月27日发　　1945年4月28日收

我收到了丘吉尔首相4月27日致您和我的来信，事关我们的武装力量进驻德国和奥地利占领区的程序问题。

我完全同意丘吉尔首相致我们二位的上述信函，我将告知首相我表示同意。

由英方3月31日向欧洲协商委员会提交的关于德国战败的四国宣言草案 562
中未含“无条件投降”的表述，对于此表述，盟国在雅尔塔会议时曾一致通过。这引起了美国驻欧洲协商委员会代表J.怀特南（Дж.Вайнант）的不解，并将此上报给华盛顿。[97] 此举同样引起了苏联方面的强烈反应，苏方担心由于大军急速推向德国心脏地区，盟国可能就此改变自己的立场。苏联驻欧洲协商委员会代表、驻伦敦大使古谢夫和驻美国大使葛罗米柯接到同样的指示，要求对这样的疏忽做出解释。[98] 文件的协商过程就此拖延，丘吉尔决定尽快致函斯大林。

720. 丘吉尔致斯大林的私人秘密信函

1945年4月28日发　　　　1945年4月28日收

续我4月27日的私人信函。

若不签署投降文件，四国应发表声明，明确德国战败和无条件投降，并由四国接管德国最高权力机构。声明草案文本已交欧洲协商委员会审议，我请求您责成贵国下达紧急指示，尽快完成最终文本的拟定工作。

721. 斯大林致杜鲁门的私人秘密信函

1945年4月28日发

4月27日收到您给约翰逊先生下达指示的信函。感谢告知。

我认为，您和丘吉尔先生决定达成德国武装力量无条件投降是对德国人提议的唯一正确的回答。

563 4月26日，丘吉尔就波兰问题口授了给斯大林的回信，他对斯大林“我了解您”的恭维记忆犹新。甚至以挑剔著称的首相助理科维尔在日记中也称该文件是“致斯大林信函中的精品，不愧出自大师之手”。[99] 很明显，作者本人也对自己的电文甚感满意，在交给外事部修改时，再三叮嘱“请勿破坏文本的对称性和结构”。[100] 萨金特和劳尔回答首相说：“我们认为，您的信函正是对斯大林拙劣电报最好的回应。”但他们还是克制不住自己，违背丘吉尔“请勿破坏文本的对称性和工整”的要求，最终对文本还是稍做了改动。助手们的修改使信函与雅尔塔声明更加协调一致。此外，他们建议删除第8点中的如下文字：“当然，我们需要一个友好的希腊，如同您需要一个友好的波兰。但我们不需要希腊的领土、基地、岛屿，等等”。“假如我们将来又想从希腊人那里得到这些，该怎么办？”他们在页边上写道。[101] 丘吉尔听从了这些建议。

透过信里的某些情节可以看出，丘吉尔似乎又回到了从前的自己，以及不久前在雅尔塔与斯大林争论时的自己，热衷于总结归纳和重复老生常谈的证据。南斯拉夫问题也不例外。早在雅尔塔时，丘吉尔就认准铁托“是该国的独裁者”，对此斯大林回答说，“铁托完全不是独裁者”。[102] 彼得二世国王最终于1月28日批准了铁托—苏比锡协议，克里米亚会议（南斯拉夫临时政府于3月27日开始运作）建议此协议立即生效，丘吉尔对此的不满溢于言表。丘吉尔感觉到，通过该协议保留英国在南斯拉夫影响的希望化为泡影。4月18日，首相在致艾登的信中写道：“您知道我对铁托的看法，自从他从维斯岛逃跑*后，我彻底丧失了对他的信任，我完全同意，可以找个很好的借口停止对铁托的援助。”[103] 在首相4月25日致参谋长委员会的信中，这种情绪也表露无遗。在信中丘吉尔强调指出：“铁托元帅不久前表露的态度令人不满，我们给他的军队提供大量援助，他却忘恩负义……”[104]

丘吉尔和铁托各自的幕僚们对铁托—苏比锡协议的看法大相径庭。1945 564
年2月，卡德尔在给莫斯科的信中写道：“这个协议的本质是形式上通过法律途径，也就是依照老宪法，实际上是要在南斯拉夫废黜君主制……我们将全面掌控临时政府和宪法会议，这是我们在国内站稳脚跟的手段，之后我们便可以展开新的攻势，再次对国内反对派实施新的打击。此外，我们没有必要因为南斯拉夫问题激化苏联与帝国主义国家的矛盾。因此，可根据国内的实际状况，我们应该放慢应有的革命进程……”[105]

莫斯科呼吁贝尔格莱德采取强硬行动，并批评其在组建联合政府时做出的让步，莫洛托夫在致铁托的电报中，将首个政府声明形容为“苍白无力”。[106]铁托于1945年4月11日对莫斯科进行了访问，期间签署了为期20年的友好互助及战后合作条约，在外交层面上，苏南关系的密切程度通过1945年4月11日签署条约得到了新的表述。伦敦本来力求将含糊的“百分比协议”套用在南斯拉夫政府组成问题上，以及帮助南斯拉夫建立武装力量，莫斯科按照比例“负责”陆军，而伦敦负责海空军，[107] 但事实与丘吉尔的愿望相违。

丘吉尔的这封信表现出少有的情深意长，在某些地方甚至“坦露心声”，丘吉尔对此也洋洋自得。在所有致斯大林的信函中，这封信不仅篇幅最长，

---

* 英文原文为 levant，原意为“躲债”。

大概也是最生动的一封。丘吉尔在信中详尽地讲述了自己对波兰问题的立场，修辞严谨，语气温和。首相强调波兰问题对英美社会具有特别的象征意义，并希望斯大林认同他的观点。信函的结尾警示说，战后世界存在着分裂的危险。丘吉尔对信的结尾的修改意味深长，他提醒说，当今世界强国因琐事争吵可能预示着危险，以此暗示“曼哈顿计划”（丘吉尔很清楚，“科学制造的
565 噩梦”——原子武器已经准备就绪）和超级大国的出现。首相考虑再三，最后还是删除了这两点。

丘吉尔并没有与杜鲁门商议此信的内容，甚至隐瞒了给斯大林写信的事实。既成事实之后他才把信函内容转发给总统，并补充写道：“我不清楚斯大林是否给您回信，但我希望您不会反对我单独回信，以及信中所述的英方的论据。当然，如果您在给斯大林写信时支持我所表述的观点，我将非常高兴。”[108] 但杜鲁门没有急于回信，而是等待斯特蒂纽斯与莫洛托夫在旧金山谈判的消息。[109] 他直到5月4日才给斯大林回信，而且是在斯大林的提醒之下，丘吉尔信函的副本通过克尔转交给尚在旧金山的莫洛托夫。

722. 丘吉尔致斯大林的私人机密信函

1945年4月28日发　　　　　　　　　　1945年4月29日收

1. 感谢您4月24日的来函。我们对克里米亚协议中的波兰问题部分出现不同的解读，这使我感到伤心。我在出发去雅尔塔的时候，当然是希望将伦敦和卢布林的波兰政府全部解散，而由心怀善意的波兰人组成新政府，贝鲁特先生的政府成员仍占有显要职位。但是您不欣赏这个计划，所以我们和美国人同意不解散贝鲁特政府，而通过“在广泛的民主基础上、广纳波兰国内外民主人士将其重建”为“新的”政府。为此，莫洛托夫先生和两位大使在莫斯科举行会谈，通过与现在的临时政府成员及其他波兰国内外民主人士进行磋商而组建这样的政府。

2. 之后，委员会应开展工作，选拔那些应该前来参加协商的波兰人士。
566 我们试图在每个具体环节都选出代表人，并在这个问题上予以密切关注，不允许那些我们认为对俄国怀有极端敌意的人加入。从伦敦波兰政府的波兰人中我们只推荐了三位人选，他们是：米科瓦伊奇克、斯坦奇科和格拉布斯基，他们现在是伦敦波兰政府的反对派，因为他们不喜欢政府对俄国的态度，特别是政府拒绝接受我和您商定的东部边界，在这个问题上，除了苏联政府，

是我第一个向全世界宣布，以西部和北部边界为补偿来换取东部边界是公正的。诚然，当初米科瓦伊奇克觊觎利沃夫，但是您知道，现在他已公开放弃了这个诉求。

3. 应从波兰国内和国外邀请的人选是由我们和美国人推荐的，因为我们希望有助于事业的成功。令英国人最为不满的是，莫斯科委员会经过9周的讨论，而且期间我们三国政府通过多次电报交流仍未取得丝毫进展，因为莫洛托夫先生始终拒绝在委员会上就我推出的波兰人选表态，这样一来，他们中任何人都不能来参加圆桌预备会议。请注意，我所说的这些人并不是一定成为重建后的波兰政府成员，他们仅仅是参加克里米亚宣言所商定的圆桌谈判，目的是为最终成立联合临时政府做准备，这个政府应代表波兰社会的各个阶层，并愿意与苏联政府在友好的基础上共同工作，同时也会被我们和全世界所承认。这是我们曾经的愿望，而且我们将一如既往。这个临时政府之后根据我们在克里米亚达成的共同决议，有义务尽快组织“全民拥有选举权的、无记名投票的自由无障碍大选”，同时，“所有反纳粹的和民主党派都有权推举自己的候选人”。呜呼！无论第1点还是第2点都没有取得进展。

4. 您在来函的第1点里说道：“采用南斯拉夫模式作为波兰的样板。”您一 567
直希望我们的私人电报是真诚和坦诚的。我首先要对您说，这两种情况相去甚远。在波兰问题上，三国已商定为组建新政府我们应采取的措施。这些措施应通过贝鲁特政府代表和波兰国内外民主人士代表在莫斯科委员会磋商后得以实施。而南斯拉夫问题毫无共同之处。除此之外，波兰问题莫斯科委员会的贵国代表实际上阻止了协议规定的谈判的启动。似乎您现在也有意放弃已经商定的程序。如此一来，我们英国人认为，这么长的时间已经过去，而在组建“新的”和“重建的”波兰政府问题上仍原地踏步，相反，在此期间，苏联政府却与现行的贝鲁特临时政府签署了长达20年的条约，而且依旧无视这个政府既不是新政府，也不是重建的政府。我们一贯真诚地相信，此问题会本着克里米亚友好团结的精神得以和解，而现在我们却感觉到，条件是强加给我们的，我们被逼到了墙角。

5. 我还想说，南斯拉夫事件的进程使我感到，我们两国的利益未按照50%对50%的比例执行。铁托元帅完全是一个十足的独裁者。他声称，他首先忠诚于苏联。尽管他允许南斯拉夫王国政府成员入阁自己的政府，但他又亲定比例仅为6∶25。这使我们产生了一个印象，即与他们不能协商高级别的政治问题，而且这是一党制的开始。但是，无论在雅尔塔，还是在其他场合，对此我都没有任何抱怨和解释，我默认了在南斯拉夫达成的所有协议。我未对贵国在南斯拉夫的所作所为表示不满，尽管仍有所担忧，我还是希望平稳过渡，使南斯拉夫人感到自己是昌盛自由的人民，无论对俄国还是对我们自己都保持友好关系。

6. 但是，我们仍不能接受将“南斯拉夫样板”作为波兰所发生的一切的
568 指导原则。无论我们，还是美国人，都在波兰没有任何军事的和特别的利益。我们在物质问题上的追求应被视为友好国家间的正常交往形式。令我们所有人感到震惊的是，您预测，我们的努力都是为了造就一个对苏联充满敌意的波兰政府。这与我们的政策完全相悖。要知道正是因为波兰这个国家，英国人在1939年才与德国开战。对我们来说，纳粹分子对待波兰的方式暴露了希特勒的卑鄙无耻，他们妄想占领波兰和奴役波兰。希特勒对波兰的入侵就如导火索一样引爆了战争。英国人民投入战争并非如人们有时想像的那样是有所图，而是良知使然。英国人民日益感觉到希特勒正在蓄意准备战争，这对我们的国家和我们欧洲珍视的自由构成了威胁，自慕尼黑协定之后，希特勒无耻地对捷克斯洛伐克背信弃义，以热爱和平著称的张伯伦（Чемберлен Н.）随即向波兰做出了反击希特勒的保证。当希特勒入侵波兰时，我们必须履行承诺，尽管我们并没有做好战争准备，但全体人民还是投入到了反击希特勒的战争中。人民心中的怒火顿时被点燃，同样的怒火也让贵国人民奋起保卫自己的家园，反抗背信弃义、惨无人道，甚至是灭绝人性的德国侵略。这团烈火仍在所有阶层和派别、在我这里、在英国各岛屿、在各自治领继续燃烧，他们永远都会认为，如果波兰不能在与俄国保持友好的同时，公正地得到真正意义上的主权、独立和自由，那么战争就不会公平地结束。我记得，我们在雅尔塔就此已经达成了一致。

7. 我认为，强烈地关注波兰得到应有的权利，至少会在美国和其他英语国家得到最大程度的认同，同时，摒弃思维方式和政治体制方面的差异，炽热而强烈的、与强大的俄罗斯苏维埃共和国平等共荣、寻求合作的友好愿望将与日月同辉，与岁月共存，然而，在这方面只有我们三个大国才能为全世界提供保证。在我身肩重任的年代里，我一直为维护这个团结而勤奋地工作，
569 当然，我将利用我所能支配的一切手段，一如既往地坚持下去。特别是，我可以对您保证，我们身在英国，不会追求扶植或容忍一个对俄罗斯心怀敌意的波兰政府。但是，我们也确实不能接受一个事实上与雅尔塔联合宣言表述相背离的波兰政府，包括与西方世界倡导的尊重人权原则相背离的政府。

8. 关于您列举的希腊和比利时，我对您的想法表示理解，当时我们大规模武装干涉的目的，是为了压制雅典城内希腊民族解放阵线（ЭАМ）和希腊

人民解放军（ЭЛАС）对中央政府的攻击。我们多次明确地指出，优先承认贵国在罗马尼亚和保加利亚的利益。但是，我们也不能完全被排挤出这些国家之外，同时，我们也不希望您的下属对我们高官的态度有别于您一贯对我们的彬彬有礼。我们在希腊寻求的是多年来连接我们的友谊，我们只是希望希腊保持独立和领土完整。但是，我们不能越俎代庖地决定希腊应实行君主制还是共和制。我们在希腊政策的唯一目的是尽快恢复事务的常态，并希望在近4—5个月内进行正义和自由的大选。这次大选应首先确定国家体制，尔后制定宪法。在全民拥有选举权利的条件下，人民自由表达的意愿应压倒一切。我们的根本原则正在于此。假如希腊人选择共和制，也不会影响到我们同他们的关系。我们会利用我们对希腊政府的影响力，届时邀请俄国代表前来任意察看希腊发生的一切，在大选过程中，我希望俄国、美国和英国的全权代表前往该国任意地点，切实确认是否有参选党派恐吓或其他有害于人民选举自由的行为。只有在这之后才可以认为我们的工作已经完成。

9. 关于比利时，我们没有提出任何条件，我们自然有所担心，如果在比 570
利时会安装针对我们的飞弹发射架，等等。我们希望，无论比利时人民决定接受何种国家体制，他们都将加入共同防御体系，以防止希特勒进攻西方。比利时与波兰情况相同，都是战区和交通要道，每个人都会承认这些因素不可小觑，否则大军则无法行动。

10. 您来信中第3段的观点完全正确，我们与美国就波兰问题确定了行动路线。当然，这是因为我们之间已就此问题达成了协议，我们双方真诚地认为，我们的感受被忽视，这里是指克里米亚之后事态的进展状况。毫无疑问，如果持相反的观点看待这个问题，则完全是另一种结果。但有一点我们绝对认同，为了波兰有一个以应有的方式完全代表波兰民主势力的政府，我们为波兰的主权、自由、独立所承担的义务都是我们的责任和荣耀。我认为，要改变两国的立场，没有丝毫的可能性，如果我们之间存在协议，我们就应该公开声明。我们和贵国最终能够团结在一起，在很大程度上是因为1944年我主动发声支持您对苏波边界的主张，即寇松线，包括将利沃夫划归俄国。我们认为，您也应在政策的另一个层面支持我们，我们曾一道宣称：在对苏友好的前提下，保证波兰的主权、独立和自由。因此，国王陛下政府不同意按照南斯拉夫模式组建波兰政府，因为波兰现在的华沙临时政府代表与其他民主派别代表的比例为4:1。政府中应保持相应的力量平衡以及合理地分配重要职位。我们在克里米亚已经达成一致，通过与非极端仇俄的波兰各界民主人士的真正代表商讨，应该能够达成这个结果。

571 11. 目前，由于波兰国内的一些纷纷传言，产生了一系列难题，尽管我方多次询问，莫洛托夫先生对此却置之不理。很多议会议员非常关注这个消息，这个问题随时有可能在议会和媒体引起轩然大波，尽管我反对这种做法。比如，有传言明确指明，有15名波兰人与俄国当局会晤，四周多之前还进行了谈判，也听说了关于维托斯先生的类似消息，而且是近期的事。同样还有许多其他消息说有人被驱逐出境，等等。如果您不透露任何风声，我又能如何反驳这些传闻，而且也不允许我方和美国派人前往波兰，以便我们亲自查明事情的真相。我们占领或解放的每一块土地，您都可自由派团前往，人们不能理解，为何您反对英国代表团对贵国解放的他国领土进行类似的造访。

12. 我对未来前景并不乐观，贵国与所控制的国家，再加上一些国家的共产党站到了一边，而团结在英语民族周围的国家与他们的盟友、自治领站到了另一边。显而易见，这两派之间的纷争会把世界撕成碎片，而我们作为纷争双方的领导人不能摆脱干系，我们将羞于面对历史。长期以来，猜疑、指责和相互指责、相互对立的政策方针本身就已是不幸，它阻碍我们实现保障全世界大众福祉的伟大构想，这个构想只有在我们三方团结一致的前提下才有可能成为现实（谁将会有这样的特权？什么样的武器将会威力无比？科学将会给未来制造哪些噩梦）。我希望，在我坦露心声的这封信里，不会有一个字、一句话无意中伤害到您。假如真的伤害到了的话，请告诉我（我把它们删除）。斯大林，我的朋友，我请求您不要忽略（世界最强大种族在信仰一类的微小）问题上存在的（敌意）差异，它对您来说可能微不足道，但却代表着我们英语民族的民主世界观。

572 4月27日，W.冯·施韦尼茨（Швайниц В.Фон.）中校作为德军驻意大利最高指挥官H.冯·菲廷霍夫（Фитингхоф Г.фон.）上将的代表、党卫军少校军官E.万纳（Ваннер Е.）作为沃尔夫的代表一同飞往卡塞塔。驻意大利德军无条件投降书于4月29日签署。投降条件只涉及军事问题，规定所有德、意兵力携带武器装备全部投降。所有被缴械的部队原地待命，待盟军司令部下一步发落。所有军用飞机停飞。第二天，德国特使接受了这些条件，丘吉尔将此事通报给了斯大林。

杜勒斯向华盛顿报告称："我们顺利地将施韦尼茨和万纳携已签署的投降条件书押送回博尔扎诺。现在一切都取决于玻璃匠（冯·菲廷霍夫——作者注）和克里提克（沃尔夫）等人的最终决定和兑现了。"[110] 协议于5月2日生效。阿尔卑斯山南麓的100多万德军向英、美投降。尽管从意大利战区传来了好消息，丘吉尔也认为此举意义重大，但首相还是不甚满意。布鲁克4月30日在日记中写道：“冗长的参谋长委员会会议、恼人的内阁会议令温斯顿心情不好。尽管阿列克斯（亚历山大——作者注）实现了最大程度的推进，但还远远不够，大家抱怨他为什么没有拿下的里雅斯特！！”[111]

对的里雅斯特和意大利前威尼斯—朱利亚省（Венеция-Джулия）命运的担忧折磨着丘吉尔，使他心绪一直不佳。4月30日，首相致信杜鲁门，“毋庸置疑，如果认为南斯拉夫政府及其背后的苏联政府会同意我们进驻并控制威尼斯—朱利亚大区，包括阜姆（Фиуме）等地，那无异于异想天开。他们无疑试图占领这片土地，并寻求侵占的里雅斯特、圣波拉和阜姆港；一旦进占，我认为，就不会离开……假如我们能够到达那里，那么我们有多大权利自由出入的里雅斯特，俄国人就有多大权利进军维也纳”。[112] 战后格局难题的轮廓开始变得清晰起来。

723. 丘吉尔致斯大林的私人机密信函 573

1945年4月29日发　　1945年4月29日收

我刚刚收到亚历山大元帅的电报，在有贵国军官出席的会晤之后，德国人接受了提出的条件，同意无条件投降，并将投降书最重要的章节发给了冯·菲廷霍夫将军，向其请示停止军事行动的日期和时刻。因此，可以这样认为，阿尔卑斯山南麓德国武装力量会很快投降。

724. 杜鲁门致斯大林的私人秘密信函

1945年4月29日发　　1945年4月30日收

我已将该信全文发给了丘吉尔首相。

“由于收到了亚历山大元帅发来的NAF934情报，我建议，由亚历山大在自己认为适宜和合理的时间，发布驻意大利德军向英美联军就地投降的消息，并且首个投降消息也不适宜从其他地点发出。

假如您同意，请给亚历山大下达相应指示。

杜鲁门”

德国全面投降指日可待，欧洲协商委员会也加速了确定其法律形式的谈判。古谢夫以苏联政府名义建议，3月31日英国的宣言草案中应当增加“无条件投降”的表述。5月2日，全体表决同意了这个增补条款。但事实上，欧洲协商委员会历尽辛苦起草的方案几天之后却被一个简短的投降书所取代，艾森豪威尔司令部拟定的投降书中包含了无条件投降的表述。

574 725. 斯大林致丘吉尔的私人秘密信函

1945年4月30日发

您4月28日的来函收悉。

我不反对您关于发表四国宣言的建议，宣言中应明确德国战败和无条件投降之事，以防届时德国无行之有效的中央政府而出现的情况。

驻欧洲协商委员会的苏联代表已接到指示，在英国代表团提交的宣言序言中增加了德国武装力量无条件投降的原则表述。

726. 丘吉尔致斯大林的加急机密信函

1945年4月30日发　　　　1945年4月30日收

1. 今天我收到了亚历山大元帅发来的如下消息。我们应该共同庆祝这一大规模的受降行动。

冯·施韦尼茨中校和万纳少校分别代表德西南战区司令冯·菲廷霍夫将军、党卫军及警察最高司令官兼德驻意全权总代表沃尔夫将军于今天，4月29日英国时间14时签署了投降条件书。冯·菲廷霍夫和沃尔夫指挥的地区为意大利全境[威尼斯—朱利亚大省部分地区和伊松佐河（Изонцо）以东部分除外]、福拉尔贝格山（Форальберг）、蒂罗尔（Тироль）州、萨尔茨堡（Зальцбург）省和卡林西亚（Каринтия）州的部分地区。

应自5月2日格林尼治时间12时起停止一切军事行动。

在签字仪式上，冯·施韦尼茨指出，在某些方面他已经超越冯·菲廷霍夫的授权，但是我认为，对最终结果并无影响。

现在冯·施韦尼茨和万纳正在经瑞士返回冯·菲廷霍夫位于博尔扎诺的指挥部。他们应于明天即4月30日到达。他们到达之后，我与冯·菲廷霍夫

的司令部之间将建立直接的无线电联络。基斯连科将军和另一位俄军军官一 575
道出席了仪式。重要的是在条件生效前不能对外泄露消息。

2. 杜鲁门总统提议首个投降消息由亚历山大元帅发布。鉴于贵方军官一同出席，为此我给亚历山大元帅下达了相应指示。

丘吉尔4月27日的来信是关于占领德国和奥地利的程序问题，此信得到了杜鲁门的支持，但斯大林对此未置可否。他只是同意在与盟军相遇时协调军事指挥部的行动，而对盟友其他的建议却视而不见。该消息分别发给了两位西方领导人。

727. 斯大林致丘吉尔的私人秘密信函

1945年5月2日发

您4月27日关于红军和英美武装力量占领德国和奥地利程序的信函收悉。

我应该说，苏联最高统帅部已下达指示，苏军和盟军相遇时，苏军指挥部应尽快与美英军指挥部建立联系，并一同：（1）确定临时战术隔离线，及（2）在己方临时隔离线一侧采取一切措施压制敌军的所有抵抗行动。

728. 斯大林致丘吉尔的私人秘密信函

1945年5月2日发

29日和30日您关于驻意德军无条件投降的来函收悉。

感谢您的通报。我不反对由亚历山大元帅首发驻意德军无条件投降消息的建议。

729. 斯大林致杜鲁门的私人秘密信函 576

1945年5月2日发

您关于同意丘吉尔首相有关德奥占领程序问题的来信于4月28日收悉。

我应该说，苏联最高统帅部已下达指示，苏军和盟军相遇时，苏军指挥部应尽快与美英军指挥部建立联系，并一同:（1）确定临时战术隔离线，及（2）在己方临时隔离线一侧采取一切措施压制敌军的所有抵抗行动。

730. 斯大林致杜鲁门的私人秘密信函

1945年5月2日发

感谢您将致丘吉尔首相先生的有关驻意德军投降问题的信函全文转发予我。我对您关于由亚历山大元帅发布投降消息的建议没有异议。

丘吉尔焦急地等待斯大林回复自己4月28日的“坦露心声”，他仍然希望，自己慷慨激昂的信函能够打动这位“用钢铁做成的人”，并利用苏联领袖对其产生的好感来影响苏联的政策。5月2日他给身在莫斯科的妻子写信说，“我们的私人关系非常好，但是你要相信，仍然困难重重。请你向斯大林本人转达我真诚的敬意，我相信，英语世界和俄国能够达成完全谅解，并世代相传，因为这是全世界的唯一希望所在”。[113] 但希望越大，失望越大。两天后，他收到了斯大林语气强硬的回信。回首过往，这种回复由来已久。身在旧金山的莫洛托夫定期收到莫斯科有关与盟友书信往来的情况通报，5月3日，他收到受“德鲁日科夫之托”的特别通知，称“近日斯大林同志将回复丘吉尔
577 4月28日的来函”，“答复是否定的，因为丘吉尔的建议不可接受”。[114] 由此看来，斯大林似乎担心莫洛托夫在波兰问题上产生动摇。克里姆林宫主人选择无视丘吉尔的煽情呼吁，而直指波兰问题的实质，而且一如既往地持不妥协立场。在仔细研读了首相来信的译文之后，斯大林抓住该文件中的漏洞：可以理解为，只要不是“对俄国怀有极端敌意”，盟国将接受任何波兰活动家加入政府。同时对逮捕一批波兰活动家一事给出了说明，此事在西方报刊上已众说纷纭。根据波兰人的请求，5月2日，艾登和斯特蒂纽斯与莫洛托夫在旧金山会谈时，首次提出了这个问题，但未得到明确答复。5月3日，“德鲁日科夫”向莫洛托夫通报了有关上述波兰人的消息，在5月4日给丘吉尔的回信中，几乎只字不差地重复了该消息的内容。[115] 同一天，莫洛托夫在与盟国会谈时重复了原话。[116] 斯大林也将此信抄送给杜鲁门，并辅之以冷漠的嘲讽，以示告诫。

斯大林所提到的克拉约瓦军司令L.奥库里茨基（Окулицкий Л.）将军工作组一事在莫斯科与地下军关系中的一个重要事件有关。1945年初春，莫

斯科建议克拉约瓦军进行谈判，以解决克拉约瓦军在红军后方的行动相关问题。流亡政府和地下军领导人在短暂迟疑后，于3月6日积极响应了内务人民委员会代表皮缅诺夫（Пименов）上校写给波兰政府代表J.扬科夫斯基（Янковский Я.）和奥库里茨基的信。俄方在信中建议波兰代表与伊万诺夫上将［内务人民委员会副人民委员 И.А.谢洛夫（Серов И.А.）的化名——作者注］举行会谈，并保证代表们的人身安全。3月17日，扬科夫斯基、奥库里茨基与皮缅诺夫在普鲁什科夫市（Прушков）开始谈判，谈判内容涉及方方面面：从与伊万诺夫会谈细节设计，到波兰代表飞往伦敦参加政治协商等。但3月27—28日风云突变：波兰代表被告之他们不是飞往伦敦，而是飞往莫斯科。莫斯科之行也确实成行了，但目的已不是谈判，而是遭到逮捕，首批逮捕了3名波兰代表，尔后又逮捕了13人。1945年6月，13人被判以不同期 578
限有期徒刑，3人被判无罪释放。[117]

731. 斯大林致杜鲁门的私人秘密信函

1945年5月4日发

既然您对波兰问题也十分关心，自然会知悉丘吉尔先生4月28日写给我的关于波兰问题的信函。我认为，将我给他的回信全文转抄给您并非多此一举，给他的回信于5月4日发出。

732. 斯大林致丘吉尔的私人秘密信函

1945年5月4日发

您4月28日关于波兰问题的来函收悉。

应该说，我不同意您为证明自己立场正确而列举的理由。

1. 我建议以南斯拉夫为样板解决波兰问题，您却将此视为我们违背已约定的波兰民族团结政府组建程序。对此我不能苟同。我的看法是，南斯拉夫样板的重要性在于，它为解决新的联合政府组建问题指明了最合理、也最现实的途径，为此需要有能够在国内行使国家权力的政府机构作为基础。

不言而喻，如果大多数波兰人民支持和信任的现行临时政府不能作为未来民族团结政府的基础，就没有理由希望能够顺利地完成克里米亚会议提出的任务。

2. 我不能同意您对希腊问题的某些想法，特别是您建议三大国监督大
579 选。监督同盟国人民只能被视为对该国人民的侮辱，及对其内政的粗暴干
涉。对于那些之前是德国仆从国、然后倒戈站到盟国一边的国家，这种监督
是多此一举。比如芬兰的大选经验证明，在没有外国干涉的情况下，大选仍
取得了令人满意的结果。

您关于比利时和波兰是战争战区和交通走廊的见解是公正的。至于波兰，它最大的特点是苏联的邻国，这一特点要求未来的波兰政府应切实致力于苏波友好关系，这符合所有爱好自由的人民的利益。这一点证明南斯拉夫样板才是最佳选择。联合国家同样也对苏联和波兰牢固而持久的友好关系给予关注。但我们不会因此就同意您所言，“不是对俄国怀有极端敌意”就可参与组成未来波兰政府，或者根据您的说法，换句话说，只要剔除“对俄怀有极端敌意的人”即可。这两个判定标准都不能令我们满意。我们现在坚持，将来仍将坚持，参加建立未来波兰政府磋商的人必须用事实证明对苏联的友好姿态，必须诚实且真挚地愿意同苏联合作。

3. 我应不惜笔墨答复您信中的第11点，有关逮捕15名波兰人，以及驱逐波兰人等传闻，以及由其造成的一系列难题。

就此问题我可以告知您，您所说的波兰工作组不是15人，而是由16人组成。该工作组直接隶属波兰的著名将军奥库里茨基。关于这位“失踪”的波兰将军以及一同“失踪”的其他波兰人，英国刊物对其特别的危害性有意识地避而不谈，但我们却不能对此沉默。

以奥库里茨基将军为首的16人工作组已被苏联前线军事当局逮捕，现正
在莫斯科接受调查。奥库里茨基将军率领的小组，首先是奥库里茨基将军本
人，被控在红军后方策划和实施破坏活动，由此已造成100多名苏军官兵死
580 亡，同时他们被指控在我军后方拥有非法电台。他们中所有人或部分人将根
据调查结果接受审判。红军被迫保卫自己的部队和后方，防止破坏活动和扰
乱秩序。

英国刊物一直在散布波兰人在塞德莱茨被杀害和枪决的谣言。这条消息是英国刊物彻头彻尾的杜撰，想必是阿尔齐舍夫斯基的密使散布的。

4. 从您的来信中可以看出，您不能认同波兰临时政府作为未来民族团结政府的基础，也不打算承认这个政府应有的法律地位。我坦率地说，这种立场排除了波兰问题达成和解的可能性。

丘吉尔被这些“直率的令人沮丧的答复”深深刺痛，他在自己的回忆录中曾记录下当时万念俱灰的心情。[118] 英国使馆在研究斯大林的来信时，注意到丘吉尔4月28日信中的原话，即对俄“极端敌视”的波兰人士这句话翻译有误（“extreme people unfriendly to Russia”）。使馆出于谨慎，建议伦敦将此告知苏方。丘吉尔同意了这个建议，但又特别吩咐，“指出你们在此前书信往来中发现的翻译失误，而不是试图重启对波兰问题的书信来往”。[119] 纵观全局，丘吉尔认为在信中继续讨论这个问题已毫无意义。5月14日，英国驻莫斯科临时代办F.罗伯茨向莫洛托夫的助手也正是这倒霉句子的翻译者 В.И.叶洛菲耶夫（Ерофеев В.И.）递交了一封信，信中请求日后编辑丘吉尔来信译文时，应考虑到“这两个句子的重要区别”。讲究细节的英国人提出了自己的方案“对俄国不友好的极端分子”。[120] 苏方认为这已经失去了实际意义，照样未予理睬。最终，克里姆林宫还是认可了叶洛菲耶夫的方案，并在正式出版时予以采用。同时，在旧金山参加会议的莫洛托夫的另一位助手对丘吉尔这句话给出了更为准确的俄文翻译：“对俄国怀有敌意心态的激进分子”。[121] 精准 581
的翻译也未必能改变斯大林回信的性质，在这种情况下，斯大林也很难再为这句话纠缠。

克里姆林宫因为反苏阴谋而逮捕波兰人的说法并未使伦敦信服，他们更相信米科瓦伊奇克对此事件的另一种判断。“苏联的宣传机器怎么说，对我们来说毫无二致”，首相在5月8日致罗伯茨的电报中写道，“人们连一个字也不会相信他们。如果万不得已，议会的反应不会如此客气，而目前我们尽量袒护苏联。”[122] 米科瓦伊奇克试图通过外交部让丘吉尔呼吁斯大林撤销对16人工作组的审判，但萨金特否定了这个建议，他向首相报告说：“就斯大林目前的情绪来看，他未必会做出让步。”[123]

斯大林的反应印证了丘吉尔对苏联政策的最坏担心。经过短暂的友好冲动之后，首相又暴露出了他好斗的一面，这是1945年胜利之春时他的典型精神状态。5月4日他在写给艾登的电报中将这种心绪表露无遗。

“我担心，苏军向易北河的推进会造成可怕的后果。他们建议美军按照魁北克的约定撤回到预定占领线……这意味着，在300—400英里的战线上，俄国汹涌的浪潮还将吞噬120英里纵深。如果成真，这将是历史上最大的悲剧之一。波兰最终会被俄国人包围，或被俄国人完全占领……俄国人掌控的土地将覆盖波罗的海诸省、半个德国、捷克斯洛伐克全部、奥地利的大部、南斯拉夫全部、匈牙利、罗马尼亚、保加利亚，直至尚未确定的希腊边界。俄国将囊括中欧所有的超大都市，如柏林、维也纳、布达佩斯、贝尔格莱德、布加勒斯特和索菲亚，甚至会将触角伸向土耳其和君士坦丁堡。”

作为反制措施，丘吉尔建议英美联军暂缓撤出已经占领的地盘，直至
582 “我们对波兰问题、俄国临时占领德国问题以及苏联控制多瑙河流域国家的条件问题，特别是奥地利、捷克斯洛伐克和巴尔干问题完全满意为止”。他总结道，如果这些问题“在美国军队撤离欧洲和西方世界消除战争隐患之前得不到有效解决，那么，达成满意和解、防止第三次世界大战的希望将变得非常渺茫”。[124] 在5月6日致杜鲁门的信函中，他逐词阐释了这种观点。在没有机会面对面影响斯大林的情况下，首相在致总统的信函中这样写道：“用往来书信的方式解决问题已经几无可能，应该尽快举行三国政府首脑会晤。”在信的结尾，丘吉尔请求无论如何不要向斯大林透露这封信。[125] 然而，杜鲁门则认为，应当由斯大林倡议会晤才对，这一点是他与罗斯福立场的重要区别所在。

红军自1月份开始的攻势进展异常迅猛。目标无疑直指柏林。无论第1白俄罗斯方面军还是第1乌克兰方面军的部队都力争抢先占领希特勒德国的首都。朱可夫负责的战区事态进展迅速：“2月3日方面军部队占领了库斯特林（Кюстрин）范围不大的桥头堡。2月10日Г.К.朱可夫元帅向И.В.斯大林提交了攻克柏林的进攻战役计划。3天后，第1白俄罗斯方面军所有集团军都收到了实施柏林战役的战役号令。”[126] 但是，在己方行动地带“陷入”尼斯河的第1乌克兰方面军与东波美拉尼亚的第2白俄罗斯方面军面临的境遇要复杂得多。在第3白俄罗斯方面军行动的东普鲁士，德国人继续负隅顽抗。尽管此地战事似乎与柏林战役没有直接联系，但还是能感觉到“步履艰难”。空军主帅诺维科夫回忆道：

“大约在4月3日，А.М.华西列夫斯基当着我的面打电话给莫斯科，报告方面军已经做好向哥尼斯堡攻击的准备。听完亚历山大·米哈伊洛维奇（华西列夫斯基）简短的报告后，斯大林说道，应尽快消灭东普鲁士之敌。

华西列夫斯基放下电话说，最高统帅在催促，柏林战役已箭在弦上”。[127]

583 4月9日哥尼斯堡最终解放，虽然之后德国人向西退守皮劳港（Пиллау），继续徒劳地顽抗。4月25日皮劳解放，至此东普鲁士战役宣告结束。

攻克柏林是“全方位”争夺的对象。早在3月底，斯大林似乎就已经确信，苏联是解放柏林的主力，而非英美联军。28日，他收到艾森豪威尔的电报，关于此事，美军指挥官并未向上级首长请示。丘吉尔对这种做法明显感到不满，他甚至将此事写入了他的战后回忆录，但此时已下野的首相不想难为艾森豪威尔：“……艾森豪威尔将军认为直接与俄国领袖通信的做法是正确的，因为斯大林同时也是红军最高统帅。然而，他却没有与同样身为武装力

量最高统帅的美国总统通信，而是与马歇尔将军通信。”[128]

在这封突如其来的电报中，艾森豪威尔“通知说，他的计划包括围歼守卫鲁尔的德军，同时阻断该地区与德国中心地区的联系。就遂行任务方案而言，他建议绕过鲁尔，从北部和美因河畔法兰克福（Франкфурт-на-Майн）经卡塞城发动进攻，直至将德军包围。”他在致马歇尔的信中详细阐述了这样做的理由：“我要强调的是，我们要进攻的莱比锡地区不仅是正确的决战方向，因为这样可以完全分割敌人，而且会给我提供最大的灵活性。无论什么时候，只要有机会不付出太大牺牲就能拿下柏林，我们一定会这么做。但是我认为，从军事的角度看，在当前条件下把柏林当作主要目标不尽合理……”总之，艾森豪威尔没有避讳把解放柏林的任务交给红军的想法，在3月27日的记者招待会上也是这么说的。

斯大林对这个逻辑表示满意，4月1日他不无防范地回复了艾森豪威尔：

“1. 您通过苏军同贵军会师来分割德军兵力的计划，与苏联最高统帅部的计划完全吻合……

2. 柏林已失去了它原来的战略意义。因此，苏联最高统帅部认为，可派 584
非主力部队攻打柏林”。[129]

但据莫斯科掌握的消息，蒙哥马利执行的是另一种战略，他正在准备将主力投放到柏林方向。3月29日，收到艾森豪威尔来信两天后，斯大林把朱可夫和科涅夫召回莫斯科，他决定在苏军的计划中注入竞争机制。他没有明确划分第1白俄罗斯方面军和第1乌克兰方面军在到达柏林之前的隔离线，似乎在暗示：谁先到达，谁就可以占领德国首都。但最后，根据4月2日发布的战斗号令，[130]把优先进入柏林的机会留给了朱可夫。

4月1日，斯大林组织安东诺夫、朱可夫和科涅夫召开了会议，会上最后明确了柏林战役的期限：“对柏林发起总攻的时间定于4月16日，不必等待第2白俄罗斯方面军（司令员为罗科索夫斯基——作者注），他们从奥得河发起进攻的时间不会早于4月20日。”[131]各方面军司令员们急不可待地敦促部队前进。4月17日，在下达给第1白俄罗斯方面军集团军和各军指挥员带有“特急”字样的紧急号令中，朱可夫针对一些集团军掉队现象命令道：“如果柏林战役进展速度缓慢，那么部队未等攻克柏林，就会疲劳不堪并耗尽物资储备。因此，我命令立即加快进攻速度……请注意，在抵达柏林之前，敌人将设法利用每一幢房屋、每一丛灌木负隅顽抗，而坦克兵、摩化兵和步兵无需等待炮火覆盖所有德军，自行为前进扫清道路，无情打击德国人，不分昼夜地向柏林方向进发。柏林很快将是我们的。”[132]

4月19日斯大林化名“德鲁日科夫”心满意足地致电远在华盛顿的莫洛托夫：

“柏林城下战事进展顺利。我们距离柏林还剩下35千米。朱可夫在慢慢向前推进，每天4—5千米；科涅夫比较快，每天10—12千米。很快罗科索夫斯基也将加入这一行列。我想再过5—6天我们就到柏林郊区了。至于盟军，他们可能陷在易北河里了”。[133]

585 当天，丘吉尔还将柏林城下的态势通报给了自己的外交大臣，但消息却是沉闷的：

“仅供您阅……似乎西方盟国没有（我重复一遍——没有）资格进入柏林。俄国人在城市正面集结了250万名士兵。美国人尚有约25个师的先头部队，他们在掩护漫长的战线，在大部分地区与德国人的战斗都处在胶着状态。SHAEF（艾森豪威尔司令部——作者注）的注意力都放在了北翼和南翼”。[134]

丘吉尔先于俄国人进入柏林的梦想最终落空。

隶属朱可夫和科涅夫的部队基本上都投入了攻打柏林的战役。5月2日，斯大林发布命令予以表彰：“苏联元帅朱可夫指挥的第1白俄罗斯方面军部队在苏联元帅科涅夫指挥的第1乌克兰方面军部队协同下，经过顽强的巷战，彻底摧毁了德军柏林集群，今天，即5月2日，完全控制了德国首都柏林——德意志帝国的中心和德国发动侵略的策源地。”[135]

5月2日，柏林城内部分德军向苏军投降，同一天，驻意纳粹投降协议生效。尽管还有零星的抵抗，德国最终彻底投降的日子终于来临。5月4日，以海军司令H.冯·弗雷德堡（Фридебург фон.Г.）海军大将为首的特使团来到艾森豪威尔的司令部进行投降谈判。第二天，A.约德尔（Йодль А.）上将也一同出席。盟军司令部驳回了德国人只在西线投降的建议，并与苏军指挥部商定，德国人将在两条战线同时投降。最终的投降书签字仪式将根据艾森豪威尔的建议，由英美联军司令部与苏军指挥部协调确定。杜鲁门在致斯大林
586 和丘吉尔的信中提议在三个盟国首都同时宣布战争结束。丘吉尔从自己的角度出发提议在一天中的某一具体时间来宣布，这得到了所有参与者的赞同。然而，宣布的具体日期暂时尚未确定下来。杜鲁门致斯大林的信函由国务院起草，并用国务院的编码发往莫斯科，这一点有别于罗斯福总统的信函，后者更习惯于通过陆军和海军的通信渠道发信。

733. 杜鲁门致斯大林的私人秘密信函

1945年5月4日发　　1945年5月5日收

所有措施都已就绪，只等艾森豪威尔将军告知何时宣布欧洲胜利日了，以便我们能与艾森豪威尔将军协调发布声明。一旦接到他的通知，我将尽快告知您，以便我们同时宣布。您已经同意，由您、丘吉尔和我同时发布声明，这一点非常重要。

此信同时发给丘吉尔。

734. 丘吉尔致斯大林的私人秘密信函

1945年5月5日发　　1945年5月6日收

1. 杜鲁门总统通知我，他已致信您，请求同步宣布欧洲胜利日。对此我完全赞同。

2. 对我来说最合适的时间是中午，而且我发表的战胜德国的声明只占用3—4分钟。换算到英国的夏时制时间，即是贵国的下午1点。这样，就要求杜鲁门总统的讲话在华盛顿时间早晨6点进行，这对美国总统及人民都不甚方便。因此，我建议听从美方的意见，我可把时间确定在英国夏时制的下午3点，即贵国的当前时间下午4点。这样总统就可以在华盛顿时间上午9点发表声明。

3. 如您同意，劳驾您尽快通知总统和我。 587

在收到斯大林致丘吉尔的关于波兰问题的信函副本后，杜鲁门根据国务院的建议，重申了盟国在此问题上的共同立场。此外，白宫希望借此推动三国外长的旧金山会谈，因为莫洛托夫坚持邀请华沙政府代表团参加联合国成立大会，会谈一直未取得进展。莱希将军和杜鲁门本人对国会起草的信函全文表示同意，未做改动。

735. 杜鲁门致斯大林元帅的私人机密信函

1945年5月4日发　　　　　　　　　　　　　　　　　　1945年5月4日收

兹回复您4月24日关于波兰问题的来函。

我从丘吉尔首相那里收到他4月28日致您的信函副本。鉴于您已从罗斯福总统和我本人致您的信中获悉美国政府的立场，我无需赘言，我同意丘吉尔4月28日的信中所述改组波兰临时政府的观点。迄今为止，美国政府一贯认为，克里米亚决议是波兰问题得到公平解决的基础，而现在唯一要做的就是履行协议。

三位外长在会议上仍未对波兰问题制定出令人满意的公式。我认为最重要的是，要在最短的时间里为这个问题找到令人满意的解决方案。

我应该告诉您，邀请现今华沙临时政府代表赴旧金山，无论是否有附加条件，美国政府都完全不会接受这个建议。对美国来说，这样的邀请就意味着承认现华沙临时政府为波兰的代表政府。这等同于违反克里米亚协议。

588 736. 斯大林致丘吉尔的私人机密信函

1945年5月6日发

您5月5日关于宣布欧洲胜利日时间的信函于5月6日收到。

在英国夏时制下午3点，即莫斯科时间下午4点宣布，我无反对意见。我已知会杜鲁门先生。

斯大林致杜鲁门的下一封信在创记录短的时间里转交给了白宫。临时代办 H.B.诺维科夫（Новиков Н.В.）在电报中向维辛斯基报告了这次转交的详情："您的电报于午夜之前收到并被译出。如果我将斯大林同志的信函通过斯特蒂纽斯的助理送达，那么总统只能明天接近中午时才能收到。我未采用您建议的方式，而是于今晚24时直接交给白宫助理鲍尔中尉。这样一来，即使最慢的情况，也可保证清晨送达总统。"因此，外交官建议，以后斯大林的信函就直接送交白宫，之后确实沿用了这种做法。[136] 杜鲁门5月7日确实收到了信函，但总统没有回复，因为这不需要回复。

737. 斯大林致杜鲁门的私人秘密信函

1945年5月6日发

5月5日收到您关于宣布欧洲胜利日的信函。

同意您的建议，我们三人——您、丘吉尔先生和我同时发表相关声明。丘吉尔先生建议将时间确定在英国夏时制的下午3点，即莫斯科时间下午4点和华盛顿时间上午9点。我已知会丘吉尔先生，这个时间对苏联是适宜的。

5月5日，艾森豪威尔向德国特使团提出了德军在两条战线同时投降的条 589
件，并转莫斯科协商。总参谋长安东诺夫大将的回复到达盟军司令部大本营时，已经是5月7日欧洲中部时间1点41分之后，即在兰斯签署了德国武装力量向盟军和苏军指挥部的投降书之后。苏军驻艾森豪威尔大本营代表兼苏军驻巴黎联络处主任、炮兵少将И.А.苏斯罗帕洛夫（И.А.Суслопаров）以安东诺夫的名义在文件上签字。由于尚未收到莫斯科的准确指令，经验丰富的军事外交官为预防万一，坚持保留了注释，即应盟国之一方要求，可重新举行投降签字仪式。这种谨慎小心并非多余之举，因为最终从莫斯科传来的指示禁止苏斯罗帕洛夫签署任何投降文件。兰斯协议应于欧洲中部时间5月8日23时生效。由于德军司令部明文命令部队放下武器，因此被媒体*获悉，为了尽快终止军事行动和避免不必要的伤亡，艾森豪威尔提议参联会比预定时间提前一天宣布德军投降，即5月8日清晨宣布。安东诺夫在通知中建议在柏林重新举行投降签字仪式，由朱可夫参加，并顺延两天，因为东线德军仍在继续抵抗。艾森豪威尔同意了苏方的建议，在兰斯协议生效后，在柏林举行二次投降签字仪式，并告知莫斯科他自己将亲自出席。

在艾森豪威尔建议的影响下，杜鲁门也最终决定尽快宣布投降消息。早在5月7日清晨，白宫曾发布总统的决定，称：根据与伦敦和莫斯科的约定，
在三国政府首脑同时宣布此事之前，他对此不发表任何个人声明。但到中午， 590
白宫的新闻稿则宣布，总统将于5月8日上午9时向全国发表重要广播讲话，“除非未知情况导致不得不改变计划”。[137] 杜鲁门随即将莱希将军起草的信函

* 美联社记者E.肯尼迪（Кеннеди Э.）的行为令艾森豪威尔极为不满，他是第一个违反投降新闻发布禁令的记者，在签字仪式7小时之后即公开消息。

电告斯大林。

美国军事联络处同时对此问题进行了讨论。什捷缅科在回忆录中引用了迪恩将军的一封信，这封信是与兰斯投降书一同收到的：

“……今天下午我从总统处收到紧急信件，他请求斯大林同意在莫斯科时间今晚19时宣布德国投降一事。

我们通过外交人民委员会得到了否定的答复，因为苏联政府尚未收到本国驻艾森豪威尔大本营代表发回德国投降的消息。

我将此通知杜鲁门总统并得到回复，他在5月8日华盛顿时间上午9时前，或莫斯科时间16时前不会发表正式讲话，假如斯大林元帅不同意提前……”

莫斯科对盟国施压的行为感到不满。安东诺夫对什捷缅科说：“盟国在排挤我们……他们试图让全世界都知道，德国法西斯军队是向他们投降，而不是向苏联投降。”[138]

738. 杜鲁门致斯大林的私人秘密信函

1945年5月7日发　　　　　　　　　　　　　　1945年5月7日收

下列内容均与艾森豪威尔将军的电报有关，涉及宣布投降的时间。我认为您会同意，根据艾森豪威尔的建议，我将于5月8日（周二），华盛顿时间上午9时宣布有关投降的消息。

这对联合国家以及全世界都是极其重要的事件。

此信同时发给丘吉尔首相。

591 有目击者证实，斯大林对兰斯协议极为不满，因为苏联成了配角，他严厉训斥炮兵主帅 H．H．沃洛诺夫（Н.Н.Воронов），因为他的部下苏斯罗帕洛夫越权行事，按他的话说，他“竟敢未收到苏联政府的通知和许可就签署具有国际意义的重要文书”。[139] 什捷缅科在回忆录中描述了斯大林对兰斯受降的不满，他强调说，“最高统帅”“发现盟国与邓尼茨政府单方面缔约，这个协议更像是一个卑劣的阴谋。除了苏斯罗帕洛夫将军，没有苏联国家级人物出席兰斯仪式。也就是说，我国不是受降方，而事实上，正是我们承受了由于希特勒入侵造成的重大牺牲，正是我们为胜利作出了巨大贡献，正是我们扭断了法西斯猛兽的脊梁。而目前的‘投降’会造成严重的后果”。[140]

5月7日“最高统帅”打电话给身在柏林的朱可夫：“今天德国人在兰斯签

署了无条件投降书。是苏联人民、而非盟国肩负着战争的重任，因此，投降书的签署对象应是反希特勒联盟所有国家的最高统帅部，而不只是盟军最高司令部。”同一天，苏联最高统帅部大本营授权朱可夫“批准德国无条件投降书”。同样使斯大林愤怒的是签署投降书的地点，它在法国小城，而不是在“法西斯侵略的老巢”柏林。[141] 斯大林认为，只有这些条件都得到兑现，方可宣布对德胜利。然而，在致杜鲁门和丘吉尔的同样信函中，斯大林并没有强调自己的地位问题，而是突出了从军事背景看问题的角度。事实上，安东诺夫在5月7日致艾森豪威尔的信函中只字不差地重复了这些论据，理所当然是斯大林的旨意。当天，前线指挥员收到统帅部的紧急命令，正在反抗的德军放下武器就地投降的大限已至，如遇抗拒，“坚决打击”。[142]

在1944—1945年间，关于德军在投降后仍有可能继续抵抗的消息源源不断地传到莫斯科。而在一份苏联情报人员于1944年7月截获的美国战略服务局的简报中，这样写道，“纳粹正在筹备组建小规模的、训练有素的游击兵团，它们将部署到全国的各个角落，以便在正面战场溃败后继续抵抗”。[143] 592

739. 斯大林致杜鲁门的私人秘密信函

1945年5月7日发

您5月7日关于宣布德国投降的信函收悉。

红军最高统帅部尚不能确信，东线德军是否会执行德军司令部下达的无条件投降的命令。故我们担心，如果今天苏联政府宣布德国投降，我们将陷于尴尬境地，并误导苏联公众舆论。值得注意的是，东线德军的抵抗并未减弱，而根据无线电截获的情报，大部德军甚至直言继续抵抗，不服从邓尼茨的投降命令。

鉴此，苏军司令部希望待到德军投降生效时刻，即莫斯科时间5月9日晚7时各国政府宣布德国投降。

740. И.В.斯大林致丘吉尔的私人秘密信函

1945年5月7日发

您5月7日关于宣布德国投降的信函收悉。

红军最高统帅部尚不能确信，东线德军是否会执行德军司令部下达的无条件投降的命令。故我们担心，如果今天苏联政府宣布德国投降，我们将陷于尴尬境地，并误导苏联公众舆论。值得注意的是，东线德军的抵抗并未减
593 弱，而根据无线电截收的情报，大部德军甚至直言继续抵抗，不服从邓尼茨的投降命令。

鉴此，苏军司令部希望待到德军投降生效时刻，即莫斯科时间5月9日晚7时各国政府宣布德国投降。

丘吉尔起初同意杜鲁门于5月8日宣布战争结束的决定，并在收到斯大林有关延迟的询问之前就发出了下一封信，斯大林的信件于当地时间5月8日3时30分紧急转交给英国外交部。

741. 丘吉尔致斯大林的私人秘密信函

1945年5月7日发　　　　1945年5月7日收

总统同意于华盛顿时间上午9时通过广播宣布欧洲胜利日，此时正值伦敦时间下午3时和莫斯科时间下午4时。这对所有三国都是同一时刻，因为地球是圆的。我希望，您如同意会电告他和我。

计划中的这一天是5月8日，星期二，但我会在5月7日，即星期一，再确认一下，星期二是否可行，是否可能推迟到5月9日，即星期三。

这样看来，丘吉尔当时并未确信宣布投降声明的时间为8日或9日。但就在同一天，首相收到艾森豪威尔的最新消息后，决定加快事件进程。在紧急电报中他请求杜鲁门提前一天发表声明，尔后立即“把我们的打算通知给约瑟夫大叔”。[144] 换言之，首相想使苏联领袖接受英美统一立场这一既成事实。在等待总统回复的过程中，丘吉尔再次致信斯大林，称将声明时间改为5月7日，并命令英国驻莫斯科临时代办罗伯茨等待特别指示再行转交。为节省时间，特别指示用明码发出，约定的转交暗号为“OK”。[145]

594 但时间过去了，杜鲁门始终未回复。失去耐心的首相直接打电话给白宫，亲自向总统军事顾问莱希将军转述了自己的请求。“总统完全理解您的困难，”莱希回答道，“但哪怕只有斯大林一人不同意提前，他不能在协调好的时间之前，即明天9时之前发布官方声明。”[146] 5月7日，临时代办J.凯南（Дж.

Кеннан）向维辛斯基转达了美国询问莫斯科关于“提前一点时间”的问题，即从8日提前到7日。罗伯茨从凯南处得知，杜鲁门已同意首相的意见，但他在未等到丘吉尔的约定暗号之前，由于害怕承担风险贸然将丘吉尔的信转发给了莫斯科，事后他通知了外交部。[147] 但维辛斯基在与凯南会晤时却说，苏联军政权未收到东线投降的通知，因此搁置了美方的建议。[148] 白宫已不再坚持，而丘吉尔不得不接受5月8日这个时间。同一天，他将此事通报给斯大林和杜鲁门。“丘吉尔首相没完没了地给我打电话，催促尽快发表声明，不要在意俄国人的态度，”杜鲁门在给家人的信中总结了那忙乱的一天，“他的建议被拒绝了，于是他又开始怂恿我与斯大林联系。最终他只能接受此前的方案，他沮丧至极，简直像一只落汤鸡。”[149] 原定于6时30分开始的首相面向全国的广播讲话在预定时间前半小时才决定取消。[150] 但丘吉尔还是急不可耐，5月7日，英国传媒部向国民宣布5月8日、9日为休息日，以庆祝对德战争胜利，而5月8日首相和国王将发表广播讲话。在讨论庆祝活动的决定时，军方出乎意料地提出要保持冷静。莫里森也持同样观点，他在4月底就曾警告说，“庆祝活动也会有一定的风险，它会瓦解某些军民的斗志，可能会对远东战争造成负面影响”。[151] 4月27日，内阁批准了欧洲胜利日（VE-Day）的庆祝内容。主要形式为宗教仪式：从鸣钟到胜利日后的第一个星期日在威斯敏斯特修道院的圣玛加丽塔教堂举行隆重的礼拜活动。[152]

742. 丘吉尔致斯大林的私人信函 595

1945年5月7日发　　1945年5月7日收

我们的军事联络处可能向您通报了艾森豪威尔将军5月7日的电报。艾森豪威尔将军称，在星期二之前，未必能将德国投降的消息继续保密下去。给德军的命令将公开传达，客观上已无法防止消息扩散。鉴此，他果断地请求各国政府尽快发表声明。我认为这个变更不可避免。因此，我建议在今天，即星期一晚6时，发表声明，这意味着，在莫斯科时间晚7时、华盛顿时间中午12时，同时发表声明。

我真诚地希望这个程序不会给您造成不便。我从艾森豪威尔将军处获悉，他正在与您协调，今晨1时41分达成的协议正式签署仪式将于周二在柏林举行。

743. 丘吉尔致斯大林的私人密函

1945年5月7日发　　　　1945年5月8日收

鉴于在较早时间发表声明的问题上较难达成一致，非常遗憾，我决定将我的广播讲话推迟到最初商定的时间，即明天（星期二）下午3时，莫斯科时间下午4时。

我已事先通知媒体明天（星期二）发表声明的时间，这一天将被作为欧洲胜利日和节假日，这也是对劳动群众的尊重。

我已通报给杜鲁门总统。

丘吉尔回复了斯大林5月7日的来信，他解释了不能同意变更宣布胜利日
596 的原因。首相仍然希望，纵使斯大林有千条万条理由，他总会接受盟国5月8日同时发表声明的。但事实上，即使斯大林有这个愿望，他也来不及这样做了。F.罗伯茨在将信送达外交人民委员会时，他表示了歉意，称“丘吉尔先生希望斯大林元帅能够在4点之前收到此信，但现在看来太晚了”。[153] 确实，当外交人民委员会收到信时，已是莫斯科时间5月8日16点55分，此时丘吉尔已经发表了广播讲话，承诺在苏联胜利日当天向苏联表达应有的谢意：“明天我们将为我们的俄国同志献上一份特殊的礼物，他们在战场上的勇敢是对共同胜利最伟大的贡献之一。”当晚，首相从晚宴中途退席，出现在议会广场熙熙攘攘的庆祝人群当中，他发表了简短的讲话，然后加入到著名的英国歌曲《希望与光荣的土地》的群众合唱行列中。[154]

744. 丘吉尔致斯大林的私人机密信函

1945年5月8日发　　　　1945年5月8日收

我刚刚收到您的来函，同时也阅读了安东诺夫将军致艾森豪威尔将军的信，信中建议将德国的投降声明推迟至1945年5月9日发表。而我不能如您所愿地将声明推迟24个小时。此外，议会要求提供昨日在兰斯签署协议的说明，以及正式批准今日在柏林的签字计划。我与艾森豪威尔将军通过电话，他使我相信，如果狂热的敌军集群不听从己方政府和最高统帅部的命令，他

将集中所有武装力量予以打击。这涉及艾森豪威尔将军指挥下的所有英军和美军。我在自己的声明中已经阐明，在个别地区仍有抵抗。如果考虑到绵亘的战线和已经涣散的德国政府，这就不足为怪了。我认为杜鲁门总统应于华盛顿时间今天上午9时宣布自己的声明，我也希望您按照之前的约定，发布 597
自己带有保留条件的声明。

杜鲁门完全来不及答复斯大林的来信，因为发信时间是莫斯科时间5月7日3时50分，苏联驻美使馆的收信时间为华盛顿时间5月8日零时15分，信交给机要室值更官时已近午夜1时。[155] 使馆与白宫相隔几个街区，看得出来，外交官们在转交信函时不敢怠慢，因为时间已经按分钟计算了。“据掌握的消息，”当天晚上 H.B.诺维科夫向莫斯科汇报说，“总统本想在华盛顿时间5月8日上午9时发表停战声明。这样的话，刚刚转交的信函完全来得及告知他将声明发表时间改到5月9日”。[156]

粗略翻阅正式出版的《往来书信》便会产生这样的印象，总统完全没有功夫回复斯大林的这封加急信，但事实并非完全如此。这封信之前鲜为人知的细节可在白宫机要室的工作日志上[157] 和俄罗斯档案馆找到答案。尽管苏联使馆请求尽快将斯大林的来信转交给总统以延缓声明的发表，但机要室值更官还是未敢在午夜时分打扰上级。他只是在6时50分才向杜鲁门的军事参谋J.瓦德曼（Вардаман Дж.）上尉报告了收信情况。后者命令其不得将信示人，并在早晨7时将信亲自交给了正在进早餐的总统，5月8日恰好是总统61岁生日。综合判断，正是在进早餐时，总统就已决定如何对斯大林的紧急来信做出反应了。苏联使馆徒劳地希望通过电话打听总统的收信情况，但刚换班的值更官回答说，刚上班，并“对此一无所知”。在杜鲁门广播讲话发表两个小时后，即大约11时左右，使馆收到总统签名的写给葛罗米柯大使的来信，信的原件由莱希将军起草，而此时，葛罗米柯正和莫洛托夫一起出席旧金山的联合国成立大会：

“我亲爱的大使先生： 598

请通知斯大林元帅，今天夜里1时白宫才收到他的来信。但是，在我收到信时，准备工作已经启动，已经不允许重新考虑推迟宣布德国投降的问题。

您的哈里·S.杜鲁门”[158]

当这个解释被转达到莫斯科时，诺维科夫如此评价道：“从信中可以看出，杜鲁门在收到斯大林同志的信时，有足够的预备时间推迟讲话，但是他不想这样做，并以纯技术原因加以推辞，似乎讲话的准备工作已经走得太远。”[159]

莫斯科收到这封加急信函已是当地时间5月8日22时，6个小时之前，杜鲁门和丘吉尔同时发表了广播讲话，宣布在欧洲的战争已经结束。与首相不同的是，总统在讲话中居然没有提到苏联盟友，他只是感恩“神佑我们，神亦引领我们经受考验”。[160] 如此一来，“三巨头”同时宣布期待已久的对敌胜利计划落空，西方领导人抢先斯大林一步，他们只是在既成事实之后才向斯大林解释。这未必会使克里姆林宫感到欣慰。临时代办凯南在5月8日的报告中汇报了有关莫斯科的状况：“莫斯科时间上午11时，即签署投降书30个小时之后，在莫斯科并没有战争即将结束的迹象。虽然传言四起，但没有任何正式声明，景象如常，未见旗帜飘扬……”[161]

斯大林按承诺的那样于5月9日晚发表了广播讲话，这已是在收到柏林签署的德国武装力量无条件投降书之后，投降书由专机送抵莫斯科。“最高统帅”与杜鲁门截然不同，他没有忘记战友。他说道：“战胜德国的伟大时刻终于到
599 来了，法西斯德国终于在红军和盟军面前屈服了，他们承认已经失败，并同意无条件投降。”[162] 为了庆祝胜利，当晚22时，莫斯科千门大炮30响齐射。

兰斯协议大限将至之时，即5月8—9日的夜间，启动了无条件投降书的签字仪式。艾森豪威尔有悖初衷，在他的回忆录中也竭力回避这一点，他只是认为，“本人不适宜”参加签字仪式。“德国人已经在西方盟军司令部签署过无条件投降书，”他解释说，“我认为，批准柏林投降书只是苏联的事。”[163] 在柏林出席仪式的是盟国次级指挥官。与兰斯的情景正好相反。

5月8—10日，就德国投降一事盟国互致问候和祝贺。丘吉尔华丽的信函由其夫人转交给斯大林本人。克莱门汀·丘吉尔此前已提醒夫君，在伦敦狂欢之时勿忘致谢苏联，随即5月8日晚，首相经英国使馆将自己的电文转告给她。他写道：“如果克里姆林宫认为可行，你明天若能通过广播宣读就再好不过了。”[164] 5月9日清晨，罗伯茨急匆匆地请求迈斯基安排克里姆林宫接见克莱门汀·丘吉尔，或者至少允许她在苏联广播电台宣读这封信。迈斯基给斯大林写了封紧急便条：“我认为，您今天如果能抽出几分钟接见丘吉尔夫人为好（何况她之前已请求见您），然后她可以发表广播讲话。”[165] 对于斯大林来说，胜利日的日程安排得不能再满，他不能、也可能是不想再会见英国客人，但是同意了第二个方案。当天晚上，克莱门汀·丘吉尔在苏联广播电台宣读了丈夫的致辞，翌日致辞被刊登在《真理报》上。5月12日，为确保万无一失，
600 迈斯基还是将英文的原本转给了斯大林。[166] 5月11日英国使馆举行告别午餐，

为首相夫人送行。维辛斯基特地通知了身在旧金山的莫洛托夫，他写道：“我方有波琳娜·谢苗诺娃（Полина Семёнова）[莫洛托夫夫人 П.С.热姆丘仁娜（П.С.Жемчужина）——作者注]、迈斯基夫妇、科列斯尼科夫夫妇、我本人（按照斯大林同志批示）。克莱门汀·丘吉尔感谢大家的光临，谈话时向大家展示了戒指，她赞不绝口，笑逐颜开。”[167] 镶嵌着乌拉尔宝石的钻石戒指是人民委员夫人送的礼物，她说：“让我们两国的关系就像这块宝石一样纯洁、牢固。”K.丘吉尔关于自己的此行写道，“我感谢了莫洛托夫夫人。我对她说，这个戒指对于我来说就是英雄的苏联妇女的象征，她们在战争和重建家园期间所取得的成绩赢得了我们不尽的赞美。我还告诉她，应当承认，戒指的精美满足了我纯女性的虚荣”。[168]

莫洛托夫远离莫斯科，维辛斯基代其紧急前往柏林参加德国投降书签字仪式，斯大林致杜鲁门的贺函由外交人民委员会副职捷卡诺佐夫起草，发信人略微做了修改。

745. 总统致斯大林元帅

1945年5月8日发　　　　1945年5月8日收

现在，正值苏英美军队迫使法西斯侵略军无条件投降之际，在此，我谨代表我国人民和政府向您并通过您向贵国英勇的军队转达热烈的祝贺。我们非常珍视强大的苏联为人类文明和自由事业作出的巨大贡献。

作为爱好和平、以骁勇善战而著称的人民，你们向全世界证明了你们有能力摧毁野蛮的凶恶势力，无论他们有多么的不可一世。值此共同庆祝胜利之际，我们谨向苏联军民以及他们的卓越领导人致以敬意。

如果您能将我的敬意转达给战地指挥官，我将非常高兴。

哈里·S.杜鲁门

746. 首相致斯大林元帅 601
英国人民致红军和俄国人民

1945年5月9日发　　　　1945年5月9日收

你们将侵略者驱逐出了自己的家园、粉碎了纳粹暴政并取得了辉煌胜利。值此之际，我谨向你们表达由衷的敬意。我坚信，英国人民和俄国人民之间的友谊和谅解决定着人类的未来。在这里，在我们岛国，现在我们会时常想起你们，我们从内心深处祝愿你们幸福安康。我们希望，在我们经历了相同的牺牲和苦难、一起走过黑暗的山谷之后，现在，忠诚的友谊和相互的情谊把我们联系在一起，我们迎着灿烂的胜利与和平的阳光继续前行。

我请我的夫人向你们所有人转达这些友谊和赞美之辞。

W.丘吉尔

747. И.В.斯大林主席致杜鲁门总统先生

1945年5月9日发

值此希特勒德国无条件投降之际，我衷心感谢您的友好祝贺。苏联人民对友好的美国人民参与现代解放战争给予高度评价。苏联、美国和英国军队的联合斗争以德国侵略者被彻底摧毁和完全失败而告终，这必将作为我们人民战斗合作的典范载入史册。

我以苏联人民和苏联政府的名义，请您转达我对美国人民和英勇的美国军队的热烈问候和对伟大胜利的祝贺。

И.斯大林

斯大林对丘吉尔贺信的回复刊登在5月11日出版的苏联报刊上。根据信的最后一段内容，古谢夫大使以斯大林的名义给英国内阁发去贺信。斯大林
602 发给英国人民及其武装力量相应的贺信让丘吉尔心旷神怡。5月12日，在迎接夫人访苏回国时，丘吉尔与古谢夫在机场进行了简短的谈话，大使的报告称，“对斯大林同志向大不列颠军民的致意赞许有加”。[169]

748. И.В.斯大林致丘吉尔首相先生
苏联人民致大不列颠武装力量和人民

1945年5月10日发

在此谨向您本人、英勇的英国武装力量和全体英国人民致意。祝贺你们战胜了共同的敌人——德国帝国主义而取得的伟大胜利。苏联、英国、美国

军队为解放欧洲的联合斗争以历史性的胜利而告终。

我相信，我们两国经过战争考验的友好关系必将在战后得到进一步发扬光大。

我委托我驻伦敦大使向你们转达对胜利的祝贺和最良好的祝愿。

欧洲战争结束的欢欣并未驱散盟国关系中的阴影。斯大林就波兰问题给杜鲁门的答复比总统的原件更加冷漠和简要。

749. 斯大林致杜鲁门的私人密函

1945年5月10日发

5月5日关于波兰问题的来函收悉。

此前于4月28日我曾把致丘吉尔先生的关于波兰问题的回函抄送给了您。希望现在您已收到此函。

因此，我认为已经没有纠缠这个问题的必要。我只需做以下一点补充：

我的印象是，您不认同波兰临时政府作为未来民族团结政府的基础，也 603
不同意波兰临时政府在这个政府中应有的法律地位。我应该告诉您，持此立场将扼杀达成波兰问题和解的一切可能。

1945年春，有关占领奥地利的条件问题不仅以三国模式在热烈讨论，而且也通过英—美通道在积极沟通。早在3月27日，美军参联会就建议英国同行审视将占领奥地利的责任移交的可能性问题，由盟军远征军最高司令官（SCAEF）艾森豪威尔接替地中海战区盟军最高司令官（SACMED）亚历山大。英国军方表示有条件接受。4月底，在进行谈判总结时，英国战争部指出：“地中海战区盟军最高司令官声明，欢迎盟军远征军部队进驻全部英美占领区，否则将由俄国占领，或者形成‘夹缝’。”[170] 同时，的里雅斯特地区和英军能否使用该地区交通线问题引起了极大关注。

750. 丘吉尔致斯大林的私人秘密信函

1945年5月12日发　　1945年5月13日收

您5月2日的来函收悉。信中提到我方部队在德国和奥地利建立联络时应采取的相应措施。我很高兴得知，您已向苏军指挥员下达了相应指示，关于此事我已告知艾森豪威尔将军和亚历山大元帅。

4月底之前，盟国关系又出现了新的危机，起因是意大利北部省份威尼斯—朱利亚省的事态变化。此前，省内多数意大利居民与的里雅斯特港口主城区少数斯洛文尼亚居民之间就发生过领土利益冲突的情况。战争接近尾声又使这一冲突进一步激化。南斯拉夫游击队从东北方向解放威尼斯—朱利亚
604 省，而亚历山大指挥的驻意盟军从西部解放该省。同时铁托的队伍急于扩大自己的地盘，而盟军则力求保住对该省的控制权。2月底，铁托和亚历山大商定，在最终和平解决领土争端之前，包括的里雅斯特在内的威尼斯—朱利亚地域由盟国施行军事管制，而地方行政权力划归南斯拉夫当局。但4月底风云突变。铁托的地位日趋巩固，并且由于在4月初与苏联签署了联盟协议，铁托的领土诉求愈发强烈。南斯拉夫部队冲进的里雅斯特，在占领区建立自己的新秩序。因为的里雅斯特及其港口对盟军具有重要的战略意义，这里是驻奥地利英军占领区交通和补给线的必经之地。更重要的是政治层面，此时已经不单纯是一个省的命运问题。首先是南斯拉夫，继而是虎视眈眈的苏联控制该地区的可能性及其后果对西方盟国而言都是不可接受的。相反，如果支持意大利在争端中胜出，则有助于保住西方的势力范围。“我的直觉告诉我，我们现在应该支持意大利与铁托对抗，”尚在3月份，丘吉尔在写给艾登“仅限你阅”的信中就写道，“让铁托留在自己的山沟里，在巴尔干的苦味汤里煎熬吧。我们完全支持意大利对亚得里亚高地的诉求，这一事实使我们有机会影响意大利的对内政策，使其针对共产党人和其他野蛮人，这样也有助于意大利国家复兴……我希望我们能够成功从布尔什维克的瘟疫中拯救意大利。”[171] 随着危机事态的发展，丘吉尔的斗志更加激昂。从他4月13日发给身在华盛顿的艾登的电报中便知：

“只有借助铁托才能使意大利共产党产生分裂。我们的利益中心是尽量防止中欧和西欧屈服于俄国。意大利人毫无疑问会站在我们一边。美国政府
605 也热衷于意大利，并会给予支持，他们最关心的是意大利人的选票（在美国的——作者注），这是新总统最乐此不疲的事情。因此，我认为，应与美国保持紧密协作，理顺与意大利的关系，并争取得到多数意大利人发自内心的支持。这是个非常好的布局。”[172]

丘吉尔一边朝这个方向努力，一边积极说服杜鲁门使用铁腕对付铁托的部队，包括动用盟军。4月27日他在致信总统时说，“我认为掌控的里雅斯特

极为重要，如果我们能够做到这一点，正如亚历山大建议的那样，不可避免地在军事—政治方面会冒一些风险”。[173] 首相请求杜鲁门同意亚历山大司令部的计划：占领的里雅斯特、普拉（Пула）和意大利—奥地利交通线，同时要求秘密行动，以免惊动南斯拉夫和苏联。杜鲁门理解丘吉尔的不安，但他担心导致盟国与南斯拉夫的直接军事冲突，以及给对苏关系造成严重后果。在与军方和外交部门磋商之后，总统对所述计划表示同意，但条件是亚历山大需将此告知南斯拉夫司令部，并保证在遂行任务时，不会引起铁托军队的反抗。“我希望避免出现美国军队与南斯拉夫军队作战的情况，也不希望为政治目的而在巴尔干战场动用美国军队。”4月30日他如此回复丘吉尔。[174] 5月1日，亚历山大向铁托通报了受领的任务，并呼吁铁托将自己的部队交由军事行动区的盟军指挥：参与行动的是英军师。但总司令对南斯拉夫人的顺从并未抱有幻想：他提醒丘吉尔说，“如果俄国人不发话，铁托不会撤走自己的部队”，并且夺占这个省份有可能导致与南斯拉夫人的军事冲突，因为他们控制着该省的大部分领土。[175] 击溃了德国人的顽抗之后，5月1—2日，英国和南斯拉夫军队同时开进了的里雅斯特：前者占领了港口区，后者占领了城市大部及周边。南斯拉夫人开始排挤意大利居民，为历史上曾经的歧视复仇。前不久还是盟友，现在军队之间开始出现摩擦。盟国与铁托就回归铁托—亚历山大2月协议的谈判走进了死胡同。

德国投降后，杜鲁门在的里雅斯特危机中更倾向于执行强硬路线，一方面为了抵御苏联及其盟友在欧洲中心影响力的扩张，另一方面他将这次危机视为对英美联手的决心意志的考验。代理国务卿格鲁一直在敦促杜鲁门这样做。5月12日杜鲁门致信丘吉尔说，西方人在威尼斯—朱利亚省的让步将导致南斯拉夫觊觎奥地利南部、匈牙利和希腊，这些问题的解决将决定着“未来意大利的定位”。总统建议联手对南斯拉夫人提出强硬要求，使其撤出的里雅斯特、普拉、戈里察（Горица）、蒙法尔科内（Монфалькон）城市及周边的部队，并保证意大利—奥地利交通线的稳定运行。“铁托并不太自信，未必会做出像样的抵抗，但是，我们还是应该为下一步驱逐他们做好准备。”他给首相发电报时如是说。[176] 丘吉尔对总统的支持欣喜若狂，舍此他在这次对抗中几无胜算。他在给亚历山大的电报中说，“杜鲁门总统宽宏的来信，使我们的立场更具力量，美国有希望不再回到大洋彼岸，在达成对等和解之前，不会留下我们与具有压倒性实力的俄国单打独斗”。[177] 丘吉尔回复杜鲁门称，他同意总统的“每一个词”，“在我们的力量还未松懈之前”，做好采取果断措施的准备。事实的确如此，在该地区的力量对比英美方面占优：正如丘吉尔 606

提醒总统的那样，亚历山大麾下有18个师，包括2个波兰师和1个巴西师。[178] 5月15日，美国和英国驻贝尔格莱德大使分别向南斯拉夫政府递交照会。虽然照会并未提及从争议地区撤出南斯拉夫军队，但要求他们隶属盟军指挥。外交部要员建议丘吉尔将英美外交举措广为传播，以便赢得意大利公众的支持。“我才不会这么激动，”首相回答道，“即使是条狗，也很快会明白，到底是谁给了它骨头。”[179]

欧洲战争已经结束，亚历山大的士兵完全没有与昔日盟友作战的愿望。
607 总司令向丘吉尔抱怨说，他的部队已筋疲力尽，虽然“会服从命令，但我怀疑，这次他们是与南斯拉夫人战斗，未必还会有与德国人作战时的斗志”。5月15日，首相严厉训斥了他，提醒他说已经为局部游戏下了多大的赌注：

“假若西方盟国不能压制铁托的侵略性和其他欲望，那么，哪怕一丝一毫的妥协都将催生比亚得里亚高地遭遇的威胁还要大的威胁。我最担心俄国人总体的态度，特别是当他们感到他们面对的是一群疲惫不堪的军队和吓得发抖的权力机构时……假如我们不表现出意志力，那么他们将任意驱赶我们。目前总统和国务院正在等待铁托的答复。如果我们表现得缺乏自信，答案将是否定的。我希望在南斯拉夫前线加强兵力集结，我不相信南斯拉夫和他的俄国主子会主动挑起争端，因为现在美国军队还在欧洲。”[180]

在发给艾登的电报中，首相对司令官的信念动摇给予了更严厉的批评：“非常遗憾，亚历山大表现如此软弱。当然，不能指望一支疲惫的军队充满‘斗志’地去完成新的任务，但是，雅典的经验证明，枪声一响他们就会亢奋……”丘吉尔指的是1944年12月英军武装镇压希腊人民解放军一事。[181]

产生动摇的不仅是亚历山大，而且还有杜鲁门，后者担心难以把握展示武力与使用武力之间的界限，况且对日战争尚未结束。“我不想因为介入巴尔干事务，而导致另一场全球冲突，”总统在自己的回忆录中解释道，“除此之外，我希望将苏联拖入对日战争，以拯救无数美国人的生命。而丘吉尔也尽了所有努力，以保住英国对东地中海的控制，从而维持在希腊、埃及和中东的势力范围。”[182]“对我来说，只要铁托的部队不主动进犯，我就不能把自己
608 的国家再拖入另一场战争。”5月14日杜鲁门直接告诫丘吉尔。同时总统向军方下达战备命令，预防事件可能演变为军事冲突。巴顿将军所辖的5个师准备投放至的里雅斯特地区，地中海舰队和美空军部队则转入战备状态。[183] 丘吉尔仍在继续说服杜鲁门，他试图证明对铁托的武装反击根本算不上“对南斯拉夫开战”，但是总统不为所动。在5月12日致丘吉尔的信中，他建议将盟军采取的行动告知斯大林，丘吉尔自告奋勇地担当了此任。5月13日，内阁

同意了首相的动议，并委托外交部准备起草致斯大林的电报。[184] 丘吉尔只是稍微做了修改。[185] 杜鲁门通过美国驻莫斯科大使馆向苏方申明自己认同首相的来信。这封信的主要目的与其说是向斯大林通报自己的行动，不如说希望莫斯科在与西方强硬路线发生碰撞时，向自己的南斯拉夫盟友施加影响，哈里曼确信后者是“斯大林的死党”。[186]

751. 丘吉尔致斯大林的私人秘密信函

1945年5月15日发　　　　　　　　　　　　　　　　1945年5月16日收

1. 非常遗憾，我应告知您，在意大利威尼斯—朱利亚省局势依然非常严峻。

2. 众所周知，战后意大利得到了这个省，应该在和平调解时期确定这个省的未来命运，因为该地区大部分居民是南斯拉夫人，意大利人占少数。在实现和平调解之前，将其交由亚历山大元帅实施军事管制是唯一正确的和可以接受的做法，因为他将以联合国家的名义对其进行控制和管理。

3. 然而，在此之前，南斯拉夫政府军抢先开进了该省，他们不仅占领了南斯拉夫游击队活动的乡村地区，他们还占领了意大利居民居住的普拉、的里雅斯特、戈里察和蒙法尔科内城区。与此同时，从西部攻入的亚历山大元帅的武装力量到达了的里雅斯特，在该市和其他地区接受了德国驻防军的投降。 609

4. 在此之后，亚历山大元帅请铁托元帅将南斯拉夫的部队以及行政机关撤出该省西部，以便使亚历山大元帅能够控制贯穿的里雅斯特和奥地利的公路和铁路交通线。这个请求并不过分。亚历山大元帅建议由盟军对该省西部，包括的里雅斯特实行军事管制，并明确指出，这个举措纯粹是为了适应战时需要，无论如何不会影响该省命运的最终调解，而且国王陛下政府认为，应待到和平大会召开时予以解决。

5. 亚历山大元帅派自己的参谋长赴贝尔格莱德与铁托元帅就这个问题进行谈判，遗憾的是后者无视这个建议，反而坚持将自己的军事管辖区扩展到伊松佐河，而且只是愿意暂时协助亚历山大元帅组织经的里雅斯特与奥地利联系。

6. 国王陛下政府不会同意这个做法。南斯拉夫占领和管理该省有违于我们一贯遵循的原则，即不应借助军事占领手段进行夺占和单方面确定主权的方式来确定该省的命运。

7. 正如您所知，亚历山大元帅麾下既有英国部队，也有美国部队，因此，他的言行不仅代表英国政府，也代表美国政府。鉴于铁托元帅所持立场，元帅已将问题提交两国政府审议。

8. 两国政府仔细研究所面临的局势后，决定向南斯拉夫政府发出如下声明：

“威尼斯—朱利亚问题只是诸多欧洲领土问题之一，需通过所有国家和平调解解决。关于占领，且占领后单方面宣布主权的论调是敌人的惯用伎俩，
610 并且会带来灾难性的后果，这种做法已被参战的盟国政府果断而严正地加以唾弃。在探索有序、公正地解决领土争议方面，协调一致是我们的基本工作原则，为此联合国家各族人民付出了巨大的牺牲，最终目的是达到公正、持久的和平。这是最重要的问题之一，为此这些国家的代表得到了社会舆论的广泛支持，他们在为建立国际安全体系而辛勤地工作。

至于威尼斯—朱利亚省实施军事管控的计划，其最终目的是使用和平方式使问题得到永久性的解决，问题的复杂程度已经获得所有人的共识。该计划以维护各相关民族利益为出发点。这个计划的实施，一方面可以为各国政府武装力量探索出在敌占区遂行后续任务的方式，另一方面也不会妨碍南斯拉夫在最终和解时的领土主张。

鉴于这种构想，以及考虑到南斯拉夫政府已基本同意这个方面的计划，我国政府授意让我告知您，我国政府正在耐心等待，南斯拉夫政府应尽快同意地中海战区盟军最高司令官接管这个地区，包括的里雅斯特、戈里察、蒙法尔科内和普拉、途经戈里察和蒙法尔科内通向奥地利的交通线以及由此向东延伸至足够的距离所涵盖的区域，旨在实现相应的行政管辖，南斯拉夫政府应向驻扎在该地区的武装力量下达相应命令，令其服从盟军司令官的指挥，并在该区建立军管事务上与盟军司令官展开合作。

我接到指示，我应尽快上报我国政府，南斯拉夫政府是否立即同意上述意见。”

9. 鉴于所述问题的严肃性，我认为及时知会您是对的，由于在威尼斯—朱利亚省问题上南斯拉夫政府和军队所持立场，英美政府有必要采取行动。

611 在奥地利尚未从法西斯手中解放出来之前，盟国已经在欧洲协商委员会框架内就该国占领区分配问题展开谈判。最复杂的问题当属位于苏军占领区腹地的维也纳的地位问题。4月13日，斯大林在与哈里曼谈话时指出，在欧

洲协商委员会对此问题做出最终决定之前，应向维也纳派驻盟国代表，使其预先在当地探明局势并做出建议。[187] 华盛顿和伦敦收到邀请如获至宝，但很快这个邀请又被增补了附加条件：在外交信函往来中，外交人民委员会表示，只有占领区分界问题在欧洲协商委员会框架内得到最终解决之后，才会同意派代表前往。这个变故的主要原因可能是因为苏联当局不希望奥地利临时政府成立这一关键时刻有西方盟友在场，该政府领导人是社会党人K.伦纳，他是忠实的亲苏派。政府成员中也包括共产党人。4月29日，莫斯科无视西方伙伴要求暂缓的再三请求，正式宣布承认伦纳政府，这引起了盟国的极度不满，他们就此认为奥地利有苏维埃化的危险。4月30日，丘吉尔写信给杜鲁门：“奥地利局势的发展令我不安。一方面宣布成立奥地利临时政府，另一方面拒绝我方使团前往维也纳，这一切迫使我担心俄国人有意识地把自己在奥地利的影响力首先用于‘组织’这个国家，然后等待我们到来。”首相建议就此事给斯大林发联名信，并附上自己的信函草案，信中要求允许盟国使团前往维也纳。[188] 而白宫则希望限于国务院和英国外交部级别的抗议照会。英国外交部表示同意。这些抗议并未奏效，5月12日，丘吉尔再次建议杜鲁门致信斯大林，称苏联的回答“极端令人不满”。[189] 在首相草稿的基础上，经国务院稍做修改，总统向莫斯科发去了下面这封信。当天丘吉尔又另外写信表示支持总统致信。5月18日，英国首相在与古谢夫谈话过程中，解释这封信的时候表达了愤怒：“为什么不允许我方代表访问维也纳？……现在战争已经结束，苏联政府还有哪些可以拒绝的理由？”[190]

752. 杜鲁门致斯大林的私人机密信函 612

1945年5月16日发　　　　1945年5月17日收

您4月13日给哈里曼大使提供了一个很好的建议，派美国和盟国代表前往维也纳实地勘察维也纳占领区，这将使欧洲协商委员会正在审议的奥地利占领区问题迎刃而解。我不能理解，为什么苏联当局却违背您的建议，拒绝我方代表前往维也纳？

如果军事机关能够实地研究和讨论这个问题，尤其是通过负责驻奥地利盟国联合行政机构的有效工作，会在很大程度上有助于维也纳占领区的合理划分。比如，苏联驻欧洲协商委员会代表不久前提议，可以将维也纳西北20千米处的图林（Туллин）机场交由美方行政机构管理，以此替代维也纳机场，以保障美国武装力量对空中联络的需求。但是，无论他还是我们都对机场的规模和状态不甚了解，如果我们将按照常规考虑这个建议，则我们应该得到查看机场的许可。

鉴于即将划分的区域已非敌占区，实地勘察也是完全合情合理的，如您之建议，旨在加快欧洲协商委员会达成最终协议。美国公众至今不能理解，为什么苏联当局拒绝发放许可，尽管最初的建议是您提出的。

因此，我希望，您亲自告诉我，是否将给托尔布欣元帅下达指示，这对加快盟国代表勘察维也纳地区是不可或缺的，欧洲协商委员会就这些地区的谈判至今仍在进行。

杜鲁门

613

753. 丘吉尔致斯大林的私人秘密信函

1945年5月17日发　　　　1945年5月17日收

1. 令我不解的是，尽管您4月13日已向哈里曼先生发出邀请，苏联政府仍不允许盟国代表访问维也纳。维辛斯基先生在致英国代办的信中提出这样一个事实，即德国和柏林的占领区划分是在盟军进入德国领土之前在欧洲协商委员会上由三国确定的，我认为，这与苏联政府拒绝盟国代表前往苏联武装力量解放的维也纳没有关系。我不希望如维辛斯基先生所做的推测，将最终解决区域划分问题由欧洲协商委员会拿到维也纳就地解决。但苏联驻欧洲协商委员会代表更改了自己的提议，起因是在苏联预占领区发现毁坏严重，所以才向委员会提出修改的，这件事使我不得不想到，我们所有人都有权利获得实地勘察的机会，以确定那些对我们给委员会的提议产生影响的因素。

2. 为了使欧洲协商委员会成员尽快签署协议，我相信这也是您所希望的，我请求您给托尔布欣元帅下达命令，以便让盟国代表立即飞往维也纳。

在以上这封杜鲁门来信的俄文翻译稿上，有莫洛托夫手写的给盟国的回复提纲：“1. 托尔布欣正在返回莫斯科；2. 托尔布欣5月底、6月初返回；3. 届时可前往维也纳。”[191] 是谁提出来的提纲，最终给谁参照的，至今仍不明了。很有可能，莫洛托夫在与斯大林交谈时做的记录，用于起草回信。托尔布欣不在位成了再次拖延盟国使团成行的理由。文字稍做修改后，回信发给了两位收信人。

754. 斯大林致丘吉尔的私人密函 614

1945年5月18日发

您5月17日关于英国代表前往维也纳确定占领区问题的来函收悉。

苏联政府认为，审议维也纳占领区问题如同审议其他问题一样，完全属于欧洲协商委员会的职能范畴，我与您和罗斯福总统早已达成一致，因此，苏联政府不能同意盟国军事代表赴维也纳审议占领区问题，以及解决与奥地利形势有关的其他问题。我们现在仍持这个观点。从您5月17日的来函中可以看出，您也认为，将划分占领区问题拿到维也纳就地解决是不可行的。因为在此问题上我们持相同观点，所以可以认为，奥地利和维也纳占领区问题将于近期在欧洲协商委员会得到解决。

关于英国代表赴维也纳实地了解城市状况，以备酝酿维也纳占领区的建议，就苏联方面而言，对此行不持反对意见。同时，将给托尔布欣元帅就此下达命令。我指的是，英国军方代表可以于5月底或6月初抵达维也纳，那时托尔布欣元帅将重返维也纳，目前他正在返回莫斯科的途中。

755. 斯大林致杜鲁门的私人秘密信函

1945年5月18日发

您5月17日关于美国和盟国军方代表赴维也纳之行的来函收悉。事实上，我原则上同意上述代表前往维也纳，但我指的是，在上述代表到达那里之前，有必要事先就奥地利占领区问题达成协议，并且这些区域应经欧洲协商委员 615
会确定。这个程序在丘吉尔先生、罗斯福总统和我之间已经确定了，类似问题应完全属于欧洲协商委员会的职权范畴。到现在我仍坚持这个观点。所以不应同意将占领区以及其他涉及奥地利形势的问题交给维也纳审议。

我不反对美国和盟国代表前往维也纳实地了解城市的状况，以备酝酿维也纳占领区的建议。将给托尔布欣元帅就此下达命令。我指的是，英国军方代表可以于5月底或6月初抵达维也纳，那时托尔布欣元帅将重返维也纳，目前他正在返回莫斯科的途中。

5月10日，波伦和哈里曼在从旧金山返回华盛顿的途中讨论了解开对苏关系死结的可能性，于是产生了由霍普金斯率团前往莫斯科的想法。哈里曼遇到霍普金斯时，后者正在生病，按R.舍伍德（P.Шервуд）的话说就是，“对莫斯科之行的憧憬给他注入了活力，他感到自己就像一匹听到号角的久经沙场的战马”。[192] 而霍普金斯对杜鲁门是否会选中他作为候选人表示怀疑。事实上也是如此，总统最初建议让自己的老熟人戴维斯担此重任，他是美国驻莫斯科前大使，5月19日他被苏联政府授予列宁勋章。[193] 但他以健康为由婉拒。根据赫尔的建议，杜鲁门的目光落在了前任总统的可靠特使身上，尽管国务院对霍普金斯此行持反对意见。杜鲁门不顾“鹰派”的压力，还是寄希望缓和与莫斯科的紧张关系，霍普金斯在那里享有一定的威望，他与斯大林单独交流时，可能会为解决波兰问题及其他恼人的问题找到出路，并且由此减轻未来高层会晤时的难度。斯特蒂纽斯在自己的日记中写道，总统希望“霍普金斯此行能解决很多问题，这样一来，在‘三巨头’会晤之前，大部分拦路虎都将被清除”。[194] 最坏的情况下，总统也会接受哪怕表面上的妥协，在离开华盛顿之前，霍普金斯收到了总统写的每日指令便条，从中可见一斑：

616 “明确告诉约瑟夫·斯大林大叔，我知道我想要什么，也准备付诸实施，这就是不少于90年的全面和平。波兰、罗马尼亚、保加利亚、捷克斯洛伐克、奥地利、南斯拉夫、拉脱维亚、利陶宛、爱沙尼亚，等等，对于美国利益而言，其全部意义只在于维持和平。波兰应具有‘自由选举’权，至少像黑格、汤姆·彭德格斯持、乔·马丁或塔夫脱（美国一些城市的腐朽党魁——作者注）在自己的地盘上一样的自由。在的里雅斯特和普拉对铁托应有所约束，而约瑟夫大叔应该对我们的公众做出某种姿态，哪怕只是口头答应他将信守承诺。任何一个理智的政治领袖都会这么做。”[195]

在此之前，杜鲁门已经认同和斯大林及丘吉尔会晤的必要性，虽然与世界级久经考验的重量级政治人物进行外交对话的憧憬远没有让其兴奋。丘吉尔功不可没，他极力呼吁总统尽快面见斯大林。在5月6日的电报中，首相自己以最后一封关于波兰问题致斯大林的徒劳无功的书信举例说明，“以后用书信来往的方式未必能解决问题，应尽快举行三国政府首脑会晤”。对此杜鲁门给予了积极响应，但同时表示，最好让莫斯科主动提出会晤。他补充说，“您可能会有妙计，怂恿斯大林自己建议举行会晤，或者征询会晤的想法”。丘吉尔认为此举未必可行，他建议直接共同或单独邀请这位独裁者前往“未受损毁的德国某地”举行会晤。首相同时强调，“我们不应在俄管军事区会晤。在这方面我们已经连续迁就他两次”。英国人急于举行这次会晤（“每一分钟都很宝贵”），趁着“我们的军队还未涣散”。在5月12日的电报中，杜鲁门仍坚持通过各自驻莫斯科的使馆说服斯大林，不到万不得已将不发出直接信函。首相极不情愿，他怀疑这种迂回动作的效果：“他（斯大林——作者注）有时间优势，假如他再拖沓，我们将精衰力竭。”但凑巧的是，哈里曼和克尔此时都不在莫斯科，通过大使劝说的方案只好搁置。丘吉尔在5月15日致杜 617
鲁门的信中曾主动请缨：“可能的话，还是我来冒险对付斯大林这个粗人，我发电报呼吁其举行三方会晤。”[196]但最终他还是放弃了这么做。

此时，杜鲁门的高参哈里曼、霍普金斯、戴维斯都试图说服总统再次举行“三巨头”会晤。戴维斯表现最为积极，他为同盟关系的恶化惴惴不安，并为赢得“杜鲁门的心灵”，与强硬路线拥护者展开暗中较量。他甚至主动承担起白宫与苏方秘密联络员的角色。早在5月2日，戴维斯与总统首次会谈之后，他通过苏联使馆转给莫洛托夫一封密信，信中阐释了杜鲁门与斯大林单独会晤的必要性。人民委员回信中同意“双方政府首脑单独接触”的重要原则，但并未明确接受邀请，很明显是在期待更加具体、更加权威的建议。[197]5月13日，戴维斯又与总统进行了详谈，他劝说总统有必要在与斯大林直接谈判时寻求妥协。[198]杜鲁门在日记中写道，“他（戴维斯——作者注）提议致电莫洛托夫，建议我和斯大林在阿拉斯加或西伯利亚的某处会面”。[199]5月15日，在总统主持的会议上，哈里曼和波伦同样提出了高层会晤的想法。杜鲁门表示同意，但认为还是等等斯大林如何回复丘吉尔的询问。总统提到把阿拉斯加作为会晤地点，但他的高参们委婉地劝他放弃这个想法，而提出选择德国或奥地利。他们的根据是斯大林不会同意，因为那里无法保障斯大林与莫斯科及时可靠的联络。[200]5月16日，总统在记者招待会上首次公开阐明三位领袖人物会晤的可能性。

然而，杜鲁门并没有守株待兔：5月13日，在与戴维斯见面时，他同意其以非官方方式试探克里姆林宫对秘密倡议的反应。5月14日，戴维斯绕过国务院借道苏联使馆直接向斯大林发出了邀请。这次特别试探已载入戴维斯的个人档案，对外政策档案馆刚解密的文件完全可以佐证。借助与总统最后一次交谈的势头，此建议得到了白宫的支持，戴维斯又对其进行了细化。这里具体是指“在（‘三巨头’——作者注）正式会晤1—2天之前”安排杜鲁 618
门与斯大林举行双方会晤，戴维斯在给斯大林的信中写道，“在此之后，如有必要，可就地继续实施原计划”。戴维斯深谙丘吉尔的反苏倾向，他认为这次两方会晤意义非凡：“我斗胆向您保证，”在致斯大林信函的结尾写道，“如果您与他（杜鲁门——作者注）能够坦率、私密、真诚的对话，在很大程度上会导致误解的问题迎刃而解。”戴维斯的建议得到了莫斯科的积极响应：5月20日，莫洛托夫同样通过苏联驻美使馆通知他，斯大林同意“在柏林地区”举行这样的会晤。[201] 就此，有关波茨坦的暗示首次出现在书信往来中。

杜鲁门在下一封信中告知，霍普金斯将开启莫斯科之行，由于这封信是在收到莫斯科上述消息之前起草的，信中已经包含了可能举行会晤的暗示。

信函是由哈里曼拟定的，他作为了解内幕的人，有意强调了个人接触对于解决政治问题的重要性。

756. 杜鲁门致斯大林的私人秘密信函

1945年5月19日发　　　　1945年5月20日收

我相信您与我感同身受，您会理解，在书信往来过程中出现的复杂而重要的问题难以解决。因此，在暂时没有机会会晤时，我派哈里·霍普金斯先生和哈里曼大使赶赴莫斯科，以便他们能与您单独讨论这些问题。会晤后霍普金斯先生将尽快返回华盛顿向我汇报。霍普金斯先生和哈里曼大使计划于5月26日前后抵达莫斯科。如果您能告知时间是否合适，我将感激不尽。

斯大林对杜鲁门的建议非常满意。他在高度评价霍普金斯的同时，有理由认为这个倡议是罗斯福政策的传承，并尽可能借霍普金斯之力哪怕在部分恼人的问题上达成一致。因此，他才给予了积极的响应。信函的初稿是莫洛
619 托夫仓促写就的，也可能是“当家人”的口述记录。根据机要室日志中值班军官的记录，5月20日深夜，美国人收到了这封信的手写稿，苏联使馆对此“深表歉意，并承诺俄文和英文打字版第二天清晨送到”。[202]

757. 斯大林致杜鲁门的私人秘密信函

1945年5月20日发

您关于霍普金斯先生和哈里曼大使将于5月26日抵达莫斯科的来函收悉。我接受您的建议，准备与霍普金斯先生和哈里曼大使会晤。5月26日对我来说是完全合适的时间。

在盟国派使团前往维也纳的问题上，杜鲁门只是干巴巴地回信确认了斯大林的让步。

758. 杜鲁门致斯大林的私人机密信函

1945年5月21日收

您5月18日关于派盟国代表前往维也纳的来函收悉，此行的目的是实地了解情况，并酝酿有关占领区的建议。您建议的日期我已转达给我方代表。

与此同时，在威尼斯—朱利亚省的对峙还在继续。5月中旬，盟国向铁托元帅下达的最后通牒没有奏效。斯大林依旧保持沉默，对丘吉尔5月14日的来信也未予以回复。5月18日，首相邀请古谢夫大使来唐宁街做客，饭后当夫人们离去后，他自己积蓄已久的愤怒终于发泄出来，其中包括对的里亚斯特问题的不满。“铁托的军队还赖在的里雅斯特，”古谢夫这样记录下了首相的独白，“这个地区的形势相当紧张。军队剑拔弩张。稍有不慎，随时可能擦枪走火。的里雅斯特位于我方占领区，应该成为悬挂意大利国旗的国际港。这个港口服务于奥地利占领军。”丘吉尔开始咆哮起来，“我们不允许绕开和平 620
大会而采取夺占的方式解决领土问题”。大使继续写道，“丘吉尔在说话时一谈到的里雅斯特和波兰便怒火冲天，凶相毕露。从他的言行中可以看出，他难以自持。他的话语间充满恫吓和威胁，但这次不是简单的恫吓”。[203] 同时，在场的克尔也对谈话做了记录，他证实了首相的确言辞激烈，而对其最“强烈的表达”外交官未敢诉诸笔端。[204] 对丘吉尔来说，这不仅是情感的发泄，也是有意指向斯大林的信号。“如果是我，会如实记录，”艾登在克尔谈话记录的页边上写道，“我认为，如果正当表述，这样的语言不会带来什么危害。相反，我希望这会带来益处，当然，这取决于古谢夫。”很明显，大臣很满意这次谈话，他建议首相将记录分发给国王和内阁成员，但丘吉尔还是把记录留在了自己的手里。[205] 古谢夫则如实地描述了丘吉尔的言行，就此给莫斯科发了电报，他的结论英国人不见得喜欢。大使认为，必须注意的是，“我们正在同冒险家打交道，战争是其与生俱来的属性，与和平时期相比，他在战争时期的自我感觉更好”。[206]

没有等来斯大林对的里雅斯特问题的回信，又遭遇铁托拒绝盟国的要求，盟国决定对克里姆林宫施加更大的压力。这次杜鲁门根据国务院的建议，决定在给斯大林的信中提及这个问题，同时为了展示盟国在危急时刻表现出的团结和决心，他甚至直接请求斯大林依照西方的条件调停危机。信函文本同样是由国务院起草的。

759. 杜鲁门致斯大林的私人绝密函

1945年5月20日发　　　　1945年5月21日收

我通过驻莫斯科使馆已告知您美国对威尼斯—朱利亚省临时管辖问题所持的立场。而且，不久前英美两国给铁托的照会副本也抄送给贵国政府，根
621 据今年2月亚历山大元帅和铁托元帅达成的协议，照会中建议，为了消除某些企图立即解决该领土归属问题的人所造成的影响，盟军最高司令官将对包括的里雅斯特、蒙塔奇诺、戈里察和普拉在内的地区实施直接管辖。

现在我们收到了铁托元帅的答复。这个答复完全不能令人满意，因为答复中声称，他的政府不准备"放弃南斯拉夫军队对至伊松佐河地区的控制权"。关于领土管辖问题，他建议的解决方法与我们所述的原则背道而驰。在同一片占领区内，同时驻扎着亚历山大元帅和铁托元帅的武装力量，而且区域界限不明，这样的双重管理蕴含着危险因素。您可能在3月份从哈里曼大使致莫洛托夫先生的信中以及不久前我们发布的声明和发给铁托的通知中得知，我们不能将这个问题简单视为南斯拉夫与意大利的边界争端，而应将其视为与和平调解领土争端和欧洲持久和平基石相关的原则问题。无论现在还是将来，在这片领土的问题上，我们都不会采取、也不会容忍完全忽视南斯拉夫合法主张、忽视南斯拉夫军队为战胜德国所作贡献的行为，我们所有人曾为此付出了高昂的代价。但是，在有组织地尽快解决问题的原则上，我们不会退缩，而铁托元帅对此并非不知。

我相信，您也会同意，我们应该坚定地秉持这个原则，同时我寄希望您在促进临时调解方面施加影响，这些问题在我们不久前致铁托元帅的照会中已有所述。只要亚历山大元帅控制了我们照会所指的威尼斯—朱利亚地区，只要那里恢复平静，我们就可依照雅尔塔协议精神继续解决其他问题。

这封信发给斯大林后，杜鲁门拟定了给亚历山大和艾森豪威尔的命令，
622 立即向威尼斯—朱利亚争议地区派遣增援部队，"向南斯拉夫人展示我们的军事优势和坚定的信念。"5月21日他给丘吉尔的电报中这样写道。在给军方的

行动指示中，要求在个别南斯拉夫指挥员的挑衅面前不得屈服。“我不能允许干扰向太平洋投送美军的行动，这些干扰完全可以避免。”杜鲁门向丘吉尔解释道。首相表示赞同：“我认为，如果我们能够集结强大的兵力，我们兵不血刃解决问题是完全可能的。我们表现出的坚定信心可以在与斯大林进一步讨论问题时派上用场。”[207]

盟国的举措将斯大林置于复杂的境地。在此之前，他成功逃避了被正式拖进的里雅斯特对抗中去的命运，只是在背后支持南斯拉夫人的诉求，并希望盟国做出妥协。但现在他被迫表态，在满足南斯拉夫人最大利益的条件下，争取达成妥协。在收到杜鲁门的信函之前，克里姆林宫就明确了这个立场，目的是既维持南斯拉夫人在争议地区的军事和行政存在，又同意亚历山大形式上的军事管辖。这种状态使得南斯拉夫人在避免与盟国军事冲突的情况下，有机会为争夺的里雅斯特而继续斗争。5月18日，相应的指令发送到贝尔格莱德，南斯拉夫人勉强接受了这个立场。[208] 杜鲁门的来信加快了莫斯科方面施压的步伐：莫洛托夫立即与苏联驻贝尔格莱德大使 И.В.萨德奇科夫（Садчиков И.В.）电话联系，最终证实，代表南斯拉夫立场松动的照会已于5月21日转给西方盟国。因此，斯大林在答复杜鲁门之前，已经与铁托就此问题设定了底线。致总统的信函也发给了首相，只是附信有些刻薄。

760. 斯大林致丘吉尔的私人秘密信函

1945年5月22日发

尽管您5月15日的来函不需要答复，但由于我必须给杜鲁门总统就南斯拉夫问题回信，因此我认为，将我的信函全文抄送给您并非多此一举。

761. 斯大林致杜鲁门的私人秘密信函 623

1945年5月22日发

您关于伊斯特利亚—的里雅斯特地区问题的来函于5月21日收悉。稍早前，通过凯南先生收到您关于这个问题的通知，通知是美国驻贝尔格莱德大使转给南斯拉夫政府的。感谢告知。

关于问题的实质，我的意见如下。

我认为您的意见是正确的，这是原则性问题，有关伊斯特利亚—的里雅斯特的领土问题，不能容忍完全忽视南斯拉夫的合法主张、忽视南斯拉夫军队为盟国战胜希特勒德国的共同事业所作贡献的行为。当然，大多数居民为南斯拉夫人的这一地区的未来应以和平调解的方式解决。但目前该地区涉及的是临时军事占领问题。我的意见是，在这里必须要认同一个事实，即正是盟友南斯拉夫将德国侵略者赶出了伊斯特利亚—的里雅斯特，以此为盟国的共同事业作出了巨大贡献。而目前的情况却是，让南斯拉夫放弃占领从敌人手中夺回的土地，况且南斯拉夫人民为争取南斯拉夫民族权力、为联合国家共同事业的斗争付出如此大的牺牲，这对于南斯拉夫军队和人民是不公平的，他们不应受到如此屈辱。

我认为正确处理这个问题的方法是，让南斯拉夫部队和在该地区已经运行的行政机构留在伊斯特利亚—的里雅斯特地区。同时盟国最高司令官建立监管，并且根据亚历山大元帅和铁托元帅之间的协议来确定隔离线。如果接受上述建议，伊斯特利亚—的里雅斯特区行政管理的问题就会得到公正解决。

624 鉴于这块土地上南斯拉夫居民占大多数，而且还在德国占领时期这里就成立了南斯拉夫地方行政机构，至今仍受到当地居民的信任，应当考虑到这一现实状况。将该地区现存的南斯拉夫民事行政机构隶属南斯拉夫军事指挥部管理，这才是该地区行政管理问题应有的调解方式。

我希望，美英政府和南斯拉夫政府之间就伊斯特利亚—的里雅斯特局势产生的误解能够彻底消除，问题将得到圆满解决。

对于斯大林在莫斯科接见霍普金斯一事，杜鲁门欣然回应。他关于公开宣布此次访问的回函是总统新闻秘书Ch.罗斯（Росс Ч.）起草的。[209] 同时华盛顿还宣布了杜鲁门的另一位特使戴维斯赴伦敦会见丘吉尔的消息。

762. 杜鲁门致斯大林的私人秘密信函

1945年5月22日发　　　　1945年5月23日收

您关于霍普金斯先生之行的电报收悉，这令我非常高兴。我认为，更谨慎的做法是，当他离开华盛顿之后，我公布他的莫斯科之行，以免因走漏风声而引起新闻界的各种猜测。霍普金斯先生计划明天（即5月23日）清晨起飞，当天稍晚些时候我将向新闻界公布，他与哈里曼大使一道赴莫斯科，与您就政府间正在商讨的问题进行会谈。

托尔布欣元帅回到了维也纳，他与英美代表进行了会晤，但这并未让丘吉尔感到轻松。6月9日，经首相同意，外交部在给英国驻华盛顿、巴黎、莫斯科和卡塞塔的外交和军事代表发送的简报中透露出明显的不满，因为苏联军人允许英美考察团在维也纳的考察只限于所谓的老城范围内，不允许跨界，并要 625
求考察团在6月10日前结束考察工作。按英国人的说法，"托尔布欣元帅毫无疑问是在按照己方政府的指令行事，故意设置障碍。俄国人非常清楚，考察团的目的不仅是考察（老）城区，还有（维也纳）本州，因为近几个月欧洲协商委员会争论的焦点是：选择哪一个作为共同占领区"。如果苏联的立场不松动，英国人计划6月10日告别维也纳，并与美国人发起联合抗议。[210] 在致杜鲁门的信函中，丘吉尔对于考察团是否成功赋予了更大的意义："如果我们在这个问题上让步，我们就必须接受奥地利处于苏维埃化的半个欧洲。"首相竭力以考察不会获得成功为借口，力劝杜鲁门延缓将军队撤回德国占领区。[211]

763. 丘吉尔致斯大林的私人秘密信函

1945年5月22日发　　1945年5月23日收

我很高兴收到您5月18日的来函。亚历山大元帅将为军代表下达相应指示，他已经与托尔布欣元帅建立了正常联系。正如我在5月17日的信中所言，我无意将占领区问题的最终解决由欧洲协商委员会交由维也纳。

莫斯科早已关注德国海军战后的命运。早在1943年年底，在为不久前投降的意大利海军命运争论不休时，伊萨科夫上将多次向伏罗希洛夫委员会发回有关德国海军数量和编成的侦查报告。[212] 苏联在1944年2月底就已拟定好了德国投降简要条件书，其中强调，战争一旦结束，苏联、美国和英国必须协调解决与德国海军相关的各种问题，"驻盟军最高司令部代表"曾时不时提及此事。[213] 在胜利即将来临之际，斯大林更多地开始考虑苏联的战后诉求， 626
其中包括海军问题。库兹涅佐夫回忆道：

"4月（一切迹象表明是20日——作者注）他问我，我们海军是否拟定了新的造船计划，并指示我第一时间将计划纲要汇报给他。

'请考虑一下，我们如何使用缴获的德国舰船。'他当时说道。"[214]

除了共同关注这个问题外，战争刚一结束，驻德英美军代表的立场立即变得强硬起来，这也成为斯大林写下一封信的动因。5月20日，苏联驻弗伦斯堡（Фленсбург）管控委员会代表H.M.特鲁索夫（Трусов H.M.）少将［有文献写作“特鲁斯科夫（Трусков）”］提出即将移交给苏联的德国军舰和商船数量时，美国同行L.卢克斯（Рукс Л.）少将的回答是，这个问题应由“相关政府解决”。一天之后，特鲁索夫不得不面对一个尴尬的事实：苏军早先就提出的查看德国海军总司令部的请求被英美当局拒绝。[215] 在如此作为的背景下，斯大林决定将问题提到高层来解决。

在德国海军问题上，英美两方所持的回避或曰消极的立场背后有着重要的战略动机。阿切尔少将从莫斯科发往伦敦的消息（苏联“意欲成为海上军事大国”）令首席海军大臣E.坎宁安（Каннингхем Э.）将军于5月中旬不无得意地指出：“可以认为，没有一艘完好的大型（德国）军舰落在俄国人手中。”他同意参谋长联席会议的决定，即在德国投降之前，英美军队在德国军港缴获的舰船由英美方面掌管，并且呼吁按照同等方式处理丹麦和荷兰港口的舰船。按他的观点，必须这么做的目的是“在与俄国人进行后续谈判时处于强
627 势地位”。坎宁安特别担心的是驻扎在挪威军港的近百艘德国潜艇。英国将军呼吁丘吉尔先斩后奏，无需与莫斯科协商，直接将潜艇发运回英国。他写道，这一步“可使联合王国和美国在将来确定最终支配权的谈判中掌握主动”。[216]

伦敦则有着非常明确的经济利益考虑，获得德国商船的吨位可以恢复其摇摇欲坠的海上贸易大国地位。1945年6月初，财政部告诫参加莫斯科战争赔偿会议的代表：“没有必要要求每个赔付档次都严格按照总份额分配给战胜国……对于我们来说，最有利的情况是，战胜国根据自己的损失吨位，按比例获得德国舰艇，而非等额分配。”[217]

764. 斯大林致丘吉尔的私人秘密信函

1945年5月23日发

据苏联军方和海军司令部的消息，德国依据投降书将自己所有的军用和商用舰船均交给了英国人和美国人。我想告知您，德国人拒绝向苏联武装力量交出哪怕一艘军用或商用船只，而是将自己的全部海军交给了英美武装力量。

在这种情况下，如何按照当时对意大利的做法，为苏联分配应得到的德

国军用和民用船只的问题摆在了面前。苏联政府认为，自己完全有理由公平地得到至少1/3的德国军用和民用船只。我认为，必须保证苏联海军代表了解德国海军和商船队的全部移交资料，以及移交的船只的实际状况。

苏联海军司令部指派列夫钦科将军率领参谋小组负责此事。

我将此信同时发给杜鲁门总统。

765. 斯大林致杜鲁门的私人秘密信函 628

1945年5月23日发

据苏联军方和海军司令部的消息，德国依据投降书将自己所有的军用和商用舰船交给了英国人和美国人。我想告知您，德国人拒绝向苏联武装力量交出哪怕一艘军用或商用船只，而是将自己的全部海军交给了英美武装力量。

在这种情况下，如何按照当时对意大利的做法，为苏联分配应得到的德国军用和民用船只的问题摆在了面前。苏联政府认为，自己完全有理由公平地得到至少1/3的德国军用和民用船只。我认为，必须保证苏联海军代表了解德国海军和商船队的全部移交资料，以及移交的船只的实际状况。

苏联海军司令部指派列夫钦科将军率领参谋小组负责此事。

我将此信同时发给丘吉尔首相。

766. 丘吉尔致斯大林的信函

1945年5月24日发　　1945年5月24日收

感谢您将自己致杜鲁门总统关于南斯拉夫问题信函副本抄送给我。

767. 杜鲁门致斯大林的私人密函

1945年5月24日发　　1945年5月25日收

您5月22日关于伊斯特利亚—的里雅斯特问题的来函收悉，感谢您坦陈对此问题的意见。

斯大林希望得到德国舰队1/3的申请没有在盟国首都赢得同情。对此最
629 为反感的是英国人，他们把这些战利品当作向莫斯科施压的筹码。晚些时候，艾登给丘吉尔写信说，德国舰队是对苏关系的“一张少有的王牌”：“我同意海军部的意见，最好沉掉这些军舰。但在任何情况下我都相信，在我们的利益没有得到满足之前，我们不会舍弃任何一艘德国军舰，在俄国人管控的国家，我们的利益已经被他们践踏殆尽。”[218] 对于斯大林的要求，丘吉尔巧妙地回避了问题的实质，称可待到即将举行的“三巨头”会晤时再行解决。

768. 丘吉尔致斯大林的私人秘密信函

1945年5月26日发　　　　1945年5月28日收

感谢您5月23日的来电。我认为，这些问题是一般性质的谈判主题，我们和杜鲁门总统有可能很快会晤，届时自会讨论。感谢您提前告知自己的意见。

5月26日，霍普金斯在克里姆林宫进行首次会谈时，受总统之托通知说，杜鲁门做好了与斯大林会晤的准备，“以便讨论战胜德国之后产生的问题”。斯大林回答说，他已经告知总统，同意与其在柏林地区举行会晤，他在这里指的是5月20日莫洛托夫转交给戴维斯的那封信。霍普金斯回答说不知道这封信，莫洛托夫随即做了解释。[219] 在霍普金斯出访前夕，正如之前所述，这个问题已经在三国首都预先商定，但是斯大林在致丘吉尔的信中称，这个想法是杜鲁门的提议。斯大林重申了对会晤地点的选择，与莫洛托夫转达给戴维斯的相同，并非是无意为之。柏林及周边不仅是不复存在的第三帝国的象征，而且它位于苏军占领区内。斯大林致杜鲁门的信中未提及这个原因，他很清楚，霍普金斯会一五一十地向总统汇报他已同意会晤的想法。

630 769. 斯大林致丘吉尔的私人密函

1945年5月27日发

霍普金斯先生抵达莫斯科后，以总统的名义提出了近期举行三方会晤一事。我认为会晤是必要的，最好在柏林周边举行。从政治方面考虑这应该是

正确的选择。

您是否反对？

莫斯科希望西方盟友尽快承认罗马尼亚和保加利亚的亲苏政府，以赋予其合法的国际地位。匈牙利的情况略有不同，亲苏势力尚未控制政府，尽管苏联代表在1944年12月组建临时民族政府问题上以及组建之后都曾积极行动。[220] 斯大林决定暂缓外交承认匈牙利政府，并希望当地要求加快政治变革和进行激进政治斗争的共产党人保持克制。1945年3月，匈共中央总书记M.拉科西（Ракоши М.）委婉地向季米特洛夫抱怨说，“我们的工作举步维艰，我们得到劝告，不要反对那些部长中的反动分子和破坏分子。因此，我们丧失了一些斗争的机会，否则党的声望和影响都会大大加强”。[221]

芬兰的情况比较特殊，因为苏联希望在1944年停战协定的基础上与其实现关系正常化。1945年在很大程度上已经达成主要妥协，条件是芬兰在未来维持现状：莫斯科甚至忽视了当地共产党人的激进呼声，以换取赫尔辛基奉行平衡的对外政策，避免其采取激烈的反苏举措。到了1944年12月，芬兰政府首脑J.K.巴锡基维（Паасикиви Ю.К.）公开宣布：“与伟大的东方邻居的关系是芬兰对外政策的主要和明确的方向……与苏联和平共处和友好协商，以 631
及睦邻友好是我们国务活动必须遵循的首要原则。”[222]

1945年3月芬兰举行了议会大选，共产党率领的芬兰人民民主联盟取得了令人满意的成绩，尔后加入政府组阁，占据了18个部长席位中的6个，这个结果令莫斯科非常满意。1945年4月，哈里曼对这样的形势更多的是持怀疑态度，他认为，芬兰在苏联的邻国中只是“暂时的”个例，因为莫斯科力求在邻国建立亲苏政府（大使指罗马尼亚、保加利亚和波兰）。[223] 在此之后，莫洛托夫得意地回忆起苏联所选择的对芬关系方针：“我们饶恕了芬兰！我们做得很明智，没有拉他们入伙。否则会留下永久的伤痛。这个伤痛不一定成为芬兰的，而是会成为某国反苏的借口……”[224] 甚至芬兰本国研究人员也认为，芬兰的形势“（政治上）表现的是审慎和妥协，而不是激进和对抗，芬兰成为盟国协作的最后一个标志”。[225]

斯大林对莫洛托夫起草的信函草稿做了些许修改，但却极具表现力，他强调了自己的新盟友曾在对德战争时作出的重要贡献。[226] 罗马尼亚第7军，然后是罗马尼亚第1集团军、第4集团军等参加了解放布达佩斯的行动，之后与红军一道向捷克斯洛伐克进军，帮助解放了布拉格。他们共伤亡13万人。莫斯科极力突出罗马尼亚人对胜利的贡献，这不仅表现在斯大林对信函内容的修改上，更著名的是，1945年4月授予罗马尼亚图多尔·伏拉基米列斯库（Владимиреску Тудор）志愿军第1步兵师红旗勋章。[227] 保加利亚兵团，特别是第1集团军参加了解放南斯拉夫、匈牙利的战役，为解放维也纳作出了贡献，据估计，有4万人伤亡。[228] 保加利亚武装力量参加联合战役也引起了苏联领导层与铁托的摩擦，后者曾在1944年秋敦促莫斯科从南斯拉夫撤出保加利亚军队。[229]

632

770. 斯大林致丘吉尔的私人机密信函

1945年5月27日发

8个多月前，罗马尼亚和保加利亚与希特勒德国断绝了关系，并与盟国实现了停火，并派出自己的武装力量，与盟国一道投入反抗德国的战争当中。他们以此对粉碎希特勒主义、胜利结束欧洲战争作出了自己的贡献。鉴此，苏联政府认为，恢复与罗马尼亚和保加利亚的外交关系，并互派公使的时机已到。

苏联政府同时认为，与芬兰恢复外交关系的做法也是正确的，他们履行了停火协议规定的条件，并开始巩固民主进程。我认为，过一段时间可以对匈牙利采取同样的做法。

同样的信同时发给总统。

771. 斯大林致杜鲁门的私人秘密信函

1945年5月27日发

8个多月前，罗马尼亚和保加利亚与希特勒德国断绝了关系，并与盟国实现了停火，并派出自己的武装力量，与盟国一道投入反抗德国的战争当中。他们以此对粉碎希特勒主义、胜利结束欧洲战争作出了自己的贡献。鉴此，苏联政府认为，恢复与罗马尼亚和保加利亚的外交关系，并互派公使的时机已到。

苏联政府同时认为与芬兰恢复外交关系正确的做法，他们履行了停火协
633 议规定的条件，并开始巩固民主进程。我认为，过一段时间可以对匈牙利采取同样的做法。

同样的信同时发给丘吉尔先生。

英国首相对斯大林5月27日的来函非常满意，这使他不必亲自请求“约瑟夫大叔”进行会晤，在回信中他只是建议尽快举行。在对电报编码之前，丘吉尔又亲手补上了最后一句。[230] 5月31日，首相向杜鲁门询问关于自己所定会晤时间的建议是否合适。

772. 丘吉尔致斯大林的私人机密信函

1945年5月29日发　　　　1945年5月29日收

兹回复您5月27日的来函。

1. 我将非常高兴与您和杜鲁门总统很快会晤，只要柏林还有地方可以会晤。

我希望会晤在6月中旬左右举行。

2. 我已将此电报副本发给杜鲁门总统，他告知我说，这个问题是您与霍普金斯先生会谈时提出的。

向您致以最友好的祝愿。我非常期待尽快与您会面。

杜鲁门在回复斯大林关于分配德国舰船问题的来函时，与丘吉尔保持了相同的立场。5月27日，首相将就此问题给斯大林的回信抄送给杜鲁门，而杜鲁门表示也会向斯大林发“相似的信”。信函是与参联会协商之后由莱希将军起草的。[231]

773. 杜鲁门致斯大林的私人机密信函

1945年5月29日发　　　　1945年5月30日收

感谢您5月23日来函中关于德国投降舰船问题的建议。

我认为，这个问题适合在我们三人即将举行的会晤上讨论，我相信，届时会达成令我们大家都能接受的解决方案。 634

至于德国海军投降的现存资料，据我所知，我们各自的指挥官在各地正在研究德国档案。

5月28日，霍普金斯在与斯大林第三次会谈之后，专门提示杜鲁门关于斯大林在柏林周边举行会晤的建议，请他确认会议工作开始时间为7月15日左右。当天总统给霍普金斯回电同意以上两点，[232]而5月30日霍普金斯在克里姆林宫与斯大林再次会晤时，将此转告给斯大林。斯大林回答说，致杜鲁门和丘吉尔的信都已经备妥，准备同意首相建议的时间，即6月中旬，但现在可以转为同意总统的建议，将日期改为7月15日。斯大林同时解释说，6月20日或24日他将在莫斯科检阅从前线凯旋的部队，所以他"要么在阅兵式之前，要么在阅兵式之后成行"。他对丘吉尔的急于求成有自己的解释，首相"竭力想在大选前会晤（即议会大选，选举结果将在7月揭晓——作者注）。因此，如果将7月15日作为会晤日，则丘吉尔会认为，我们在等待他能否连任"。[233]至于杜鲁门方面，选择这个日期并非如其所言是出于内政考量，而是核装置首次试验推迟到7月中旬，5月21日杜鲁门曾向戴维斯秘密通报了此事。[234]总统希望怀揣最新王牌前往波茨坦。

在下一封信中斯大林将该日期通知了丘吉尔。当古谢夫对艾登提及此事，"艾登笑着说：'您担心保守党不会在选举中获胜。'我回答说，'我们没有理由为英国议会选举担心。选举是英国的内政'"。[235]

635 774. 斯大林致丘吉尔的私人秘密信函

1945年5月30日发

您5月29日的来信收悉。

收到信几小时后，霍普金斯先生到我这里告知说，杜鲁门总统认为，我们三人会晤最适宜的日期是7月15日。如果您同意，我无反对意见。

致以最友好的祝愿。

775. 斯大林致杜鲁门的私人秘密信函

1945年5月30日发

今天霍普金斯先生将您关于三方会晤的建议转告予我。我不反对您提出的三方会晤时间——7月15日。

斯大林在的里雅斯特问题上妥协后，盟国决定将此建议为己所用。盟国同意形式上保留南斯拉夫人在争议地区的军事和行政存在，但试图将其降低至最低象征程度，而把确定南斯拉夫军事和行政人员数量和构成的权利赋予盟军最高司令官亚历山大。6月2日，美国和英国分别通过照会形式将此要求提交给贝尔格莱德（此前哈里曼以书面形式通知了莫洛托夫）。该地区力量对比对盟国有利，而且他们察觉到克里姆林宫不愿公开对抗，这使得盟国的决心更加坚定。“俄国人的消极态度非常重要，”6月2日丘吉尔致电杜鲁门说道，“如果我们认为自己可以肆意妄为，欧洲的未来别无选择，只能是一场新的骇人听闻的战争，全世界对此都已领教。但是，在地区形势对我有利的条件下，通过保持牢固的阵线，我们可以为和平和正义奠定良好的和稳固的基础。”盟国已经切实准备采取军事行动，以应对铁托再次拒绝。“依我看，只靠虚张声势是很难达到我们的目的的。”丘吉尔警告杜鲁门说。[236]

776. 杜鲁门致斯大林的信函 636

1945年5月31日收

您5月23日的来函收悉，我很高兴获悉您认同我的信心，即威尼斯—朱利亚地区问题留待和平调解时解决。只要遵循这些原则和关注相关民族的合法意愿，我们才能保证事件向和平稳定的方向发展。

在我致您5月20日的信函发出后，铁托元帅已知会美国和英国政府，同意在地中海盟军最高司令部领导下建立联合军事管理机构。为了使盟军司令能够履行我们赋予他的职责，他应具有相应的权威，以确保完成任务，同时维护相关各方的利益。因此，我们应赋予他一定的权利，以明确行使民事管理的细则，以及确定可滞留该地区的、隶属其指挥的南斯拉夫军队数量。他准备保留南斯拉夫民事行政机关，他认为，这些机构的工作还是令人满意的，但是，在意大利人聚居的城市中心地区，他应该有按照自己的意愿变更人员构成的权利。

我相信，我们在这个原则基础上能够找到解决问题的办法，我会给美国驻莫斯科大使转发英美政府给铁托元帅的建议细则，由其转交给贵国政府，我完全相信，我们能够找到令各方满意的解决方案。

伦敦收到斯大林5月30日的来函后，由于信中建议峰会开始时间为7月15日，他们开始怀疑这个日期的准确性，会期比丘吉尔的建议晚了一个月。苏联使馆根据英国人的请求，再次询问莫斯科，以核对信中所注日期。对此
637 莫洛托夫气愤地回复道："你们通过艾登秘书处向丘吉尔重申，斯大林同志5月30日信中所指日期是'7月15日'，我再重复一遍，是'7月15日'。斯大林同志的信函打字、译码无误。"[237] 6月1日，伦敦也收到杜鲁门对该日期的确认函。本身已经推迟，而且是美国人和俄国人绕过英国人达成了一致，所有这些使丘吉尔倍感委屈。

杜鲁门派戴维斯携外交使团拜见丘吉尔，这位大洋彼岸的客人又给丘吉尔的伤口上撒了把盐。戴维斯的主要任务是"促成我致斯大林元帅信中之目的"，他在起身前往伦敦之前，已经通过苏联使馆密告莫洛托夫他的此行。[238]事实上也是如此，美国特使借白宫的名义向首相推荐自己的得意想法：在"三巨头"会议之前，总统和斯大林先行会晤，以便相识。戴维斯向杜鲁门报告说，丘吉尔感到"惊奇和受伤"，先行与斯大林会晤，他被"排除"在外。[239]在这之后，即冷战高峰期，杜鲁门撰写的回忆录中回避了其主动约见苏联领袖的说法，但他同时承认，戴维斯"准确地表达了我的立场和美国的政策，以高超的艺术完成了所受领的任务"。[240] 据丘吉尔本人回忆，戴维斯的建议令他"万分震惊"，在谈话结束后，他交给了美国人自己的书面意见，其中特别强调说："……国王陛下政府代表将不出席任何会议，除非起始阶段就被当作平等伙伴对待。"[241] 根据现存的文件显示，戴维斯并没有将意见书转交给总统，在自己的日记中甚至也没有提及，但首相本人在5月31日漠然地告知总统，"不准备参加您与斯大林元帅会晤之后的后续会晤"。[242] 在此之前，他曾吩咐克尔将自己的这些意见作为"私下沟通"转达给霍普金斯，使他（霍普金斯——作者注）能够"准确地了解我们的立场"。[243]看得出来，首相担心霍普金斯在与斯大林的谈判中可能支持戴维斯的想法。他给两位信友同时发出的充满懊恼和怅然的信说明了一切。

638

777. 丘吉尔致斯大林的私人秘密信函

1945年6月1日发　　1945年6月2日收

我非常高兴率英国代表团前往柏林，但是我认为，7月15日，我重复一遍，是7月，是6月之后的月份，对于需要我们共同关注的紧迫问题来说是迟

到的日期，如果我们出于个人和国家的需求不能实现早些会晤的话，我们将给全世界的希望与和平造成伤害。虽然我这里的竞选活动如火如荼，但我不能把我这里的任务与我们三人的会晤相提并论。我建议6月15日，我再重复一遍，是6月，7月份之前的月份，如果不能是6月，为什么不能是7月1日，7月2日或7月3日呢?

我将此信副本发给杜鲁门总统。

778. 杜鲁门致斯大林的私人机密信函

1945年6月1日发　　1945年6月2日收

感谢您5月30日关于我们三方会晤日期的来信。

我已告知丘吉尔首相，您和我同意7月15日在柏林周边会面。

779. 斯大林致杜鲁门的私人秘密信函

1945年6月3日发

您6月2日的来函收悉。我已致信给您，我同意7月15日，这是我们三方会晤最适宜的日期。

甚至在收到斯大林和杜鲁门关于7月15日的确认后，丘吉尔也未就日期延迟问题轻言放弃，而是继续说服杜鲁门改变主意。“我相信，您能够理解，为什么我希望更早一些的日期，比如7月3日或4日，”6月4日他致电总统说道，“我对中心片区的美国军队撤至我方占领区边界惴惴不安，这可导致苏联势力渗透到西欧心脏地区，在我们与东部其他地区之间落下铁幕。我希望这 639
个撤退可以换取更多的问题得到解决，这样它才能成为和平的基石……我还是希望这个日期提前到来，但是如果无法做到，我也准备同意7月15日。”但是，杜鲁门依然不依不饶。“仔细分析局势之后，我认为，7月15日是我能够成行的最佳日期，”6月6日他心平气和给首相回信说。[244] 斯大林自己也向丘吉尔重申同意杜鲁门的建议。英国人再也无计可施，只好默然接受这个日期。

780. 斯大林致丘吉尔的私人秘密信函

1945年6月5日发

鉴于您来信希望将三方会晤提早到7月15日之前，我再次重申，7月15日是杜鲁门总统指定的日期，我谨表示同意。鉴于您与总统就此问题有书信联系，关于会晤日期方面新的建议我不便发表意见。

781. 丘吉尔致斯大林的私人机密信函

1945年6月6日发　　　　1945年6月7日收

感谢您6月5日的来函。我已告知杜鲁门总统，我同意您与其商定的日期，即7月15日。

杜鲁门关于外交承认罗马尼亚、保加利亚、匈牙利和芬兰而给斯大林的回信中有一段不寻常的故事。白宫和白厅一直不急于满足斯大林的请求。罗马尼亚和保加利亚向苏维埃化的渐变以及盟国监督委员会在这些国家受到排挤引起了华盛顿和伦敦的极大愤怒。他们多次通过外交渠道提出大使级抗议，称根据雅尔塔《欧洲解放宣言》，必须对这些问题进行宣言框架内的磋
640 商，但抗议无效。英国外交官在内部通信中也承认，在其中一方拒绝进行磋商时，这一点便失去了约束力。[245] 和对待波兰的态度一样，盟国要求在广泛民主基础上改组罗马尼亚和保加利亚政府。苏联与芬兰恢复外交关系，避免了被苏军占领，而且与莫斯科保持一定的距离，因此没有引起盟国的反对。杜鲁门的信函仍由国务院起草，通过美国驻莫斯科大使馆于6月2日发出。总统没有就这封信与丘吉尔沟通，只是在同一天，将信函副本发给了他。伦敦不满这种做法，并在此问题上保持了略强硬的态度。英国外交部认为，只要与罗马尼亚、保加利亚、匈牙利等德国前盟友签署和平条约，并从其领土上撤走苏联军队，在这些国家建立亲西方政府的可能性就会大大增加，以此也能换取外交承认。“我们的最佳方针是，”外交部公务简报中写道，“启动签订和平条约的工作，以此为契机使红军撤出该国，削弱苏联对这些国家的控制，为扶植民主政府创造条件。”[246] 萨金特向首相报告说，杜鲁门的信“还不如我

们想得远”。他写道，他没有坚持签订和平条约，而是又一次提出毫无希望的磋商问题，这个想法早已被苏联方面否决。

在英国领导集团中，外交部在罗马尼亚问题上表现得最为坚定。亚历山大司令部一直将罗马尼亚视为巴尔干国家，在6月底曾悲观地表示：“俄国在所有巴尔干国家中占据优势。”[247] 虽然丘吉尔未必完全同意这个判断，他对罗马尼亚问题的明确观点自“百分比协议”以来一直未变。1945年1月，首相公开批评自己的外交官：“为什么对俄国人从罗马尼亚驱逐撒克逊人及其他人反应这么强烈。”他强调说：“已经形成默契，俄国人在自己势力范围按自己的意愿行事。任何情况下我们都不应该多管闲事。”[248]

但是，外交部官员仍寄希望于哪怕部分扭转局势，其中包括强化英国在 641
罗马尼亚的经济利益。外交人民委员会也多次收到英国备忘录，抗议从罗马尼亚运走石油设备，伦敦认为其属于英国的资产。[249] 所有这些都证实了伦敦的已有观点，即苏联当局借助把“战利品”做更宽泛的解释，目的就是要“洗劫”他们占领的领土。[250] 按照同样的逻辑，哈里曼为保护美国商业利益，对莫斯科的政策提出了批评，他借此为减少依照租借法案对苏联的石油供应寻找借口。[251] 美国大使对苏联在罗马尼亚取得的优势感到不满，在3月14日致莫洛托夫的信中（杜鲁门在下封信中有所提及），他呼吁三国执行统一政策，以此对苏联决策施加影响。大名鼎鼎的美国战略服务局驻布加勒斯特联络处于1944年9月开始运行，其向华盛顿发去了更加危言耸听的消息，称共产党将很快篡夺罗马尼亚政权。而1945年夏秋之交，美国国务院对局势的反应还算平静，他们认为，人民民主阵线的影响正在衰落，待格罗扎下台之后便可制定新政府的组成计划。[252]

无论英国外交部门希望在罗马尼亚保持影响力的愿望有多么强烈，但最终不得不承认成功的希望渺茫。1945年4月，萨金特实际上建议领导集团与苏联签订“势力范围”协定，在这个协定中，英国人承认苏联在波兰、罗马尼亚和保加利亚的军事政治优势，但应明确指出，捷克斯洛伐克、南斯拉夫、奥地利和土耳其事务不得效仿。外交官同时也明白，这种交换无非就是“卑鄙地违背对小国的承诺，放弃对其利益的保护；对于我们来说，这将意味着我们作为大国放弃了欧洲作为一个整体的利益，而不仅仅是涉及我们有特殊利益的那一部分”。[253]

至于芬兰，英国外交部暂无计划与其恢复外交关系，形式上对英国人来说仍然是交战方，虽然不反对美国方面这样做，因为美国未曾向芬兰宣战。
“杜鲁门未同我们商量就答复了斯大林，毫无疑问，他不想造成英美建立反俄 642

统一战线的印象，”萨金特在6月4日这样写道，“但我还是希望把他拉回到我们的轨道上来……”出于此目的，外交官起草了给杜鲁门的回信，并附上了给斯大林的联名信草案。[254] 丘吉尔赞同外交部的立场，虽然最初他倾向于满足斯大林的要求，因为当时他认为，与这些国家建立外交关系有助于对他们施加影响。[255] 但是，丘吉尔并没有就此问题直接同杜鲁门商量，只是给哈利法克斯下达了行动指示。

与此同时，6月3日，哈里曼和正在莫斯科访问的霍普金斯建议总统暂缓将信转交给斯大林，直到在波兰问题上达成预期的妥协。杜鲁门表示同意，并同时告知了丘吉尔。斯大林收到信的时候已经是6月7日与霍普金斯会谈之后。同时，哈里曼与霍普金斯商量，删除信中关于芬兰非美国交战国的表述（文中括号内斜体字标出——作者注）。外交官只是事后才将此事告知杜鲁门，他解释说，这样做是为了避免“斯大林误解”，因为斯大林不能接受“我们忽视芬兰与德国一道反对俄国所起的作用”。“我认为，”他继续说道，“您不会反对修改此处，因为它没有影响全信的内容。”[256] 与“伯尔尼危机”期间哈里曼试图修改总统来信不同的是，他这次修改得非常及时。毋庸置疑，斯大林非常在意对芬兰在战争中的角色的解释。

782. 杜鲁门致斯大林的私人机密信函

1945年6月2日发　　　　1945年6月7日收

我仔细斟酌了您5月27日的来信，信中建议我国政府应与芬兰、罗马尼亚和保加利亚建立外交关系，之后再与匈牙利建立外交关系。

643 您的建议表明，您与我一样，皆认为我们应尽快结束停战状态，并尽快认可这些曾经的敌国所付诸的努力，以体现同盟国家的民主原则。因此我同意在最短的时间内与这些国家恢复正常关系。

鉴此，我准备尽快与芬兰互派使节（***况且，众所周知，该国非美国交战国***），芬兰人民通过大选和其他政治变革展示了自己对民主进程和原则的渴望。

但是，在匈牙利、罗马尼亚和保加利亚没有发现这种令人振奋的迹象。我担心，特别是在后两个国家的制度不能保证人民民主力量的言论自由，而且我认为他们的社会制度不能代表人民的意愿，亦不符合人民的意愿。从3月14日哈里曼大使的信中您应已得知，为什么美国政府认为罗马尼亚的政治局势应成为我们三个主要盟国共同商讨的议题。您也一定知晓美国对保加利亚选举程序及其他政治事件的关注。

我真诚地希望，我能向这些国家派遣官方使节的时刻尽快来临。我已经做好准备，为达成此目的，我国代表可在任何时候与苏联和英国代表会晤，以有效协调我们在该地区实行的政策和行动。我认为，为恢复同这些独立国家在和平时期的正常关系，这是非常有建设性的步骤，同时，这些国家应承担自己相应的义务，并发挥人民大家庭成员的优势。

这封信也将向首相通报。

在盟国6月2日所提要求的基础上，在英美与南斯拉夫人谈判过程中，西方人成功地瓦解了铁托的反抗。盟国对的里雅斯特问题表现出前所未有的固执，苏联试图在奥地利己方占领区部署南斯拉夫部队，但未得到英国人同意，因为这可成为其出现在的里雅斯特的先例，同时斯大林不满铁托针对大国欠谨慎的公开讲话，莫斯科认为这是针对自己，苏联因考虑到这些因素，立场产生了松动，对推动谈判起到了不可小觑的作用。南斯拉夫方面的事件亲历者证实，6月6日铁托收到了斯大林关于紧急从的里雅斯特撤兵的指示，因为他不希望为了此事而卷入第三次世界大战。[257] 此举为最终签署协定铺平了道路，斯大林在致杜鲁门的信中佯装是从盟友处得知此事。在这封信中领袖只是表达了祝愿，而实际回避了对南斯拉夫利益的保护。 644

783. 斯大林致杜鲁门的私人秘密信函

1945年6月8日发

感谢您就伊斯特利亚—的里雅斯特地区问题再次致信。我已了解哈里曼先生的照会，其中引述了美英政府致南斯拉夫政府有关使该地区局势实现和解的建议。

从您的来信中得知，美英两国政府与南斯拉夫政府就的里雅斯特—伊斯特利亚地区建立地中海盟军总司令指挥下的盟军军管达成原则协议。但是，我认为，为使的里雅斯特—伊斯特利亚目前局势得到完全和解，美英两国政府应提出具体建议，从而与南斯拉夫政府达成协议。

我希望，在南斯拉夫政府宣布同意在的里雅斯特—伊斯特利亚地区确立盟军军管之后，南斯拉夫利益应得到合理满足，的里雅斯特—伊斯特利亚地区目前的紧张局势能够完全化解，解决这些问题不应遇到任何障碍。

645 在外交承认自己盟友的问题上遭到华盛顿的抵触后，斯大林试图反驳杜鲁门的论据。他有条不紊地指出，与罗马尼亚和保加利亚相比，突出芬兰对战争的贡献是没有根据的。在信中将这些国家新政府的民主性质与意大利相比较的理由无法说服盟国。他委婉地否定了盟国就这些国家局势进行特别磋商的必要性。甚至在最后一刻，有关准备“按正常外交程序”继续讨论这一问题的语句也被删除了。[258]

784. 斯大林致杜鲁门的私人秘密信函

1945年6月9日发

您有关与罗马尼亚、保加利亚、芬兰和匈牙利恢复外交关系的回信收悉。

从您来信中可以看出，您也希望在最短的时间内与上述国家建立正常关系。但是，我认为没有理由在这件事上突出芬兰，与罗马尼亚和保加利亚不同，芬兰武装力量没有站在盟国一边参加反抗希特勒德国的战争。苏联舆论和全体苏联领导群体将不能理解，罗马尼亚和保加利亚的武装力量积极参加了粉碎希特勒德国的斗争，为何他们的地位还不如芬兰。

至于政治体制，在罗马尼亚和保加利亚为民主势力创造的机会，并不比意大利少，而美国政府和苏联政府已经与后者恢复了外交关系。另一方面，不能忽视最近一段时间以来，罗马尼亚和保加利亚的政治进程已经走上了稳定的轨道，我不认为，有哪些事实可以干扰这些国家开启民主进程。鉴此，
646 我不认为盟国对上述国家有采取某些特别措施的必要。

正因如此，苏联政府的意见是，不能继续拖延与罗马尼亚、保加利亚和芬兰恢复外交关系，至于匈牙利问题可稍迟再定。

与杜鲁门不同，丘吉尔不希望就此问题与斯大林隔空争论。收到杜鲁门关于6月2日信函已经转交的消息后，丘吉尔给斯大林发了一封模棱两可的信，表面上还是寄希望于达成协议，但事实上，英国外交部门继续奉行与巴尔干国家签订和平条约以换取外交承认的方针没有改变。这正是丘吉尔在信中所说的正在准备“最终建议”的关键所在。

785. 丘吉尔致斯大林的私人秘密信函

1945年6月10日发　　　　　　　　　　　　　　　　　1945年6月11日收

1. 感谢您5月27日的来信，您在信中认为，恢复与罗马尼亚、保加利亚和芬兰的外交关系的时机已经成熟，以及可能在近期对匈牙利做出同样决定。

2. 我方研究了与这些国家的未来关系问题，我们希望近期给您和美国政府提出最终建议。我希望我们可以在即将举行的会晤中就这些问题进行讨论。

借苏美反侵略战争互助适用原则协定签署三周年之机，斯大林给杜鲁门发去了贺信，贺信的特别之处不是内容，而是当联盟关系日渐衰落之时，克里姆林宫主动发起倡议，当时类似发贺信之类的祝贺已是凤毛麟角。这不得不使人联想到，在霍普金斯来访之后，若干重大问题得到了解决，这个倡议 647
反映了当时莫斯科乐观心态的滋长。斯大林承认美国的援助对战争胜利作出了巨大贡献，并希望战后继续保持合作，他似乎想借此在高峰会晤之前将杜鲁门带入积极的状态。信函草稿是由缺乏经验的新手罗佐夫斯基拟定的，这在信函底稿上清晰可见。信函是通过明码发往华盛顿的，而且于次日全文刊登在苏联报纸上。

786. 斯大林致杜鲁门的信函

1945年6月11日

白宫，华盛顿

值此苏美反侵略战争互助适用原则协定签署三周年之际，请您和美利坚合众国政府接受苏联政府和我个人的衷心谢意。

该协议曾发挥了巨大作用，在这个协定的基础上，美利坚合众国在欧洲战争的所有时期按租借法案向苏联提供了武器装备、战略物资和食品，在很大程度上促成了反对共同敌人——希特勒德国的战争顺利结束。

我坚信，在共同斗争中得到巩固的苏联和美利坚合众国的友好关系将会继续得到顺利发展，以造福我们的人民和满足所有被解放人民之间牢固合作的需要。

华盛顿对斯大林在的里雅斯特危机最后阶段表现出来的克制给予了应有的评价。基于6月2日西方照会的内容，6月9日在贝尔格莱德，盟国大使和南斯拉夫外长苏比锡签署了在威尼斯—朱利亚建立临时军事管制的协定。根据此协定，该省领土分为两个区域。西区A包括的里雅斯特，由英美军占领；东区B划归南斯拉夫占领。与协定实施有关的技术性问题留待后续谈判
648 解决。此划分具有临时性质，仅在实现最终和平调解之前有效。杜鲁门和丘吉尔对这个结局表示满意，总统给斯大林发去了感谢信。信函由国务院起草，杜鲁门和在绝大多数情况下的表现一样，签署时未做修改。

787. 杜鲁门致斯大林的私人机密信函

1945年6月11日发　　　　1945年6月12日收

非常感谢您6月10日的来函，感谢在与铁托元帅就的里雅斯特地区实施军管达成友好协议问题上您的亲力亲为。

6月9日在贝尔格莱德签订的协议中，包括了大不列颠政府和美利坚合众国政府的具体建议。我完全同意，在军管问题上达成永久和解刻不容缓，为此，亚历山大元帅司令部的参谋长将在下周与铁托元帅的参谋长会晤，以便制定军事和技术细则。

杜鲁门同样以友好的姿态回复了斯大林的贺信，期待在即将举行的会晤中有所建树。莱希将军起草的信函不再需要回复，正如维辛斯基在译本上的批示："问题彻底解决了。"[259] 6月13日信函文稿交由美国报刊记者，3天之后也刊登在苏联报刊上。

788. 杜鲁门致斯大林的信函

1945年6月13日发　　　　1945年6月15日收

请接受我本人以及美利坚合众国政府对您的谢意，感谢您6月12日的来信。

我坚信，在维护和平和国际友好关系的事业中，我们双方继续友好合作必

将取得成就，正如今天我们在反对纳粹的战争中共同努力而取得的成就一样。

我非常期待与您在近期举行会晤，最终解决我们共同面临的问题。 649

斯大林更情愿正面理解丘吉尔关于承认罗马尼亚和保加利亚问题的含糊其辞的来信，他一边催促首相，一边重复对这一举措有利的主要论据。与此同时，1945年夏，外交往来信函清楚地表明，苏联和英国的立场存在分歧。1945年8月，克尔向维辛斯基出示了保加利亚政治局势的负面述评，并抨击前不久刚通过的选举法，对此，人民委员会副主席给予了简单的答复：“苏联政府掌握的证据无疑能够彻底驳斥英国文件中的负面评价。”[260]

789. 斯大林致丘吉尔的私人秘密信函

1945年6月14日发

感谢您6月10日的来函谈到恢复与罗马尼亚、保加利亚、芬兰以及匈牙利外交关系问题。我注意到，您近期将就此问题提出自己的建议。我一贯认为，此后不应拖延与罗马尼亚和保加利亚恢复外交关系，他们一道帮助苏联军队战胜了希特勒德国。同样也没有理由拖延与芬兰恢复外交关系，他们履行了停战条件。对匈牙利方面可稍作等待。

外交部对这封信的最初反应非常平静。“斯大林的来信表明，没有我们，他一样能够恢复外交关系。我们不值得提出反对。”贾德干在6月19日给丘吉尔写信时称。[261] 最终这封信还是未能改变伦敦对此问题的立场，却导致华盛顿支持英国人的意见，以与德国仆从国签订和平条约的方式代替外交承认。“我们需要等待更加有利的时机，使事情回到我们的建议上来，这个时机可能出现在会晤之前，或者在会晤进行过程中，”还是贾德干在6月30日写信给丘吉尔，“在我们就和平条约问题尚不能提出对策建议之前，我还是倾向于不答 650
复斯大林6月14日关于恢复外交关系的电报。”[262] 首相听从了他的劝告。

工党领袖艾德礼作为副首相积极勤恳地在内阁工作。在5月底议会选举前夕，工党党员退出了联合政府。但是，丘吉尔决定邀请反对党领袖“作为朋友和顾问”与自己共赴波茨坦，目的是为了保证英国政策的连续性，他写信给艾德礼这样说道。[263] 艾德礼表示同意，于是丘吉尔6月14日公开了此事，同时将自己的决定通知给了盟国领导人。

但是，此事过后不到一周，风云突变。著名工党活动家H.拉斯基（Ласки Г.）宣布，艾德礼只能作为“观察员”出席会议，这使得丘吉尔不得不怀疑，一旦工党选举获胜，能否保持英国对外政策的连续性。总之，首相还是感觉“羞于出席7月26日的会晤（指‘三巨头’会议——作者注），因为这一天大选结果将揭晓”。6月20日，在内阁会议上，丘吉尔甚至建议将会议召开时间推迟至8月15日或20日。但是，在向斯大林提出这个建议之前，他决定征求杜鲁门的意见：两封信的草稿已经起草完毕。[264] 丘吉尔所建议的延期未能成真。

790. 丘吉尔致斯大林的私人机密信函

1945年6月14日发　　　　1945年6月15日收

1. 因为我们将于7月15日在柏林召开的会议是在英国大选结果揭晓之前，
651 我认为艾德礼先生随行是正确的，他是反对党领袖，为的是确保英国政策的连续性。我已将我的打算通报给了杜鲁门总统。

2. 我很高兴地期待与您再次见面。

华盛顿和伦敦双方解决了驻德英美军队各自退回自己占领区问题之后，杜鲁门建议斯大林也采取相应的措施。成立对德管控机构的脚步渐渐临近，而且6月5日签署了德国战败声明，苏联、英国、美国政府和法国临时政府接管德国最高权力机关，在这个大背景下，英美军队拖延撤出则显得不可理喻。除此之外，朱可夫在6月5日会见艾森豪威尔时明确指出，“只有在各国军队撤回自己的占领区之后，才可着手成立管控机构。他声明说，只要撤出行动开始，他就同意成立管控机构”。[265] 苏联在此问题上表现出强硬立场没有影响到高级军官聚会时的热烈气氛，除了朱可夫和艾森豪威尔，出席聚会的还有蒙哥马利和让·德拉特尔·德塔西尼，并在现场互授高等军事勋章：朱可夫被授予“美国荣誉军团勋章”，艾森豪威尔和蒙哥马利被授予胜利勋章。朱可夫转给艾森豪威尔的论据，以及霍普金斯自莫斯科发来的电报终于说服了杜鲁门。[266]

英美军队拖延撤出以及解除德国军队武装的进程缓慢令斯大林十分反感：1945年5月，丘吉尔明显希望尽可能多地保留完好的德国军事物资，并不急于将其销毁。[267] 据朱可夫回忆，他本人与斯大林于5月23日或25日会谈，“最高统帅”显然很不满意，认为“英国人想保留德国的军队，是为了以后加以利用”。[268]

盟国急于开始德国和奥地利盟国管控委员会的工作，他们担心莫斯科会单方面采取行动，对此他们无能为力。格鲁6月9日强调，国务院“对奥地利 652
管控机构临时协议持怀疑态度，并倾向于认为，现阶段他们可能把我们置于不利境地，在此情况下，我们要承担责任，但是却不具有相应的监管权。国务院认为，我们在奥地利的主要目标是：使欧洲协商委员会关于占领区和管控机构的正式协议尽快签署和生效，只有这样，才能保证我们能够平等地享有特权和承担责任”。美国军方同意这个立场。[269]

莱希将军和马歇尔起草的信函草案发给丘吉尔，以征求他的意见。首相对文件的第二段提出修改意见，他的方案比美方的原来方案更加细化，原方案中确定奥地利占领区的权利主要交由盟军司令部，而且未提及奥地利占领区措施应与德国相同措施同步进行的问题。[270] 丘吉尔的原话一字不改地拷贝到了杜鲁门的信中。

791. 杜鲁门致斯大林的私人机密信函

1945年6月14日发　　　　1945年6月15日收

我建议，在德国宣布无条件投降、对德管控委员会首次会议已经召开的情况下，现在我们应立即对军队下达明确指示，使其进驻相应占领区并组织对战败国领土进行有序管控。关于德国问题，我准备给所有美军下达命令，令其6月21日根据各方指挥官达成的协议开始向各自占领区回撤，协议中还包括向大柏林地区同时派驻国民警卫队，为美国武装力量提供从法兰克福和不来梅通向柏林的空中、公路和铁路自由通道。

我认为对奥地利问题的调解如同德国问题一样应尽快进行。军队进驻占领区应按欧洲协商委员会达成的原则协议进行，向维也纳派驻国民警卫队以及在奥地利成立盟国委员会的工作应与德国相同措施同步进行。因此我认为， 653
尚未解决的奥地利调解问题意义重大，所有有关德国和奥地利事务的协议应同时生效。我希望借助美国、英国和法国使团不久前的维也纳之行，欧洲协商委员会应毫不迟疑地为此目的做出下一步决议。

如您同意上述意见，我建议立即向我们的指挥官下达相应命令。

“三巨头”中的丘吉尔最崇尚保密的和文学的表达方式，和雅尔塔会议时的情形相同，他建议为即将举行的波茨坦会晤冠以代号。他并没有详解代号的意义，而是都交给了克里姆林宫的翻译。事实上也是如此，波特鲁巴奇（Потрубач）在信的译文中加了注释：“英语词‘终点’的意思为结束的，最终的。”就在译本的纸页上，莫洛托夫匆匆地以斯大林名义手书了回信。[271]

792. 丘吉尔致斯大林的私人机密信函

1945年6月15日发　　　　1945年6月15日收

我建议，我们即将召开的柏林会议使用“终点（Терминал）”为代号。您是否同意？

793. 斯大林致丘吉尔的私人秘密信函

1945年6月15日发

您6月15日的来函收悉。同意您建议的“终点”。

丘吉尔和杜鲁门关于驻德英美军队撤至己方占领区辖区的讨论一直持续
654 到6月初。英国人顽固地坚持拖延实施，以保持对莫斯科施压的筹码，而杜鲁门在6月12日给丘吉尔的信中否定了这一建议，信中特别强调自己保持了罗斯福立场的延续性，罗斯福当时支持占领区协议。总统这样决定的理由是必须履行此前承担的义务，以及尽快启动盟国对德管控委员会的工作。[272] 其背后是对苏联反击措施的担心，正如国务院曾警告的“难以预料”那样。霍普金斯坚决支持这个决定，他在从莫斯科返回时，途经巴黎致电说：“我认为这个决定对于我们未来对俄关系至关重要。”[273] 而英军司令部在这个问题上也与首相意见相左。“应考虑这样的事实，我们能够占领这片土地，是因为德国人把全部兵力都投入到对俄作战，所以我们才可能轻松地推进，而且还不能忽视的是，我们已经与俄国人就德国占领区问题谈妥，我认为温斯顿想试图将此作为讨价还价的筹码的做法从根本上来说就是错误的。”布鲁克元帅曾在日记中写道。[274] 丘吉尔后来在自己的回忆录中写道：“拱手交出德国的中心和心脏，实质上是交出了整个欧洲的中心和基石，对我来说是极其严重的和不能接受的决定。如果必须这么做，也只能是作为全局性的长期和解的一部分内容。否则，我们去波茨坦没有讨价还价的王牌，欧洲和平也变得可望而不可及。”[275] 但当时他不得不同意白宫的意见，虽然杜鲁门的信对他来说如同敲响了“丧钟”。[276]“我们遵从您的意愿。”他在给杜鲁门的电报中说，并将下一封致斯大林的信函副本抄送给了杜鲁门。[277] 事态的发展真的激怒了丘吉尔。5月22日，首相收到军方令人不安的“不可思议”行动计划，他随即又布置了新的任务：制订英国群岛防御计划，以防“美国人将自己的部队撤回区域（占领区——作者注），并将剩余部队派遣回美国……在这种情况下，俄国人就会有足够的兵力进攻北海和大西洋。请制订保卫英伦诸岛的计划”。[278] 丘吉尔的恐慌性反苏情结已达到了登峰造极的地步。

在他就的里雅斯特问题的电报中明显地表明，在这一时期，对美军主力撤出欧洲的担心是其制定英国政策时的重要政治和心理动因。早在5月上旬，655
伦敦就收到英国军方驻华盛顿联络处主任威尔逊（Вильсон）元帅发回的美国空军撤出欧洲时间表的详细消息，[279] 威尔逊元帅于1944年12月继去世的迪尔（Дилл Дж.）担当此任。16日，马歇尔亲自向英国元帅解释说，到1945年12月之前，目前欧洲驻军的327万美国官兵将留下不到一半，即156万人。[280] 敏感的萨金特已于1945年5月就做出预测，“有可能形势会迫使他们（美国人——作者注）停留的时间比前任总统预计的要长”。[281]

莫斯科也同样关注美国军队从欧洲的撤出过程。1945年8月，驻德苏联占领军集群司令部的侦察简报显示，“美军司令部正在将空军调往太平洋战区，计划期限贯穿1945年全年，预计占领欧洲的部队将保留40万人和4000架飞机”。[282]

794. 丘吉尔致斯大林的私人秘密信函

1945年6月15日发　　　　　　　　1945年6月15日收

1. 我已收到杜鲁门总统6月14日致您信函的副本，事关自6月21日起根据各方司令官的协议所有美军撤回其占领区。

2. 我同样准备给蒙哥马利元帅下达指示，请他与同仁们制定为驻德英军同样撤回己方占领区而需要采取的措施，同时苏军卫戍部队进驻大柏林地区，以及保障英军在柏林和英国间的空中、铁路和公路的行动自由。

3. 我完全同意杜鲁门总统关于奥地利问题的意见。同时，我希望您也下达指示，在驻德军队调动开始之时，俄军应从奥地利的相关区域撤出，根据欧洲协商委员会达成的原则协议，那片地区应属于英国占领区。

656 根据在雅尔塔的商定，雅尔塔会议远东秘密协议必须得到中国方面的同意，华盛顿始终坚持这一观点。美国外交部门在与蒋介石政府保持密切联系的同时，竭力打探即将举行的苏中谈判动向，目的之一就是从有利于中国的角度诠释雅尔塔协议，以此换取中国方面的支持。参加旧金山联合国大会的中国政府行政院长兼外交部长宋子文（Сун Цзэвэнь）在与华盛顿磋商后，飞赴莫斯科参加此次谈判，关于此事杜鲁门也告知了斯大林。在此之前赫尔利将军已经就任美国驻重庆大使。

795. 杜鲁门致斯大林的私人绝密信函

1945年6月15日发　　1945年6月15日收

宋子文今天启程经重庆飞赴莫斯科。

6月底他将抵达莫斯科讨论苏中协议细则。

赫尔利大使得到指示，6月15日将苏联的条件通知蒋介石，并努力使其当场表示同意。我们也给赫尔利大使下达指示，使其告知大元帅，美国政府将支持雅尔塔协议。

796. 斯大林致杜鲁门的私人机密信函

1945年6月15日发

您关于准备苏中协议和委托赫尔利先生之事的来函收悉。感谢您所为。

在高层会晤筹备过程中，丘吉尔支持国王乔治六世在波茨坦会议期间访问德国的提议。6月15日，英国内阁支持这个展现“巨大优势”的想法。[283] 国
657 王访问的预案包括视察英军、向苏军和美军指挥官授予英国勋章、以国王名义举行晚宴款待各盟国首脑。斯大林在形式上并不是苏联首脑，丘吉尔在内阁会议上这样解释道，但“这并非难题，因为斯大林元帅不可能建议加里宁主席来柏林与陛下会晤”。[284] 根据内阁决议，丘吉尔首先征询了盟国对这个问题的意见，并建议杜鲁门和斯大林在各自司令部设午宴答谢国王，杜鲁门欣然同意这两点要求，而斯大林却不急于答复。

797. 丘吉尔致斯大林的私人机密信函

1945年6月15日发　　　　1945年6月16日收

1. 在我们举行会议期间，乔治国王将于7月15日开启法国和德国之行，其间将视察自己的部队，也有可能拜访美国营地。他非常想有机会与您和某些苏联将军会面。因此，当我们汇集在柏林开会时，他希望有一天能来到柏林。当然，他不会参与会议的事务性工作。他只在英国占领区停留。如果您将邀请他赴苏联营地并午宴招待，他定会非常高兴。晚上，他将在英国区设晚宴，届时邀请您和其他苏联人士以及杜鲁门总统及其代表团成员参加。如果杜鲁门总统有意愿，国王将在第二天到他那里用早餐。之后他将继续视察自己的部队。毫无疑问，在柏林逗留期间他希望向英国、俄国和美国指挥官颁发英国奖章，授奖人按正常程序确定。无论如何，我希望这次访问能够展示善良的意愿，并成为值得庆祝的事件，以及对其他方面也有裨益。

2. 我现在向杜鲁门总统发去同样内容的电报。请您告知自己的看法，我应将此上报给国王陛下。

斯大林要求暂缓驻德国和奥地利的盟军撤回到己方占领区的行动，在信 658
中他详述了个中原因，这完全出乎盟国的意料，无论杜鲁门还是丘吉尔，都无不感到震惊。[285] 在6月20日的内阁会议上，英国首相被推迟柏林会议的想法所驱使，甚至想说服自己的同仁们，“斯大林元帅很可能会选择稍晚的日期：不久前他认为有必要将部队撤回协议占领区的日期从6月21日推迟到7月1日，可能以此为借口推迟三国领导人会晤”。[286] 6月29日前，盟军代表已就与部队调动的相关细节达成一致。在行动筹备期间，苏军指挥部表现出明显的担忧，他们认为英美人会利用这次机会，将各类“敌对”分子“安插”到苏联红军当中。朱可夫下令，“如果是盟军司令部建议，我命令禁止从他方接受战俘和平民，无论是其他哪个国家的还是德军的战俘”。[287]

斯大林对莫洛托夫的草稿修改（斜体字标出），也被复制到给丘吉尔相同的信中，修改之处强化了苏联方面的动机和理由，并再次显示出他对文本的一丝不苟。[288] 关于必须尽快明确法国占领区的段落未必会引起伦敦的兴趣。1945年5月，外交部面临着艰难的抉择：打消法国人扩充自己占领区的诉求，因为巴黎一直觊觎具有重要战略意义的科隆，同时又不能使该国领导层感到特别委屈，因为对与其建立良好关系寄予了很大的希望。[289] 维持这种平衡需要高超的外交技巧。6月初，丘吉尔答复了参谋长会议的申请，事关邀请法国人联合抗议苏联对维也纳的英美代表团的态度问题，他说道："你们不必邀请法国政府采取相应的措施……如果我们请求他们，戴高乐会拒绝。如果我们不闻不问，他们就会让我们做出解释，为什么没有邀请他们……在当前局势下，请勿自讨没趣。"[290]

659

798. 斯大林致杜鲁门的私人秘密信函

1945年6月16日发

您关于驻德和驻奥盟军将回撤至各自相应辖区的来函收悉。

很遗憾，我只能告知您，关于美军拟于6月21日开始回撤至本国辖区和进驻柏林的建议遇到了一些困难，因为自6月19日起，***朱可夫元帅***和我军***其他***部队指挥员将受邀回莫斯科参加***最高苏维埃***全会，***以及***准备并参加6月24日阅兵式；更不必说柏林各区的扫雷作业尚未完结，此项作业最快也要到6月底才能结束。鉴于***朱可夫元帅***及苏军***其他***指挥员从莫斯科返回德国的日期不会早于6月28—30日，故诚请您将回撤开始时间改至7月1日。届时，我军指挥员均已返回驻地，且扫雷工作也行将结束。

至于奥地利，同样将受到苏军指挥员被召回莫斯科及返回维也纳时间的影响。此外，迄今为止，由于在奥地利和维也纳划定占领区的工作尚未结束，故欧洲协商委员会必须在近日完成此项工作。鉴于此，相关部队在奥地利境内按本国辖区部署的工作亦应改至7月1日。

此外，无论是在德国还是在奥地利，目前都必须确定法军的占领区。

我方在德国和奥地利采取的一切必要措施都将按照上述计划实施。

799. 斯大林致丘吉尔的私人秘密信函

1945年6月17日发

您关于驻德和驻奥盟军将回撤至各自相应辖区的来函收悉。

很遗憾，我只能告知您，关于美军拟于6月21日开始回撤至本国辖区和
660 进驻柏林的建议遇到了一些困难，因为自6月19日起，***朱可夫元帅***和我军***其***

他部队指挥员将受邀回莫斯科参加**最高苏维埃**全会，**以及**准备并参加6月24日阅兵式；更不必说柏林各区的扫雷作业尚未完结，此项作业最快也要到6月底才能结束。鉴于**朱可夫元帅**及苏军**其他**指挥员从莫斯科返回德国的日期不会早于6月28—30日，故诚请您将回撤开始时间改至7月1日。届时，我军指挥员均已返回驻地，且扫雷工作也行将结束。

至于奥地利，同样将受到苏军指挥员被召回莫斯科及返回维也纳时间的影响。此外，迄今为止，由于在奥地利和维也纳划定占领区的工作尚未结束，故欧洲协商委员会必须在近日完成此项工作。鉴于此，相关部队在奥地利境内按本国辖区部署的工作亦应改至7月1日。

此外，无论是在德国还是在奥地利，目前都必须确定法军的占领区。

我方在德国和奥地利采取的一切必要措施都将按照上述计划实施。

以上内容我也致函通知了杜鲁门总统。

以下是丘吉尔写给斯大林的一封有关波茨坦会议筹备工作组织问题的信函，字里行间透露出一定的政治背景。6月9日，首相致信杜鲁门：“我无法接受这次和雅尔塔一样，柏林理应是我们三方（如果法国参与则为四方）平等共管的地方，但我们到那里却更像苏联政府和军方的客人。我们应该自己提供一切必要的保障，并以平等身份进行对话。”[291] 杜鲁门支持丘吉尔的建议，但认为此事还需征得斯大林的同意。

此时英国外交部已有所期许，鉴于不久前杜鲁门和斯大林在往来书信中提到过驻德和驻奥盟军调动问题，柏林占领区划分也必定出现同样的问题。蒙哥马利应提供英军辖区受损程度的情报，此事不可小觑。如果英军辖区受 661
损严重，“我们就可以提议扩大联合占领区。我们预计，要说服俄国人接受这一观点绝非易事。但如果蒙哥马利元帅及其幕僚认为（英军辖区内的）驻防条件令人无法忍受，那么我们自然要考虑提出上述问题”。与此同时，英国人还想乘势让法国哪怕是象征性地向柏林派兵，他们期望借之前未规定法国辖区条件的机会，不仅由英美出让部分地块，也要让苏联让出部分辖区。[292]

800. 丘吉尔致斯大林的私人机密信函

1945年6月17日发　　　　1945年6月17日收

1. 由于需要完成大量的会前筹备工作，故尽快确定此次会议的准确地点就显得尤为重要。

2. 我非常明确地认为并相信，您会同意我的建议，在目前情况下，俄、美、英三方代表团均应有自己的单独驻地，并各自准备住房、组织供给、交通、警戒、通讯等。我提议，再另外安排一个场地用于三方代表团召开全体会议。如果苏联政府能在提供公共会晤场所方面做出努力的话，那将是十分难能可贵。

3. 杜鲁门总统完全赞同上述建议。

4. 综上所述，若您能尽早告知贵方为此次会议在柏林郊区选定的区域以及在这一区域内分别划归给苏、美、英三方代表团的驻地，我将不胜荣幸。收到您回函后，我会即刻指示蒙哥马利元帅派我方先遣小组与朱可夫元帅和艾森豪威尔将军接洽，为英国代表团参会做好一切准备。

5. 希望您没有忽略下述事实，即为了保障我方代表团的物资供给，我们需要贵方为我方安排的机场尽量靠近我方代表团驻地。如方便的话，我们可以和美国代表团共用一个机场。

杜鲁门在答复斯大林的请求时，同意他提出的延期建议，并给马歇尔将军下达了相关指示。[293]

662 801. 杜鲁门致斯大林的私人机密信函

1945年6月18日发　　1945年6月19日收

您6月16日有关盟国将按协议进驻德国和奥地利占领区的来函收悉。

按照您的请求，我已指示美军指挥官于7月1日开始调动部队。预计美军将很快进驻柏林，其驻军数量将足以满足准备我们会晤的要求。

对于斯大林提出的盟国必须与罗马尼亚、保加利亚、匈牙利和芬兰建立外交关系的要求，杜鲁门并未马上给予答复，晚些时候，他在答复斯大林的上述请求时，与丘吉尔一样，礼貌地回避了直接回答，而是建议在波茨坦讨论这一问题。然而，华盛顿和伦敦在此问题上的立场分歧依然存在，英国外交部一直试图让美国国务院接受自己的观点。

802. 杜鲁门致斯大林的信函

1945年6月18日发　　　　　　　　　　　　　　　　1945年6月19日收

您在6月9日的电文中再次提到盟国与罗马尼亚，保加利亚，匈牙利和芬兰建立外交关系一事，并认为这是一个具有建设性的步骤，对此我完全同意。我们之间就此问题的往来信函表明，可能在与上述国家建立外交关系方面，我们两国政府所持立场并非完全一致，原因在于我们两国与上述国家的双边关系现状不尽相同。例如，在美国与芬兰尽快建立外交关系方面，目前不存在任何障碍，至于罗马尼亚、匈牙利和保加利亚，尽管我们在各方面有共同利益，但我们认为，上述每个国家的国情都有自己的特点。

这一问题还有待继续研究。鉴于此，我认为，在即将举行的会晤上就此问题进行讨论是达成协议的最妥当办法。

803. 斯大林致丘吉尔的私人秘密信函 663

1945年6月18日发

您6月14日的来函收悉。

您在来函中就艾德礼先生将作为英方代表团成员参会的理由可以理解。

斯大林同意了丘吉尔关于为参加会议的盟国代表团分别安排驻地的建议，无论如何，都不能改变其扮演东道主的角色。显然，英国人反复提及的柏林受损严重这一因素，对苏方决定把会议地点选在波茨坦产生了重要影响。据朱可夫回忆，霍普金斯一结束对柏林的访问，“国家安全委员会和外交人民委员会的要员工作组就来到我们这里筹备即将举行的会议了。

我向工作组人员解释，柏林不具备举行三国政府首脑会议的合适条件，所以我建议工作组去考察一下波茨坦地区。

波茨坦也遭到严重破坏，在那里安置各方代表团很困难。而当地仅存的一栋完好无损的大楼是德国皇子的宫殿。这里有足够的房间用于召开会议和供为数众多的专家和顾问办公。”[294]

在7月2日贝利亚呈送给斯大林的一份报告中，除对苏方为组织会议所做的各项筹备工作进行汇总外，还对各国代表团的驻地舒适性给予了高度关注，特别是安全因素（为保障斯大林的波茨坦之行，苏联调动了1.7万名内务部军人和1515名“快速反应部队”队员）：

“苏联内务人民委员会就会议接待和各方代表团安置工作的筹备情况已经结束，报告如下：已准备好62个高级套间（共计1万平方米。为斯大林同志准备了一栋面积为400平方米的二层独居宅邸，共有15个房间，带开放式阳台和阁楼）。整个宅邸保障设施齐全，备有通讯站……以及莫斯科来人。已备妥2个专用机场。调用了7个团的内务部队和1500名‘快反人员’负责警卫工作。共设置了3层环形警戒区。由弗拉西克（Власик）中将担任独居宅邸的警卫长；而会议地点的警戒工作由克鲁格洛夫（Круглов）负责。”[295]

664 804. 斯大林致丘吉尔的私人秘密信函

1945年6月18日发

您6月17日的来函收悉。

1. 如您来函建议，代表团将按照在克里米亚时的安排模式来安置。每个代表团都有单独的封闭驻地，并按照各自代表团团长的意愿自行管理。所有三方代表团驻地均位于波茨坦东南区的巴伯尔斯贝格（Бабельсберг）。供举行全体会议的第四个场所位于德国皇子在波茨坦的宫殿。

2. 朱可夫元帅将于6月28日抵达柏林。在此之前，蒙哥马利和艾森豪威尔应派先遣小组对巴伯尔斯贝格驻地进行考察和接管。蒙哥马利和艾森豪威尔的先遣考察组在当地可以从克鲁格洛夫将军那里领取有关住房的全部资料和介绍，参加过雅尔塔会议的贵方人员都认识克鲁格洛夫。

3. 在距离英美代表团驻地不远的克拉多夫（Кладов），有一个设施完好、可供飞机降落的机场。

1945年6月13—20日，在意大利杜伊诺岛（Дуино），南斯拉夫就落实有关威尼斯—朱利亚省的贝尔格莱德协议问题与西方盟国进行了谈判。谈判中，南斯拉夫方面力图对协议做有利于己方的修改。在遭到西方盟国的顽强抵制后，贝尔格莱德展开了宣传攻势以捍卫自己的诉求，并期待得到莫斯科方面的支持。斯大林不想伤害与铁托的关系，于是决定为自己的小盟友挺身而出。就在同一天，斯大林给丘吉尔也发去了内容完全相同的信函。而此时，莫斯科显然更为西方有可能对铁托采取敌对行动而担忧，因为此前已有过数次暗杀铁托的阴谋。6月23日，萨德奇科夫从贝尔格莱德发来一封电文，通报了从一名“名叫拉基奇（РАКИЧА）的英国间谍”那里获得的情报。在获得此情报后，国家安全人民委员会和内务人民委员会的领导人向斯大林建议派苏方工作人员加强对铁托的个人警卫。从后来落实这一计划的情况看，克格勃中校Д.А.格鲁霍夫采夫（Глуховцев Д.А.）担任了铁托卫队副队长一职。这项任命得到了斯大林的首肯。[296]

805. 斯大林致杜鲁门的私人秘密信函 665

1945年6月21日发

虽然南斯拉夫政府接受了美英两国政府有关伊斯特利亚—的里雅斯特地区的提案，但目前在的里雅斯特进行的谈判看来已陷入僵局。其主要症结在于，地中海盟军司令部的代表们不愿考虑南斯拉夫人的最低诉求，从德国侵略者手中解放这片土地是南斯拉夫人建立的功勋，更不用说生活在这片土地上的居民大部分都是南斯拉夫人。从盟国的角度看，这种局面也是无法令人满意的。

因不愿激化彼此的关系，直到写这封信函之前，我都只字未提亚历山大元帅的所作所为。但此时此刻我不得不指出，在上述提及的谈判中，亚历山大元帅有时会用趾高气扬的语气对南斯拉夫人讲话，这种做法不能被接受。更不能接受的是，亚历山大元帅竟然在正式的公众场合将铁托元帅与希特勒和墨索里尼相提并论。这种做法不仅对南斯拉夫有失公允，而且是极大的羞辱！

令苏联政府出乎意料的还有，英美谈判代表6月2日致南斯拉夫政府的声明语气与最后通牒别无二致，采用如此方式，何以期待持久而积极的成果得到保障。

综上所述，我必须提请您关注业已形成的局面。我仍然期待，在伊斯特利亚—的里雅斯特问题上，能使南斯拉夫公正的利益得到满足，尤其是在考虑到这样一个事实的前提下，即南斯拉夫人在主要问题上满足了盟国的要求。

806. 斯大林致丘吉尔的私人秘密信函

1945年6月21日发

虽然南斯拉夫政府接受了美英两国政府有关伊斯特利亚—的里雅斯特地区的提案，但目前在的里雅斯特进行的谈判看来已陷入僵局。其主要症结在
666 于，地中海盟军司令部的代表们不愿考虑南斯拉夫人的最低诉求，从德国侵略者手中解放这片土地是南斯拉夫人建立的功勋，更不用说生活在这块土地上的居民大部分都是南斯拉夫人。从盟国的角度看，这种局面也是无法令人满意的。

因不愿激化彼此的关系，直到写这封信函之前，我都只字未提亚历山大元帅的所作所为。但此时此刻我不得不指出，在上述提及的谈判中，亚历山大陆军元帅有时会用趾高气扬的语气对南斯拉夫人讲话，这种做法不能被接受。更不能接受的是，亚历山大元帅竟然在正式的公众场合将铁托元帅与希特勒和墨索里尼相提并论。这种做法不仅对南斯拉夫有失公允，而且是极大的羞辱！

令苏联政府出乎意料的还有，英美谈判代表6月2日致南斯拉夫政府的声明语气与最后通牒别无二致，采用如此方式，何以期待持久而积极的成果得到保障。

综上所述，我必须提请您关注业已形成的局面。我仍然期待，在伊斯特利亚—的里雅斯特问题上，能使南斯拉夫公正的利益得到满足，尤其是在考虑到这样一个事实的前提下，即南斯拉夫人在主要问题上满足了盟国的要求。

尽管丘吉尔未得到斯大林同意与国王会晤的答复，但他仍继续筹备国王对德国的访问。国王乔治六世选择了简化的访问预案，丘吉尔将此事专门写信告知了斯大林。

807. 丘吉尔致斯大林的私人亲笔绝密信函

1945年6月22日发　　1945年6月22日收

昨日我再次拜谒了国王陛下，他表达了自己的想法：如果他在预定的日

期抵达柏林，就简单地请您和杜鲁门总统及随同的嘉宾共进午餐，然后于当日下午离开柏林继续他的视察之旅。我认为这样安排或许对您更为方便。为 667
此，请您告知对此事的真实想法。请您相信，国王的柏林之行不会给您带来任何不悦。

丘吉尔提议禁止媒体采访即将召开的三方会议，主要是出于对会谈内容保密的考虑，毕竟对日战争仍在继续。杜鲁门和斯大林都赞同丘吉尔的这个提议。

808. 丘吉尔致斯大林的私人秘密信函

1945年6月23日发　　1945年6月24日收

我提议参照克里米亚会议先例，可以邀请摄影记者参会，但其他新闻记者则不允许接近会议“终点”。

我也给杜鲁门总统发去了内容相同的电文。

丘吉尔第二封关于国王到访的信函没有被置之不理。在维辛斯基草拟的电文初稿中写道：“非常感谢国王陛下和您邀请我共进早餐。我期待在苏联代表团驻地与国王陛下、您及各位嘉宾见面。”莫洛托夫没有擅作主张定夺，而是把这封初稿连同自己的附信一并转给了“当家人”。附信中写道：“我认为此事不妥。丘吉尔太想轻而易举地为国王和他本人捞取资本了。”[297] 总的来讲，克里姆林宫把国王的此次造访视为丘吉尔的一种宣传伎俩，目的是为自己的选战加分。当时英国政界上下都在进行各种选前造势。斯大林显然同意莫洛托夫的看法，他不想送首相这样的礼物，更何况此时斯大林对丘吉尔“歇斯底里的”反苏正深恶痛绝。苏联情报和外交机构详细地向领袖报告了首相丘吉尔的各种反苏阴谋，包括那份他要求制订的代号为“不可思议”行动计划。[298] 况且斯大林未必对国王的宫廷接待礼仪感兴趣，因为其主角是英国国王，而苏军最高统帅只是个陪衬，他肯定感觉“别扭”。早在雅尔塔时，英方与会人员就曾目睹过斯大林在为国王安康举杯时的“极不情愿”。当时， 668
斯大林宣称自己是个共和派。[299] 然而，直接回绝国王的邀请实在有失外交礼节。最好是英国人自己收回申请。最终丘吉尔收到了斯大林发给他的如下电文：

809. 斯大林致丘吉尔的私人秘密信函

1945年6月23日发

您6月22日和之前有关英国国王到访柏林的信函均已收悉。我的计划中未安排与国王会晤，而只考虑了此前我与您和杜鲁门总统在信中商议的三方首脑会议。不过，如果您认为我与国王有必要会晤，我对您的计划没有异议。

如果了解英国人在涉及王室成员接待礼仪方面那种一丝不苟的态度，就不难预料英方会对斯大林如此直白的暗示做出何种反应。伦敦方面究竟如何看待莫斯科的这封回函，在国王乔治六世私人秘书A. 拉塞尔（Ласелл А.）爵士6月25日的日记中可以找到佐证："斯大林从牙缝里挤出了'同意'两个字，他说准备在柏林会晤杜鲁门和温斯顿，并没有与国王陛下会见的安排；但如果温斯顿认为该计划有必要，那么他将悉听尊便。（当时正奔波于英国各地选战的）温斯顿说，他建议国王陛下暂不回复，拖些时日再通知斯大林，说陛下的访问计划并未考虑访问柏林。同时，我曾私下问过蒙蒂（即蒙哥马利陆军元帅，时任驻德英国总司令——作者注），他今天回复我说，他完全赞同国王陛下到访英国辖区，但'至于造访俄国辖区，我不认为那是个好主意。我认为此建议欠妥。俄国人性情古怪，处事风格与我们迥异。到时很容易出现尴尬场面。我建议：陛下不该去俄国人那儿'。我完全赞同这个建议。"拉塞尔在6月30日的
669 日记里还做了如下补充："陛下昨日在与温斯顿会谈后干脆决定不去德国，以北爱尔兰之行取而代之。因为当地人士自胜利日那天起，一直对国王陛下的到访翘首以待。"[300] 温莎家族的当家人与来自哥里（Гори）的农夫之子，继而成为庞大国家的独裁者的历史性会晤终未能变成现实。后来在波茨坦会议召开期间，在宴会桌旁斯大林曾好奇地向丘吉尔寻问国王未能到访柏林的原因。据英方的会谈笔录记载，丘吉尔先是含糊地以安全考虑为借口，尔后这位故弄玄虚的老手又说了下面这段话："鉴于王权具有把整个大英帝国联合起来的力量，因此没有哪个国家会像英国一样如此看重君主政体，而那些对英国真心实意的朋友，也没有哪个会眼看着王权的尊严受损而无动于衷。"[301]

对于杜鲁门信中谈及和罗马尼亚、保加利亚、匈牙利及芬兰等国恢复外交关系时的闪烁其词，斯大林回之以直截了当地阐明自己的立场。关于这个问题，波茨坦会议以及外交层面还将继续讨论。最终，苏联在这场外交战中

获胜，西方国家对上述国家政府给予了外交承认。美国于1945年9月1日首先与芬兰恢复了外交关系，随后，分别于1946年1月18日、1946年10月1日和1947年11月8日先后与匈牙利、罗马尼亚和保加利亚恢复外交关系。

810. 斯大林致杜鲁门的私人秘密信函

1945年6月23日发

您6月19日就与罗马尼亚、保加利亚、匈牙利及芬兰等国恢复外交关系的信函收悉。

据悉，您要对此问题做进一步研究，但我仍坚持原有立场，我认为没有任何理由继续拖延与罗马尼亚和保加利亚恢复外交关系。

在收到斯大林有关南斯拉夫问题的信函后，丘吉尔口授过一份回电草稿。这份充满怨怼的草稿真实反映了英国首相当时的心境：

“兹回复您21日的来函。去年10月，我们双方在克里姆林宫达成的共识 670
是：南斯拉夫问题的解决基础是俄英利益50对50，但事实上几乎是90对10。问题是，就连这10都受到了铁托元帅的贪婪觊觎，以至于美英两国政府不得不调动数万大军加以防范。南斯拉夫人在该地区，尤其是在的里雅斯特残酷地镇压当地的意大利人并妄图以小股部队渗透的方式占领整个地区……令我感到困惑的是，为什么我们就该到处受人欺侮，尤其是受那些在您与之打交道之前曾得到过我们援助的人的欺侮。所以，我找不到任何理由替亚历山大元帅道歉，尽管我并不知晓他在电文中使用了何种表述。我认为，从吕贝克和阿尔策瑙（Эйзенау）一直延伸到的里雅斯特和科孚（Корфу）的那条俄国化边境线才是好友之间应议的严肃话题。在即将举行的三方会议上，那才是我们该认真讨论的内容。”[302]

丘吉尔在自己的回忆录中称，他发给斯大林的正是上面那封怒气冲天的电文。[303] 而实际上，丘吉尔只不过是为了出口恶气，当天发给“好友”的是以下这封语气完全不同的电文。电文的更换未必是有意为之，因为电文原件上并未注明对其做了何种处置。后来助手们在为写回忆录搜集文献时，把这封电文草稿呈送给了丘吉尔定夺，首相对电文内容如此欣赏，以至于没有考证它的来龙去脉，就吩咐把该电文作为已发信函收入回忆录的尾卷。[304] 丘吉尔从心底里想以一个无畏、果敢的对手形象比肩斯大林，展示自己不会畏惧那个令人生畏的独裁者的严厉语调。所以，苏联头版三巨头往来书信集的编纂者们在本国文献库中没有找到丘吉尔的那封电文，因此在出版的序言中指出该电文与事实有出入，这就不足为奇了。[305] 在M.吉尔伯特（М.Гилберт）撰写的那部被认为是史料最为翔实可信的8卷本丘吉尔传记中，真实地记录了这样一个事实：丘吉尔的那封原始电文并未发出，只不过首相想对更换电文一事保持缄默。[306] 只是到了苏联再版书信集时（1976年），编纂人员才做出了正确的推断，即丘吉尔在自己的回忆录中收录的那封给斯大林的电文，实际是一份草稿。[307]

671 811. 丘吉尔致斯大林的私人秘密信函

1945年6月24日发　　　　1945年6月26日收

您6月21日的来函收悉，在此谨表诚挚谢意！我希望在贝尔格莱德问题得以顺利解决后，我们现在已能够在柏林共同商讨目前的时局。尽管我未事先看到亚历山大元帅的公开声明，但我可以向您保证，元帅本人无论是对您还是对铁托元帅，都充满敬意。我确信，托尔布欣元帅可以为此作证。

斯大林为维护南斯拉夫的利益而向西方盟友提出的诉求未收到任何实效，而且这一举动也是姗姗来迟。尽管莫斯科多次催促呈交信函，但美国人在华盛顿签收时已是6月21日晚11时30分。苏联驻美使馆请白宫即刻将此函转交美国总统，然而，直到第二天上午信函才交到杜鲁门手上。[308] 其实早在6月20日，即斯大林给杜鲁门和丘吉尔发这封信函之前，在杜伊诺谈判会议上南斯拉夫就已和英美两国签署了一个附加协议。该协议保留了6月9日签订的《贝尔格莱德协议》的全部条款。而杜鲁门现在所能做的，只不过是通过美国国务院拟定的回函，把他自己对谈判情况的解读告知斯大林。但各方对的里雅斯特的争夺并未到此结束，只是转移到不见硝烟的战场继续角逐罢了。

812. 杜鲁门致斯大林的机密信函

1945年6月25日发　　　　1945年6月26日收

在收到您6月21日有关的里雅斯特谈判事宜的电函后，盟军最高总司令向我通报说，在该地区进行的谈判业已结束，并签署了附加军事协议。此次谈判的唯一目的是，落实6月9日美、英、南三国政府所签订的政治协议中涉及军事部分的条款。在6月9日三方签订的协议中明确了一条原则，即目前先把威尼斯—朱利亚省领土的未来归属问题搁置，作为最终和平调解的一部分内容留待后续解决。至于上述领土的最终归属问题，此协议中既无任何解决 672
预案，也未具体涉及。

协议签署后，在不违背盟军军事规定的条件下，南斯拉夫方面可在争议地区建立行政机构。在此次谈判的整个过程中，无论是政府机构之间还是军事部门之间均妥善地顾及了南斯拉夫和意大利各自的合法权益，同时，也肯定了南斯拉夫在肃清德国军事力量方面所作的贡献。

正如我在就该问题的上封信中对您所说，盟军指挥官在管辖区内应该拥有足够的权力，以使其能够履行职责，并保护相关各方的利益。南斯拉夫指挥官的职责同样得到了确认，从未阻碍其在威尼斯—朱利亚省协议线以东管辖区行使职责。因此，盟国政府也不应允许有任何干扰协议线以西地区行使职责的行为发生，特别是两位指挥官商定，若发生危害最终调解的行为，双方应保持克制。

不可否认，的里雅斯特谈判过程中遇到了诸多困难，原因就在于南斯拉夫当局没有完全恪守6月9日协议中规定的基本原则，即：不得采取任何有碍领土归属问题最终解决的行动。南斯拉夫指挥官起初拒绝承认盟军司令对协议分界线以西地区的行政管辖权，而这在贝尔格莱德协议第3章中曾做了明确规定。此种做法以及南斯拉夫驻当地部队指挥官们在6月9日后采取的某些行动给外界的印象是，与铁托元帅和贝尔格莱德政府签署的协议并未完全传达到当地指挥官那里。

如果您认为所签协议还有值得商榷的地方，我们可以在即将举行的会晤中加以讨论。

813. 斯大林致丘吉尔的私人秘密信函 673

1945年6月27日发

同意您6月23日来函中的建议。

斯大林那封谈及国王出访的信函言辞刻薄，而丘吉尔的复函温文尔雅，似乎是在向粗鲁的“克宫山民”展示国务活动家相互交往时应有的风度。

814. 丘吉尔致斯大林的私人秘密信函

1945年7月1日发　　　　1945年7月1日收

非常感谢您热情回电建议国王在会议期间造访柏林。对您的答复感激不尽。然而，国王陛下认为，在目前情形下，他的柏林之行无法成行，因为三方会议需要抽调大批密探即特勤军官。他刚刚通知我说准备近期访问乌斯特尔（Олстер）。为此向您表示歉意，我又提起您于6月23日回复过的问题。

外交人民委员会原本打算回复丘吉尔7月1日的来函。维辛斯基拟定的首相“来函内容知悉”的电文得到了莫洛托夫的首肯。但斯大林认为没有必要发出这么枯燥的确认信，以此来表明对首相这个想法的态度。最终，莫洛托夫在电文草稿上的批语是：“无此必要。”[309]

下一封丘吉尔的来信是关于禁止记者采访波茨坦会议的补充建议，这完全符合逻辑，因为他熟谙西方记者的神经质，力求避免与记者不必要的纠缠。杜鲁门由其新闻秘书罗斯代笔的信中表示认同丘吉尔的建议。而斯大林所有7月6日的回函均出自维辛斯基之手。

674 ## 815. 丘吉尔致斯大林的私人秘密信函

1945年7月4日发　　　　1945年7月5日收

鉴于我们已就禁止新闻记者采访“终点”取得一致意见，我认为将这一决定提先公之于众不失为明智之举。这可以避免著名新闻人前往和由此带来的失望。为此我建议，我们三方各自发表公开声明，表明不允许新闻记者出现在“终点”会议现场，所有需要公开的内容将通过公报形式发布，公报发表时间将伺机而定。

上述电文我已同时发给杜鲁门总统。

816. 杜鲁门致斯大林的私人秘密信函

1945年7月5日发　　　　1945年7月5日收

按照我们先前达成的共识，我将于今天向外界宣告：不允许新闻记者采访“终点”会议，会议的官方公报将是了解“终点”消息的唯一渠道，而有关公报的发表问题则由与会方相机而定。

上述电文我已同时发给丘吉尔首相。

817. 斯大林致丘吉尔的私人秘密信函

1945年7月6日发

您有关的里雅斯特—伊斯特利亚和南斯拉夫问题的电文收悉。

对于把上述问题列入我们即将举行的德国会议议题，我不持异议。

818. 斯大林致杜鲁门的私人秘密信函

1945年7月6日发

您6月26日有关的里雅斯特—伊斯特利亚和南斯拉夫问题的电文收悉。

在这件事上还有一系列尚需共同讨论的问题。我准备在德国会晤时讨论这些问题。

819. 斯大林致丘吉尔的私人秘密信函 675

1945年7月6日发

您7月4日的来电收悉。

同意您提前通知媒体人士不能对会议“终点”进行采访的提议。

820. 丘吉尔致斯大林的私人秘密信函

1945年7月6日发　　　　　　　　　　　　1945年7月7日收

从杜鲁门总统处获悉，根据我们达成的共识，他将于今日发表声明，宣布不允许新闻记者采访“终点”会议，来自“终点”的所有消息均由会议官方公报向外界公布，而有关公报的发表事宜则由与会方相机而定。

总统先生告知我已同时给您发去了相同内容的电文。

想必您会持赞同态度，为此，我们将于今日在伦敦发表与美方相同的公告。

6月中旬，丘吉尔收到了英国外交部转交的纳粹德国外交部长里宾特洛甫的悔过书。这封悔过书是托蒙哥马利元帅转交给丘吉尔和艾登的。在这封悔过书中，纳粹外交部长竭力想表明他本人和希特勒一直都力求亲近英国。悔过书还引用了一些希特勒对斯大林的溢美之辞，前者称后者为当之无愧的对手。在悔过书的最后部分，里宾特洛甫妄图把自己从希特勒政权犯下的种种残暴罪行中开脱出来，他宣称“听候您的处置”。[310] 丘吉尔指示贾德干对里宾特洛甫的悔过书要研究透彻。在将悔过书副本发给杜鲁门和斯大林时，丘吉尔还亲自口授了简要附言。[311]

821. 丘吉尔致斯大林的私人秘密信函

1945年7月12日发

兹将里宾特洛普写给我和艾登先生的信呈转给您。我认为，尽管此封悔过书冗赘乏味，但仍有部分内容会引起您的兴趣。

676 杜鲁门的下一封信是根据军方建议写就的，军方力图缩短美苏之间的空中航线。“以往经验表明，俄国人极不情愿与其他国家就空中航线问题达成协议，因为他们担心为战后留下隐患，”莱希将军在波茨坦会议开幕之后给总统写道，“我们的军事和外交代表试图让苏方同意把柏林作为一个空中枢纽，但未取得进展。完全有可能的是，如果您亲自提出要求，斯大林元帅可能会同意。我们建议给斯大林元帅写建议信，或者以建议性的口吻与其讨论此事。”[312] 就在7月20日当天，波伦将杜鲁门署名的信函转交给了 B.H.巴甫洛夫（Павлов В.Н.）。

822. 杜鲁门致斯大林的私密信函

1945年7月20日发 1945年7月20日收

德国—巴伯尔斯贝格—国际会议—苏联代表团官邸收

尊敬的斯大林大元帅：

目前美国与苏联的空中航线经飞德黑兰。从美方的角度来看，很大程度上对空域的利用不尽合理，除飞行时间较长之外，不能满足大运量需求。

目前，美国开通了一条至柏林的军用运输航线，用于美国政府物资运输，该航线同样可以用于苏联政府物资运输。为此，我恳请您同意将美苏间经德黑兰的空中运输航线改为经飞柏林的航线。

哈里·杜鲁门

杜鲁门致斯大林的下一封信同样是美国军方的提议。早在雅尔塔会议期间，美苏间已就在远东地区增建几座气象站一事达成了共识。这些气象站将安装美国的设备，主要用于保障对日作战行动。但苏联方面反对由美方人员 677
参与维护。美军参联会希望杜鲁门总统的介入能打破僵局。在莱希给杜鲁门总统的备忘录中记载有这样一段文字：“如果斯大林固执地拒绝美方人员进入西伯利亚，同时提出由俄国人来维护气象站，如果能达成这样的协议，虽说这与美方的意愿相去甚远，但也聊胜于无。”[313] 7月23日，伯恩斯将信转交给莫洛托夫。斯大林并未给杜鲁门书面回复，但在7月26日苏美双方军事代表团会晤时，苏方同意了美方的申请。在哈巴罗夫斯克和堪察加半岛的彼得罗巴甫洛夫斯克建立了两个美军导航气象站，用以向执行对日作战任务的美国海空军部队提供气象信息。1945年6—7月间相关设备分批运抵摩尔曼斯克。有关建立美军气象站的往来电文由苏联水文气象总局局长 E.K.费德洛夫（Федоров Е.К.）上将负责处理，8月27日他向美方通报说，所有设备均已收到并安装测试完毕。[314] 对日作战结束后，两座美军气象站于1945年12月被拆除。

823. 杜鲁门致斯大林的私人秘密信函

1945年7月21日发　　　　　　　　　　　　　　　　1945年7月23日收

德国—巴伯尔斯贝格—国际会议—苏联代表团官邸收

尊敬的斯大林大元帅：

鉴于日本本土及西伯利亚周边地区的海空战事规模扩大，加强对东西伯利亚地区气象资料的搜集和传输已变得十分紧迫。而扩大气象勤务对于苏方而言同样有利。日本本土及日本海的天气状况不仅受到来自东西伯利亚上空自西向东气流变化的影响，而且西太平洋上生成的台风穿越日本向北移动也同样会影响到日本的天气。

一般认为，解决上述紧迫需求的有效途径是扩建美方的通讯及气象分布，
678 即由美方提供设备和人员在哈巴罗夫斯克和彼得罗巴甫洛夫斯克建立电台及气象台站。美方拟在哈巴罗夫斯克派驻约60名技术军官和士兵，而派驻彼得罗巴甫洛夫斯克的人员约为33名。此建议的相关细节已于之前通报给了苏联最高统帅部。

鉴于天气对目前和下一阶段行动如此重要，故在最短期限内落实上述扩建气象台站的方案便具有了十分重大的意义。为此，我恳请您从速对我方提议给予认可并下达必要指令，以使我方司令部机关能迅速制定措施细则。

哈里·S.杜鲁门

英美两国领导人早就考虑到对德战争结束后对被解放欧洲国家的援助问题。伦敦方面早就料到情况会很复杂。英国外交部于1945年1月所做的一份研究报告指出，战败后，德国人民将“因生活水准骤降”而陷入水深火热中。文中预测将发生饥荒，衣物、燃料和能源极度匮乏，以及交通瘫痪。[315] 1945年1月成立的、由艾德礼任主席的欧洲被解放领土供应委员会资料证明，众多因素综合说明，必须减轻战后欧洲被解放国家居民生活条件恶化的程度：“上述国家原材料、食品及工业品严重短缺的综合效应会带来最严重的后果。我们认为，在政治—军事方面，以及人道主义方面必须采取一切可能的根本措施解决这个问题。”英国人甚至指望保证危机地区居民每天2000卡路里的热量需求标准，而这一特定的标准与“军事当局为防止部队发生流行病和骚乱

所规定的军人日最低热量摄入标准相同”。[316]

此时身在莫斯科的哈里曼心情更加忐忑不安。由于对能否落实与苏方协商好的欧洲被解放领土的物资供给政策持怀疑态度。1945年4月，大使竭力说服华盛顿相信，“如果我们和英国人现在不能开辟一条独立的路线（事关物资供给），则由我们管辖的欧洲被解放领土上的人们将陷入生活困境，同时苏联主导欧洲的机会将会上升”。[317] 679

在计划向欧洲被解放领土供应的最为急需的物资中，煤炭位列其中。参联会早在4月25日的备忘录中就指出了欧洲的煤炭供给处于极为短缺的状态，并呼吁采取紧急措施。1945年5月，一个被称为“波特—亨得利”的美英专家小组赴德国实地考察了那里的局势，并得出了与上述备忘录相似的结论：

“重要的是，让美英两国最高当局意识到，如果不立即采取有效措施，明年冬季在西北欧和地中海地区就会出现大范围的煤荒，其规模足以导致上述地区的法律和社会秩序遭到明显的破坏，进而导致可以接受的稳定局面变得遥遥无期。”

在专家小组最终提出的各项建议中，列入了“通过最高层级”寻求苏联帮助的建议，以获取有关煤炭供应数量的信息，即预计可以从德国和波兰西里西亚地区得到的煤炭数量，以及英美两国政府要给驻德英军和美军下达指令书，要求其必须按下列时间和数量获取煤炭：即1945年的数量须达到1000万吨；到1946年4月底数量要达到1500万吨。[318]

促使杜鲁门写下封信的除了专家的建议外，还有一个动因，就是各国驻德占领军司令一级进行的有关“煤炭问题”的讨论未取得重要结果。7月7日，朱可夫元帅与美国的L.克莱（Клей Л.）将军就柏林的物资供给问题举行了会谈，会谈记要显示：

“朱可夫：第二个重要问题是燃料问题…… 最近一段时期我方从一切可能的地方收集燃料，然后将其从各地运至柏林。这些地方包括苏联本土、波兰、上西里西亚。下一步我们还需要解决煤炭的运输问题。柏林每月需要22.5万吨煤炭，如按天计算的话每天需要7.5万吨。

【…】克莱：我们没有煤炭。

朱可夫：我也没有煤炭。”[319]

杜鲁门提到的欧洲煤炭组织于1945年5月在伦敦成立，仿效欧洲固体燃料委员会的架构。固体燃料委员会在战争时期隶属于盟军远征军最高统帅部。欧洲煤炭组织包括来自美国、英国、比利时、丹麦、法国、希腊、卢森堡、荷兰、挪威、土耳其的代表。而苏联拒绝参加该组织。[320] 680

824. 杜鲁门致斯大林大的私人秘密信函

1945年7月27日发　　　　1945年7月27日收

如果不能从德国生产的煤炭中划拨出足够的数量用于出口，那么今年冬季欧洲将面临严重的煤荒。尽管我国同样面临煤炭供给不足以及国内运力和海上运输能力有限，但为了适当减缓目前的危机，我们采取了非常措施来保障向欧洲输送煤炭。然而，很明显，目前的对日作战已使我国的工业及军事资源极度紧张，在这种条件下，使得我们本来可以划拨给欧洲的煤炭已不够用来化解欧洲眼下的燃眉之急。为了应急之需，应当立即采取一切必要措施增加德国煤炭的开采量，并尽可能多地将其用于出口。

为避免延误，我已委托美军司令官在其占领区内采取一切必要措施。据我所知，英法两国政府也向自己相关的驻德司令官下达了同样的指令书。我给艾森豪威尔将军的指令书副本附后。

我非常期待四大占领国能采取统一的煤炭政策。所以，我委托艾森豪威尔将军尽快将美国政府在指令书中所阐述的煤炭政策提交盟国管制理事会讨论。我期待苏联政府能够向我们提出的煤炭政策靠拢。我期待苏联政府能给驻德苏军总司令下达指示，让其在苏军占领区内采取类似措施，并参与制定盟国管制理事会有关统一开采和出口德国煤炭的纲要。

哈里·杜鲁门

681 **杜鲁门致驻德美军司令指令书**

如果在未来几个月内不能向被解放的欧洲提供大量煤炭，那么势必会出现严重的政治和经济动荡的威胁，这种动荡将影响到盟军的撤军，并给经济稳定恢复工作造成危害。而经济稳定是持久、正义的和平不可或缺的基础。目前，除德国外，几乎任何地区都无法为大部分欧洲国家提供足够数量的煤炭。为了向其他欧洲国家出口煤炭，必须刻不容缓地加大德国的煤炭开采，因为欧洲国家迫切需要用这些煤炭来维系经济生活，至少使其维持在最低水平上。

因此，您作为驻德美军司令及盟国管控委员会美方成员，受命采取一切必要措施以达成下列目标：

1. 从西德各煤矿开采的煤炭中，1945年年内至少要调拨1000万吨煤用于出口，在1946年4个月底前再调拨1500万吨煤用于出口。

2. 为确保在规定的期限内完成2500万吨煤的出口目标，首先必须采取一切措施来增加德国煤炭的开采量和运输量，特别是要向各煤矿提供技术设备、生产材料、运输工具以及为矿工们提供充足的食品，以便让煤矿上的劳动力能够保持必要的生产力水平。这个要求仅次于民用和军用的需求，因只有满足这些需求才能确保占领军的安全、安定、供应和行动，才能确保驻德盟军的快速撤军。

3. 建议盟国管控委员会:（1）参照1946年4月底前从西德紧急开采和出口2500万吨煤炭的方法，确定从东德开采和出口煤炭的数量;（2）为整个德国制定煤炭开采、分配及出口协调规划。

4. 除您负责的占领区外，您必须给予力所能及的协助，努力增加他国占领区的煤炭开采量。

5. 将以下原则推荐给盟国管控委员会，您的辖区同样要遵循此项原则， 682
即在对德国境内生产的煤炭进行分配时，要优先保证出口需求，然后才是工业用煤需求和德国境内的民生需求。此原则规定确保在规定期限内完成从西德出口2500万吨煤炭的任务，再就是确保完成本指令书第3项之任务，并参照上面的第2项指令列出的规定要求执行。

应该承认，在煤炭紧缺时期实施这一政策会延缓德国工业活动的复苏进程。同时还必须承认，对德国煤炭实行上述政策可能会带来失业、社会骚乱及德国人的强烈不满，对此甚至不惜采用强硬和严厉的行动。迫于局势而采取的任何行动都会得到全力支持。

6. 向欧洲煤炭组织提供有关在德国境内开采和分配煤炭的完整且翔实的资料，以便让欧洲煤炭共同体各成员国能够了解德国与被解放欧洲地区在煤炭需求量方面的比率。

7. 把生产和出口褐煤煤球以及超额完成本指令书第1项规定的2500万吨出口指标视为当前的紧迫任务之一。

8. 英法两国政府已向各自驻德占领区司令下达了相同的指令书。

7月24日晚，丘吉尔宣布，英国代表团将于次日返回伦敦参加议会选举结果发布会。斯大林因确信丘吉尔的保守党会胜选，对首相率团离开表示遗憾，丘吉尔则回答说，“期待能够回来”。杜鲁门证实，当时斯大林还开玩笑说:“从艾德礼先生的表情看，他不打算抢占丘吉尔的位子。”[321] 然而，7月26

日大选揭晓，保守党的惨败竟使玩笑成真。英国议会选举的最终结果是工党获得了393个席位，保守党只获得了219个席位。丘吉尔原本可以把首相职位
683 保留到解散议会，并待波茨坦会议结束，但他决定不拖延权力的移交，并于7月26日当晚向国王递交了辞呈。苏联驻伦敦使馆在向苏联领导层通报这一消息时，将保守党的失败解释为英国公众不满丘吉尔政府的军事冒险政策，并认为“保守党的获胜可能导致与苏联发生战争”。[322] 新当选的英国首相因要完成新政府组阁而不得不滞留在伦敦。

825. 艾德礼致斯大林的私人信函

1945年7月27收

鉴于丘吉尔先生已辞去首相一职，国王陛下委托我组建新一届政府。我相信，您能够理解，因我所面临的紧迫任务不得拖延，所以，我无法按时返回波茨坦参加原定于7月27日星期五下午5时召开的全体会议。

我预计于7月28日周六下午抵达波茨坦参加会议。假如能根据这一情况对会期做出临时调整，并不会给您造成不便，我将不胜感激。对于因会议延期所带来的不便，我深表歉意。

826. 斯大林致艾德礼的私人秘密信函

1945年7月27发

您7月27日的来函收悉。您建议将会议延至7月28日周六，我无反对意见，时间由您酌定。

杜鲁门就飞经柏林以缩短美苏空中运输航线的交涉信函得到了克里姆林宫的积极回应。在总统信函的俄文译稿上有莫洛托夫签批的“同意”字样。而对回函中的一句话出现了不同的解读。维辛斯基在回函初稿中希望以该措施换取美方增拨运输机，但莫洛托夫删除了此内容，而且，他对自己的回函初稿也做了删节。[323]

827. 致美利坚合众国总统哈里·S.杜鲁门先生 684

1945年7月29日发

尊敬的总统先生：

您7月20日建议将美苏空中运输航线由经飞德黑兰改为经飞柏林的来函收悉。

苏联政府对此表示赞同。我们已指示有关部门与美方代表就涉及此项建议的技术问题进行磋商。

И.斯大林

考虑到红军解放区内的局势复杂性，斯大林对杜鲁门从苏军责任区特别是从西里西亚供应煤炭的可能性不置可否。不仅西欧面临着严峻的煤炭供给问题，东欧亦是如此，苏联自己也在为刚刚被解放的东欧国家调拨煤炭即可以说明这个事实：1945年2—4月苏联向波兰发运煤炭4.5万吨，根据1945年5月8日和9月11日的双边经贸合同，苏联计划向罗马尼亚供应12万吨焦炭和块煤。[324] 与此同时，比如从苏联控制区向德国西部地区提供粮食的建议也得到了支持。1944年8月，苏联外交人民委员会欧洲三处副处长A.A.斯米尔诺夫（A.A.Смирнов）就曾提出：“尽管分区占领，但还是应将德国视为统一的经济体，”这一原则考虑到由苏联占领区保障供给的可能性，遵循这一原则“可使我方在监管主要集中于英美占领区的德国工业问题上更加主动”。[325]

斯大林在回复杜鲁门的信函时提出必须防范在德国出现骚乱，这与莫斯科对战败后的德国存在的潜在危机做过预先评估有关。早在1944年2月，莫洛托夫在致电古谢夫时就指出，“尽管德国政府和德军司令部肯定会签署停战协议，但在德国境内的某些居民点或某些局部地区，甚或是盟军占领区，均可能有零星的抵抗源头，为此盟军届时不得不继续采取军事行动实施镇压”。[326] 对于盟国来说，不增添导致局势进一步恶化的因素非常重要。 685

828. 致美利坚合众国总统哈里·S.杜鲁门先生

1945年7月29日发

尊敬的总统先生：

您7月27日有关德国煤炭调配的备忘录及发给艾森豪威尔将军的指令书副本收悉。

您在备忘录中提出一个重要问题，即利用德国煤炭满足欧洲之需，对此我们将进行相应的研究。贵国政府将会获知苏联政府就这一问题的确切立场。

同时要告知您，我们应尽力避免因出口德国煤炭而在该国引起动荡，正如您在给艾森豪威尔将军的指令书中所提醒的那样。对于盟国利益来说，指令书是完全可行的，而且是必要的。

И.斯大林

7月29日斯大林因身体有恙而未能参加当日的会议。次日，杜鲁门给斯大林发去了以下这封手写的便函，随之转交的还有其亲笔题赠的个人肖像照，由此凸显出友好的姿态。总统本人不相信斯大林生病，正如他在一封家书中所写的那样，他认为斯大林“很可能是因为英国大选而闷闷不乐”。[327] 莫洛托夫则直接在杜鲁门便函的俄文译稿上拟就了斯大林的复函。

829. 致斯大林大元帅

1945年7月30日发　　1945年7月30日收

尊敬的斯大林大元帅：

得知您贵体欠安，谨表深切慰问。相信您并无大恙，定能不日康复。

谨向您致以最良好的祝福！

您忠诚的朋友

哈里·杜鲁门

830. 致美利坚合众国总统哈里·杜鲁门先生 686

1945年7月30日发　　　　1945年7月30日收

尊敬的总统先生：

感谢您7月30日的来函。今日自我感觉身体好于昨日。期待7月31日能参加会议。

顺致崇高敬意！

И.斯大林

831. 致美利坚合众国总统哈里·S.杜鲁门先生

1945年7月30日发　　　　1945年7月30日收

尊敬的总统先生：

感谢您发来的个人肖像照。待一回到莫斯科，即刻会把我的肖像寄赠给您。

顺致崇高敬意！

И.斯大林

斯大林没有忘记自己的承诺。8月初，他委托美国驻苏联大使馆把自己的肖像赠予杜鲁门，上题“谨向杜鲁门总统致以最良好的祝愿！他的朋友 И.斯大林”。[328]

从维护盟国团结的角度来看，波茨坦会议期间对日本问题的讨论并不顺利。众所周知，杜鲁门告知斯大林，美国成功试验了一种“威力无比”的新式武器，表面上看似乎是无意间提起，实则是在7月24日精心设计的脚本，因为就在当日，杜鲁门签署命令，确定了用原子弹轰炸广岛的日期。7月25日，盟国向苏方展示了会议核心文件《波茨坦公告》，这份发表于次日的公告署名是杜鲁门、丘吉尔和蒋介石，内容包括敦促日本无条件投降，并列举了和平调解的各项基本原则。该公告事先并未征询苏联的意见，现在告知苏方只不过是作为一种例行公事。[329] 7月27日莫洛托夫在见到伯恩斯时对上述做法表达了明显不满，而国务卿则强调苏联并非对日作战方这一事实。用历史

学家Б.Н.斯拉温斯基（Славинский Б.Н.）的话说：“苏联领导人完全清楚，
687 美国人是想绕开苏联，剥夺其参与解决远东问题的权利。”[330]

7月29日，因斯大林生病，莫洛托夫代其出席与杜鲁门和伯恩斯的会晤，他以斯大林的名义提议，美国以所有参与对日作战的国家的名义正式请求苏联政府站在联合国家一边对日宣战。[331] 这样一来，大大减轻苏联对日宣战所面临的外交压力，此前苏联被1941年签订的苏日中立条约长时间束缚手脚。4月5日，莫洛托夫告知日本大使称，莫斯科事实上已废止了该条约。而日本直到最后一刻仍寄希望于苏联帮助调停，甚至设想在1945年7月中旬派近卫文麿（Коноэ）携天皇亲笔信出使苏联。然而，多疑的美国人从莫洛托夫的建议中察觉出于己不快的弦外之音。杜鲁门在其回忆录中这样写道：“我认为这是一个下作的外交伎俩，目的是造成俄国参战才是取得胜利的决定性因素的印象。在雅尔塔俄国人答应欧洲战事结束后3个月参战，但条件是俄国和中国在此之前应先签订互助条约。在波茨坦又再现了同样的一幕。休想提任何条件，更别提强制美国与其他盟国为俄国与日本决裂提供理由……我可不打算给俄国人这个机会，让他们坐享我们长期英勇浴血奋战的成果。”[332] 华盛顿毫不掩饰地把对日战争视为“自己”的战争，以至于连英国人都抱怨说，“美国当局正在构建日本投降后对其实施管控的长远规划，他们的理由是，他们独自承担了战胜日本和执行投降条件的重任”。[333]

重要原因之一是美国在原子装置试验成功后，顿时失去了先前让苏联参加对日作战的兴趣，否则他们将有权享受胜利成果。伯恩斯坦承，“我们开始
688 期待日本会马上投降，并不想再催促俄国人参战”。[334] 但是，立即就拒绝苏联的提议显然不妥。美国国务院的法律专家为摆脱困局找到了出路，他们提出了撕毁苏日中立条约的另一个法律依据，即1943年的《莫斯科宣言》和联合国宪章第103、106章。虽说该宣言并不具备强制性法律效力，且联合国宪章暂未获正式批准，但这却成为了杜鲁门致斯大林信函的依据。此封信函实质上是通过文字游戏以达成敷衍之目的。美国日裔史学家长谷川毅（Хасегова Т.）甚至将其称为“一记耳光”。[335] 这封函件的副本同时转给了对苏联此次外交行动并不知情的英国人。[336] 随着这“一记耳光”，克里姆林宫得出了唯一的结论：盟国并不热衷于苏联参战，他们希望抛开苏联的帮助，这就意味着，雅尔塔会议上允诺的远东权益可能受到威胁。

斯大林对此的反应是下达指示，要尽快开始对日军事行动。尽管5月26日在会见霍普金斯时他把对日作战的开始日期定为8月8日，[337] 但从苏联驻外代表处传回的情报却不尽相同。据什捷缅科回忆，1945年6月之前苏联协调

过的计划是于8月20—25日之间开始军事行动。在波茨坦会议时，斯大林于7月17日会晤杜鲁门时称8月中旬，而7月24日安东诺夫在与美军将领们会晤时则把这一日期推至8月下旬。从波茨坦返回莫斯科后，他做了最后修正，此时他对美国人的算盘了然于胸：根据他8月5日的指示，军事行动将于8月9日凌晨展开。事实上，苏联正是在这一天开始了对日作战。[338]

尽管没有收到来自盟国方面的正式出兵请求，苏联政府仍在其8月8日发表的对日宣战书中做了如下表述：在日本拒绝7月26日波茨坦公告敦促其投降的要求后，“各盟国建议苏联加入反对日本侵略的战争”，“苏联政府忠实履行自己的同盟国成员义务，决定接受盟国的建议，支持今年7月26日发布的同盟国声明”。[339]这一“增补”的外交文告清楚地表明，对莫斯科而言，向国际社会和本国人民证明自己对日宣战的合理性是如此之重要。

832. 致斯大林大元帅的备忘录 689

1945年7月31日发　　　　1945年7月31日收

您建议我就远东地区时局致函相告，作为对此建议的回复，我我正在拟制信函全文，我打算在您所需之时，即在收到您与中国政府达成协议的消息后发给您。如果您认为此法可行，请即刻将同中方达成协议的时间通知我，我随后致电发送，以供您酌情选用。我同时会派特急信使发出我签名的正本。如果您决定利用此函件，我不持异议。但如您决定发表公开声明，阐明贵国行动的其他动机，或出于其他原因不予采用，悉听尊便。

我将所述交与您酌定。

哈里·杜鲁门

833. 杜鲁门致И.В.斯大林大元帅

1945年7月31日发　　　　1945年7月31日收

苏联政府代表团

尊敬的斯大林大元帅：

1943年10月30日美、苏、英、中四国签订的莫斯科宣言第5款规定：

“5. 他们之间应相互协商，并视形势需要与其他联合国家协商，以期采取共同行动维护国际社会之利益，保障世界和平与安全，直至恢复法制和秩序，并建立共同安全体系。”

联合国宪章草案第106条指出：

“在第43条所称之特别协定尚未生效，因而安全理事会认为尚不得开始
690 履行第42条所规定之责任前，1943年10月30日在莫斯科签订四国宣言之当事国及法兰西应依该宣言第5项之规定，互相洽商，并于必要时，与联合国其他会员国洽商，以代表本组织采取为维持国际和平及安全宗旨所必要之联合行动。”

联合国宪章草案第103条指出：

“联合国会员国在本宪章下之义务与其依任何其他国际协定所负之义务有冲突时，其在本宪章下之义务应居优先。”

尽管宪章尚未被正式批准，但苏联政府代表已在圣弗朗西斯科同意了该宪章的全部条款，而苏联将是安理会成员国之一。

我认为，根据莫斯科宣言所列条款以及上面所提及的联合国宪章的相关条款，苏联政府已为与日本作战的各大国开展协商和合作做好了充分准备，即贵国将与各盟国共同行动，以维护国际社会之共同利益，捍卫世界和平与安全。

您的挚友

1945年7月31日

战时，在常驻莫斯科的盟国外交人员和军事人员中，英美人与苏联女公民建立婚姻关系的并非个案，但莫斯科当局通过剥夺苏联国籍的方式竭力阻止其配偶出国，从而引发了被称之为“苏联妻子风波”的事件。美国和英国被迫与苏联当局交涉，此事甚至惊动了斯大林。对当事者千篇一律的回答就是“正在办理”，但休想得到结果。早在1944年9月，美国国务院就坦陈，该问题已经成为“在我国驻莫斯科机构工作中遇到的最现实的问题”。针对此类婚姻所衍生的各种问题，大到对国家安全的威胁，小到不幸婚姻倍增，波
691 伦建议到莫斯科使馆工作的美国单身汉们签署一份特别文件，该文件要写明，一旦与苏联女性成婚，他们将会被美国当局召回国内，即使他们的妻子得不到苏联机关的随配偶出境的许可也照此办理。[340] 除了少数特例，上述建议得到了采纳和执行。

834. 致斯大林大元帅

1945年8月1日发　　　　1945年8月1日收

尊敬的斯大林大元帅：

承蒙您屈尊于今日中午告知我，您已力促为数位近3—4年与在贵国履职的英国军官、士兵，也包括少数英国平民成婚的苏联年轻女子加速办理变更国籍事宜。

在此谨向您表示我本人最诚挚的谢意并借此向您通报一则消息，即您为近20对年轻伴侣带来了幸福。

我建议，如果您不持异议的话，我将委托阿奇博尔德·克拉克·克尔先生与莫洛托夫先生就上述年轻伴侣返回莫斯科办理国籍变更手续一事进行磋商。

挚友 C.艾德礼

835. 斯大林致艾德礼的私人秘密信函

1945年8月7日发

您8月1日的来函收悉。我对英国驻莫斯科大使与B.M.莫洛托夫就战争期间嫁给英国公民的苏联女性赴英手续问题进行磋商不持异议。

苏联加入对日作战以及广岛、长崎遭到原子弹轰炸，摧垮了日本领导集团继续抵抗的意志。秉持客观态度的西方历史学家也承认，前者的作用大于 692
后者。[341] 即使是美军司令部，对投掷了两颗原子弹后能否加速日本投降，也没有充分信心。在美国情报机构于8月12日呈送马歇尔的战争进程预测报告中写道：“人数众多、纪律严明、装备精良的日本陆军，在不知败局已定的情况下，有能力在本土对盟军的陆上行动给予疯狂抵抗，并给其造成巨大的损失。而原子弹轰炸的威慑效果并不足以在未来30天内对战局产生决定性影响。”[342]

8月10日，在日本军部经过激烈的交锋，裕仁天皇做出最终决定，日本政府通过在伯尔尼和斯德哥尔摩的中间人分别向美国、英国、苏联和中国政府递交投降书，其中声明，如果保留皇权政体和特权，日本将接受波茨坦公告条件。而就在当日，在白宫举行的会议上，美国政府决定接受日本保留天皇政体作为国家象征，但需将国家实际管理权移交给驻日盟军总司令麦克阿瑟将军。同时责成天皇确保日本军队无条件投降。伦敦同样极其看重日本最高权力天皇确认日本战败的合法性。早在1945年6月中旬，英国外交部就曾指出，“假如盟军进入日本未能导致该国合法政权投降（即天皇与内阁领导人协商决定投降），几乎无望轻易肃清与日本主岛已切断联系的外部领地，以及消除依托当地资源的被动抵抗”。[343]

华盛顿就拟给日本人的复函紧急向各盟国征询意见。伦敦和重庆即刻表示同意，但在莫洛托夫与哈里曼会谈过程中，莫斯科力图在复函中增加一项
693 “关于驻日盟军总司令一位或以上人选须经盟国同意”的条款，目的是授予远东军总司令华西列夫斯基元帅与麦克阿瑟同等职权。在遭到哈里曼坚决反对后，苏联政府未再坚持自己的立场，并同意了美方的答复方案。[344] 8月11日，国务院通过瑞士政府，以四大国名义对日本投降书做了答复。次日，杜鲁门在给斯大林的信函中确认了对麦克阿瑟的任命，并通报了为其下达的接受日本军队投降的各项指令，包括日军在红军作战区域内向苏军投降的指令。斯大林回复同意所提议的程序。

836. 杜鲁门致斯大林的机密信函

1945年8月12日发　　　　　　　　　　　　　　1945年8月12日收

1945年8月10日收到日本政府通过瑞士政府转来的照会，8月11日美国政府通过瑞士政府向日本政府转交了对8月10日照会的复函。现根据此函我提议，任命道格拉斯·麦克阿瑟将军为驻日盟军总司令，并代表盟国负责接受、协调和实施日本军队投降一般事务。

如果您告知您将任命军官作为贵国代表，并按照您的意愿行事，则我将指示麦克阿瑟将军在受降签字仪式前，就地做好迎接贵国代表的一切准备。

另外还有可能，麦克阿瑟将军将要求日本帝国大本营命令贵方行动区内的日本军队向苏军远东总司令或其下级军官无条件投降。我认为您大概会同意上述安排，我将此原则预先告知麦克阿瑟将军。请您尽快把任命的代表情况通知予我，以便我转告麦克阿瑟将军。对此我建议，应立即与麦克阿瑟将军建立直接联系，以落实每一项措施。

837. 斯大林致杜鲁门的私密信函 694

1945年8月12日发

您8月12日的来函收悉，事关任命道格拉斯·麦克阿瑟将军为盟军总司令，负责接受、协调和实施日本军队投降一般事务。

苏联政府同意您的建议。同时也同意您提议的程序，即麦克阿瑟将军要求日本帝国大本营，命令日本军队向苏军远东军总司令无条件投降。苏军统帅部任命捷列维扬科（Деревянко К.Н.）中将作为苏方代表，他已经接到相应的指示。

伯恩斯以盟国名义转交的日本投降条件书在日本领导集团中再次引发激辩。日本军部中的一些“鹰派”人物强烈反对接受同盟国的最后通牒，认为这极大地损害了日本的民族尊严。只是在天皇的干预和粉碎主战派政变图谋之后，投降决定才最终出炉。8月14日18时，瑞士驻美国使馆临时代办向伯恩斯转交了日本政府对盟国要求其接受投降条件的官方答复。杜鲁门立即命令美军停止所有军事行动，并在当日把这一决定通知了斯大林。

838. 杜鲁门致斯大林的绝密信函

1945年8月14日发　　1945年8月15日收

兹已于今日向太平洋和西太平洋战区司令下达命令：

“鉴于日本政府已于8月14日接受了盟国政府提出的投降要求，现发此函 695
授权您在保证所在地区盟军部队安全的前提下，停止对日本陆军和海军的攻击行动。”

在日本同意投降之后，华盛顿立即制定了与投降相关的军事条款，在总统给麦克阿瑟将军的命令中有记述。其中特别指出，各个战线的日军应该向何方投降。苏军司令部受降的地区包括：满洲、朝鲜半岛三八线以北地区、萨哈林。根据雅尔塔达成的秘密协议，千岛群岛（Курильские острова）被划归苏联，而按照命令书却默认为由美方受降（第1章d点）。事情当然不是因为美国人健忘：美军参联会作战部坚持把千岛群岛作为例外，主要目的是至少占据一部分岛屿，用于部署己方空军基地。伯恩斯对此持有异议，他的观点是“既然我们答应把千岛群岛划归俄国人，就不能食言”。但最终还是军方的意见占了上风。[345] 杜鲁门已经签署了命令：这个命令发给莫斯科与其说是征询意见，毋宁说是例行通报更恰当。

839. 杜鲁门致斯大林的绝密信函

1945年8月15日发　　　　1945年8月15日收

就日本军队投降细则问题，我已批准给麦克阿瑟将军的命令总则：

“第1号总命令

1. 陆军和海军

I. 帝国大本营遵奉天皇终战诏书，及天皇宣布日本全国武装力量向盟军最高司令官投降之声明，兹令所有指挥官包括海外下级指挥官命其指挥的日
696 伪军立刻停止军事行动，放下武器，驻留原地，并向美利坚合众国、中华民国、联合王国及大英帝国、苏维埃社会主义共和国联盟指挥官投降，详见下文以及盟军最高指挥官随后所发布的命令。除盟军最高指挥官对相关规定做出变更外，应迅速与上述指挥官及指派的代表建立直接联络，其下达的指令必须立即彻底执行。

a）中国（满洲除外）。台湾地区及北纬16°以北之法属印度支那之日本高级指挥官及其所属陆海空军及辅助兵力向蒋介石大元帅投降。

b）满洲。北纬38°以北之满洲、高丽、库页岛境内之日本高级指挥官及其所属陆海空军及辅助兵力向苏联远东军司令投降。

c）安达曼群岛、尼科巴群岛、缅甸、泰国、北纬16°以南之法属印度支那、马来亚、婆罗洲、荷兰印度、新几内亚、俾斯麦群岛及所罗门群岛境内之日本高级指挥官及其所属陆海空军及辅助兵力向东南亚盟军司令或澳大利亚军队司令官投降（蒙巴顿将军与澳军之受降区分界线划分，由其自行商定后，此条款细则将由盟军最高司令官酌定）。

d）日本委任其治下的各岛（包括琉球、小笠原群岛及其他太平洋岛屿）之日本高级指挥官及其所属陆海空军及辅助兵力向美国太平洋舰队总司令投降。

e）日本帝国大本营及其高级指挥官、在日本本土各岛以及周边各岛，北

纬38°以南之高丽及菲律宾之日本高级指挥官及其所属陆海空军及辅助兵力向美国太平洋战区陆军总司令投降。

f）上述各盟军司令官为唯一被授权受降之盟国代表，任何情况下，日本 697
军队应只向前述盟军司令官或其委派的代表投降。

日本帝国大本营亦命令在日本本土及境外直属指挥官就地完全解除日伪军武装，并在前述盟军指挥官规定的时间、地点，将未受损武备完整交出（在接到下一步命令之前，日本本土之警察部队暂不包含在本条解除武装之列。日本警察部队留在原岗位，负责维持所在地区的法制与秩序。此类警察部队之人数及武器装备将另行规定）。

Ⅱ.日本帝国大本营应在收到此命令（期限）日后，向盟军总司令呈报日本本土及日本管辖领土的下列完整资料：

a）所有陆军、空军和防空部队及其集结地和官兵人数清单；

b）所有飞机的资料：包括陆基、海基以及民用飞机的数量、类型、位置和状况的详细清单；

c）日本及日本控制下的所有军用舰船清单，包括水面舰艇、潜艇和军用辅助船，无论在航行、停泊或建造中，均须提供其所在位置、状况和目的地；

d）日本及日本控制下的100吨排水量以上之商船，包括曾经属于联合国家，但现由日本掌控的船舶，无论在航行、停泊或建造中，均须提供其所在位置、状况和目的地清单；

e）全部和详尽的地图资料，应注明雷场、雷区和其他陆地、海上、空中运动障碍的分布，或指明穿越其中的安全通道；

f）所有军事设施和机关的分布和说明，包括机场、水上飞机基地、防空 698
设施、港口及海军基地、仓库、永久性或临时性陆上及岸防工事、碉堡，以及其他设防地区；

g）所有战俘营，以及其他关押战俘和联合国家平民的位置分布。

Ⅲ.在收到处置命令之前，日本军事机关及民航管理机构应确保所有日本陆军、海军飞机及民用飞机停留于其所在陆地、海上及舰上之停放地；

Ⅳ.在接到盟国总司令指示之前，日本或日本控制下的所有类型的军用舰艇和商船，须保持完好状态，不得移动。在海上航行之船舶须立即做无害处理，将爆炸物抛入海中。所有停泊舰船须立即将各类爆炸物卸载上岸，安全封存。

Ⅴ.日本及日本控制下的职能军事及行政机构须保证：

a）日本国内布设之雷场、雷区及其他对陆、海、空行动构成障碍之物体，无论其位于何地，均须按照盟军总司令之命令予以彻底排除；

b）立即修复所有用于航行的导航设施；

c）在前述“a”项指令完成之前，须开放所有安全通道，并须布设明显的通行标识；

Ⅵ.日本本国及日本控制下的职能军事及行政机构，在接到盟国总司令进一步的指示之前，应将下列物品、装备及设施保持原状且不能损坏：

a）所有武器、弹药、爆炸品、军需装备、备品及给养，以及其他各类军用器材和技术装备（除本指令第4项之特别规定外）；

b）所有陆上、水上及空中运输和通讯设施与装置；

699 c）所有军事设施及机构，包括：机场、水上飞机基地、防空设施、港口及海军基地、物资仓库、永久性及临时性陆地与岸防设施，碉堡和其他设防地域，以及上述所有工事、设施和机关的平面图和详图；

d）所有设计完成，或准备投产，或有利于生产，或涉及战争工具的军工厂、修理所、研究院所、实验室、试验场站、技术资料、专利资料、平面图、设计图和发明，以及可用于任何军事和准军事组织的、由其操作的其他装备和资产。

Ⅶ.日本帝国大本营在接到本命令（期限）日后，即刻向盟军总司令呈交前述第Ⅵ条之a）、b）、d）各项所有物品详细清单，并注明每种物品之数量、型号及贮存地点。

Ⅷ.所有武器、弹药及战争工具、器材的制造及分配立即终止。

Ⅸ.有关被日本或由日本控制之政权关押的盟军战俘及盟国平民的处理事项：

a）被关押之联合国家战俘及平民人身安全、生活条件，包括居住设施，以及必要的足量食品、被装及医疗保障，必须予以充分保障，直至盟军总司令接管上述职责为止；

b）所有关押联合国家战俘和平民的战俘营，或其他拘押场所连同相关装备、文件、武器、弹药，移交给更高级别军官，或者移交给战俘和平民中推选出的代表管理；

c）依照盟军总司令之指令，盟国战俘及被押之平民须立即转移至安全地点，以便盟国接收；

700 d）日本帝国大本营在收到本命令（期限）日之后，须将联合国家所有战俘和被关押平民造册登记，连同关押地点呈报给盟军总司令。

Ⅹ.日本及日本控制下之所有军事及行政当局应协助盟国军队实施对日本

本土及由日本控制之领土的占领。

Ⅺ.日本帝国大本营及职能官员根据盟国占领军指挥官的指示，收缴和移交日本国民持有的所有武器。

Ⅻ.日本及日本控制下的军事和行政机关及公职人员和个人必须迅速准确执行盟军武装力量总司令、盟国其他军事机关颁发的命令及后续命令。若有迟延执行，或拒不执行本命令及后续命令条款，以及盟军总司令认定为危害同盟大国的任何行为，盟国军政权和日本政府将采取迅速而严厉的措施予以严惩。”

我批准此命令的附加条件是，无论是根据美军参联会日后的指令，还是盟军总司令视实际情况而做出的细化，该命令随时修正。本命令各章节括弧内选项由盟军总司令定夺。

在研究下达给麦克阿瑟的命令时，克里姆林宫立即发现千岛群岛奇怪地消失了。斯大林在回信时对此处做了修改，而且改动的手法极为老练。首先，他没有忘记雅尔塔决议对“千岛群岛”的表述，并借此机会强调此处所指是整个千岛群岛；其次，斯大林明确地把该群岛与“日本本土主岛”分割开来，为的是再次表明千岛群岛的特殊地位。

但事情不仅限于千岛群岛这么简单。斯大林做出的第二项修改与北海道 701
有关，他以苏联的公众舆论为由，提议把北海道北部地区划入苏军受降范围。这个理由无法掩饰苏联的地缘政治诉求，原因在于苏联以接受日军投降为由实现对北海道北部的占领，再加上控制整个千岛群岛和萨哈林岛，这等于把整个鄂霍次克海变成了“苏联的内湖”，美国情报机构如此评估道，[346] 从而为苏联提供了扩大对战后日本影响的桥头堡。美国当局对此心知肚明。早在1945年5月，美国军方曾对苏联参与占领日本本土的可能性进行过研究并承认其在军事上的合理性，但考虑到其后的政治风险，最终倾向于由美国独自占领日本本土。[347] 随着对日战争临近结束，美国独自管控日本的意愿变得愈发强烈。正因为这个缘由，斯大林对北海道的谋划没有实现的可能，更何况就这个问题而言，苏联和美国之间先前并没有达成过任何协议。斯大林在表述他对“微薄的愿望”的期待时，使用了比草稿更加礼貌的形式（斜体），[348] 但仍无济于事。考虑到时间紧迫，在收到杜鲁门来函的当日，斯大林将信函加急发出。

840. 斯大林致杜鲁门的私人秘密信函

1945年8月16日发

您附有《第1号总命令》的来函收悉。对该命令的内容我没有异议。顺便说一下，辽东半岛是满洲的一部分。然而，还是建议对《第1号总命令》做如下两点补充修正：

1. 将全部千岛群岛划为苏军接受日军投降的区域范围，因为三大国达成的克里米亚决议规定，全部千岛群岛应由苏联管辖；

2. 将毗邻库页岛和北海道的拉彼鲁兹（Лаперуз）海峡（宗谷海峡——译
702 者注）以北的北海道北半部划为苏军受降地区。沿山脊线将北海道划分为南北两部分，自北海道东岸的钏路市（Кусиро）起至西岸的留萌市（Румоэ）止，北半部包括上述两座城市在内。

最后一条建议对俄国公众舆论意义重大。众所周知，1919—1921年期间，日本人凭借武力强占了整个苏联远东地区。假如俄国军队连一小部分日本领土都不能占领的话，这对俄罗斯民众的感情是个极大的伤害。

我非常希望上述微不足道的愿望***（能够获得满足）不会遭致您的反对***。

以下艾德礼的这封信不仅是对战胜日本后处于巅峰状态的苏联的一份厚礼，同时也在某种程度上反映出1945年夏英国人对战后继续保持苏英合作关系的期许。当时在英国外交界有不少人存有这样一种复杂而微妙的心态。英国外交部高官G.杰布（Джебб Г.）1945年7月的一篇随记很好地印证了这一点。他在随记中写道："如果斯大林元帅可以信赖的话，那我们的总体策略和他的总体策略都是基于使三大国同盟关系能够继续存在下去。"[349] 按照英国历史学家M.福勒（Фоули М.）的观点，1945年夏天，"英国（对苏联）的态度尚未感受到'冷战'寒流的影响"。[350]

841. 艾德礼致斯大林的私人信函

1945年8月17日发　　　　1945年8月18日收

谨以此函向您表达我个人最热烈的祝贺，庆贺和平的降临及同盟国军队在击败最后一个纳粹侵略者的斗争中所取得的最终胜利。

如今，在我们面前已呈现出一片光明的前景，这就是在我们的人民之间营造一种崭新的精神氛围，使人们能够消除猜忌，消除对战争的恐惧，代之以相互信任与合作，反之世界将失去希望。因此，我由衷地期待，战时苏联与联合王国建立起来的友谊和相互理解能源远流长，在战后重建的年代能得 703
到巩固和加强，我们的联盟条约定能成为我们长久而牢固合作的基础。

斯大林对北海道的图谋未必完全出乎白宫的意料。华盛顿很清楚，苏联力求在占领日本问题上发挥举足轻重的作用，所以随时准备对苏联在这方面的图谋给予反击；同时对苏联准备登陆北海道的行动也了如指掌。所以，杜鲁门不仅果断地回绝了斯大林有关北海道问题的提议，而且还顺势针锋相对地向斯大林提出了千岛群岛的话题，毫不掩饰地提出美方要在其中的一个岛屿上建机场。正像一些研究人员所认为的那样，杜鲁门的这个提议绝非是一时的心血来潮。美国军方早就觊觎飞经千岛群岛的航线，这是从美军阿留申空军基地到战略要地日本和菲律宾的最短空中通道。1943年夏，隶属美国国务院的政策规划委员会在制订战后规划时首次提出了在千岛群岛建立空军基地的设想。之后，到了1945年5月，国务院和五角大楼对雅尔塔协议重新做了有利于自己的解读，这个建议再次被上层提起。霍普金斯在他最后一次访问莫斯科时，本该做一下这方面的尝试，但他没有来得及，或者是不想这么做。[351] 后来，在波茨坦会议期间，美国战争部长史汀生再次向杜鲁门提出了在千岛群岛建立基地的想法：“如果千岛群岛被划给俄国人，那么我们应该保留在这一地区的飞机着陆权，因为千岛群岛如同一张巨大的弯弓横亘在美国和日本之间，其可以大大缩短该航线的航程。”[352] 然而，鉴于在波茨坦时有更多的难题要解，所以无暇顾及这一问题。现在斯大林提到千岛群岛问题，这反而给了美国人最后一个契机，以军事合理性为由楔入这个尚未被苏联控制的区域。美国的一些政策制定者曾特别指出：“由于俄国人谋求控制整个千岛群岛并拥有在满洲的特权，以及苏联的政策是反对外国航空公司进入领空，因此，要获得在该地区的着陆权将比较困难，对我们来说利用北方航线飞越东太平洋几无希望。”[353] 杜鲁门给斯大林的回信是在马歇尔的司令部起草的， 704
莱希将军把草稿拿给伯恩斯征询意见，8月18日，在白宫召开的有伯恩斯和莱希出席的会议上，总统未做任何改动就批准了信函。而有关在千岛群岛建机场的问题，在回信的不同版本的初稿中则不尽相同，有的有，有的无。[354] 为何杜鲁门后来还是同意修改了自己在命令中涉及千岛群岛受降安排的条款，至今学者们仍各持己见。最可能的原因是，华盛顿担心一旦拒绝苏联人的合法诉求，就会招致对方在朝鲜和满洲采取回击措施，同时有可能在千岛群岛引发军事冲突的危险。

842. 杜鲁门致斯大林的机密信函

1945年8月18日发　　　　　　　　　　　　1945年8月18日收

兹回复您8月16日的来函，我同意您对《第1号总命令》涉及千岛群岛问题的请求修改意见，即整个千岛群岛地区纳入苏军远东军总司令的受降范围。但我想说明，出于军事和商业方面的一些考量，美国政府希望拥有在千岛群岛的一个岛屿上的航空基地使用权，供陆地及海上飞机着陆，位置最好位于该群岛中心地带。如果您告知我同意此举，我将不胜荣幸，位置和其他细节可由双方政府指定特别代表协商解决。

关于您提议由苏联军队在北海道接受日军投降一事，我要说明的是，此事木已成舟，即日本北海道、本州、四国及九州诸岛之日军全部向麦克阿瑟将军投降。

麦克阿瑟将军将率领象征性的盟军武装力量，其中包括苏联武装力量，临时占领他认为重要的日本本土要地，以便满足我们盟国提出的投降条件。

斯大林同样对艾德礼8月17日的贺电予以友好回应。

705 843. 斯大林致艾德礼的信函

1945年8月20日发

感谢您在战胜日本之际发来的友好问候和祝贺，此次胜利值得同贺。反抗德日的战争和我们斗争的共同目标使苏联和联合王国站到了一起，我们的联盟条约是巩固合作的基础。

我深信，经历战火与危难考验的苏英合作关系将不断得到巩固和发展，并必将在战后造福于我们两国人民。

在总统有关远东问题信函的俄译稿中出现了两处错译，这两个错误后来在正式出版往来书信时得到了纠正。其中一个错误是把“‘象征性’的盟军武装力量”译成了“特派”，而原文“他认为重要的”指的是日本本土，而译稿修饰的是盟军武装力量。[355] 但是，这两处错误的同时出现相互抵消了彼此的意义，它们未必会影响斯大林和莫洛托夫对该句话意思的正确理解。对于生性多疑的克里姆林宫掌门人来说，杜鲁门的回复释放了两个令人警觉的信号：在远东地区，美国人一边封闭苏联涉足日本的大门，一边却试图涉足雅尔塔会议早已确认的苏联在远东的势力范围。美国想在苏联领土上建立自己的军事基地，使用目的和期限又不明确，这在苏联人看来十分值得怀疑，也是绝对无法接受的。更何况早些时候，美国为轰炸日本本土拟在苏联远东地区部署空军力量，这个更加正当、出于有限目的的计划也被苏方回绝。因此，斯大林决定要对贪得无厌的扬基佬还以颜色。斯大林在最后关头取消了在北海道实施密集登陆的计划，在强压怒火喝下了这杯苦酒后，他断然回绝了杜鲁门的要求。用打字机打出来的回函无任何修改的痕迹，上面只有莫洛托夫签署的“22/Ⅷ批复”字样。但透过这封回函仍可以看出斯大林的性格特点，要么就是莫洛托夫模仿斯大林的文笔。给杜鲁门的回函被延迟发出自有其原因：“最高统帅”对如何处理北海道问题一直犹豫不决，直到给杜鲁门答复当天才 706
做出了最终的决定。就在8月20日华西列夫斯基元帅还曾收到过斯大林的命令，令其继续准备对北海道实施登陆。但“只有收到大本营特别命令时方可开始行动”。[356] 促使“最高统帅”取消该计划的原因显而易见：存在与美国盟友发生军事冲突的危险，继而对未来苏美关系造成严重后果。难怪苏联远东军司令部总参谋长 С.П.伊万诺夫（Иванов С.П.）上将代表司令部下达如下命令：“为避免与友军发生误会与冲突，绝对禁止向北海道方向派遣任何舰机。”[357]

844. 斯大林致杜鲁门的私人秘密信函

1945年8月22日发

您8月18日的来函收悉。

1. 我这样理解您的来函内容，即拒绝满足苏联有关北海道北部日军部队向苏军投降的要求。应当说，我本人以及我的同事们对您如此答复始料未及。

2. 关于您提出要求在千岛群岛上的某个岛屿建立永久性航空基地，而根据三国克里米亚决议，千岛群岛应划归苏联管辖，我认为有必要就此问题告知您：首先，我要提醒的是，无论是在克里米亚还是在柏林三国从未就此问题形成决议，在通过的决议中找不到任何依据。其次，此类要求通常针对战败国，或是针对那些自身无力保卫自己的某部分疆域，且因此有意为盟友提供相应基地的盟国。但我不认为能把苏联归入此类国家之列。再就是，由于来函中未详述提供永久性基地的任何理由，所以，我要坦率地告诉您，无论是我还是我的同事均困惑不解，究竟是出于何种原由向苏联提出此种要求。

707 在收到克里姆林宫冰冷的答复后，白宫和国务院就开始思量起下一步的对策。杜鲁门后来回忆说："我当时的第一反应就是对这封带有明显敌意的信不做回复。但8月25日我还是给斯大林发去了一封语气更加缓和的复信。"[358]美国的一些档案资料让人们得以了解这位前总统被迫这样做的隐情。就斯大林对北海道问题遭拒绝而做出的反应，杜鲁门采纳了伯恩斯的建议，他建议总统"无视"。[359]至于说到千岛群岛，问题则要复杂得多，对其视而不见显然是行不通的。美国国务院曾征询过军方的意见，问是否值得继续坚持曾提出的要求。军方内部在审议此问题时，不得不承认斯大林的立场有理有据。美军将领们在通电话时甚至不惜暴粗口，与其说是咒骂苏联人，毋宁说是在咒骂国务院。用马歇尔副官J.霍尔（Хэлл Дж.）中将的话说，国务院一直在"和稀泥"，错失了与俄国人讨论问题的良机。霍尔直言不讳地说，"事到如今，如果与俄国人换位思考，我也会如此答复"。[360]

在一份有霍尔签名的工作总结上有这样一段话：

"可以想象，斯大林元帅的结论是正确的，直到现在我们也未能就千岛群岛航空基地问题提出任何具体需求……考虑到斯大林元帅的立场，我们认为，美国对千岛群岛航空基地表现出的兴趣不足以说明此问题的重要性。虽然从军事角度讲，期待拥有能在千岛群岛中部中转和飞机加油的权利是合理的，但美国空军并不想使此问题升级到政治层面。无论从占领军的需求，还是从重新集结的需求的角度来说，都不足以在这个问题上继续坚持。"[361]

杜鲁门终于退缩了。国务院在起草给斯大林的回信时考虑到了军方的意见，总统未经修改便签字同意了。杜鲁门回信时解释说，他的本意是"在占领日本期间，如遇紧急情况"美国空军方可使用岛上基地，并且美方将不再坚持这一点。他对商业航线做出了这样的解释，千岛群岛暂未成为苏联国土，其地位应通过和平调解确定。如果还记得雅尔塔协议的规定，在战胜日本后，
708 苏联的要求将"无条件地得到满足"，则杜鲁门随心所欲地解释该项规定，明显是在暗示：在千岛群岛问题上支持苏联的立场是与为美国提供该岛降落权利密切相关的。

845. 杜鲁门致斯大林的机密信函

1945年8月25日发　　　　1945年8月27日收

兹回复您1945年8月22日的来函，关于千岛群岛的基地问题，我的想法是，在占领日本期间，拥有千岛群岛中部岛屿着陆权对我们现在采取的行动具有实质性的益处，这些行动与落实日本投降条件有关，在占领期内，如遇紧急情况，由此可以保障另一条与美国的空中通道。

我同时还非常明确地提出为商业飞机提供着陆权的可能性问题。很明显，您错误地理解了我的来信内容，因为您将此理解为对战败国抑或无力保卫某部分疆域的盟国的要求。我在信中并未涉及任何苏联加盟共和国的领土，我所指的是千岛群岛，指的是日本国土，这个问题应留待和平调解时解决。据我所知，前任总统同意在和平调解时支持苏联获取该岛的主张。我不认为您要求我重新确认有何不妥。如果您期望我们支持贵国长期控制千岛群岛的愿望，则我不能理解，为何您认为我请求提供在其中一个岛上的飞机着陆权是欺人之举。我认为，我请求就此问题进行商议是妥当的，更何况我们两国政府和我们个人之间有着紧密和坦诚的关系。尽管我希望在近期能通过适当方式就相关问题进行磋商，但如果您不希望立即讨论，我不再坚持。

8月27日哈里曼大使将杜鲁门的回信转交给了斯大林，他一开始就认为对 709
千岛群岛的图谋是徒劳之举。据苏方的会谈纪要记载，“在收到杜鲁门关于这个问题的第一封来函后，哈里曼就担心此信会引起斯大林同志的误解。杜鲁门最后一封信才就事情的原委做了说明”。会谈纪要接着写道：“当斯大林同志问起，是否只在占领日本期间将千岛群岛作为临时基地使用”时，哈里曼肯定地确认，并补充说，问题同样涉及“在战后为美国商业飞机提供着陆权”的问题。斯大林推辞说，“此事需要和同仁们商量”。[362] 电报中，哈里曼向杜鲁门做了如下陈述：“我的感觉是，他认为在占领日本期间给美方飞机提供临时着陆权是可行的，但我不清楚他对战后商业使用这些设施持何态度。”[363]

资深外交官的预感是对的。在回信中，斯大林确实同意了杜鲁门的第一个请求：如果关于美国基地的议题不再提，美军飞机在苏联机场迫降则不成问题，何况这还只限定在占领日本期间，在当时看来，这不会拖得很久。第二项要求则较为敏感，并且有悖于苏联当局当时的政策，即不对外国航空公司开放苏联领空。但直接拒绝美国总统的要求显然欠妥，另外，斯大林当然能看穿杜鲁门把这一项与信守雅尔塔协议联系在一起的意图。因此，斯大林决定以其人之道还治其人之身，他向杜鲁门提出了一个反建议：尝试渗透到美国的战略要地，他料到华盛顿不可能接受这个申请。同时，与杜鲁门那咄咄逼人的语气明显不同，斯大林的复信通篇用语婉转礼貌。

846. 斯大林致杜鲁门的私密信函

1945年8月30日发

您8月27日的来函收悉。令我感到欣慰的是，之前在我们往来书信中产生的误解已经消除。我不觉得您的建议有何凌驾于人之意，我只是一时困惑，现在看来，是我误解了您。

710 我当然同意您的提议，即在占领日本期间，如遇紧急情况，我们将保证美国飞机拥有在千岛群岛某岛苏联机场迫降的权利。

我亦赞成美国商业飞机可以在千岛群岛某岛苏联机场着陆的提议。与此同时，苏联政府亦期待苏联商业飞机可在阿留申群岛某岛美国机场着陆的对等权利。提出此建议的原因是，对苏联而言，现今从西伯利亚经加拿大飞往美国的航线因其距离遥远而十分不便，所以，我们更希望能有较短的航路，从千岛群岛经阿留申群岛中转后飞往西雅图。

至此，有关在千岛群岛上建立美军航空基地的问题被画上了句号。根据美国军方的建议，杜鲁门在后来与斯大林的通信中再也没有提到这个问题。

在对日战争临近尾声时，苏美间的矛盾与摩擦愈演愈烈。在此时期，不仅是伦敦因“俄国作为远东列强复兴”带来的长期后果而焦虑。[364] 同时，哈里曼也确信，“苏联在远东的所作所为不会脱离他自身利益的需要”，[365] 一直在密切关注斯大林与中国政府首脑宋子文在莫斯科的谈判。而得益于宋子文提供的消息，大使对会谈内容了如指掌，在其发给华盛顿的电报中强调了斯大林向中方提出的严苛条件：“俄国在华军事管辖区域不仅包括大连，而且包括旅顺，在大连要有苏联海军基地。”[366] 哈里曼并非只是向华盛顿通风报信，他同时提出了自己的建议，但明显有违雅尔塔协议。8月10日，大使在发给杜鲁门的急电中强调：

“马歇尔将军和金将军在波茨坦曾与我交流过，如果日本人在苏军占领这些地区之前就投降的话，[美军]有可能在朝鲜半岛和大连实施登陆。考虑到斯大林给宋子文提出过高要求这一行为，我建议在接受日军投降之前，至少应在 711
关东半岛（辽东半岛——译者注）和朝鲜半岛实施登陆。我认为，美国无须在苏军的任何行动地区对苏联承担任何义务。迪恩将军与我意见一致。”[367]

迪恩的鲁莽行为不可能改善苏美之间的相互理解。8月15日，迪恩将军同时收到参联会告知日本接受无条件投降的消息，以及麦克阿瑟将军停止进攻的命令，他随即把这份命令转给了苏军指挥部，这客观上造成了麦克阿瑟将军命令苏军停止进攻的印象。安东诺夫在8月16日的回信中指出此举莫名其妙，并把迪恩的举动归结为误解。

从8月15日到9月2日这段时间红军斩获颇丰：远东军总司令华西列夫斯基元帅下令编成的机动分队与空降群协同占领了满洲和北朝鲜。在自己的回忆录中，华西列夫元帅不无自豪地写道：“苏联武装力量的远东战局以辉煌的胜利而告终……日本军国主义分子失去了发动侵略的桥头堡，失去了在中国、朝鲜和南萨哈林地区的所有原材料及武器的供应源头。日本关东军的溃败加速了整个日本的全面投降。”[368] 战争结束前夕，苏联在远东地区的外交主动权得到了大大加强：8月14日，与中华民国代表宋子文的艰苦谈判终以签署《苏中友好同盟条约》而告结束。

鉴于上述原因，苏美两国领导人就9月2日日本签署投降书（苏方代表为К.Н.捷列维扬科（Деревянко К.Н.）中将而互致贺电的行为也不能掩盖苏美之间的尖锐矛盾。

847. 致美利坚合众国总统杜鲁门先生

1945年9月2日发

值此日本签署投降书之日，请允许我向您，向美利坚合众国政府和美国人民致以热烈的祝贺！祝贺战胜日本侵略者这一伟大的胜利！

同时，向取得辉煌胜利的美利坚合众国武装力量致以崇高敬意！

И.斯大林

712 848. 杜鲁门致斯大林的信函

1945年9月5日发　　　　1945年9月6日收

请您接受美国人民和我个人的诚挚谢意！感谢您值此盟国共同战胜日本的伟大胜利到来之际发出的热情贺电！

为了这一伟大的胜利，盟国均尽其所能、动用现有资源作出了自己的贡献。因此，今天我们能够共同期待世界的永久和平，期待所有爱好和平的国家繁荣昌盛。

849. 杜鲁门致斯大林的私人秘密信函

1945年9月8日发　　　　1945年9月10日收

您8月30日的来函收悉，谨致谢忱。

杜鲁门在收到有自己苏联“朋友”斯大林亲笔签名的肖像照后，回信致谢。这份至今保存在费城杜鲁门博物馆里的礼物，对其来说未必是“愉快的回忆”，但在当时，斯大林的态度还是让他受宠若惊。

850. 致苏维埃社会主义共和国联盟武装力量最高统帅 И.В.斯大林阁下

1945年9月14日发　　　　1945年9月15日收

尊敬的斯大林大元帅阁下：

请您接受我的诚挚谢意，非常感谢您赠予的签名肖像照，它已经顺利送达。我无法用语言来表达对签名照传递的情谊的感激，我将把这幅肖像照作为愉快的回忆永久存念，它是对在波茨坦愉快合作的见证。

挚友　哈里·杜鲁门

1945年9月11日—10月2日，在伦敦召开了五大同盟国首次外长会议（СМИД），这次会议是在波茨坦会议上决定的。会议是在对战后格局充满严重分歧的气氛中进行，其中包括：与德国的原附属国签署和平条约问题、意大利原殖民地的命运问题、建立盟国对日管制机制问题。会议伊始首先讨论法国和中国参与所有问题讨论的资格，包括与德国的前盟友签订和平条约的问题。国务卿伯恩斯和英国新任外交大臣贝文的这个提议背离了波茨坦协议，该协议规定只有参加过对德作战，并与其前附庸国签署过投降书的国家才有资格参加解决与相关附庸国签署和平协议问题：按照这个规定，法国只能参加与意大利签署条约的讨论，而中国则只能参加涉及日本的相关问题。但鉴于两国代表只参与和平条约的讨论，而没有表决权，莫洛托夫于是同意了该提案，不过很快他就对自己的做法后悔不迭。 713

9月19日，苏联外交人民委员会对会议第一周的工作进行了汇总，并用电文向斯大林报告说，尽管美国人明显"事先与英国人达成了私下交易"，而法国人与中国人"是我们的人"，总体态势上看，"开局不错"，[369]之后便会"面临着讨价还价和尽可能寻求妥协"。然而，斯大林看来并未被莫洛托夫的乐观情绪所感染。与会各方在所有关键议题上均存在严重分歧这一事实，使他态度渐变强硬。在这种情况下，同意法国人和中国人参与和平条约问题令其心生疑窦。他通过维辛斯基严厉地要求莫洛托夫"审慎地看待"法国人和中国人非法参与讨论与芬兰和巴尔干各国的和平协议问题。莫洛托夫在回电时，尽管承认"斯大林同志的指示"是正确的，但仍试图为自己辩解。他解释说，"我并不认为这个问题是原则问题，所以我同意了这样做，这一切皆因贝文和伯恩斯顽固坚持"。此番笨拙的辩解再加上对盟国无休止的让步使斯大林火冒三丈。9月21日，他再次通过维辛斯基向莫洛托夫下达了甚为严厉的"上级指示"，并刻意不再使用常用的呼语"你"：

"您必须无条件地准确履行柏林会议决议，只能是与所讨论问题有直接关系的国家代表参加外长会议相关议题的讨论……当与苏联作对的只有盎格鲁-撒克逊国家——美国和英国时，他们中的任何一个都不会提出少数服从多数的问题。而现在，违背了柏林会议精神，再加上您的纵容，盎格鲁-撒克逊国家成功地拉中国人和法国人入伙，这使得伯恩斯有理由提出少数服从多数的问题。"[370] 714

斯大林更为担心的是，莫洛托夫看似不起眼的让步如同开了一个口子，让英美人通过这个口子来左右各项议题的表决。由于美国与英国的勾联关系，以及其他盟国唯二者马首是瞻这一事实，可能使苏联遭到孤立，因此斯大林在此问题上的愤怒并非装腔作势。在他看来，波茨坦会议模式是重要的原则问题。“这个决定（正如苏联外交人民委员会在对波茨坦会议进行总结时所制定的内部方针表述的那样）能够将我们的对手限制在最低数量内，而对我们来说，弹性再大也能接受”。[371] 比起与4个潜在对手的角逐较量，利用美英之间的矛盾在“三巨头”的游戏里纵横驰骋对斯大林来说更加得心应手。如今盎格鲁-撒克逊人不仅联手在此问题上挑战苏联，而且还“把中国人和法国人拉入自己的阵营”，这对克里姆林宫来说无疑是不受欢迎的礼物，克宫期待的是由好说话的“小兄弟”组成的小团体。面对盟国愈发强烈的抵触苏联的要求，斯大林不能接受在波茨坦模式问题上有丝毫退让，也属于意料之中的事。

无论如何，“上级”的严厉斥责令莫洛托夫诚惶诚恐。他在回复斯大林时说：“我承认在工作中出现了严重疏忽，现遵照上级指示，立即采取措施切实执行柏林会议决议。我将提议推迟召开下次会议。我会立即坚持终止五国外长全体会议……尽管对于外长会议来说是个急转弯，但这将是最好的出
715 路。”[372] 事实上，这个转弯非常急。第二天，即9月22日上午，头天夜里受到斯大林斥责的莫洛托夫发表的一则声明震惊四座，声明称，必须立即纠正9月11日会议上做出的错误决定，否则他将拒绝参加和平条约的继续讨论。汲取失误的教训，莫洛托夫现在咬紧牙关坚持自己的新立场，毫不退让。五国外长会议已处于中断的边缘。伯恩斯和贝文对180度大转弯的原因百思不得其解。伯恩斯在与西方盟友会谈时推测，“莫洛托夫或许是以程序问题为借口，企图打断会议，因为会议进程未按照他的预先设计推进”。[373] 因为知道莫洛托夫生性倔强，英美人想不出高招，只能通过斯大林来影响他，尽管人民委员直言不讳地说，他是在执行刚刚收到的斯大林电报的指示，斯大林认为9月11日会议的决定有违波茨坦协议。[374] 建议总统给斯大林写信是伯恩斯的主意，他相信当时在华盛顿和伦敦比较流行的看法，即比起莫洛托夫来，与斯大林更容易取得共识，他甚至担心斯大林死后世界的命运。[375] 杜鲁门本人都有过类似的担心。[376] 在9月22日当天，伯恩斯在伦敦与莱希将军通了电话，向其讲述了莫洛托夫风波的原委。两人继而交换了意见，就此莱希在日记中写道：

“伯恩斯：莫洛托夫这么做只不过是为退出会议在找借口。实际上，他情绪失控是因为美国和英国拒绝承认罗马尼亚政府…… 我建议总统即刻致电斯大林，请其联络并指示莫洛托夫不要中断会议工作……

莱希：总统现在正在去东部马里兰州的路上，他要过一两个小时才能回

来。我会向其报告并请示。

伯恩斯：您以总统的名义给斯大林发一封电报如何？

莱希：您与我的想法不谋而合……我先把情况通报给总统，在等待他认可的同时，把您的建议拟电给斯大林。我确信总统一定会赞同您的建议……”[377]

莱希迅速将伯恩斯的文件拟成电文，并以杜鲁门的名义发往莫斯科。而 716
总统打电话表示同意，已经是当天晚些时候，实际上是第二天的事了。[378]可以看得出来，杜鲁门的助手们在代总统行事方面有较大的灵活性，因为他们深知杜鲁门的行事风格，完全信任下属和不干涉起草的电文内容。美国人之所以仓促行事，是因为担心莫洛托夫退出盟国外长会议。美国使馆是在星期天收到总统电文的，那天使馆临时代办凯南正在郊外休假，尽管如此，杜鲁门的电文还是在当天以使馆一秘E.佩吉（Э.Пейджа）的名义紧急送达给了外交人民委员会。[379]

851. 杜鲁门致斯大林的信函

1945年9月22日发 1945年9月22日收

我得知莫洛托夫先生因在法国和中国参与讨论巴尔干局势问题上较难达成协议，打算退出外长会议。

为此，我迫切请求您联络莫洛托夫先生，让其切勿中断会议工作，因为这一做法势必给国际社会造成不良影响。

维辛斯基在伦敦即刻把杜鲁门的这封电函转交给了莫洛托夫，并补充道：“上级决定对这封信暂不做回复，而是等待您的消息。”[380]

人民委员在随后给莫斯科的报告中说：“杜鲁门的这封电文多少让人感到其方寸已乱……他们，尤其是贝文，开始时对严格遵守柏林会议决议一事充耳不闻。于是我对他们说，如果他们无视我的合理建议，尽管未予检验是否可行，但最终将一事无成。很明显，伯恩斯在向杜鲁门汇报时，把我的声明描述为我要退出外长会议。会议今天仍在进行，而且仍将继续，但应纠正偏离柏林决议的行为。我认为，应以这样的原则立场回复杜鲁门。”[381]斯大林正是以这样的原则立场回复了杜鲁门，但其手法却老道得多，他佯装“征询了莫洛托夫的意见”，以此为他的最终答案做铺垫。在将斯大林的回复转交华盛顿时，维辛斯基指示驻美大使："立即把此信转交给杜鲁门总统。"[382]

717 852. 斯大林致杜鲁门的信函

1945年9月23日发

您的来函收悉。

我已向莫洛托夫征询意见，但暂未得到回复。根据所了解到的会议情况，我的看法是，如果问题涉及法中参与解决巴尔干事务的讨论，那么从柏林会议决议的严格意义上说，上述两国无权参与。

在得到斯大林的上述答复前，伯恩斯决定再次以总统的名义与其进行交涉，但此次则把美国就法中两国参与和平条约讨论的立场做了阐释。这封信函是9月22日当天由伯恩斯团队起草，并紧随着上封电报发出的，同样未同总统商量。莱希也是在日后才把事情的原委向杜鲁门汇报的。[383] 英国首相艾德礼也给斯大林发去了内容相同，但文字冗长的电报。该电文突出强调了西方盟国立场的法律依据。艾德礼和杜鲁门一样，在认可苏方所持立场合乎逻辑的同时，实际上是要求莫斯科当局出面斡旋。从已公开发表的杜鲁门与艾德礼往来书信中可以看出，双方未就电文直接进行沟通。9月23日，艾德礼把给斯大林的电报副本转发给了白宫，第二天，他收到了杜鲁门对电报内容的确认回复。[384]

853. 杜鲁门致斯大林的信函

1945年9月22日发　　1945年9月23日收

续接前一封信。国务卿完整地向我通报了此次外长会议面临的困难局面。

我同意，如果严谨解读波茨坦会议决议，法国与中国无权参加和约的讨论，因为他们未参与签署投降条款，而且按照波茨坦协议3（b）的条款他们
718 也未受到邀请，其中规定，未参与签署投降条款的会议成员国可经协商受邀参加与其直接相关问题的讨论。

我记得，在波茨坦会议谈判桌前，经过讨论达成的协议是：此次会议规定非签署受降条款成员国可出席和参加讨论，但无表决权。我认为，此次外

长会议开幕当日一致通过了下列决议，即非签署受降条款成员国可参加讨论，但不能行使表决权。如果我们现在改变这个规定，以法中两国未签署受降条款为由，剥夺他们参与他们宣称的相关问题的讨论权利，我担心这种做法会造成负面印象。他们定会责怪三大国剥夺了会议其他成员国表达自己观点的权利。

我们是否可以一致认为，将盟国外长会议首次会议上通过的决议视为根据波茨坦协议对法中两国发出的邀请？这是个微不足道的问题，不应因此导致会议工作中断，并妨碍和平和互谅的进程。

艾德礼写给斯大林的信函出自贝文之手，在把此信交给首相时贝文夹带了下面这封附函：

“我认为我们不能够接受莫洛托夫的提案，因为这意味着五国外长会议的终结，症结在于苏方企图让会议只讨论一些次要问题，而其他重要议题都交由三大国审议。如果对苏方的提案妥协的话，我们将极大地伤害法国人，并且还会受到各自治领及其他联盟小国的责难，在他们看来即使是五国磋商机制，参与国数量也还是太少。如果我们态度坚决地坚持自己的立场，就会面临俄国人退出会谈的风险。但我认为这个风险小于前面的风险。”[385]

与此同时，英国人“私下里”都承认苏联人在这一问题上所持立场的理由是有根据的。贝文就曾对内阁说过，“协议（波茨坦协议——作者注）上的 719
文字表述给苏联人在程序问题上坚持的立场提供了某些依据”。而伦敦会议秘书长N.布鲁克（Н.Брук）后来也说过：“莫洛托夫当时是正确的。”[386]

艾德礼未经任何修改就签署了电文。英国人决定把柏林会议备忘录中A章第4（b）条款作为己方立场的依据，因该条款在某些条件下呈现出一定的“灵活性”：“盟国外长会议可增补讨论性质的工作程序……为解决某些问题时，外长会议可以改为有最直接的相关国家出席的特别会议。”[387]

854. 艾德礼致斯大林的私人机密加急信函

1945年9月23日发　　　　1945年9月23日收

1. 昨日在筹备和平条约问题上，就外长会议的参会成员国问题出现了意见分歧。争执集中体现在对柏林协议的解读上。

2. 贝文先生证实，为签署和平协议所需的各项准备工作，成立由英、苏、中、法、美五国外长组成的委员会是解决问题的基本条件[柏林会议决议备忘录第1部分条款A和A（1）]，这样外长会议才能负责完成赋予他们的任务。

所以，贝文先生坚持认为在9月11日外长会议上做出的决定是正确的：

“兹决定，所有五个盟国均有权参加外长会议框架下所有会议及所有议题的讨论。但对于涉及制定和平协议方面的议题，凡未签署相关受降条款的盟国不享有表决权。”

3. 我曾与艾登先生交谈过，他对我说，按照他在波茨坦会议上对决议的理解，外长会议可以制定特别程序，并且此类程序不受波茨坦协议具体条款的约束。

720 4. 莫洛托夫先生则认为，9月11日的决议因违反了波茨坦协议的规定，所以应被撤销。而今后外长会议涉及和约的讨论，只有签署了相关受降文件的盟国外交部长才能参加，比如美国可以参加芬兰问题会议，中国将被彻底剥夺参会资格，而法国除涉及意大利的问题外，无权参与其他条约的讨论。这与我对波茨坦协议精神和目标的理解完全相左。

5. 9月11日出席会议的五国外长，包括莫洛托夫在内，他们通过的决议与美国国务卿和英国外交大臣所持有的一贯观点一致。我认为，外长会议无疑有权通过上述决议[见柏林协议第1章第A/4（b）条款]。此外，不应当认为9月11日的决议背离了波茨坦协议的某些规定，因为对表决权的限制实际上意味着外长会议在通过决议时，只有条款规定的国家才有表决权。既然这个问题已经提出，我便想展开来说。9月11日的决议是经讨论后各方一致同意通过的。所以，我非常担心这将开辟一个先例，即质疑已通过的决议，并试图修改其内容，进而推翻英国外交大臣与他国外长一道真诚协商而得出的结论。我担心这会完全改变外长会议的良好初衷和指向，并给其正常工作造成混乱。而且对能否就取消之前的决议达成一致我持怀疑态度。因为任何修改9月11日决议的企图都会对法国和中国造成严重伤害，并且这一做法完全不能被英国公众和议会所理解，而我们曾向议会郑重宣布，此次外长会议将是五大盟国的共同行动，他们在伦敦愉快聚首。莫洛托夫先生提出了这样的理由，即他的建议可以极大地加快外长会议的工作进程。如果他所说的意见
721 在谈判过程中得不到体现，那自然也不能弥补给和谐合作造成的伤害。我认为，今日的成就和外长会议的未来，一句话，对公平世界的信念，都已被拿来做赌注。因此，我真诚地希望您能授权贵国代表团，使其执行9月11日会议的决议。我们的最终目的是维护和平，这比任何会议程序问题都重要得多。

盟国的理由并未使斯大林动摇。他宁愿中断会议也不愿向伙伴们低头。斯大林此前已经对在伦敦会议取得的重要协议不抱希望，而西方盟友违反波茨坦协议的行为给了他把责任推给对方的一个正当理由。斯大林所引用的波茨坦协议3b条款于己非常有利，即非常明确地规定了参加外长会议的资格条件——签署投降议定书。同时还有附加条件，即"当会议审议的问题与其他国家直接相关，这些国家将受邀参加外长会议"，[388] 而使得英美人获得了一定的回旋空间。斯大林给美英两国首脑的回复采用了对等原则：给杜鲁门的回复简短扼要，而给艾德礼的回复则稍加扩展，以法为据。

在9月25日的内阁会议上，艾德礼对伦敦外长会议和就此问题与斯大林的书信往来做了小结，他说道：

"美国和联合王国代表团反对把法国和中国排除在会议之外。况且十分清楚的是，法国不会接受任何类似的图谋，如果坚持这样做，法国代表团将被召回国。首相就此问题致信斯大林主席，但回信表明，该国代表团所持立场得到了斯大林主席的完全支持。会议分歧涉及的是程序问题，但表面现象之下掩盖的是苏联代表团根本上的原则性分歧。只要涉及苏联自封为势力范围的领土问题建议，苏联代表团就会无条件地抵制。"[389]

855. 斯大林致杜鲁门的信函 722

1945年9月23日发

您有关伦敦外长会议分歧的来函收悉。

今日已收到莫洛托夫的回信，他告知他是在依据柏林协议行事。他认为，这个决议不应遭到违背。而我应该提醒的是，在柏林会议期间，我们之间没有相关决议或约定，即未签署投降条件书的会议成员国可以参加讨论而不享有投票权。我认为，莫洛托夫的立场正是在严格遵守柏林会议的决议，这不会造成负面影响，也不会对谁造成伤害。

856. 斯大林致艾德礼的私人秘密信函

1945年9月24日发

您关于伦敦外长会议分歧一事的来函收悉。

B.M.莫洛托夫在此问题上的立场出于严格遵守柏林协议的必要，其中第3（b）条款对外长会议的规定有清晰的表述。而9月11日外长会议做出的决定违背了柏林协议中前述条款之规定，所以是不能接受的。

也就是说，问题的实质不是外长会议工作的程序问题，而是外长会议是否有权废除柏林会议决议的某些条款的问题。我认为，哪怕是为外长会议废除柏林决议短暂放权，都意味着将柏林会议决议视为儿戏。

我的看法是，B.M.莫洛托夫所坚持的立场，正是为了纠正已犯下的错误，恢复柏林会议决议的本来面目，不会造成负面影响，也不会对谁造成伤害。

虽然外长会议还是按照原有的成员继续进行，但有关和约的讨论事实上
723 已经中止，取而代之的程序辩论也陷入了僵局。会议流产已成定局。莫洛托夫在向斯大林汇报时，告之伯恩斯和贝文再次拒绝重新审议命运多舛的9月11日会议决议，他写道："会议只是走了过场。下次例会定于10月2日举行，对方仍打算用各种手段逼迫我同意'决议'。"人民委员预测，西方伙伴正在将会议推向失败的边缘："这意味着我们应该对'尊贵的盟友'将发表公开反苏言论有所准备。至于我方如何反击，则要视对方挑衅的性质而定。""我完全赞同你的立场，"斯大林这次的答复不仅是赞赏甚至还流露出安抚之意，"不用去在意贝文的悲情戏，要沉着应对。我们不会输，输的只有他们。"[390] 为期两天的会议讨论结束后连会议公报都省略了，只是商定在副外长级继续进行业已开始的五国磋商。

在哈里曼的提示下，杜鲁门给斯大林写了下一封信，同样的信他也发给了丘吉尔，信中请求接待一位英裔美籍画家D.山陀尔（Шандор Д.），以创作《三巨头》群像。这位年轻艺术家的意愿曾得到已故总统罗斯福的热情支持，罗斯福于1945年春天曾接见过山陀尔，甚至还请画家为自己画了像。山陀尔有意为莫斯科、伦敦、华盛顿创作三幅同样的肖像，这一想法很随罗斯福总统的心愿。总统的女儿A.伯蒂格（Боттингер А.）证实，罗斯福当时曾答应山陀尔，说他要通过哈里曼大使尝试为画家安排一次莫斯科之行，以便让其能见到斯大林。在3月24日发给大使的电文中罗斯福曾问道："如果他（山陀尔——作者注）去莫斯科的话，您能否安排他与元帅会面？我想哪怕是一次机会就足矣。"[391] 10月11日，杜鲁门致函丘吉尔，并向其提出了同样的问题。[392]

857. 致苏维埃社会主义共和国联盟人民委员会主席 И. В. 斯大林阁下

1945年10月11日发　　　　1945年11月17日收

尊敬的斯大林主席：

罗斯福总统生前的愿望之一，就是在这里，在华盛顿，在美国国会大厦，能有一幅您、丘吉尔先生及他本人在一起的画像，以此见证德黑兰和雅尔塔 724
的重要历史时刻。

罗斯福总统曾与画家道格拉斯·山陀尔讨论过自己的愿望，正像总统认为的那样，山陀尔相比其他画家，更有一种特殊的天赋，适合创作这样的画作。

在得知罗斯福总统曾经期望此画作能作为美国文物典藏收藏之后，我非常想从您那儿得知，您是否愿意拨冗让山陀尔先生到莫斯科完成这幅画作。

我同时也致电丘吉尔先生，向他询问是否能抽出足够时间让山陀尔先生为他画像，以便最终完成这幅象征我们三国团结的历史画卷。

您可以确信，我们非常珍视您允诺帮助罗斯福总统实现自己的遗愿。

顺致崇高敬意！

哈里·杜鲁门

尽管伦敦外长会议中止，美国驻莫斯科的外交官们建议“让俄国先饮下自酿的苦酒，然后再让他们被迫采取行动”，[393] 伯恩斯仍希望保持与克里姆林宫的对话，他本着这一原则劝说杜鲁门，并在向杜鲁门呈送伦敦外长会议报告时刻意对其进行了美化。在伦敦时，伯恩斯就听取了哈里曼的建议，由总统给斯大林写信，然后由大使亲自面交克里姆林宫的主人。哈里曼认为通过此举他能够最直接地获知“到底是哪些问题困扰着俄国人。”[394] 国务卿期待总统直接致信斯大林，然后由白宫的可靠特使把此信面呈苏联领导人，以便为解决伦敦会议未决问题继续谈判做铺垫。杜鲁门接受了伯恩斯的建议，签署了国务院拟定的信函草案。信函的初稿是哈里曼和助理国务卿J.丹恩（Данн Дж.）联手写就的，并早在10月4日就从伦敦发出。[395] 总统对自己的国务卿高度信任，所以准予其“放手做您认为正确的事”。[396]

在收到签发日期为10月14日的总统信函后，哈里曼请求面见斯大林以转 725

交杜鲁门“重要信函”。此时斯大林正在索契附近的黑海海滨度假，而这是他战后的第一次休假。政治局10月9日有关《批准斯大林同志休假一个半月》[397]的决定被视为是机密并被存放在“特别卷宗”即可证明。政治局负责外事工作的“四驾马车”莫洛托夫、贝利亚、马林科夫和米高扬在研究了哈里曼的请求后，向“当家人”提出了自己的建议：“鉴于此次是总统来函，又是美国人主动提出要继续伦敦外长会议的讨论，我们认为应该接见哈里曼。但此事以不让哈里曼知道您的度假地为宜。”

斯大林和他的几位政治局同僚一样，很想了解哈里曼究竟肩负了何种使命。伦敦五国外长会议破裂后，斯大林采取的策略是静观其变，以期让西方盟友先做出让步，接受苏联就巴尔干和日本问题提出的要求，最终回归到波茨坦程序模式上来继续讨论和约问题。杜鲁门那封“重要信函”可能正是主动示好的开始，这样看来公开自己的度假地是值得的。斯大林在稍做思考后，于10月17日夜给自己的几位亲信幕僚发去了下面这封密电：

“按照你们的愿望，我不反对在索契接见哈里曼，以便听取他对这封信的看法。如果与哈里曼的会谈表明，除了解释信函外，他还希望解决别的问题，我会对他说我正在休假，无法在政府代表缺席的情况下做出任何决定。同时我会召见莫洛托夫来索契与我共同相机行事：如果结果于我有利，我们就同意，如果不利，就不同意。”[398]

10月24日，在独裁者的别墅里，哈里曼与斯大林进行了首轮会谈，并转交了杜鲁门的那封信函。

726 858. 杜鲁门致斯大林的私人秘密信函

1945年10月14日发　　　　1945年10月24日收

从伦敦返回的伯恩斯先生向我做了汇报。令我欣慰的是，会议就多项议题达成了共识。我认为首届盟国外长会议取得了实质性成果。

但我得知莫洛托夫先生不仅在与伯恩斯先生私下交谈时，同时也在外长会议例会期间都曾发表见解说，在承认罗马尼亚和保加利亚政府的问题上，美方的政策对苏联充满恶意，对此，我十分惊讶。

我无法相信，贵国政府当真认为美国的政策以此为出发点。而美方在承认芬兰、波兰、匈牙利和奥地利临时政府问题上所持立场表明，美国致力于与苏联的立场协调一致，而且我们会继续这样做。这也正是我在柏林会议期间力图表明的态度，即我国政府努力实现罗斯福总统所奉行的政策，这也是雅尔塔会议上三国政府的众望所归。

伯恩斯先生在汇报时也提到因会议组织程序方面出现困难致使本次会议陷入了僵局。实际情况是，9月11日外长会议邀请了未参与受降签字的国家在无表决权的前提下出席了和平协议的讨论。而这样一个程序，在获得通过时并未受到任何参会方的质疑。在我看来，该程序显然符合柏林协议精神，是适宜的和可操作的。伯恩斯先生认为他不能同意莫洛托夫先生9月22日提出的更改程序建议。伯恩斯先生的观点是正确的，我国政府不会同意在会议重要时刻收回决议使法中两国蒙羞，况且他们已参加了16次会议讨论，而且是应邀参加和约讨论的。

为了找到与会各方都能接受的方案，伯恩斯先生曾声明，如果各方同意按照柏林协议第2章（4）（Ⅱ）之规定，由外长会议召集最直接相关国家参加的和平大会，如果能够就此达成协议，他将赞成对拟定和约的程序进行限制。

我希望您能够采纳伯恩斯先生的建议。我认为，鉴于我们已邀请法国和 727
中国参与和约讨论，就应为此制定相应程序，以保证和平大会参会方能够全员参与和平条约的审议。

期待我们能够尽快就此问题达成一致，以便参加伦敦会议的副外长们能够得到工作程序的明示，继续完成赋予他们的重要工作。

尽快解决在和约拟定机制问题上的分歧尤显必要，以防止我们两国人民之间发生误解，否则将有碍我们进一步合作。我相信，您会认同我的观点，即在维护世界和平的事业中我们两国的共同利益要远大于双方之间的任何分歧。

我委托参加过伦敦会议并对我的想法非常了解的哈里曼大使将此信函当面转交给您，以便您有机会与其讨论任何相关问题。

杜鲁门这封信令斯大林大失所望，因为此信尽管语气平和委婉，但却没有期待中的妥协。哈里曼除了解释信函亦无新意。在与大使进行的两次会谈中，涉及了伦敦会议遗留下来的所有问题，如召开和平大会、对日管制及拟定和平协议问题。对于苏联在日本的角色问题，斯大林给对方施加了很大压力，用他的话说就是，在对日问题上，苏联的角色就如同一件“摆设”，领袖暗示此问题与承认苏联在巴尔干地区的优势地位有关联性。在召开和平大会的问题上，双方立场出现了一丝松动，美方一直坚持会议成员构成最大化，目的是把那些听话的伙伴国拉入其中，而苏方则力求限制与会国的数量。[399]

哈里曼在向总统汇报此次会面时总结道：“我的感觉是他有意与我们化解分歧，但对我们的每一个动作又疑心重重……”[400] 斯大林很清楚大使会把会谈内容向总统做详细汇报，所以，写给杜鲁门的信内容极其简短。

728

859. 斯大林致杜鲁门的私人秘密信函

1945年10月26日发

10月24日哈里曼先生到我处转交了您的信函。我与大使先生共谈了两次，内容都是伦敦外长会议上讨论过的议题。会谈时对您委托哈里曼提出的每一个问题我都做了答复，并由哈里曼先生转达给您。

10月末，为平息使用原子弹轰炸广岛、长崎而引发的舆论呼声，白宫决定召开“曼哈顿计划”参与国美国、英国和加拿大三国首脑会议，以协调三方对核能进行国际管控的立场。召开三国首脑会议的主意出自英国首相艾德礼，他在9月25日写给杜鲁门总统的信中提议举行会晤。核武器会给与苏联的关系带来怎样的影响，这个问题同时困扰着伦敦和华盛顿。当时不少建议的出发点是由世界上几个主要大国（通过某种形式）共同参与研究解决所有与原子能有关的问题。从史汀生的日记中可以看出，尽管伯恩斯“极力反对与俄国进行合作的任何尝试”，但战争部长本人对此却持较具建设性的态度。9月11日史汀生在致杜鲁门总统的离职备忘录中写道：“我从自己漫长的人生之旅中汲取的一个重要经验就是，要让一个人赢得你的信任，唯一的方法就是信任此人。”史汀生正是用这样的人生信条来处理对苏关系的，他建议“在与英国人讨论后直接向莫斯科提出如下建议，即我们准备与俄国人签订一份协议，总的目的是监管和限制原子弹作为战争工具使用，并尽可能地引导和鼓励出于和平和人道主义目的发展原子能”。[401] 10月3日，杜鲁门本人出面公开发表声明称，美国、英国和加拿大计划与其他大国签订一项科技信息交流
729 协议，“拒绝发展和使用原子弹”。尽管美国科研开发局局长W.布什（Буш В.）持有“俄国显然是个隐秘、多疑且一味固执地追求眼前利益的国家”之看法，但就在艾德礼提议召开会议的前几天，布什还是认为有必要为防止核战争采取各种措施与莫斯科开展原子能领域的合作。首要措施就是，建议成立一个隶属联合国的“科学机构，负责全面推广和普及所有（与核能相关领域的）基础科学信息，包括核裂变的过程”。[402]

而华盛顿除了上述设想之外，还试图独自垄断核技术秘密，并以此来达到自己的对外政策目标。很明显的是，与自己的公开声明相违背，杜鲁门于10月20日与哈利法克斯会谈时，尽量掩饰自己准备与艾德礼会晤的事实，为此他提出一个少有说服力的回旋方法：让首相先飞往加拿大，再找个理由“顺访”华盛顿。英国大使很理性地指出，此种做法达不到目的。10月24日，伯恩斯同样是在与哈利法克斯会谈时建议暂时搁置与斯大林会晤的准备工作，留待英美关系中存在的若干问题达成谅解之后再议，这首先是指有关巴勒斯坦的问题，同时，也要等到斯大林对杜鲁门之前的信件做出答复之后。[403] 最终，艾德礼致信斯大林，就即将举行的会议通报了情况，莫斯科是在10月30日收到此信的。

11月11—15日，在华盛顿举行了英、美、加三国首脑会议，三方签署了有关核能的联合声明，声明建议成立联合国旗下的国际原子能特别委员会。同时在这份文件中否定了旨在推广原子能应用技术信息的设想，而禁止制造和销毁核武器的任务更是一项遥遥无期的目标，最后一点激起了苏联方面的强烈反应。艾德礼提到的斯大林在黑海之滨的“短期休假”持续了两个多月，这引起了英国外交部的极大关注。外交官们忙于猜测斯大林从莫斯科神秘消失的真实目的，从中可以看出潜藏着某种政治考量。不久之后，即1945年 730
12月间，伯恩斯在莫斯科亲自见到斯大林时，忍不住问对方度假时都干了什么。斯大林这位“老道的魔术师”借用F.科斯蒂廖拉（Костиглиола Ф.）的话回答道：“拜读了您的大作。”[404]

860. 艾德礼致斯大林的私人信函

1945年10月30日收

1. 兹向您通报，我即将赴华盛顿会晤杜鲁门总统，目的是会同他与加拿大总理就开发原子能技术的相关问题进行协商；

2. 由衷地祝愿此次短期休假对您大有裨益。

杜鲁门的下一封信函是由国务院与五角大楼磋商后起草的。10月29日，在呈批此信函时，伯恩斯还向总统呈交了一份备忘录。他写道：

“战争部声明，欧洲占领军裁军计划规定，美军应于1945年11月15日撤出捷克斯洛伐克。目前共有大约两个师的美军驻扎在该国。战争部认为，要想守卫美苏军队隔离线，保持这个数量的驻军是必要的。按照艾森豪威尔将军的判断，苏联在捷克斯洛伐克的驻军人数为30万人，且苏联政府还计划在冬季将其增加到50万人。据我们所知，驻捷俄军全靠当地居民提供给养，而且苏联政府还要求捷克斯洛伐克政府保障驻军的所有军需。

美军是根据国务院的请求驻防捷克斯洛伐克的，并希望与苏军同时、全部撤出该国。看来贝奈斯总统让苏军撤出该国的努力未能见效，而苏方也没有履行到今年7月份之前将驻捷苏军集群缩减至8个师的承诺。

此封致斯大林的信是贝奈斯总统提请施泰因哈特大使写的，以此作为敦促苏军撤军的有效方式，因为捷克斯洛伐克向苏联军事当局就此问题的质询
731 未取得成果。我认为，如果只是我们单方面撤军，而放弃促使苏方采取同样的行动，那么捷克斯洛伐克的民主和温和势力就将受到削弱。因此，如果苏联人拒绝撤离，或采取阳奉阴违的拖延战术，以期在我方撤离后仍旧在捷克斯洛伐克保存自己的驻军，那么我们应考虑公开表明我方可能采取的行动。”[405]

杜鲁门直接在伯恩斯呈交的备忘录上写道：“所言极是，但我怀疑俄国人未必会听得进我们的意见。”他签完文件后，又补充了一条批示：“我们只有在俄国人同时撤军的情况下才会撤出自己的部队。”[406] 最初在转交给莫斯科的函件中建议的撤军时间为11月15日，但随后华盛顿又专门发电报，并由美国使馆以书面形式通知苏联外交人民委员会，建议把撤军时间改为12月1日，因为这个日期比较现实。[407] 显然，日期的变更有来自美国军方的压力。美军参联会确定了军人复员的日程，为此，10月6日就预先通告说，如果同意两个师的美军滞留捷克斯洛伐克至11月15日，那么就需要“切实的行政手段”；如果此日期过后美军撤离行动有任何延迟，那么要重新修订整个复员计划。[408]

捷克斯洛伐克当局总体上把英美联军在该国的存在视为对驻捷苏军的某种制衡。这可从下面的事实中得到解释：1945年6月，捷克当局曾向伦敦政府提出，希望把战时驻泊在英国并一直由英国空军提供保障的捷克空军中队转场回国。正如英国外交部所说，捷克政府的上述请求首先应被视为出于某种政治原因。英国人认为，“当捷克政府在很多方面受到苏联的控制时，为捷克军机提供维修保养和燃料补充将使我们与捷克当局保有一条联系渠道”。[409]

861. 杜鲁门致斯大林的私人信函

1945年11月1日发 1945年11月2日收

诚如您所知，从已故总统威尔逊直接投身于把捷克斯洛伐克从哈布斯堡王朝奴役下解放出来的战斗之日起，我国就一直怀着深厚的情感和极大的关切注视着捷克斯洛伐克人民为争取民族独立和经济繁荣而进行的奋斗历程。732
我们一直都由衷地赞叹捷克斯洛伐克在建立民主政体，以及为促进欧洲大家庭各国间的和平生活所做出的不懈努力。

在战争的最后日子里，美国军队在追歼我们共同敌人时穿越捷克斯洛伐克西部边境，并推进到了皮尔森市以北，而在捷东部地区英勇善战的苏联红军也正在此时攻占了布拉格。苏军和美军以这种方式携手解放了捷克斯洛伐克全境。战争结束后，我们双方军队继续留驻当地，以帮助捷克斯洛伐克人民肃清残存的纳粹匪军。

而目前的情况却是，盟国军队继续留驻已给捷克斯洛伐克带来了沉重的经济负担，同时也延滞了这个与任何其他联合国家相比遭受纳粹奴役更久的国家的经济复苏与战后重建。所以，我的愿望是，在1945年12月1日前将驻捷美军全部撤出该国。如果苏联方面没有类似的考虑，那么在捷克斯洛伐克依旧会留驻大量的红军士兵。因此我想建议您，在我们撤军的同时，也能有部分红军部队撤出该国。

鉴于保护捷克斯洛伐克人民不受任何纳粹残余侵害的任务业已完成，且我们两支盟军部队继续驻扎该国势必加重捷克斯洛伐克人民的经济负担，而我更认为美国军队应尽快从捷克领土撤出，以便让捷克斯洛伐克人民能充分利用联合国善后救济总署及其他组织给予的援助。苏军和美军同时撤出捷克斯洛伐克将使美国人民确信，对捷克斯洛伐克资源的耗费将会停止。

我期待您能认真考虑我的建议，并通过同时撤军行动让我们可以向世界宣布，我们准备清除妨碍捷克斯洛伐克战后重建的任何障碍。

733 862. 艾德礼致斯大林的信函

1945年11月6日收

值此苏联国家成立周年之际，谨向您致以最热烈的节日祝贺！祝愿贵国在您的领导下享有持久的繁荣昌盛，我们共同取得的伟大胜利、英苏结成的同盟关系以及在联合国的成员关系使我们两国人民结下了深厚的友情，我祝愿这一友情在未来的和平年代更加牢固。

杜鲁门显然没有预料到苏联领导集团在从捷克斯洛伐克撤军问题上会表现出灵活性。这种灵活性反映了莫斯科对该国政局的基本态度。这背后隐藏着重大的妥协，布拉格通过与莫斯科保持亲密友好关系来换取苏联当局停止对捷克斯洛伐克的苏维埃化。有一个明显的事实，1945年3月，贝奈斯巧妙地表达了想得到“斯大林元帅对捷克斯洛伐克政府组成的建议”的想法，而时任外交人民委员会欧洲四处处长 B.A.佐林（Зорин В.А.）则特别提示捷共领导层：在施政纲领中一定要强调“巩固捷克斯洛伐克与英、美、法等联合国家的友好关系，并删除斯拉夫外交政策方针，以及联合中东欧斯拉夫各族人民等含糊不清的表述”。[410] 苏军撤出捷克斯洛伐克的决定正是配合莫斯科的这一外交平衡策略而做出的。根据苏联第5近卫集团军司令 A.C.热多夫（Жадов А.С.）上将的回忆，在1945年11月6日之前，他的部队是部署在捷克斯洛伐克的最后一支苏军部队，苏军从这个被解放了的国家的撤军行动宣告结束。[411]

在收到总统有关美军从捷克斯洛伐克撤军的信函后，斯大林从索契给苏联政治局“四驾马车”发去了一封电报：“我认为应该接受杜鲁门的建议。如果你们四位也同意此建议的话，我可以给杜鲁门写一封回信告诉他，在捷克
734 斯洛伐克政府不持异议的情况下，我同意该建议。”尽管斯大林多疑成性，可这一次，他显然没能识破贝奈斯与美国人的串通把戏。[412] 像一些研究人员所分析的那样，总体上看，贝奈斯的存在“对苏联领导人来说是长期妥协的最关键的可靠保证”。[413] 同时，出于斯大林一贯的政治手腕，不妨“关照”一下这位友善的政治家。从1945年3月底至4月初，斯大林还亲自下令抽调苏联内务部队的一个独立营担任贝奈斯的警卫。[414]“四驾马车”起草了回复函，并把草稿发给斯大林审阅。在斯大林与英美领导人的书信往来史中，这是唯

——次集体共同起草的信件，尽管此信从字迹来看仍是莫洛托夫的笔体。[415]“高加索隐士”未加改动便批准了这封信。

863. 斯大林致杜鲁门的私人秘密信函

1945年11月7日发

您关于美苏两国从捷克斯洛伐克撤军的信函收悉。遗憾的是，因天气变化导致从莫斯科至索契的航班延误，故推迟了一段时日才收到您的信函。

对您提出的11月从捷克撤军的建议应表示欢迎，何况该建议与苏联政府的军人复员计划完全吻合。因此可以确定，苏美两国将于12月1日前完成从捷克斯洛伐克的撤军计划。

对于艾德礼的节日祝贺和情况通报，斯大林的回复惜墨如金，使用的是最为简洁的礼仪性套话。

864. 斯大林致艾德礼的私人秘密信函

1945年11月8日发

您将与杜鲁门总统会晤的函告收悉。谨致谢意。

865. 斯大林致艾德礼的信函 735

1945年11月15日发

感谢您在苏联国家成立28周年之际发来的贺函。

11月下旬，伯恩斯终于拿定主意，必须要绕开倔强的莫洛托夫恢复与斯大林的直接对话。他相信，唯有采取这种方式才能推动伦敦会议上那些悬而未决的重要议题有所进展，并就新出现的国际监督原子能开发问题进行重要磋商。为此伯恩斯准备就外长会议组织程序问题向莫斯科做出让步，使其回到波茨坦三大国模式上来，哪怕这会引起伦敦的不满。伯恩斯11月23日给莫洛托夫提出了新的建议，并通过哈里曼转交，提议在莫斯科举行三大盟国外长会议，并未与英国外交部事先磋商，据美国驻伦敦使馆证实，此举引起了“贝文本人及整个英国内阁的强烈愤慨”。[416] 尽管伯恩斯和美国外交部门竭力劝说，但怒火中烧的贝文还是迟迟不同意参加会议。只是在12月5日伯恩斯与哈利法克斯会谈时，他明确暗示就算贝文不参加，他也会独自成行，这时贝文才最终屈服。12月7日，国务院公开发布了举行三国外长会议的消息，称此次会议将就“现实问题进行非正式预备辩论”。[417] 第二天，杜鲁门把由伯恩斯起草的电函发给了斯大林，请求大元帅接受举行三国外长会晤的建议。莫洛托夫的最初反应相当积极。11月23日晚与哈里曼会面时，正如驻苏大使向伯恩斯描述的那样，人民委员“对您的建议非常满意，他说他本人非常赞赏这个建议，但是仍需与本国商量”。哈里曼很想知道，当预计的外长会晤举行时斯大林是否在莫斯科。这位驻苏大使向华盛顿报告说：“昨晚巴甫洛夫以翻译身份出现在现场（指与莫洛托夫会见时——作者注），他刚从索契回来。这说明斯大林很快就会回到莫斯科或是他已经回来了。”[418]

736

866. 杜鲁门致斯大林的信函

1945年12月8日发　　1945年12月9日收

伯恩斯先生向莫洛托夫先生建议于年底前举行三国外长会议，我对此表示赞成，我并未忽略一个原则，如果对未决的问题达成一致缺乏信心，那么就不宜举行任何会议。但我认为，在目前危机时刻，继续被动等待和拖延也是非常不理智的。

所以，我真诚希望您能与我共同努力，促成本次外长会议取得成果，同时也使大国间合作共事的信心得以恢复。

我十分期待伯恩斯先生能当面向您呈转我的亲笔信函。同时也真诚地希望，在伯恩斯先生抵达莫斯科后，能很快得到您的接见并与您开诚布公地交换意见。对于上述期待您意下如何，敬请告知。

杜鲁门的建议让斯大林十分满意。在他看来，自己在伦敦外长会议后确定的应对方针是正确的，这就是静等对方做出让步，因为盟友也不愿为联盟关系瓦解而担责，因此势必会做出和解姿态。而当时的国际局势也出现了其他一些让人充满希望的缓和因素，亲苏势力分别在保加利亚和南斯拉夫的立法机构选举中获胜，这使得克里姆林宫对解决“巴尔干问题”的希望陡增。伯恩斯不仅同意重返波茨坦模式，而且此举还绕过了伦敦当局，这提高了美国退让的价值，预示着可以继续利用英美矛盾把游戏进行下去。斯大林当天就给杜鲁门发去了由他本人亲自拟就的回复电文。而在下面这封斯大林写给政治局“四驾马车”的密电中，足以看出他当时的真实心境：

“在对伦敦五国外长会议后到莫斯科三国外长会议召开前这段时间的对外政策进行研究分析后，可以得出以下结论：

1. 由于我们的坚持，我们赢得了莫斯科会议组织模式的斗争，因为把中 737
法两国排除在外就意味着美英两国已从伦敦外长会议的立场上退却；

2. 在保加利亚和南斯拉夫，我们也赢得了斗争的胜利。两国的选举结果即是证明。假如我们在涉及这些国家的问题上犹豫不决，不够沉着冷静，恐怕我们会输掉这场斗争……

3. 显而易见，与美英这样的对手打交道，如果我们一开始就屈服于恐吓或表现出动摇，那么我们就不会取得实质性的成果。所以，要想从这样的伙伴那里有所斩获，就必须要有坚定和克制的策略。

4. 在即将举行的三国外长会议上，我们仍需用坚定和克制的策略指导我们的工作。”[419]

867. 斯大林致杜鲁门的私人秘密信函

1945年12月9日发

感谢您1945年12月8日发来的信函。

您可以确信，为了我们的共同事业，我同样愿意与您携手合作，力争让此次莫斯科三国外长会议能取得各方期待的成果。

我将于近日返回莫斯科，并准备与伯恩斯先生坦诚地交换意见。

美国代表团的莫斯科会议准备工作主要是围绕寻找苏联可以接受的妥协方式来进行。伯恩斯再次利用了总统对他的信任，虽然杜鲁门此时已开始对国务卿的自行其是和对俄国人的那种“逢迎态度”感到懊恼。杜鲁门曾向戴维斯流露过自己的不满。[420] 战后对日管制问题上，美国外交部门准备对莫斯科做出微小的让步，同意成立有苏联参加的远东委员会。该委员会实际上并未削弱麦克阿瑟控制的盟国管制委员会的权限。在组建联合国国际原子能委

员会一事上，国务院的“内部版本”已经考虑到，在确立国际监督之前有交
738 换科技情报的可能性，此举遭到了一些有影响力的保守党国会议员的批评。华盛顿准备接受讨论和约的波茨坦模式，希望借此换取在召开和平大会时扩大与会者范围。伯恩斯为杜鲁门草拟了给斯大林的信，信中暗示了美国的上述妥协立场，明显表明美国已准备好与苏联达成和解。此封信函在语气上也着意渲染了盟国的团结精神。12月19日，伯恩斯在与斯大林首次会谈时，向其转交了杜鲁门的信函，而几乎是在同一时间，杜鲁门给斯大林也发来了生日贺电。该贺电通过明码发送，通过中心电报局转达（此封贺电未被收入苏联正式出版的《三巨头书信集》中）。[421] 杜鲁门第一次摆出意在改善美苏关系的友好姿态，而且也是最后一次。

868. 致斯大林大元帅阁下的信函

1945年12月19日收

尊敬的大元帅：

当我们从各自的出发点解决面临的共同问题时，一开始总会遇到一些困难。然而，越发明显的事实是，我们两国人民都认为，这些困难大到了非常夸张的程度，而且在很多方面阻碍了我们所追求的和平与改革的步伐。

我再次向您重申，我真诚地希望，同时我相信美国人民会和我一样，希望苏联人民和美国人民为建立和维护和平事业携手努力。我相信，我们两国在维护和平方面的共同利益要远大于我们之间可能存在的任何分歧。

伯恩斯国务卿和我本人尽可能接受您在盟国对日管制委员会上的立场，同样也包括远东委员会的立场。据此我真诚地希望贵国政府能接受我们的相
739 关建议。如果这些建议能够被采纳，则我向您保证，在履行建议过程中，我必将尽最大的可能开展同苏联的全面合作，以落实波茨坦公告精神并完成对日本受降。

伯恩斯国务卿以及我本人同样也对您关于未来和约讨论程序的愿望做了很大的让步，目前我们双方在这一问题上的分歧已大大缩小。鉴于我方愿意接受贵方提出的举行副外长级预备性会议的建议，故我非常期待贵国政府能够接受我方提出的召开正式和平大会的建议。我确信，这在很大程度上有助于其他国家一致支持我们副外长的工作。

如果我们双方之间能够在欧洲和平调解程序制定方面、以及调解盟国对

日关系方面达成协议，势必打消世人对大国协同工作能力的怀疑，同时给企盼和平的世界播下希望的种子。

这个希望的种子将会生根发芽，如果贵国政府同意建立隶属联合国的特别委员会，此举的目的是从保障全世界和平的利益出发，在监督原子能开发问题上制定和提出建议。

如果不再拖延，双方立即同意总的程序原则，则我们可以开始就其他问题进行谈判，在这些问题上协调我们的政策对维护我们的共同利益尤为重要。

我非常希望您能亲自接见国务卿伯恩斯，并坦诚相见。他非常了解我的想法，并且我确信，如果您与伯恩斯先生做推心置腹的交谈，我们双方必受益于此。

顺致敬意！

哈里·杜鲁门

1945年12月19—27日，莫斯科三国外长会议召开。它的召开极具建设性。伯恩斯与莫洛托夫的会谈成为此次会议的焦点，而贝文则扮演着“失落的旁观者”的角色。在斯大林给杜鲁门发出下面这封信函时，莫斯科会议已就战后对日管制机制、和约协商模式以及承认罗马尼亚和保加利亚的亲苏政 740
府等问题达成了共识。尽管其他一些问题仍在讨论之中，但斯大林在致信总统时持乐观态度。这封复函由莫洛托夫拟就，“当家人”对信的内容表示赞同并未加改动，斯大林的批复是：“同意。速发总统（该批语直接写在了电文草稿上——作者注）。”[422] 与丘吉尔不同，斯大林婉言谢绝了画家山陀尔为创作“三巨头”群像而给自己画像的请求。

869. 斯大林致杜鲁门的绝密信函

1945年12月23日发

尊敬的总统先生：

伯恩斯先生已将您的亲笔书信转交予我，阅后深感欣慰。您在信中所提到的重要的议题我们时下正在进行商讨。我赞同您的意见，即苏美两国人民应为建立和维护和平携手努力，因为两国的共同利益远大于彼此间的某些分歧。

目前正在莫斯科召开的三国外长会议已经取得了积极成果。您与伯恩斯先生在对日问题及和约问题上的积极行动使事情变得简单易行。可以认为，在这些问题上已经达成了一致，莫斯科会议的工作已经完成，在从战时到平时的过渡时期，这些成就为促进我们之间达成应有的谅解具有重大的意义。

关于原子能问题目前尚在讨论之中。但我希望，我们能够就此问题达成共识，并通过我们的共同努力找到令我们两国和其他国家都能接受的解决方案。

您自然已经获悉我与伯恩斯先生第一次谈话的内容。我还将与其会晤，以讨论其他问题。而现在我可以说，我对我们之间就现实的国际问题积极交换意见的成果总体上持乐观态度，我希望，这会为我们就其他问题协调政策铺平了道路。

741 借此机会，应对您前不久的一封来信做出回复，即有关画家山陀尔来莫斯科作画一事。近期我长时间不在莫斯科，由于事务繁忙很难抽出时间接待山陀尔先生。当然，如果您认为合适的话，我可以把自己的画像寄给山陀尔先生。

И.斯大林

尽管斯大林婉拒山陀尔为其画像，但这并未让年轻画家和他的后台老板放弃努力。已故总统罗斯福的遗孀埃莉诺·罗斯福（Рузвельт Элеонора）委托苏联联盟文化交流协会（ВОКС）转交给斯大林一封亲笔信，信中请求斯大林重新审视自己的决定，据苏联方面对此信的描述："在没有斯大林元帅的原生肖像情况下，照片不能为画家提供生动的表情，因此画家是无法完成自己的画作的。"[423] 但仍未能够说服斯大林。为《伟大联盟》领导人写生创作的计划最终夭折。

莫斯科会议的结果在很多方面遂了克里姆林宫的心愿。莫斯科通过对政府组成人选稍做调整，从而为西方国家承认罗马尼亚和保加利亚的社会制度铺平道路，并就成立远东委员会和盟国对日管制委员会，以及将要召开的和平大会的程序达成了协议。莫斯科同样也做出了适当的让步，同意和平大会吸纳更广泛的国家参与，并同意由英、美、加三国提出的成立联合国原子能委员会的提议。而在苏联政府内部，对此次莫斯科三国外长会议得失的总体评价是苏联得到的实惠更多，从而使其对前景充满乐观。苏联外交人民委员会在会议工作简报中写道："在这次会议上，我们得以解决了有关东欧和远东的一系列重要问题，并继续支持发展战时形成的三大国合作关系。"[424]

然而，这种乐观情绪很快便烟消云散。伯恩斯在参会期间很少向华盛顿通报谈判进展，在返回华盛顿后，因其擅作主张和在原子能及东欧事务上的无休止让步受到了杜鲁门的训斥。[425] 莫斯科会议达成的某些协议，首先是对 742
日管制协议很快被美国人撕毁。美国和英国对苏联的立场很快变得强硬起来，苏联亦对此针锋相对。1946年“三巨头”的书信往来多涉及细枝末节问题，且日渐稀少，它们最终和同盟关系一起走到了尽头。

注释 743

1. Из Вашингтона, 21.IV.1945 //АВП РФ. Ф. 059. Оп. 15. П. 46. Д. 270. Л. 13,21.

2. Мальков В.Л. «Манхэттенский проект». С. 76-77.

3. Operation “Unthinkable”. Report by the Joint Planning Staff, 11th July, 1945 // TNA, CAB 120/69.

4. См. подробнее: Ржешевский О.А. Секретные военные планы У. Черчилля в мае 1945 г. //НИИ. 1999. № 3. С. 98-123. Британский взгляд на проблему см. в: Dilks D. Op. cit. P. 201-223.

5. Из Лондона, 18.V.1945 //АВП РФ. Ф. 059а. Оп. 7. И. 13. Д. 6. Л. 357-358.

6. The Reckoning. P. 545.

7. Record of a private talk between the Prime Minister and Generalissimo Stalin at dinner on July 18, 1945, at Potsdam // TNA, PREM 3/430/6.

8. Всем послам и посланникам СССР, 4-5.VHI.1945 //АП РФ. Ф. 3. Оп. 63. Д. 231. Л. 162; The Diary of Georgi Dimitrov. P. 492.

9. Всем послам и посланникам СССР, 4-5.VTII. 1945 //АП РФ. Ф. 3. Оп. 63. Д. 231. Л. 159, 163.

10. Feis Notes on First Plenary Session, July 17, 1945 // TC, WAHP, H. Feis Papers, Cont. 57.

11. Mark E. “Today Has Been A Historical One”: Harry S. Truman’s Diary of the Potsdam Conference // Diplomatic History. 1980. Vol. 4. No. 3. P. 322.

12. Всем послам и посланникам СССР, 4-5.VHI.1945 //АП РФ. Ф. 3. Оп. 63. Д. 231. Л. 164.

13. Mark E. “Today Has Been A Historical One”. P. 325.

14. War Diaries 1939–1945. Field Marshal Ford Alanbrooke. P. 709.

15. Лондон, Молотову, 27.IX.1945 //АП РФ. Ф. 45. On. 1. Д. 218. Л. 97.

16. Там же. Ф. 3. Оп. 63. Д. 233. Л. 229.

17. H. Truman to J. Byrnes, Jan. 5, 1946 // HSTT, PSF, SF, Tonghand Personal Memos, 1946.

18. FRUS. 1945. Vol. V. P. 826; Harriman W.A., AbelE. Op. cit. P. 441.

19. Bishop J. FDR's East Year: April 1944-April 1945. N.Y, 1974. P. 892.

20. Moran Ch. Op. cit. P. 347.

21. Speaking for Themselves. P. 526.

22. Second Report of the Interdepartamental Conference on Arrangements for Celebrating the Cessation of Hostilities with Germany, 31st March, 1945 (Annex to WP. (45) 206, 3rdApril, 1945) //TNA, CAB 66/64/6.

23. Prime Minister, 12th April, 1945 //TNA, FO 954/12.

24. Defending the West. The Truman–Churchill Correspondence, 1945–1960/ Ed.

with an Introduction by G.W Sand (далее– Defending the West). Westport, 2004. P.22.

25. C.O.S (44) 823 (O), 9th Sept., 1944 // TNA, CAB 80/87.

744 26. C.O.S. 44 (878) (O), 5th Oct., 1944 // Ibid. 80/88.

27. Лондон, Гусеву, 21.IV.1945 //АВП РФ. Ф. 059. On. 15. П. 18. Д. 100. Л. 47.

28. WP. (45) 135, 5th March, 1945 // TNA, CAB 66/62/40.

29. WM. (44) 45, 13th April 1945 // Ibid. 195/3.

30. W.M. (45) 44th Conclusions, Min. 3. Conf. Annex, 13thApril, 1945–11.20 a.m.// Ibid. 65/52/4.

31. Defending the West. P. 23.

32. Special Information for the President, 13th April 1945 // HSTL, PSF, SF, Reports – Current Foreign Developments (April – May 1945).).

33. President Truman to the Prime Minister, 14th April 1945 // TNA, PREM 3/473.

34. Sir Alexander Cadogan, 14th April, 1945 //Ibid. 3/356/5.

35. Prime Minister to Ford Halifax, 15th April 1945 // Ibid.

36. From Washington to Foreign Office, 15th April 1945 // Ibid.

37. From Washington to Foreign Office, 16th April, 1945 // Ibid.

38. Mr. Stettinius, April 17, 1945 // NARA, RG 59, Records of Charles E. Bohlen, Memoes, Box 3.

39. WP. (45) 206, 3rd April, 1945 // TNA, CAB 66/64/6; WM. (45) 41st Conclusions, 9thApril, 1945//Ibid. 65/50.

40. From the President to Ambassador Harriman, 17th April 1945 // HSTL, Papers of Harry S. Truman (далее– PHST), Files of the White House (далее–FWH), Naval Aide.

41. Кеннан–Вышинскому, 18.IV.1945 // РГАСПИ. Ф. 558. Оп. 11. Д. 371. Л. 3.

42. Тов. Молотову, 19.IV.1945 //АВП РФ. Ф. 059. Оп. 15. П. 74. Д. 434. Л. 14.

43. From Washington to Foreign Office, 16th April, 1945 //TNA, PREM 3/356/5.

44. Ф. Робертс– А. Вышинскому, 22.IV.1945 // РГАСПИ. Ф. 558. Оп. 11. Д. 273. Л. 6.

45. War Diaries 1939–1945. Field Marshal Lord Alanbrooke. P. 685.

46. The Advertiser. 24.IV.1945.

47. From Moscow to Foreign Office, 22nd April, 1945 //TNA, PREM 3/356/5.

48. Churchill W.S. The Second World War. Vol. VI. P. 490.

49. From Washington to Foreign Office, 16th April, 1945 //TNA, PREM 3/356/5.

50. Из Москвы Молотову, 19.IV.1945 //АВП РФ. Ф. 059. Оп. 15. П. 74. Д. 41. Л. 48.

51. FRUS. 1945. Vol. V. P. 252-255.

52. В Наркоминдел СССР, 23.IV.1945 // РГАСПИ. Ф. 558. Оп. 11. Д. 371. Л. 22-24.

53. См. также: Roberts G. Sexing up the Cold War: New Evidence on the Molotov-744 IX. На излете «Великого Альянса» Truman Talks of April 1945 // Cold War History. 2004. Vol. 4. No. 3. P. 115-118.

54. Вашингтон, совпослу, 25.IV.1945 // РГАСПИ. Ф. 558. Оп. 11. Д. 371. Л. 25.

55. АВП РФ. Ф. 06. Оп. 7. П. 39. Д. 588. Л. 1. 745

56. 从斯大林的来访日志看，维辛斯基参加了4月17—19日的几乎所有会议（2场会议除外）。См.: На приеме у Сталина. С. 451-453.

57. Из Вашингтона, 18.VI.1945 //АВП РФ. Ф. 059. Оп. 15. П. 46. Д. 271. Л. 174.

58. Memorandum from Charles Bohlen (n.d.) // NARA, RG 59, Records of Charles E. Bohlen, Memoes, Box 4.

59. Truman H. Memoirs. Vol. I. Year of Decisions. N.Y, 1955. P. 85.

60. W.P (45) 226, 9th April, 1945 // TNA, CAB 66/64/26.

61. W.M. (45) 50th Conclusions. Conf. Annex, 24th April, 1945– 7.0 p.m. // TNA, PREM 3/356/10.

62. Lord Halifax, 24th April, 1945 // Ibid.

63. Русский архив. Великая Отечественная: Т. 15 (4–5). С. 341.

64. Там же. С. 357-360.

65. Truman H. Memoirs. Vol. I. P. 93.

66. ОГБ. Т 5. Кн. 2. С. 325.

67. Prime Minister to President Truman, 25.4.45 // TNA, PREM 3/473.

68. WP. (45) 270, 25th April, 1945 // TNA, CAB 66/65/20. Трумэн излагает этот разговор в своих мемуарах (Memoirs. Vol. I. P. 89-94).

69. From the President to Marshal Stalin, 25th April 1945 // HSTL, PHST, FWH, Naval Aide.

70. Colville J. Op. cit. P.560.

71. Moran Ch. Op. cit. P. 252.

72. From Foreign Office to United Kingdom Delegation San Francisco, 29th April, 1945 // TNA, PREM 3/356/10; Prime Minister for Secretary of State and Lord Halifax, 27th April, 1945//TNA, FO 954/17.

73. Churchill W.S. The Second World War. Vol. VI. P. 468.

74. FromAGWARto A.F.H.Q. 20thApril, 1945//TNA, PREM 3/198/2.

75. From Hitler's Doorstep. P. 508.

76. Lingen K. von. Allen Dulles, the OSS, and Nazi War Criminals: the Dynamics of Selective Prosecution. N. Y., 2013. P. 72.

77. From Hitler's Doorstep. P. 503.

78. Defending the West. P. 38.

79. The Official Diaries of Guy Liddell, 1940–1945. 25 May, 1945. Доступно на: http://www.fpp.co.uk/History/Liddell/.

80. СССР и германский вопрос. ТЕС. 520.

81. FRUS. 1944. Vol. IV. P. 1029-1030, 1122-1123.

82. Жуков Г.К. Указ. соч. Т. 2. С. 359-360.

83. House J.M. A Military History of the Cold War, 1944–1962. Norman, 2012. P. 113-114.

84. Churchill & Roosevelt. Vol. 3. R 613.

85. Defending the West. P. 28-29. 746

86. 斯大林早在1944年2月就赞成伏罗希洛夫划定的苏联占领区。См.: СССР и германский вопрос. Т. 1. С. 409-414.

87. Опубл. в: Ржешевский О.А. Последний штурм: Жуков или Конев.

88. Погью Ф. Верховное командование. М., 1959. С. 458.

89. Copy of Minute (P.M./45/190) dated 19th May, 1945 from the Foreign Secretary to the Prime Minister (Annex to: C.O.S. (44) 353 (O), 22nd May, 1945) // TNA, CAB 80/94.

90. Defending the West. P. 31-32.

91. Ibid. P. 32-33.

92. From Foreign Office to Washington, 15th April, 1945 //TNA, FO 954/1.

93. Погью Ф. Указ. соч. С. 481.

94. Defending the West. P. 48.

95. FRUS. 1945. Vol. III. P. 277-278.

96. САНО. Т. 2. С. 387.

97. FRUS. 1945. Vol. IIP P. 216-217.

98. САНО. Т. 2. С. 319.

99. Colville J. Op. cit. P.560.

100. Minister of State Sir Orme Sargent, n.d. // TNA, PREM 3/356/10.

101. Mr. R. Taw and Sir O. Sargent to P. M. // TNA, FO 954/20.

102. Крымская конференция. С. 163.

103. From Foreign Office to Washington, 18th April, 1945 (Annex to C.O.S. (45) 293 (O), 25thApril, 1945)//TNA, CAB 80/94.

104. Prime Minister’s Personal Minute, No. D. 123/5, 25th April, 1945 (Annex to C.O.S. (45) 293 (0))//Ibid.

105. Советский фактор в Восточной Европе. Т 1. С. 136-137.

106. Отношения России (СССР) с Югославией. С. 421-423.

107. Там же. С. 417.

108. Defending the West. P. 40.

109. From the Earl of Halifax to Mr. Eden, 3rd May, 1945 //TNA, PREM 3/356/6.

110. From Hitler's Doorstep. P. 519.

111. War Diaries 1939–1945. Field Marshal Lord Alanbrooke. P. 685.

112. Defending the West. P. 46.

113. Speaking for Themselves. P. 529.

114. Вышинский– Молотову, 3.V.1945 // АВП РФ. Ф. 059. Оп. 15. П. 74. Д. 438. Л. 152.

115. Молотову, 3.V. 1945 // Там же. Л. 162.

116. Советско-американские отношения. 1939–1945. С. 682-683.

117. НКВД и польское подполье, 1944–1945. С. 18-22.

118. Churchill W.S. The Second World War. Vol. VI. P. 435.

119. From Foreign Office to Moscow, 13th May, 1945 // CF1AR 20/219.

747 120. РГАСПИ. Ф. 558. Оп. 11. Д. 274. Л. 13.

121. Там же. Д. 273. Л. 103.

122. Prime Minister to Mr. Roberts, 8th May, 1945 // TNA, PREM 3/356/12.

123. Prime Minister, May 8, 1945 // TNA, FO 954/20.

124. From Foreign Office to United Kingdom Delegation San Francisco, May 4, 1945//TNA, PREM 3/356/12.

125. Defending the West. P. 57.

126. Русский архив: Великая Отечественная: Т. 15 (4–5). С. 13.

127. Новиков А.А. Советская авиация в боях за Кенигсберг и Берлин //9 Мая 1945 года.

128. Черчилль У. Вторая мировая война. М., 1991. С. 575.

129. Ржешевский О.А. Последний штурм: Жуков или Конев.

130. Русский архив: Великая Отечественная: Т. 15 (4–5). С. 65.

131. Там же. С. 13.

132. Volkogonov Papers // LC, MD, Reel 4.

133. Из Москвы Молотову, 20.IV1945 //АВП РФ. Ф. 059. Оп. 15. П. 74. Д. 41. Л. 47.

134. From Foreign Office to Washington, 19th April, 1945 //TNA, FO 954/23.

135. Жуков Г.К. Указ. соч. Т. 2. С. 327.

136. Из Вашингтона, 7.V.1945 // АВП РФ. Ф. 059. Оп. 15. П. 46. Д. 270. Л. 162-163.

137. Public Papers of the Presidents of the United States. Harry S. Truman. Vol. 1. Washington, 1961. P. 43.

138. Штеменко С.М. Указ. соч. С. 552.

139. Воронов Н.Н. На службе военной // НИИ. 1992. № 1. С. 134.

140. Штеменко С. М. Указ. соч. С. 552.

141. Жуков Г Ж. Указ. соч. С. 682.

142. Русский архив: Великая Отечественная. Т. 16(5–4). С. 235.

143. ОГБ. Т. 5. Кн. 2. С. 52.

144. Defending the West. P. 60.

145. From Foreign Office to Moscow (Prime Minister to Mr. Roberts), 7th May, 1945 //TNA, FO 954/26.

146. Leahy W. Op. cit. P. 359-360.

147. From Moscow to Foreign Office, 7th May, 1945//TNA, FO 954/26.

148. Вашингтон, совпослу, 8.V.1945 // РГАСПИ. Ф. 558. Оп. 11. Д. 371. Л. 66; Советско–американские отношения. 1939–1945. С. 683-684.

149. Truman H. Memoirs. Vol. I. P. 206.

150. Gilbert M. Winston Churchill. Vol. VII. P. 1338.

151. WP. (45) 269, 25th April, 1945 //TNA, CAB 66/65/19.

152. WM. (45) 53rd Conclusions, 27th April, 1945 // Ibid. 65/50.

153. Робертс–Вышинскому, 8.V.1945 // РГАСПИ. Ф. 558. Оп. 11. Д. 273. Л. 149.

154. Gilbert M. Winston Churchill. Vol. VII. P. 1344, 1347.

155. Из Вашингтона, 8.V.1945 //АВП РФ. Ф. 059. Оп. 15. П. 46. Д. 270. Л. 169. 748

156. Там же.

157. FDRL, Map Room Logs, Box 195 (8th May, 1945).

158. РГАСПИ. Ф. 558. Оп. 11. Д. 371. Л. 68. См. также: Переписка. Т. 2. С. 293, прим. 98.

159. Из Вашингтона, 8.V.1945 //АВП РФ. Ф. 059. Оп. 15. И. 46. Д. 270. Л. 172.

160. Public Papers of the Presidents of the United States. Harry S. Truman. Vol. 1. P.48.

161. FRUS. 1945. Vol. V. P. 848.

162. Правда. 10.V.1945.

163. Эйзенхауэр Д. Указ. соч. С. 486.

164. poreign Office to Moscow, 8th May, 1945 // TNA, FO 954/26.

165. Председателю Совета Народных Комиссаров тов. Сталину И. В. // РГА¬СПИ. Ф. 558. Оп. 11. Д. 274. Л. 1.

166. Товарищу И. В. Сталину, 12.V.1945 // Там же. Л. 3.

167. Из Москвы Молотову, 11.V.1945//АВП РФ. Ф. 059. Оп. 15. П. 74. Д. 438. Л. 226.

168. Британский Союзник. 22.VIL1946. С. 10.

169. Из Лондона, 13.V.1945 //АВП РФ. Ф. 059. Оп. 15. П. 54. Д. 316. Л. 47.

170. C.O.S. (45) 296 (O), 29th April, 1945//TNA, CAB 80/94.

171. For Foreign Secretary, 11.3.45 // TNA, PREM 3/495/5.

172. From Foreign Office to Washington, 13th April, 1945 // Ibid.

173. Defending the West. P. 39.

174. Ibid. P.50.

175. Churchill W.S. The Second World War. Vol. VI. P. 553.

176. Defending the West. P. 73.

177. Prime Minister to Field Marshal Alexander, 15.5.45 // TNA, PREM 3/495/9.

178. Defending the West. P. 76.

179. Sir Orme Sargent, 14th May, 1945 // TNA, PREM 3/495/7.

180. Prime Minister to Field Marshal Alexander, 15.5.45 //TNA, PREM 3/495/9.

181. Prime Minister to Foreign Secretary, 15.5.45 // Ibid.

182. Truman H. Memoirs. Vol. I. P. 245.

183. Ibid. P. 249-250.

184. Summary of Action to be taken in pursuance of War Cabinet meeting on 13th May // TNA, PREM 3/495/7.

185. O. Sargent for Prime Minister, May 13, 1945 // Ibid.

186. FRUS. 1945. Vol. V. P. 846.

187. САМО. Т. 2. С. 359.

188. Defending the West. P. 49.

189. From Foreign Office to Washington, May 12, 1945 //TNA, FO 954/1.

190. САНО. Т. 2. С. 387.

191. РГАСПИ. Ф. 558. Оп. 11. Д. 371. Л. 78.

192. Шервуд Р. Указ. соч. Т. 2. С. 611. 749

193. FRUS. 1945. Vol. V. P. 851-852.

194. The Diaries of Edward R. Stettinius, Jr. P. 378.

195. Memo, May 23, 1945 // HSTL, PSF, Box 281 (Truman Tonghand Notes).

196. Defending the West. P. 57, 68-69, 76-77, 81.

197. Советско-американские отношения. 1939–1945. С. 671-672, 687-688.

198. Miscamble W.D. From Roosevelt to Truman. Potsdam, Hiroshima, and the Cold War. Cambridge, 2008. P. 141-142.

199. Memo, May 22, 1945 // HSTT, PSF, Box 281 (Truman Tonghand Notes).

200. FRUS. 1945. The Conference of Berlin (the Potsdam Conference). Vol. I. Washington, 1960. P. 12-15.

201. Из Вашингтона, 15.V1945 //АВП РФ Ф. 059а. П. 46. Д. 270. Л. 215-213; Ва¬шингтон, совпослу, 20.V.1945 //Там же. Л. 53; Davies to Stalin, May 14,1945 //TC, MD, J. Davies Papers, Box 17; Molotov to Davies, May 20, 1945 // Ibid., Box 16.

202. FDRT, MR, Box 195 (Map Room Togs, 20th May, 1945).

203. Из Лондона, 18.V.1945 //АВП РФ. Ф. 059а. Оп. 7. И. 13. Д. 6. Л. 351, 357. 这次会谈的记录做了软化处理, см. в: САНО. Т. 2. С. 385-388.

204. Note by Sir Archibald Clark Kerr on a discussion between the Prime Minister and the Soviet Ambassador at No 10 Downing Street on May 18, 1945 // TNA, PREM 3/396/12.

205. Prime Minister, 20th May, 1945 // Ibid.

206. Из Лондона 18.V.1945 //АВП РФ. Ф. 059а. Оп. 7. И. 13. Д. 6. Л. 357-358.

207. Defending the West. P. 86.

208. Гибианский Л.Я. Сталин и Триестское противостояние 1945 г.: за кулиса¬ми первого международного кризиса холодной войны // Сталин и холодная война / Отв. ред. А.О. Чубарьян. М., 1998. С. 49-51.

209. From the President to Marshal Stalin, 22nd May, 1945 // HSTT, FWH, Naval Aide.

210. C.O.S. (45) 380 (O), 9th June, 1945 //TNA, CAB 80/94.

211. FRUS. 1945. Vol. III. Washington, 1968. P. 132.

212. Исаков - Базарову, 28.ХП.1943 // АВП РФ. Ф. 0511. Оп. 1. И. 1. Д. 1. Л. 201-225.

213. СССР и германский вопрос. Т. 1. С. 411.

214. Кузнецов Н.Г. Указ. соч. С. 499.

215. Madsen C. The Royal Navy and German Naval Disarmament, 1942–1947. Tondon, 1998. P. 82, 104.

216. C.O.S. (45) 338 (O), 15th May, 1945 // TNA, CAB 80/94.

217. C.P. (45) 16, 5th June, 1945 // Ibid. 66/66/16.

218. Prime Minister, 17th July, 1945 // TNA, PREM 3/396/14.

219. САМО. Т. 2. С. 401-403; FRUS. The Conference of Berlin. Vol. I. P. 28-31.

220. См.: Советский фактор в Восточной Европе. Т 1. С. 115-116, 118-123.

750 221. Там же. С. 172.

222. Барышников Н.И., Барышников В.Н., Федоров В.Г. Указ. соч. С. 297.

223. FRUS. 1945. Vol.V.P. 841.

224. Чуев Ф.И. Молотов: Полудержавный властелин. С. 21.

225. Hanhimaki J. Self-Restraint as Containment: United States' Economic Policy, Finland, and the Soviet Union, 1945–1953 // International History Review. 1995. Vol. 17. No. 2. P. 289-290.

226. РЕАСПИ. Ф. 558. Оn. 11. Д. 371. Л. 113.

227. Захаров М.В. От Будапешта до Праги //9 мая 1945 года.

228. Черепанов А.И. Поле ратное мое. М., 1984. С. 286.

229. Отношения России (СССР) с Югославией. С. 350.

230. Prime Minister to Premier Stalin, 29.5.45 // TNA, FO 954/2.

231. Defending the West. P. 89-90, From President to Marshal Stalin, 29th May, 1945 // HSTL, FWH, Naval Aide.

232. FRUS. The Conference of Berlin. Vol. I. P. 86-87.

233. Запись беседы тов. И. В. Сталина с Г. Гопкинсом, личным представителем президента США Трумэна и В. А. Гарриманом, послом США

в СССР, 30.V.1945 // РГАСПИ. Ф. 558. Оп. 11. Д. 376. Л. 46.

234. Journal, May 21, 1945 // LC, MD, J. Davies Papers, Box 17.

235. Из Лондона, 4.VI.1945 //АВП РФ. Ф. 059. Оп. 7. П. 38. Д. 219. Л. 19.

236. Defending the West. P. 97.

237. Лондон, Гусеву. 1.VI.1945 // РГАСПИ. Ф. 558. Оп. 11. Д. 274. Л. 72.

238. Из Вашингтона, 22.V.1945 //АВП РФ. Ф. 059а. П. 46. Д. 271. Л. 4.

239. FRUS. The Conference of Berlin. Vol. I. P. 68.

240. Truman H. Memoirs. Vol. I. P. 260-261.

241. Churchill W.S. The Second World War. Vol. VI. P. 503.

242. FRUS. The Conference of Berlin. Vol. I. P. 64-65; Defending the West. P. 93.

243. Foreign Secretary, 28th May, 1945 // CHAR 20/220.

244. Defending the West. P. 105, 111.

245. Brief for the United Kingdom Delegation to the Conference at Potsdam N 30 // Documents on British Policy Overseas (далее–DBPO) / Ed. by R. Butler and M. Pelly. Ser. I. Vol. 1. The Conference at Potsdam 1945. London, N 30 1984. P. 111.

246. Brief for the United Kingdom Delegation to the Conference at Potsdam № 2 // Ibid. P. 152.

247. AFHQ to Secretary, Chiefs of Staff Committee, 26th June, 1945 (Annex to: C.O.S. (45) 430 (O), 2nd July, 1945) //TNA, CAB 80/95.

248. Percival M. Churchill and Romania: The Myth of the October 1944 ‘Betrayal’ // Contemporary British History. 1998. Vol. 12. No. 3. P. 47.

249. САНО. Т. 2. С. 241-243.

250. C.P. (45) 41, 18th June, 1945 //TNA, CAB 66/66/41.

251. FRUS. 1945. Vol. V. P. 842.

252. MarkE. The OSS in Romania, 1944–1945: An Intelligence Operation
ofthe Early Cold War // INS. 1994. Vol. 9. No. 2. P. 320-344. 751

253. Eloldich P.G.H. A Policy of Percentages? British Policy and the Balkans after the Moscow Conference of October 1944 // The International History Review. 1987. Vol. 9. No. 1. P. 45.

254. O. Sargent for Prime Minister, 4th June, 1945 // TNA, FO 954/7.

255. For Mr. Eden, 28th May, 1945 // CHAR 20/220.

256. For President from Harriman, June 7, 1945 // LC, WAHP, CF, Cont. 179;

From President to Marshal Stalin, 2nd June 1945 // HSTL, FWH, Naval Aide.

257. Гибианский Л.Я. Указ. соч. С. 55-57.

258. РГАСПИ. Ф. 558. Оп. 11. Д. 372. Л. 15.

259. Там же. Л. 30.

260. Советский фактор в Восточной Европе. Т. 1. С. 232.

261. Cadogan's minute to Prime Minister, 19th June, 1945 //TNA, FO 954/23.

262. Cadoganto Prime Minister, 30th June, 1945 //Ibid. 954/22.

263. GilbertM. "Never Despair". Winston S. Churchill, 1945–1965. London, 1988. P 47.

264. C.M. (45) 10th Conclusions, Min. 4 Conf. Annex, 20th June, 1945 // TNA, CAB 65/54/10.

265. FRUS. 1945. Vol. III. P. 328.

266. Miscamble W.D. Op. cit. P. 166.

267. C.O.S. (45) 334 (O), 12th May, 1945 // TNA, CAB 80/94.

268. Жуков Г.К. Указ. соч. Т. 2. С. 357.

269. FRUS. 1945. Vol. III. P. 131-132.

270. Defending the West. P. 120-121.

271. РГАСПИ. Ф. 558. On. 11. Д. 274. Л. 107.

272. Defending the West. P. 119-120.

273. Memo for Admiral Leahy, n.d. // NARA, RG 218, W. Leahy Records; Hopkins to the President, 8th June, 1945 // Ibid.

274. War Diaries 1939–1945. Field Marshal Lord Alanbrooke. P. 693.

275. Churchill W.S. The Second World War. Vol. VI. P. 602-603.

276. Ibid. P.525.

277. Defending the West. P. 123.

278. Ржешевский О.А. Секретные военные планы У. Черчилля в мае 1945 г. С. 121.

279. C.O.S. (45) 319 (O), 7th May, 1945 // TNA, CAB 80/94.

280. Précis of Telegram of 16th May from Field-Marshal Sir Henry Maitland-Wilson to the British Chiefs of Staff (Annex to C.P. (45) 30, 11th June, 1945) // Ibid. 66/66/30.

281. Copy of a Letter (U3313/20/G) dated 3rd May, 1945, from the Foreign Office to the Secretary, Chiefs of Staff Committee (in: C.O.S. (45) 307 (O)) // Ibid.

80/94.

282. Русский архив: Великая Отечественная. T 15 (4–5). C. 381.

283. C.M. (45) 8th Conclusions, Min. 1 Conf. Annex, 15th June, 1945 // TNA, CAB 65/54/8. 752

284. Ibid.

285. О реакции американского президента см.: Ziemke E.F. The U.S. Army in the Occupation of Germany, 1944–1946. 2nd ed. Washington, 1990. P. 297.

286. C.M. (45) 10th Conclusions, Min. 4, Conf. Annex, 20th June, 1945 // TNA, CAB 65/54/10.

287. Русский архив: Великая Отечественная. T 15 (4–5). C. 431.

288. РГАСПИ. Ф. 558. Оп. 11. Д. 372. Л. 40.

289. Copy of a letter (U3313/20/G) dated 3rd May, 1945, from the Foreign Office to the Secretary, Chiefs of Staff Committee (in: C.O.S. (45) 307 (O)) // TNA, CAB 80/94.

290. Copy of a Minute (M.579/5) by the Prime Minister (Annex to: C.O.S. (45) 380 (O), 9th June, 1945) //Ibid.

291. Defending the West. P. 117.

292. Copy of a Tetter (U.4635/20/G) dated 17th June, 1945 from the Foreign Office to the Secretary, Chiefs of Staff Committee (in: C.O.S. (45) 404 (O)) // TNA, CAB 80/95.

293. From the President to Marshal Stalin, 18th June 1945 //HSTT, FWH, Naval Aide.

294. Жуков Г.К. Указ. соч. Т. 2. С. 366.

295. Опубликовано в: Волкогонов Д.А. Сталин. Политический портрет. Кн. 2. М., 1992. С. 410.

296. Советский фактор в Восточной Европе. ТЕС. 209, 220.

297. РГАСПИ. Ф. 558. Оп. 11. Д. 275. Л. 31.

298. Подробнее см.: Ржешевский О.А. Секретные военные планы У. Черчилля в мае 1945 г. С. 98-123.

299. War Diaries 1939–1945. Field Marshal Lord Alanbrooke. P. 657.

300. The Diaries of Sir Alan Lascelles. P. 336.

301. Record of a private talk between the Prime Minister and Generalissimo Stalin at dinner on July 18, 1945, at Potsdam // TNA, PREM 3/430/6.

302. Prime Minister to Marshal Stalin, 23.6.1945 // TNA, PREM 3/495/10.

303. Churchill W.S. The Second World War. Vol. VI. P. 488-489.

304. WSC to Deakin and Kelly, 22nd Sept., 1952 // Churchill Archive, Churchill Papers (CHUR) 4/373, folio 97. Мы благодарны за это уточнение профессору Д. Рейнольдсу.

305. Переписка. Т. 1. С. 4.

306. GilbertM. “Never Despair”. P. 44-45.

307. Переписка... Изд. 2-е. М., 1976. С. 4.

308. FDRL, MR, Box 195 (Map Room Logs, 21st June, 1945).

309. РГАСПИ. Ф. 558. Оп. 11. Д. 275. Л. 45.

310. Там же. Письмо было также разослано членам британского Кабинета ми¬нистров. См.: C.P. (45) 48, 23rd June, 1945 // TNA, CAB 66/66/48.

753 311. Sir Alexander Cadogan, 18.6.1945 // TNA, FO 954/10.

312. Memorandum for the President, 20th July, 1945 // HSTT, FWH, Naval Aide.

313. Memorandum for the President, 21st July, 1945// Ibid.

314. Yoder H.S. Jr. Planned Invasion of Japan, 1945: the Siberian Weather Advantage. Philadelphia, 1997. P. 5.

315. WP. (45) 18, 10th Jan., 1945 // TNA, CAB 66/60/35.

316. WP. (45) 58, 25th Jan., 1945 // Ibid. 66/61/13.

317. FRUS. 1945. Vol.V. P. 818.

318. The Coal Situation in North-West Europe, Report by the Potter-Hyndley Mission to North-West Europe, June 1945 (Annex to: C.P. (45) 35, 14th June, 1945) //TNA, CAB 66/66/35.

319. Русский архив: Великая Отечественная: Т. 15 (4–5). С. 438.

320. Samuels N. The European Coal Organization // Foreign Affairs. 1948. Vol. 26. No. 4. P. 728-736.

321. Truman H. Memoirs. Vol. I. P. 389.

322. САНО. Т 2. С. 416.

323. РГАСПИ. Ф. 558. Оп. 11. Д. 372. Л. 63, 74.

324. Великая Отечественная война Советского Союза 1941—1945: краткая история. М., 1984. С. 395, 462.

325. СССР и германский вопрос. Т. 1. С. 522.

326. Там же. С. 415.

327. Truman H. Memoirs. Vol. I. P. 402.

328. АВП РФ. Ф. 0129. Оп. 30. П. 1. Д. 178. Л. 21.

329. Советский Союз на международных конференция периода Великой Оте¬чественной войны 1941–1945 гг. Т. VI (далее–Берлинская (Потсдамская) конференция). М., 1984. С. 357.

330. Славинский Б.Н. СССР и Япония–на пути к войне: дипломатическая история, 1937-1945 гг. М., 1999. С. 452.

331. Берлинская (Потсдамская) конференция. С. 234-243; FRUS. 1945. The Conference of Berlin. Vol. II, Washington, 1960. P. 471-476.

332. Truman H. Memoirs. Vol. I. P. 402-403.

333. Policy towards Japan, by G. B. Sansom, 20th June, 1945 (Annex to C.O.S. (45) 438 (O), 5th July, 1945) //TNA, CAB 80/95.

334. Messer R. Op. cit. P. 120.

335. Hasegawa T. Racing the Enemy. Stalin, Truman, and the Surrender of Japan. Cambridge, 2005. P. 164.

336. DBPO. Ser. 1. Vol. 1. P. 1250.

337. САМО. Т. 2. С. 404; FRUS. The Conference of Berlin. Vol. I. P. 42.

338. Славинский Б.Н. Указ. соч. С. 470-471.

339. САМО. Т. 2. С. 479.

340. FRUS. 1944. Vol. IV. P. 920-921. 754

341. См.: Зимонин В. Союзники СССР с «атомным камнем за пазухой» // Рос¬сия XXI. 2014. № 1. С. 64-65.

342. (Gen. Bissell). Memorandum for the Chief of Staff, 12th Aug. 1945 // NARA, RG 218, W Leahy Records.

343. Political factors affecting British participation in the war against Japan after the fall of Singapore, by M.E. Dening, 15th June, 1945 (Annex to: C.O.S. (45) 413 (O)) // TNA, CAB 80/95.

344. Подробнее об этом эпизоде см.: Печатное В. О. Сталин, Рузвельт, Трумэн. С. 359-361.

345. Hasegawa T. Racing the Enemy. P. 166.

346. The Soviet Union. Intelligence Division, WDGS, War Department // HSTL, PSF, SF, Russia –1945–1948.

347. Secretary ofWarto the Acting Secretary of State, May 14, 1945 // NARA, RG 165, ABC Russia (22nd Aug. 43).

348. РГАСПИ. Ф. 558. Оп. 11. Д. 372. Л. 111.

349. Minute by Mr. Jebb, 5th July, 1945 (Enclosure to: C.O.S. (45) 444 (O), 7th July, 1945)//TNA, CAB 80/95.

350. Folly M.H. Op. cit. P. 166.

351. Подробнее о предыстории этого вопроса см.: Печатное В. Как Трумэн у Сталина Курилы просил // Россия XXI. 2012. № 4.

352. FRU. 1945. Vol. II. Washington, 1967. P. 1323.

353. For JCS Information. 9th Aug. 1945 // NARA, RG 165, ABC 381 United Nations (23 Jan. '42).

354. From the President to Generalissimo Stalin, 17th Aug., 1945; Memorandum for the Chief of Staff, 18th Aug., 1945 // NARA, RG 165, ABC 387 (15 Feb 45), Section 1–B.

355. РГАСПИ. Ф. 558. On. 11. Д. 372. Л. 112.

356. Volkogonov Papers // LC, MD, Reel 4.

357. Волкогонов Д.А. Указ. соч. Кн. 2. С. 419.

358. Truman H. Memoirs. Vol. I. P. 442.

359. Memorandum for the President, Aug. 25, 1945 // HSTL, FWH, Naval Aide.

360. General Hull and Admiral Cooke, 23rd Aug. 1945 //NARA, RG 165, ABC 336 Russia (22 Aug '43).

361. Memorandum for the Assistant Secretary of War. Air Base Rights in Kurile Islands, 24th Aug., 1945 // Ibid.

362. РГАСПИ. Ф. 558. On. 11. Д. 378. Л. 17-18.

363. To the President from Harriman, 28th Aug., 1945 // LC, WAHP, CF, Cont. 182.

364 Political factors affecting British participation in the war against Japan after the fall of Singapore, by M.E. Dening, 15th June, 1945 (Annex to: C.O.S. (45) 413(0)//TNA,CAB80/95

365. FRUS. 1945. Vol. V. P. 824.

755 366. FRUS. The Conference of Berlin. Vol. I. P. 862.

367. Славинский Б.Н. Указ. соч. С. 490.

368. Василевский А.М. Указ. соч. С. 533-534.

369. Из Лондона, 19.IX.1945 // РГАСПИ. Ф. 558. Оп. 11. Д. 770. Л. 38.

370. Лондон, Молотову, 21. IX.1945 // Там же. Л. 45.

371. Всем послам и посланникам СССР, 5.VTII. 1945 //АП РФ. Ф. 63. Д. 231. Л. 163.

372. Из Лондона, 22. IX. 1945 //РГАСПИ. Ф. 558. Оп. 11. Д. 770. Л. 46-47.

373. FRUS. 1946. Vol. II. Washington, 1970. P. 330.

374. DBPO. Ser.l. Vol. II. Conferences and Conversations 1945: Tondon, Washington and Moscow. Tondon, 1985. P. 299.

375. Miscamble W.D. Op. cit. P. 256-257.

376. Mark E. “Today Has Been a Historical One”. P. 325.

377. From Admiral Teahy to the President, Sept. 22, 1945 (Teletype conference between the Secretary of State and Admiral Teahy, 22nd Sept. 1945) // NARA, RG 218, W. Teahy Records.

378. From the President to Generalissimo Stalin, 22nd Sept. 1945 // HSTT, FWH, Naval Aide.

379. Пейдж - Вышинскому, 22.IX.1945 // РГАСПИ. Ф. 558. Оп. 11. Д. 373. Л. 10.

380. Лондон, Молотову, 23.IX. 1945 // Там же. Д. 770. Л. 52.

381. Из Лондона, 23.IX.1945 //Там же. Л. 51.

382. Вышинский–совпослу, Вашингтон, 23.IX. 1945 // Там же. Д. 373. Л. 17.

383. Sept. 22, 1945 // FDRT, W. Teahy Diaries.

384. FRUS. 1945. Vol. II. P. 331-334.

385. DBPO. Ser. 1. Vol. II. P. 312.

386. Ibid. P. VIII-IX.

387. Берлинская (Потсдамская) конференция. С. 428.

388. Там же.

389. C.M. (45) 35thConclusions, Min. 1 Conf. Annex, 25th Sept., 1945//TNA, CAB 128/3.

390. Из Лондона, 2.X.1945; Лондон, Молотову, 2.X.1945 // РГАСПИ. Ф. 558. Оп. 11. Д. 770. Л. 76-77, 73.

391. To Harriman, American Embassy, Moscow, March 24, 1945 // FDRT,

President's personal File 8587, Joseph Stalin.

392. Defending the West. P. 152.

393. G. Kennanto Berlin and Vienna, 6th Oct., 1945 // EC, WAHP, CF, Cont.183.

394. Notes regarding Conference of Foreign Ministers at London, Sept. 17–Oct. 3, 1945//Ibid., Cont.182.

395. For the Secretary from Dunn and Harriman, Oct. 4, 1945 // Ibid.

396. MesserR. Op. cit. P. 126.

756 397. РГАСПИ. Ф. 17. Оп. 162. Д. 37. Л. 153.

398. Там же. Ф. 558. Оп. 11. Д. 97. Л. 71.

399. Советскую запись этих бесед см. в: Советско-американские отношения. 1945–1948 / Под ред. Г.Н. Севостьянова; сост. В.В. Алдошин, Ю.В. Иванов, В.М. Семенов. М., 2004. С. 65-85.

400. FRUS. 1945. Vol. VI. P. 796.

401. Подробнее о борьбе мнений вокруг этой проблемы см.: Мальков В.Л. Манхэттенский проект. С. 149-153.

402. FRUS. 1945. Vol. II. P. 42-44, 70-71. См. также: Bernstein B.J. The Quest for Security: American Foreign Policy and International Control of Atomic Energy, 1942–1946 //The Journal of American History. 1974. Vol. 60. No. 4. P. 1003-1044; Larson D.W. Origins of Containment: a Psychological Explanation. Princeton, 1985. P. 214ff.

403. Wevill R. Britain and America after World War II: Bilateral Relations and the Beginnings ofthe Cold War. London, 2012. P. 118-119.

404. Costigliola F. Roosevelt's Lost Alliances. P. 385.

405. Memorandum for the President, Oct. 29, 1945 // HSTL, FWH, Naval Aide.

406. Ibid.

407. From the President to Ambassador Harriman, 2nd Nov., 1945// Ibid.; Пейдж– Вышинскому, 2.XI.1945 // РГАСПИ. Ф. 558. On. 11. Д. 373. Л. 35.

408. Schnabel J.F. History of the Joint Chiefs of Staff. Vol. I. The Joint Chiefs of Staff and National Policy, 1945–1947. Washington, 1996. P. 35-36.

409. C.O.S. (45) 379 (O), 8th June, 1945 // TNA, CAB 80/94.

410. Советский фактор в Восточной Европе. Т 1. С. 173, 176.

411. ЖадовА.С. Четыре года войны. М., 1978. С. 322.

412. РГАСПИ. Ф. 558. Оп. 11. Д. 98. Л. 50.

413. Советский фактор в Восточной Европе. Т 1. С. 10.

414. Там же. С. 181.

415. РГАСПИ. Ф. 558. Оп. 11. Д. 373. Л. 39-40.

416. FRUS. 1945. Vol. II. P. 581.

417. Miscamble W.D. Op. cit, P. 265-266.

418. FRUS. 1945. Vol. II. P. 579.

419. Сталин - Четверке, 9.XП.1945 // РГАСПИ. Ф. 558. Оп. 11. Д. 770. Л. 20.

420. Davies Journal, Dec. 8, 1945 // LC, MD, Joseph E. Davies Papers, Box 22.

421. РГАСПИ. Ф. 558. Оп. 11. Д. 373. Л. 54.

422. Там же. Л. 57.

423. Из дневника В. Кеменова, 1.VHI.1946 // РГАСПИ. Ф. 558. Оп. 11. Д. 386. Л. 53.

424. АП РФ. Ф. 3. Оп. 63. Д. 233. Л. 229.

425. Fruman FI. Memoirs. Vol. I. P. 492-493.

盟国代表团成员在雅尔塔。左起：维辛斯基、古谢夫、哈里曼、B.M.莫洛托夫、艾登、斯特蒂纽斯、迈斯基、克尔。

“各有所思……”丘吉尔、罗斯福、斯大林为新闻记者摆拍。在场的有：莱希、J.马歇尔、安东诺夫、库兹涅佐夫、胡加科夫等。雅尔塔，1945年2月。

心清气爽：斯大林和丘吉尔在利瓦季亚宫，1945年2月。

斯特蒂纽斯、贾德干、哈里曼在前往雅尔塔的途中，1945年2月。

签署雅尔塔会议工作纪要。雅尔塔，1945年2月11日。前排左起：斯特蒂纽斯、B.M.莫洛托夫、艾登。

丘吉尔、罗斯福、斯大林在雅尔塔（H.霍普金斯的儿子拍摄）。

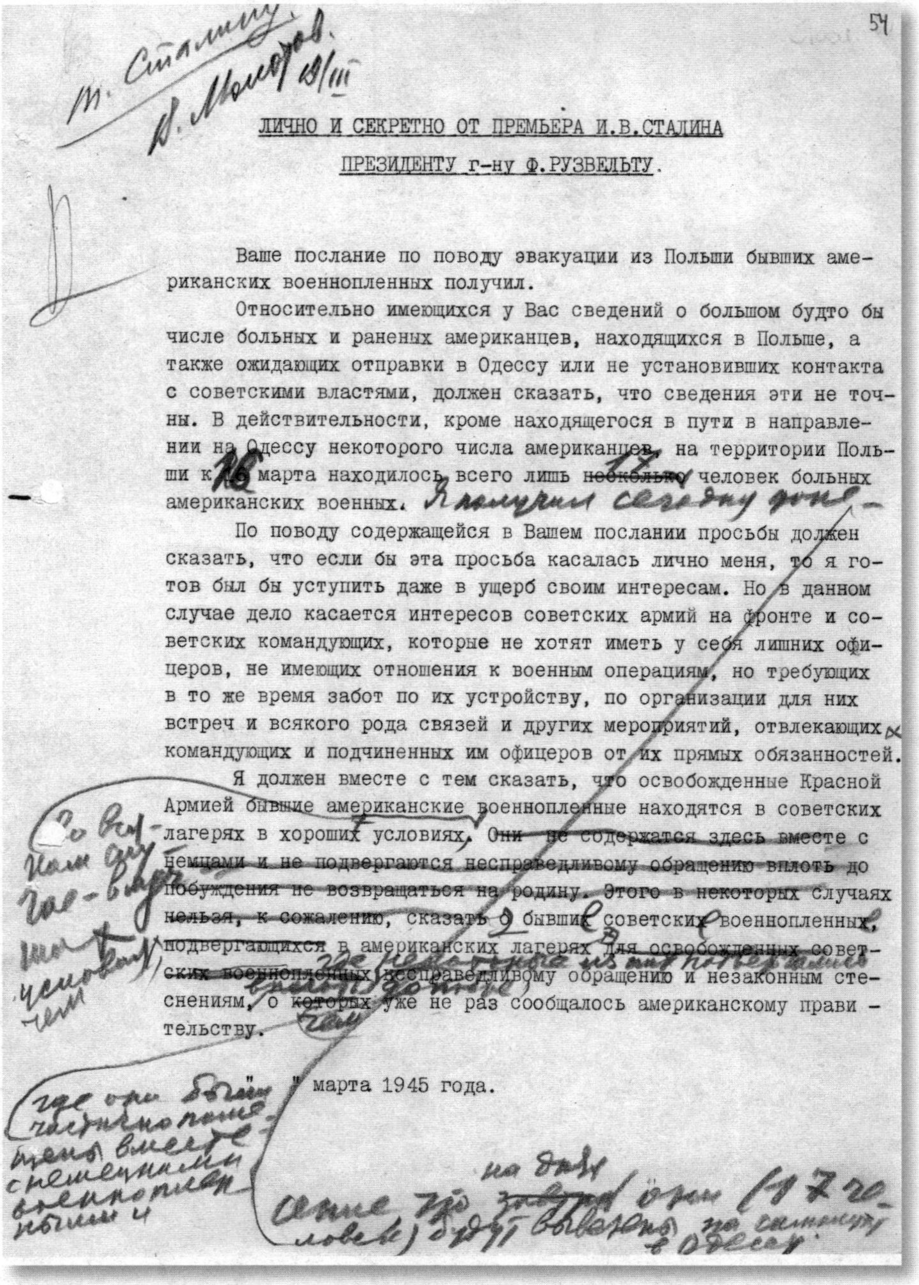

ЛИЧНО И СЕКРЕТНО ОТ ПРЕМЬЕРА И.В.СТАЛИНА

ПРЕЗИДЕНТУ г-ну Ф.РУЗВЕЛЬТУ.

Ваше послание по поводу эвакуации из Польши бывших американских военнопленных получил.

Относительно имеющихся у Вас сведений о большом будто бы числе больных и раненых американцев, находящихся в Польше, а также ожидающих отправки в Одессу или не установивших контакта с советскими властями, должен сказать, что сведения эти не точны. В действительности, кроме находящегося в пути в направлении на Одессу некоторого числа американцев, на территории Польши к 16 марта находилось всего лишь несколько человек больных американских военных.

По поводу содержащейся в Вашем послании просьбы должен сказать, что если бы эта просьба касалась лично меня, то я готов был бы уступить даже в ущерб своим интересам. Но в данном случае дело касается интересов советских армий на фронте и советских командующих, которые не хотят иметь у себя лишних офицеров, не имеющих отношения к военным операциям, но требующих в то же время забот по их устройству, по организации для них встреч и всякого рода связей и других мероприятий, отвлекающих командующих и подчиненных им офицеров от их прямых обязанностей.

Я должен вместе с тем сказать, что освобожденные Красной Армией бывшие американские военнопленные находятся в советских лагерях в хороших условиях. Они не содержатся здесь вместе с немцами и не подвергаются несправедливому обращению вплоть до побуждения не возвращаться на родину. Этого в некоторых случаях нельзя, к сожалению, сказать о бывших советских военнопленных, подвергающихся в американских лагерях для освобожденных советских военнопленных несправедливому обращению и незаконным стеснениям, о которых уже не раз сообщалось американскому правительству.

" " марта 1945 года.

斯大林写给罗斯福的信函草稿，上有斯大林的修改手迹，1945年3月22日。

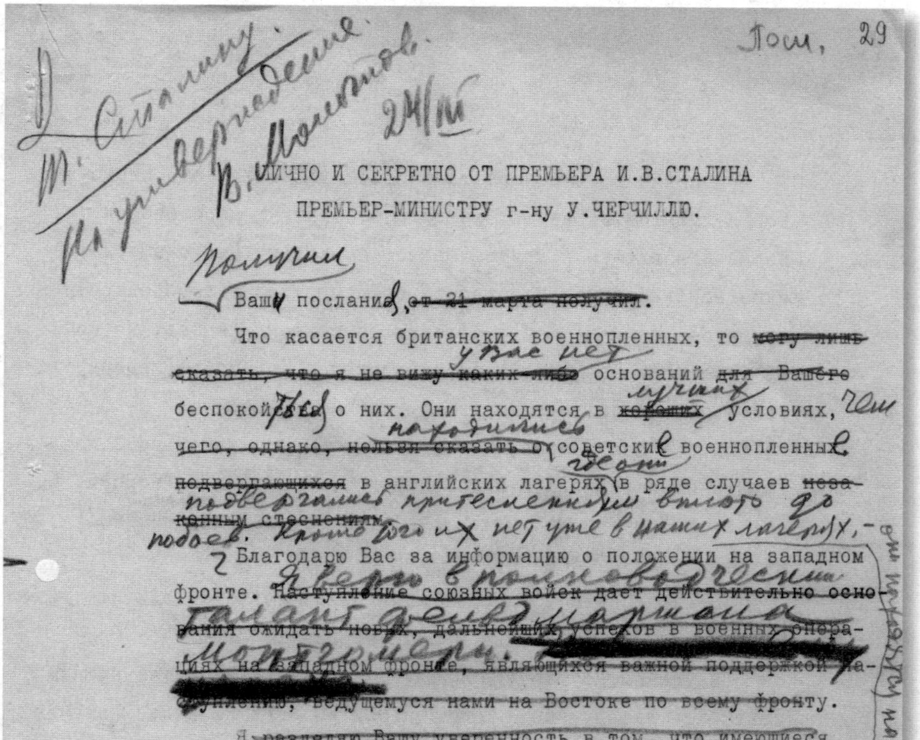

ЛИЧНО И СЕКРЕТНО ОТ ПРЕМЬЕРА И.В.СТАЛИНА
ПРЕМЬЕР-МИНИСТРУ г-ну У.ЧЕРЧИЛЛЮ.

Ваши послания от 21 марта получил.

Что касается британских военнопленных, то могу лишь сказать, что я не вижу каких-либо оснований для Вашего беспокойства о них. Они находятся в хороших условиях, чего, однако, нельзя сказать о советских военнопленных, подвергающихся в английских лагерях в ряде случаев незаконным стеснениям.

Благодарю Вас за информацию о положении на западном фронте. Наступление союзных войск дает действительно основания ожидать новых, дальнейших успехов в военных [redacted] циях на западном фронте, являющихся важной поддержкой на- [redacted] ступлению, ведущемуся нами на Востоке по всему фронту.

Я разделяю Вашу уверенность в том, что имеющиеся трудности, особенно при осуществлении указанной Вами возможности, будут нами устранены.

23 марта 1945 года.

斯大林写给丘吉尔的信函草稿，上有斯大林的修改手迹，1945年3月23日。

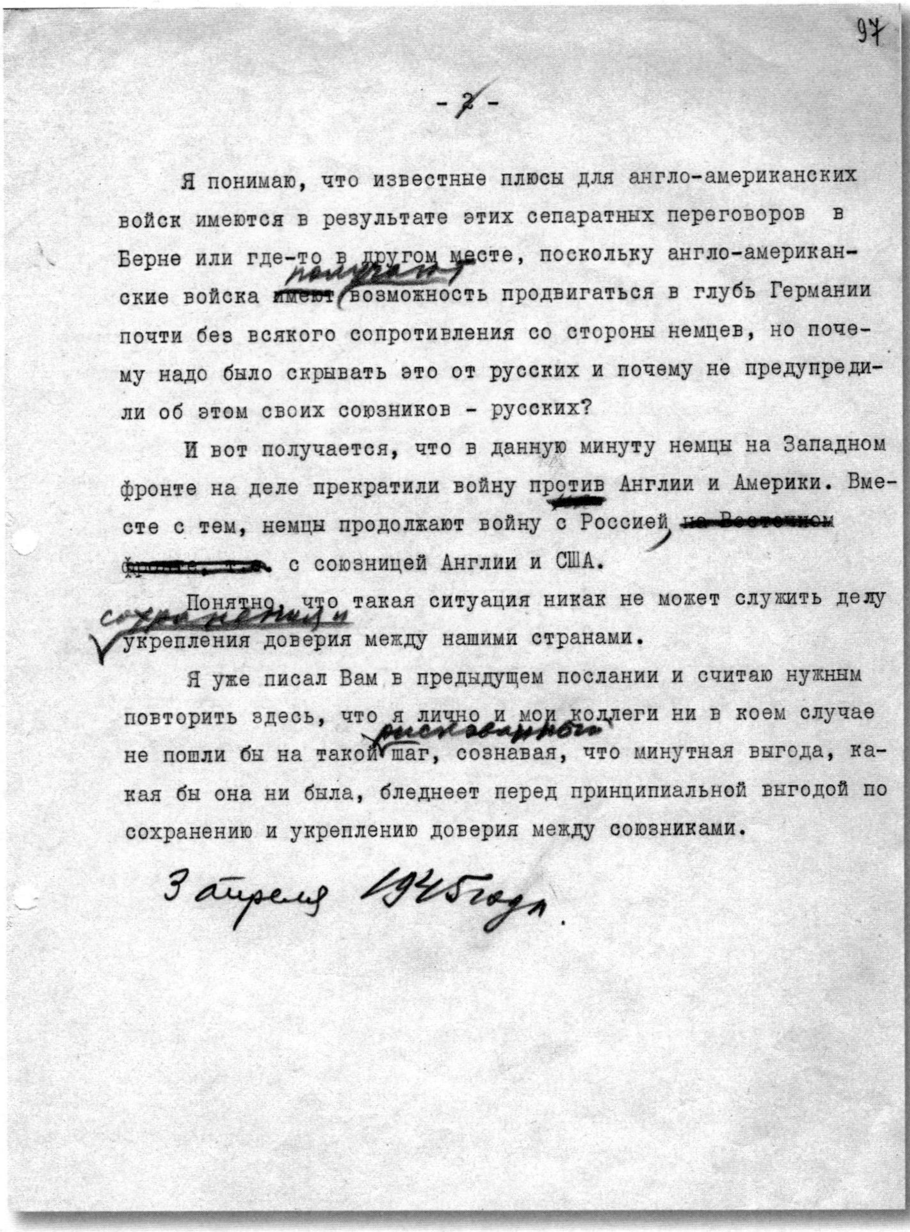

97

- 2 -

Я понимаю, что известные плюсы для англо-американских войск имеются в результате этих сепаратных переговоров в Берне или где-то в другом месте, поскольку англо-американские войска ~~имеют~~ получают возможность продвигаться в глубь Германии почти без всякого сопротивления со стороны немцев, но почему надо было скрывать это от русских и почему не предупредили об этом своих союзников – русских?

И вот получается, что в данную минуту немцы на Западном фронте на деле прекратили войну против Англии и Америки. Вместе с тем, немцы продолжают войну с Россией ~~на Восточном фронте, т.е.~~ с союзницей Англии и США.

Понятно, что такая ситуация никак не может служить делу сохранения и укрепления доверия между нашими странами.

Я уже писал Вам в предыдущем послании и считаю нужным повторить здесь, что я лично и мои коллеги ни в коем случае не пошли бы на такой рискованный шаг, сознавая, что минутная выгода, какая бы она ни была, бледнеет перед принципиальной выгодой по сохранению и укреплению доверия между союзниками.

3 апреля 1945 года.

斯大林写给罗斯福的信函草稿，上有斯大林的修改手迹，1945年4月3日。第2页。

斯大林、B.M.莫洛托夫、铁托、苏比锡、维辛斯基在苏联和南斯拉夫《友好、互助和战后合作条约》签字仪式上，1945年4月11日。

美国军队在鲁尔俘虏的德国军人，1945年。

罗斯福最后的肖像照，1945年4月11日。

盟军部队解救的美国战俘。

苏联和美国士兵在易北河会师，1945年4月。

在兰斯签署投降书，1945年5月7日。

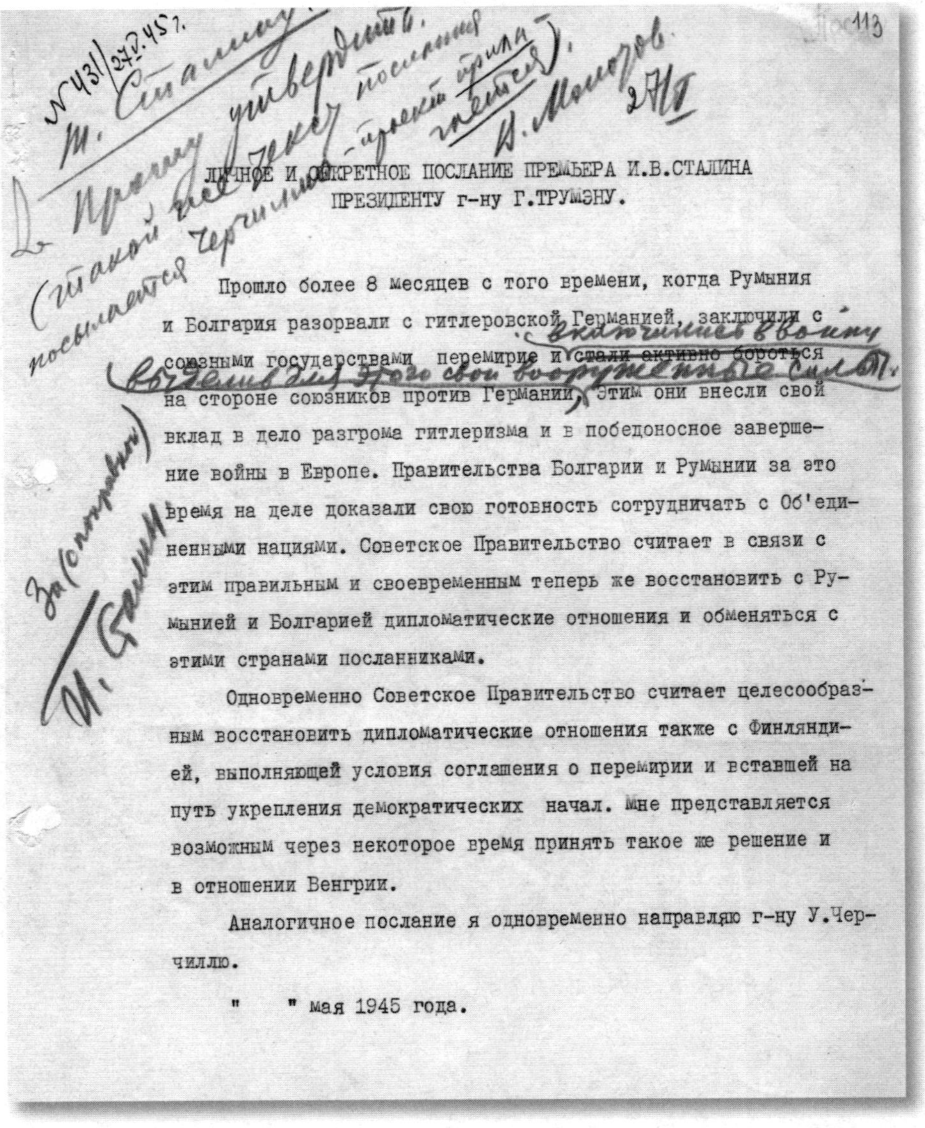

ЛИЧНОЕ И СЕКРЕТНОЕ ПОСЛАНИЕ ПРЕМЬЕРА И.В.СТАЛИНА
ПРЕЗИДЕНТУ г-ну Г.ТРУМЭНУ.

Прошло более 8 месяцев с того времени, когда Румыния и Болгария разорвали с гитлеровской Германией, заключили с союзными государствами перемирие и стали активно бороться на стороне союзников против Германии. Этим они внесли свой вклад в дело разгрома гитлеризма и в победоносное завершение войны в Европе. Правительства Болгарии и Румынии за это время на деле доказали свою готовность сотрудничать с Об'единенными нациями. Советское Правительство считает в связи с этим правильным и своевременным теперь же восстановить с Румынией и Болгарией дипломатические отношения и обменяться с этими странами посланниками.

Одновременно Советское Правительство считает целесообразным восстановить дипломатические отношения также с Финляндией, выполняющей условия соглашения о перемирии и вставшей на путь укрепления демократических начал. Мне представляется возможным через некоторое время принять такое же решение и в отношении Венгрии.

Аналогичное послание я одновременно направляю г-ну У.Черчиллю.

" " мая 1945 года.

斯大林写给杜鲁门的信函原件，1945年5月27日，上有合著者的手迹。

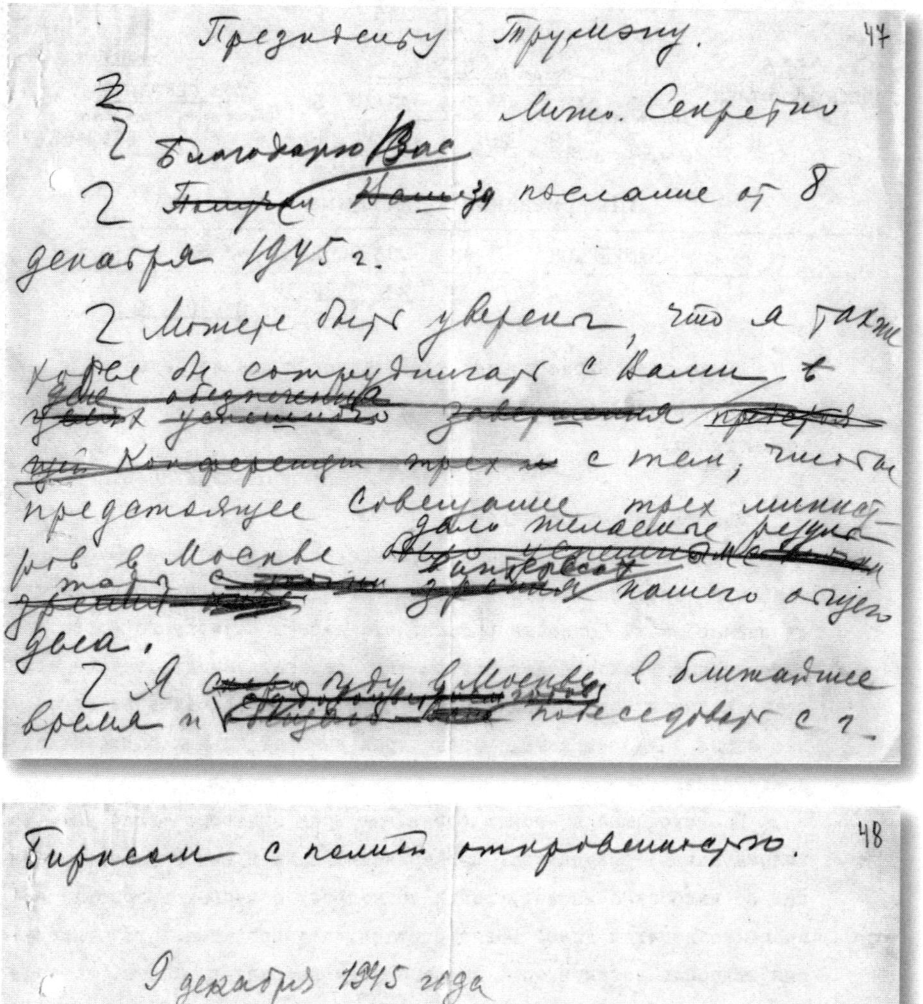

Президенту Трумэну. 47

Лично. Секретно

Благодарю Вас за послание от 8 декабря 1945 г.

Можете быть уверены, что я также хочу сотрудничать с Вами в том, чтобы предстоящее Совещание трех министров в Москве дало желаемые результаты с точки зрения интересов нашего общего дела.

Я буду в Москве в ближайшее время и побеседую с г.

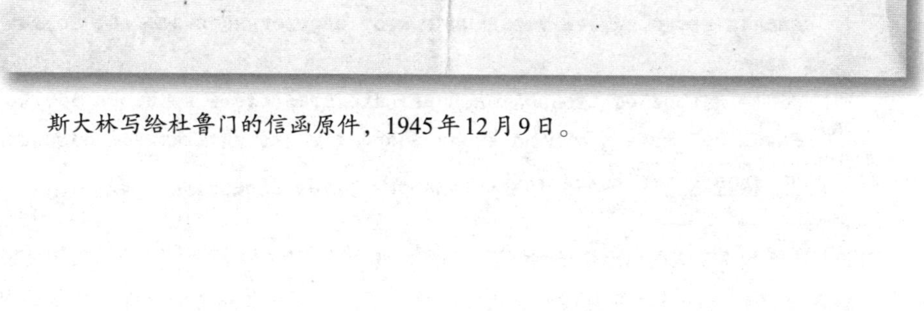

Бирнсом с полной откровенностью. 48

9 декабря 1945 года

斯大林写给杜鲁门的信函原件，1945年12月9日。

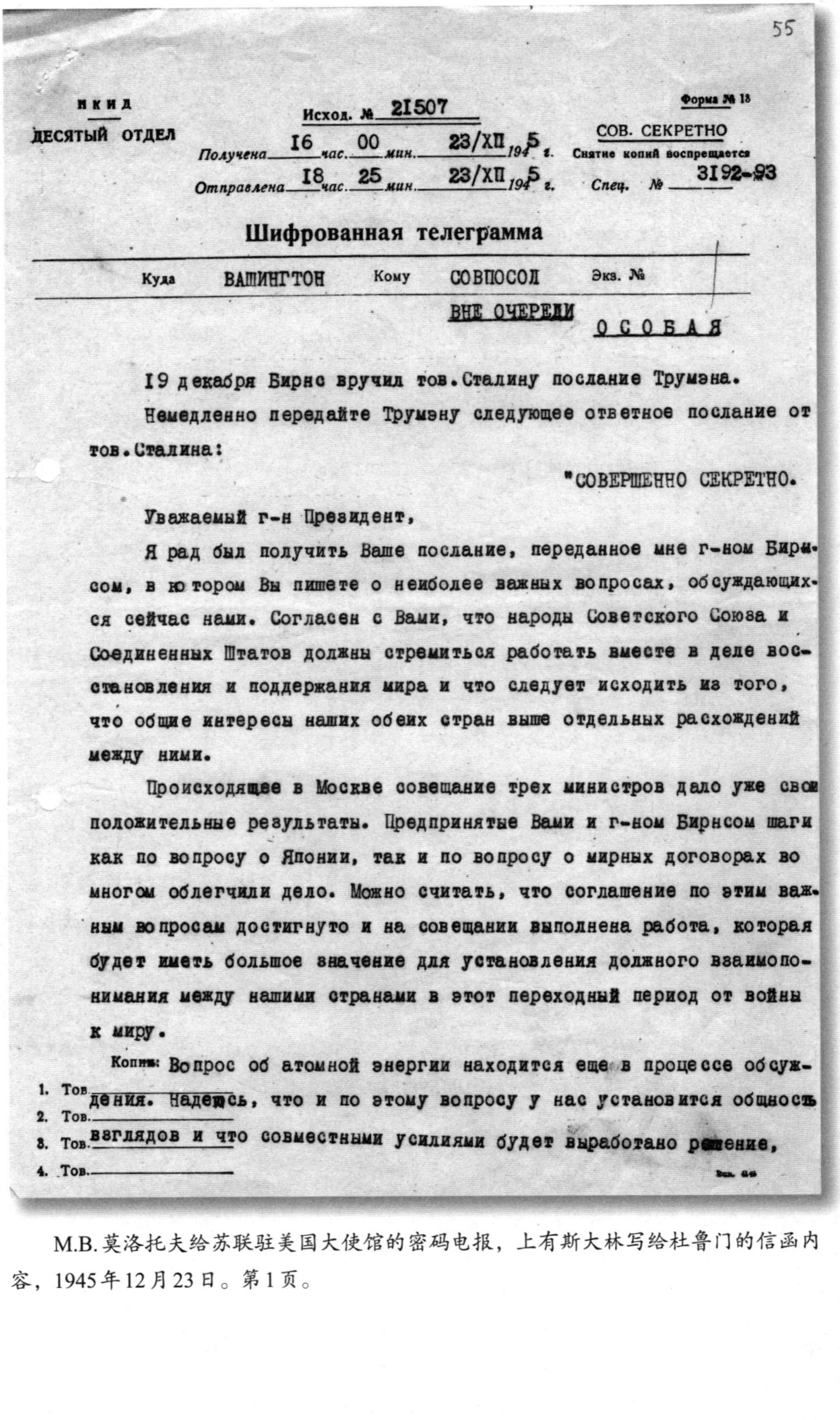

55

НКИД

ДЕСЯТЫЙ ОТДЕЛ

Исход. № 21507

Форма № 13

СОВ. СЕКРЕТНО

Снятие копий воспрещается

Получена 16 час. 00 мин. 23/XII 1945 г.

Отправлена 18 час. 25 мин. 23/XII 1945 г.

Спец. № 3192-93

Шифрованная телеграмма

Куда ВАШИНГТОН Кому СОВПОСОЛ Экз. №

ВНЕ ОЧЕРЕДИ

О С О Б А Я

19 декабря Бирнс вручил тов. Сталину послание Трумэна.

Немедленно передайте Трумэну следующее ответное послание от тов. Сталина:

"СОВЕРШЕННО СЕКРЕТНО.

Уважаемый г-н Президент,

Я рад был получить Ваше послание, переданное мне г-ном Бирнсом, в котором Вы пишете о наиболее важных вопросах, обсуждающихся сейчас нами. Согласен с Вами, что народы Советского Союза и Соединенных Штатов должны стремиться работать вместе в деле восстановления и поддержания мира и что следует исходить из того, что общие интересы наших обеих стран выше отдельных расхождений между ними.

Происходящее в Москве совещание трех министров дало уже свои положительные результаты. Предпринятые Вами и г-ном Бирнсом шаги как по вопросу о Японии, так и по вопросу о мирных договорах во многом облегчили дело. Можно считать, что соглашение по этим важным вопросам достигнуто и на совещании выполнена работа, которая будет иметь большое значение для установления должного взаимопонимания между нашими странами в этот переходный период от войны к миру.

Вопрос об атомной энергии находится еще в процессе обсуждения. Надеюсь, что и по этому вопросу у нас установится общность взглядов и что совместными усилиями будет выработано решение,

Копии:
1. Тов.
2. Тов.
3. Тов.
4. Тов.

Зак. 48

M.B.莫洛托夫给苏联驻美国大使馆的密码电报，上有斯大林写给杜鲁门的信函内容，1945年12月23日。第1页。

- 2 -

56

Экз. № 1 ...

21707

которое удовлетворит как обе наши страны, так и другие народы.

Вы, конечно, информированы о моей первой беседе с г-ном Бирнсом. Мы встретимся с ним и для других бесед. Но уже теперь я считаю возможным сказать, что смотрю в общем оптимистически на результаты происходящего сейчас между нами обмена мнениями по актуальным международным проблемам, и надеюсь, что это откроет дальнейшие возможности в деле согласования политики наших стран по другим вопросам.

Пользуюсь случаем, чтобы ответить Вам на письмо, которое я недавно получил от Вас по поводу приезда художника Шандора в Москву. Я долго отсутствовал в Москве и в ближайшее время, к сожалению, мне было бы затруднительно, ввиду многих обязанностей, выделить время для г-на Шандора. Разумеется, я готов послать ему свой портрет, если Вы найдете это подходящим для данного случая.

И. СТАЛИН.

23 декабря 1945 года".

Исполнение телеграфьте.

В заключительной части послания тов. Сталина содержится ответ на полученное 17 ноября письмо Трумэна от 11 октября, содержавшее просьбу разрешить приезд в Москву американского художника Шандора для написания портрета тов. Сталина.

Получение этой телеграммы подтвердите.

М О Л О Т О В

3-экз. мк
отп. 23/ХП. 45

верно:

4682
№13254

Копии:
1. т. Сталину,
2. т. Молотову,
3. 10 отдел

озн. т. Вышинского, т. Деканозова

M.B.莫洛托夫给苏联驻美国大使馆的密码电报，上有斯大林写给杜鲁门的信函内容，1945年12月23日。第2页。

参加柏林（波茨坦）会议的外长们，左起：B.M.莫洛托夫、J.伯恩斯、E.艾登，1945年。

在莫斯科外长会议上，左起：J.伯恩斯、A.哈里曼、A.Я.维辛斯基、B.M.莫洛托夫、Ф.T.古谢夫、E.贝文等，1945年12月。

人名索引

（按俄文字母表排序，页码为原书页码，即本书边码）

В

Л

事件及专用名词索引

（按俄文字母表排序，页码为原书页码，即本书边码）

Ж

И

К 765

Л

M

H

O

Ю

Я